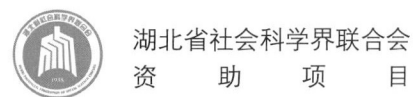 湖北省社会科学界联合会
资助项目

基层社科研究项目成果集

主　编　曾　婕
副主编　杜绍祥　谢双林

武汉大学出版社

图书在版编目(CIP)数据

基层社科研究项目成果集/曾婕主编. —武汉:武汉大学出版社,2017.9
ISBN 978-7-307-19726-8

Ⅰ.基… Ⅱ.曾… Ⅲ.①区域经济发展—湖北—文集 ②社会发展—湖北—文集 Ⅳ.F127.63 – 53

中国版本图书馆 CIP 数据核字(2017)第 232587 号

责任编辑:王智梅　　责任校对:汪欣怡　　版式设计:马　佳

出版发行:武汉大学出版社　　(430072　武昌　珞珈山)
　　　　　(电子邮件:cbs22@whu.edu.cn　网址:www.wdp.com.cn)
印刷:武汉中远印务有限公司
开本:787×1092　1/16　印张:54.75　字数:1300 字　插页:1
版次:2017 年 9 月第 1 版　　2017 年 9 月第 1 次印刷
ISBN 978-7-307-19726-8　　定价:208.00 元

版权所有,不得翻印;凡购买我社的图书,如有质量问题,请与当地图书销售部门联系调换。

2014 年基层社科研究资助项目编委会

主　任：曾　婕
副主任：杜绍祥　谢洪辉
委　员：吴红斌　付永祥　徐　凌　姜　平　王振东
　　　　胡智斌　刘　群　邵南高　江克勤　饶水龙
　　　　程如进　王建华　黄　苹　李玉湘　刘贤玲
主　编：杜绍祥
副主编：谢洪辉　吴红斌

目 录

第一篇 武汉市

地域文化视野下的武汉城市形象塑造与传播研究 3
节能减排税收政策研究 14
"美丽武汉"法制保障体系研究 26
社区治理创新视域下的小商贩治理模式与路径研究 39
规范化视野下食品安全问题探析 50
推进武汉市政府向社会力量购买服务研究 57
武汉农村产权交易的特点与经验、问题及其破解对策研究 76

第二篇 黄石市

关于我市乡镇纪检组织规范化建设的调研报告 85
黄石市壮大战略性新兴产业研究 93
黄石矿冶文化建设调查报告 100
资源型城市的生态化建设研究
　　——基于黄石市的战略思考 109
关于生态文明制度建设对策研究
　　——以湖北省黄石市为例 119
构建黄石市医养结合养老服务体系研究 134
土地流转对黄石特色农业发展影响研究 142
教育和践行社会主义核心价值观的路径研究
　　——以湖北师范学院为例 149
发挥政协在贯彻党的群众路线中作用的思考 157
反对形式主义，提升践行群众路线实效 163
关于我市乡镇纪检组织规范化建设的调研报告 169

第三篇 十堰市

生态文明背景下的十堰市新型城镇化发展路径研究报告 179
发展我市绿色福利的思考 193
新阶段扶贫开发机制创新研究
　　——以湖北省十堰市为例 202

十堰创建国家生态文明先行示范区研究 ………………………………… 209
十堰市农村耕地流转问题的探讨 …………………………………………… 220
努力把十堰建设成为"中国武当药谷" ……………………………………… 229
十堰市农民专业合作社发展研究 …………………………………………… 237
十堰市全面深化改革的重点和难点研究 …………………………………… 245
关于推进"创新十堰"建设问题研究 ………………………………………… 254

第四篇　襄阳市

襄阳古城风貌复兴研究 ……………………………………………………… 265
襄阳建设汉水文化名城研究 ………………………………………………… 276
襄阳建设山水园林城市研究 ………………………………………………… 286
襄阳建设中国宜居城市研究 ………………………………………………… 301
襄阳建设华中旅游名城研究 ………………………………………………… 315
襄阳建设中华智慧城研究 …………………………………………………… 329
襄阳建设汉江流域教育名城研究 …………………………………………… 341
襄阳建设高品位艺术城市研究 ……………………………………………… 350

第五篇　宜昌市

"单独两孩"政策对我市的影响及对策 ……………………………………… 363
川汉铁路遗存保护和文化旅游扶贫结合活化利用建议 …………………… 372
发展城市绿色物流助推宜昌特大城市建设研究报告 ……………………… 378
深入推进宜昌市绿化美化行动的实践与策略分析 ………………………… 386
市州电视台转型与突围
　　——宜昌广电打造旅游商务频道的探索与思考 ……………………… 394
宜昌机关文化建设现状及对策研究 ………………………………………… 401
宜昌市绿色生态猪肉品牌推广策略研究 …………………………………… 412

第六篇　荆州市

东部产业转移背景下荆州农业发展战略规划初探 ………………………… 419
荆州历史文化资源开发与利用研究 ………………………………………… 425
荆州建设现代职教体系研究 ………………………………………………… 431
关于培育与践行社会主义核心价值观的思考
　　——以湖北省荆州市为例 ……………………………………………… 436
加快推进荆州国家级承接产业转移示范区建设的难点与对策 …………… 443
关于推进"四化同步"发展的思考与建议 …………………………………… 451
荆州农产品加工业发展战略研究 …………………………………………… 456
荆州市新型"四化"同步发展研究 …………………………………………… 469

第七篇　荆门市

关于荆门市女性能人对于促进农村经济发展的调查与思考 479
汉江流域荆门段生态补偿研究 483
荆门融入"两圈两带"推动产城并进对策研究 487
中国积分制管理
　　——道、术、器的有机结合 493
中国农谷"政产学研用"协同创新研究 498

第八篇　鄂州市

鄂州市生态农业发展路径研究 505
鄂州沿江滨湖新区产业整合联动发展现状及思路 512
关于梁子湖流域综合治理情况研究 520
论农村公共资源合作治理的路径选择
　　——以湖北省鄂州市"万名干部进万村挖万塘"活动为例 530
新形势下农村产权制度改革的探索与创新 547
鄂州市基层社会工作组织孵化器及其人才培养研究结题报告 553

第九篇　孝感市

中华孝文化与创新创业文化融合的研究与实践成果综述 561
湖北农村家庭养老模式的困境与可持续发展研究 568
加强楚剧文化地位的思考与建议 582
焦作、闵行、南海预算绩效改革模式与孝感路径选择 589
推进当代中国马克思主义大众化的若干思考 599
全面深化改革背景下小城镇发展路径研究
　　——以湖北省孝感市为例 608

第十篇　黄冈市

关于做大做强李时珍医药文化产业的建议 625
试论戏曲产业化的科学定位 631
全媒体时代市级新闻媒体生存状况的调查
　　——以黄冈市为例 640
关于黄冈现代物流业发展的思考 649
黄冈市文化产业发展战略与路径研究 656
大别山旅游和文化融合发展的问题及对策 667
关于加强新媒体建设的思考 672
乡镇基层公务员心理健康现状及维护策略
　　——以黄冈市团风县淋山河镇为例 682

黄冈市农村精神文明建设调查报告 ……………………………………………………… 688

第十一篇　咸宁市

咸宁积极打造全国绿色发展示范区可行性及路径研究 …………………………………… 695
发展绿色产业集群　推进咸宁"绿色崛起" ………………………………………………… 701
农村土地流转中存在的问题及应对策略 …………………………………………………… 711
鄂南建立全国第一个县级红色政权研究 …………………………………………………… 723
向阳湖生态农业发展研究 …………………………………………………………………… 733

第十二篇　随州市

关于随州城镇化建设与文化表达的探索 …………………………………………………… 743
弘扬炎帝精神与培育社会主义核心价值观 ………………………………………………… 752
城市社区治理创新研究
　　——以随州市为例 ……………………………………………………………………… 763
随州地域文化研究破解"曾国之谜" ………………………………………………………… 772
推进随州汉江生态经济带建设的思路及对策研究报告 …………………………………… 784
新时期曾侯乙编钟文化的产业化研究 ……………………………………………………… 795
随州专汽产业发展战略研究 ………………………………………………………………… 803
提高网络舆情应对能力　打造积极向上的主流舆论
　　——基于新形势下网络舆情特点的舆情应对思考 …………………………………… 813

第十三篇　恩施州

社区信息化与构建和谐社会的研究
　　——恩施州社区信息化建设实证分析 ………………………………………………… 821
精神扶贫与恩施州可持续发展 ……………………………………………………………… 827
恩施州"三位一体"乡村治理模式实效及影响研究 ………………………………………… 834

第十四篇　仙桃市

对当前仙桃市村卫生室和乡村医生队伍建设情况的调查 ………………………………… 847
推动仙桃思想大解放　促进经济社会大发展 ……………………………………………… 853
中国传统文化之孝行雅行研究
　　——读经典内容、形式、效果及分析报告 …………………………………………… 863

第一篇 武汉市

地域文化视野下的武汉城市形象塑造与传播研究

武汉市社科院课题组

城市形象伴随着城市的产生、发展而客观存在,良好的城市形象通过有效的传播得以在较大范围内展示并产生吸引力。在城市形象塑造与传播中,地域文化特色鲜明的城市往往更能引人注意和产生魅力。北京、上海、杭州、成都、香港、首尔等国内外城市,无不重视城市文化形象宣传推广,城市形象建设成效显著。武汉历史悠久,有3500年的建城史,是国家历史文化名城、中国近代工业的重要发祥地和辛亥首义之城,在长期历史发展中形成了特色鲜明的汉派文化。如何从汉派文化的传承与创新入手,着力总结、提炼汉派文化的内涵与特质,在政府作风、市民素质、企业责任、媒体形象、城市景观、文化节庆中体现汉派文化精髓,形成武汉城市形象的聚焦和魅力,进一步扩大武汉城市知名度和美誉度,提升武汉的比较竞争优势,是一个重要研究课题。本研究报告拟从城市形象传播载体与汉派文化相互影响的视角入手,探讨以汉派文化化人、化境、化制,从而提出优化武汉城市形象传播成效的若干建议。

一、汉派文化与武汉城市形象建构的历史考察

汉派文化是中华文化的重要代表,源于商周,成型于晚清以后。汉派文化的发展历经数千年,杂糅吸收多种外来文化,兼容并包,内涵丰富,直到今天仍处于不断发展之中。汉派文化的载体具有多元性,表现形式多样,如汉派建筑、汉派美食、汉派服饰、汉派文学、汉派艺术,等等。汉派文化特色鲜明,魅力独显,表现出包容、务实、创新的特点,其求强求富、兴鄂爱国的追求与社会主义核心价值观高度一致。汉派文化作为代表性的地域文化样本,其物质遗存和精神积淀是武汉城市形象的重要组成部分和具象化。因此,在武汉城市形象建构中,汉派文化具有重要影响。考察近代以来的汉派文化与武汉城市形象建构的历史脉络,可以发现越是思想开放、文化繁荣,武汉的城市形象就越是鲜明、城市地位就越高。概括起来,近代以来武汉城市形象建构可分为四个时期,出现过七大高峰。

(一)"睁眼看世界"的晚清时代(1840—1911年),武汉从一个封建性的国内贸易重镇发展成为连通内陆和沿海的国际贸易城市

这一时期,武汉地区逐步由相对隔绝闭塞的封建城市,转向被迫对外开放、风气渐开的近代化工商业都市,其中又以1861年汉口开埠为标志,分为两个阶段。从武汉地区思

潮的发展看，近代知识分子群体的形成与壮大，新式学堂的兴办与西学的传播，当政者政治控制的相对松弛和开明，为各种进步思潮的孕育、传播创造了条件，最终形成武汉社会思潮发展史上的两个高峰：一是张之洞为代表的洋务思潮，二是文学社、共进会等为代表的辛亥革命思潮。从武汉地区思潮与全国的关联看，武汉在地理上成为沿海新思潮传入内陆的枢纽城市：得风气之先的广东地区各种思潮经由武汉一路向北，浸润内陆；上海地区各种思潮亦溯江而上，经由武汉影响四川等地。因此，武汉既从全国特别是思潮发达之地引进、吸收新思想、新人才，而且又以近代重要的思想文化中心影响其他地区特别是武汉周边和两湖地区，从而在这一时期兼具了聚合和扩散各种思潮的重要作用，奠定了武汉近代城市形象。

(二)思想喧嚣与思想抉择的民国时期(1912—1949年)，武汉成为国内重要的新思潮中心

这一时期，武汉因大革命和武汉抗战而备受国内外瞩目，继续成为国内重要的新思潮中心。在民国前15年北京政府时期(1912—1927年)，由于民国初创，以及后期地方军阀割据混战、南北分立等因素，中央政府的政治控制相对放松，给各种西方思潮涌入中国和迅速传播创造了条件，因而这一阶段思潮之多、流派之杂，在中国近代史上非常罕见。在民国后22年南京政府时期(1927—1949年)，虽然由于国民政府完成了表面上的统一，强化政治控制更加便利，但是马克思主义等革命思潮仍然顽强传播，并最终在各种思潮的历史选择中成为在全中国居于主导地位的社会思潮。武汉在这一时期再次成为全国思潮中心，形成两大高峰：一是从"五四"前后早期社会主义思潮传播、武汉共产主义小组成立，到国共实现第一次合作并共同推动国民革命，武汉成为大革命高潮时期的"赤都"；二是1937年全面抗战爆发后，武汉成为国民政府临时首都，1938年武汉会战前后成为抗战文化中心，抗战救亡思潮在武汉奏出了中华民族团结御侮的最强音。武汉"赤都"和"抗战首都"的英雄城市形象在国内外产生深远影响，成为城市珍贵的历史记忆。

(三)社会主义思想实现普及与走入误区的新中国成立初期(1949—1976年)，武汉成为共和国的工业骄子和社会主义新型工业城市

这一时期以1956年为界点，分为两个阶段：一是新民主主义的7年(1949—1956年)，武汉是国家重大项目投资的重点地区，成为共和国的工业骄子，在社会主义思潮的引导和激励下，市民投身社会主义建设的热情高涨，武汉开始从近代工商业城市转向社会主义新型工业城市；二是从社会主义改造到"文化大革命"(1957—1976年)，这一时期"左"的思潮开始干扰社会主义建设，其影响逐渐扩大、泛滥到各个领域，最终爆发"文化大革命"，武汉国民经济和人民生活受到严重影响。在"文化大革命"爆发前，"百花齐放、百家争鸣"的武汉思想文化工作，又一次创造了自己发展史上的高峰，社会主义思潮与社会主义建设相得益彰，武汉牢牢占据全国城市发展的第一方阵，以社会主义新型工业城市载入新中国史册。

(四)思想转折与思想解放的新时期(1976年10月以后),武汉成为改革开放初期的标杆城市和新世纪国家重大战略的叠加之地

这一时期以1978年和1992年为界点,可以划分为三个阶段:一是短暂的徘徊时期(1976年10月—1978年12月),二是改革开放初期(1978—1992年),三是历史新时期(1992年至今)。"文化大革命"结束以后,武汉进行初步拨乱反正,较早参加和支持真理标准问题大讨论,逐渐冲破长期以来"左"的错误的思想束缚,促进了思想解放的进程。在改革开放初期,武汉勇于解放思想,大胆改革创新,经中央和国务院批准先后进行经济体制综合改革试点和城市综合配套改革试点,实行一系列以市场为取向的改革举措,为我国发展有计划商品经济和建立社会主义市场经济体制充当先锋,在经济体制改革中创造了一批"全国第一",引领全国改革风气之先。进入历史新时期,武汉再次站在历史的潮头:1993年,国家体改委批准武汉为国家综合配套改革试点城市;2007年12月,国务院批准武汉城市圈为全国资源节约型和环境友好型社会建设综合配套改革试验区;2009年12月,国务院批复武汉东湖高新区建设国家自主创新示范区。这一时期,以改革、开放、发展、包容为内核的科学发展思潮,成为引领武汉新一轮思想大解放与城市大发展的指导思想。在矢志建设国家中心城市和国际化大都市、实现大武汉复兴的历史征程中,思想解放与科学发展进程相互促进,武汉重回全国城市发展第一方阵。这一时期的武汉,舆论氛围日趋宽松,思想文化发展更加活跃,社会思潮呈现一主多元格局,武汉以强势复兴的形象书写着城市新世纪的发展史。

近代以来的武汉城市史,既是汉派文化逐渐丰满成型的历史,也是武汉城市形象逐渐鲜明建构的历史。近两百年来,围绕着实现民族独立、国家富强、人民幸福和中华民族伟大复兴的梦想,武汉地区孕育和产生一系列进步思想学说,形成了中国梦在武汉的五大精神源头:洋务思潮重要代表人物张之洞的湖北新政,实践着实业救国和改革强国之梦;资产阶级民主革命风潮中爆发的武昌首义推翻封建专制,开启了民主共和梦想;从甲午之后的湖北新军编练,到武汉抗战时期的新四军组建,捍卫着强军卫国梦;抗战救亡高潮中的武汉保卫战,谱写了同仇敌忾、气吞山河的民族独立梦。实践证明,汉派文化与武汉城市形象的良好互动,有助于提升武汉城市文化魅力。新时期塑造与传播武汉城市形象,也应从传承与创新汉派文化的视角中寻找思路。

当然,脱胎于过去、植根于特殊地域的汉派文化,又具有实现现代转换的必要性。逐渐成形于近代时期的汉派文化,其特点是对其他文明的包容,敢于创新,注重务实。在万马齐喑的晚清中国社会,武汉地区在张之洞主持下大胆引进西学,兴办工业和教育,刷新政治,以敢为天下先的精神走在全国前列,奠定了汉派文化的历史地位。改革开放以后,汉派文化中的这种敢为人先、追求卓越的精神再次大放异彩,武汉成为全国改革的标杆城市。但是,历史上的汉派文化也有一些惰性消极因素,如过于务实导致的短视,缺乏长远眼光,灵动有余而定力不够,难于持之以恒,过于粗放,失之精细等。因此,研究武汉城市形象塑造与传播,关键是促进汉派文化的历史传承与现代转换相结合,并以现代化的汉派文化塑造现代化的武汉人和武汉城,从而做好汉派文化这篇大文章,彰显武汉独特魅力。

二、武汉城市形象塑造与传播中的地域文化影响

城市形象是一件易碎品,需要城市利益相关方的细心呵护。武汉城市形象塑造与传播的载体,既包括政府、媒体、市民、企业,也包括城市文化、城市景观、城市节事等。在这些载体中,汉派文化的影响潜移默化,无处不在。一方面,必须认识到彰显武汉独特魅力必须用好用活汉派文化的独特作用和聚焦效应;另一方面,又必须承认实现汉派文化现代转换的必要性,以现代化的汉派文化因子型塑政府、市民、企业、媒体形象,营养城市景观和城市节事,从而促进武汉现代城市形象的建构。

(一)汉派文化与政府形象

政府形象是城市形象的重要内容,政府在城市形象传播中的载体功能集中表现于两方面,即:政府形象诠释城市形象,政府传播推动城市传播。对于城市政府而言,它既塑造城市,也塑造自身。地域文化深刻地反映在政府的施政行为中,影响着政府形象。

晚清以来,武汉近代城市形象的建构在很大程度上得益于相对比较开明的地方政府。在近代中国,武汉地区政治控制或紧或松,从总体趋势看政治环境逐渐宽松,为思想文化发展和社会思潮的形成与传播提供了较好的条件。从林则徐督鄂时在武汉地区整顿吏治、整治社会不良风气和各种积弊开始,到张之洞主政时大刀阔斧推进新政,武汉地区逐渐以洋务重镇蜚声国内外。其时,张之洞共设置各种新机构36个,其中25%是按清廷的指示而设,75%是张自设,足见当时敢为天下先的改革气度。改革开放以来,武汉再次掀起改革大潮,近年更掀起以"打造全国发展软环境最优城市"为目标的"治庸问责"行动,以"电视问政"、"网络问政"等创新举措,有效刷新政风。这些举措,在优化政治文化和政府形象的同时,也在为武汉城市形象加分。

(二)汉派文化与市民素质

人是城市最生动的元素。凯文·林奇在《城市意象》一书中认为城市因人而存在,对城市意象的形成很大程度上是基于人们的情感认知和情感体验,传播城市形象时应将城与人相结合。国内学者张鸿雁指出,城市形象的本质是人的素质,没有城市人的素质,也不可能有良好的城市形象。一地一城的民众形象,其背后有着深刻的地域文化烙印。小说《儒林外史》中有这样一个细节:两名挑着粪桶卖粪的挑夫互相商量着,卖完今天的货喝口水,就上雨花台看落照去。文人闻之不禁感叹道,菜佣酒保都有六朝烟水气!可见,南京作为六朝故都的气象已渗透到包括菜佣酒保在内的普通市民精神深处,使市民从精神气质上与这座城市、与它的形象一体化了。中国古代寓言故事中,"自相矛盾"、"刻舟求剑"、"画蛇添足"等多有嘲讽楚人之意。直到今天,我们还能看到《河南人惹谁了》《不要欺负我们湖北人》《其实你不懂广东人》等作品中所反映出的以人观地、以地断人的评价习惯。

传播城市美名,必须借力市民。近代武汉之所以能够跻身国内城市翘楚,一个重要原因是通过兴办近代教育、鼓励出国留学和大力引进西学,武汉地区不仅形成了一个数量可

观的近代知识分子群体，而且促使一般官民耳目一新，眼界大开，社会风俗发生着脱旧出新的显著变化。历史的发展证明，文明首先出现在城市，并随着城市的发展而升级和扩展。古代雅典人注重培养"公民"意识，现代城市也应该努力提高市民文明素质。2007年以来，武汉产生了30个市级以上先进典型，出现了英模"群星现象"，在全国产生广泛影响，成为传播武汉靓丽形象的"城市名片"，也有助于形成崇尚文明、学习先进的示范效应。当前，武汉正在创建全国文明城市，以优秀汉派文化提升市民文明素质，当是一个迫切的任务。

（三）汉派文化与媒体形象

本地媒体是城市形象传播的重要载体，对建构和传播城市形象具有重要作用。刘易斯·芒福德关于城市形象的概念中已经注意到传媒的作用，他认为城市形象是通过大众传媒、个人经历、人际传播、记忆以及环境等因素的共同作用而形成的。美国学者格伯纳等创立和发展的涵化理论认为，传媒塑造的现实与受众所领悟的现实之间存在显著的关联，人们在形成社会观念时，电视等媒体发挥着重要的作用，虽然这种影响隐而不彰，但其长期的潜移默化不可忽视。马克斯韦尔·麦库姆斯和唐纳德·肖提出并论证了大众传播媒介的议题设置功能，认为大众媒介通过把握新闻报道的选择权、优先度以及表达形式对社会环境进行再构建，在公众周围创造一种舆论氛围，从而潜移默化地影响人们对外部世界的认知和观念。

相对而言，由于本地传媒本身即是城市文化的一个窗口，所以它对城市形象的塑造与传播功能更为显著和重要。以上海为例，近代以来，上海作为中国新闻中心，其形象塑造和提升与传媒作用息息相关。以《申报》、《新闻报》等为代表的报章，努力调和中西文化差异，积极介绍各种新思想、新事物、新生活，为上海在近代独立潮头、形成独特形象贡献良多。近代武汉的形象，也是通过《大江报》、《汉口新闻报》等众多进步媒体传遍国内外。当前，本地平面媒体、城市网络社区、论坛、政府微博等本地传媒日益发达，它们既是传播本地城市形象的重要信息源，又为城市中亟待交往的人们提供了一个虚拟平台，用以了解城市、政策咨询、建言献策、寻求娱乐、理顺情绪，可以提升市民文化品位，激发参与城市建设的热情，进而成为城市形象提升和传播的推动力量。如何更好地利用这些媒体形式影响社会公众、传播城市形象，是一个重要的课题。

（四）汉派文化与企业形象

企业及其生产的产品，从一开始就带有城市的印记。企业形象与城市形象具有相关性，企业营销除了推销产品，也在营销城市。通用、福特和克莱斯勒与底特律，好莱坞与洛杉矶，硅谷与旧金山，海尔、海信与青岛，就是企业品牌与城市形象的典型案例。在这些著名企业品牌的背后，同时也具有深厚的城市文化积淀。汽车是有文化的，电影、科技也是有文化的。因此，在一定意义上，企业品牌与城市品牌相得益彰我们完全可以借用企业的品牌效应传播城市形象。

20世纪80年代，"燕舞，燕舞，一曲歌来一片情！""武汉一枝花，洁净千万家！"等广告词，曾让武汉在全国耳熟能详。今天，中国光谷、中国车都等代表自主创新能力的产业、企业品牌，再次让武汉在全国城市方阵中占有重要一席。特别是一些基于独特的资源禀赋和地理优势、在长期历史进程中形成、发展起来的名优特色产品，更是武汉的金字招牌。比如老通城豆皮、四季美汤包、蔡林记热干面、精武鸭脖、汉绣等，既是武汉悠久历史和经济活力的良好代表，也是城市形象的充分展现。通过焕发传统名牌的活力，增强新兴品牌的竞争力，积极促进汉派文化与企业产品的紧密融合，开发富于代表性、象征性的新的城市形象产品，可以形成较强的形象传播力。

（五）汉派文化与城市景观

城市因文化而产生魅力，城市景观因文化特色而历久弥新。长期以来，人类在改造自然景观的过程中，形成了叹为观止的人文景观和各具特色的城市景观。北京与天安门、故宫，武汉与黄鹤楼、汉口江滩、长江大桥，上海与外滩、东方明珠塔，苏州与园林，澳门与大三巴牌坊，纽约与自由女神像、华尔街，哥本哈根与美人鱼雕像，这些城市与景观相互倚重、相得益彰。其他古往今来各地招牌式的"八景"、"十景"的标榜，像"燕京八景"、"西湖十景"、"汉阳十景"，作为长期以来形成的文化地理景观，散发出特定地域的独特魅力，使城市的景观与城市的印象紧密相连，诠释出城市景观在城市形象传播中的积极意义。

歌德说，建筑是石头的书；雨果说，人类没有任何一种重要的思想不被建筑艺术写在石头上。现代城市形象意义上的城市景观，是指城市中由街道、广场、建筑物、园林绿化等形成的外观及气氛，它包括自然景观要素和人工景观要素，如山丘、树木、河流、湖泊、城市建筑、街道、广场、公园、雕塑、绿化、文物古迹、文化遗址、商贸集市等。在城市形象传播的意义上，如何把这些景观要素加以系统组织，并结合城市地理文化因素使其形成完整和谐的景观体系和有序的空间形态，形成独具特色的城市景观，是一个关涉城市形象设计与塑造的重要课题。城市景观效应对城市形象的传播具有重要影响。但是，快速城市化和工业化正在给我们的城市景观带来空前的压力。因此，有必要检讨文化保护给城市化让道的政策，重视文化遗存保护利用。当承载着丰富城市形象信息、充满和谐之美的城市景观呈现在我们眼前的时候，无论是市民、游客、投资者还是潜在的城市利益相关者，都没有理由不对这座城市产生深刻的印象和深深的眷恋。

（六）汉派文化与城市节庆

城市节庆活动，如特色节日，庆典，地方特色产品展览会、交易会、博览会，各种会议，重大的文化、体育活动等，都是体现城市文化和展示城市形象的重要窗口。理论界广泛注意到城市重大活动对塑造城市形象的积极意义。法国思想家居伊·恩斯特·德波提出一种新的城市形象建构思路，即通过"制造城市事件"主导人们的"生活模式"，进而密切市民与城市的关系。迈克尔·霍尔在《重大活动与城市形象重塑战略》一书中指出：重大活动本身是一种机制，它能够使城市"商品化"，起到吸引投资，增加就业和游客数量的作用；它也能塑造出健康发展的城市形象，从而引导居民表达对城市的一致认可。国内外不少城市在利用城市节庆进行城市营销方面有过成功尝试。如1988年汉城奥运会的举办对韩国首都汉城（现称首尔）形象的提升作用；国内的广州交易会（1957年）、哈尔滨国际冰雪节(1984年)、大连国际服装节(1988年)、青岛国际啤酒节(1991年)等也非常成功。武汉的国家杂技节、渡江节、旅游节、赛马节也久负盛名，在一定程度上体现出城市市情和汉派文化特色。如何进一步凸显特色、累积效应，对内增强城市凝聚力、提升荣誉感，对外展示形象、扩大影响力，是城市文化软实力建设的重要任务。

三、推进汉派文化传承与创新，塑造与传播武汉魅力形象的建议

塑造与传播武汉良好城市形象，应立足汉派文化与武汉市情，使汉派文化在继承优秀文化传统的前提下实现符合社会主义核心价值观要求的现代转换，并充分贯彻和体现到政府作风、市民行为、文化产品和服务、城市景观及城市节庆之中，从而增强武汉城市形象识别和彰显武汉独特城市魅力。因此，建议重点做好以下五项工作。

（一）加强汉派文化内涵研究和宣传工作，扩大汉派文化影响，增强武汉城市形象识别

纵观国内中心城市，无不注重培育、传承鲜明的文化特色和个性魅力。北京有大气端庄、开放包容、厚德明礼的京派文化；上海有海纳百川、兼收并蓄、精细时尚的海派文化。武汉地处荆楚大地，楚风汉韵，底蕴深厚。优化城市文化功能，绝不能数典忘祖，舍本逐末，而应坚守中华文化传统，培育和创新独具魅力的汉派文化，以国际眼光更新和改进武汉的文化形态，促进文化多元，建设充满活力的文化之都。汉派文化是长江文明的重要代表，在内涵上包含盘龙文化、知音文化、首义文化、楚文化、三国文化、木兰文化以及近代工商都会文化，其在多元文化兼容并包中蕴含的人本、信义、竞合、包容、创新、务实等文化特质和人文传统，塑造了武汉人敢作敢为、豪放包容的个性，塑造了"敢为人先、追求卓越"的城市精神。因此，建议借鉴北京、上海推广京派文化、海派文化的经验，加强汉派文化内涵研究和宣传工作，通过理论研究、会议研讨、出版研究专著等形式，明确汉派文化的内涵、特质和表现形式，探讨汉派文化的创新方向，使汉派文化融入改革、开放等时代元素，成为有利于城市发展和功能优化的集体人格，增强武汉城市形象识别。

（二）促进汉派文化与时代精神的契合，以文化人，着力改进政府作风和提高市民素质，以良好的政府形象和市民形象传播城市形象

以优质文化型塑市民文化性格，是国内外知名城市的重要经验。武汉市民素质曾经饱受诟病，直到今天仍然影响着城市形象。在争创全国文明城市的背景下，建议启动实施城市公共文明提升工程，加强市民城市形象意识教育和文明素质教育，加强市民行为规范，通过激励文明行为、惩罚不文明行为，用城市文化塑造和培育市民守法重诺的文明理念与行为方式。把提高市民素质、改善城市形象与提高幸福感受紧密结合起来，应重点抓好三项工作：一是依托社区、单位加强文明市民教育，提高市民素质，形成市民参与城市建设、城市发展惠及市民的互动机制。二是加强交通秩序综合整治，重点加强行人乱穿马路，电动车超标、违反交通规则，"黑的"、"摩的"、"黑麻木"非法营运等整治。三是强

化城市公共文明制度创新，稳步推进自行车、公交专用道建设，还路于民，探索实施错峰上下班，提高出行效率。需要注意的是，很多地方在提高市民素质时容易流于形式，往往"一阵风"，很难达到效果。同样一个人，在内地可以乱穿马路、随地吐痰，到了中国香港或是新加坡等地却能遵章守法，不能不引人深思。目前，内地还没有哪座城市真正达到了中国香港或是新加坡的公共文明水平，如果武汉在城市公共文明建设中能够做到一如既往地令行禁止、文明出行，那么相信武汉一定能在争夺注意力资源的激烈竞争中脱颖而出。

通过深入推进政府治理改革，促进政府行政权力科学配置、依法运行，培育和型塑政府服务至上至优的政治文化，切实转变政府作风和提高服务效能，以优良的政府形象塑造和提升城市形象。一是在纵向权力配置上继续坚持以重心下移为方向，理顺上下级政府机构设置和财权事权关系，把更多的行政管理权限下放区、街。二是在横向权力配置上坚持科学厘权定责，进一步从体制、机制上解决职能交叉重叠、边界不清晰、主体不明确、责任不清、推诿扯皮等问题，优化政务环境。三是在权力运行上强力打破梗阻和加强监督，着力构建以民主决策、责任管理、反馈修正、协调沟通、绩效评估、监督考评、风险控制等机制为主要内容的，更加科学、规范、开放、高效的服务型政府运行机制。继续完善政府运行规则的立法工作，努力提高行政决策的科学化、民主化水平，积极扩大政府运行的开放度和透明度，更加强化政府运行的责任管理与风险控制，不断提高公共权力运行质量和效率。四是建立社会监督政府的长效机制，促进政风效能持续改善，投资发展环境持续优化。

(三) 促进汉派文化与创新精神的契合，发展壮大公共文化事业和文化创新创意产业，形成更多的汉派文化品牌

体现浓厚地域文化特色的优秀文化产品和服务，是塑造和传播地方形象的"金话筒"和"扩音器"。为此，应促进汉派文化与创新精神的契合，通过体制机制创新和发挥市场作用，发展壮大公共文化事业和文化创新创意产业，培育更多的汉派文化品牌，再造文化强市。

一是加大文化立法和制度建构力度，尽快形成科学的文化法律制度体系，不断优化文化发展的制度环境。在内容上，包括公共文化服务保障、文化产业促进等基本法律制度体系，以及文化投入保障、市民文化权利保障、公益性文化事业发展、文化遗产保护、知识产权保护、网络传播管理等方面体制机制。继续深化文化行政体制改革，推动政府部门由办文化向管文化转变，由管微观向管宏观转变，促进文化活力。健全国有文化资产管理体制，提高文化领域管理效能和服务水平。实施新媒体发展战略，加快推动以报网融合为代表的传统媒体与新兴媒体融合发展，打造多渠道、广覆盖、高效率的文化传播平台。完善和落实文化经济政策，加大财政、税收、金融、用地等方面对文化产业的扶持力度。

二是建立健全现代文化市场体系，促进文化资源要素的广泛流动，提高文化资源配置效率和活力。进一步促进市场在文化资源配置中发挥主导作用，完善文化市场准入和退出机制，降低文化市场准入门槛，保障各类市场主体享受同等待遇，促进文化产品、服务、要素在更大范围内合理流动，充分激发和释放文化市场活力，营造有利于各类市场主体发

展壮大的市场环境。鼓励非公有制文化企业发展，支持各种形式中小微文化企业发展。积极培育多层次的文化产品和要素市场，尤其加快培育文化产权、版权、信息等要素市场，打造国家文化资源配置中心。搭建文化产业投融资平台，推动金融资本、社会资本、科技资源、文化资源相结合。完善文化产品评价体系和激励机制，建立公开、公平、公正的评奖机制。推进武汉文化产权交易所建设，建立健全文化无形资产评估机制。大力发展文化行业协会和中介组织。

三是发展文化产业，建设文化强市。立足使文化产业成为全市先导性、战略性、支柱性产业目标，制定和落实文化产业支持系列政策。坚持融合发展思路，积极推进文化和科技、旅游、体育、信息、建筑、制造等产业的融合力度。支持品牌培育和发展，推动文化资源、要素向优质企业、优势产业门类、优秀文化活动集中，积极培育大品牌和大企业。坚持集聚发展，加强文化产业空间布局规划，加快"汉阳造"、"楚天181"等文化产业园区建设发展，着力创新业态，延伸文化产业链，提高文化产业发展的规模化、集约化、专业化水平，更好地激发文化产业的经济功能。坚持共同发展，鼓励和引导民间资本投资文化产业，扶持一批有发展前景的中小微文化企业，形成公有制为主体、多种所有制共同发展的文化产业格局。坚持培养和引进优秀文化人才，通过优化文化环境、创新机制、加强激励、促进成才等措施，吸引和留住一批中高端人才。

(四)促进汉派文化在武汉落地生根，加强城市文化遗存的保护和科学利用，在城市景观规划与设计中强化和彰显汉派文化元素

汉派文化要发扬光大，成为武汉城市形象的名片，就必须活起来、动起来，必须体现在城市的景观中，体现在市民的生活中。因此，应通过加强城市文化遗存的保护和科学利用，使悠久的城市历史记忆"复活"；通过科学设计和严格规划体现汉派文化的城市软硬质景观，使城市文化特色立体化、生活化。

一是加强城市文化遗产保护与利用，彰显城市的个性、品位和独特风貌。刘易斯·芒福德说过："城市的主要功能是化力为形，化能量为文化，化死的东西为活的艺术形象和音标，化生物的繁衍为社会创造力。"城市文化遗产保护与利用，做的就是"化死的东西为活的艺术形象和音标"的工作。武汉作为国家历史文化名城，有丰富的文化资源积淀和独具特色的地域文化特色，但保护还不够，利用不够好。应进一步加大历史文化遗产保护利用力度，以充满浓郁地域特色的汉派文化资源为底色，重建文化自信，创新经济与文化相结合、相促进的新形式，续写城市文化发展的新传奇。重点是研究历史街区、工业遗存、非物质文化遗产等历史文化资源的保护与利用，思考如何使文化遗产保护与城市经济社会发展、与城市功能更好结合，从而激活文化资源，促进城市历史与未来衔接、文化与城市融合，建设充满历史文化气息和现代生活形态的、具有活力的文化大都市。

二是科学设计和严格规划城市软硬质景观，加强城市色彩规划。从汉派文化特色、以更先进理念规划城市出入口、主要道路交叉口、广场、历史街区、商业街区、滨江滨湖地区、城市植被、道路、围墙、标牌、栏杆、路牌、电话亭等城市软硬质景观和城市色彩，提升城市建筑、道路等城市空间的整体协调性，进一步彰显武汉的和谐之美，形成合适的城市标志色，改善武汉的视觉形象。加强市容市貌的精细化管理，对出店经营、夜市摊

点、道路清扫、文明劝导、渣土污染、填埋污染湖泊、违法建筑等加强引导规范，重塑城市面貌。严格城市规划管理，特别是对处于城市重要节点区域的空间结构和布局更要严格审批。积极推出和宣传一批代表武汉现代城市形象的建筑设计精品，打造更多更靓的城市名片。通过营造城市然环境特色、园林绿化特色、城市布局特色、历史文化特色、城市建筑特色、城市街景与天际线特色、城市公共空间特色、城市色彩特色等，彰显武汉与众不同的形象魅力。

（五）加强文化交流，积极申办、承办和引进国内外重大节庆，扩大武汉城市关注度和影响力

塑造和传播城市形象，始终离不开文化对外开放。通过加强对外文化交流，举办文化节庆，扩大对外文化贸易，是不断促进汉派文化创新和国际传播，彰显武汉独特文化魅力和文化形象，推进国际性大都市建设的重要途径。

一是扩大对外文化交流，促进汉派文化国际传播。面对世界范围内各种思想文化交流、交融、交锋日益加深的新形势，应立足于建设成为具有文化魅力的世界城市，加快建立健全对外文化交流政策支持和保障服务体系，继续鼓励支持各类学术团体、社会组织、艺术机构参加对内对外文化交流，进一步提高城市文化开放水平，使武汉城市文化更好地体现中华文化、更好地融入世界文化发展潮流。在对外文化交流中应积极加强文化借鉴，增强吸收外来文化成果的能力，促进汉派文化创新。积极吸收借鉴国内外一切优秀文化成果和有利于发展文化事业、文化产业的经营管理理念及机制，引进有利于武汉文化发展的人才、技术和经营管理经验，培育和推出更多走进世界市场的汉派文化精品。加快构建技术先进、传输快捷、覆盖广泛的现代传播体系，创新对外宣传方式和话语体系，提高文化传播能力，传播好武汉声音、塑造好武汉形象。

二是引进、举办、承办重大文化节庆，提高武汉关注度。节庆活动可以在相对集中的一段时间内，把与资源相关的要素整合到同一个形式中，产生新的价值点和兴奋点。武汉在举办节庆加强城市宣传方面，已经积累了一定经验。建议继续办好武汉传统的四大节（渡江节、杂技节、旅游节、赛马节），同时通过WTA女子职业网球赛、世界园艺博览会、国际名校赛艇挑战赛、琴台大剧院等世界级文化事件和特色城市文化地标，并积极申办更多国家及国际层次的节庆活动，如全运会、亚运会等，策划引领城市文化发展，提升城市文化形象。

三是扩大对外文化贸易，推动汉派文化精品出口。树立全球视野，统筹政府推动和市场运作，依托贸易和投资形式推动文化走出去，推动汉派文化精品对外贸易上水平上台阶，提高武汉文化的国际影响力。具体就是制定完善文化开放的支持政策，加大财政、金融、税收、用地等方面的扶持力度，培育壮大一批外向型文化企业和中介机构，支持一批竞争力强、具有创新能力的中小文化企业到市外、国内外开拓市场，鼓励文化企业以国际市场为导向，创作具有自主知识产权和自主品牌的文化精品，支持扩大体现汉派文化特色的传统文化产品出口。完善文化促进体系，积极发展译制、推介、咨询服务，组织翻译优秀学术成果和文化精品，为文化企业走出去提供投融资、翻译咨询、知识产权保护等全方位服务。

参考文献

[1]张鸿雁：《城市形象与城市文化资本论：中外城市形象比较的社会学研究》，东南大学出版社2004年版。

[2]张颖主编：《海派文化概览》，上海人民出版社2008年版。

[3][英]雷蒙·威廉姆斯著，吴松江、张文定译：《文化与社会》，北京大学出版社1991年版。

[4]何国平、王瑞应：《广州亚运会与广州城市形象对外传播》，《对外传播》2010年第11期。

[5]文春英、杨彦：《海外城市形象传播经验谈》，《对外传播》2012年第4期。

[6]苏永华、王美云：《杭州城市形象的国际传播》，《经济导刊》2011年第3期。

[7]范蓓、宋奕勤：《楚文化元素在武汉市品牌形象建筑中的应用研究》，《中国艺术》2012年第1期。

[8]郑刚：《文化：城市形象的灵魂》，《公关世界》1996年第9期。

[9]陈卓：《西部城市形象广告片的民俗文化元素——以成都、重庆、西安、昆明、桂林为例》，《西南民族大学学报(人文社科版)》2007年第9期。

[10]闫坤、李航：《创造城市形象的动态象征符——解析上海形象宣传广告〈上海协奏曲〉》，《新闻爱好者》2010年第22期。

[11]李宗诚：《节事活动与城市形象传播》，《当代传播》2007年第4期。

[12]孙健：《视觉时代的城市景观与城市形象建构——以上海世博会为例》，《国际新闻界》2011年第3期。

[13]汪暖暖：《柏林的城市色彩形成与启示》，《华中建筑》2010年第7期。

课题组成员：黄红云　陶维兵

节能减排税收政策研究

武汉市国家税务局课题组

我国目前是世界上最大的碳排放国,2013年碳排放量占全球总量的27.7%,人均碳排放量达到7.2吨,欧洲是6.8吨,而印度仅为1.9吨。同时,大气污染、水污染、垃圾污染、沙尘暴、灾害性天气等环境问题越来越成为中华民族生存与发展的心腹大患。节能减排是解决环境问题的有效手段,税收在节能减排中具有十分重要的作用。本文以我国重要的工业基地——武汉市为例,剖析税收政策的作用和效应。

一、武汉市节能减排概况

近年来,随着工业化加速推进,特别是"工业倍增计划"使武汉市GDP快速增长,即将迈入万亿元俱乐部;另一方面节能减排任务十分艰巨,发展与环境的矛盾十分突出。根据武汉市环境保护局环境状况公报,2013年武汉市空气质量优良天数从2012年的321天骤降至160天,降幅高达50.16%;Ⅳ类以下水质湖泊(水库)数量则由56个上升到78个,同比上升39.29%。从相对指标来看,2013年空气质量优良率从2012年的87.70%骤降到43.80%,Ⅳ类以下水质湖泊(水库)数量占湖泊总量的比例由80.00%上升到87.60%。如何走出一条能耗排放做"减法"、经济发展做"加法"的新路子,是武汉市实现可持续发展的必然选择。

(一)单位GDP能耗高于全国平均水平

2006—2013年武汉市单位GDP能耗每年均在下降,从1.29吨标准煤/万元下降到0.76吨标准煤/万元。通过这些年的不断努力,武汉市的单位GDP能耗与全国平均水平不断接近,但2013年仍高出全国平均水平15.27%(参见图1)。

(二)能耗总量逐年增长

工业部门,尤其是重工业的生产需要消耗大量能源。武汉市由于经济总量的快速上升,使得单位GDP能耗的降低并未能阻止能耗消耗总量的快速上升。2006—2013年全市能耗总量从3419.79万吨标准煤上升到6878.06万吨标准煤,增长了一倍左右。能耗消耗一直与经济总量呈正相关关系,这对武汉市经济可持续发展形成挑战(参见图2)。

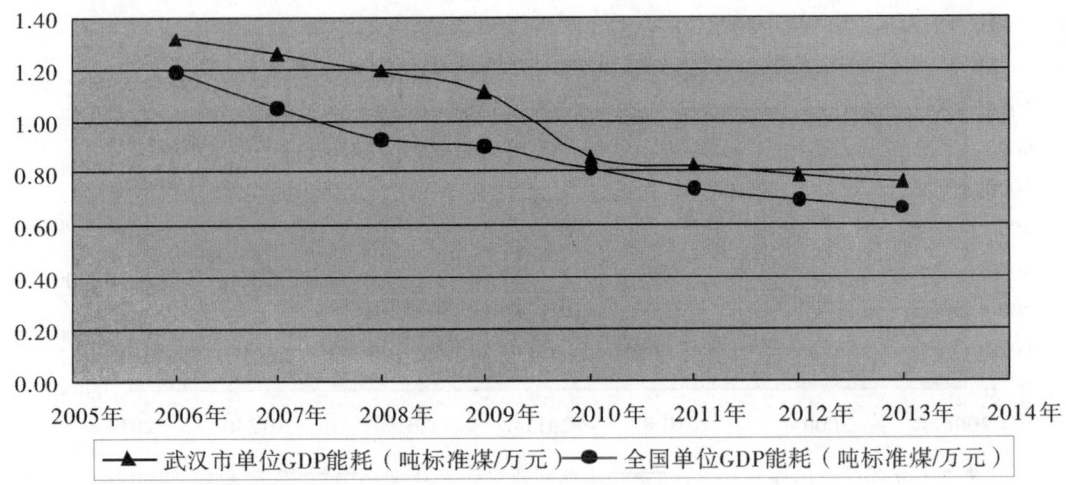

图1 武汉市单位GDP能耗与全国单位GDP能耗比较

数据来源：2013年中国统计年鉴 2013年武汉市统计年鉴

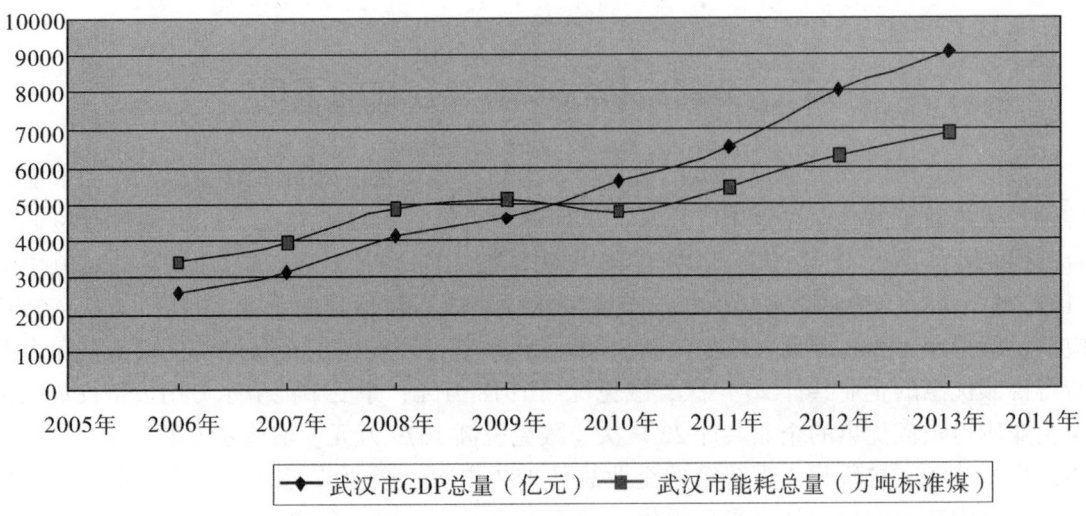

图2 武汉市近年来GDP、能耗总量增长情况

数据来源：2013年中国统计年鉴 2013年武汉市统计年鉴

(三)"三废"排放控制力度仍需加强

2009年以来，全市工业废气排放总量增长迅速，在2011年达到最高值6359.95亿标立方米。之后逐年缓慢下降，2013年全市工业废气排放总量5632.42亿标立方米，仍然维持在高位，比2009年增加1332.55亿标立方米，增幅达30.99%。2011—2013年全市废水排放总量急剧上升，从76581.90万吨增长到85400.13万吨，增长8818.23万吨，增幅

达 11.51%。工业固体废物排放总量缓慢增长,从 2009 年的 1212.94 万吨,增长到 2013 年的 1381.55 万吨(参见图 3)。

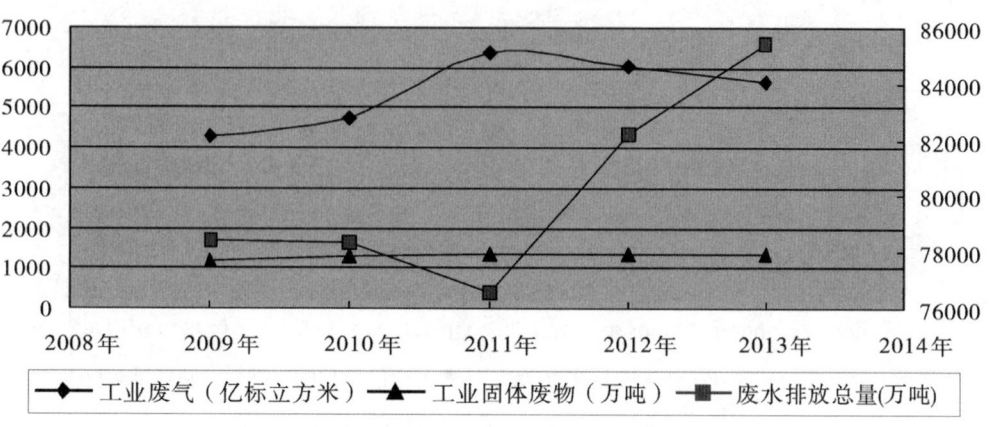

图 3　武汉市近年来"三废"排放情况
数据来源:武汉市环保局网站 2009—2013 年环境统计公报

二、节能减排税收政策存在的不足

根据武汉市国家税务局提供的数据:企业所得税方面,2011—2013 年,享受节能减排税收优惠政策的企业总计 102 户次,总计减免税额达 13074.75 万元。其中享受资源综合利用企业所得税优惠的企业共计 44 户次,按 10%减计收入 24771 万元,减免税额 6192.75 万元;享受从事环境保护、节能节水项目所得税优惠的企业共计 11 户次,减免应纳税所得额 14340 万元,减免税额 3585 万元;享受环境保护专用设备投资额抵免企业所得税额优惠的企业共计 25 户次,减免税额 1918 万元;享受节能节水专用设备投资额抵免企业所得税额优惠的企业共计 22 户次,减免税额 1379 万元。增值税方面,2011—2013 年,享受节能减排税收优惠政策的企业总计 187 户次,企业节能减排免税收入达 617414 万元。其中特定建材产品享受免税优惠政策企业 108 户次,免税收入 179796 万元;污水处理劳务享受免税优惠政策企业 19 户次,免税收入 30914 万元;采用旋窑法工艺生产水泥享受增值税即征即退优惠政策的企业 16 户次,享受税收优惠的销售收入共计 262949 万元。

党的十八届三中全会指出,科学的财税体制是优化资源配置、维护市场统一、促进社会公平、实现国家长治久安的制度保障。着力构建有利于科学发展的税收政策体系是我国新一轮税制改革的重要目标和方向。近年来,我国相继出台了节能减排的相关税收政策,这些政策在节能减排工作中发挥了重要的杠杆作用。如 2009 年 1 月 1 日起,国家对销售自产的生产原料中掺兑废渣比例不低于 30%的特定建材产品实行免征增值税的税收优惠政策,该政策实施后,武汉市粉煤灰等废渣利用率显著提升,粉煤灰等废渣大量堆积、污染环境的现象已经大为改观。但面对日益严峻的环境形势，节能减排税收政策理应发挥其更大的作用，与这一要求相比，我国目前的节能减排政策还存在许多不足之处，集中体现在以下几个方面：

（一）优惠政策激励不足

税收优惠政策对企业节能减排的激励作用不大。一方面，企业享受节能减排税收优惠的金额占其节能减排投入的比例较低。2011—2013年，武汉某钢铁集团节能减排投入分别达到87247万元、88802万元、139089万元，但享受节能减排税收优惠的金额占节能减排投入的比例很低，分别为3.54%、2.97%、2.03%。另一方面，企业后续庞大的运营成本没有相关税收优惠政策。如武汉市某玻璃制造厂2011—2013年三年间环保设备投入为5837万元，其运行成本高达3500万元，占设备投入的60%，却没有享受到任何税收优惠政策。

巨额的环保资金投入、高风险的技术研发与现今企业盈利趋势的矛盾较大，如果这些投入得不到税收优惠等国家政策的大力扶持，企业就会缺乏加大节能减排投入的持续动力。

（二）中间产品无法享受税收优惠

为了积极推动资源节约和综合利用工作，我国《企业所得税法》规定，企业综合利用资源生产符合国家产业政策规定的产品所取得的收入，可以在计算应纳税所得额时减计收入。《企业所得税法实施条例》明确规定，企业以《资源综合利用企业所得税优惠目录》规定的资源为主要原料，生产国家非限制和禁止并符合国家和行业相关标准的产品取得的收入，减按90%计入收入总额。根据以上规定，企业利用自身生产过程中产生的废水、废气、废渣等废弃产品进行生产，如果企业将形成的资源综合利用产品直接对外销售，则销售收入可以减计10%，但是该类产品如果不对外销售而是用于连续生产，按现有税收政策则不能享受相关税收优惠。如武汉某石化分公司，其利用工业余热发电、工业废水循环利用，但由于企业自用，创造的效益不能以销售收入体现出来，因而无法享受有关税收优惠政策。由此可见，此类政策的设计理念不利于提高企业节能减排、循环利用的积极性。

（三）优惠目录更新不及时

部分税收优惠政策未及时完善，不利于企业享受税收优惠。按现行所得税法规定，企业购置并实际使用《环境保护专用设备企业所得税优惠目录》、《节能节水专用设备企业所得税优惠目录》规定的环境保护、节能节水等专用设备的投资额，可以按10%的比例实行税额抵免。由于两个目录均是2008年制定并发布，一直未进行更新，近年来，随着技术的进步，辖区钢铁、石化等大型企业购置的设备尽管在节能、节水性能上优于上述目录的规定，但由于不在目录中，难以享受到优惠，导致此项优惠政策的落实几乎处于空白状态。如用于焦炉煤气脱硫净化的脱硫塔、用于盐类生产冷却尾气处理硫酸铵抽风尾气洗净塔等清洁生产设备不在《环境保护专用设备企业所得税优惠目录》中；型号为HWFSL-900用于焦化管式炉蒸氨的废水加热炉不在《节能节水专用设备企业所得税优惠目录》中；目前企业大都采用性能优于空冷式换热器的板式换热器,但《节能节水专用设备企业所得税优惠目录》是空冷式换热器,无法享受税收优惠。此外,很多企业采购零部件,自行组装的节能减排设备,由于不在《目录》上,也没有权威部门鉴定,无法享受税收优惠。

(四)缺少惩罚性的税收政策

我国目前主要依靠征收排污费来约束企业的排放行为,惩罚性税收政策缺失。我国目前施行的征收标准是 2003 年制定的,标准相对过低且严重缺乏刚性和稳定性,对企业排污行为的约束不足。地方政府由于经济发展的需要对节能减排的监控力度不一,造成部分企业转移污染生产线、从监控相对宽松的地区购买污染大的生产原料,逃避监管。截至目前,我国制定的针对资源节约和环境保护的税收政策大概有 30 多项,这些政策当中绝大多数是鼓励性、奖励性的政策,涉及税种主要集中在企业所得税、增值税、资源税、出口退税等方面,但现行税收政策对能耗大、污染重的企业没有相应的税收惩罚性政策,这就限制了税收对能源消耗和污染损害行为的监督、调控力度,也难以形成专门用于节约能源和环境保护的税收收入来源(参见图 4)。

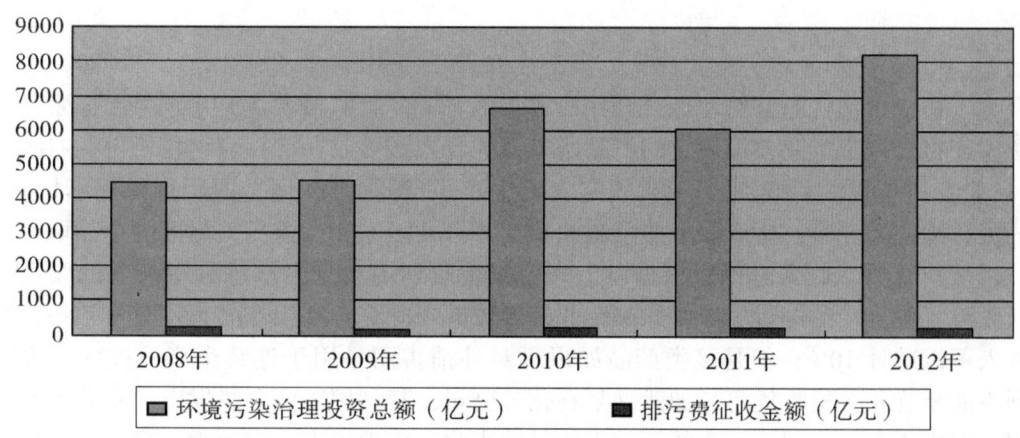

图 4 全国环境污染治理投资总额与排污费征收金额对比
数据来源:2008—2012 年环境统计公报

从图 6 可以看出,我国环境污染治理投资额由 2008 年的 4490.30 亿元增长到 2012 年的 8253.60 亿元,增长了 83.81%,但是排污费征收金额五年来基本持平,部分年份甚至出现下降现象。排污费征收金额占环境污染治理投资的比重也从 2008 年的 4.13% 下降到 2012 年的 2.29%,这充分说明目前排污费的征收金额远远不能满足环境治理的需要。部分环保部门特别是基层环保部门经费较为紧张,基础设施薄弱,工作人员较少,监测手段落后,执法设备不足,存在用排污费弥补公用经费不足的情况,制约着环境保护工作的深入开展。个别环保部门不遵守排污费资金使用相关制度要求,不按要求设置专项资金专户,存在着挤占挪用、坐收坐支等违规行为,排污费的环保专项资金专款专用得不到有效监督,难以真正用于环境保护事业。

(五)税收征管有待完善

1. 审批部门多

申请享受资源综合利用产品增值税优惠政策的纳税人,其建设项目需按照《环境影响评价法》编制环境影响评价文件,且须获得法律规定的审批部门批准同意;其资源综合利用产品,需送交由省级以上质量技术监督部门资质认定的产品质量检测机构进行质量检验,并获得该机构出具的符合产品质量标准要求及规定的生产工艺要求的检测报告;在办理资源综合利用产品退税、免税事宜时,还应同时提交污染排放地环境保护部门确定的该纳税人的污染物排放标准,以及污染物排放低环境保护部门在此前6个月以内出具的该纳税人的污染物排放符合上述标准的证明材料。各相关部门之间统一协调和数据共享做得不够。

2. 第三方信息利用不够

如专用设备投资抵免所得税,对设备性能参数、能效标准等专业问题的判断既需要相关专业知识的积累,也需要相关工作经验的积累,这需要充分利用第三方的专业知识,目前税务机关与专业技术鉴定机构之间的合作还远远不够,未能有效利用和发挥第三方机构的技术优势。

3. 税收政策宣传力度不够

由于税务部门对节能减排税收政策的针对性宣传不够,部分企业反映对节能减排税收优惠政策了解不够,从而未能按规定享受节能减排的相关的税收优惠政策。

(六)缺乏完善的配套措施

目前我国节能减排的预算资金比例较低,财政支出不足,财政预算中无专门的节能项目;财政资金投入方式单一,投入结构不合理;财政资金的使用效率不高,缺乏有效监督机制,浪费挪用现象严重;政府绿色采购力度不够,引导作用不足。二是金融支持力度较弱。目前我国在绿色融资方面严重滞后,银行等金融机构欠缺相应的金融产品和业务创新,对节能减排项目的支持力度不够。各类社会资本和多元投资主体进入节能减排领域渠道缺失。三是绿色产业发展不足。我国绿色产业起步晚、资金需求大,大企业技术储备不足,小企业战略目光较短,缺少绿色产业的综合服务提供商,循环经济工业园区规划理念滞后,低碳产业发展与发达国家相比水平较低。四是节能减排市场培育不够。一方面,政府鼓励购买节能减排产品的力度不够。我国政府绿色采购制度仍不完善,节能环保产品政府优先采购力度较弱,消费者自觉购买节能环保产品的意识不足。另一方面,节能减排要素交易市场不够发达。地方性的或者区域性的排污权交易二级市场数量较少、交易规模不大,许可证的初始分配、交易价格的确定行政色彩较浓。

三、促进企业节能减排税收政策的国际经验借鉴

在全世界节约能源、保护环境的浪潮下,利用税收这一经济杠杆来促进节能减排已经成为世界各国普遍采用的重要手段。发达国家在促进节能减排的税收政策上历经多年的发

展,已经呈现出一套较为成熟的做法。

(一)优惠形式丰富

1. 节能减排设备加速折旧

美国对企业为节能减排而购置新设备,可以得到银行提供低息贷款的优惠,并且相应的设备允许在购入的5年内加速折旧;同时针对研制开发控制污染技术的企业,可以采取加速折旧,期限为5年。

2. 生产抵税和生产补助

美国联邦政府1992年出台了两项优惠政策,即生产抵税和可再生能源生产补助,它规定风能和闭合回路生物质能发电企业自投产之日起10年内,每年生产1千瓦时的电,可享受从当年的个人或企业所得税中免交1.5美分的待遇。美国在2003年把抵税优惠额度提高到每千瓦时1.8美分,并从原来的两种扩大到风能、生物质能、地热、太阳能、小型水利灌溉发电工程等。

3. 节能产品享受税收优惠

美国联邦政府规定家庭在购买了太阳能设施后,可以用购买费用的30%来抵减税款。对购买环保电动车等新型车辆的消费者给予抵税优惠:根据车速、轻重型、车全重等不同项目,给予免税额1000~40000美元。德国政府规定企业开发利用太阳能等新能源,消费者购买节能环保汽车或其他产品,可以享受完备的税收优惠政策。日本政府鼓励节能汽车的研发和应用,消费者购买电动汽车能够享受超价补贴、低息贷款和减税7%等优惠。

(二)惩罚性税收政策体系完备

惩罚性税收政策是指使用者或者生产者不能达到国家规定的节能减排的标准,而征收的惩罚性的税收,以促进使用者或生产者尽快淘汰能耗高、排污大的产品或生产技术及生产设备。

(1)日本历来是个重视环保的国家,小排量汽车随处可见,且没有道路使用限制,大车小车一视同仁。但在政策待遇上,大排量车和小排量车的购置税相差20倍之多。日本建立了一套完备的汽车燃油税政策,日本的石油在购买使用过程中的税收是美国的六倍多。

(2)德国于1999年进行了基于环境生态的税收改革。其中重要的一项内容即为开征燃油税。通过征收燃油税,使消费者在购买燃油时需要增加消费成本,从而鼓励消费者消费新能源而尽量减少石油、煤炭等能源的消耗,

(3)美国为了有效保护生态环境,促进资源能源的节约,在税收政策方面制定了很多有关节能减排的税种,这些税种较好地促进了资源节约与环境保护。主要有以下几方面:一是新鲜材料税。对一些稀缺的新鲜材料课征新鲜材料税,并且对超额完成环保指标的企业奖以得分,这些奖分允许在企业之间相互有偿转让。二是生态税。美国的生态税收主要包括四类:对损害臭氧层产生有害气体的化学品征收的消费税、与汽车使用相关的燃油税及车辆使用税、矿产资源的开采税和环境污染税。三是填埋和焚烧税。主要在美国的新泽西州及宾夕法尼亚州征收,对填埋及焚烧的垃圾量进行征收。四是原材料税。对使用初级

原料进行化工及石油衍生物生产的企业都必须按使用量进行纳税,所得收入提供给一个环保基金,政府使用该基金的资金对污染源进行治理。

(三)配套措施完善

1. 财政补贴

英国的强化资金津贴计划允许企业在购买符合要求的技术的第一年申请100%资金补贴,财务上可以从当年的缴税利润中减扣相当于节能技术投资的部分。日本在资金支持研究开发节能环保技术方面,加大力量鼓励相关企业和科研机构,每年约有五百多亿日元的预算用于研发,另有近六百亿日元用于相关的工业制造、建筑安装以及交通运输。

2. 金融支持

对投资再生能源的企业,联邦德国银行会以低于市场利率1~2个百分点的优惠条件提供贷款;对积极承担环保责任的企业,给予一定信贷优惠或直接给予补贴。英国政府规定对节能设备投资和技术开发项目给予贴息贷款或免(低)息贷款。美国一些进出口银行制定环境评估政策,对各类项目的有关贷款进行环境影响评估后再作出决策。美国联邦政府对可再生能源技术和电力传输技术的贷款进行政府担保。美国的许多金融机构都已经成为碳交易市场中的重要参与者。

3. 成立环保基金

环保投资基金在国外不断发展壮大,重要模式有政府引导型基金、风险投资型基金和股票投资型基金。美国联邦政府提出"阳光美国"计划,投入巨额资金,不断加快太阳能技术开发,旨在降低太阳能系统的成本,减少对国外能源的依赖。美国成立公益性质的环保基金,抽取一部分高能耗产业的资金,专款专用,用于环保事业的发展。加拿大政府成立可持续发展技术基金(SDTC),重点资助和支持清洁技术开发和利用。

4. 强化宣传

澳大利亚联邦政府有关部门通过公共出版物、网站、宣传点等方式向公众进行节能宣传。地方政府在社区和责任区范围内通过发放小册子和期刊、建立网站、实施示范工程和培训计划,提高公众的忧患意识和节约意识。日本在环保宣传方面,投入大量人力、物力和资金进行宣传和普及教育,以增强民众的环保节能意识。

四、完善我国企业节能减排的税收政策的建议

(一)完善节能减排税收政策的指导原则

针对我国节能减排税收政策执行现状,在借鉴国外先进做法的基础上,完善我国节能减排税收政策,要考虑坚持以下三个原则:一是公平优先,适当倾斜。在规范现行税收政策、充分体现公平的前提下,对促进我国节能减排工作适当倾斜。二是规范税制,奖惩结合。要建立奖惩相结合的税收政策体系。在逐步规范税制的前提下,制定税收优惠政策,不仅要在节能减排相关税种中制定,也要逐步将其单独列为体系,从而更有力地支持资源能源的节约以及鼓励环境保护;要加大高污染、高能耗行业及资源利用效率较低行业的惩

罚性税收措施，制约其浪费资源能源、破坏环境。三是统筹安排，分步实施。税收政策的完善不是一个一蹴而就的过程，它涉及经济发展、企业效益、社会效益等方方面面，因此在设计税制、调整税收政策、完善各个税种时，要注意以当前经济运行过程中存在的主要问题为抓手，分清主次，循序渐进，逐步将税收政策体系完善。

（二）完善节能减排税收政策的建议

1. 加大税收优惠力度，丰富税收优惠形式

所得税方面，如对企业节能减排设备的后期运营成本，在计算企业所得税时可比照研发费用50%加计扣除；重点环保企业、资源综合利用企业、重点监控企业（如钢铁、汽车、石化行业）环境保护、节能节水、资源综合利用项目所得可比照高新技术企业适用15%的优惠税率；从事符合条件的环境保护、节能节水项目的所得的减免税期限，由"三免三减半"延长至"五免五减半"；适当提高重点行业重点监控企业购买专用设备投资额可以从当年及以后五个纳税年度应纳税额中抵免的比例。对资源综合利用企业、节能环保企业、重点监控企业的投资者，以其税后利润再投资于资源综合利用、环境保护、节能节水项目的，按一定比例退还已纳税款；重点环保企业、资源综合利用企业按销售收入一定比例计提的科研风险准备金允许税前扣除；重点监控企业购买的环境保护、节能节水专用设备可按企业所得税法规定加速计提折旧。

增值税方面，对生产、销售被列入国家《节能产品目录》《节能产品政府采购清单》范围内产品的企业给予一定的免税、即征即退、先征后退、先征后返等优惠政策；适当提高销售新型墙体材料产品增值税即征即退比例；扩大优惠范围和环节，如新能源汽车、生物农药等。

2. 调整产业优惠政策，增强税收优惠导向性

在资源综合利用政策上，国家可改变以收益为基点的设计理念，通过制定税收优惠政策，重点引导企业在资源综合利用上的技术创新行为，建议国家尽快出台相关配套政策，即对企业生产符合国家产业政策规定的资源综合利用产品，无论是否对外销售都应享受税收优惠。对企业自产自用的符合国家产业政策规定的资源综合利用产品，应允许按同类产品售价或组成计税价格享受减计10%的税收优惠，达到公平资源综合利用企业的税负和加速产业结构优化的目的。具体操作层面，对于如何在财务上准确地核算投入和产出相关数据，需要国家出台相关的具有可操作性的测算方式，以利于企业与税务部门的计量。

3. 及时更新《优惠目录》，增强税收优惠时效性

一方面，针对《环境保护专用设备企业所得税优惠目录》《节能节水专用设备企业所得税优惠目录》等目录滞后的问题，建议国家有关部委及时组织专家对《优惠目录》进行评审和修改，及时发布，确保企业能够及时享受相关优惠政策。或者授权专业机构对环境保护、节能节水专用设备进行性能、效用鉴定，凡是达到相关标准的设备均可享受所得税抵免优惠政策。另一方面，对一些大型企业购置的大型成套"节能节水环境保护"设备，考虑适当放权给地方相关鉴定部门或中介机构，由其辨别企业购买零部件自行组装的节能环保设备是否属于可享受优惠政策范围，如果达到相关标准属于抵扣范围，则建议对其设备投资总额实行抵免，以解决专用设备投资抵免中可能出现的专用设备认定不清，核对目录难度大,具体操作困难的问题,便于基层税务机关在征管中执行。

4. 制定惩罚性税收政策,考虑增加新的税种

对高耗能、高污染、资源利用率低的行业应实行惩罚性的税收政策,以示国家对此类项目的抑制,逐步建立有利于节能环保的有奖有惩、奖惩并重的税收政策体系。在此调整过程中,可以适当考虑增加新的税种、或者加重原有税种。在此调整过程中,可以适当考虑加重原有税种、增加新的税种。

当前我国尚无专门的惩罚性税收政策,开征相关的独立税种、建立健全覆盖所有涉及污染物排放及高耗能产业的绿色税收体系迫在眉睫。以下从纳税人、征税范围、征收管理、资金使用四个方面分析了开征环境税的初步设想。

纳税人——在我国境内有排放行为,并造成一定污染的单位和个人,初期以企业、企业性单位和个体经营者为主要纳税人。随着人们环保意识、纳税意识的提高,居民个人、行政单位也应逐步纳入纳税范围。

征税范围——初期应充分利用排污费征收的经验,在税目的设置上尽量与排污费项目一致;另外由于削减化石燃料使用,减少二氧化碳排放已成为国际社会共识,走低碳经济发展道路是中国经济发展的必由之路,故二氧化碳排放也应纳入征税范围。条件成熟后,可根据实际调控需要,合理对税种(目)加以调整(参见表1)。

表1　　　　　　　　　　　　环境税征税范围

税种(目)	课税对象	计税依据	税率
污水排放	超过国家或地方规定的污染物排放标准的污水	实际测算的污染当量	定额税
废气排放(包括二氧化硫、氮氧化物、二氧化碳等)	超过国家或地方规定的污染物排放标准的废气	实际测算的污染当量	定额税
固定废弃物及危险废物排放(包括冶炼渣、粉煤灰、炉渣、煤矸石、尾矿、其他渣(含半固态、液态废物)等)	对无专用贮存或处置设施和专用贮存或处置设施达不到环境保护标准(即无防渗漏、防扬散、防流失设施)排放的工业固体废物;以填埋方式处置危险废物不符合国家有关规定的危险废物鉴别标准和鉴别方法认定的具有危险特征的废物	重量(每吨)	定额税
噪音超标排放	超过国家规定的环境噪声排放标准,且干扰他人正常生活、工作和学习的环境噪音	超标的分贝数	累进税率

征收管理——准确的环境检测数据是环境税征收的基础。环境检测是一项专业性较强的工作,因此环境税的征收需要得到各专业部门的协调配合。环境税征收初期可由环保部门负责污染物的测量,随着第三方环境测评机构的发展,税务机关可向信用度较高的第三方检测机构寻求数据支持。由于环境保护是中央政府和地方政府的共同责任,故建议将环境税作为中央与地方共享税,由国税机关负责征收,按一定比例划入中央、地方国库。

资金使用——环境税的征收主要是为环保事业发展筹集资金，因此应专款专用，各级财政部门负责环境税资金的预算管理和统筹使用。

2007年10月1日起，湖北省将排污费的征收方式由"环保部门负责核定和征收"改为"环保部门核定，地税部门负责征收"，将"环保开票，银行代收，财政统管"的模式改为"环保开票，税务代收，银行入库，财政统管"。排污费征收模式改变后，征收金额大幅增加，积累了一定的成功经验，为试点开征环境税奠定了坚实基础。

5. 完善税收征管措施，加强政策宣传

一是加强各单位、单位内部各部门之间的配合。节能减排税收优惠政策的管理是一项复杂的工作，既需要对第三方信息数据进行审查核实，又需要税务机关内部进行良好的协调配合，因此需要树立"内外并举、多方协作"的税收管理思想，做好税务机关与政府各职能部门之间、税务机关内部各机构之间的信息交换。对各种涉税流程进行适当简化，避免纳税人受程序问题影响而不能享受税收优惠。

二是加强对内对外培训。对内组织税务干部把政策学好吃透，做到既掌握税收条文，又熟悉操作流程，这样就能够较好地为纳税人开展辅导，让税收优惠能够"看得见、吃得着"。对外通过各种渠道，加强税收优惠政策的宣传和解读，让节能减排税收政策深入人心，创造出更好的节能减排税收环境。

三是加强税收优惠数据的收集分析和信息公开。做好税收优惠数据的收集分析，总结税收优惠政策执行的成效，并提出进一步的改进建议。税收优惠数据以适当的方式定期通告纳税人并向社会公布，接受社会各界的监督。

6. 健全配套措施，形成节能减排合力

一是完善相关财政政策。在预算制度方面，节能减排支出应当作为经常性支出预算项目；在财政支出方面，加大财政资金投入，提高节能减排支出在财政总支出的比重、创新资金投资方式、优化资金投入结构、设立专项资金加大对重点项目的扶持力度；提高节能减排资金的使用效率，建立财政投入绩效评价制度，对资金使用绩效进行检查评估，加强跟踪管理。

二是建立"绿色金融"体系。允许银行提取的节能减排贷款风险准备金税前扣除，鼓励银行对节能减排的信贷支持，对节能减排项目贷款利息进行税收减免。鼓励金融机构进行相关的金融产品和业务创新，进一步健全完善"绿色信贷"、"绿色保险"、"绿色证券"及"绿色环保基金"等绿色金融体系，如开展碳证券、碳期货等碳金融衍生品创新，建立环境保护绿色银行，支持节能环保企业股票优先上市，鼓励企业发行节能环保债券等。不断拓宽融资渠道，积极引导多元投资主体和各类社会资本进入节能减排领域。

三是支持节能减排产业发展。一方面积极发展循环经济。建立生态工业园区，将不同工厂或企业连接起来，形成资源共享和互换副产品的产业共生组合，以循环经济理念指导园区规划和产业布局；对园区内的环保企业有针对性地加强政策的宣传和辅导，及时向上级部门反馈税收政策执行过程中发现的问题。另一方面鼓励发展低碳产业。加大对电子信息(软件)、文化创意、新能源汽车等低碳产业和服务业发展的税收扶持力度；促进太阳能、风能、生物能等新兴能源的发展，逐步把煤炭的比重降下来，使新能源支柱产业规模和企业规模进一步扩大，利用小微企业税收政策扶持中小低碳企业的发展。

四是促进节能减排市场发展。一方面，发展节能减排产品市场。加大对节能环保产品的示范应用，对消费者购买节能环保产品给予一定的价格补贴，鼓励其选择节能环保产品。将节能环保产品纳入政府优先采购目录，实施政府绿色采购制度；改变对生产销售节能环保产品企业的帮扶形式。以新能源汽车补贴为例，现行政策下，企业需先行垫付补贴资金，再向相关部门申请返还，这会占用企业资金，给企业造成很大资金压力，如果对新能源车直接减免税费，则可以解决这个问题，而且对财政的收支影响也不大，可行性更强。另一方面，发展节能减排要素市场。在减排方面以排污权交易为主要的市场化手段，借鉴国际经验，构建地方性或者区域性的排污权交易二级市场，明确政府的定位，确定许可证的初始分配以及交易价格等内容，对排污权交易行为给予免税优惠；在节能方面以合同能源管理为主要的市场化手段，打通资金链条，引入激励机制，促进能源服务公司的发展。

参考文献

[1] 国家统计局. 中国统计年鉴. 中国统计出版社，2012—2013.

[2] 武汉市统计局. 武汉统计年鉴. 中国统计出版社，2011—2012.

[3] 武汉市国税局所得税处、货物与劳务税处提供的数据；青山、汉南、武汉经济技术开发区等区国税局提供的数据资料.

[4] 仲光. 促进节能减排的税收政策研究. 河北大学硕士学位论文，2010.

[5] 吴燕，陈国庆. 国外的税收政策及借鉴. 涉外税务，2007(6)：16.

[6] 张文. 构建节能减排的长效机制—基于税收视角的分析. 山东大学学报(哲学社会科学版)，2009(5).

[7] 周金荣. 促进节能减排的税收政策研究. 税务研究，2009(3)：100~103.

[8] 朱红琼. 国外促进节能减排的财税政策及对我国的启示. 经济师，2009(8)：67~68.

[9] 凌岚. 促进节能减排税收政策研究. 涉外税务，2010(5)：14~17.

[10] Zhang C, May M, Heller T C. Impact on global warming of development and structural changes in the electricity sector of Guangdong Province, China. Energy Policy, 2001：39~42.

[11] Brade J. Environmental Taxes I OECD Countries; an Overview, Environmental taxes, Recent Development in China and OECD Countries [M]. Publications, 2005：45~48.

课题组组长：覃先文　陈宇放
课题组成员：王丹卿　吴荣华　邓兵　杨芹芳　张发军　卢子清　李桂平
执笔人：李桂平

"美丽武汉"法制保障体系研究

党的十八大将生态文明提升到"五位一体"社会主义事业总体布局的高度，报告中明确指出："建设生态文明，是关系人民福祉、关乎民族未来的长远大计。面对资源约束趋紧、环境污染严重、生态系统退化的严峻形势，必须树立尊重自然、顺应自然、保护自然的生态文明理念，把生态文明建设放在突出地位，融入经济建设、政治建设、文化建设、社会建设各方面和全过程，努力建设美丽中国，实现中华民族永续发展。"此后，习近平总书记在讲话中指出："人民对美好生活的向往，就是我们的奋斗目标。"十八届三中、四中全会对生态文明建设作了新的部署，提出用严格的法律制度保护生态环境。"美丽武汉"的建设离不开法制保障，因此如何为美丽武汉建设构建良好的法制体系是本课题的落脚点。

一、美丽武汉的基本理论体系研究

（一）美丽武汉的内涵界定

1. 美丽武汉的内涵

有学者指出，"美丽武汉"是发展的新理念和新思维，从外部表现看应是自然美，生态美，政治文明和文化繁荣之美；内在要求看应表现为和谐之美。因此，"美丽武汉"的概念也应体现这一内涵。首先，自然美和生态美是指自然环境的美。自然是人类赖以生存和发展的基础，在生态灾害面前，人类应当重新思考自然生态对于人的作用。近年以来，我市经济迅速发展，但粗放型经济发展方式带来了水资源污染，水土流失，雾霾天气，生物多样性减少，这种生态环境恶化的趋势，绝对不是"美丽武汉"，"美丽武汉"应当是生态环境优美，自然资源丰富，居住空间适宜优雅，应是蓝天、白云、绿水、青山的家园，是一个人们的民主权利得到保障，文化需求不断得到满足的家园。其次，"美丽武汉"蕴含了和谐之美，我们认为，包括了两个层次，第一层次是人与自然之间的生态型和谐，无论是过去、现在，还是未来，人类永远是自然界的一部分，人类社会的发展永远无法超越自然界的客观规律，人与自然相处发生联系的过程中必须遵守一个前提，就是要遵守自然规律，合理地开发利用资源，保护好环境，否则就会受到自然的惩罚。和谐之美的第二层次，就是实现人与人、人与社会之间的人际关系型和谐。人与社会之间的种种矛盾，表现为社会之间的不和谐，所以第二层次的和谐之美，应当是指城乡协调发展，实施积极的就业政策，发展和谐劳动关系，保障社会公平正义，缩小收入差距，解决民生难题，呈现出人际关系的和谐之美。

综上，"美丽武汉"的概念可以简单地界定如下：第一个层次是指"自然环境美"，包括空气的清洁，水的无污染等自然生态环境的保护；第二个层次是指"人文环境美"，包括科技文化的发展，制度的健全，市民素质的提高等；第三个层次是指"生态环境美"，包括人与自然、环境与经济、人与社会的和谐发展。

2. 美丽武汉与生态文明的关系

要理解"美丽武汉"，必须理解美丽武汉与生态文明之间的关系，首先，建设美丽武汉离不开生态文明建设，生态文明建设是其保障和前提。生态文明理念是与旧自然观相对立的。旧自然观割裂了自然与人、自然与社会的联系，而生态文明建设，倡导人与自然和谐共生，真正把自然看成是与人类相互依存、相互联系的有机整体。通过生态文明建设，建立起科学的发展方式和绿色的生活方式，能有效促进"美丽武汉"的实现。实现"美丽武汉"，生态文明建设是必由之路。其次，生态文明建设的最终目标是为了实现"美丽武汉"。作为一种新型的文明发展形态，进行生态文明建设，就是要实现可持续发展，实现"形成节约资源和保护环境的空间格局、产业结构、生产方式、生活方式。"实现生产发展，生活空间宜居舒适，生态环境优美宜人的文明发展道路，这正是对"美丽武汉"的高度凝练的描绘和概括。

（二）美丽武汉的生态伦理支点

生态中心主义特别是深生态学将生态危机的根源归结为现代社会的文化危机，认为必须对人的价值观念和现行的社会机制进行彻底的改造才能解决生态危机和生存危机。佩珀等学者则认为资本主义制度才是生态危机的罪魁祸首，必须对其生产方式进行变革以彻底根治生态危机。实际上，生态危机作为社会历史发展的具体道路和具体方式的产物，既有其普遍性更有其特殊性。换言之，每个国家的生态问题都有其独特根源，这关涉国家制度、文化根源、价值观念以及经济政策等方方面面的问题。将所有的生态危机根源"一刀切"地归咎于"人类中心"价值观或是单纯归于资本主义制度，都是不合理的。"美丽武汉"作为对生态危机的总回应，为中国生态问题的化解带来了新的视角和契机，引导我们思考，建设美丽武汉需要什么样的生态伦理观？我们认为有如下三个方面：

第一，它尊重自然、整体和谐。现代生态学认为，在生物圈中每一物种所具有的特性都是对某一特殊环节适应的结果，没有任何一个物种能够单独生存和发展，它们只能在共同维护生命、维护系统存在、促进生物圈稳定的前提下来实现自己的生存进化。因此，人类必须以整个生态系统的和谐为尺度，才能确立合理的生态伦理观。"美丽武汉"既反对极端人类中心主义，也反对极端生态中心主义。它要求人类从整体和长远利益出发去重申人与自然的关系，是一种以人的理性需要为出发点的"弱"人类中心主义。这种"弱"人类中心主义将致力于人类和自然的和谐发展。

第二，整个社会的公平正义。生态危机的本质来源于人与自然、人与人之间关系的不协调、不公平、不合理，因此生态文明建设必须把公平正义作为基本目标，换言之，这也正是"美丽武汉"建设的目标。建设"美丽武汉"的生态伦理必须关涉代内公平和代际公平，因为自然环境是不可分割的有机整体和自足系统，良好的生态是惠及所有人、每代人的公共资源，代表全人类的公共利益。

第三，建设"美丽武汉"必须抵制异化所产生的这些负效应，因此就必须用内含有人类理性和人类智慧的生态伦理来指导和约束技术及消费发展的方向。而这种生态伦理的价值指导必定体现为一种对于人们具体生产和生活方式的倡导：即在社会生产以及自我行为上全面践行绿色化、生态化、低熵化的发展理念，将可持续发展意识全面渗透到人类的所有活动中，才能将"美丽武汉"理念真正落实到具体的实践环节中去。

（三）美丽武汉的马克思主义理论依据

马克思、恩格斯生态文明思想形成于资本主义工业文明产生的矛盾和危机阶段，以唯物史观为理论基础，阐明了"人——自然——社会"三者是以劳动实践为中介的具体的历史的统一。这成为美丽武汉，生态建设的理论依据。概言之，马克思主义生态文明思想体现在以下几点：

1. 人与自然的协调发展

马克思和恩格斯分析人与自然关系的立足点是两者的协调发展，是对"人类中心主义"和"自然中心主义"的否定。一方面，马克思认为自然界就其自身不是人的身体而言，是人的无机的身体，人靠自然界生活。另一方面，恩格斯认为，不能过分陶醉于我们人类对自然界的胜利。对于每一次这样的胜利，自然界都对我们进行报复。因此，在促进人类社会生存和发展的过程中，我们不仅要体现人类发展的生态价值诉求，而且要自觉维护生态平衡，必须认识到经济和社会的发展是以牺牲环境和浪费资源为代价的，重视保护生态平衡从而实现与自然、资源、环境的协调发展。

2. 劳动为中介的"人与自然之间的物质变换"

人类目前的劳动对自然产生了消极影响，而隐藏在这种矛盾的背后是人与人的社会关系的矛盾。正如马克思、恩格斯所指出的那样，为了进行生产，人们相互之间便发生一定的联系和关系；只有在这些社会联系和社会关系的范围内，才会有他们对自然界的关系，才会有生产。可见，要解决人与自然的矛盾，实现物质变换的平衡，必须进行必要的社会制度和生产力的变革。

3. 制度危机是生态危机的根源

资本主义生产关系的实质是以生产资料私有制为基础的雇佣劳动制度。这种制度是造成生态危机的重要根源。马克思、恩格斯一针见血地指出，资本主义制度使人类与自然生态之间的矛盾发展到了两极对立的程度。对此，马克思认为只有到了共产主义社会，人与人之间、人和自然之间的矛盾才能真正解决，社会化的人和联合起来的生产者将合理地调节他们和自然之间的物质变换，而不让它作为盲目的力量来统治自己。

（四）美丽武汉建设的法理依据：环境与发展综合决策

十八届三中全会通过的《中共中央关于全面深化改革若干重大问题的决定》（以下简称《决定》）在提出推进国家治理体系和治理能力现代化目标的同时，对生态文明建设进行了制度安排，建立了环境与发展综合决策机制，体现了将生态文明建设融入经济建设、政治建设、文化建设、社会建设全过程的整体性、协调性思维。

生态文明建设需要建立环境与发展综合决策法律机制。1978年《中华人民共和国宪法》将环境保护载入，规定："国家保护环境和自然资源，防治污染和其他公害。"从1979年制定《环境保护法（试行）》至今，共制定环境保护及相关法律30余部，行政法规100多部，地方法规及部门规章近千部。仅从国家立法看，环境立法快于一些发展市场经济所必需的法律制定速度，国家如此注重环境法的立法和完善体现了对生态文明建设的关注。地方立法层面也是一样，武汉市先后出台了一些治理环境方面的法律法规，既为美丽武汉的建设提供了法律保障，也成为其法理基础。今年修改的《环境法》形成了环境与发展综合决策的法律机制，综合决策要求将节约资源与保护环境同时考虑，做到节约优先、保护优先、自然恢复为主，绿色发展、循环发展、低碳发展共同推进。改变了将环境保护单纯看做污染防治的片面思维，强调环境保护"做减法"、"优良环境优先保护"，高度重视环境与发展的共时性关系。

加强生态文明建设，目的是为了解决中国的不可持续发展问题；将生态文明建设纳入经济建设、政治建设、文化建设、社会建设全过程，本质上是为了处理环境保护与经济发展之间的关系。世界各国以及中国发展过程中的许多惨痛教训告诉我们：环境保护与经济发展之间的关系"错综复杂"，只有两者之间达到了协调与平衡，国家和地区发展才能够实现真正意义上的繁荣和强大。而要协调与平衡这两者之间的关系，需要有合理的法律制度安排，更需要有运行顺畅的法律机制保障。环境与发展综合决策是建设生态文明的必由之路。综合决策可以将科学发展观法律化、制度化和具体化；综合决策要求环保部门与经济管理部门在制定、执行有关决策时进行广泛的合作，并采取协调一致的行动；综合决策高度重视公众参与的作用；综合决策要求有一个完备的决策监督体制与之相适应，将各部门及其领导的决策行为置于法律的监督之下。

二、美丽武汉制度建设现状分析：问题和困境

（一）美丽武汉建设的问题

正确认识新时期我国生态文明建设面临的形势，要坚持"两点论"，既要看到成绩，更要看到问题，清醒认识发展阶段不可避免会遇到的问题，高度重视我国生态环境总体恶化的趋势尚未根本扭转。主要表现在：一是能源资源约束强化。人多地少、水资源紧张的问题日益突出，保障能源和重要矿产资源安全的难度越来越大。二是环境污染比较严重。我市相当部分的时间达不到新的空气质量标准。有时会出现较大面积、较长时间、较高污染雾霾天气，影响人民群众的生产生活和身体健康，再次凸显了我市大气污染形势的严峻性。我市江河水系、地下水污染和饮用水安全问题不容忽视，有的地区重金属、土壤污染比较严重。三是生态系统退化问题突出。我国森林覆盖率不高，水土流失、湖泊退化面积比较大，自然湿地萎缩，河湖生态功能退化，生物多样性呈现下降趋势。四是国土开发格局不够合理。总体上存在生产空间偏多、生态空间和生活空间偏少等问题，一些地区由于盲目开发、过度开发、无序开发，已经接近或超过资源环境承载能力的极限。五是应对气候变化面临新的挑战。我市温室气体的排放总量大，减排任务繁重艰巨。六是环境问题带来的社会影响凸显。一些企业违法排污造成环境污染，群众和社会反响比较大。

(二) 美丽武汉建设的困境

对以上生态建设中存在的问题展开分析，得出美丽武汉生态建设中存在着如下几个原因和困境。

1. 生态文明价值观的缺失

生态危机实质上是人类文化的危机，生态文明建设是人类价值观和文化的更新。旧的发展观和工业化道路引发了严重的生态环境问题，经济有增长无发展，也使人与自然的关系出现了对立。建设生态文明，要求人们重新审视传统发展的实质。生态文明包含生态意识文明、生态制度文明、生态行为文明等，内容涉及生态世界观、生态价值观、生态化生产方式、生态化消费模式、正确的财富观和幸福观以及自觉的环境保护实践等。但目前，我国公民没有真正树立起生态文明的世界观和价值观，更谈不上生态文明的自觉实践。这是制约美丽武汉建设的重要原因之一。

2. 粗放型的经济增长方式

据"特大城市承载力研究"结果表明，在城市化过程中，由于城市人口膨胀、汽车增加、工业发展等原因，使得城市资源紧张、环境恶化。中国每增加单位 GDP 的废水排放量比发达国家高 4 倍，单位工业产值产生的固体废弃物比发达国家高 10 多倍。中国单位 GDP 的能耗是日本的 7 倍、美国的 6 倍，甚至是印度的 2.8 倍。近十年来，我国 GDP 以每年近 10% 的速度增长，而每年因环境污染造成的直接经济损失也同步增长，用环境污染为代价换取经济的发展从长远来看是得不偿失，是一种不可持续的经济发展方式。粗放型增长方式是产生环境问题的根本原因。我国单位产出的能耗和资源消耗水平明显高于国际先进水平，工业万元产值用水量是国外先进水平的 10 倍，单位国内生产总值排放的二氧化硫和氮氧化物是发达国家的 8~9 倍。这种"高投入、高消耗、高排放、低产出、低效率"的发展方式使我国在短短 30 年里就集中出现了发达国家几百年内工业化过程中不断出现的环境问题。武汉市的经济发展情况是全国经济发展的缩影。

3. 不合理的消费模式

当前，我国的消费质量不高，消费结构不合理，存在较多不经济、不科学、不合理、不合法的消费模式，超前消费、高消费、过度消费、奢侈消费、炫耀型消费比比皆是。在生活方式上，消费主义、物质主义、享乐主义和从众心理依然影响人们的消费心理和消费行为，人们对物质财富的过度追求和占有已经威胁到物种多样性和生态平衡。据世界奢侈品协会称，中国在 2012 年已经超过日本，成为全球第一大奢侈品消费国。许多年轻人满足于"人前拎 LV，回到家吃方便面"的病态消费，这种现象值得关注。最近，党中央提出的八项规定，提倡节俭，反对铺张浪费，以及控制"三公"消费的约法三章，都是对我国消费异化和奢侈消费的有力回应和批判。

4. 生态文明制度不健全

我国生态文明制度还很不完善，这是制约生态文明建设的又一大因素。目前比较突出的问题有以下几个方面：一是环境产权制度不明晰，有关环境经济政策体系不完善。排污权、碳排放权交易刚刚处于起步阶段，相关法律制度尚未确立，合法的、标准的排污量难以界定。由于环境产权界定不清，利益主体不明，再加上支持资金严重不足、补偿标准低且缺乏可持续性，生态补偿机制还很不完善。二是环境保护与经济发展综合决策联动机制不健全，公众参与生态文明建设的机制尚未建立。三是环境执法成本高、违法成本低，监管机制不健全、行政管理体制不够规范。四是在一些地方的领导干部政绩考核体系中，生态指标权重低，经济发展指标权重过高，以GDP为主导的发展观和政绩观仍然没有从根本上改变，导致经济发展方式粗放，资源综合利用率低，环境污染严重，这是发展问题的短视病。五是对生态文明制度建设重视不够、认识不到位，没有充分认识到较为完善的生态文明制度对环境保护和资源有效利用的重大意义。

5. 生态法律体系不完善

我国于1989年正式颁布了《中华人民共和国环境保护法》，之后又陆续颁布了一系列环境方面的法律法规，但从总体来看，部分法律法规仍与当前生态环境保护和经济发展的要求不适应，大大落后于经济社会发展的实际。同时，地方性环境立法发展缓慢。一些地方在立法上，没有根据实际，仅把环境立法当做一项形象工程和政绩工程，过多地强调污染治理，以罚款和惩罚手段来代替对环境的保护，治标不治本，陷入了边治理边破坏的恶性循环和怪圈。这也使地方环境立法失去了其应有的保护功能，导致一些地方法律法规形同虚设。目前，我国缺少对破坏环境、造成严重环境污染的企业或个人的惩罚措施条例。一些环境法律界定不清也会造成责任不明、管理不清的现象。同时，也存在落实法律法规"有法不依、执法不严"的问题。为了本地区、本部门的利益，作为政府履行生态与环境保护职责的部门，对一些严重污染环境、破坏生态却是纳税大户的企业网开一面。加上各个部门间缺乏协调合作，导致一些法律法规无法实施，无法落实。

6. 传统经济社会发展评价体系的弊端

2013年初始，雾霾、沙尘、地下水污染等一系列热点问题，让"GDP至上"的发展观念，又受到了新一轮的口诛笔伐。一些地方河流污染触目惊心，民众忍耐几近极限。传统发展观以GDP论英雄，在这种发展观的指引下，唯经济主义，有增长无发展，这是一种片面的发展观。我国传统经济社会发展评价体系和官员考核、任免制度存在严重弊端，导致地方保护主义盛行，生态文明建设受阻。很久以来，我国以GDP作为衡量官员政绩的重要标尺，所以，发展经济成了地方政府的重中之重。虽然有的地方政府将环境保护列入了政府规划，一旦与经济增长相矛盾，就会牺牲环境、资源来换取GDP的增长。因此，必须从根本上改变传统经济社会发展评价体系，实现经济社会与资源环境的协调发展，发展与环保共赢，这也是"美丽武汉"的题中应有之义。

三、美丽武汉建设评价指标体系构建

推动一项事务的建设发展首要的就是对该事物所要达到的目标和实施的效果进行正确的评价，使其向正确的方向引导，否则就会陷入盲目发展的状态，不仅不能达到预期效果，还会浪费大量的资源和成本，是十分不利的。因此建设美丽武汉需要拟定一个科学合理的评价指标体系，使得建设过程具有现实可感性和目标性，而构建评价指标体系的前提是对美丽武汉的建设内涵、本质、目标等都有着深刻的理解。

(一) 美丽武汉建设的本质

前文指出，美丽武汉包括自然环境美、社会环境美、人与自然和谐三重意义，由此含义可知，建设"美丽武汉"本质上本质上是对生态文明提出了更高的要求并指明了进一步发展的方向，为中国特色社会主义全面发展和完善奠定基础。建设"美丽武汉"的基本要求是"把生态文明建设放在突出地位，融入经济建设、政治建设、文化建设、社会建设各方面和全过程"。生态文明要求实现人与自然的和谐，融入社会文明建设所有过程，就是说要在尊重自然、顺应自然、保护自然的基础上建设和发展文明。只有做到了这一点，才能将中国特色社会主义建设推进到更完善更完美的境界，将生态文明置于中国社会主义总体布局之中，就是要使中国特色社会主义建设遵循自然生态规律、更好更科学地发展。

把生态文明建设放在突出地位，已经成为保持经济、社会持续健康发展的关键，这是由中国社会主义初级阶段的国情决定的。人口多、人均土地和资源状况都处于世界低水平，在走向现代化的现今阶段面临着严重的资源环境困境，已经严重威胁着中国的进一步发展。全国有2/3的城市常年处于供水不足状态，耕地逼近18亿亩红线，粮食播种面积缺口达20%。同时环境污染也越来越严重，生态系统退化严重并引发频繁的自然灾害，威胁着中国的可持续发展和人民生活改善。生态文明绝不仅仅是节能减排，治理污染以及环境保护那么简单，而是追求全面的科学发展。可见，社会主义与生态文明建设本质上是一致的。

(二) 美丽武汉建设评价的维度

1. 动力维度——缩小人与人的差别

人是整个社会的细胞，人与人之间的和谐是构建"美丽武汉"的前提和基础。第一，建设"美丽武汉"的前提是逐步缩小人与人之间的经济差别。若因为社会成员之间的分配不公和收入差距而导致人与人的利益冲突，并最终演化成激烈的社会冲突与群体性事件，这必然与建设"美丽武汉"的目标背道而驰。因此，不断缩小人与人之间的收入差距是构建和谐人际关系的经济选择。第二，在推进中国特色社会主义政治文明建设的过程中减少人与人的政治差别。在当今的政治生活中，鉴于历史传统和囿于社会发展的失衡，政治上的平等没有落实到社会的各个领域、各个阶层及社会成员，因性别差距、职业差别、身份不同而导致的种种政治"歧视"现象依然存在。所以说，切实缩小人与人之间的政治差别是构建"美丽武汉"的政治选择。第三，在建设"五位一体"的中国特色社会主义中减少人与人的文化差别，不断缩小人与人之间的文化差别是构建"美丽武汉"的文化路径。

2. 发展维度——促进人与社会的进步

党的十八大报告指出：以经济建设为中心是兴国之要，只有推动经济持续健康发展，才能筑牢国家繁荣富强、人民幸福安康、社会和谐稳定的物质基础。当前，我国经济社会发展还存在许多矛盾和问题，生产力、教育、科技等方面与发达国家相比还有较大差距，城乡二元的经济结构没有改变，城乡差距、地区差距不断拉大、贫困人口为数不少等问题，究其社会根源，都是因为经济发展的不平衡与不协调所致。因此，建设"美丽武汉"的关键因素是人与社会的进步与经济发展同步。第一，坚持人的全面发展同坚持以经济建设为中心在本质上是一致的。人的全面发展，是科学发展观的本质和核心。第二，社会的全面进步同以经济建设为中心和以人为本是内在统一的。建设美丽中国是主体与客体、人与自然相统一的整体发展。

3. 价值维度——实现人与自然的共生

党的十八大提出，要加快生态文明建设，保持生态平衡，形成中国特色社会主义事业总体布局。当外来干扰超越生态系统的自我调节能力而不能恢复到原初状态时，谓之生态失调或生态平衡的破坏。第一，从生态学的视角审视，建设"美丽武汉"的过程从来无所谓静态平衡而只存在动态平衡。第二，以系统论的观点而言，"美丽武汉"的构建是一种综合平衡。为了维护人与自然之间的和谐共生，必须对系统内的人的因素、社会因素、自然因素进行综合的治理，以期实现系统的结构、功能和输出输入的综合平衡。其中尤为重要的，是要控制人和社会因素的发展方向。互惠互利的关系，是指引建设"美丽武汉"的价值维度，也是实现中华民族永续发展的必然选择。

4. 政治维度——确保党内与党外互动

"美丽武汉"的建设过程，就是党和各界人士不断统一思想、引导各方面力量积极参与中国特色社会主义建设实践的过程，就是妥善处理各种矛盾、不断消除不和谐因素的过程。第一，在构建"美丽武汉"的进程中，要充分发挥统一战线在促进社会和谐中的独特优势。第二，要实现"美丽武汉"的宏伟目标，必须激发各行各业的创造活力，使一切有利于社会进步的力量和因素都得到充分的发挥。既要发挥党委对同级人大、政府、政协等各种组织的核心领导作用，又要充分发挥人大、政府、政协和人民团体的职能作用。同时，认真贯彻落实党的民族政策，使各族人民和睦相处、同舟共济、和谐发展。

（三）美丽武汉建设评价指标的具体构建

美丽武汉建设评价体系应该包括如下几个方面的指标：

1. 发达的生态产业

"美丽武汉"建设首先要实现产业生态化——产业经济发展不以生态破坏和环境污染为代价，大力发展绿色经济、循环经济、低碳经济，努力形成资源节约型和环境友好型的产业结构、发展方式，给广大老百姓提供生态安全的各种物品。发达的生产产业主要包括两个方面的内容：一是存量经济与传统产业要循环化、绿色化，走循环发展与绿色发展之路。对于纺织产业、石化产业、医药产业、钢铁产业、建材产业等资源投入多、废弃物排放多的产业，依然是经济社会发展必不可少的，不能简单地"放弃"，而是要科学地"扬弃"，努力使之减量化、再使用、再资源化。二是增量经济与新兴产业要高新化、轻型化，走技术创新与文化创新之路。要加大绿色技术、循环经济、低碳技术的自主研发力度，不仅要实现高新技术及其产品的部分自给，而且要实现高新技术及其产品的出口，从而实现高新技术的丰厚"红利"。同时，产业的轻型化是产业结构转型升级的又一个方面，要大力发展文化创意产业、软件开发产业、现代物流产业、生态旅游产业等。

2. 绿色的消费模式

绿色的消费模式就是要妥善处理人与自然的关系，逐步形成资源节约型、环境友好型、生态友好型、气候友好型的消费意识、消费方式和消费习惯。绿色的消费模式的养成，既需要通过意识形态、舆论引导、学校教育、社团力量等，使得消费者的绿色消费意识真正"内化"；又需要通过政府的约束性政策和激励性政策、社区的垃圾分拣等管理手段，使得消费者"不得不"绿色消费以及"何乐不为"绿色消费。

3. 永续的资源保障

为了实现资源的可持续开发利用，必须"两条腿"走路：一方面控制自然资源的开发和使用数量，从供给管理转向需求管理，实施最严格的耕地保护制度，实施最严格的取水总量控制制度，实施最严格的能源总量控制制度，通过总量控制和需求管理，促进资源的循环利用，提高资源生产率；另一方面，要不遗余力地开发可再生资源，降低石化能源等不可再生资源的比重，提高风能、太阳能、潮汐能、生物质能等可再生资源的比重。

4. 优美的生态环境

基于我国的环境形势和发展阶段，建设"美丽武汉"，必须实施最严格的生态保护制度，优化国土空间开发格局；必须实施最严格的污染控制制度，做到污染排放的逐年递减；必须实施最严格的温室气体控制制度，尽快完成温室气体从强度减排转向总量减排。在总量控制的前提下，实现环境产权制度改革，促进生态权、排污权、矿权、水权、林权、碳权等资源环境产权在不同区域、不同行业和不同企业之间的交易，优化配置环境资源，实现生态环境保护和经济社会发展双赢的格局。通过生态建设和环境保护，要让人民群众充分享受到山川之美、大地之美、蓝天之美。

5. 舒适的生态人居

舒适的生态人居是"天人和谐"的生态文明建设和"美丽武汉"建设极其重要的内容，也是最容易被人民感知的部分。无论在美丽乡村建设中还是在美丽城市建设中，都必须把生态人居、低碳建筑、绿色能源等天人和谐的理念贯穿于居住小区及其周边环境的总体规划、建筑设计、小区建设、建筑使用、社区管理等各个环节，让人民深切体会到人居之美、建筑之美、自然之美和生活之美。

四、美丽武汉制度建设构想——以生态武汉法制建设为中心

"美丽武汉"宏伟蓝图需要通过大力推进生态文明建设来实现，生态文明建设是通向"美丽武汉"的必经之途。为了实现"美丽武汉"这一目标，就要从根本上处理好生态环境与经济发展以及人与自然的关系，彻底实现观念认知、行为方式以及制度设计各个层面的生态文明转向。不仅要在全社会普遍树立人与自然和谐共生的生态理念，而且要彻底转变传统的经济发展方式和生活方式，加大生态保护的制度设计和制度保障，努力推进生态文明建设，从而建设一个具有高度生态文明的"美丽武汉"。为此，必须做好如下战略设计和法制构想：

（一）美丽武汉建设的战略设计

1. 自然环境的治理：实现"美丽武汉"的生态基础

自然环境包括气候、空气、水、土地等自然要素的总和，这些要素与人们的生活息息相关。自然环境的治理工程主要包括恢复、保护、优化、美化四个步骤。第一，建设"美

丽武汉"首先要加强对自然环境的修复。通过各种环境治理工程能够使已遭到破坏的自然环境和生态系统的负面影响不再扩大，恢复本来的自然效力。第二，在恢复的基础之上要通过设置生态环境保护区、生态环境监控站等方式加大对自然环境的保护力度，使它们保持原本的生态效用和自然魅力。第三，在国土资源开发上，对国土资源的开发要因地制宜。在坚持生产、生活、生态原则上"构建科学合理的农业发展格局、城市建设格局、生态安全格局"。第四，美化是自然环境治理工程的点睛之笔，美化自然不是某个个体能够完成的，它需要国家、社会、个人的配合与合作。国家到地方要制定美化自然的规章制度，社会要弘扬美化自然的社会美德，个人要爱护身边环境卫生和花草树木。

2. 生态观念的培养：实现"美丽武汉"的思想保障

建设"美丽武汉"需要全社会养成良好的生态观，生态观的培养离不开思想宣传工作。第一，以科学的生态理论武装人。以科学的生态理论武装人要让新生代中国人从上学之初就学习和掌握科学的生态理论，使他们了解自己的生存环境、认识到自己的行为对于自然环境的重要作用和意义。第二，以正确的舆论引导人。首先要加强生态文明的宣传力度，纵向上从中央到地方的梯级宣传，横向上家庭、学校、社会的教育要同时进行形成合力。第三，以高尚的生态伦理道德塑造人。在政治领域要公正平等的分配社会资源和生态资源，在经济领域要以可持续发展的理念求发展，在社会上要弘扬热爱自然、尊重自然、保护环境的生态美德。第四，要以优秀的生态作品鼓舞人。优秀的文艺作品能够引导一代人的思想观念，建设"美丽武汉"要求文化界要创造更多的大众化的优秀生态文艺作品，引导人们保护环境、善待自然。

3. 实现发展方式的转变：实现"美丽武汉"的经济杠杆

首先，要加快促进传统工业的改造，降低工业污染。传统工业区的改造既是老工业区的发展的现实选择，也是建设"美丽武汉"的要求。改造传统工业必须使传统工业污"三废"的排放量必须减少至国家标准，传统工业密集区要对污染进行总量控制，防止传统工业对环境造成再次污染。其次，要引导粗放型的经济增长方式向集约型转变。发展循环经济是转变经济增长方式的重要途径。循环经济鼓励废弃物的资源化、再利用、再制造和再循环，有利于实现低投入、低消耗、低排放、高效益的目标。再次，要大力调整产业结构，发展轻量化、无害化、绿色化的生态农业、环保产业和循环经济产业产业，生产生态产品，创造环境保护与经济发展的双赢的局面。

4. 生态制度的建立健全：实现"美丽武汉"的制度保障

第一，建立绿色政绩考核评价制度。也就是淡化传统的 GDP 考核，"要把资源消耗、环境损害、生态效益纳入经济社会发展评价体系，建立体现生态文明要求的目标体系、考核办法、奖惩机制"。推动经济社会发展，改善人民生活，需要不断地增加经济总量，但是这种总量的增加不能以过度地消耗资源、能源和污染环境为代价。政绩考核制度是转变观念重要的指挥棒。指挥棒对了，我们基本国策的执行、生产布局的优化、发展方式的转变，包括全社会的整体推进都有了动力。第二，建立"项目生态风险评价"制度。关键项目生态风险评价包括建立之前对于可能会产生污染的企业或重大工程的风险测定和建立之后对其的管理监督。在项目建立之前对其进行量化考核，在生态评价的基础上识别并放弃那些具有较大生态风险的项目。同时，在项目建立之后定期对关键项目进行测评，有利于对重大项目的监督和监管。

5. 地区合作的推进：实现"美丽武汉"的外部条件

武汉在地理上本来就与其他地区联系在一起，武汉的生态系统属于中国生态系统的一部分。武汉的发展紧密地同中国的前途和命运联系在一起，首先，建设"美丽武汉"离不开与其他地区的密切合作。当前全球面临着大气污染、水污染、臭氧层空洞、温室效应、生物物种减少等超越国家界限的全球性环境问题，它们严重威胁着全人类的生存和发展。解决区域性环境问题首先需要明确地区环境问题的主要责任。其次，建立有约束力的地区环境保护法。目前我国尚未有一个真正具有法律意义的完整的环境保护协议来规范各地的行为。没有强而有力的制度保证，环境保护的区际合作就很难达成一致。最后，建立环境保护科学技术共享的默契。科学技术在保护生态环境上起到越来越重要的作用，广大落后由于资金短缺、技术落后和人口增长等因素本身就面临着地方自然环境恶化的问题，没有科学技术的支持，落后地区很难快速走出"先污染后治理"的老路。

（二）美丽武汉的具体制度建设构想

1. 生态政治制度

第一，要将生态文明建设的制度进一步转化为政府的政治责任。政府是绿色发展的规划者，各部门是绿色发展的实践者，政府的政策要能够落实和贯彻下去，需要制定相关的绿色官员政绩考核评价制度，改变忽视生态环境保护的政策导向，逐步建立"体现生态文明要求的目标体系、考核办法、奖惩机制等"。

第二，建立我市的绿色发展指标考核体系，把资源消耗、环境损害、生态效益纳入经济社会发展评价制度中，建立体现生态文明要求的目标体系、考核办法、奖惩机制，推动生态文明基本国策的执行，是政治上保证生态文明的途径之一。

第三，从环境监督机制和环境制度的执行看，也需要有良好的政治环境，需要通过政治体制改革，加强反腐倡廉，强化人民的主体地位，切实保障公民的各项基本权利，形成公正的有利于生态文明建设的政治环境，有利于优化生产布局、促进发展方式转变、消除地方保护主义、遏止利益集团形成，形成生态文明建设的有力保障。

第四，从政府方面推动建立完善的环境保护法规制度看，建立资源环境领域的市场化机制，建立健全资源有偿使用制度和生态环境补偿机制，形成支持生态科技和生态产业发展以及循环经济发展的机制，推动建立国土开发保护制度，完善严格的耕地保护制度等，都是从政治上促进生态文明建设的途径。

2. 生态经济制度

第一，实现从粗放型向集约型生产方式的转变，这本身就是实现节能减排的最重要途径。集约型生产方式意味着生产效率的提高，直接反映在能耗的减少和废弃物的减少或资源的有效利用，这是从源头上实现节能减排。

第二，以绿色发展、低碳发展、循环经济发展作为新的经济增长点，努力生产生态产品。这也是当前的国际、国内形势对我国经济发展的客观要求。

第三，通过经济建设途径推动生态文明建设，必须按照经济规律办事。因为人类的任何活动都会对生态造成影响，生态生产活动也必须充分考虑生态影响，给自然留下更多生态空间。生态项目大量上马，如果不经过充分生态论证，很可能成为新的粗放发展，造成新的浪费和污染。

3. 生态环境法律制度

生态环境保护法是发达国家生态环境建设的经验借鉴，也是我国生态制度的薄弱之处。

第一，责任追究制度。对不顾法律规定、破坏资源和污染环境的个人、单位，要坚决依法追究其责任。保护环境人人有责，岗位不同，职责有别。在环境保护的关键社会岗位，如行政首长、企业法人代表、环境评价工程师、环境质量检测员等，要落实环境损害赔偿制度和生态环境保护责任追究制度。美国、日本等国在发展循环经济与实现社会生态化方面都选择了法治路径，建立了比较完善的生态法律保障体系。

第二，要加大执法力度和完善执法监督机制，严格企业环境准入，特别要注重资源开发与生态环境破坏方面的执法检查。

第三，要加强政府和有关部门生态环境执法的监督，防止执法过程中出现不规范、不作为和乱作为等问题。

第四，项目风险评估制度。项目风险评估制度能够减少环境公害和环境群体事件发生。建立前要对可能会产生污染的企业或重大工程的进行风险测定，在生态评价的基础上识别并放弃那些具有较大生态风险的项目；建立之后还应定期对关键项目进行测评，积极实行监督和监管。

4. 生态文化建设

生态文明观的形成离不开生态宣传。由中央政府下达文件的方式固然有效，但是要想将生态文明的理念深入到全体大众的心中并落实到行动中，首要的是生态文明观基础上的全社会动员起来完成这个行动。目前我市有很多生态文明宣传条件：政府、学校、部队、文艺界、机关、各种社会团体、大众媒体、网络等，都是生态宣传的有利途径。近年来生态公益组织、非政府组织在生态文明宣传中也起到了重要作用，成为生态文化建设的重要途径。现在需要通过各种激励机制鼓励这些渠道宣传生态文明，创作更多的大众化的优秀生态作品，充分发挥多种民间宣传渠道的作用与政府的主导形成合力，将有利于生态文明观的形成。

5. 生态社会制度

第一，生态社会制度要求推进中国特色社会主义民生建设，形成长效机制。民生问题是大问题，人际关系不和谐，极大地影响到"美丽武汉"的建设。当下应当努力缩小收入差距，稳定物价，逐步解决住房、就业、医疗保障等人们普遍关注的又亟待解决的民生问题，以人民群众的最需要解决的现实利益问题作为一切工作的出发点和落脚点。

第二，着力解决人民关心的民生问题。推进生态文明建设，实现"美丽武汉"的目标，不是单纯的节能减排、保护环境的问题，社会建设的一切，如基本公共服务、公共安全、社会管理体制等百姓关心的民生问题都与生态文明建设密切相关。

第三，培育"生态公民"。"生态公民"是建设"美丽武汉"的主体，是尊重自然、顺应自然、保护自然的生态人，是自然发展、社会发展与人的发展规律的遵循者，是现代公民生态性、社会性与主体性的统一体。培育"生态公民"不仅是构建生态社会，实现美丽武汉建设目标的重要途径，也是美丽武汉的最终落脚点和归宿。

五、结束语

本课题是在 2013 年提出"美丽武汉，法制先行"建议并开展系列研讨活动的基础上，提出相关构想，对美丽武汉法制保障体系进行的基础性理论研究。按照四中全会精神及依法治市的新要求，课题组将围绕法治武汉、法治政府建设，以进一步完善我市生态文明建设法规规章体系为重点，开展为期一年的深入调研，并作出专题报告。

社区治理创新视域下的小商贩治理模式与路径研究

武汉市委党校　周　昕

党的十八届三中全会明确了推进国家治理体系和治理能力现代化改革的总目标，并对创新社会治理体制、改进社会治理方式提出了新要求。创新社区治理是推进城市治理体系和治理能力现代化的重要领域；而治理小商贩一直是困扰社区发展的难题。将小商贩治理纳入社区治理创新视域，既是促进公平竞争、维护市场秩序、实现治理能力现代化的客观要求，也是保障充分就业、解决民生问题的客观要求。本文以武汉市为例，对社区治理视域下的小商贩治理路径进行探讨。

一、小商贩的概念、特征及群体现状

小商贩作为一种百姓谋生的方式，在我国有着悠久历史。早在《周礼·地官》中就有"夕市，夕时而市，贩夫贩妇为主"的记载。随着经济社会发展和城市化进程加快，小商贩日益成为城市生活中重要的零售商人群体。他们通常在居民区租赁门面经营，或者利用小推车、挑担等流动设施作为叫卖工具，有的甚至只用一块简陋的帆布便可以摆摊设点，所卖的商品和提供的服务主要满足普通居民日常需求。作为商人群体的特殊组成部分，目前我国尚无法律、法规和规范性文件对小商贩的概念作出明确界定，人们将其通常称呼为"无证摊贩"、"小商小贩"、"走鬼"等。2008年中国台湾地区《"小商贩条例"草案及总说明》在第二条中，对小商贩的定义为"本条例所称小商贩系指于公司、行号或公民经营市场之营业场所外，以固定或流动摊位，销售货物或提供劳务者"。由此可见，小商贩是指未经过工商登记注册，租赁门面经营或利用社区、广场、街头巷尾等公共空间，通过摆摊设点、沿街流动叫卖等方式，从事小规模商业活动的经营者。

美国学者 Luise Weiss 认为，小商贩群体能够弥补规模经济要素短缺，满足多样化的市场需求。小商贩的产生，既是商人本身寻利行为的必然结果，也是基本符合市场经济规律的必然现象，可以将小商贩的特征概括为如下方面：

一是从业人群的多元性。小商贩从业人员主要包括城镇无业、下岗或待业人员；外来流动人员；企事业单位退休职工；本地农民；残疾人等。据2009年中山大学社会学系调研统计，小商贩中60%是非常住人口，流动性大；其余40%是城镇困难家庭和失业人员等，具有高中以上文化程度的仅占23.9%。此外，随着高等教育成本日益增长，就业形势日趋紧张，不少在校大学生也选择在学校附近摆摊设点，赚取生活费用。

二是从业动机的单一性。小商贩从业的主要动机是获得经济收入以满足自身或家庭基本生活需要，在主观上并不存在破坏市容环境、扰乱市场秩序等公共利益的故意，在客观行为上具有无奈性。究其原因，小商贩市场进入壁垒低，无需执照和税费负担，成为最适合社会弱势群体的就业选择。

三是从业许可的缺失性。由于经营规模小，达不到法定注册登记条件，小商贩无法像个体工商户或其他企业组织一样拥有工商部门颁发的营业执照，缺乏从事市场经营的合法身份。从行政许可的角度来描述小商贩的生存状态，即"无照经营"，缘于其没有营业执照，甚至有的流动小商贩也无固定经营场地与商品。由于未经工商登记、取得营业执照的小商贩处于事实上的违法地位，"无照"成为政府打击取缔小商贩最常见的理由。

四是受众群体的广泛性。需求是造就市场的温床，当前我国城市化进程中大量存在的多层次消费群体直接催生了小商贩。其低廉的价格、便利的服务满足了众多市民尤其低收入人群的生活需要。

五是从业成本的低廉性。小商贩具有营业成本低、文化水平和专业技术要求低、适合普遍人群的就业条件。有的小商贩仅用一辆小推车、一块帆布就能在社区摆摊设点，既不用纳税，也不用承担门面租金，因此投资小、成本低、见效快。

六是从业地点的灵活性。小商贩的从业地点为社区中开放的公共空间，具有明显的市场自发性。部分小商贩的经营场所相对固定，采用在社区租赁门面经营的方式，还有大量小商贩没有固定的经营地点，多为早晚营业，流动经营，并且视商品交易的频繁情况和收入情况而灵活改变经营地点。

据估算，目前中国大陆约有各类型小商贩约3000万人，并且随着农村剩余劳动力继续转移，还有进一步扩大的趋势。如此庞大的社会群体，其生存状态已经日益受到社会广泛关注，理应成为创新社会管理机制、改善城市发展软环境的重点。由于小商贩多以租地经营和流动经营为主，经营行为缺乏规模性、稳定性和抗风险性。而基于营业执照等行政许可产生的市场准入门槛有着严格的法定条件，这对于大多数营业规模较小、达不到办理执照要求的小商贩而言，无疑是一道难以逾越的障碍。因此，小商贩群体最迫切、最根本的民生诉求就是摆脱无照经营的困境，期待其赖以谋生的就业权益能够得到合法保障。此外，他们还需要政府在经营场地、职业技能培训、创业金融贷款、税费减免等方面提供帮助和支持。以上分析说明，小商贩产生和发展有着深刻的社会背景，既与我国城市化建设、农村劳动力转移和国企改制等多方面社会因素密切相关，也与群众日益增长的物质生活需求有关，同时还是由我国仍处于社会主义初级阶段，市场经济体系有待进一步健全，收入差距逐渐拉大等综合因素所导致。由此可见，小商贩群体是转型时期中国社会的特殊产物，也是当今中国社会弱势群体的重要组成部分，是民生问题中不容回避的现实因素。

二、社区治理的基本理论

所谓社区治理，是指社区范围内的多个政府、非政府组织机构，依据正式的法律、法规以及非正式社区规范、公约、约定等，通过协商谈判、协调互动、协同行动等对涉及社区共同利益的公共事务进行有效管理，从而增强社区凝聚力，增进社区成员社会福利，推进社区发展进步的过程。

社区治理区别于政府行政管理，其权力运行方式并不总是单一的、自上而下的。社区治理并不是通过发号施令、制定执行政策等来达到管理目标，它通过协商合作、协同互动、协作共建等来建立对共同目标的认同，进而依靠人民内心的接纳和认同来采取共同行动，联合起来对社区公共事务进行良好的治理。其主要功能包括：一是社区治理有助于社区经济的发展。社区所需经费的主要来源是政府的拨款，但由于政府财力有限，注入社区的经费往往不足开支，超支的部分要依靠社区经济的发展和社区单位的支持来解决。社区经济的发展可以创造就业机会，拓展就业渠道，减少不安定因素。而要发展社区经济，就离不开社区管理机构的领导、支持、协调和服务，离不开社区治理所创造的良好社区环境，离不开社区资源的充分利用，否则社区经济的发展将寸步难行。二是社区治理有助于社区文化的繁荣。社区治理有利于调动政府、民间组织和社区民众对手合区文化的参与，从而推动社区的认同感和归属感。由此可见，社区治理在繁荣社区文化方面发挥着重要作用。三是社区治理有助于社区环境的美化。社区环境需要政府、企业、民间组织、社区民众共同参与，社区治理为多个主体参与其中奠定了基础。四是社区治理有助于社区治安状况的改善。进而消除不稳定的因素，预防违法犯罪现象。

三、社区治理视域下加强小商贩治理工作的意义

小商贩代表着庞大的社会弱势群体，具有经济上的低收入性、生活上的贫困性、政治上的低影响力和心理上的高度敏感性。加强小商贩治理工作，构建小商贩治理长效机制，既是保障充分就业、解决民生问题的客观要求，也是促进社区治理现代化、化解基层矛盾的客观要求；既是突破监管瓶颈，建立长效机制的客观要求，也是促进公平竞争，维护市场秩序的客观要求。治理小商贩的成效直接影响到公众对于社区治理工作的评价和认同，决定了能否顺利实现"善治"的目标。

（一）保障充分就业，解决民生问题的客观要求

就业是民生之本。当前，小商贩最大的民生诉求就是其赖以谋生的就业权益能够得到合法保障。作为社会弱势群体，小商贩群体受资金、技术等客观条件制约，从事经营条件往往达不到现行工商登记的要求，很难取得合法身份。粗暴执法、强行取缔极易引发冲突，激化社会矛盾。通过改善对小商贩日常经营活动的管理方式，进一步简化登记手续，降低市场准入门槛，提升市场监管服务水平，帮助他们创造更多的就业机会，摆脱无照经营的困扰，走出"地下组织"的心理阴影，对于帮扶弱势群体自谋生路，促进就业和再就业有着积极作用。

（二）优化社区治理，化解基层矛盾的客观要求

长期以来，治理小商贩一直是基层社区管理工作的难点。广大社区工作者迫切需要政府部门的协助，加强对小商贩的外部监管，规范市场秩序，提升社区管理和服务功能，进而营造良好的社区发展环境。对此有关部门应积极研究对策，不断拓宽对小商贩提供公共服务的范畴，使社会弱势群体的合法经营行为得到政府规范引导和依法保障，给居民带来

更方便、廉价和优质的生活服务，营造和谐宜居环境。

(三) 突破管理瓶颈，建立长效机制的客观要求

从以往经验来看，通常政府部门治理小商贩采取的"围追堵截"措施效果并不理想，无照经营现象经常此起彼伏、死灰复燃，想要根除十分困难。有鉴于此，政府部门应冲破传统观念的束缚，改变单一处罚加取缔的做法，积极转换工作思路，进行换位思考，变"末端治理"为"源头控制"，不断创新登记机制与市场监督管理机制，提高前置审批效率，降低小商贩的市场准入门槛，引导小商贩向依法经营、有序竞争的方向健康发展。

(四) 促进公平竞争，维护市场秩序的客观要求

由于小商贩大多不符合工商登记的要求，无需交纳税费，而其从事经营的却是与办有营业执照、依法纳税的合法经营者相同的商品或服务，造成经营成本的巨大反差。首先，从市场主体的角度而言，形成市场经营活动的显失公平，侵犯了合法经营者的公平竞争权；从市场秩序的角度而言，形成了事实上的不正当竞争，扰乱了正常的经营秩序，损害消费者的合法权益，妨碍国家市场经济法律法规的实施，阻碍市场经济健康发展。其次，有的小商贩在租用经营场地连带借用或租用该场地主的营业执照，经常出现发生销售矛盾纠纷或发现偷漏税费时找不到事主的情况。再次，小商贩在经营时签订合同的比例较低，多数人都不愿与客户签合同，从而规避法律责任。第四，由于社区小摊贩的不固定性，使得其产品质量无法保障，一旦小商贩出售的商品存在产品质量瑕疵甚至侵犯消费者健康权，消费者难以取证、难以索赔。上述因素都说明，只有加大对小商贩的治理力度，才能引导其健康发展，营造公平竞争的良性市场环境。

四、武汉、北京、深圳三地小商贩治理模式述评

(一) 武汉市社区"一照式"备案管理模式

社区"一照式"备案管理是独具武汉特色的小商贩治理模式，也是武汉市创新社会管理工作机制的成功探索。所谓社区"一照式"备案管理，是指将基层社区作为小商贩监管载体，在一个社区内办理一个社区服务中心营业执照，对社区内暂不具备办理营业执照条件的小商贩，经中心审查工商所认可备案，由社区服务中心将其作为一个服务点予以备案，准予其开展经营活动。这一模式最早于2009年在武汉市硚口区开展试点，目前已面向全市推广。

1. 政府出面，统筹协调整体推动

硚口区政府高度重视支持"一照式"备案管理工作，从"保民生、扩就业、维稳定"的高度，把备案管理工作上升为支持全民创业、帮扶弱势群体、开展社区文明创建以及便民、利民和惠民的重要举措，由副区长亲自主持召开协调会，要求相关职能部门和各街道大力支持"一照式"备案管理工作。正是在区政府出面整体推动下，全区顺利实现"全覆盖"。

2. 工商主导，实行备案规范管理

武汉市工商局先后出台了《关于进一步促进市场主体加快发展的意见》和《关于进一步推进社区"一照式"备案管理工作的实施意见》，对"一照式"备案管理工作的各个方面和环节进行规范管理。通过简化工商登记手续，降低市场准入门槛，使得长期打"游击战"的小商贩只需办理《社区服务中心服务证》即可取得合法经营资格。有的小商贩在工商部门和社区服务中心的帮助下，生意日益红火，他们主动放弃了《服务证》，领取了个体工商户营业执照，从"游击队"升级成"正规军"。

3. 依托社区，强化服务中心建设

将社区服务中心的身份从单一服务主体变为市场主体，纳入工商登记管理的范畴，并作为备案管理制度的核心内容，从覆盖率、发展户数及数据录入质量等三个方面制定社区服务中心发展规划。社区服务中心通过和小商贩签订承诺书，以契约方式固化权责，对其经营活动进行监管指导，形成"管而不死、活而不乱"的市场秩序。相对以往仅靠职能部门外部监管，为规范小商贩经营加了一道"紧箍咒"。

4. 注重协调，争取其他部门支持

备案管理涉及众多主管部门，仅备案行业的前置审批部门就有多个，仅依靠工商一个部门的力量难以实现监管目标。工商部门主动上门与其他主管部门负责人进行座谈交流，帮助其消除顾虑，充分调动其参与创建的积极性，形成监管合力。

截至2012年年底，硚口区132个社区全部领取了社区服务中心营业执照，发展备案户2785户，安置近千名大中专学生、下岗职工和农民工就业。实践证明，武汉市推行的社区"一照式"备案管理通过放松社会服务登记条件，拓宽市场准入口径，规范小商贩经营活动，从根本上逐步化解小商贩治理难的症结——法定从业资格缺失难题，降低了社会弱势群体的经营风险，是为化解执法矛盾、维护社会稳定、关注服务民生、促进个私经济发展的大胆尝试，形成了在全国社会管理工作中独具特色的"武汉模式"。

（二）北京市"疏堵结合"管理模式

北京市倡导疏堵结合、源头治理等人性化管理手段，通过合理规划，加大投入建设一批集贸市场或就地规范临时集贸点，引导和规范小商贩入场经营，从而加强对小商贩的管理，并通过履行监察与执法并举职能，促进市容环境面貌和市场秩序明显好转，进而化解了城管和小商贩的紧张矛盾，实现了"面子"（市容）与"里子"（民生）的统一。

1. 以"疏"为主，注重规范引导

由于集贸市场设施不足、就业压力大和庞大外来人口生活需求，小商贩违法占道经营和乱摆卖问题较为突出。北京市城管部门本着"不影响交通，不影响消防，不影响主次干道和重点地区市容环境，方便群众生活等"的原则，斡旋促成各区政府牵头协调街道（镇）、工商、食品、公安、城管等有关部门，通过科学规划集贸市场，合理规范临时集贸点，对小商贩违法占道经营和乱摆卖行为进行疏导、规范和集中管理，有效解决了市场基础设施不足和人口生活需求增大之间的矛盾。市场内实行统一规划定位、统一经营设施、统一摊点设置、统一经营时间、统一垃圾存放清理等管理要求；市场管理服务中心负责就近引导场外零散、无序的小商贩进入市场规范经营。这种多部门共建立便民集贸市场和临时集贸点市场的举措,既满足了市民群众生活需求,又为小商贩提供了就业渠道。2012年,海淀区在26个街乡社区内引入便民摊点1103处,还利用社区以外的闲置空地开辟"阳光早市"、"跳蚤市场"、"益民市场"等形式的"便民服务区"57处,共为小商贩提供了3176个摊位,基本满足了当地市民的日常需求。

2. "疏"、"堵"结合,严格行政执法

建立以街(镇)为管理主体,市场服务中心负责内部管理,工商、食品、公安、城管等执法部门严格执法,城管部门负责监察,其他相关部门参与的管理体系,实施以城管分队为基础、巡查为核心、督查为中枢、监察为保障"四位一体"的运行工作机制,加强集贸市场和临时集贸点场外周边小商贩的管理执法,对主要大街、重点地区乱摆卖聚集点开展集中整治,由属地街道(镇)组织城管分队、派出所、工商所、食品、卫生等部门联合执法,坚决杜绝上述现象成行成市。

3. 整合资源,执法监察并举

城管监察部门由以往以综合执法为主向执法监察并重转变,通过日常监察管理,督促相关责任部门和单位履行城市管理职责,维持城市正常秩序。对于因城市功能不完善造成的问题,除督促相关管理部门、单位积极做好工作外,还要及时向政府及相关部门提出建议,加快完善城市功能,提高城市承载力,满足人民群众需求;对于因责任部门管理不到位、责任不到位而出现的各类问题,按照归口管理原则,及时告知并督促相关责任部门和单位限期解决;对于告知问题后,不能按期解决的部门或单位,将予以曝光、通报,情节严重的,经一定程序移交组织人事、纪检监察部门处置。

(三)广州市"划地经营、分区管理"模式

作为全国小商品经济最繁荣的城市之一,广州市的小商贩群体(俗称"走鬼")人数在25万至30万人,管理起来十分困难。2005年至2009年,在治理小商贩的专项执法行动中,共发生暴力抗法事件2626宗,受伤执法人员1679人。广州市先后制定出台了《广州市城市管理综合执法条例》、《广州市流动商贩管理暂行办法》和《广州市整治和规范流动商贩管理工作方案》。《广州市城市管理综合执法条例》第30条规定:"市、区人民政府应当采取措施引导流动商贩入场(室)从事合法经营。"该条在全国首次规定了政府在对流动商贩的管理中负有引导义务,兼顾管理和民生,按照"严禁区禁止、疏导区规范"的原则,着力推动市、区(县级市)两级商贩管理中心建设,综合解决小商贩治理难题。

一是设立小商贩管理服务中心(即"疏导区"),实行划地经营、分区管理。全市首个小商贩管理服务中心"黄埔区长洲街流动商贩管理服务中心"已于2011年12月挂牌成立,这标志着广州有了专门的政府管理服务机构,为小商贩提供专业服务和规范管理。这种"服务型"专门机构属全国首创,下一步将在重点路段、区域严禁经营,其他路段、区域严管并就地规范,将管理重点下移至社区。以街(镇)为主体,由街(镇)、居委、村、社区、小区物业、市场管理机构联合划定流动商贩临时经营区域,经市、区流动商贩管理领导小组核准后实施;(镇)对流动商贩临时经营区域负属地管理责任。二是对小商贩实行登记制度,推广"持证经营制"。广州市城管委开发了《广州市流动商贩公众网上服务系统》,对小商贩实行登记制度,实施电子档案化管理。小商贩要先经过政府培训,经培训

合格后，由区商贩管理机构颁发有效期不超过一年的经营凭证，实行持证上岗；商贩是广州户籍人口的，凭户口簿、身份证向户口所在街道提出经营申请；外来商贩则凭居住证、在穗固定住所证明和身份证向居住证颁发街道提出经营申请。进场经营后，还将实行"违规记分制"的管理，优先照顾本地户籍的弱势群体和法律法规明确的群体。工商部门对成熟的有固定场所的小商贩及时转为工商个体户登记。三是各区划定的商贩临时经营区域必须达到一定标准。包括：防止同业竞争，不与周边正常经营商户产生恶性竞争；不影响周边居民正常生活；不影响交通组织和防火安全；不影响市容环境卫生。商贩临时经营区域必须统一标准、统一划线、统一标志、统一管理；摊位只能由申请者本人或其直系亲属经营，不准租售摊位和变更使用性质，不准扩大经营范围。划定临时经营区域前，应充分征求选点周边单位、居民意见。

按照规划，广州将于3年内在全市建成120处商贩管理服务中心，提供摊位数3万个以上，引导10万沿街叫卖的流动小商贩入室入场经营，为100万市民提供物美价廉的优质服务，惠及1000多个社区。目前该市共建成临时疏导区124个，2012年新建72个，提供摊位约2万档，安置近3万小商贩入场入室入点经营，疏导小商贩进入社区进行摆卖8万余人，在管理执法、交通疏导、卫生保洁、治安维稳、就业保障等方面均产生了积极的社会效果。小商贩暴力抗法和群体事件大大减少，2010年因驱赶流动小商贩引发的暴力抗法事件比2009年下降了49.8%。特别是越秀区建立了一个以少数民族为主的兰圃临时疏导区，设立100余摊位，为治理少数民族小商贩提供了新思路。

（四）对三种小商贩治理模式的总结

综上所述，武汉、北京、广州三地在社区治理创新中，坚持以人为本、因势利导，形成了各具特色的小商贩治理模式。"武汉模式"强调工商主导，依托社区平台进行规范备案管理；"北京模式"坚持"疏堵结合"，通过设置集贸场所，引导小商贩入室经营；"广州模式"以城管为主体，实行划地经营，分区登记管理。对武汉、北京、广州三地治理小商贩的经验进行归纳，可以总结出如下经验：一是政府充分关注小商贩作为社会弱势群体，其合法的就业和劳动权利不容忽视；在法治政府理念指引下，对小商贩合法就业权利的尊重就是对基本人权的保障。二是在小商贩治理中，对无照经营的小商贩围追堵截或强行取缔绝非良策，而应采取"引导为主、疏堵结合、公平优先、强化秩序"的方法，在不违反城市管理秩序和市场经济秩序的基础上，最大限度地引导帮助小商贩求生存、谋出路、保生计。三是工商和城管部门应在小商贩治理中发挥核心作用，通过灵活调整小商贩的市场准入门槛，扩大就业入口，为小商贩合法进入市场提供便利、创造机会，不断提高政府监管和服务水平；同时也要采取有效措施，杜绝防范违法经营的现象发生。四是采取划区经营或依托社区服务点进行管理的方法，为小商贩群体搭建就业平台，事实证明是行之有效的监管途径。五是对小商贩实施人性化管理，避免"生、冷、硬"的管理手段，对其加强心理疏导和人文关怀，及时化解社会矛盾。六是注重发挥小商贩群体行业自律的作用，积极扶持、规范、引导行会组织发挥作用，在条件成熟时可以授权其参与商贩监管工作。

五、创新社区治理机制，提升小商贩治理水平

2014年3月，在武汉市全面深化改革领导小组第一次会议上，市委书记阮成发要求围绕"推进特大城市治理体系和治理能力现代化、复兴大武汉"的总目标，多改革多探索，为完善和发展中国特色社会主义制度作出"武汉贡献"。当前，武汉市正处于发展的重要战略机遇期和社会矛盾凸显期，社会治理任务极为繁重和艰巨。随着城市人口急剧增多，发展不平衡、不协调、不可持续问题依然突出，表现为以下几点：一是社区管理对象扩大，原有的社会管理功能难承载；二是社区管理难题增多，单一的管理手段难奏效；三是社区居民利益诉求升级，传统的社区管理方式难实施。既没有凸显保障民生、管理为民的治理思路，也没有针对社会转型期政府管理面临的新形势、新问题积极寻求对策，突破瓶颈障碍；既没有将保障弱势群体就业权利放在突出重要的位置加以重视，也没有实现经济社会发展与社会资源承载力之间的有机契合。在这一时代背景下，有必要从社区管理创新层面加强和改善小商贩治理工作，最大限度激发社会治理活力、最大限度增加社区和谐因素。

从实践经验来看，社区"一照式"备案管理是独具武汉特色的小商贩治理模式，也是武汉市创新社区治理机制的成功探索。实践证明，武汉市推行的社区"一照式"备案管理通过放松社会服务登记条件，拓宽市场准入口径，规范小商贩经营活动，从根本上逐步化解小商贩治理难的症结——法定从业资格缺失难题，降低了社会弱势群体的经营风险，是为化解执法矛盾、维护社会稳定、关注服务民生、促进个私经济发展的大胆尝试，形成了在全国社会治理工作中独具特色的"武汉模式"。

在总结经验的基础上，创新社区治理机制，提升小商贩治理水平应遵循"以人为本、保障民生、立足社区、整合资源"的指导思想，充分发挥基层自治组织的主动性和能动性，不断拓宽治理领域，有效调处社会矛盾，提升治理绩效水平，实现维护小商贩就业权利和促进社区发展之间的有机平衡。

一是建构治理长效机制。小商贩治理是一项复杂的系统工程，涉及市场、就业、社保、城市管理等经济社会生活的方方面面，涵盖政府管理体系内部多个部门、多个行业。只有在政府的统一领导和整体推动下，各行业主管部门密切配合，各负其责，形成合力，才能有序推进各项工作。首先，由地方政府出面，以政府文件的形式，从"保民生、扩就业、促和谐"的高度充分支持小商贩社会管理工作，建立健全由政府出面推动，统筹协调的社会治理长效机制；进一步明确小商贩备案经营户的地位与法律效力。实现治理决策最优化。治理思路应从"事后处罚"向"事前防范"转变，从"末端控制"向"源头治理"转变。其次，搭建支持小商贩创业的小额融资平台，加大多元化融资支持，拓宽融资渠道，扩大信贷抵押担保物的范围，将经过备案的小商贩纳入政府小额贷款扶植的范畴。再次，制定扶持鼓励小商贩发展的其他政策措施，由政府出面支持商业保险机构开发针对小商贩的保险产品，优惠提供人身意外伤害保险等险种，防范和化解风险。第四，加强有关小商贩治理的地方法制调研工作，将小商贩治理纳入政府制定行政规章的统一立法规划。

二是探索部门联动机制。归根结底，社区治理是对人的管理和服务。在这个过程中，

政府、社会、公众都应充分发挥作用。社会和公众的参与程度，依赖一个国家的社会组织发展程度。从"武汉模式"来看，工商部门作为重要的"裁判员"，在小商贩治理工作中的核心地位毋庸置疑，因为小商贩是否取得合法的经营资格、如何对经营户实行有效监管，是决定其能否充分享有就业权利、满足民生诉求的关键，也是政府依法对小商贩进行治理的前提，而这些都属于工商部门的职责范围。应进一步消除城管、民政、社保等相关部门的疑虑，大力宣传对小商贩进行备案管理的必要性，重点突出小商贩备案管理在提高政府管理效率、规范无照经营、化解监管风险上的优势，取得相关部门的理解、认同和支持。

三是搭建社区监管平台。治理小商贩关键在于基层社区。国内学者燕继荣认为，良好社区治理应包括社区自组织水平、社区交往程度、社区成员信任度、社区集体行动能力四个维度(如表1所示)。

表1　　　　　　　　　　良好社区治理的衡量指标

序号	维度	衡量指标	意义
1	社区自组织水平	组织数量和组织资源	反映成员自主和自助管理能力
2	社区交往程度	成员之间的网络关系	反映社会依存度
3	社区成员信任度	成员之间和非组织成员的信任程度	反映交易成本的高低与合作的可能性
4	社区集体行动能力	参与公共事务的人数、频度	反映超越个人之上采取集体行为的可能性

由此可见，为提升社区自组织水平，增强社区集体行动能力，从社区治理与社区建设的长远发展考虑，必须适应形势需要，将现有的"社区服务中心"身份从单一服务主体变为市场主体，纳入工商登记管理范畴。不仅可以解决小商贩合法身份缺失的问题，将社区内的小商贩纳入备案管理后，以契约方式固化双方权责，社区有权对备案点统一规划，要求小商贩按照指定地点和时间营业，逐步形成"管而不死、活而不乱"的市场秩序，在方便群众生活的同时，最大限度地避免经营扰民问题。应进一步将社区服务中心打造成"三个中心"，即社区的消费纠纷解中心、社区证照办理的承接中心和社区下岗失业人员再就业指导中心，充分发挥社区监督员的作用，严格落实责任制，将网格化管理应用到小商贩社会管理工作中，各社区应指定领导具体负责社区服务中心建设，对负责人名单登记备案，并报上级工商部门存档；对备案经营户进行网格化监管，发现问题及时解决，避免危害扩大、责任落空。

四是维护商贩合法权益。立足小商贩群体的民生诉求，为那些想创业、自主就业者提供一个起步的平台，创造宽松的发展环境，鼓励其以较小的投资风险实现就业，进而形成规模效应。首先，应将开展社区备案工作与落实各项就业扶持政策紧密结合起来。按照"先行试行"和"能宽则宽"的原则，简化手续，出台支持小商贩就业的政策文件，完善促进就业政策体系，加大社区宣传力度，消除下岗职工、无业人员、进城农民等弱势群体的疑虑。其次，加快建设就业指导平台，鼓励农村富余劳动力、就业困难人员和高效毕业生就业、创业，对社区备案户按规定给予社会保险补贴，免费提供政策咨询、就业信息、职业指导和职业介绍服务，通过职业技能培训，使社区备案户的从业技能进一步提升。再次，在社区服务中心发展壮大后，支持一批社区备案户做大做强，成熟一户办照一户，从而实现社区备案的最终目的：由无照经营转向持照经营。最后，在查处取缔无照经营行为中，应坚持取缔与疏导相结合，对有轻微违法违规无照经营行为的经营者，实行首次告诫，二次执行下限处罚，帮助经营者规范登记和经营活动，着力营造宽松、积极、竞争有序的创业环境。

五是提高政府服务能力。创新社区治理，首先需要强化政府服务理念。十八大报告多次提及"人民"和"服务"，向服务型政府转变，是走向现代社会管理的开始。温家宝指出："管理就是服务，我们要把政府办成一个服务型的政府，为市场主体服务，为社会服务，最终是为人民服务。""北京模式"的最大特色在于：政府所扮演的角色不仅是"管理者"，更是"服务员"。对小商贩的治理思路应实现从"事后救济"到"事前防范"转变，从"末端控制"到"源头治理"的转变，建立"人本服务、公正透明、高效有序"的科学监管机制，达到"登记零差错、监管零事故，执法零过错、调解零距离"的"四零"监管目标。对备案管理工作的开展及完成情况实行量化考核，纳入各级政府部门的年度目标管理；借鉴"广州模式"经验，结合地方政府关于深入开展打击非法违法生产经营行为专项行动的要求，将无照经营整治纳入社会治安综合治理目标考核，组织开展重点时间、重点地段、重点行业查处无照经营专项行动，认真分析无照经营户的具体情况，做到能规范的积极予以规范；对屡教不改、顶风违法的非法经营者将依法采取措施，坚决予以查处取缔。通过日常巡查和走访制度，努力把突击式的工作转变为日常管理工作，逐步理顺部门协作关系和工作方式。注重了解掌握备案经营的基本情况，帮助弱势群体解决备案经营中的实际困难，及时化解矛盾纠纷。同时，在服务管理上采取教育引导为主、区别对待的原则，对在备案经营中首次违反有关法律、法规，未造成严重后果的，帮助其规范经营行为，形成包容性发展的新方式。

六是引导公众广泛参与。公众参与公共治理的程度是衡量社区治理创新工作成功与否的重要标志。应深入开展帮扶就业、规范经营为重点的宣传教育活动，在全社会形成人人关心、人人支持、人人参与小商贩治理的良好氛围，促进广大市民了解、支持和拥护社区服务中心的发展。此外，还应按照《中华人民共和国政府信息公开条例》的要求，搞好监管信息公开，在政策制定和实施过程中扩大人民群众参与的广度和深度，通过建立网络信息公开平台，逐步完善信息公示和行政听证制度，让小商贩治理工作接受社会全方位的监督，使政府监管和服务更加贴近群众。

参考文献

[1] [美] Luise Weiss. *Small Business and the Public Library*: *Strategies for a Successful Partnership* [M]. Amer Library Assn Editions, 2011: 116.

[2] 詹雨雄. 关于广东省流动商贩生存状态的社会调查 [J]. 经济与社会发展, 2009, 8.

[3]任杰.个体工商户条例:三千万流动摊贩将合法经营[N].南方日报,2009-07-23(8).

[4]燕继荣.社区治理与社会资本投资——中国社区治理创新的理论解释[J].天津社会科学,2010(3).

规范化视野下食品安全问题探析

李 健 罗永鑫 高之立

随着"瘦肉精"、"苏丹红"、"三聚氰胺"等食品安全事件频频曝光,食品安全问题屡屡刺痛民众神经。针对这一现象,2009年6月1日《中华人民共和国食品安全法》的实施,取代了之前的食品卫生法,强化了食品以及食品相关产品的生产者、经营者以及监管者的食品安全法律责任,《刑法修正案(八)》以从严惩处的刑事政策为指导,对食品安全的立法进行了完善,为司法实践依法严惩此类犯罪提供了法律依据。目前,最高人民法院、最高人民检察院出台《关于办理危害食品安全刑事案件适用法律若干问题的解释》,为危害食品安全犯罪明确了定罪量刑标准,加强了在法律层面上的打击力度。除了制度的增设、刑罚入罪的条件细化,对食品行业的执法检查力度也随之加强。然而,所有这些并没有从根本上遏制不符合安全标准食品以及有毒、有害食品的出现,餐桌上的隐患仍然困扰着我国保护国计民生的蓝图。食品安全问题为何屡禁不绝?法律如何才能得以从根本上保障国民的饮食安全?本文立足于分析我国食品安全问题在刑事领域存在的典型性问题及背后成因,并结合武汉市2011年至2013年的食品安全犯罪数据展开分析。

一、食品安全问题特点及法律后果

就国内目前食品市场而言,食品安全形势仍然十分严峻。一方面,农药违规使用、添加剂滥用、环境污染,非法使用生物技术等行为都从源头上危害了食品安全,另一方面,在利益驱动下,不法商贩违法经营、弄虚作假,为问题食品在市场上流转而推波助澜,多重合力造成食品安全问题层出不穷。近距离观察近几年媒体公布出来的食品安全案件,不难发现如下趋势:一是食品安全犯罪总体数量不断攀升,二是重大、恶性食品安全犯罪引发的舆论负面影响持续升级。这不仅危害了广大民众的身体健康和生命安全,也扰乱了社会主义市场经济秩序。以武汉市近三年食品安全犯罪的数据来看,食品安全犯罪主要特征类比结果如表1所示。

(一)量及面不断扩大

部分不法商贩为了追求利益最大化,采取非法加工、培植、饲养等手段来提高在本行业的竞争力,有的为了减少成本,使用过期、变质原料甚至销售病害禽畜,有的为了优化外观、提高口感而在加工食品过程中滥用食品添加剂、非法添加有毒、有害的非食品原料等。我国近几年的食品安全犯罪存在着广度、深度递增的现象,犯罪对象由传统猪肉禽蛋

表1　　　　　　　　　　　食品安全犯罪主要特征类比

期间	案件数（件）	发案区域				不安全食品种类	同期武汉市刑事案件批捕数（件）
		洪山	蔡甸	江夏	青山		
2011年	3	1	1	1		牛肉、猪肉、盐	6352
2012年	2	2				米粉、猪肉	8143
2013年（1—7月）	8	3	1	3	1	豆芽、面、猪肉	4921

蔓延到干货、奶制品、水果等食品，犯罪手法也由过去物理手法对食品外部卫生的危害发展到采取化学手段对食品内部安全破坏，手段日趋隐蔽。

武汉市的食品安全犯罪变化是我国同类犯罪演变的一个缩影，从上表列举的武汉市近三年食品安全犯罪的数据来看，在数量上，生产、销售不符合安全标准的食品犯罪及生产、销售有毒、有害食品的犯罪数量呈倍数增长，犯罪对象由传统单一的肉类向米粉、豆芽、面点等多类型食品演变，犯罪领域也由近郊向中心城区聚拢。2013年我市食品安全犯罪数量骤增不可否认存在一定政策因素，随着对食品安全犯罪出重拳，用重典的呼声此起彼伏，武汉市公安局成立食品安全犯罪专案组，2013年的食品安全案件几乎全部由市局负责侦查后交由武汉市人民检察院批捕，这也是导致2013年此类案件受理数量和打击力度骤增的主要原因。

(二) 团伙化、链条化增强

具体分析武汉市近三年的案件，笔者发现目前的犯罪模式不再仅限于过去作坊式的单打独斗模式，主要表现为团伙作案，长期作案和链条式销售作坊式向链条式过渡。有的从事不符合安全标准或有毒有害食品的销售近10年，有的涉案人数十余人，形成完整的生产、存储、运输、销售链条，有的占据了批发渠道，使其涉案食品以发散方式销往多个地区，波及的范围十分广泛。共同犯罪本来就是刑法中比较复杂的领域，食品安全的共同犯罪多为团伙，不符合安全标准食品和有毒、有害食品往往也是以此团伙为中心呈链条式流向社会，一旦查出，团伙中的从犯和链条下级成员的主观明知则难以判断，给司法认定造成困难。

(三) 处罚手段的现实局限性

笔者通过调查了解到，在武汉市内，东西湖区、青山区、汉阳区、新洲区、武昌区等多个城区近五年来都没有受理过食品安全的案件，据批捕及公诉的办案人员反映，没有办理此类案件并不是因为该地区没有食品安全问题发生，而是在法律认定上存在难度。

1. 取证难

地方具有食品鉴定资格的部门在检测设备和人力配备上比较落后，对部分送检食品是否系不符合安全标准或有毒、有害食品无法得出结论，导致办案部门无法获取定罪的关键性证据。另外，非法制、售问题食品的商贩多采取小作坊模式，销售数额除了当场查获的数量有迹可循外，历史经营的行为和金额等定罪、量刑证据则难以收集和确定。客观存在的取证困难、办案经费短缺等现状，造成了司法实践中此类案件难以成案的尴尬局面，以至于一些办案部门不愿意办理这一类案件，即使问题暴露，最终处理结果往往是工商部门一罚了事，动摇不了其犯罪基础，造成了实际上的放纵。即使有些部门将之勉强定罪了，也由于证据问题无法重判，达不到罚当其罪的法律效果。鉴于食品安全犯罪成本较低，加上相对丰厚的经济利益驱动，这直接导致了不法生产经营者机会主义倾向的蔓延。

2. 处罚方式不灵活

行政处罚手段单一，仅靠罚款往往力度不大，靠吊销证照，许多商贩本来就是无证经营，此类传统处罚方式无法对违法者产生威慑力，体现不了行政处罚的力度。从刑事处罚角度来看，没有足够缓冲地带，重的可以判到十年以上直至无期，但是轻型的处罚结果和行政处罚的方式达不到遏止其再犯的能力。罚个几万元，判个缓刑或一两年有期徒刑，犯罪分子转头又会投入同样的制售行为，反而更加谨慎，更善于应对。导致犯罪更隐蔽，定罪更困难。仅通过刑法来作为打击手段，缺乏有效的行政制裁手段，就显得打击手段刚性有余，灵活性不足。

二、食品安全屡禁不止的原因分析

食品安全问题虽然被列为国计民生保护必须解决的一大问题，此类问题的相对值这几年也不断攀升，然而问题依然层出不穷，案件的绝对值占同期刑事案件的比重也微不足道，部分地区甚至多年维持"零受案"的状态，分析其背后原因的主要体现在两个方面。

（一）立法技术仍然欠缺

近三年来，武汉市食品安全的案件受案数仅 13 件，虽然 2013 年随着司法解释的出台，案件数较前两年成倍数增加，但是相对于其他刑事案件受案数而言这一数值显然过小。据北京日报报道，北京市一中院 10 年也仅受理 4 起此类案件。以上数据均反映出此类案件数量较少的司法现状。立法技术欠缺导致法律的操作性不强是造成刑事责任难以落实的主要原因。

1. 标准不统一

例如，《食品安全法》第 22 条第 1 款规定："国务院卫生行政部门应当制定食品国家安全标准。"根据《食品安全法》第 24 条、第 25 条的规定：没有食品安全国家标准，可以制定食品安全地方标准，都没有的，应当指定企业标准。根据《刑法》规定，构成生产、销售不符合安全标准的食品罪的前提是该食品不符合安全标准。根据《食品安全法》的规定，一共存在国家标准、地方标准、企业标准三种标准，实践中还有人主张行业标准，关于采纳标准，无论在学界还是在实务界均存在分歧，标准的不统一无疑给具体定罪上如何把握造成困惑。又如，《关于办理危害食品安全刑事案件适用法律若干问题的解释》第一条列举的应当认定"足以造成严重食物中毒事故或者其他严重食源性疾病"的五种情形中，第一款(一)项和第(四)项列举的"严重超出"和"严重不符合"在具体评定上存在困难，根据现行法律，并无既定的统一标准，给司法实践定罪和量刑造成困难。

2. 部分法律规定存在盲区

例如，根据《食品安全法》第六十二条的规定，进口食品应当符合我国的食品安全国家标准，但部分进口食品没有建立相应标准，一些标准的新旧更替也会导致依据空缺，这些都直接导致了实际操作中无法执行的困境。又如，《关于办理危害食品安全刑事案件适用法律若干问题的解释》第十一条第一、二款规定的"国家禁止用于食品生产、销售的非食品原料"和"添加剂"等禁止对象，判断标准除了《食品添加剂使用卫生标准》外，多由卫生部以通知和名单的方式列举，难以避免条文规定固有的滞后性，一旦出现名单和成文标准之外的有害添加剂和非食品原料，则会出现因为无法律根据而无法入罪的尴尬局面。

3. 其他局限

对于食品安全犯罪中的过失行为现有法律规定无法入罪，主观明知的问题缺乏足够的法律解释作为判断标准，食品安全犯罪的预备行为从法律规定无据可考等立法技术上的欠缺都导致了食品安全犯罪在司法实践中可操作性不强。今后的立法应当避免不出现过多的空缺，构筑起更为严密的刑事法网，以便在法律层面上有效地打击食品安全犯罪。

(二) 监管机制尚未理顺

1. 监管机制的城乡失衡

我国食品安全问题的监管存在城市、农村发展不平衡的问题，中国特色的城乡二元分割体制，是城市和农村监管力度差异的主因，也导致了"城里有城里的货，农村有农村的货"这一乱象的出现。相对于城市较为健全的食品安全监管网络，更多的问题食品流向了农村，工商、质检人手少、经费短缺、管理薄弱等多重原因影响下，问题食品充斥了农村市场，而低廉的价格和农民淡薄的维权意识助长了这类食品的蔓延态势。

2. 监管机制的先进性不强

我国食品安全可追溯体系尚处于探索阶段，食品安全的监管要从源头抓起，现有的机制往往集中于事后发现和管理，对于源头的把关不强，一旦涉及无证商贩引起的食品安全问题，出事后行为人一走了之，食品的源头、责任人的落实都无从查清，不利于食品安全监管。此外，信息发现机制、调查处理机制、食品安全预警机制、处分衔接机制上还没有形成发达国家的完整体系，配套性不强，缺乏实际操作便利性，容易造成放纵。

3. 第三方监管的缺失

我国监管主体是政府授权部门，行业协会、民间监管组织等第三方监管主体在整体监管中显得无足轻重。从国外经验来看，行业协会因其客观性、专业性、前沿性而在许多国家的监管体制中发挥了优势性作用。我国行业协会现状与其前身多为政府监管机构或者事业单位，带有浓厚的官方色彩是分不开的。政府附属性弱化了其第三方的中立性。我国行业协会自身发展的不足也是导致我国第三方监管缺失的另一重要原因。贴近生产一线优良传统的抛却，保证运行及调整的法律法规空缺，使得我国的行业协会不具备其应有的补充性和灵敏性，徒具其形，达不到一线监管和促进行业自律的效果，我国奶制品行业协会的在奶制品问题频发时期的无力境况恰恰印证了这一事实。

（三）监管体制存在漏洞

1. 资源配置不合理

食品安全鉴定力量配置是一个倒金字塔结构，越是靠上一级的鉴定部门鉴定水平越高，层级较低的地区普遍不高，区县一级出现食品安全问题是，要么因为检测条件落后无法得出结论，要么出现鉴定意见的权威性难以保证的情形，尤其是当不同机构作出的鉴定意见冲突时，无法作为证据使用，也难以让法官形成内心确信。

2. 多头监管下的漏洞

根据中华人民共和国食品安全法总则的规定，我国的食品安全监督管理体制是中央设立食品安全委员会，地方由县级以上地方人民政府统一负责、领导。从管理体制上来看，我国实行"分段监管为主，品种监管为辅"，在主体形式上呈现"多头监督"样态，拥有监管权的部门在较多职能上存在冲突和交叉，管理权限不清晰，责权不分明，执行时往往出现管理分散，用力不均的情形，容易形成管理漏洞。

3. 重打击轻预防

在食品监管上，目前普遍的做法是问题出现后进行大规模抽查和运动式整治，缺乏反应灵敏的有害因素全程监控机制和完善的食品安全风险评估制度。在法律规定上，也偏向打击生产、流转行为中发生的食品安全问题。而对于食品安全犯罪中的预备行为的处罚则在法律规定上存在漏洞，无法对这类行为进行打击。以上刑法和行政手段在预防上的欠缺也是食品安全问题难以杜绝的规范性层面问题。

三、"防"、"治"兼顾的科学路径探寻

伴随经济社会高速发展，渐次产生的食品安全问题对现代法律体系及适用提出了极大的挑战。这几年有关食品安全的法律虽然不断增设与完善，然而，仅有法律规定是不够的，基于和谐的法律理念和精神，我们应当关注社会现象，确保它们保持和谐的法律以及它们急需的一些秩序原则。建立完备的配套规定并细化、统一相关标准，才能从根本上遏制食品安全问题的出现。笔者认为，应当从以下几个方面加强。

（一）处罚方式从简单到多元

对于因食品安全犯罪而判处缓刑的罪犯，要适当引入资格刑的适用。食品安全犯罪属于贪利性犯罪，衡量犯罪成本的高低和犯罪收益的大小通常为此类犯罪行为人关注，我国食品安全一般违法行为和食品安全犯罪行为两者之间的界限不清晰，现有的罪名有限、单一，使得许多违法行为没有纳入刑法范畴，行为人逃避刑罚处罚的概率较大。应当针对该现状改进现有处罚方式，加大犯罪成本，提高犯罪风险。如，提高禁止令适用比例，禁止该类犯罪人今后涉足食品行业，增设罪名，等等。当食品安全犯罪的成本高于犯罪收益时，行为人就会因为得不偿失而避免实施该类犯罪行为，从而实现法律的威慑性。

就罚款而言，对于从事危害食品安全的行为，无论是刑事上的附加财产刑还是行政罚款，都要提高处罚基数，还要从制度上保证财产处罚的实际履行，让其从经济上丧失再次

从事此类犯罪的能力。另外，要减小犯罪造成的损失，完善问题食品召回制度以及对受害人的惩罚性赔偿制度，保证执法部门严格执行，打消犯罪侥幸的心理，杜绝此类行为的发生。

（二）行政加强与管理创新并举

食品安全问题的治理，仅凭刑事法律显然是远远不够的，必须建立系统的法律法规支撑，首先应当采取"行、刑结合"的模式，以行政法规定的处罚措施为基础，辅之以刑事制裁措施，充分发挥行政手段应有的功能。毕竟，过分强化刑罚依赖将有损刑法谦抑性。其次，遏制食品安全犯罪的增长，要重视社会管理创新，要认识到许多犯罪根源处的成因是社会变迁所引起的社会系统运行不协调。完善管理体系，建立起保护食品安全的多元化、立体化的全方位战略体系。笔者认为，具体要从以下五个方面入手：

一要实现食品市场准入制度，加强从事食品行业资格审查和经营规范。所有商品需经质量技术监督部门检测合格后方可入场销售，并实行安全食品市场准入制，未经检测限制进入市场。上市的食品采取编码销售的"身份证模式"。

二要改善行政处罚在我国现有监管体制下监管部门的职能有限的问题，力求达到全面监管食品安全涉猎生产、加工、储藏、运输、流通和消费多个环节。

三要摒弃过去"粗放式、经验式管理"模式，向"精细化、流程化经营"的规范监管模式转变。

四要贯彻信息公开制度。将食品安全抽检数据透明化，从而消除负面舆论。部分地区的药监局实现了网络定期公开信息，对于检测结果予以公示，让民众通过合法渠道了解到食品市场的真实数据，避免了不必要的恐慌和担忧。

五要建立健全食品安全预警制度，对已出现和将会出现的食品都要深入研究，及时发现已知、未知的食品安全的风险来源，对其危害程度进行准确评估。做好预警公告、制定科学预警指标，在科学作保证下进行可行性控制，达到重塑民众对食品安全的信心的目标。

好的制度一定要坚持落实，要保证定期、不定期抽样检查，信息公开等制度的持续性和稳定性，不要一出现问题就抓，风声一过就忽视的现象。

（三）国外模式合理借鉴

国际上通用的风险防范体系以及与之相应的食品安全风险评估机制值得我们学习，全面总结国外成熟的食品安全法律监管做法，充分研究我国食品安全监管存在的实际问题，合理借鉴，适当移植，是我国今后解决食品安全问题的一条有效的路径选择。

第一，要学习德国严谨的食品监管体系。德国的食品生产企业都要在当地食品监督部门打击注册，评定风险等级并确定对应抽查比例，食品的购进和出售要进行信息登记，既有利于责任明确也利于查找问题根源，为快速报警系统提供强大信息库。层级式的检测机构是德国食品监管的另一亮点，除了企业自检和官方抽检外，还有作为完全独立第三方的中介检测机构，保证了检测结果的客观、公正。我国应当责令工商部门和食品监管部门今后加强食品和从事食品销售的商家信息登记的工作，扩大检测机构的数量，提高机构检测水平，加大检测覆盖面和安全性。此外，德国的编码式销售的标准化管理、民众监督主动性的充分激活等做法，都是我们今后需要吸收、借鉴的地方。

第二，学习美国先进的食品安全立法技术。美国《联邦食品、药品和化妆品法》作为美国食品药品基本法，堪称世界同类法中最为全面的一部。除此之外，美国农业部还对肉类和家禽也制定了专门的法律进行管理。立法上的全面和完备，和我国形成鲜明对比，我国的食品安全立法入罪罪名单一，对应的司法解释也远远不足以应对品种繁多、发展迅猛的食品行业中出现的问题。学习美国食品安全立法的全面性和专业性，是今后我国对应立法技术亟须提高的方向之一。

第三，学习日本的食品监管部门职能重新整合的改革举措。日本在食品安全监管问题上过去也存在类似我国的"多头管理"，政出多门的缺陷，引发了系列食品安全事故，后来通过不断反思与革新，日本建立健全了相应的法律法规和监管机构，使其食品产业复苏。眼下，日本的食品安全监管体系以产品种类作为管理划分依据，将风险管理部门与风险评估部门分离。这一举措厘清了部门间的权利和义务，明确了责任，克服了以往食品安全管理部门之间职能冲突的弊端。我国也存在食品安全监管部门众多、职能交叉、责任模糊等问题，将权利分类后重新分配，做到管理和评估分离，建立中国食品安全监管新格局，需要从日本的改革措施中不断汲取先进经验。

正确借鉴国外食品监管制度的精髓，加强中国食品安全法律制度建设、合理划分各个执行部门的职责权限、充分分析导致我国食品安全问题深层次原因，建立健全对应监督机制，加大对食品安全犯罪的处罚力度是我们今后需要不断探索的食品安全之路。

推进武汉市政府向社会力量购买服务研究

实施政府购买服务是十八届三中全会关于推进政府转变职能、简政放权的重要内容。为保证研究工作全面、规范、有序推进，课题组在认真学习中央、省、市有关文件精神的基础上，集中力量、深入调研，全面摸底我市开展政府购买服务工作情况，总结经验、查找问题、提炼思路、谋篇布局，认真落实课题研究任务。本报告作为阶段性研究成果，力求紧扣政策、立足实际、瞄准前端、着眼长远，以期为推进我市政府购买服务工作提供决策参考。

党的十八大强调，要加强和创新社会管理，改进政府提供公共服务；十八届三中全会通过的《中共中央关于全面深化改革若干重大问题的决定》明确提出，推广政府购买服务，凡属事务性管理服务，原则上都要引入竞争机制，通过合同、委托等方式向社会购买，并作为全面深化改革的重要内容之一。2013年7月国务院出台《关于政府向社会力量购买服务的指导意见》（国办发〔2013〕96号）后，财政部、湖北省、武汉市分别下发关于加快推进政府购买服务的有关文件，标志此项工作在我市已开始进入全面规范管理的新阶段。

一、国外、国内先行省市开展政府购买服务的经验

（一）西方发达国家的经验

西方政府购买服务兴起于20世纪70年代末。在新公共管理主义"市场化、竞争非垄断、分权及效率衡量"等核心理念的推动下，政府角色由社会福利的"生产者"向"提供者"转变，由直接提供服务向通过购买方式间接提供服务转变，强调效率优先。本世纪以来，随着政府购买服务的领域和规模扩张，发展进入完善期，在强调市场作用和竞争机制的前提下，综合运用多种手段，增强政府提供优质公共服务的能力。与此同时，社会组织日益活跃，规模不断壮大，公共服务种类繁多。

纵观西方政府购买服务实践，有几个共同特点：一是购买领域广泛。主要包括公共交通、公共安全、公用事业、就业服务、医疗卫生、社会保障、文化体育等公共福利、社区服务等，购买服务支出占比较大。如美国2006年联邦政府总支出中14%为公共服务外包性支出。二是注重承接主体培育。许多国家从立法上限制公共物品由政府直接主办，禁止承接主体垄断供应，强化公平竞争；同时，政府对各类非营利性组织在财政资助、税收、公共资源的租赁使用等都给予大力支持。2006年欧洲非营利组织的收入中40%~70%来自公共财政资源，日本为45%，美国为31%。购买方式主要为合同、公私合作、发放消费券、资助（补助）等。三是购买流程严格。注重公共服务需求信息收集，制定购买规划和

财政预算计划，明确购买服务质量、数量及标准，实行公开竞标、签订合同的方式，规定双方权利与义务，严格履约服务。四是注重绩效考核。邀请第三方专业机构和受服务对象参与绩效考核，并作为是否续约和实施奖惩的重要依据。

（二）广东省的经验

广东省是开展政府购买服务较早的地区之一，目前已在全省推动。该省积极借鉴香港的社区服务管理模式，将基层社区服务工作交由具有独立法人资格的非营利性社会组织承担。其主要做法是：

1. 制度先行

2008年以来先后制定出台《关于发展和规范我省社会组织的意见》《关于开展政府购买社会组织服务试点工作的意见》《政府向社会组织购买服务暂行办法》和《购买服务目录（第一批）》《政府购买服务供应方竞争性评审管理办法》等文件和制度规范，保障工作有法可依、有章可循。

2. 程序规范

规定重大项目、重大民生事项和属于政府采购目录的限额以上的项目，由财政部门委托第三方机构通过公开招标方式确定供应方；不属于政府采购范围的，除单笔金额较小的项目外（10万元以内），均通过公开竞争方式实施。并明确了计划编制、预算安排、上网公示、组织采购、项目实施各程序及职责分工。

3. 购买内容主要以基层社区服务为重点

如居家养老、社区矫正、社区服务、残疾人关爱、问题青少年教育辅导、婚姻家庭服务等项目，主要为社会弱势困难群体、特需群体提供服务，促进了社会和谐。

4. 注重培育发展各类社会组织

广东省对承接政府购买服务的社会组织政策扶持力度较大，如广州市尚善社会服务中心、荔湾区友善社会服务中心两个民办社会组织，分别负责有问题的未成年人心理辅导、社区服刑人员矫正等服务工作，财政除按合同给予资金资助外，市司法局、街道分别在房屋使用、水电等方面给予无偿支持，专业社工待遇也较高（月平均工资约为5000元/人）。同时相关部门注意加强财务审计监管。2013年仅广州市向社会组织购买服务金额就达7.6亿元。

（三）上海市的经验

上海市是我国综合经济实力最强的城市，其社会公共管理服务的很多创新理念和做法都走在全国前面，2013年全市已注册的各类社会组织有10200家。2010年，上海市、区政府通过购买服务、补助等形式为社会组织提供资金37.89亿元；2011年达到了41.02亿元。上海市推进政府购买服务的主要经验是：

1. 以区为主，先行先试

将政府购买服务的重点放在与群众生活密切相关的基层社会管理、社区管理与服务等项目上，发挥各区的能动性，调动基层组织创新社会管理、提升服务水平的积极性。

2. 大力支持民办社工机构发展

以财政投入为保障，以政府购买服务为手段，支持民办社会工作机构发展，加强社会工作人才队伍建设。2009—2012年，上海市承接政府购买服务的社会组织和公益性事业单位共224个次。其中，社会团体中标59个次（占26%）、民办非企业单位中标147个次（占66%）、公益性事业单位中标18个次（占8%），民办非企业单位的中标数量最多。

3. 强化组织协调

该市成立了政府购买公共服务办公室，建立了政府购买公共服务平台和跨部门的工作协调机制。作为与政府采购管理办公室平行的机构，政府购买公共服务办公室统筹负责购买服务的项目审定、资金安排、结果公示和效果评估等工作。

4. 创新购买方式

对一些以人为对象的公共服务，如就业培训、居家养老、残疾人康复，采取发放"消费券"的形式，由被服务对象自主选择，服务商之间开展竞争，以提高服务质量。

5. 资金来源多样化

主要有财政资金、福彩公益金、受益单位或个人出资等几种渠道。如由市、区两级福彩公益金共同出资，以上海市社区服务中心作为招投标平台，面向已注册登记、满足一定条件的社会团体、民办非企业单位和公益性非营利事业单位三类组织购买社区养老、济困、扶弱、助残、计生、信访、婚姻、应急等公益服务，服务对象包括老年人、残疾人、儿童、青少年、妇女、来沪人员等，取得良好效果。

（四）借鉴意义

学习借鉴国内外的先进作法和经验，在推进政府购买服务工作中，需注重以下几个方面：一是注重购买范围的广泛推开与购买内容的重点突破相结合；二是注重各项规章制度的建立与购买程序的规范运作相结合；三是注重承接主体的培育与购买方式的规范创新相结合；四是注重强化组织协调与严格监管、绩效考核相结合。特别是其购买内容、购买方式、购买程序、资金渠道、绩效考核、组织协调管理及培育发展社会力量等做法，值得我们学习借鉴。

二、武汉市的基本情况、取得的成效及存在的问题

根据课题组调研汇总的情况来看，我市政府购买服务情况大体可分为四类：一是启动最早的规划设计方面的政府购买服务。主要是在城市总体规划和专项性规划方面，邀请国内外知名机构和高校参与规划设计。二是结合事业单位改革推进的政府购买服务。2000年前后陆续在会计、审计、律师事务所、科研院所、部分园林和环卫等领域实施改革，政府在财务审计、律师咨询、园林绿化、道路清扫等方面购买服务。特别是2007年起全市启动实施农村综合改革，对原乡镇事业单位"七站八所"进行改制，实行"以钱养事"。三是逐步实施政府购买基本公共服务。2006年以来，中央不断重视以民生为重点的社会建设，我市开始不断拓展购买范围，依靠社会力量承办居家养老、残疾人康复、免费体检、公益性文化体育、社区服务、再就业培训等服务，得到了良好的社会反响。四是政府自身

履职所需购买服务。如软件开发、信息维护管理、物业管理等也通过社会力量承办。同时各区也在不断探索和创新,如武汉经济技术开发区的道路清扫保洁和园林绿化、东西湖区的律师咨询、江汉区的社区服务等,都走出了一条具有各自特色的新路子。

(一)基本情况

1. 购买内容

截至2013年年底,我市政府购买服务共涉及基本公共服务、社会公共事务服务、行业管理与协调服务、技术性服务、政府履职所需辅助性服务5大类120项。按内容分,其中:基本公共服务类有33项,占27.5%(占总事项的比例,下同);社会公共事务服务类有37项,占30.8%;行业管理与协调服务类5项,占4.2%;技术性服务类有22项,占18.3%;政府履职所需辅助性服务类23项,占19.2%。按实施层级来分,市级主要集中于行政管理与协调、政府履职所需辅助性和技术性服务3大类;区级主要集中在基本公共服务、社会公共事务服务2大类。特别是武汉经济技术开发区、东湖新技术开发区、武汉化工区以构建"小政府、大社会"为格局,政府机构和人员较少,大量事务委托社会力量承担,市场化程度较高,取得较好效果。

2. 资金规模及渠道

2013年全市政府购买服务支出27.96亿元,其中:基本公共服务类支出6.03亿元,占21.57%(占全市政府购买服务支出的比重,下同);社会公共事务服务类支出13.21亿元,占47.25%;行业管理与协调服务类支出0.07亿元,占0.24%;技术性服务类支出3.75亿元,占13.41%;政府履职所需辅助性服务类支出4.90亿元,占17.53%(如表1所示)。

表1   **2013年武汉市政府购买服务一级目录事项统计表**

项目类别	区级投入		市级投入		全市总投入	
	金额(万元)	占比	金额(万元)	占比	金额(万元)	占比
总 计	218494.5	100.00%	61107.5	100%	279602.0	100.00%
基本公共服务事项	46921.0	18.28%	13382.6	14%	60303.8	21.57%
社会公共服务事项	111762.6	52.81%	20357.0	61%	132120.1	47.25%
行业管理与协调事项	622.6	0.30%	40.0	0%	662.6	0.24%
技术服务事项	27652.9	13.34%	9844.9	10%	37497.9	13.41%
政府履职所需辅助性事务	31535.4	15.27%	17483.0	15%	49018.6	17.53%

(1)按资金渠道分:其中,财政资金27.67亿元,占99%;体彩、福彩、社保、残保基金等其他来源共0.29亿元,占1%(如表2所示)。

表2　　　　　　　　**2013年武汉市政府购买服务情况统计表(按资金渠道)**

总　计		额度(万元)	占比
		279602	100%
财政资金		276650	99%
基　金	小　计	2952	1%
	残保金	1903	
	社保基金	696	
	福彩	353	

(2)按承接主体分,由在民政登记的社会组织承担的项目服务资金2.33亿元,占8%;由在工商登记的企业承担的项目服务资金12.89亿元,占46%;事业单位承担的项目服务资金9.44亿元,占34%;其他方面承担的项目服务资金3.30亿元,占12%(如表3所示)。

表3　　　**2013年武汉市政府购买服务情况统计表(按承接主体类别)**　　　单位:万元

承接主体	区级金额	市级金额	全市总计	占比
	218494.5	61107.5	279602	100%
企业	99099	29820	128919	46%
事业单位	76495	17876	94371	34%
社会组织	14629	8716	23345	8%
其他	28271.5	4695.5	32967	12%

(3)按具体项目分:购买资金规模前10名的项目是:城市道路清扫保洁6.66亿元、基本公共卫生服务4.03亿元、垃圾收运处置1.46亿元、政府委托的总体区域和专项性规划研究编制评估1.32亿元、政府办公场所物业管理1.21亿元、财务会计和审计服务0.94亿元、园林绿化0.91亿元、政府委托的专业社工组织服务0.84亿元、道路桥梁维护及检测评估服务0.61亿元、农业项目管理辅助性服务0.6亿元。

3. 购买方式

根据我市实际情况,可将目前我市政府购买服务的主要方式划分为政府采购、委托(含"以钱养事")、资助(含以奖代补)三种。其中:

(1)"政府采购"方式是指已纳入政府采购程序操作的服务事项。2013年支出规模8.50亿元,占30%。

(2)"委托"方式是指由主管部门指定有关社会力量承担并付费的服务事项。2013年支出规模19.03亿元,占68%。其中,"以钱养事"指乡镇"七站八所"、基层卫生和道路清扫、园林绿化等单位承担政府交办的公益性服务事项,由政府给予补助,2013年支出规模 9.36 亿元。

(3)"资助"方式是指对非营利性社会组织承担政府委托的某些公共性、公益性服务事务,由政府给予补助或奖励。2013 年支出规模 0.43 亿元,占 2%(如表 4 所示)。

表 4   2013 年武汉市政府购买服务情况统计表(按购买方式)   单位:万元

购买方式			区级金额	市级金额	全市总计	占比
			218494.5	61107.5	279602	100%
政府采购			68105	16933	85038	30%
委托	小 计		147162	43126	190288	68%
	其中:以钱养事		86690	6953	93643	
资 助			3225.5	1050.5	4276	2%

(二)取得的成效

1. 政府购买公共服务范围不断扩大,人民群众得到了实惠

一是在基本公共服务方面,如就业指导和培训、基础教育服务、公益性文化体育、就业社保等,加大了向社会力量购买服务力度,引导社会力量积极参与,进一步改善和优化供给,在一定程度上满足了人民群众的基本公共服务需求。二是结合为民办实事推进政府购买服务,如居家养老、残疾人康复、农村孕产妇免费体检、农村妇女宫颈癌筛查、0~6岁视力障碍婴幼儿康复等,都采取了政府购买服务方式实施。三是在公共文化服务方面,实施为农村和农民工免费放电影、建设农家书屋、开展"双百场"演出进社区、举办"武汉之夏"讲坛等群众性文化活动工程,促进社会弱势群体共享经济社会发展成果。四是在社区服务方面,如江汉区通过向专业社工机构"博雅"购买服务,派驻社工进社区为有关对象进行心理辅导、再就业培训,有针对性地发掘服务对象的潜能;通过专业社工服务计划的制订、介入等手段,体现为特定对象个体化服务特征,使服务更具人文关怀,效果较好。

2. 采取规范的政府采购方式,逐步形成市场竞争格局

向社会力量购买公共服务,以规范的政府采购方式购买,符合公开、公平、公正的要求,有利于培育社会力量发展壮大。2013 年,全市以规范的政府采购方式购买服务共涉及 39 个项目,购买金额 8.50 亿元。服务内容主要包括:道路清扫保洁 1.05 亿元、园林绿化 0.67 亿元、财务会计与审计服务 0.63 亿元、软硬件运营维护与信息内容建设 1.49 亿元、道路桥梁维护及检测评估服务 0.59 亿元、新农合大病保险服务 0.26 亿元、公共体育基础设施管理与维护 0.11 亿元、垃圾收运及处置 0.06 亿元等。通过公开招标,将事务交由专业资质高、服务水平优的服务型企业承担,既保证了服务项目质优价廉,增强了政府购买服务公开透明,又支持了服务型企业发展。以武汉经济技术开发区、东湖新技术开发区、江汉区的汉口火车站为例,其辖区内园林绿化、道路清扫保洁等项目均通过公开招标择优选择承接主体,并定期考核承接主体的服务质量,依据考评结果实行末位淘汰制,提高了服务效率。

3. 支持社会力量发展，促进政府转变职能

2013年市、区政府及部门根据实际，将具有公益性与公共性的服务事项交由各类社会力量承担，其中在民政部门登记的社会组织承接政府购买服务事项2.33亿元，占8%，涉及文化教育、居家养老、残疾人服务等内容，主要由学校、民办幼儿园、家政服务机构、群团协会等社会组织承接服务；在工商管理或行业主管部门登记的企业、机构等社会力量承接购买服务金额达12.89亿元，占46%，涉及工程景观设计、勘测评估、电子信息、保险、法律、会计、后勤管理服务等领域，主要由工程设计公司、科技公司、电信公司、保险公司、物业公司以及合伙人制的法律事务所、会计事务所等社会力量承接服务。将一部分服务事项交由社会力量承办，体现了政府职能正在逐步转变，有利于提高服务效率，有利于促进并释放社会经济发展的活力。

4. 农村乡镇事业单位"以钱养事"在全国率先起步，积累了一定经验

为深化农村综合改革，改变乡镇基层事业单位机构臃肿、人浮于事现象，根据鄂发〔2007〕7号文件精神和省统一部署，2007年我市启动乡镇"七站八所"改制和人员身份转换工作，按照"财政出钱、购买服务、合同管理、农民认可、考核兑现"的要求，建立了"以钱养事"新机制，改制后成立了农业技术、农机、水利、文化体育、广播电视、社会事务、计生等公益性事业服务中心。2013年市下拨补助资金0.88亿元。"以钱养事"对探索建立农村公益性服务新机制，积累了一定经验。

（三）存在的问题

1. 基本公共服务的购买比重偏低，资金渠道较单一，结构尚待优化

2013年我市政府购买服务中基本公共服务类支出6.03亿元，仅占整个购买服务支出的21.57%，规模偏小、比重偏低。从资金来源分析，2013年政府购买服务财政性资金占99%，残保、社保、福彩等其他资金来源合计约占1%，多渠道的资金支撑不足。从承接主体分析，2013年由社会组织承担的购买服务资金只占8%，而由政府主办的事业单位承担的购买服务资金占34%，表明我市社会组织参与承接政府购买服务事务的广度和深度不够。

2. "政府买岗"过多，实施效果不理想

2002年以来，我市对民生社会事业发展投入大幅增长，新增项目很多。为解决编制内人员不足，对一些公共管理和服务项目，大量采取"政府买岗"形式操作，如街道社区、安保、交通协管、城管、"门前三包"协管等岗位。"政府买岗"对弥补政府在某些公共管理与服务领域力量不足起到了一定的作用和效果，但这种政府直接"配餐"，养人养机构的思路，抑制了社会力量的参与，也使编制外财政供养人员负担沉重，需要认真研究。

3. 购买方式有待规范，竞争机制不足

目前我市政府购买服务中，政府采购方式的支出占比为30%，其他方式的支出占比为70%。政府采购比重偏小，大量项目仍采取直接委托的方式交办。如我市大部分道路清扫保洁都是采取委托方式，由原各街道环卫所组建的环卫集团（改制为企业）承担，竞争机制不足，容易引致政策不公平、内容不公开、操作不规范、投入不经济等问题。

4. 购买服务监管不力、绩效评价未跟上

整体上看，我市对政府购买服务有效的监管机制尚未健全，对政府购买服务过程中的有关监管主体、监管内容、监管标准、监管方法等有待制度化、规范化、程序化、机制化。政府购买服务项目绩效考核评价工作比较薄弱，措施也不够硬。

5. 社会组织发育不足，政策扶持不充分

截至2013年年底，我市在民政登记的各类社会组织有4863个，其中：社会团体1967个、民办非企业单位2896个；2013年政府购买服务总支出规模中，社会组织承担的份额为8%，其中民办社会组织占比更低。我市民办社会组织的发育与广东、上海相比存在明显差距，服务规模、质量、水平、专业化程度不够。如在社区服务方面，目前我市具有专业资质的社工服务机构不多，专职社工缺口较大。社会组织和服务型企业发育不足，难以完全承接政府购买服务的任务。

三、统一思想，把握原则，明确政府购买服务的目标任务

明确推进政府购买服务的指导思想、基本原则与目标任务，对于确保工作不走误区、避免偏差、把握方向、稳步推进，十分关键。

（一）指导思想

以邓小平理论、"三个代表"重要思想、科学发展观为指导，深入贯彻落实党的十八大及十八届三中全会精神，扎实推进群众路线教育实践活动，以加快政府职能转变、推进政事分开和政社分开，深化公共财政体制改革，保障和改善基本民生为宗旨；以建立多元化公共服务供给体系，培育、发展社会组织和服务型企业，提高公共服务效率和财政资金使用效益，加快现代服务业发展为目的；以健全机制、完善制度、规范监管、严格考核为手段，落实责任、明确分工，大力推进政府向社会力量购买服务工作，有效促进全市社会事业健康发展，切实提高为民服务水平，努力为社会公众提供优质高效的公共服务。

（二）基本原则

根据中央、省、市的有关精神，学习、借鉴外地经验，结合我市实际，推进政府购买服务，必须坚持以下基本原则：

1. 积极稳妥、有序推进

把推进政府购买服务与培育、引导社会力量发展有机结合，立足我市经济社会发展实际，准确把握公共服务现实需求，发挥政府主导作用，积极鼓励、有序引导社会力量参与，形成改善公共服务的合力，按照"放开市场、扩大范围、全面覆盖"的要求和步骤，积极稳妥、有序推进。

2. 科学安排，注重实效

把基本公共服务与非基本公共服务有机结合，以公共性、公益性服务为重点，把有限的资金用在刀刃上，用到人民群众最迫切的服务需求上，建立绩效评价机制，加强监管与考核，切实提高财政资金使用效益和公共服务效率，确保政府购买服务取得实效。

3. 公开择优，以事定费

把规范政府购买服务方式与提高服务质量有机结合，按照公开、公平、公正的要求，坚持费随事转，通过竞争择优方式选择承接主体，确保符合条件的社会力量平等参与竞争。实现"以钱养人"向"以钱养事"转变，"购买岗位"向"购买服务"转变，委托指定购买向竞争择优购买服务方式转变。加强监督评估，建立承接主体优胜劣汰的动态管理机制。

4. 强化预算，权责明晰

把推进政府购买服务与预算管理有机结合，结合本地区社会事业发展需要和财政承受能力，将购买服务所需资金全部纳入财政预算管理，在财政预算大盘子中编列政府购买服务预算，严格绩效预算管理。明确购买主体、承接主体在购买、提供公共服务中的权责，明确各主管部门的职责分工，市、区两级根据转变政府职能的要求和职责划分，分级管理、分级负责、协同配合。

5. 政策衔接，完善机制

把推进政府购买服务与做好事业单位分类改革、行业商协会脱钩有机结合，推进政事分开、政社分开，放开市场准入，释放改革红利。做好购买服务与预算编制、政府采购、会计处理等制度管理衔接，完善操作流程和运行机制，推动政府购买服务工作健康发展。

(三) 目标任务

以党的十八大和十八届三中全会精神为指引，认真贯彻中央、省、市有关文件规定，围绕政府职能转型、提高公共服务效率、促进服务业大发展的要求，认真制定政府购买服务的目标任务，加快推进政府购买服务工作。

1. 总体目标

"十二五"后期，政府向社会力量购买服务工作在我市逐步推开。全市初步建立健全政府购买服务的政策制度，形成较为规范的管理体制和有效的运作机制；逐步加大财政投入，以基本公共服务为重点，拓宽购买服务的范围、扩大购买服务的规模，提升购买服务的质量；政府主导、市场化运作、社会参与的公共服务供给格局逐步形成，到2020年，基本建立起我市比较完善的政府向社会力量购买服务的制度体系，形成与我市经济社会发展相适应、高效合理的公共服务资源配置体系和供应体系，公共服务水平和质量显著提高。同时，通过政策扶持和公平竞争，各类社会力量更加发达，形成一批在全国占有一定地位、有影响的从事社会公共服务的专业化社会组织和服务型企业，使我市社会公共服务事业发展更具活力，为我市经济社会发展作出更大贡献。

2. 近期目标

进一步明晰政府各主管职能部门的职责范围，严格界定并逐步完善政府购买服务的基本内容，逐步规范政府购买服务的方式，积极引导社会力量参与公共服务事业，争取用2~3年的时间，使我市政府购买服务工作在组织领导、制度建设、机制建设、购买内容的完善、购买方式的公开透明、社会力量的参与度、公共服务的整体质量以及财政资金的使用效益等方面走在全国副省级城市的前列。

——正确把握政府、市场、社会三者关系，切实转变政府职能。凡适合社会力量承担的公共服务，应放开手脚交给社会提供；凡应由政府直接提供以及不属于政府职责范围的服务事项，不得向社会力量购买。切实明晰政府直接提供服务和通过购买方式间接提供公共服务的职责，形成权责分明、管理有方、监督有力、运转有效、履职有为的服务型政府，努力打造"小政府、大社会"的服务管理格局。

——不断完善政府购买服务内容，始终把涉及民生的公共服务作为重点。突出政府购买服务的公共性、公益性，使之更加贴近民生、惠及民众；突出为民的基本公共服务，使之更加贴近民生健康、民生安全。确保政府购买服务的内容在拓展中有重点、在覆盖中有主次、在惠及民生中有成效。

——积极引导并大力鼓励服务型企业和社会组织参与购买服务。加快培育市场主体，使承接政府购买服务的主体发展成为具有独立承担民事责任能力，具备提供服务所需设施、人员和专业技术服务能力，具有健全的内部治理结构、财务会计和资产管理制度，具有良好的社会和商业信誉，具有依法纳税和缴纳社会保险良好记录的法人实体，形成社会力量参与"有热情、擅竞争、做实事、创优效"的公共服务供给氛围。到 2017 年，力争全市社会组织总量达到 8000 个，万人拥有社会组织达到 6 个；服务型企业的专业门类能适应不断增长的政府购买服务需求，服务型企业数量快速增加。

——不断完善购买服务的方式。坚持公开、公正、公平原则，逐步提高竞争性购买的比例。到 2017 年，使通过竞争性方式购买服务的金额占全部政府购买服务金额的比重，由 2013 年的不足 1/3 提高到 2/3，促进财政资金的使用效益和公共服务效益双提高。

——加强政府购买服务的体制、机制建设。建立健全统一领导、分工负责的组织领导机制，程序规范、责任落实的服务项目申报审核机制，评价体系科学合理、考核严格的绩效目标管理机制；加快政府购买服务在预算编制管理、合同管理、资金管理、监督管理以及信息公开等方面的制度建设，构建起组织领导有力、管理体制有序、运转机制高效、政策制度健全的政府购买服务工作保障体系。

四、落实责任，突出重点，确保政府购买服务工作扎实推进

准确把握购买服务的购买主体、承接主体、购买方式，是确保政府购买服务工作规范运作、不走偏、不跑调的关键。应在把握中央、省、市文件精神的基础上，既大胆创新，又规范操作，确保政府购买服务工作正确、规范、有效推进。

（一）强化认识，落实购买主体责任

落实政府购买服务主体责任是确保工作顺利推进的重要一环。应严格按照武政办〔2014〕24 号文件规定，落实购买主体责任，突出重点、突破难点，稳步推进。

1. 提高认识，防止"三个倾向"

开展政府购买服务工作，要以改革的决心和勇气，正确处理当前与长远、全局和局部的关系，正确对待利益格局调整，切实防止三个错误倾向：即防止部门将法律法规明确规定应由政府直接提供的服务，改为政府购买服务的方式，"卸包袱"；防止思想僵化、因循守旧，不改革、不作为，继续沿习政府直接提供公共服务的思路，搞"大包大揽"；防止事业单位改革不到位，形成一边养人养机构、一边购买服务的"两头占"现象发生。

2. 明确思路，落实"三个优先"

各主管部门要按照精兵简政、转变职能的总要求，以本部门、本行业公共性、公益性服务为重点，优先安排与改善民生密切相关的购买服务预算；优先实施有利于推进事业单位改革，促进政府职能转变的政策措施；优先购买有利于培育扶持社会组织发展壮大的服务项目。

3. 全面启动，重点推进

要以惠及民生为重点，加大全面推进政府购买服务力度，特别是在教育、就业、社保、医疗卫生、住房保障、文化体育及残疾人服务七大类基本公共服务领域要有新的重大突破；对非基本公共服务领域的公共服务事项和技术服务事项，凡适合社会力量承担的，都可以采取规范化方式交给社会力量承担。

(二)培育发展社会力量，落实承接主体责任

加大政府购买服务承接主体的培育，要做好"三个结合"。

1. 结合产业结构转型升级，加快各类服务型企业发展

目前我市正在加快推进工业倍增计划、服务业升级计划。大力发展现代服务业，提高服务业占GDP的比重，对促进我市产业结构调整，实现可持续发展具有重要意义。公共服务业是服务业发展的增长点，也是需重点扶持的产业。推行政府购买服务，将为社会民间资本带来广阔的发展前景。应进一步放开领域、放宽准入、放开限制，鼓励更多社会民间资本加大对公共服务领域的投入，多渠道拓宽公共事业发展的资金来源；切实打破各种行业限制、政策性不公等问题，通过国有、民营平等参与竞争，促进各类服务主体做大做强、做精做专；要制定出台相关政策，支持社会公益性服务企业发展；通过引进、培育、分拆等手段，着力培育多元化市场主体，防止市场垄断，形成竞争充分的市场环境。

2. 结合行业商协会与主办部门脱钩，加快各类社会组织发展

各类行业商协会承担了大量部门和行业技术性、辅助性服务事务，按照国办发〔2007〕36号文件，主办部门与所属行业商协会脱钩后，要给政策、给空间、给出路，通过承接政府购买服务，增强其造血功能，促进自我发展。应加大对民间社会组织培育，当前尤其需要加大对与群众生活密切相关的各类社工类组织的培育力度，促进其跨越式发展，缩小与广州等先进城市的差距，弥补社会事业发展中专业组织和专业人才不足的短板。

3. 结合事业单位分类改革，加快承接主体培育

党的十八届三中全会明确指出，要加快事业单位分类改革，加大政府购买公共服务力度，推动公办事业单位与主管部门理顺关系和去行政化；建立事业单位法人治理结构，推进有条件的事业单位转为企业或社会组织。《中共中央、国务院关于推进事业单位改革的指导意见》(中发〔2011〕5号)提出："对公益二类，根据财务收支状况，财政给予经费补助，并通过政府购买服务等方式支持。"为此，对划为公益二类的事业单位和转为生产经营类企业的，改革过渡期内，建议在承接政府购买服务有关政策及方式上给予适当照顾，促进事业单位发展或通过体制机制转换，使之真正成为具有竞争力、能自我发展、自我壮大的市场主体。

(三) 规范购买方式，落实管理责任

应按财政部财综〔2013〕111号、财库〔2014〕37号等文件规定，在规范政府购买服务方式上，要循序渐进、规范操作，逐步实现政府购买服务方式由直接委托为主向竞争性购买为主转变；由询价、单一来源采购向竞争性采购方式转变。

1. 规范政府购买服务方式

一是对现行采取直接委托方式实施的存量项目，如基本公共卫生、文化惠民演出、社区事务、清扫保洁等，凡适合采取竞争性购买方式的，应改为竞争性方式购买；二是对新增政府购买服务项目，原则上应以竞争性购买方式为主购买；三是对目前由各级事业单位承担、但可以采取市场化方式提供的公共服务项目，如食品药品检验检测、养老服务等，应有计划地拿出一定比例，面向社会公开购买服务，逐步加大竞争性购买的规模和比重，缩小直接委托购买方式的规模和比重。四是积极培育、放开政府购买服务供给市场。对于有服务区域范围要求、但本地区服务供应商无法形成有效竞争的服务项目，可采取将大额项目拆分采购、新增项目向其他供应商采购、跨区域采购等措施，促进建立良性的市场竞争环境。

2. 规范"政府买岗"行为

目前我市"政府买岗"规模很大，大体分为三类：第一类为社区专干，属政府相关部门职能的延伸，主要为低保、保障房、医保、就业、信访、计生等事务的受理、审核和管理工作；第二类为社区公益性服务，主要面向社区居民提供居家养老、文化、体育娱乐等服务；第三类为各主管部门设立并购买的岗位，如城市管理协管员、交通协管员、门前三包协管员、安保队员岗位。对此，应按照我市的有关文件精神以及政府购买服务的规范化要求，分类处理、分类施治。

对第一类，应结合政府转变职能、简政放权，严格控制各部门将自身应履行的管理职能向下转移。有些阶段性任务，没有必要专设一人；有些可以调整转移到市、区、街、部门的政务服务中心、办事大厅办理，也可以通过建立资源互通互联的信息化管理平台进行管理。对确需采取"政府买岗"的，应按照精简效能原则，从严控制，并改为以街道为主体进行监管。通过精简调整，将社区基层组织的自治职能与政府的延伸职能分开，以减轻基层负担。

对第二类，因属政府委托社区实施的项目，建议按照"费随事转"的要求，采取不确定岗位，不确定人员的方式，交由社区承担，向社区居委会购买服务并支付费用，由其组织开展。也可以对一些不适合社区承担的专业性项目（如社区矫正），委托社会专业力量承担，专业事让专业人做。

对第三类，即目前相关主管部门购买的治安、城管、交通、"门前三包"协管员等岗位，建议改为规范化的政府购买服务方式操作。具体办法是：在继续保持财政拨款渠道不变的前提下，以区为主体，将现有人员按服务类别不同，分别组建为相应的服务型企业、社会组织，或者由社会力量将现有人员吸收，由其承担相关服务任务。由区相关主管部门与承接主体签订合同，明确购买服务的内容、标准、期限、双方权利义务等。今后政府只负责对承接主体的服务质量、效率等进行考核监督，不再包揽具体人员岗位的设置，真正

做到以钱养事、养事不养人。

3. 创新购买服务方式

积极学习借鉴国内外经验，根据不同项目的特点，探索采取资助、以奖代补、发放消费券等灵活多样的购买方式。特别是资助方式，能有效借助社会力量，撬动民间资本加大对公共服务事业的投入，克服政府财力不足矛盾，构建多渠道的筹资来源。另外，"消费券"支付方式，属一种"补需方"的形式，有利于个人自主选择，有利于各承接主体之间开展竞争，提高服务质量，非常适用于居家养老、就业培训、基本公共卫生服务等以人为对象的公共服务。

五、重点突破，深化事业单位分类改革，加快推进政府购买服务工作

要按照《中共中央关于全面深化改革若干重大问题的决定》精神，贯彻落实市委、市政府《关于分类推进事业单位改革的实施意见》，把政府购买服务工作与事业单位分类改革结合起来，做好政策的配套与衔接。通过政府购买服务，推动事业单位与主管部门理顺关系和去行政化，推进有条件的事业单位转为企业和社会组织，切实转变机制，增强活力，提高公共服务质量和效率，优化公益服务格局；深化农村公益服务事业改革，完善"以钱养事"机制，促进农村公益事业加快发展；着力推进从事公益服务的事业单位改革，按照政事分开、管办分离的原则，以道路清扫保洁、园林绿化管理体制改革为突破重点，积极探索科学、高效服务模式，推动政府购买服务工作健康发展。

（一）加快推进事业单位分类改革

1. 合理运用政府购买服务资源

整合利用政府资源，结合政府购买服务，分门别类、有的放矢地促进事业单位改革。

一是对勘测设计、文化领域完成转企改革的公司，要在勘探勘测设计、工程咨询、公共文化设施的维护管理、大众文艺汇演、公益文化活动等政府购买服务事项上给予倾斜；对以后陆续进行转企改制的其他生产经营类单位，也要相应地在政府购买服务的事项上给予倾斜，以加快其改革步伐，夯实改革基础。对早已经改革到位的律师事务所、会计师事务所等，也可通过政府购买服务，在法律、会计、审计服务、资产评估等方面，给予一定的倾斜，促进其做大做强，做出武汉品牌，更好地服务我市社会事业发展。

二是对公益二类事业单位，要通过政府购买服务，在就业培训、残疾人居家护理、社区基本公共卫生、社区专业化服务等公益服务方面给予倾斜，促进其增强造血功能，提高生机与活力，提升公益服务效率。

三是对各类行业商协会等社会组织，通过政府购买服务，在行业规划、设计、咨询等技术性、辅助性服务方面给予倾斜，支持其与行政主管部门脱钩，增强自我发展能力，充实、壮大政府购买服务的社会力量，提升我市社会组织能力和水平。

2. 落实有关政策扶持措施

按照有利于政府职能转变、培育发展社会组织、提高公共服务效率的要求，坚持政事

分开、政企分开,加大财政、税收、金融政策扶持力度,大力推进事业单位改革。

一是在财政资金的投入上,综合考虑民生需求、财力发展状况、事业单位改革中的实际困难以及我市社会事业发展目标,有效调剂、统筹安排、合理增加对事业单位购买政府服务的资金投入,保障事业单位改革顺利推进。

二是对生产经营类事业单位转企改制的,给予过渡期财税扶持政策,原有正常事业费(财政部门核定的基本支出经费,不含项目经费)过渡期内继续拨付,主要用于解决转企前离退休人员的社会保障问题。

三是加大实施公共财政对行业商协会等社会组织的资助、补助和奖励政策力度,落实国家有关社会组织的税收优惠政策,加大金融机构对社会组织的信贷支持力度,指导相关行业协会推进联合增信、拓宽融资渠道,切实发挥行业商协会的作用。

3. 积极引入竞争机制

要以促进公益事业发展为目的,以深化体制机制改革为核心,进一步理顺体制、完善机制、健全制度,引入市场竞争机制,激发事业单位发展活力,提高公益服务水平与效率。

一是要按照政事分开、政企分开的要求,积极探索管办分离的有效实现形式,落实事业单位法人自主权,建立健全产权清晰、权责明确、政事分开、管理科学的法人治理结构。

二是要在政府购买服务领域逐步引入市场竞争机制,有效引导并不断强化事业单位自我发展能力,提高公共服务水平与效率。其一,对竞争充分、处于完全市场领域的律师事务所、会计师事务所等,要在政府购买服务的具体事项、购买方式、绩效评估等方面,营造更加公平、公开、公正的竞争与服务环境,维护良性竞争秩序。其二,对竞争不充分、市场发育程度不高的政府购买服务事项,要有效引导相应的事业单位和社会力量不断增强竞争能力,使事业单位与事业单位之间、事业单位与各类社会力量之间,由局部竞争向区域竞争再向全面竞争逐步展开,由局部市场向区域市场再向全面市场渐进延伸。其三,对刚起步改革的单位,在加大政策扶持力度的基础上,也要逐步引入市场竞争机制,强化造血功能,促进其在市场中发展壮大。

(二)深化完善农村公益服务事业改革

农村综合配套改革运行七年来取得了一定成效,随着时间的推移、改革的深入,一些矛盾和问题开始显现,改革成效受到影响。要对照鄂发〔2007〕7号文件精神,明确改革方向,选准改革模式,加大政策支持,确保改革成功。

1. 理顺农村"以钱养事"管理机制,建立较为成熟的各类农村社会组织

街镇政府是农村公益服务购买主体,理应全面承担购买政策的制定、购买项目的选定、购买资金的提供,做好组织协调,加强服务人员管理,做好稳定工作。有关区直各业务主管部门要配合街、镇制定各项配套措施。现有的农技、农机、水利、文体、广电、计生、社会事务等各类服务中心作为承接主体,要全面履行政府购买服务的各项要求。各有关区要用2~3年时间对现有各类服务中心进行全面规范,完善法人治理结构,使之真正成为"自主经营、自负盈亏、自我发展"的社会组织。

2. 建立竞争机制，拉开收入分配档次

首先，要打破各类服务中心仅在本街镇服务的格局，实现跨街镇、跨行业服务竞争。建议有关区组织1~2个行业服务中心，跨街镇开展竞争试点。对于存量"以钱养事"项目逐步引入竞争机制，对于增量"以钱养事"项目全面实行招投标。通过2~3年转轨期，全面实现农村公益性服务事业社会化、市场化运作。其次，在服务组织内部，要合理拉开收入分配档次，按劳取酬，充分调动服务人员积极性。

3. 建立财政投入增长机制，加大政策扶持力度

随着农村公益事业的发展，迫切需要加大财政投入。各区要随着经常性财政收入的增长适当增加对农村公益事业的投入；要对已深化改革的各类农村社会组织在财政、税收、土地、金融等方面予以扶持，促进其做大做强。

4. 建立规范的运行机制和评估考核机制

一是坚持街、镇政府是提供农村社会公益服务的责任主体；二是凡农村公益服务试点项目要按公开招标或邀请招标的方式运作，农村公益服务项目继续由服务组织与街镇签订合同；三是由街镇与区业务主管部门、服务对象三方共同对服务组织履行服务合同的情况进行考核年审。

(三) 深化完善道路清扫、园林绿化管理体制改革

我市环卫、园林作业市场化机制改革起步较早，在部分资源竞争性分配、作业实体企业化运行等方面作出了一定的探索，管理体制改革取得初步成效。但是，在政府购买道路清扫和园林绿化服务中，存在直接委托比重过大，竞争性机制不强的问题；存在着环卫、园林改制后企业经济性质单一，官办色彩较浓的问题；存在原事业编制人员身份转换难，改革不彻底等问题。应以政府购买服务为契机，突破体制机制障碍，推动环卫、园林公司改革进一步深化。

1. 坚持企业化改革方向，完善内部法人治理结构

一是按照政企分开的原则，实行企业人、财、物与主管部门彻底脱钩，成为真正独立的市场主体。二是积极发展混合所有制经济，对国有环卫、园林等企业，通过引入非公有资本，兼并、重组，改为国有控股、参股等形式，国有资本也可以完全退出。发挥市场配置资源的决定性作用，促进环卫、园林企业发展壮大。三是规范完善企业法人治理结构。按照建立现代企业制度的要求，健全运转协调、制衡有效的国有或国有控股环卫、园林公司法人治理结构。建立职业经理人制度，更好地发挥企业家作用。深化企业内部管理人员能上能下、员工能进能出、收入能增能减的制度改革。

2. 坚持市场化改革方向，积极引入竞争机制

一是坚持道路清扫保洁、园林绿化服务市场化改革方向，积极采取政府购买服务的思路，不断改善供给，增强活力，提高效率。政府主管部门要切实按照"干管分离"的要求，认真规划作业量，核定服务标准，实施监督检查和考核评估。二是逐步减少直接委托的比重，加大竞争性购买比重。按照改增量、调存量的思路，对新增道路的清扫保洁、垃圾清运转运等实行面向社会公开招标的方式实施；对存量的道路清扫和园林绿化作业分配应实施改革，考虑到现时大部分作业量采取委托方式的实际情况，建议在试行的第一年要拿出

作业量15%的比例,第二年拿出30%的比例,第三年拿出45%的比例,以竞争性方式选择承接主体。以此倒逼国有环卫、园林企业改善经营能力,提高市场竞争力,力争五年后使国有或国有控股环卫、园林企业与社会力量同台竞秀、共同发展。三是加大内部竞争性选择力度。对现有委托项目,也要积极采取集团内部各子公司竞争性的分配方式,让效率高的子公司能获取更多的资源,逐步适应外部竞争性环境。

3. 加大政策扶持力度,落实财政支持措施

目前我市环卫职工中,有事业编制的人员约4000人,园林绿化单位事业性质仍保留。要以事业单位分类改革为契机,实现转企和人员身份彻底转换。一是以政府购买服务为手段,培育和促进企业发展。根据道路、园林面积增加、服务标准提高以及社会经济发展、财力改善和物价变化等情况,逐步增加财政投入,支持环卫清扫、园林绿化企业发展。二是落实有关扶持措施。五年过渡期内,对企业承接公益服务的作业量与方式给予适当照顾,促进平稳过渡。三是落实有关政策,做好原事业编制人员的身份转换。

六、健全机制,加强领导,保障政府购买服务工作有效运行

建立健全政府购买服务的运行机制和工作机制,规范程序、明确分工、落实责任,使公益服务有层次、分阶段、保基本、促公平、讲效率,宜购则购、应管则管,切实保障政府购买服务工作有效运行。

(一)建立政府购买服务运行机制

建立健全政府购买服务项目申报、预算编制、信息公开、组织采购、签订合同、项目监管、资金拨付、绩效评价的规范化流程,是落实各部门分工负责、协调配合的重要制度,也是促进政府购买服务统一、高效、有序运行的可靠保证。

1. 建立政府购买服务的项目申报审定机制

市直部门要根据武政办〔2014〕24号文件和市政府编制预算文件精神,在充分调查、准确把握公众需求的基础上,提出购买服务项目建议并向市财政部门申报。优先选择与改善民生密切相关的基本公共服务项目和非基本公共服务项目。市财政部门要建立审核机制,对市直部门申报的项目进行审核并提出具体调整意见,确保项目选择的科学合理并直惠民生。

2. 建立政府购买服务的预算编制管理机制

市财政部门和市直部门要将已确定的购买服务项目纳入预算编制流程。在实施预算编制过程中应坚持做到四个结合:一是坚持将预算编制与审定后的政府购买服务项目相结合;二是坚持将项目所需资金与既有预算(部门预算、部门专项资金预算和财政专项资金预算)安排相结合;三是坚持将已批复的预算与政府购买服务项目实施计划相结合;四是坚持将绩效评价结果与制定购买服务支出预算标准相结合。

3. 建立政府购买服务的信息公开机制

首先,公布的政府购买服务项目,必须是经过批准纳入财政预算的购买服务项目,随部门预算的公开一并公开;其次,公布的内容至少包括政府购买的服务项目内容和对承接

主体的要求及绩效评价标准等；再次，公布信息的责任主体是政府购买服务项目的购买主体，其信息公布的平台必须是向社会公开的网站和其他媒体。特别要强调的是，未公布的政府购买服务项目(文件另有规定的除外)坚决不许实施。

4. 建立政府购买服务的组织采购机制

要按照《政府采购法》和财库〔2014〕37号文件要求，坚持"方式灵活、程序简便、竞争有序、结果评价"的原则，针对服务项目的不同特点，探索与之相适应的采购方式，建立健全适应服务项目特点，灵活、便捷、高效的政府购买服务组织采购新机制。一是加强采购项目需求管理。要制定完整、明确、符合国家法律法规以及政府采购政策规定的服务采购需求标准。除政府自身履职所需服务项目外，其他服务项目的采购需求标准应由购买主体在广泛征求相关承接主体、专家及社会公众的意见后提出。市财政部门可以根据实际情况，分品目制定发布适用于我市的服务项目采购需求标准。二是简化服务采购流程。购买主体要按照政府采购法规定，根据服务项目的采购需求特点，选择适用的采购方式。对于不具备竞争条件的服务项目，符合《政府采购法》第二十七条规定申请适用公开招标以外的采购方式的，财政部门要简化申请材料要求，也可以改变现行一事一批的管理模式，实行一揽子批复。

5. 建立政府购买服务的合同管理机制

要按照政府采购的管理要求，购买主体要与承接主体签订合同，明确购买服务的范围、标的、数量、质量要求，以及服务期限、资金支付方式、权利义务和违约责任等；购买主体要按照合同要求支付资金，并加强对服务项目实施全过程跟踪监管和对服务成果的检查验收。承接主体要严格履行合同义务，按时完成服务项目任务，保证服务数量、质量和效果。

6. 建立政府购买服务的项目监管机制

购买主体是对服务项目实施监管的直接责任人，要重点对项目选择、预算编制、合同签订、资金拨付、绩效评价、信息公布等实施情况及时进行监督管理；要对购买项目的服务质量等进行跟踪监督，发现承接主体未履行合同约定的及时予以纠正。承接主体要建立项目内部监管制度，明确人员分工和岗位职责，加强内部调度和审计，遵守合同要求。财政部门要对购买服务项目审定、预算编制、采购合同、资金拨付、绩效评估等，进行定期或不定期监督检查，确保项目资金规范合理使用，防止截留、挪用、滞留。民政、工商、行业主管部门要加强对承接主体的资格审查，将承接政府购买服务行为纳入年检、评估、执法等监管体系。监察、审计部门也要加强监督，对触及法律法规的违纪违规问题提出处理意见。

7. 建立政府购买服务的资金拨付管理机制

加强对政府购买服务资金拨付的管理，是购买主体与财政部门的共同职责。市财政部门要制定严谨、规范的政府购买服务资金拨付管理流程与制度。购买主体要对承接主体提供服务的情况与效果进行严格检查、考核，按购买服务合同的规定拨付资金。特别是在以下三个方面要采取措施：一是资金拨付要严格控制在已定的财政预算指标内，不得超预算拨付；二是资金拨付要严格按照国库集中支付制度、政府采购的管理规定执行。采用集中采购、分散采购形式的，采取直接支付方式；批量或单价10万元以下的服务类采购项目，可授权单位支付；三是资金拨付需按照购买服务合同所规定的付款要约，分阶段、按进度支付，不得合并阶段支付，不得超进度支付，更不得一次性支付全部合同款。

8. 建立政府购买服务的绩效评价考核机制

要制定政府购买服务的绩效评价办法，指导推进各区和市直部门政府购买服务绩效评价工作有序有效运行。购买主体要根据购买服务具体项目的特点和要求，制定科学、合理的绩效目标和评价指标、评价标准；要引入第三方评估机构和一定比例的服务对象参与并出具评价报告。市财政部门要加强对绩效评价工作实施全过程管理。加强绩效评价和结果的运用，对绩效评价结果优秀的服务商，今后在同类项目的采购中同等条件下优先考虑，真正实行优胜劣汰。

(二) 建立政府购买服务工作机制

建立强有力的工作机制是推进政府购买服务工作有计划、有步骤实施的重要手段，是确保工作落实和取得实质性成果的重要措施。要加强对这项工作的组织领导，统一部署、周密安排、稳步推进、务求实效。建议如下：

1. 成立市人民政府推动政府购买服务工作领导小组(以下简称市政府领导小组)

为加强我市政府购买服务工作的领导，借鉴外地经验，建议由常务副市长任组长，分管副秘书长任副组长，市财政局、绩效办、编办、发改委、监察局、民政局、工商局、审计局八部门主要领导为成员。下设办公室，由市财政局牵头，抽调专人负责日常工作。领导小组负责统筹推动、协调全市政府购买服务工作；研究制定涉及全局性和综合性的政策制度，协调有关部门制定相关配套办法，做好工作衔接；研究确定全市政府购买服务推进重点，统一实施步骤；对政府购买服务工作推进情况实施面上指导和督促检查。

2. 规范政府购买服务重点项目审核

一是坚持政府购买服务所需资金从购买主体的既有财政预算中安排。二是建立项目"双向选择"机制。各购买主体在购买内容的选择上要坚持公共性和公益性的原则，广泛征求基层和群众的意见和建议，结合各自职能确定购买项目。市直有关部门每年选择2~3个受益对象主要为群众、资金规模比较大、适合采取市场化方式提供的民生类项目，经研究审核后，上报市政府领导小组办公室。经市政府领导小组办公室提出审核意见后报市政府领导小组审定。

3. 纳入市、区政府绩效目标管理

一是将经市政府领导小组审定通过的与民生密切相关的购买服务重点计划纳入市政府绩效目标管理。建议从2015年开始将政府购买服务重点计划纳入绩效目标管理，与其他绩效目标任务一并布置落实。二是科学合理制定绩效目标管理体系。要明确绩效目标、内容、要求和检查考核指标等，把目标责任分解、细化到市直有关部门，确保政府购买服务工作推进效果。三是严格检查考核制度。市政府领导小组办公室应主动配合市绩效办组织对有关市直部门的检查考核。建议各区比照执行。

七、结语

推进政府向社会力量购买服务是十八届三中全会确定的一项重要改革任务之一，是政府转变职能、简政放权的一项重要措施。它以政府、市场、社会三者的功能定位为理论基础，以充分发挥市场机制为手段，旨在通过政府购买服务，整合利用社会资源，有效增加公共品供给，提升公共服务质量和效率。确保此项工作有力、有效、有序推进，前提是建立一套具体规范、切实可行的政府购买服务制度体系，关键是健全完善项目申报、预算编制、组织采购、项目监管、绩效评价、信息公开等衔接有序的运行机制和操作平台；重点是以满足大众需求，惠及民生的公共性、公益性服务项目优先推进；核心是将政府购买服务与政府职能转变、事业单位改革相结合，与创新服务提供方式、提高公共服务效率相结合，与培育发展社会力量、加快服务业发展相结合。本课题研究认为，推进我市政府购买服务工作，必须更新观念、统一认识、大胆探索、务求实效，这对促进我市服务型政府建设、推进政府治理体系和治理能力现代化具有重要意义。

武汉农村产权交易的特点与经验、问题及其破解对策研究

贺东航　付寿康　牛宗岭

一、引　言

在工业化、城镇化进程中，农村劳动力逐步转移，农民经营的土地得以流转，使得农业从业者的土地经营规模不断扩大，先进的农业技术装备得到利用，为现代农业的发展创造了必要条件。这是世界农业发展的普遍现象，目前我国正处于这一阶段。

近年来，我国农村产权交易进入快速发展期。以农村土地承包经营权流转为代表的农村产权交易是事关农业、农村、农民发展的一件大事，也是深化农村改革的一项重要内容。党中央、国务院高度重视。党的十八大和十八届三中全会提出：鼓励承包经营权在公开市场上流转，发展多种形式适度规模经营，培育新型农业生产经营主体，构建集约化、专业化、组织化、社会化相结合的新型农业经营体系。

2014年9月29日，习近平总书记主持召开中央全国深化改革领导小组第五次会议，就《关于引导农村土地承包经营权有序流转，发展农业适度规模经营的意见》等发表讲话。《意见》体现了中央的意图，凝聚了群众的智慧，是今后一段时期指导农村土地制度和农业经营制度改革的重要政策性文件。在此之前的2013年7月，习近平总书记在武汉农村综合产权交易所考察土地流转交易，了解涉农产权交易尤其是土地流转交易情况。他说，这是有益探索。如何在坚持农村土地集体所有性质的前提下完善联产承包责任制，既保障基本农田和粮食安全，又通过合乎规范的流转增加农民收入？一系列问题在下一步改革中要好好研究。

带着这些问题，本文以武汉市为例，研究武汉农村产权交易的特点与经验，同时指出其中存在的问题，并提出相应的破解对策。

二、武汉市农村产权交易的特点与经验

我国农村集体资产主要包括：资源性资产，比如土地、林地、草地、水面等；经营性资产，比如门面、厂房、以集体名义入股的经营组织等。对资源性资产，自改革开放以来，逐步实行以家庭承包经营为主的经营形式；对经营性资产，各地在实践中实行多种经营，有的以村集体经营为主，有的以租赁经营为主。由于集体经济的"模糊性"，产权权

能不清、利益归属不明，集体经济在实际运行中出现了不少问题。

为推动农村产权有序流转交易，激发农村各种生产要素活力，2009年4月，武汉市成立了农村综合产权交易所（以下简称"武汉农交所"），成为农业部农村土地流转价格监测点。武汉农交所成立以来，累计组织各类农村产权交易1669宗，交易金额99.69亿元，涉及农村土地面积98.16万亩，惠及16万农户；联合金融部门为农业企业、合作社、种养殖大户发放农村综合产权抵押贷款11.47亿元，其中单笔最高金额达5500万元。其在武汉农村产权交易中发挥了重要的综合作用，总体来看，武汉市农村产权交易表现出以下特点与经验：

1. 武汉农村产权交易中农交所的成立：政府重视、政策支持、领导关心

2008年四川省成都市农村产权交易所成立，成为国内第一家农村产权交易所。"敢为人先，追求卓越"是武汉市的城市精神，在此精神的指引下，武汉迅速跟进，2009年年初，由专家提议，武汉市政府阮成发市长在全国人大会上向中央提出了建立"武汉农村综合产权交易所"的请示，得到温家宝总理的鼓励和支持。武汉农村综合产权交易所于2009年4月30日正式挂牌成立，成为继成都、重庆之后我国推出的第三家农村产权交易所，并成立了由分管副市长为主任的农村产权交易监督管理委员会，负责农村产权业务的监管。

武汉农交所至成立以来，党和国家领导人多次视察并亲自批示，2013年7月，习近平总书记专程视察武汉农交所，农业部、国家发改委、监察部等部委多次安排领导前来调研，省市领导多次视察指导，主流媒体积极推介报道。在中央、省市领导的关心与支持下，武汉农交所从无到有，不断发展壮大。

2. 武汉农村产权交易的综合性、广泛性

武汉农交所在交易品种、交易平台功能及交易对象方面具有综合性、广泛性的特点。在借鉴吸收成都、重庆等地经验的基础上，利用武汉城市圈"两型社会综合配套改革试验区"先行先试的有利条件，进行发展创新。主要表现在以下几个方面：一是拓展交易品种。除各地已普遍开展的农村土地承包经营权、农村集体林地使用权和林木所有权、农业类知识产权、农村房屋所有权等交易品种外，增加了农村集体经济组织"四荒地"使用权、农村集体经济组织养殖水面承包经营权、农民闲置宅基地使用权、农村集体经济组织股权、农村生产性设施使用权等交易品种，使交易品种更多、范围更广。二是归并交易平台。将以前分属国土、房产、水务、农业、林业、知识产权等部门的产品进行整合，搭建统一的交易平台，既避免各自为战、重复投资建设，又方便了农民、农村集体经济组织、投资业主咨询和交易。三是加强市场引导，吸引多主体进场。通过大力宣传，开展农村土地经营权抵押贷款等业务，提高业主进场交易的积极性；同时充分利用行政资源，对获得财政、信贷重点支持的项目开展交易业务和配套服务，引导农民和投资业主进场交易。这种农村产权交易的综合性和广泛性特点，有力地促进了农村各种要素的自由流动，扩展了市场容量，同时还降低了交易成本。

3. 武汉农村产权交易的形式不断拓展，服务不断拓宽

武汉农交所在引领农村产权交易的同时，积极与金融机构、评估公司等合作，创造性地将农村土地所用权、承包权、经营权进行"三权分离"，探索出了"交易—鉴证—抵押"

模式，让土地承包经营权、水域滩涂养殖权、林权、生物资产、农业设施等农村产权实现抵押融资。武汉农交所核定了17家有资质、实力强、讲诚信的中介单位，为农村产权交易提供资产评估、询价、经纪代理、纠纷仲裁等业务；与武汉农村商业银行合作，开展农村土地经营权等农村产权融资服务；利用网络平台，广泛征集农村产权转让、受让信息，建立了武汉农村综合产权交易信息库；针对投资主体、产权受让主体信息不对称的问题，积极组织推介、对接活动30余次，培训、咨询上万人次。根据收集的信息，围绕现代都市农业规划和各地产业特点及农业设施、交通、运输变化趋势，将一批有特点的信息包装成200多个特色项目。

4. 武汉农村产权交易的法规健全、运行规范

在市农村综合产权交易监督管理委员会的领导下，武汉农交所严格按照各项制度规范运作：严格审查交易主体；严格规范交易流程；严格交易机构的管理。同时，十分注重法制建设，农交所成立之初就聘请法律机构汇编全部相关的法律法规和政策，聘请法律顾问，开办专题法律法规培训以保证交易活动依法进行。对于某些需要突破现行有关法律法规的交易活动，农交所严守法律底线，不直接与现行法律冲突，而是采取变通的方式，使之与现行法律衔接。规范运行是守法的保证，武汉农交所做到了"六统一"：统一监督管理、统一交易规则、统一信息发布、统一交易鉴证、统一收费标准、统一平台建设。因为综合才可做到统一，因为统一才有利于规范，因为规范才利于守法，规范守法的市场才是一个有序健康的市场。武汉市发布的农地交易参考价格，使农村产权交易更加公开透明，有效地保护了交易双方利益，具有重要意义。

5. 武汉农村产权交易中的金融创新

武汉农交所在助农增收上进行了积极探索，采取信息收集、项目包装、组织推介等多种形式为交易各方服务，开展了农村土地经营权抵押贷款试点，扩展了"三农"发展融资渠道，搭建起了助农增收的平台。积极与武汉农村商业银行及评估公司等中介机构合作，进行金融创新。开展了农村土地经营权抵押贷款试点，并先后出台了《武汉农村产权登记托管管理办法(试行)》、《武汉市农村土地经营权评估办法(试行)》及管理制度，并联合评估公司、农业专家对土地经营权进行合理的价值评估，变"看不见"为"摸得着"，打消了银行放款的顾虑，促进交易项目进场交易。农交所成立的第一年，农村产权抵押贷款就达6460万元，截至2013年7月，金融机构已累计向科技示范户、农民合作社、企业发放抵押贷款5.41亿元，其中单笔最高金额达5500万元。武汉农交所将农村的要素"交易给银行"，使农民的用益物权"变现"，实现农村资源要素价值的发现和兑现，武汉农交所成为农村资源与银行之间的坚实桥梁。

6. 武汉农村产权交易的时效明显、作用较大

武汉市通过农交所这个交易平台进行农村产权交易，激活了农村要素市场，加速了资源流动，优化了资源配置，有力推动了农村市场经济的发展。促进农村土地流转和规模经营，吸引社会资本，推动现代农业建设，促进农村生产力发展，从而推动现代农业发展。农村产权交易推进了农村产权确权登记，推动农民从法律和政治上的产权主体变为真正享有产权收益、分配、处置权利的产权主体。目前，武汉市农村土地承包经营权确权率达99.5%，集体林权确权率达99%。唤醒农村"沉睡"的资源，促进土地流转价格逐年提升，农民土地承包经营权、宅基地使用权和集体收益分配权的市场价值得到充分体现，有效提升了农民财产性收入。主要表现在以下两个方面：一是农村用地被激活，农村宅基地、集体建设用地流转加速，推动了"空心村"整治，促进了农村建设用地集约节约利用；二是农村金融被激活，产权交易推动了农村产权担保、抵押融资服务开展，推进了金融产品创新，放大了资金使用效果，促进了农村金融业发展。武汉农交所通过开展交易鉴证、融资等一条龙服务，金融机构为100多家农业企业、农民专业合作社和农户，办理农村土地经营权抵押贷款98宗，贷款总额达7.44亿元。

三、武汉农村产权交易中存在的主要问题

通过开展以农村土地承包经营权等为主的产权交易，有效盘活了农村资源性资产，增加了农民财产性收入。尽管武汉市农交所在农村产权交易市场形成之路上做出很多有益探索，也为农民带来了实实在在的收益，尽管武汉农村产权交易取得了不错的成绩，但武汉农交所发展的制约因素仍然存在，需要不断探索，逐步破解。当前面临的几个主要问题如下：

1. 现有政策法律对农村产权交易的限制

一是国家尚未出台全国统一的农村产权交易管理政策和办法，已出台的法律法规和政策仍不够完善，如农村土地承包经营权二次流转没有相关规定；二是《土地法》、《担保法》和《物权法》等法律规定集体土地不能出让、转让或出租用于非农建设；农民住宅不得向城市居民出售，也不得批准城市居民占用农民集体土地建住房；农村房屋所有权和宅基地使用权的流转仅限于集体经济组织成员之间；耕地、宅基地、自留地、自留山等集体所有的土地使用权不得抵押。这些都制约了农村产权的流动，不利于全面激活农村产权市场。

2. 确权工作进展缓慢，合法权益难以保障

权属清晰是产权交易的前提，但目前武汉市多数农村产权确权困难，进展缓慢，如农村土地承包经营权虽然确了权，发了证，但仍存在面积不准，四至不清，农民出于一些原因虚报承包地等，再加上武汉市地形以丘陵为主，多江河湖泊，土地呈现出"细碎化"的特征，要在空间上明确位置并进行登记就更加困难，"四荒地"使用权、养殖水面承包经营权确权工作尚未完成；农村集体建设用地使用权、房屋所有权等确权工作开展困难。究其原因，一是由于各种历史原因，武汉农村产权关系复杂，利益纠葛较多，不容易划分；二是在农村集体建设用地使用权等权属的确权，在各部门上存在争议，三是存在确权费用高，工作量大等问题。由于农村市场机制发育不健全，相关监管机制和农民保护机制不完善，加上农民自我保护意识和能力有限，农民产权意识薄弱，农村产权交易多是"君子协议"，而且多数协议不规范，协议内容简单，交易双方的权益通常难以保障。

3. 抵押融资存在困难

虽然人民银行和银监会在《关于进一步加强信贷结构调整促进国民经济平稳较快发展的指导意见》中明确提出"有条件的地方可以探索开办土地经营权抵押贷款"，"积极发展林权抵押贷款"，但金融机构在开展农村综合产权抵押贷款业务过程中还有较大顾虑：一是《担保法》规定耕地、宅基地、自留地、自留山等集体所有的土地使用权不得抵押。二

是目前我国还没有专门的土地经营权价值评估机构和人员，缺乏明确的规范和行业标准，在土地经营权价值、基础投入及经营资产过程中受评估方法和人为因素影响较大。三是我国仍未建立多层次、多形式的农业担保体系，银行风险不容易分散。四是农村产权流动性较差，不易变现。五是农村产权网络查询系统尚未建立，银行不能从根本上排除一权多抵的风险。

4. 交易潜力有待挖掘

虽然武汉市已交易的农村产权品种达到 8 个，交易金额达到 20 多亿元，但与武汉市巨大的农村产权资源相比，仍显少，且品种之间交易不平衡，目前已成交交易中，农村土地承包经营权约占交易总金额的 84.55%。其他类项目较少，农交所的综合产权交易功能还未充分体现。上海、重庆、成都等地虽然也都开展了农村产权交易探索实践，但是同样面临交易产品较少、交易量不大，交易不平衡等问题。

5. 农民传统观点的束缚

集体农用地虽系自然形成但终为农民祖辈辛勤开垦所得，并且世代耕作，农民在土地上繁衍生息。农用地不仅是农民生活所依赖的重要生产资料还是重要的精神寄托。农民大多将土地看做是一种生活保障，而不愿意进行交易，农民固有观念难以改变，缺乏政策上的强制性，交易费用收取等问题限制武汉农村产权交易的进一步发展与壮大。同时，武汉农村产权交易的标的物单一，为单一货币形式，其他省市(山东、四川)有以农产品(水稻、小麦)作为标的物，形式多样。扩展农村产权交易的标的物有利于提升产权交易成功的概率，降低交易的成本，方便参与产权交易的各主体。

四、武汉农村产权交易中问题的破解对策

农村产权交易作为一项具有开创性的新生事物，在具体的实践中还需进行很多方面的工作，就武汉市农村产权交易中存在的问题而言，可从以下几个方面着手：

1. 坚持一个原则

鉴于现有政策和法律对农村产权交易的限制，武汉农村产权交易要遵循依法、自愿、有偿、规范有序的原则；依照农民自主、村民自治的思路，充分发挥村"两委"的作用，保护农村集体经济组织和农民对农村产权的占有、使用、收益等合法权益。武汉市八种可以交易的农村产权经过依法转让、出租、入股、抵押或其他方式流转交易的，必须在农交所进行，鼓励农民个人产权进场流转交易。

2. 建立一个"智库"

武汉有 80 多所高校、近 120 万在校大学生，众多国家级科研院所，拥有丰富的科技、人才资源，利用武汉市人才，教科资源优势，组建科研团队，建立一个服务于武汉农村产权交易的"智库"。在改革中处理好整体推进和重点突破的关系、顶层设计和摸着石头过河的关系，这就需要大量的调研与考察，收集第一手资料，将理论与实践相结合，撰写与实际相符合，有利于改革实践的咨询报告，推动武汉农村产权交易的改革与发展，释放改革"红利"，以服务于农村产权交易，服务于农业、农村、农民的发展。因此，利用"智库"总结全国近 30 年来，特别是近 5 年来，农村以土地承包经营权为重点的各种要素流转实践与经验，推动政府部门尽快研究出台农村综合农村产权交易市场建设方面的相关政策，在机构

设立、部门职责、交易引导、经费补贴、业务宣传等方面出台配套措施，给予政策支持，规范农村产权交易行为，引导农村产权交易，促进农村生产要素在市场上合理配置。

3. 完善一项制度

农村基本经营制度是党的农村政策基石，必须毫不动摇地坚持。历史和事实说明目前我国农村实行的家庭联产承包责任制，是农民的一项伟大创举，是一项成功的自下而上的改革，极大地解放和发展了农村生产力，经过30多年的发展，或多或少存在着一些问题，仍不可否定该项制度还存在较强的生命力，结合各地发展实际，家庭联产承包责任制这项农村基本经营制度还需坚持，并逐步完善，使其适应生产力发展的需要，并推动生产力发展。武汉市农村土地基本上属于村集体所有，土地的承包权基本上属于村集体内部成员，维持着现有的农村基本经营制度，通过以土地承包经营权为主体的土地流转，变革经营权，推动新的经营主体、经营方式涌现，比如武汉市"家庭农场"的不断发展壮大，设施农业规模的不断扩大等等，武汉市农业生产经营规模和效益不断扩大，都要求进一步完善家庭联产承包责任制这项基本制度，稳定武汉市农村土地的承包权，放活经营权，实现农村集体土地所有权、承包权和使用权的"三权分置"并将第三项权益不断延伸，大力培育和扶持多元化新型农业经营主体，以盘活农村资源，增加农民的财产性收入。

4. 颁发一本证书

武汉市农户承包地主要是按照合同进行管理，存在农地细碎化、面积不准、四至不清、空间位置不明、登记簿不健全或缺失等问题。建立农村土地承包经营权登记制度，是针对现实矛盾来解决现实问题；是促进土地流转，形成规模经营的重要前提。这就要按照《物权法》要求，完善合同、健全登记簿、颁发权属证书，确认农户对承包地的占有、使用、收益等各项权利。强化对农户承包地权益的保护，当前最重要的抓手就是开展农村土地承包经营权确权登记颁证工作。2013年中央一号文件明确要求"用五年时间基本完成农村土地承包经营权确权登记颁证工作"。习近平总书记指示，要把这项工作抓紧抓实，真正让农民吃上"定心丸"。这是稳定农村土地承包关系的重要基础，是开展土地经营权流转的重要前提，也是调处承包纠纷、开展抵押担保、落实征地补偿的重要依据。这就要求武汉市从市情出发，以科学合理的方式，加快农村土地确权，进行土地确权颁证，将农村的要素资源变为资产，全面普查、全面分配、全面确权、全面登记、全面颁证，切实解决一些历史遗留问题，以维护村集体农民的土地权益。

5. 注重一种形式

武汉市城市化进程不断加快，农业人口不断减少，非农人口不断增加(2012年初武汉市户籍人口为827.24万人，总人口1002万人，其中农业人口280.65万人，减少14.8万人，非农人口546.59万人，增加5.31万人，城镇化率为66.08%)，生产力水平不断提高，农村土地流转日趋活跃。在土地流转加速形成的同时，规模化、产业化生产又进一步推动了土地流转方式的灵活创新。流转土地经营主体呈现多元化和规模化，农业企业、农民专业合作社以及经营大户利用转入的土地，开展规模生产和集约经营，使用现代农业新技术，引入农业标准化生产，在获得良好经济效益的同时，为富余劳动力就近就业提供了更多岗位，实现农户和企业的"双赢"。土地流转有效地推动了我市农业基础设施建设，吸引了大量社会资金向现代农业生产聚集。土地流转后的规模化和现代化生产，改变了

"家家地不多、户户各干各"的经营方式，实现了生产流程的统一化和农产品质量的标准化，为农业新技术推广和农业机械化应用创造了条件。因此，应当更加注重产权交易中"土地流转"这种形式，充分发挥其对农村生产力和劳动力的解放作用。

6. 抓好、建好一个市场

武汉市要抓好农村产权市场建设，建立完善以土地流转为主要业务的农村产权市场体系，为广大农民和经营业主提供公开、公平、公正的交易和服务平台，是保障土地经营体制机制创新、平稳推进的关键举措。加快构建公开、公正、规范运作的农村产权交易市场，引导农村产权要素加速自由流通，切实提高农民的财产性收入，强化农交所的公益职能，以服务"三农"为宗旨，提供"一站式"服务，延伸、完善武汉农村综合产权交易和服务平台，建设功能齐全、管理规范、服务周到、监管有力的农村产权市场，实行数字化、网络化管理，"8+1"城市圈和其他有条件的地方积极合作，实现农村集体"三资"联网、与武汉农交所对接，实现全省农村集体"三资"联网和对接，利用武汉市的区位优势，建成立足湖北、辐射中南、面向全国的农村综合产权交易和服务大平台，大市场。让市场来引导农村资源、社会资金的流动。

7. 应用一项现代技术

现代信息技术的广泛应用极大地改变了人类的生产与生活方式，极大地提高了社会生产力与生产效率。武汉市农村产权交易中应该更多的利用现代化信息技术，通过电子竞价等方式出让农村土地，突破农村土地的传统交易模式，这将是农村要素流转交易模式的有益尝试，可以创新农村土地流转模式，有效提高农民财产性收入，也有利于建立完善的农村要素市场。在农村产权交易中应用现代化信息技术，我市可以参考借鉴北京市的先进经验与做法。针对我市农地确权中存在的一些历史问题，面对的一些现实问题，可以通过农交所开发建设"农村要素地理信息管理系统"，通过几年的努力建成全市村级可交易资源资产的动态信息图库，为高效率配置资源，进一步挖掘农村产权交易的潜力奠定坚实基础。

推进农村土地经营体制机制创新，促进农村产权有序交易，是促进农村改革、发展、和谐、稳定的迫切需要。本文通过对武汉市农村产权交易的特点与经验进行总结，参考借鉴其他地区的先进经验，分析当前武汉农村产权交易中还存在的问题，并探寻其改进路径，为盘活农村"沉睡"的资源，推进武汉农村改革发展，促进农民增收，促使农业增效，提供有价值的参考。

在促进武汉市农村产权交易改革试点中，要坚持正确的改革方向，既要发挥集体的优越性，又要调动农民个体的积极性，激活农村各类生产要素潜能，利用农交所这个服务平台，进一步做好政策解读，疑难问题的咨询服务工作，进一步做好信息服务工作，增加信息的透明度，为农村各类资源的商品化、财富化搭建广阔平台，切实深化农村产权制度改革，推动农村产权有序流转，盘活农村各种生产要素，促进农民增收，激发城乡一体发展动力、活力。与此同时，创新武汉市农村土地经营体制机制，有利于保护农民的土地承包权益，在稳定承包关系、保持长久不变的基础上，将土地承包权价值化、资本化、市场化，实现生产要素宽范围、大规模地优化配置，这样才能引导社会资金源源不断地流向农村，促进武汉市农村产权交易。

第二篇 黄石市

关于我市乡镇纪检组织规范化建设的调研报告

湖北省黄石市纪委监察局

湖北省黄石市位于湖北省东南部,江南长江中游沿岸,是继武汉之后湖北建立的第二座城市,也是华中地区重要的原材料工业基地和国务院批准的沿江开放城市之一,全市现辖大冶市、阳新县和四个城区及一个国家级经济技术开发区——黄石经济技术开发区,一县一市共有乡镇27个,共配备专职纪检干部75名。近年来,我市坚持把乡镇纪检组织建设作为纪检监察干部队伍建设"基础工程"来抓,各项工作取得了较为明显的成效。2011年6月,中央纪委在长春召开"贯彻落实《关于加强乡镇纪检组织建设的指导意见》座谈会",我市作为全国唯一的地市级代表在会上交流发言。

为认真做好全国乡镇纪检组织规范化建设试点工作,进一步提升我市乡镇纪检组织建设的规范化、科学化水平,自2014年1月起,我市抽调专人组成课题组,深入各乡镇就纪检组织建设情况进行了调研,较全面地掌握了我市乡镇纪检组织建设情况,现将调查情况报告如下。

一、基本现状

近年来,尤其是中央纪委、监察部《关于加强乡镇纪检组织建设的指导意见》(中纪发〔2011〕26号)和湖北省纪委、监察厅《关于加强乡镇、村纪检组织规范化建设的实施意见》(鄂纪发〔2011〕46号)下发后,我市始终坚持以组织建设为基础、制度建设为重点、设施投入为保障、能力建设为关键,着力推进乡镇、村纪检组织规范化建设,不断夯实我市农村基层反腐倡廉建设的基础工程,为我市农村经济社会发展提供了坚实有力的纪律保障。

(一)基层纪检组织网络体系实现全覆盖

我市制定出台《关于加强乡镇(街道)、村(社区)纪检组织规范化建设的实施意见》,对乡镇、村纪检组织设置作出了硬性规定,要求每个乡镇、村都要设立纪委,做到哪里有党的组织,哪里就有纪检组织。下辖的大冶市、阳新县也都下发了相应的文件规定。目前,全市27个乡镇都设立了纪委、监察室,纪委与监察室合署办公,774个行政村都成立了纪检监督小组,各村组聘请了一批义务信息员,形成了以乡镇纪委为领导、行政村纪检组织为主体、群众义务信息员为基础的"镇、村、组"三级联动的基层纪检组织网络和工作格局,实现了反腐倡廉建设在农村全覆盖。

(二) 乡镇、村两级纪检干部配备配齐到位

按照乡镇纪委 5~6 人(含纪委委员),村纪委 3~5 人的要求,全市各乡镇、村都做到配齐到位,其中阳新县 16 个乡镇共配有专职纪检干部 41 人,兼职纪检人员(含纪委委员)84 人,437 个村(社区)有纪检监督员 1454 人。大冶市在完善乡镇纪委的基础上,对全市的 333 个行政村按照"1+2"的模式成立了村级纪检监督小组,999 名村纪检监督员由乡镇党委下文任命后持证上岗。为了加强监督力度,延伸监督触角,各村还按照一个村民小组聘 1 名义务监督员的标准,全市共聘请 4762 名关心村务、原则性强、威望较高的村民作为义务监督员,协助参与村务监督工作,并纳入全市纪检监察员信息库进行统一管理。在乡镇一级纪委,都确保做到有一名书记和一名专职副书记,部分委员能够由司法所、财经所长等具有法律、财经、审计等专业知识背景的年轻同志兼任。为确保"专职专干",2014 年 7 月,市纪委联合市委组织部印发了《关于迅速落实乡镇纪委书记分工调整的通知》,要求乡镇纪委书记一律不得分管其他工作,并要求县(市)区委对不胜任、不适合从事纪检工作的乡镇纪委书记进行调整。目前,全市 27 个乡镇的 27 名纪委书记全都实现专司其职,排序和分工实现"零报告"。村一级纪检监督小组,组长大多数由村党支部副书记或委员兼任,由群众信任度较高的无职党员担任。村纪检监督小组成员的产生一般都按照"两推一选"(党员推荐、群众推荐、民主选举)的方式选举产生。阳新县在最近的两届村委会、村支部选举中都把村纪检监督小组成员纳入同步选举,从而使选举出来的纪检委员有着较好的民意基础。个别基层组织相对薄弱的村,纪检监督小组组长由镇干部兼任,成员由镇聘请和培训专职人员担任。还有些经济条件较薄弱的村组,组长由"两委"委员兼任,同时邀请关心村务、原则性强、威望较高的义务信息员协助纪检监督小组收集信息,也取得了良好效果。

(三)"七有五落实"基本上都执行到位

按照湖北省纪委提出的"七有五落实"的要求,我市下辖的各乡镇都做到了纪委有牌子、有队伍、有制度、有办公用房、有办公办案经费、有办公办案装备、有举报电话;村级纪检监督小组基本上都做到了组织、人员、责任、制度和保障落实。阳新县进而把"七有五落实"发展细化为"十有五落实"即"有牌子、有队伍、有制度、有办公用房、有办公办案经费、有办公办案装备、有举报电话、有便民服务中心、有廉政文化宣传栏、有党务公开栏"。全县 16 个乡镇(场区)从过去的"三无"(无办公场所、无办公办案经费、无办公办案装备),变成了今天的"十有";全县 437 个村(社区)有 414 个纪检监督小组基本实现"五落实",占 94%。

(四) 工作职能定位更加适合基层实际

在基层纪检机构逐步得到健全的同时,全市基层纪检组织按照省纪委统一要求,积极履行和探索基层纪检组织的工作职能,使之更贴近基层工作的实际,较好地发挥了监督、惩治、预防等职能作用。大冶市灵乡镇着眼于"强化四项职能、当好四大员",即强化教育职能,做党风廉政建设的宣讲员;强化监督职能,做党员干部的督查员;强化惩处职

能，做违规违纪行为的清障员；强化保护职能，做新农村建设的护航员，较好地将党风党纪教育、重大任免事项监督、镇村党务政务村务公开、重要建设项目及招投标监管、"资产、资金、资源"的"三资"管理、强农惠农政策落实、党员干部违纪违规问题查处等工作职能融入其中。

（五）各种工作制度更加健全完善

通过清理与完善乡镇、村纪检制度，乡镇村建立健全了民主管理、村民议事、工作台账等日常工作制度；进一步规范了信访举报、查办案件、监督检查等纪检工作制度；建立定期报告与工作例会制度，大冶和阳新的部分村纪检监督小组每月通过例会向镇纪委报告履行职责情况，交流研究村纪检工作；全面推行组账村管镇审的农村会计代理制，所有支出必须经过"三签两审"才可入账；阳新县纪委不仅制作了《镇（区）纪委工作职责》、《村级纪检监督小组工作流程》等十余块制度图牌，发放到各乡镇村统一悬挂，还将66项纪检工作制度汇编成册，下发到各级基层纪检单位遵照执行。市纪委也统一制作黄石市村级组织权力运行阳光操作流程图等6项流程图版面，在各村便民服务室或纪检监督小组张贴。通过近年来的努力，我市乡镇、村两级纪检组织做到了工作有制度、行为有准则，促进了业务工作规范化、日常管理制度化。

（六）工作程序和运行机制逐步规范

为了探索乡镇纪委工作运行机制，我市针对乡镇纪检制度运行中存在的薄弱环节，特别是操作随意性较大的，按照纪委工作的运行特征和规律，建立了日常管理、信访举报、案件检查、案件审理、保密、会议制度纪检工作运作流程。乡镇纪委受理的案件基本按照有关制度办理，并告知当事人违纪的相关条款，遇到疑难问题，谨慎处理，积极向市纪委请示。在大多数村，对凡是涉及村级重大事项和决策，均召开村民代表大会和"两委会"联席会议，按照民主集中制的原则研究讨论。大冶市陈贵镇纪委还将全镇村集体577处资产、60份经营合同全部建立了电子管理台账。目前，全市乡镇一级的纪委纪检档案的收集、整理、归档等各个环节也逐步做到了规范化管理。

（七）纪检干部的培训进入经常化的轨道

在乡镇、村纪检组织建立后，我市及时将着眼点转移到教育监督上，着力提升基层纪检队伍的能力，使专职纪检干部"会干事"、"干成事"，尽快成为纪检监察工作的行家里手。市纪委每年都要举办乡镇纪检干部培训班，在培训内容上突出实用性，涵盖农村社会经济发展的方方面面，同时围绕当前农村党风廉政建设和反腐败工作中的热点、难点问题进行专题培训。在培训方式上突出灵活性，采取党校教育、跟班学习、以案代训、干部自学、跟班锻炼等多种形式对纪检干部进行培训，每年还专门选调一批乡镇纪检干部到上级纪委相关业务科室进行跟班锻炼。在培训对象上突出完整性，按照分级培训和全员培训的原则完善教育培训体系，把乡镇纪检监察干部、村纪检监督小组组长培训纳入整体培训规划中。两年来，我市先后选派乡镇纪检干部参加中央纪委、省纪委各类培训班20余批、80余人次；每年各县（市）区纪委举办2~3期乡镇纪检干部培训班；各镇（区）纪委组织举行每年不少于两次"以会代训"的培训。以阳新县为例，2012年，阳新县组织纪检干部参加各级业务知识培训2次88人，全县各镇（区）已培训纪检监督小组组长658人次，使乡镇纪检队伍的整体素质有了一定的提高，形成了一种"全员参与、人人学习"的良好氛围。同时，按照中央纪委、省纪委"五严守、五禁止"的纪律要求，从严、从紧抓纪律教育，对基层纪检队伍的政治纪律、工作纪律、办案纪律、保密纪律、廉政纪律作出明确规定，严肃惩戒纪检成员违规做法，严厉处罚纪检队伍违纪行为。通过以上措施，使全市基层纪检干部队伍的政治、思想、业务、作风素质有了很大的提高。

（八）对纪检干部队伍监督管理日益规范

我市建立《乡镇纪委述职述廉制度》，要求乡镇纪委书记每年向上级纪委进行述职述廉，上级纪委不定期对其履职情况进行测评。同时，在多个乡镇开展试点，聘请了68名纪检干部作风监督员，明确监督员工作职责，对乡镇纪检干部的工作作风、执纪办案和廉洁自律等情况进行监督。为了更好地激励纪检干部的工作热情，纪委建立完善乡镇纪委工作目标考核体系，每年年初各县（市）区纪委与各乡镇纪委签订目标责任书，明确工作职责，细化目标任务。对纪检干部目标任务、创新工作、特色工作等情况进行考核，考核结果在全市范围内予以通报，并作为评先评优和提拔重用乡镇纪检干部的重要依据，充分调动纪检干部从事纪检工作的积极性和主动性。大冶市纪委还针对不同部门、不同层级的纪检干部，专门制订了4个纪检监察系统绩效考评办法，建立了有效的工作激励机制。大冶市和阳新县兴国镇每月召开一次村（社区）纪检监督小组组长例会，建立纪检监督小组长的定期报告制度和定期信访接访制度，从而有效地实现对村级纪检小组的监管。

（九）基层纪检组织的装备条件明显改善

近年来，我市通过上级纪委补助一点、各县（市）区、开发区财政补贴一点和乡镇自筹一点的方式，一次性为全市乡镇纪委配齐必要办公办案装备，做到乡镇"四有"（即有摩托车、有电脑、有打印机、有文件资料保密和归档所需的文件柜）、街道"三有"（即有电脑、有打印机、有文件资料保密和归档所需的文件柜），经济条件较好的乡镇还配备照相机、录音笔等装备。各乡镇提供了办公办案装备更新维修和日常使用所需资金。2010年，大冶市一次性投入近200万元，为该市11个乡镇、场、街办纪委分别配备了1辆价值10万元的工作用车，并购置发放了电脑、打印机等办公办案装备，为乡镇统一配备举报电话并统一号码，彻底改善了乡镇纪委办公办案条件。阳新县纪委也拿出30万元工作经费，为16个镇（区）纪委配备了电脑、打印机、录音笔和档案柜等办案装备。各乡镇纪委至少安排了纪委办公室和谈话室两间专用办公室。如我市灵乡镇设有单独的纪委办公室、监察室和信访约谈室，总面积超过110平方米，其中信访约谈室还特别加固门窗，确保信访约谈人的安全。

（十）基层纪检组织的工作经费有了较好的保障

为保证乡镇纪委必要工作经费，市财政从2009年起连续三年每年安排35万元专项资金，用于补助各城区及大冶市、阳新县特别困难乡镇纪检组织建设。各县（市）区财政也积极安排资金支持乡镇纪检工作,其中大冶市、阳新县将连续三年每年安排30万元配套资金加强基层纪检组织建设,保证纪委工作正常运转。在此基础上,各县(市)区纪委对临时性、突发性工作所需专项经费,也积极向县(市)区财政争取资金予以保障。大冶市各乡镇纪委办公办案经费按照每年6万~8万元的标准(条件好的在10万元以上),纳入乡镇本级财政预算,单独列支,予以保障,并根据工作需要和形势发展适当增加。村纪检组织的办公经费由乡镇财政列支,乡镇财政确有困难的,县级财政给予了补助,如阳新县自2011年开始,县财政每年拿出10万元作为基层纪检组织建设专项基金,采取以奖代补的形式发放,用于解决基层纪检组织活动无经费、误工无补贴等问题。从我们调查的情况看,经济状况好的大冶陈贵镇、灵乡镇纪委的实际工作经费去年达20万~30万元;经济状况较差的阳新县的浮屠、王英镇也有3万~7万元。阳新县虽然对乡镇纪委工作经费没有在乡镇预算中单列,但通过实报实销,乡镇级纪委的工作经费基本得到保障。

(十一)基层纪检干部的待遇得到一定改善

大冶市各乡镇将村纪检监督小组工作经费和纪检监督员误工补贴(每人每年平均不低于1200元)全部纳入本级财政预算。还认真落实乡镇纪检干部岗位津补贴政策,明确每名乡镇纪检干部每月的岗位津补贴不低于200元。村纪检监督小组成员误工补贴,按每人每年不低于1200元标准列入乡级年度财政预算,部分条件较好的乡镇还进一步创新奖励报酬方式。如大冶市灵乡镇,在实行误工补助的基础上,设立了上报重要信息、调处纠纷、监督重大事项等奖项并实行资金和工程监督核算计时制等一系列制度,将纪检干部的履职情况与奖金报酬挂钩,有效地调动了基层纪检工作人员的积极性。

(十二)基层纪检组织的作用得到较好的显现

通过加强乡镇、村纪检组织建设,成效正在逐步显现。基层纪检组织的能力由弱变强,上下联系由散变紧,工作任务由软变硬,为农村经济发展、社会和谐稳定作出了积极贡献。

1. 发挥保驾护航作用,保障科学发展

全市各乡镇纪委紧密结合党委、政府不同时期的工作中心和发展中的主要问题,选准项目,突出重点,有针对性地开展监督检查,确保招商引资、项目建设等重点工作顺利进行,为乡镇经济社会发展发挥了保驾护航的作用。近两年,我市乡镇纪委积极参与和组织强农惠农政策和资金落实、建设工程招拍挂、工业园区软环境、"三资"清查、村务公开、农村中小学债务清理、企业排污达标等监督检查活动。2011年大冶市仅村级纪检监督小组累计监督200多个重要工程建设,监督资金1.2亿元。近年来我市县域经济的蓬勃发展,大冶市成功晋级为全国县域经济百强县、阳新县也不断实现脱贫进位,纪检监察部门的护航作用功不可没。

2. 发挥纠风治乱作用,弘扬清风正气

各乡镇纪委把廉政教育与乡镇机关作风建设、文明社区创建、学校德育教育、企业文化建设、新农村建设和和谐家庭建设结合起来,积极开展丰富多彩、喜闻乐见的宣传教育活动。两年来,全市乡镇建立廉政文化公园3处,廉政文化长廊35个;依托歌舞剧院、采茶剧团、楚剧团等文艺团体，组织开展了两次廉政文化下乡巡演活动。乡镇廉政文化"六进"活动的深入开展，增强了党员干部为民、务实、清廉的意识，在农村基层营造了廉荣腐耻的浓厚氛围。

3. 发挥执纪为民作用，维护群众利益

我市始终把提高群众满意度作为衡量工作成效的重要标准，引导乡镇纪检干部牢固树立以人为本、执纪为民的理念，找准反腐倡廉建设与维护群众利益的结合点，关注群众急盼，倾听群众呼声，积极解决发生在群众身边的腐败问题，两年来共接办投诉1200余件，查办损害群众利益的违纪违法案件210件，挽回直接经济损失675万元，切实维护了群众利益，有效地减少了村干部违法违纪问题的发生。

4. 发挥维护公平作用，促进社会和谐

据不完全统计，近两年来，我市乡镇纪委指导村级纪检监督小组参与民主决策3680余项，监督村务公开、参与民主理财5000余次，共审核各类专项资金、惠民资金近亿元，维护了社会公平正义，促进了农村和谐稳定。

二、主要问题

从调研情况看，我市乡镇、村级基层纪检组织通过贯彻上级关于加强乡镇基层纪委建设的文件，各方面工作整体上得到加强，但也还存在一些问题和不足，还有一些需要改进的地方。主要表现在以下几个方面：

(一) 工作成效不平衡

虽然总体上我市各乡镇、村基本落实了省市要求，但受各地经济状况等多种因素的制约，普遍存在经济条件较好的镇村文件精神落实得比较到位，工作开展得比较规范。比如大冶市的陈贵、灵乡镇无论是镇级纪检组织、还是村级纪检监督小组都运作得较好。而在一些经济薄弱的地方，特别是一些"空壳村"，村级纪检监督小组大多有名无实。据阳新县的同志反映，村一级纪检监督小组作用发挥的较好的约占40%，一般的占50%，还有约10%的村的纪检监督小组基本没有开展经常性的工作。

(二) 职能交叉的问题较为突出

在村一级，根据国家《村民组织法》第三十二条"村应当建立村务监督委员会或者其他形式的村务监督机构，负责村民民主理财，监督村务公开等制度的落实，其成员由村民会议或者村民代表会议在村民中推选产生，其中应有具备财会、管理知识的人员。村民委员会成员及其近亲属不得担任村务监督机构成员。村务监督机构成员向村民会议和村民代表会议负责，可以列席村民委员会会议"的规定，在换届选举时各村建立了村务监督委员会、民主理财委员会，其职能与纪检监督小组的职能重叠雷同，但是任职人员却不符合村民组织法关于"村民委员会成员及其近亲属不得担任村务监督机构成员"的规定。对村级财务的监督权由全体村民选举产生的村民理财小组承担，在目前村账镇管的体制下，乡镇财政所必须见到村理财小组长的签字才能入账，而现在上级纪委又要求村纪检监督小组长要签字,实际上形成双轨同步运行,客观上造成重复监督和摩擦。虽然省里的文件要求整合,但由于两者产生的法律依据和管理部门不同,目前尚未将其融合在一起。此外,也存在无事可监督的问题,一些经济发展水平低的村原本就没有多少财务支出,这种交叉重复的监督设置就更显累赘,如我们调查的个别村,有限的上级财政转移支付的经费除去干部工资和报刊费外,基本没有别的开支,纪检监督小组也无字可签。

(三)监督效果有待进一步加强

个别乡镇主要领导认为惩处了其管理和使用的党员干部,就等于给其脸上抹黑,对乡镇纪委工作特别是办案工作不够重视和支持,有的甚至错误地把查处违纪违法案件同阻碍经济发展画等号。个别乡镇纪检监察干部党性原则不强,怕得罪人,怕丢选票,导致乡镇纪委工作"疲软"。由于许多乡镇站所都实行了条管,编制、工资、福利、考核均不在乡镇,导致乡镇纪委监督困难。在村一级,由于地域小、人员少,很多监督事项往往涉及亲属邻里,少数监督员于感情上拉不下面子,监督工作难以开展。

三、完善基层纪检组织规范化建设的建议及几点思考

从调查情况看,目前乡镇纪检组织建设基本按照上级文件精神开展,但在规范化建设方面还存在一些不足,下一步我们将从以下几个方面努力提高全市乡镇纪检组织建设规范化水平。

一是出台意见,分级指导。坚持实用可行、便于操作、兼顾长远的原则,按照中央纪委《乡镇纪检组织规范化建设工作框架》要求,参照《关于加强乡镇、村纪检组织规范化建设的实施意见》(鄂纪发〔2011〕46号),结合实际情况修订我市2010年制定的《关于加强乡镇(街道)、村(社区)纪检组织规范化建设的实施意见》(黄纪发〔2011〕14号),起草《关于进一步加强全市乡镇纪检组织规范化建设的实施意见》或者《黄石市加强全市乡镇纪检组织规范化建设××条》,经征求市委组织部、市编办、市财政局等相关部门意见后,上报中央纪委和省纪委。指导县、乡两级按照职能权限完善、制定相关配套制度,切实解决县、乡两级在试点工作中面临的问题和困难。

二是配强班子,激发动力。乡镇纪委副书记是乡镇纪委工作的具体组织者和执行者,他们不能参与党委其他工作分工,政治上应享有列席或参加党委会的权利,经济上应落实办案津贴,待遇上应明确副科级。在选择专职纪委委员或纪检干事的人选时,除侧重于在涉及人事、资金等方面的重要岗位、重点人群中产生外,还要求纪检委员具备财务、审计、司法方面的专业基础,这样既可以提高纪检干部业务水平,更有利于重要领域廉政建设,规避风险,有效防范腐败滋生。同时,为保持纪检监察队伍的相对稳定,应明确乡镇纪委书记和专职副书记至少应干满一届(三年)。

三是加强协作,增强力量。构建全市乡镇纪委联合办案机制,按照人口和经济发展水平及实际需要,在全市范围内按3~5个乡镇设立一个乡镇办案协作区,整合各乡镇的办案力量,增强办案能力。同时,县(市)级纪委要加强对乡镇纪委办案指导检查和督办,定期组织乡镇纪检干部学习办案相关知识,还可以案代训的形式,抽调乡镇纪检干部参与

县级监察机关的案件查处工作。

　　四是严格考核，奖优罚劣。建立完善乡镇纪检监察工作绩效考核体系，每年年初各县(市)区纪委与各乡镇纪委签订目标责任书，通过档案卡、考勤卡、业务联系卡"三卡"管理法，做到定量考核与动态考核相结合、平时检查与年终验收相结合、干部自我测评与群众民主评议相结合。考核结果在全市范围内予以通报，并作为对乡镇纪检干部评先评优和提拔重用的重要依据。制定《乡镇纪委述职述廉制度》，要求乡镇纪委书记每年向上级纪委进行述职述廉，上级纪委不定期组织对其履职情况进行测评。建立优秀基层纪检干部选拔培养机制，对工作成绩突出的乡镇纪检干部予以提拔重用，把优秀的乡镇纪检干部作为上级纪检监察机关的重点选拔对象。

黄石市壮大战略性新兴产业研究

黄栋梁

2010年10月,《国务院关于加快培育和发展战略性新兴产业的决定》提出要把战略性新兴产业培育发展成为先导性、支柱性产业。2013年3月,国家发改委公布了《战略性新兴产业重点产品和服务指导目录》,目录涉及节能环保、新一代信息技术、生物产业、高端装备制造、新能源、新材料、新能源汽车产业这七大领域、24个发展方向,细化到近3100项细分的产品和服务。国家在完成顶层设计之后,产业发展的重任必然要落在各地方。为此,各省市都在积极出台发展战略性新兴产业的规划和政策,力争成为战略性新兴产业的优势区域,以获得国家更大的支持。在这种形势下,黄石如何选择、规划和支持战略性新兴产业发展,对本地区未来经济增长的可持续性至关重要,也关系着我们黄石是否真正能够实现经济发展方式的转变。本课题从发展战略性新兴产业的必要性、可行性入手,提出黄石发展战略性新兴产业的对策思路。

一、加速发展战略性新兴产业的战略意义

(一)加快发展战略性新兴产业是推动黄石产业结构调整的关键举措

当前,我市经济结构矛盾仍然突出,以2013年为例,在经济总量中,第一产业占8.34%,第二产业占61.22%,第三产业占30.44%。其中,在第二产业中重工业比重高达86.47%。产业结构不优仍是阻碍经济又快又好发展的关键因素。面对日趋激烈的产业发展竞争格局,必须加快提升我市产业的层次、能级和核心竞争力。战略性新兴产业技术含量高、市场前景广、带动能力强、综合效益好,加快发展战略性新兴产业,并用相关先进技术改造提升传统产业,有利于推动我市产业结构调整升级,促进经济发展向主要依靠科技进步、劳动者素质提高和管理创新转变,提高发展质量和水平。

(二)加快发展战略性新兴产业是推动黄石产业转型的必然选择

我市是我国中部地区重要的老工业基地和典型的资源型城市,长期大规模的开采,矿产资源逐渐枯竭,以资源型产业为主发展积累的各种深层次矛盾和问题不断显现。为此,国务院已于2008年,将我市和所辖的大冶市分别列为全国资源枯竭转型试点城市,成为全国唯一的市、县"双试点"城市。显然,黄石要尽快从资源型城市向现代化工业城市转变,实现可持续发展,仅凭传统产业的改造和提升是很难奏效的。加快培育发展战略性新

兴产业，不仅能调整产业结构，转变经济发展方式，保持黄石经济发展活力，也是加快城市转型，引领经济社会全面协调可持续发展的重大战略选择。

(三) 加快发展战略性新兴产业是提升黄石区域竞争力的有效途径

战略性新兴产业以创新为主要驱动力，辐射带动力强。加快发展战略性新兴产业，对于实现将黄石建设成为湖北省副中心城市的战略目标，具有不可取代的重要作用。黄石是一座老工业城市，具有较为深厚的工业文化底蕴和工业功能优势，改革开放前是鄂东南地区仅有的省辖市，其区域地位与作用十分明显。改革开放以来，黄石在鄂东南地区处于中心地位的格局正在发生变化，一定程度上影响或动摇了黄石在该区域的领头羊作用的发挥。为了提高黄石经济在区域经济中的核心作用，巩固领先地位，必须科学判断和准确把握未来市场需求变化和技术发展趋势，把战略性新兴产业培育发展作为先导性、支柱性产业，抢占未来产业发展制高点，重振黄石雄风，引领和辐射鄂东南地区的产业结构调整升级，实现区域的合作发展。

二、黄石发展战略性新兴产业的基础条件分析

作为一个内地中等城市，黄石在全国的排名中并不具备很明显的优势，那么，黄石到底有没有能力大规模地发展战略性新兴产业，从而取得战略性新兴产业发展的成功呢？因此，我们有必要对于黄石的自身优势和产业基础等方面进行一个比较翔实的研究。

(一) 区位优势明显

黄石地处长江中游，长江黄石段全长68公里。交通物流便捷，距离省会城市武汉仅70公里，城区有国家一级铁路干线武汉——九江铁路通过，沪蓉高速、京珠高速、大广高速和杭瑞高速穿城而过，黄石长江大桥和鄂东大桥使得黄石与我国东部轴线区域的各个城市都形成了畅通的连接，沿高速公路至上海需8小时，南京需6小时，合肥仅需4小时，九江仅需1小时。通过对黄石现有的新兴产业优化发展布局，增强对沿海产业转移的承载能力，提高对项目投资的吸附能力，强化对产业聚集的支撑能力，进而从整体上加快黄石与长江经济带产业融合的步伐，在空间上可以实现战略性新兴产业与发达地区的协调快速发展。

(二) 良好的产业基础

黄石是湖北省乃至长江中下游中等城市群中重要的工业城市。2013年全市的工业和服务业增加值合计实现1046.82亿元，实现了工业规模较快增长。与2010年相比，纳入到黄石市统计观察范围的规模以上、限额以上的工业企业与服务企业的增长率达2.06倍。目前发展势头良好，又符合国家战略性新兴产业发展方向要求的主要有材料产业、装备制造产业、电子信息产业和生物医药，以上四大产业将是我市未来发展战略性新兴产业的重要产业基础。

1. 材料产业

多年来,黄石材料一直以特种金属材料和传统建筑材料为主。目前全市新材料产业发展迅速,其中,依托新冶钢等企业,重点开发生产重大装备关键部位用钢;依托中铝华中铜业等企业,重点发展精密铜结构材料;依托湖北航天电缆,以提高产品的绝缘、抗电磁、耐候和环保性能为主攻方向,重点发展军事装备、航天装备、深海探测和核电站用特种电缆;依托宝钢(黄石)公司、华亿等企业,发展锌铝硅稀土薄板等新型金属基复合材料;依托振华化工、高纯化工等企业,开发生产铬盐纳米材料、高效紫外线吸收剂、电子级硫化锌、新型石化和生化用催化剂等新材料产品。我市材料产业以不到20%的产业规模创造出近30%的工业总产值,显示出了很强的经济活力和发展后劲。根据《湖北省战略性新兴产业发展"十二五"规划》,湖北省明确将黄石定位为新型冶金材料基地,为我市未来新材料产业发展指明了方向。

2. 装备制造产业

黄石的装备制造产业是黄石第三大主导产业,2013年完成产值178.51亿元,占全市工业总产值的8.9%。我市已被省科技厅认定为智能物流输送设备省级特色产业基地,一批装备制造业骨干企业在国内细分市场中领先优势非常明显。目前,黄石装备制造产业中的主要骨干企业包括东贝集团、三环锻压、武汉重治、三丰智能、人本轴承、精成模具、三环离合器、邦柯科技、黄石建材节能设备厂、华新装备制造等一些产值规模超亿元、十亿元的大中型企业。

3. 电子信息产业

根据黄石经信委数据,2014年一季度,黄石信息产业完成工业总产值5.15亿元,同比增长24.39%;工业增加值1.545亿元,同比增长24%。1—8月全市电子信息产业完成工业总产值167320万元,同比增长10.54%。目前黄石的电子信息骨干企业主要有大冶冠牌、邦柯、万达、晨信、同力科技等本土企业,同时也引进了沪士电子、正威国际、欣兴电子等大型外埠企业。以此为格局,基本形成了当前黄石电子信息产业发展的总体框架。

4. 生物医药产业

目前黄石的医药业发展严格意义上来说,还没有形成生物医药产业体系,而是走化工医药路径,2013年完成产值109.89亿元。从产业链角度来说,黄石已经初步形成化工医药的原料供应基地,拥有了湖北远大富池医药化工股份有限公司、湖北驰顺化工有限公司等一批具备独立技术开发的知名企业。目前产品涵盖医药中间体、原料药、中成药、化学药制剂、卫生材料、医疗器械六大门类,拥有批准文号380多个,已上报国家食品药品监管局申请注册批准文号20多个。重点企业有中国劲酒、芳通药业、飞云制药、华润三九、世星药业、卫材药业等企业。芳通药业目前已是全国最大的甾体激素药中间体——双烯的生产企业。

(三) 产学研体系初步形成

与湖北省的其他城市相比,黄石最靠近高校云集的武汉。经过近几年的运作,黄石已经初步形成了产学研的良性循环体系。黄石市委、市政府高度重视与高校和科研院所的合作,制定了一系列政策措施鼓励产学研的结合以拉动当地经济发展。黄石的企业也积极与高校、科研院所合作，以弥补自身科研力量的不足。目前，我市有200多家企事业单位与省内外100多所高校院所建立了长期合作关系。华新、东贝、三环锻压荣获国家科技进步二等奖，我市被确定为全省首家产学研合作试点城市。伴随着产学研工作的深入推进，我市企业科技创新能力也得到了显著提高。新冶钢攻克了中碳钢"穿晶裂"难题，掌握了大炉体冶炼高合金钢工艺，较好地解决了制约钢铁行业发展的技术难题。芳通药业研发出"黄姜提取皂素清洁生产新工艺"，获得了国家发明专利，有效缓解了黄姜皂素产业污染与南水北调源头水质的矛盾，破解了制约皂素行业发展的瓶颈，同时也带动了湖北黄姜产业的区域发展。

（四）产业发展初步呈现集聚特征

产业集聚化发展，有利于企业降低生产和交易成本，加快技术和管理经验的扩散传播速度，进而增强产业的整体市场竞争能力。黄石目前已拥有黄石经济技术开发区、大冶经济开发区城西北工业园、阳新工业园区、大冶灵乡工业园、西塞山工业园区、黄石港工业园区、黄石新港（物流）工业园区、下陆长乐山工业园区和黄金山工业园等一批工业园区。这些园区已经成为我市技术转化和新兴产业培育的主要集聚地，截至2013年，园区内共有各类工业企业6214家，实现总产值853.1亿元，占2013年全市总产值的74.7%。

三、黄石发展战略性新兴产业存在的制约因素

从工业的发展来说，当前黄石的高新技术产业只占工业总产值不到30%，符合国家战略性新兴产业领域的总量更小，还处于起步阶段。分析当前制约我市战略性新兴产业发展的不利因素，我们认为主要有以下几个方面：

（一）认识有待进一步提高

培育和发展战略性新兴产业已基本达成共识，大家都在热议这个话题，都说要发展战略性新兴产业，但对其重要性、紧迫性的认识并不都非常深刻。宏观上，战略性新兴产业的影响到底有多深，改变到底有多大，新兴产业发展的规划、基调、目标怎么定，新兴产业与传统产业如何协同发展，怎么形成现实增长点、抢占未来制高点等，对这些问题都缺乏深入、系统、科学的研究，有的还仅仅是停留在口头上的讨论。对于产业发展方向也一直尚不明确，比如，我市发改委和国资委提出发展电子信息、高端装备制造、生物产业、新材料、节能环保和新能源六大战略性新兴产业，而市委政研室则提出发展食品饮料、化工医药、服装纺织、新能源、电子信息、新材料等新兴产业。政府及相关职能部门怎样当好战略性新兴产业的坚定倡导者、组织者和支持者，怎么在产业布局、资源配套、政策支持、环境营造上主动作为还没有提到足够重视和实际运作的程度。

（二）体制机制有待完善

战略性新兴产业发展是一个非均衡发展的系统工程，需要有别于传统产业发展的政策体制、风险分担与化解机制等，与东部沿海发达地区相比，我市战略性新兴产业发展政策

滞后，目前尚未形成统一的规划体系和支持支撑战略性新兴产业发展的一整套体制机制。政府对科技投入资金相对不足，管理部门分散，支持重点不突出，尚未有单独的税收优惠政策、单列的引导资金或专项资金等，缺乏对研发和产业化实行两头激励政策。

（三）技术创新人才力量不足

我市战略性高新产业领域的领军人物和创新团队还十分缺乏。科技人员大多集聚于传统产业领域，中初级人才趋于饱和。仅冶炼、采掘、饮料和服装四个行业中科技人员所占比重高达60%，而我市急待加快发展的生物医药和电子信息产业等高新技术领域，科技人员仅占5%。大多数企业特别是中小型企业存在人才"引不来、留不住"的问题，无力开展技术和产品创新。在我们遴选出的高新技术产业领域比较有代表性的48家企业中，企业总人数25141人，其中技术研发人员为3524人，占企业总数人数的14%。在大专以上学历人中，博士研究生为25人，占总数的2‰；在专业技术人员职称中，具有正高级职称的技术人员为104人，占总数的3%。与东部沿海发达地区相比，我市缺乏长远有效的技术战略和引进培养高端人才战略，与"把战略性新兴产业培育发展为先导产业和支柱产业"的要求相比，还存在技术和人才"瓶颈"（详见表1）。

表1　　　　　　　战略性高新技术产业领域企业人力资源调查表

企业总人数	25141	其中	管理人员	技术人员	销售人员	高级技工	生产工人
			2782	4299	1181	2624	14313
大专以上学历	9002	其中	博士研究生	硕士研究生	大学本科	大专本科	其他
			25	225	2946	5222	584
专业技术人员职称	3853	其中	正高级职称	副高级职称	中级职称	初级职称	
			104	275	1806	1668	
人才引进情况	890	其中	留学归国	省外	兼职技术人员	其他	
			8	148	121	613	
产品研究开发科技人员情况	企业现有技术开发人员		3254	技术开发人员占企业职工总数比例		14.01%	

四、加快发展战略性新兴产业的建议

当前，黄石经济发展已经站在一个新的起点之上。我们认为黄石发展战略性新兴产业，已经具备了一定的比较优势和广阔的发展空间，完全可以有所作为、大有作为。现就黄石加速培育和发展战略性新兴产业，提出几点粗浅的建议供决策参考。

（一）提高思想认识，树立战略思维

进一步提高对加快发展战略性新兴产业重要性、必要性和紧迫性的认识，切实加强对发展战略性新兴产业工作的领导和协调。要把战略性新兴产业纳入黄石国民经济和社会发展"十三五规划"进行统一部署。要加大宣传力度，营造良好环境，充分调动各方力量，加快形成战略性新兴产业发展的强大合力。

（二）加强统筹规划，明确发展重点

培育和发展战略性新兴产业不是一朝一夕能够完成的，可能得花 5~10 年甚至更长的时间。结合黄石实际，要组织专门的班子，根据国家和湖北省战略性新兴产业发展规划纲要的规划布局，对全市的新兴产业进行全面普查，在准确掌握现实状况和借鉴外地先进经验的基础上，理清思路，尽快编制黄石市战略性新兴产业发展规划，进一步细化和提升相关行业的专项规划，以指导全市战略性新兴产业的发展。在统筹规划的基础上，加快推进重点产业的发展。重点产业的选择必须坚持在全市一盘棋的前提下，既体现国家战略，又呈现区域特点。通过前文对我市产业基础分析，我们认为，黄石应优先发展对传统产业具有带动效用的新材料产业、高端装备制造业、新一代信息技术产业和生物医药产业，不断提高产业发展质量和竞争力，力争在新一轮的国际产业竞争中站到一个比较高的位置。

（三）坚持政府推动，加大扶持力度

一是加强组织领导。由于战略性新兴产业行业跨度大、涉及部门多，我市应尽快成立黄石市培育和发展战略性新兴产业工作领导小组，建立部门协调机制，统筹推进各领域战略性新兴产业的培育和发展，同时设立培育和发展战略性新兴产业专家咨询组，加强对产业发展方向、技术路线选择的咨询研究。二是加强规划引导。组织相关部门编制专项规划，明确黄石市战略性新兴产业发展的方向和重点，制定黄石市战略性新兴产业发展指导目录，提出重点支持和鼓励发展的行业和领域，建立黄石市战略性新兴产业统计体系，开展战略性新兴产业统计监测调查。三是要抓紧制定和落实发展扶持政策，要分产业有针对性地制定一揽子切实可行的产业扶持政策，推动产业健康发展。

（四）强化人才支撑，引进高端人才

人才是培育黄石战略性新兴的关键，是实现战略性新兴产业科学发展的基础。黄石的战略性产业与东部沿海地区形成差距的根本原因还是高层研发人才严重缺乏。为此，一是立足目前的产业发展条件，努力引进一批高层次的技术型应用人才。二是从调整产业结构来看，努力引进一批高尖精专业支撑人才。三是从战略层面上看，努力引进一批战略性新兴产业领域的领军人才。政府要拿出真金白银，加大高端新兴人才引进和培养力度，为引才、聚才、留才、用才创造良好的环境。当前，尤其是要加快制定我市引进高层次科技创新领军人物和学术带头人的政策和规划，建立人才专项基金，加快推进人才公寓建设，并在子女入学、配偶安置、医疗保障等方面提供优惠待遇，开辟人才引进的"绿色通道"，为战略性新兴产业的高层次科技人才来黄石创新创业创造良好的环境。

（五）创新体制机制，发展新兴产业

要创新有利于战略性新兴产业发展的制度建设，借鉴国外和东部沿海发达地区发展战略性新兴产业的成功做法，废除一切落后的、过时的、不科学的旧制度，建立和完善培育促进战略性新兴产业又好又快发展的制度体系。一是在鼓励成功上做足文章。要保护和发扬积极进取的创新精神，发展创新文化，倡导和强化脚踏实地搞科研的务实作风，让战略性新兴产业成果在我市不断涌现。二是在宽容失败上留下空间。要通过制度的作用，努力营造"鼓励创新、宽容失败"的良好社会氛围，让失败是"成功之母"的名言成为社会共识，让创新的失败者有经济上的保障，有做人的尊严，有社会的认可。三是在资金扶持上更要有制度保障。要综合运用财政、金融、资助、奖励和政府采购等手段，加强对技术创新工作的指导、协调和支持。尤其要加大对战略性新兴产业自主创新税收优惠政策的落实力度，逐步增强战略性新兴产业在我市经济中的支撑作用。

黄石矿冶文化建设调查报告

谭元敏　李社教

(湖北理工学院 长江中游矿冶文化与经济社会发展研究中心)

一、调查缘起

黄石因矿而立，因冶而兴，是典型的资源型城市。在绵延数千年的矿冶活动中，黄石孕育了灿烂的矿冶文明，形成了独树一帜的矿冶文化。但是在经年不息地开采过后，黄石也不得不面临资源枯竭、转型发展的难题。在此背景下，黄石市领导高瞻远瞩，提出了城市转型由文化引领的战略部署。

实地考察黄石之后，专家们一致认为矿冶文化是黄石独特的文化资源，黄石应该用矿冶文化引领城市转型发展。经过多方论证和筹备，2010年8月20—22日，由湖北省政府主办、黄石市政府承办的"中国·黄石首届国际矿冶文化旅游节"隆重举行。此次节会期间，举办了"黄石矿冶文化万人一日游"、"矿冶文化暨资源型城市转型高峰论坛"、"矿冶文化产品展览暨经贸招商洽谈会"等与矿冶文化相关的系列活动。2012年9月21—23日，国家体育总局乒羽中心、湖北省体育局、省文化厅、省旅游局、省外侨办、黄石市政府共同主办了中国黄石第三届国际乒乓节暨第二届国际矿冶文化旅游节。两次国际矿冶文化旅游节的举办，让黄石矿冶文化走出黄石、走出湖北，影响扩大到国内外。

黄石矿冶文化建设，从举办首届国际矿冶文化旅游节至今已有五年。为了全面了解黄石市民对矿冶文化建设的看法，湖北理工学院矿冶文化研究中心课题组印制调查问卷，通过面对面填写和在线调查两种方式，对黄石矿冶文化建设进行了调查。此次调查共收到有效问卷177份，综合分析调查情况，我们得出这样几个基本结论。

二、黄石矿冶文化建设取得可喜成绩

(一)矿冶文化是黄石城市主体文化已成为基本共识

两届国际矿冶文化旅游节的举办，使矿冶文化走出了黄石，在黄石普通群众中，矿冶文化也成了大家热议的话题，矿冶文化是黄石城市主体文化已成为基本共识。此次受访的177人中，针对"您认为黄石作为一个城市，主体文化是什么?"的问题，145人选择矿冶文化是黄石主体文化，占比高达81.92%(黄石主体文化占比情况见图1)，认为生态文化是黄石主体文化的占 11.3%，认为黄石没有主体文化的占 6.78%。这充分说明矿冶文化是黄石城市主体文化，不但得到了专家的赞同，政府的认同，而且得到了普通市民的广泛认可，可以说矿冶文化是黄石主体文化已成为基本共识。

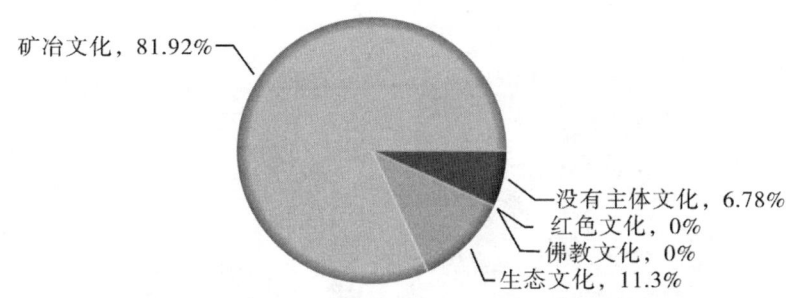

图 1　黄石主体文化占比情况

黄石民众对矿冶文化是城市主体文化的认识，是基于什么理由呢？我们进一步展开调查，设计了"您认为黄石的矿冶文化资源如何？"的问题。63.84%的受访者认为黄石矿冶文化资源非常丰富，是巨大的财富（黄石矿冶文化资源认识占比见图 2），占受访群众的绝大多数，177 名受访者中只有 5 人认为黄石矿冶文化资源非常匮乏、毫无价值，仅占受访总人数的 2.82%。此项调查结果也说明，黄石具有丰富的矿冶文化资源得到了民众的广泛认同。正是基于此，广大市民才赞同矿冶文化是黄石城市主体文化。

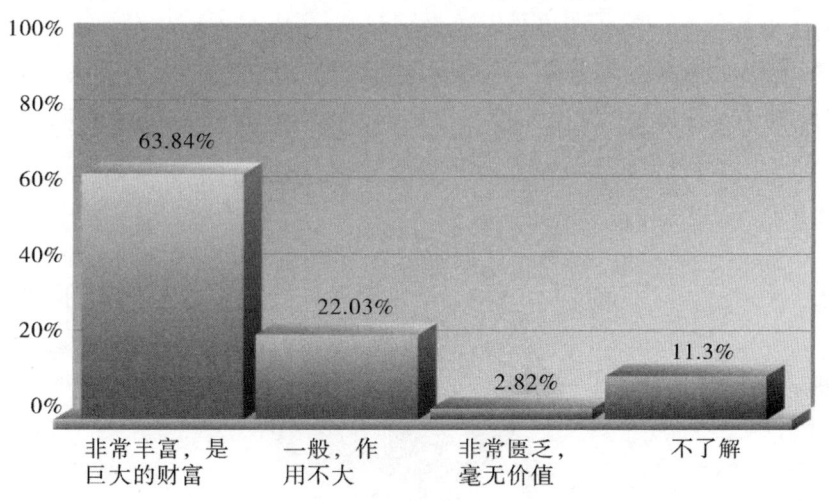

图 2　黄石矿冶文化资源认识占比图

（二）黄石矿冶文化建设成效得到认同

课题组首先调查了黄石居民对建设矿冶文化持何态度。受访的 177 名居民中，有 151

人选择"黄石矿冶文化历史悠久,赞成矿冶文化建设",占受访总人数的85.31%;只有7.91%的人认为"矿冶文化建设就是破坏环境,表示反对",另有6.78%的人表示"与己无关,无所谓"(受访者对黄石建设矿冶文化的态度占比见图3)。可见,绝大多数民众对黄石建设矿冶文化是积极支持的。

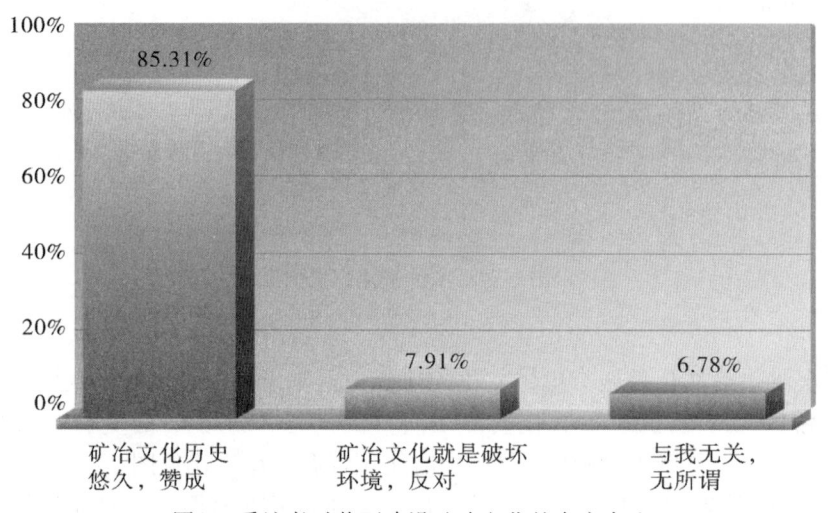

图3 受访者对黄石建设矿冶文化的态度占比

黄石矿冶文化经过几年的打造和建设,黄石市民对其总体评价如何?调查结果显示,18.08%的人认为黄石矿冶文化建设很有成效,74.01%的人认为黄石矿冶文化建设取得了部分成绩,只有7.91%的人认为黄石矿冶文化建设没有任何效果(对黄石矿冶文化建设总体评价占比见图4)。由此可见,92.09%的人对黄石矿冶文化建设的成效是持肯定态度的。

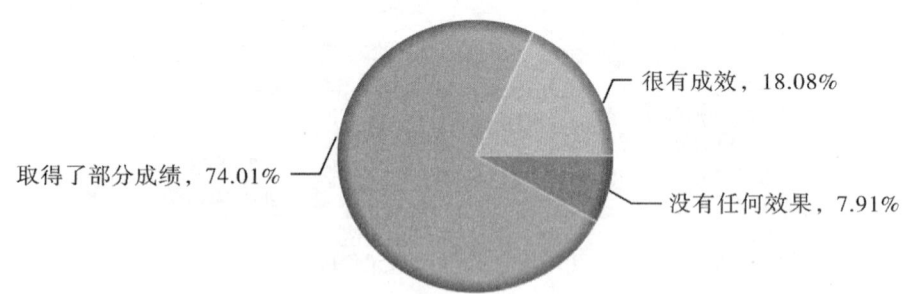

图4 对黄石矿冶文化建设总体评价占比

(三)举办矿冶文化节得到广泛认同

为了加强城市文化建设,扩大矿冶文化影响,提高黄石城市知名度,市政府先后举办了两次国际矿冶文化旅游节,使黄石矿冶文化建设掀起了一个又一个高潮。为了全面了解黄石民众对举办国际矿冶文化旅游节的评价,我们设置了多选题:"您认为黄石举办两届国际矿冶文化旅游节取得了什么效果?"调查结果显示,在参加调查的177中,有100人选择举办矿冶文化国际旅游节推动了黄石市的城市文化建设,占受访总人数的56.5%;有84人选择矿冶文化节使城市成功转型,带动了旅游发展,占受访总人数的47.46%;75人选择矿冶文化节带动了招商引资,经济建设效果显著,占受访总人数的42.37%;66人选择矿冶文化节带动了基础设施建设,占受访总人数的37.29%;28人选择了没什么实际意义,是政府的政绩工程而已,占受访总人数的15.82%(国际矿冶文化旅游节效果占比见图5)。显而易见,黄石民众对举办国际矿冶文化旅游节这种文化建设方式总体上是持肯定态度的。

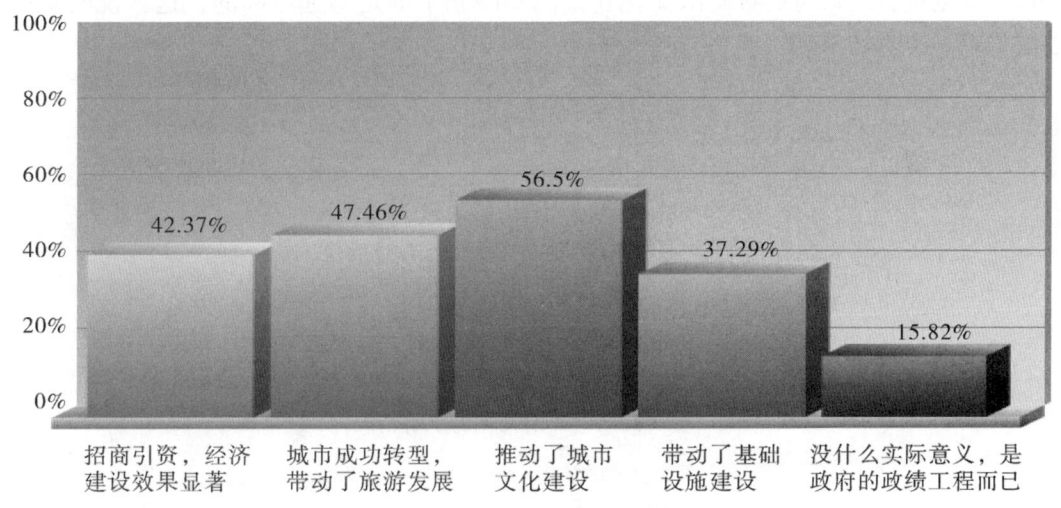

图5　国际矿冶文化旅游节效果占比

三、黄石矿冶文化建设存在的主要问题

(一)对矿冶文化宣传不够

本文作者对矿冶文化前期研究成果进行梳理,得出了"矿冶文化这一概念的提出始于湖北省黄石市"[①]的结论。应该说"矿冶文化"这一文化类别的提出,是黄石人对中国文化建设的重要贡献。但从目前情况来看,对矿冶文化的宣传是远远不够的。

利用现代网络技术,在中国知网(CNKI)所收集的报纸中,以"矿冶文化"为题名(或主题)进行搜索,共有75篇报道矿冶文化的新闻。"对75条信息进行分类,可以发现其

---

① 谭元敏、李社教:《黄石矿冶文化研究述评》,载《湖北理工学院学报》2014年第4期,第10页。

中有 73 条信息以湖北黄石矿冶文化为报道对象。其中,黄石市最重要的市级报纸《黄石日报》登载)54 篇,占总数的 74%;湖北省最重要的省级媒体《湖北日报》登载 11 篇,占总数的 15%;共有 8 家国家级媒体报道黄石矿冶文化。"①这样看来,省级和国家级媒体对黄石矿冶文化的宣传远远不够。而且从时间上来看,2012 年黄石第二届国际矿冶文化旅游节举办之后,媒体对黄石矿冶文化的宣传就基本沉寂了。2013 年仅有 1 篇、2014 年也仅有 2 篇文章报道黄石矿冶文化,且均是出自《黄石日报》,有关矿冶文化的宣传是越来越少,而且再也没有走出黄石本地的媒体。

从我们现场的调查来看,也可以得出同样的结论。受访民众中,选择对黄石矿冶文化非常了解的只有 33 人,占受访总人数的 18.64%,有 127 人表示对黄石矿冶文化有所了解,还有 9.6%的人表示对矿冶文化完全不了解(受访民众对矿冶文化的了解情况占比见图 6),可见黄石民众对黄石矿冶文化建设的知晓和了解是远远不够的,这就说明对矿冶文化的宣传不够。

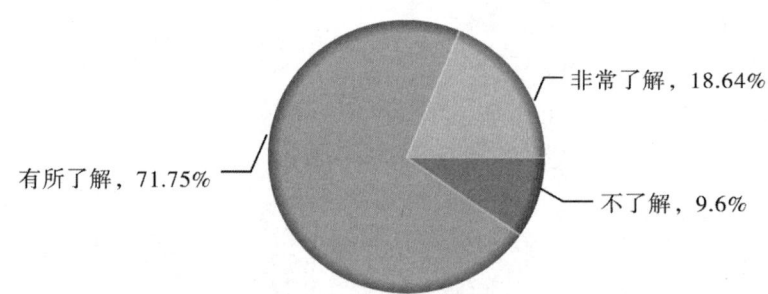

图 6　受访民众对矿冶文化的了解情况占比

我们进一步调查了黄石居民了解矿冶文化的渠道。调查结果显示,通过矿冶文化节等活动了解矿冶文化的达 72 人,占 40.68%,通过电视报纸等传统媒体了解的占 20.9%,通过互联网等新兴媒体了解的占 18.08%,听别人说的占 16.38%,通过市领导讲话、政府工作报告等了解的占 3.95%(民众了解矿冶文化渠道占比情况见图 7)。通过此项调查,我们可以得出两个基本的结论:一是黄石民众了解矿冶文化的渠道是多样化的;二是民众了解矿冶文化最主要的渠道还是政府举办的矿冶文化节等活动。而矿冶文化节仅仅在 2010 年和 2012 年举办了两届,可以预见,随着节会的停办,民众对矿冶文化的认知会越来越少,那么矿冶文化在黄石居民中的影响也一定会越来越弱。

(二)黄石矿冶文化遗产保护及利用状况不佳

黄石有着 3000 多年的矿冶活动史,而且矿冶活动一直持续不断,这在世界经纬的范围内具有唯一性和独特性。黄石悠久的矿冶活动史,留下了丰富的矿冶文化遗产,这是黄

---

① 谭元敏、李社教:《黄石矿冶文化研究述评》,载《湖北理工学院学报》2014 年第 4 期,第 11 页。

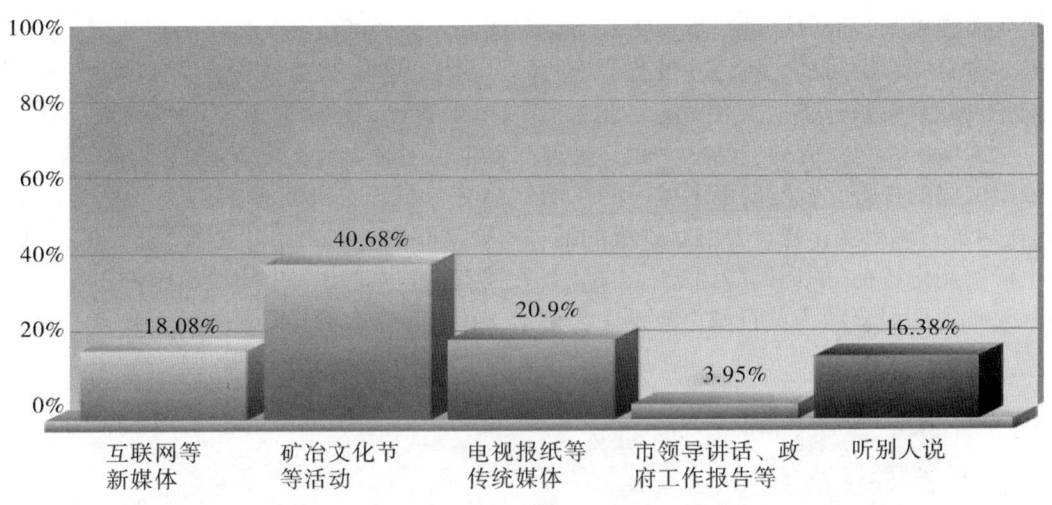

图 7 民众了解矿冶文化渠道占比情况

石人民一笔宝贵的历史财富。但由于种种原因，黄石矿冶文化遗产的保护和利用状况并不佳。黄石矿冶文化遗产最具代表性的铜绿山古铜矿遗址，因其在中国青铜采冶史上重要的历史地位，国务院秘书长罗干曾亲自主持相关会议协调其保护事宜，并被纳入《世界文化遗产》预备名单，但就是因为周边环境被极度破坏，使其预备名单被撤销。在我们此次调查中，黄石民众对黄石矿冶文化遗产保护利用情况的感知，应该说与实际情况是基本一致的。在177位受访者中，认为黄石矿冶文化遗产保护和利用都很好的只占17.51%，认为保护和利用都一般的超过半数，达到50.28%，认为保护很好，利用一般的占27.12%（黄石矿冶文化遗产保护和利用情况占比见图8）。由此可见，在黄石民众看来，黄石矿冶文化遗产保护状况是一般的，利用就更差了。

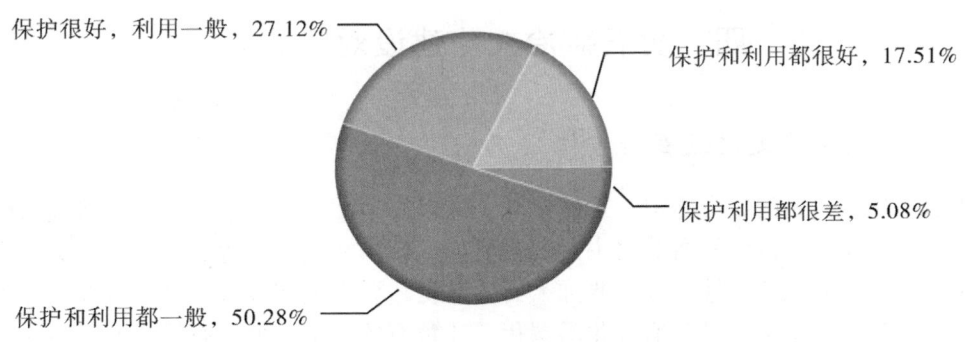

图 8 黄石矿冶文化遗产保护和利用情况占比

（三）城市文化特色没有凸显

矿冶文化被定位为黄石城市文化，而且政府也举办了两届国际矿冶文化旅游节来打造和宣传黄石矿冶文化，应该说黄石矿冶文化影响已经走向了全国，所以绝不可轻易将之抛弃或者改弦更张，而应该进一步加强矿冶文化建设，凸显城市文化特色。但从目前的情况来看，黄石城市矿冶文化特色并没有得到凸显。在举办国际矿冶文化旅游节期间，在城市中倒是可以看见各种矿冶文化元素，但整个城市规划建设中，并没有融入矿冶文化的元素，所以城市特色没有得到凸显。尤其是近几年来，随着矿冶文化节的停办，矿冶文化逐渐淡出人们的视野，就更谈不上城市的矿冶文化特色了。本次调查中，我们设计了问题："您认为黄石矿冶文化建设要继续推进的话，需要从哪些方面入手？"选择"加强城市规划，突出矿冶文化特色"的比例高达75.14%，排在榜首（推进矿冶文化建设措施选择比例见图9）。这也说明民众认为黄石城市建设中，矿冶文化特色并没有得到凸显。

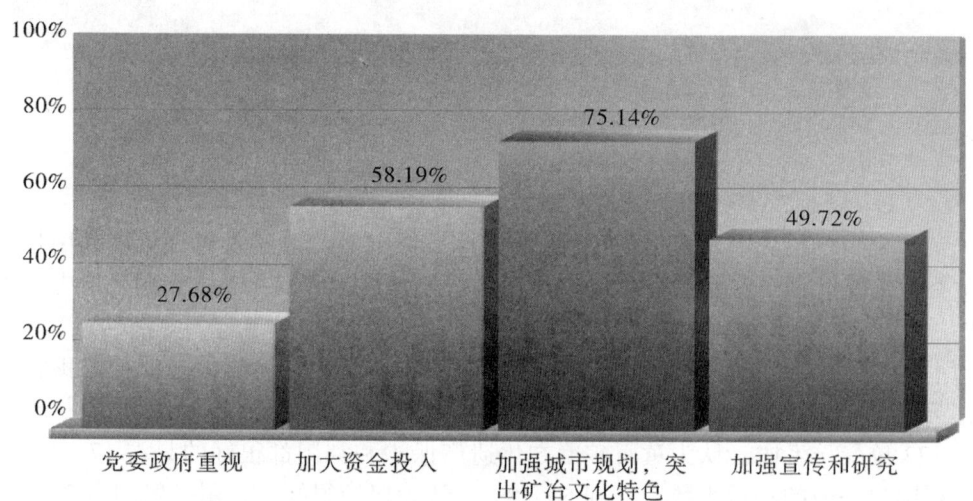

图9　推进矿冶文化建设措施选择比例

四、黄石矿冶文化建设对策建议

（一）加强矿冶文化教育与宣传

矿冶文化是黄石的城市之根，发展之魂，所以矿冶文化应该是黄石市民普遍认同的文化，应该流淌在黄石市民的血脉之中。首先要抓好矿冶文化的教育工作。矿冶文化作为地方文化，其普及应该从娃娃抓起，要加大有关教材建设力度和教育力度，应在黄石各级各类学校，尤其是中小学开设矿冶文化类课程，让黄石的孩子了解黄石灿烂的矿冶文化，让他们产生深深的自豪感。

同时要加大对矿冶文化的宣传，通过大力宣传，使矿冶文化得到黄石市民的普遍认同。从上文的数据来看，经过举办两次国际矿冶文化节，矿冶文化得到了多数黄石市民的认同，但离得到普遍认同尚存距离。而市民的认同和参与往往是影响文化建设最重要的因素。在我们的调查中，市民认为文化建设成效最主要取决于群众的认同与参与，占比达到

54.8%(影响文化建设成效各因素占比见图10)。

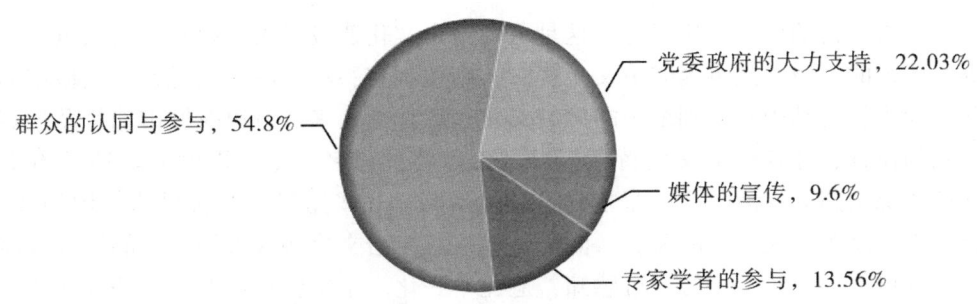

图10 影响文化建设成效各因素占比

从我们的调查可以看出,举办各种活动是民众了解矿冶文化最直接的途径。在矿冶文化节停办的情况下,应大力利用现代媒体,通过与报刊、电台、电视台等合作,开展矿冶文化的专题宣传、讨论、竞赛、娱乐等形式多样,丰富多彩,市民喜闻乐见的活动,促进全民关心、全民参与矿冶文化建设。

(二)加强黄石矿冶文化遗产保护和利用

加强黄石地区矿冶文化遗产保护,是矿冶文化建设的重中之重。如何加强保护?一是要明确保护的对象和范围,要在普查的基础上,摸清家底,尽快确定需要保护的矿冶文化遗产的对象和范围,并有针对性的制定保护措施;二是要加强地方立法,通过立法的方式,运用法律的手段加强矿冶文化遗产的保护;三是要加强宣传和教育,普及文化遗产的有关知识,提高市民的文化遗产保护意识,做到人人参与、人人保护。

对矿冶文化遗产进行合理利用,让黄石丰富的矿冶文化遗产资源造福黄石人民。这可以从三个方面入手。一是要做好黄石矿冶文化遗产的申遗工作。要整合黄石矿冶文化资源,扬长补短,建设好现有的重点矿冶文化遗产地,力争早日申遗成功。二是要制定黄石城市文化近期与远期发展规划,将矿冶文化放在整个黄石文化建设和发展系统中进行谋划,将大冶市主打的青铜文化、铁山区的铁文化、下陆区的佛教文化、西塞山区的神舟文化、阳新县的红色文化都以矿冶文化加以统筹,改变目前黄石各区县文化建设各种为政的局面,在对全市矿冶文化资源的认真调查分析基础上,宏观把握,确定一个基本的目标与路线图,分层次、分步骤实施。三是要重点扶持矿冶文化产业发展,充分发挥市场主体对矿冶文化资源的挖掘、开发、运营等作用。通过行业主体的市场交易实现整个资源的流动与增值,用文化产业来促进经济结构调整与城市转型。在做这些工作的时候应注意几个问题。一是开发矿冶文化资源,应注意与黄石其他文化资源相配合,协调发展。二是发展矿冶文化产业,要注意将矿冶文化与数字化、动漫、游戏等高科技技术、创意互动、体验等开发理念相结合,融入现代、时尚元素。三是开发黄石矿冶文化资源,还要注意与其他地区的互动,注意取他山之石。

(三)将矿冶文化建设融入城市规划与建设

黄石有着丰富的矿冶文化资源,这是黄石城市文化建设巨大的财富。所以黄石在做城市规划和建设时,应立足本地矿冶文化资源,因地制宜,将矿冶文化元素融入城市的每一个角落,让人置身其中,感到浓浓的矿冶文化气息扑面而来。可以对城市建筑及景观作统一的规划与设计,体现矿冶文化特色;对城市道路的命名,也可以融入本地矿冶文化元素,比如铜绿山路、汉冶萍路、张之洞路、源华路、利华路等,代替目前使用的苏州路、杭州路、南京路等毫无特色的命名。同时,要注意矿冶文化融入人们生活的形式应该多样化,要让人可视、可听、可触、可感知,避免单一化。千年瓷都江西景德镇的文化建设就是一个很好的范例,其城市建筑、景观雕塑等,甚至路灯的设计都让人感受到浓厚的瓷文化。黄石矿冶文化建设应该借鉴诸如此类成功的经验。

资源型城市的生态化建设研究

——基于黄石市的战略思考

聂亚珍　徐　凌

(湖北师范学院资源枯竭型城市转型与发展研究中心)

生态文明从十八大之后已经成为中国特色社会主义"五位一体"目标之一,从中央到地方都表现出高度重视。为此,黄石市提出了生态立市构想,并在新一轮城市规划中提出,到2020年把黄石市建设成为经济繁荣、社会文明、布局合理、环境优美的国家级生态园林城市。任何工作,从中央到地方,重视的程度再高,在地方上不落到实处也是空谈。因此,不仅要提高重视程度,具体的操作实施更应该落到实处。黄石作为一个工矿的历史城市,更应该在这一块有所作为,使我们的城市建设更加完美。

一、资源型城市建设的目标

2013年,262个资源型城市数据显示,矿产资源开发增加值占全部工业增加值比重约25%,比全国平均水平高了1倍多。而其第三产业比重比全国平均水平低了12个百分点。一业独大或一矿独大的产业格局产生了挤出效应,别的产业发展不起来,导致其他接续替代产业发展滞后。一旦资源开发接近枯竭,就会出现矿竭城衰现象。矿竭城衰进而引发民生、环境等历史遗留问题。目前全国69个资源枯竭城市,人口只占全国的4%,但其棚户区占全国的1/4,失业矿工占全国采矿从业人员的1/10,低保人口占全国的1/10,需要治理的沉陷区占全国的1/3。① 城市的首要属性是人居环境,建设生态城市已成为城市发展的主题,以消耗资源追求GDP发展的模式或将随着资源型城市可持续发展规划的落地逐渐改变。

近年来,资源型城市黄石市明确提出了"四城同创"、城市建设和管理的目标,提出了"生态立市产业强市"的战略。黄石城市建设力度在加大,城市面貌发生了深刻的变化,磁湖水环境治理项目获国家人居环境范例奖,黄石被评为全国水环境治理优秀城市,公交集团一路车被评为全国文明线路。以争创"全国卫生城市"为总抓手,深入开展"四城同创"等活动。完成大广高速黄石段、武黄城际铁路黄石段、黄咸高速、棋盘洲港区一期,黄石地方铁路线网、武九客运专线,完成一、二级公路和县乡等级公路建设改造,大冶市被列为全省通组公路试点县;完成沿湖路、下陆长乐大道、背街小巷、供水管网、排水管

---

① 纪睿坤:《资源型城市重塑"政绩观"》,载《21世纪经济报道》2013年12月4日。

网、污水管网、天然气管网、供热管网的改造与建设；建成大冶有色铜冶炼余热发电、有色自强110万吨铜冶炼炉渣选扩选、华新水泥窑协同处置污泥一期、西塞电厂1号机组低氮燃烧改造工程等项目。华新水泥、大江集团列入国家首批资源综合利用"双百工程"骨干企业；完成黄荆山北麓开山塘口治理、板岩山治理。建成磁湖东北片、东南岸休闲景观带工程和青山湖底泥清淤处置试验性工程，启动了黄石江滩二期、磁湖南岸绿化景观整治一期、农村环境连片整治、重点乡镇及大冶湖流域重金属污染防治等工程。

尽管如此，黄石的宜居指数依然偏低。一座充满魅力的"宜居城市"，必须满足以下基本条件：(1)安全，具备健全的法制秩序，完备的防灾与预警系统，安全的日常生活环境和交通出行环境；(2)健康，远离各种有害物质、环境污染的可能伤害，具有新鲜的空气、清洁的水源、安静的生活环境、干净的街区；(3)方便，具备完善、公平的基础配套设施，人人都能够享受到购物、就医、就学等方便的公共设施服务；(4)和谐，具有良好的邻里关系、和谐的社区文化。"宜居城市"是秀美城市的核心。黄石市的"城市建设"目标明确，理念先进，"转型"有力、有效。但是，一座资源枯竭型城市实现完美"转型"，要做的工作远远不止这些，达成目标也还有相当长的时间和相当大的距离。目前，黄石的现状与百姓对宜居要求还存在较大差距，反映出黄石建设"宜居城市"的紧迫性和任务的艰巨性。如何以生态城市建设为契机，实现黄石市的转型与发展是生态城市建设过程中首要解决的问题。

二、资源型城市生态化建设存在的问题

资源型城市的形成和发展对当地的资源具有特殊的依赖性，受资源储量的约束和资源枯竭性的影响，呈现出特殊的发展规律：建设——繁荣——衰退——枯竭消亡或转型复兴。经过长期开发甚至高强度开发后，现在许多资源型城市资源储备日趋枯竭，"高投入、高消耗、高排放、低效率"的粗放型经济增长方式尚未实现根本性转变，多数城市面临资源型企业与城市的衰退，带来了严重的经济与社会问题，极大地制约了城市的可持续发展和城市生态化目标的实现。[1] 黄石市城区山水格局明显，城市布局"一面临江，三面环山，中心环湖"，但是，由于历史原因，黄石市城区面貌陈旧，污染严重，开山填湖现象十分严重。为收集我市在生态建设方面出现的各种问题，了解我市推进城市建设、完善城市功能等方面情况，通过对相关部门调研，经过整理分析，我们认为，我市作为矿业城市在生态立市方面还存在很多瓶颈，从推进城市建设、完善城市功能、生态立市的角度来说，其中涉及环保的主要问题有：

（一）宣传教育不力，环保意识不强

环境保护是一项国家国策，是事关我们每一个人利益的事，如今也达成了共识。然而，由于缺乏环境保护的公众参与制度，城市主要官员调动频繁，规划、政策缺乏连续性，生态文明的理念还没有成为广大干部群众的自觉意识和行动，公众参与的主要形式仍

---

[1] 邢新华：《浅议资源型城市的低碳生态化建设》，载《中外建筑》2013年第1期。

属于政府倡导下参与。从参与内容看，公众参与主要集中在宣传教育方面；从参与过程看，主要侧重于事后的监督，事前参与不够；从参与的保障看，政府组织的较多，制度性建设不够；从参与效果看，流于口头的多，见诸行动的参与不够。城市卫生死角和闲杂地多，河道垃圾和暴露垃圾多。

所有人都在关注环境问题，都希望环境好，但是绝大多人又在做破坏环境之事，认为环保是其他人的事情、是政府的事情、是环保部门的事情，也是不关自己的事情；从政府层面来看，政府对于总量减排、工业减排等有方法有措施，但对于因城镇化建设带来的大气污染、水污染、电动车污染等社会污染，并没有规定每个部门所承担的环保职责，将环保问题纳入政府的考核体系力度存在很大的欠缺。尤其是前些年在发展经济上，由于过分强调 GDP，环保问题常是放在次要地位，没有把城市发展和环保有机结合起来，很多部门在做规划、批示的过程中对考虑环保问题考虑不周。因此，总的来说，重视环保工作还停留在口头上，环保意识均比较差，环保的地位并没有有效地体现出来，严重制约着城市功能的提升和文明城市可持续发展。

(二) 环保遗留问题多，治理难度较大

1. 自然环境污染

作为资源型城市，黄石市区废气、粉尘污染严重。工业废气及污染物排放主要集中在冶炼、电力和建材等行业，分别占 97.31%、86.86% 和 99.1%；大量的工业、生活废水未经处理而直接排入河流、湖泊和水库，对黄石市城区地表水环境造成严重污染。2006 年，黄石工业废水排放量占总废水排放量的 44.4%，而采选、冶炼、食品和电力等行业占废水总排放量的 89.5%，其中 COD、氨氮排放量还在上升，上升了 4.2% 和 5.0%，一些地方酸雨率为 92.5%，且在加重。据有关资料表明，镶嵌黄石市城区中心的面积约 8 平方公里的磁湖，水质污染主要表现为氮、磷等有机物超标，而磁湖底质中重金属含量平均值均未超过标准，磁湖污染主要表现为磁湖水质的营养化。三类水质达标率为 83.3%，超标项目有总氮、总磷、生化需氧量、化学需氧量等。由于高水耗、高排放、重污染的工业企业、小采选企业产生的大量污水废渣直接排入大冶湖，大冶湖劣五类水质高达 36%，五类水质占 26%，四类水质的占 31%，三类仅占 7%，没有一、二类水质。

2. 生态环境破坏

黄石因矿兴厂，以厂建市，工业结构偏重矿山资源，矿山生态环境和地质环境恶化，地质灾害更频繁。尾矿、冶炼废渣、粉尘灰和炉渣等综合利用率为 42.7%，且呈下降趋势。特别是尾矿占的比例大，达 59.1%。据统计，全市发生岩溶塌陷的矿山 47 家，单个塌陷 1204 个；采空区塌陷矿山 20 家，单个塌陷 147 个，地面沉降面积 $1.92km^2$，滑坡总数 64 个，崩塌总数 22 处。全市各类矿山 532 家，共占用土地 4.7 万亩；矿渣堆 19 处，尾矿库 20 座，占地总面积 $7.42km^2$，形成泥石流共 11 处。自 20 世纪 80 年代以来，黄石因矿产资源过度开采引发的地质灾害多达 302 处，现有地质灾害隐患点 295 个，工矿废弃地 84550 亩，受威胁人口 6 万多人，潜在经济损失 13 亿元。

3. 治理任务艰巨

作为工矿城市，就政府确定的治理重点即"五边"区域中需要恢复治理的矿山就有 123

个(应该关停的82个,历史已关停的41个)。如要求2014年长江边、环大冶湖边可视范围内关停露天矿山治理率达50%,其他五边区域恢复治理达40%;2014年要指导和督促县市区绿色矿山建设面积达80%以上,应建矿山达标率10%;完成1万亩的复垦任务,这个任务难度很大;五边区域矿山整治工作方案还有待审批,具体关停矿山名单还不明确,进度受到影响。

4. 治理资金不足

同时,环保资金又严重缺乏。一是市政公用及园林绿化项目建设受资金制约。每年制定了城市基础设施项目建设计划,明确了投资额度,但由于国家贷款政策发生了变化,城投等融资平台融资困难,城市重大建设项目出现资金紧张局面,直接导致工程进展不理想。2012—2013年的许多项目没有能够按照开工计划开工建设。至于矿区的生态环境修复,目前除了市级投入之外、中央财政、省级财政以及矿山企业投入的11.5亿元之外,再无其他任何资金来源。二是市政公用及园林绿化设施维护投入不足,虽然城市维护费年10%递增,但城市市政公用及园林绿化维护量不断增加,市政公用及园林维护资金难以满足设施常态化、精细化维护需求,无法保障设施完好水平运行。三是污水处理运行费缺口大。由于污水处理难以做到应收尽收,现行污水处理费征收标准无法满足运行需要,污水处理设施运行规模逐年增加,污水处理成本高等,导致污水处理收不抵支矛盾突出,资金缺口每年达2500万元以上。加上市政园林建设及专项维护资金历史欠账多,达2000多万元,上门讨债难以应付。

(三)行业管理不够规范,协调工作难做

1. 从国家层面看,生态管理体制和激励机制不健全

一是生态规划的法律基础还不完善,城市规划和城市建设中没有明确的指导思想和发展目标,片面追求经济效益,在矿产资源的开发时不注意周边环境的保护。二是政绩考核缺乏可持续性,生态资产缺乏统筹管理,受环境监察人力、物力限制,无法对企业的排污情况进行连续、直观的监控、监测,难以掌握真实情况,造成排污申报难核、排污费难收、污染源难管、污染纠纷难理;信息反馈和生态补偿机制匮缺。如,黄石市对于大冶湖的治理虽然采取了一系列措施,但是大冶湖的日常监管由市水利水产局属下的大冶湖管理处负责,执法难度大,监管难到位。三是由于专业人员较为缺乏,部分环保工作人员业务素质不高,技术熟练程度不过关,执法水平较低,影响证据的真实性和可靠性;由于环保部门与公安部门、城管部门以及市政各部门等行政部门之间沟通合作不够密切,导致执法机构之间职责不清,存在着执法交叉冲突现象,相互推脱,协调不力。例如,车辆运输物滑落造成的路面污染、居民受生活噪音所扰的投诉、饮食店排放过量油污等情况发生时,因执法机构之间职责不清,造成执法人员在执法过程中,不敢大胆执法,对瞬时发生的环境违法活动,不能取得确凿证据,让环境违法者有机可乘。环保部门执法不严。某些企业的污染物没有达到排放标准,任意排放,使城市环境污染依然严重,城市生态恶化趋势没有得到有效遏制。

2. 从黄石市的具体实际看,行业管理不规范

综合执法机制建立后,由于管理与执法权分离,市政公用及园林绿化管理难度加大,

有的违章、违规行为得不到有效制止。加之现在严格规范执法，要求必须按法规和程序实施监管，以至于出现了不得不管，管又管不了的局面。比如：处罚一个企业，首先需要发现它，那么就需要有人巡查巡视，发现问题，立案，调查，做笔录，调查前因后果，还要走相关程序，材料不够还要进行补充，一个案子要花费2个月左右的时间，一个人还无法做这项工作，必须两个人一起做。加之机构改革，市政公用及园林行业人少事多，专业人员缺乏，工作难以推进。环保人员编制太少，严重制约了环保局事中和事后的监督能力。如环保局下陆区分局，其管辖的企业不包括小企业就有150多家，但只有8个编制，影响了环保工作的正常开展。

除了监管人员不足外，还存在以下体制不畅的问题：一是执法与管理两张皮。对于部分违章、违规乱挖、乱占、乱排、乱停、乱砍等破坏市政公用及园林设施或者影响设施功能发挥的行为，无强力手段进行查处，综合整治效果不理想。精细化管理程度不够。对城区市政园林设施检查考核力度不够，规范化、常态化、精细化水平有待提高。二是园林绿化指导有待加强。有些园林绿化工程在设计、施工、管理上存在不够规范的地方，亟须研究制定园林绿化工程在项目审批、设计审查、工程招投标、施工监理、管理养护等方面的指导意见或管理办法，有效指导推进园林行业的发展。三是部门责任不清。如果仅靠环保部门这几个人去落实，肯定是不现实的。如，总量减排，实际上是牵涉各个部门的一个系统问题。

3. 协调管理困难

环境保护工作涉及面其实是很广的，还包括规划、建设、国土、水利、林业等部门。如，矿山地质环境保护涉及矿山开发、生态重建、环境保护，安全生产等领域；矿山执法管理部门牵涉国土、环保、农业、林业、安监等。而环保部门管理的污染源，一般是管理企业，当企业这一部分完成之后，剩下的实际上主要是城市建设、居民生活污水这一部分。如果城建部门配套设施，如污水处理厂的建设、管网等不配套，环保部门则无法实现总量减排。因此，如果政府不主导，单凭环保部门自己的力量，让环保部门来纠正，显然不可能实现，所以现行的这种管理模式和思维方式很难达到环保目的，如果不进行调整改革，城市建设发展的弊端也将越来越大。国土、水利、园林、林业、环保等部门争取的备用金、矿业权价款、水土保持补偿费、绿化费、森林植被恢复费、矿山企业排污费等没有整合使用。要在3年左右的时间内完成，时间紧、任务重，这些问题如不能很好地解决，也会严重影响我市生态立市的进程。

（四）城市建设的环保设施不能配套、不够完善

资源型城市环保设施不完善的主要原因是：(1)生态基础设施投入过低。资源型城市的基础设施建设仍以满足城市居民的基本生产和生活要求为标准，停留在通过政府支出来进行基础设施建设的阶段，民间投资、外资和国际上通行的BOT方式都没有引入城市基础设施建设中去；在文化制度建设方面，城市建设理念、决策和管理的水平不高，对城市未来发展的目标不明，缺乏对城市功能建设战略管理过程的控制与实施。(2)城市地域空间恶化。黄石因矿建市，受长江和黄荆山等自然因素影响，城市布局不合理、产业负荷重、发展空间不足。城市建设中，只关注城市非开放空间的布局和营造，不重视作为城市空间的重要组成部分——开放空间的可持续利用和保护，使城市开放空间日益减少，生态效应日益弱化，生态质量日益下降，城市不可持续发展的状态已经显现。

资源型城市环保设施不完善。随着三大战略的实施，城市规模不断扩大，但市政公用设施配套建设明显落后于城市发展的步伐，设施配套不完善、综合承载能力偏低的问题突出。一是防涝排渍能力不足。城市排渍设施底子薄、基础差，排水管网普及率低，系统不完善，设计标准普遍偏低，且花湖、西塞等边远地区还没有完整的排水体系，难以抵御强降雨的袭击。西塞河口仅仅靠临时泵站抽排，急需启动排渍工程建设。铁山、下陆的城市污水问题还没有解决，至今没有城市管网，无污水处理厂，其生活污水、工业污水直接排放到大冶湖，污染了大冶，加大了环大冶湖的治理难度。西塞山区工业园区的企业污水没有通过污水处理厂就直排到长江，污染长江。二是雨污分流管网建设推进难，现有的城市管网设计建设不规范，基础太差，生活污水和雨水的管网不分，污水处理效益得不到充分发挥。由于污水收集管网配套不完善、管网对接不畅、老城区合流制管网较为普遍、分流制雨污管网错接混接现象严重、两湖沿线合流制截留口难以实现分流等原因，导致污水处理效益无法充分体现，特别是暴雨期间，污水港流入湖污染水体的问题依然存在。不仅造成污水处理厂运行浪费，即不需处理的清水(雨水)却流入管网去处理，应该处理的污水时常不能进行有效处理(仅能进行很简单处理)。另外，虽然我们的装备层面基本上都达到了先进水平，但是却没有人去操作它，造成了设备和资金浪费。

三、资源型城市生态化建设的对策建议

(一) 确立生态化建设的战略发展重点

在2009年的哥本哈根会议中，温家宝总理提出了2020年单位国内生产总值二氧化碳排放量要比2005年下降40%~45%的要求。我国的资源型城市发展，一方面，要在经济上寻求新的发展模式，形成新的城市发展动力，并且新的城市经济发展模式能够降低CO_2在源头的排放量。另一方面，要通过城市自身良好的自然生态环境源来消化空气中CO_2的含量。针对生态城市建设存在的问题，资源型城市生态化建设的主要内容应该是生态安全建设、生态产业建设、生态景观和生态文化建设。

1. 生态安全建设

生态城市建设的最基础内容是强化污染减排、改善环境质量，搞好生态安全建设。一是治理水体污染。在工业生产中，加大对工业废水的处理力度，从改善河流水质出发，完善排污管网建设和河流景观建设，开展对河流附近地区的水污染治理，结合主要污染物减排，采取综合防治措施，提升城市内河流的生态功能。二是控制污染物的注入。控制水体营养物浓度，为疏浚创造条件，降低水华暴发风险。三是科学疏浚，保护生态。科学确定疏浚区域和疏挖深度，提高污染底泥疏浚精度，并采用高浓度疏浚技术，为生态重建提供条件。四是改善空气质量。对城市及其周边地区工业加热窑进行改造，从原来的以煤炭加热为主体全部改用天然气，减少SO_2的排放量。

2. 生态产业建设

实现城市经济转型需要建设生态产业，实现产业部门的生态化。资源型城市的生态产业主要从循环经济入手，环境保护要贯穿于矿产资源勘查—开发全过程，通过工业循环经济，产生企业的生态应用产品，提高资源生产率和废弃物利用率。二是建立生态工业园。结合资源型城市的发展状况，创建生态工业园区，大力发展循环产业；注重引导经济转型。大力引进汽车、电子、信息、食品和服装等新兴产业，鼓励发展旅游、商业、金融和保险等第三产业，逐步实现多样化产业结构，从源头上减轻中心城区的污染，并实现城市经济的多元化。

3. 生态景观和生态文化建设

从城市的建设以及经济发展角度来看，生态景观建设需要从城市的空间管制、生态环境控制以及经济发展可持续化这三个方面考虑。划分空间管制。依据中心城区"生态敏感性"原理的强弱，划分为禁止建设区、限制建设区、适宜建设区和建成区四个区域，然后针对这四个区域提出不同管控要求。① 建议控制和规划好我市环湖产业的发展，尽量维护湖泊整体性和流动性，恢复湖泊的湿地景观和沿岸生态；加强城市绿化和景观建设。在完善黄石绿地总体布局，开展"三治"（治脏、乱、差）、"五改"（水、点、厕、沟、路）基础上，提高城区绿化率，力争5年使黄石绿化率达到38%，努力打造山青、水碧、地绿、天蓝、适宜人居的生态环境；搞好资源型城市生态文化建设。根据资源型城市地区特色，政府应出台相应的生态保护政策与措施。

（二）建立资源型城市生态化建设的战略保障体系

1. 管理体系

城市政府拥有法律天然赋予的行政权力，能够克服诸多城市治理过程中产生的利益外部性和市场失灵现象，从而使得政府在整个城市治理体系中拥有比其他利益主体更大的权力，也相应承担更多的责任。政府要通过提供制度规范来协调各利益主体间的合作协同关系，为不同利益方规划共同的发展战略，规避传统治理模式下的各主体间各自为政、行动不统一、目标不明确的不足。因此，城市政府成为治理体系形成的引导者和维护者，具有其他行为主体难以替代的核心作用。②

（1）环境监察要向"深、大、多、透"方向发展。①环境监察的内容是要由"浅"入"深"。即从以往只是关停并转污染企业，到推行清洁生产，狠抓结构污染防治。把产业、产品和企业布局结构调整与改善环境结合起来，把是否符合环保要求，作为调整的首要因素。既要继续取缔重污染小企业，为科技型、规模型、环保、效益型企业腾出市场空间和环境容量指标，又要防止新的污染，严格实行建设项目"三同时"制度；同时深化工业污染防治、推行清洁生产，推行企业环境行为公开制度，督促企业深化污染治理，把总量控

---

① 王胜本等：《生态城市目标下城市生态治理的选择与实践》，载《河北经贸大学学报》2012年第5期。

② 王胜本等：《生态城市目标下城市生态治理的选择与实践》，载《河北经贸大学学报》2012年第5期。

制、清洁生产和结构调整贯穿项目建设全过程。②环境监察范围要由小到大。有关数据资料说明,在一定程度上,环境问题已成为影响经济发展、对外开放、人体健康和社会稳定的突出要素。所以我们基层环保部门的环境监察范围,应从原来的小而少扩大到更大的范围。除了以工业企业、建筑用地、饮食业为主的监察范围,逐步扩展到服务业、医疗单位等其他区域,不断探索和积累新领域的工作经验。③环境监察的形式,要由单一的行政处罚向多样化的执法形式发展。综合运用各种手段,如行政手段、经济手段、法制手段等,多种手段多管齐下。有重大问题还可以通过申请法院强制执行来解决。要充分利用《刑法》关于破坏环境保护资源罪的法律法规,依法追究违法企业法人的刑事责任。同时要与新闻媒体密切配合,增加透明度,实施阳光执法。④执法收费工作要由"封闭"转向"透明"。排污收费是环境保护的一项基本制度,是重要的执法手段,一定要将这一手段用足、用好。排污收费是直接涉及企业经济利益的工作。环保部门要主动向收费企业公开收费标准和程序,增加工作透明度,接受社会和企业的监督。

(2)污染物样品采集和数据测取要主动、及时。有的环境污染物(如水污染物、空气污染物)的浓度随着时间的推移而扩散,因此,采样时间的快慢所反映出来的检测结果是不同的。这不仅会影响监测数据的证据效力,甚至会影响环境诉讼案件立案的可能性。所以环境污染的样品采集、储存和运输要及时,环境监测部门在接到环境污染事故报告后,应立即组织监测人员在规定的时间内赶到现场,及时采集、储存和运送环境污染物的样品,并且要按国家环境监测技术规范和分析方法测取数据,以保证监测结果的质量。

2. 决策体系

(1)科学合理编制城市规划。资源型城市城市建设正处于转型发展期,从城市规划看,必须围绕创建最佳人居环境主题和"四城同创"目标,高起点、高质量编制城市规划。合理制定城市近期和中长期建设计划,规划方案分期分批开发建设,力求规划一片、开发一片、建成一片。总体规划必须重视道路建设、环湖开发、旧城改造和社会事业基础设施建设。

(2)突出重点开展综合治理。如目前,黄石市各级政府及相关部门要切实开展大冶湖保护的综合治理。近期重点是要尽快做好截污、打击非法填湖、筑堤围湖行为、拆除违法建筑和养殖围栏等工作。加大沿湖工业污染防治力度,关停"五小"采选洗矿等污染严重企业,短期内难以关停的生产企业应加强环保措施,实现达标排放,列出规划逐步搬迁;对下陆、铁山地区的生活污水处理要尽快采取有效措施,予以截流处理;对大冶湖沿线的乡镇生活污水也要尽快截流。

3. 法制体系

(1)采用国家规定的技术规范和分析方法。目前国家已有统一的环境监测技术规范和测试分析方法。环境监测数据应严格按照国家环境保护行政主管部门颁布的《环境监测技术规范》和测试分析方法取得。否则,是不合法的。例如,地表水和废水的监测,从监测断面的布设,环境污染物样品的采集、保存和运输,监测项目的分析方法,监测数据的处理,实验室质量保证等,国家的《环境监测技术规范》中均有详细的规定。而且环境监测技术规范和测试分析方法应不断完善和定期修改更新。

(2)制定有效可行的地方法规。正式的地方环境法规出台前,应通过新闻媒体、文件、布告的形式广为宣传，征求居民意见，让地方环境法规真实代表本地居民的意愿，使人们自觉遵守地方环境法规，减少执法的难度。正式的地方环境法规出台后，需按规定执法，避免极少数人执法的偏离，出现差错法、关系法，造成非公平性执法，影响政府的形象。

（3）尽快建立与完善环境监察资质评估机制。为了与市场经济体制相适应，激励环境监察机构的自我完善，进一步提高各级环境监察机构整体资质和服务能力，保证环境监察在环境污染纠纷，尤其是国家纠纷案件中的证据能力。应尽快建立与完善环境监察资质评估机制。环境监察资质评估机制包括环境监察资质评估指标体系、评估制度与方法、资质级别的认定与升降制度等，并且环境监察资质评估应与国际接轨。

4. 教育体系

（1）加强全民生态环境教育。一个城市生态文明程度的高低取决于所有居民的综合素质，包括居民的民主观念、法制观念、道德水平、文化水平等。在生态城市的建设和发展过程中，需要普及相关的知识，让人们知道生态环境是怎样的状况，建设生态环境对生活在黄石的人们具有的意义及应具备的条件。企业是构建生态城市过程中需要考虑的最重要因素。要使企业严格遵守政府制定的各项规章制度，完成各种节能减排指标；加强节能减排的研究工作，大力研发推广新技术，达到节能减排的目的；积极响应非政府组织的倡导，以高于指标规定的标准规范自身行为，努力参与生态城市的构建。[①]

（2）开展广泛交流。交流是一种近距离的学习，学习的内容和工作直接相关，最明了地告诉监察人员怎么做才是最好的。环境保护法律法规固然对普遍污染问题做了具体规定，但法律不可能预见一切情况的一切特点，因此，法律法规通常为监察工作留下一定自由裁决的余地，使执法人员在法律规定的一定幅度内选择。另一方面现在的法律法规仍有空白点，对于法规的空白和自由量裁的余地如何掌握，书本上和理论上很难找到答案，需要工作实践的积累，广泛开展环境监理交流。

5. 科技体系

城市工业技术装备水平是城市资源和能源消耗的关键制约因素。[②] 先进的技术是生态城市建设的有力保障，科技部门应加大投入，把环保科技的开发和利用作为建设重点。在建设的过程中，通过对发达国家的建设理念和经验的借鉴，把理论应用于实践，通过不断引进和使用先进技术，建立生态城市建设的监测和管理体系，为生态城市建设指引方向。[③]

（1）提高工作人员的技术水平。监察工作的特点决定从业人员必须是具有广博知识的高素质人才。必须通过强化技术培训和严格考核制度，建立和培养一支高素质的环境监察队伍。他们除了要熟悉国家环境保护和环境监察方面的政策、法规、标准、规范，熟悉掌握监察技术、方法和操作规程以外，还要具有较强的事业心和责任感，具有刻苦钻研的精

---

① 文宗川等：《生态城市四元主体模型的构建》，载《资源开发与市场》2012年第28期。
② 宋留清等：《我国城市可持续发展的制约因素与对策》，载《中共中央党校学报》2013年第2期。
③ 尉春艳：《秦皇岛市生态城市建设发展战略研究》，载《中国环境管理干部学院学报》2013年第1期。

神和科学严谨、实事求是的工作作风,严守操作规程,这样才能保证出具的证据具有法律证据效力。

(2)加快发展急需的环保高新技术。要加快发展相关的和急需的环保高新技术与装备,提高环境监察技术方法,为环境污染纠纷案件的处理提供技术支持。监测设备的可靠性会影响监测数据的科学性与准确性。所以在经济许可的条件下都应配备精良先进的仪器设备和测试手段作为技术保障,必须逐步加大对环境监察资金的投入,配备和定期更新环境监测仪器设备。加快环境监察现代化步伐,充分发挥监察效能,尽可能减小环境监测与分析化验仪器设备造成的机械误差、显示误差、读数误差等,提高数据的准确性,即证据能力。

(3)不断完善环境标准体系与监察技术方法。我国目前已有比较统一的环境质量与污染物排放标准系列,为环境监察和环境执法监督提供了依据,但还有待进一步完善。有的环境要素尚无质量标准与环境污染物排放标准,或者还不够完善,如光、热、电磁环境质量与污染物排放标准等。因此,应尽快完善有关的环境质量和污染物排放标准。随着环境科学技术的发展,环境污染及其危害的机理不断被揭示,除了要不断完善环境标准外,还要不断研究、修改、完善和更新环境监察技术与测试分析方法。

关于生态文明制度建设对策研究

——以湖北省黄石市为例

生态文明制度建设课题组

从党的十七大将"生态文明"正式写入大会报告,到党的十八大将"生态文明"放在"五位一体"总体布局的高度来论述,再到党的十八届三中全会明确提出划定生态保护线,建立自然资源资产产权等生态文明制度体系,表明生态文明建设已被纳入国家重大发展战略并付诸实施。2013年10月,黄石市委十二届八次全会提出"坚持生态立市产业强市,加快建成鄂东特大城市"的发展战略,开启了黄石生态文明建设的新征程。坚持生态立市、建设生态文明是一项深刻、持久和重大的社会改造运动,其主要途径是通过必要的制度创新来调节人对自然的行为,和谐人与自然的关系。加强生态文明制度建设是一项复杂的系统工程,需要全面统筹、因地制宜、科学设计、多方参与、扎实推进,努力在经济发展和环境保护的"两条底线"上实现双赢,为确保黄石天蓝、地绿、水净构筑起坚实的制度屏障。

一、生态文明制度建设的基本内涵

生态文明是指人类遵循人、自然、社会和谐发展这一客观规律而取得的物质与精神成果的总和,是指人与自然、人与人、人与社会和谐共生、良性循环、全面发展、持续繁荣为基本宗旨的文化伦理形态。生态文明的提出是人们对可持续发展问题认识深化的必然结果。严酷的现实告诉我们,人与自然都是生态系统中不可或缺的重要组成部分,人与自然不是统治与被统治、征服与被征服的关系,而是相互依存、相互促进的关系(见图1)。

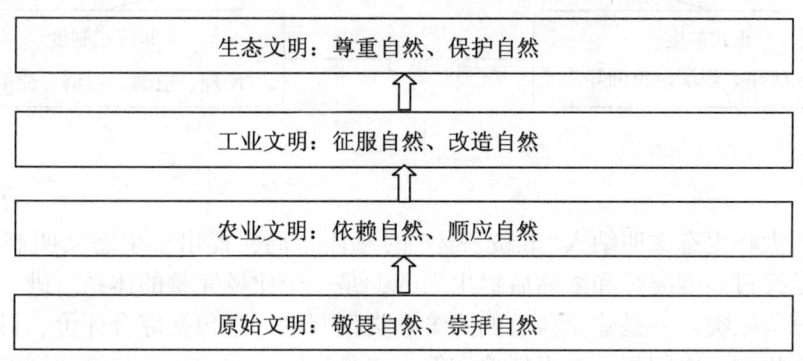

图 1

作为一种社会形态,生态文明是相对于原始文明、农业文明、工业文明而言的,它的内涵十分丰富,包括生态文化、生态产业、生态消费、生态环境、生态资源、生态科技和生态制度等诸多因素。生态文化承担引领功能,引领人与自然、人与社会、人与人和谐发展;生态产业、生态消费、生态环境和生态资源是四大支柱,生态科技和生态制度是保障条件,其中生态制度在生态文明建设中具有本源性意义,属于根本性保障(见图2)。

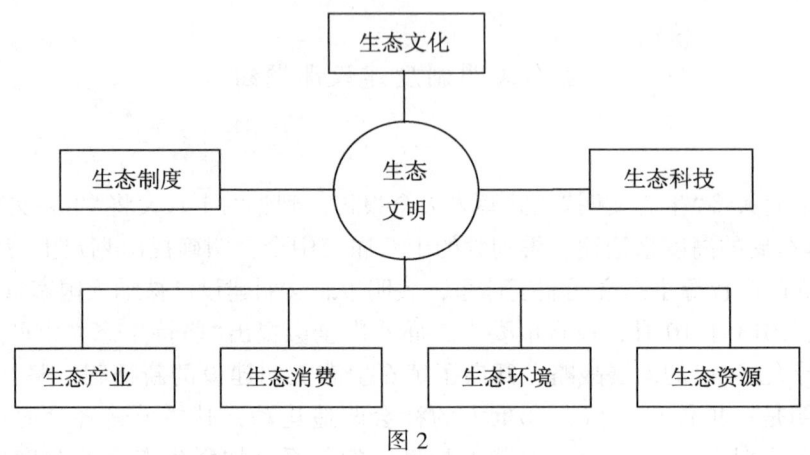

图 2

生态文明制度是指在全社会制定或形成的一切有利于支持、推动和保障生态文明建设的各项指导性、规范性、约束性规定和准则的总和,其表现形式分正式制度(原则、法律、规章、条例等)和非正式制度(伦理、道德、习俗、惯例等),前者普遍带有强制力,又被称为"硬性制度"或"显性制度";后者则主要通过内生自律意识而产生作用,通常被称为"软性制度"或"隐性制度"。生态文明制度正是通过"一硬一软"和"一显一隐"两种方式对调节人对自然的行为,以达到提高生态文明水平的目的(见图3)。

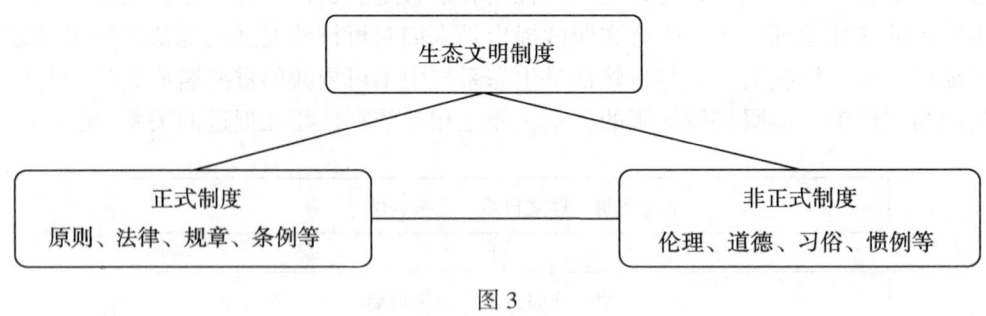

图 3

党的十八大将生态文明纳入"五位一体"的总体布局,提出了生态文明制度建设的主要任务,这是经过高度凝练和浓缩后提出来的,是一个比较完整的体系。进一步分析,我们可以大致分为三类:一是建立科学的决策和责任制度,这包括综合评价、目标体系、考核办法、奖惩机制、空间规划、责任追究等;二是建立有效的执行和管理制度,包括管理制度、有偿使用、赔偿补偿、市场交易、执法监管等;三是建立内化的道德和自律制度,包括宣传教育、生态意识、合理消费、良好风气等。这三类任务适用于耕地保护、水资源保护、环境保护等多个领域,由此,可以得到一个生态文明制度的矩阵(见表1):

表1

类别	决策和责任制度	执行和管理制度	道德和自律制度
土地保护	综合评价 目标体系 考核办法 奖惩机制 空间规划 责任追究	管理制度 有偿使用 赔偿补偿 市场交易 执法监管	宣传教育 生态意识 合理消费 良好风气
水资源保护	^	^	^
环境保护	^	^	^

这三类任务互相支撑、协调推进,共同成为生态文明建设水平的重要标志。在现实的建设生态文明实践中,生态文明制度可能比这些更加具体和丰富,是一个因地制宜、具有活力的制度体系。

二、生态文明制度建设的必要性和重要性

生态文明制度使生态文明建设有据可依、有章可循,是生态文明建设的内在要求和坚实保障,具有重大现实意义和深远作用。就当前我市经济社会发展的实际而言,长期的资源豪取给城市生态带来了深重灾难,走生态发展之路、推进生态文明制度建设已刻不容缓。

(一)从自然意义上看

黄石因矿建厂、因企建市,采矿经济贯穿了黄石几千年发展历程,为这座城市带来了繁荣,也造成了巨大的生态破坏,资源枯竭、环境污染以及由之引发的社会问题层出不穷,已然成为制约黄石经济社会发展的重大瓶颈。

1. 资源约束趋紧

一是我市产业结构不合理,"重重轻轻"导致能源消耗大,且能源利用效率低。2012年我市工业占GDP比重达到55.9%,重工业在工业中的比重达到89.3%,六大高耗能产业占重工业的60.5%,高出全省23.5百分点,高出全国35个百分点;万元GDP综合能耗1.5,是全省平均水平的1.7倍、全国平均水平的3倍。二是地狭人稠,人均耕地严重不足。2012年全市人均耕地0.69亩,是全省1.14亩的60.5%,是全国1.4亩的49.3%。三是虽然我市水资源较为丰富,但利用效率不高。2012年我市万元GDP用水量145立方米,高出全省和全国平均水平16立方米;万元工业增加值用水量162立方米,高出全省平均水平47立方米,高出全国平均水平84立方米(见图4)。

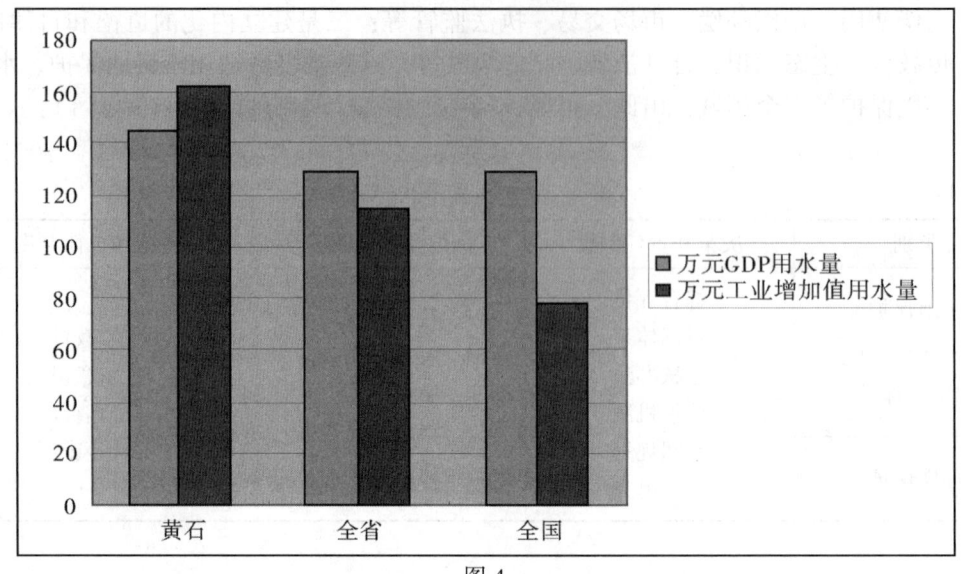

图 4

2. 环境污染严重

一是大气污染严重。2012年废气中的主要污染物二氧化硫、氮氧化物、烟(粉)尘排放量分别为8.75万吨、6.19万吨、2.36万吨,尽管我市空气质量达到或优于国家二级标准天数连续五年达到310天以上,但接近三级标准(轻度污染)的天数还不少,大气灰霾仍有发生,防治难度进一步加大,结构性煤烟型污染依然是制约我市环境质量改善的"瓶颈"因素。二是水污染严重。2012年全市废水排放量1.484亿吨,磁湖水质Ⅲ类水质达标率为87.3%,呈中度营养化特征;大冶湖内湖水质为劣Ⅴ类,水质略呈现有机物污染和富营养化特征趋势。据统计,大冶有色冶炼厂每日向大冶铁金港至三里七湖排放废水2000多吨,废水中镉的年排放量近0.5吨,还有大量汞、砷、铜等危险废物,目前该水体为劣Ⅴ类,已基本丧失水体功能。三是垃圾污染严重。2012年全市工业固体废物产生量1424.54万吨,危险废物产生量7.01万吨,黄石城区每年产生的建筑垃圾近400万立方米,大量建筑垃圾被拉到了郊区、鄂黄交界地带随意偷倒、乱倒,黄石正面临"建筑垃圾围城"的城市之殇(见表2)。

表2　　　　　　　　　　　　**2012年黄石市环境等指标情况**

指　标	黄　石	全省总量	占　比
GDP总量	1040亿元	22250.16亿元	4.67%
常住人口	244.07万	5779万	4.22%
版图面积	4583平方公里	18.59万平方公里	2.4%
二氧化硫排放量	8.75万吨	129.63万吨	6.75%
废水排放量	1.48万吨	29.02万吨	5.11%
工业固体废物生产量	1424.54万吨	7610.94万吨	18.7%

3. 社会问题突出

一是污染投诉日益增加,因环保问题而引发的群体性事件时有发生,环境问题正逐步成为影响社会稳定的重要因素之一。例如2012年大王镇砷中毒事件,群众大规模聚集,引发群体性事件,造成了严重恶劣影响。二是大规模开矿导致形成采空区486万立方米,地质灾害隐患489处;因地表破坏形成泥石流5000余万立方米,破坏农田2.48万亩;矿区周边因采矿毁损房屋2263间,房屋受到严重影响的4万余间,受威胁居民30多万人,潜在经济损失约60亿元(见图5)。

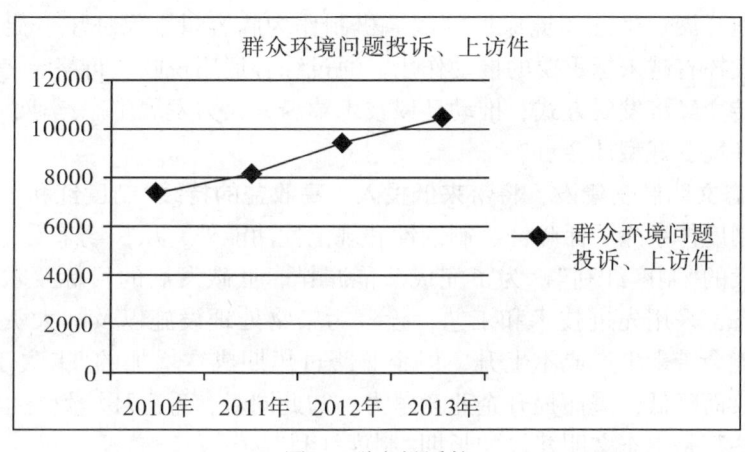

图5 群众投诉件

因此,如果我们不加快产业结构调整,不转变经济发展方式,那么资源支撑不住,环境容纳不下,社会承受不起,黄石经济社会发展就难以为继。发展生态文明之路是黄石经济社会发展的必由之路,全面推进生态文明制度建设也是黄石转型发展的题中应有之义。

(二)从社会意义上讲

党的十八届三中全会提出了"用制度保护生态环境"的明确要求,这为深化生态文明体制改革指明了清晰路径,只有不断加强生态文明制度建设,在体制机制完善上取得突破性进展,生态文明建设才能具化为全社会的自觉行动。

1. 推进生态文明制度建设,是实现生态文明理念向实践转化的重要保障

随着生态文明建设的大力宣传,"绿色决定生死"、"绿水青山就是金山银山"等理念逐渐被人们所接受,注重生态、绿色环保已悄然转化为人们一种思维方式和意识常态。但倘若只有参差不齐的公众环保意识,而缺乏行之有效的制度保障,生态文明建设就会执行失范、推进乏力,久而久之,必将沦为"一纸空文"。推进生态文明制度建设,通过法制的强制力和道德的引导力,规范人们的生产生活行为,为环保理念上紧行动发条,推动生态文明建设由理念向实践转化。

2. 推进生态文明制度建设,是实现建设"美丽黄石"的坚实基础

"美丽黄石"是黄石生态文明建设基础上环境美、社会美、人文美的综合,建设美丽黄石的本质在于人与自然和谐基础上更好更快地发展。而实现人与自然和谐相处，则需要建立一整套务实管用的生态文明制度体系，来调节人对自然的行为，使之由肆意掠夺转化为合理开发，由大肆污染转化为循环低碳，变无序为有序，变破坏为保护，不断提高环境优化率、社会和谐度、群众幸福感。推进生态文明制度建设，在实践中不断总结经验，将经验上升为美丽黄石建设的制度规范，为实现加快转型发展奠定坚实基础。

3. 推进生态文明制度建设，是倒逼黄石产业转型升级和发展方式转变的强大动力

环境问题的产生，是经济、社会发展的阶段性伴生产物，因此，环境问题从本质上讲，还是发展问题。当前，全市在科学发展观的指导下，加快推进产业升级和发展方式转变正如火如荼地开展。生态环境保护的倒逼机制作为腾容量、保环境、促发展的重要抓手，正在其中发挥着越来越重要的推动作用。通过综合运用税收、价格、考核、奖惩等生态机制，逐步转变经济发展方式，推动环保技术革新，大力发展生态产业，加快建成黄石资源节约型、环境友好型社会。

4. 加强生态文明制度建设，将带来低投入、高收益的持续"制度红利"

生态文明制度体系除了保障性、制约性和规范性功能外，从长期来看，还可以形成推动生态文明建设的"制度红利"。为了完成节能减排、低碳发展的目标要求，企业往往需要更新生产设备，采用先进技术和工艺，投资污染物处理设施以及加大资源环境管理力度，短期内可能会带来生产成本上升，但企业跨过短期成本增加的"卡夫丁峡"后，长期生产经营成本反而降低，进而提升企业竞争力。与此同时，生态环境效益也在这一过程中逐步显现，这些都是生态文明建设的长期"制度红利"。

5. 加强生态文明制度建设，是满足人民群众对良好的生存环境诉求的积极回应

当前，由于环境状况总体恶化的趋势尚未得到根本遏制，而随着生活水平的不断提高，人民群众对良好生活环境的要求越来越高，这就使得环境现状与人们不断提高的环境诉求之间矛盾日益突出，职业病、地方病、群体性上访不断，环境问题已然成为威胁人体健康、公共安全和社会稳定的重要因素之一。要破解这一困局，只有通过制度建设，为人民群众的环境诉求提供制度化解决途径，才能真正保障人民群众的环境权益，切实维护社会和谐稳定。

三、我市生态文明制度建设存在的主要问题

十八届三中全会提出，"建设生态文明，必须建立系统完整的生态文明制度体系，实行最严格的源头保护机制、损害赔偿机制、责任追究制度，完善环境治理和生态修复制度，用制度保护生态环境"。我市虽然在生态文明制度建设上进行了许多有益探索，尤其是在工矿废弃地利用、五小企业整治等方面取得了长足进步，但现实中仍存在诸多制度障碍和管理盲区，严重阻碍了黄石生态文明建设进程。

（一）源头防范不严密

一是环境产权不明晰，目前我市自然赋予的空气、河流、山地等自然资源产权不明，产权不明导致责任不清，责任不清导致环保不力，容易引发"公地悲剧"。二是环保决策

不科学，环境保护与经济发展综合决策机制不完善，在发展实践中存在"重经济轻环保"的现象，环保部门与经济部门相互合作与制约机制不强。同时，由于政府决策咨询机制不完善，部分政策的出台没有经过充分的论证咨询、利益博弈、听取意见和酝酿共识，导致党员干部群众对决策不理解，执行落实过程出现"扯皮"、"推诿"现象。三是我市公众参与生态文明建设的程序、途径、方式不明确，公众参与程度不高，参与领域狭窄，尤其是对政府环境决策参与较少，话语权缺失。例如在一些基层政府招商引资项目环评中，公众制度化参与渠道不畅通，信息透明度不高，公众的环境利益诉求得不到政府部门及时回馈，导致项目环评走过场，起不到有效遏制污染的作用。

（二）监督管理不到位

一是环境执法成本高、违法成本低，排污收费和超标排污罚款过低。我市排污收费标准普遍低于治理成本，违反了"排污费标准应当高于治理成本"的环境经济学原理。对于超标排污的违法行为，按规定只加收一倍缴纳排污费，许多企业宁愿缴纳排污费，取得合法的排污权，也不愿意投资建处理设施，甚至部分企业建了处理设施也不运行。二是有法不依、执法不严、违法不究，是环境突发事件频发、环境污染严重的主要原因。有些环境监管人员在执法时流于形式，执法行为不规范。有些地方保护主义严重，政府甚至成为企业环境违法行为的保护伞。一些地方环保部门不能正确对待上级的行政处罚，在处理检查发现的问题中，有的地方环保部门不是积极配合，而是说情保护或抢先处罚。

（三）考核机制不科学

在当前的政绩考核体系中，经济发展指标所占比重过大，许多部门和地方政府以GDP为主导的发展观仍然没有从根本上改变。不少地方为抓"政绩"，片面追求GDP增长率，导致经济发展方式粗放、资源消耗高、利用效率低，造成严重的环境污染问题。这种重经济发展轻环境保护的发展观已经严重阻碍了资源节约、环境友好和生态建设工作的开展。有的地方甚至出台有悖于环境保护法律法规的"土政策"、"土规定"，干扰和限制环境执法。有的地方领导为了追求短期的经济效益，要求环保部门对严重污染水体的违法项目开绿灯等。干部选拔考核环保指标权重过低，在现行的党政干部考核体系中，共包括3大方面17项内容，其中环保只占1项，对党员干部重视环保缺乏有效引导。

（四）行政体制不顺畅

一是资源、环境和生态管理部门职能分工不合理。我市资源管理、环境保护分属不同部门主管，生态保护职能分散在许多部门，由于资源、环境、生态之间存在着不可分割的联系，加之部门之间协调、合作较难，这种分散管理模式存在诸多弊端。二是区域、流域环境管理体制亟待改革。我市跨区域的环境合作刚开始起步，由于地区之间的合作缺乏法制依据，也缺乏有效的议事程序和争端解决办法，致使解决跨区域环境问题困难重重，尤其体现在流域水污染防治方面。三是由于环境立法中对部门之间职责范围规定不清晰，导致环保执法机构行政自由裁量空间过大，权责不清，工作中经常出现相互扯皮"打篮球"、互相推诿"踢足球"的现象，严重影响了环境法律的执行。

(五) 补偿机制不完善

由于环境产权界定不清，利益主体不明，再加上支持资金严重不足、补偿标准低且缺乏可持续性，我市生态补偿机制尚不完善。一是生态补偿的融资渠道和主体单一，主要依靠政府的转移支付和专项基金两种方式。转移支付中以纵向为主，即上级政府对下级政府的转移支付，跨行政区域的横向转移支付尚未建立，多元化补偿方式尚未形成。二是以部门为主导的生态补偿，责任主体不明确，缺乏明确的分工，管理职责交叉，在整治项目与资金投入上难以形成合力。三是生态补偿领域过窄、标准偏低，补偿资金来源渠道单一，以"项目工程"为主的补偿方式缺乏稳定性。四是现有涉及生态补偿的法律规定分散在多部法律之中，缺乏系统性和可操作性，保护者和受益者的权责落实不到位。

(六) 市场作用不明显

一是我市排污权、碳排放权等环保排放交易制度尚未建立，使得交易的合法性成为问题，交易后合法的排污量难以界定，总量控制指标也难以确定。二是尚未开征专门的环境税，虽然目前税收体系中已经包含了与环境资源相关的税种，涉及交通燃油、供暖及加工燃料、机动车辆、自然资源、废弃物管理和污染排放等领域，但由于这些税种在制定之初并非以环境保护为目的，各种税收之间缺乏协调性，弱化了截污减排作用。三是有利于资源节约、环境保护的价格体系尚未形成，资源性产品价格形成机制不顺；从价格体系看，再生资源价格高于初始资源价格，导致企业缺乏进行资源再生、循环利用的动力；废弃物处理成本高于排放成本，导致许多企业宁愿缴纳排污费也不愿意治理污染物。

(七) 法制配套不及时

目前，一些环境保护方面的法规是在20世纪80至90年代制定的，当时国家和社会层面的可持续发展理念尚未形成，多是应急立法，工具性色彩浓。如《中华人民共和国环境保护法》1989年颁布，一些条规陈旧，已经跟不上时代的发展。又如当前电子、饮料等废弃物剧增，却没有制定相关回收法，只在《中华人民共和国循环经济促进法》(2009年1月实施) 第十五条比较笼统地做了规定，缺乏可操作性。对造成严重后果的违法行为，《水污染防治法》和《固体污染防治法》规定的罚款最高限额为100万元，《大气污染防治法》规定罚款的最高限额为50万元，相对于大公司这样的处罚数额太轻，既不能与违法行为给社会带来危害性相适应，也远远低于行为主体从其违法行为中所获得的收益。

(八) 创新激励不健全

目前我市生态文明技术支撑体系尚未建立，有利于生态文明建设的财税、投融资政策还不完善，政府对环保技术创新缺乏有效激励措施，知识产权保护力度不足，环保创新技术人才短缺，校企合作技术研发范围有限，技术成果产业转化率较低，企业和公众对环保技术创新积极性不高，导致环保技术创新速度较慢。

四、加强我市生态文明制度建设意见建议

生态文明建设制度是一项庞大的系统工程，结合我市实际，将重点从组织推进、政策引领、源头严控、过程严管、后果严惩、文化渗透六个方面推进生态文明制度建设，全面构建起系统完备、科学规范、运行高效的制度体系，加快我市生态文明建设步伐。

（一）组织推进

通过建立健全领导、协调、参与机制，形成生态文明建设的强大合力，确保黄石生态文明建设扎实有效推进。

1. 建立健全组织领导机制

一是按照高规格、跨部门、全覆盖的要求，结合市全面深化改革领导小组建构，成立黄石市生态文明建设领导小组。领导小组下辖生态目标建设、生态安全保障等领导专班，每个专班由1至2名市领导担任牵头负责，并明确若干名参与领导、牵头单位和配合部门。各县市（区）成立领导小组及其办公室，市直部门单位成立工作协调机构，各乡镇成立工作专班，全市形成分级管理、相互协调、上下联动的工作领导体制和运行机制。二是按照大员领衔、各司其职、扁平高效的要求，设立领导小组办公室。办公室主任由1名市委常委兼任，设副主任若干名，从相关单位抽调精干力量，组建综合协调、考评考核、督办检查、新闻宣传4个工作小组，扎实开展好各项日常工作。

2. 建立健全责任推进机制

一是把生态文明建设贯穿于经济社会发展的全过程，明确各级党委、政府和部门负责同志为生态文明建设第一负责人，建立与政府目标管理相结合的生态目标管理责任体系，做好各项目标任务的分解工作。按照目标项目化、项目工程化、工程方案化的要求，制定全市年度生态文明建设工作方案，明确工作目标、工作重点、具体措施和完成时限，确保任务落到实处。二是推行定期例会和不定期协调会议制度，研究解决生态建设工作推进过程中的重大问题。实行重要事项督办制度，对重大事宜和重大问题，明确到牵头领导、责任单位和具体人头。推行"五个一"工作制度（一名领导挂帅、一名秘书长协调、一个单位牵头负责、一个工作专班落实、一周一督办），倒排工期，按周调度，确保各项重点工作顺利推进。三是建立环保综合执法队伍，降低执法成本，提高执法效率，加大环境违法监督查处力度。

3. 建立健全公众参与机制

一要建立生态环境建设的信息披露制度。维护对生态环境建设的知情权，是社会公众参与生态文明建设的基本前提。政府相关部门应定期通过政府公报、新闻媒介等形式公开生态环境信息。建立和完善企业的环境信息披露制度，企业排污设立展示牌，实施电子动态监控。二要发挥社会组织的积极作用。创新社会管理，培育和发展政社分离、权责明确、依法自治的生态环境保护类社会组织，将其作为公众参与生态文明建设的重要力量。三要畅通公众参与生态文明建设的渠道。设立生态环境保护的投诉机构，鼓励社会公众对生态环境违法行为的监督。在学校、社区开展丰富多彩的生态文明建设主题实践活动，增

强公众参与生态文明建设的有序性。

(二) 政策引领

通过激励政策导向，整合社会各类资源，调动社会各界力量，为黄石坚持生态立市、产业强市提供强大动力。

1. 建立健全财税扶持机制

一是创新财政投入方式。形成制度化的生态环保财政投入预算保障机制，确保环保支出与GDP、财政收入同步增长。整合全市用于农业、工业、服务业发展、招商引资和生态环境保护和相关资金，实行集中管理，用于生态建设和产业转型发展。二是制定绿色产业税收优惠政策。定期公布生态产业、环境保护与生态建设优先项目目录，以及禁止、限制发展的产业和项目目录，积极实施再生资源综合利用企业退税政策，鼓励循环产业、生态产业发展。三是调整财政转移支付结构。在大冶湖生态新区设立资源环境专项转移支付资金，开展转移支付资金、专项拨款、财政贴息、企业扶助资金等试点工作，推行生态建设和企业节能减排绩效挂钩政策，分类制定奖励返还等优惠政策。四是创新财政公共支出方式。发挥政府采购政策的带动功能，采取以奖代补、财政贴息等方式，加快形成绿色公共支出模式。

2. 建立健全激励考核机制

一是划拨专项资金设立生态文明建设考核奖，定期奖励表彰一批模范集体和先进个人。开展生态环保模范基层单位创建活动并进行奖励。设立专项引导资金，对重点项目、重点产业、重点工程实行"以奖代补"政策，对注重生态环保的企业进行奖励。二是把生态文明建设纳入各级领导班子和领导干部综合考评考核体系中，作为领导班子和领导干部年度考核、日常考核、任期考核、换届考核、届中考核的重要内容。按照分层分类要求，科学制定生态文明建设考核办法和考核指标。注重考评结果的转化运用，把考评结果与财政转移支付、生态补偿等资金安排及评先评优、干部任免等有机挂钩，努力实现"事业第一、注重生态、执行力强"的用人导向。

3. 建立健全科技服务机制

一是推进生态科技平台建设。举办生态环境科技成果博览会、科技招商会，建立生态环境科技项目交易市场，促进科技成果转化。组建一批具有一定规模的环境污染治理公司，提供污染治理的社会化、专业化服务。二是实施生态保护治理科技专项。针对地质灾害防治、工矿废弃地复垦、工业污水废水、烟尘排放、大气污染等治理工程，循环经济园区、生态农业示范区、生态林地保育区、生态湿地和水源保护区等建设工程中的突出技术问题实施科技攻关专项，扶持发展循环工业、低碳产业、节能产业、生态农业和林业。三是完善激励措施。建立生态科技奖励基金，鼓励黑色、有色、建材、化工等资源型产业开发各类新技术、淘汰落后产能。以专项资金补助方式，支持生物技术、农副产品深加工技术、资源综合利用技术、能源节约技术、环保技术、先进制造技术、信息技术等领域的技术攻关。明确科技含量高的生态产业项目和有利于改革生态环境的适用技术，给予其享受高技术产业和先进技术的有关优惠政策。

4. 建立健全资源配置机制

一是发挥市场在资源配置的决定作用。建立差别化价格形成机制，推行阶梯式水价、电价、气价制度。坚持集中处置收费制度，完善污水粉尘处理、废物垃圾处置的市场运作办法。二是创新土地管理方式。强化土地产出考核，确保单位工业用地产值达到规定标准。对战略性新兴产业项目、传统产业生态化改造项目、接续替代产业环保项目、生态农业项目、现代服务业项目，实行优先供地政策。对"两高一资"（高污染、高耗能、资源性）项目，实行从严控制供地政策。三是合理开发利用矿产资源。严格落实矿产资源开发利用规划，规范矿山准入和退出。建立健全矿山企业开采回采率、采矿贫化率和选矿回收率考核体系，加强矿产资源开发利用的监督管理。

5. 建立健全多元投融资机制

一是构建多元化资金投入体系。建立稳定的生态产业投资基金，带动和引导社会力量和民间资本向生态产业聚集。探索发行生态环保性债券和生态环保彩票，募集社会资金。引进战略投资者、各类金融机构资本投入，推动生态建设和环境保护工程的社会化运作。二是建立新型城镇化投融资平台。成立环大冶湖投融资平台。成立环大冶湖投资开发公司，创新运营模式，以优质资源回报率提高融资水平，充分发挥融资平台在建设生态新区中的支撑作用。三是建立环境强制责任保险试点工作，提高企业防范环保风险的能力。

（三）源头严防

保护生态环境，首先应从源头抓起，按照最严格的原则，建立源头严防的有效机制，有效防范生态破坏和环境污染。

1. 建立健全科学决策机制

一是将生态文明建设纳入黄石经济社会发展总体规划，积极推进政策环评、战略环评和规划环评，建立环境与发展综合决策机制。在城市规划、能源资源开发利用、产业布局、土地开发和重大项目招商引资等重大决策过程中，优先考虑环境影响和生态效益，对可能产生重大环境影响的事项，行使环保"一票否决"制度。二是对涉及影响群众环境权益的重大事项，严格执行集体决策、社情民意反映、专家咨询、环境评价、责任追究等制度。完善环境信息发布和重大项目公示、听证制度，吸引公众积极参与、献言献策，对造成生态环境损害的重大决策失误，实行问题追溯和责任终生追究制度。

2. 建立健全生态补偿机制

一是探索多元化生态补偿方式。积极争取国家矿产资源开发和水环境保护生态补偿试点，探索转移支付、对口支援、专项补贴、异地开发等多种生态补偿制度，逐步在饮用水水源地保护区、自然保护区、重要生态功能区、矿产资源开发区、水环境保护领域实行生态补偿，探索工矿废弃地生态补偿机制。二是加强资源费征收使用和管理。完善水、土地、矿产、森林、环境等各种资源费的征收使用管理办法，加大资源费用于生态补偿的比重。三是探索市场化生态补偿模式。建立水资源取用权出让、转让和租赁的交易机制。建立区域内污染物排放指标有偿分配机制，提高污水处理和排污收费标准，逐步推行政府管制下的排污权交易。健全矿山治理备用金制度，建立完善探矿采矿权有偿出让制度。四是大力实施退耕还林、还湖制度，引导山区、湖区居民积极发展林家乐、农家乐、渔家乐等第三产业，引导矿区矿工发展规模种植、特色手工艺等绿色产业，有效减轻区域环境承载压力。

3. 建立健全市场准入机制

一是实行新建产业项目评估和遴选准入机制。按照"绿色低碳、创新驱动"的思路，对新投资项目全面推行合同能源管理，严格执行技能环保准入制度，加强用地节能责任考核。坚持"生态项目、绿色通道"的思路，落实国家节能环保、资源综合利用等绿色税收优惠政策，对符合转型发展和生态要求的新兴产业在产业税收、用地、信贷、证明办理等方面给予更多支持。二是加快落后产能淘汰退出。发挥市场对生态环保和资源供求的引导作用，完善差别化能源价格制度，加快淘汰高能耗、高排放的产能和技术。继续抓好"五小"企业整治工作，避免各类污染型企业和落后工艺向城郊和农村转移，综合运用经济、行政、法律等手段推动传统型产业转型升级，达到节能环保标准。

（四）过程严管

通过完善国土开发、综合执法、全方位监督机制，加强企业生产过程监管，着力提高环保执法效率和水平。

1. 建立健全国土监保机制

一是实施国土空间开发规划制度，制定黄石市中长期的《国土空间开发规划纲要》，发挥其对国土空间开发利用各类专项规划的统筹协调和综合调控功能，使国土空间开发始终处在规划控制的范围内。二是根据在耕地保护、水资源保护和环境保护方面的实践经验，积极借鉴国外的先进做法，加强制度创新，完善严格的耕地保护制度、水资源管理制度和环境保护制度。三是加强重金属土壤污染防治工作，从严查处未批先建、未执行环保"三同时"、采用淘汰生产工艺、重金属污染物超标排放等环境隐患问题突出的企业，全面实施重金属排放企业环境监督员制度，加强对企业的污染防治、监督和检查。

2. 建立健全综合执法机制

一是推进生态环境执法司法体制改革。整合公安、环保、规划、国土、农业、水利水产、林业等相关部门监督执法机构和力量进行，组建跨部门的综合执法队伍。构建市、县、乡、村四级环境执法监管网络，探索在法院、检察院分别设立生态环境保护法庭、生态环境检查处，完善生态环境保护司法体系。二是强化法制保障。完善生态环境保护法律法规的相关配套规定和实施细则，有效遏制选择性执法、自由量裁权过大、以罚代管等现象。修订与环境保护、可持续发展战略不相符的规章制度和实施细则，适应污染整治和环境保护的现实需要。完善环境污染损害赔偿制度和环境公益诉讼制度。三是建立完善预警查处体系。建立健全生态环境监测应急网络，统一监测技术规范和标准，实现对生态环境的全天候监测、信息共享、及时预警、快速反应。突出长江流域黄石段、磁湖、大冶湖等重要水源涵养区和生态敏感区，加强对重金属污染物排放企业以及化工、造纸等重点污染行业的企业的环境执法监管，依法从严查处破坏生态、污染环境、危害食品安全等案件。四是规范环境执法程序，建立环境案件审核、环境执法公开等制度，保证环境执法的客观、公正、快速、高效。

3. 建立健全全面监督机制

一是加强行政效能监察。加强对生态文明发展战略和决策部署的行政监察，重点督促生态环境建设的相关责任部门抓落实、抓执行，确保政令畅通。对工作开展不力、人民群众不满意、反映问题较多的地方和部门实行重点督办、挂牌督办。对违法执法、执法不公、徇私枉法等违法违规行为实行从严查处。二是推进社会公众监督。实行生态环境信息公开和企业生态环境信息披露制度，保障公民的知情权，落实公民在环境保护中的知情权、参与权、表达权和监督权，鼓励公民个体、社会团体和各类社会组织参与生态环境保护工作。开通生态环境保护投诉热线、破坏环境行为曝光台、生态电视问政等平台，充分发挥新闻媒体的舆论监督作用，深入开展生态文明宣传教育，增强全民节约意识、环保意识、生态意识，营造保护生态环境的良好氛围。三是强化人大、政协民主监督，充分发挥人大立法决议和政协参政议政的作用，把生态文明建设中的好做法、好经验以法规、决议等形式固定下来。积极开展专题询问、质询、执法检查，督促相关地区和单位切实履行生态文明建设职责。发挥人大代表、政协委员作用，履行生态环境提案议案职责，做好相关提案议案的督办落实工作。

（五）后果严惩

通过建立严格追责和从重处罚制度，使企业和个人不敢轻易环境违法，扭转执法成本高、违法成本低的不利局面。

1. 建立健全损坏赔偿机制

一是加紧进行环境损害赔偿制度的理论研究和现实调研，做好顶层设计，解决好基本的理论问题与操作政策，为健全环境损害赔偿制度奠定必要的理论和政策基础。二是不断加强环境损害赔偿的立法，整合分散在不同法律法规的环境损害赔偿规定，制定专门性的《环境损害赔偿法》，界定环境损害赔偿的范围、标准以及赔偿程序等，增强可操作性。三是健全环境损害赔偿的纠纷解决机制，形成民事和解、行政调解、司法诉讼相结合的纠纷解决机制。四是探索建立环境损害赔偿的公益诉讼制度，在法院设立专门性的环境损害赔偿审判庭。五是加强环境损害评估机构和评估队伍建设，建立环境损害司法鉴定专业评估机构，出台环境损害评估技术规范文件，加强环境损害鉴定与评估队伍的专业培训，建设一支职业化的环境损害评估专业队伍。

2. 建立健全责任追究机制

一是明确生态环境保护的责任主体，按照生态环境保护权责相统一原则，将生态环境保护责任落实到承担领导和管理责任的政府部门及其官员，承担保护责任的企事业单位和公民个人等。二是明确承担生态环境保护的责任形式，构建包括政治责任、民事责任、行政责任和刑事责任在内的严密责任体系，让对生态环境造成损害的责任主体承担不利的后果。三是建立完备的责任台账制度、重大生态环境保护事故责任追踪溯源制度和危险废物污染责任终身追究制度，形成包括行政监察部门、司法机关和社会舆论等多点发力的环保责任追究启动机制。四是把生态文明建设纳入干部考评的重要内容，实施"绿色约谈"，对落实生态文明建设部署不到位、落实不力，视情况进行通报批评或予以组织调整。对因乱作为、不作为、慢作为的，要严格追究相关责任人的责任，对造成重大生态责任事故的进行"一票否决"。

3. 建立健全违法严惩机制

一是按"排污费标准高于治理成本"的原则提高收费标准,对违法超标排污行为实行按照超标的倍数加倍缴纳排污费的方法。二是大幅度提高违法行为的罚款额度,如对违反"环评"和"三同时"制度的行为,按照建设项目投资总额的一定比例,决定罚款数额,不设上限。三是创新环境违法行为的惩罚手段,如对于未经环评审批擅自开工建设、未经环保验收擅自投产使用、擅自闲置环保设施、超标排污、偷排污水等具有连续性的违法行为,实行"按日计罚",上不封顶。

(六)文化渗透

大力发展生态文化,通过宣传教育、科学引导、文化重塑,营造良好氛围,将生态文明建设由法规强制转为行为自觉。

1. 建立健全宣传教育机制

一是丰富宣传教育的内容,将人类对生态环境规律认识的最新成果及时在全市普及,将成熟的低碳技术、有利于节约资源和保护环境的生产技术、生活技术等向全市推广。加大环境违法案件的曝光力度,教育广大干部群众以及各类市场主体自觉培养生态发展理念,通过研讨会、现场会、宣传读本等形式,不断提高党员领导干部的环境保护意识、转变经济发展观念,改变重税收轻环境、拼资源换发展的传统工业化老路,自觉推动绿色发展、循环发展、低碳发展。二是建立考察培训机制,每年明确一个环保相关部门到生态文明建设先行示范地区进行考察学习,及时汲取先进经验;定期开展生态文明建设培训班,全面加强生态文明建设的理论、实践指导。三是加强普法宣传,由环保、司法等部门牵头,利用传统传媒及现代电子信息技术,全方位、多角度宣传环保法律,普及环保知识,最大限度促使企业、群众知法、守法、护法,形成全面参与环境整治的良好氛围。四是充分利用我市新闻媒体优势,以身边环境污染案例开展典型宣传教育,促使业主规范生产经营行为,从源头上遏制污染环境行为的发生。

2. 建立健全绿色引导机制

一是倡导绿色生产方式,告别单一恋矿情结,转变高耗能、高耗资源、高排放的产业结构,建立低消耗、低排放的绿色产业体系。完善以生产管理、组织管理、核算制度、审计制度为主要内容的绿色管理制度,建立符合绿色发展要求的技术创新体系,把绿色、环保、安全的理念融入产品研发、生产、营销的各个环节,大力发展无污染、安全、优质的绿色产品。二是倡导低碳生活方式,以建设节约型社会为核心,通过各种方式引导公众调整传统的生活方式,提倡居民购买使用节能灯和节能家电,推行光盘行动,加大垃圾分类设施的投入力度,严格执行"限塑令",大力发展自行车租赁服务。三是倡导绿色办公方式,科学制定绿色消费产品采购指南,将绿色采购纳入政府采购管理办法,明确政府优先和强制采购的产品类别,指导政府机构采购节能环保产品。推动办公建筑节能监管体系建设,实行能耗统计与能源审计制度。

3. 建立健全生态文化机制

一是构建生态文化载体,加快建设一批展示黄石生态文化的公共场馆,作为宣传黄石生态文化的重要载体。积极开展园博会，通过系列生态文明创建活动不断增强生态文明建设氛围，提高群众参与度。二是丰富生态文化内涵，坚持把"生态为基、环保优先"作为黄石生态文化建设的鲜明导向，把生态文明的理念贯穿率先基本实现现代化的全过程。大力倡导和树立"尊重自然、顺应自然、保护自然"和"低碳、绿色、环保"的现代生态理念，使之融入到社会主义核心价值观体系，渗透到社会生产和人民生活的各个环节，成为大众自觉的文化意识。三是创新培育现代生态文化，立足本土文化根基，吸收外来文化精髓，培育具有黄石特色的现代生态文化。重点突出黄石山水文化、奇石文化的独特性，挖掘敬天和水的景观文化，突出"傍水而居、缘水而用、理水为景"的城市形态。

参考文献

[1] 张瑞. 我国生态文明的制度建构探析[J]. 自然辩证法研究，2010(8).

[2] 杨平. 着力加强生态文明制度建设[J]. 辽宁行政学院学报，2013(11).

[3] 胡守勇. 关于加强生态文明制度建设的14条建议[J]. 重庆社会科学，2012(12).

[4] 李宏伟. 战略保障：生态文明制度建设[J]. 中共云南省委党校学报，2014(1).

[5] 罗星汉，周锡文. 实施严格生态保护制度——遵义市生态文明体制机制改革探索与实践[J]. 当代贵州，2014(17).

[6] 江兴，张宁. 生态文明制度建设研究——以山西省安康市为例[J]. 山西行政学报，2014(1).

[7] 冷霜霜，刘永，陈峰. 黄石城市转型与发展模式研究[J]. 黄石理工学院学报，2011(6).

构建黄石市医养结合养老服务体系研究

於军兰　周文萍　张　杰　李京鹤　刘　强
张　鹰　涂香林　王　艳　周　琴

养老服务是许多国家应对人口老龄化过程中面临的普遍问题。发展养老服务业是关系民生的重要战略性问题，对构建社会主义和谐社会具有重要的意义。2013年9月6日，国务院办公厅颁布《国务院关于加快发展养老服务业的若干意见》（国发〔2013〕35号），出台了一系列鼓励和扶持发展养老服务业的政策，提出"积极推进医疗卫生与养老服务相结合"、"要探索医疗机构与养老机构合作新模式"。"医养结合"是一种有病治病、无病疗养，医和养相结合的新型护理模式[1]。有研究显示[2]：实施医养结合可以提高老年慢性病患者的日常生活能力，降低再住院率，节省医疗资源，减轻家属负担，增强老年患者的安全感。

在我国，养老服务由民政部门组织实施，医疗保健服务由卫生部门管理部门监管，但长期照护服务没有明确的部门组织实施。医养结合型长期照护的发展模式仍处于探索阶段[3]。本研究对黄石市医养结合养老服务体系进行了调查，分析现状和不足，查阅相关资料，综合专家意见，对构建和完善黄石市医养结合养老服务体系提出了建议。

一、黄石市医养结合服务的需求和供给情况

（一）黄石市医养结合养老服务的需求情况

据统计部门初步预测，到"十二五"末期，黄石市60周岁以上老年人口将达到38.95万人，与2010年末第六次人口普查时的29.53万人相比，净增9.42万人，老年人口5年净增量将达到"十五"、"十一五"10年净增量的总和。[4] 市民政局关于我市老年人口的统计数据见表1。

---

[1] 吴宏洛. 论医疗保险制度设计对失能老人的救助功能 基于医养结合长期照护模式的考察[J]. 福建师范大学学报（哲学社会科学版），2014，2(185)：24.

[2] 吴园秀，罗铁娇，罗文华. 老年慢性病患者实施医养结合的实践与效果[J]. 现代医院，2014，14(3)：149.

[3] 于卫华，林丹，陈雪羚. 医养结合型长期照护的研究现状[J]. 中国护理管理，2013，13(4)：93.

[4] 戈丽娜. 黄石养老服务进入"加速度"[EB/OL]. http://www.cncaprc.gov.cn/difang/43181.jhtml. 2014-02-24/2014-07-24.

表1　黄石市老年人口人数及比例

年度	60岁以上老年人口数	老年人口占常住人口的比例
2013	36.8万	15.05%
2015	38.9万	15.7%
2020	50万	20%

注：表中数据来源于市民政局，截至2013年12月。

作为一个老工业城市和劳务输出大市，我市三分之一以上的老人是空巢老人。目前城乡空巢、留守家庭接近50%；80岁以上高龄老人近4万；失能、半失能老年人5万[①]。我市人口呈现出老龄化、高龄化、空巢化"三化并存"的特点。

老年人对医疗服务的需求有一定的特点，一是患病率高，老年人患病明显高于全人群的患病率（老年患病率是全人群的3.2倍）[②]；二是对长期生活护理需求大。老年人患病多是衰老与疾病、老病与新病交互存在，往往多病并存，病情复杂、隐匿、多变，疗程长、预后差，对医疗、保健、护理、康复，特别是长期生活护理有特别需求。三是对于失能老人来说，医疗和养老很难分开。

一方面，由于人口老龄化，人口寿命普遍提高、长寿老人相对增多等原因，失能老人数量增多。另一方面，计划生育政策导致的家庭结构变化及养老观念的变化，靠子女来照顾失能老人、完成失能老人的医疗和养老存在困难。

（二）黄石市医养结合养老服务的供给情况

1. "三位一体"的养老服务格局已初步形成

黄石市初步形成了以居家养老为基础、社区养老为依托、机构养老为支撑的"三位一体"的养老服务格局，但养老服务业发展滞后于实际需求。[③] 在居家养老方面，已经于2013年4月开通了居家养老呼叫服务热线"12349"。[④] 在社区养老方面，在有条件的社区，为老年人提供托管照顾、午休餐饮、康复娱乐等日间照料服务，使老人在子女上班时能够得到照料，下班后能回家享受天伦之乐。[⑤] 在养老机构方面，目前全市共有国办、集体

---

① 李洁. 全国政协十二届二次会议开幕　黄石老人关注养老和医疗[EB/OL]. http://www.hsgd.net.cn/Article/HuangShiNews/shms/201403/20140304083540_185474.html. 2014-03-04/2014-07-24.

② 张立平. 把老年"医养结合"养老服务做成最美夕阳产业[J]. 中国老年学杂志, 2013, 33: 5496.

③ 陈慧. 郭远东调研黄石养老服务业，建议规划发展养老服务产业[EB/OL]. http://hbrb.cnhubei.com/HTML/ctsb/20131018/ctsb2176635.html. 2013-10-18/2014-07-24.

④ 湖北省民政厅信息. 湖北省黄石市居家养老呼叫服务热线"12349"正式开通[EB/OL]. http://www.mca.gov.cn/article/zwgk/dfxx/201304/20130400441651.shtml. 2013-4-9/2014-07-24.

⑤ 陈艳梅. "日间照料"成黄石养老新趋势　像上下班一样养老[EB/OL]. http://news.cnhubei.com/xw/hb/hs/201207/t2152918.shtml. 2012-7-19/2014-07-24.

(乡镇)办和民办养老机构64所,养老机构工作人员836人,具体见表2。全市每千名老年人机构养老服务床位21张。

表2　　　　　　　　　　　　黄石市养老机构情况

养老机构性质	机构个数（所）	占地面积（m²）	建筑面积（m²）	床位（张）	入住人数（人）	入住率（%）	工作人员（人）
国办	6	78207	34368	1012	642	63.4	180
集体办	35	574105	93948	2963	2116	71.4	295
民办	23	211846	103139	3757	1243	33.08	361
合计	64	864158	231455	7732	4001	51.75	836

注：表中数据来源于市民政局,截至2014年7月。

2. 老年人健康服务体系有待完善

黄石市目前已有的老年人健康服务机构有下面几种:

(1)综合健康服务机构。截至2013年年底,全市共有各级医疗卫生机构1126个,病床13220张,卫生人员19719人。每千人口病床数、执业医师数、注册护士数分别为5.4张、1.93人和2.82人。城区每5万人口设置1个社区卫生服务中心,每1万人口设置1个社区卫生服务站,农村每个乡镇有卫生院、村村有卫生室,医疗卫生服务网络已遍布我市城乡,老年人能就近得到方便快捷的综合医疗服务。

(2)老年病防治医院。2012年在5个城区(包括开发区)各确定了一所老年病防治定点医院,针对老年病共性致病因素,实施宣传、教育、咨询、普查、主动介入服务等综合干预措施。

(3)老年病专科。7家综合医疗机构设置了老年病科有床位341张、医护人员152名,住院6409人次。

(4)健康体检中心。全市一级以上医疗机构均转变健康服务模式,开展了健康体检业务,17所二级以上综合医院和市疾控中心还设置了体检中心。

(5)老年病防治研究所。在市二医院成立了黄石市老年病研究所,主要研究内科领域的各种老年病,并实施老年病流行病学调查工作,做好老年病的早期发现、诊断和治疗,开展老年心理学研究等。

3. 黄石市医养结合养老服务的实践形式

(1)在养老机构设立医疗服务点。如在市福利院设立医务室,提供驻点医疗卫生服务。该医务室占地面积340平方米,配备有内科医生4名,护理人员2名。2013年度门诊治疗4950人次,急诊治疗245人次。

(2)养老机构与医疗机构协作。针对养老机构入住老年人集中、外出就医不便的实际,一些医院变过去的"坐堂行医"为上门服务,加强与养老机构的协作,为机构养老年人提供签约健康服务。如市中医院与金山老年公寓签订分阶段健康服务协议,派驻医疗团队,配备医疗设备,为老年人提供健康咨询、专家定期巡诊、定期体检等服务。华新医院与南岳社区养老院签订自助医疗协议，60张床位一直供不应求。

（3）启动试点托管工作。黄石市于2014年4月启动试点工作，确定胜阳港社区卫生服务中心和澄月社区卫生服务中心为试点单位。胜阳港社区卫生服务中心已与磁湖春老年公寓、夕阳红老年公寓、青山干部老年公寓签约，共计管理服务300多名老年人。该中心在三个老年公寓配备健康宣传资料、健身理疗器材和医疗设备，每年开展一次免费体检，每季度开展一次义诊。并各选派一名护士驻点服务，随时对老年人进行健康教育、健身辅导和医疗护理服务，及时掌握、收集老年人健康信息并反馈。责任医生每周定期查房二次，专家人员对特殊老年人每月查房一次。

二、黄石市医养结合服务体系存在的不足

（一）医养结合服务供需不平衡，现有机构和服务形式无法满足需求

1. 医养结合性质的养老机构缺乏，并且是导致长期住院的原因之一

全市每千名老年人机构养老服务床位21张，离国家目标每千名老年人35~40张有一定差距。且护理院、康复医院等带有医养结合性质的养老机构缺乏。

现有的养老机构内设医疗机构的屈指可数，目前仅市福利院一家。规模较大的金山老年公寓因处于金山开发区，常住人口不多，位置相对较偏僻，同一区的医疗机构如市中心医院黄金山院区正在开发建设之中，预计2年后投入使用。金山老年公寓与市中医院签订了分阶段健康服务协议，因为入住人数不多，常年派驻医务人员定点服务收不抵支，一定程度上影响了医疗机构的积极性。

目前市直二级以上医院存在老年人长期滞留医院、挤占医院床位的现象。很多老年人长期以医院为家，将医院当成养老院，导致医院一床难求。按平均住院日10天计算，一张床位一年能收36.5位病人，而有的老年人住院时间长达几年。一位老年人住院一年平均影响了收住另外35位病人。

符美玲等[①]研究也发现，"长期住院"（住院时间超过30天）患者以老年慢性疾病患者以及肿瘤晚期患者多见。"长期住院"现象加重了医院医疗服务供需失衡，导致医疗机构床位紧张。长期住院者占用了有限的医疗资源，导致医疗资源利用不合理，不利于缓解"看病难、看病贵"问题。

建立具有养老和医疗服务功能的医养院，是今后养老服务业发展的重点。[②]

2. 城乡之间、不同性质的养老机构之间发展不平衡

在农村，受传统观念的影响，一般只有部分五保老人住进敬老院或福利院。由于农村敬老院经费紧张、养老管理水平较低、服务质量较差，闲置床位较多。在城区，一边是养老机构入住率不高，一边是不少老年人找不到地方养老。公家办的一般人进不去，私人办

---

① 符美玲，陈登菊，张伟等. 从长期住院研究谈构建"医养结合"照护体系的必要性[J]. 中国医院，2013，17（11）：21~23.
② 唐振兴. 对发展中国养老服务业的思考[J]. 老龄科学研究，2014，2（4）：19.

的费用又承担不起。① 大部分养老机构医疗设施简单,无法满足老年人的需求。

坚持人本理念及资源配置的公平、公正与效益目标,是照护服务体系构建的伦理原则②。因此,在完善养老服务体系中应充分考虑到不同地区的投入平衡。既要优化各项服务资源布局,又要逐步实现同城公共资源的共建共享。

(二) 对医养结合服务的支持保障力度不够

1. 医养结合配套的财政、土地规划等政策情况

在养老资金投入方面,落实了货币化养老服务补助投入、高龄老人生活津贴资金、城乡养老保险机制,2011—2013 年省级财政投入我市城区居家养老和福利机构营运建设资金 643 万元。市级财政对居家养老服务和养老机构床位补贴投入 250.67 万元。

在养老服务设施用地方面,近年来,我市养老服务设施用地使用新增建设用地较少,多是利用城区旧厂房、旧办公用房等发展养老业。我市虽然在养老服务设施用地政策方面进行了一些有益的探索,但收效甚微,存在的问题主要体现在:一是不少养老服务设施虽然地处城区,但由于用地限制,缺乏扩建或改造的余地,导致出现床位少、空间少、入住需排队的现象,远远不能满足市场需求。二是由于缺乏规划保障,许多养老服务设施不得不建在位置偏僻、交通不便的郊区,存在不同程度地入住率低、效益低等问题。三是民办养老服务项目以协议出让等有偿出让方式供地,导致土地取得成本过高,入住门槛也相应提高,而效益难以体现,影响了社会资本参与养老服务设施建设的积极性,从而影响了养老服务设施的供给。

根据湖北省推进服务于居家养老的医养结合工作的要求,相关场地由基层医疗卫生机构提供。但目前我市很多基层医疗卫生服务机构条件有限,无法确保符合要求的房屋和场地。

2. 养老机构的医疗护理能力欠缺,而优质医疗资源缺乏为养老机构提供医疗支持的动力

养老机构所属的医务室医疗水平低,且缺乏医保政策支持。养老护理人员劳动强度大,福利待遇低,就业吸引力有限,且在职称评定等方面无法享受与医疗机构人员同等待遇。人员不足、流失快与医疗水平低互为因果,形成恶性循环。而诊疗水平高、信誉好的医疗机构特别是三甲医院本身医疗资源紧张,诊疗任务重,加之医患关系紧张,诊疗存在医疗纠纷风险等原因,缺乏为养老机构提供医疗支持的动力。

(三) 从业人员的培训、资格准入有待完善

人社局利用现有的具有养老护理相关资质的就业培训定点机构,通过送培训班到社区、到家政公司开展实操演练等方式,开展养老护理等近 10 种专业的免费培训。在医养

---

① 郭晓丹. 民营养老机构入住率不足三成 [EB/OL]. http://www.hsdcw.com/HTML/2013-10-16/579021.HTM. 2013-10-16/2014-07-24.

② 况成云,邓平基,周尚成等. 基于伦理学视域的失能老人照护服务体系研究[J]. 医学与哲学,2013,31(480):42.

结合的人力资源方面，主要存在的问题是：

1. 择业观念陈旧导致从业人员紧缺

当前，一些人认为是"伺候人"的工作，觉得低人一等，大多数人怕受歧视，宁愿无事干也不愿意从事这方面的工作。这种具有普遍性歧视的观念，目前尚未随着社会经济发展而完全转变，导致陪护老人、病人方面呈现供不应求的现状，甚至出现"用工荒"。

2. 人员培训不足影响整体水平提升

养老服务和健康服务的专业深度和专业复合的广度正对从业人员提出更高的素质和技能要求，而由于流动率高、服务周期不稳定等因素，仅仅在养老护理员方面，我市市场上经过正规培训的养老护理员不足两成。

四、完善医养结合的思考和建议

（一）突出养老事业的公益性，加大对医养结合养老服务的支持保障力度

1. 合理规划布局

将养老服务业和健康服务业发展列入社会事业发展规划，依据老年人口的地域分布，对养老机构进行合理布局，加快发展。鼓励养老机构和医疗机构近距离规划，签订合作协议。医养结合并不是单纯指鼓励养老机构中设置医院或医疗机构办护理院，而是发挥两者优势，形成互补。从便于管理，避免重复建设和资源浪费的角度看，推进医养结合的最佳途径是临近医疗机构达成合作协议，开通急救通道①。因此，在规划新建养老院或医院时，应提前布局，合理规划，让每一所新建的养老院附近有一所与之相对应的医院。

2. 加大政府对医养结合服务体系的投入，对医养结合机构实行税费优惠和金融支持

适当减免医养结合机构的相关税费；服务机构用电、用水按居民生活用电、用水价格收取；向非营利性服务机构的捐赠，在缴纳企业所得税和个人所得税前准予扣除；在政府扶持和优惠政策上与政府服务机构同等对待；允许投资者提取合理收益等。鼓励和引导金融机构创新金融产品和服务方式，改进和完善对社会养老服务业和健康服务服务产业的金融服务，增加对企业及其建设项目的信贷投入。积极探索拓展服务产业市场融资渠道。

3. 提供必要的房屋和土地

受生活圈、生活习惯等多方面的原因影响，更多的老年人愿意居家养老。根据湖北省推进服务于居家养老的"医养结合"工作的要求，相关场地由基层医疗卫生机构提供。但目前我市很多基层医疗卫生服务机构条件有限，无法确保符合要求的房屋和场地。建议在建设养老机构或社区老年人活动中心、规划居民小区时，预留空间和场所，为基层社区卫生服务机构开展医养结合工作提供必要支持。

4. 加大对医养结合专门机构的政策优惠力度

鼓励养老机构获取医疗服务资质。对社会力量兴办的养老机构内部设置的已取得执业

---

① 王素英，张作森，孙文灿. 医养结合的模式与路径——关于推进医疗卫生与养老服务相结合的调研报告[J]. 社会福利，2013，12：13.

许可证的医疗机构,允许其申请医疗保险定点机构,并在符合要求的同等条件下给予优先审批。这样就能解决养老院内看病不能纳入医保的问题。对于医养结合机构中的卫生技术人员,在科研继教、职称晋升等方面享受与公立医疗机构卫生技术人员同等的待遇。

5. 构建完善的老年医疗保险制度

老年人医疗需求大,基本医疗保险难以满足老年人的医疗需求,需要通过多层次的保障方式弥补①。如建立专门的老年医疗保险制度;完善对老年弱势群体的医疗救助制度;扶持商业健康保险的发展,通过疾病保险、护理保险等,对现有的医疗保险进行补充,满足老年人的医疗服务需求。

(二)积极引导,整合资源,发挥不同类型机构在医养结合中的作用

1. 以资源整合为重点,推进部分一、二级医院转型为老年病院、护理院或康复医院

目前大型综合医院床位紧张,乡镇、社区忙闲不均,一些厂矿医院和卫生院依矿而兴、因资源枯竭而服务对象减少而导致生存困难。将生存困难的卫生院改造成护理院,酌情实行整体搬迁,并改造成老年病院、护理院或康复医院。不断完善这些新型医疗机构的管理。

2. 发挥大型公立医院的示范作用,鼓励公立医院举办集医疗、护理、康复于一体的"医养结合老年护理院"

护理院实行无陪护病区模式,老年病人住院期间的陪护、生活护理、吃饭问题全部由护理院负责。医师每日查房,平时不在病房,病房由专科护士或资深护士主管,配备护理员和护工。

3. 实行双向转诊,在大型综合医院、护理医院、康复医院和护理院之间建立双向转诊机制

鼓励公立医院依托技术管理方面的优势,推行医养结合,争取政策对公立医院进行人力、物力、财力支持。派出老年专科医生、糖尿病、高血压等专科医生、护士定期到养老机构会诊、指导。

4. 社区卫生服务机构与附近的社区养老服务中心开展合作,签订合作协议,为居家的社区老年人提供健康服务

县医院、乡镇卫生院、社区卫生服务中心对周边的老年人日间照料中心(托老所)、农村养老福利院等机构合作开展医疗服务。

5. 鼓励、引导和培育社会力量兴办养老、康复、护理等专科医疗机构

充分发挥市场在资源配置中的作用,采用公建民营、民办公助、政府购买医养结合服务等方式。

(三)加强医养结合专门构的管理,落实"保基本、强基层"原则

1. 对新办的养老机构申请要提供医疗设施配套情况证明

加强医养结合专门构的管理,如设立医养结合服务机构的准入标准、退出机制。

---

① 滕海英,董刚,熊林平等. 老龄化趋势下中国城镇老年医疗保障的模式[J]. 中国老年学杂志,2013,33(3):720.

2. 合理利用资源

一方面要避免盲目重复建设，如对养老机构中设立医疗机构要严格把关，要求医疗设备、人员资质最少要达一级医疗机构水平才能开设。如果条件不具备不能盲目跟风，因为医疗机构的诊疗风险大、对经营管理要求高，并非一般养老机构都能胜任。另一方面，为体现"保基本、强基层"的原则，应由专门机构进行病情和自理能力评估，严格医养结合机构的入住标准。未达到失能的或半失能，以居家养老为主。符合条件的才能入住价廉的基层医养结合机构。条件较好的民营医养结合机构放宽标准，但是自付比例提高，以满足不同收入阶层的养老和医疗需求。

（四）加强对医养结合养老机构从业人员的培训和管理

应加大对养老从业人员的培训力度。其一，积极利用职业院校开展订单培训等模式，加强该行业人才的培养。其二，与大专院校、大型教学医院联合协作，对从事养老服务工作的在职人员进行有计划的专业教育和在职培训，使他们在从事养老服务工作时更加科学、规范。其三，建立养老服务职业资格认证制度，对各类养老机构的从业人员，实行职业资格认证制度，持证上岗，逐步实现养老服务人员的职业化、专业化。其四，培育发展养老服务行业协会，赋予其参与制订行业规范和标准、行业规划和资质审查、从业人员培训、评估协调、自律监督等职能，通过行业协会加强行业自律和自我管理。

土地流转对黄石特色农业发展影响研究

国家统计局黄石调查队

随着城镇化推进,黄石市农村发展进入了新的阶段,农村劳动力、土地等要素市场出现较为明显的变化,新形势下"三农"问题面临新的动向。结合黄石市"生态立市,产业强市"的总目标,当前继续深化土地流转,活跃农业生产要素,调整农业产业结构、因地制宜地发展特色农业具有重要意义。

一、农村土地流转是特色农业发展基础

农业是自然再生产与经济再生产相交织的物质生产部门,其要素资源和自然生态条件在地域分布上存在着明显的差异性,充分发挥各地的比较优势,形成具有特色的生产经营是现代农业的基本要求。在市场竞争中,发展不同特色类型的专业化、区域性产业带,形成特色农业的产业分工和地区分工,能够提高经济效益,并有利于自然资源的可持续性。从这一意义上看,特色农业是将区域内独特的农业资源、区域内特有的产品,转化为特色商品的现代农业,形成地方独有的特色产业。

从比较优势理论来看,发展特色农业首先要解决农业规模化经营问题,土地是人类农业生产的自然基础和物质条件,正如威廉.配第所述"劳动是财富之父,土地是财富之母",因此特色农业发展的关键在于土地能按照市场规律进行优化配置,将土地与劳动力、资金、技术的优化组合,实现适度规模经营。第一轮家庭承包责任制实施以来,绝大多数地区都采取了"农地普占"的做法,即按人口或劳动力平均分配土地,从而形成了一种以农户为经营实体的超小规模状况。这种超小规模经营,由于耕地面积过小,地块过于分散,对特色农业经营产生障碍,导致生产成本上升,经济效益降低。特别是由于缺乏完善的土地流转机制,一些已经转入非农部门的劳动力又不愿意转让土地,把农业作为副业经营,往往降低农业投入甚至出现土地撂荒现象,既降低了产量,又浪费了土地资源。有鉴于此,中央多次就农村土地适度集中问题提出指导意见,十七届三中全会通过了《中共中央关于推进农村改革发展若干重大问题的决定》,为加强和规范土地流转提供了保障,十八届三中全会进一步指出,建立统一的城乡建设用地市场,在符合规划和用途管制前提下,允许农村集体经营性建设用地出让、租赁、入股,实行与国有土地同等入市、同权同价。中央就农村土地产权政策不断放宽,就意味着,原有的土地管理制度框架被打破,为各地探索农地流转制度创新注入了新的活力,也为解决特色农业土地问题指明了政策

方向。

从当前现实情况上看，农村土地向特色产业流转已具有客观条件。一是大量农民进入第二三产业，缓解了人地矛盾。2013年年末黄石市城镇化率达到60.4%，二三产业就业人口占全部劳动年龄人口的比重达到79.9%，从事农业的劳动力只占20.1%，农民的工作脱离土地，使分散零星土地耕种的模式向适度规模集中经营的模式转变成为可能；二是农产品需求总量和质量增加。农民生活由农村向城镇转移，增加了农产品在品种及总量需求规模，打开了特色农业发展空间，大规模进行农业开发有市场需求条件。

综上所述，无论是现代农业发展要求，还是中央政策支持力度或者农村现实状况，农村土地流转既是特色农业发展的必然，也为特色农业发展打下基础。

二、黄石市农村土地流转发展特色农业已具雏形

近年来，黄石市在坚持稳定农村土地承包政策的前提下，不断探索和创新土地流转机制，推进了农村土地规模化发展，通过农村产业结构调整，为发展特色农业打下了良好的基础，促进了黄石市特色农产品增产和农民增收。黄石市农村土地流转促进特色农业发展具有以下几个方面的特点：

(一) 随着耕地流转规模扩大，特色农业产出明显增长

据农业部门统计，2011—2013年全市耕地流转面积为22万亩、30.9万亩、36.4万亩，分别占耕地总面积的18.9%、29.7%、35.0%，土地流转对提高农业生产效益、土地资源利用率起到了重要的作用，在劳动人口减少3.6%的状况下，全市农业总产值由2010年的83.9亿元(现价)增长到2013年的133.8亿，增长幅度达到59.5%。从农产品产量来看，除粮食增长2.2%以外，主要特色农产品产量大幅度增长，2013年与2010年相比，蔬菜增长18.7%、花卉苗木增长65.4%、食用菌增长4.5倍、草莓增长2.8倍、西瓜增长18.8%、油料增长17.2%。

(二) 将分散经营向规模化发展，初步形成具有区域特色的产业和农产品

近几年来，通过流转农村土地，重新整合农村土地要素，按照"小面积种粮改规模种粮、粮改菜、粮改其他经济作物"等形式转变传统农业发展方向，通过示范带动、积极推广，最终发展成一批具有特色种植区域和农产品。

一是部分特色农业集约化初步形成。有的已形成国内较为有名的特色生产区域，如军垦农场、宝塔湖村、保安镇等万亩蔬菜连片基地；阳新县建成"中国油茶之乡"；全市"双低"油菜种植面积达50万亩，是长江中下游"双低"油菜重要基地；以"太湖糯"为重点的80万亩连片优质稻，成为"五粮液"集团订单基地。有的已在省内形成一定优势的产业区域，如茗山万亩玫瑰园、毛铺黑色系列农产品、保安镇万亩桃林、白沙镇平原村千亩花卉苗木、枫林镇芡实等种植基地；还有一批特色种植业如药材、毛竹、葡萄等在当地已形成

优势,正在发展之中。

二是特色农产品生产规模化显现,种植面积不断集中。2013年特色农业种植面积与2010年相比,油菜籽增长15.0%,蔬菜增长11.6%、瓜果增长9.8%,果园增长23.7%,花卉苗木增长32%。

三是形成一批具有竞争优势的名特产品。如"长丰园"牌大米等6个品种为湖北名牌产品;富川山茶油、军垦小冬瓜、"新五夫园"葡萄、"木之缘"杏鲍菇等14个品牌获"湖北著名商标"称号;另有一批绿色食品、有机食品形成较好口碑,小有知名度。

(三) 集聚零散而封闭的农户成为具有鲜明特征的农村经济活动组织,提高特色农业竞争力

近几年,随着土地流转活跃和特色产业的发展,一批特色农业经营组织应运而生,这些特色农业组织依托良好的地理环境、政策环境、市场环境,增强了黄石市特色农业竞争力,具体情况表现在三个方面:一是特色农业组织增长快,数量多。据普查整理资料,2013年年末,全市涉及特色农业的法人单位和产业活动单位达到1586家,资产总计40.2亿元,2013年经营收入为24.2亿元。据农业部门资料,2014年上半年全市注册登记农民专业合作社1327家,家庭农场132家,种植规模在100亩以上的大户2230多户;二是特色农业生产发展的组织形式灵活多样,贴近实际,当前这些农业组织主要有农民合作社、土地股份合作社、家庭农场、特色农业投资公司、专业种植大户等多种形式,它们基本上按照市场规则由农民或投资者自愿出资组建,自主管理、责任明确、盈亏共担,有较强的活力;三是特色农业逐步向二三产业延伸,产业升级势头明显。如通过特色农业发展,全市已形成农业观光园20多个,高档次休闲农庄70多家,农家乐300多家,农业科技示范园15个。

(四) 增加农民收入的同时,进一步提高农民发展特色农业的积极性

一是门路拓展,使农民收入渠道增多,土地流转让较多的农民脱离土地的束缚,转入二三产业,据住户调查资料,2013年农村居民家庭总收入中有71.4%是来自二三产业经营或者打工收入,2011年到2013年农民纯收入增长幅度达到31.0%,比城镇居民人均可支配收入增幅高5.5个百分点;二是实现"耕者有其田"向"能者有其田"转变,种田能手及专业人员有"用能之地",土地流向特色农业带来的规模效应和比较效益必然带来土地产出效益提高,通过对18家特色种植大户的典型调查,2011年到2013年,72.2%的种植大户收益3年连续增长,如白岩山柑橘合作社,通过流转种植面积达到2000亩,年利润达到30万元;三是鲶鱼效应在特色农业发展中比较明显,特色农业使农民收入增加的同时,又会带动更多资源的流入,使其走上良性发展轨道,如种植湖蒿的阳新宝塔村,刚开始没人敢种,几位党员干部承包216亩土地引种湖蒿,当年湖蒿每亩收入达到2000元,比种稻谷、棉花收入高3倍以上,收入增长引导了土地向湖蒿种植转移,几年之内连片种植面积达到万亩。当前由于土地流转带来了较好的收益,提高了特色农业种植的积极性,

典型调查中的18家种植大户中有2/3的人准备继续扩大土地流转面积。

三、当前农村土地流转对特色农业生产的制约

(一) 土地流转难度加大，对特色产业规模发展产生制约

一是土地自然环境下降影响流转规模扩大。黄石属于丘陵地带，农田结构零散，大垄大畈连片耕地仅占37%，这些土地已经被流转，剩下的大多为不连片零散耕地，交通不便，水利设施不配套，农业机械难以到田，种植大户不愿意投入，如南昌村下庄屋湾，90%以上的农户将条件合适的土地流转给大户种植，但这些农户家中或多或少还有条件差的土地没能流转出去；二是部分耕地地力下降，造成土地流转边际效益偏低。黄石旱地70%以上为红黏土，这种土壤有机质含量偏低，通透性差，容易扳结，使土地种植产量比周边其他地市低30%左右，土地流转的边际效益偏低，引入外来大户开展土地流转难度增大；三是成规模土地流转难度加大。承包责任初期，农村土地是按土地远近、好坏、种类、大小等搭配平均到户，导致土地过于零散和分散，使得介入规模经营的农户或企业要同多个农户谈判和签约，交易成本高，一次性规模开发成功机会越来越少，对特色农业规模化经营产生一定的障碍，如排市镇裕民蔬菜专业合作社规划在该镇河北村成片流转600亩地，因有4户20多亩地不愿意转让，导致发展计划受阻。

(二) 仍有部分农户对土地流转认识有偏差，影响了土地流转的积极性

土地是农民最基本的生产资料，也是农民最基本的生活保证，相当多的农民仍把土地作为命根子来看待，在思想存在"四怕"：一是怕失去土地，老无所依。据调查队于2013年对农民工专项调查，有18.9%的农民工未来会定居到本地村镇，很多农民仍然认为有了土地，生活就有退路，心里踏实。二是怕国家政策调整，失去既得利益。由于目前国家各项惠农政策主要还是面向土地承包户，种田虽然"嚼之无味"，但又"弃之可惜"。部分农户担心土地流转后，土地经营权转移，一旦国家政策有所调整，将失去各项政策所带来的利益。三是怕纠纷不断，引起不必要的麻烦。种植大户进行土地流转以后，会对土地进行整理改造，势必要打破地块界限，导致出现边界不清等众多问题，为此部分农民在从事非农产业经营后，宁可粗放经营，甚至不惜撂荒弃耕，也不愿转出承包地，客观上造成了土地流转供给不足。四怕吃亏，故意抬高要价。少数农户看到经营大户获得可观收益后，故意抬高土地要价，使原来可以流转的土地无法继续进行，影响了正常流转秩序。

(三) 特色农业产业化发展条件不足，限制了农村土地流转规模

特色农业涉及生产基地建设、产品质量控制、市场的开拓、加工贮藏、物流畅通等多个环节，当前黄石特色农业除几个品种形成完整产业链外，大部分品种在产业化布局上并不完善，使特色农业出现一定的波动，影响其规模发展。

1. 特色产业服务组织发展不足

虽然黄石特色农业服务组织数量较多，但大多数组织人员少、财力薄，实力有限，从

2013年的销售收入来看，专业合作社销售收入在300万~500万元15家，500万~1000万元3家，超过1000万元以上仅1家，80%以上的合作社销售收入在50万以下，说明绝大多数合作社在服务特色农业中处于低级发展状况，缺乏引导农户规避风险能力，影响特色产业稳定发展。如金山店向阳村在香李产业发展中，2012年、2014年因合作社销售能力有限，产品加工储存手段不完备，全村连续出现产品滞销问题，影响农户的信心。

2. 劳动力有效供给不足

随着城镇化发展，农村大部分青壮年外出务工，农村劳动力人数减少、劳动力素质降低，规模种植后续力量受限，据2013年百户农村居民调查，黄石农户平均每户劳动力人数只有2.71人，比2010年下降近20%，2013年劳动力中高中以上文化程度占比为18.1%，比2010年占比降低1.9个百点。通过对18家种植大户的典型调查，农忙季节时有50%以上的大户遇到请不到劳动力的问题，如阳新县白沙镇平原村金鹰农业发展有限公司的金银花基地，在金银花盛开时，由于劳力不够，采摘成为难题，对产业发展影响较大。

3. 基础设施投入不足

2013年黄石农业固定资产投资额占全社会固定资产投资额的比重仅为2%，再加上历史欠账原因，农业生产基础设施与实际生产需要不相适应，主要表现为农田渠道年久失修、机械老化，难以发挥灌溉作用；规模种植中必须使用机械作业，而农村中适合新型耕作机械作业道路有限，规模种植必要条件缺乏；开展土壤肥力监测进展缓慢，调查与反馈土壤肥力监测信息周期长、信息不全，不能满足生产优质产品、提高土地产出效率实际需要。

（四）土地流转主体融资难影响特色农业的资金投入

大多数特色农业经营主体由于缺乏有效的担保抵押物，加上审批手续复杂，很难从正规金融机构获得信贷支持，而向民间借贷，利息高达到15%以上，影响了特色农业的发展。当前土地流转主体融资困难主要表现在以下几个方面：一是资金扶持政策难以兑现，如阳新县排市镇万家村龙祥禽业专业合作社，连续几年当地政府都给了贴息指标，却找不到愿意发放贷款的银行，只能从社会以2分左右利息筹集资金；二是资金周转困难，得不到正常补充，种粮大户徐犹钱反映，每年支付生产资料及土地流转费800万元，资金缺口较大，只能向民间借贷，仅利息就达到30多万元，影响了生产投入资金的积累；三是投资不足难以为继，如长青苗圃业主余冬明反映投资600万元的苗木育培，后续发展需要继续投入，即使将农村房产、机械等抵押也不能贷到所需的资金。

（五）供需双方沟通平台建设不足影响特色农业土地流转方向

从调查情况看，当前农村土地流转主体主要限于本村或本乡镇大户，乡镇以外或跨市县的较少，缺少供经营大户查找详细土地信息平台；普通农户大部分土地流转信息来自村委会有关信息，或是亲朋好友上门询问等，土地流转信息来源极其有限；农户在流转土地时处于被动状态，甚至很多农民在流转完土地后仍旧不清楚转出去的土地是做什么的，当地农户对特色农业需求很难得到有关方面的重视，为后续流转留下隐患。由于信息不畅、土地流转范围较为有限，相当多的农户在土地流转中以较为原始状态存在，农户土地转让的主要原因是家庭劳力不够，土地流转目的不是以产业发展为方向，而单纯以自己增加种植面积或避免土地抛荒为目的，影响了土地流转的目标和方向。

四、基于发展特色农业的农村土地流转建议

（一）突出黄石特色农业产业规模化发展，引导土地流转方向

当前土地流转已粗具规模，为避免土地流转后种植品种再度分散，在现有产业基地之上依据地理分工型、城郊分工型、基地分工型分别对大宗品种和特色农产品生产基地进行规划，引导农户向龙头企业、种植大户转让。一是要注重品牌产品导向原则，向市场要份额，向基地要规模，壮大特色农业规模，提高土地边际效益，对黄石市长丰米业、富川枫桥油脂、新冠农业、真有味、嘉叶生态等蔬菜、天天红橘片爽、铁山槐花蜜、毛铺苦荞茶、谈桥豆豉、健牌杂粮面条、金牛麻花、军垦南瓜王、军垦杂柑等已形成品牌优势的13个系列产品生产基地，要加大土地流转力度；二是建立黄石市特色农业产业的绿色通道，做好招商引资工作，引进国内行业知名企业，强化特色产品深加工，提升特色农业产业市场竞争力；三是对初步形成一定规模的种植基地如金银花、香李等要积极跟踪，有计划地预留土地空间。

（二）建立农村产权抵押融资机制，盘活资金流入渠道

一是落实有关规定，加快推进农村土地承包经营权确权登记，赋予农民更多的财产权；二是出台有关政策指导性文件，搭建农村产权交易平台，建立农村产权抵押融资机制，破解特色产业发展资金难题。

（三）全方面打造土地流转服务体系

一是完善农村土地流转信息平台建设，建立土地流转信息数据库，健全县乡村三级服务网络，实现乡与乡之间、乡与县间、县与市之间土地流转信息互通；二是完善土地流转服务体系，一方面要通过统一工作流程、统一流转交易、统一合同文本，使土地流转进入有序、透明、快捷的轨道；另一方面要加强土地评估、政策咨询等服务工作，让广大农户放心参与土地流转；三是建立健全土地流转纠纷调处机制，形成包括协商、调解、仲裁等多渠道调处土地流转纠纷工作机制，打消流转双方顾虑；四是培育农村土地流转市场，组建农村集体产权交易中心，积极对接武汉农交所，减少土地流转成本，为特色农业土地流转提供便利。

（四）制定鼓励土地流转的政策措施

当前农村中部分条件差的土地多年无人种植或由农民粗放种植，在流转中有边缘化的趋势，阻碍了特色农业发展空间，对此必须引起重视。要根据不同情况创新工作方法，有针对性地制定鼓励措施，各地可以投入一定的启动资金，引进大户或由村集体出面分别与

农户签订第一轮流转合同，将散落在农户手中的土地流转起来，进行整体改造开发，完成后再进行第二轮流转，收回资金进行下一回合的开发，以此解决土地使用供求矛盾和土地撂荒问题。如阳新县姜福村根据这种"三方牵手、双重保险，村企投入、成片整理，二次流转、多方受益"流转方式，先后将全村1400多亩土地流转到村里，再通过村里流转给专业合作社、涉农企业、经营大户规模经营，目前已连片种植竹柳、油茶、粮食、葡萄等，发展了特色农业，解决土地抛荒和利用率问题。

执笔人：余东碧

教育和践行社会主义核心价值观的路径研究
——以湖北师范学院为例

俞 玲 雷儒金

2006年10月,党的十六届六中全会第一次提出社会主义核心价值体系的重要命题。2007年10月,党的十七大明确提出社会主义核心价值体系是社会主义意识形态的本质体现的重要论断。2011年10月,党的十七届六中全会明确提出了社会主义核心价值体系是兴国之魂的重要论断。2012年11月,党的十八大报告首次系统提炼了社会主义核心价值观的基本内容,即"倡导富强、民主、文明、和谐,倡导自由、平等、公正、法治,倡导爱国、敬业、诚信、友善,积极培育社会主义核心价值观"。2013年11月,党的十八届三中全会通过了《关于全面深化改革若干重大问题的决定》,从建设社会主义文化强国,增强国家文化软实力的高度,提出要培育和践行社会主义核心价值观,巩固马克思主义在意识形态领域的指导地位,巩固全党全国各族人民团结奋斗的共同思想基础。2013年12月,中共中央出台《关于培育和践行社会主义核心价值观的意见》,进一步明确指出,"培育和践行社会主义核心价值观,是推进中国特色社会主义伟大事业、实现中华民族伟大复兴中国梦的战略任务",并对培育和践行社会主义核心价值观作出战略部署。

社会主义核心价值观是社会主义核心价值体系的内核,体现社会主义核心价值体系的根本性质和基本特征,反映社会主义核心价值体系的丰富内涵和实践要求,是社会主义核心价值体系的高度凝练和集中表达。面对世界范围思想文化交流交融交锋形势下价值观较量的新态势,面对改革开放和发展社会主义市场经济条件下思想意识多元多样多变的新特点,积极培育和践行社会主义核心价值观,对于巩固马克思主义在意识形态领域的指导地位、巩固全党全国人民团结奋斗的共同思想基础,对于促进人的全面发展、引领社会全面进步,对于集聚全面建成小康社会、实现中华民族伟大复兴中国梦的强大正能量,具有重要现实意义和深远历史意义。

一、加强对大学生社会主义核心价值观教育的重要性和必要性

高校是人才聚集和知识传播的高地,肩负着培养中国特色社会主义合格建设者和可靠接班人的历史重任。在地方高校大学生中加强社会主义核心价值观的培育、养成和宣传、教育工作,显得更为重要和必要。

(一)加强对大学生的社会主义核心价值观教育,是实现中华民族伟大复兴中国梦的需要

实现中国梦必须坚持中国特色社会主义。中国特色社会主义是社会主义核心价值观的实践基础,社会主义核心价值观是中国特色社会主义的价值目标,对坚持和发展中国特色社会主义具有重要的导向作用。党的十八大提出的"三个倡导",是中国特色社会主义在国家、社会、公民三个不同层面的价值反映,凝聚了人民群众的价值追求。"三个倡导"反映现阶段全国人民价值认同的"最大公约数",是社会主义核心价值观的基本内容。大学生是祖国的未来,是实现中国梦的主体,青年的价值取向决定了未来整个社会的价值取向。加强对青年的社会主义核心价值观教育,使青年认识到自己的未来与祖国的前途密切相关。只有树立了社会主义核心价值观,才能找准前进的方向和不竭的动力,才能为实现中华民族伟大复兴而贡献自己的聪明才智。

(二)加强对大学生的社会主义核心价值观教育,是培养其民族凝聚力和向心力的需要

当今世界综合国力竞争日益激烈,全球化数字化信息化网络化不断发展,提出了许多新问题、新挑战。我国国内改革发展进入关键时期,各种社会矛盾和问题相互叠加、集中呈现。无论是全面建成小康社会、实现"两个一百年"的奋斗目标,还是面对多样化的社会思潮、多样化的价值判断、多样化的利益诉求,大学生都需要积极培育和践行社会主义核心价值观,凝聚中国力量。不论什么时候,不论在什么情况下,都不能轻易动摇,都要坚守社会主义核心价值观,为国家建功立业,成就自己美好的人生。

(三)加强对大学生的社会主义核心价值观教育,是促进社会和谐的价值支撑的需要

我国发展正站在新的历史起点上,正面临复杂多变的国际形势和十分艰巨的国内改革攻坚。面对国际上的各种思想文化相互激荡和国内价值观念的多元并存,伴随着全球化、网络化、数字化、信息化、市场经济、商业社会、消费社会、咨询社会的发展,青年大学生思想活动和价值判断的独立性、选择性、差异性和多样性进一步增强。这就迫切需要我们把青年大学生中不同阶层不同人群凝聚起来,在尊重差异中扩大社会认同,在包容多样中形成思想共识,从而汇聚成促进社会和谐的强大合力。

(四)加强对大学生的社会主义核心价值观教育,是提升国家文化软实力的需要

一个国家的文化软实力,从根本上说,取决于其核心价值观的生命力、凝聚力、感召力。软实力的实质是文化魅力,基本特点是靠自身的吸引力发挥作用,而不是通过强制力发挥作用,是"同化的力量"和"感化的作用"。价值观是文化的内核,社会主义核心价值观是文化软实力的关键,是对中华优秀传统文化的传承和升华。没有社会主义核心价值观,文化建设就失去了魂,没有了方向和引领。大学生是传播中华美德、中华文化的重要生力军。加强对大学生的社会主义核心价值观教育,才能更好地弘扬中华优秀文化,不断

增强中华文化的民族性、包容性和时代性,增强中华文化的穿透力、吸引力和感染力,使中华文化更加丰富多彩,使中华文化不断发扬光大。

(五)加强对大学生的社会主义核心价值观教育,是培养合格建设者和可靠接班人的需要

地方高校肩负培养中国特色社会主义合格建设者和可靠接班人的重大任务。全面贯彻党的教育方针,坚持育人为本、德育为先,围绕立德树人根本任务,把社会主义核心价值体系融入学校教书育人、管理育人、服务育人全过程,是高校的基本职责。只有尊重师生主体地位,关注师生利益诉求和价值愿望,始终以理想信念为核心,抓住世界观、人生观、价值观这个总开关,坚持联系实际,坚持改进创新,运用师生喜闻乐见的方式,做好社会主义核心价值观的培育、养成和宣传、教育工作,才能把当代大学生培养成为中国特色社会主义合格建设者和可靠接班人,为国家、地方建设作出应有的贡献。

二、大学生认知和实践社会主义核心价值观中存在的主要问题

为进一步了解高校大学生对社会主义核心价值观的认知和实践情况,更好地在地方高校和大学生中培育和践行社会主义核心价值观,我们在湖北师范学院开展了关于社会主义核心价值观的专题调研和访谈。问卷调查选择在不同学院、不同年级、不同专业的大学生中进行,一共在学生中随机发放问卷200份,回收有效问卷196份。调查结果显示,高校和大学生在培育和践行社会主义核心价值观中还存在以下问题:

(一)部分大学生没有正确认识到加强社会主义核心价值观教育的重要性

认知和认同社会主义核心价值观是培育和践行社会主义核心价值观的前提和基础。从对调查问卷的统计中可以看出,近3/4的大学生认为加强社会主义核心价值观的教育有必要或者非常有必要,但也有4.1%的大学生认为,加强社会主义核心价值观教育"没有必要"或者"完全没有必要"(见表1)。这部分大学生认为,高校学习的目的是学习一些专业技能、培养综合能力,以便毕业后能找到一份比较满意的工作,树不树立社会主义核心价值观无关紧要。

表1　　　　　　　　大学生对加强社会主义核心价值观教育的看法

选　项	频　次	百分比(%)
非常有必要	49	25
有必要	96	49.0
一般	43	21.9
没有必要	6	3.1
完全没必要	2	1.0
合计	196	100

调查结果还表明：不同的专业类别、不同的政治面貌的学生对"加强社会主义核心价值观教育"认识有所不同。

(1) 从不同的专业来看，管理类的学生在"对加强社会主义核心价值观教育的看法"中，认为"没有必要"、"完全没有必要"的占参加调查的管理类专业的学生总数的 6.4%，理工类的学生则占参加调查的理工类专业的学生总数的 3.4%。

(2) 从不同的政治面貌来看，在"对加强社会主义核心价值观教育的看法"中，中共党员中没有一个同学认为"没有必要"、"完全没有必要"，而共青团员、群众中，认为"没有必要"、"完全没有必要"分别占 4% 和 11.1%。

(二) 部分大学生不了解社会主义核心价值观的基本内容

从调查问卷的统计结果可以看出，绝大多数大学生对社会主义核心价值观的基本内容是比较了解的。如关于大学生对社会主义核心价值观的了解程度，自认为"非常了解"、"比较了解"、"一般"的占 82.2%，"了解很少"、"一点也不了解"的仅占 17.8%（见表2）。这个结果还可以从大学生对社会主义核心价值观的主要内容把握程度上得到佐证：79.1% 的大学生能够准确地把握社会主义核心价值观的 24 字主要内容，只有两成的大学生目前还不能够完整地把握社会主义核心价值观的主要内容。

这些数据表明部分学生对社会主义核心价值观缺乏认知、认同。个别学生甚至对学校在校园内通过各种途径进行的社会主义核心价值观的基本内容的宣传都漠不关心、视而不见、充耳不闻。

表2　　　　　　　　　　大学生对社会主义核心价值观的了解程度

选项	频次	百分比(%)
非常了解	17	8.7
比较了解	72	36.7
一般	72	36.7
了解很少	32	16.3
一点也不了解	3	1.5
合计	196	100.0

(三) 部分大学生还没有树立起正确的价值观

在"大学生对自己是否树立了社会主义核心价值观的评判"的评判中，认为"部分已经树立"和"已经树立"的占 68.4%。但是，我们也要看到，还有 27.6% 的学生未树立起社会主义核心价值观（见表3）。可见，大学生树立起正确的价值观并非一朝一夕，培育和践行社会主义核心价值观任重而道远。

表3　　　　　大学生对自己是否树立了社会主义核心价值观的评判

选　项	频　次	百分比(%)
已经树立	46	23.5
还未树立	37	18.9
树立的是其他价值观	17	8.7
部分已经树立	88	44.9
不知道	8	4
合计	196	100.0

三、影响大学生社会主义核心价值观形成的原因分析

大学生正处于价值观形成的重要时期，树立正确的价值观对于大学生成长成才尤为重要。问卷调查的统计结果表明，当前大学生价值观的主流是好的，但是也存在着上述不容忽视的问题。从统计数据的分析来看，影响大学生社会主义核心价值观形成的原因主要有以下五个方面：

(一) 大学生自身的缺点和不足

大学生处于价值观形成的重要时期，他们生活在社会主义市场经济体制建立和社会转型期，传统的价值观被打破，新的价值观没有完全建立，受到多元价值观的冲击和市场经济趋利性的影响，有的学生重功利实惠轻理想信念，重知识技能轻道德养成；有的学生不再推崇国家利益、集体利益置于个人利益之上，也不再遵循传统的道德评价体系，传统的价值观念逐渐瓦解，产生了多元的价值评判体系，这样便对主流价值观的确立造成了极大冲击。

(二) 社会不良风气的影响

伴随着社会的转型，社会上出现了贪污腐败、权钱交易、行贿受贿等不良的社会风气。这些不良的社会因素严重影响了社会的公平公正，对大学生产生了消极的影响。有的大学生就会对社会产生片面的、偏激的认识，认为社会主义核心价值观的理论与社会现实反差太大，社会上只有"关系"才能大行其道，价值观出现严重扭曲。

(三) 学校教育未能充分发挥作用

部分高校的领导和老师不大重视大学生的思想政治教育，认为社会主义核心价值观教育是理论工作者的事，与自己没有关系；社会主义核心价值观凝练时间不长，对社会主义核心价值观基本内容还缺乏权威的、详细的阐释，社会主义核心价值观教学内容、教学体系还需要进行更科学的构建，教育教学的方式方法还有待进一步创新，思想政治理论课的主渠道作用发挥不充分；以社会主义核心价值观为主题的实践活动未能充分开展等，这就

使得大学生缺乏培养和践行社会主义核心价值观的良好的校园氛围。

（四）网络媒体的负面影响

随着互联网的普及与应用，网上的负面信息和西方的价值观念、生活方式也不断地对大学生产生着潜移默化的影响。如果大学生没有具备敏锐的政治判断力和道德评判力，网上不良的思想意识、价值观念、甚至反动信息就会对大学生的思想产生猛烈冲击，使其认同、树立错误的价值观，迷失人生的正确航向。

（五）家庭教育的缺失

家长是孩子的第一任教师，对孩子的价值观形成影响最大。但是，由于生活节奏的加快，很多家长工作压力大，无暇教育子女，认为孩子本来就应该交给学校老师来教育。有的家长片面关注孩子的学习成绩，忽视了孩子的道德养成。社会的飞速发展与家长自身素质滞后而产生的不协调，使大部分家长常常在家庭教育中感到束手无策。家庭教育的缺失，使大学生在价值观形成的重要时期不能与家长进行顺畅的沟通，不能得到家长及时有效的指导。

四、地方高校培育和践行社会主义核心价值观的路径

高校培育和践行社会主义核心价值观是一项艰巨的复杂的工程。地方高校要在学校的统一领导下，充分发挥全校教职工、全校大学生的积极性、主动性、创造性，紧紧围绕立德树人的根本任务，结合实际，系统谋划，创新途径，扎实推进，切实把培育和践行社会主义核心价值观融入大学教育的全过程，才能收到理想的效果。

（一）充分发挥思想政治理论课的主渠道作用

1. 进一步完善课程体系和教材体系

积极推动社会主义核心价值观进教材、进课堂、进学生头脑。尤其注意对社会主义核心价值观的丰富内涵和实践要求进行深入解读。将社会主义核心价值观的学习、培育、践行与正确分析和认识社会实际问题结合起来，既引导学生树立社会主义核心价值观，同时又能指导学生正确看待社会问题，消除他们对社会的偏激的看法。

2. 大力推进教学内容和教学方法的改革

将学校践行社会主义核心价值观中涌现出得模范师生及其鲜活的事例引入教材，教学中采用谈话法、案例教学法、启发式教学法以及演讲、辩论等多种方法，不断增强课程的吸引力、感染力、影响力，引导学生在学习中潜移默化地认同、树立、践行社会主义核心价值观。

3. 对不同专业、不同政治面貌的学生有针对性地开展教育

对管理类、理工类的普通学生，首先要注重对社会主义核心价值观基本内容的教育，在此基础上再进行深化；对党员学生的教育可提出更高的要求，努力把他们培养成为社会主义核心价值观的积极宣传者、倡导者和践行者。针对不同的学生展开社会主义核心价值

观的分类教育，就能进一步增强教育的针对性和实效性。

（二）充分发挥先进典型的示范作用

发挥先进典型的示范引导作用，是高校培育和践行社会主义核心价值观的重要方法和途径。湖北师范学院组织专门人员，从2012年起，走进师生，深入基层，寻找"身边的感动"，讲述湖师人的故事，通过校报、广播、网络、讲座等途径宣传师生中的先进典型，并整理汇编了专题的学习资料，进一步推进社会主义核心价值观的学习教育。大力宣传先进典型的先进事迹，推广先进典型经验，充分发挥先进典型的示范作用，以身边的鲜活的先进典型来教育、引导、激励大学生，形成了培育和践行社会主义核心价值观的良好氛围。

（三）充分发挥社会实践的养成作用

社会主义核心价值观的养成绝非一日之功，必须长期始终如一的坚持。"核心价值观的培育贵在知行统一，而知是前提、是基础，内心认同才能自觉践行，春风化雨才能润物无声。"

学校要进一步完善实践教育教学体系，加强校内外实践教育基地的建设，引导大学生参加科研发明和创新创造活动、志愿者活动和勤工俭学活动、主题社会实践活动和专业实训实践工作。在实践中引导大学生用实际行动从自己做起、从现在做起、从身边的事情做起，努力把核心价值观的要求变成日常的行为准则，进而形成自觉奉行的信念理念。做到知行统一，在学习中实践，在服务他人、奉献社会中升华对社会主义核心价值观的认知理解。湖北师范学院"献爱儿女"团队用他们的关爱和行动，为失独家庭撑起了一个老有所依的明天，产生了良好的社会影响。

（四）充分发挥校园文化的熏陶作用

高校是思想文化建设的重要阵地。当前社会上的各种文化无时不在影响校园，影响着大学生的思想。为了引导大学生健康成长，形成正确的世界观、人生观和价值观，在校园里必须坚持弘扬主旋律教育，以社会主义核心价值观为引领，建设体现社会主义特点、时代特征和学校特色的校园文化。具体说来，主要在如下三个方面着力：

1. 着力加强校园文化设施的建设

充分利用宣传橱窗、校报、图书馆、广播站等多种渠道宣传社会主义核心价值观，交流学习践行体会，增强大学生学习、践行社会主义核心价值观的积极性、主动性、互促性。加强校园网络建设，建设全国高校校园网站联盟，注意发挥学校网站、微博微信的广泛传播的功能，打造若干具有广泛影响的社会主义核心价值观主题教育网站和网络互动社区。把校园网打造成为学生自我教育、自我服务的重要平台。

2. 着力发挥学生社团的积极作用

组建多种学生社团，利用学生社团开展形式多样、内容丰富、学生喜闻乐见的活动，不断丰富学生的业余文化生活，在社会主义核心价值观的引领下润物细无声，对学生发挥潜移默化的影响。

3. 着力开展丰富多彩的校园文化活动

如：各种大学生技能比赛、课件比赛、普通话比赛、书法比赛、演讲比赛、辩论赛、歌唱比赛、英语口语大赛、文明寝室评比、主题文艺晚会等，通过这些比赛和活动来提高大学生的素质，在学生中形成良好的校风、学风和班风，营造良好的校园文化氛围。

（五）充分发挥家庭、学校和社会携手育人的合力作用

高校社会主义核心价值观的教育、培育和践行，不单是高校一家的事情，而是要求家庭、学校和社会共同努力，携手共进，充分发挥各方面的合力作用。要完善学校、家庭、社会三结合的教育网络，积极引导广大家庭和社会各方面主动配合学校教育，净化文化环境，整治网络环境，"以良好的家庭氛围和社会风气巩固学校教育成果，形成家庭、社会与学校携手育人的强大合力"。完善市民公约、乡规民约、学生守则等行为准则，使社会主义核心价值观成为人们日常工作生活的基本遵循。把社会主义核心价值观日常化、具体化、形象化、生活化，使每个人都能感知它、领悟它，内化为精神追求，外化为实际行动。

此外，要发挥政策导向作用，使经济、政治、文化、社会等方方面面政策都有利于社会主义核心价值观的培育。要用法律来推动核心价值观建设。各种社会管理机关要承担起倡导社会主义核心价值观的责任，注重在日常管理中体现价值导向，使符合核心价值观的行为得到鼓励、违背核心价值观的行为受到制约。

总之，在高校和大学生中培育和践行社会主义核心价值观，是一项崇高而神圣的使命，任重道远，需要社会各方多管齐下，通力协作。只有这样，才能把大学生真正培养成为中国特色社会主义事业的合格建设者和可靠接班人。

发挥政协在贯彻党的群众路线中作用的思考

周青山

党的十八届三中全会指出,协商民主是"党的群众路线在政治领域的重要体现"。习近平在"纪念政协成立65周年"大会上的讲话中再次重申要深刻把握这一基本定性,并对这一基本定性作了进一步的阐述,特别强调"全心全意为人民服务,始终代表最广大人民根本利益,是我们能够实行和发展协商民主的重要前提和基础。"人民政协作为"专门的协商机构",作为协商民主的"重要渠道",必然地成为党开展群众工作和贯彻群众路线的重要领域;群众路线也必然地成为人民政协的生命线。如何充分发挥人民政协在贯彻党的群众路线中的独特作用,政协工作者在实践中做了大量有益的探索,提出了很多具体有效的途径和办法。本文拟在此基础上,对提升人民政协践行群众路线实效作进一步的分析和探讨。

一、深刻把握人民政协在贯彻群众路线中的独特作用

坚持群众路线密切党群关系,离不开党群联系的桥梁和纽带。人民政协作为贯彻群众路线的重要载体和平台,较之其他组织和机构,因联系面广、包容性强、位置独特和渠道畅通等鲜明特点,使其在贯彻党的群众路线中呈现出独特的优势和作用。正确把握并彰显其独特优势,是充分发挥人民政协贯彻群众路线作用的前提和基础。

(一)人民政协联系面广,有利于拓宽党的群众基础

群众包含不同的阶层、不同的职业、不同的方面,有着各自不同的利益和要求。随着改革开放的不断深入,民营科技企业的创业人员和科技人员、受聘于外资企业的管理技术人员、个体户、私营企业主、中介组织的从业人员、自由职业人员等新的社会阶层不断涌现,更使不同群体之间的利益诉求呈现出多样化与复杂化的特点。最大限度地代表最广大人民群众的根本利益,成为新时期贯彻党的群众路线的现实要求。以界别组成为特征的人民政协,其成员来自不同党派、不同团体、不同民族、不同宗教、不同阶层、不同行业,几乎涵盖了社会的各个方面,而且是我国唯一由所有合法政党参加并可以党派名义在其中开展活动的政治组织,实现了党派合作性和界别代表性的有机结合,具有极其广泛的群众基础。从一定意义上讲,了解了各界别的意见就基本上熟悉了社会大多数人的想法,掌握了各界别的情况就大致掌握了整个社会的现状。因而通过政协组织,党能够密切与各界别群众的广泛联系,进而夯实党的群众基础。

(二)人民政协包容性强，有利于充分尊重民意

充分考虑各界群众意愿，最大限度维护群众合法权益，是群众路线精神的内在要求。人民行使民主权利的最根本途径是选举民主，但单一选举民主因其以少数服从多数为原则，易导致少数人的意愿被合法否决。如何使少数人的正确主张和合理要求不被埋没，这就需要有吸纳不同意见的有效体制和机制来支撑。以民主协商为主要特征的人民政协，长期秉承"和而不同"的价值理念，始终彰显其巨大的包容性。这种包容性不仅体现在团结面广，包容各方面的差异，而且更体现在各种意见的自由表达与尊重。人民政协坚持民主协商、平等议事、求同存异、体谅包容的原则，各种不同利益、不同立场、不同观点在人民政协这个平台上都得到包容和体现，既尊重多数人的意愿，又照顾少数人的合理要求，经过充分讨论协商，求大同存小异，努力达成共识，使党政决策更加顺应民意、合乎民心，更具合法性基础。

(三)人民政协位置独特，有利于真实反映群众意愿

信息是决策的基础，坚持"从群众中来，到群众中去"，必须以客观真实获取民意为首要前提。人民政协不同于国家权力机关和行政机关，有着"献策而不决策、立论而不立法、议政而不行政"的特点。由于它不是处理矛盾的利益相关方，很少有利益驱动，有助于以客观公正立场与各界群众进行协商沟通，在建立相互信任关系的基础上增强工作的说服力，使人民政协成为最能表达民意和听到真话的地方。同时，政协委员由界别协商产生，代表界别在政协组织中开展活动，因而较少受地区和部门利益局限，能够更加客观地了解情况、分析问题，反映民意，提出自己的真知灼见。政协组织"亦官亦民，非官非民"的特殊地位，为贯彻群众路线提供了独特的有利条件。

(四)人民政协渠道畅通，有利于群众有序政治参与

人民政协是我国政治体制的重要组成部分，同各级党政决策机关保持着畅通的联系，有着下通各界、上达中央的渠道优势，为各界群众有序政治参与创造了良好的条件。人民政协每一个组成界别，本身就是一条反映人民群众意见的重要渠道。由于委员来自于界别，更易得到各界别群众的信任而使诉求渠道畅通。人民政协的这种界别渠道优势，既有利于我们党获取其他渠道不易得到的各种信息资源，又有利于党的政策和主张通过界别渠道得到更有效的传递与落实。人民政协是我国最早制度化的民主形式，全国自上而下建立了完整的组织系统，构建了健全的工作机制，形成了对口协商、专题协商、界别协商、提案办理协商等多种渠道形式，使政治参与趋向规范化、程序化和制度化，弥补了群众政治参与机会缺乏和参与渠道不畅的不足。

上述分析表明，人民政协作为党践行群众路线的重要领域，有着无以替代的独特优势和作用。我们不仅要在思想上端正认识，增强在政协工作中贯彻党的群众路线的自觉性，而且要立足于政协实际和特点，通过不断优化界别、扩大民主、明确定位、畅通渠道，以不断强化优势、突出特色，承担起贯彻党的群众路线的神圣使命。

二、努力建构人民政协贯彻群众路线的科学体制机制

制度具有根本性、全局性和长期性，充分发挥人民政协在贯彻党的群众路线中的作用，必须有与群众路线要求相一致的科学体制机制给其以规范和保障。这种科学体制机制，既包括政协自身制度的不断完善，也包括与政协作用发挥紧密关联的联动机制的建构。

（一）形成与群众路线要求相适应的政协制度体系

人民政协成立60多年来，大力加强制度建设，初步形成了比较完备的制度体系，有力推动了人民政协事业的发展。但从贯彻落实群众路线的要求来看，目前政协制度化程度仍显不足，还缺乏一系列配套的、相对稳定的实施细则和规定。制度建设涉及方方面面，任重道远，但有两点我认为应该予以关注：

1. 推进政协法治化建设

民主是法制的基础，法制是民主的保障，二者如鸟之两翼不可分离。党的十八届四中全会作出了关于全面推进依法治国若干重大问题的决定，明确了"建设社会主义法治国家"的总目标，提出了"推进社会主义民主政治法治化"的新任务。作为国家政治体制的重要组成部分和协商民主的重要渠道，人民政协必须与新的任务和要求相适应，不断加快法治化建设进程，为群众路线的贯彻落实提供强有力的法治保障。从现实来看，除《宪法》对政协作了一般性的规定之外，至今还缺少有关针对人民政协履行职能的法律法规文件，很多制度规定因没有法律效力和法律权威，在实际执行中困难重重。比如，政治协商往往为党政领导者个人意愿所取舍，民主监督也经常遭遇一些阻力而流于形式等，人民群众有序政治参与的政协实质无法充分体现。在人民政协法治化问题上一直存在不同的意见，有人担心推进法治化会改变政协性质定位。其实不然，法治化建设能够使政协的定位更具权威性，使政协工作更有法律效力，使人民参与协商民主的权力得到更有效保障。我们应根据宪法精神，通过立法，明确新形势下人民政协的角色、职责、权利和义务，以及具体的内容、形式、程序和要求等，使任何组织和个人都必须依法办事，切实保障人民民主权利的实现。

2. 体现群众路线主旨

群众路线主要包括"一切为了群众，一切依靠群众"的群众观点和"从群众中来，到群众中去"的工作方法两个方面，而人民政协工作从一定意义上讲就是群众工作，体现出与群众路线的高度契合。因而，人民政协的各种制度规范理应落脚在保障政协群众工作、维护群众路线的贯彻落实上。党的十八大提出了健全社会主义协商民主制度的任务，十八届三中全会作出了协商民主是群众路线在政治领域的重要体现的基本定性，作为协商民主重要渠道的人民政协，必须充分体现这一精神，在整个政协制度体系建设中，突出群众路线主旨，使群众路线在人民政协工作中得到全方位全过程的渗透。要将群众路线精神落实到各项实体性制度和程序性制度之中，对贯彻群众路线的具体内容和要求加以明确规范，做到有章可循，并以是否有利于贯彻群众路线作为评判制度好坏的一个重要标准。现在一些

地方政协制定了多种多样的政协委员联系服务群众制度，创造了利用网络、电话短信、微信微博等方式征集社情民意线索等联系群众的做法，较好地保障了群众路线的贯彻执行，值得大力提倡。

（二）健全政协与人大贯彻群众路线的相互补充机制

党的群众路线，集中体现了人民当家做主的社会主义民主政治的本质要求。作为实现人民民主的形式，选举民主和协商民主并存成为我国民主政治的鲜明特色。新中国成立60多年来，国家通过不断完善人民代表大会制度来保证人民的选举民主权利，通过加强人民政协建设发挥其在我国政治生活中的协商民主作用。人大和政协分别成为两种民主形式的最成熟的代表，同样成为贯彻群众路线的两个最重要的载体。

人大的主要特征是选举民主，人民通过选举代表行使自己的民主权力，它是代表和反映民意的最直接、最主要的形式，能够有效地集中人民群众的意志、反映人民群众的要求，加之采用议行合一制，在制度安排上较之西方三权分立制度民主性更为突出，使人大成为党在国家政权组织中贯彻群众路线、充分发扬民主的最好形式。社会主义民主是真实而全面的民主，单纯的选举民主或代议制民主也存在自身的局限。习近平总书记指出，人民是否享有民主权利，要看人民是否在选举时有投票的权利，也要看人民在日常政治生活中是否有持续参与的权利；要看人民有没有进行民主选举的权利，也要看人民有没有进行民主决策、民主管理、民主监督的权利。如果人民只有投票的权利而没有广泛参与的权利，这样的民主是形式主义的。以政协为重要渠道的协商民主，以其强调协商于决策之前和决策之中，充实和保障了人民的知情权、表达权、监督权和参与权等民主权利；以其巨大的包容性，兼顾了不同群体的利益与诉求；以其增进理解、扩大共识，形成和谐团结的政治局面，避免了单一选举民主因强烈竞争性所造成的团结危机。可见，两种民主形式"相互补充、相得益彰"，在贯彻群众路线实现人民民主中举足轻重。

我们可以考虑，在国家政治制度的层面上进行整体设计和安排，强化选举民主和协商民主的相互渗透，推进政协和人大的紧密结合。在我国民主政治建设中，基本形成了"党委领导、政协协商、人大决策、政府实施"的框架。必须毫不动摇地坚持人民代表大会制度与共产党领导的多党合作和政治协商会议制度，既发挥人大选举民主的作用，又突出政协协商民主的效能，使人大和政协为代表的两种民主形式在我国政治体制建构中相得益彰。要坚持业已形成的"两会"同时召开的制度，进一步完善两会期间二者相互配合机制，促进"两会"更好地体现群众路线精神、强化决策的民意基础。要根据十八届三中全会全面深化改革的要求，大力推进政治体制改革，在人大和政协关系的理顺、职责的衔接、作用的互补以及人大代表和政协委员的相互协调等方面，不断进行探索和完善，通过建立长效机制，使政协和人大在贯彻群众路线上良性互动，彼此支撑，形成合力。另一方面，为了保证人民充分行使民主权利，我们还需要进一步加强协商民主在人大中的运用，也要强化选举民主在政协中的体现，形成两种民主形式在人大和政协内部的相互促进、优势互补，克服单一选举民主或协商民主的缺陷，开创我国人大和政协贯彻群众路线的新局面。

三、围绕群众路线强化人民政协履职能力建设

人民政协"以实现和维护人民的根本利益为履行职能的出发点和落脚点",而人民利益的实现和维护,有赖于人民政协履职能力的支撑。因此,必须围绕群众路线大力加强政协履职能力建设,以提升践行群众路线实效。

（一）提高政治把握能力

群众路线是党的生命线和根本工作路线,中国共产党发展历程告诉我们,党之所以能够取得事业的成功,靠的是始终保持同人民群众的血肉联系、代表最广大人民根本利益,如果脱离人民定将走向失败。政协事业是党的事业的重要组成部分,必须坚持和维护中国共产党的领导,站在关乎党生死存亡的政治高度自觉贯彻群众路线,协助党和政府实现好、维护好、发展好最广大人民的根本利益,巩固党执政的社会基础,并自觉把中国共产党的决策部署贯彻到人民政协工作中去,做好党委政府和群众之间的"连心桥"。要始终坚持科学理论的指导,坚信群众是真正英雄的历史唯物主义观点,并善于运用科学理论分析判断形势、研究解决问题。要坚定理想信念,增进政治认同,依照宪法法律和政协章程的准确定位,以联系服务群众保证人民当家做主为己任,自觉抵制外来西化、分化图谋,毫不动摇地走中国特色社会主义政治发展道路。

（二）提高调查研究能力

加强调查研究是密切联系群众的基本要求,密切联系群众是加强调查研究的重要保障,二者紧密相连,有机统一,必须把密切联系群众、加强调查研究统一于政协履行职能的全过程和各方面。提高政协调查研究能力,首先要认识调研工作在政协工作中的基础地位,懂得离开调查研究,政协议政建言工作就会成为无源之水、无本之木。应明确自身调查研究的特点,人民政协与党委、政府及其部门的调查研究不同,如调查的目的不是直接为决策服务,而是提出意见和建议供党政及其部门决策时参考;与调查对象之间非领导和被领导的关系等,政协在调研方面既有优势又有不足,必须扬长避短,突出政协调研特色。其次,要坚持问题导向,培养洞察力,注重选题的科学性、全局性和前瞻性。坚持围绕中心,服务大局,反映政治、经济、文化和社会生活中的重要问题以及人民群众普遍关心的问题,使选题体现"群众所望、党政所需、政协所能"的要求,提升政协建言献策的针对性和有效性。再次,要注重整合资源,集合众智,综合发挥各方面力量在政协调研中的作用,形成"协调一致,相互配合"局面,并完善调研方法,努力使对策建议有的放矢、切中要害,提高调研成果的应用价值。最后,要坚持和完善调研工作制度,包括领导干部调研制度、政协工作联系点制度等,形成调研、管理、激励、考评等深入调查研究的长效机制。只有如此,政协调研能力才能切实提高,群众路线的贯彻才能落到实处。

（三）提高联系群众能力

人民政协来自于人民,服务于人民,其优势和特点就在于与各界群众联系密切,离开

人民群众，政协就失去了存在的价值和发展的动力。目前，群众主体多元化、群众利益多元化、思想文化多元化等新的特点，使群众工作面临多方面的挑战。人民政协必须适应新的形势，牢固树立履职为民理念，切实提高联系群众能力。一是要认真研究新形势下政协开展群众工作的特点和规律，善于把协商、监督、疏导、服务等有机结合起来。要坚持工作重心下移，深入实际、深入基层、深入群众，做到知民情、解民忧、纾民怨、暖民心，充分调动人民群众的积极性、主动性和创造性。二是要丰富联系群众形式、拓展联系群众内容、创新群众工作方法，畅通和拓宽各界群众的利益诉求表达渠道，协助党委、政府做好协调关系、理顺情绪、化解矛盾、凝心聚力工作，发挥好桥梁纽带作用。三是逐步完善政协组织联系群众、政协委员联系群众、界别联系群众以及政协组织联系政协委员等工作机制，使联系群众常态化、长效化。

（四）提高合作共事能力

人民政协由众多的界别组成，涉及不同的群体，利益各异，诉求多样。提高合作共事能力，成为政协坚持民主和团结两大主题、做好群众工作的前提，也是人民政协得以长期坚持和发展的基础。一是要发扬求同存异、体谅包容的优良传统，尊重和包容不同意见的存在和表达。李维汉曾说过，政协是统一战线组织，可以提出各种问题，可以发表各种意见，讲错了也没关系，出气也可以，发牢骚也可以。总之，政协要民主、自由一些，随便一点，像个民主之家。这段话在今天仍然具有重要意义，要通过完善民主程序，创新民主方式，培育民主作风，保证人民政协始终成为最能体现民主精神、最能畅所欲言的机构和场所。二是贯彻民主协商、平等议事的工作原则，以民主的作风团结人，不断增进思想共识。正如习近平总书记所说，我们要坚持有事多商量，遇事多商量，做事多商量，商量得越多越深入越好。这样，才能使党委和政府的决策既尊重多数人的意愿，又照顾少数人的合理要求，找到全社会意愿和要求的最大公约数，形成坚实的群众基础。三是推进协商民主制度化建设，进一步拓展协商民主形式，努力构建多层次、全方位协商格局，增加协商密度，提高协商成效，充分彰显人民当家做主的主人翁地位。

发挥人民政协在贯彻党的群众路线中的作用，对加强党的建设、密切党群关系具有极其重要的意义。我们必须站在党的群众路线高度，深化对人民政协重要性的认识，不断推进人民政协事业的发展。

反对形式主义，提升践行群众路线实效

朱倩倩　朱红霞　周青山

全党集中性的群众路线教育实践活动已经基本结束，"四风"问题有了明显转变，受到了人民群众的普遍好评。如何进一步推进教育实践活动的不断深入，巩固教育实践活动的成果，仍然值得认真的思考与研究。形式主义是"四风"之首，直接危害着群众路线的贯彻落实，提升基层组织践行群众路线实效，必须从根本上加以克服。

一、群众路线的内涵

党的十七大报告指出："党的群众路线，是我们党的根本政治路线，也是我们党的根本组织路线。"[①]群众路线是党的生命线，是贯穿于党的一切工作之中的根本工作路线。毛泽东同志在坚持唯物历史观的基础上，结合中国革命的具体实际，凝聚全党智慧，提出了一整套符合中国的历史观和群众观，即党的群众路线理论。在此基础上，我们党继续在理论和实践上推动着群众路线的丰富和发展。坚持党的群众路线，是我们党进行社会主义革命和建设的制胜法宝。

党的群众路线，概括的讲，就是"一切为了群众，一切依靠群众，从群众中来，到群众中去，把党的正确主张变成群众的自觉行动。"党章中的这句话，一方面强调了作为执政党的中国共产党应该具有的群众观点，即"一切为了群众，一切依靠群众"，这关系到党的性质和宗旨；另一方面，更规定了党的领导方法和工作方法，即党的正确领导意见应该是"从群众中来，到群众中去"。

"为民务实清廉"是群众路线在新形势下的时代内涵。"务实"是群众路线的本质特征。"务实"是"从群众中来到群众中去"这一领导方法和工作方法的最好体现。"务实"其实就是要"实事求是"。在新中国成立初期，毛泽东同志讲"实事求是，不尚空谈"。改革开放时期，邓小平同志讲"世界上的事情都是干出来的，不干，半点马克思主义也没有"。在当前深化改革的关键时期，习近平总书记强调"空谈误国，实干兴邦"，要实现"中国梦"，务实是根本。当前，既是改革的攻坚期，又是改革的深水期，既是黄金发展期，又是矛盾凸显期。坚决反对和克服形式主义，是坚持党的群众路线，弘扬求真务实精神的关键所在。

[①] 《十七大报告辅导读本》，人民出版社 2007 年版。

二、形式主义的表现

形式主义是指片面注重表面形式而不顾实质内容的工作作风，或只看事物的现象而不分析其本质的思想方法。其共同特点是脱离现实生活，内容空虚，"无实事求是之意"，极端的夸大事物的表面形式，不讲实际内容和实际效果，与党的群众路线思想背道而驰。形式主义的实质是把形式和内容机械地割裂开来，脱离实际内容，极端地夸大事物的表现形式，是唯心主义世界观和方法论的集中体现。

在新的历史条件下，形式主义在某些领域内得到了有效地遏制，但是，由于形式主义有着根深蒂固的社会基础，在一定范围内，尤其是在党的群众路线教育实践活动中仍然存在，具体表现为：

第一，"为了学习而学习"。群众路线教育要求各级党组织都开展主题学习教育活动，组织学习相关文件，开展专题大讨论，开展主题宣传教育活动等。各级党组织纷纷以各种形式积极响应着党的号召，但有些在实际学习过程中，单纯的只是为了迎合党的要求，只图学习形式、走过场，把各种学习活动搞得风生水起，却没有下工夫研究文件精神，领会精神实质，学习只是为了作秀，没有考虑教育实践活动的学习效果。

第二，"开会成为万灵药"。教育活动实践中，什么工作都靠开会议、发文件来解决，只关心开会、发文、做姿态、表决心，而不考虑会议是否有效，文件是否管用。无论什么重要的事情，似乎只要开了会发了文就可以万事大吉，使领导工作停留在一般号召上，空喊口号，缺乏具体指导和督促检查。

第三，"基层实践空有形式"。深入基层原本就是我们党保持与人民群众血肉联系的良好工作方式。群众路线教育实践要求组织党员干部深入基层，通过坦诚相见、推心置腹的方法触及党员干部的思想深处、触及问题实质。在践行中，确实有很多党员干部走入基层，但是在这过程中，经常会出现热衷于造声势、搞花架子、走马观花的现象，同时也会出现避重就轻、回避矛盾、不敢讲真话实话、文过饰非、发泄私愤等现象。

三、形式主义产生的原因

形式主义这种顽疾之所以久戒不绝、难以根除，既有认识根源上的原因又有思想根源上的原因，同时还受价值观等因素的影响。

（一）认识上的主观主义

列宁说："唯心主义片面地、夸大地发展了认识的某一个特征、方面、部分。"主观主义使得主观脱离客观、认识脱离实际、形式脱离内容，不从客观存在的实际情况出发，不按照事物发展的客观规律办事，把形式上升到一种绝对化程度。主观主义是形式主义得以产生和赖以生存的思想基础。认识上的主观主义直接导致行为上的形式主义，不能正确认识形式和内容的关系，把形式与内容相脱离，片面追求形式，忽视事物的实质内容。在群众路线教育实践活动中，不能正确处理对上负责与对下负责的关系，不能坚持一般号召与个别指导相结合的工作方法，不注意结合实际，不认真研究制定落实上级精神的具体措施,这必然使工作流于形式。

(二)思想上的官僚主义

"官僚主义的要害是脱离群众,脱离实际,做官当老爷。"①搞形式主义的人往往是官僚主义在作怪,所以,邓小平说"形式主义也是官僚主义"。②虽然,它们的表现形式不一样,但却是如影相随的。官僚主义引发形式主义,形式主义助长官僚主义。"官僚主义保护、默认甚至是倡导形式主义,形式主义往往借助官僚主义得以滋生和蔓延。凡是有官僚主义的地方都不难找到形式主义,凡是有形式主义的地方也不难找到官僚主义。形式主义的欺骗手段也最容易在官僚主义那里得逞,也为滋生官僚主义的习气起到了推波助澜的作用,这又往往形成恶性循环。"③在群众路线教育活动中,也部分地存在着一些不好的现象,如:评比达标活动过多过滥,基层应接不暇,检查工作不深不细,蜻蜓点水、走马观花,下面做表面文章,上面看表面文章。有些部门考察干部不深不透,提拔重用了一些惯于搞形式主义的人,客观上纵容和助长了形式主义。

(三)价值观上的功利主义

从社会根源上来看,搞形式主义的人往往具有较强的功利性。个人功利主义价值观是形式主义产生的深层根源。"我们的许多党政干部在工作中都希望能够快速地得到好处,在仕途上能够尽快升迁,但又不肯埋头苦干,于是狭隘的个人功利主义便开始泛滥。"④在群众路线教育实践活动中,有些党员干部热衷于轰轰烈烈地开会议、层层下达文件、走马观花似的下基层调研,这样既冠冕堂皇又轻松省力,还能留下"及时、迅速、贯彻上级精神"的良好的印象。他们下基层不是真正的为了群众,而是为了自己的政绩。

(四)考核评价制度不健全

现行的考核制度还存在导向偏移,易诱发华而不实、弄虚作假等形式主义风气,在相当长一段时间内,在政府以及官员的政绩评价中,过度强调经济增长。政绩指标,片面强调对上负责而忽视了对下负责,这在一定程度上导致了形式主义的频繁发生。在群众路线教育实践活动中,有些部门、地区单纯地为了政绩,只重视经济的发展,而忽视了群众的实际需要,开展教育实践活动只是为了提高政绩,做表面功夫,而没有把实践教育的实质落实到位。

四、形式主义的危害

形式主义作为"四风之首","流毒全党,妨害革命,传播出去,祸国殃民。"⑤如果任

---

① 孔繁顺:《力戒官僚主义之风》,载《求是》杂志 2013 年第 17 期。
② 《邓小平文选》(第二卷),人民出版社 1993 年版,第 381 页。
③ 崔增富:《贯彻落实科学发展观必须反对和戒除形式主义》,载《江西行政学院学报》第 3 期。
④ 许又声:《狠刹形式主义之风》,载《求是》杂志 2013 年第 17 期。
⑤ 《毛泽东选集》(第二卷),人民出版社 1991 年版。

其蔓延，危害极大，尤其是在群众路线教育实践活动中，形式主义不去，其他歪风难除。

(一) 形式主义不利于群众路线的贯彻和执行

一切从实际出发，实事求是，是我们党的优良传统。制定和执行党的路线方针政策，只有结合本部门、本地区的实际情况，实事求是的制定和落实具体的措施和方法，才能显示其巨大的生命力和推动力，才能真正推进中国特色社会主义建设，实现中华民族的伟大复兴。在群众路线教育实践活动中，坚持实事求是要求党员干部"从群众中来，到群众中去"，虚心向群众学习。有些部门只注重形式而轻视内容，不可能真正做到虚心向群众学习，也就不可能从群众那里发现问题，并依靠人民群众的力量和智慧找到解决问题的方法，也就不可能了解本部门、本地区真正的情况。这直接的后果是在做许多工作时基本处于盲目状态，一切靠主观，这必然带来工作上的失误。

(二) 形式主义不利于资源的有效运用

形式主义重形式轻内容，在人力、物力、财力上的高投入、低产出，不仅劳民伤财，而且对一些领导干部来说，没完没了的形式主义工作，迫使他们疲于奔命，造成精力的无端消耗，使得他们没有更多的精力静下心来做实事，被动的沦为官僚主义者的一分子。这对于党和国家来说，是人力资源的浪费。党的群众路线教育实践活动应该是一场高效节俭的党内教育活动，这既是建设节约型政党的必然要求，也是群众路线的本质要求。形式主义消耗广大党员干部的精力时间，影响他们做好本职工作，影响群众教育实践活动的有效进行。

(三) 形式主义不利于构建和谐的党群关系

党的群众路线教育实践活动的主要目的是整顿党内风气，广大人民对这次活动有很大的期盼。实践中的形式主义，不仅不能实现整顿党风的目的，而且不能解决群众所渴望解决的问题，这将极大地打击人民群众的热情，影响人民群众的工作热情和积极性，使人民群众对党和政府的信任度难以提高，影响党和政府的公信力。同时，形式主义导致许多党员干部在活动中，不敢说真话，掩盖矛盾，使得虚假之风盛行，损害党的凝聚力。全心全意为人民服务的宗旨要求我们党要为老百姓办好事、办实事，形式主义重形式轻内容，华而不实，在人力、物力、财力上的高投入、低产出，不仅劳民伤财，而且使得人民群众对党和政府产生了极大的不信任，严重影响党和政府的形象，破坏党群关系。

五、有效反对形式主义的对策

形式主义是与党的群众路线教育实践活动的出发点及其宗旨相背离的，贯彻落实党的群众路线教育实践活动必须反对形式主义的不正之风，有效应对形式主义对党的群众路线实践活动的消极影响。

（一）在认识上，树立正确的实践观

坚持从实际出发、实事求是是中国共产党的优良传统。引导党员干部自觉地坚持从实践中来，到实践中去，坚持实践是检验真理的唯一标准，努力使各项工作经得起实践的检验，以解决实际问题的成果检验群众路线教育活动的实效。树立解放思想与实事求是相统一、对上负责与对下负责相统一的观念，树立抓工作与求实效相统一、内容与形式相统一的观念。坚持真抓实干，使工作更好的贴近群众、贴近基层、贴近实际。在群众路线教育实践活动中，贯彻和落实群众路线教育方针要从本部门、本地区的具体情况出发。倡导深入实际，到实地去、到基层去、到实践中去，直接了解情况，掌握第一手资料。通过亲身的实践调研，把分散在群众中的意见集中起来，进一步系统化，并上升到党的决策高度，之后再将决策放回到群众中去贯彻落实，并接受实践的检验，如此循环往复，推进党的群众路线教育实践活动不断深入发展。

（二）在思想上，树立正确的群众观

人民群众是实践的主体，是历史的创造者。马克思主义群众观要求我们要"一切为了群众，一切依靠群众"。首先，要坚持以人为本，从维护人民群众利益出发，真正做到坚持立党为公、执政为民。习近平总书记在党的群众路线教育实践活动中指出，"有利于百姓的事再小也要做，危害百姓的事再小也要除"[①]。其次，树立党的群众观，就是要提高党员思想政治素养，加强党的宗旨和优良作风教育，引导广大党员干部端正工作指导思想，真正认识到人民群众的非凡智慧和伟大力量，能够放下架子，真正走入群众，虚心向群众学习。进行群众路线教育实践活动，就是要增强更加自觉地为人民群众服务的意识，密切联系群众，一切方针政策的执行真正以满足人民群众的切实需要为根本出发点和落脚点。同时，在教育实践活动中，变群众上访为领导下访，建立和完善党员干部联系点制度，党员干部深入群众，征求广大人民群众的意见，汇及群众智慧，寻求更有效、更喜闻乐见的方法推进群众路线教育实践活动的开展。

（三）在价值观上，树立正确的政绩观

树立正确的世界观、人生观、价值观，形成正确的价值追求，是克服形式主义的重要前提。要通过进行社会主义核心价值体系教育，引导各级党员干部树立正确的利益观，自觉地站在党和人民的立场上，思考和处理问题。深入开展党的群众路线教育实践活动，要求各级党员树立正确的政绩观。各部门要自觉地把社会效益摆在首位，努力维护和实现好人民群众的整体利益、长远利益和根本利益。

（四）建立和完善考核评价制度

政绩是党员干部德、能、勤、绩、廉的综合体现，因此，首先，考核评价指标应多元

---

① 《习近平总结部署党的群众路线教育实践活动》，载《青年报》2014 年 1 月 21 日。

化，把民生改善、社会进步、生态效益等指标和实绩作为重要考核内容，而不是单纯的只把 GDP 作为唯一的考核标准。其次，在考核中，要规范民主监督机制，坚持对上负责和对下负责相统一，让权力在阳光下运行。群众路线教育实践活动的实施中，既要注重教育实践活动所取得的实际效果，又要将群众对活动本身及其效果的评价纳入考核体系。

关于我市乡镇纪检组织规范化建设的调研报告

湖北省黄石市纪委监察局

湖北省黄石市位于湖北省东南部，江南长江中游沿岸，是继武汉之后湖北建立的第二座城市，也是华中地区重要的原材料工业基地和国务院批准的沿江开放城市之一，全市现辖大冶市、阳新县和四个城区及一个国家级经济技术开发区——黄石经济技术开发区，一县一市共有乡镇27个，共配备专职纪检干部75名。近年来，我市坚持把乡镇纪检组织建设作为纪检监察干部队伍建设"基础工程"来抓，各项工作取得了较为明显的成效。2011年6月，中央纪委在长春召开"贯彻落实《关于加强乡镇纪检组织建设的指导意见》座谈会"，我市作为全国唯一的地市级代表在会上交流发言。

为认真做好全国乡镇纪检组织规范化建设试点工作，进一步提升我市乡镇纪检组织建设的规范化、科学化水平，自2014年1月起，我市抽调专人组成课题组，深入到各乡镇就纪检组织建设情况进行了深入调研，较全面地掌握了我市乡镇纪检组织建设情况，现将调查情况报告如下。

一、基本现状

近年来，尤其是中央纪委、监察部《关于加强乡镇纪检组织建设的指导意见》（中纪发〔2011〕26号）和湖北省纪委、监察厅《关于加强乡镇、村纪检组织规范化建设的实施意见》（鄂纪发〔2011〕46号）下发后，我市始终坚持以组织建设为基础、制度建设为重点、设施投入为保障、能力建设为关键，着力推进乡镇、村纪检组织规范化建设，不断夯实我市农村基层反腐倡廉建设的基础工程，为我市农村经济社会发展提供了坚实有力的纪律保障。

1. 基层纪检组织网络体系实现全覆盖

我市制定出台《关于加强乡镇（街道）、村（社区）纪检组织规范化建设的实施意见》，对乡镇、村纪检组织设置作出了硬性规定，要求每个乡镇、村都要设立纪委，做到哪里有党的组织，哪里就有纪检组织。下辖的大冶市、阳新县也都下发了相应的文件规定。目前，全市27个乡镇都设立了纪委、监察室，纪委与监察室合署办公，774个行政村都成立了纪检监督小组，各村组聘请了一批义务信息员，形成了以乡镇纪委为领导、行政村纪检组织为主体、群众义务信息员为基础的镇、村、组三级联动的基层纪检组织网络和工作格局，实现了反腐倡廉建设在农村全覆盖。

2. 乡镇、村两级纪检干部配备配齐到位

按照乡镇纪委5~6人（含纪委委员）、村纪委3~5人的要求，全市各乡镇、村都做到配齐到位，其中阳新县 16 个乡镇共配有专职纪检干部 41 人，兼职纪检人员（含纪委委员）84 人，437 个村（社区）有纪检监督员 1454 人。大冶市在完善乡镇纪委的基础上，对全市的 333 个行政村按照"1+2"的模式成立了村级纪检监督小组，999 名村纪检监督员由乡镇党委下文任命后持证上岗。为了加强监督力度，延伸监督触角，各村还按照一个村民小组聘 1 名义务监督员的标准，全市共聘请 4762 名关心村务、原则性强、威望较高的村民作为义务监督员，协助参与村务监督工作，并纳入全市纪检监察员信息库进行统一管理。在乡镇一级纪委，都确保做到有一名书记和一名专职副书记，部分委员能够由司法所、财经所长等具有法律、财经、审计等专业知识背景的年轻同志兼任。为确保"专职专干"，2014 年 7 月，市纪委联合市委组织部印发了《关于迅速落实乡镇纪委书记分工调整的通知》，要求乡镇纪委书记一律不得分管其他工作，并要求县（市）区委对不胜任、不适合从事纪检工作的乡镇纪委书记进行调整。目前，全市 27 个乡镇 27 名纪委书记全都实现专司其职，排序和分工实现"零报告"。村一级纪检监督小组，组长大多数由村党支部副书记或委员兼任，由群众信任度较高的无职党员担任。村纪检监督小组成员的产生一般都按照"两推一选"（党员推荐、群众推荐、民主选举）的方式选举产生。阳新县在最近的两届村委会、村支部选举中都把村纪检监督小组成员纳入同步选举，从而使选举出来的纪检委员有着较好的民意基础。个别基层组织相对薄弱的村，纪检监督小组组长由镇干部兼任，成员由镇聘请和培训专职人员担任。还有些经济条件较薄弱的村组，组长由"两委"委员兼任，同时邀请关心村务、原则性强、威望较高的义务信息员协助纪检监督小组收集信息，也取得了良好效果。

3. "七有五落实"基本上都执行到位

按照湖北省纪委提出的"七有五落实"的要求，我市下辖的各乡镇都做到了纪委有牌子、有队伍、有制度、有办公用房、有办公办案经费、有办公办案装备、有举报电话；村级纪检监督小组基本上都做到了组织、人员、责任、制度和保障落实。阳新县进而把"七有五落实"发展细化为"十有五落实"，即"有牌子、有队伍、有制度、有办公用房、有办公办案经费、有办公办案装备、有举报电话、有便民服务中心、有廉政文化宣传栏、有党务公开栏"。全县 16 个乡镇（场区）从过去的"三无"（无办公场所、无办公办案经费、无办公办案装备），变成了今天的"十有"；全县 437 个村（社区）有 414 个纪检监督小组基本实现"五落实"，占 94%。

4. 工作职能定位更加适合基层实际

在基层纪检机构逐步得到健全的同时，全市基层纪检组织按照省纪委统一要求，积极履行和探索基层纪检组织的工作职能，使之更贴近基层工作的实际，较好地发挥了监督、惩治、预防等职能作用。大冶市灵乡镇着眼于"强化四项职能、当好四大员"，即强化教育职能，做党风廉政建设的宣讲员；强化监督职能，做党员干部的督查员；强化惩处职能，做违规违纪行为的清障员；强化保护职能，做新农村建设的护航员，较好地将党风党纪教育、重大任免事项监督、镇村党务政务村务公开、重要建设项目及招投标监管、"资产、资金、资源"的"三资"管理、强农惠农政策落实、党员干部违纪违规问题查处等工作职能融入其中。

5. 各种工作制度更加健全完善

通过清理与完善乡镇、村纪检制度，乡镇村建立健全了民主管理、村民议事、工作台账等日常工作制度；进一步规范了信访举报、查办案件、监督检查等纪检工作制度；建立定期报告与工作例会制度，大冶和阳新的部分村纪检监督小组每月通过例会向镇纪委报告履行职责情况，交流研究村纪检工作；全面推行组账村管镇审的农村会计代理制，所有支出必须经过"三签两审"才可入账；阳新县纪委不仅制作了《镇（区）纪委工作职责》、《村级纪检监督小组工作流程》等十余块制度图牌，发放到各乡镇村统一悬挂，还将66项纪检工作制度汇编成册，下发到各级基层纪检单位遵照执行。市纪委也统一制作黄石市村级组织权力运行阳光操作流程图等6项流程图版面，在各村便民服务室或纪检监督小组张贴。通过近年来的努力，我市乡镇、村两级纪检组织做到了工作有制度、行为有准则，促进了业务工作规范化、日常管理制度化。

6. 工作程序和运行机制逐步规范

为了探索乡镇纪委工作运行机制，我市针对乡镇纪检制度运行中存在的薄弱环节，特别是操作随意性较大的，按照纪委工作的运行特征和规律，建立了日常管理、信访举报、案件检查、案件审理、保密、会议制度纪检工作运作流程。乡镇纪委受理的案件基本按照有关制度办理，并告知当事人违纪的相关条款，遇到疑难问题，谨慎处理，积极向市纪委请示。在大多数村，对凡是涉及村级重大事项和决策，均召开村民代表大会和"两委会"联席会议，按照民主集中制的原则研究讨论。大冶市陈贵镇纪委还将全镇村集体577处资产、60份经营合同全部建立了电子管理台账。目前，全市乡镇一级的纪委纪检档案的收集、整理、归档等各个环节也逐步做到了规范化管理。

7. 纪检干部的培训进入经常化的轨道

在乡镇、村纪检组织建立后，我市及时将着眼点转移到教育监督上，着力提升基层纪检队伍的能力，使专职纪检干部"会干事"、"干成事"，尽快成为纪检监察工作的行家里手。市纪委每年都要举办乡镇纪检干部培训班，在培训内容上突出实用性，涵盖农村社会经济发展的方方面面，同时围绕当前农村党风廉政建设和反腐败工作中的热点、难点问题进行专题培训。在培训方式上突出灵活性，采取党校教育、跟班学习、以案代训、干部自学、跟班锻炼等多种形式对纪检干部进行培训，每年还专门选调一批乡镇纪检干部到上级纪委相关业务科室进行跟班锻炼。在培训对象上突出完整性，按照分级培训和全员培训的原则完善教育培训体系，把乡镇纪检监察干部、村纪检监督小组组长培训纳入整体培训规划中。两年来，我市先后选派乡镇纪检干部参加中央纪委、省纪委各类培训班20余批、80余人次；每年各县(市)区纪委举办2~3期乡镇纪检干部培训班；各镇（区）纪委组织举行每年不少于两次"以会代训"的培训。以阳新县为例，2012年阳新县组织纪检干部参加各级业务知识培训2次88人，全县各镇(区)已培训纪检监督小组组长658人次，使乡镇纪检队伍的整体素质有了一定的提高，形成了一种"全员参与、人人学习"的良好氛围。同时，按照中央纪委、省纪委"五严守、五禁止"的纪律要求，从严、从紧抓纪律教育，对基层纪检队伍的政治纪律、工作纪律、办案纪律、保密纪律、廉政纪律做出明确规定，严肃惩戒纪检成员违规做法，严厉处罚纪检队伍违纪行为。通过以上措施，使全市基层纪检干部队伍的政治、思想、业务、作风素质有了很大的提高。

8. 对纪检干部队伍监督管理日益规范

我市建立《乡镇纪委述职述廉制度》，要求乡镇纪委书记每年向上级纪委进行述职述廉，上级纪委不定期对其履职情况进行测评。同时，在多个乡镇开展试点，聘请了68名纪检干部作风监督员，明确监督员工作职责，对乡镇纪检干部的工作作风、执纪办案和廉洁自律等情况进行监督。为了更好地激励纪检干部的工作热情，纪委建立完善乡镇纪委工作目标考核体系，每年年初各县(市)区纪委与各乡镇纪委签订目标责任书，明确工作职责，细化目标任务。对纪检干部目标任务、创新工作、特色工作等情况进行考核，考核结果在全市范围内予以通报，并作为评先评优和提拔重用乡镇纪检干部的重要依据，充分调动纪检干部从事纪检工作的积极性和主动性。大冶市纪委还针对不同部门、不同层级的纪检干部，专门制定了4个纪检监察系统绩效考评办法，建立了有效的工作激励机制。大冶市和阳新县兴国镇每月召开一次村(社区)纪检监督小组组长例会，建立纪检监督小组长的定期报告制度和定期信访接访制度，从而有效地实现对村级纪检小组的监管。

9. 基层纪检组织的装备条件明显改善

近年来，我市通过上级纪委补助一点、各县(市)区、开发区财政补贴一点和乡镇自筹一点的方式，一次性为全市乡镇纪委配齐必要办公办案装备，做到乡镇"四有"(即有摩托车、有电脑、有打印机、有文件资料保密和归档所需的文件柜)、街道"三有"(即有电脑、有打印机、有文件资料保密和归档所需的文件柜)，经济条件较好的乡镇还配备照相机、录音笔等装备。各乡镇提供了办公办案装备更新维修和日常使用所需资金。2010年，大冶市一次性投入近200万元，为该市11个乡镇、场、街办纪委分别配备了1辆价值10万元的工作用车，并购置发放了电脑、打印机等办公办案装备，为乡镇统一配备举报电话并统一号码，彻底改善了乡镇纪委办公办案条件。阳新县纪委也拿出30万元工作经费，为16个镇(区)纪委配备了电脑、打印机、录音笔和档案柜等办案装备。各乡镇纪委至少安排了纪委办公室和谈话室两间专用办公室。如我市灵乡镇设有单独的纪委办公室、监察室和信访约谈室，总面积超过110平方米，其中信访约谈室还特别加固门窗，确保信访约谈人的安全。

10. 基层纪检组织的工作经费有了较好的保障

为保证乡镇纪委必要工作经费，市财政从2009年起连续三年每年安排35万元专项资金，用于补助各城区及大冶市、阳新县特别困难乡镇纪检组织建设。各县(市)区财政也积极安排资金支持乡镇纪检工作，其中大冶市、阳新县将连续三年每年安排30万元配套资金加强基层纪检组织建设，保证纪委工作正常运转。在此基础上，各县(市)区纪委对临时性、突发性工作所需专项经费，也积极向县(市)区财政争取资金予以保障。大冶市各乡镇纪委办公办案经费按照每年6万~8万元的标准(条件好的在10万元以上)，纳入乡镇本级财政预算，单独列支，予以保障，并根据工作需要和形势发展适当增加。村纪检组织的办公经费由乡镇财政列支，乡镇财政确有困难的，县级财政给予了补助，如阳新县自2011年开始，县财政每年拿出10万元作为基层纪检组织建设专项基金，采取以奖代补的形式发放，用于解决基层纪检组织活动无经费、误工无补贴等问题。从我们调查的情况看，经济状况好的大冶陈贵镇、灵乡镇纪委的实际工作经费去年达20万~30万元；经济状况较差的阳新县的浮屠、王英镇也有3万~7万元。阳新县虽然对乡镇纪委工作经费没有在乡镇预算中单列，但通过实报实销，乡镇级纪委的工作经费基本得到保障。

11. 基层纪检干部的待遇得到一定改善

大冶市各乡镇将村纪检监督小组工作经费和纪检监督员误工补贴（每人每年平均不低于1200元）全部纳入本级财政预算。认真落实乡镇纪检干部岗位津补贴政策，明确每名乡镇纪检干部每月的岗位津补贴不低于200元。村纪检监督小组成员误工补贴，按每人每年不低于1200元标准，列入乡级年度财政预算，部分条件较好的乡镇还进一步创新奖励报酬方式。如大冶市灵乡镇，在实行误工补助的基础上，设立了上报重要信息、调处纠纷、监督重大事项等奖项并实行资金和工程监督核算计时制等一系列制度，将纪检干部的履职情况与奖金报酬挂钩，有效地调动了基层纪检工作人员的积极性。

12. 基层纪检组织的作用得到较好的显现

通过加强乡镇、村纪检组织建设，成效正在逐步显现。基层纪检组织的能力由弱变强，上下联系由散变紧，工作任务由软变硬，为农村经济发展、社会和谐稳定作出了积极贡献。一是发挥保驾护航作用，保障科学发展。全市各乡镇纪委紧密结合党委、政府不同时期的工作中心和发展中的主要问题，选准项目，突出重点，有针对性地开展监督检查，确保招商引资、项目建设等重点工作顺利进行，为乡镇经济社会发展发挥了保驾护航的作用。近两年，我市乡镇纪委积极参与和组织强农惠农政策和资金落实、建设工程招拍挂、工业园区软环境、"三资"清查、村务公开、农村中小学债务清理、企业排污达标等监督检查活动。2011年大冶市仅村级纪检监督小组累计监督200多个重要工程建设，监督资金1.2亿元。近年来，我市县域经济的蓬勃发展，大冶市成功晋级为全国县域经济百强县，阳新县也不断实现脱贫进位，纪检监察部门的护航作用功不可没。二是发挥纠风治乱作用，弘扬清风正气。各乡镇纪委把廉政教育与乡镇机关作风建设、文明社区创建、学校德育教育、企业文化建设、新农村建设和和谐家庭建设结合起来，积极开展丰富多彩、喜闻乐见的宣传教育活动。两年来，全市乡镇建立廉政文化公园3处，廉政文化长廊35个；依托歌舞剧院、采茶剧团、楚剧团等文艺团体，组织开展了两次廉政文化下乡巡演活动。乡镇廉政文化"六进"活动的深入开展，增强了党员干部为民、务实、清廉的意识，在农村基层营造了廉荣腐耻的浓厚氛围。三是发挥执纪为民作用，维护群众利益。我市始终把提高群众满意度作为衡量工作成效的重要标准，引导乡镇纪检干部牢固树立以人为本、执纪为民的理念，找准反腐倡廉建设与维护群众利益的结合点，关注群众急盼，倾听群众呼声，积极解决发生在群众身边的腐败问题，两年来共接办投诉1200余件，查办损害群众利益的违纪违法案件210件，挽回直接经济损失675万元，切实维护了群众利益，有效地减少了村干部违法违纪问题的发生。四是发挥维护公平作用，促进社会和谐。据不完全统计，近两年来，我市乡镇纪委指导村级纪检监督小组参与民主决策3680余项，监督村务公开、参与民主理财5000余次，共审核各类专项资金、惠民资金近亿元，维护了社会公平正义，促进了农村和谐稳定。

二、主要问题

从调研情况看，我市乡镇、村级基层纪检组织通过贯彻上级关于加强乡镇基层纪委建设的文件，各方面工作整体上得到加强，但也存在一些问题和不足，还有一些需要改进的地方，主要表现在以下几个方面：

一是工作成效不平衡。虽然总体上我市各乡镇、村基本落实了省市要求，但受各地经济状况等多种因素的制约，普遍存在经济条件较好的镇村文件精神落实得比较到位，工作开展得比较规范。比如大冶市的陈贵、灵乡镇无论是镇级纪检组织、还是村级纪检监督小组都运作得较好。而在一些经济薄弱的地方，特别是一些"空壳村"，村级纪检监督小组大多有名无实。据阳新县的同志反映，村一级纪检监督小组作用发挥得较好的约占40%，一般的占50%，还有约10%的村的纪检监督小组基本没有开展经常性的工作。

二是职能交叉的问题较为突出。在村一级，根据国家《村民组织法》第三十二条"村应当建立村务监督委员会或者其他形式的村务监督机构，负责村民民主理财，监督村务公开等制度的落实，其成员由村民会议或者村民代表会议在村民中推选产生，其中应有具备财会、管理知识的人员。村民委员会成员及其近亲属不得担任村务监督机构成员。村务监督机构成员向村民会议和村民代表会议负责，可以列席村民委员会会议"的规定，在换届选举时各村建立了村务监督委员会、民主理财委员会，其职能与纪检监督小组的职能重叠雷同，但是任职人员却不符合村民组织法关于"村民委员会成员及其近亲属不得担任村务监督机构成员"的规定。对村级财务的监督权由全体村民选举产生的村民理财小组承担，在目前村账镇管的体制下，乡镇财政所必须见到村理财小组长的签字才能入账，而现在，上级纪委又要求村纪检监督小组长要签字，实际上形成双轨同步运行，客观上造成重复监督和摩擦。虽然省里的文件要求整合，但由于两者产生的法律依据和管理部门不同，目前尚未将其融合在一起。此外，也存在无事可监督的问题，一些经济发展水平低的村原本就没有多少财务支出，这种交叉重复的监督设置就更显累赘，如我们调查的个别村，有限的上级财政转移支付的经费除去干部工资和报刊费外，基本没有别的开支，纪检监督小组也无字可签。

三是监督效果有待进一步加强。个别乡镇主要领导认为惩处了其管理和使用的党员干部，就等于给其脸上抹黑，对乡镇纪委工作特别是办案工作不够重视和支持，有的甚至错误地把查处违纪违法案件同阻碍经济发展画等号。个别乡镇纪检监察干部党性原则不强，怕得罪人，怕丢选票，导致乡镇纪委工作"疲软"。由于许多乡镇站所都实行了条管，编制、工资、福利、考核均不在乡镇，导致乡镇纪委监督困难。在村一级，由于地域小、人员少，很多监督事项往往涉及亲属邻里，少数监督员于感情上拉不下面子，监督工作难以开展。

三、完善基层纪检组织规范化建设的建议及几点思考

从调查情况看，目前乡镇纪检组织建设基本按照上级文件精神开展，但在规范化建设方面还存在一些不足，下一步我们将从以下几个方面努力提高全市乡镇纪检组织建设规范化水平：

(一)出台意见，分级指导

坚持实用可行、便于操作、兼顾长远的原则，按照中央纪委《乡镇纪检组织规范化建

设工作框架》要求，参照《关于加强乡镇、村纪检组织规范化建设的实施意见》（鄂纪发〔2011〕46号），结合实际情况修订我市2010年制定的《关于加强乡镇（街道）、村（社区）纪检组织规范化建设的实施意见》（黄纪发〔2011〕14号），起草《关于进一步加强全市乡镇纪检组织规范化建设的实施意见》或者《黄石市加强全市乡镇纪检组织规范化建设××条》，经征求市委组织部、市编办、市财政局等相关部门意见后，上报中央纪委和省纪委。指导县、乡两级按照职能权限完善、制定相关配套制度，切实解决县、乡两级在试点工作中面临的问题和困难。

（二）配强班子，激发动力

乡镇纪委副书记是乡镇纪委工作的具体组织者和执行者，他们不能参与党委其他工作分工，政治上应享有列席或参加党委会的权利，经济上应落实办案津贴，待遇上应明确副科级。在选择专职纪委委员或纪检干事的人选时，除侧重于在涉及人事、资金等方面的重要岗位、重点人群中产生外，还要求纪检委员具备财务、审计、司法方面的专业基础，这样既可以提高纪检干部业务水平，更有利于重要领域廉政建设，规避风险，有效防范腐败滋生。同时，为保持纪检监察队伍的相对稳定，应明确乡镇纪委书记和专职副书记至少应干满一届（3年）。

（三）加强协作，增强力量

构建全市乡镇纪委联合办案机制，按照人口和经济发展水平及实际需要，在全市范围内按3~5个乡镇设立一个乡镇办案协作区，整合各乡镇的办案力量，增强办案能力。同时，县（市）级纪委要加强对乡镇纪委办案指导检查和督办，定期组织乡镇纪检干部学习办案相关知识，还可以案代训的形式，抽调乡镇纪检干部参与县级监察机关的案件查处工作。

四是严格考核，奖优罚劣。建立完善乡镇纪检监察工作绩效考核体系，每年年初各县（市）区纪委与各乡镇纪委签订目标责任书，通过档案卡、考勤卡、业务联系卡"三卡"管理法，做到定量考核与动态考核相结合、平时检查与年终验收相结合、干部自我测评与群众民主评议相结合。考核结果在全市范围内予以通报，并作为对乡镇纪检干部评先评优和提拔重用的重要依据。制定《乡镇纪委述职述廉制度》，要求乡镇纪委书记每年向上级纪委进行述职述廉，上级纪委不定期组织对其履职情况进行测评。建立优秀基层纪检干部选拔培养机制，对工作成绩突出的乡镇纪检干部予以提拔重用，把优秀的乡镇纪检干部作为上级纪检监察机关的重点选拔对象。

第三篇 十堰市

生态文明背景下的十堰市新型城镇化发展路径研究报告

董文波　计毅波　黄永昌　南瑞江

改革开放 30 多年来，我国城镇化进程明显加快，城镇人口从 1978 年的 1.7 亿人增加到 2013 年的 7.3 亿人，城镇化率达到 53.7%，与世界平均水平大体相当。但在越来越多的老百姓享受到推进新型城镇化建设成果的同时，也正面临着前所未有的生态高负荷期。因此，将生态文明理念和原则全面融入城镇化建设的全过程，走集约、智能、绿色、低碳的新型城镇化道路刻不容缓。

为深入贯彻中央和湖北省决策部署，加快推进基于生态文明的十堰市新型城镇化进程，本课题组在十堰市社科联的大力支持下与 2014 年上半年开展了"加快推进十堰市新型城镇化建设专题调研"，通过与主管部门交流、实地调研、问卷调查、统计分析、集中研讨和外出考察等形式，全面了解了十堰市城镇化建设现状，查找了十堰市城镇化建设面临的问题，探讨了生态文明理念如何融入城镇化建设的路径，提出了对策和建议。

一、生态文明背景下新型城镇化建设的内涵

党的十八大报告把生态文明建设纳入社会主义现代化建设总体布局，进一步强调了生态文明建设的地位和作用，把生态文明建设放在突出地位，融入经济建设、政治建设、文化建设、社会建设各方面和全过程。这给生态文明建设提供了重要机遇，也赋予城镇化新的内涵。

(一) 新型城镇化的内涵

所谓新型城镇化，是指坚持以人为本，以新型工业化为动力，以统筹兼顾为原则，推动城市现代化、城市集群化、城市生态化、农村城镇化，全面提升城镇化质量和水平，走科学发展、集约高效、功能完善、环境友好、社会和谐、个性鲜明、城乡一体、大中小城市和小城镇协调发展的城镇模式。

新型城镇化"新"在哪里？本课题组认为，主要体现在两个方面：第一，新型城镇化不是简单的造城、扩城，而是围绕人的城镇化这一核心，让人们在城市里进得来、留得下、过得好；第二，新型城镇化不是简单追求速度，而是围绕提升质量这一关键，实现产业结构、就业方式、人居环境、社会保障等一系列由"乡"到"城"的转变，走以人为本、四化同步、科学布局、生态发展、文化传承的中国特色新型城镇化道路。

(二) 生态文明的内涵

生态文明,是指人与自然、人与人、人与社会和谐共生、良性循环、全面发展、持续繁荣为基本宗旨的文化伦理形态。它的实际内涵是要以尊重自然、顺应自然、保护自然为前提,以人与自然、人与人、人与社会和谐相处为宗旨,以绿色发展、循环发展为基本途径和方式,形成节约资源和保护环境的空间格局、产业结构、生产方式、生活方式以实现全面可持续发展,最终建设资源节约型、环境友好型社会。

生态文明不是关起门来不发展,不是强调什么都不干,而是真正实现自然资源的最大节约、最大限度的利用、能耗最大的降低,对环境的破坏程度最小,实现发展和保护有机的结合和统一。生态文明强调的是发展和保护双赢,是人与自然的和谐,是人的发展得到满足,环境生态也得到保护,这才是生态文明。

(三) 生态文明与新型城镇化的逻辑关系

当前,我国处于城镇化率30%~70%的快速发展区间,但过去传统粗放的城镇化模式带来了产业升级缓慢、资源环境恶化、社会矛盾增多等诸多风险,传统高投入、高消耗、高排放的工业化城镇化发展模式带来了三个"不可持续":主要依靠劳动力廉价供给推动城镇化快速发展的模式不可持续,主要依靠土地等资源粗放消耗推动城镇化快速发展的模式不可持续,主要依靠非均等化基本公共服务压低成本推动城镇化快速发展的模式不可持续。上述三个"不可持续"要求将生态文明理念融入新型城镇化建设的全过程,逐步由过去片面追求速度和规模向更关注城镇中居民生活质量和水平的提升转变,由过去一味追求空间无序扩张建设向更加注重集约高效的空间格局转变,由过去偏重经济效益向协调经济、资源、环境关系转变,生态文明建设成为我国新一轮经济持续平稳增长的新引擎,成为中国特色新型城镇化建设、缓解资源环境压力的重要途径,是建设美丽中国的重要基石。

十堰位于秦巴山区腹地,是南水北调中线工程核心水源区、国家级生态示范区、鄂西北山区国家级重点生态功能保护区。按照国家主体功能区建设的要求,十堰必须坚定不移走"绿水青山就是金山银山"的绿色生态发展之路,按照"国际知名的生态文化旅游城市,国家重要的汽车产业基地,鄂豫陕渝四省(市)交界地区的区域性中心城市"的战略定位,通过高起点规划、高标准建设、高水平管理、高效率利用,推进城镇经济生态化和生态经济化,加快城乡一体化建设,着力打造集约低碳的生产空间、宜居适度的生活空间、山清水秀的生态空间,把十堰建设成为生态环境优越、社会经济协调发展的国家生态发展示范地区、国际知名的生态文化旅游区、国家重要的汽车产业基地、鄂豫陕渝四省(市)交界地区的区域性中心城市和生态宜居城市,实现十堰跨越式发展。

二、近年来十堰市新型城镇化建设的现状

(一) 城镇规模进一步扩大

十堰市加快推动区域中心城市建设和"沿汉江生态城镇发展带、竹房特色城镇发

带"建设，加大县域经济发展力度，城镇框架不断拉大，产业、人口聚集效应进一步显现。截至2013年年底，十堰中心城区建成区面积达到72.2平方公里，人口近60万人，全市各县市区现辖133个街道乡镇，其中13个街道办事处、59个镇、36个乡、17个农场办事处、5个开发区管委会、2个保护区管理局，并有群众组织1966个，其中社区居委会172个，村委会1794个，居住在城镇的人口189.95万，城镇化率达到51.5%。全市已逐步形成了以城区为中心、以县（市）城关镇和建制镇为骨架、以各具特色的小集镇为网络的城镇体系。

（二）城市基础设施进一步完善

近年来，十堰市逐年加大对城市基础设施建设的投入，进一步完善城镇功能。加快市区和城镇之间的路网建设，中心城区中岳路、和谐大道、发展大道、机场大道西段、风神大道、林荫大道二号线、建设大道建成通车，郧阳路、京东路、西城大道、凤凰路、火车站北广场建设加快推进，40多条市政微循环道路得到改造，着力构建外部成环、内部成网的交通网络。相继建成了游泳馆、美术馆、博物馆、车城广场等一大批公共服务设施，其中体育场馆就达到441个，中心城区35个。新增游园7个、绿地157万平方米。加强城市水、电、气、暖等设施建设，市中心城区新建和改造污水管网717公里，天然气入户20余万户，保障能力提高了1倍以上。加大城市环卫设施建设力度，全市共建成运行13座污水处理厂，总设计处理能力46.6万吨/日，加大了公厕和垃圾处理站建设力度，城市污水处理率、垃圾无害化处理达到80%。重视城市园林绿化，仅仅2013年人工造林就达到31.6万亩，完成主要交通干线、城区、产业园区生态修复8000亩。同时，各县也更加重视县城基础设施条件的改善，加快了道路、公园、园林绿化和文化体育设施建设步伐，县城建设水平都有了较大提升。

（三）产城互动力度进一步加大

在新型城镇化建设中，我市积极推动产城互动，以产兴城、以城促产，有效带动了产业集聚。2012年以来，市委、市政府狠抓招商引资、项目带动，大力实施产业集聚发展，围绕产业发展定位和现有产业集聚优势，依托"东风航母"，实施"满园工程"，以项目为抓手，工业园区如雨后春笋般涌现，园区经济成为十堰工业快速发展的重要引擎。十堰经济开发区、东城开发区、西城开发区，"一主两翼"新型工业园区格局已经成型。目前，各类工业园已初步吸纳5000万元以上重点项目约600个，总投资在6000亿元以上。产城互动让各县市形成了自己的特色鲜明的产业体系，丹江"中国水都、十堰龙头"、郧县"生态滨江新区"、房县"四化"协调发展示范区、郧西"文化旅游强县、十堰西北门户"、竹山"十星高地、秦巴强县"，竹溪"绿色崛起示范县"。

（四）生态城镇建设水平进一步提升

近年来，十堰市积极适应生态城镇快速发展的需要，下大力提高生态城镇建设水平。十堰森林覆盖率达54.84%，城区园林绿化覆盖面积12671公顷，其中，建成区绿化覆盖面积3020公顷。开展"五城联创"活动，推进产业发展生态化、生态建设产业化，深入开展绿色机关、绿色企业、绿色学校、绿色家庭、生态乡镇、生态村等各类生态创建工作，着力打造全域景区、全域水源区、全域生态区，保护好十堰的青山绿水和清新空气，不断为十堰人民提供更多绿色福利，努力在生态文明建设上走在全省前列。十堰市先后荣获全国卫生城市、全国双拥模范城市、全国园林绿化先进城市、全国绿化十佳城市、国家园林城市等光荣称号。

(五)配套改革进一步推进

近年来，十堰市深入推进各项改革，努力构建城乡统筹发展、推动城乡一体化的格局。加快城乡公交的开通工作，十堰城区先后开通了201路城乡公交、十郧公交、51路、105路镇村公交、"十武"城际公交等公交线路，将城乡连为一体，极大地方便了市民出行；积极推进户籍制度改革，放宽城镇户口登记条件，一些县区坚持农村人口进城保持原有土地承包权、宅基地、计划生育、各种补贴政策不变，吸引了更多的农村人口向城镇集聚，我市城镇人口增加近70万人；不断完善就业服务体系，多渠道增加就业岗位，落实就业培训，新增城镇就业30万人；加强保障性住房建设，开工建设保障性住房3万多套，提高了城镇低收入家庭和新进城人员的住房保障水平；覆盖城乡居民的社会保障体系初步建立，全面实行了城乡居民社会养老保险和新型农村合作医疗保险、城镇职工基本医疗保险制度，建立了被征地农民社会保障制度，全市5项社会保险参保缴费人数达204.3万人次，新农合参合率达98.7%。

三、十堰市城镇化建设发展存在的问题

十堰市推进新型城镇化建设虽然取得了一定的成绩，但与全国、湖北省平均发展水平相比仍然处于落后状况。2013年全国城镇化率为53.7%，湖北省城镇化率已升至54.51%，十堰市城镇化率达51.5%，低于全国平均水平近2.2个百分点，低于全省平均水平3个百分点。除城镇化水平有较大差距外，还存在不少的现实困难和问题。

(一)思想认识还不够到位

新型城镇化与过去传统意义上的城镇化相比具有新的内涵，更加注重城乡统筹、产城统筹、经济社会统筹、外延与内涵统筹。从调研的情况看，目前不少干部群众对推进新型城镇化建设存在不少模糊认识。一是对新型城镇化意义认识不够、摆位不正，不能正确看待新型城镇化在推动"四化"协调科学发展中的引领作用。二是对新型城镇化的内涵认识不清，对新型城镇化"新"在哪里缺乏全面的理解，仍然固守传统的思维定式，片面认为推进新型城镇化就是多修路、多盖楼，搞城市扩张。三是对推进新型城镇化缺乏体系指导，推进新型城镇化比较热衷新城建设和高档地产开发忽视老城区和外来人口集聚区等中低收入人口集中居住区的改造；城市基础设施建设针对户籍人口和富人的需求，不仅拉大了城乡差距，还抬高了农民进城落户门槛。

（二）城镇建设基础差、规模小

一是中心城市发展相对滞后。比较于湖北省14个地市州，中心城区建成面积比十堰大的有武汉、宜昌、襄阳、荆州、黄石、咸宁6个，人口数量比十堰高的城市有7个，城区面积明显偏小，常住人口数量明显偏少，特别是经济发展基础薄弱，基础设施建设滞后，城市功能不够完善，城区交通拥堵，建筑密度过大，城市空间明显不足。对周边城镇的辐射带动能力有限（表1为2013年湖北各市GDP和人均GDP排名）。二是县城和小城镇建设比较缓慢。与周边县特别是先进地区相比，十堰市县域城镇发展比较滞后。所辖6个县（市）城平均建成区面积均不到15平方公里、县域中心城镇人口规模基本在10万人以下，小城镇人口规模普遍偏小，不足1万人的镇有48个，占全部建制镇的80%，难以有效发挥产业、人口的承接承载作用。乡镇和村级集体经济薄弱，农业生产方式落后，农民收入偏低。这种状况致使人口向社区聚集难度增大，推进新型农村社区建设任务繁重。

表1　　　　　　　　　**2013年湖北各市GDP和人均GDP排名**

地级市	2013年GDP(亿元)	2013年常住人口(万)	人均GDP(元)	人均GDP排名
武汉	9000	1012	88932.81	1
宜昌	2816	408.83	68879.49	2
襄阳	2814	555.14	50689.92	3
荆州	1334.9	571.94	23339.86	4
黄冈	1332.55	623.19	21382.72	5
孝感	1230	483.31	25449.5	6
荆门	1215	288.52	42111.47	7
黄石	1144	244.07	46871.8	8
十堰	1080	335.68	32173.5	9
咸宁	872	247.5	35232.32	10
随州	661.94	217.81	30390.71	11
鄂州	630.5	105.35	59848.13	12
恩施	540	330.58	16334.93	13
仙桃	503	118.49	42450.84	14
潜江	492.7	95.04	51841.33	15
天门	370	133.9	27632.56	16
神农架	19.3	7.65	25228.76	17
全省	24668.49	5779	42686.43	

(三) 规划引领作用发挥不够

十堰中心城市发展的空间形态不佳，城区强而县(市)弱，受我市多山先天地理条件制约，工业发展布局不尽合理，工业企业与休闲、娱乐、居住、商业混杂，园区规划滞后，小而分散，主导产业单一，由市到县到乡镇，主导产业定位趋同，小、散、乱的情况比较严重，城市枢纽和中心功能不健全，一定程度影响了城市的发展速度和质量。县域村镇体系规划滞后，这些镇乡规划只强调自身发展，以分散零星建设为主，综合开发率低，无法实现整体联动，资源整合、统筹兼顾，村规划覆盖率则更低，造成小城镇分布在区域间存在过密、过散。目前建制镇主要以行政职能划分地域，虽然不少地区城镇密集，呈带状发展，镇与镇间仅有几公里，有的甚至已连成一片，但是由于分属不同辖区，致使规划建设各自为政，城镇镇区无法达到最低的人口规模，要素集聚能力差，存在重复投资，重复建设现象，造成基础设施建设的浪费。

(四) 产业支撑能力不够强

十堰市作为秦巴山贫困地区，区域经济整体欠发达，一是支柱(汽车)产业基础好，但产业结构单一，经济发展基础薄弱，尤其是有利于增加财税收入和扩大城镇就业的二、三产业发展相对滞后，导致城镇对农村富余劳动力的吸纳能力不强，新型城镇化发展后劲不足。2013年，我市城镇化率为51.5%，而工业化率为45.37%，国际上发达国家城镇化率约是工业化率的2至3倍，城镇化滞后于工业化严重。我市城区工业总产值占到全市工业总产值的58%，五县一市所占比例不足一半，县域经济发展比较缓慢，非农产业扩张乏力，小城镇尚未形成具有特色的产业支撑。二是服务业发展总体水平偏低。交通、运输、仓储、物流、汽贸等传统服务业提升步伐缓慢，信息、咨询、科技、金融等新兴服务业发展滞后；企业规模偏小，布局分散，缺乏实力强、带动能力强的大企业和大项目。城乡商贸业市场体系没有真正建立起来，现有市场发展规模小、层次低，在城镇快速发展中规划和建设跟进不够。目前，全市第三产业在整个三产中所占比重仅为35%。三是产业集聚效应发挥不够。部分产业集聚区在前期引导企业入住时，未着眼产业集群发展，使众多关联性不强的企业"扎堆"。特色园区、专业园区建设相对缓慢，影响了产业集群发展。

(五) 保障措施跟进不够

一是城镇化建设资金短缺。市政公用设施建设融资模式主要依靠财政，市场化运作水平不高，投资方式单一，吸引社会资本参与基础设施和公共服务设施建设的力度不够大，基础设施(公厕、停车场、垃圾转运设施、商场、教育卫生设施、休闲场所等)起点不高，城市路网不够完善。这些导致城镇基础建设整体偏弱，城市本身承载能力亟待提高。二是社会保障制度改革相对滞后。城乡统筹的社会保障体系不够完善，农民进城享受的社会保障与原有城镇居民存在较大差异，看病难、上学难大量存在，实现城乡居民平等就业的相关制度还没有全面建立，城区大量企业长期采用劳务派遣形式用工，同工不同酬的现象比较突出，多数人"离土不离乡"，"进厂不进城"；与之相对的是，进厂农民仍占有农村的资源，土地由传统的保障功能向资本功能转化缺乏动力和法制支撑，造成土地流转不畅，加之山区土地难以成片耕作,农业规模化经营难以形成,城乡之间资源的优化配置和生产要素的合理流动收到阻碍,影响经济持续发展的后劲和城镇化进程。

(六)城镇管理缺乏创新

一是管理机制不够健全。城镇管理机制不健全、社会组织参与不够、制度规定不够到位,存在着职责不明、分工不细、运作不规范等现象。对城镇执法部门考评机制不完善,不敢管、不愿管的问题突出。城市社区建设滞后,服务和管理职能没有得到有效发挥。二是城镇监管不够到位。目前,我市中心城区和县城车辆违章行驶及停放、交通护栏随意开口、经营商户乱搭乱建和店外经营、小商小贩占道摆摊和沿街叫卖、建筑和生活垃圾乱堆乱倒、乱贴乱发广告的现象随处可见,城市管理秩序比较混乱。公安、城管等职能部门人力不足,监管不能做到全时制,处罚不够严格,致使城市管理方面存在的问题长期得不到解决,有些现象呈蔓延趋势。三是城镇居民文明素质有待提高。城镇居民缺乏"生态文明"的观念,法规意识、自律意识、监督意识、文明意识不强,城市文明风尚还没有真正形成。

四、加快推进生态文明背景下新型城镇化建设的建议

(一)发挥规划在新型城镇化建设中的引领作用

1. 加快形成完整的规划体系

一是确立新的城镇规划理念。要立足当前、着眼长远,突出规划的前瞻性,确立将"小县大城、组团发展"理念充分体现到城镇总体规划和专项规划上;要围绕优化空间发展布局、综合利用土地资源和推动经济社会协调发展,确立统筹兼顾的理念;要充分考虑人与自然、生态环境的和谐、历史文化与现代文明的融合,确立和谐发展的理念。二是进一步优化顶层设计。着眼构建覆盖城乡的新型城镇化体系,按照"远近结合、适度超前,总体规划、分步实施,因地制宜、突出特色,产城一体、统筹城乡"的要求突出顶层设计,着眼经济社会长远发展,注重城镇建设、产业发展、土地利用、人口安置、交通发展、新村建设等各类规划相互衔接,形成步调一致、协同发展的规划体系,引领新型城镇化高品位、高层次发展。三是同步编制和完善专项规划。依据全市新型城镇化总体发展规划和中心城区发展规划,制定完善中心城区新区建设和旧城改造详细规划;参照中心城市发展规划,及时修编县城总体发展规划;加快制定完善小城镇和新型农村社区建设规划;制订完善与城镇建设相配套的产业发展、社会事业发展等专项规划。在编制规划中,注重新型城镇化建设规划与经济社会发展总体规划、土地综合利用规划的衔接,努力形成完善的规划体系。

2. 注重城镇规划的质量

一是注重长远。对城镇布局的规划,对城镇路网、园林绿化、公共服务设施等规划要着眼适应经济社会快速发展的需要,既要照顾眼前,更要立足长远,坚持高起点规划,确保今后30年甚至更长的时期不落后。二是体现特色。把十堰"仙山、秀水、汽车城"特色

体现在中心城市、县城、小城镇和新型农村社区建设规划之中,彰显城镇建设的个性,提升城镇建设的文化内涵,避免城镇建设千城一面、千篇一律等同质化问题发生。三是打造亮点。在全面提升规划标准的同时,应重视城市标志性地带、标志性景观、标志性建筑的规划,努力打造城市建设的亮点。

3. 加大规划的执行力度

一是建立完善规划管理机制。严格落实《规划法》,结合我市实际,制定具有可操作性的制度规定。建立完善"规划一张图、审批一支笔、建设一盘棋、管理一个法"的管理机制,维护规划的严肃性,下大力解决规划变更随意性大的问题。二是加大对规划执行的监管力度。坚持严格执法,进一步加大对违规问题的查处力度,对违章建筑要坚决予以拆除,对规划区域内居民违建、超建等现象坚决予以制止。建议充分发挥规划委员会的作用,加强规划执行工作的协调;整合规划、住建、国土、环保等部门的力量,推行集中执法、网格化管理,提高规划监管的综合性和有效性。三是切实加强规划的宣传。采取多种形式,加强对《规划法》和相关政策规定的宣传。及时向社会公布各项规划,接受人民群众监督。建议规划建设城市发展展览馆,使之成为对外展示十堰城市建设成就的"名片"、宣传城镇规划的平台。

(二)加快构建生态文明新型城镇体系

1. 着眼发挥辐射带动作用,继续推进中心城区建设

一是推动区域组团发展,拓展中心城区发展空间。针对十堰中心城区地域狭小、发展空间有限的实际,以建设鄂渝陕豫四省(市)交界地区的区域性中心城市为目标,加快推动中心城区花果、红卫、老城、顾家岗、白浪七个城市内部组团和长岭、茶店、六里坪、武当山外围组团发展,努力打造中心城区和周边卫星城产业互补、交通一体、服务共享、生态共建的空间发展格局。建议加快郧县"撤县设区"申报进度,推动十堰经济开发区扩容六里坪镇,拓展城市发展空间,逐步消除行政区划带来的不利影响。二是加快滨江新区建设步伐,形成中心城区发展新亮点。按照滨江新区发展总体规划和区域功能定位,加大资金投入,提高建设标准,加快发展高端服务业、生态旅游业和生态居住区,把滨江新区打造成中心城市建设的"名片",发挥新区在城市建设中的示范引导作用。三是重视旧城区的改造,努力提升服务功能。坚持新区、旧城区发展相衔接、相协调,相互促进,共同发展。建议按照"内疏外扩"的发展思路,重点推进红卫组团、花果组团改造升级力度,合理"减密增高",增加城市绿地、公共服务场所面积,打造生态宜居环境。

2. 着眼提高承接承载能力,加快县城和小城镇建设

县城和小城镇是连接城市、服务乡村的重要节点,在推动产业、人口集聚方面具有独特的优势。在县城建设上,要突出优化空间发展布局,进一步提升承接承载能力。修订完善县城总体发展规划,扩展发展空间,拉大城市框架。下大力提升基础设施建设水平,强化服务功能,改善城市环境,提升建设品位。积极引导人口的空间转移,特别鼓励生态敏感地区的农业人口、扶贫搬迁人口、南水北调人口向重点城镇集聚,推动产业集聚发展。在小城镇建设上,要突出服务功能的完善,提高服务农民、带动乡村的能力。建设市委、市政府在武当山、六里坪、花果部分街道、乡镇政府所在地发展千人以上新型农村社区,结合在乡镇政府所在地开展新型农村社区建设，总结探索推动小城镇发展的路子，加快我市小城镇建设步伐。

3. 着眼强化战略基点作用，稳步推进新型农村社区建设

一是科学规划布局新型农村社区。建议在城郊村、乡镇政府所在地、产业园区、旅游景点等公共服务设施较好的地方规划5000人以上社区，在偏远农区和山区、丘陵地带规划2000~3000人左右的社区。二是突出新型农村社区发展重点。在新型农村社区发展模式上，建议突出三个方面：(1)依托城镇建社区，特别要把乡镇政府所在地作为新型农村社区的发展重点。(2)依托产业建社区，有效解决企业发展用地和失地农民就业问题。(3)依托强村建社区，通过先行先试探索城郊和城中村新型农村社区建设的路子。三是全面统筹新型农村社区建设。在新型农村社区建设中，建议对住房建设、公共服务设施建设、社区就业、教育、科技、文化、卫生、社会保障等统筹规划、整体推进。四是以农业产业化带动新型农村社区建设。建议市委、市政府按照中央要求，结合我市实际，制定和完善有关政策规定，加快农村土地流转，促进农村生产方式转变，引导农民向社区集聚。五是坚持实事求是、遵循规律、稳步推进。坚持分类指导，选择部分城郊村、乡镇政府所在地、重要景区、经济发展基础好的村庄搞好试点，探索路子，逐步展开。

（三）加强城镇基础设施建设

1. 加强城镇路网建设

建立快捷、方便、安全的综合交通体系是现代城镇发展的重要标志。要以中心城市为枢纽，以县城和乡镇集镇为节点，以新型农村社区为网点，建立起干支衔接、畅通快捷的综合交通体系。一是加快城镇路网建设进度。高水平、高标准编制综合交通体系规划，将中心城区道路向周边组团县城、重要旅游景点延伸，将县城道路向周边乡镇延伸，将乡镇道路向各中心村延伸。二是趁早谋划十堰城区重轨轻用项目，争取建设为十堰的穿城"轻轨"。三是提升道路建设水平。目前十堰市城区主要干道都偏窄，在新修道路上尽量按照主干道8车道规划，次干道4~6车道的标准规划建设，并增加道路绿化面积，为未来拓宽道路预留空间。建议对旧城区的道路进行升级改造，最大限度地拓宽路面；对背街小巷加快治理，提高城市路网密度；尽快在红卫转盘、重庆路与北京路交叉处、柳林路与东岳路会合处等车辆流动量大的路口建设立交桥，最大限度地分流车辆和行人。四是加强停车场、公交站点等配套设施建设。结合旧城区拆迁，在车辆流动大、容易发生堵塞的路段开发建设地上和地下公共停车场；根据市区现有客流，做好"铁路、汽车、机场"对接工作，尽早将三堰客运中心站迁出主城区；加快各客运中转站的建设，减少周边县和城镇客运车辆在主城区的运行；增加城市公交线路和里程，逐步向组团县城、周边乡镇和旅游景点延伸，提高城市公共交通分担率。

2. 加快推进水土流失的治理和城镇环保设施建设

实施水污染防治重点工程、大气污染防治重点工程、生态环境保护重点工程、土壤环境保护重点工程、固体废物环境保护重点工程、环境监管能力建设重点工程，把环境保护的装备、机构、人员配齐配强，全力保障环境保护工作的经费，真正把十堰建成环境保护模范城市。建议继续加强自然山体因房屋开发、市政建设、修筑道路等开山行为造成的裸

露山体，通过植树种草、"客土喷播绿化"等方法，使其尽快恢复绿化。做好城区五条河、工业点源、农村面源治理，包括河流上游的水库要做到集中式饮用水源地100%水质达标、河流中游—城区雨污分流主支管网建设以及全流域的水质断面检测率等。加快城市垃圾收集和处理设施建设，增加街道和农贸市场垃圾箱的数量，充分利用建筑垃圾，分类收集和处理生活垃圾；重视小城镇和新型农村社区生态环境保护，搞好污水和垃圾收集及处理设施建设。

3. 均等化统筹社会公共服务

要使农民真正留在城镇，成为市民，就要快速、稳妥地推动公共服务均等化。在健全基本生存服务体系、基本发展服务体系、基本环境服务体系、基本安全服务体系四个方面不断提升基本公共服务均等化水平，注重对就业、教育、科技、文化、卫生、社会保障等特别是保障性住房统筹规划、整体推进，在着力推进拆迁安置房建设的同时试点推行住房券制度，使城乡居民能够就近获得基本公共服务。继续加快中心城区体育场馆建设的进度，结合旧城改造和新区开发，建议在城区的红卫、花果、顾家岗建设更多的全民健身活动场所、游园，在十堰经济技术开发区建设一个大型的广场。加快完善市科技馆、图书馆、体育馆、群艺馆等内部设施，免费对外开放。重视小城镇和新型农村社区广播、电视、网络和农家书屋、文化大院等文化设施建设。

（四）强化新型城镇化的产业支撑

1. 提升产业集聚区建设水平

在产业空间布局上，按照主体功能定位，结合山地整理工程，重点围绕产业园区、产业集聚、产业新城三个层次，推进产城互动发展。一是引导产业在中心城市和中小城镇合理布局，向城镇、园区集中，优化生产力布局，促进中心城市和小城镇协调发展，建议推动郧县县城、丹江口市区等有条件的城镇发展汽车零部件生产和加工业，打造十堰汽车产业聚集区的两翼。同时，促进生物医药、饮料制造、新能源、环保产业等新兴产业向这一城镇带集聚发展，建设低碳产业发展聚集区。南部竹房三县发展农特产品深加工、特色矿产资源加工等劳动力密集型产业，突出本地资源的绿色生态优势，提高资源产品的附加值。二是以十堰经济技术开发区荣膺国家级开发区为契机，加快东城开发区、西城开发区、长岭开发区、六里坪开发区等工业园区的整合，将城区内杂落的工业企业逐步退城入园，引导全市产业园区进一步优化调整产业结构，同步规划建设生活配套和公共服务设施，建立科学、规范、高效的园区发展考核指标体系和考核办法，促进园区快速发展，把园区建设成为"四化互动"发展示范区，建设成为产业新城和城市新区。三是支持劳动密集型产业、农产品加工业向县城和中心镇集聚，推动形成城乡分工合理的产业发展格局，促进农业接地就近转移就业。

2. 加快推进特色产业园区建设

着眼推动特色产业发展，加快推进特色产业园区建设。依托十堰市汽车产业优势资源、医药矿产资源优势和产业发展基础，制定特色产业园区发展规划。建议中心城区一应重点发展整车制造、零部件加工、装备制造、汽车贸易等工业园区；其他各县应根据各地资源优势和产业发展基础重点建设特色园区，如丹江口库区高效生态农业示范园区、郧县长岭农特产品精深加工园区、丹江口市生态水产业加工园区等。二应努力把特色园区做大做强。依托产业集聚区建设特色产业园区，综合利用产业集聚区基础设施。优化园区企业布局，实现上下游产业衔接，减少资源浪费。搞好招商引资，扩大园区发展规模，拉长产业链条。加强园区公共服务设施建设，提高综合保障能力，重视科研机构和人才队伍建设，提高企业自主创新能力，增强产品竞争力。

3. 培大扶强重点企业，推进产业转型升级

一是大力发展汽车产业。依托我市雄厚的汽车工业基础，支持东风、三环、驰田等企业做大做强，出台优惠扶持政策，通过招大引强引进在全国有较大影响的汽车整车和零部件加工企业，特别是乘用车、新能源汽车企业落户我市，带动全市汽车产业的发展。二是支持生物医药产业做大做强。依托十堰生物产业园，力争把我市建设成为全国最大的生物医药生产基地。三是加快发展新能源、电子设备等战略性新兴产业。建议加强政府引导，加大政策扶持，创新适应新兴产业发展的模式，调动各方面的积极性，形成合力，促进战略性新兴产业发展的良好局面。

4. 加快发展服务业

建议在持续推动教育、医疗卫生、旅游、房地产业发展的同时，重点突出以下几个方面：一是努力提升传统服务业发展水平。针对我市传统服务业发展"小、散、弱"的实际，积极引进外地大型企业或集团，支持本地有实力的企业做大做强，提升住宿、餐饮、仓储等传统服务业发展水平。同时，要大力发展物业服务、社区服务、家政服务和社会化养老等服务业。二是着力推动生产性服务业发展。大力发展现代物流、金融服务、技术研究和开发、信息技术服务、电子商务、商务服务等，提升综合服务功能，增强区域综合竞争力。三是积极推进商务中心区建设。建议尽快出台加快商务中心区建设的政策措施，突出产业基础、产业特色和文化内涵，推进区域资本、科技、信息、人才高端要素向商务中心区集聚，提升现代服务业发展水平。

（五）努力提升城镇建设品位

1. 深入开展"五城联创"工作

着眼推动生态文明建设，发挥十堰地处我国南北交替地带，有山有水、气候温和、环境优美的优势，努力打造国家生态城市。在已获国家卫生城市、已通过"湖北省森林城市"考核验收基础上，深入开展"五城联创"（因有标准指标体系，本报告就操作层面的论述不再展开），彰显"青山环城，绿水绕城，森林漫城"的山城特色。加强生态文明普及工作，鼓励城镇居民在日常生活中主动践行节能环保，走森林大城市、低碳小城市、绿色小城镇（小集镇）、美丽新社区、幸福农家乐的特色生态之路，努力建设天蓝地绿、百业兴旺、安居乐业、诚信友善、政通人和的"美丽十堰、幸福家园"。

2. 彰显城镇文化内涵

在推进新型城镇建设中，围绕"内修人文"，注重十堰（郧阳）文化的挖掘、整合和传承，使其体现在现代城镇的规划和建设中。建议：一是以个性塑造为突破，挖掘城镇建设文化内涵，把汽车文化、武当文化、诗经文化、七夕文化、楚文化、民俗文化和红色文化等地方传统文化元素渗透到规划、设计和建设中，大到高楼大厦、道路桥梁，小到街景雕塑、小区命名，突出十堰城镇独特的文化特色，塑造十堰城市个性和文化品位。二是坚持因地制宜、规模适度、布局合理、功能健全、各具特色，宜农则农、宜工则工、宜商则商，打造一批特色工业主导型城镇、特色农业型城镇、商贸中心型城镇、旅游历史文化名镇、边贸口子城镇等特色名镇名村，强化区域服务功能。三是以传承、激活、嫁接、创新为路径，统筹规划和开发丹江口水文化、武当武术文化、房县诗经文化、郧西七夕文化等节庆活动，开发和提升竹山剪纸、皮影雕刻、郧西三弦、烙画、扫帚编织等民间工艺，展示十堰深厚的历史文化和民间风俗。

3. 打造现代文明城镇

文明素质是新型城镇化建设的灵魂。在推进新型城镇化建设中，必须高度重视城镇文明形象的打造、居民文明素质的提高。为此建议：一是确立现代城镇的发展理念。在城市景观、建筑设计等方面充分体现现代文明发展的成果，对城市主干道两侧建筑的总体色调、外观装修加以规范。向深圳、青岛、武汉等地学习，高度重视规划和建设十堰城市标志性和城市标志建筑。二是全力打造智慧十堰。高度重视教育事业发展，大力引进高素质人才，积极发展文化创意产业，并大力推动智慧政务、智慧工业、智能交通、智慧旅游、智慧园区、智慧环保、智慧交通、智慧教育、智慧医疗、智慧农业及智慧物流等工程建设。四是重视信用十堰建设。加快构建现代信用体系，加强诚信教育，确立社会信用标准，推行公开信用评价，大力营造全社会讲信誉、守诚信的良好风气。三是研究提出和持续打造十堰精神。深入挖掘十堰人民创新创业、淳朴厚德、诚信文明、服从大局的特质，提炼出十堰精神，唱响十堰精神，以十堰精神凝聚人心、提升形象。

4. 提升城镇管理水平

提高城镇管理水平是提升新型城镇化建设的内在要求，必须高度重视。一是建立完善现代城镇管理的长效机制。进一步规范城镇管理职能，明确各级各部门的责任，下大力解决职能交叉、责任不明、合力不强的问题。积极推进城市公共服务主体多元化，引导社会组织参与社会管理，将社会管理和公共服务职能向社会组织转移。重视城市社区建设，充分发挥城市社区在社区自治、社区服务、社区教化、基层社会管理、化解社会矛盾、维护社会稳定以及整合社会资源方面的重要作用。二是确立经营城市的理念。推行精细化管理模式，制定法规力求完善，实际运作力求规范，处罚违规问题力求严格，大力解决好管理粗放的问题。注重常态化管理，从苗头抓起、从源头抓起，特别对一些城镇管理中存在的交通秩序不正规、经营秩序混乱、卫生环境差等重点难点问题要常抓不懈。建设数字化城镇，实现城镇管理的信息化、科学化。三是坚持建管并举。把城市硬件设施建设管理纳入城镇管理的范畴，以提高硬件设施建设水平促进城镇管理。如，在城市道路规划和建设上要突出人性化，提高非机动车道和人行道的建设层次，增强通行能力；在城市卫生环境整治上增加设施，解决居民无处倒垃圾、收集不及时的问题。四是开展文明城镇创建活动。以文明城镇创建活动为载体，加大对城镇居民政策法规、公民道德和文明常识的宣传力度，宣扬先进典型，曝光不文明行为，增强公民文明观念，不断提升城市建设的文明素质。

（六）完善新型城镇化建设各种保障

1. 加快推动户籍制度改革

城镇化的实质就是农民变市民，而户籍二元结构的存在限制了农民进城。建议进一步放宽条件，在个人自愿的基础上，把在城市有固定住所、长期从事非农职业的人员和在城市工作或缴纳税金具有一定年限的人员及谋求在城市就业的大中专院校毕业生，登记为城镇户口。把在城市周边失地的农民、乡镇政府所在地从事经商和非传统农村生产的农民转为城镇居民。对入住新型农村社区的农民及时转为城镇户口。建议加快郧县撤县改区进程，城市周边撤镇设街道办事处、县区撤乡设镇或者乡镇合并、城中村撤村委会变社区的步伐，通过调整行政区域，推进户籍改革。

2. 强化进城农民各种生活保障

不少农民想进城但又不敢进城，主要是担心进城后缺乏各种保障，生活质量不升反降。因此，要高度重视社会事业发展，建议：一是提高住房保障。对已经转为城镇户口、符合条件的农民家庭与城市低收入家庭一样提供廉租房，允许在城市就业具有一定年限的农民工申请廉租房。鼓励企业建设职工公寓，切实解决进城人员住房问题。二是强化就业保障。在大力发展劳动密集型产业、增加就业岗位的同时，通过免费为新落户城镇和进城务工人员进行就业培训，并在工资、工伤保险等方面提供保障。三是稳步提高社会保障水平。各级政府应加大投入，逐步消除差异，实现社会保障均衡化，使农村居民进城后与城镇居民享受到同等的养老、医疗、失业和生育等社会保障；要允许由农村人口整户转为城市居民后，在一定时期内保留承包地、宅基地；要完善政策规定，为入住新型农村社区的居民办理土地使用证和房产证；要保证通过城中村改造实现身份转换的农民继续享有附着在土地上的集体所有权，保证他们的利益不因拆迁遭受损失；要将新型农村社区居民纳入城镇医疗、养老保障范围，纳入城市最低生活保障范围。

3. 进一步拓宽融资渠道

一是推动市场化运作，通过出让公共设施经营权、无形资产商品化、公益性基础设施建设与商业开发相结合、吸纳民间资本建设基础设施等形式筹措城镇建设资金。二是积极整合使用国家、省、市投入的专项资金，把涉农资金、城市基础设施建设资金、环境保护资金集中使用，解决重点难点问题。三是加强金融扶持力度，推行新民居贷款项目，支持新型农村社区建设。四是把新型农村社区基础设施建设与从事规模化、集约化农业生产企业和个人的利益挂钩，通过增加农业生产补贴、减免有关费用、出让社区服务项目经营权、优先安排农田水利和中低产田改造项目等形式，引导他们出资建设社区基础设施。五是针对我市不少农民长期在外务工，积累有雄厚资金的实际，制定优惠政策，鼓励他们捐资、投资城镇和农村社区基础设施建设。

4. 创新土地保障机制

鉴于十堰市"三少一无"（即耕地少、林地少、拆迁少，无基本农田），城市呈现沿路、沿山、沿沟的带状布局，公共配套不能有效集中，城市建设成本大，特别是不能满足现代工业大生产格局要求的实际，需要按照"四个有利于"（有利于集中成片整理，有利于降低开发成本,有利于保护生态环境,有利于完善产业布局)的总体要求,努力破解新型城镇化建设用地难题。一是强化土地利用总体规划的管控,并与城市规划、林地规划、低丘缓坡规划有效对接,达到政府建园区、项目进园区、企业活园区的目的。二是创新实践,促进土地集约化利用,建议市委、市政府继续推行"低丘缓坡土地综合开发利用"模式,开小山留大山、开荒山留绿山、开近山留远山,强化生态绿色开发、节约集约利用,提高供地率和处理闲置低效用地。三是要稳步推进土地制度改革,推动农村土地承包经营权流转,逐步建立城乡统一的土地市场。

发展我市绿色福利的思考

十堰市社科联 王 坤

十堰市委提出，要始终把生态环境、生态资源作为十堰的第一优势，牢固树立"绿色决定生死"的理念，始终把良好的生态环境作为十堰发展之本，努力在生态文明建设上走在全省乃至全国前列，让人民享受更多绿色福利。我市是十八大以后率先提出"绿色福利"的科学概念并系统付诸实施的地区，发展绿色福利是推进生态文明建设的具体探索实践，是推动多年生态环境保护成果不断延伸转化的现实需要，是实现2020年全面建成小康社会目标和建设区域性中心城市的必由之路。生态是我市最大的发展优势，绿色是我市最大的民生福利。如何将生态优势转变为民生福利，解决既要金山银山也要绿水青山的现实矛盾，是值得我们深入思考的问题。

一、绿色福利的内涵和特点

所谓绿色福利，是指政府通过对生态环境进行保护、整合和优化后无偿提供给每一位公民平等享受，以提升其生活质量，增加其生活福祉的公共利益。生态环境不仅为人类的生存和发展提供土壤、草木、河流等丰富多彩的有形生态产品，而且还通过环境资源要素之间的完美组合形成一幅幅安宁、优美的自然画卷供人们欣赏。当这种生态环境由政府整合之后无偿提供给每位公民平等享受时，就是惠及群众的绿色福利。

绿色福利与社会福利不同。社会福利是指国家依法为其公众普遍提供的，以保证一定生活水平和生活质量为宗旨的社会保障，它是一个庞大的系统，涵盖教育、科技、文化、卫生、体育、交通、生态等多个领域。绿色福利只是社会福利体系的组成部分，为其他社会福利的实现提供了良好的生态基础，是其他社会福利得以实现的基础和前提，为人们追求其他社会福利提供了可能，在整个社会福利体系中占据基础地位。

绿色福利以保障每位公民平等享受生态环境为目的，以政府向公众无偿提供为基本方式，以提供生态服务为基本内容。因此，绿色福利具有如下特征：

(一) 普惠性

普惠性是绿色福利的本质特征。首先，绿色福利的受益对象具有普遍性。绿色福利是为广大社会公众而设计的一种"百姓福利"、"草根福利"，没有高不可攀的门槛设置，每一位普通百姓不论年龄、性别、职业、教育程度、宗教信仰、住地在城市还是农村，都是绿色福利的惠及对象。

(二)公平性

绿色福利的分配具有公平性。在提供绿色福利的过程中,没有亲疏有别、贫富有差,每位公民不需要或者只需支付很少的费用就能平等获得绿色福利。

(三)政府主导性

首先,政府是绿色福利目标、规划的设定者。绿色福利的目标及规划都应当由政府研究、制定、正式提出并最终加以确定。其次,政府是绿色福利中基础设施的提供者。齐全、完备的基础设施是进行绿色福利分配的基础。最后,政府是绿色福利政策和法规的主要执行者。

(四)范围特定性

政府向社会公众提供的绿色福利不是金钱、财物等物质形态,而是无形的生态服务。例如公共绿地、生态公园、风景名胜区等,这些地方环境优美,兼具舒适性和可观赏性,能够陶冶性情、愉悦心情,人们从中获取精神享受,这是一种无形财富,无法用金钱衡量和购买。

二、绿色福利的产生背景和意义

绿色福利是在生态文明建设大背景下提出的。目前我国经济社会发展已经到了一个内外风险和挑战交织并存的时期,国际社会日益激烈的竞争压力,国内资源能源约束趋紧、环境污染加剧、生态系统退化严重,转型期各种社会矛盾集中爆发,都要求我们必须改变过去既有的发展模式,走一条完全不同的发展之路。党的十八大报告首次专章论述生态文明建设,提出建设生态文明是关系人民福祉、关乎民族未来的长远大计,明确要求把生态文明建设放在突出地位,融入经济建设、政治建设、文化建设、社会建设各方面和全过程,努力建设美丽中国,实现中华民族永续发展。十八届三中全会强调,要紧紧围绕建设美丽中国深化生态文明体制改革,加快建立生态文明制度,坚定不移实施主体功能区制度。绿色福利以政府免费向公众提供生态利益为出发点,以实现生态可持续性及生态共享为落脚点,通过将生态利益在公众之间进行公平、合理分配,满足居民的生态环境需求,促使人居环境明显改善,推动形成人与自然协调发展,实现人与人、人与自然、人与社会之间和睦共荣,推动经济社会转型发展,是生态文明建设的必然产物。

与省内外的部分经济发达地区相比,十堰总体上处于工业化中后期,发展不够,仍然是十堰最大的问题。发展经济与保护环境仍是我市经济社会发展过程中需要处理好的主要矛盾。经济发展方式总体粗放,国土空间开发布局不尽合理,资源能源利用效率不高,体制机制活力不足,自主创新能力不强,导致产业结构单一、资源环境约束紧张。这些问题与市委市政府提出努力在转型发展和生态文明建设上走在全省前列的新任务不相适应,与切实保障和改善民生的需求不相适应,与人民群众在良好的环境中生产生活的迫切期待不相适应。因此，在新的发展阶段提出发展绿色福利，具有以下重要意义：

（一）是社会发展到一定阶段的客观需要

福利制度是伴随着经济增长和社会生产力的提高而不断产生并发展起来的，离开了经济发展，福利制度便成了无源之水、无本之木。改革开放以后，社会经济持续稳步增长，广大人民群众的生活越来越富足，对绿色福利的需求已经远远超越了衣食住行这些生活的基本层面，在可持续发展的基础上，追求更高的生活品质，希望充分享受良好生态带给我们的利益。

（二）是实践可持续发展理念的必然选择

可持续发展的核心思想是社会经济的发展应建立在生态可持续性、社会公平和人民广泛参与自身发展决策的基础上。其追求的目标是既要使人类的合理需求得到满足，个人得到充分发展，又要保护生态环境和自然资源，不损害后代人的利益。绿色福利体现了可持续发展的价值理念，它以保护环境和生态系统的完整作为最高目标，以实现人与环境和睦相处为终极价值追求，积极追求生态可持续性和生态利益的公平分享，是实践可持续发展战略的必然选择。

（三）是加强生态文明建设的深化和具体化

绿色福利与生态文明建设的价值理念高度契合，是生态文明建设的深化和具体化。绿色福利通过扩大公共绿地和基础设施建设，适度、适时取消生态观赏区门票等若干具体措施，切实保障广大人民群众享受生态利益服务的权利，并不断提升民众的生态意识和环保意识，使其自觉地尊重自然、珍爱自然，促进人与自然之间的和谐，推动生态文明建设的发展。

（四）是建设区域性中心城市的有力举措

当前，我市正高举区域性中心城市建设的战略旗帜，转变经济发展方式，调整产业结构，走一条绿色跨越发展之路。生态是十堰最大的优势，保护生态既是履行"一江清水永续北送"政治使命的必然要求，也是提升群众生活品质的内在需求。发展绿色福利，就是要在区域性中心城市建设中发挥比较优势，不断加强生态文明建设，努力创造更多的良好生态和优美环境，坚持生态保护产业化，产业发展生态化，资源利用集约化，规划建设科学化，让群众共享文明成果，增强区域性中心城市的影响力和辐射力。

三、发展绿色福利的国内外相关经验总结

目前，国内外城市偶以宣传口号的形式提出"绿色福利"这一表述，尚无明确提出绿色福利的科学概念并系统化进行理论总结，但是国内外部分城市在发展绿色福利的实践尝试上一直没有停步。

(一)国外城市有关绿色福利的实践和经验

1. 巴西库里蒂巴市：绿色环保生态城市

库里蒂巴位于巴西东南部，该市是巴西城市化进程最快的城市之一。在城市化过程中，它成功地解决了一系列的城市问题，做到了污染少、犯罪率低和受教育水平高，被联合国首批命名为"最适宜人居的城市"，有"世界生态之都"的美誉。库里蒂巴有世界上最好的规划和开发计划，规划方案突显自然元素。20世纪50年代，市政府通过法律把自然排水系统保护了起来，并对其进行了合理的利用。在河道两旁建设了有蓄洪作用的公园，并修建了人工湖。公园里大面积植树种草，河两岸的废弃厂房和其他建筑物则改造成体育和休闲设施。优先发展公共交通，城市80%的出行依赖公共汽车。鼓励市民参与可再生资源的回收工作，平均每天有750吨的回收材料售给当地工业部门。在低收入地区专门实行"垃圾换物"计划，即贫困家庭可用袋装垃圾换取公共汽车票、食品或孩子的笔记本。库里蒂巴是世界上绿化最好的城市之一，人均绿地面积581平方米，是联合国推荐数的4倍。全市大小公园有200多个，全部免费开放。

2. 日本：人与环境共生

日本是世界上最大的工业生产和消费国之一，同时日本又是一个资源极度缺乏的国家，99%的石油和绝大多数的工业生产原料均来自于进口，因此日本特别重视以高效利用资源为宗旨的生态建设。20世纪80年代以后，日本提出了环境共生生态城市计划，特别强调资源的节约和高效利用，包括推广节能设施、回收废弃物、使用循环水、保护自然环境、改善交通系统、提高环保意识、建造生态建筑等具体的活动。日本的生态建设还强调市民的参与，通过环境教育，提高市民的环境意识，使市民积极参加生态城市建设活动，并加强政府与企业的合作。风景名胜地建设生态博物馆，通过生动的现象和图片，向游人宣传和普及生态知识。

国外城市发展绿色福利的成功实践有很多，除了以上介绍的两个，还有美国的波特兰市、丹麦的哥本哈根、瑞典的斯德哥尔摩、西班牙的马德里等。这些成功实践可以总结出如下经验：

第一，发展绿色福利与经济发展水平并不存在直接的关系。

很多人认为只有把经济搞上去才有资金去搞环境建设，巴西城市的成功则给出了一个很好的反例，经济发展与环境改善并不是正相关的。巴西是发展中国家，但是库里蒂巴的生态建设是世界上最引人注目的壮举。这为我国和其他的发展中国家改变现有的高耗能、高污染的生产方式，发展节能、高效、保护资源的产业提供了现实依据。

第二，思想和观念的转变是发展绿色福利的基础。

加强生态建设、发展绿色福利本来就是一场深刻的社会变革，是一场破旧立新的革命，需要观念的改变和更新。总结国外生态建设的成功经验，可以看出，解决城市问题是完全有可能的，这些措施并不需要多高深的理论和高新的技术，而是在于思想观念的更新和管理方式的转变。因此，我们应大力推广环保知识，让环境意识深入到人们生活的方方面面。

第三，群众参与程度影响绿色福利的成效。

绿色福利涉及多种因素，它是一个复杂的关联性极强的系统工程。政府在整个过程中起到制定政策、引导群众行为的作用。库里蒂巴和日本都特别重视人民的参与，将全民动员起来，鼓励社会各界参与生态建设，人人参与创造绿色福利，人人享受绿色福利，形成一个良好的互动和循环，使生态建设和绿色福利的成效发挥到最大。

(二) 国内城市有关绿色福利的实践和经验

1. 贵阳：循环型生态城市

贵阳地处中国西南边陲，位于云贵高原东部，为贵州省省会，也是全省政治、经济和文化中心。它还是我国西南地区重要交通通信枢纽，是一座新兴的具有一定现代化水平的综合型工业城市。因为它地处山地丘陵之间，所以还享有"山国之都"的美誉。贵阳地处贵州腹地，生物、矿产、能源和旅游资源都比较丰富，开发潜力很大。在实践上看，我国的生态建设大多数侧重于自然生态系统方面的内容，贵阳从循环经济的角度来寻找生态建设的突破口，以循环理论和生态工业的理论为指导，建立生态工业体系，改变传统的高投入、高污染、低效率的粗放型发展模式，使工业系统仿照自然界生态过程物质循环的方式运行。在企业层面推行清洁生产，提高资源利用效率，建立了生态工业园区，以循环理念重点发展电子信息、环保、汽车等工业。值得一提的是，在磷铝煤等重点产业进行的生态化很成功。

贵阳生态农业遵循"整体、协调、循环、再生"的原则，结合当地的自然资源和环境状况，逐步实现农业产业结构合理化、生产技术生态化、生产过程清洁化、生产产品无害化。生态农业还很重视特色化，如中药 GAP 种植基地建设、富硒资源产业化开发、生态旅游观光农业等，都取得了很好的效果。

2. 威海：高新技术为主的生态化海滨城市

威海市地处山东半岛最东端，全市总面积 5463 平方公里，总人口 247 万，其中市区面积 731 万平方公里，人口 52.2 万。威海市是我国第一个国家卫生城市，第一批全国环境保护模范城市和首批中国优秀旅游城市。同时享有国家园林城市、全国城市环境综合整治优秀城市和全国造林绿化十佳城市等荣誉称号，被联合国确定为全球改善人居环境最佳范例城市。1996 年 12 月山东省政府批复的威海市新的城市规划，确定其城市性质为"以发展高新技术为主的生态化海滨城市"。这个定位基本符合威海市的实际情况，也为威海市的发展提出了更高的要求。从 20 世纪 80 年代末开始，威海市根据城市生态系统理论制定城市发展规划，调整城市不合理的布局。在产业选择方面逐步性成了以电子、轻工、食品、医药等高新技术为主体的格局。威海强调对自然资源的有效利用和保护，力求达到人与自然的完美结合，达到"城在自然中，自然在城中"的境界，努力打造"碧海蓝天、红瓦绿树"的景观特色。重视与市民息息相关的基础设施建设，实施的"让海于民"工程，以天然气代替煤气，加大供水设施建设，同时积极发展节水型经济，推广循环用水、中水利用、污水处理技术，引进海水淡化新技术，使全市工业用水重复率达到 90% 以上。

我国部分城市虽然没有正式提出"绿色福利"的概念，但与此有关的实践却在不断发展。自 1986 年以来，我国在生态城、生态县、生态示范区、生态村、生态小区等层次上建立了一些很有推广价值的示范点。从现有的实现探索中，我们可以总结以下经验：

第一，要选择适合自身发展的模式。

发展绿色福利的途径不是唯一的，各地要根据自身的优劣势，寻找适合自身的发展模式。贵阳的循环经济生态城市，威海的高科技生态城市发展模式都是在对自身的条件作了仔细分析之后得出的，有其客观性，可实施性较强。

第二，发展绿色福利要以提高生态能力建设为重点。

发展绿色福利是生态建设继续深入、生态能力持续提高的过程。贵阳农业生态化和工业生态化的调整就是以提高生态能力为目的，是一种治标又治本的长期行为。这种能力的建设可以解决生态意识薄弱、生态观念淡漠、生态道德水准下降等深层次的生态冲突，实现从消极的生态环境保护到积极的生态建设，为绿色福利提供了坚实可靠的保障。

第三，发展绿色福利要注重生态城市建设规划和城市设计。

贵阳和威海在建设生态城市前，都制订了自己的生态建设规划，合理确定城市功能、规模和布局，城市生态环境的自净能力等。另外还要充分认识到城市设计的重要性。城市管理者需要坚持可持续发展的原则，像设计自己的小家一样来精心设计城市这个"大家"。

四、构建我市绿色福利体系的重点领域

历届市委市政府均高度重视生态建设，确立并坚持"生态立市"的发展战略。特别是新一届市委市政府，带领十堰人民以"一库清水永续北送"为目标，坚持"外修生态、内修人文"，深入推进"五城联创"，加快转型发展，淘汰落后产能，切实保护生态资源，全面改善环境质量，扎实推进重点生态建设和环境保护工程建设，为发展我市绿色福利夯实了坚实的基础。

2012年、2013年十堰城镇供水水源地水质达标率均为100%，丹江口水库水质稳定保持在Ⅱ类以上；城镇污水集中处理率和垃圾无害化处理率分别达到88.74%和96.5%；空气质量在二级标准以上天数占全年的95.1%；建立了恐龙蛋化石群、十八里长峡、堵河源等3个国家级自然保护区，八卦山等5个省级保护区，1个市级保护区和13个自然保护小区，总面积379万亩。全市森林覆盖率达64.72%，是全国平均水平的3倍；绿色、有机农业标志品牌达210多个，占全省的1/3，无公害、绿色、有机农产品基地面积达158.3万亩，绿色、低碳、循环发展能力不断增强。

但是发展绿色福利，把生态环保工作和民生工作相结合具有一定的系统性和复杂性，在我市生产力布局、人口布局还不够科学，农村环境基础设施落后，城市规划起步较晚，建设水平偏低，基础设施配套不够的条件下发展绿色福利，可从以下几个方面重点突破。

（一）自然环境建设

1. 增加城市绿地，营造绿色生态屏障

因地制宜，积极发展多种城市绿地模式。城市绿地包括公园绿地、生产绿地、防护绿地、附属绿地和其他绿地，我市现已规划新建了多处广场绿地、景观带绿化、道路绿化等项目，并且取得显著的成效。接下来，要重点加强西部工业区和十堰经济技术开发区的绿地建设，推进重点公园的改造工程，提升城市公园品质。优化整合城市土地资源，建设城

市休闲游园绿地，逐步使市民在居住区500米范围内可以享受到大型公共绿地。推进实施郊野公园、湿地公园建设，城区5条河流生态治理绿化，对城市周边风景区实行整治建设与提档升级。

2. 打造生态森林，提高城市绿化率

在绿色植物中，森林的抗污染、净化空气、防风固沙的能力最强。中心城区绿化要重点抓好四方山、牛头山森林公园建设，城区、产业园区裸露山体生态修复，新建道路、居民小区绿化，公园、游园、山体公园改扩建及绿化，新建、改扩建露天停车场绿化，立交桥、建筑物面立体绿化。深入推进建设生态示范县、生态示范乡镇和生态示范村建设。编制实施十堰境内武当山机场航空通道、襄渝铁路及十白、郧十、十房、谷竹高速通道绿化工程，完成汉十高速十堰段及国省道通道绿化任务，力争全市道路绿化率达到85%以上。

3. 加强水质保护，变山区城市为山水城市

十堰是南水北调中线工程的水源地和调水源头，境内的丹江口水库是亚洲第一大人工淡水湖，汉江上游及其汇入丹江口水库的12条主要支流中有10条在十堰市内。丹江口水库在十堰市境内的水域面积目前为450平方公里，大坝加高开始调水后蓄水面积增至620平方公里，占水域总面积的比例均达到60%。优越的水域条件为把我市打造成为山水城市奠定了良好的基础，我们要加强节能减排，实施沿江企业生态化建设，引导轻度污染企业向专业园区集中，对工业"三废"实现集中处理处置。严格环境准入，持之以恒地对重点工业污染源进行治理。在生态经济带上重点行业、重点领域、产业园区和城镇组织开展循环经济试点。全面提高生活污水处理率，加大生态河岸治理力度，扩大人工湿地面积，提高全市水岸绿化率达，为市民提供便利的近水、亲水的基础设施。

（二）生态产业体系建设

生态产业是一种按照循环经济规律组织起来的，基于生态系统承载能力，具有完善的生命周期、高效的代谢过程及和谐的生态功能的复合型产业。随着城市向着更高级的发展，传统意义上的产业对资源的掠夺、对环境的破坏、对人们的生活安全的威胁都标志着其不能适应发展的需要。于是建立一套现代化的生态经济产业系统势在必行。

1. 加快工业结构调整

十堰市工业结构以汽车及机械加工为主体，在相对单一的结构下进一步挖掘结构调整潜力，着重调整产业内部结构。对不能满足环保要求的已有"两高一资"项目严格按照产业政策实施关停；以钢铁、水泥、采掘、建材、有色金属、皂素、轻化等现有行业为重点，实施落后产能淘汰，发展循环经济、低碳产业，走新型工业化道路；在汽车产业内部，重点淘汰落后涂装、小电镀、表面处理等工艺，实施园区集约、产业升级，走清洁生产道路，建成一批生态型工业示范园。

2. 加快农业结构调整

针对秦巴山区农业生产实际，推广"种、养、加"相结合的循环农业模式，实现大农业内部的产业对接。以农村城镇化、新农村建设、南水北调及重点工程移民安置为契机，大力发展高效生态农业，建立一批适应国内外市场需求的高山无公害农产品、绿色产品、有机产品生产基地。落实财政补贴政策,鼓励使用有机肥,推广使用生物农药,实施测土配方施肥,减少农药、化肥使用量。开发和推广农业循环实用技术,实现农业废弃物的资源化和产业化。

3. 着力发展绿色服务业

以武当山太极湖、五龙河、青龙山、伏龙山、十八里长峡等景区为龙头,加快建设一批生态旅游景区,命名一批生态旅游景区和生态旅游服务企业,全面提升十堰旅游竞争力;以"节水、节地、节能、节材"为重点,发展餐饮、娱乐等第三产业;以环保、宜居为理念,推动绿色建筑业;以绿色、高效、安全、节能为基本要求,大力发展现代物流业。

(三) 生态文化体系建设

1. 塑造良好的人文生态环境

人文生态环境是生态环境的重要方面,人文生态的改善包括很多方面,而且是一个长期的过程。塑造良好的人文生态环境,就要动用一切经济手段和行政手段,大力保护和宣传世界文化遗产、国家文化遗产、南水北调核心水源区等精品人文生态资源,深度挖掘开发武当文化、汉水文化、郧阳文化、房陵文化、庸巴文化、汽车文化、女娲文化、七夕文化资源,构建"一主多元"的文化旅游格局,打造道教朝圣、武术修炼、古建筑鉴赏、历史遗产观光、历史名人祭拜、民俗民风文化精品景区、景点,形成文化景观集群,实现山水互动、人文与生态一体,把十堰建设成集观光、休闲、养生、文化享受于一体的城市。

2. 培养绿色生活和绿色消费理念

绿色消费是指提供服务以及相关的产品,满足人类的基本需求,同时使自然资源和有毒材料的使用量最少,使服务或产品生命周期中产生的废物和污染物最少,从而不危及后代人的需求。绿色消费是循环经济在消费领域的具体形式,是人类进入生态需求阶段的必然结果,同时也是循环经济发展的内在动力。发展我市绿色福利,只有建立绿色消费模式才能适应可持续发展产业体系的需要。改变工业文明时期崇尚高消费的生活模式,按生态化的发展要求重塑价值观,合理调整消费结构,倡导适度消费,让"节约"、"适度消费"等字眼代替"攀比消费"、"铺张浪费"等畸形消费观。使人们大处着眼,小处着手,积极投身到改变生存方式和生活方式的示范中来,以自身的行动促成良好的社会风气。

3. 大力开展绿色系列创建活动

深入推进"五城联创"工作,继续开展绿色学校、绿色机关、绿色社区、绿色企业、绿色家庭、生态乡(镇)村六大绿色系列创建活动,市通过创建,评比,表彰等一系列活动程序,在社会各界掀起绿色风尚,增强环境意识,更新价值观念,共建绿色文明,共享绿色福利。在创建过程中,通过采取群众喜闻乐见、贴近生活的活动形式,向职工、居民、学生等群体宣传普及环保知识、绿色消费等科学知识,引导市民美化工作生活环境、追求健康生活方式,教育影响下一代从自身做起,从点滴做起,时刻关注环境,保护环境,最终使广大市民树立可持续发展的观念,让爱绿、创绿、护绿成为广大市民的自觉行动。

五、发展我市绿色福利的对策建议

(一)重视政府主导作用

我市各级党委和政府应该发挥主导作用,因地制宜,掌握区位优势,研究生态建设现状,找出其矛盾和问题,从全国和全市来定位绿色福利发展规划,保证工作的有序性、阶段性,提高准确性、科学性。要从现有的生态可承载力,社会发展水平,所处的发展阶段进行可行性研究。可聘请经验丰富的市内外专家进行实地考察,通盘考虑,从长远利益着手。设立市民意见信箱和网站,倾听群众的意见和建议。发展绿色福利,政府起宏观引导作用,在行政、法律、咨询、宣传等方面应强化政府职能。绿色福利不仅包括城市的建设还包括城乡结合处的建设,包括与周边省市的合作,紧紧把握住区域性中心城市的功能定位,加大城市的辐射带动作用,积极推进城乡一体化。

(二)严格执法,提高法律权威性

法律是环境管理强制性的措施。执法部门应该本着执法必严,违法必究的原则,严格按照环境法规,对违反环境保护法的犯罪行为依法严格处理。特别是破坏生态环境的案件,因为多数与利益挂钩,对其他人的示范作用更强烈。只有严格执行法律才能有效地发挥政府在创造和发展绿色福利上的影响力和权威性。

(三)加强基础设施建设,完善城市功能

加快城市公共交通基础设施建设,落实公交优先战略,优化主城区公交线网布局,积极推进城乡公共交通一体化,鼓励城市公共交通向城市周边延伸,稳步推进城乡公共交通一体化。着力解决城市环境问题。解决工业污染,日本用了大约10年的时间,但日本的城市生活环境问题,从20世纪70年代后期到现在还未解决。可见,城市环境基础设施的建设是一项艰巨而且长期的任务。我市环境基础设施建设历史欠账较多,应该加大财政投入,完善环境基础设施。

(四)加大绿色福利的宣传力度

发展绿色福利不仅仅是政府的事情,更多的是需要市民的参与和支持。要培养市民的生态意识,提高市民的参与度。通过报纸、杂志、广播等媒体,持久深入的开展绿色福利的宣传和教育活动,也可以利用社区开展环保知识宣传到家的活动,不断提高公众对绿色福利的认识和实际效用,激发公众参与创造绿色福利的热情。建立和完善公众参与生态环境保护制度,鼓励公众参与各类环保公益性活动,加强生态环境保护媒介宣传和舆论导向,提高全民环保意识。

新阶段扶贫开发机制创新研究
——以湖北省十堰市为例

黄 星

贫困是全球性的社会难题，消除贫困是人类面临的共同任务。湖北省十堰市作为全国集中连片特困地区秦巴山片区的重要组成部分，是全国、全省贫困人口比较集中的地区之一，扶贫工作具有一定的代表性。为了促进脱贫的快速发展，切实帮助贫困人口解决长远发展问题，应切实按照《关于创新机制扎实推进农村扶贫开发工作的意见》（中办发〔2013〕25号）的要求，加快并完善扶贫开发机制创新，以实现到2020年全面建成小康社会的目标。

一、十堰市农村扶贫开发体制、机制建设的现状与成效

（一）十堰市农村扶贫开发体制、机制现状

1. 农村扶贫开发体制

20世纪80年代中期以来，十堰市的农村扶贫大致经过三次重大调整，第一次是1994年实施《国家八七扶贫攻坚计划》以来，农村扶贫开发开始由救济式向开发式转变；第二次是2000年实施《中国农村扶贫开发纲要（2001—2010年）》以来，农村扶贫开发开始由以贫困县为单位向贫困村转移；第三次是2011年实施《中国农村扶贫开发纲要（2011—2020年）》和《关于创新机制扎实推进农村扶贫开发工作的意见》以来，农村扶贫开发转向集中连片特困地区区域发展与精准扶贫的有机结合，由单纯的政府主导型向动员全社会力量的全方位的扶贫转变；强调经济、社会、人文全面发展。

2. 十堰市农村扶贫的组织系统

十堰市农村扶贫组织系统的架构可以描述为"一个主导、四个层次"。

一个主导即成立以党委、政府主导的跨部门的扶贫开发领导小组，在领导小组之下设立专门的扶贫办。市扶贫办作为常设的办事机构，具体负责与扶贫有关的日常工作，是农村扶贫开发的主要推动者和组织者。

四个层次即政府、部门、社会、群众。政府是农村扶贫开发的主要领导者，负责组织协调各类资源从事扶贫开发工作；政府各部门作为扶贫开发领导小组的成员，也广泛参与到和自身业务有关的农村扶贫工作中来；社会各界是参与扶贫开发的重要力量；贫困群众则是扶贫工作的主体，在政府、部门和社会各界的支持下，发挥自身能动作用，实现脱贫致富。

3. 当前十堰市扶贫开发机制的主要现状

20世纪80年代中期以来，在不断探索实践中，十堰市在农村扶贫方面进行了一系列

的制度创新，形成了一套扶贫开发机制，主要是：

（1）政府主导型的扶贫开发领导机制，形成了政府主导、多部门参与、多层次联动的全社会扶贫的领导机制，动员和组织社会各界参与扶贫。

（2）区域发展与精准扶贫有机结合的工作机制，确立了扶贫开发工作的两大重点，即实施秦巴山片区规划，依靠区域发展带动扶贫攻坚；实施精准扶贫工作，瞄准贫困对象，实行"定点清除"。

（3）扶贫项目资金管理体制，以《湖北省扶贫项目资金六个管理办法》为核心，结合十堰市实际，形成了一整套扶贫项目资金管理机制。

（4）扶贫开发考核机制，以党政领导扶贫开发责任制、县市区（市直部门）扶贫开发目标考核为重点，初步形成了扶贫开发的考核机制。

（5）扶贫效果评估和监管机制，以财政扶贫资金绩效考核、整村推进、扶贫搬迁、"雨露计划"、城区农村扶贫开发等专项扶贫工作为重点，初步建立了扶贫效果的评估与监管机制。

（二）十堰市农村扶贫开发机制建设所取得的成效

1. 与时俱进，不断健全十堰农村扶贫开发工作体系

（1）坚持实行扶贫开发党政主要领导负责制，成立了以党委、政府主要领导任组长的扶贫开发工作领导小组，多次召开市委常委会、市政府常务会研究部署扶贫开发工作，34名市级领导每人联系一个重点贫困村、帮扶一户贫困户，指导和推动扶贫开发工作，全市"政府主导、部门配合、齐抓共管"的扶贫开发领导体制基本形成。

（2）不断探索扶贫攻坚新路径。坚持一手抓区域发展，一手抓精准扶贫，做到区域发展与精准扶贫有机结合，初步形成了具有十堰特色的扶贫开发工作模式。立足区域性中心城市建设和各县市区资源禀赋、发展基础，提出构建"一核多支点"战略和"一城两带"发展格局，以构建区域性中心城市为统领，积极打造竹房城镇带和汉江生态经济带，形成区域全覆盖、各级全统筹、多载体支撑、多平台推进的发展体系。针对贫困群众发展需求，按照精准扶贫要求，在全市范围内实施"结穷亲、帮穷户、拔穷根"精准扶贫工程，着力推进"双包双建双带双促"帮扶、"雨露计划·金蓝领"助学、生态扶贫搬迁、金融支持扶贫四大行动。

（3）建立以扶贫开发为导向的考核机制。出台了《十堰市县市区综合目标考核办法（试行）》和《市直机关工作目标管理考核办法》，在县市区综合目标考核指标体系中，扶贫开发作为一类指标共设 11 个子项，合计 21 分。《市直机关工作目标管理考核办法》共设置职能工作目标、共性工作目标、第三方评估测评、争先创优目标四大类指标，其中扶贫开发作为共性工作目标由市扶贫办负责对全市 124 个单位实施考核。

（4）建立扶贫项目资金管理机制。以《湖北省扶贫项目资金六个管理办法》为核心，结合十堰实际，制定出台了《十堰市扶贫项目资金备案管理办法》、《十堰市村级扶贫项目资金管理办法》等一系列制度性文件，认真执行县（市区）申报、市核准、省备案的制度，把好扶贫项目资金的投向关、报批关、使用关；认真落实扶贫项目资金备案核准制、公示制、预拨制和审计制，加强对扶贫资金使用情况的检查监督，完善扶贫资金审计制度，严格财政扶贫资金使用管理绩效考评，确保扶贫资金使用安全、增效；加大扶贫项目督办检查力度，抓好项目竣工验收，制定项目后续监管办法，提高项目建设质量。

2. 依靠机制创新推动扶贫开发深入实施

(1) 秦巴山片区区域发展取得新成效。坚持规划引领，按照全域规划、高起点规划的要求，分别编制了《十堰城区发展总体规划》、《竹房城镇带总体规划》和《汉江生态经济带总体规划》，并依据三个总体规划，形成分区规划、专项规划、乡（集）镇规划有机结合的规划体系。坚持重点推进，确立了片区发展的十大工程和83个重点项目，并逐一落实到责任领导、部门和县市区上，按照推进进度，实施目标责任管理，纳入《湖北秦巴山片区区域发展和扶贫攻坚实施规划》的项目完成投资716.3亿元，十白高速、汉江航道整治、东风装备新工厂、东风动力总成等一批重点项目相继建成。坚持分类指导，中心城区辐射带动能力进一步增强，规模以上工业增加值增长14%，占全市的70%。城市承载力大幅提升，中心城区形成"20分钟快速循环圈"。竹房城镇带坚持"四化同步"，以城乡一体化为目标，搭建产业发展平台，通过产业快速勃兴为就业、基础设施建设和社会事业发展提供有力支撑，实现城镇建设、产业发展和就业、基础设施建设、社会事业的良性循环。汉江生态经济带特色产业6基地7园区、滨江新区、环丹江口库区旅游公路、太极湖景区等一批重点项目扎实推进。结合库区移民，一批新集镇相继建成，环库区生态产业示范带加快推进。坚持示范引导，连片开发，按照产业发展规划，在一定区域内将相邻的行政村整合为农村新型社区，实现土地集约利用、产业规模发展、人口合理集聚，建设了以竹溪县大石门片区、敖家坝片区、竹山县东川片区、房县古桥片区、郧县柳陂片区等一批连片开发典型，农村贫困面貌得到彻底改变，农民幸福指数得到新的提升。

(2) 精准扶贫取得新突破。举全市之力，实施"结穷亲、帮穷户、拔穷根"精准扶贫工程，针对贫困人口发展的突出矛盾，在新一轮建档立卡的基础上，着力实施"四双"驻村帮扶、生态扶贫搬迁、"金蓝领"助学、金融扶贫四大行动。全市所有行政事业单位组建1000支工作队，动员1000家企业，组织1000名科技特派员，帮扶1000个贫困村。针对居住在生存环境恶劣或生态环境脆弱地区的贫困户，统一规划，整合资源，分类指导，突出特色，稳步推进实施生态扶贫搬迁。对贫困家庭"两后生"实施"金蓝领"助学行动，实行"两免一补"，提高生活费补助标准，不断加大以汽车、乡村旅游、电子商务、特色农业的培训转移就业力度，提高贫困劳动力技能水平。创新金融扶贫，以建档立卡贫困户、贫困村、对带动贫困户的能人大户、专业合作组织、龙头企业作为支持重点，统筹安排财政专项扶贫资金、小额贴息贷款、企业贴息贷款和互助金，采取扶贫贴息、担保、保险等方式，放大扶贫资金效益，加大金融扶持力度，切实解决贫困群众发展缺资金的难题。

(3) 专项扶贫重点工作扎实推进。大力实施整村推进，通过整村推进，基本实现了重点贫困村有主导产业，有通村水泥路，有通信、广电设施，有综合服务社，有村级卫生室，有办公活动场所，有集体经济收入。大部分重点村成为全市新农村建设示范村，初步形成了以竹房城镇带、汉江生态经济带为重点的"一城两带"发展新格局；大力推进产业扶贫，围绕"县有支柱产业、村有骨干产业、户有致富项目"的目标，着力抓好以百万亩茶叶、百万亩核桃、百万亩中药材、年出栏百万只山羊为主要内容的"四个百万工程"，引导贫困村兴建和改造特色产业基地、培植壮大扶贫龙头企业、培育中介组织，确保贫困村有特色产业、贫困户有稳定增收的产业项目；稳步实施扶贫搬迁，统筹整合扶贫搬迁、库区移民、生态移民、工程搬迁和农村危房改造等政策，统一规划，区别政策，突出特色，稳步推进。基本实现了"搬得出、稳得住、能致富"的目标，为推进贫困山区城镇化建设打下了坚实基础；大力开展贫困劳动力转移培训，按照"政府引导、市场运作、部门参与、社会资助、学校承办、农民受益"的工作思路，充分利用各类培训资源，大力推进"阳光培训"、扶贫培训、就业再就业培训等，促进农村劳动力有序转移；开展城区农村扶贫开发，先后实施两轮《城区农村扶贫规划》，城区农村初步实现了"村通水泥路，组通砂石路、户饮洁净水、广电信息全覆盖"的目标，有效缓解了城乡差别扩大的矛盾。

（4）社会各界广泛参与。积极争取中央、省支持，国家科技部、水利部、烟草局、南水北调办、铁道总公司、中国人寿保险公司6家中直机关和省科技厅、省发改委等12家省直机关定点帮扶十堰市，组织开展了"同心光彩丹江口库区思源行"、"情系秦巴山"希望厨房等一系列活动。

二、十堰市农村扶贫开发机制建设中存在的主要问题

尽管十堰市在农村扶贫方面取得了明显成效，在扶贫实践中也积累了一些有益的经验，但在扶贫机制上还存在一些根本性的问题，从而影响了扶贫的效率。

（一）当前十堰市扶贫开发工作面临的困难和问题

1. 贫困人口规模依然庞大

按照2011年不变价2300元贫困标准，2014年十堰市有82.98万贫困人口，贫困发生率为34%。2013年年底，全市农民人均纯收入为5226元，是全国8896元的58.7%、全省8867元的58.9%。

2. 脱贫难度大

十堰市贫困人口主要集中在主要集中在高寒边远地区、生态脆弱区和自然灾害易发区，这些地方自然条件差、基础设施弱、贫困人口自身文化水平偏低，贫困程度深。这些因素导致十堰市扶贫开发成本高、脱贫难度和返贫压力大。

3. 致贫原因复杂

十堰市既具有与全国其他贫困地区相同的自然条件致贫原因和特征，更因为自身地处南水北调中线工程水源区的地理位置，而又有着特殊的政策性致贫原因。

4. 扶贫资金缺口大

从扶贫资金的需求情况看，基于新阶段扶贫开发的实践，一千人左右的村脱贫需要投入资金在500万元左右，而目前十堰市仅省确定的重点贫困村就有456个，而目前财政扶贫资金投入仅能满足50%左右。扶持力度不够，基础设施投入严重不足，也是返贫的因素之一。

5. 扶贫主体单一，社会其他主体参与有限

虽然十堰市社会扶贫工作取得了一定效果，但是帮扶主体狭窄，主要集中在政府及各部门的帮扶方面，其他社会各界参与度不高，没有建立起广泛、稳定的社会帮扶渠道，特

别是市场主体参与的程度不高。

6. 扶贫效果不显著

突出表现在：一是相对贫困日益严重，扶贫开发工作重点县人均纯收入与城镇居民可支配收入之间的差距不断加大，与全省农民人均纯收入的差距也在不断扩大。二是社会服务扶贫基础薄弱。基于财政扶贫资金的有限性，目前十堰市农村扶贫基本上按照"基础建设靠行业、入户项目靠财政、扩大规模靠信贷、增力提效靠帮扶"的原则，将整村推进的水、电、讯、校、医等基础设施和公益事业交给行业职能部门负责，但由于行业职能部门资源的有限性，以及监督机制的缺位，导致基础设施与公益事业建设投入严重不足。

(二) 扶贫工作中存在的问题

(1) 在扶贫目标上，重数量轻质量，短期行为严重，不注重对扶贫成果的巩固；

(2) 在扶贫主体上，重政府行为，忽视了各种社会力量和因素对扶贫工作的贡献；

(3) 在扶贫内容上，重改善供给，轻刺激需求（即只重视改善贫困地区生产生活条件）；

(4) 在扶贫方法上，重外部注入，轻内部培植经济增长点；

(5) 在扶贫组织实施上，重被动服从，轻主动参与和自我发展；

(6) 在扶贫效益评估上，重经济效益，轻社会效益、扶贫效益。

(三) 扶贫机制中存在的问题

(1) 在扶贫对象瞄准上，虽然开展了贫困建档立卡工作，但与之相适应的动态的精准的识别和瞄准机制还没有真正落实到实际工作中；

(2) 在扶贫项目选择上，还没有建立有效的选择机制；

(3) 在扶贫资金管理上，还没有形成多元化、突出重点的投入机制；

(4) 在扶贫管理工作上，还没有建立有效的分工合作机制，特别是统筹政府各部门资源，集中投入；

(5) 在扶贫监管评价上，还没有形成信息对称、及时有效的监督评价机制，项目的效益评价与及时监管还没有真正建立。

三、十堰市农村扶贫开发机制创新的政策建议

(一) 总体思路

到 2020 年，实现全面建设小康社会的目标，难点和关键点在于贫困地区。面对艰巨的扶贫任务以及十堰市贫困的特殊性，要实现脱贫目标，就需要对现有的扶贫机制进行完善与创新：建立政府、部门、市场、社会"四轮驱动"的多元投入机制、完善扶贫工作机制、强化社会保障机制、完善扶贫项目资金管理机制、建立绩效评估与考核机制等。扶贫机制总体框架如图 1 所示。

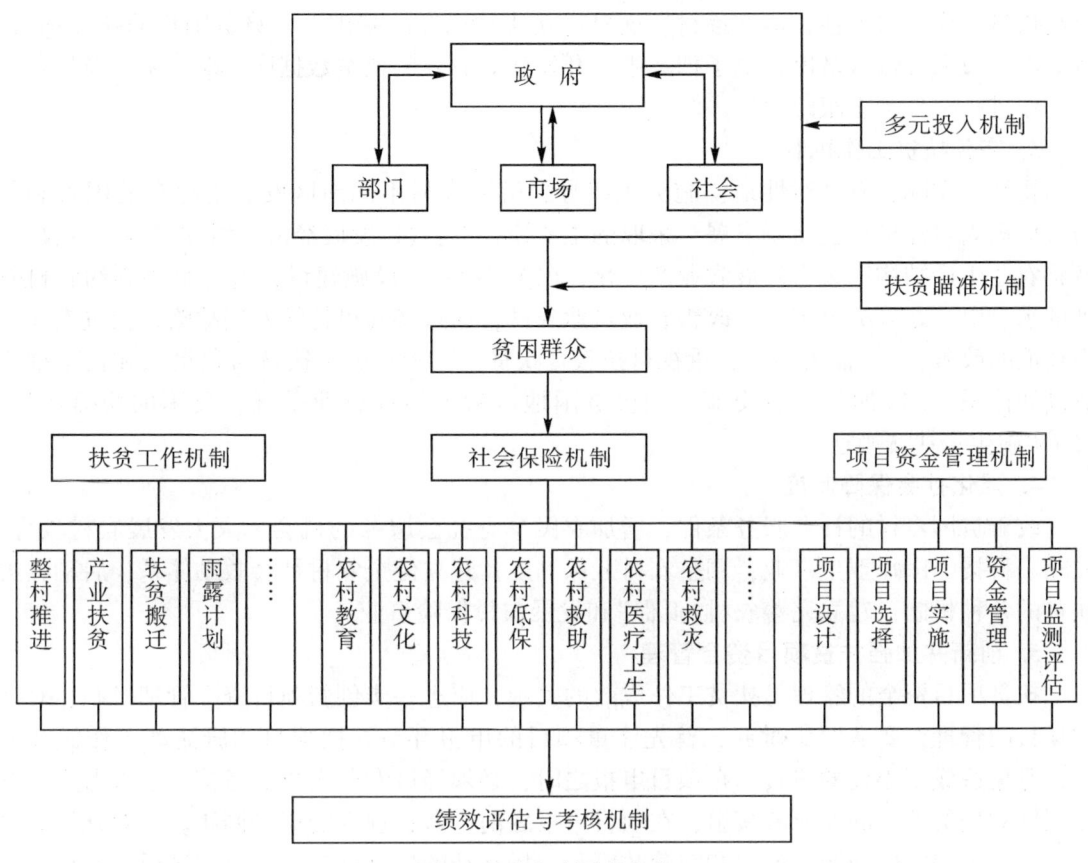

图 1 扶贫机制总体框架

在这个总体框架中，多元主体参与机制是动力，扶贫瞄准机制是关键，扶贫工作机制、社会保障机制和扶贫项目资金管理机制是核心，绩效评估和考核机制是基础。

（二）具体对策

基于上述扶贫系统机制各个具体环节，针对十堰市农村扶贫工作实际，需要在以下几方面加以完善，以加快各贫困地区脱贫进程。

1. 扶贫投入主体多元化

十堰市扶贫投入主体单一，社会参与度低弱，导致扶贫资金渠道狭窄，资金不足。一方面，政府应通过搭建完善的市、县信息平台，建立政府部门、社会力量和贫困农户三者之间的信息互动机制，以使社会各界了解各地区、每个贫困户的贫困状况与需求，而目前十堰市在这方面建设处于不足。另一方面，政府部门应制定相关的扶贫激励政策，以吸引更多的市场主体参与到扶贫工作中。同时，还应充分发挥金融参与扶贫的作用，运用金融资本放大扶贫投入，广泛利用互助金、小额贷款、扶贫担保等多种融资方式。

2. 完善贫困户信息化档案管理

在资金有限的情况下，扶贫对象与资金的有效配置是扶贫效率提高的关键。为进一步提高扶贫工作的时效性，应在逐村、逐户建立扶贫档案的基础上，将贫困户的扶贫项目、进展以及效果等输入贫困户电子档案中，开发建立有效的扶贫数据库，对贫困户及扶贫开发工作进行全程动态跟踪。

3. 完善扶贫工作机制

要结合实际，有针对性地实施分类指导，解决农村不同地区发展中存在的困难和矛盾，促进农村经济社会协调发展。采取的主要途径有：(1)发展经济，增加贫困人口收入。调整农业生产结构，大力发展农业产业化；(2)加快基础设施建设，着力解决制约农村发展的水、电、路等突出困难，改善农业自然条件，通过实施可持续发展战略，促进农业生态环境的改善；(3)能力培养，重视科技教育扶贫，完善和健全扶贫对象培训和技术推广制度和体系；(4)加强城乡交流，加快贫困地区劳务转移就业是减轻贫困的快捷途径；(5)实施生态扶贫搬迁。

4. 强化社会保障制度

改善贫困乡村的社会服务条件，增加农民享有社会服务的机会，大力发展农村教育、文化、科技、医疗卫生事业；调整农村五保制度；建立健全农村社会救助体系；启动救灾扶贫的各种机制；建立完善农村"低保"和发展农村保险事业。

5. 创新并加强扶贫项目资金管理

扶贫项目资金的管理是扶贫工作成效的关键，应进一步创新项目资金管理机制，对扶贫项目的管理，要从源头做起，首先注重项目的申报环节，把项目调研活动工作做在前面，避免造成不必要的浪费。在项目申报之时，必须经过专业人员的考核。可以考虑设置专门针对扶贫项目的专业考察组，在项目申报之前，做正规性的市场调研。针对开发式扶贫项目的不确定性问题，设置和完善政府和市场互补的扶贫机制，可以尝试通过农村专业合作组织作为政府和市场互补的节点，建立利益联结机制，形成扶贫利益共同体。一方面政府通过农村专业合作组织管理扶贫项目，保证扶贫项目的实施，专门的管理也比政府管理更具效率性；另一方面农村专业合作组织可以有效解决扶贫项目经受市场考验时的风险问题，提高农民进入市场化的组织程度。二是建立起以脱贫为导向的扶贫项目资金使用和管理制度，把扶贫项目覆盖的贫困群体范围、贫困人口增收作为衡量扶贫项目效益的最主要指标。

6. 建立全面绩效评估体系

基于大扶贫战略，扶贫的最终目标不仅仅是提高贫困人口的收入水平，更应提升他们的综合生活质量，形成城乡共同富裕、和谐发展的局面。因此，应结合农村全面建设小康社会的要求，围绕经济发展、社会发展、人口素质、生活质量、民主法制、资源环境设计扶贫绩效评估指标体系，将评估结果通过完善的信息共享平台及时反馈给扶贫主体，形成有效的社会监督；另一方面，针对评估结果，以及对各扶贫项目的动态跟踪，及时查找扶贫各环节的成功经验与不足之处，以提高扶贫工作效率，促进贫困地区的经济快速发展。

课题组负责人：黄星

课题组成员：王锋　吴江　肖超

十堰创建国家生态文明先行示范区研究

市社科联、市委党校课题组

国家批准十堰市纳入首批生态文明先行示范区,这对落实国家生态功能布局、建设美丽中国具有重要实践意义;对支持南水北调工程、协调区际发展具有重要的战略意义;对新阶段扶贫攻坚、探索可持续发展道路具有重要指导意义;对城市破解发展难题、实现转型跨越具有重要的示范意义。如何发挥十堰作为生态文明先行示范区的先行先试、示范引领作用,高标准、高水平、高速度推进城区生态文明建设,形成生态文明建设的可供复制、可供借鉴的可行经验。这是需要认真探索和努力实践的重大课题。

一、创建条件分析

(一)生态条件得天独厚

十堰市位于湖北省西北部、汉江中上游、秦巴山区腹地,地处南水北调中线工程核心水源保护区,是鄂、豫、陕、渝毗邻地区区域性中心城市,是华中地区连接西北、西南地区的战略枢纽。十堰辖五县一市两区,总面积2.34万平方公里,截至2013年年末,常住人口336.7万,城镇化率50.10%,地区生产总值为1080亿元,增长13%,人均地区生产总值分别为32094元,增长12.7%。以"武当山、丹江水、汽车城"三张名片享誉世界,经济社会发展居全国中等水平。十堰地质条件多样,南北气候兼备,南物北种皆宜,生物资源丰富,已查明生物资源达3100多种,素有"生物宝库"之称,森林面积居全省市州首位,是我国中部地区重要的生态屏障。境内的丹江口水库是亚洲第一大人工淡水湖,大坝加高蓄水后水域面积超过1000平方公里,总库容达290.5亿立方米,是我国南水北调中线工程的水源区和取水处,在维护我国生态安全中具有特殊重要地位。十堰各类资源丰富,文化源远流长,尊重自然、热爱自然的生态文化积淀深厚。

(二)生态文明建设成效显著

近年来,十堰加快转型发展,淘汰落后产能,切实保护生态资源,全面改善环境质量,扎实推进重点生态建设和环境保护工程建设,生态文明建设成效显著。"十二五"的前两年,单位GDP能耗累计下降8.04%,降幅比全国平均水平高2.54个百分点,在全国地级城市中均居于前列;2013年下降近5%,有望提前一年完成"十二五"节能减排约束性目标任务。2012年、2013年十堰城镇供水水源地水质达标率均为100%,丹江口水库水质稳定保持在二类以上；城镇污水集中处理率和垃圾无害化处理率分别达到88.74%和96.5%；空气质量在二级标准以上天数占全年的95.1%；耕地保有量24.48万公顷；森林覆盖率（含国家规定的灌木林面积）56.4%；解决农村饮水安全173万人，完成病险水库除险加固225座，中小河流治理19条；绿色、有机农业标志品牌达210多个，占全省的1/3，无公害、绿色、有机农产品基地面积达158.3万亩，绿色、低碳、循环发展能力不断增强。

十堰还相继荣获国家园林城市、全国宜居城市、国家卫生城市、全国优秀旅游城市、全国城市环境综合整治优秀城市、全国绿化十佳城市、全国十大低碳城市、联合国环境署中国区环境规划优秀示范城市、中国低碳生态先进城市、全省水利工作典范等多项荣誉。

（三）生态文明建设的机遇和优势正在放大

在建设生态文明的今天，十堰迎来了更多的机遇和条件。一是党的十八大把生态文明建设纳入"五位一体"中国特色社会主义事业总体布局，进一步将十堰推向大力建设生态文明，促进区域经济、社会与环境协调发展的主战场。二是习近平总书记高度重视生态文明建设，发表了一系列重要讲话，特别是在视察湖北时要求湖北要着力在生态文明建设上取得新成效、在转型发展上走在全国前列，并多次对丹江库区生态安全作出重要指示。三是建设南水北调核心水源区，打造生态安全屏障，赢得了受水地区和全社会对十堰的尊重和支援。四是落实《国家主体功能区规划》，开创生态地区综合价值开发新模式，使十堰探索出一条"经济生态化、生态经济化"的新路子。五是面临国家"两个比照"（比照西部大开发，比照振兴东北老工业基地）、"中部崛起"、生态补偿等多项政策叠加的机遇。六是湖北省处于发展的"黄金十年"机遇期，带给十堰千载难逢的发展期，十堰建设鄂豫陕渝毗邻地区中心城市战略纳入全省一元多层次战略，进一步确立"三国两区一基地"发展定位，湖北省拓展实施的"两圈两带"战略，在已将十堰定位为鄂西生态文化旅游圈的核心板块和重要支撑的基础上，将汉江生态经济带拓展提升至全省战略。七是国家已批准十堰为国家生态文明先行示范区，这是十堰最新最大的利好，这将使大山、大水、大人文的优势在新的历史起点上更加显现。

（四）亟待解决的困难和问题

多年来，十堰市在生态文明建设上收到了较大成效，取得了一些切合实际的经验，但是"跳出十堰看十堰"，也要充分认识到生态文明建设中遇到的困难：一是经济总量偏小和整体质量薄弱的制约并存，统筹发展与环境保护的难度较大，生态文明建设水平总体偏低。二是生产力布局、人口布局还不能完全适应生态功能区定位的需要，农村环境基础设施落后，统筹城乡发展的难度较大。三是城市规划起步较晚，建设水平偏低，基础设施配套不够，在生态文明示范创建中支撑不足。四是生态环境质量有待进一步改善，南水北调中线工程核心水源区和国家重要的生态功能保护区地位特殊，水源区生态建设、环境保护和库区移民妥善安置责任重大。地方财力有限，生态环保资金投入不足。随着经济社会转型加快，新的社会矛盾和问题会不断出现，就业压力大、社会保障体系有待完善，保持社会和谐稳定的任务艰巨。

二、把握目标任务

（一）总体思路

高举社会主义生态文明的时代旗帜，以邓小平理论、"三个代表"重要思想和科学发展观为指导，贯彻落实习近平总书记关于生态文明建设的系列讲话精神和对湖北、对丹江库区的指示精神，树立尊重自然、顺应自然、保护自然的理念，坚持资源节约和保护环境的基本国策，坚持节约优先、保护优先、自然恢复为主的方针，按照国家主体功能区定位和鄂西生态文化旅游圈建设要求，大力实施"一城、两带、三区"发展战略，围绕水源地保护和区域经济协调发展战略目标，以加快改革创新为动力，以绿色循环低碳发展为路径，以示范工程为抓手，把生态文明建设融入经济建设、政治建设、文化建设、社会建设各方面和全过程，强化科技支撑，严守生态红线，形成节约资源和保护环境的空间格局、产业结构、生产方式、生活方式，把十堰率先建成国家生态文明先行示范区，发挥南水北调中线工程绿色生态屏障作用，为全国加快推进生态文明建设探索实践经验、提供有益示范。

（二）基本原则

一是坚持转型升级、科学跨越；二是坚持生态优先、绿色发展；三是坚持市场驱动、改革创新；四是坚持城乡统筹、科技支撑；五是坚持全民参与、创建为民。

（三）创建重点

鉴于十堰是南水北调中线核心水源区、全国重要的生态功能区，建设生态文明先行示范区，对保证水源区水质安全、国家生态安全、促进绿色可持续发展等方面的特殊作用，根据国家发改委、财政部等六部委要求，十堰市创建国家生态文明先行示范区的重点是：探索建立生态补偿机制、探索建立国家公园体制、创新区域协调机制，为地区乃至全国生态文明建设积累有益经验，树立先进典型，发挥示范引领作用。

（四）创建目标

从 2014 年起，经过 5 年努力：在全市牢固树立绿色、循环、低碳发展理念，把生态文明建设融入区域性中心城市建设、综合交通枢纽建设、城乡一体化发展、山水一体大旅游建设的各方面和全过程，落实到国土空间布局、产业转型发展、资源节约利用、生态环境保护、消费文化引导、体制制度创新等各个环节，努力建设布局科学、结构合理、环境优美、文明富裕、制度健全的汽车之城、山水之城、生态之城、和谐之城，率先实现转型跨越发展，在全国生态文明建设中走在前列，形成可复制、可推广的生态文明建设典型模式。

到 2015 年，生态文明建设全面推进：以城市为平台、政府为主导、企业为主体、市场有效驱动、全社会共同参与的生态文明建设工作格局基本形成，产业结构转型、生态环境保护、城乡一体化发展、生态文明制度建设取得初步进展，生态文明建设在省内居于先进水平。人均GDP达到3.92万元左右,服务业增加值占地区生产总值比重达到37%;单位GDP能耗比2010年下降16%,主要污染物排放量比2010年下降7.3%;空气质量指数(AQI)达到优良天数占比85%,水功能区水质达标率达到92%,城镇污水集中处理率和垃圾无害化处理率分别达到90%和97%;森林覆盖率达到68%,森林蓄积量达到8612万立方米,水源区水土保持治理和植被覆盖率生态指标得到进一步改善;公共交通出行比例达到37%,资源节约和生态环保投入占财政支出比例达到3.5%。

到2017年,生态文明建设取得重大进展:产业结构显著升级,资源利用效率大幅提高,环境质量明显改善,生态空间得到有效保护,生态文明制度建设取得重大突破,基本形成资源节约和环境保护的生产方式、消费模式和保障体系,生态文明建设在全国居于领先水平。人均GDP达到4.9万元,服务业增加值占地区生产总值比重达到38%;单位GDP能耗和主要污染物排放量分别比2010年下降24%和10%,降幅高于全国平均水平;空气质量指数(AQI)达到优良天数占比86%,水功能区水质达标率达到95%,城镇污水集中处理率和垃圾无害化处理率分别达到92%和98.5%;森林覆盖率达到69%,森林蓄积量达到9306万立方米;公共交通出行比例达到38.5%,资源节约和生态环保投入占财政支出比例达到4.0%(见附1:十堰市创建国家生态文明先行示范区指标体系)。

(五)主要任务

高标准、高质量构建八大体系:科学合理的空间布局体系、全面协调的城乡一体化体系、绿色低碳的产业发展体系、自然优美的生态环境体系、集约高效的资源利用体系、节约适度的生态文化体系、系统规范的生态制度体系、全面完备的基础能力体系。

重点实施十大示范工程:一是丹江口库区生态文明建设工程;二是生态屏障建设工程;三是绿色有机农业基地建设工程;四是生态旅游和服务业发展工程;五是绿色低碳制造业发展工程;六是生态城乡一体化建设工程;七是绿色出行系统建设工程;八是绿色消费推广工程;九是生态文化繁荣工程;十是生态体制机制创新工程。

三、主要对策建议

(一)强化顶层设计,编制生态文明建设总规

建设国家生态文明先行示范区,总体规划是顶层设计,是龙头和总纲,要强化顶层设计的先导作用和权威作用。要围绕"深入调查—详细分析—精准定位—整体规划—全面保障"这条主线,编制一个包容各个方面、体现各个层面、调动各个主体的生态文明建设总体规划(2014—2020年或2014—2030年)。生态文明建设总体规划要致力于探索具有时代特征、体现十堰特色的生态文明发展之路,正确处理物质文明、政治文明、精神文明和生态文明建设的关系,明确各个主体在十堰建设国家生态文明示范区中的作用。要以列入国家生态文明建设先行示范区为契机,以创新发展模式、转变发展方式为主线,以争取机遇、对口协作为动力,以推进节能减排、发展生态经济、建设低碳城市为抓手,高起点、高标准建设国家生态文明示范区,率先形成科学发展、可持续发展的新模式,促进集中连

片贫困县经济社会发展,加快建设汽车之城、山水之城、生态之城、和谐之城、区域中心之城。

十堰市生态文明建设总体规划应与《丹江口库区及上游地区经济社会发展规划》及《丹江口库区及上游水污染防治和水土保持规划》紧密结合,相得益彰。上述两个规划则是以库区(河南省、湖北省、陕西省3省的43个县市区规划面积11.13万平方公里)为实施地域范围,以国家发改委、国务院南水北调办公室为编制主体,以产业发展和社会建设为核心,着力促进库区经济社会发展,着力完善库区基础设施建设,着力提高基本公共服务水平及均等化程度,进一步增强库区及上游地区自我发展能力。将十堰生态文明建设总规与上述两规划既有机结合,又要有所区别,突出自身重点。即以十堰为实施地域范围,以十堰市为编制主体,以生态建设和环境保护为核心,着力强调加强核心水源地保护,着力解决如何实现经济和生态协调发展,生态城市规划和产业规划相适应,生态产业园区产业链完整,促进生态经济发展的良好的运营体系等生态文明建设中的各种问题,着力破解十堰各县市区发展不平衡的难题,进一步细化建设国家生态文明先行示范区的措施。

(二)坚持创新驱动,走绿色发展之路

加快发展方式转变时不我待。一定要按照"三国两区一基地"的战略定位,依靠科技创新、技术进步和管理现代化,严把改革关,加快产业结构转型升级,大力发展生态经济、循环经济和低碳经济,推动生态农业、生态工业和现代服务业持续发展。一是着力打造绿色农产品供给基地。围绕实施"四个百万工程",加快发展绿色有机农业、生态畜牧业和名特水产业,发展高山地区无公害蔬菜、有机山野菜板块。把郧西打造成马头山羊养殖大县,把郧县打造成生猪调出大县,把丹江口市打造成肉鸡生产大县。深入推进"四个一批"工程,加快推进十堰(长岭)、丹江口市等农产品加工园区建设,启动龙头企业"双十"工程。二是发展以汽车为主的先进制造业,构建生态工业体系。支持汽车产业改造升级,积极引进乘用车、新能源汽车、汽车电子产业项目,把丹江口市、郧县、郧西纳入"建设百万量级汽车城"范围。加快装备制造业的培育、提升、整合,大力发展电子信息、生物医药、新材料、节能环保、新能源、新材料等战略性新兴产业。通过培植骨干整车企业、骨干专用车企业、100家过亿元汽车关键零部件企业,力争到2015年全市汽车产销量突破100万辆。优化提升农副产品加工,将软饮料产业做成汉江生态经济带重要的标志性产业。三是着力发展现代服务业。把培育和壮大一批现代物流龙头企业作为加快商贸物流业发展的突破口来抓,引进一批国内外知名物流企业参与商贸物流园区建设和物流资源整合,规划建设一批重点物流园和区域配送中心。依托十堰的区位优势和产业优势,大力发展汽车零部件仓储转运、运输配送服务和汽车会展、商业贸易等生活性物流服务。加强特色农产品专业市场、农村集贸市场和商业连锁零售网点建设,优化发展商贸物流业,打造汉江上游物流中心。四是充分发挥大山、大水、大人文的优势,突出南水北调、汉水文化和武当文化元素,大力发展生态文化旅游产业,打造以武当山—太极湖为龙头,以丹江口生态文化旅游目的地、郧阳文化旅游开发区、郧西天河生态文化旅游圈为节点的汉江旅游景观集群组团。以建设世界旅游名城、国际旅游目的地为目标,突破性发展旅游业,不断提高服务业市场化、产业化、社会化和国际化水平,增强服务业对经济增长的拉动

作用。

(三) 严守两条红线，确保一泓清水永续北送

确保丹江一泓清水永续北送，这既是京津冀乃至全国人民的共同期盼，又是南水北调核心水源区十堰人民庄严的政治承诺。现在正在做着一切准备工作，今年汛期后正式通水。如何长期保持二级以上优质清水源源北送呢？生态环境保护和生态文明建设是其重中之重。

因此，必须对生态环境从严治理，在严守土地红线的同时严守环境红线。一是落实生态功能区划。重点开发区域主要发展高新技术产业、先进制造业、生态服务业；重点生态功能区以修复生态、保护环境、保护水质、提供生态产品为首要任务；禁止开发区域实施强制性保护，实现污染物"零排放"；继续开展违法用地、违法建设、违法开山的"三违"治理，确保将城市建设全部纳入法治轨道。二是构建生态屏障。加快中小河流、湿地生态、水土流失和石漠化治理，加快林业生态重点工程、自然保护区建设，加大野生动植物保护力度，加强森林资源保护，推进生态文明示范工程建设。三是加强污染防治。坚持城乡统筹推进，加强农业面源和工业点源污染治理，加强水污染防治和环境综合治理。到2015年，全市水环境质量地表水达到环境Ⅱ类标准；空气环境质量二级以上天数达到98%以上；农村安全饮水覆盖率达到90%；噪声环境质量达到功能区标准。

当前，要以敢于"啃硬骨头"的精神，继续推进环境基础设施建设工程、绿色系列创建工程、噪声餐饮油烟整治工程、环境监管和能力建设工程外，实施水环境专项整治工程、大气污染综合防治工程、重点工业企业达标治理工程、农村面源污染治理工程、环境评价等专项整治工程。今后，要始终坚持用最严格的制度，实行最严密的治理。

(四) 生态文明统领，深入开展"五城联创"

"五城联创"是在2008年启动的国家卫生城市、国家环保模范城市、全国文明城市"三城联创"的基础上，增加国家森林城市和国家生态市创建，是市委市政府审时度势，着眼保水质、强民生、促转型，作出的重大战略决策；是优化十堰发展环境、提升市民幸福指数的社会系统工程，是生态文明建设先行示范区建设的基础工程和直接支撑。

坚持生态文明为统领，开展"五城联创"，就要坚持以党的十八大及十八届三中全会精神和习近平同志系列讲话精神为指导，牢固树立"市场决定取舍、绿色决定生死、民生决定目的"和"外修生态、内修人文"的理念，进一步加强组织领导，创新工作方法，建立健全体制机制，巩固国家卫生城市创建成果，深入推进国家环保模范城市、国家森林城市、国家生态城市、全国文明城市的创建工作。

"五城联创"各项工作应始终坚持以推动绿色、循环、低碳发展为基本途径，实现经济社会又好又快发展。要通过"五城联创"，推进产业发展生态化、生态建设产业化，深入开展绿色机关、绿色企业、绿色学校、绿色家庭、生态乡镇、生态村等各类生态创建工作，着力打造全域景区、全域水源区、全域生态区，保护好青山绿水和清新空气，不断为人民提供更多绿色福利，努力在生态文明建设上走在全省前列；通过"五城联创"，倡导科学的生产、生活和消费方式，加快产业结构调整和转型升级，形成适合核心水源区和生

态功能区要求的发展理念、科学规划和特色产业体系，努力在转型跨越发展上走在全省前列；通过"五城联创"，外修生态、内修人文，提升群众文明素养，优化发展环境，加快改革开放进程，让十堰成为文明之地、宜居之地、投资洼地。

（五）革新政绩考核，建立和完善绿色GDP考评体系

绿色GDP考核体系是一项涉及多方面、多层次、多领域的综合评价体系，它融科学发展和绿色发展于一体，是对传统GDP重经济轻生态、重开发轻环保的扬弃，在全面推进生态文明的进程中将发挥引领性的作用。我市在近年已经陆续出台了一些反映绿色发展的考评办法如环境保护一票否决制，应在执行现有科学有效的考评办法的同时，按照人口、资源、环境相均衡，经济、社会、生态效益相统一的总原则，探索建立和积极推行一套科学严密、行之有效的绿色国民经济核算体系以及新的干部绩效考核体系，建立政府环境保护重大决策监督与责任追究制度。

一是健全考核评价制度。将资源消耗、环境损害、生态效益等内容纳入经济社会发展评价体系和领导干部政绩考核体系，生态文明建设占党政绩效考核的比重渐次达到1/4。对不同县区主体功能定位，建立差别化的评价考核制度，取消贫困县（市）GDP考核。建立体现生态文明要求的目标体系、考核办法、奖惩机制，严格问责落实，实行领导干部任期重大资源环境损害责任终身追究制度，建立由专家组成的生态文明顾问委员会。

二是完善资源管理制度。建立最严格的耕地保护制度、水资源管理制度、环境保护制度，研究划定生态红线并制定管理办法。严格项目准入的节能、环保、土地、安全审查，从源头上控制高耗能、高污染行业无序、盲目发展。健全工业项目投资强度与用地指标控制制度，建立用水总量控制、效率控制、限制纳污、责任考核四项指标，强化新建改建项目主要污染物排放等量、减量置换制度。完善矿产资源管理制度，合理有序开发矿产资源。建立生态文明建设信息公开制度，将企业环境行为纳入社会信用评价体系，探索建立环境污染责任保险制度。

三是开展市场化机制创新。完善资源有偿使用制度，按照国家的总体部署，深化能源价格形成机制改革，理顺能源价格比价关系，推进水、土地、矿产资源价税费改革。扩大差别电价、惩罚性电价实施范围，推广用电、用气、用水阶梯价格制度。建立健全重点流域、森林、水土保持等生态补偿机制，探索开展排污权、水权、节能量等总量控制和交易试点。完善污水、垃圾处理和排污收费制度，发挥价格杠杆引导生态文明建设的基础性作用。加快推进污水处理厂第三方营运机制。

同时，政府要带头全面履行节能计划，建设"绿色政府"。这将有效地引导和促进干部转变政绩观和发展观。各县市区政府在这些方面应继续进行有益的探索，要加强相互间的交流、启发、借鉴、合作，切实完善机制，把绿色GDP全面纳入考核体系，从制度上保障生态文明示范区建设取得实效。

（六）培育生态文化，打造生态文明的精神高地

生态文明是自然生态文明也是社会生态文明。建设生态文明需要全社会的共识和努力。十堰在建设生态文明先行示范区的过程中，要始终坚持以人为本，塑造生态文明的心

灵屏障和精神高地。一是提升全市人民的生态意识。弘扬"道法自然"、"天人合一"的武当文化精髓，充分认识生态是我们生存和发展的基本条件，生态文明是人类社会更高的文明，良好的生态环境是一个城市或区域发展的软实力，是对美好生活的一种追求，要彻底摒弃那种藐视自然、无视自然甚至破坏自然的思想和行为，形成尊重自然、热爱自然、顺应自然和保护自然的共识，使广大干部群众树立绿色政绩观和绿色财富观。二是培育全市人民的生态责任。建设生态文明功在当代、利在千秋，激发大家生态文明人人有责、从我做起从点滴做起的主动性，自觉投入到十堰生态文明的建设中，自觉投入到"建设美丽中国、建设美丽十堰"的行动中。三是塑造生态文明的道德情操。坚持外修生态、内修人文，养成需要消费、适度消费、科学消费的好习惯，反对欲望消费、铺张浪费的坏习惯，使绿色消费、低碳消费在全社会蔚然成风。为此，首先，要充分发挥学校、机关、社区等态伦理道德观念教育功能和生态文明知识的传播功能；其次，要充分释放现代传媒的生态责任；再次，要加强对领导干部、重点企业负责人的绿色教育培训，筑牢其绿色发展、绿色消费意识，筑牢其生态环境就是生产力的意识，提高其依生态法规行政和守生态法规经营操守，引导社会公众自觉选择绿色发展、绿色消费模式，从而构筑起干部带头、全民参与、全民共享的生态文明建设大格局。

（七）着力制度创新，创建生态文明建设的机制体制

要以习近平同志关于生态文明建设的系列讲话为指导，在生态文明先行示范区的建设中，按照主体功能区定位和发展方向，积极探索产权、财政、产业、土地等政策机制创新。权属政策方面，健全自然资源资产管理体制，落实全民所有自然资源资产所有权，建立统一行使全民所有自然资源资产所有权人职责的体制；完善自然资源监管体制，统一行使所有国土空间用途管制职责。财政政策方面，把环境优美、生态协调作为基本公共服务均等化重要内容，加大均衡性转移支付力度，提高对限制和禁止开发区域财政补偿力度，建立各相关利益方参与的生态补偿协商机制。产业政策方面，加快制定产业负面清单，对单位工业增加值能源消耗、污染物排放高于全省平均水平的新建项目，严格准入管理，推进不符合主体功能定位的现有产业有序退出；土地政策方面，严格实行差别化的土地利用和管理政策，对丹江口库周实行最严格的保护制度，提高土地资源配置效率；探索开展排污权、水权、节能量交易制度试点，发挥市场机制创新对生态文明建设的决定性作用。科技政策方面，发挥对生态文明建设的技术支撑和智力支持作用。同时，将生态文明建设纳入国家现代治理范畴，探索由国家、社会、企业共同参与、双向互动、合作共赢的生态发展模式；积极发展生态文化，以先进的思想文化倡导绿色生活，引领绿色发展，为生态文明先行示范区建设提供强有力的思想文化保障。

与此同时，要加强组织领导、推动社会参与、坚持分类指导、拓宽投入渠道、强化责任监督，这样，就一定能够形成党委统一领导、政府全力推动、企业主动融入、公众全员参与的生态文明建设格局，就一定能够形成组织协调有方、分类指导有效、多方投入有序、检查监督有力的生态文明建设机制，就一定能够形成调动各方积极因素，先行先试、大胆探索，全面推进生态文明建设，按照既定目标，为国家生态文明建设提供可观的可供示范、可供复制、可供借鉴的制度成果和创建经验，从而为全面、科学、高效推进国家生

态文明建设作出十堰人民应有的贡献!

附1：十堰市创建国家生态文明先行示范区指标体系

类别		指标名称	单位	基本值		目标值	
				2012	2013	2015	2017
经济发展质量	1	人均GDP	万元	2.85	3.21	3.93	4.90
	2	城乡居民收入比例	—	3.5:1	3.4:1	3.2:1	3.0:1
	3	三次产业增加值比例	—	12.7:51.3:36	13.2:50.6:36.2	12:51:37	11:51:38
	4	战略性新兴产业增加值占GDP比重	%	10.4	11.1	15.0	17.2
	5	农产品中无公害、绿色、有机农产品种植面积比例	%	55	66	75	80
资源能源节约利用	6	国土开发强度（十堰市区域总面积：2366616.35公顷）	%	3.261	3.407	3.576	3.745
	7	耕地保有量（考虑退耕还林因素）	万公顷	24.48	23.64	21.97	20.29
	8	单位建设用地生产总值	亿元/平方公里	0.883	0.89	1.278	1.615
	9	用水总量	亿立方米	10.86	10.6	10.44	11.5
	10	水资源开发利用率	%	12	12	12	13
	11	万元工业增加值用水量	吨水	110	106	97	95
	12	农业灌溉水有效利用系数	—	0.42	0.43	0.45	0.47
	13	非常规水资源利用率	%				
	14	GDP能耗	吨标准煤/万元	1.1292	1.062	1.03	0.94
	15	GDP二氧化碳排放量	吨/万元	0.5766	0.5304	0.5137	0.4726
	16	非化石能源占一次能源消费比重	%	4.2	5	10	15
	17	能源消费总量	万吨标准煤	999.35	1037.26	1127.87	1197
	18	资源产出率	万元/吨	0.00303	0.00325	0.004	0.0048
	19	矿产资源三率（开采回采、选矿回收、综合利用）	%	85/75/67	86/76/69	88/78/72	90/80/77
	20	绿色矿山比例	%	38	42	46.1	49.5
	21	工业固体废物综合利用率	%	54.16	57.25	60	63
	22	新建绿色建筑比例	%	1.37	3.8	50	55
	23	农作物秸秆综合利用率	%	76	78	85	90
	24	主要再生资源回收利用率	%	55	58	60	70

续表

类别		指标名称	单位	基本值		目标值	
				2012	2013	2015	2017
生态建设与环境保护	25	林地保有量	万公顷	193.1	193.1	19193.1	193.2
	26	森林覆盖率(含国家特别规定灌木林面积)	%	66.16	66.64	68	69
	27	森林蓄积量	万立方米	7570	7917	8612	9306
	28	草原植被综合盖度	%	-	-	-	-
	29	湿地保有量	万公顷	9.23	9.23	9.23	9.23
	30	禁止开发区域面积	万公顷	5.7658	5.7658	5.7658	5.7658
	31	水土流失面积	万公顷	87.56	85.76	82.16	78.56
	32	新增沙化土地治理面积	万公顷	-	-	-	-
	33	自然岸线保有率	%	-	-	-	-
	34	人均公共绿地面积	平方米	10.6	11	11.3	11.4
	35	主要污染物排放总量	万吨	10.65	10.55	9.98	9.7
	36	空气质量指数(AQI)达到优良天数占比	%	95.1	91.6	85	86
	37	水功能区水质达标率	%	85.7	87.5	92	95
	38	城镇(乡)供水水源地水质达标率	%	100	100	100	100
	39	城镇(乡)污水集中处理率	%	88.74	89	90	92
	40	城镇(乡)生活垃圾无害化处理率	%	96.5	96.8	97	98.5
生态文化	41	生态文明知识普及率	%	90	92	95	98
	42	党政干部参加生态文明培训的比例	%	80	85	100	100
	43	公共交通出行比例	%	35	35.6	37	38.5
	44	二级及以上能效家电产品市场占有率	%	63	72	78	85
	45	节水器具普及率	%	60	70	75	80
	46	城区居民小区生活垃圾分类达标率	%				
	47	有关产品政府绿色采购比例	%	75	80	90	100

续表

类别		指标名称	单位	基本值		目标值	
				2012	2013	2015	2017
体制机制建设	48	生态文明建设占党政绩效考核的比重	%	10	10	20	25
	49	资源节约和生态环保投入占财政支出比例	%	2.6	3.1	3.5	4.0
	50	研究与试验发展经费占GDP比重	%	0.85	0.96	1.05	1.15
	51	环境信息公开率	%	85	90	100	100

注：国土开发强度指标中，十堰市区域总面积按2366616.35公顷计算；森林覆盖率指标中包含国家特别规定灌木林面积；结合十堰市情，非常规水资源利用率、草原植被综合盖度、禁止开发区域面积、新增沙化土地治理面积、自然岸线保有率等指标、城区居民小区生活垃圾分类达标率不做考核。

附2：相关名词解释

1. "两圈两带"：武汉城市圈、鄂西生态文化旅游圈、沿长江经济带、汉江生态经济带。

2. "一城、两带、三区"：指十堰城区、竹房城镇带和十堰汉江生态经济带，三个重点生态保育地区(南部大巴山生态保育区、中部武当山生态保育区、北部秦巴山生态保育区)。

3. "一核多支点"：以中心城区为核心，以各县市为发力点。

4. AQI空气质量指数：是定量描述空气质量状况的无量纲指数。

5. "三国两区一基地"：按照生态文明建设要求，积极打造国际商用车之都、国际旅游目的地、国家生态文明建设先行示范区，建设区域性交通中心、区域性现代服务中心、重要农特产品生产加工基地。

6. "三区三线"："三区"即武当核心区、丹江水源区、十堰城区。"三线"即以武当山为核心，经过武当山、丹江库区，进入高速延伸至丹江，对接河南旅游市场，形成东部旅游线；以武当山为核心，向西延伸经过城区，至郧县、郧西对接西安旅游市场，形成西部旅游线；以武当山为核心，经过武当山后山，由武神路延伸至房县进入竹山、竹溪，对接神农架旅游市场，形成南部旅游线。

7. "五城联创"：创建"国家卫生城市、国家环保模范城市、国家生态城市、国家森林城市、全国文明城市"活动。

课题组成员：卢厚家　熊芳　赵亮

十堰市农村耕地流转问题的探讨

罗志平 吴高华 徐炳坤

土地制度改革,是全面深化农村改革的根本问题。党的十八届三中全会《决定》指出:"稳定农村土地承包关系并保持长久不变,在坚持和完善最严格的耕地保护制度前提下,赋予农民对承包地占有、使用、收益、流转及承包经营权抵押、担保权能,允许农民以承包经营权入股发展农业产业化经营。鼓励承包经营权在公开市场上向专业大户、家庭农场、农民合作社、农业企业流转,发展多种形式规模经营。"这是党中央精准研判农业农村经济社会发展形势而作出的重大科学决策。深化农村土地制度改革核心是实现农村土地集体所有权、农户承包权、农户经营权的三权分离。目的是通过创新经营体制机制,充分激活土地这个城乡一体化进程中最重要、最活跃、最关键的要素,使其有效流转起来,促进农业持续健康发展。

如何有效推进全市农村土地流核心,是一个亟待解决的课题。本研究力图通过对全市1600 家不同类型的经营主体和 50 余万亩已流转经营的农村土地途径、现状及趋势分析,以把握求当前我市农村土地流转的总体态势,寻求实践探索与保障措施,为促进全市土地资源规模化生产、集约化经营,推进现代农业发展提供若干可资借鉴的思路。

一、当前农村土地流转的总体趋势

近年来,十堰市按照《农村土地承包法》等法律政策要求,以"依法、自愿、有偿"为原则,以县、乡、村三级土地流转服务体系建设为抓手,采取加快培育新型农业市场主体等多种形式引导推动土地流转,积极探索一条适合山区农业发展的农村土地经营体制机制创新之路,促进多种形式的土地适度规模经营,为加快现代农业发展步伐,促进农业特色产业的发展壮大,有效增加农民收入,奠定了良好的制度基础。截至 2014 年 6 月底,全市农村土地家庭承包经营面积 247.42 万亩,涉及农户 60.31 万户,签订承包合同 59.42 万份,颁发土地承包经营权证 58.44 万份。累计流转土地面积 507154 亩,占农户承包经营面积的 20.5%,涉及流出耕地农户 97584 户,占农户总数的 16.18%。全市农村土地流转呈现出以下特点:

(一)向规模加速推进

近年来,土地规模逐步扩大,且呈现连片流转态势。2010 年前全市累计流转 14.13 万亩,2011 年流转 4.35 万亩,2012 年流转 8.52 万亩,2013 年流转 15.69 万亩,2014 年上半年流转 8.03 万亩。竹溪县蒋家堰镇敖家坝片区关垭村、东沟村、黄石头村等三个村连片流转土地 5700 多亩给专业大户，主要发展中药材、核桃等特色产业，既调整了农业结构，又推进了规模经营，还提高了经营效益。

(二) 向特色产业聚集

土地流转充分体现了市场配置资源的决定性作用，大多数流转土地被用于发展茶叶、核桃、中药材、山羊及其他高效特色产业，也有一部分土地流转为休闲观光农业基地。据调查统计，流转土地中 65.8% 用于发展特色产业，9.7% 用于发展生态休闲农业，13.2% 用于发展特色粮油，11.3% 用于发展规模养殖。

(三) 向业主经营转变

土地流转起源于 20 世纪末，部分外出打工农民无力经营，承包土地以口头或书面协议形式流转给在家务工的农民经营，多以实物 (粮、油) 形式代替租金。近几年，随着一批大户、家庭农场、龙头企业、专业合作社等新型主体的兴起，土地流转基本实现了业主经营。据调查统计，全市流转土地中，零散小户经营的只占 16.8%，而经营规模 30 亩以上的大户、家庭农场、合作社、企业经营的占 83.2%。民营企业十堰市绿色汉江生态农业发展有限公司流转郧县安阳镇南水北调后留下的林地和部分耕地共 9100 亩，打造安阳湖绿谷生态农业示范区，发展观光农业、特色果茶、园林苗木和有机食品，把弃耕地和荒山变成了致富金山、生态美山。

(四) 向专业生产发展

土地流转后，最关键的是经营权从一家一户分离出来，由大户、农场、合作社、企业等新型主体主导，实施统一项目、统一生产、统一经营，使规模化经营、专业化生产成为现实，较好地解决了有田无人种、有人无田种、多种不能、少种不行的矛盾。据房县调查统计，目前全县经营土地 10~30 亩的农户有 0.51 万户，30~50 亩的 0.4 万户，50 亩以上的 100 户，形成了一批茶叶村、核桃村、药材村等"一村一品"专业村。据市农业产业化办公室统计，全市重点特色产业基地 500 亩以上地块达 723 个，总面积达 89.41 万亩。其中中药材 249 个、面积 26.4 万亩，核桃 209 个、面积 23.3 万亩；茶叶 201 个、面积 23.3 万亩，柑橘 26 个、面积 11.5 万亩；其他 38 个、面积 5.81 万亩。集中连片面积万亩以上地块及乡镇 21 个，分别为柑橘 7 个、茶叶 6 个、中药材 4 个、核桃 4 个；5000 亩至 10000 亩的地块及乡镇共 25 个，分别为中药材 10 个、核桃 8 个、茶叶 7 个。基地面积千亩以上村 281 个。中国十星级文明创建发源地——竹山县麻家渡镇罗家坡村，集中托管农村土地承包权，统一发包给水生蔬菜专业合作社，建设千亩莲藕种植示范园，成为莲藕生产专业村。专业化、规模化催生了加工转化，合作社积极发展深加工，开发藕粉、荷叶茶等绿色食品，延伸了产业链，提高了附加值，产业效益倍增。

(五) 向多重效益延伸

农村土地流转起来，带来了生产要素整合，引发了多重连锁效应。一是引发农村投资效应。由于土体流转带来规模效益,人工资本、民间资本形成了一股农业投资开发热。据有关统计,2012下半年以来,全市意向投入农业农村开发资金逾160亿元,仅今年上半年第一季度全市完成民间农业投资33.5亿元。竹山县麻家渡镇盛茂园林公司投资442万元,流转当地155户农民土地500亩,发展园艺苗木产业。二是引发项目叠加效应。由于土地流转带来规模效益,吸引农业综合开发、土地整理、基础设施建设、特色板块基地建设、生态建设、科技兴农等叠加投入,充分发挥了财政资金的杠杆作用,吸引了更多要素投入农业开发。郧县政府专列资金100万元,从2013年起对规模流转100亩以上的经营主体实施一定奖补,并在土地整理、板块基地建设等方面优先扶持。受奖补政策吸引,民营业主李兴胜投资1200万元,在谭家湾镇青山、伏山2村流转土地2400亩,注册郧县兴胜林果核桃专业合作社,发展林果核桃产业。三是引发品牌开发效应。由于土地流转带来规模效益,农业品牌建设方兴未艾。为盘大做强十堰茶叶产业,市农业局和湖北省武当道茶产业协会经过多年努力,以龙王垭、圣水、梅子贡3家茶叶龙头企业为基础,组建湖北省武当道茶协会,下辖公司、合作社等会员68家,基地面积近40万亩,其中流转面积12万亩,通过统一品牌、统一标准、统一包装、统一营销、统一管理、统一对外宣传等"六统一"运作,到2013年年底,"武当道"品牌价值达14.57亿元,2014年6月被授予"中国第一文化名茶"。四是引发科技兴农效应。由于土地流转带来规模效益,普遍推广统一布局、统一品种、统一技术标准、统一生产管理、统一经营管理,促进了科技组装集成,提高了科技含量,提升了开发效益。张湾区黄龙镇通过招商引资与十堰市益合农业科技公司联姻,以"公司+合作社"形式流转农户土地386亩,创建十堰黄龙现代农业示范园,创新温室大棚、无土栽培等集约技术。形成以绿色蔬菜种植、花卉苗木培育为主体,集农产品销售、农业科技创意及成果展示、果蔬采摘、花卉观赏、体验休闲为一体的现代都市农业示范园区,提升了农业综合效益。

二、推进土地流转的有益探索

农村土地流转向适度规模集中,源自于农民的实践和农村的改革创新。在推进过程中,各地都做了许多有益的探索,取得的经验和发现的问题都值得认真总结。

(一)培育新型主体是推进土地流转的第一要务

在坚持所有权,稳定承包权的基础上,要把经营权从农户手中分离出来,必须有新主体来接纳管理,必须按照市场决定资源配置、市场主体主导流转、资本决定经营规模的原则去推进实施。在实践中各地更多的是依托专业大户、家庭农场、农业企业、农民合作社、村集体经济组织等主体,更有效的是采取大户主导、农场经营、龙头带动、股份合作、集体托管、政策支持等方式加以引导和推进。

1. 专业大户和家庭农场是发展最快的新型经营主体

根据《十堰市农民专业大户认定指导标准》要求,截至2014年6月底,全市专业大户达1000余家(其中在农经部门登记的专业大户602家),共带动土地流转57259亩,占土地流转总面积的11.29%,比上年增138.65%,大户经营规模一般在30~100亩之间。这些专业大户多数属于种养能手、返乡农民、农业科技示范户等，他们能够充分发挥自身资金、技术等优势，以租赁、转包方式把分散经营的农户土地流转过来，使分散的插花地实现归并连片，做到种植品种统一、种植方式统一、种植技术集成，实现了专业化生产、规模化经营和集约化发展。竹山擂鼓镇通过签订流转合同规范流转土地4500亩，其中由65个大户流转土地3000多亩发展烟叶、设施蔬菜和无性系茶叶种植，流转价格为水田300元/亩/年、旱地200元/亩/年。

家庭农场是指以家庭成员为主要劳动力，从事农业规模化、集约化、商品化生产经营，并以农业收入为家庭主要收入来源的新型农业经营主体。也即种养大户经营资本积累达到一定规模，土地产出率、资源利用率和劳动生产率提升到更高阶段后，发展成为家庭农场。这类经营主体采取的是实现集团式经营、社会化服务。截至2014年6月底，全市家庭农场400余家（其中依法注册家庭农场112家），流转土地47651亩，占流转面积13.34%，比上年增161.35%。位于丹江口市土关垭镇龙河村的丹江口市龙河生态家庭农场，2013年7月在该市工商局注册登记，主要经营茶叶种植加工、畜禽、水产养殖等，经营总面积500亩，其中租赁280亩，流转220亩，年收入70万元。郧县刘洞镇岳林家庭农场租赁本组10户230亩土地发展中药材种植及牛、羊养殖业，年收入50余万元。

2. 农业企业是规模最大的新型经营主体

龙头企业在土地流转中具有显著的资本、技术、管理和市场等诸多优势。它既能实现一村一镇集中流转，又能实现跨区域片区流转，在更大程度上整合资源，聚集规模效益，实现产业链增值。特别是以工业化、产业化的思维和方式组织开展农业生产，推动农业深度开发、综合开发，促进农业转型升级，有利于促进农村的城镇化和农业的工业化，为统筹城乡发展提供了抓手、载体和平台。截至2014年6月底，流入农业企业土地108579亩，占流转土地总面积的23.05%。农业企业一般流转规模大致在千亩甚至万亩以上，在新型主体中流转规模最大。竹溪县龙王垭茶业股份有限公司（合作社）为进一步做大做强茶叶产业，充分发挥龙头企业的带动作用，本着自愿互利、公正平等的原则，以转包、租赁、股份合作等方式，流转茶园面积16428亩，茶场统一提供种苗、病虫防治、鲜叶收购、加工、贮藏、运输、销售，农民不仅获得流转土地的资产收入，还可在茶场（合作社）打工，取得劳务收入。益友粮油工贸有限公司等2家贡米公司在中峰镇青草坪片区流转土地2300多亩建设贡米基地，形成了"公司+基地+农户"的经营模式。竹山圣水公司在宝丰、麻家渡两镇8个村集中连片流转茶园和土地4503.8亩统一种植茶叶，流转期限为5年，共涉及1595户、7177人，仅流转土地农民每年可获得收入181万元，户平1129元，人平252元。农民在茶园务工人均又可增收700元。房县湖北神农本草中药饮片有限公司在军店镇下茅坪村流转土地1700多亩，在竹山县双台乡鲍竹路沿线的界岭、向山等5个村流转土地近5000亩发展药材基地。

3. 农民合作社是农民最欢迎的新型经营主体

主要是通过组建农民专业合作社、土地股份合作社等合作形式，把土地、机械等生产要素有机整合，变分散个体经营为合作经营，推动农业生产实现机械化、规模化、专业化和市场化，提高了农民进入市场的组织化程度，提高了农业的经营规模和效率。经营规模几百亩、几千亩不等。截至2014年6月底，流入农民合作社土地75832亩，占流转土地总面积的16.10%。农民合作社与农民风险共担，利益共享，农民既参与实施又进行民主管理，因而成为农民最欢迎的新主体之一。郧西县涧池乡大泥河蔬菜专业合作社与全乡13个村817户签订规范土地流转合同，共流转土地1873亩发展蔬菜种植，通过"统一提供种子、统一田间管理、统一收购销售"的模式，打造高标准无公害蔬菜规模经营基地；竹溪县阎家坝特色蔬菜土地股份合作社，引导62户农民集中入股土地1200多亩，由合作社集中统一经营，农户通过股份合作流转每年收入700元/亩。

4. 村集体和基层事业单位是农民最信任的新型经营主体

村集体经济条件较好、"统"的功能较强，通过强有力的组织领导，把部分农民承包土地集中起来，实行统种、统管、统收，创造的效益作为村集体积累，用于发展村级公益事业。有的地方在劳动力缺乏、土地撂荒或者经营效益较低的情况下，村级组织为提高土地利用率，将农民手中的土地流转过来，然后引进农业企业、专业大户等市场主体发展特色产业，减少土地资源浪费，提高土地收益。也有乡镇涉农事业单位充分发挥技术人才优势，参与土地流转和规模经营，在瑄程度上提高了土地产出效益和产业竞争能力。这两类主体是新型主体的有效补充，其优点突出表现在组织力强、公信力高。麻家渡镇罗家坡村土地流转总面积达到905亩，整村土地流转率达到95%。窑淮镇窑场村将305省道沿线2000多亩农户土地托管流转经营，村委会与农民签订规范的土地流转合同。村委会将托管的2000多亩土地流转给神农贡茶叶公司发展茶叶基地，村委会与公司签订规范的土地流转合同，流转价格为500元/亩/年，3年后公司将茶园无偿返还给农户经营。通过土地托管流转，节约了经营主体和农户的土地流转成本和经营成本，实现了双赢。房县化龙林业站，牵头组建房县化龙核桃种植专业合作社，流转镇办核桃产业基地600亩，通过对400亩老核桃园实施品种高接化等技术革新，推进低产园改造，实现了效益翻番。

（二）增加农民收入是推进土地流转的根本目的

推进土地向规模经营集中，向资本、项目、人才、科技、品牌等优势要素集中，必须坚持依法、自愿、有偿的原则，把增加农民收入作为出发点和落脚点，让农民在参与规模生产中分享规模效益。实践中主要从四个方面保证规模效益提高，农民收入增加。

1. 保证农村政策给农民带来的收益不减

创造性、完整性落实党的惠农政策。不论哪种经营主体在流转农民承包经营的土地的过程中，都不得侵占粮食直补、良种补贴、农资综合补贴、农机补贴和退耕还林补贴等由农民享受的惠农政策。

2. 保证土地流转的合理价格

合理的价格是实现土地顺畅流转的关键，也是保障农民权益的关键。土地流转的价格与耕地的类型、质量、区位等因素密切相关，与流转后经营主体的经营方向、流转时间长短等因素相关，还与业主经营项目效益有关。一般而言，水田坪地流转价格较高，坡地山场、水面流转价格较低；短期流转价格较高，长期流转价格较低。耕地流转价格在200～900元/(亩·年)，山场、水面几十元到几百元/(亩·年)。流转价格调整周期为1～5年，也有少数十年以上的。竹山县擂鼓镇65个大户流转土地3000多亩发展茶叶、烟叶、设施蔬菜等，流转价格水田300元/(亩·年)，旱地200元/(亩·年)。竹溪益友粮油工贸有限公司流转中峰镇青草坪片区水田2300亩发展贡米产业,流转价格为900元/(亩·年),流转时间为十年,每3年对流转价格进行一次调整。竹山圣水公司流转价格为:一等茶园500元/(亩·年),二等茶园400元/(亩·年),空白地300元/(亩·年),荒坡地200元/(亩·年),水田650元/(亩·年)。竹溪县青山绿谷苗木专业合作社流转土地500亩,发展苗木产业,流转价格500元/(亩·年),5年调整一次价格。

3. 保证农民在流转地务工收入

经营主体大多主动吸纳本地农民,优先在其承包耕地中从事劳务,获得一份工资性收入。一般采取按日记工付费或整体承包的形式签订协议,把农民变成农工。神农武当医药科技园流转丹江口市盐池河镇黄草坪村500亩土地种植中药材,土地流转价格为230元/(亩·年),流转期限10年,农民在药园务工,一天可收入60元劳务费。

4. 保证股份分红

部分农民以股份合作形式带地入股合作社,组建新型的土地股份合作社,农民与新型经营主体的关系更加紧密。郧县大自然专业合作社,吸引谭家湾村130户农民以土地入股形式流转土地600亩,种植蔬菜,由合作社雇请农户进行种植管理、订单收购,蔬菜亩产值达7000元,亩纯收入4200元。竹山县麻家渡镇柿树坪村将千亩土地入股水生蔬菜专业合作社,进行莲藕种植,土地流转价格为500元/(亩·年),年终分红不低于200元/(亩·年)。

(三)构建服务体系是推进土地流转的有效保障

随着土地流转规模的扩大和多种主体、多种形式的出现,加强服务,引导规范流转势在必行。全市土地流转正在由口头协议逐步转变为签订流转合同。2010年前签订书面流转协议的户数及面积均不到20%。到2014年6月底,全市签订流转合同76453份,占流转户数的78.4%。签订合同土地面积331498亩,占流转面积的65.4%。服务体系主要体现在两个方面:

首先,建立流转平台。全市普遍建立了县、乡两级土地流转服务平台,其中乡镇土地流转服务平台116个,占乡镇总数90.63%,除中心城区街办外,实现了涉农乡镇全覆盖。竹山县在县经管局及乡镇经管站、财政所内按照有办公场所、有工作人员、有规章制度、有档案管理、有经费保障的"五有"标准,建立了县、乡两级土地流转服务平台。两级平台的主要工作职责是:统一为流转对象提供政策、法律咨询;负责流转信息收集发布;提供合同文本及合同鉴证;建立流转台账及合同档案;调处合同纠纷等。村一级依托村文书及各小组长配齐村级土地流转服务信息员,主要负责本村范围内土地流转信息搜集、发布,建立台账,简单纠纷调处等,目前村一级流转已实现全覆盖。

其次,建立流转体系。主要包括三个体系:一是纠纷调解仲裁体系。市、县建立土地承包纠纷仲裁委员会,村设纠纷调解员,及时解决苗头性问题,尽量化解矛盾纠纷;乡镇依托经管站、财政所设立乡镇调解委员会,做好纠纷调处工作;县信访局、经管局具体负责协调及纠纷调处;市经管局负责业务指导及重大疑难纠纷调处。乡村两级调处机构实行"三个在先、一个跟踪"的工作模式,就是协调在先、调解在先、集体把关在先,对办结的案件进行跟踪查访,及时了解掌握案件处理结果执行情况,妥善解决农村土地流转过程中出现的矛盾和纠纷,做到小访不出村、大访不出乡,把矛盾化解在基层,消灭在萌芽状态,维护农村社会和谐稳定。二是土地流转数据库体系。由农业部门牵头,依托各级经管部门,建立统一的农村土地承包经营权(包括流转)数据库,实现并机联网,资源共享。目前这项工作正在启动。三是农村产权交易体系。建立统一的(区域性)产权交易体系,将土地承包经营权、集体"四荒"使用权等10类产权上市交易,更好地维护集体和农民的财产权利。

(四)着力政策引导是推进土地流转的有力推手

市委、市政府高度重视农村经营体制机制创新工作,每年市委一号文件都专题安排部署农村土地流转工作,明确流转任务、责任主体和考核办法,并纳入各级党委政府及有关部门工作目标考核体系,年终逐项考核验收、奖惩兑现。市政府2012年专题下发《关于加快推进农村土地经营体制机制创新的意见》(十办发〔2012〕24号),并通过现场会的形式推进这项工作。县、乡党委、政府始终把土地流转作为体制机制创新的重要抓手,多措并举,强力推进。郧县政府出台政策,鼓励土地流转,对连片流转50亩以上发展加工型蔬菜的经营主体给予一定奖补。各级各部门始终注重宣传引导工作,通过报纸、电视、网络、培训班、座谈会、村务公开栏等形式,对开展农村土地承包经营权流转工作的重要性、必要性进行广泛深入的宣传教育,统一干部群众的思想认识,消除顾虑,树立土地流转的理念。

(五)坚持问题导向是推进土地流转的有效方法

土地流转是农村深化改革的新探索、新举措,推进过程中必然会出现不少新情况、新问题,必须坚持问题导向,积极稳妥地推进。当前,应特别注意解决五个方面的问题。一是流转程序不够规范问题。全市有21.6%的农户和34.6%的流转土地未签订流转合同,主要在农户与农户之间流转,甚至包括一部分专业大户、家庭农场和合作社流转的土地,只有口头协议,没有履行签约和登记手续,即使有书面合同,内容不完整,签订也不规范,流转土地的面积、用途、价格、费用交付等合同条款和标的约定不明确,在某些方面不具有法律效力,存在自发性、盲目性和随意性,极易造成矛盾纠纷和隐患。二是流转效益偏低问题。全市现有流转的土地中,用于发展林特产业的仅占流转总面积的65.8%,其余部分的流转,仍从事传统作物耕种,没有形成比价明显的规模经营和特色品种,无论是流出方还是流入方,流转效益都普遍偏低。三是保障农民权益问题。农民在土地流转中处于弱势地位,土地在农户经营效益普遍不高的条件下,农村土地开始流转时普遍价格较低。据调查,农村土地流转亩平租金年收益旱地在200元左右,水田在600元左右,山场、水面多数只的几十元,有的甚至无偿转让土地经营权。如何科学合理的确定价格,建立农民流转土地合理的收益增长机制必须引起高度重视。四是流转发包主体问题。农民承包经营地的流转发包主体应当是农民,集体土地的流转发包主体应当是村民委员会,但在我市特别是在南水北调中线工程移民搬迁区,整建制移民的地方遗留下来的耕地、山林流转没有主体,一些地方由乡镇政府作为发包主体流转。五是防止投机流转问题。个别业主没有真心实意经营,利用土地搞投机,改变土地用途。这些都成为制约土地流转快速健康发展的重要因素。

三、加快土地流转的保障措施

(一) 进一步加强政策宣传引导

结合特色产业开发，采取多种形式、多种渠道有针对性地宣传土地流转的重要性和必要性，帮助广大基层干群和经营主体解放思想，增强发展意识，克服小农意识，消除疑虑，推进流转工作顺利开展。要充分摸清思想状况，积极引导，有针对性地宣传党的农村土地政策和农村基本经营制度，充分尊重土地流转中的农民主体的意愿，稳定农民政策预期，解除农民的后顾之忧。

(二) 健全完善土地流转服务平台功能，提高服务水平

进一步加快完善县、乡、村三级土地流转服务平台建设，实现土地流转服务全域覆盖，为土地流转提供平台，不断提升服务质量，规范土地流转行为。坚持"依法、自愿、有偿"的原则，严格按照法定程序操作，基层政府要充分发挥服务平台的职能作用，切实搞好土地流转的政策咨询、登记备案和流转合同的指导等工作。

(三) 加快新型农业市场主体的培育

专业大户、家庭农场、农民合作社、农业企业等是推进农村土地流转、实现土地规模经营的重要载体。要充分发挥资源和产业优势，坚持"内育"与"外引"并重，着力培植发展专业大户、家庭农场、农民合作社、农业企业，带动农村土地经营权流转。坚持"集中、连片、规模"的原则，将土地流转与特色产业开发结合，依据当地已有条件，农村劳动力转移等情况，提出本乡镇、本村重点产业产品适度规模经营的适宜标准，实行相对集中、连片开发、规模经营，不断发挥规模效应，推动农村经济发展，增加农民收入。

(四) 探索建立土地流转风险控制办法

党的十八届三中全会《决定》指出，完善农业保险制度。鼓励社会资本投向农村建设。从保障农民的切身利益和维护社会和谐稳定的高度，思考出台土地流转风险解决办法十分必要。如果农民将自己全部土地进行转让，将来在外出现生计难题或农业市场主体流转大量土地后，一旦出现不能履行流转合同的情况，将导致社会矛盾和不稳定因素出现。当前，一方面要鼓励和引导工商资本到农村发展适合企业化经营的现代种养业，重点从事农产品加工流通业和农业社会化服务；另一方面要加强对工商企业租赁农户承包地的监管和风险防范，加快探索建立土地流转风险保障金制度，积极应对土地流转后可能出现的各种风险，发挥维护农村社会和谐稳定的重要作用。

(五) 必须加强就业服务和社会保障

大力发展农村二、三产业，拓宽农村劳动力的就业渠道，就地转化农村劳动力。健全

农村社会保障机制,加强以农村最低生活保障、养老保险、医疗保险等为主的农村社会保障体系建设,解除农民的后顾之忧,使农民放心走出去,加快农村土地承包经营权确权登记颁证工作,增加农民的财产性收入,为农村土地流转创造良好的条件。

(六)加大土地流转的政策支持力度

农业是一个投资大、周期长、见效慢、风险高的产业。流转大量土地开展规模经营,面临着市场和自然双重风险,亟待各级各部门给予政策资金扶持。各级财政和有关部门应当适当安排土地流转以奖代补资金和相关支持政策,对经营面积达到一定规模、流转程序规范的专业大户、家庭农场、农民合作社、农业企业等新型农业市场主体给予一定资金奖励和项目支持,推动土地流转的发展。

(七)加大指导规范工作力度

用"四化同步"战略指导土地流转,科学规划产业布局,严格限制非专业农户承包租用土地,防止土地流转过程中农业用地的非粮化、非农化现象的发生,保障国家粮食安全和农民土地权益不受损害。土地流转应当在农村土地经营确权登记颁证工作完成的基础上进行,土地流转的期限不得超过土地承包的剩余年限,违背政策规定年限的,坚决不准进行流转,确保流转规范、合法、有序。

努力把十堰建设成为"中国武当药谷"

张小庆 王 坤

医药产业是关系国计民生的重要产业，也是国际公认的"永不衰落的产业"。近年来，人们的健康观念不断更新，医药市场涌起天然药物热潮，对天然药物的需求量日益增加，天然药物销售额占药物制品比重超过60%，并以每年10%的速度递增。十堰境内的武当山是天然药物的宝库，在中草药行业享有"北有长白山，南有武当山"的美誉。加快发展医药产业，把十堰建设成为"中国武当药谷"，有利于优化我市产业结构，促进南水北调核心水源区经济转型，增加农民收入，帮助广大群众脱贫致富。为此，我们先后深入各县市区，进行了三个多月的专题调研，认真分析我市建设"中国武当药谷"面临的机遇和挑战，提出了进一步加快医药产业发展的对策建议。

一、十堰发展医药产业意义重大

医药产业是国家"十二五"时期重点培育和发展的战略性新兴产业之一，2010年10月，国务院下发了《国务院关于加快培育和发展战略性新兴产业的决定》，明确要大力培育和发展医药产业。2012年1月，湖北省经信委出台《湖北省医药产业"十二五"发展规划》，5月，又出台了《加快全省医药产业发展行动方案》。十堰市委、市政府高度重视医药产业发展，早在"十五"期间，就把医药产业确定为全市四大产业之一，2010年5月制定出台了《十堰市生物医药产业发展实施意见》，2012年11月底，武汉国家生物产业基地——十堰生物医药产业园挂牌，园区规划用地13900亩，分为生物医药生产制造区、生物医药研发孵化区、生物医药物流园区、生物医药公共服务区等四个功能片区，是一个集生物产品研发、生产、流通为一体产业聚集区。预计2015年产值达到100亿元，2020年之前引进300家以上各类生物医药企业，产值达到500亿元，2030年产值达到1000亿元，成为十堰继汽车产业之后的又一千亿级产业。

（一）建设"中国武当药谷"，有利于十堰产业优化升级

十堰因车而建、因车而兴。长期以来，全市经济总量的70%以上来自于汽车，汽车产业一主独大，在为全市经济社会发展提供强大支撑的同时，也带来了一定产业风险，导致全市国民经济发展随汽车市场波动而波动。如，2005年汽车行业提供税收占全市财政收入的比重为37%，2009年受金融危机影响，这一比重下降到28%，2010年受国家4万亿投资的拉动，这一比重又跃升为33%。推进产业优化调整，构建一主多元的产业结构

显得日益紧迫。2013年10月,市委四届七次全体(扩大)会议审议通过《关于以学习贯彻习近平总书记重要讲话精神为动力,进一步加快区域性中心城市建设的实施意见》,提出要在生态文明建设和转型跨越发展上走在全省前列。加快建设"中国武当药谷",大力发展医药产业,有利于充分利用十堰中草药资源,推动资源优势向产业优势转变,着力打造第二个千亿级的战略性新兴产业,加快推进全市产业结构优化升级。

(二)建设"中国武当药谷",有利于库区群众脱贫致富

十堰市地处秦巴山区,是国家集中连片的贫困地区。南水北调中线加高工程,淹没了大量良田和坡地,增加了库区群众脱贫致富的难度,全市贫困面广、贫困程度深。随着国家新一轮扶贫开发标准上调,十堰市还有贫困人口116.52万人,占全市农村人口的47.6%,高于全国34.2个百分点,高于全省27.4个百分点。努力促进库区群众脱贫致富,事关库区群众福祉,事关国家水资源战略安全,使命光荣,任务艰巨。通过建设标准化中药材种植基地、道地中药材加工基地、中药材物流园,打造"中国武当药谷"产业链条,可以让更多的库区群众直接参与、直接受益,让中药材种植、加工真正成为库区群众的致富产业。

(三)建设"中国武当药谷",有利于水源区生态建设和环境保护

南水北调中线工程将于2014年年底通水,十堰作为核心水源区,肩负着保护国家水资源战略安全的光荣使命和重大责任。在国家主体功能区划分上,五县一市均是限制发展地区,党的十八届三中全会提出大力建设生态文明,这一系列政策预示着十堰生态环境保护的硬约束越来越紧,兼顾生态建设和经济发展的任务将十分繁重。加快建设"中国武当药谷",大力发展绿色、环保的中药材产业,几乎不造成水体和土壤污染,产业基地还可以作为旅游观光的载体,既能确保一库清水送京津,又能确保库区群众安稳致富,实现环境保护和经济发展"双赢"。

二、十堰发展医药产业具有得天独厚的优势

我市地理位置独特,拥有良好的生态环境和丰富的自然禀赋,在湖北乃至全国都极为少见。加快医药产业发展,特别是中医药产业发展具备四大明显优势:

(一)地理优势

十堰市地处秦巴山区腹地,属亚热带季风气候,境内四季分明,雨量充沛,光照充足,独特的地理位置和良好的生态环境十分利于植物药材繁衍生长,具有开发生物医药的特殊优势,是名贵中药材生产的宝地。正因为如此,中药材界素有"北有长白山,南有武当山"之说。

(二)资源优势

十堰中草药自然资源在全省独一无二,在全国名列前茅,有"天然药库"之称,中药

材品种达 2518 种，比《本草纲目》收载的还多 626 种。其中，国家级重点珍稀、濒危物种及国际公约保护植物 50 多种，中国特有属植物 40 多种，如珙桐、红豆杉、七叶一枝花、头顶一颗珠、小勾儿茶等。

(三) 品牌优势

史载神农尝百草传说源自武当山，唐代著名的医药学家、药王孙思邈和明代杰出的医药学家李时珍都曾在这里寻药立著，《本草纲目》中 70% 的标本源自十堰。十堰现已查明能制成中成药的植物有 500 种以上。十堰市医药产业享有"武当"和"神农"两大品牌，天然品种繁多，拥有较多的名贵中药材品种，如独活、生地、木瓜、肚倍、绞股蓝、黄连、杜仲、玄参等，其中黄姜、杜仲、板蓝根、丹参、苍术建有 GAP 种植示范基地。我市是全国重要的道地中药材基地，郧西县被农业部特产委员会命名为"中国黄姜之乡"，竹山县被誉为"肚倍之乡"，竹溪县被誉为"黄连之乡"。

(四) 产业优势

我市医药产业经过多年发展，较大规模的医药企业已有 22 家，其中产值过亿元的 9 家，竹溪华驰医药 2012 年产值突破 5 亿元。2013 年年底，全市木瓜、黄姜、杜仲、肚倍、金银花等中药材品种达 28 个，基地总面积达到 105 万亩。其中，木瓜基地面积超过 20 万亩，肚倍、杜仲面积超过 10 万亩。2012 年年底，十堰生物医药产业园挂牌运行，入驻武汉人福医药集团、武当生物医药科技有限公司、湖北上善堂药业有限公司等企业。其中，投资总额 3 亿元的武汉人福医药集团黄体酮制剂项目，将建设成为全国乃至全球最重要的甾体激素原料药及医药中间体的生产供应基地。十堰有 5 家三甲医院、2 家国家中医药二级实验室，湖北医药学院等高校的专业科研力量，为十堰医药产业发展提供了强有力的科技人才支撑。目前，我市初步形成了集道地药材基地、医药生产、科研于一体的医药产业链条。

三、十堰发展医药产业面临的机遇和挑战

(一) 面临的机遇

1. 全球医药产业加速发展

近年来，世界经济受金融危机拖累，增速放缓，但是世界医药行业产值年增长率仍高达 9.6%，远远高于同期经济增长速度。同时，全球医药市场继续向新兴医药市场转移，近 5 年来新兴医药市场的增长速度保持在 14%~17%，高出平均水平。据国家商务部发布的《2012 年药品流通行业运行统计分析报告》显示，2012 年我国药品流通行业销售总额达 11174 亿元，首次突破万亿元，同比增长 18.5%。特别是中药产业每年增长速度在 10% 以上，今年中药产业产值将占医药产业产值的 1/3。

2. 医药市场潜力巨大

发达国家经验表明，一半以上的药品由老龄人口消费。我国人口基数大，人口老龄化

进程不断加快，据统计，2013年老年人口数量突破2亿大关，老龄化水平达到14.8%，到2020年，这一比例将升高到18%，2050年前后，中国老龄人口将达到峰值4.8亿，届时每三个人就有一个是老年人，医药市场需求量十分巨大。随着我国经济发展、新型城镇化及养生保健意识的增强，人民群众的医药消费水平也大大提升，国内医药市场将持续扩大。到2020年，我国将成为全球仅次于美国的第二大医药市场。

3. 国家产业政策支持

国家和湖北省先后出台了支持和促进医药产业发展的政策文件，为医药产业进一步加快发展奠定了基础。国家《医药工业"十二五"发展规划》提出，将未来五年医药行业的工业总产值及工业增加值年均增长目标分别为20%和16%。《湖北省医药产业"十二五"发展规划》提出，到2015年，全省医药总产值达到1200亿元，年均增长22%，医药产业已经被认定为湖北省第9个千亿产业。同时，在国家惠民生、扩内需宏观政策和新一轮深化医药卫生体制改革推动下，国家社保新政不断出台，政府投入占整个卫生费用的比例不断提升，医药行业将继续得到政策支持。

4. 十堰面临一系列重大机遇

当前，十堰正处于加快发展的重大战略机遇期，面临国家促进中部地区崛起、老工业基地改造、秦巴片区扶贫开发、南水北调后续工程建设、丹江口库区"两个规划"实施和竹房城镇带建设等千载难逢的历史机遇。一系列重大政策机遇，为我市医药产业发展提供了争取资金和项目的良机，抓住这些机遇，医药产业发展将迎来更加广阔的前景。

（二）面临的挑战

医药产业是高技术和资金密集行业，具有高投入、高产出、高风险、高回报的特点，也是区域产业竞争的焦点。我市医药产业经过多年发展，取得了阶段性成果。但是，也面临着一些亟待解决的问题。

1. 产业规模小、集中度不高

2012年全省医药产业实现主营业务收入659.6亿元，利润54亿元。同年，我市医药产业总产值20多亿元，在全省排名靠后，与丰富的中药材资源极不相称。十堰本地中草药虽多，但没有实现产业化，进入医院的不多。据市中医院统计，该院常用的中药有600多种，其中仅有四分之一来自十堰本地。我市其他各大医院的中药房里，本地中药也不到一半，大多数依靠外地采购。根本原因是本地的中药材大多为野生且数量少，不能实现规模供应。以金银花为例，从地理上看，金银花特别适合在我市种植，市场售价每吨20多万元，国内外市场需求量约20000吨，目前全国金银花年产量仅8000吨，我市的金银花品质高，曾获国家"绿色食品"的"午时金银花露"，其原料即来自我市，但目前十堰年产量还不到100吨，无法满足市场需求。

2. 龙头企业少、带动性不强

由于我市医药产业总量和规模不大，医药生产企业培育发展较慢，企业规模普遍偏小。2011年全省医药企业收入前30名中，十堰仅有1家（湖北省丹江口开泰激素有限责任公司）。年产值和利润不高，2012年全市医药制造业完成产值27.1亿元，其中，总产值过亿元的只有竹溪华驰医药、神农本草中药饮片、丹江口开泰激素等9家。

3. 深度开发不够、附加值不高

十堰的中草药自然禀赋虽与长白山齐名，但是从产业总产值上来看，2011年，长白山的医药产业产值达400亿元，而我市仅仅20多亿元，相差20倍。主要原因是我市医药产业人工规模化种植和深度开发不够，产业过于粗放，大多为原料药材，制剂产品产值在产业总量中比例偏小，没有形成完整的产业链条。

4. 创新能力较弱、企业研发投入乏力

医药产业科技经费投入仍处于较低的水平，企业研发投入占销售收入的比重平均为2%左右，远低于国际上10%的平均水平。医药科研缺乏高水准的技术人才，现有的科研优势尚未形成产业发展优势。同时，行业发展标准提高将提高企业的技术门槛。新版GMP标准要求5年内所有药品生产企业都要达到《药品生产质量管理规范（2010版）》的标准，目前只剩下2年时间，我市制药企业面临全面的软硬件改造升级，否则只能退出市场。

四、加快建设"中国武当药谷"的对策建议

医药产业是我市一主多元产业体系的重要组成部分，要通过产业扩张、资金扶持、科技攻关、招商引资等多种措施，进一步调整产品结构，完善产业链条，整合研发能力，引入高新技术，扩大国内外市场，努力实现药材种植规范化、制药企业现代化、药品生产标准化、中药产品品牌化、医药市场全国化，把驰名中外的武当中药材品牌资源打造成为名副其实的"中国武当药谷"。

（一）以生态资源为支撑，完善医药产业中长期发展规划

结合当前医药市场发展方向，充分发挥我市医药产业资源优势，高标准修订完善《十堰市医药产业中长期发展规划》，确定医药产业发展的思路、目标和重点发展方向，指导未来5~10年和更长时期的医药产业发展。同时，研究出台《十堰市促进医药产业加快发展的意见》，就我市生物医药创新与服务公共平台建设、医药企业技术创新、生物医药应用型人才培养等方面，提出财政、金融扶持政策措施。支持重点医药企业加快发展，拓展国内国外市场。积极鼓励医药相关行业发展，培育医药产业链。扶持对全行业具有导向性的、高水平的医药研究开发项目。重点支持前期投入风险大、市场前景好、具有广泛经济效益和社会效益的中药产品和中药项目的产业化建设。

（二）以对口协作为契机，引入医药行业战略投资者

当前，我市正在深入开展与北京、天津、河北等受水区的对口协作，这也是我市医药产业做大做强的良机。我市应紧紧围绕地道中药材这一金字招牌，瞄准受水区范围内的重点国内药品企业，大力引进国内医药企业50强和中药材种植新技术，如，天津医药集团、石家庄制药集团、北京同仁堂等，特别是要大力引进中医药企业，在中药材种植基地建设、项目投资、科研试验等方面挖掘合作点，深入开展对口协作，努力实现"双赢"。2014年5月，商务部和国家中医药管理局联合发布《关于开展中医药服务贸易重点项目、

骨干企业和重点区域建设工作的通知》，计划未来3年，通过财税、金融和进出口等相关扶持政策，建设一批中医药服务贸易骨干企业。我市要抓住这一机遇，出台优惠政策，大力支持生物医药企业在十堰的发展，并在项目申报论证、建设用地等方面提供优质服务。吸引省内外中医药骨干企业，如康美药业、武汉健民、人福医药到生物医药产业园投资创业，带动我市医药产业做大做强。大力实施品牌战略，真正形成"北有太白、南有武当"的医药市场大格局。

（三）以市场需求为导向，突破性发展医药原料基地

发挥中药材特色资源优势，主动做好与京津地区医药集团的产业项目对接，全面开展优质中药材种植基地、中草药有机物提取精制深加工合作，逐步建立技术规范化、生产规模化的各类药材生产基地，创出地产名牌药材，建设一批符合GAP要求的中药材种植基地。认真梳理医药产业项目，积极争取中央、省财政政策扶持。努力实现药材种植基地化、规范化，大力发展道地中药材。同时，大力推进规范化药材生产科技示范区建设，探索药材规范化种植、加工技术研究及药材生产基地运作机制。结合农业产业结构调整和新一轮扶贫开发，新建一批综合性和专业性较强的中药材种植园、中药材高技术产业园、中药材良种示范园，逐步扩大基地规模，形成药材及药用原材料作物生产基地。鼓励建设采用先进适用技术的道地绿色中药材规范化种植和加工示范基地。

（四）以知名品牌为依托，大力培育中小规模市场主体

十堰汽车产业的发展历程表明，一个产业的培育壮大，离不开一大批市场主体，特别是龙头企业的带动。目前，全市共有中药材及生物医药加工企业22家，其中省级重点龙头企业有7家、市级龙头企业6家，要加快建设"中国武当药谷"，就必须依托"武当"、"神农"等知名品牌，以及引入"同仁堂"等战略投资者，大力培育医药市场主体，在中药材种植、加工、销售各个环节，服务大医药集团，不断拓展市场。一是进一步壮大龙头医药企业。要对拉动产业链有突出贡献的企业加以激励，在税收政策上给予优惠。二是扶持中小企业。设立我市医药产业发展专项资金，用以引导、扶持医药企业加快发展。鼓励医药生产企业加强相互合作，促进产业链条企业的协作；真正成为链条企业的媒介，抓好抓实这项工作，让各自的企业受益，相互支持，相互依存，扩大地方的税收与就业。三是注重品牌培育。"武当"、"神农"、"房陵"等。

（五）以科技创新为根本，着力提升产业核心竞争力

专利药品开发耗时耗资，每个品种从研究开发到上市，一般至少需要12年时间、前期投入至少12亿美元，才有可能在10万种化合物中找到一个所需药物。而一旦新产品研发成功，利润也十分惊人。如全球排名第一的辉瑞公司，研制生产的胆固醇药物立普妥1996—2012年累计销售收入1400亿美元、利润530亿美元。我市医药产业要发展壮大，走向世界，就要鼓励自主创新，着重研发具有自主知识产权的产品，提高产业自主创新能力。当前突出中药提取、饮片、成药三个关键环节，开发高科技含量的中成药产品，全面提升技术、工艺、装备的现代化水平。以技术含量高、疗效优势突出、市场需求量大的现

代中药产品为核心内容,重点支持技术先进,单品种市场潜力可达到年销售亿元以上、具有竞争力的中药标准提取物、新型中成药等现代中药产品的产业化。同时,提高技术和产品创新能力,加强知识产权保护,实现新药研究从"仿制"向"创制"转轨。对重点品种加大科技力量、资金支持,积极培养高科技高附加值、大规模的产业,全力支持研发新药。吸取贵州、西藏等开发苗药、藏药的成功经验,深入挖掘开发武当道教医药。扶持以我市道地中药材为主的系列产品的开发,注重资源性的重要制剂开发,如绞股蓝、丹参、金银花等地道特产药材的制剂品种,拉动 GAP 基地建设;完善和改造生产结构,填补冻干和大输液等剂型的空白;积极扶植生物制品的研发,全面提高科技含量。

(六)以机械制造为基础,积极发展制药装备产业

随着医药市场持续扩容、全球制药产业逐步向中国转移,我国制药装备市场需求呈快速增长趋势,我国已成为最具潜力的制药装备市场之一。1998—2004 年,我国制药装备市场需求呈现高速增长态势。近 5 年来,中国制药装备行业协会会员单位总产值年增长率 16%,我国制药装备行业与国际先进水平的差距越来越小,部分高端产品已开始替代进口。中国产业经济研究网专家认为,受 2010 年新一轮药品 GMP 认证等因素影响,我国制药装备行业产值、销售收入、利润总额均呈现较大幅度增长,工业总产值增长 37.1%,利润增长 68%。截至 2011 年年底,中国制药装备行业协会拥有会员单位 254 家,会员单位产值达到 93.58 亿元,占全行业总产值(190 亿元)的比例接近 50%。随着新版药品 GMP 的深入实施,预计未来五年中高端制药装备市场需求将保持快速增长。十堰是中国卡车之都,具有雄厚的机械制造实力和产业基础。

(七)以搭建平台为发力点,加快武当生物医药产业园建设

任何一个产业的发展离不开平台建设,武当生物医药产业园是我市医药产业发展壮大的重要载体,必须加快建设,以此推进十堰生物医药产业集聚发展,大力发展生物制药为重点的生物产业。重点发展现代中药产业、生物医药产业、化学制药产业、功能食品(保健食品)产业,成为一个开放型、集科工贸为一体、产学研相结合,以研制生产生物医药、现代中药、功能食品等为主导方向,以创新药研究开发,生物医药大品种生产制造和推进科技成果转化为目标的生物医药科技产业平台。加速产业基地建设,推动产业集聚发展。发展相关配套产业,形成产业链,构造合理的产业布局。以优惠政策为纽带在 6 个县(市)等地规划建设中草药种植基地,与产业园区结成紧密的发展关系。同时,积极建设国家级的中药材批发和流通大市场建设,立足鄂西北、辐射鄂豫渝川陕的医药或中药材市场;通过招商引资、联合开发的办法,积极吸引国内外有实力的投资商,构建十堰医药市场体系,以销促产,带动全市中药产业快速发展。吸取西安高新医药产业园、鄂州葛店医药产业园等成功的经验。加快我市医药产业园区的建设,着力打造区域性现代医药物流中心。

(八)以人才培养为保障,打造一流的专业技术队伍

高层次的管理人才和专业技术人才是医药产业发展的智力保障。要加快多层次人才队

伍建设，鼓励医药及生物技术企业加大技术、管理、经营领域的中高级人才的培养力度。加大生物医药创新创业领军人才引进工作力度，搭建高层次人才与生物医药企业产学研合作平台，促进科技成果转化和人才资源的优化配置。建立生物医药产业创新发展专家库，成立专家咨询委员会，充分发挥专家在制定产业发展规划、提升成果产业化、重大项目投资、相关政策制定中的评估、论证、咨询和推介等方面的作用。完善人才引进措施，吸引海归人才回国创业。要大力办好医药职业教育和医药技工、高级技师人员的培养。充分利用湖北医药学院、十堰职业技术学院等现有的教育资源，大力培养专业人才，解决全市药品生产企业专业技工人员的人力资源问题，使教育培训与生产的实际相互配套，为医药企业的发展打好基础。认真落实人才战略和相关政策，为科技人才在十堰创业发展提供工作、生活便利。加强对企业的创新支持，拓宽企业融资渠道，加快公共服务平台建设，降低企业自主创新成本促进国际间合作，提高国际竞争力。

十堰市农民专业合作社发展研究

周恩德　郭萌萌　周　伟

农民专业合作社是在农村家庭承包经营基础上,同类农产品的生产经营者或者同类农业生产经营服务的提供者、利用者,自愿联合、民主管理的互助性经济组织;农民专业合作社以其成员为主要服务对象,提供农业生产资料的购买,农产品的销售、加工、运输、贮藏以及与农业生产经营有关的技术、信息等服务。作为一种新型农村合作经济组织,农民专业合作社是突破农村经济发展瓶颈、实现农业发展和农民增收的有效途径。近年来,十堰市农民专业合作社异军突起,成为活跃农村经济的新亮点。分析农民专业合作社发展的经济与社会效益,找出其发展的瓶颈,提出推进农民专业合作社可持续发展的对策,对增加农民收入,推动农业现代化具有重要意义。

一、农民专业合作社发展概况

(一)全国农民专业合作社发展情况

截至2013年年底,全国依法登记的农民合作社达到95.07万家,实有成员达7221万户,占农户总数的27.8%;联合社有5600多家,联合会有2554家;全国各级示范社已突破10万家;开展内部信用合作的合作社已有近2万家。

随着国家不断加大对合作社的扶持,合作社将是今后农业产业化、标准化生产的重要的基础平台。2013年财政部安排农民合作社发展资金18.5亿元,支持各地农民专业合作社引进新品种、推广新技术、对成员开展培训服务等;安排9.96亿元农业综合开发资金,扶持2425个农民合作社项目。

(二)十堰市农民专业合作社发展情况

1. 规模不断扩大

从2007年开始,农民专业合作社被正式纳入十堰市发展议程。十堰市农民专业合作社发展之初只有6000户菜农,历经短短6年时间已经发展到接近6万户成员。随着政府扶持力度的加大,专业合作社如雨后春笋般发展起来,合作社规模不断扩大,辐射带动作用不断增强(如表1所示)。

表1　　　　　　　　　　　十堰市农民专业合作社基本情况

年份	登记注册合作社总数(家)	成员总数(户)	省级示范项目累计(家)	成员户及其带动农户数占全市农户总数的比例
2007	17	6000	6	—
2008	115	31800	15	19.08%
2009	245	33843	16	21.11%
2010	492	35100	11	25.81%
2011	676	63300	22	15.71%
2012	767	63691	26	21.73%
2013	814	58928	175	28.28%

资料来源：根据《十堰年鉴》及湖北农业信息网、十堰政府网、十堰农业信息网数据整理。

2. 覆盖领域不断拓宽

合作社的覆盖领域逐年扩大，从2007年的蔬菜、水果、畜牧业扩展到农业生产经营的各个方面（如表2所示），新兴产业格局已初见端倪。

表2　　　　　　　　　　　十堰市农民专业合作社覆盖领域

年份	覆 盖 领 域
2007	主要涉及蔬菜、水果、畜牧三个行业
2010	覆盖众多行业，包括果蔬类、畜牧类、水产类、茶叶类、中药材、烟叶、林业、农机、食用菌、桑蚕等方面，以前四类为主
2013	农民专业合作社已全面覆盖各个产业，其中有四类合作社，即茶叶合作社、中药材合作社、山羊养殖合作社、核桃合作社，占合作社总数的22.7%

3. 带动能力不断增强

根据《十堰年鉴》统计，截至2013年，全市依法注册成立农民专业合作社814家，带动非成员农户131158户。通过统一组织销售和购买为社员节约生产、销售成本9958.82万元，带动社员年人均净增收700余元，合作社在帮助农民增收致富等方面发挥了"扶持一个，规范一批，带动一片"的良好效应。

二、农民专业合作社的经济效益和社会效益

（一）经济效益

1. 规模经济的增收效应

农民之所以放弃单独作业的小农经济模式，加入农民专业合作社，根本原因在于农民

认识到专业合作社可以带来单独作业不可能产生的规模经济效应，合作收益大于单独行动收益的总和。与此同时，在成本均摊的情况下，社员平摊的成本低于农户个人承担的成本，随着合作社规模的扩大，社员承担的成本不断被摊薄。例如，房县西坪村，加入合作社之前烟农们各自为政，生产效率低下，农民收入增长缓慢。当地组织农民加入西坪烟叶生产专业合作社后，通过合作社组织专业化分工和服务，降低农民直接种烟成本151.61元/亩，产生了规模经济效应。农民专业合作社不仅降低了烟农的劳动强度，而且减少了烟叶生产成本，极大地提高了生产效率。

2. 市场化流通的扩大效应

农民专业合作组织的成立，有效地解决了农产品市场流通不畅、产品难卖、农民收入难以提高的问题。以十堰市郧县大自然蔬菜专业合作社为例，通过实施"合作社+公司+基地(农户)"的"农超对接"新模式，很大程度上缓解了农户生产与市场之间的矛盾，让农户的蔬菜能够更好更快的销售出去，该社"武当红"系列蔬菜已销往全国20多个大中城市，带动郧县、丹江口等周边7县市39个乡镇蔬菜产业发展。

3. 产业化经营的促进效应

十堰市农民专业合作社的发展促进了产业结构调整，带动了特色产业发展。以十堰市郧县五峰乡果丰木瓜专业合作社为例，其会员已发展到145人，辐射带动全乡22个村、4300多户种植木瓜，基地面积4.3万亩。合作社还选育出"汉江黄"Ⅰ号、Ⅱ号、Ⅲ号并成功推广，已生产出木瓜丝、木瓜酒等系列产品，正在联合有关科研院所，向木瓜牙膏、木瓜洗面奶、木瓜饮料、木瓜含片等深加工方向迈进。同时合作社已打破行政区划界限，组织协调木瓜苗木450万株，辐射带动周边乡镇发展木瓜种植3万余亩，有效促进了产业结构调整和规模经营，提高产业化水平。

4. 品牌化发展的拉动效应

据十堰市农村经济经营管理局统计，十堰市农民专业合作社已注册商标10余枚。全市新认证无公害食品、绿色食品、有机食品品牌达42个，较好地提升了产业、产品档次，市场竞争能力进一步增强。以十堰市昌洁无公害蔬菜专业合作社为例，为了开展市场营销服务，注册了"昌洁"牌无公害蔬菜商标，现已成为市民放心菜的首选品牌，年产销蔬菜6500万公斤，实现产值9000余万元，菜农亩平收入超6000元，该合作社先后获得了湖北省试点示范农合组织、湖北省知名农民专业合作组织、国家级示范社等称号。

(二)社会效益

1. 科技推广效应

科学技术是第一生产力，农民专业合作社通过把新观念、新品种、新技术送到千家万户，加快了农业科技成果的转化，提高了农业生产的科技含量。郧西蔬菜专业合作社借助县蔬菜办、县蔬菜技术推广站推广"三新科技"(新技术、新品种、新材料)，邀请专家技术人员来基地开展技术指导、现场答疑，定期进行技术咨询和研讨，通过一系列举措加强对菜农的技术培训。基地农民种菜技术明显提高，该社鲜菜畅销到十堰、西安、武汉等各大批发市场，在十堰寿康永乐超市、新合作超市建立直销专柜，科技兴农战略取得实效。

2. 人才培养效应

合作社通过专家讲座、技术培训、发放资料、现场示范等方式对入社农民进行专业技能培训，一方面提高了农民的整体素质，另一方面也培养了科技致富的农民带头人，收到了良好效果。2013年十堰市累计有600名农民专业合作社负责人参加了农业创业培训，通过培训学习考察，培养了农民专业合作社骨干力量，提高了农民的专业技术素质。

三、农民专业合作社发展制约因素分析

（一）因子分析模型

为了找出制约农民专业合作社发展的瓶颈，在借鉴其他学者对农民专业合作社研究的基础上，假定当前十堰市农民专业合作社发展的主要影响因素有以下几个方面：政府财政支出、金融机构贷款、农业科技投入、社员素质、物流运输、合作社成员总数、农户固定资产投资、乡村劳动力，统计结果如表3所示。

表3 十堰市农民专业合作社发展的影响因素

金额单位：万元；人数单位：万人；运输里程单位：公里

年份	政府财政支出(X_1)	金融机构贷款(X_2)	农业科技投入(X_3)	社员素质(X_4)	物流运输(X_5)	农民合作社成员总数(X_6)	农户固定资产投资(X_7)	乡村劳动力(X_8)
2007	542412	2070000	33	1.71	16728	6000	5687.85	125.73
2008	739660	2350000	52	1.7	17297	31800	5565.65	130.15
2009	1141039	3100000	80	1.72	18964	33843	5486.2	134.72
2010	1469768	4100000	90	1.74	19977	35100	5556.4	135.19
2011	1850858	4750000	148	1.81	20665	63300	5536.08	134.68
2012	2077542	5900000	169	1.86	22036	63691	6479.61	134.81
2013	2285000	7350000	270	—	23398	58928	9150	118.00

资料来源：根据历年《十堰年鉴》、《十堰统计年鉴》以及《十堰市国民经济和社会发展统计公报》整理得到。

注："财政支出"选取十堰市历年农业方面的分项财政支出来表示；"金融机构贷款"采用金融机构贷款余额来表示；"社员素质"选择十堰市受过普通中学教育的人口数来表示；"物流运输"选取十堰市公路通车总里程来表示；"农户固定资产投资"采用十堰市农村居民家庭大中型铁木家具、农林牧渔业机械、畜牧产品、工业机械、运输机械等的投入来表示；"乡村劳动力"以十堰市五县一市乡村劳动力的总和来表示。

使用SPSS18.0对以上因素进行标准化处理之后，利用回归法估计各因子的得分系数，如果分别利用，X_1，X_2，…，X_8表示8个因子，用F表示主成分，则得到主成分因子模型如下：

$$F=0.148X_1+0.148X_2+0.148X_3+0.142X_4+0.147X_5+0.140X_6+0.093X_7+0.117X_8$$

变量的系数越高，表示该变量对农民专业合作社的影响越大。由此看出，影响农民专业合作社发展最主要因素有金融机构贷款、政府财政支出、农业科技投入、物流运输和社员素质。

(二) 结论及启示

1. 资金短缺，融资困难

找银行贷款是农民专业合作社融资的首选，但是十堰市的农民合作社普遍难以通过银行进行融资。农民宅基地属集体土地不能流转，农村房屋又不值钱，贷款无财产可抵押，合作社信用状况不明，银行出于"安全性，流动性，赢利性"原则，不轻易向农民合作社贷款。例如，十堰市茅箭区的农民专业合作社大部分资金来源是个人集资和收取会费，一些合作社甚至连启动资金都没有，农户入社的积极性也不高。由于没有明确的资金扶持政策，农产品收购、销售环节的流动资金难以得到信贷支持，一旦生产资料价格上涨，就会陷入困境。

2. 政府扶持力度不够

政府对农民专业合作社的优惠政策落实不到位，突出表现在扶持资金、税收减免、贷款融资难落实等方面。由表4可以看出，虽然省、市级财政安排了专项资金扶持合作社发展，但是从单个合作社对扶持资金的需要来看，扶持资金不足，只有各县市的规模较大的示范合作社才能得到政府的专项资金支持，大部分中小合作社享受不到财政扶持，而且扶持资金分配不均，有的地方扶持的多，有的地方扶持的少。

表4 **2013年湖北省级现代农业农民专业合作社专项资金分配表** （单位：万元）

单位	资金额度	合作社名称
十堰城区	59	
市直小计	3	十堰市蜂伯安蜂业专业合作社
其中：茅箭区	3	
丹江口市	9	丹江口市圣水湖水产合作社5万元、丹江口市绿羽茶叶专业合作社2万元、丹江口市双都柑橘专业合作社2万元
郧县	5	郧县大自然蔬菜专业合作社
郧西县	10	郧西县湖北口回族乡坎子山包菜专业合作社5万元、郧西县坎子山蔬菜生产专业合作社5万元
竹山县	18	竹山县郧巴黄牛养殖专业合作社12万元、竹山县潘口花生专业合作社3万元、竹山县神农中药材农民专业合作社3万元
房县	14	房县兴农大鲵养殖开发专业合作社5万元、神农印有机农产品开发专业合作社3万元、房县鑫农畜禽养殖专业合作社3万元、房县神农万桑畜禽养殖农民专业合作社3万元

资料来源：2013年湖北省财政厅关于拨付农民专业合作社专项资金的通知。

3. 科技创新能力不足

十堰农民专业合作社生产的农产品大多属于初级农产品，产品附加值低、品质不高，市场竞争能力不强，主要表现在以下几个方面：一是农产品深加工少。十堰市大部分农民专业合作社是以农副产品为特色的合作社，没有进行深加工，以销售初级产品为主，产品利润低。二是科技投入不够。虽然十堰市农业科技投入逐年增加，但是增长缓慢，到2013年还没有突破300万元，农业科技力量不足。三是缺乏技术人才。目前合作社生产技术基本上都是依靠农林部门技术人员直接培训传授，对于合作社的社员并没有稳定的培训机制。

4. 社员整体素质有待提高

社员是农民专业合作社的主体，但是十堰市农民专业合作社社员文化素质普遍不高，参与管理意识差。农村有文化的劳动力大多外出打工，社员多为一些年龄大、文化水平较低的农民，对农民专业合作社发展前景认识不清，这些都影响了农民专业合作社的发展与提档升级。

5. 物流运输方式单一

十堰市地处鄂西北山区，经济相对落后，铁路和水运都不发达，公路运输成为十堰市最主要的运输方式。从图1中十堰市部分示范农民专业合作社的地理位置来看，各县区合

图1 十堰市部分示范农民专业合作社交通图

作社种类较多,而且地理位置分散,主要靠 209 国道和 316 省道与市区联系起来,各合作社产品依靠公路运输到其他县城和十堰市城区销售,或经过市区转运到外地销售,运输距离远,随着市场的扩大,物流成本不断上升,都在一定程度上削弱了合作社产品的竞争力。

四、农民专业合作社发展对策

(一)落实政策扶持,抓好典型示范

1. 加强财税政策支持

第一,增加对农民专业合作社的财政支持。调整支出结构,增加对中小企业信用担保机构的投资,为合作社贷款提供方便。设立专项资金,支持农民专业合作社开展信息、培训、农产品质量标准与认证、农业生产基础设施建设、市场营销和技术推广等服务,对边远地区和贫困地区的农民专业合作社给予优先扶持。第二,灵活调整地方税收政策。适当降低合作社的所得税税率,通过增值税改革,增加增值税抵扣项目,切实减轻合作社负担。对合作社购入的实验研究机械设备,允许缩短折旧年限。第三,加强对财政资金的监督。为避免中间部门挪用、截留项目资金等现象的出现,必须对财政资金的安排使用实施预算监督、会计审计监督、司法监督和社会中介机构以及新闻监督,杜绝违规甚至违法操作专项资金。

2. 抓好典型示范工作

积极开展"示范农民专业合作社"创建活动,加大对带动能力强、发展前景好、运行质量高的合作社的支持力度。结合优势特色产业,重点扶持一批示范农民专业合作社,通过典型示范激励和引导山区农民专业合作社快速健康发展。2013 年,十堰市先后制订了竹房城镇带农民专业合作社发展规划和汉江生态经济带农民专业合作社发展规划,共创建部、省级示范社 12 家,省级项目库合作社 9 家,市级示范社 10 家,通过示范带动,促进了十堰市农民合作社的规范化建设。

(二)健全组织机构,规范管理制度

首先,要规范收益分配,建立激励制度,在兼顾公平的基础上,适当考虑业务能手的利益,调动社员工作的积极性。其次,完善合作社财务管理制度,健全会计核算办法,合作社应加强对财会人员的业务培训,提高其职业技能。再次,要完善监督制约机制,开通农民监督举报渠道,监督社员的违法、违规行为,保障农民的合法权益。

(三)创新信贷担保机制,加强融资体系建设

首先,银行可以针对合作社建立信用等级制度,根据合作社的规模和发展状况提供不同的授信额度,在授信额度内为合作社提供贷款,目前海南省通过采取这种贷款形式取得了良好的效果。其次,合作社会员可以成立联保小组,以联保小组的名义进行信贷,联保会员对组内成员的借款承担连带责任。再次,可由政府、金融机构、中小企业及行业协会

共同建立政策性合作社信贷担保机构,积极培育合作性质的农村信贷担保机构,对符合条件的合作社提供免息和低息贷款,满足合作社发展的中长期融资需求。

(四)发展"三新"技术,提高农业科技含量

科学技术是第一生产力,科学技术对农业增收有着不可替代的作用,农民专业合作社的可持续发展离不开科技的支撑作用。目前,十堰市正依靠科技不断推进现代农业发展步伐。例如,郧县大自然蔬菜专业合作社聘请了4名资深农业技术专家,在谭家湾镇建立150亩高标准无公害蔬菜种植示范基地和80亩种苗繁育基地,通过推广科学种植技术,使土地亩均产由原来的1200多元提高到3800元以上。通过采用新技术,促进了农户增收,提高农户参与农民专业合作社的积极性。

(五)加大培训力度,培养技术人才

1. 要加强合作社负责人的培训

合作社负责人的文化素质和专业知识直接影响农民专业合作社对农业科技的理解和应用。合作社可依托高等院校、研究机构、培训机构等,开展学历教育、远程教育、短期进修、参观考察等多种形式的产学研联合,加快培养以理事长为主的合作社经营管理人员和以经营干部为主的基层业务辅导员。2013年,十堰市农经局组织市级农民专业合作社示范社理事长及各县市区农民专业合作社辅导员、部分乡镇财政所长等80余人参加了培训会,对于规范和创新合作社管理、做强做大农民专业合作社具有重要意义。

2. 要加强社员的技能培训

留守农民文化素质偏低已经成为制约农民专业合作社接受新技术、投资新技术、推广新技术的主要瓶颈之一。合作社应分批次开展多种形式、多种渠道和多种层次的农业科技知识的常态化培训,培养以会计为主的合作社理财能手、以生产技术为主的种养能人,把农民培养成具有较高科技文化素质,掌握现代农业技术的新型农民。例如,十堰市昌洁无公害蔬菜专业合作社,2013年组织培训30余场次,培训菜农1500余人次,印发技术资料1500余份,做到户户有个种菜明白人,2013年外销蔬菜1000多万公斤,实现产值1500多万元,加入合作社的菜农亩平收入超过1.6万元,培训工作取得了显著成效。

(六)发展交通运输,重视货运站场建设

农民专业合作社要获得更广阔的市场,创造更大的经济效益,就需要进一步降低物流运输成本。打破十堰市交通瓶颈制约的有效方法就是完善配套交通基础设施,大力兴修高速公路,投资修建货运站场。2014年,十白、谷竹、十房、郧十高速公路将全面建成,通车里程达到522公里,全面形成连南接北、承东启西的高速公路网络,十堰农民专业合作社的物流运输状况将会有所改善。货运站方面,十堰市已经建成了花果、风神一级货运站,武当山、竹山、竹溪货运二级站、郧西物流中心二级站。目前丹江坝下物流园区、郧县牛头岭综合码头、郧西天河综合码头等项目正在推进,建成后将缓解货运站场不足的问题。构建综合交通运输体系,是十堰市农民专业合作社发展和农民增收的有力支撑条件。

十堰市全面深化改革的重点和难点研究

周哲兵

改革开放几十年来，十堰市正确处理改革发展稳定的关系，坚定不移地推进改革开放和现代化建设，经济实力、城市建设和人民生活水平都上了大台阶。当前，十堰市已进入转型跨越发展的关键时期，面临着许多深层次的矛盾和问题，迫切需要在改革中予以破解。去年召开的十八届三中全会，党中央作出了关于全面深化改革的决定，为十堰破解发展难题、加快转型发展指明了方向。必须全面贯彻落实党的十八届三中全会精神，把改革创新贯穿于经济社会发展的各领域各环节，以改革创新促科学发展、促经济转型、促民生改善。

一、改革开放以来十堰市经济社会发展取得的巨大成就

改革开放以来，特别是近年来，十堰市委、市政府紧紧围绕区域性中心城市建设目标，积极应对复杂多变的经济形势，大力实施"一城两带"战略，加快发展多元支柱产业，奋力推进改革开放，着力保障改善民生，全市呈现出经济实力显著增强、城市功能日臻完善、城乡面貌焕然一新、社会事业全面进步、人民生活明显改善的良好态势。十堰市已由昔日的边陲小镇发展成为闻名全国的汽车产业基地、享誉中外的文化旅游胜地、贯穿东西的交通走廊、环境优美的生态示范大市。先后获得"全国卫生城市"、"全国双拥模范城市"、"中国优秀旅游城市"、"全国园林绿化先进城市"、"全国绿化十佳城市"、"全国综合实力百强城市"、"中国生活质量百强城市"、"中国投资环境百佳城市"等殊荣。

（一）综合实力显著提升

从总量上看，截至 2013 年，全市地区生产总值突破 1 千亿元，达 1076 亿元，标志着我市进入生产总值"千亿元俱乐部"；人均生产总值突破 5000 美元，标志着全市整体上迈入了工业化中后期加快发展的新阶段；工业总产值突破 1600 亿元；全社会固定资产投资突破 900 亿元，达 915 亿元；汽车产业产值突破 1000 亿元，达 1120 元；农产品加工产值突破 200 亿元；旅游收入突破 200 亿元；外贸出口突破 4 亿美元；农民人均纯收入突破 5000 元，达 5165 元。新增规模以上工业企业 140 家、限上商贸企业 341 家、国家高新技术企业 30 家。从速度上看，地区生产总值同比增长 12.6%，工业总产值增长 18%，社会消费品零售总额增长 13%，地方公共财政预算收入可比增长 15% 以上，外贸出口增长 18%，实际利用外资增长 18.6%，城镇居民可支配收入和农民人均纯收入均增长 13%。这

些主要经济指标增幅均保持在两位数以上增长。

(二)结构调整步伐加快

近年来,市委、市政府坚持以转型发展为主线,以提高经济运行质效为中心,利用经济下行压力形成的倒逼机制,巩固提升传统支柱产业,加快培育战略新兴产业,全市产业结构进一步优化。粮油生产实现"十连增"。"四百万"特色产业基地面积已达500万亩,实现农产品加工产值200亿元,增长40%,与农业总产值比值达0.7∶1。汽车工业产值增长20%。东沃合资进展顺利,东风小康30万台发动机以及动力总成、装备工业园等项目陆续开工建设。金裕石材、茂弘纺织、凤源饲料等企业挂牌上市,安远专汽、东风减震器、武当酒业进军"新三板"市场。第三产业繁荣发展,实现社会消费品零售总额465亿元,增长13%。武当珍品汇进驻市内主要商超并逐步进入京津冀市场;十堰北国际汽车商贸城一期、国药控股现代物流园竣工。新增4A级景区3家,我市入选全国百强旅游城市。全年接待国内外游客2910万人次,实现旅游收入202亿元,分别增长24.7%和25.3%。

(三)发展后劲不断增强

坚持把扩大有效投资作为增强发展后劲的强力引擎,深入实施"首席服务官"制度,大力开展重大项目"四个一批"活动,投资持续保持了高速增长。武当山机场全面开工建设,武襄十城际铁路即将动工,十白高速建成通车,谷竹、十房、郧十高速公路加快推进,丹江城区至土关垭、房县城关至军店、竹山城关至潘口、竹溪楚秦大道四条一级路建成通车;潘口电站并网发电,京能热电辅助工程开工建设。招商引资硕果累累,成功引进苏酒集团、稻花香集团、人福药业、万达集团等一大批知名企业。

(四)统筹发展实现突破

坚持"四化同步",以城区为核心,以各县市区为支点,深入推进"一城两带"总体战略,强化区域发展分类指导,注重激发各地发展活力,区域统筹发展步伐明显加快。中心城区发展迈上新台阶,辐射带动能力进一步增强。截至2013年,城区规模以上工业增加值增长15%,占全市的70.8%;社会消费品零售总额增长13%,占全市的54.5%。北京路、上海路、中岳路、和谐大道、发展大道、林荫大道一期等建成通车,西城大道、凤凰路、郧阳路加快推进,车城广场投入使用;100多条背街小巷改造、十余处城区交通堵点改造、30余条道路维修整治、40余处破损路面修复工程完成。县域经济发展进一步提速,支点支撑作用凸显。截至2013年,6县市完成生产总值465亿元,占全市的42.69%,增幅比去年提高0.8个百分点,比市区高2.6个百分点。竹房城镇带城镇化率达到56.8%,城乡一体化发展示范引领作用增强,被省委誉为山区小城镇建设样板;汉江生态经济带上升为省级战略,"三清四改五化"村庄环境综合整治加快实施,形成了一批水产品加工、生物医药、生态旅游、汽车及零部件、农产品加工产业集群。郧县撤县改区成功,滨江新区建设加快推进。

(五)改革开放深入推进

坚持把改革开放作为加快转变发展方式的强大动力,切实深化重点领域和关键环节改革,着力加快科技创新,努力扩大对外开放,促进改革、创新、开放的红利得到充分释放。各项改革深入推进,国企改革基本完成,在全省率先实施新农合大病保险,县级公立医院试点改革稳步推进,农村集体"三资"委托监管代理现实全覆盖,行政审批"三集中、三到位"和"四减五制六公开"扎实推进。科技创新能力进一步增强,十堰商用车及关键零部件产业集群、国家科技成果转化服务(十堰)示范基地、西城省级高新技术开发区先后获批建设,新建院士工作站3个。外向型经济成效显著,全市出口企业已超过100家,新批境外投资企业3家,实现对外投资总额5425.6万美元,增长36.1%。

(六)民生保障更加有力

按照"守住底线、突出重点"的思路,持续加大民生投入,着力办好民生实事,民生保障提高到了一个新水平。连续十年为老百姓办理"十件实事"。积极扩大就业,强化社会保障,每年新增城镇就业3万余人,五项社会保险参保人数已达206.4万人次。为提高群众生活质量,近年来新建了博物馆、游泳馆、美术馆等场馆,升级改造了图书馆、人民广场、人民公园等设施。农村五保实现"应保尽保、按标施保"。新型农村合作医疗参合率达98.7%,群众安全感和治安满意度位居全省市州第一,安全生产形势总体稳定,食品药品安全监管加强,应急管理能力进一步提高。

二、当前十堰全面深化改革的重大意义

(一)全面深化改革是党中央、省委、市委的明确要求

党的十八届三中全会明确指出,实践发展永无止境,解放思想永无止境,改革开放永无止境。改革开放是党在新的时代条件下带领全国各族人民进行的新的伟大革命,是当代中国最鲜明的特色,是决定当代中国命运的关键抉择,是党和人民事业大踏步赶上时代的重要法宝。当前,面对新形势新任务,全面建成小康社会,进而建成富强民主文明和谐的社会主义现代化国家、实现中华民族伟大复兴的中国梦,必须在新的历史起点上全面深化改革,不断增强中国特色社会主义道路自信、理论自信、制度自信。省委十届四次全会强调,贯彻落实十八届三中全会精神,完成《决定》提出的各项目标任务,奋力推动湖北改革开放事业,是我们当前和今后一个时期的重大政治任务。当前,湖北改革开放进入了"深水区"、"攻坚期",遇到一系列体制机制性障碍,面临一系列复杂性结构性难题。如果不从更深层次、更宏观层面对这些矛盾和问题加以解决,矛盾就会越积越多,问题就会越来越严重,发展也会难以为继。同时,湖北的市场化程度、开放程度相对滞后于沿海先行地区,全面深化改革,也是湖北发挥改革开放后发优势、激活要素资源潜在优势的重大历史机遇。实践反复证明,湖北的出路在改革开放。没有改革开放,就没有湖北的今天;不全面深化改革,就没有湖北的明天。会议审议通过了《中共湖北省委关于深入贯彻党的

十八届三中全会精神全面深化改革的意见》。2013年年底，为贯彻落实中央、省委会议精神，市委召开了四届八次全体（扩大）会议。会议强调，当前，十堰正处于跨越发展的黄金期、转型发展的关键期和深化改革的攻坚期，进入全面建成小康社会的决战阶段。全面深化改革是十堰激活发展潜力、增强发展动力宝贵而重大的历史机遇。全市上下要把思想和行动统一到党的十八届三中全会和省委十届四次全会精神上来，牢固树立进取意识、机遇意识、责任意识，以更大决心、更大勇气、更大智慧打好全面深化改革的攻坚战。由此可见，全面深化改革不是"选择题"、而是"必答题"，是必须按时完成的政治任务。

（二）全面深化改革是十堰破解发展难题、加快中心城市建设的客观需要

近年来，全市经济社会快速发展，经济总量实现了新突破，地区生产总值跨越了千亿元大关，人均生产总值也突破5000美元，标志着我市已步入工业化中后期加速发展的新阶段。但是，根据国际经验，人均国内生产总值从3000美元向10000美元提升的阶段，既是中等收入国家向中等发达国家迈进的重要阶段，也是矛盾增多、爬坡过坎的关键阶段，仍然存在许多不容忽视的矛盾和问题，主要表现在：一是经济总量偏小、规模不大的问题仍非常突出。从全省来看，十堰市是第八个进入地区生产总值千亿元俱乐部的，落后其他市州多年。2008年，宜昌、襄阳GDP就已过千亿，2011年荆州、黄冈GDP过千亿，2012年孝感、荆门、黄石GDP过千亿。由此可见，发展不够仍然是十堰最大的实际。二是十堰经济"怕冷不怕热"的现状没有改变。回过头看看历史，十堰经济与国内经济形势关系密切，国内经济形势好的时候，十堰经济快速发展；国内经济不景气，十堰经济就会出现波动。同时，十堰经济与投资密切相关，投资大，增长就快；投资小，增长则慢。三是十堰经济结构性矛盾仍然十分突出。从区域结构上看，十堰5县1市全属国家级贫困县，经济社会比较落后。从产业结构上看，十堰地方工业弱小，汽车工业一主独大，经济结构仍没有根本性改善，经济内生性增长差，协调性、可持续性、抗风险性也很差。这些问题是长期形成的，这些问题的存在也是制约全市经济社会转型发展、跨越发展，加快中心城市建设的主要因素，必须通过深化各项改革、加快创新步伐才能予以解决。

（三）全面深化改革是促进社会公平、增进全市人民福祉的现实要求

十八届三中全会强调，社会体制改革、社会事业改革、创新社会治理，是实现发展成果更多更公正惠及全体人民的直接途径，必须加快社会事业改革，解决好人民最关心最直接最现实的利益问题，更好地满足人民需求。当前，全市教育、就业、医疗卫生、社会保障等社会事业飞速发展，人民群众幸福指数逐步提高，但是也还存在教育资源配置不均衡，教育不公平；劳动就业机会不多，待遇不高；看病难、看病贵；社会保障覆盖面不高，保障水平低等问题，而这些问题都是人民最关心最直接最现实的利益所在，必须通过深化教育领域综合改革、健全促进就业创业体制机制、建立合理有序的收入分配格局、建立更加公平可持续的社会保障制度、深化医药卫生体制改革等各领域改革，切实降低人民群众的生活成本与风险，不断提高人民群众收入水平，努力让人民群众共享改革发展的成果。

三、十堰市全面深化改革的重点和难点

（一）全面深化改革的指导思想

高举中国特色社会主义伟大旗帜，以马克思列宁主义、毛泽东思想、邓小平理论、"三个代表"重要思想、科学发展观为指导，坚持社会主义市场经济改革方向，以促进社会公平正义、增进人民福祉为出发点和落脚点，进一步解放思想、解放和发展社会生产力、解放和增强社会活力，更加注重改革的系统性、整体性、协同性，坚持问题导向、统筹规划、底线思维和循序渐进，加快构建和完善有利于十堰科学发展、跨越发展的体制机制，深入推进"一城两带"战略，加快构建"一核多支点"发展格局，力争全面深化改革、生态文明建设和转型跨越发展走在全省前列，不断开创区域性中心城市建设的新局面。

（二）全面深化改革的奋斗目标

围绕中央提出的总目标、总路线图和时间表，大胆探索，勇于实践，走出一条具有时代特征、中国特色、十堰特点的改革开放之路。到2020年，完成决定提出的改革任务，在重要领域和关键环节改革上取得决定性成果，形成系统完备、科学规范、运行有效的制度体系，力争在全面深化改革上走在全省前列。

（三）全面深化改革的重点和难点

1. 完善开放型经济发展体制机制

进一步扩大对内对外开放，大力发展多种所有制经济，努力促进经济全面协调、转型跨越发展。

一是大力支持东风公司发展。秉承尽善尽美服务的理念，大力支持东风商用车公司实施"大商用车"战略，支持东风公司与沃尔沃集团合资合作，全力建设百万量级汽车城。

二是全力服务非公有制经济发展。进一步完善支持非公有制经济健康发展的政策措施，废除对非公有制经济的一切不合理规定，支持符合条件的非公有制企业以参股、合作等方式进入金融、电信、交通等行业，参与基础设施、民生等领域建设；支持非公有制企业参与国有企业改革，支持发展非公有资本控股的混合所有制企业，支持有条件的非公有制企业建立现代企业制度，努力促进非公有制经济健康发展。

三是着力发展外贸经济。加快海关监管区、公路二类口岸、国家航空一级口岸等出口平台建设，加强沿海沿边通关协作，积极支持东风公司、双星东风、运银实业等企业开拓国际市场，争创国家级出口汽车及零部件产品质量安全示范区，进一步扩大出口规模和效益。

四是进一步提升招商引资质效。尽快完善招商引资相关举措，强化招商引资队伍建设，瞄准长三角、珠三角等重点区域，大力开展主题招商，特别是积极抢抓京津冀对口协作机遇，精心策划重大招商引资活动，不断完善首席服务官制度，加大跟踪督办服务力度，力争招商引资再上新台阶。

2. 充分发挥市场的决定性作用

继续深化市场经济体制改革，让市场在资源配置中起到决定性作用，着力建立统一开放、竞争有序的现代市场体系。

一是完善公平开放透明的市场规则。探索负面清单管理模式，健全市场准入制度。全面放开公司注册资本最低限额，逐步实行注册资本认缴登记制、先照后证登记制，将企业年度检验制度改为年度报告制度和抽查制度，放宽市场主体住所（经营场所）登记条件。简化工商登记注册程序，实现网上登记、全程电子化。清理和废除妨碍市场统一与公平竞争的优惠政策、补贴措施、规章制度。推进公共资源配置市场化改革。加大对垄断和不正当竞争行为的执法力度。建立全市统一的房产、市场主体信用信息等基础数据平台，推进部门信息共享。健全市场化退出机制，完善企业破产制度。

二是加快构建城乡统一的建设用地市场。建立产权明晰、权能明确、权益保障、流转顺畅、分配合理的农村集体土地产权制度。全面完成农村集体建设用地、宅基地确权登记发证工作。加强城乡建设用地统一登记信息查询系统建设。在符合规划和用途管制的前提下，农村集体经营性建设用地出让、租赁、入股，实行与国有土地同等入市、同权同价。建立市场化征地补偿机制，合理提高农民在土地增值收益中的分配比例。完善农村集体经营性建设用地流转制度，建立增减挂钩指标交易体系、流转地价体系和收益分配办法。严格限制划拨土地的范围，扩大土地使用权招标拍卖挂牌出让的适用范围。建立全市统一联网的农村产权流转交易市场。

三是健全区域金融市场体系。支持民间资本，依法设立中小型银行，支持村镇银行、贷款公司、小额贷款公司等地方新型金融机构规范发展。鼓励发展各类专业保险机构、资产管理公司、融资租赁公司、汽车金融公司、企业财务公司，支持银行业、证券业、保险业金融机构在市内设立分支机构。完善中小企业融资担保体系，鼓励县（市、区）政府参股或控股融资性担保公司。鼓励支持金融创新，扩大各类债券、基金、股权、票据融资规模，提高直接融资比重。

四是健全创新驱动发展的体制机制。加强"政、产、学、研、金、介"有机结合的区域创新体系建设。完善财政科技投入方式，统筹运用事前投入、目标奖励、事后补助、有偿使用等方式方法，推进科技成果转化。采用政府购买服务的方式支持共性技术、公益性技术的开发和推广应用。积极支持高端人才、高校和院所科技人员、在校大学生创新创业。加强产业链、创新链和金融链的融合，探索科技贷款担保、科技保险、产权交易、股权交易、风险投资等新模式，加大对科技型中小企业支持。鼓励国家经济技术开发区提升自主创新能力。加快秦巴山片区科技创新中心建设。

3. 加快建设国家生态文明先行示范区

把十堰生态文明建设作为崇高使命和责任担当，牢固树立"外修生态、内修人文"的发展理念，加快推进重点生态工程建设，强化节能减排和环境保护，努力把十堰打造成生态文明建设的中国标杆。

一是着力构建科学合理的空间布局体系，让重点开发区域发展更充分，重点生态功能区提供生态产品的能力更强，禁止开发区域保护更严格。力争到2017年全市城镇化率提高到56%以上，国土开发强度维持在3.74%左右。

二是着力构建全面协调的城乡一体化体系，让家园更美、百姓更富。实施生态城乡一体化建设工程和绿色出行系统建设工程。到 2017 年，力争 80%的贫困人口实现脱贫致富，城乡居民收入差距缩小到 3.0∶1；城区绿化率达到 60%以上；居民绿色出行比例达到 38.5%。

三是着力构建绿色低碳的产业发展体系，让结构更优、产业更低碳。重点打造"三国两区一基地"，以东风与沃尔沃战略重组为契机，大力提升制造业水平，努力培育高新技术和战略性新兴产业。实施绿色有机农业基地建设工程、生态旅游和服务业发展工程和绿色低碳制造业发展工程。到 2017 年，农产品加工产值达到 600 亿元；汽车工业产值达到 1800 亿元；高新技术产业增加值占地区生产总值比重达到 17.2%。

四是着力构建自然优美的生态环境体系，让水更清、山更绿、天更蓝，空气更清新。实施生态屏障建设工程，到 2017 年，全市水环境质量达到功能区标准，且城市无劣五类水体，丹江口水库水质十堰断面稳定保持在Ⅱ类以上；城镇污水集中处理率和生活垃圾无害化处理率分别达到 92%和 98.5%；空气质量指数（AQI）优良天数达到 86%以上；森林覆盖率达到 69%。

五是着力构建节约适度的生态文化体系，让生态文明理念更加深入人心。促进生态文明理念发扬光大，全面融入到工作、生活之中。重点实施生态文化培育繁荣工程，全面深化行行业业创十星活动。到 2017 年，全市文化产业增加值占 GDP 比重超过 5%；全市生态文明宣传教育普及率达到 98%；政府绿色产品采购比例达到 100%。

六是着力构建系统规范的生态制度体系，让体制机制更完善。重点实施生态体制机制创新工程，在节能环保、生态补偿、政绩考评、区域一体化发展方面积极开展创新。到 2017 年，生态文明建设占党政绩效考虑比重达到 25%以上，资源节约和生态环保投入占财政支出比例提高到 3.8%以上。

4. 创新民生事业发展机制

推进社会事业改革发展，创新社会治理体制，解决好人民最关心最直接最现实的利益问题，全面激发社会发展活力，确保人民安居乐业、社会和谐稳定。

一是大力促进全民就业创业。强化政府促进就业的责任，规范招人用人制度，消除城乡、行业、身份、性别等一切影响公平就业的制度障碍和就业歧视。完善扶持创业的优惠政策，形成政府激励创业、社会支持创业、劳动者勇于创业的新机制，鼓励高校毕业生和有志创业者自主创业。完善城乡均等的公共就业创业服务体系、劳动者终身职业培训体系和公益性岗位管理制度，促进以高校毕业生为重点的青年就业和农村转移劳动力、城镇困难人员、退役军人就业。健全"三支一扶"、"大学生村官"等鼓励高校毕业生到基层工作的服务保障机制。

二是深化教育综合改革。建立城乡一体化义务教育发展机制和经费保障制度，统筹城乡义务教育资源均衡配置，逐步缩小区域、城乡、校际、群体教育发展差距。推进公办学校标准化建设，实行城乡校长教师轮岗交流。义务教育实行免试就近入学，试行学区制和九年一贯对口招生，不设重点学校、重点班，推行初高中学业水平考试，完善综合素质评价，标本兼治减轻学生课业负担，促进素质教育深入推进。完善学校内部治理结构，建设依法办学、自主管理、民主监督、社会参与的现代学校制度。完善支持民办教育快速健康发展的政策体系，鼓励社会力量兴办教育。

三是深化医药卫生体制改革。健全全民医保体系，改革医保支付方式，稳步提高城乡居民基本医疗保障筹资和待遇水平。推进城乡居民大病保险制度全覆盖，健全重特大疾病医疗保险和城乡困难群众医疗救助制度，逐步提高医疗救助封顶线和救助比例。深化基层医疗卫生机构综合改革，健全网络化城乡基层医疗卫生服务运行机制，鼓励社区(乡村)医生和居民建立契约服务关系。加快公立医院改革，建立医院法人治理结构。优化医疗卫生资源配置，建立基层首诊、双向转诊、分级诊疗模式，提高公共卫生均等化服务水平和质量。推动医疗机构间检查结果互认，允许医师多点执业，将符合条件的民办医疗机构纳入医保定点范围。鼓励社会办医，优先支持举办非营利性医疗机构。

四是建立完善社会保障制度。完善职工和城乡居民基本养老保险制度，健全多缴多得激励机制。推进机关事业单位医疗保险和社会养老保险制度改革，建立被征地农民养老保险补偿机制。整合城乡基本医疗保险制度，完善职工基本医疗保险制度，实现一制多档、可选择、可转移。建立社会保险全员登记制度，全面推行社会保障"一卡通"。统筹城乡最低生活保障制度，加强困难群众临时救助制度建设，探索建立医疗救助与慈善事业衔接机制。健全农村留守儿童、妇女、老年人关爱服务体系，健全残疾人权益保障、困境儿童分类保障制度。建立公开规范的住房公积金制度。

五是着力构建和谐社会。完善预防和化解社会矛盾体制，建立重大决策社会稳定风险评估办法、社会稳定定期分析评估制度、社会舆情应对机制。健全行政复议案件审理机制、行政复议与信访的衔接机制以及人民调解、行政调解和司法调解联动工作机制。以网格化管理、社会化服务为方向，健全基层综合服务管理平台。建立多元矛盾化解机制，发挥党代表、人大代表、政协委员及工青妇等社会力量参与化解信访矛盾。建立最严格的、覆盖全过程的监管制度，形成覆盖食品药品生产、流通、使用全过程的闭环式监管链条。加强重要商品质量监管，健全重要商品问题追溯、不合格商品退出机制。深化安全生产管理体制改革，建立党政同责、一岗双责、齐抓共管新机制，加大安全事故责任追究力度。深化平安十堰建设，构建立体化治安防控体系，维护社会稳定。

5. 着力建设法治政府

深入贯彻落实党的十八届三中、四中全会精神，按照"善政、勤政、明政、严政、廉政、实政"的要求，加快转变政府职能，大力实施依法行政，积极提升工作效能，努力建设人民满意政府。

一是加快转变政府职能。正确处理政府与市场的关系，全面正确履行职能，该管的管到位，该放的放彻底，切实把职能转向为市场主体营造良好发展环境、提供优质服务和维护社会公平正义上来。坚持简政放权，做到"三个一律"，即市场机制能有效调节的经济活动，一律取消审批；社会组织能参与承担的事项，一律转移给社会组织；面向基层且由地方管理更方便有效的经济社会事项，一律下放县市区管理。建立行政审批统一目录，优化再造服务流程，并向社会公布。强化效率导向，推进政府工作提质提速提效。坚持以公开为常态、不公开为例外原则，推进决策公开、执行公开、管理公开、服务公开、结果公开。重点推进财政预算、公共资源配置、重大建设项目批准和实施、社会公益事业建设等领域的政府信息公开。

二是大力推进依法行政。坚持依法决策，把公众参与、专家论证、风险评估、合法性审查、集体讨论决定确定为重大行政决策法定程序，确保决策制度科学、程序正当、过程公开、责任明确。建立重大决策终身责任追究制度及责任倒查机制，对决策严重失误或者依法应该及时作出决策但久拖不决而造成重大损失、恶劣影响的，严格追究行政首长、负有责任的其他领导人员和相关责任人员的法律责任。严格实行行政执法人员持证上岗和资格管理制度，重点在食品药品安全、工商质检、公共卫生、安全生产、文化旅游、资源环境、农林水利、交通运输、城乡建设、海洋渔业等领域内推行综合执法，严格执行罚缴分离和收支两条线管理制度，严格规范公正文明执法。强化对行政权力的制约和监督，重点是加强对政府内部权力的制约，着力形成科学有效的权力运行制约和监督体系。完善审计制度，对公共资金、国有资产、国有资源和领导干部履行经济责任情况实行审计全覆盖，保障依法独立行使审计监督权。

三是健全改进作风常态化机制。重点围绕解决"四风"问题、打通联系服务群众"最后一公里"问题，建立健全改进作风常态化制度。严格落实中央八项规定、《党政机关厉行节约反对浪费条例》和省委六条意见和市委实施意见，加快推进机关公车改革和"三公"经费全公开；实行会议文件、讲话数量年度通报制度，坚决遏制"文山会海"现象；改革政绩考核机制，着力解决"形象工程"、"政绩工程"以及不作为、乱作为等问题；规范并严格执行领导干部工作生活保障制度，坚决反对特权思想。

关于推进"创新十堰"建设问题研究

朱富有

党的十八大报告明确提出,要实施创新驱动发展战略,将科技创新作为提高社会生产力和综合国力的战略支撑,摆在了国家发展全局的位置。创新能力和竞争力已经密不可分,区域创新能力日益成为地区经济获取国际竞争优势的决定因素,也成为地方经济社会持续快速健康发展的迫切要求。当前,十堰正处于加快转型发展的关键时期,创新发展,特别是加快科技创新,是解决十堰经济运行深层次矛盾的有效途径,是实现十堰经济社会跨越发展的必然选择。因此,全力推进"创新十堰"建设,已是十堰当前和今后必须深入思考的重大课题。

一、"创新十堰"建设的重要性和必要性

创新驱动,区别于传统意义的资源驱动、资本驱动。如果把经济发展比喻成航行的大船,投资拉动好比是人力拉纤,而创新驱动则好比给大船装上发动机。创新驱动已经成为十堰处在转型跨越关键时期的战略抉择。创新越早,转型越早,升级越快,就越能抢得发展先机,赢得发展主动权。

(一)创新驱动是支撑十堰转型跨越发展的战略核心

当代经济的发展不再是拼资源、拼投入、拼消耗的传统发展,而是在发挥比较优势中不断提高科技创新能力的科学发展。从十堰实际看,"一主独大"的产业格局对经济社会可持续发展影响巨大等深层次问题不断凸显,这要求我们必须加快科技步伐,突出科技推动产业结构调整和支撑经济发展方式转变的核心作用,大幅度提高自主创新能力,增强产业核心竞争力,培育一批拥有自主知识产权的核心技术,开发一批具有高技术含量、高附加值的特色优势产品,打造一批具有较强竞争力的创新型企业,建设一批特色产业基地,大力发展创新型经济,为实现经济社会转型跨越发展提供支撑。

(二)创新驱动是引领十堰转型跨越发展的主导力量

在加快全面建设小康社会、推动经济社会跨越发展的进程中,科技的力量无处不在。当前,城市经济转型和实现跨越发展仍然是十堰的重大历史任务,要求我们必须始终坚持创新驱动战略,把经济建设真正转移到依靠科技进步和提高劳动者素质的轨道上来,突出重点领域和关键环节的技术攻关,在新能源、新材料、先进装备制造、生物医药、信息技

术、现代农业等领域实现突破；在事关工农业发展和民生的重大关键技术创新方面实现突破；在高新技术产业及优势品牌创立方面实现突破；在自主知识产权和企业创新能力方面实现突破。瞄准科技发展前沿，促进科技资源优化配置和开放共享，加强资源能源开发与集约利用、生态环境保护与污染治理等一批重大的研究，重视集成创新和引进消化吸收再创新，增强创新发展的后劲。

(三) 创新驱动是推进十堰转型跨越发展的必然选择

"十二五"时期是十堰市承前启后，实现全面建设区域性中心城市的重要时期。依靠科技进步与创新，全面提升综合竞争力，促进社会和谐发展，迎接新的经济时代到来，是十堰市面临的挑战和机遇。从十堰经济社会发展需求看，加快转变经济发展方式、突破产业结构不合理的瓶颈制约、推动经济社会发展必须更多地依靠创新驱动。关键在于建立健全以企业为主体、市场为导向、产学研结合的区域创新体系，大幅度提高科技进步对经济增长的贡献率，实现经济发展由要素驱动向创新驱动的根本转变，使科技创新在调整产业结构、支撑经济社会转型跨越发展中发挥核心作用。

二、"创新十堰"建设的优势及问题

(一) 优势

1. 区位优势日益凸显

十堰位于鄂豫陕渝四省市毗邻地区的结合部，距武汉、郑州、西安、重庆均为500公里左右，自古就有"南船北马、川陕咽喉、四省通衢"之称。汉十动车、汉十高速，到武汉可早出晚归，武十城际高铁年内动工，届时十堰至武汉只需一个半小时。特别是即将建成的武当山机场、两个码头、三条铁路、四条高速，十堰连南带北、承东接西、通江达海、交通枢纽和区域性中心城市的地位将进一步提升，交通优势进一步强化了区位优势。

2. 科技产出效应持续发酵

作为全国首批"科技兴市"试点市，十堰对科技创新在"两型城市"建设中的作用愈发重视。市科技部门围绕环境保护、城市发展、产业转型、农业生产等重大科技领域的技术研发、引进和示范推广，发挥科技创新财政资金的撬动作用，有力地推动了全社会科技进步。

3. 高新技术产业支撑力显著提升

截至2013年，十堰已认定高新技术企业120家，高新技术产品35个，实现高新技术产业总产值423.99亿元。

4. 创新载体建设不断加强

以十堰国家高新技术产业园区为引领的"4+7"开发区聚力发展，十堰市产业结构转型提供了坚实保证。全市拥有各级生产力促进中心10家，国家级重点实验室2个；省级工程技术研究中心9个，省级重点实验室3家；市级工程技术研究中心47个，市级重点实验室6个。

（二）问题

1. 创新主体不活跃

科技创新的源头活力较弱，2013年十堰624家规模以上工业企业中，有研发（R&D）活动的仅有3家，所占比例不足2%，九成以上的工业企业没有科技创新活动。

2. 创新机制不健全

科技创新政策数量较多但系统配套性不强，创新体系尚不完备，支持科技创新的政策制定存在部门分割、自成体系、衔接不够、科研机构以及企业之间缺乏信息沟通与交流的机制保障，能深入沟通与交流的机制保障，能深入合作的不多。

3. 创新平台不完善

创新服务体系尚不健全，高科技信息交流和技术转移等公共服务平台尚处于起步发展阶段，以致科技成果转化率较低，在全市鉴定的科技成果中，就地转化形成现实生产力，并创造经济社会价值的不足10%。科技投资金融服务体系不完善，政策效果尚不明显。技术创新平台较少较弱，2013年，十堰有研发（R&D）机构3个，居全省第5位，是襄阳的17%，南阳的16%。

4. 高新技术企业规模不大

2013年年底，十堰有高新技术企业120家，但产值超亿元的只有62家，高新技术企业数量和规模远落后于襄阳、南阳。近年来，十堰集中力量开展高新技术、创新型、知识产权优势、科技"小巨人"等企业培育，仅2013年新增省级以上高新技术产品35个，科技"小巨人"50家，全年高新技术产业总产值接近424亿元。

三、"创新十堰"建设路径及举措

（一）着力完善创新引领的现代产业体系

1. 推动新兴产业加快发展

科学判断未来市场需求变化和技术发展趋势，完善新兴产业布局，明确发展定位和主攻方向，加快构建新兴产业新优势。深入实施战略性新兴产业推进计划，大力发展先进装备制造、新材料、生物医药、节能环保、新能源和新兴信息等六大战略性新兴产业，加快发展生命健康、生物医药、节能环保、文化创意等产业，到2020年，战略性新兴产业产值占工业经济总量比重达46%以上。创新发展现代服务业，强化新兴科技手段应用，培育工业设计、工程设计、现代物流、科技服务等新业态。推动科技与文化、旅游融合，发展文化创意、动漫游戏、全城旅游、节会产业等科技文化产业。鼓励支持商业模式创新，提升发展电子商务产业。

2. 加快传统产业改造升级

推进信息化与工业化深度融合，运用高新技术、先进适用技术特别是信息技术改造提升传统产业。加强对提升企业装备自动化工作的考核激励和政策扶持，引导鼓励企业通过更新装备、革新工艺等加大技术改造投入。到2020年，企业技术改造投入占工业投资比重达70%以上。全面推进"腾笼换鸟"，积极实施节约集约用地"亩产倍增"行动计划，全面推广企业综合经济效益排序，综合运用法律、市场、政策、技术以及必要的行政手段，淘汰落后产能。到2020年，单位生产总值建设用地下降28%，工业用地亩均增加值、亩均利税高出全省平均水平。提高农业基础设施和设备的科学化水平，大力发展现代生态农业、观光农业。健全农业科技投入稳定增长机制，优化农业科技服务，推进农业信息化，培育发展现代种业、农产品精深加工等高科技农业企业。

3. 提升"十堰制造"品牌形象

深入实施品牌战略，加强质量管理，全面提升十堰制造业产品品质。支持企业在境外注册商标、质量认证，发展国际化品牌。做专做精服务业品牌，重点培育生产型服务业和生活消费型服务业品牌。实施标准化战略，推动标准创新，鼓励优势产业采用国际先进创新，鼓励优势产业采用国际先进标准。支持技术先进企业积极参与国际、国内标准制定，提高话语权。发挥产业集群优势，推进区域品牌建设。促进集体商标、原产地注册商标等地区品牌的发展。

（二）着力推进产学研协同创新

1. 强化企业创新主体地位

认真组织实施各类科技计划项目，鼓励和推动企业根据自身发展规划和市场需要，开展创新决策、研发投入、技术创新、成果应用，不断增强企业自主创新能力。全面落实各项鼓励企业创新的政策，特别是企业研发费用形成无形资产的按其成本的150%摊销、未形成无形资产的按研发费用50%加计扣除的税收优惠。加大政府对科技创新的投入，建立科技经费稳定增长机制，确保科技经费80%以上投向企业。加强企业研发机制建设，实施规模以上工业企业"研发机制全覆盖"和"专利清零"计划，鼓励有条件的企业建立高水平的研发机制。做大做强国家级、省级重点企业研究院（企业技术中心），围绕重点产品领域建设一批国家级、省级、市级企业研究院。支持企业到海外设立、兼并、收购研发机构，对收购国外开发机构的企业，按收购实际金额一定比例给予奖励。尽快启动"科技领军企业建设"计划，鼓励规模大、辐射带动强、科技水平高的龙头骨干企业成为行业领军型企业，着力培育壮大高技术服务业企业。尽快实施"春苗培育"计划，推动科技型中小企业发展成为高新技术企业。对新认定的国家、省创新型企业和省科技型中小企业，坚决给予重奖。

2. 提高科研机构服务创新水平

加快建立开放、流动、竞争、协作的知识创新体系，提升企业与高校、科研机构对创新资源的融合能力。重点支持高校、科研机构面向十堰优势产业和社会领域建设创新载体，开展共性和关键技术、应用基础研究和高新技术应用研究。加大对湖北汽车工业学院、郧阳师专创建、湖北科技大学的政策扶持和经费投入力度，引导在十所高校科学定位、特色发展，不断优化学科专业设置，提高学科与产业、专业与就业的契合度。深化与十堰产业关联度高、专业特色强的国内外名校大院、科研机构的战略合作，吸引国际知名高校和科研院所落户十堰。根据产业发展新需求，盘活内部资源，引进外部资源，建设一批主要面向中小科技企业创新活动的公共专业（行业）平台。

3. 构建无缝对接的科研协作机制

以产权、项目等形式为纽带，推进企业、高校和科研院所利益共享、紧密结合，联合建立研发机构、产业技术创新联盟等技术创新组织，联合申报科技攻关项目和产业化项目，以各自优势实现协同创新、共同发展。完善公共科技基础平台功能，制定促进科技资源共享和平台运行的相关政策，推进大型仪器设备、科技文献、科学数据等共享，完善中小企业用户补贴机制。鼓励高校和科研机构通过市场化方式向企业开放各类科技资源，用于科技研发和产业化，并为企业提供检测、测试、标准等服务。

（三）着力推动科技成果产业化

1. 加强企业创新产品推广应用

综合运用政府采购、市场培育、需求创造、风险补助等多种措施，通过搭建信息平台、支持企业赴境内外参展、倡导和鼓励消费者使用创新产品等方式，推进十堰企业新技术、新产品、新工艺、新材料的广泛应用。在政府采购和公共资源交易中，不断提高自主创新产品应用比例。加大首台（套）政策奖励扶持力度，建立首购首用风险补偿机制，鼓励支持首台（套）重大技术装备试验、示范和推广应用。实施十堰重点产品及特色产业链培育工程，重点培育智能先进制造装备、高端节能电机产品、现代生物医药制剂及现代环保装备、新型工业化住宅及相关产品等产业链。到2020年，十堰重点产品及特色产业链规模以上企业销售收入占工业比重达30%以上。

2. 加快职务发明成果转化

完善科技成果评估、对外投资、登记核准、变更等制度，在高校、科研机构、高新技术企业中开展科技成果处置权和收益权改革试点、科技成果股权和红权激励试点等工作。支持高校、科研院所将科技成果产业化业绩作为应用型研究人员职务职称晋升的主要依据。明确财政资金资助的自主创新项目成果的知识产权目标和实施转化期限，并在验收时进行考核评价。高校、科研院所转化职务科技成果以股权形式给予科研人员的奖励，暂不征收个人所得税。

3. 完善科技市场服务体系

建设社会化、网络化、专业化的科技市场服务体系，密切技术、资本、产业等创新要素间的联系，降低创新成本，提高创新效率。落实技术转让税收优惠政策，发展各类技术转移机构，加快建立"展示、交易、共享、服务、交流"五位一体的科技大市场。对通过科技大市场交易并实现转化、产业化的项目，地方财政予以一定补助。发展技术评估、技术咨询、技术服务、技术转移、专利代理、科技信息等科技服务业。鼓励支持行业协会开展技术预见、规划、评估和咨询等科技服务，发挥其在行业技术创新中的组织协调作用。完善政府购买社会服务制度，促进各类专业服务机构发展。

（四）着力推进创新平台建设

1. 推进开发区转型升级

整合提升国家级、省级开发区，进一步增强创新集聚和辐射功能，充分发挥开发区在发展高新技术产业中的主平台作用。着力抓好各县（市、区）的省级高新区建设，强化提质增效发展导向，突出主导产业，实现错位发展。严格产业和项目准入，积极引进重大创新项目和新兴产业项目，不断提升各开发区、高新区发展层次。依托国家级、省级开发区设立一批各具特色的高新技术产业园，集聚一批科研创新企业和人才，提高对高新技术产业和优势特色产业的承载能力。

2. 大力推进企业孵化器等各类创新创业载体建设

进一步加大扶持力度，鼓励企业、高校、科研机构以及其他社会组织和个人，利用各自资源优势，采取多方筹资、资源折股等形式创办多种经济成分、多种形式的创新创业载体特别是专业孵化器，重点发展企业孵化器、大学科技园、海外高层次人才创业园、大学生创业基地等创新创业载体。对新认定的国家级、省级、市级科技企业孵化器分别给予一定额度的一次性奖励。

（五）着力加强创新团队和创新人才队伍建设

1. 培养引进高层次人才

加大高层次特别是领军型创新团队引进力度，到2020年建设20个以上由领军型人才领衔、国际领先、国内一流的技术创新团队，并结合省财政补助，给予相应的经费支持。对顶尖创新团队实行"一事一议"。深入实施"3331人才计划"，重点引进拥有关键技术能力、具有新兴学科带动力、能够促进高新技术产业发展的海外高层次创新型人才，到2020年列入省"千人计划"人才达到30人。鼓励企业引进一批"海外工程师"和外国专家，力争每年引进"蓝眼睛"工程师50名以上。吸引集聚金融保险、研发设计、商务咨询等现代服务业领域紧缺急需人才。积极推进柔性引才，鼓励各类创新人才以咨询、兼职、短期工作、项目合作、人才派遣等方式参与十堰重大科研活动。实施科技创新创业领军人才培养计划，加大对青年创新人才发现、培育、使用、资助力度，积极扶持优秀青年人才主持或参与重大课题、重点学科、重点项目。加快推进高端人才公寓等建设，吸引高层次人才扎根十堰创业创新。

2. 大力培育高技能人才

优化普通高校、职业院校人才培养导向，根据社会需求，加快培养一批复合型、应用型、紧缺型高技能人才。加强校企合作，推进综合培训创新人才，积极为企业培训创新人才。探索建立国际化技能人才培养机制，加强与德国等发达国家专业培训机制的联系合作，加快培养一批具有国际认证资质的高技能人才。到2020年，可新增高技能人才6万名。

3. 推进人才发展平台建设

探索开展人才特区试点，在税收体制、职称评审、创业创新扶持、激励机制等方面开展先行先试，打造助推科技人才创业创新的示范区。抓好企业人才优先开发示范点、院士专家工作站、博士后工作站、高层次人才创业基地和华中科大、武大、清华、北大大学博（硕）士联络站建设，强化专业咨询、技术转移、市场推广、融资支持等创业辅导功能，提升创新服务水平。鼓励有条件的园区、高校院所和龙头企业开展人才管理改革试验，充分调动创新人才的积极性、创造性。

（六）着力优化创新发展环境

1. 完善有利于创新的体制机制

积极争创国家创新型试点城市，深入开展国家可持续发展实验区建设，深化行政审批、资源市场化配置等改革，力争十堰行政审批制度改革走在全国前列。鼓励支持十商回归创办科技型企业和创新型企业，探索"宽入严管"的企业登记管理制度，降低创业创新门槛。科技人员以商标、专利和非专利技术等非货币财产出资入股创办企业的，最高可占注册资本的70%。深化科技项目管理改革，建立健全科技项目决策、执行、评价相对分开、互相监督的运行机制。建立新型科技激励机制，完善评价导向，注重奖励成果的科学价值和突破性、实质性贡献。

2. 加大科技创新投入

构建以企业为主体、财政投入为导向，资金市场、资本市场融资为主的投融资体系，营造良好的创新投融资环境。强化财政资金的整合、统筹和优化配置，确保财政科技投入增幅高于同级财政经常性收入增幅。到2020年，市、县(市、区)财政用于科技经费占本级财政经常性支出的10%左右，市、县本级财政人才专项投入占本级公共财政收入比重达到5%。扎实推进科技与金融紧密结合，引导金融机构推进科技信贷产品创新，加大对科技型企业的信贷支持。探索建立政策性科技担保公司、科技保险公司，推进科技小额贷款公司试点。支持和引导民间资金创立各类风险投资基金，鼓励企业上市融资，探索建立创业投资退出渠道，吸引民间资本投向科技创新，投向人才创业。

3. 加强知识产权保护

深入推进国家知识产权试点城市建设和企业知识产权管理国家标准试点工作，建设以专利、商标、版权等为主要内容的知识产权体系，构建十堰知识产权监管、保护、服务平台和利益激励机制。对新认定为国家级知识产权试点示范企业、省级知识产权(专利)试点示范单位的，进行一次性奖励。强化重点地区、重点行业和特定领域的知识产权保护，完善知识产权维权援助体系，依法惩治和遏制知识产权违法犯罪及侵权行为。探索建立重大科技经济活动知识产权评议制度，完善专利行政执法和诉调对接机制，提升全社会知识产权创造、运用、保护和管理水平。

四、对推进"创新十堰"建设的建议

（一）加强对"创新十堰"组织领导

各级党委、人大、政府、政协必须高度重视，坚持一把手抓"第一生产力"，加强领导，统筹协调，着力形成党委领导、政府引导、各方参与、社会协同的创新驱动发展格局。建立十堰实施创新驱动发展战略、建设创新型城市领导小组，制定行动方案，分解落实任务，明确工作责任。各县(市、区)和相关部门要健全工作体系，按照任务分工，尽快制定完善相关配套政策和操作办法，强化政策和制度创新，形成全市上下共同推进创新发展的强大合力。

(二) 完善"创新十堰"建设考核评价

围绕创新投入、科技进步贡献率、自主创新能力、人才贡献、成果转化率等要素，建立具有十堰特色的科技创新评价指标体系。将科技创新的指标权重更加突出地体现在对县(市、区)和市直有关单位的目标责任制考核中，纳入对党政领导班子和领导干部综合考评体系。建立和加强对创新驱动政策、目标和任务落实情况的评价和督查工作，完善重大科技项目推进机制，定期分析和评价政策措施的推进机制，定期分析和评价政策措施的执行效果，确保科技创新工作有计划、有步骤地全面推进。

(三) 营造"创新十堰"建设的浓厚氛围

大力弘扬求真务实、勇于创新的科学精神，形成尊重科学、重视人才、鼓励创造、宽容失败的创新氛围。建立科技诚信体系和项目信用档案，加强信用监督，从严治理学术不端行为。加强科技政策巡回宣讲，引导和帮助企业学好、用好政策，确保各项优惠政策落到实处。加强科学普及，鼓励和支持社会力量投资兴办科普事业，切实提高全民科学文化素养。加强创新典型的总结和宣传，积极推广一批先进创新模式和经验，加大对创新创造者的表彰奖励力度，激发全社会的创新意识和创新热情。

(四) 健全"创新十堰"建设各项政策

1. 坚持政府主导与企业主体相结合

政府主导方面：(1) 保证财政科技经费投入稳步增长，优化财政科技经费支出结构，在要素保障方面给予重点倾斜。(2) 加快建设各类技术孵化器、技术转移中心、公共技术中心和科技金融服务、中介服务体系，为企业提供专业化、系统化服务。(3) 健全跨部门合作机制，实现科技政策资源配置的统筹协调，科技政策兑现手续。

企业主体方面：(1) 根据不同行业和领域，作出按销售收入一定比例投入研发创新活动的引导性规定，引导企业大幅度提高研发投入。(2) 鼓励企业与科研院所、高校通过组建合作研发机制、技术创新联盟等形式，开展面向产业和企业的关键共性技术研发；鼓励符合条件的企业设立企业研究院、重点实验室、工程技术中心和企业技术中心，提高自主创新能力和科技成果转化能力。

2. 坚持重金揽才与间接激励相结合

要在利用直接补贴或奖励手段吸引人才的同时，更加重视形成有利于调动科技人才创业创新的制度环境。(1) 改革高新技术企业的计税工资标准，比照软件行业对高新技术企业的工资费予以税前扣除；或大幅度提高高新技术企业的计税工资标准，以减轻高新技术企业的实际税收负担。(2) 强化对高科技人才个人所得税的优惠措施。对高科技人才在技术成果和技术服务方面的收入可比照税酬所得，按应纳所得税税额减征30%或者更多，适当扩大对科技研究开发人员技术成果奖励个人所得税的免税范围。(3) 对高等院校、科研机制以股份或出资比例等股权形式给予科技人员个人的有关奖励，予以免征个人的有关奖励，予以免征个人所得税的优惠政策，并且将这一政策规定的实施扩展到企业范围，鼓励和提高各类科技开发人才开展科研创新的积极性与创造性。

3. 坚持直接资助与间接扶持相结合

要适应不同创新形态、创新阶段、创新周期，进行有针对性的财税政策组合运用。特别要更加重视对企业创新的事前扶持。(1)实行科技产业的固定资产的加速折旧政策；(2)允许企业税前列支一定比例的"科技开发准备金"，用于技术开发、技术培训、技术革新和引进研发设备等。对企业的R&D费用准予当年税前列支，对比上年新增的R&D费用给予一定的税额扣除；(3)允许企业税前列支一定比例的科技风险投资基金，以分散部分投资风险。

4. 坚持金融资本与社会资本相结合

(1)推进中小企业信用担保体系建设，设立专门的高新技术贷款担保公司，为企业科技创新提供融资支持；建立专门的科技银行，加强金融产品创新，更好地服务中小企业科技创新。(2)加强政府创业投资引导基金建设，增强政府创业引导基金的可实施性和操作性。(3)积极培育风险投资机构和风险投资管理机构，组建科技风险投资基金、中小科技企业融资担保基金、科技风险补偿基金，并制定税收优惠、贷款利息、政府采购等政策措施。(4)引导、支持和鼓励有一定实力尤其是在资金运作、产业投资和经营管理方面具有优势的上市公司和企业集团，建立专业创业投资机构，实现大型企业高新技术投资的专业化和制度化。(5)改善企业上市环境，支持符合条件的科技创新型中小企业进入创业板，为创业投资基金、风险投资提供退出通道。

5. 坚持强化考核与注重评估相结合

(1)开展对各项科技政策实施的评估检查，保证各项创新政策的贯彻落实。(2)加强科技与经济部门之间的协调，加强科技政策与产业政策的协调，加强研发设计与制造、应用环节的协调，促进科技进步与产业发展有机结合。(3)建立独立的第三方评估机制，重大科技政策须经独立的专家委员会评估和论证，政策实施及政策绩效也要有独立的专家组进行评估，并根据评估意见及时调整科技扶持资金的使用方向和重点支持领域。

第四篇

襄阳市

襄阳古城风貌复兴研究

刘 群 甘忠银

襄阳是全国历史文化名城之一，地处湖北省西北部，汉水中游南岸，襄阳古城依山傍水、易守难攻，自古就有"铁打的襄阳"、"华夏第一城池"之说，为历代兵家所看重，是中国历史上最著名的军事防御体系之一，全国重点文物保护单位。自古以来，襄阳就以悠久的历史、灿烂的文化、丰富的古迹、壮丽的山川而闻名遐迩。历史上的襄阳是重要的军事名城、文化名城、商贸名城、旅游名城。襄阳城市地位在汉末至唐宋一千多年间仅次于长安、洛阳、开封等京城，著名历史学家严耕望在《唐代交通图考》中盛赞历史上的襄阳"犹先秦之邯郸、明清之秦淮"。改革开放以来，随着我国城市化进程的快速推进，襄阳古城的面貌日新月异，但历史风貌也在快速消失，如何在快速城市化的时代背景下保留、恢复襄阳古城的历史风貌，重现明清时期、唐宋时期甚至三国时期襄阳古城的历史风貌，形成襄阳独特的城市特色，是亟须解决的问题。

一、重新审视襄阳古城的重大价值

襄阳因位于襄水之阳而得名。战国时楚置北津戍，始为军政重邑。汉时置县，三国时置郡，历代为州、郡、路、府治所。"魏晋以来，代为重镇"，"一座襄阳城，半部中国史"，在中国历史上，襄阳古城具有独特的重大价值，值得我们重新审视。

（一）襄阳古城是珍贵的历史文化遗产

襄阳古城深刻体现了中国传统文化。中国古代城市在选址方面非常注重山水。《管子》曰："凡立国都，非于大山之下，必于广川之上。"襄阳古城南依巍巍岘山，北邻滔滔汉水，既位于大山之下，又位于广川之上，是建造城池的绝佳之地。襄阳古城的选址还深刻体现了传统"风水"意识。风水与建筑之间的关系是中国建筑文化不可忽视的内容之一，襄阳古城是一座深受中国传统风水学影响的城郭。清代清江子在其《宅谱问答指要》中说："凡京都府县，其基阔大，其基既阔，宜以河水辨之，河水之弯曲乃龙气之象也，若隐隐与河水之明堂朝水秀峰相对者，大吉之宅也。"襄阳古城正好位于汉江流过城区的弯处，南则正对岘山，襄阳古城建在此处，很好地体现了这一原则。襄阳古城有两个北门，荆州街北端的城门叫大北门，而在南北中轴线北端的临汉门却叫小北门，大小北门之分既不是依据其城门的大小，也不是因为其功能的主次，而是一个涉及古代政治伦理的问题。由于历史的原因，襄阳的政治机构一直设在荆州街一带，并不位于古城的中轴线上，将荆州街所在的北门称为大北门,是用改变名分的方法来弥补政治机构不在城市中轴线上的缺憾。襄阳古城自古曰"方城汉池"。除后来增修的东北角(新城湾)以外,基本呈方形。城墙四角方方正正,东西南北,横平竖直。而略呈圆形的护城河环绕城周,形成"内方外圆"的城池结构,象征着中国传统文化中的道德和行为规范。

襄阳古城是国家历史文化名城。国家历史文化名城是1982年根据北京大学侯仁之、建设部郑孝燮和故宫博物院单士元三位先生提议而建立的一种文物保护机制,由中华人民共和国国务院确定并公布,被列入名单的均为保存文物特别丰富、具有重大历史价值或者纪念意义、且正在延续使用的城市。襄阳于1986年12月8日被国务院列入第二批38座国家历史文化名城名单。国务院批准襄阳市为历史文化名城的文件中这样表述:"襄阳:位于湖北省北部,周属樊国,战国时为楚国要邑,三国时置郡,后历代多为州、郡、府治。襄阳城墙始建于汉,自唐至清多次修整,现基本完好,樊城保存有两座城门和部分城墙。文物古迹有邓城、鹿门寺、夫人城、隆中诸葛亮故居、多宝佛塔、绿影壁、米公(芾)祠、杜甫墓等。"2001年6月,襄阳城墙作为明代古建筑,被国务院列入"全国重点文物保护单位"。襄阳古城是襄阳历史文化名城的重要标志。

襄阳古城被列入《中国世界文化遗产预备名单》。2012年,国家文物局将襄阳城墙与荆州城墙(湖北省荆州市)、兴城城墙(辽宁省兴城市)、南京城墙(江苏省南京市)、临海台州府城墙(浙江省临海市)、寿县城墙(安徽省寿县)、凤阳明中都皇城城墙(安徽省凤阳县)、西安城墙(陕西省西安市)一起列入《中国世界文化遗产预备名单》。和其他古城相比,襄阳古城具有鲜明的特点。南京古城虽然规模宏大,但由于其墙体走势随地形而蜿蜒,失之规整;西安城墙虽然规整,但护城河太窄,缺少水的灵动和柔美,雄伟有余而柔美不足。只有襄阳古城,雄浑壮美与灵秀柔美兼而有之,不可多得。

(二)襄阳古城是经典的军事博弈重镇

襄阳古城布局严谨,形势险要,城高池深,易守难攻,自古被誉为"铁打的襄阳",是一座古今闻名的军事重镇。自东周以来,襄阳一直是群雄角逐的重要战场。邓巴之战,开启了楚国问鼎中原的大门;襄樊战役,关羽水淹七军,斩庞德、擒于禁,威震华夏;夫人城之战,巾帼败敌,韩夫人的美名传千秋;宋元之战,铁打的襄阳成为攻不破的堡垒,使得元军灭宋推迟六年之久;李自成攻克襄阳,动摇了明王朝统治之根基,并在此建立了政权。这是一座地地道道的军事名城,中国军事博物馆古代战争史馆中有四次介绍襄阳在历史上发生的具有全国意义的战争,这在全国各城市中是十分罕见的。无怪乎帝王将相叹曰:"天下之要领,襄阳实握之。"

襄阳古城之所以成为"兵家必争之地",与襄阳所处的地理位置密切相关。襄阳地处天下之中,"跨连荆豫,控扼南北",军事地位极为重要。历史时期,特别是南北分裂对峙时期,襄阳是南北方对峙的前沿阵地,是南北方政权谋求统一的基地。南北对峙之际,荆襄每为强藩巨镇,以屏护上游。西晋灭孙吴、隋灭陈、北宋灭南唐、蒙古灭南宋,局面均自荆襄上游打开。岳飞将襄阳视为"恢复中原之基本"。蒙古攻宋时刘整献策"先攻襄阳,撤其捍蔽",因为南宋"无襄则无淮,无淮则江南唾手可下也",事实果然。清代王万芳《襄阳府志》说:"典午之东迁,赵宋之南渡,忠义之士,力争上游,必以襄阳为扼要;

晋之平吴，元之伐宋，皆先取襄阳，为建瓴之势。"清顾祖禹总结说，湖广之形胜，"以天下言之，则重在襄阳"；又说"襄阳为天下之腰膂"。顾氏之言，可谓至论。优越的地理位置使襄阳古城成为水陆交通枢纽。就陆路交通而言，著名的南襄隘道和荆襄大道构成我国古代南北交通的中线。就水路交通而言，襄阳北可以通过汉江的支流唐白河通往南阳盆地，南则可以沿汉江直达江汉平原。正是由于襄阳在南北水陆交通中的枢纽地位，所以历史上的襄阳总是战事不断，成为"兵家必争之地"。

襄阳古城是古代军事防御体系的杰作，襄阳城垣构筑巧妙，防御严密，城池坐落于群山和汉水环抱的汉水冲积平原的东北端，北依汉水为天堑，西南以群山为天然屏障，再掘开城外东、南、西三面宽阔的人工护城河，形成两道防线御敌于城墙之外。襄阳古城并不以城墙高大著称，但其护城河的宽度却是世界第一。宽达两三百米的护城河往往让进攻者望水兴叹，加上襄阳城外还有大量的子城、古堡、山寨，一起构成了牢固的防御体系，在冷兵器时代真正是固若金汤，难以攻克，成就了"铁打的襄阳"的美名，襄阳古城的军事防御体系对中国古城的军事功能研究具有独特的样本价值，历史时期在襄阳发生的多次战争塑造了襄阳古城"兵家必争之地"的城市意象，是襄阳古城重要的特色之一。

（三）襄阳古城是杰出的建筑艺术瑰宝

在城市物质环境中，建筑实体是最直接、最强烈地刺激人们感官的元素，也是城市特色的主要构成要素，这些历史建筑增加了环境的感情因素，是城市方位感的主要标志。襄阳古城历史悠久，建筑独特，是杰出的建筑艺术瑰宝，主要建筑有襄阳城墙、绿影壁、昭明台等，在建筑艺术上均有独到之处。

襄阳古城历史悠久，始筑于汉，历经水患兵燹，屡圮屡建，城墙初为土墙，宋时改建为砖墙，城门也由单一直出直进式改成屯兵式瓮城门。明初，湖广行省平章邓愈对古城进行扩建和维修时，为加强防御能力，使城北与汉水紧连，因而在东北角筑新城。据陈锷《襄阳府志》载："凡周二千二百二十一丈七尺，得一十二里一百三步二尺，高二丈五尺，上阔一丈五尺，下倍之。垛堞四千二百一十，窝铺七十，门六，俱有月城，角楼各一，花楼十。城北汉为濠，计四百丈；东南西凿濠，共二千一百一十二丈三尺，阔二十九丈，深二丈五尺。"现存古城墙基本为明代墙体，城墙全长 7377 米，其中有护壁砖墙 6408 米，平均高度 10.84 米，最高处 11 米，最低处 7 米，底宽 13～15 米，顶宽 6～11 米。护城河全长 5060 米，最宽处 250 米，平均宽度 180 米，为我国第一宽护城河。

襄阳古城的城防体系设计精巧、科学合理，其中城池东北部的闸口设计独具匠心，明初邓愈将襄阳城向东扩展，在城东北角兴建新城，扩建了环城的护城河。该护城河"设二闸，水涸时，导之入濠以卫城；水涨，放之入汉以杜冲溢"。这是明代襄阳城最大的水利工程，在南渠设进水闸，在长门杨泗庙处设泄水闸，依靠这两道水闸管控着护城河的水位。这两道闸门设计巧妙，布局合理，施工精细，不仅在调节护城河水位、防洪、蓄水中发挥着重要作用，有效地解决了南渠洪灾隐患问题，还利用南渠之水保持护城河的水质不腐。从军事战略上看，作为襄阳护城河的泄水闸口，确保了护城河水常年保持在一定的水位，其设计融入了城池的军事防御体系，构成"铁打的襄阳"重要的一环，体现了古人的智慧。与国内现存的古城相比，襄阳古城有我国最宽的护城河；以汉江作为北护城河，体现了师法自然的营造法式；护城河水由城西南襄水注入，由城东北流入汉江，体现了古人顺应自然的哲学观念；大北门和长门两座城门直通汉江，城门就是码头，能保证由水路向城内提供后勤补给，是古代城防的绝妙创举。

除襄阳城墙之外，昭明台、绿影壁、仲宣楼、谯楼、夫人城、荆州古治等历史建筑也各具魅力，以绿影壁为例，绿影壁位于襄阳古城东南隅，是明代襄阳王府门前的照壁，是中国现存四大影壁之一，属中国第二大影壁，也是独具特色的一座。绿影壁高7.6米、宽26.2米、厚1.6米，系仿木结构，面阔3间，均以汉白玉镶边。中间刻有"二龙戏珠"，左右各刻巨龙飞舞于"海水流云"之间。四周边框精雕小龙64条，姿态各异。影壁造型庄重，雕刻华美，风格豪放，生动雄伟，是石刻中珍贵的艺术品之一。崇祯十四年（1641年）王府被毁，而艺术珍品绿影壁却安然无恙地幸存下来，至今已有560多年的历史。正因为有如此众多杰出的建筑艺术瑰宝，襄阳古城才被列为国务院重点文物保护单位，成为研究襄阳乃至中国政治、经济、历史、文化的珍贵历史文物，具有无可比拟的文物价值。

（四）襄阳古城是难得的旅游观光胜地

襄阳古城"檀溪带其西，岘山亘其南"，集青山、绿水、碧湖、芳洲、古城为一体，天然之美和人文之美于一身，环境优美、风光秀丽，天然和人工布局精巧，具有陶冶人们情操，给人以愉悦的旅游价值，是宝贵的旅游资源。

襄阳古城拥有丰富的人文资源和自然景观。在这里，历史与自然珠联璧合，人文与山水相映生辉，其中堪称全国之最的就有华夏第一城池——襄阳古城；华夏腹地最长的仿古步行街——襄阳北街；全国最完整的石质雕壁——绿影壁等。

"山水观形胜，襄阳美会稽"，襄阳古城山川秀美，大自然的鬼斧神工赋予汉江绚丽多彩的自然奇观和生态美景。素有"汉江明珠"之美誉的鱼梁洲自然条件得天独厚，她眺鹿门翡翠，望岘山峥嵘，与襄阳古城遥相辉映，与湖光山色融为一体，可谓都市绿心、天然氧吧。襄阳城南之岘山，林、泉、池、洞交相辉映，亭、阁、寺、观点缀其间，移步易景。古老的襄阳城雄踞汉水中游，远接川陕，近邻中州，历来为兵家必争之地。古朴典雅的城墙，宽阔秀美的护城河，堪称"华夏第一城池"。凭山之峻，据江之险，实谓"铁打的襄阳"。上下两千年，襄阳一直是群雄角逐的重要战场，襄阳古城是中国古代战争历史一部生动活泼的百科全书，是中国乃至世界重要的军事文化瑰宝，在历史长河的淘洗中，襄阳城虽历经百余次战事的考验，至今古貌犹存，值得一观。军事重镇亦是人文荟萃之地，襄阳古城自古人杰地灵，人文景观荟萃。诸葛亮、孟浩然、米芾、刘秀等历史名人与襄阳古城结缘甚深，文、景、人相互交融，景以人得名，文以景传承，襄阳境内文人雅士隐居的故居、留存的诗词书画成为名人文化的主要载体，名人文化寻踪游是襄阳古城旅游的热门项目。

襄阳古城还具有独特的民俗风情，吸引着中外游客。襄阳位居汉江流域中游，是汉水经济、文化的中心，自古以来，一直是南北文化交融的轴心之一，汉江包举四荒、恢弘阔大的气概，铸就了襄阳兼容并蓄的民俗文化，襄阳人民世世代代在汉水边繁衍生息、劳动生活，创造了深深扎根于汉水文化的民俗风情，为历代文人骚客不断吟唱，也是吸引中外游客的重要内容。正因这些，襄阳市先后荣获"国家历史文化名城"、"国家园林城市"、"中国十大魅力城市"、"中国优秀旅游城市"等称号，成为难得的旅游观光胜地。

二、襄阳古城的复兴之路

襄阳古城是襄阳获得历史文化名城的重要依据，古城池文化旅游开发，最重要的是古城池的完好度。襄阳古城是我市重要的旅游、文化资源，强化古城的文化和旅游功能，是保持古城活力，发展城市经济的重要途径，通过古城恢复可展示完整的古城形象。通过恢复城门和对城河体系的整体保护，可深层次展示出襄阳古城重要的历史地位和深刻的文化内涵。

汉唐两代，襄阳城处于历史上的鼎盛时期。东汉末年（公元190年）刘表任荆州刺史，徙治所于襄阳，使襄阳从荆州南郡的边鄙小镇一举成为大荆州的治所。当时的荆州，所辖地域包括今湖北、湖南两省、河南南阳盆地及两广边缘地区，下领南郡、南阳、章陵、江夏、武陵、长沙、零陵、桂阳八郡。从初平元年（公元190年）到建安十三年（公元208年），刘表统治荆襄19年，把荆襄治理得经济繁荣、社会安定，成为乱世中的一片"绿洲"。《后汉书·刘表传》载，刘表在荆州，"爱民养士，从容自保"，"关西、兖、豫学士归者盖有千数，表安慰赈赡，皆得资全"，刘表的一系列举措使得荆州"万里肃清，群民悦服"，蔡邕《汉津赋》谓荆州首府襄阳"南援三州，北集京都，上控陇坻，下接江湖，导财运货，懋迁有无"，成为当时全国最繁华的十座城市之一。

唐代是我国封建经济的繁荣时期，水陆交通发达，以长安为中心，分天下为十道，史称"襄阳，荆，鄂，十道之要路"，从长安通向东南的驿路平线经过襄阳，沿路"皆有店肆，以供商旅"，唐代襄阳"往来行舟，夹岸停泊，千帆所聚，万商云集"，曾是中国历史上为数不多的大都会。唐代元和年间，襄阳是全国4个人口达10万户以上的州治所之一。唐代诗人张九龄描述："江汉间，州以十数，而襄阳为大，旧多三辅之家，今则一都之会"。唐玄宗时任山南东道节度使（治襄阳）掌书记的萧颖士在分析战争和漕运形势时说："官兵守潼关，财用急，必待江淮转饷乃足，饷道由汉沔，则襄阳乃今天下喉襟，一日不守，则大事去矣。"杜甫的诗句"即从巴峡穿巫峡，便下襄阳向洛阳"，白居易的诗句"下马襄阳郡，移舟汉阴驿"，生动地描绘出襄阳"南船北马"交通便利的繁荣景象。

明清时期的襄阳"商贾连樯，列肆殷盛，客至如林"，建有20多个商业会馆、30多个码头，商业辐射到黄河上下、长江南北。襄阳城在明清时，古建筑较为完整：六门城楼高耸，四方角楼稳峙，王粲楼、狮子楼、奎星楼点缀十里城郭，金瓦琉璃，高墙飞檐，蔚为壮观，整个城池和谐地融为一体，给人以古朴典雅的感受。目前的襄阳古城历史建筑遗存相对较少，历史风貌及格局遭到不同程度的破坏，新建建筑风格、道路形态、绿化形象等与历史文化名城环境不协调，缺乏整体感、历史感。古城风貌保护与现代化建设的矛盾日益突出。

襄阳古城的复兴要大力进行古城环境风貌整治。按古城规划，逐步疏散人口，拆除六层以上建筑及古城保护区整治，使之具有古城文化特色，应重点从以下六个方面开展工作：

（一）复兴古城格局

襄阳城始建于西汉初年，由樊城和襄阳两座古城隔岸对峙组成，穿城而过的汉江在城东北折而南流，雄浑的岘山横亘于城南，从空中俯瞰，这种山水格局恰似太极图中间的部分——阴阳鱼。中国古代建城很重视堪舆，讲究风水，城市选址要求能够藏风聚气。南据岘山，北临汉江，由河流与山脉环抱而成的襄阳城是藏风聚气的风水宝地。襄阳古城布局"道法自然"，顺山形水势自然勾勒出的空间格局全国少有，是中国古代山水城市的典型代表。襄阳古城以汉江为濠，引襄水入城，创意独具匠心。襄阳古城建设所蕴含的生态智慧和文化价值，为当代中外城市规划大师所赞叹。中国古人对阴阳、风水的看法及其在襄阳城建设中的具体应用，充满诗意、浪漫的想象，使古城环境富有艺术魅力、人文精神。

襄阳在历史上形成了"南城北市"的城市格局，即汉江以北的樊城为商业中心，汉江以南的襄阳则为政治、文化中心，襄阳古城的复兴规划要坚守"南城北市"的格局，对古城内部及周边的房屋建筑要限制高度，避免把襄阳古城（池）和"十里青山"淹没在高楼大厦之中，保留天际线。建筑风格要与古城（池）风貌相协调。新的开发项目要布置在襄阳古城及其周边地区之外，使城市的历史特色得以完整地保护。

襄阳古城内的街道基本呈棋盘状，东街、西街、南街、北街呈十字形，构成古城的中轴，围绕中轴开辟了多条基本平行的街巷（较长较宽者称为街，较短较窄者称为巷），如马王庙街、荆州街、铜鞮巷、鼓楼巷、绿影壁巷等。襄阳古城内的街巷有着深厚的文化底蕴，以铜鞮巷为例，该巷得名于梁武帝萧衍镇守襄阳期间的童谣。据《襄阳府志》载："铜鞮坊，在府城隍庙西，在郡城山南东道楼（即昭明台）左。楚人好唱《白铜鞮》，因以名坊。"据《隋唐》记载：萧衍镇襄阳期间，有童谣曰"襄阳白铜蹄，反缚扬州儿"。听到这首童谣后，萧衍认为时机成熟，便招兵买马，起兵征讨昏君，一举攻占建康（今南京），登上帝位，应验了童谣之言。称帝以后，因为这首童谣为他称帝起到了"催化剂"的作用，便对该童谣进行改造，创作了新的乐府——《襄阳蹋铜蹄歌》。后来，大诗人李白在襄阳漫游时创作了《襄阳歌》，其中有"襄阳小儿齐拍手，拦街争唱《白铜鞮》"的诗句。可惜的是，如今的铜鞮巷历史风貌不再，仅仅余下一个名字，古城风貌复兴除了恢复街巷风貌外，要深挖传统街巷的文化内涵，如可在街巷内设置导游牌介绍街巷历史文化，使游客直观感受到襄阳古城的厚重历史。

（二）复兴古城水系

襄阳古城以历史悠久，城高池深而著称，并以坚固而闻名。在历史上不仅是防御的有效堡垒，而且又多次力敌洪水的侵袭。人们还常赞美襄阳城固若金汤，易守难攻。除了城南环山这天然的屏障外，护城河也为襄阳起到铜墙铁壁的作用。襄阳护城河内的宽度在130~250米，平均宽度在180米左右。比起北京、开封、洛阳等城的护城河都要宽，是全国最宽的护城河。然而，历经千年风雨变幻，号称全国最宽的护城河，被拦腰切成数截，往日雄风难得一见。当务之急是对护城河南湖宾馆段、襄阳公园段进行改造，南湖宾馆水上和城脚下建筑、军分区招待所等建筑须予以拆除并扩宽河道，同时实施引水入城工程，就是将汉江活水引入襄水及护城河，沿着疏浚通畅的水体，结合滨水绿化空间建设城市绿道、湿地公园，打造滨水绿网，实现城市水网与绿网"二网合一"。目前，护城河主要是依靠夫人城泵站提水，河水渐渐清澈，但换水周期长，难以做到细水长流。目前汉江—南渠—护城河水系连通工程已经开工，按照规划，近期先在汉江万山段建补水泵站提汉江水，注入南渠干渠，并在护城河西南角连通，补充南渠和护城河用水。此外，实施南渠景观改造，包括抬升护城河桥梁、打通护城河游路等。届时，汉江水注入护城河，市民可泛舟一圈，一路赏景。

（三）复兴城墙及墙楼

襄阳古城的城墙对研究中国城墙军事和防卫功能具有独特的样本价值。襄阳城墙初筑于汉初，屡经整修，略呈方形。其东南隅有仲宣楼、魁星楼，西南隅有狮子楼，西北隅有夫人城。明洪武初年，卫国公邓俞守襄阳，在整修旧城的同时，并将东北隅城垣扩展至江边，增辟二门（大北门、长门），连同原有四门，各建城楼一座。6个城门外各有瓮城，东、南、西三门的瓮城外另有子城，瓮城、子城外各设吊桥。城垣周长7.6公里，平均高8米，宽10米左右，用土层层夯筑，外用大块青砖垒砌。2001年6月25日，襄阳城墙作为明代古建筑，被国务院批准列入"全国重点文物保护单位"。历经千年风雨变幻的襄阳古城墙，今仅存小北门、大北门和襄阳公园附近各一段，当务之急就是对残存的城墙加大保护力度，对损毁的城墙予以修复。

明清襄阳城共有6座城门，据明万历四年（1576）知县万振孙题额：东门曰"阳春"，南门曰"文昌"，西门曰"西成"，大北门曰"拱宸"，小北门曰"临汉"，东长门曰"震华"。如今各城门题额字迹均已消失。襄阳城东城的阳春门、西城的西城门、南城的文昌门已毁，六座城门现仅存震华门（俗称长门）、拱宸门（俗称大北门）、临汉门（俗称小北门）三座，各城门之上原有门楼，现仅存一座始建于唐、重筑于清的重檐歇山式小北门城楼。为了恢复古城风貌，建议按原貌重建阳春、文昌、西成三座城门。

襄阳城垣除建有六座城门外，每座城门外又建有瓮城，城门上又建有城楼，使古城垣更显雄伟。仲宣楼又名王粲楼，王粲为东汉末文学家，"建安七子"之一，寓居襄阳时常同刘表登楼作赋，后人以其名命楼名。仲宣楼位于东南城角，始建年代无考，据《襄阳府志》记载，此楼毁于民国初年，其建筑结构不详，1993年襄阳市政府在重建时，参照了毁于抗日战争时期的邻近该楼的魁星楼的建筑结构，如今重建的仲宣楼高17米，总面积650平方米，分为城墙、城台和主体楼三大部分。与黄鹤楼、晴川阁和岳阳楼并称"楚天四大名楼"。魁星楼位于东南城角，仲宣楼西侧，清顺治年间知府杜养性建，雍正年间重修，乾隆年间再修。楼高三层，六角形，碧绿琉璃瓦面，约清末圮。狮子楼位于西南城角，明洪武初年建，绘狮子于楼内壁上以示镇城，后改建三头石狮，各高丈许。崇祯十四年，都御史王永祚重建襄阳城六门时，也将狮子楼修葺。乾隆间楼已圮，仅存石狮，楼址外石碑亦仆倒于城上。抗日战争时，石狮被毁，石碑散失。

20世纪90年代初复建了城东南角上的仲宣楼，目前要按照史料记载在文昌门与仲宣楼之间按原貌重建"魁星楼"，在西南城角上重建"狮子楼"，以恢复古城墙的完整性。

（四）复兴街道及建筑

襄阳的古建筑年代久远，大多已坍塌损毁，目前，襄阳古城建筑风格杂乱、建筑色彩多样，部分建筑体量较大，广告设置随意。襄阳古城复兴的关键是恢复古韵，在恢复重建中要按原建筑的比例、格局来制定修复方案，尽量在造型形式、应用材料和工艺处理上保持原有特性，使其"整旧如旧"。另外，在城墙以内应严格控制建筑风格、建筑高度、建筑体量和广告设置，保持古城内部风格的统一，要重点复兴以下街道及建筑：要按照历史街区的模式整修襄阳北街，严格布局街道两旁的商铺，从匾额、门面装饰、经营产品类型、街道装饰、街道管理等方面进行整顿。要修复与昭明太子以及萧衍有关的景点，如铜鞮巷等。要重点宣传推介清代襄阳籍宰相单懋谦的单氏故居、单家祠堂，增加北街的文化内涵。在文昌门外重建"诸葛亮学业堂"，启动学业堂的恢复重建工作，并将其建成展示汉代学堂风貌的展览场所。要重点做好以绿影壁为代表的襄阳王府旅游策划和宣传，除了古城墙，明襄阳王府是襄阳古城内唯一的明代古建筑，价值非常巨大，目前需要重建襄阳王府内的部分殿宇和亭台楼阁。

襄阳古城风貌修复要进行古城特色街巷建设，逐步对古城内的绿影壁巷、铜鞮巷、鼓楼巷、县街等古街巷按规划进行恢复，要对机动车有所限制，滨江大道作为旅游道路，仅对旅游车及本地观光公交车开放；北城墙区域内以步行道为主，城墙内侧环线为机动车道，外侧环线为步行道。远景规划，可在襄阳古城内按照朝代顺序，建设汉街、唐街、宋街、元街、明街、清街等街道，分别按照当时的建筑风格建造，参考开封宋街的开发模式，游客可在此穿当时衣、憩当时居、用当时家具、坐当时花轿、品当时菜肴，听当时丝竹，使游客在一城之内即可穿越千年历史。

(五) 复兴风俗及文化

襄阳文化源远流长，有3000年的多彩历史，北方的中原文化和南方的荆楚文化在这里交汇，这里既受到"文王化南国"的中原文化的熏陶，又受到"听歌知近楚"的南方文化风俗的深刻影响。襄阳古城风貌复兴要将风俗、文化的保护放到优先地位，加强对非物质文化遗产的保护，复兴风俗及文化，以增加老百姓对襄阳的认同感，让古城在开发过程中有历史和文化的延续。

风俗方面，要重点恢复穿天节等民俗活动，打造成襄阳特有的文化品牌。"穿天节"是襄阳特有的节日和习俗，源于郑交甫遇汉水女神，赠佩珠定情的美好传说。唐宋时期，每年正月二十一日，襄阳城里的百姓来到万山，在江边聚会，在沙滩上捡拾汉江中游特有的带孔窍的小石头，用丝线穿起来，佩戴在身上，以祈求吉祥幸福，整个节日充满浪漫的情趣。它集郊游、采石、交友于一体，体现了襄阳古老的民俗文化，展现襄阳人追求美好爱情和幸福生活的精神风貌。2006年农历正月二十一日，在一批本土文化志愿者的倡议和组织下，古城襄阳举办了首届"穿天节"活动。经过这些年的举办，市民对穿天节的知晓度和参与度越来越高，保护本土文化遗产、"重拾襄阳穿天节"也逐渐融入襄阳人的文化理念。文化主管部门要支持与推动这一活动，组织专家学者对穿天节进行深入研究和挖掘，让穿天节成为襄阳的民俗品牌和文化品牌，这既是弘扬汉水文化的有效手段，也是增强襄阳市民文化自豪感和文化凝聚力的现实选择。

(六) 复兴功能及旅游

襄阳古城是襄阳先民生产生活的重要场所，襄阳古城风貌修复要首先复兴生产生活功能，重现市井风貌。可在北街开辟襄阳民俗文化园，全面展示襄阳民俗文化；开辟襄阳小吃一条街，全面展示襄阳饮食文化。襄阳饮食文化源远流长。目前，本帮菜基本失去了文化特色，没有美食，名城的称号大打折扣。我们要将美食与文化相结合，发掘本帮菜的新奇做法，继承发扬襄阳的饮食文化。

襄阳古城是古代军事防御体系的杰作。中国古代的城池主要有三大功能，一是政治等级的象征，二是军事防御的堡垒，三是经济文化的中心。放眼中国古代史，绝大部分古城并未充分发挥军事防御的功能，仅仅是政治、经济中心的象征，而襄阳古城是为数不多的将军事防御功能发挥到极致的古城。我们要充分复兴襄阳古城这一突出功能，在城墙、城门楼修复后，要恢复重建吊桥、炮台、攻城车、云梯、弩箭等攻城、守城武器设施，配以攻城、守城雕塑，文字讲解等，完整展示中国古代城市防御体系及攻守场景，使游客对中国古代城市防御体系及攻守场景有直观、深刻的认识。

三、襄阳古城的复兴愿景

（一）重构古城之形

1. 点、线、面之形

复兴后的襄阳古城以地标性建筑物为点，以历史街区为线，以城池为面，将形成点、线、面结合的完整体系。昭明台、仲宣楼以及城门楼拔地而起，构成古城平面的几个制高点；城墙环绕，街巷纵横，线条流畅而明快；以南街、北街、东街、西街为界，古城被划分为四大区域，各具特色。

2. 宏观与微观之形

复兴后的襄阳古城，六门城楼高耸，四方角楼稳峙，王粲楼、狮子楼、奎星楼缀十里城垣，与昭明台、谯楼相映生辉，古城与北面的汉水、南面的岘山和谐地融为一体，恢弘大气。相映成趣的水系、桥梁，错落有致的宫殿、宅邸、寺庙，小桥流水般的景观凝固在古城之中，小巧可爱。

3. 外观与内景之形

复兴后的襄阳古城，既有恢弘的外观，又有精致的内景，既可远观，又可近赏。立于岘山之巅俯视，古城布局严整，城高池阔，街巷纵横；立于昭明台上，但见城墙环绕，遍插旌旗。小北门城楼耸立城头，重檐九脊，状极雄浑，近城街市，古貌盎然。登楼远眺，北有汉江滔滔，碧波萦带；南望岘山，岗峦连绵，城郭街市尽收眼底；西南岘山如屏，群峰列峙，一览天然之胜。

（二）重塑古城之韵

1. 山、水、城之韵

襄阳古城依山傍水，东有孟浩然隐居的鹿门山相依，南有李白、杜甫、王维等唐代著名诗人登临的岘山、羊祜山等群山拥抱，西有诸葛亮隐居的隆中山相伴，20余座山峰连绵起伏，层峦叠翠。"十里青山半入城，一江碧水穿城过"，既依山傍水，又显山露水，实现了山、水、城的有机融合。令人"不下堂筵"便可以"坐穷泉壑"，"不出城郭获山水之趣，身居闹市有林泉之志"，它不仅是城市中的自然山林，更为人们提供了精神栖息的家园。

2. 亭、台、楼、阁之韵

复兴后的襄阳古城，亭台楼阁各展风姿、相映成趣。岘首亭雄踞岘山之巅，桃林亭挺立汉水之滨，昭明台占据城市中心，城门楼高耸入云，亭台楼阁等建筑物坐落在奇山秀水间，古朴厚重的景观凝固在古城之中，点缀出一处处富有诗情画意的美景。

3. 亦文、亦武、亦商之韵

襄阳古城是一座文化之城，从这里走出的一大批名人，深刻地影响了中国古代政治与文化格局。诸葛亮求学于斯，王粲旅居于斯，道安布道于斯。唐代诗人孟浩然自称孟襄阳，宋代书画大师米芾自称米襄阳，开创了人以城荣、城以人辉的先河。诗仙李白钟情于襄阳，多次来此小住，留下了《襄阳歌》等数十首吟唱。白居易在襄阳长大，襄阳情结一生不能释怀。杜甫、王维、柳宗元、杜牧、苏轼等数百位唐宋诗人在襄阳流连忘返，用他们的诗和词共同赞美这座城。

襄阳古城是一座军事重镇，据史料记载，历史上曾有172次有名的战争发生在襄阳。其中，宋元大战旷日持久，长达六年，使"铁打的襄阳"之称名噪海内外。"以天下言之，则重在襄阳"；"兵家必争之地，天下之腰膂"，描述了襄阳军事战略地位的重要。

襄阳古城是一座商业名城，素有"南船北马、七省通衢"之称，是汉水流域最重要的水陆码头，商业文明延绵两千多年。历史上的襄阳"南援三州，北集京都，上控陇坻，下接江湖"、"往来行舟，夹岸停泊，千帆所聚，万商云集"，成为"商家必争之地"。

（三）重现古城之美

1. 古朴典雅之美

复兴后的襄阳古城，将展现出古朴典雅之美。漫步于汉江之畔，遥望穿城碧水，极目如黛远山，感受这凭山之峻、据江之险的十里风光，拾级登上屹立千年的襄阳城楼，感受"楚山横地出，汉水接天回"的恢弘气势。插上帅旗的古城楼、金戈铁马的古战场，气势恢弘的钟鼓楼，人流如织的北街，一派古城风光。

2. 雄伟险峻之美

襄阳城据山临水，大气雄浑，岘山横绝峥嵘，襄阳古城以此为背景，雄关耸立，城楼高峙，显得雄浑宏壮。古城墙斑斑驳驳，临汉门城楼高耸，殿楼稳峙，重檐九脊，状极雄浑，给人以古朴凝重的感受。唐人王维《汉江临眺》："楚塞三湘接，荆门九派通。江流天地外，山色有无中。"把襄阳山川景物描绘得雄浑壮阔。明人李言恭赞叹襄阳城"楼阁依山出，城高逼太空"，高度概括了襄阳古城的雄浑险峻。

3. 婉约灵秀之美

襄阳城依山傍水，风光秀美。汉水似玉带环绕东北，碧波澄澈，倒映着临汉门的城楼，岘山像翠屏耸峙西南，号称"城湖"的护城河玉璧一般与清澈的南渠一起点缀其间，河岸蜿蜒，绿柳如烟，清风过处，水光潋滟，整个古城显得格外秀美。绕城泛舟而游，但见城垣高筑、垛堞处处；垂柳掩映、灌木葱茏，仿佛置身于画中，美不胜收。襄阳诗人孟浩然在《登望楚山最高顶》一诗中由衷赞叹："山水观形胜，襄阳美会稽。"认为襄阳的形胜丝毫不亚于以风光秀美而闻名的会稽，给了襄阳风光极高的评价。

总之，拥有2800年历史的襄阳古城是襄阳作为历史文化名城的主要代表，是"铁打的襄阳"的主要见证，是三国文化与汉水文化的载体。搞好古城文化风貌复兴工作是襄阳古城的一次重生，对襄阳市经济社会发展具有深远的意义。风貌复兴后的襄阳古城，作为承载襄阳历史文化的有形载体，在旅游产业发展中将发挥核心引领作用，为襄阳市早日建成汉江流域中心城市奠定坚实的文化基础。

襄阳建设汉水文化名城研究

高新伟　刘　群

襄阳处在汉江干流和南襄盆地的十字交叉处，与其他汉江干流城市相比，襄阳因为处在南襄盆地的纵向轴线上，可以沟通南北，与南襄盆地的其他城市相比，襄阳因为处在汉江干流上，可以连接东西，所以襄阳是沟通南北东西的要道，是汉江流域经济文化交融的枢纽，这种区位优势使襄阳在汉水文化的形成和发展中占着重要的地位。襄阳有着丰厚的汉水文化资源，襄阳是楚国发祥地、三国文化源，襄阳是千年帝乡，东汉开国皇帝刘秀是襄阳之枣阳人，襄阳是唐诗高地，涌现了杜审言、孟浩然、张继、皮日休等一大批著名的诗人，襄阳是文物大市，襄阳城是汉江流域唯一保存完整的古城池。借助于汉水文化，积极构建襄阳的汉水文化品牌，必将提升襄阳的文化软实力和城市印象，必将打造出汉水文化名城。

一、汉水文化之襄阳地位

汉水文化是汉江流域的人们创造出来的历史文化，是荆楚文化、中原文化、关陇文化、巴蜀文化四大区域文化的交融节点。时下学界认为汉水文化精华包括炎帝文化、荆楚文化、汉朝文化、三国文化、道教文化、孝文化等。襄阳在汉水文化的形成和发展中占着重要的地位。

（一）襄阳是汉水文化形成的重要节点

襄阳是汉水文化形成的节点，表现为汉水文化的一部分精华起源于襄阳，如襄阳是三国文化的源头，司马徽荐诸葛，刘备三顾茅庐，诸葛亮作《隆中对》揭开了三国历史文化的序幕。还有些虽然不是生发于襄阳，但却兴盛强大于襄阳，例如炎帝部落原本兴起于北方的陕西省宝鸡境内的姜水，但后来却成为南方文化的代表，与北方的黄帝文化相呼应，其南传的跳板就是汉水流域，虽然炎帝部落最先是由褒斜道进入汉江流域的上游汉中地区，但其强大兴盛起来却是到了汉江中游的谷城、神农架，乃至汉江下游的随州。再如，楚人祖先源于北方黄河流域的祝融部落，是华夏族的一支，虽然南迁时最先到达汉江上游的淅川一带，但直至发展到汉江中游的保康、南漳、宜城才强盛起来。

（二）襄阳是汉水文化交融的中心枢纽

襄阳地处汉江中游，在整个汉江流域的文化交流中起着承下启上的作用。例如，春秋时期，楚人在汉江以南发展起来，为防止楚人的向北扩张，周王室在汉江以北分封诸侯国，在襄阳境内，江北有邓国，江南楚人迁都于宜城，以姬姓方国所代表的中原文化与楚文化交汇融合。《诗经》是北方文学的代表，《楚辞》是南方文学的代表，《诗经》中的"周南"、"召南"大多数篇章是反映汉江流域的诗篇，屈原第一次被放逐之地就是汉北，屈原之后著名的辞赋家宋玉也是襄阳人，南北文学在襄阳交汇融合。襄阳是汉水文化交汇融合的枢纽，是汉水文化与其他流域文化交流的平台。

（三）襄阳是汉水文化精华的集聚高地

学界普遍认为的汉水文化的精华，如荆楚文化、汉朝文化、三国文化、道教文化，在襄阳历史上都得到了集中体现。楚国立国八九百年，其中在襄阳境内建立政治文化经济中心的时间持续了500多年，楚人在荆山筚路蓝缕，卞和为追求真理而献身，宋玉文采风流，伍子胥为父报仇，至今都有遗址遗迹可寻。东汉的开国皇帝，开创光武中兴局面，被称为中国十大明君之一的刘秀即为襄阳之枣阳人。襄阳既是三分天下策略的孕育地和提出地，又是晋伐吴统一天下的战略基地、指挥中心。在武当系列宫观中，襄阳真武山的地位仅次于太和宫，武当太和宫在古代是专供皇帝和宫廷要员朝圣的地方，其地位是其他宫观无法比拟的，但真武山道观在古代是"朝太和上奏表"的地方，也就是说，朝太和必先朝真武山，这个地位也是其他任何道观所不具备的。

（四）襄阳是汉水文化保护的典型区域

不少地域文化虽然在历史上虽然很繁盛，但现在却无迹可寻，或传承甚少，但是汉水文化在襄阳得到了很好的传承。襄阳城是汉江流域唯一保存完整的古城池。樊城是著名的汉江商埠，是汉江流域经济史的活化石，至今保存着众多的老街巷、老会馆、老码头。襄阳是一个文物大市，据2011年年底结束的第三次全国文物普查数据统计，襄阳市已确认的不可移动文物数量达4052处，位居全省第三，全市国有博物馆、文物管理处共有各类出土文物、馆藏文物及标本近11万件，位居全省前列，其中全国重点文物保护单位10处，湖北省文物保护单位107处。襄阳共有6个项目被列入国家级非物质文化遗产名录，18个项目被列入省级非物质文化遗产名录。

（五）襄阳是汉水文化发展的核心引擎

襄阳的文化建设起步早，抢占了先机。早在数年前襄阳市就提出了"文化襄阳"的概念，开始大力发展文化产业，目前襄阳拥有的文化方面的国字牌有国家历史文化名城、中国优秀旅游城市、中国魅力城市、三国文化之乡、中国书法名城，等等。襄阳的文化建设有着优越的区位优势，襄阳处在汉江干流和南襄盆地的十字交叉处，是汉江流域经济文化交汇中心，区位优势明显。襄阳是汉江干流最大的城市，是湖北省第二大城市，省域副中心城市，经济总量强，为襄阳的文化产业发展提供了基础。多方面的因素造就了襄阳的文化产业在汉江流域有着较强的辐射力和带动作用。

二、汉水文化之襄阳品牌

襄阳在汉水文化的形成和发展中占有重要的地位，襄阳有着丰厚的汉水文化积淀，所以我们可以借助汉水文化来打造襄阳的文化品牌，而这也正是襄阳在汉水文化发展中继续保持优势，在汉水文化发展中发挥引擎作用的重要途径。

（一）构建汉水文化风貌保护区

构建汉水文化风貌保护区，就是依托襄阳城和樊城的国家级与省级文物保护单位，根据其文化内涵与空间布局，划定出一些历史文化风貌保护区，通过立法和制度建设，加强其保护与开发，使襄阳城和樊城成为汉水文化的精彩体现和传承典范，使襄阳城和樊城成为认识了解汉江流域军事、行政、教育、文化、商贸的窗口。

1. 构建汉江古镇历史文化风貌保护区

襄阳城是两三千年历史馈赠给襄阳人的一份厚礼，襄阳城是汉江流域唯一保存完整的古城池，是认识、了解汉江流域军事、行政、教育、文化的窗口。构建汉江古镇历史文化风貌保护区就是要保护襄阳城的古城池、古建筑、古街市，保护其汉江古镇的古风流韵。

（1）古城池保护区。

该区依托全国重点文物保护单位襄阳城墙，以城墙、城门、城楼、瓮城、护城河为元素，揭示其建筑特色、军事功能和"铁打襄阳"的文化内涵。保护好现存的城墙，修复毁坏的城墙，将城墙连接起来；保护好小北门城楼和长门城楼，修复东、南、西三座城门楼；保护好大北门瓮城，修复东、南、西三座城门的瓮城；合理规划襄阳公园一带的水道，拆除西南护城河中的建筑，抬高东南西门护城河上的拱桥，疏通护城河。通过保护和修复两种途径，恢复襄阳古城池的历史原貌。

（2）古街市保护区。

将北街和古治街划定为历史文化街区，保护其历史风貌，复活其街市功能，将其打造成了解明清时期汉水流域市井文化的窗口。整治北街，严格布局北街街道两旁的商铺，从匾额、门面装饰、经营产品类型、街道装饰、街道管理等方面进行整顿，重点宣传推介明代襄阳籍状元任亨泰的旧居和清代襄阳籍宰相单懋谦的单氏故居、单家祠堂，做足名人文化，增加北街的文化内涵。取缔古治街的大量餐馆，开辟民俗工作室或民俗游乐园，展示民俗风情、传统技艺、地方小吃。

（3）古建筑保护区。

该区依托全国重点文物保护单位襄阳王府绿影壁，市级文物保护单位襄阳学宫大成殿，和仿古建筑仲宣楼、昭明台，突出其行政功能和教育文化特色。保护襄阳王府、谯楼等现有建筑，复建府、县两级衙门，突出襄阳古城的行政中心地位。保护好大成殿、昭明台、仲宣楼，复建闻喜亭、孟亭、文庙等建筑，彰显襄阳城的教育、诗性文化的特色。通过这些建筑来诠释汉水流域的行政、教育文化特色。

2. 构建汉江商埠历史文化风貌保护区

樊城是著名的汉江古商埠，有"小汉口"之称，樊城众多的老街巷、老字号、老会馆、老码头都是老商埠繁华历史的遗迹。樊城是了解汉江流域商贸文化、会馆文化、码头文化的窗口。构建汉江商埠历史文化风貌保护区就是要保护老城门、老街巷、老会馆、老码头，将其打造成窥视汉江经济史，窥视汉江会馆文化、码头风情的窗口。

（1）老城门保护区。

该区依托全国重点文物保护单位米公祠、市级文物保护单位樊城城墙遗址（柜子城、定中门、屏襄门）和水星台，勾勒出老樊城的轮廓。老樊城的城墙被推平，护城河被掩盖，保护好现存文物和已有建筑，适时修复迎旭门、朝圣门、朝觐门，将樊城江堤改造成城墙垛口的造型，就可以勾勒出老樊城的天际线。

（2）老街巷保护区。

老樊城有九街十八巷，大都以行业命名，老街上有很多老字号，这些都是樊城商贸繁荣的产物。设立老街巷历史文化风貌保护区就是要依托国家级历史文化街区陈老巷，依托市级文物保护单位马中记花行、宋家鱼铺，兼顾其他街巷和老商铺，在旧城改造的过程中，注重保护历史文化街区和古建筑，在发展地方特产和开发旅游商品的时候，注重发掘老字号，使更多的老字号重新焕发出勃勃生机，让老街区、老商埠的繁华景象和世俗风情活起来。

（3）老会馆保护区。

樊城的会馆始建于明末清初，在清末达到繁盛。鄂、川、豫、赣、陕、晋、皖、湘、苏、浙、闽等11个省和有些行帮相继在樊城建起了21座会馆，现存的有省级文物保护单位抚州会馆、山陕会馆、黄州会馆、小江西会馆、中州会馆，和市级文物保护单位江苏会馆。建设老会馆历史文化风貌保护区就是要将这些会馆的管理权由各自单位汇总到文保部门，集中筹集资金，加大保护力度，使之成为认识汉江流域商贸历史的珍贵化石。

（4）老码头保护区。

码头是商贸繁盛的又一体现，据同治《襄阳县志》载，樊城有码头22个，沿汉江岸边一溜摆开，现在码头依然存在，并被集体列为市级文物保护单位。设立老码头历史文化风貌保护区就是要保护好现有码头牌楼，修复损毁的码头牌楼，改造码头设施，让码头变得整洁靓丽，同时，提升其航运能力，增加游船，让码头活起来，使其成为展示汉江流域码头文化、商贸文化的窗口。

（二）构建汉水文化风情展示区

襄阳城区碧绿澄澈的汉江、宽敞靓丽的沿江大道、立体画廊似的自然风景、古朴雄伟的人文景观，吸引着广大的市民和游客前来休憩观赏。构建汉水文化风情展示区就是以一江两岸为平台，通过有效的组织，集中展示襄阳的传统舞蹈、传统音乐、民间文学、民间技艺等非遗项目和其他地方特色的文艺节目，使一江两岸成为人们认识了解汉江风情的大舞台。构建汉水文化风情展示区应该从以下几个方面入手：

1. 开发汉江休闲游项目

汉江游上起万山，下至习家池，江上开通定时航班，沿江开通观光公交车，游客可以分区段依次乘坐。游客在万山游览万山公园，聆听汉江神女的传说，体验穿天节的民俗，然后乘船（车）至真武山码头，上岸参观真武山、马跃檀溪遗址、宋代摩崖石刻，再乘船

(车)至夫人城码头，游览夫人城、古城墙、临汉门、大北门，再乘船渡江参观米公祠，再乘船(车)游览长门遗址、庞公祠，最后抵达习家池，游览观音阁、岘首亭、羊杜祠、堕泪碑、杜甫墓、王叔和墓、习家池、谷隐寺、孟浩然故居。这样用游船和观光车串起沿江的人文景点，游客可以在船(车)上，看一江两岸的风光，还可以下船(车)与沿江景点亲密接触，游客可以购买通票，还可以自主选择景点，买相应的票。

2. 开发汉江夜游项目

襄阳一江两岸在夜晚呈现出别样的魅力，应该积极开发汉江夜游项目。夜游汉江不能只是在江上转一圈，内容要丰富，要安排解说员，让游客在观看两岸美景的同时，听解说员讲解襄阳汉水文化的魅力，要在船上安排汉水风情表演，展示襄阳的传统音乐和唱腔，展示襄阳的非遗项目。汉江夜游是展示襄阳汉水文化的又一舞台，而本身就是一个文化旅游项目。

3. 开发水上竞技项目

端午龙舟赛是襄阳重要的民俗，历史悠久，襄阳市从2010年起恢复举办端午节龙舟大赛，参赛规模和人员一届比一届多，举办层次一届比一届高，这是一种文化和民俗的传承，也是展示汉水文化民俗的一道和谐、绚丽的风景线。襄阳的赛艇项目在全国有名，襄阳向国家输送了众多的赛艇运动员，襄阳籍的运动员多次在奥运会、亚运会和世锦赛上夺得奖牌。襄阳应该积极推广赛艇运动，使赛艇运动大众化，使赛艇运动成为襄阳汉江上鼓动的热潮。襄阳人的游泳热情高，襄阳的冬泳运动和冬泳协会在全国的名气越来越大，以至于全国第三届冬泳文化节于2011年在襄阳市召开。襄阳应该继续利用好一江清水，发展更多的文体运动，借机展示汉水文化风情。

4. 开发文化风情展示项目

不仅一江清水可以作为展示汉江风情的大舞台，而且两岸宽敞亮丽的沿江大道和古朴厚重的古街老巷都可以作为展示汉江风情的大舞台，依托一桥和二桥之间的樊城沿江大道、襄城滨江大道和沿江古街老巷，展示民俗文化，在每天下午的五点到十点之间，利用移动展台或帐篷，展示襄阳的民间技艺、戏曲舞蹈、民俗风情等非遗项目或特色文艺，以此来丰富襄阳人的生活，向八方来客展示襄阳风情。在北街仿古一条街、荆州北街古治新城、友谊街、陈老巷等历史文化街区，开辟民俗工作室、民俗园区，由非遗继承人或民间艺人展示传统美术"老河口木板年画"、龙凤书、襄阳面塑，传统技艺"石化奎面制作技艺"、"襄阳大头菜腌制技艺"、"土纸制作工艺"，传统杂技"卧龙吴氏舞狮"，等等。这些工作室既向游客展示制作过程，又向游客出售产品。在沿江门面，或向城内延伸的街巷规划出旅游商品一条街、小吃一条街，集中推介襄阳特色的旅游商品和地方美食风味，发掘老字号、老商铺，推动商贸发展，从而恢复古街老巷的市井功能，让古街老巷活起来。

(三)构建汉水文化传承创新区

构建历史文化风貌保护区是立足于文物古迹的保护与利用，构建汉水文化风情展示区是立足于非遗项目和地方民俗的发掘与展示，而构建汉水文化传承创新区则立足于现代文化产业项目的开发建设。鱼梁洲是长江流域19个省市、200多个洲岛中唯一获准开发的洲岛型文化旅游开发区，自然资源、文化底蕴、区位优势，得天独厚，具备打造汉水文化传承创新区的基础。在鱼梁洲构建汉水文化传承创新区，就是要以鱼梁洲为中心，建设十大文化产业项目。

1. 汉水文化广场

该项目就是要打造汉江流域第一广场，不仅面积大，而且要特色鲜明，广场空间要层次丰富，建筑物要造型优美，通过对软环境（树木、水体、草皮）及硬环境（建筑物）的生态设计，创造出绿色开放空间，使自然与人工有机联系，使之成为游客集散、休闲娱乐、观赏游憩及文化休闲的主要场所。

2. 汉水文化博物馆

该项目旨在建设第一个集中展示汉水文化的博物馆，也是汉江历史博物馆、汉江艺术博物馆。博物馆的建筑新颖别致，要融入汉水文化元素，博物馆内要对汉江流域各地的民间艺术、医药科学、铸造技术、纺织技术、陶器技术、漆器技术等做专题性的展示。

3. 汉水生态文化馆

汉水生态文化馆以汉江的地形、地貌的典型特征为基调，以自然界的生态系统为依托，向参观者展示"人与自然和谐共处"的时代主题。生态馆内容可分为以下板块：影像馆里播放关于汉江流域动植物的自然生态影像资料。生态馆里展示汉江流域动植物的标本。乡土馆里展现汉江流域旧时的自然面貌。环境馆介绍汉江水质保护和资源再利用的科学知识。展望台展望汉江流域全景。

4. 汉江历史故事馆

汉江历史故事馆以清朝以来400年的生活历史为主轴，以动态的形式呈现早期汉江原住民的生活风貌、建筑、日常生活用品、风俗习惯等文化民俗。故事馆主要由四个单体组成：美食馆展示汉江流域的饮食习惯和烹调技艺。服饰故事馆展示汉江流域的典型服饰。生活馆复现百年前各阶层的生活。娱乐馆展示汉江流域多姿多彩的娱乐方式，静态的以文物的方式展示，动态的以讲故事和表演的方式展示。

5. 汉江历史名人馆

汉江流域涌现出许许多多历史名人，汉江历史名人馆就是采用高科技影像技术，如裸眼3D技术、幻影成像技术、雕塑、名人作品、蜡像、油画等展示手法，生动形象地展现各位名人的生平事迹，以及汉江流域2000多年来的风云际会、历史变迁。

6. 汉水文化体验馆

汉水文化体验馆重在给游客提供一个参与互动的场所，通过虚拟手段，制造仿真场景，让游客参与其中，在听、看、触、摸等感官刺激下，直观感受汉水文化。该项目致力于文化的产品化、体验化、普及化，探寻了汉江文化资源的产品转化的无限可能性。

7. 汉水文化论坛

论坛主要由13个单元组成：汉水文化研究中心、汉水文化讲堂、国际汉水文化旅游节、中国汉水文化论坛、国际汉水文化交流中心、国际流域文化论坛、国际水文化论坛、国际女性文化论坛、国际汉水女神竞选大赛、国际龙舟竞赛、中国拔河节、汉水穿天节、米芾国际书法节。

8. 汉水文化艺术品交易中心

该项目旨在打造汉水文化艺术品交易中心，加强文化艺术交流、拓宽艺术品投资交易渠道，带动拍卖、艺术品交易，带动博物馆、展览馆、金融公司、保险公司、物流企业整个产业链的大发展。

9. 汉水文化科技产业园区

该项目包括高科技动感影院区（含 5D、6D 影院和原创影视作品）、高科技剧场、高端动感体验区、商贸区及娱乐休闲等。文化创意产业基地面向广播影视、动漫音像、传媒、视觉艺术、文艺创作等行业。

10. 汉江民俗文化歌舞剧

该项目以汉水和假山为演出舞台，以汉江文化、民俗为主要内容，将舞台搬到开阔的大自然中，借助国内一流的高科技、现代化的灯光、音响、烟雾、焰火、水幕等技术手段，分层次演绎襄阳历史上规模宏大的文化、战争、民俗等场面，唤起游客对襄阳这座历史文化名城的种种回忆，展现一幅幅精巧别致、美轮美奂的汉水文化风情画卷。

三、汉水文化之襄阳印象

经过积极构建襄阳的汉水文化品牌，必将巩固襄阳在汉水文化发展中的优势地位和带动作用，也必将提升襄阳的文化软实力和城市印象，打造出汉水文化名城。襄阳将成为窥视汉江历史，欣赏汉水文化的窗口。

（一）汉江古镇之印象

襄阳城和樊城夹江对峙，同样拥有着悠久的历史文化，演绎了无数次唇亡齿寒的故事，如今，襄阳城的古朴厚重，樊城的时尚繁华，依然相伴而生。襄阳城的历史文化特色是历代为州府郡县的治所，是区域经济、文化中心。

1. 风水典范

襄阳城延绵两千多年，既没荒废，又没异地重建，襄阳是风水宝地。汉江自西向东，在襄阳这个地方来了一个 90°的大转弯折向南流，襄阳城正好处于这个弯曲之处，"河水之弯曲乃龙气之象也"（清代吴鼒《阳宅撮要》）。唐白河自北向南，在襄阳注入汉江，古人云"水之所交，山之所会，此龙之止处也"（《地理琢玉斧》），襄阳城正好处在龙脉止处，是龙气聚集之地。在风水学中，西北的乾方为天门，东南的巽方为地户，水的最佳流向应该是从西北的天门流入，从东南的地户流出，否则就要通过建塔等方式予以整治，汉江水正好从襄阳城的西北流入，从东南流出，压根儿不用人为整治。古人建宅强调负阴抱阳，即背山面水，所背之山最好中有主峰耸峙，左右有次峰或冈阜辅弼（风水中称为"砂"），山上还要保持丰茂植被覆盖，襄阳城南一抹青山，层峦叠嶂，自古有上、中、下三岘之说，正合风水学山环水抱、负阴抱阳的要求。襄阳城的选址堪称古代风水学的典范！

2. 军事要塞

襄阳城北临汉水天堑，南依岘山屏障，扼汉江咽喉，控荆襄要道，借自然山水之势，成军事要塞。襄阳城的城墙高大坚固，外包青砖，内实夯土，城楼高耸，配以瓮城，坚不可摧。襄阳城的城门设计巧妙，瓮城和城楼是古代城门的标配，而襄阳城有一座匠心独具的城门，那就是震华门，老百姓们叫它长门，因为这座城门的门洞有五六十米长，长长的门洞增强了防御性。襄阳城的护城河宽180～300米，宽得以至于一座吊桥无法横跨，古人将城门外的拱桥设计成两道，在两道拱桥的连接处是一座小城堡，要想从城门攻入，必须先跨过第一道拱桥，攻破一座城堡，再跨过第二座拱桥，才能到达城门下。襄阳城的不朽神话除了它城坚池宽的功劳之外，还有汉江与西南诸山的卓越贡献，汉江是襄阳城的生命线，可以运兵运粮，这正是历史上襄阳城久围不绝，屡攻不下的重要原因之一，西南诸山是襄阳城的外围战场，藏兵于山林，往往能出奇制胜。山水城的搭配，不仅可以描绘出秀美的风景，也可以演绎出固若金汤的神话。

3. 王者风范

在襄阳王府，依然能够感受到王者的风范，依然能够领略古代侯门将相府邸的恢弘气派，3间正厅，5间后堂，大门、仪门各3间，左右榜房18间，红墙朱门琉璃瓦，一对石狮坐门前，规模宏大，气势非凡。大约建于1440年的襄王府门前照壁，目前是我国唯一一座大型石雕龙壁，为全国重点文物保护单位，照壁雕刻有琼岛仙山，奔腾海浪，云海霞光，二龙戏珠，图案繁复，绘声绘色，雄伟壮观，绿影壁设计之妙，雕刻之精，嵌镶之巧，堪称古代建筑和雕刻艺术之珍品。

4. 文化渊薮

襄阳这座见多了刀光剑影的军事重镇，也不乏风雅流韵，历代文人墨客驻足于此，留下许多文采华章和风流韵事，现存的大成殿、昭明台、孟亭、仲宣楼等古建筑，都彰显着文化渊薮的历史传承。仲宣楼耸立在襄阳城墙上，高大雄伟，飞檐画栋，墨色生香，楼下护城河，水面宽阔，碧波荡漾，绿树环湖，不论是夕阳西下，还是白雪皑皑，那碧波涟漪、厚重城墙、高大楼宇、黛绿远山，都能汇聚成一幅精致的山水画。与仲宣楼雄踞城墙之上的高大雄伟不同，昭明台端居在襄阳城的正中心，有种唯我独尊的大气，在城市规划建设中，要求城墙内的建筑不能超过昭明台，所以登上昭明台，环顾四周，尤其是向北远望临汉门，大有一种君临城上，一览众楼小的感觉。

(二) 汉江商埠之印象

同样古老的历史，襄阳城和樊城后来却发展成为两种不同的风格。与政治、文化中心的襄阳城不同，樊城是古商埠，码头林立，帆樯如云，商铺满街，会馆扎堆，行商比肩接踵，直到现在襄阳依然保持着这种南城北市的格局，这正是一种历史文化的传承。

1. 南船北马

历史上的樊城，向南可以乘船沿汉江抵达武汉，再沿长江可达江浙一带，沿湘江可达岭南，向北可以骑马沿官道抵达洛阳，进而北上燕赵大地，也可以经南阳向西，越武关进入关中，故而有"南船北马"之说。樊城航运发达，沿江二十几个码头罗列好几里，上通安康，下直达汉口，过去，码头上帆樯林立，号声震天，人流如潮，货积如山，2007年湖北省政府正式批准《襄樊港口总体规划》，汉江襄阳港被定位为国家"西煤东调、北煤南运"的主要中转港口，成为汉江中、上游广大地区物资交流的一个重要节点和平台。如今襄阳市的公路客运站、火车站、飞机场也都在樊城，樊城依然是襄阳市的交通枢纽。

2. 千年商埠

老樊城有九街十八巷，老街巷大都以行业或商品特色命名，如皮坊街上有十几家制皮革作坊；磁器街以经营磁器而得名；炮铺街开设了十多家大大小小的鞭炮作坊；机坊街以铁木机器织布为主；当铺街是农产品的集散地，山西人曾在这里开设当铺；铁匠街有不少铁匠铺，锻造修船造船以及车辆维修所用的铁件。如今，马头墙、天井院、木板门、狭窄的街道依然给人一种穿越到明清时期的感觉，街两边罗列着各式各样的老商铺、老字号，古色古香的招牌，琳琅满目的商品，夹杂着南腔北调的喧闹，老街依然活在当下。在全国各地，旧时的会馆并不少，但像樊城这样，在不大的区域中扎堆矗立着十几个会馆，而且能够保存至今的，却比较少！

3. 时尚之都

襄阳城的特色在于古朴，而樊城的特色在于时尚。为了凸显古建筑的魅力，襄阳城的现代建筑都不很高，街道也不宽，而樊城就不一样了，一座座高楼拔地而起，不断刷新着襄阳市最高建筑的纪录。樊城的马路比襄城的马路宽敞明亮，樊城的过街天桥也比襄城的多。襄阳市的大型购物中心、娱乐广场、特色商品市场、高档酒店也大都分布在樊城。宽阔的街道，高耸的楼房，便利的交通，繁华的商贸，靓丽的广场，时尚的餐饮，无不显示这座时尚之都的魅力。

（三）汉江明珠之印象

鱼梁洲是汉江中的一个洲岛，以前是一个荒草连天的荒僻之地，经过20多年的建设，再加上有目的的品牌建设，鱼梁洲点石成金，成为汉江明珠，充溢着活力动感。

1. 碧水蓝天

鱼梁洲的自然环境优越，碧水、蓝天、绿树、沙滩是其特色。鱼梁洲四周沙滩环绕，细腻柔软，金色的沙滩，清凉的江风吸引着人们来这里散步、沙雕、日光浴。环洲水面辽阔，水质优良，碧波荡漾，白色的水鸟在江面上飞翔，鱼儿在水中畅游，恰如唐诗宋词中的诗性意境，是游泳、赛艇的天然场所，夏日傍晚，五颜六色的泳衣将沙滩碧水装扮得美丽动人，欢歌笑语直至深夜才能消退。鱼梁洲的天空格外蓝，格外净，蓝天白云，落日晚霞，澄澈万里。碧水蓝天、山水相映、气候适宜，鱼梁洲是一个宜居宜游的人间佳境。

2. 都市氧吧

绿色是鱼梁洲的主色调。控制人口规模，控制房产开发，控制开发总量，主要发展文化旅游产业。修建长达23公里的环岛公路，再用230多种名贵植物，建成长23公里，宽100米的环岛绿色长链。岛上开挖人工渠道，大量种植树木花草，建设森林公园、生态之洲。岛上绿树成荫，花草遍地，江风习习，空气清新，飘荡着花香水汽，是襄阳市民的都市氧吧。

3. 休闲沙洲

鱼梁洲是文化娱乐、休闲运动的理想之地。在双休日、节假日，众多的市民从四周城区涌向鱼梁洲，在林间小道上漫步，在沿环岛公路上骑行，在人工渠中荡舟，在汉江中畅游。洲上的娱乐场、民俗馆、博物馆、体验馆是孩子们的天堂，也吸引着大人们的目光，你可以在那里看稀奇、学知识，可以在体验馆，寻求刺激，还可以购买旅游纪念品或者看电影。鱼梁洲是襄阳市民休闲娱乐的理想场所。

(四)汉江唱晚之印象

襄阳城区的一江两岸,江水碧绿、道路整洁、建筑风格各异、文化气息浓厚,是襄阳城区最美的地方,也是襄阳市民最爱游玩的场所,尤其是黄昏傍晚,这里游人如织,一派和谐热闹的场景。

1. 浪漫滨江

浪漫滨江的印象是江水碧绿、建筑各异、道路靓丽。汉江的清澈一直是襄阳人的骄傲,汉江夹在城区中间,却依然保持宽广的江面,优良的水质,像翡翠一样镶嵌在城市中央。汉江两岸的建筑,风格明显不同,江南是襄阳城,城墙逶迤,古朴厚重,江北是樊城,高楼林立,时尚繁华。汉江两岸的沿江道路整洁靓丽,码头牌楼、名人雕塑和诗词石刻等景观都透露出浓郁的文化气息。滨江地区是襄阳这座城市最美的地方,也是襄阳市民最爱游玩的场所。

2. 妩媚风情

环视汉江两岸,古朴粗犷的音乐、才子佳人的戏剧、精美绝伦的工艺品制作、叹为观止的民间技艺表演,准时拉开序幕,游客汇聚到汉江两岸,欣赏汉水文化风情展示。人们行进在宽敞靓丽的沿江大道上,看着美景,欣赏着各种节目,或者三五成群地涌入古街老巷,在民间技艺工作室和民俗游园中采购特色旅游商品,品尝地方风味,参加民俗表演,与汉水文化来个亲密接触。在特定的节日,还有特定的节目,端午龙舟赛彩旗飘荡,鼓声震天,两岸人潮涌动,整个汉江都沸腾起来,穿天节文化活动丰富多彩,应接不暇,冬泳队组织的竞渡比赛也是热闹非凡,上百成千的人中流击水、奋勇当先,场面极其壮观。

3. 璀璨夜色

夜幕下的一江两岸显现出别样的魅力,LED灯勾勒出襄阳城的轮廓,气势雄浑,射灯彩灯装扮着北岸樊城的高楼大厦,时尚繁华。江上的游船光彩陆离,美妙的歌声和欢歌笑语在江面上飘荡着,时隐时现。造型各异的码头牌楼在灯光的照射下,光彩陆离,展示出这座城市的独特魅力。月亮升起,照耀出古城墙、古城楼高大雄伟的身姿,夜空中飘过的孔明灯,古城呈现出静谧安详的一面。

凭借襄阳在汉水文化形成与发展中的优势地位,借助于襄阳丰厚的汉水文化资源,通过三大品牌建设,必将提升襄阳的城市印象,打造出汉水文化名城。襄阳城的古朴厚重,樊城的时尚繁华,鱼梁洲的动感活力,一江两岸的韵味浪漫,将会激发襄阳市民的自豪感,凝聚襄阳的城市精神,提升襄阳的文化软实力,为襄阳创建汉江流域中心城市提供支撑。

襄阳建设山水园林城市研究

张润昊 雷 斌

襄阳因有着"一江碧水穿城过，十里青山半入城"的自然风光，有着丰富的"山、水、城、洲、文"城市元素，有着依托山水自然勾勒的"一心四城"城市形态，被评价为"中华腹地的山水名城"。专家们称赞襄阳"这才是一座真正的城，古老的城墙仍然完好！凭山之峻，据江之险，没有帝王之都的沉重，但借得一江春水，赢得十里风光，外览山水之秀，内得人文之胜……"襄阳具备打造中国山水名城的特有的禀赋和优势，但如何充分发挥特殊的自然资源优势和生态环境优势，努力打造宜业宜居的山水城市，是亟待需要解决的问题。

一、襄阳"山水名城"的多维构成

（一）"山水城市"概述

"城市"是人类文明发展的重要标志，是人类高效利用资源，创造物质文明和精神文明的区域，也是先进生产力最集中的地方。关于城市建设，古人在构城理论中指出"依山者甚多，亦须有水可通舟楫，而后可建"，滨水而居往往是城市发展的起点。《管子》书中写道，凡立国者，非于大山之下，必于广川之上，高毋近旱，而水用足；下毋近水，而沟防省。

中国城市把"山水"作为建构城市的要素，形成山水成一体的美景，究其原因，是中国传统的"天人合一"哲学理念与重视山水构图及城市选址布局的"风水学说"理论有关。风水理论中讲究山水和城市、人和自然的共生、共存、共荣，因而在古典山水城市多有体现。山阳水阴是一对阴阳关系，在生态意义上强调"得水为上，藏风次之"，山水二者"实相乘也"。而城市则是嵌合于良好的山水关系之间，是山和水的产物，三者是协调共生的。

"山水城市"的概念是杰出科学家钱学森先生1990年7月31日给清华大学教授吴良镛先生的信中首先提出来的。钱学森先生在信中这样写道："能不能把中国的山水诗词、中国古典园林建筑和中国的山水画融合在一起，创立山水城市的概念。"1993年2月，钱学森先生在《城市科学》杂志上发表《社会主义中国应该建山水城市》的学术论文，指出："山水城市的设想是中外文化的有机结合，是城市园林与城市森林的结合。"吴良镛先生在畅谈山水城市与21世纪中国城市发展时指出："'山水城市'这一命题的核心是如何处理好城市与自然的关系。""山水城市"——这"山水"泛指自然环境(Natural Environment)；这"城市"泛指人工环境(Human Environment)。"山水城市"是提倡人工环境与自然环境相协调发展，其最终目的在于建立"人工环境"与"自然环境"相融合的人类聚居环境。美籍华人、著名城市规划师卢伟民先生对山水城市未来的景象作了富有创意的勾勒：首先，山水城市是"可持续的城市"，是"天人合一"的城市。这里的山水之自然美被增进，生态被恢复，在发展中把握山水之魂，遵循生态的规律，明了自然的变化过程。山水城市了解土地的承载容量。保护山地而非破坏它。其次，山水城市是具有人情味的城市。这里是生气勃勃的城市，有许多的机会和工作的选择。这是人性尺度的城市，人们喜爱各自的工作和生活环境。这里拥有为全民服务的清洁、安全和可负担得起的住宅。这是一个绿色的城市，大大小小的花园遍布全城，所有人都可以方便地进入，给人们带来绿意与清新。再次，山水城市是具有东方气质的城市。这里珍视历史肌理，保护地标，并尽力整修这些地标使它们适应于新的高效使用，并热诚地学习本土建筑，同时寻找新的表达途径。

(二) 襄阳"山水名城"界定

早在春秋战国时期的汉江流域城市就体现了临水、近山的城市规划原则，如宜城楚皇城的遗址就是凭依汉江、邻近荆山山脉。到了西汉，依山傍水就成了城市规划与建设的美学准则，也成了中国传统城市理念的最佳表现方式。汉江中游的"南据荆山，北临汉江"襄阳，就是汉代最鲜明、最典型的山水城市代表。襄阳是中国山水城市的典型代表，古城襄阳与商埠樊城依江而建、隔江相望，城南与群山相依，城东南与鹿门山隔江相望。城内多条河流穿城而过，城边交汇。彰显着"十里青山半入城，一江碧水穿城过"、"外览山水之秀、内得人文之胜"的独特魅力。

1. 森林之城

是指襄阳城市生态系统以森林植被为主体，强调城乡绿化协调发展，注重森林多功能利用和多效益发挥，各项建设指标达到相关标准的城市。城市森林覆盖率达到50%以上；绿化覆盖率达到40%以上，绿地率达到35%以上，人均公共绿地面积10平方米以上，城市中心区人均公共绿地达到5平方米以上；有多处以各类公园、公共绿地为主的休闲绿地，多数市民出门平均500米有休闲绿地；城市郊区建有森林公园等各类生态旅游休闲场所，基本满足本市居民日常休闲游憩需求。

2. 生态之城

是指襄阳社会经济和生态环境协调发展，各个领域符合可持续发展要求。主要标志是：生态环境良好并不断趋向更高水平的平衡，环境污染基本消除，自然资源得到有效保护和合理利用；稳定可靠的生态安全保障体系基本形成；环境保护法律、法规、制度得到有效的贯彻执行；以循环经济为特色的社会经济加速发展；人与自然和谐共处，生态文化有长足发展；城市、乡村环境整洁优美，人民生活水平全面提高。

3. 园林之城

是指襄阳将园林与城市高度融合，它"城中有园、园中有城"，重在"外师造化、内得心源"、巧在"巧于因借、精在体宜"。兼顾生态景观和城市建设两大重点，是最适合人类聚集的城市模式。城市园林建设是城市建设的重要组成部分，园林城市建设不仅仅是建设范围的扩大，更是在空间上横贯整个城市，涵盖传统与现代园林内容，在时空上纵贯城市发展历史，体现城市发展的历史文脉，展示新时代园林文化风采。

4. 秀水之城

是指将襄阳建成具有完整功能的城市水生态系统，形成"水为脉络，连接组团，融合绿心，水绕城走，城依水建"的"水中大城市"的格局。改善城市水生态环境，充分体现城市水环境的景观功能，将城市水利、城建配套、环境保护、文化布局、旅游开发诸多功能统筹布局。襄阳城市水系统除了防洪、蓄水、环保、城市建设的功能外，更赋予了其文化功能、景观功能。

5. 文化之城

文化是襄阳山水名城的重要内容。城市文化既是城市的历史产物，又是城市发展中的动态现象。"山水名城"既要把握襄阳特性这一灵魂，达到良好的生态环境，还要塑造完美的文化环境。文化是山水名城的灵魂，美的要求是城市文化建设的重要环节，要把山水名城建设与襄阳山水诗词、山水画、山水园林联系起来，要求艺术家关注城市建设。城市要按照美的法则来建设，城市居民要生活在美的空间环境中。

二、襄阳"山水名城"的特色分析

（一）襄阳"山"之特

1. 灵秀

"山不在高，有仙则灵。"襄阳地处秦岭大巴山余脉，地貌多姿，地势由四周向中部缓缓变低，构成汉江夹道向宜城开口的不规则盆地。北部地处武当山、桐柏山之间，波状土岗，素称"鄂北岗地"；西部为荆山山脉接武当山余脉的山区；南部为低山丘陵区，中部为汉江和唐、白、滚、清河冲积的较开阔平原；东部为大洪山和桐柏山之间的低山丘陵区。全市森林覆盖率为40.18%，海拔多在90~250米，全市最低海拔44米，400米以上海拔多在西部山区，但全市最高海拔地——保康官山海拔为2000米。

这样的地理环境造就了襄阳境内的山水不以高、险为主，而以清丽、秀雅为特色。保康的九路寨奇景、南漳香水河的七彩瀑布和水镜庄、谷城的薤山云海和南河"小山峡"、襄州的鹿门松涛、枣阳和老河口的鄂北岗地风光、市内号称"武当第一山"的真武山、历史名山岘山、电影《闪闪的红星》拍摄地涧龙湖、"中原第一洞"九天娘娘洞等景观，无不以秀美奇绝为要领。罗贯中在《三国演义》中对古隆中如此描述："山不高而秀雅，水不深而澄清，地不广而平坦，林不大而茂盛。"卞和献玉、汉江穿天石、岘山名石、襄州漆样等山川风物无不彰显着襄阳山川的秀美。

2. 厚重

襄阳山川不凶不险，秀美可人，物产丰赡也为人类历史的书写奠定了基调。襄阳山川大多历史厚重，底蕴深厚。

第一，山川出产丰饶。襄阳山川历史久远，山川进化回馈的大自然礼物数不胜数。时至今日，后坪镇的五道峡、龙坪镇的大水林场、歇马镇的九路寨、马桥镇的压洞河（临神农架林区)等地仍存有原始森林。综合来看，襄阳山峦叠嶂、岗翠峦青，山上林木叠翠、万木争荣，土特众多；山下矿藏丰富，山间溪沟流水潺潺，水能蕴藏丰富，山水林结合，风光旖旎。现有种子植物 162 科 778 属 1605 种，囊括了红豆杉、银杏、珙桐、秃杉、钟萼木、苏铁、水杉和南方红豆杉等国家Ⅰ级重点保护野生植物；境内陆生野生脊椎动物 268 种，其中兽类 60 种、鸟类 151 种、两栖类 23 种、爬行类 34 种，包含豹、林麝、白鹳和金雕等国家Ⅰ级保护陆生野生脊椎动物；矿产资源种类丰富，储量大，已探明有资源储量的矿种 43 种。枣阳大阜山金红石矿矿床规模属亚洲第一，铝土矿探明储量全省第一。石榴子矿探明储量居全国首位。磷矿分布集中、规模大、质量好、矿层厚且稳定，为全国八大产区之一。全市煤矿累计探明储量 2201.7 万吨，保有储量 1798.4 万吨。

第二，从襄阳山川的命名由来看，襄阳山川得名的历史较为久远。例如：襄阳万山最早可追溯到西周的"方山"，《竹书纪年》、《诗经》中都可寻其踪迹，这也使得我们可以明确地推算襄阳山川有文化记载的历史至少 2800 年以上。南漳的荆山更是中外公认的楚国神圣之地——国之地望，《史记·楚世家》载："昔我先王熊绎辟在荆山，筚路蓝缕以处草莽，跋涉山林以事天子，唯是桃弧棘矢以共王事。"楚国八百多年的历史中，襄阳参与的历史长达五百多年，荆襄地区亲历了楚国从"筚路蓝缕、以启山林"到"飞将冲天、一鸣惊人"，从"辟在荆山"到"问鼎中原"的进程。荆山中流淌的楚风汉韵至今仍然挖掘不尽，韩国至今沿袭汉朝建制，设有襄阳郡，保留有岘山、汉水、鹿门、太平门等襄阳的地名。美国、日本以及我国台湾、香港、上海、天津等地都有以襄阳命名的街道和公园，韩国人多次来襄阳寻根问祖，苏轼也曾吟诵"文王化南国，游女俨如卿"。

第三，从襄阳山川承载的历史传奇来看，襄阳山川文化叠加、互为犄角、悠远绵延。例如：中国有很多以岘山命名的山脉，但没有一座山脉的历史文化如襄阳岘山这般丰隆。刘备马跃檀溪处、风林关射杀孙坚处、羊祜的坠泪碑与杜预的沉潭碑、私家园林习家池、张公祠、高阳池、王粲井、蛮王洞等古迹名胜群星拱月地包裹着岘山，使岘山成为一座名副其实的名山。与此同时，岘山与周围的山川名地又共同构成了一个山川名胜的大卫星。向南，岘山与楚皇城、宋玉故里呼应；向东，与鱼梁洲、鹿门山隔江相望；向北与米公祠、古邓国等相对而视；向西与古隆中、夫人城挽手向前。山间各有历史故事相铺垫，山与山间又回环相扣，构成了襄阳山川特有的"扇面诗"、"藏头诗"，形成了襄阳山川"语淡而味终不薄"的底蕴。

3. 田园

襄阳山水的地质概况带来了襄阳古城布局的"道法自然"；襄阳望族对襄阳山的艺术追求为崇尚自然。襄阳城依山傍水而建、山水环抱，襄阳古城、鹿门山寺、"小武当"真武山、岘山习家祠、古隆中诸葛躬耕地、水镜庄、南漳春秋寨、樊城九街十八巷等建筑建设既符合城市建设规划要求，更暗合乾坤八卦、阴阳相合的观念。山中有城、城中有水，一派田园格调。唐代第一个倾力写作山水诗的孟浩然现存诗歌中大部分是他在登临游览万山、岘山和鹿门山时所写遣兴之作，剩余部分多为表现田园村居生活主题。王维、李白、杜预、皮日休等人的文学作品中亦多有反映。

(二)襄阳"水"之特

1. 清澈

襄阳境内水系纵横、河网发达,大小河流600多条,分属长江、淮河两大水系,其中属长江水系的汉江、沮漳河两大河流流域面积为襄阳市河流流域总面积的绝大部分。具体说来,谷城县有北河、南河,襄州区有唐河、白河、唐白河,南漳县、宜城市有蛮河,枣阳市有滚河,保康县有清溪河,还有流经南漳县、保康县两县的沮、漳二河。襄阳历年平均降雨量达876.2mm,年均径流总量85亿多立方米,正常年过境水量约400亿立方米。全市大中小型水库845座,堰塘88461口,水力资源理论蕴藏量10MW及以上河流多条。地下水储量极为丰富,开掘便捷。

襄阳水资源清澈、水质好,地表水矿化度低,总硬度适中,多属软水,常年保持在国家二类水质的标准,境内的汉江水系条件更是与欧洲著名的莱茵河相当。

优质的山水资源给襄阳带来了巨大的馈赠:一方面诞生了适合生物可持续发展的自然环境,也为地处内陆的襄阳具备了优质港行的先决条件,奠基襄阳作为汉江流域区域中心城市的地位,成就了襄阳"南船北马、七省通衢"。据调查未来,襄阳港规划泊位为102个,其中货运泊位54个,年通过能力2956万吨;客运泊位(旅游)48个,年通过能力324万人次。另一方面带来便利的生存资源,襄阳生活用水均为自供地表水,水产丰富,已查明的鱼类有98种,分属11目20科,其中汉江襄阳段鱼类以流水生态型鱼类为主,如华鳊、南方马口鱼、乐山棒花鱼、圆吻鲴等,年天然鱼产量曾在8000吨以上,与此同时,襄阳也收获了较好的农业基础,他是全国百亿斤粮食生产大市,粮食年产量占全国的1%、全省的1/5,有人曾说过,襄阳每年生产的粮食可以让全国人民吃一个星期。先后被确定为全国20个大型商品粮生产基地之一、十大夏粮主产区之一、三大芝麻产区之一、全国商品肉牛生产基地、秦巴山高香茶种植基地。据《太平御览》记载:东汉末年,襄阳的"襄阳黄梨"味道甚佳;据《百菊集谱》中记载"襄阳红"菊花闻名遐迩;明清至民末初年,"襄阳花红"风靡一时,可做"花红茶"、"花红酒",武汉三镇的商贩们争相抢购;襄阳粮食酒、茶叶及大头菜等在当代仍有较高声誉,《南齐书·州郡志》亦载:"襄阳左右,田土良肥,桑梓野泽,处处而有。"

水质好、水体清澈缔造了"汉江风光带",形成了如"谷城汉江国家湿地公园"、襄阳崔家营省级湿地公园等许多水域美景。清澈如镜是历代人们对襄阳水的主要赞誉点,如南漳的七彩瀑布、谷城的薤山云海、襄州的鹿门松涛。李白曾赞叹清溪河水"清溪清我心,水色异诸水",汉江水"遥看汉水鸭头绿,恰似葡萄初酦醅"。孟浩然曾说,"北山白云里,隐者自怡悦。相望试登高,心随雁飞灭。愁因薄暮起,兴是清秋发。时见归村人,沙行渡头歇。天边树若荠,江畔洲如月。何当载酒来,共醉重阳节"。苏轼也有"襄阳逢汉江,宛似蜀江清"的惊叹。

2. 温暖

汉江流域年平均气温在15℃~17℃。襄阳地表水及地下水的水体温度常年维持在人体感觉适应温度范围之内,境内的温泉水常年保持在36℃~39℃,含有丰富的微量元素。古人认为,是山都有精神,是水都有灵性。汉水的澄碧、温度的适中,催生出"襄阳水"

灵动、温暖、优雅、智慧的形象代言人——汉水女神。根据文献记载汉水女神产生于春秋战国前，她比人们熟知的巫山神女、湘水二妃，洛神都要早，是中国文学史上第一个江河女神的形象。《诗经·汉广》道"南有乔木，不可休思。汉有游女，不可求思"；郦道元的《水经注》记载万山曾是史上汉水女神的现身地，民间建有祭祀汉水女神的建筑——汉庙堆；宋玉有《神女赋》、张衡的《南都赋》、昭明太子的《琴赋》、《列仙传》均有汉江女神的故事。综合这些作品来看，汉水女神既美丽、智慧，又谦和、温暖，尤其是在"郑交甫解佩"中。这些温暖与才情也被李白及孟浩然等文人骚客传颂，唐代崔氏《襄阳作》边有"醉中求习氏，梦里亿襄王"的风雅诉求。

3. 包容

第一，襄阳水兼收并蓄，襄阳的径流水交汇了长江水系和江淮水系。《汉书·地理志》："襄阳，楚地，翼、轸分野。"襄阳是秦巴山川、江汉平原、中原大地的黄金连接点。水域方面，汉江从西北穿过襄阳往东南注入长江；在东北面，唐河与白河在襄阳境内交汇，注入汉江。《湖广图经志书》："挟大江以为池，而崇山以为固……南极湖湘，北控关洛，独霸汉上。"襄阳的一江碧水左手牵起《诗经》、右手牵起《楚辞》，让中国文学的两大源头在此发源、交汇并温润着后人，也催生了大量吟诵襄阳山水之胜和美丽传说的古代诗歌，出版清晰、有据可查的达3000多首。

第二，襄阳的水与山相得益彰，襄阳人用襄阳水改造襄阳城，营造出山、水、城交相呼应、同生共荣的氛围。在襄阳的城市建设方面巧借一江春水做文章，一方面，襄阳古城古城池以汉江为濠，引襄水（今南渠）入城，聚集城防、水利、生态功能，创意独具匠心，池宽冠天下，巧妙实现了城市与生态、自然与人文的和谐统一；另一方面，襄阳城、樊城依江而建、隔江相望，古城外南部岘山至宜城间是时称"冠盖里"的望族名士聚集之地，"南城北市"、"岘首名望"，顺山形水势自然勾勒出的空间格局全国少有"一江碧水穿城过、十里青山半入城"的山水名城。唐诗人杜审言在《登襄阳城》中记叙"旅客三秋至，层城四望开。楚山横地出，汉水接天回。冠盖非新里，章华即旧台。习池风景异，归路满尘埃"，这里的山、水、洲、城机巧而完美地展现了襄阳的风光旖旎。

（三）襄阳"城"之特

1. 延绵存续

早在10万~20万年前，襄阳的土地上便留下了人类开拓、生息、繁衍的痕迹。《尚书·禹贡》中襄阳位列天下九州之一。襄阳建城史，至晚可追溯至2800年前的西周时期。1986年国务院在公布第二批中国历史文化名城时对襄阳的表述是"襄阳：位于湖北省北部，周属樊国……"综合串联《左传》、《国语》、《后汉水》、《襄阳县志》等记载，可发现襄阳的建城史至晚始于周宣王封仲山甫于樊。而当时，襄阳境内封有邓、卢、鄀、罗、谷、阴、唐、楚等众诸侯国。秦统一六国后，襄阳成为秦南控楚地的重要据点。至迟在西汉前期以前，襄阳县正式设立，隶属南郡。今襄阳城区在西汉时期便是由战国和秦代聚落点聚集发展起来的一个相对较大的中心聚落区。东汉末年，荆州刺史刘表将荆州治所迁至襄阳，使襄阳成为下辖今中南地区大部分地域的一级行政区首府。建安十三年，曹操设置襄阳郡。历经两晋，到南北朝时期，襄阳或为郡府，或为州治，是一个管辖较大的区域中心。隋唐及五代时期，襄阳为襄州治所，辖16个州，管辖区域包括今湖北省西半部9个地(州)市，河南省南阳地区，陕西省安康、商洛地区，以及四川省万县地区和涪陵地区一部分，大约78个县(市)的疆域。宋太宗淳化五年，废道设路，襄阳为路治所，为辖8州1军的行政建制，徽宗宣和元年改襄州为襄阳府。元代改襄阳府为襄阳路，路治襄阳，属河南行省，领1州6县。明代，襄阳为湖广行省的襄阳府治所。明末李自成攻破襄阳，改襄阳为襄京，称"新顺王"登基，建立政权。清代，襄阳为襄阳府治所，隶属湖北省。1914年成立实行省、道、县三级建置，襄阳为襄阳道治所，辖20个县。1950年，襄阳县城区与樊城合并设置省辖襄樊市。1958年属襄阳专区。1970年襄阳专区改称襄阳地区。1979年襄樊市改由省直辖。1983年，襄樊地市合并。1995年，襄樊市设立襄城区、樊城区。2001年，撤销襄阳县设立襄樊市襄阳区。2010年，襄樊市更名为襄阳市，襄阳区更名为襄州区。

2. 固若金汤

《汉书·地理志》："襄阳位于襄水之阳，故名。"晋代习凿齿在《襄阳耆旧记》中写道，襄阳"城本楚之下邑，檀溪带其西，岘山亘其南，为楚之北津戍。"从这个表述中我们不难看出襄阳城的直接历史来历及城市建设行政——军政重邑。顾祖禹《读史方舆纪要》称："襄阳上流门户，北通汝洛，西带秦蜀，南遮湖广，东瞰吴越。"在论湖北形势时说："湖广之形胜，在武昌乎？在襄阳乎？抑荆州乎？曰：以天下言之，则重在襄阳……"冷兵器时代，襄阳是中国南北东西交通的重要要道和枢纽，号称"天下腰膂"。所以从政治角度看，襄阳城建设首要之义在于其无可替代的军事防御能力。襄阳城在城市建设上踏踏实实地践行着它的军事目标，襄阳城的防御工事全国闻名，区域位置举足轻重。

襄阳城防建设合理利用"岘山亘其西南，汉水萦其东北"的地理优势，樊城夹江而峙，作为襄阳往东北靠汉江的一端。湍急的汉江是其北部天堑，西南群山为其自然屏障，东南西三面开凿宽阔的护城河做其排涝和防御体系，辅以不甚高大的坚城，构成了著名的"方城"，构筑起难以攻克的汉水防御体系。《图经》："往者，常筑樊城以为守襄计，夫襄阳与樊城，南北对峙，一水衡之，固掎角之势。樊城固则襄城自坚，襄城坚，则州邑自安。然则襄阳者天下之咽喉，而樊城者又襄阳之屏蔽也。"依山就势，巧借山水增加古城池防御力量的精心布局，使得襄阳的军事在关键时刻固若金汤，南宋抗金将领赵淳在面临金军重兵围攻和自己兵力不足的危难时刻，决然烧掉樊城，退守襄阳，打败了十多倍于己的金兵，取得襄阳保卫战的全胜，也留下了"铁打的襄阳，纸糊的樊城"的美谈。

截至今日，襄阳域内古城遗址富集、历史悠久。三座古城遗址聚集在市区建成区130多平方公里范围内：3000多年的西周邓城遗址，2800多年的樊城、襄阳城，是国内少有的一个城市内有三座独立建城的古城。襄阳古城墙、夫人城、护城河、各县的古山寨、"水淹七军"等三国古战场、古邓国及楚皇城遗址……均为验证。

3. 恢弘大气

第一，城市布局方面规划印记深刻。襄阳因其经略南北、沟通东西的地理位置，成为兵家、商家必争之地，南北文化、黄河与长江文化在此交融、渗透，城市建设古朴而厚重，襄城内外城建设标准实践了中国传统城市建设的"城郭"理论；襄城、樊城不同的城市角色分工符合中国传统城市建设"南城北市"构建理念。襄阳城内的街道基本上呈棋盘式结构。南门至小北门分别是南街、北街;东门至西门分别是东街、西街;街道直接贯通,呈偏西部的十字架形,构成襄阳古城的中轴线。围绕东、西、南、北四街开辟了多条横向的基本平行的街巷(街道略长略宽称"街",反之称"巷")如马王庙街、城隍庙街、徐家巷、卉木林巷等。街巷路边,分布着很多古井如仁义井、四眼井、西街小井等,城内,还留下了历史自然形成或挖土筑城形成的堰塘,如镜湖、母鸡坑、吃汤圆坑等。这使得襄阳城易守难攻、宜居宜室。

从古城遗址上看,西周邓城城址、宜城楚皇城遗址、南漳楚寨群城址、枣阳九连墩古墓遗址等楚文化遗址,无不彰显着襄阳城市建设的大气。护城河、夫人城、绿影壁、陈老巷、九街十八巷无不体现襄阳城市建设的前瞻性。2004年魅力城市获奖证词指出襄阳城"借得一江春水,赢得十里风光。外览山水之秀,内得人文之胜",既是对襄阳城所处自然环境的赞美,更是对襄阳城市规划的高度认可。

第二,中心城区建设方面古朴典雅。襄阳古城居山临水,蔚为壮观。城北、东、南有滔滔汉水环绕,西靠羊祜山、凤凰山诸峰。城墙始筑于汉,宋改建砖城,后经历代整理,现基本完好,墙体平均高10.84米,底宽13~15米,顶宽6~11米,周长7.4公里。明代李言恭诗赞襄阳城"楼阁依山出,城高逼太空"。护城河长5060米,最宽处达250米,平均宽度180米,面积91万平方米,为亚洲第一宽护城河,被誉为"华夏第一城池"。

第三,城市人口与文化构成上开放大气。"南襄隘道"、"南船北马"、"七省通衢"的襄阳既是群雄逐鹿的古战场,更是文人骚客荟萃之地,历经2000多年商业文化洗礼,上古北方的中原文化和南方楚文化在这里和谐共生,彰显出城市发展时吐故纳新的大气度。李白《襄阳曲》写道:"襄阳行乐处,歌舞白铜堤。江城回绿水,花月使人迷。"欧阳修《乐哉襄阳人送别刘太尉从广赴襄阳》"嗟尔乐哉襄阳人,万屋连甍清汉滨。语言轻清微带秦,南通交广西峨岷。"集中展示了襄阳的富庶与人口交融。历代的流民迁徙带来多民族的聚集。在民族文化上,襄阳汇聚了儒家文化、佛家文化、道家文化、基督教文化、伊斯兰教文化;在时代文化上,有薅草锣鼓、端公舞、汉江民歌、口丝弦、沮水巫音、巫音喇叭、襄阳花鼓戏、宜城兰花筒、坠子曲艺等,丰富多彩,多元开放。

(四)襄阳"文"之特

国学大师王国维认为:"都邑者,政治与文化之标征也。"襄阳城作为沟通南北的连接点,都市文化特质鲜明,古朴厚重、风流蕴藉、文化元素灿烂多彩。

1. 缤纷璀璨

襄阳文化得地理和自然之优势,人文荟萃、群星璀璨,自古便是藏龙卧虎栖凤之地。襄阳文化在民族与宗教信仰角度来看,多元因子并行不悖、同生共荣,道家文化、儒家文化、佛家文化的交融发展,道教、佛教、伊斯兰教、基督教等宗教信仰和谐相处;从襄阳文化创作的个体而言,襄阳人物繁盛,既有本籍名人,也有众多大家迁徙至此或隐居或求学或著书或传道,据史载,从史前至民国初,襄阳历史名人130多位(其中2位皇帝、14位宰相),他们文治武功、理论建树、文采风流各有千秋,为人传颂;从艺术的属种看,襄阳既有两千多年前的薅草锣鼓、端公舞、汉江民歌、沮水巫音、口丝弦等,也有数百年历史的大越调、宜城兰花筒、襄阳花鼓戏、坠子曲艺以及新兴的现代都市歌舞剧。

2. 蕴藉深厚

中国古有"江河淮汉"之说，汉水流域是中华民族发祥地之一。襄阳是荆楚文化、三国文化、汉水文化的重要传承区，楚文化、汉水文化、诗词文化、宗教文化、军事文化、红色文化、都市文化交替融合，积淀了深厚的文化资源。

襄阳的诗赋文化、书画文化繁荣荟萃。第三次全国文物普查的统计显示，襄阳有物质文化遗存4130处，襄阳现有非物质文化遗产项目300多项，南漳县、南漳县东巩镇、枣阳市为"湖北省民间文化艺术之乡"。襄阳既有汉水女神、下里巴人等文学艺术形象，也有穿天节、端公舞、牵钩戏、唢呐巫音、苞茅缩酒等特色鲜明的传统民俗。

3. 多元融合

汉水是我国古代内河最便捷、最畅达、最繁忙的"黄金水道"。作为汉水流域最重要水陆码头，襄阳商业文明绵延2000多年。城市经济发展促进多元文化的融合与积淀。汉代襄阳"南援三州，北集京都，上控陇坻，下接江湖，导财运货，懋迁有无"；唐代襄阳"往来行舟，夹岸停泊，千帆所聚，万商云集"，唐代元和年间，襄阳跻身全国4个人口达10万户以上的州治所之一；明清时期的襄阳"商贾连樯，列肆殷盛，客至如林"，辖有30多个码头，建有山陕会馆、河南会馆、江苏会馆、浙江会馆、徽州会馆等全国20多个地区的商业办事机构，经济辐射黄河上下、长江南北。

经济生产力折射在文化上形成了襄阳南北文化交汇的特点，上古北方的中原文化和南方楚文化在这里交通并发酵，正是"经市闹兼秦楚俗，画疆雄踞汉襄流"。襄阳文化衍生出既能让人感受到"文王化南国"时中原文化遗存的魅力，也能领悟"听歌知近楚"的南方文化习俗；既能散发着孔子所崇拜的仲山甫的风范之光，又是文采风流的楚歌流传之地。

东汉末年，文化中心南移，北方人士集团大量流寓襄阳，与本地的知识集团相结合，形成了一次以政治为中心的思想学术与文化高潮，出现了一大批以诸葛亮、庞德公为代表的政治、军事、文化人才。唐以后，襄阳"往来行舟，夹岸停泊，千帆所聚，万商云集"，以至骚人墨客，纷至沓来，流连忘返，著名诗人李白、杜甫、王维、欧阳修、苏轼等都曾游历襄阳。

4. 繁荣昌盛

从西周到北宋（除东晋、南朝短暂时期外），我国的政治中心在西北地区（以长安和洛阳为中心），襄阳得地缘之利，多次成为中央之下的一级政区治所，成为我国区域性的政治经济文化中心。春秋战国时期，襄阳是大国楚和中原天子交往的通道。两汉至隋唐时期，从京城西安、洛阳经襄阳到江陵的驿道，襄阳是汉水在此与唐白河汇合地，更是沟通南北政治、经济的大动脉。中国著名历史学家严耕望的《唐代交通图考》中记述道，襄阳中古时代800多年的繁华"犹先秦之邯郸、明清之秦淮。"盛唐诗人张九龄写道："江汉间，州以十数，而襄阳为大，旧有三辅之家，今则一都之会。"杜甫说，"即从巴峡穿巫峡，便下襄阳向洛阳"，白居易记载，"下马襄阳郡，移舟汉阳驿"，生动描绘了襄阳"南船北马"、交通便利的繁荣景象。

商业文明的发展带来了文化的交流与碰撞，成就了襄阳都市文化的繁荣昌盛，例如七夕节、穿天节、牵钩之戏、龙舟竞渡、苞茅缩酒、端公舞等民俗，汉广、西曲歌、大堤曲、襄阳腔等艺术形式，这些文化虽时代不同、体裁有异，但均是襄阳都市文化的见证。

唐宋以后，戏曲兴起，明清之际，襄阳腔成为汉戏、京戏、滇剧等各类戏曲的主要声腔。而在吸收西北秦腔和武汉、黄陂一带的二黄的曲艺精华后，襄阳也形成了地方剧种——襄阳花鼓。"漆器襄阳"亦是永久的见证。

5. 声名远播

襄阳"外带汉江，内阻山陵，有金城之固……若据而有之，此帝王之资也"，"其险足固，其土足食"，"水陆之冲，御寇要地也"，为历代兵家所瞩目，清吴庆焘在《襄阳兵事略》中说："世之言形胜者荆州而外必及襄。其用兵萌于春秋，苗于东汉，枝于三国，蔓于东晋六朝，而于宋之南渡，史策具在，可坐而稽也。"其中表现最为突出的是在蒙元灭宋之役，究其原因是"元之图宋，举全国之力，围攻襄樊者七年，仅乃克之。襄克，而汉南以下无留行，非形胜之验欤？"解放战争时期，中共中央对解放襄阳战役的贺电是"这一汉水中游的胜利，紧接着开封、睢杞两大胜利之后，对于中原战局的开展帮助甚大"。据史料记载，襄阳历史上曾有172次有名的战争发生，《三国志》86卷中有18卷写到襄阳，《三国演义》120回中有32回故事发生在襄阳，这些战役成就了襄阳"兵家必争之地，天下之腰膂"，也书写了襄阳特有的军事文化。

襄阳的军事文化彰显了古代军事思想的智慧和魅力，如楚巴攻邓鄾之战是春秋时期军事上运用"后退包围"战术的早期典型战例。岳飞收复襄阳六郡之战中集中兵力攻防一地，战术上分进合击、初期突袭的战法值得后人借鉴。解放襄阳战役中，人民解放军战略上鼓励国民党军，战术上由外及内，成就了城池攻坚战的范本，被誉为"小的模范战役"。其次，襄阳的军事文化揭示了独特的精神内涵，铺就了襄阳人的侠义精髓。例如岳飞收复襄阳六郡之战是南宋立国后首次主动出击收复故土并胜利的战役，此后的130多年里，襄阳市南宋整个京湖地区的中心。岳飞及岳家军的忠义与英勇具备了文化符号的象征意义，抗战时期，枣宜会战中张自忠将军的尽忠保国便是其一脉相承的民族财富。再次，襄阳军事文化也留下了许多文化遗产，以飨后人。襄阳现存50余处三国历史文化遗址遗迹，如黄祖射杀孙坚的地点——砚山；前秦公襄阳之战中，襄阳守将朱序的母亲筑起内城——夫人城。襄阳存有的军事故事更是不胜枚举，司马荐贤、三顾茅庐、马跃檀溪、水淹七军、刮骨疗毒、关羽攻襄阳、岳飞收复襄阳、金花小姐困襄阳……这些故事后来为小说、戏剧等留下了宝贵的创作素材，小说方面如：《三国演义》、《说岳全传》、《七侠五义》、《小五义》、《射雕英雄传》、《神雕侠侣》等，戏剧方面如《女驸马》、《水淹七军》、《三顾茅庐》等，电影如《战襄阳》等，这些流传成就了襄阳军事名城、文化名城。

三、襄阳"山水名城"发展定位

（一）襄阳"山水名城"个性特征

青岛的"红瓦绿树、碧海蓝天"，苏州的"小桥流水、粉墙黛瓦"，桂林的"山水甲天下"，镇江的"山林城市、大江风貌"，三亚的"阳光、沙滩、大海"，这些简练的短语，形象地概括了城市的本质特征和独特风貌，且具有很强的唯一性、排他性。描述城市的靓词短语，对旅游者来说是认识某一城市的启示语，对市民来说是对家乡的认同和骄傲，对决策层来说是指导城市规划建设的基本方针。襄阳迄今还没有说得上被广泛认同并能够简练概括城市独特形象的短语佳句。孔子云"仁者乐山，智者乐水"，王维赞美襄阳"江流天地外，山色有无中。襄阳好风日，留醉与山翁"。从建设山水名城的角度考虑，从襄阳山水的"近"、"亲"、"融"的特点，能否采用"乐山乐水 乐襄阳"呢？

襄阳城是"山水城市意境"的典型体现。襄阳城是以襄阳古城为核心、由汉江和荆山山脉组成的自然山水系统，即"襄阳山水"。襄阳山水是由若干重要的山水环境节点组成的自然景观体系，包括襄阳护城河、汉江、岘山、习家池、虎头山、羊祜山、真武山、隆中山、鱼梁洲、鹿门山、万山等。同时所有这些景观又有其特殊的文化内蕴，它们分别构成"隆中文化走廊"、"岘山文化走廊"、"万山文化走廊"；若依据历史文化的逻辑联系，它们分别归属"三国之路"、"唐诗之路"、"女神之路"。襄阳2000多年的发展中，使其悠久的文化融合到秀美的自然环境中，融入山水之间，形成了襄阳特质，表现为"山"—"水"—"洲"—"城"—"文"相互穿插，相互融合，自然环境与人文景观相互交织。襄阳坐拥山江之美与湖光之胜。襄阳不仅有江美，更有护城河之阔。既有"山不高而险奇，岭虽小而高峻"的岘山，又有"傲帝隐山""千古诗山"的鹿门山，古人云"山得水而活，水得山而壮"。而襄阳更因其踞山临水，蔚为壮观，明人李言恭诗赞"楼阁依山，城高逼太空。"的古城以及平均宽度180米，最宽处250米，人称"华夏第一城池"的护城河，镶嵌在汉江之心"仙人在汉水落江，被项鲤腾跃救起"传奇的鱼梁洲，更可谓"洲得水而灵""城得文而久"。

(二) 襄阳"山水名城"发展定位

生境美：是山水美、自然美。反映的是襄阳的生活美和自然美，即在襄阳"山水名城"体现出来的"木欣欣向荣，泉涓涓而始流"的自然美意境和"悦亲戚之情话，乐琴书以消忧"的生活美环境，使"山水襄阳"达到"可望、可行、可游、可居"的目的。襄阳"山水名城"既要符合生态要求，又要人们具有良好的居住、工作、游憩、交通的聚居环境。

画境美：是形象美、艺术美。襄阳"山水名城"不是机械地模仿大自然的真山真水，而是对其进行精练和筛选的艺术概括，取一于万，从而达到"本于自然，高于自然"的境界。这个层次主要是解决城市的艺术美和环境美，就是要用艺术家的审美品位、绘画的构图营造城市，创造艺术美境界，为人们提供一个如画的城市空间。

意境美：是理想美。襄阳"山水名城"能让人有触景而生的浪漫主义激情。中国传统文化讲究"物在灵府，不在耳目"，这里的"物"意境不是指客观的物象了，即不是耳目中的物，而是与心灵相接触、融入了人的情感、意志的"物"；襄阳"山水名城"不仅仅满足于客观的描摹、写实，而是积极寻求"象外之象、境外之境、韵外之韵"。

(三) 基本原则

1. 体现人文、生态理念

人文生态环境是历史形成的自然和文化的结晶。运用人文生态理念指导城市建设和管理，实质是通过合理开发利用人文生态环境，保证城市文明传承进步，市民身心健康愉悦，资源集约使用，物质、能量和信息高效利用，生态系统良性循环。在提升城市基础服务能力中体现人文生态理念。在提升城市对外吸引力中体现人文生态理念。在提升城市可持续发展能力中体现人文生态理念。在提升城市综合管理能力中体现人文生态理念。

2. 凸显城市历史文脉

著名建筑师沙里宁有一句名言："让我看看你的城市面孔，我就能说出这个城市在追求什么文化。"襄阳"山水名城"建设要注重襄阳历史文化名城保护，就是要克服"现代化"的负面效应，保留和延续城市的历史文脉，让城市的发展富有个性和魅力。要达到历史文化名城保护和发展和谐共赢的目标，呈现出城市规划建设中的理想风貌，要在多面性、平衡性和实践性上下工夫。

3. 布局的整体性与过渡的连续性

从城市发展整体性、连续性出发，延续绵阳的历史文脉，突出"山、水、洲、城"的环境特色，从而体现襄阳的形象和突出襄阳鲜明性格。在整体布局上将"科技现代、自然生态、文化历史"作为主线贯穿在整个山水襄阳的建设中，与城市规划和山水格局呼应协调。改变城市建设的"千城一面"，追求变化中求统一，统一中有变化。在建筑、景观、道路、色彩等要素组合上要与襄阳历史文化理解的表达上求得统一，与城市整体发展走向上求得统一。

四、襄阳"山水名城"发展格局

襄阳"山水名城"发展要唱好"山"歌，描好"水"色，扮好"洲"绿，写好"文"韵，塑好"美"景。

（一）青山环抱——"山为伴"

1. 青山工程

以"山水森林城，宜居新襄阳"为理念，坚持城市、森林、园林"三者融合"，城区、近郊、远郊"三位一体"，林网、路网、水网"三网合一"，乔木、灌木、地被植物"三头并举"，生态林、产业林和城市景观林"三林共建"。通过对山、水、城、洲的科学规划、保护、治理、建设，形成林在城中，城在林中，车在绿中，人在景中的森林生态网络。

2. 绿道环绕工程

绿道环绕工程要结合襄阳实际，科学规划精心设计，遵循"生态化、本土化、多功能化、人性化"设计理念，按照有利于市民、游客观景，有利于安全，有利于整合文化旅游资源，有利于环境保护的要求，在规划设计上，既要充分体现襄阳的特点、特色，体现襄阳人民群众的需求，还要综合考虑社会效益的最大化。

3. 山山相连工程

将岘山、习家池、虎头山、羊祜山、真武山、隆中山、鹿门山、万山"串"起来、"联"起来，实现统一发展思路，统一规划，统一管理理念，统一旅游线路，使其环环相扣，点点相连。

(二) 碧水联天——"水为情"

1. 水"绿"工程

实施饮用水源地安全防护与应急水源建设、中心城区污水处理厂升级改造、重点工业污染源治理、畜禽养殖企业污水治理、餐饮业、医疗及垃圾渗滤液污染治理、水环境监测与应急系统建设等工程建设，切实改善襄阳水环境质量。

2. 水"动"工程

让汉江动起来，建设汉水文化小镇、低空运动项目基地、水娱乐中心、沿江建设汉江十渡（鱼梁洲码头、回龙寺码头、月亮湾码头、米公祠码头、瓮城码头、庞公码头、夫人城码头、月亮湾码头、长寿岛码头、观音阁码头、崔家营码头），汉江风光带申报突出汉水文化的国家生态旅游示范区。

3. 水"通"工程

将汉江与唐白河、小清河、七里河、襄水、连山沟、滚河、淳河、浩然河等8条主要河流，与护城河连起来，形成了独特的"九水润城"水系、水网。要引活水造清水，筑水网建绿网，建设有利于旅游资源开发，有利于环境，有利于美景塑造的防洪通道、滨水绿道、景观廊道。

(三) 生态绿洲——"洲为心"

1. "绿心"建设工程

加快修复岘首山、万山、团山等山体生态，精心建设鱼梁洲"城市生态绿心"，加快建设岘山国家森林公园等"城市生态绿肺"，进一步增强襄阳汉江、长寿岛等"城市生态绿肾"功能，保护好"一江两洲三山八河"等自然生态环境。

2. 湿地公园建设工程

建设以汉江国家湿地公园为代表的湿地公园群，建成数个具有湿地保育区、生态恢复区、合理利用区、宣教展示区和管理服务区等五大功能区域，以洪泛湿地、草本沼泽湿地、少量人工湿地和山地森林为补充的复合生态系统。

(四) 通城达江——"路(桥)为媒"

1. "山"—"水"—"洲"—"城"相连工程

通过"路"、"桥"、"舟"、"(绿)道"将襄阳"山"—"水"—"洲"—"城"串起来。将山引入城中，成为城市的盆景。将水引入城中，成为城市的"精灵"。

2. 一路一景工程

在公园、绿地建设中，要不断创新设计理念，坚持完成配套设施，强调自然式、组团式的景观效果。在城市主干道绿化中，要做到道路修到哪里，绿化就覆盖到哪里，"襄阳故事"讲到哪里，"一路一景，一路一故事"凸显襄阳的文化特色，凸显襄阳的生态特色。

（五）紫薇香城——"城为景"

1. 现蓝工程

将建设资源节约型、环境友好型社会、倡导生态文明建设摆在了突出位置。把工厂迁出市区，关停并转移污染企业，发展循环经济，安装尾气排放净化装置，提升市民在日常生活中的环保意识、节能意识等，从根本上杜绝污染源。

2. 建园工程

建成中华紫薇园、襄阳梅花园，建设以郭靖、黄蓉为题材的大侠主题公园，建设襄阳汉水女神公园、三国文化园，建设古城旅游综合体等。建设园林生态景观要注重襄阳文化的植入，要使游人能亲近。

3. 飘香工程

飘起"紫薇香国"美名，开拓、挖掘"紫薇香国"的文化内涵，使之成为襄阳的一份靓丽的名片。加快老城区及新城区女贞、紫薇种植力度，切实突出襄阳城市的市树、市花精神。

4. 亮化工程

用灯点亮（靓）襄阳，用灯点亮（靓）汉江，规划设计襄阳夜景艺术照明方案，应用灯光艺术手法，通过色彩、线条、构图、空间、质感、层次、方向等设计要素展现靓丽襄阳。在关键节点融入文化元素，将城市的亮化与培育产业结合起来，发展古城"夜襄阳"旅游综合体，突出古今结合的"陶醉东巷子"（夜场、夜店、酒吧、酒肆）、中西结合的"品味管家巷"（特色餐饮、西式餐饮、咖啡、茶艺）、文商结合的"追忆古襄阳"（文化沙龙、茶楼、戏曲、工艺品），推动以旅游业为主的现代服务业发展。

（六）文化名城——"文为魂"

1. 古城保护工程

继承中国传统文化，将中国传统哲学观念以及中国山水画、山水诗词、古典园林所追求的意境及表现手法融入山水城市建设中，使整个城市空间充满了诗情画意。以强烈的文化意识保护和传承文化，建一座有文化味的古城。未来20年襄阳古城保护的方向是减人口、矮建筑、弱交通、通城墙、连活水，方向明确，关键是如何以文塑城、以文兴城，在文化植入的精、准、细上做文章。

2. 文化识别系统

建设城市标志性建筑、城市雕塑、城市壁画、市标、市徽等城市个性识别系统，展示城市风貌，传播城市形象。在道路的命名上和路灯、广告牌、候车站台等尽量注入地域文化元素；城市的出入口、主干道节点上，全方位展示历史文化名城、魅力城市、宜居宜业城市、书法名城等知名城市称号；精心打造主题文化歌曲、影视剧等宣传节目，形成襄阳文化"核心磁场"。

3. 文化产业发展工程

重点发展以唐城、汉城影视基地为载体的影视传媒、演艺娱乐、出版发行、文化创业、动漫游戏、节庆会展、文化产品制造等产业，建立襄阳文化产业高地。

4. 精品文化旅游工程

把文化产业与旅游资源的开发、旅游市场的培育、旅游产业的发展紧密结合起来，打造一批在国内外具有较强影响力和竞争力的精品文化旅游线路和文化旅游产品，打造具有鲜明"汉水文化、三国文化"旅游品牌，使襄阳成为旅游目的地，把文化旅游业培育成襄阳重要的经济增长点。

5. 原创文艺精品工程

充分挖掘襄阳"汉水文化、三国文化、古城文化"中蕴藏的丰富文艺创作题材，用开阔的视野、大胆的创意，开发一批实景剧、舞台精品、影视剧、文学艺术作品，推出一批优秀文艺精品，达到弘扬襄阳文化的效果。

襄阳建设中国宜居城市研究

张来斌　陈道斌

宜居城市是指人文与自然环境协调、经济持续繁荣、社会和谐稳定、文化丰富厚重、生活舒适便捷、景观优美怡人、公共秩序井然、个人发展空间大的人类乐居乐业的城市。宜居城市理论是建立在可持续发展、人居环境、生态城市等相关理论上的，是一个综合概念，与园林城市、生态城市、卫生城市等概念有本质的不同，是对其的超越。

一、宜居城市内涵、发展及评价体系

宜居城市就是适宜人类居住和生活的城市，是一座城市或区域之内生活的居民所感受到的生活的质量。

（一）宜居城市内涵

宜居城市的内涵可以从四个方面来理解：一是宜居城市是所有城市的发展方向，以及城市规划和建设的目标，并非某个城市的专有或代名词。二是宜居城市是一个相对的概念，是一个变化和动态的目标，是相对于其他城市或相对于过去而言的，是否达到宜居城市的标准要参照其他城市和自身发展的历史条件而定。三是宜居城市是城市居民对城市的一种心理感受，其与城市居民的年龄、性别、职业、收入和受教育程度等密切相关。随着经济水平的不断提高，人们收入的不断增加，居民对文化精神的需求不断增强，对生态环境的要求日益强烈，城市居民对"宜居"的感受和心理的期望指数也将会不断提高。因此，宜居城市的规划和建设不能单纯考虑专家学者理论上的客观建议和政府的主观意志，更需要充分考虑居民的心理感受、尊重城市居民的民主意愿。四是宜居城市建设不仅要注重城市经济指标，更要注重城市建设是否能满足居民在不同层次上对居住环境、生活质量和个人发展的要求。宜居城市建设目标需要具有层次性，较低层次的建设目标是满足居民对城市的最基本要求，如安全性、健康性、生活方便性和出行便利性等；较高层次的建设目标应该是满足居民对城市的更高要求，如人文和自然环境的舒适性、个人发展的机会，等等。

（二）宜居城市理念发展历史

城市是伴随人类文明与进步发展起来的产物，是具有一定规模的大量非农业人口聚居的场所；是一定地域的社会、经济、文化中心；是人、物及社会经济活动的集中地和高度密集区；城市更多地拥有科学技术、先进工业装备、高科技人才、熟练技术工人；城市经济以工业和服务业等非农业产业活动为主体。

工业革命以来，城市得到了前所未有的发展，规模迅速扩大，但伴随而来的是一系列环境和社会问题。为解决城市化带来的负面问题，19世纪末以理想都市建设和田园城市运动等为背景，追求城市舒适、便利和美观等职能成为英国城市发展的重要理念，这种理念逐步传播到美国和其他西方发达国家。

第二次世界大战以后，随着社会发展，人们对舒适和宜人居住环境的追求越来越高，在城市规划与建设中这些追求逐渐得到确认。这时的宜居城市理念又赋予了新的内容：一是公共卫生和污染问题等层面上的宜居；二是舒适和生活环境美所带来的宜居；三是由历史建筑和优美的自然环境所带来的宜居。

1961年世界卫生组织总结了满足人类基本生活要求的条件，提出了居住环境的四个基本理念：安全性、健康性、便利性、舒适性。

1970年代开始，宜居城市的研究更多地关注居民的生活质量以及影响居住区的综合因素，城市规划发展的核心是进一步强调提高居民生活质量。围绕核心问题，规划学、社会学、生态学、地理学以及行为科学等在研究方法和内容上相互交叉渗透，创立了许多研究范式，人本主义理念主导下的城市规划被称为是解决这些问题的重要理论。他们认为，人们之所以选择在城市生活，是因为城市能提供人们高度自由选择的生活方式，提供人们各种活动与行为的场所。

1990年代后，随着可持续发展理念在社会、经济以及人们日常生活中的深入发展，特别是1996年联合国第二次人居大会明确提出"人人享有适当的住房"和"城市化进程中人类住区可持续发展"理念后，可持续发展成为宜居城市发展的重要内容。

2000年以来，宜居城市规划开始关注公平性，明确将"公平"作为宜居城市规划建设的关键原则之一。

（三）国内关于宜居城市研究

国内关于宜居城市的研究起始于20世纪90年代对居住环境评价的研究。以吴良镛先生为代表的一大批学者主要从人居环境的理论和评价标准做了探讨和研究。2005年《北京城市总体规划》首次提出"宜居城市"作为北京城市发展目标，从此宜居城市理念引发了全社会的关注。2007年4月建设部科技司通过了中国城市科学研究会立项研制的《宜居城市科学评价标准》并向社会公布，认为该标准"融合了广大专家和社会公众的智慧，简繁得当、权重合理、可操作性强，达到了较高水平，对于贯彻科学发展观、构建和谐社会，指导全国各城市规划、建设、管理，具有较高的科学指导价值和实用价值"。

国内对宜居城市的研究比较重视经济因素对宜居的影响，重视生态环境与人文环境，将经济、自然、社会、人文环境作为宜居城市内涵的综合要素。

（四）宜居城市评价体系标准

宜居城市的评价标准可以从不同的角度、设定不同的标准体系，并随着社会的发展不断地变化，内容不断地完善，体系不断的调整，是一个动态的不断丰富和提升的体系。

按照《宜居城市科学评价标准》的体系，一个城市是不是"宜居城市"可从六大方面来评价：一是社会文明度。包括政治文明、社会和谐、社区文明、公众参与；二是经济富裕度。包括人均GDP、城镇居民人均可支配收入、人均财政收入、就业率、第三产业就业人口占就业总人口的比重；三是环境优美度。包括生态环境、气候环境、人文环境、城市景观；四是资源承载度。包括人均可用淡水资源总量、工业用水重复利用率、人均城市用地面积、食品供应安全性；五是生活便宜度。包括城市交通、商业服务、市政设施、教育文化体育设施、绿色开敞空间、城市住房、公共卫生；六是公共安全度。包括生命线工程完好率、城市政府预防、应对自然灾难的设施、机制和预案、城市政府预防、应对人为灾难的机制和预案、城市政府近三年来对公共安全事件的成功处理率等。

（五）国内宜居城市建设比较

南阳中心城区城市宜居性水平整体上处于较高水平，尤其在居住和生活层面宜居性水平较高，但在游憩和工作层面宜居性水平较低，在基础设施建设、公交改善状况满意度、居民就业、文化空间建设等方面存在问题较大，亟须改善。

珠海良好的生态环境成为其发展的优势资源，基础设施的兴建使得其从交通末梢一跃成为区域性交通枢纽；随着国家新一轮重大战略的部署，其地位得到进一步提升，将促使珠海更好地利用政策优势发展生态经济，从而带动宜居城市建设。主要挑战是中心城区基本无拓展空间，人口密度大、交通拥挤、基础设施不足、环境质量下降；产业链配套不完善、支柱产业附加值低、第三产业薄弱、旅游业和生产性服务业发展缓慢；独具特色的滨海岛城、丰富的历史遗存和宜人的田园风光未得到充分挖掘及利用等。

大连重视城市治理，首先从还绿于民、还路于民开始，同时调整工业企业结构、搬迁改造国有企业，使其远离中心城区和居民区。以城市经营为核心，限制建设规模、提高建筑水准，限制人口数量、提高人口素质；重在质的提高，而不是量的扩张；高品位、高起点、高标准、高效能、高效益实现城市经营的目标。着重打造海滨城市的现代建筑风格，灵秀、刚健、浪漫成为了大连城市建筑的永恒风格。园林绿化见缝插针、合理布局，改善植物群落结构，加大树木栽植和提高物种多样性。着力建设学习型城市，以人力资源建设为载体，打造可持续发展性的宜居城市。但大连建设宜居城市也存在着中心城区人口密集、面积狭小、居民生活质量下降及商务成本的压力。资源短缺与产业发展的深层次矛盾使城市未来的发展表现出许多的不确定性。工业区工业污染较为严重，治理工作任重道远，煤烟与尾气混合型污染依然威胁着大连的空气质量；近岸海域海水养殖无序无度，已超过了水域的承载能力和循环自净能力；生活污染日益突出等问题。

二、襄阳建设宜居城市的必要性

（一）建设宜居城市有助于襄阳加快省域副中心城市建设

宜居城市的建设有助于襄阳加快省域副中心城市建设，和"四个襄阳"的建设一脉相承，符合科学发展的基本原理，反映了跨越发展的内在规律，体现了襄阳人民的共同愿望。襄阳建设宜居城市，既是襄阳经济实力跃升的推进工程，也是城市综合竞争力增强的提升工程，更是利民惠民的幸福工程，将是引领襄阳发展的长远战略和奋斗目标。

(二)建设宜居城市是襄阳建设汉江流域中心城市的需要

《湖北省城镇化和城镇发展战略规划(2010—2030年)》对襄阳城市空间定位是"省域副中心、鄂西北及汉江流域的区域性中心城市、鄂豫陕渝毗邻地区中心城市"。为此，襄阳市明确指出，要把襄阳建设为"经济发达、文化繁荣、法治优良、功能完善、生态一流、人民幸福"的汉江流域中心城市、全国知名的山水园林城市。襄阳要成为"中心"城市必须要有辐射力、渗透力、吸引力；必须发挥舞动作用和引擎作用。为此，建设宜居宜业城市势必先行。

(三)建设宜居城市是满足日益增长的全面需求的战略选择

宜居城市是城市建设发展的方向，襄阳建设中国宜居城市就是要紧跟世界城市发展潮流，是满足襄阳居民日益增长的全面需求，体现科学发展观、以人为本、执政为民的战略选择；实现"中国梦就是人民梦"的战略选择。

三、襄阳建设宜居城市的基础条件

襄阳这座地处中原腹地、有着2800年历史的历史文化名城，区位条件优越，经济首位度逐年攀升，"一江碧水穿城过，十里青山半入城"是襄阳生态环境优美的真实写照，历史上曾经三次成为国家中心城市，今天又是汉江之畔的一颗璀璨的"明珠"。打造中国宜居城市有着得天独厚的条件。

(一)得天独厚的自然条件

襄阳市位于湖北省西北部，居汉江中游，地跨东经110°45′~113°43′，北纬31°14′~32°37′，南北两端相距154公里，东西两端相距220公里，总面积19719.77平方公里，中心城区面积145平方公里。襄阳市属于北亚热带大陆性季风气候区，具有南北过渡型气候特征，冬冷夏热。年均气温15℃~16℃，全年变化呈单峰型。光热充足，年均日照时数1800~2100小时，日均5~6小时，日照率在40%~80%。无霜期为228~249天。降水充沛，多年平均降雨量820~1100毫米。襄阳市境内河流纵横，水网交错，绝大部分为汉江流域，西南部为沮漳河流域。全市境内有大小河流649条，其中流域面积在100平方公里以上的有66条。境内汉江全长195公里，有30条支流汇入，流域面积17357.60平方公里，占全市总面积的88%。

(二)丰富多样的资源蕴藏

襄阳市土地资源丰富，总面积19719.77平方公里，占湖北省总面积的10.6%，居全省第四位。襄阳市水资源富足，既有充沛的降水，又有众多的河流和库塘，地表径流量和地下水蕴藏量都很可观。境内河流众多，地表水资源丰富。全市地表水资源总量为48亿立方米。地表水矿化度低，总硬度适中，多属软水，可广泛用于灌溉和饮用；地下水的矿化度一般也较低，多属中性及弱碱性水，均可作为生产和生活用水，这为襄阳市经济社会发展提供了十分优越的水资源条件。襄阳市是湖北省森林资源大市，林业用地面积93.20万公顷，森林覆盖率42.57%，高于全省的38.40%和全国的20.36%。襄阳市湿地资源非常丰富，现有湿地面积156300公顷，占全市国土总面积的7.92%，为全国、全省湿地资源较为丰富的市州之一。襄阳市野生动植物资源绚丽多姿，并呈现出南北兼备的鲜明特色。据统计，有维管束植物189科828属1698种，国家一级珍贵树种有8种；国家二级珍贵树种有36种；有国家重点保护野生植物80多种。有野生动物268种，其中鸟类151种，兽类60种，爬行类34种，两栖类23种。国家一级保护野生动物有10种；国家二级保护野生动物有50种。襄阳市矿产资源丰富，属湖北省重要矿产区之一。现已探明矿产有5大类54种，产地350余处。在探明的矿产储量中，金红石、石榴子石的探明储量居全国首位；铝土矿、软质耐火黏土探明储量居全省第一位。

（三）和谐优美的生态环境

汉江干流襄阳段195公里范围内水质一般满足国家Ⅱ～Ⅲ类标准，可作为饮用水源。襄阳市城区环境空气质量优良天数为314天，连续7年呈上升趋势。市区二氧化硫年均值为0.028毫克/立方米，二氧化氮年均值为0.024毫克/立方米，可吸入颗粒物年均值为0.096毫克/立方米。襄阳市城区声环境质量达到功能区划标准，各县（市）城区声环境质量一直保持在较好水平。

（四）源远流长的人文历史

襄阳市为中国历史最悠久的地区之一。远在60万年前，人类已在此繁衍生息，历代多为州、郡、府治，自古就是商贾云集和兵家必争之地，也是中原文化和楚文化的汇合地。襄阳作为行政辖区治所，在历史上最辉煌时期有以下几个：一是东汉末刘表为荆州刺史时。襄阳为管辖今湖北、湖南两省和河南、贵州、广东、广西一部的荆州首府，荆襄成为天下大乱中的一块安定的绿洲，而襄阳则是当时全国最繁华的城市之一。二是盛唐时期，唐贞观十三年（公元639年），全国分10道，今襄阳市境属山南道之襄州。唐玄宗时设15道，现襄阳是山南东道的治所，属一级政区。襄阳为今湖北、豫南、陕南、川东的政治中心。三是北宋，襄阳为京西南路治所，领襄、郢、隋、唐、邓、均、房、金8州，所辖区域大体上为汉水中上游地区。襄阳市作为中原文化和楚文化的汇合地，自古就是兵家必争、文人荟萃之地，有众多的历史文化遗迹和多处国家重点文物保护单位。

（五）实力雄厚的经济基础

襄阳市地处我国内陆腹地中心地带，自古即为交通要道，素有"南襄隘道"、"南船北马"、"七省通衢"之称，历为南北通商和文化交流的重要通道。武汉、长沙、郑州、合肥、西安、重庆、成都等距离均在1000公里以内，是连接东西南北的重要交通枢纽。襄阳市现辖襄城、樊城、襄州3个城区，南漳、保康、谷城3个县，枣阳、老河口、宜城3个县级市及2个国家级开发区，全市总人口580万人。"一条汉江、两座机场、三条铁路、四条高速公路"是襄阳水、陆、空立体交通网络的真实写照。穿境而过的汉江属三级航道，全年可通航500吨级驳船，通长江达东海。襄阳机场和老河口机场已开通北京、上海、深圳等多个航班。汉丹、焦柳、襄渝三条铁路在襄阳交会，构成我国铁路运输的重要枢纽。襄十、襄荆、孝襄、樊魏四条高速公路已全部建成通车，使襄阳的高速公路密度居全国前列。316国道、207国道穿境而过。襄阳经济基础雄厚，综合经济实力名列全省第二，GDP超过邻居南阳市和山西省会城市太原市，经济首位度逐年攀升。襄阳是我国十大夏粮主产区和20个大型商品粮基地之一。粮食生产居全省第一，在全国占第30位左右。全市农业总产值居全省第二。粮食生产加工能力居全省第一位，大米加工能力居全省第二位；食用油加工能力位居全省第一位。基本形成了"一个龙头、六大支柱"的产业化布局。

（六）功能齐全的服务体系

现代服务业持续快速发展，总量规模大幅度提升。在工业化、城市化加速推进的背景下，襄阳服务业以年均17.8%的增速快速发展，总量规模大幅提升。全市服务业增加值达到623.6亿元，占地区生产总值比重为29.2%，规模仅次于武汉市，居全省第二位。文化、体育、教育培训、中介服务等新兴服务业发展迅速，物流、金融、信息服务等生产性服务业带动作用开始显现，大大提升了服务业对经济特别是对制造业的支撑能力。

目前，全市共有13家A级景区，其中AAAA级1家，AAA级4家。全市共有全国重点文物保护单位6处，湖北省文物保护单位16处，市级文物保护单位72处。襄阳旅游基本形成了食、住、行、游、购、娱为一体的旅游产业发展要素体系和水、陆、空齐备，四通八达的交通网格。

（七）结构完备的科教文卫

襄阳市科研机构集聚，科研水平凸显。已建立国家企业技术中心3家、省级企业技术中心31家、省级工程技术研究中心10家、省级校企共建研发中心6家。R&D总经费占地区生产总值比重达2.12%，比全国平均水平高出0.42个百分点，远远高于宜昌、洛阳、南阳、荆门、随州等城市。专利申请量和授权量均居全省地级市第一。日益完善的科技创新体系，为襄阳产业发展提供了坚实的科技支撑。

教育教学设施完备，教育质量较强。全市共有各级各类学校1362所，普通高校5所、中等职业学校36所、普通中学237所、小学456所。城市幼儿园入学率已达到100%，农村90%的地区普及了学前一年教育，小学适龄儿童入学率、巩固率分别达100%；初中学生入学率、三年巩固率分别达到100%和98.2%；特殊教育健康发展，残疾儿童少年入学率达到99.76%以上。全市普通高中共有48所，中等职业学校36所，高中阶段学校年招生能力达到7万人。现有省级示范高中6所，市级示范高中20所、市级以上重点中等职业学校22所。全市高等教育毛入学率达到33.5%，高于全省和全国的平均水平。

文化资源丰富，文艺团体活跃，基本满足了老百姓的精神需求。全市专业艺术表演团体8个、文化馆10个、博物馆7个；公共图书馆9个，藏书量达1580千册。广播综合人口覆盖率为98.8%；电视综合覆盖率为99.1%。全市建有30个城市社区流动图书站。

便利的就医条件保证了老百姓的看病就医的需要。全市共有卫生机构 3367 个，三级甲等医院 2 所、二甲综合医院 9 所、二乙综合医院 7 所、专科医院 5 所；现有 2 所市级惠民医院、5 所县级惠民医院、8 个惠民医疗服务窗口，是全省第一个惠民医疗机构全覆盖的市。基本建立起了一个结构合理、分工明确、保障充分的医疗服务体系。

四、襄阳建设宜居城市的主要问题

襄阳建设宜居城市存在着上述优良的基础条件和优势，但也存在一些亟待解决的问题。

（一）自然环境亟待保护与修复

自然环境是环绕人们周围的各种自然因素的总和。是一切直接或间接影响人类的、自然形成的物质、能量和现象的总体。是人类赖以生存和发展所必需的自然条件和自然资源的总称，即地球的空间环境、阳光、地磁、空气、气候、水、土壤、岩石、动植物、微生物以及地壳的稳定性等自然因素的总称。自然环境是"宜居城市"建设与发展的基础。襄阳虽然具有天独厚的自然环境，但也存在着自然山体和森林遭到一定破坏、水环境受到一定程度污染等问题。

（二）人文资源需要挖掘与传承

人文资源是以人的智慧和行为为核心的资源，并且随着社会经济以及科学技术的发展而不断扩充。人文资源主要有以下几种资源形态：知识资源、信息资源、形象资源、关系资源、观念资源、体制资源，等等。襄阳在人文资源的保护、挖掘与承传上取得了一定成绩，但存在着缺乏系统和专门保护与开发规划、保护力度不大、开发利用不够等问题。

（三）公共服务有待健全与完善

公共服务的范围比较广，根据经济社会发展的水平高低和政府建设的能力大小而定，但基本上包括公共教育、公共卫生、公共文化等社会事业，也包括公共交通、公共通信等公共产品和公用设施建设，还包括解决人的生存、发展和维护社会稳定所需要的社会就业、社会分配、社会保障、社会福利、社会秩序等公共制度建设。襄阳已经初步建立了公共服务体系，但中国宜居城市建设对襄阳的公共服务体系提出了更高要求，襄阳的公共服务体系还有待健全与完善。主要表现为：公共服务体系在空间分布上不合理，措施有待进一步完善。公共教育、公共卫生、公共文化、公共交通、公共通信等资源需要合理配置，人才需要加大培养和加快引进。

（四）产业结构必须升级与提档

产业是指由利益相互联系的、具有不同分工的、由各个相关行业所组成的业态总称，尽管它们的经营方式、经营形态、企业模式和流通环节各有所不同，但是，它们的经营对象和经营范围是围绕着共同产品而展开的，并且可以在构成业态的各个行业内部完成各自

的循环。在宜居城市建设中,襄阳产业方面存在着以下问题:

1. 农业产业现代化比较低

襄阳农业发展仍处于传统农业向现代农业转变的攻坚阶段,农业生产机械化、自动化水平还不高,农业科技创新能力不足,农民科技素质整体偏低,农业产业化组织形式和利益联结机制比较薄弱,输出的多为初级产品,深加工产品和出口产品少,精深加工不足。发达国家农产品深加工转化率高达80%,而襄阳不足40%。

2. 工业产业结构不尽合理

受发展阶段等因素限制,目前襄阳工业产业发展很大程度上还是依赖资本、劳动力投入和资源消耗等方式外在扩张,低附加值产业模式仍未改变。高耗能、高污染产业占比较大。工业产业结构相对单一,汽车产业"一业独大",其他产业规模尚不突出,产业带动力较弱。除汽车产业链较宽和较长外,食品加工、电子信息、装备制造等产业基本处于产业链上游和价值链低端,粗加工产品、初级产品多,科技含量高、附加值较高的产品较少。产业链条短,关联度低,配套水平低。行业内龙头企业带动作用不强,大中小企业之间没有形成充分的专业化与分工协作关系,生产效率偏低。与宜昌、株洲、九江、洛阳等城市相比不具有明显的比较优势,尤其是与洛阳差距较大。

3. 生产性服务业相对滞后

襄阳传统服务业比重偏高,研发与科技服务、设计、营销、金融、信息、供应链管理、现代物流等现代生产性服务业发展相对滞后,对工农业发展的制约作用较为突出。传统的交通运输、仓储、批发和零售业等行业增加值占服务业比重近50%,而金融业增加值占服务业比重不足6%,租赁和商务服务业比重仅为2.5%。据此分析,襄阳存在着生产性服务业发展相对滞后、消费性服务业尚不完善等问题。

4. 产业创新能力严重不足

目前,襄阳整体自主创新能力不足,多数制造企业缺乏原创技术和核心知识产权,大部分技术及关键设备依赖进口,发明专利申请占全市专利申请总量比例偏低。企业研发投入不足,研发投资的渠道、投融资的要素聚集不够。高层次创新科技人才偏少,产学研合作推进相对缓慢,科技成果转化率不高。

五、襄阳建设宜居城市的实现路径

襄阳建设中国宜居城市应采取着眼长远、总体规划、分步实施的战略。参照目标是国内相当的区域性城市,追赶目标是国内发展良好、全国知名、在一定区域内起着引领和带作用的先发城市。对照宜居的指标体系,厘清要素和要求,结合襄阳经济社会发展的进程,以基础条件逐步形成,设施设备逐步完善、建设标准逐步提高为原则,通过具体的项目工程建设来逐步推进。

(一)自然环境的保护与修复

襄阳最有别于其他城市的地方就是有山、有水、有丘陵、有平原,自然形态丰富多彩。"一江春水穿城过,十里青山半入城"是襄阳的最美写照。在城市建设与发展中,襄阳的山水也受到了不同程度的破坏和污染。在建设"宜居襄阳"中受到破坏和污染的青山需要修复、绿水需要保护、蓝天需要清洁。

1. 青山修复工程

在新中国成立后的数十年的建设与发展中，由于思想认识不够，建设中的急功近利等多种原因，襄阳的山遭受到不同程度的开发性或开采性破坏，特别是南部的岘山等具有传统文化意义的山脉，都遭到了破坏。应借襄阳打造国家森林城市之机，与建设国家森林城市配套进行青山修复工程。青山修复工程并不是简单的种树、绿化等，应结合森林提质、石漠化治理、采石（矿）区植被恢复等结合在一起进行，同时建设便于市民休闲养身和亲近自然、走进大山森林的道路及其他设施等。

2. 绿水保护工程

水是生命之源、生产之要、生态之基。人类文明因水孕育、滨水而生、受水滋养、伴水而兴、与水共存、顺水发展、治水而盛。由于工农业生产和城市发展的原因，襄阳境内各流域都存在不同程度的污染。特别是"南水北调"工程实施后，流经襄阳的汉江水量会大大减少，合理利用和保护水源日益重要。应加强对水源的统一规划和管理，合理分配水资源，大力实施节水性工农业生产，倡导节水性居民生活方式，使水资源利用的综合效益最优化；兴建一系列补水、蓄水工程，加强河流及水系的综合治理与理合开发；开展水资源状况教育和环保宣传，鼓励市民参与水资源的保护和提高节约意识；完善制度和保障机制、加强硬件措施建设，防止水污染，维护和改善水环境。

3. 蓝天清洁工程

主要是指减少和限制工农业生产及居民生活对大气造成的污染，保护我们永远也离不了的大气环境。结合国家环保模范城市建设，改造传统农业生产模式、改革落后工业生产工艺、改变过去生活方式，使用清洁能源，减少对大气可能产生污染的排放，努力做到生产生活低碳化、能源资源节约化。

(二) 人文资源的挖掘与传承

人文资源是由历史上的人们所创造和积累的遗产，是以物质形态和精神形态两种形态表现出来的一种特殊的、其他任何资源都无法替代的资源。

1. 三国文化资源挖掘与保护工程

三国文化是以三国时期的历史文化为源，以三国故事和三国精神的传播演变为主流，以《三国演义》及其诸多衍生现象为重要内容的综合性文化。襄阳在三国时期政治军事上处于关键地位，学术文化上产生过深远影响。"襄阳三国文化资源"急需更加深入地挖掘、保护和利用。实施三国文化资源挖掘保护和利用工程将会使襄阳在城市发展、文化普及、市民素养提高、商业经营战略、旅游开发、动漫游戏设计等方面受益。比如：建设三国文化博物馆、三国文化主题公园、三国文化一条街等，以此来弘扬"襄阳三国文化"的厚重并在襄阳发展的历史长河中打上"三国城市"印迹。凸显"襄阳三国文化"的特色和精髓。收集、整理、研究、展示"襄阳三国文化"更好地服务于宜居城市的建设和发展，目标就是"三国古城，宜居襄阳，全国唯一"。

2. 汉江文化资源挖掘与保护工程

汉江是一条比黄河、长江形成还要早的母亲河。我们称汉族、讲汉语、识汉字都源于汉江。襄阳市是汉江流域中心城市，依汉江而建城，靠汉江而发展，托汉江而繁荣，深深打上了汉江的印记，汉江就是襄阳生存与发展的动力源。应组织专家、学者、民间文艺工作者，更进一步对汉江文化资源进行综合性与全方位的挖掘、保护、传承，这包括有形的物质遗产和非物质文化遗产。如：可建设具有汉江流域特色，集收集、研究、展示、宣传汉江文化为一体的汉江文化博物馆；树立具有汉江文化特色的雕塑；建设以汉江文化特征为目的的汉江文化主题公园等。这是我们"感恩母亲河、感知母亲河、保护母亲河"教育最好的方式，也将是一个首创性工作，更是我们建设中国宜居城市的需要。

3. 襄阳古城体系的恢复与建设工程

最能表现襄阳历史文化风采的是襄阳古城体系。由于战争的破坏和现代化建设等原因，襄阳古城体系中仅有北边的拱辰门和临汉门保存较好，其他几座城门建筑名存实亡，譬如南门、东门的修复亟待解决，部分城墙墙体遭受严重破坏，护城河水系受到淤堵。加快襄阳古城的恢复与建设，护城河的疏浚与水道贯通应纳入襄阳建设宜居城市的高度来看待，这不仅是开发旅游的需要，也是还襄阳一个完整的古城体系的需要、文化资源的挖掘需要，更是历史文化名城建设的需要、襄阳城市居民文化认同的需要。

(三) 公共服务的健全与完善

公共服务体系是一个地域和城市发展水平的最好体现，是公民最能获得切身感受之所在。

1. 教育卫生体系完善工程

教育是一个国家或地区发展和强盛的基础。襄阳市建设宜居城市就要打好教育这个基础，要加快教育体系的完善，改革教育思想。要坚持以人为本、促进教育公平，实施终生教育，完善投入机制。一是加大教育公平，特别是义务教育阶段的公平力度，合理规划布局学校、扶持软弱学校的软硬件建设，实现"学校基础设施标准化、公共教育服务均等化、师资配备均衡化、教育教学质量一体化"。二是支持湖北文理学院进一步优化学科设置和专业结构，建成学科特色鲜明、专业结构合理、有硕士学位授予权，在全省及全国有一定影响的综合性"襄阳大学"。三是大力发展职业技术教育，支持基础条件优良、学科特色鲜明、师资力量强健，与襄阳产业结合紧密的中等职业学校合并组建大专体制的职业技术学院。建成专业结构合理、办学特色鲜明、办学层次完备，省内领先、全国一流的职业技术教育体系，把襄阳建成区域性职业教育培训中心。四是完善现代国民教育体系，初步构建终身教育体系，建设学习型城市。初步实现学历教育与非学历教育包括市民教育、农民工培训等协调发展，职业教育与普通教育相互沟通，职前教育和职后教育有效衔接的教育先进城市。

加强和完善医疗卫生体系，应积极贯彻和落实国家医疗卫生体制改革的思想及政策，强化政府责任，健全服务体系，创新机制体制，认真落实基本医疗保障制度、基本药物制度，加强基层卫生服务体系、疾控防疫服务体系建设，实现基本公共卫生服务均等化，提高基本医疗卫生服务可及性，打造"15分钟社区(乡镇)卫生服务圈"；建设全时空、立体式的急救医疗体系，打造区域性医疗急救中心。努力实现"少得病"，切实解决"看病难、看病贵"等问题，使襄阳居民"看得上病、看得起病、看得好病"。

2. 交通运输体系健全工程

交通设施对一个区域的发展具有"服务"和"引导"双重支撑功能。在建设宜居城市的要求下，襄阳现有交通基础设施对本地和周边地区的服务和引导功能还不能起到应有作用和功能。要秉持"以人为本"、"公交优先"、"节能环保"、"管理科学"的理念，坚持统筹城乡、适度超前、增量建设与存量改造并重，以高速铁路、高速公路、县乡公路、汉江航运、机场口岸建设为重点，着力构建铁路大动脉、公路大网络、水运大通道、空中大走廊的立体型现代化大交通，基本形成内畅外连、安全、环保、节约的交通运输体系，提升襄阳承东启西、南北畅联、网络全国的区域性交通枢纽地位。一是构建铁路大动脉。大力争取和积极支持高速铁路和城际铁路建设。近期，争取建设襄阳至武汉、十堰、宜昌的高铁。远期，规划建设襄阳至郑州、西安、重庆、成都、长沙的高铁。逐步实现襄阳至武汉的铁路客运公交化，形成"一主两副"以及襄阳与周边城市（武汉、郑州、西安、重庆、长沙等）的铁路快速交通圈，增强襄阳接受中心（省会）城市辐射能力。二是构建公路大网络。建成城市内、外环线，健全完善城市交通；建设绕城交通网络工程，减少过境车辆对城市中心区域的干扰，也便于中心城区之间的通达。远期，规划建设城市地铁工程。坚持"公交优先"，建立城市公交快速通道。建设串联枣阳、宜城、南漳、保康、谷城的快速通道，开通城际公交。实现市区到县（市）通达高速化，国、省干道高等级化，县通乡公路畅通化，综合运输管理信息化，加快城乡交通一体化，形成市域范围内1小时交通圈。大力支持和服务高速公路建设，形成以高速铁路、高速公路为主体覆盖南阳、十堰、随州、荆门等周边地市的一小时交通网，加强襄阳作为汉江流域中心城市的对外辐射能力。三是构建水运大通道。抓住国家大力发展内河航运的契机，积极争取国家实施汉江中下游综合开发，建设汉江航道水运主通道，提高航运能力，实现江河直达、江海联运；带动发展以港口物流、船舶修造等为主的"临港产业"。四是构建空中大走廊。扩改建襄阳机场，争取更大机型经停；拓展新航线，加密航班次，实现全国主要城市通航。

3. 旅游休闲体系升华工程

襄阳旅游休闲要以建设中部地区重要的目的地和集散地、中国旅游强市、长江经济带及汉江流域旅游中心城市为发力点，以构建产业实力强、产业贡献强、产业竞争力强和支撑产业发展能力强的现代旅游产业体系为目标，以资源整合、项目驱动、品牌塑造、产业集聚、板块联动为手段，构筑"国内一流、国际有一定影响力的生态文化旅游目的地"。加强旅游资源整体开发和保护，培育一批文化旅游品牌，全面提升文化旅游吸引力和影响力。具体项目包括：第一，历史文化街区保护开发项目。加快习家池核心区文物维修工程、岘山文化保护区、荆山山脉古山寨群保护性开发项目、南漳古民居修复、陈老巷历史文化街区的修复保护、老河口太平街保护等。第二，文化品牌培育项目。突出"三国文化"和"汉水文化"，如上面所提到的建设三国文化主题公园、汉江文化主题公园等项目，培育一批在全国具有影响力和感召力的文化精品品牌。这方面已经有了开封"清明上河图"公园、无锡《水浒》影视城"等成功案例。第三，文化产业提升项目。建设唐城影视基地、中国（枣阳）汉城等项目，展示"千古帝乡、智慧襄阳"的魅力，发展文化旅游、影视传媒、演艺娱乐、文博会展、创意设计等文化产业，推动文化旅游提档升级。第四，文化旅游区建设项目。加快推进襄阳古城、古隆中、岘山、鱼梁州、鹿门山、保康九路寨、南漳古山寨、谷城大薤山、真武山等重点文化旅游景区建设，打造三国文化旅游区、汉水文化旅游区和大荆山生态旅游区等特色旅游区。

4. 社区服务便民温馨工程

以服务居民群众为宗旨，以培育和发展连锁化、品牌化、规范化的社区服务企业为抓手，大力推进以便利消费进社区、便民服务进家庭为主要内容的"社区商业双进工程"，重点推进社区便民、便利连锁网络建设，鼓励有条件的商业服务企业在社区公共服务站设点，积极推动标准化菜市场改造、放心早点店、放心肉专卖店、放心食品专柜等覆盖全市社区。加快发展社区医药、保健、洗染维修、代理服务等新兴服务。鼓励发展家庭保洁、烹饪、保姆、家务管理、精神陪护、小学生接送、养老等多种类型的社区家政服务。进一步加大对城乡社区建设的投入，推进社区服务站和街道社区服务中心建设，完善居民议事、公共服务、居民文体活动等综合服务功能。

（四）产业结构的升级与提档

1. 现代农业产业工程

襄阳应当顺应现代农业的发展趋势，以转变农业发展方式为主线，科技强农为中心，以粮食、畜牧、水产、林业和特色经济作物等特色优势农产品为重点，以基地和项目建设为抓手，加快完善现代农业产业体系，提升襄阳农业的综合生产能力和竞争力。积极发展特色农业，打造优质农产品生产基地。发展特色优势农产品、壮大畜禽养殖业、优化提升水产养殖业。加快发展现代林业，打造千亿级林产业基地。推进农业规模化、标准化、产业化。建设规模化生产基地，发展质量型农产品，推进农业产业化经营。大力提高农业科技发展水平，推进农业科技成果转化应用，提升农业机械化、自动化水平。加快农业信息化进程。构建农业信息网络体系，强化农业信息服务。加快发展循环农业，积极推行农业清洁生产。加强农业基础设施建设，健全完善农产品现代流通体系。

2. 工业产业优化工程

合理规划工业产业布局，优化产业链条。要准确把握国内外产业发展趋势，紧跟国家产业政策导向，以产业园区为平台，以重大工程项目为抓手，以技术创新为驱动，立足现有产业基础，拓展未来发展空间。进一步优化和深化已经基本形成的"一个龙头、六大支柱"产业化布局。全面提升制造业发展水平，把襄阳打造成为既具特色优势又有综合竞争力的产业高地。依托东风等国家汽车工业骨干企业，开放式、集约化发展汽车产业，积极与央企和具有核心竞争力的国内外汽车及零部件企业合作，把襄阳打造为现代区域性汽车和零部件产业基地，做大做强汽车产业以带动和提升其他产业发展。抓住国内外产业加速向中西部转移和新一代信息技术加快发展的机遇，以高新区为依托，大力引进国内外电子信息企业，推进汽车电子、消费电子、机电节能控制及云计算等重点领域发展，促进电子信息产业向产业价值链高端转移，加快打造全国重要的新一代信息技术产业基地。壮大汽车电子生产规模，促进机电一体化发展，加强新型电子元器件研制，加速消费类电子发展，大力发展云计算产业。

3. 服务产业规模工程

按照发达国家产业结构演进规律，当人均 GDP 超过 4000 美元后，消费将成为服务业发展的新动力，推动服务业迅速崛起。服务产业规模工程中可分为以下几大配套组合工程：

(1) 现代物流业做大做强工程。随着交通基础设施逐步完善，区位优势进一步提升，襄阳完全有条件成为区域性物流节点城市和区域性物流中心。加强综合交通运输通道建设，构筑大型物流园区和物流信息平台，培育和引进第三方物流企业，拓展物流服务领域，创新物流服务功能，促进物流业与制造业、商贸业联动发展，共同提升竞争力，降低物流成本，构建畅通高效、绿色低碳的现代物流服务体系，把襄阳建设成为立足湖北、服务中部、辐射全国、面向国际的现代化区域性物流中心城市、中部地区物流节点城市和物流产业核心服务区，为襄阳经济跨越式发展提供有力支撑。

(2) 区域性商贸中心打造工程。襄阳今后应按照"以人为本、扩大供给、拓宽领域、提升层次"的原则，以转变流通发展方式为主线，把商贸与文化、旅游结合起来，面向城乡居民，加快用先进技术和现代经营理念改造提升商贸流通业，着力拓展新领域，发展新业态，不断提高行业规范化、便利化、现代化水平，建设服务中部、辐射周边的区域性商贸中心和消费中心。努力完善特色专业市场体系。改造提升华中光彩大市场、中南天润国际汽车城、长虹食品城、邓城生资食品大市场、新世纪建材大市场等专业批发市场，打造辐射鄂豫陕渝四省市集展示交易、物流配送、电子商务、信息发布为一体的超大型、多功能综合商贸批发基地。

(3) 新兴服务业发展培育工程。一是加快发展金融服务，打造区域性金融中心。襄阳建设区域性金融中心，集聚金融机构、提高金融服务能力，是发挥汉江流域中心城市功能、促进区域协同发展的必然要求。应该按照"机构多元、结构优化、服务提升"的原则，以推进金融聚集区建设和提高金融运行效率为抓手，创新金融服务，改善金融生态环境，扩大金融开放，不断提升金融业的发展能力和辐射带动能力，逐步建立全方位、多层次的现代金融服务体系，把襄阳建设成为区域性金融服务中心。具体项目可分为建设金融区域中心项目、构筑多层次信贷服务项目、支持直接融资项目等。二是着力发展信息服务业，全面提高信息化水平。襄阳信息服务业发展刚刚起步，水平较低，与建设汉江流域中心城市的要求极不相应。襄阳可依托襄阳软件园，以中国移动湖北襄阳"四个中心"基地建设为支撑，加快发展和提升软件业，积极发展高端业态和新兴业态，拓展信息服务业，促进信息服务业与其他产业的融合互动，建设区域性信息服务中心。三是高起点发展商务服务业，打造中部地区重要的商务中心。随着社会分工细化和人们对服务需求的多样化，襄阳商务服务业要突出为制造业服务的功能，以市场化、专业化、规模化为导向，引导、鼓励制造企业外包商务服务业务，逐步构建种类齐全、分布合理、运作规范、接轨国际的现代商务服务体系，打造中部地区重要的商务中心。

(4) 农村商业流通网络健全工程。大力开展小城市流通现代化试点，扎实推进"万村千乡市场工程"和"新网工程"建设，加快连锁超市下乡、标准化"农家店"和综合服务中心建设，加强鲜活农产品集配中心建设，建立从鲜活农产品生产基地到销售终端的全程冷链系统，健全以工业品下乡和农产品进城双向流通为特色的新型农村市场流通网络。

（5）房地产业健康稳步发展工程。襄阳要建设汉江流域中心城市，未来人口的集聚和产业的发展都将为房地产业带来更大的需求。因此，要以城镇化建设为契机，重点加快城中村和棚户区改造，推进公租房和廉租房等保障性住房建设，积极发展中小户型商品房，适度建设一批精品住宅和高档小区，着力构建全面的住房保障体系和合理的住房市场体系。以集约节约利用土地、改善农村居住环境为目标，逐步推动新农村建设、农民公寓建设，完善公共配套服务，促进农民向居民、农村向社区转变。大力发展"节能省地型"住宅，推进住宅产业现代化。鼓励发展房地产中介，完善二、三级房地产市场中介服务，培育住房租赁市场，加快房地产市场信息系统建设，建立完善房地产综合信息发布制度及监管体系。

六、结语

宜居城市的建设，需要宣传报道、舆论引导。利用各种媒体和传播途径，宣传宜居城市、了解宜居城市，使全市上下达成共识，形成合力。从市民到政府，从永久居民到外来居民，从社会的各个阶层到各个领域，都应知道，襄阳在建设宜居城市，都知道宜居城市建设的意义，都知道"宜居城市"建设是一项亲民工程、是一项利在千秋的工程。让宜居更快地走向襄阳、走向襄阳的每一个角落，走进每一个市民的身边、融入每一个市民的心里；让襄阳拥抱宜居成为一种共识，让"有朋自远方来，不亦乐乎"成为一种向往。

襄阳建设宜居城市还有许许多多方面工作，如：社会治安综合治理的"平安襄阳"、"法治襄阳"建设；涉及多个部门的、全方位的预防和应对突发性自然灾害或人为灾难的体系建设；公民参与社会生活及涉及民生的重大事情决策机制建设；鼓励、引导全民参与的科技创新、创造发明体系建设等。限于篇幅，在这里只能挂一漏万，提出一些不成熟的初步设想。建设宜居襄阳需要社会各界出谋划策，需要市民的广泛参与，需要政府协同市民全面规划，并在建设发展中不断完善。经过努力，争取在3~5年内把襄阳打造成"经济发达、文化繁荣、法治优良、功能完善、生态一流、人民幸福"的宜居城市。让居住在襄阳的人能深深地感受到在襄阳"居者能安、业者能赢、学者能益、食者能美、游者能爽、行者能畅"的愉悦幸福心情，早日实现中共襄阳市委十二届九次全会提出的"劳有厚得、学有优教、病有良医、老有颐养、住有宜居"的目标。让襄阳真正成为汉江上的一颗闪闪发亮的明珠，让"汉江中心城，宜居新襄阳"成为襄阳人的骄傲和自豪。

襄阳建设华中旅游名城研究

朱运海 李青

文化旅游的发展大都需要依托一个中心城市，文化旅游的竞争也日益表现为旅游中心城市的城市文化和城市品牌的竞争。城市文化和城市品牌的关系是：城市品牌的实质是在向旅游市场传达一种价值诉求，而城市文化则为城市品牌提供价值指引。因此，城市品牌定位成功与否往往取决于城市文化；国内外城市品牌运营的成功经验告诉我们文化高度决定了品牌高度，文化力量决定品牌力量，文化影响力决定品牌影响力。襄阳及其周边地区的文化旅游发展必须依托襄阳这座正在崛起的汉江流域中心城市。为了推动襄阳文化和旅游的深度融合，使其能够在全国文化旅游的大格局中占有一席之地，襄阳提出的"一城两文化"的城市文化定位和"千古帝乡 智慧襄阳"的城市品牌形象。为了实现把襄阳建设成为汉江流域重要的旅游目的地和集散地的发展目标，就必须按照文化旅游发展规律，在城市文化和城市品牌的指引下，对襄阳旅游的历史印象、审美意象和发展愿景等问题进行系统的思考。

一、襄阳旅游的历史印象

从文化传播的角度讲，历史印象是指事物在历时性的传播过程中留在历史长河中的那些迹象，而记录这些迹象的往往是历史书籍和文学名著。从旅游认知角度而言，人们对于襄阳的初始印象大多是通过这些历史书籍、文学名著、影视歌舞艺术而获得的。为了更好把握襄阳的历史印象，我们选取了古今中外人们喜闻乐见的名著、诗词、书画和传说这四类历史记忆载体，从中梳理出襄阳旅游的历史印象。

（一）名著与襄阳

名著一般包括诗、词、戏曲、小说、散文、学术典籍等形式的经典文学作品。这里所说的名著是指除了古典诗词之外的名著，这些名著对于襄阳在海内外的传播起到了非常重要的作用。《韩非子·和氏》是先秦时期除《诗经·汉广》外的另一篇记述襄阳人和事的名篇，被选入了中学教材。由于《和氏》事件与历史上的和氏璧以及楚文化联系在一起，遂形成了"卞和献玉"的文化主题。如果说《和氏》只是一个从襄阳抽离出去的小故事，并未过多涉及襄阳的人文山川的话，那么以《襄阳耆旧传》、《三国志》和《三国演义》为代表的三国文化系列则是将历史的虚虚实实、是是非非都依附于襄阳的山水草木之上。《襄阳耆旧记》是我国最早的人物志之一，该书所写之人除"牧守"外绝大多数记述为"襄阳人"（此处的襄阳指郡或县)。另据叶植先生考证,《三国志》和《三国演义》中分别有 18 卷和 22 回发生在襄阳。作为中国谋略代表的《隆中对》因入选中学课本而广为流传。《荆楚岁时记》记录了以江汉流域为中心的古代楚地的岁时节令风物故事,使得包括襄阳在内的地方性的岁时节日流行全国。欧阳修在《岘山亭记》中对羊祜和杜预的功过得失的评鉴,使得襄阳和岘山声名远播。《马可·波罗游记》中关于蒙古军队攻襄阳的记载对于传播襄阳起到了重要作用。《三言两拍》的名篇《蒋兴哥重会珍珠衫》就发生在襄阳。金庸先生的射雕系列小说所塑造的郭靖与黄蓉、杨过与小龙女、张无忌与赵敏三对情侣都与襄阳有千丝万缕的联系,极大地丰富和张扬了襄阳的文化魅力。

(二) 诗词与襄阳

"汉有游女,不可求思"(《诗经·汉广》)中的"游女"被汉初的鲁、齐、韩三家解释为"汉江神女",而《韩诗内传》则明确记载郑交甫遇到神女的地方在"汉皋"。西汉刘向在《列仙传》、前秦人王嘉在《拾遗记》中都有汉水女神的记载。这一传说到了宋代庄绰的《鸡肋编》中则成了"穿天节"的由来。东汉时王粲的《登楼赋》、《七哀诗》,魏晋南北朝时期流传甚广的《山公歌》、阮籍的《汉川咏怀》、梁朝的萧衍和沈约共同创立的《襄阳蹋铜蹄歌》(又名白铜鞮,为襄阳街道名)等都为传播襄阳文化发挥了重要作用。陈子昂在《岘山怀古》中对以羊祜、诸葛亮、岘山和汉江为代表的襄阳人文山水进行凭吊。杜审言、杜甫祖孙两代都写下了大量歌颂襄阳的美丽诗篇。张柬之和张九龄两位贤相分别留下了《大堤曲》和《登襄阳岘山》。宋之问的《渡汉江》又为汉水增添了一抹思乡的色彩。襄阳人孟浩然所创作的 260 多首诗歌中几乎一半都涉及襄阳。同为襄阳人的张子容,有描绘汉江的《春江花月夜》留传后世。王维的《汉江临眺》则成为描写汉江气韵和襄阳美景的杰出代表。诗仙李白的《襄阳歌》、《襄阳曲四首》等赋予了襄阳大气磅礴、豪放飘逸的酒神精神。白居易《襄阳舟夜》中的"下马襄阳郭,移舟汉阴驿"成为襄阳南船北马之名的由来,而刘禹锡《大堤行》中的"酒旗相望大堤头,堤下连樯堤上楼"则再现了唐代襄阳的繁华。元稹则在《襄阳道》中咏吟了羊公、岘山、堕泪碑、襄阳城和汉水。诗鬼李贺的《大堤曲》又为汉江和襄阳增添了一丝浪漫的气息。襄阳人皮日休尽管以散文见长,但也留下诸如《习池晨起》、《襄州春游》等吟诵家乡山水名胜的诗篇。古隆中在宋人诗中反复出现,大文豪苏轼和曾巩都写过同名诗作《隆中》。除此外还有范仲淹的《寄题岘山羊公祠堂》,欧阳修的《汉水行》,苏轼的《万山》、《岘山》,刘过的《襄阳歌》和《西吴曲·怀襄阳》等皆为吟诵襄阳的名篇。明代的吴绶的《隆中十景》最为著名。清朝时在南阳做官的襄阳人顾嘉衡写下了"心在朝廷原无论先主后主,名高天下何必辨襄阳南阳"名联。

(三) 书画与襄阳

襄阳地区在书画艺术方面的发展始于汉晋南北朝时期,考古发现了许多这一时期的高水平画像石、画像砖。三国时期,以刘表、诸葛亮为代表,开启了襄阳书法艺术史,其中诸葛亮的《远涉帖》经王羲之的临摹而得以留传后世。南朝宋时期的画家宗炳长期生活在荆襄一带,《南史·宗炳传》说他"好山水,爱远游。西涉荆巫,南登衡岳,结宇衡山,欲怀尚平之志。"在其所著的《画山水序》提出了"山水以形媚道","神本亡端,栖形感类、理入影迹","万趣融其神思","畅神而已"美学思想,赋予自然山水一种有别于孔子"仁者乐山,智者乐水"的独立的审美价值。襄阳独特的山水风光和书画艺术的积淀培育了一代大书法家米芾。米芾在《群玉堂米帖》中自叙其"七、八岁作字,至大一幅,书简不成",至十岁时已能"写碑刻,学周越、苏子美扎,自成一家"。另据《襄阳县志·古迹》和《韵语阳秋》卷14的记载,襄阳书家罗让(又称罗逊)是他在这一时期的书法启蒙老师。米芾在17岁时随母亲离开襄阳到了京都汴梁。米芾的山水技法被长子米友仁继承和发扬,奠定了"米氏云山"的特殊表现方式。米友仁对绘画的另一贡献就是极大地推进了画与诗、书的结合。尽管绘画的题款始于苏东坡和米芾,但是大开诗、书、画的结合之法门的却是米友仁——他的《潇湘奇观图》前画后题,又录了许多别人所作的诗歌,这种诗、书、画三者浑然一体的绘画方法在米友仁之前绝无仅有。襄阳书画艺术之风鼎盛,历史积淀深厚,这一珍贵的历史遗产在襄阳有很好的应用与传承:隆中、岘山、鹿门山等襄阳名胜都有书法艺术的展示,如岘山摩崖石刻,隆中碑廊、鹿门山有碑林,老河口南派木板年画等,也正因为这个原因,2011年襄阳名至实归地获得了中国书法名城的称号。

(四)传说与襄阳

传说也被称为民间传说,是指人们利用口耳相传的方式来记忆和传承历史,内容由与历史事件、历史人物及地方风物有关的故事组成,属于民俗文化中民间口头叙事文学,是传统文化的重要组成部分。民间传说对于传播地方文化具有重要价值。由于襄阳的民间传说很多,这里按照研究主题的需要,仅选取和"一城两文化"相关的传说。经过初步收集和分类整理,发现这些传说多以市区的汉江、岘山、鹿门山、古隆中和襄阳古城等为背景,并且可以分为六类:(1)城市地名类:这一类传说最多比较有代表性的有"铁打的襄阳,纸糊的樊城"、《老龙堤的传说》、《鹿门山的传说》、《凤凰山的传说》等;(2)人心善恶类:该类故事传说多具有贬恶扬善的伦理宣导的意味,比较著名的有《谷隐寺大米洞》,《观音阁蛛丝拉金船》,《襄阳仁义街的传说》等;(3)宗教信仰类:该类传说多和宗教祖师和名人有关,比较有名的有《真武选址小武当》、"四海习凿齿,弥天释道安"等;(4)爱情传说类:主要表达了汉江流域人民的爱情观和审美观,比较有名的有《汉水女神》、《神女弄珠》、《穿天节的传说》、《望楚山虎精和虎皮井的传说》等;(5)民间智慧类:该类传说反映了襄阳人民的生存智慧和生活情趣,比较有名的有《绿影壁的传说》、《襄阳为什么只打四更》等;(6)英雄人物类:《金黄小姐的传说》、《金花小姐的传说》和《白莲教起义和王聪儿的传说》等。

二、襄阳旅游的审美意象

旅游审美的实质就是旅游者内在的心意与外在的旅游景观之间完美契合状态。旅游审美活动中"意"与"象"的关系是:"意"处于主导地位,决定了旅游者对旅游景观的感知和情绪体验,"象"是以旅游景观为载体的有意味的形象,它通过旅游感知而激发和唤醒旅游者的"意",当二者完美契合时,旅游审美体验就完成了。对于旅游地而言旅游审美意象都源于其在对外传播中所形成的历史印象,那些流传得越久远、越暗合人类永恒主题的历史印象，就越具有审美意象性，从而也就越容易成为人们心目中的向往的旅游目的地。

(一) 浪漫传奇的爱情意象

爱情是人类的永恒主题，古今中外的文化名著无一例外都有爱情的话题。在漫长的历史长河中，襄阳的山水草木见证了许多具有浪漫传奇色彩的爱情故事。

1. 青涩甜美的单相思之恋

《诗经·汉广》篇写的是一位青年樵夫，钟情于一位美丽的姑娘，却始终难遂心愿，情思缠绕，无以解脱，面对浩渺的江水，他唱出了这首动人的单相思之歌。"汉有游女，不可求思"是中心诗句，表达了"不可求"却又不能不去"想"的纠结心理，清新自然、优美感人，诠释出了回味隽永的初恋青涩味道和遗憾之美。

2. 浪漫传奇的人神之恋

郑交甫在襄阳万山解佩渚遇到令他心动的女子，尽管也打了招呼、要了信物，然而在一个转身之间，美女和信物都化为乌有，恍若一梦。这个梦吸引着襄阳人在郑交甫高兴与失意交织的这一天，到汉江边去找寻象征爱情美满、生活幸福的穿天石。《汉广》篇的单相思之恋和郑交甫的人神之恋，共同表达了襄阳人对美好的生活所持的那种"可求不可得"、"可求不必成"、"可成不必久"，但依然要积极追求的积极态度。

3. 始终如一的帝后之恋

《后汉书》记载，刘秀尚未发迹时就十分仰慕阴丽华的美貌，有"娶妻当得阴丽华"之叹。尽管后来出于政治需要迎娶了郭圣通并将其封为皇后，但却始终没有忘记自己当年的爱情承诺，终于在19年后废黜了郭圣通，封阴丽华为皇后，实现自己的爱情承诺。

4. 情投意合的雅士之恋

(1) 诸葛亮和黄月英的月亮之恋。《三国志·诸葛亮传》中记载黄承彦曾对诸葛亮说："闻君择妇；身有丑女，黄头黑色，而才堪相配。"孔明许，即载送之。时人以为笑乐，乡里为之谚曰："莫作孔明择妇，正得阿承丑女。"黄月英是一位贤内助，对于诸葛亮的事业帮助很大。诸葛亮重才不重貌的娶妻标准一直被后人传为雅谈。(2) 苏惠的《璇玑图》的爱情智慧。女诗人苏惠在丈夫窦滔镇守襄阳期间夫妻有矛盾。为了化解矛盾她用五彩丝线在八寸见方的锦帕上织诗二百余首，计八百余言，纵横反复，皆为文章的回文诗，派人送至襄阳。窦滔读后，亲自备了车马，用隆重的礼节把苏蕙从秦州接到襄阳，从此恩爱如初，白头偕老。(3) 魏玩与曾布琴瑟和鸣之乐。朱熹曾赞道"本朝妇人能文者，唯魏夫人及李易安二人而已"。魏玩与曾布结成夫妻后，恪守伦理道德，夫妻感情和睦，多次受朝廷褒奖，封鲁国夫人。她的词清丽婉约、意境感人，写出了许多反映夫妻爱情生活的好词。

5. 经典永恒的武侠之恋

金庸先生创作的射雕三部曲(《射雕英雄传》、《神雕侠侣》、《倚天屠龙记》)塑造了郭靖与黄蓉、杨过与小龙女、张无忌与赵敏三对经典的武侠情侣，襄阳在三部小说中都有浓墨重彩的一笔。三对武侠情侣中尤其以侠骨柔情的靖蓉恋深入人心，郭靖黄蓉守襄阳的义举很好地诠释了"侠之大者，为国为民"的精神。

(二) 扭转乾坤的智慧意象

有智慧的人被称为智者，襄阳从古到今涌现出一大批有智慧的人，并且襄阳的智慧往往和地方与民族国家的命运息息相关，因此可称其为扭转乾坤的大智慧。

1. 邓曼谏君的道家智慧

邓曼是春秋时期邓国人，为楚武王夫人，生子赀，后为楚文王。她为人才貌双全，后世汉朝司马相如曾称赞"若神仙之仿佛"。刘向《列女传》中称赞她："楚武邓曼，见事所兴，谓瑕军败，知王将薨，识彼天道，盛而必衰，终如其言，君子扬称。"现代有观点认为她的"盈而荡，天之道也。"是一种认为物极必反的辩证天道观，并且对楚国后来的道家文化的发展有启发作用。

2. 卞和献玉的求真精神

智慧就是真正的知道，表现为一种求真的精神。卞和献玉因为知道璞玉是块真正的宝玉，尽管因不被理解而砍掉了双脚，但仍然坚持真理，终于使真宝名扬天下，并引出了蔺相如完璧归赵和秦始皇传国玉玺等诸多故事。

3. 光武中兴的政治智慧

史书称刘秀为人"多权略"，遇事深思熟虑、谨慎决断。刘秀称帝前的两次婚姻颇具政治智慧，先娶梦中情人阴丽华既了了年轻时的梦想，又成功避开了更始帝刘玄的猜忌。后娶郭圣通不仅避免了一场血战，还因此促成和真定王刘杨的联盟，为平定北方打下江山做了有力的铺垫。刘秀勤于政事，裁并郡县，精简官员，善待功臣，其间国势昌隆，号称"建武盛世"，历史上称其统治时期为"光武中兴"。

4. 隆中对的战略策划

《隆中对》被称为天下奇策，首先在于其透彻地分析了三分天下的形势，正确地提出了一套发展的谋略，还在于其"志尽文畅"（刘勰），"简而且尽，直而不肆"（苏轼），是诸葛亮散文的名篇。在刘备三顾茅庐之后和盘托出隆中对策，为刘备指明了战略方向，从此在诸葛亮的辅助下，实力由弱变强，并最终奠定了蜀汉政权。

5. 三国归晋的战争方略

羊祜坐镇襄阳八年，都督荆州诸军事，于公元278年，抱病回洛阳，同年十一月病故，并在临终前举荐了杜预。羊祜死后两年，杜预按他生前的军事部署一举灭吴，完成了统一大业，当满朝文武欢聚庆贺时，武帝手举酒杯，流着眼泪说："此羊太傅之功也！"晋灭吴的战争结束了汉末以来长期的分裂割据状态，使中国重归一统。羊祜虽然没有亲自参加这次战争，但他为规划、准备这场战争作出了不可磨灭的贡献。

6. 释道安的般若学与净土思想

释道安53岁时率领众弟子从北方南下襄阳，在襄阳研究佛学15年，颇有建树，成为东晋时期的佛教学者，佛教领袖。释道安最突出的贡献，是用中国传统文化解释外来文化，做到"洋为中用"。道安在襄樊、沔州一带住了15年，每年都多次讲说《放光般若经》并对大小《般若经》进行对比研究，吸引"四方学士，尽往师之"。

（三）金戈铁马的战争意象

襄阳的前身是楚国在北边边境的一个戍防渡口，其实质是楚国北边边防军事设施和北上中原的重要战略支点。西汉初年时襄阳始设县，因县治位于襄水（今南渠）之阳而得名，辖汉水以南、中庐县以东、以北的地区。可以说襄阳是因战争而兴的一座城市。

1. 秦国大将白起攻鄢与长渠

这次战争发生在公元前 279 年，是楚灭亡前夕的一次战争。白起在今南漳武镇西蛮河中垒石筑坝，开渠引水灌鄢，破城，占领鄢地。白起所开之渠称白起渠，后来被用来灌溉南漳、宜城的农田，至今渠还在。渠所在地为南漳武安镇，因武安侯白起而名。

2. 三国战事之凤林关之战和水淹七军之战

公元 191 年孙坚发兵攻打刘表，刘表派部将黄祖应战，与孙坚相遇于樊城、邓塞之间。双方交战，黄祖兵败坚守襄阳。熟悉襄阳一带山势地形的刘表命令黄祖在襄阳城南的凤林关设下埋伏，当孙坚乘胜夜追黄祖经过凤林关时，遭到刘表伏兵袭击，孙坚被乱箭射死，其余孙军败走，刘表取得战争胜利。公元 219 年，刘备荆州守将关羽与曹操将曹仁等在樊城为中心的荆襄地区，进行了震惊华夏的一场战争，俗称"水淹七军"。此次战役从 7 月开始，到 12 月关羽被东吴擒杀，历时约 7 个月，以关羽败走麦城被孙权擒杀，丢失荆州而告终。

3. 前秦苻丕攻襄阳与夫人城

公元 378 年，前秦苻丕攻打东晋要地襄阳。韩夫人登城观察地形，巡视城防，认为应重点增强西北角一带的防御能力，并亲率家婢和城中妇女增筑一道内城。后苻丕果向城西北角发起进攻，很快突破外城。晋军坚守新筑内城，得以击退苻丕。为了纪念韩夫人筑城抗敌之功，后人称此段城墙为夫人城。

4. 萧衍起兵襄阳与昭明台

公元 500 年，雍州刺史梁王萧衍起兵襄阳，顺汉江东下反南齐，并于公元 502 年，建立了萧梁政权。昭明太子为梁武帝长子，生于襄阳，辑有《昭明文选》流传后世。位于襄阳古城正中的昭明台就是为了纪念南朝梁昭明太子萧统而建。

5. 岳飞收复襄阳等六郡与襄阳城墙

公元 1134 年南宋政权命令岳飞进军收复襄阳等地。岳飞收复襄阳后重新加固了襄阳城墙，现在的襄阳城墙上依然有许多刻有"岳"字的城砖。

6. 李曾伯收复襄阳与岘山摩崖

公元 1251 年，京湖安抚制置使李曾伯在修复鄂州城后，又向朝廷请求收复襄阳。同年 4 月派荆鄂副都统高达率二万一千名荆湖军收复襄阳。

7. 宋元襄阳之战与射雕英雄

从公元 1267 年 8 月至公元 1273 年 2 月，蒙宋襄樊之战持续了大约 6 年的时间。蒙古军队采取"围点打援"的战略和"先破樊城再攻襄阳"的战术，借助抛石机威力逼降襄阳。在襄阳被围的援襄战争中，值得大书特书的是由张顺、张贵率领的一支由三千民兵组成的敢死队，他们成为日后金庸小说中守襄阳的英雄原型。

8. 张献忠、李自成破襄阳

公元 1641 年 2 月，张献忠率起义军智取军事重镇襄阳，破城并杀襄王朱翊铭，尽获城中兵器、饷银。公元 1642 底李自成率部 40 万南下湖广，连破襄阳、荆州等地，至 1643 年正月，又破承天、汉阳诸地，在军事胜利的同时，李自成改襄阳为襄京，设奉天倡义文武大元帅府，自任大元帅。

9. 张自忠枣宜会战

抗日战争和解放战争时期襄阳最为重要的战事就是张自忠枣宜会战。

（四）叱咤风云的帝乡意象

帝乡一般是指中国古代帝王出生或日常居住的地方，在古代诗词中频频出现"帝乡"一词，更有《思帝乡》的词牌。此处的帝乡则主要指以汉光武帝刘秀为代表的帝王故里文化，主要包括古代帝王出生之地和外地帝王的龙兴之地，此外还包括出生于襄阳的"一人之下，万人之上"的宰相（或相当于宰相）和被封于襄阳的王侯们。

1. 出自襄阳的楚王

自周成王以子爵封熊绎于荆山（在今南漳县境内）开始，到春秋时楚文王迁都郢城为止，楚国在襄阳境内存续了300多年。楚武王熊通于公元前704年，自立为武王，楚开始称王。据考证春秋时期楚国共有十王十四主出自襄阳。

2. 出身于襄阳的帝王

西汉末年，王莽乱政，天下大乱，出生于枣阳白水乡的刘玄和刘秀先后称帝。与由绿林军拥立的毫无作为的傀儡皇帝刘玄不同，东汉开国皇帝刘秀缔造了"光武中兴"的盛世，被誉为中国十大名君之一，是中国历代帝王中唯一一个同时拥有"中兴之君"与"定鼎帝王"两项头衔的帝王，毛泽东曾评价刘秀是"中国最会用人、最会打仗、最有学问、学历最高、最早土改的皇帝"。

3. 龙兴于襄阳的帝王

南北朝时期是中国历史上的一个乱世，这一时期的南朝宋和梁两个朝代先后有宋孝武帝刘骏、梁武帝萧衍、梁简文帝萧纲、后梁宣帝萧詧四位乱世王朝的皇帝龙兴于襄阳。

4. 出生于襄阳的宰相

从春秋时期至清代这2000多年里，先后从襄阳地区走出了十六位宰相（或相当于宰相）。他们是：春秋时期的伍子胥，三国时期的张悌，南北朝时期的柳元景、柳世隆、柳文通、柳文深、柳忱、韦睿，唐代的柳浑、张柬之、朱朴，宋代的张士逊、范宗尹，明代的王之望、方岳贡，清代的单懋谦。

5. 被封于襄阳的王侯

在历史典籍和武侠小说中襄阳侯和襄阳王频频出现，但是真正在襄阳做官的则只有东汉初的襄阳侯习郁和明代的襄阳王。习郁本为襄阳人，因有功于东汉朝廷，被汉光武帝刘秀封为襄阳侯，为襄阳留下了千年古刹鹿门寺和私家园林鼻祖习家池。明代襄阳王于永乐二十二年（1424年）封，宣德四年（1428年）就藩长沙府，正统元年（1435年）移襄阳府。襄阳王共沿袭了9代，分别为襄宪王（朱瞻墡）、襄定王（朱祁镛）、襄简王（朱见淑）、襄怀王（朱佑材）、襄康王（朱佑橒）、襄庄王（朱厚颎）、襄靖王（朱载尧）、襄王（朱翊铭）、襄王（朱常澄）。崇祯十四年（1641年），张献忠攻陷襄阳，朱翊铭遇害，襄阳王府被毁，仅存绿石影壁。子常澄，崇祯十七年（1644年）进封，寄居九江府。

（五）俊逸高洁的高士意象

高士在中国文化中一般用于指称那些志趣、品行高尚出俗的人，在古代多指隐士。襄阳在历史上涌现出一大批影响深远的高士，为襄阳积淀下了别样的高士隐逸文化。

1. 司马徽与南漳水镜庄

公元206年，刘备落难路经水镜庄问贤于隐士司马徽，他向刘备推荐说："卧龙、凤雏，两人得一，可安天下"，遂引出"三顾茅庐"的千古佳话。水镜庄又称白马洞，其得名与鹿门山和庞德公有关。有一次在庞德公举行酒会上，司马徽论古谈今，言谈洒脱超凡，庞德公称赞他说"先生数典如流水，水清似镜，真乃水镜先生矣。"此后，"水镜"之名便名扬中原，白马洞遂改名为"水镜庄"。

2. 习郁与鹿门寺

据清同治本《襄阳县志》记载："汉建武中（公元25—56年），帝与习郁（巡游苏岭山）梦见山神（两只梅花鹿），命郁立祠于山，上刻二石鹿夹道口，百姓谓之鹿门庙，遂以庙名山。"后来，庞德公不受刘表数次宴请，携其妻栖隐鹿门。唐代时，孟浩然、皮日休效法前贤，山上遂有了孟浩然归隐处和皮日休书屋。

3. 鹿门三高

鹿门三高是为纪念曾隐居在鹿门山的庞德公、孟浩然、皮日休等三位高士名人的统称。公元1613年襄阳知府马朴所撰《重修鹿门三高祠记》称："（鹿门）山故有庞公祠，代纪葺不一。迨嘉靖四年，侍御王公重建，而以唐从事孟浩然、皮进士日休配享，曰三高祠。"至此，庞公祠被三高祠取代并受后人祀拜。

4. 释道安与谷隐寺

释道安出生于公元312年，7岁学习《诗》、《书》、《易》、《礼记》、《春秋》等儒家书籍；12岁出家为僧，学习印度佛理；53岁南下襄阳，在襄阳研究佛学15年。一般认为谷隐寺是释道安所建。宋代诗人曾巩在任襄州刺史时来游，并写了一首《谷隐寺》诗，诗中写道："岘南众峰外，幽然空谷深。丹楼依碧殿，薆出道安林。"

5. 习家池与习凿齿

习家池，又名高阳池，史载为东汉襄阳侯习郁于建武年间（公元25—56年）所建。习郁后裔、东晋著名史家习凿齿曾隐居于此，读史诵经，著《汉晋春秋》洋洋洒洒54卷。自汉晋以来，习家池就已成为襄阳南郊的游览胜地，在私家园林史上有着重要地位，被《园冶》中奉为"私家园林鼻祖"。

6. 山简与山公醉酒

山简是"竹林七贤"之一的山涛之子，他做到了"身居节钺之重，雅慕放达之名"，实现了为官、立功、嗜酒、风雅的结合。尽管其行为放浪，被儿歌所笑，反而多了些欣赏和仰慕。"山公醉酒"成为文学史上盛久不衰的话题，王维有"襄阳好风日，留醉与山翁"，李白亦有"襄阳小儿齐拍手，笑杀山公醉似泥"歌行言其事，这大大提升了习家池和岘山的话题性和知名度，给岘山带来了来自朝廷上层文人的名士风气和疏狂放逸的酒文化的流风余韵。

7. 诸葛亮躬耕隆中

史书记载诸葛亮身长八尺，躬耕隆中10年，好吟诵《梁父吟》。诸葛亮读书独观其大略，常自比于管仲、乐毅，时人对他不屑一顾，只有好友徐庶、崔州平等好友相信他的才干。诸葛亮躬耕待时，终遇能识千里马的"伯乐"，得以施展自身的才华，成为千古名相。

（六）诗情画意的山水意象

《陋室铭》中的一句"山不在高，有仙则名。水不在深，有龙则灵"道出了襄阳山水的独特魅力。襄阳的山水和历史名人、襄阳古城是分不开，离开了历代的历史名人和见证了人事兴衰的古城墙襄阳山水也就没了灵魂。

1. 智慧之山

隆中被誉为"山不高而秀雅，水不深而澄清；地不广而平坦，林不大而茂盛"，因智慧之星诸葛亮的躬耕苦读以待时日而名扬天下。"人事有代谢，往来成古今。江山留胜迹，我辈复登临"的岘山因羊祜登临发出岘山之叹而吸引后人不断登临，而成为天下名山。"鹿门月照开烟树，忽到庞公栖隐处。岩扉松径长寂寥，唯有幽人自来去"的鹿门山正因为"一山隐三高，幽人自来去"，备受文人墨客喜爱而成为有名的隐逸之山。如果说隐居隆中、躬耕待时的诸葛亮和登临岘山、慨然而叹的羊祜多少还有积极入仕、建功立业以求不朽的追求，那么"红颜弃轩冕，白首卧松云"的孟浩然则是在青山绿水之间找到了生命之依托的仁者和智者。诸葛亮、羊祜、孟浩然等智者因不同的人生旨趣，赋予了隆中、岘山和鹿门山不同的文化内涵和别样的风情，而这就是襄阳智慧之山的独特魅力之所在。

2. 浪漫之水

《诗经》中一句"汉有游女，不可求思"牵动了古今多少文人墨客的心，后人因此演绎出了神女弄珠和汉水女神的神话故事，并将其和襄阳本土节日"穿天节"结合在一起。汉江是中国古代"江河淮汉"之一，而这么重要的一条江，却在儒家经典《诗经》中和一个"游女"形象联系在一起并引发后人联想和附会，创造出在中国文化史独领风骚的汉水女神文化意象，这不能不说是中国文化史上的奇迹。汉水游女、汉水女神、神女龙珠等神话传说又赋予了汉江这条贯穿南北、连接东西的重要河流以浪漫气息，为铮铮铁骨的铁血襄阳城，增加了一抹温柔浪漫的情怀。

3. 魅力之城

襄阳古城池最大特点不仅仅是古城墙，而是由城墙、护城河和外围的作为屏障的山体，山水城三者有机组合的一个整体。襄阳古城由坚固宽敞的古城墙，东、南、西三面人工开挖的最宽的护城河和北面天然汉江共同构成的护城河系统，以及东、南、西"三岘"诸山和北面汉江所形成的里、中、外三道军事防御屏障，如若将这三道防御体系和城内古建筑看作一个整体，那么襄阳将会是一座"由建筑与山水环境的叠加而显示出鲜明个性特征"的"风景名胜型"的历史文化名城。襄阳古城"十里青山半入城，一江碧水穿城过"，山、水、城三元素有机融合，是典型的而又奇特的山水城市，被誉为"一座真正的城"。

4. 诗意之地

诗词绘画中着墨最多的也是岘山、鹿门山、万山、隆中山汉江、大堤、襄阳城、古樊城等山水城三元素。襄阳的山水已不仅仅是自然的山水，而是已经充分人文化了的山水。襄阳山水除了有"楚山横地处，汉水接天回"（唐·杜审言《登襄阳城》）的恢弘大气，"江流天地外，山色有无中"（唐·王维《汉江临泛》）的清微淡远，"微云淡河汉，疏雨滴梧桐"的静谧清幽(唐·孟浩然《省试骐骥长鸣》),"山水观形胜,襄阳美会稽"(唐·孟浩然《登望楚山最高顶》)的优美轻快外,还具有"水落鱼梁浅,天寒梦泽深"(唐·孟浩然《与诸子登岘山》)的冰冷苦涩和"野树苍烟断,津楼晚气孤"(唐·陈子昂《岘山怀古》)凄苦悲凉。风情万种的襄阳山水再加上"楼阁依山出,城高逼太空"(明·李言恭《汉江城楼》)的襄阳城,就构成了大诗人王维的那句"襄阳好风日"的盛赞。

三、襄阳旅游的发展愿景

襄阳旅游的历史印象和审美意象,为我们诠释了一个"汉水文化魅力城,诗意旅游栖息地"的美好愿景,同时也让我们深刻地感受到襄阳这座城市的独特魅力和建设华中旅游名城的竞争优势。当前汉江流域中心城市建设已经成为省级战略,为了更好地推进城市品牌建设,市委市政府确立了"一城两文化"的城市文化定位和"千古帝乡 智慧襄阳"的城市品牌宣传语,大力营销、推广襄阳。为了建设华中旅游名城,做大做强襄阳文化旅游产业,我们应该抢抓汉江流域中心城市建设的重大战略机遇,在实现功能城市向文化城市的转变的同时,通过大力发展旅游产业,留住襄阳历史记忆,彰显文化襄阳魅力。尽管目前襄阳在区域旅游竞争中落后于省内的武汉、宜昌和十堰等地区,但从当前的资源禀赋、区位优势、交通条件、经济实力以及汉江流域中心城市的发展战略定位来看,襄阳旅游的战略定位应该立足现在、面向未来,大视野、高水平的谋划在鄂西圈、湖北省、汉江流域乃至全国的旅游大格局中的位置,并把握好襄阳旅游的发展方向。

(一)成为重要的旅游枢纽城市

枢纽的含义就是指事物相互连接的中心环节、事物的关键之处或重要的地点。所谓枢纽城市就是指某一城市相对于周边其他城市更为重要,处于中心和关键的地位。我们认为被定位于区域性中心城市和汉江流域中心城市的襄阳,在汉江流域的旅游发展格局中理所当然应扮演着流域旅游枢纽城市的地位,而这又是由襄阳旅游交通枢纽地位和对周边城市旅游的辐射带动作用所决定的。

1. 旅游交通枢纽城市

襄阳的旅游交通枢纽地位是由其对内对外的地理通达性所决定的。襄阳在地理位置上西接川陕、东临江汉、南通湘粤、北达中原,是鄂、豫、渝、陕四省毗邻地区的交通枢纽。历来就是南北通商要道和文化交流通道,古有"南船北马、七省通衢"之称,今已形成水陆空铁四位一体的立体化交通网络。区位条件优越,交通十分便捷。随着未来西武高铁、郑万高铁的修建和通车、汉丹铁路的改造、襄阳机场向4D级升级以及谷竹、麻竹、保宜、保神、老谷、枣潜等高速公路建设,为襄阳构建起21世纪空陆立体化、网络化的现代交通枢纽提供了机遇。未来随着汉江流域综合开发的深入进行,汉江干流梯级开发及航道标准化建设的持续推进,襄阳的水上交通优势会进一步挖掘。尤其值得一提的是规划建设中的西武高铁和郑万高铁将再现襄阳当年"北通汝洛,西带秦蜀,南遮湖广,东瞰吴越"的"上流门户"地位。届时襄阳将成为勾连以西安、郑州、武汉和重庆为中心的关中—天水城市群、中原城市群、武汉城市圈和成渝城市群等四大城市群的中心枢纽城市。旅游严重依赖于交通，从国内外旅游发展现实来看，旅游交通枢纽城市往往又是知名的旅游集散中心、旅游目的地和旅游门户城市。

2. 旅游集散中心城市

"旅游集散中心城市"来源于"旅游集散地"一词，后者是指在某一旅游目的地范围内扮演着为旅游者提供中转集散功能的中心城镇，该中心城镇往往是其所在区域的地理中心和交通运输中心。旅游集散地是旅游者进入旅游目的地的第一站，然后再由此分流到旅游目的地的各个景区。研究表明旅游者往往偏向于将具有一定游览功能的区域作为其整个旅游行程的集散地，该区域对旅游目的地内的其他区域具有很强的辐射作用——集散地的集散功能越强，其对周边区域的辐射性就越强。和旅游集散地概念不同的是旅游集散中心城市是着眼于城市群，是指在某一城市群范围内扮演着旅游集散地角色的城市。旅游者先到旅游集散中心城市，再由集散中心城市分流到城市群内的其他城市。旅游集散中心城市扮演着对外招徕集聚游客，对内向城市群内的其他城市分流输送游客的集散功能。因此旅游集散中心城市往往就是区域城市群的中心城市，城市群旅游的发展必须依托一个强有力的旅游集散中心城市。目前，以襄阳为中心，依托高速公路、高铁3小时之内可以到达十堰、宜昌、随州、南阳等城市。随着汉江航道的标准化建设和"黄金水道"功能的不断完善，通过游轮旅游，汉江沿线城市群旅游更为便捷。因此随着襄阳建设汉江流域中心城市步伐的加快，汉江中游城市群旅游集散中心城市的地位将会逐渐巩固。

（二）成为三大旅游的门户城市

门户的原意是指居民住房的正门、房屋的出入口。在互联网中常用于称呼那些集成了多样化内容服务的Web站点为网络门户或门户网站。网络门户就是人们上网浏览的出发地点和第一站，经由这道门才可以进入网络的大千世界。同门户网站之于网络"第一站"功能一样，门户城市也是出入某一城市群的"第一站"和中心城市。门户往往具有集聚、脸谱和导入三大功能：集聚包括对区域内外旅游产业要素和外来旅游者的聚集和吸引；脸谱是指代表了一个区域的整体形象和脸面；导入是指将对外聚集的旅游要素和吸引来的旅游者向其所在区域引导和分散布局。因此，门户城市在地理位置上往往是某城市群内的综合交通枢纽所在地，在经济和社会发展方面也处于较高的发展水平。城市群的门户城市能对外部产生极大的吸引力和辐射力，对城市群内特别是城市群的腹地城市的发展有极大的促进和牵引作用。

1. 荆楚文化旅游门户城市

襄阳不仅是荆楚文化发祥地，还是进入荆楚大地的重要门户之一，在全省可以承担荆楚门户的城市只有武汉、襄阳和宜昌。目前，我省已形成出入荆楚大地的三大门户城市鼎足而立的格局，外地游客从任何一个门户城市进入，均可方便通达另外两个门户城市。就襄阳而言其门户城市的辐射范围，除了本省的襄十随、襄荆荆外，还包括了河南的南阳等。襄阳本身就是荆楚文化旅游资源的富集地之一，境内的荆山山脉、沮漳河的上游是楚人早期活动地址之一，留下了包括端公舞、沮水巫音和杠神等一大批极具楚文化色彩的非物质文化遗产，以及包括西周邓城旧址、南漳楚寨群遗址和玉印岩、宜城楚皇城遗址和枣阳九连墩古墓群等在内的楚文化物质遗产。由襄阳向西北又可进入丹淅地区，追踪楚国先人的历史足迹；南下则可进入荆门和荆州，一览我国唯一的一个以楚故都纪南城为中心的楚文化荆州大遗址保护区。

2. 鄂西圈旅游门户城市

襄阳近年来坚持旅游活市战略、以建设汉江流域中心城市为抓手，大力推动文化与旅游的深度融合，推出了以襄阳古城池、三国历史文化和汉水文化为代表的"一城两文化"旅游品牌和"千古帝乡 智慧襄阳"的城市品牌，极大地推动了襄阳旅游业的发展。襄阳是鄂西圈的旅游门户城市，不仅自身的旅游资源丰富是鄂西圈重要的旅游目的地，更是鄂西北的重要门户，是进入鄂西北地区的第一站，是襄十随、襄荆荆城市带的"T"形交叉点。以襄阳为中心可以饱览鄂西圈"半壁江山"的旅游胜景。

3. 汉江流域旅游门户城市

襄阳踞汉水中游，东西交汇、南北贯通，"汉晋以来，代为重镇"，是汉水流域最重要的城市，是区域性经济、政治、文化中心，成为汉水文化中具有重要影响和代表性的区域。襄阳既是汉江生态文化旅游带的中心节点城市，又是进入该区域的交通枢纽城市，还是该区域的重要集散中心城市，以襄阳为中心可以遍游汉江美景。随着襄阳机场的提级升档和西武铁路的修建，襄阳将成为陕西和湖北沿汉江一线的交通中心，南来北往的游客到达襄阳后都可快速地以襄阳为中心通过铁路、轮船和公路沿汉江向上下游城市自由、快捷地移动。

（三）成为多类型的旅游目的地

通俗地讲，旅游目的地就是旅游者最想要去的地方，是吸引旅游者前往并在此停留、游览的地方。旅游界一般按旅游目的地旅游吸引半径的不同划分为世界级、国家级、地区级和景区级四种类型。也可按照旅游资源的特性和旅游者的旅游体验特征将其划分为自然型、文化型和综合型的旅游目的地。这里我们按照襄阳的旅游资源特性和旅游者对于襄阳旅游的价值诉求特征认为襄阳最具特色的是文化资源，而以襄阳古城、三国文化和汉水文化为代表的"一城两文化"在襄阳诸多文化资源中最具有旅游价值。

1. 古城文化旅游目的地

襄阳是历史文化名城，古城资源丰富，被列入国家级文物保护单位的古城就有襄阳古城墙、樊城邓城遗址、宜城楚皇城、南漳古山寨等。除了这些被列入国家级文物保护单位的古城外，古城文化还应包括襄阳北街、樊城太平店古镇、枣阳前湾明清古村落、老河口太平街、南漳漫云古村落、保康薛家庄古村落、谷城老街等为代表的历史文化街区旅游资源。这些古城、遗址和历史街区等是襄阳古城旅游目的地的重要组成部分，共同构成了襄阳千年古城的文脉。襄阳作为千年古城旅游目的地，除了自身的古城资源丰富外，襄阳所处的汉江中游地区本身就是一个古城资源非常丰富的区域：上有武当山宗教建筑群、中有襄阳古城墙和南漳古山寨、下有钟祥的明显陵，四者共同构成了包括宗教信仰、城市生活、军事战争、帝王陵寝等集生老病死于一体的明清古建筑群落，而襄阳就是这个明清古建筑带的中心。

2. 三国文化旅游目的地

襄阳是"三国文化之乡",境内三国文化资源丰富。东汉末年刘表将荆州的首府从汉寿迁到襄阳,使襄阳一度成为区域性政治、经济、军事中心和全国的文化学术中心。一般认为襄阳是三国故事的发源地和三国归晋的策源地,因此被称为"三国头、三国尾"——前者主要以水镜庄、古隆中为代表,后者主要以襄阳古城和岘山为代表,在襄阳市区以襄阳古城至古隆中一线是三国历史文化资源的富集带,可以此为依托重点打造三国文化景观廊道。襄阳的三国文化主要以诸葛亮文化为代表,而汉江流域又是诸葛亮躬耕苦读、成家立业、南征北战、生命终结等人生重要活动的区域。如果说诸葛亮在襄阳未出隆中一直天下三分,那么,羊祜则是在镇守襄阳期间,提出了平吴策略,谋划好了三国归晋、天下一统的蓝图。羊祜在襄阳期间对岘山风景情有独钟,曾多次登临,留下了诸多的历史遗迹,唐宋以来历代吟诵襄阳岘山的诗词都会涉及羊祜和堕泪碑。在东南亚,尤其是日本和韩国,诸葛亮和羊祜知名度非常高。襄阳重点发展三国文化,主打"智慧襄阳"牌,必将有力地带动襄阳旅游的发展,而襄阳旅游的发展又必将向世界各国人民充分展示襄阳的文化魅力和城市品位。城市文化、城市形象是城市软实力的重要组成部分,也是招徕客商、吸引投资的重要因素之一,可谓一举三得。

3. 汉水文化旅游目的地

襄阳位于汉水中游,是汉水流域最重要的城市。襄阳汉水文化资源丰富,要想成为汉水旅游目的地必须做好自身的资源整合与开发。汉江穿城而过,是襄阳的一大特色,要做足滨水文章:首先,以鱼梁州为抓手,深挖汉水女神文化内涵,以树立汉水女神雕塑为契机,做足神女文化文章;其次,尽量恢复汉江沿岸的襄阳历史上的十大名祠中的樊侯祠、羊杜祠、庞靖侯祠、忠烈祠、郑公祠、三贤祠等;再次,在汉江两岸的滨江一线以绿化、雕塑、建筑小品等方式扮靓汉江,通过设置特色文化街区和主题文化广场来展示汉水文化风情和满足人民群众的公共文化生活需要;最后,要以崔家营湿地公园、月亮湾湿地公园等汉江湿地公园建设为抓手,汉江游轮为载体,搞好水上竞技项目和以穿天节、拔河运动、七夕节为代表的节事活动。

对于襄阳市而言,要想真正成为汉水文化旅游目的地,必须以汉江中游的丹江口、老河口、谷城、襄阳、宜城、钟祥等城市为重要依托,以汉江为旅游发展轴从上到下依次打造:(1)"丹河谷"旅游组团:以丹江口、老河口和谷城三地为依托,以汉江为发展轴,整合武当山、丹江口水库、谷城汉江国家湿地公园、薤山国家森林公园、承恩寺以及历史名人和非物质文化遗产等汉水文化资源;(2)宜城和南漳的荆楚文化旅游:可以宜城的楚皇城和南漳的长渠勾连起两地之间的楚文化旅游资源,打造"一渠一城一湖三人"襄阳荆楚文化旅游格局,即长渠、楚皇城、鲤鱼湖和写入了中国军事史的白起、张自忠以及楚文化的杰出代表宋玉;(3)枣阳最大的汉水文化品牌是以汉光武帝为代表的帝乡文化,要重点打造以白水寺、唐梓山、白竹园寺等为代表的帝乡文化品牌和以汉城、玫瑰园为代表的现代主题公园产品;(4)襄阳市区最为著名的汉水文化资源当属"一江二城三山四区五人六帝"的组合,即汉江;襄阳古城、老樊城;岘山、鹿门山、隆中山;三国历史文化景区(以古隆中、岘首山为代表)、古城文化底蕴体验区(以襄阳古城池、樊城城门遗址、邓城遗址以及明清会馆为代表)、汉水文化风情展示区(以鱼梁州为代表)、现代都市文化旅游区(以东津新区为代表);诸葛亮、释道安、习凿齿、孟浩然、米芾;汉更始帝刘玄、汉光武帝刘秀、南朝宋孝武帝刘骏、南朝梁武帝萧衍、南朝梁简文帝萧纲、南朝后梁宣帝萧詧。按照"城是一个景,景是一座城"将其打造成汉水文化体验的核心区;(5)钟祥是汉江中游的历史文化名城之一,境内的明显陵、莫愁女的传说、莫愁湖,同时也是汉江流域唯一的"中国长寿之乡",这些都是汉水文化中的稀缺性资源,可将其打造成为以襄阳为中心的汉水文化体验区的延伸区。

襄阳建设中华智慧城研究

姜家林　肖兆武　白家强

汉江流域是中华民族优秀文化的重要发源地和贡献地，这里是两汉龙兴之地，也是汉民族兴隆之地，长期的历史发展形成了独特的汉水文化。三千里汉江，精要在襄阳。襄阳作为汉江流域的一座历史文化名城，历史上孕育和生活过众多杰出人物，如战国时期楚国辞赋作家宋玉、东汉开国皇帝刘秀、蜀汉丞相诸葛亮、东晋史学家习凿齿、唐代诗人孟浩然、宋代书画家米芾等。这里是荆楚文化的发祥地、三国文化之源、汉水文化核心区。尤其是以诸葛亮、刘秀、释道安等为代表的智慧文化，享誉海内外，诸葛亮被誉为"智圣"，是智慧的化身。新时期，挖掘襄阳历史智慧文化资源，复兴襄阳中华智慧之城，对弘扬中华优秀传统文化，用文化引领汉江流域中心城市建设，具有重要现实意义。

一、中华智慧城的界定

1. 从技术层面的界定

近年来，智慧城市作为探索城市可持续发展的一种新理念和新模式席卷全球，我国住房与城乡建设部也启动了国家智慧城市建设试点工作。目前，智慧城市建设处于探索阶段，还没有一个较为准确的定义，被广泛认同的智慧城市是指新一代信息技术支撑，知识社会下一代创新（创新2.0）环境下的城市形态。强调智慧城市不仅仅是物联网、云计算等新一代信息技术的应用，更重要的是通过面向知识社会的创新2.0的方法论应用，构建用户创新、开放创新、大众创新、协同创新为特征的城市可持续创新生态。

2. 从文化层面的界定

中华智慧城是一个智慧文化城，在智慧文化视角下对城市的政治、教育、科技、人才、经济等方面进行研究，其主要内容是智慧文化，当然也包含了技术层面智慧城市的内容。中华智慧之城首先是一个智慧文化丰富并具有特色的城市，具体表现为政治清明、教育发达、科技先进、经济繁荣、人才荟萃、环境优越等基本特征，其智慧文化是"魂"，不断创新和可持续发展是核心。如果一个城市具备上述基本特征中的一项或多项，并且在中国或区域内产生较大的影响或特色较为鲜明，我们把它称之为中华智慧城。

本文主要研究的是智慧文化层面的智慧城，即研究历史上的襄阳智慧城、现代的襄阳智慧城的定位、目标构成及其实现路径设计等内容。

二、襄阳打造中华智慧城的历史依据

襄阳具有2800年的历史，形成了丰富的历史文化，铸造了襄阳历史文化名城。襄阳历史文化中智慧文化个性鲜明，政治智慧、军事智慧、宗教智慧、建筑智慧、文化艺术智慧和经济智慧等影响较大，特别是诸葛亮的智慧文化享誉海内外，襄阳是中华历史上名副其实的智慧之城。

(一) 刘秀、诸葛亮是中华政治智慧的杰出代表

开创"光武中兴"的东汉开国皇帝刘秀，和有"智慧化身"之称的诸葛亮，是襄阳政治智慧的杰出代表。刘秀出生于枣阳吴店，以一介布衣身份在舂陵起兵，打败王莽建立东汉政权。在位33年间，以柔保身、以柔服人、以柔养民、以柔驭臣，大兴儒学、推崇气节，促成东汉政权繁荣局面的形成。这种采用"柔道治国"策略，充分显现了其治国理政的大智慧。王夫之说刘秀"三代而下，取天下者唯光武独焉"。毛泽东对他的评价极高，称刘秀为"最有学问、最会打仗、最会用人的皇帝"。

发生在襄阳隆中的"三顾茅庐"故事成为千古佳话，这既是司马荐贤、刘备求贤引智的政治智慧，更是诸葛亮寻找明君实现自我塑造的典范。诸葛亮，三国时期蜀汉丞相，中国历史上杰出的政治家、军事家，被后人誉为"忠诚的代表，智慧的化身"，是中华智慧殿堂的璀璨明珠。他十三岁时随叔叔从山东来到襄阳，至二十七岁出山，在襄阳隆中躬耕、苦读和交友，是其知识、才能和智慧形成的重要时期，著名的《隆中对》就是在这里策划的。《三国演义》充分展现了诸葛亮的政治、军事、科技、人生等方面的智慧。在政治智慧方面，首先突出表现为善于把握天下大势，总揽全局，制定正确的战略方针。建安十二年，刘备三顾茅庐，向诸葛亮请教天下大事，诸葛亮《隆中对》的精辟分析，高屋建瓴，为三分鼎立规划了蓝图，为刘备集团制定了最佳的战略方针。其次是善于协调君臣同僚，和衷共济。诸葛亮与刘备鱼水相谐，推心置腹；与刘禅君臣相得，善始善终；与同僚的关系也表现出一种高超的政治智慧。第三是善于治理，造福一方。陈寿在《三国志·蜀书·诸葛亮传》中高度评价道："诸葛亮之为相国也，抚百姓，示仪轨，约官职，从权制，开诚心，布公道"，"可谓识治之良才，管、萧之亚匹矣"。当代史学大师范文澜也充分肯定诸葛亮："他所治理的汉国，在三国中却是最有条理的一国"。另外，诸葛亮还在善于识才，培养接班人等方面表现出超常的政治智慧。

襄阳这块肥沃的土地上，在历史长河中，孕育了众多的政治人物，如楚庄王的"一鸣惊人"、刘表的"聚全国之贤士"、羊祜的"以德施政"等，都是中国历史具有较大影响的政治智慧表现。

(二) 兵家必争之地襄阳，演绎了灿烂的军事智慧

襄阳地理位置重要，历来为兵家必争之地，历史上曾经在这里发生过众多的著名战役，充分展现了襄阳军事思想的智慧和魅力。如楚巴攻邓鄾之战，楚巴军统帅斗廉利用"后退包围"战术击败邓国军队，是春秋时期运用此战术取得成功的早期典型战例。汉献

帝初平三年，袁术派孙坚攻打荆州。刘表派江夏太守黄祖应战。起初，孙坚屡次挫败黄祖，黄祖败守襄阳城。刘表冷静下来，凭借对襄阳山势地形的熟悉，让黄祖在凤林关设伏。结果孙坚被乱箭射死，正所谓"擒敌先擒王"，襄阳城转危为安。又如三国时，关羽率兵攻取樊城，演绎的"水淹七军"战役，成为关羽历史上最辉煌的一段生涯。

襄阳的战役多与襄阳古城池有关，"一部襄阳城，半部中国史"，这座千年古城被誉为"铁打的襄阳"。东晋太元三年二月，前秦苻坚派苻丕攻打东晋要地襄阳，时东晋中郎将、梁州刺史朱序在此镇守，他错误地认为前秦无船，难渡沔水（汉水），轻敌疏备。朱序母韩夫人早年随丈夫朱焘于军中，颇知军事。当襄阳被围攻时，她亲自登城观察地形，巡视城防，认为应重点增强西北角一带的防御能力，并亲率家婢和城中妇女增筑一道内城。朱序及其母亲在"夫人城"积极应战，屡挫前秦军队成为流传千古的佳话。南宋时岳飞收复襄阳六郡之战中，战略上针对性伪伪齐分兵守城，互不支援的弱点，集中兵力攻打其重点防御的郢州，击其一点，震撼全局，最后轻襄阳；战术上运用采用分进合击、出奇突袭的战法，一举收复襄汉大片失地。南宋将领赵淳率万余孤军坚守襄阳三个月，以顽强的意志和高度的智慧，击退了20万金兵的攻击，"铁打的襄阳"由此传开，名闻天下。公元1267年，蒙古军队进攻襄阳，襄阳孤军奋战，军民坚守近6年；元军采用"久围缓攻、待其自降"策略，把围困、打援、强攻和诱降结合起来，此战充分展现了敌我双方的军事智慧。解放战争中，王近山指挥的"襄樊战役"，打破历史上取襄阳必先夺南山的惯例，用"猛虎掏心"战术，被中央军委誉为"小的模范战役"。

（三）东晋安逸的环境，造就了"东方圣人"释道安的宗教智慧

襄阳是宗教文化的富集区和高地，真武山是道教圣地，白水寺、承恩寺等与皇家有关，沈垭天主教堂曾是天主教鄂西北总堂并成为全国最大的传教场所之一，谷隐寺、铁佛寺、广德寺、观音阁、鹿门寺等以释道安大师为首的高僧大德的弘法地。

释道安被称为"东方圣人"，是佛教中国化第一人。他53岁南下襄阳，在襄阳弘扬佛法十五年中，在许多方面开创了佛教史之先河，尤其是他领导了般若学的研究，用中国传统文化解释外来文化，以老、庄理论解释佛教般若思想，促进了佛、道、儒的融合，使佛教适应了中国传统文化，适应了中国国情，为印度佛教中国化奠定了基础，做到"洋为中用"。确立了"不依国主，佛法难立"的原则，主张佛教要与所在的社会相适应，强化了佛教的社会性和政府性。通过统一僧尼姓氏，制定僧尼规范，发挥了四海一家的真精神，强化了佛教的统一。释道安为佛教所作的贡献，在中国佛教史上是个重要的里程碑，当时的襄阳曾名流"一里一寺"，佛法在襄阳之兴盛，也一度成为全国的佛教中心。在襄阳的15年是释道安一生中业绩最卓著，最有建树的时期。他对中国佛教做出了重大贡献，是佛教中国化的最重要推动者；总结出的"五失三不移"原则，对后世佛经翻译有深远影响；为寺院立规制，是佛教史上创立"清规"的第一人；统一僧尼姓氏一律姓"释"。

（四）襄阳古城池、习家池等是中华建筑智慧的优秀典范

古人构城理论中有"依山者甚多，亦需有水可通舟楫，而后可建"之说，"枕山、环水、面屏"成为古代的城市选址基本模式。汉代董仲舒提出的"天人合一"理论，追求与自

然和谐统一是中国古代城市建设突出特点,襄阳古城池的"山—水—城"有机融合为一体充分体现了这一城市建设思想。襄阳古城池规划设计极其巧妙,在北面,汉江成为了天然屏障,在东、南、西三面,直接引汉江水而形成护城河,护城河平均宽180米,最宽达250米,是目前我国最宽的。护城河上的桥梁分为两端,中间以"子城"相连,防御及排水能力十分强大。就防洪排水沟功能来看,修筑坚固高大,可以防御洪水冲击的城墙,修筑坚固的护城堤,可以保护城墙,拓宽并疏浚护城河,以利泄洪。设闸以节制护城河水位,以利防洪。就军事层面来说,汉江还是襄阳城最好的后勤运输通道,城池的设计也充分考虑了这一优势,东北角的长门直通码头,并修有瓮城,可最大限度地保障后勤运输、部队调动之安全。在宋、元襄阳大战中,宋军之所以能够长期坚守,与能通过汉江进行补给有很大关系。

襄阳这座历史文化名城留下了众多的历史遗迹,据第三次全国文物普查统计,襄阳有古建筑697处、近现代重要史迹及代表性建筑126处。其中,省级重点文物保护单位习家池为中国唯一一处从东汉开始修建并使用和保存至今、国内最早的古代私家园林,堪称中国园林建筑典范的鼻祖,中国第一。全国重点文物保护单位绿影壁位于襄阳城内东南隅,系明代襄阳王府门前的照壁,是中国现存四大影壁之一,属中国第二大影壁,也是独具特色的一座,至今已有560多年的历史。国家级重点文物保护单位襄阳广德寺多宝佛塔,是国内仅存的10多座金刚宝座塔之一,它是融合中国传统建筑特色元素与印度佛教建筑文化特征于一体的古代佛塔,是中国传统建筑的杰出代表,具有很高的艺术价值、科学价值和历史研究价值。

(五)山灵水秀襄阳,孕育了杰出的艺术智慧

襄阳人宋玉和王逸是《楚辞》的主要作者,中国文学的两大源头《诗经》、《楚辞》均发源和交汇于汉水流域,开启了诗赋文化的繁荣。历史上咏襄阳的诗歌达25000多首,其中尤以唐诗为盛,达300多首,襄阳是我国文学史家公认的唐诗高地,李白、杜甫、王维、孟浩然、张继、皮日休、白居易等唐代所有著名诗人都有吟诵襄阳或涉及襄阳题材的诗歌,成为仅次于西安、洛阳的都市。襄阳人孟浩然,因放还未仕,后隐居鹿门山,世称"孟襄阳"。他是继陶渊明、谢朓之后,开盛唐田园山水诗派之先声,其诗今存二百余首。孟诗不事雕饰,清淡简朴,感受亲切真实,生活气息浓厚,富有超妙自得之趣。如《秋登万山寄张五》、《过故人庄》、《春晓》等篇,《春晓》就是隐居襄阳所作,成为千百年来妇孺皆知的名篇。

襄阳还是"中国书法名城",这里孕育了三国时期的梁鹄、邯郸淳,隋唐时期的丁道护、杜审言,北宋时期的米芾、米友仁、张友正等书画大师。"米襄阳"米芾与苏轼、黄庭坚、蔡襄合称"宋四家",其《研山铭》成为千百年来人们习书临摹的法帖。米芾因个性怪异,举止癫狂,遇石称"兄",膜拜不已,因而人称"米癫"。米芾能诗文,擅书画,精鉴别,书画自成一家,创立了米点山水,徽宗诏为书画学博士,人称"米南宫"。

(六)"黄金水道"汉江,为襄阳创造了独特的商贸智慧

襄阳位于中国南北、东西交会地,素有"南船北马"、"七省通衢"之称。汉水是我国

古代内河最便捷、最畅达、最繁忙的"黄金水道"。作为汉水流域最重要水陆码头的襄阳，商业文明延绵 2000 多年。汉代襄阳"南援三州，北集京都，上控陇坻，下接江湖，导财运货，懋迁有无"；唐代襄阳"往来行舟，夹岸停泊，千帆所聚，万商云集"，唐代元和年间，襄阳跻身全国 4 个人口达 10 万户以上的州治所之一；明清时期的襄阳"商贾连檣，列肆殷盛，客至如林"。

早期清政府带来的繁华盛世及襄阳人的包容精神，为襄阳引得南北各路商人纷至沓来，当时的整个樊城临江一带成了南北商人和工匠们的生活区域，一时间襄阳市区及各县，几乎所有的手工业作坊和商号，均系外来移民所开设。他们带来了各自原籍的先进技艺和商业文化，从而奠定了襄阳近代的工商业基础。在樊城，当时形成了"九街十八巷"城市格局，建有 20 多个商业会馆，襄阳 30 个码头中樊城有 20 多个，商业辐射到黄河上下、长江南北。清末襄阳、樊城有商户 300 多家，1919 年增加至 700 多家，1933 年仅樊城就有 2000 多家商店。这些独具特色的"九街十八巷"、老商号、码头、会馆不仅展示了襄阳悠久的商业历史，也折射出襄阳深厚辉煌的商贸智慧文化底蕴。

三、襄阳打造中华智慧城的基本构想

（一）发展定位

历史上，襄阳曾数次成为汉水流域中心城市，也是中华智慧城。新时期，襄阳把复兴汉水流域中心城市和中华智慧城作奋斗目标。因此，襄阳打造中华智慧城的目标定位应做到三个结合：一是与襄阳历史智慧文化相结合，襄阳具有深厚的历史智慧和文化底蕴，特别是古城文化、三国文化和汉水文化等在中华历史优秀文化中占有重要地位。古城文化、三国文化和汉水文化凝结了优秀的政治智慧、军事智慧、宗教智慧、建筑智慧、艺术智慧和商贸智慧，是中华智慧文化的宝库，具有鲜明的特色和较大的影响力，因此要把襄阳打造成智慧文化的弘扬城。二是与城市科学发展主题相结合，融入城市大系统，成为城市文化之魂。目前，襄阳是湖北省委、省政府确定为省域副中心城市，支持襄阳加快省域副中心城市和现代区域中心城市发展，着力建设产业襄阳、都市襄阳、文化襄阳、绿色襄阳。2013 年，省委、省政府又把"两圈一带"战略丰富拓展为"两圈两带"战略，将汉江生态经济带开放开发上升为省级战略，汉江流域中心城市成为襄阳城市发展的新目标。为此，要把襄阳打造成智慧人才聚集城、智慧生态特色城、智慧经济创新城，促进城市可持续特色发展。三是与国家启动的智慧城市建设项目相结合，创新城市发展模式，把襄阳打造成智慧生活体验城。

（二）基本原则

传统性与现代性的对接原则。襄阳传统智慧是在当时特定环境下产生的，并经过后人不断提炼、总结、传播逐步形成了具有襄阳地方特色智慧文化，它对后人具有启发性、指导性。但随着时代的发展，传统智慧文化需要创新、发展才能成为现代城市文化，建设中华襄阳智慧城就是要对襄阳传统智慧文化推陈出新才能古为今用，因此要做好与传统智慧文化的对接，以此打造现代版的襄阳智慧文化品牌。

1. 前瞻性与可行性的统一原则

襄阳中华智慧城应站在中华智慧名城的高度建设，理念要先进，特色要鲜明，前景才广阔。但必须结合襄阳的实际，在深入地进行调查研究基础上，科学地进行论证，做到前瞻性与可行性的统一。

2. 系统性与阶段性的统一原则

襄阳中华智慧城的建设要进行科学规划、系统设计，一旦定稿之后要以地方法规的形式固定下来，即使今后要修改、完善也要走相应的程序。在规划、设计时要把总目标分解为相应的阶段性目标，以便分步实施，分阶段评价考核，做到系统性与阶段性的统一。第一阶段：3~5年的时间，中华智慧城奠定基础。主要是总体规划、设计上形成一个科学方案，在思想、观念上达成共识，在进度上启动相关项目，基本的框架与布局已经形成。第二阶段：5~10年的时间，中华智慧城初具规模。这一阶段有关项目已经建成，所有项目建设已全面铺开，规模效益初步显现。第三阶段：10~20年的时间，中华智慧城基本形成。这一阶段中华智慧城已能发挥整体效益、功能，特色明显，并且具有可持续发展的活力。

3. 目标与路径的统一原则

实现襄阳中华智慧城的建设目标，必须选择相应的路径。实现目标的路径很多，如何选择最佳的路径这也是智慧。只有优化路径，做到目标与路径的统一，才能使襄阳中华智慧城建设又快、又好、又省。

(三) 目标构成

襄阳打造中华智慧城，就是以建设汉江流域中心城市为载体，进一步弘扬传统智慧文化，尊重知识、尊重人才，创新经济增长方式，实现城市科学发展，使襄阳成为智慧文化弘扬城市、智慧人才聚集城市、智慧生态特色城市、智慧经济创新城市和智慧生活体验城市，以此"让世界了解襄阳、让襄阳走向世界"。

1. 智慧文化弘扬城

智慧文化，无形无体，润物无声。在弘扬智慧文化方面，首先加大对刘秀、诸葛亮、释道安等为代表的智慧文化元素符号的宣传和推介力度，使其作品再现《三国演义》、《射雕英雄传》效应，成为海内外家喻户晓、脍炙人口的经典作品。第二，城市文化塑造中充分汲取智慧文化精髓，注入并表达于城市建筑之中，使襄阳成为展现中华智慧文化的"无言史诗"、"有形语言"、"凝固乐章"、"动感实景"。第三，智慧文化精神得到发展和创新，在城市发展、经济建设、文化教育、居民生活等方面处处充满着忠诚和智慧。

2. 智慧人才聚集城

紧紧围绕着建设汉江流域中心城市这一目标，通过培养、引进和借用等方式，营造良好的智慧人才成长环境、引入机制和工作环境，打造教育高地与人才洼地，不断演绎新版的"三顾茅庐"和"隆中对"。一代智神谋天下大业，八方才俊起襄阳宏图。既重视诸葛亮级大人才的引进和培养，更重视其团队的引进和培养，不求所有，但求所用，共谋襄阳建设发展大计。制定襄阳人才发展规划，并建立人才长效机制，在襄阳智慧人才群星灿烂、众星拱月，成为全国的智慧人才聚集地和交流平台。

3. 智慧生态特色城

充分发挥襄阳山、水、城、洲的生态优势，打造"山清水秀、天蓝地绿、城在林中、人在景中"的古城新姿，建山水园林城市，让市民"开门有绿、推窗赏景、抬头见山、举足亲水"。汉江尤其是在南水北调之后，水质得到有效保护，能与莱茵河媲美。沿岸江滩、江心洲景观成为城市的亮丽风景线和后花园，彰显城市内部生态特色。环境污染得到有效控制，襄阳的天更蓝、水更清、山更绿、洲更美。新能源汽车是城市交通主要工具，并逐步成为节能环保的城市新标志。

4. 智慧经济创新城

智慧经济是继农业经济、工业经济、信息经济、知识经济之后的第五大经济发展形态。襄阳建设采取"智慧经济创新型"发展模式，经济发展不仅依靠能源、信息、技术等资本，更依靠高级管理人才等人力资本，智慧型劳动者成为推动经济发展的主体和决定因素。能源和资源可持续利用，社会结构平衡有序，国民经济核算不仅考虑经济上的效益，也考虑能源成本、环境成本、生态成本及社会公平等实现的程度。用智慧铸襄阳经济发展之魂，创新贯穿于经济发展的各个环节，使襄阳经济发展在宏观上始终保持最优规模，且具有可持续发展潜力和辐射功能，成为一种可预见性的创新型智慧经济。

5. 智慧生活体验城

襄阳社会财富更加充裕，居民生活更加殷实，人民群众充满幸福感、归属感和自豪感。城市建设科学规划，基础建设较为完善，通过智慧政府、智慧交通、智慧医疗、智慧教育、智慧旅游等项目的建设，使市民办事更方便、出行更便捷、社会更公平、居住更舒适、食品更安全，真正成为本地人自豪、外地人向往的宜业、宜居之城。

四、襄阳打造中华智慧城的主要内容与路径设计

（一）智慧之基在教育，打造教育的高地

分析诸葛亮的成才过程，人们联想到的是当时襄阳的教育，这无不与刘表重视教育有关。诸葛亮的智慧来源于当时襄阳的大智慧。在刘表治理下，襄阳是全国的人才高地，这里聚集了一大批全国一流的人才，且信息通畅，这些为诸葛亮的成才打下了坚实的基础。如果身在其他地方，诸葛亮可能不会取得日后的功业。刘表兴办学馆，大批人才云集荆襄，为办学提供了充足的师资，最盛时有学生三百多人，形成了政治、军事、文化的人才高地，不少学生后来成为三国鼎立时期曹魏、蜀汉政权的肱股之臣。仅蜀汉政权管理团队中就有半壁江山是当时襄阳人才，他们中著名的有庞统、向充、向宠、向朗、廖化、杨仪、马谡、马良等。刘表还组织大批儒生对古文经学进行了大规模研究，亲自主持编撰的《五经章句后定》是我国历史上第一次集体编著的综合性五经教本。他广泛搜集图书资料，充实官府藏书，荆州官府藏书一时成为全国之冠，学子们可以博览群书，不断地汲取成长的营养，使得以诸葛亮为代表的一批英才脱颖而出。这时的襄阳成为汉末全国唯一的学术文化中心，形成了著名的荆州学派，对当时其他地区乃至后世的学术文化产生了重要而深

远的影响。

襄阳历来重视教育发展，现在已经形成了较为完备的学前教育、基础教育、职业教育、高等教育和成人教育体系。基础教育处于全省领先地位，在全国也有影响，是名副其实的基础教育强市和高考强市，成为襄阳对外交流的一张靓丽名片。高等职业教育创新发展，襄阳职业技术学院被财政部、教育部确定为国家示范（骨干）高职院校，办学水平处于全省一流、全国领先位置。特殊师范教育是湖北省唯一的一所特殊师范学校和特殊师范教师培训基地，在全国特殊师范教育中有一定影响。高等教育近年来也有较大发展，在全国高等学校排名逐步前移。可以说，襄阳的教育发展势头较好，且潜力较大，为打造中华智慧城奠定了基础。

但是，我们也需清醒地认识到，襄阳的教育与中华智慧城的愿景相比还有很大的差距，下一步，襄阳要努力打造"汉江流域教育名城"，将襄阳建设成为"氛围浓厚、人才荟萃、充满活力、富有品位、极具特色"的学习型城市，打造"现代国民教育体系先进城"、"学习型社会模范城"、"人力资源开发聚集城"，让襄阳重拾史上人文之盛，再创当代教育之辉煌。

建设中华襄阳智慧城市，还必须重视高等教育的发展，把高等教育放在优先发展的地位来考虑，打破传统思维模式，实施高等教育振兴计划，高起点兴好新校，以实现跨越式发展，为智慧城市建设源源不断地输送人才及精神食粮。首先，省级层面应把襄阳高等教育发展纳入到省级战略，调整全省高等教育布局，在政策、经费、智力资源等方面支持襄阳高等教育发展，使襄阳高等教育与汉江流域中心城市建设同步发展，如优先支持襄阳发展研究生层次教育和四年制高职教育等。其次，襄阳市级层面应聘请专业团队对襄阳高等教育发展进行科学规划，并纳入到汉江流域中心城市的重要建设项目中。支持湖北文理学院加快建成综合性大学、国家示范（骨干）高职院校襄阳职业技术学院尽快开办四年制高职，形成现代职业教育体系。第三，借鉴深圳开办南方科技大学，苏州开办西交利物浦大学、宁波开办宁波诺丁汉大学的经验，通过高等教育的"招商引资"，形成襄阳高等教育办学主体、投资渠道多元化的格局。积极推进高等学校与中外名校、名企合作办学、合作培养、合作就业和合作发展等工作。第四，学校层面要抢抓机遇，紧紧围绕汉江流域中心城市建设，深化办学体制机制人才培养模式改革，办出特色。根据学校的定位和自身特点，采取差异性发展策略，打造"一校一品"，逐步形成既有竞争又有合作的具有襄阳地方特色的高等教育品牌。

（二）智慧之魂在科学，打造科学的圣地

纵观襄阳历史智慧，无不充满着科学内涵，无论是刘秀、诸葛亮的政治智慧和军事智慧，还是襄阳古城池的建筑智慧、释道安的宗教智慧、宋玉的楚辞智慧、孟浩然的诗词智慧、米芾的书画智慧等，其共同点都是遵循科学规律，将其知识和经验进行科学运用的结果。诸葛亮的隆中对策，虽在"未出隆中"形成的，但与同学"俱游学"，游学到过扬州江东、益州、汉中以及官渡之战的北方等地作过实地考察，其神奇在于"走出隆中，放眼天下"，他的智慧来源于在调查基础上所进行的科学谋划。

尊重科学，按规律办事是襄阳人的好传统。早在20世纪70年代，以潘云鹤院士为代

表一班科技队伍为襄阳发展做出了较大贡献。近年来,襄阳经济有较大发展,农业基础地位不断巩固,由农业大市正向农业强市跨越,以汽车为龙头的工业主导地位不断增强,现代服务业快速增长。目前,襄阳拥有2个国家级开发区13个省级开发区、工业园区,产业集群效应逐步显现。襄阳城市发展顺应时代潮流,由"南城北市"逐步演变为"一心四城",围绕着建设省域副中心城市和汉江流域中心城市,提出都市襄阳、产业襄阳、文化襄阳和绿色襄阳建设协调发展,注重城市规划设计,由国内外知名团队编制的"四个襄阳"规划,手笔很大、层次很高、标准很高,注重顶层设计和全域规划,是襄阳的一笔最长远的资产,是襄阳科学发展的蓝图。

襄阳建中华智慧城,打造科学圣地,要切实抓好智慧文化普及与提升工程,形成全员参与、全社会共建的氛围,使襄阳成为尊重科学、按规律办事的智慧文化特色城市。一是在市民层面,通过收集、提炼、加工智慧文化符号,如编写襄阳智慧文化与科技读本,内容包括生活智慧、做人智慧、教子智慧、小发明小创造等,让智慧文化进社区、进家庭、进学校,形成人人讲科学、个个按科学办事的氛围。二是在单位(企业)层面,对于企业要借鉴国内外一些公司企业的做法,将中国传统文化精髓运用到企业经营管理中,如海外尤其是日本在研究把孙子兵法运用到企业管理和产品营销之后,又在研究《三国演义》在商界中的应用。对于党政机关,我们要通过党校、培训班、商学院等途径,把刘秀、诸葛亮等人在治国理政、选人用人、教育家人等方面的智慧运用到行政管理和做人中。不论是政府公务人员还是企业管理及营销人员要加大培训力度,使智慧成为提升管理能力和经营水平的法宝。三是城市层面,要结合襄阳自身实际,在文化、生态、旅游、经济、生活和城市发展等方面突出科学性。强化智慧文化传播力度,要做到"大作品"与"小作品"结合。用刘备三顾茅庐的智慧聘请大师级文艺大家对襄阳传统智慧文化进行传播,对影响较大的智慧文化元素符号,如刘秀的传奇人生和治国方略等进行深度提炼和加工,在影响力较大的媒体上开辟专栏或专题,实行重金招标(邀标)和重奖,使智慧文化新作品成为展现襄阳的"大品"和"精品",同时也要注重智慧文化广度开发的"小作品"和对市民的普及性教育。创新智慧生态工程,以保护好母亲河汉江为重点,发挥襄阳山、水、城、洲的自然优势,建特色绿色襄阳,使自然与人文、社会和城市的有机融合,发挥其综合效益。用智慧开发旅游项目,要做到智慧文化与科技手段的展现相结合,通过旅游公共服务平台、旅游资源数据库、专题旅游咨询网、景区 LBS 定位、虚拟景区并植入网络游戏等项目,展现智慧旅游特色,以此吸引游客。实施智慧政府、智慧交通、智慧医疗等项目,使人们生活智能便捷、城市智能运行、政府智慧服务、企业智能运营,把智慧城市建设项目做出特色,做出智慧。

(三)智慧之本在人才,打造人才的洼地

襄阳历来都重视人才,这里的政治、生活环境相对较好,曾多次形成全国有影响的人才洼地。东汉末年曾有两次难民南迁襄阳,特别是有识之士,看重荆襄地区的富庶和荆州牧刘表保境安民的政治环境。《后汉书·刘表传》载:关西、兖、豫学士归者千数聚集荆州,使荆州首府襄阳替代洛阳而成为全国的学术中心、人才洼地。如王粲、王叔和、诸葛亮、司马徽、杜夔、徐庶等,都是一代俊杰,社会精英。唐朝时襄阳涌现了一批杰出的人物,如杜审言、杜易简、张柬之、张敬之、席豫、孟浩然、张子容、张继、朱放、鲍防、柳浑、皮日休等,还有许许多多的文人志士出入过襄阳,留下了许多遗迹或诗篇,襄阳也成为全国著名的唐诗高地。

襄阳人以海纳百川的胸怀,聚天下智慧为襄阳所用,集天下人力资源助襄阳发展,不断传承智慧文化。20世纪60年代末的三线建设,接纳和转移了一批科技人员,为襄阳的现代工业奠下了第一座基石。70年代初的襄阳在全国率先打破户籍和干部管理体制,引进技术人才,逐步形成了门类齐全的工业体系,成为全国十大工业明星城市之一。80年代中期的建东风襄樊基地,又聚集了一批技术人才,推动了襄阳由传统农业地区向新兴工业城市转变。进入新世纪,襄阳更加重视人才的引进,实施"双千"专业人才引进计划、"隆中人才支持计划"等措施,大量的优秀人才向襄阳汇集,在"两个中心"、"四个襄阳"的建设中发挥了重要作用。

目前,襄阳的人才仍然匮乏,尤其高端人才较少。把襄阳打造成中华智慧城,要长期坚持实施引智工程,人才引进渠道要加宽加粗,不仅要传承襄阳重视人才和尊重人才的优良传统,更重要的是用智慧引人、用人和留人。在诸葛亮成才的地方,引进人才、使用人才,在"隆中对"发生的地方,让人才发光发亮,走向国内国际大舞台,形成"天下有此隆中对,在此隆中对天下"的局面。面对全国、全球人才的激烈竞争的形势,以前使用过的或别人使用的引进人才方法和措施,可能不适应新时期襄阳引进人才的实际,必须进行改革和创新,以此打造襄阳人才洼地。首先,增强优秀人才吸引力。人才吸引力主要与城市发展规划和经济发展、文化卫生事业、城市环境与生活条件等有关。要加快城市规模和经济发展,使城市品牌成为吸引人才的首要条件。推进科技人才载体建设,完善人才吸引的制度建设,加强人才吸引基础环境建设。其次,高层人才要请进来。人才具有层次性,大人才(像诸葛亮)的引领作用更明显。比如,针对襄阳高校发展缺少大人才的实际,要借鉴深圳聘请顶尖人才朱清时院士,在短短5年间把南方科技大学办成了国际水平大学,实现了深圳大学跨越式发展的经验,可以引进大师级教育家,实施襄阳高等教育振兴计划。对高端人才的引进要"动之以情、待之以礼、安之以利"。以三顾茅庐的精神主动和真诚地去挖掘和邀请,真正好的人才不是招来的,而是请来的。再次,加强高端人才及其团队引进。襄阳要加大建校地企共建研究院(中心)、院士(专家)工作站、博士后科研工作站产业基地等方式引进人才,建议学习四川省人力资源与社会保障厅为高职院校和中专校建博士后工作站,引进海归人才经验,在襄阳高校内建博士后基地,引进高端人才及其团队,既能为襄阳经济发展服务,也能促进学校教学水平的提高。

(四)智慧之源在创新,打造创新的沃地

襄阳的智慧是在不断的实践中形成的,实践出真知,只有敢于实践、善于创新,智慧才能源源不断地产生。历史上,由于襄阳地处汉江中游,依据"南船北马"、"七省通衢"的汉江黄金水道交通枢纽优势,顺应历史发展潮流,在襄阳人的不断实践探索中,城市得到了较好发展,曾数次成为有影响的区域性中心。就整个汉江流域来看,在三国至隋时期,南阳为汉江流域中心城市,襄阳为门户城市;到了唐代中后期,襄阳上升为汉江流域中心城市,武汉为门户城市,而南阳退为唐白河流域的一个地方性中心城市,这地位一直延续至清朝中后期。

在新时期，襄阳不断进行改革创新，经济、文化、生态等方面得到较大发展，在建设省域副中心城市过程中，一直期盼重振汉江流域中心城市梦想的实现。目前，汉江流域生态经济带已上升为省级战略，襄阳主动担当起汉江经济带开放开发的龙头，切实发挥战略引擎作用，提出建设汉江流域中心城市的目标。襄阳连续多次被《福布斯》杂志列为"中国大陆最适宜开设工厂的城市"和"中国大陆最佳百名商业城市"，全球著名的投资管理公司仲量联行把襄阳评为"中国新兴城市50强"。

襄阳打造中华智慧城，要借汉江流域中心城市建设东风，不断在实践中创新，在创新中继承、弘扬和发展传统智慧，使襄阳成为实践创新的沃地。襄阳要努力发展创意产业，形成创意文化，集聚创意人才，打造华中地区创意文化之都，以创新创意引领经济社会的跨越发展。首先，抢抓发展机遇。襄阳未来的发展，虽然具有经济发达的辐射、汉水文化的引领、西武高铁和郑渝高铁枢纽为核心的交通枢纽等优势，也面临着较大挑战，如北方之南阳提出"全力打造豫鄂陕省际区域性中心城市"等，因此襄阳必须抢抓发展机遇，大胆探索襄阳发展新模式，用实力打造汉江流域中心城市品牌。其次，优化发展策略。既要用好比较优势策略，也要选择差异发展策略，更要注重协同发展策略。再次，创新城市发展模式。以产业带动城市发展，扩大产业规模，提升产业能级，打造区域产业高地。以旅游带动城市发展，把襄阳旅游产品做大、做强、做精，使其成为与周边城市错位发展的独具特色的旅游"胜地"。以交通、物流促进城市发展，把汉江内河打造成黄金水道，重现历史商贸大通道景象，依据铁路、公路枢纽发展区域物流中心。以生态示范促进城市发展，保护生态环境，发展生态农业，建绿色城市，构筑从安居到宜居的城乡一体化的人居环境。以文化引领型提升城市发展，以汉水文化为载体，打造"一城两文化"品牌，弘扬智慧文化，以文化人、以文兴城。

（五）智慧之场在环境，打造环境的宝地

环境好智慧之场就强，较强的智慧之场有利于孕育"大智慧"。如果说诸葛亮这棵参天大树植根于刘表创造的良好环境，那么释道安的宗教成就则与东晋时期襄阳的军事重镇、学术中心等社会环境安定有关。正因为当时襄阳具有良好的环境，释道安才乐意接受习凿齿的邀请来到襄阳弘扬佛法，领导般若学研究，成就了他的宗教大业。在明清时期，襄阳一度成为汉水流域中心城市，不仅与交通优势有关，也与社会环境有关。环境是城市发展的吸引力、软实力和核心竞争力，它是城市社会经济运行过程中发挥作用的各种要素的总和，主要包括改进城市物质生产过程效率的经营环境，增进城市社会组织能力的文化环境，促进城市系统有序运转的创新环境。近年来，襄阳在"两个中心"、"四个襄阳"建设中，重视环境的营造，逐步形成"襄阳气场"。省委书记李鸿忠以"六气"总结"襄阳气场"，即人气很旺、财气渐升、名气大增、士气高涨、和气日盛、"神气"普见。

襄阳打造中华智慧城，还必须进一步优化环境，使襄阳成为城市建设、经济发展、人才引进、居民生活的宝地。第一，塑造城市品牌形象。"千年帝乡 智慧襄阳"是襄阳刚刚确定的城市品牌口号，它能较好地概括襄阳城市品牌形象，也是城市的文化名片。在传播这一城市品牌口号时，要把诸葛亮的"忠诚"和"智慧"作为城市的主要精神，并融入城市的每一角落,使工作、学习、生活充满着"忠诚"和"智慧"。第二,营造公平正义的法制环境。在法制思想体系建设中,注重提高公民整体的法制意识和对法律文化的宣传;在法制行为模式建设中,应加强对公共权力的依法制约、依法尊重和保护公民权益;在法制制度体系建设中,应注重地方立法制度、地方行政执法制度和地方司法制度的不断完善。第三,营造效率型、服务型和责任型的政务环境,突出公开、规范、高效和全民,以此解决群众关注问题、服务公正问题、办事成本问题和机关形象问题。第四,营造能干事业的社会环境,让人人都有事干,能干事的干成事,有能力的干大事,以此吸引更多企业家、更多的科技人才、更多相关要素向襄阳汇聚,形成襄阳环境的宝地。第五,举办多种交流活动,活跃智慧文化交流氛围,比如举办"百姓书法星光大道",打造中国百姓书法第一舞台,举办"创意人才襄阳行",聚集襄阳在相关领域的人气。通过这些活动,增强襄阳城市知名度,叫响"智慧襄阳"城市名片,让襄阳真正成为一座中华智慧之城。

襄阳建设汉江流域教育名城研究

王道智 张文洲 李晓航

十八大以来，我们党按照小平同志"三步走"战略构想，把实现中华民族伟大复兴的"中国梦"作为重要指导思想和重要执政理念，并以"两个一百年"为时间节点，以"全面建成小康社会"、"基本实现现代化"为阶段目标，决心"一定能实现"。襄阳，是省域副中心城市，也是汉江生态经济带的核心引擎，必在"建成支点、走在前列"中实现率先跨越，谱写"中国梦"的"襄阳篇章"。

"教育为公以达天下为公。"（陶行知语）"教育者，非为已往，非为现在，而专为将来。"（蔡元培语）教育，是经济社会发展的奠基工程，也是区域"支点城市"的"支撑工程"。国际上现代化建设的实证说明：教育现代化是国家现代化的先导，人力资本的先期储备是经济腾飞的引擎。襄阳，要开创汉江流域中心城市建设新局面，必以教育的改革发展助推经济社会的全面进步，着力构建"汉江流域教育名城"。

一、襄阳教育之史上辉煌——汉唐人文兴盛之地

嘉山秀水，自古襄阳钟灵地；文教昌明，从来古城毓秀乡。

襄阳，这座端坐于中华腹地的"国家历史文化名城"，于春秋战国时期便是大国楚和中原周天子交往的通道。两汉至隋唐，从京城西安、洛阳经襄阳到华南、江东的驿道是沟通南北政治、经济的大动脉。在此，长江最大的支流汉江与唐白河汇合，襄阳成为"南船北马"汇聚之地。天高野阔，楚地雄浑。楚庄王终得"饮马黄河，问鼎中原"，雄视天下。他重视生产，发展经济，充实国力，更值得称道的是，他整肃法制，倡习周礼，以德取势。实际上这便是"明刑弼教、以文化人"的教育过程。

北宋政治中心东移之前，因地缘政治优势，襄阳曾几度为我国古代政治重心和南北经济区域中心，同时也是文化教育中心，是曾经的区域性教育之城、学术之城、人才之城。

（一）襄阳——东汉末年人才荟萃之洼地

东汉末年，群雄并起，天下割据。刘表将荆州界内异己势力全部肃清后，便开始着手培养人才，全面提高文化素质。他开立学馆，广求儒士，让綦毋闿、宋忠等人撰写《诗》、《书》、《易》、《礼》、《春秋》五部儒家经典注释，谓之"后定"。其时，襄阳学者云集，"关西、兖、豫学士归者千数"，"洪生巨儒，朝夕讲诲，訚訚如也；虽洙泗之间，学者所集，方之蔑如也"。荆州学派迅速崛起，襄阳曾一度成为全国的人才洼地和学术交流中

心。外籍人士先有王粲、宋忠、司马徽等"高端人才",后有徐庶、诸葛亮等一大批谓之"俊杰"的"实用型人才"齐聚襄阳。完备的学官制度、兴盛的学术氛围也催生了一批又一批的襄阳本土人才脱颖而出,先有黄承彦、庞德公,后有庞统、蔡瑁、董恢、杨颙、杨仪、习祯、廖化、马良等大批政治、军事、经济、文化人才,他们是"三国鼎立"时期魏蜀吴政权的智力支撑和人才保障。

(二)襄阳——唐朝盛世学术交流之高地

唐朝是诗歌的黄金时代。唐朝承袭隋朝科举取士制度,其考试科目分常科和制科。制科由皇帝下诏临时举行,常科则属常规性于每年分期举行。常科的科目共有秀才、明经、进士、俊士等50多种,其中明经和进士是常科的主要科目。其测试内容明经重帖经、墨义,进士重诗赋。明经科目只需死记硬背,易考易中;而进士科目则需具诗赋文学才能,难以及第。故有"三十老明经,五十少进士"之说。唐朝天子非常重视诗赋取士。武则天曾在洛阳龙门为宋之问"赋诗夺锦",中宗还曾在昆明池命群臣赋诗并让上官婉儿评点排序,唐玄宗也曾在长安和洛阳八次殿试进士诗赋水平。

唐朝定都长安,以其前所未有的繁荣与辉煌开创了中国的新纪元。襄阳因地缘优势,再度成为华南、江东与西北首都链接的地理节点和区域性政治文化中心。当时,士人朝圣北上或官员遭谪南下,多经襄阳。在科举取士时代,襄阳因唐诗而璀璨,唐诗也因襄阳而富涵。诗歌为士人追崇,民歌成民风时尚。唐代至少有80多位著名诗人留迹襄阳,现存咏襄阳诗歌约有500首,为唐诗存量的百分之一。唐代,诗赋在一定意义上代表了学子的"学业水平"、士人的"学术成果"。从这个意义上讲,襄阳便是当时区域性甚至全国性"学术交流中心"或"学业成果汇集中心"。

二、襄阳教育之发展定位——"汉江流域教育名城"

华夏先民因水而居,因居而市,因市而城。"郡邑浮前浦,波澜动远空。"位居汉江中游的襄阳,就是这么一座城市。自然生态意义上的襄阳城到底产生于何时,考之乏证;但政治和军事意义上的襄阳城至少已有2800年,此说凿凿。岁月沧桑,侵风袭雨,古城岿然与汉江相拥相伴。岘山横岫,碧水环秀。史上之襄阳,乱世则兵家力争,剑锋齐向;盛世则商贾云集,文人荟萃。当今之襄阳,置于"中部崛起"、"两圈两带"战略格局,依然以其"得中独厚"的区位优势、"支点撬动"的战略地位发挥能级作用。未来之襄阳,将基于教育红利及其多重溢出效应,基于最具竞争力的人力资本资源,快速推进经济增长,加速社会转型,助力跨越发展,实现富民强市,建成汉水流域中心城市。襄阳,将成为汉江流域教育领旗城市。襄阳教育,将以科学先进的办学思想引领现代教育的航向之标,以优质精良的师资团队引领教学改革的探求之旅,以整体优秀的人才质量引领育人模式的创新之路,以活力强劲的总体实力引发汉江教育的勃兴之势。

当今世界竞争与发展之格局,彰显的是综合国力,竞争的是科技水平,比拼的是人才优势,依靠的是教育实力。国家如此,城市亦如此。强国必先强教,兴市必先兴教;人才支撑发展,教育成就未来。原湖北省委书记李鸿忠也说过一句名言:"当今时代已进入以文化定成败的阶段"，推进建设省域副中心城市、汉江流域中心城市，就要着力推进城市文化建设，全面发展教育。以教育发展促进区域经济"硬指标"提升，助力城市文化软实力建设，塑造城市灵魂，从而实现襄阳从功能城市向文化城市的转变。襄阳，要建成汉江流域开放开发的战略引擎，成为经济发达、文化繁荣、法治优良、功能完善、生态一流、人民幸福的名副其实的省域副中心城市、汉江流域中心城市，就要率先实现教育现代化，率先建成教育强市和人力资源强市，建成学习型城市，打造"汉江流域教育名城"。

"教育名城"是一个相对概念，它是基于现代社会教育职能分工、资源互通共享、教育交流协作和教育互动开放等教育社会活动而提出和产生的。一座城市成为区域性教育名城的外部要素为：重要的战略地位、较强的综合实力、优越的地理区位、通达的交通条件、厚重的人文底蕴、居多的人口规模等。

把襄阳建成"汉江流域教育名城"，就是在襄阳这个区域性中心城市特定的政治、经济、文化、区位和人口等因素作用下，通过5~10年的努力，把襄阳建设成为汉江流域的教育资源富集城、教育活动集聚地、教育成果展示区，建成区域内具有较高的教育现代化程度、相当的教育发展规模和实力，教育对经济社会发展的匹配度和贡献率高、教育集聚力、辐射力和影响力强的中心城市，建成区域内首屈一指的教育强市和人力资源强市。

三、"汉江流域教育名城"之愿景——"三城"打造

打造"汉江流域教育名城"，就是让襄阳重拾史上人文之兴盛，再创当代教育之辉煌。未来，教育因襄阳而发展兴旺，襄阳因教育而令人向往。

襄阳要建设传统文化与现代文明交相辉映的汉江流域中心城市，就要把"建设教育名城"作为第一目标、第一任务。契合"都市襄阳"，办好民本教育，提升人文素养，培育城市精神；契合"产业襄阳"，办好人才教育，着力知识创新，助推经济发展；契合"文化襄阳"，办好传承教育，推动文化创意，塑造城市灵魂；契合"绿色襄阳"，办好生态教育，构建两型社会，促进和谐发展。

打造"汉江流域教育名城"，就是要将襄阳建设成"氛围浓厚、人才荟萃、充满活力、富有品位、极具特色"的学习型城市。其目标愿景——着力打造汉江流域"现代国民教育体系先进城"、"学习型社会模范城"和"人力资源开发集聚城"。

（一）现代国民教育体系先进城

现代国民教育体系是相对于传统国民教育体系而言的。它具有全面性、普遍性、开放性特征，能够解决传统国民教育体系无法解决的难点、盲点问题，适应经济与社会发展和全体社会成员自身全面发展的需要，适应人才需求的多样性。能够激发中华民族的教育创造力，合理配置现有教育资源，充分开发利用潜在的教育资源，形成教育资源优化配置和有效再生、扩大的机制。它具有严谨的体系和合理的结构，包括普通教育和职业教育两翼，初等、中等、高等教育各个层次，成长教育和继续教育各个阶段。

完备的现代国民教育体系和完善的学校教育制度是打造汉江流域教育名城的首要目标。

打造"现代国民教育体系先进城",就是要形成从学前教育到地方高等教育、功能完备的现代国民教育体系,学校正规教育和非正规教育协调发展的终身教育体系。教育的硬、软实力对襄阳经济社会发展的匹配度和贡献率高,对周边地区的辐射力、影响力强。

(1) 公益普惠的学前教育。"人生百年,始于幼学"。学前教育是"儿童的花园"、人生的起点,为人的一生铺打底色。未来襄阳,将构建覆盖城乡、布局合理的学前教育公共服务体系。学前教育资源充足,高水平实现"普及化、普惠性、公益性",保障幼儿接受较高质量的学前教育,促进幼儿健康快乐成长。全市建立"政府主导、社会参与、公办民办并举"的办园体制,形成"以县为主、县与乡镇(街道)共管"的管理体制,完善"政府统筹主导、教育部门归口管理、有关部门分工负责、社区和家长共同参与"的管理机制。

(2) 优质均衡的义务教育。作为市民应接受的最基本的国民教育,义务教育成为政府提供的优质"公共产品"服务,实现"学校基础设施标准化,公共教育服务均等化,师资配备均衡化,教育教学质量一体化"目标,确保适龄儿童少年接受良好义务教育。襄阳成为引领汉江流域义务教育均衡发展的先行区域和示范中心,成为优质均衡先导区、城乡一体融合区、素质教育样板区、体制机制创新区、人民满意认可区。

(3) 全员覆盖的特殊教育。为残疾人弱势群体提供优质、全员覆盖的特殊教育,是社会文明进步的重要标志。作为区域性中心城市,襄阳要建立健全特殊教育公共服务体系,实现特殊教育层次完整、全员覆盖。形成残疾人口义务教育、学前教育主要由县(市、区)承担,高中教育和职业教育培训主要由市特殊教育学校承担的办学格局。筹建特殊教育资源中心,为全市残疾学生及其家长、教师及各级各类残疾人教育与管理机构提供指导与服务。

(4) 优质特色的高中教育。高中阶段教育是学子成长、成人的重要阶段,是通往成才、成功的彩虹桥。未来襄阳,要在继续保持高考质量全省领先优势的基础上,进一步打造优质、特色、多样化发展的高中教育,为所有学子提供继续学习深造的平台和通道。全市优质高中学校比例达到80%以上,普通高中资源布局进一步优化,各学校找准目标定位,扩大自主办学,推进内涵建设,丰富学校文化,更新人才观念,提供适应学生个性发展的高中教育。

(5) 协调发展的职业教育。职业教育是获得职业知识技能的直接途径。未来襄阳要构建适应经济发展方式转变和产业结构调整要求、体现终身教育理念、中等和高等职业教育协调发展的现代职业教育体系,形成汉江流域职业教育培训中心。职业教育学校基础设施设备完善,人才培养满意率高,服务地方经济社会能力强。

(6) 普及创新的高等教育。"优秀的城市必须拥有优秀的大学"。高等教育是培养现代化建设高端人才的摇篮,是创新城市和文化都市建设的引擎,也是衡量一个国家、地区教育发展水平的一个重要指标。未来襄阳要构建辐射周边地区、层次相对完备、结构优化、特色鲜明、与"两个中心"城市地位相符的地方高等教育资源板块。襄阳地方高等教育学校达到7所以上,并有自己的综合性大学,教育层次涵盖专科、本科和研究生教育,普通教育与职业教育协调发展,襄阳率先实现高等教育由"大众化"向"普及化"的跨越。

(二)学习型社会模范城

倡导终身教育理念，推进学习型城市建设。终身教育的核心思想是以个人一生主动自愿学习为基础，以个性化、多样化、非职业化学习为特征，以个体发展多样性、个体享受丰富性为原则。它的实质是以人为本、品质为优、能力为先、服务为核，其本质是不断促进人的全面发展。终身教育强调对学习内容与手段的选择性、连续性、丰富性。

(1) 支撑有力的终身学习资源体系。坚持政府主导，统筹规划学校资源和社会资源，促进各级各类教育纵向衔接、横向沟通，提供多次选择机会。搭建终身学习"立交桥"，建立继续教育学分积累与转换制度，实现不同类型学习成果的互认和衔接。搭建终身学习平台。除学校正规教育资源外，公民接受非正规学校教育的学习资源完善充实，公民终身学习的条件保障充分。

"评价一座城市，要看它拥有多少书店。"(鲁宾斯坦读书格言)"没有书籍的屋子，就像没有灵魂的躯体。"(西塞罗读书格言)未来，要将襄阳建成"汉水书城"，成为图书藏量、图书流量、市民年度阅读量居高的城市。同时，还要定期、长效性举办"市民读物展示会(节)"。让市民坐拥书海，让书籍充盈古城。

(2) 保障得力的终身学习政策制度。将学习型城市建设纳入全市经济社会发展总体规划，纳入精神文明建设总体目标。社区学院和其他学习型组织要相互密切联系，特色发展，形成适应不同学习者需要的办学新体制和机制。建立健全继续教育投入和成本分担机制。发挥学习型组织在建设学习型社会中的引领作用。建立学习推动机制、考核评价机制、学习保障机制和学习成果推介机制，加快各类学习型组织建设。健全继续教育激励机制，推进继续教育与工作考核、岗位聘任(聘用)、职务(职称)评聘、职业注册等人事管理制度的衔接。

(3) 氛围浓厚的终身学习理念习惯。全民终身学习活动周、全民读书月、社区终身教育节等群众性学习活动丰富多彩，市民"时时学习、处处学习"成为良好习惯和自觉意识。积极引导市民不断提升职业能力，提高生活品位，增强幸福指数，让自觉学习、自主学习、自发学习成为市民的生活习惯和生存状态。

(三)"人力资源开发集聚城"

"人力资本是最终决定中国富裕的资产"(詹姆斯·海克曼《被中国忽视的人力资本投资》)。今后一个时期，我们要致力于教育发展与人力资本开发，全面建设学习型城市，将人口负担转化为丰富的人力资源优势。这是全面建成小康社会、实现中华民族伟大复兴的"中国梦"的关键所在。这也是襄阳打造汉江流域教育名城的重要目标。

(1) 市民"普及化"的高等教育。我国学者根据"现代化"的特点和规律设计了第二次现代化的评价标准，这一标准以2000年为基准值共包括16项指标，其中对高等教育发展水平的考核指标为：大学普及率达到60%。

今后一个时期，我们要通过发展地方高等教育，扩大教育规模，使更多的适龄人口进入高校学习；通过进一步提高基础教育的办学质量，让更多的高中毕业生能进入域外高校就读。至2020年，全市适龄人口进入高校就读的比例要达到60%以上；全市具有高等教育文化程度的人数比2010年增加一倍以上，达到100万。

(2) 受教育年限较长的劳龄人口。根据历史上发达国家经济社会发展实证和第二次现代化评价标准测算，至2020年，襄阳全市主要劳动年龄人口(20~60岁，国际通用的年龄区段为25~65岁)平均接受教育的年限达到12年以上(劳动年龄人口接受教育的平均年限接近或达到高中、中专毕业)。

(3) 学历水平较高的新增劳力。基于完备的基础教育学校资源体系、职业教育培训机制和高等教育的"普及化"程度，至2020年，全市新增劳动力(大约计算为25岁人口)平均受教育年限达到14.5年(相当于专科一年肄业)。

四、打造汉江流域教育名城之路径——扬长补短，提升超越

改革开放特别是进入新世纪以来，襄阳坚持把教育放在优先发展的战略地位，大力实施科教兴市和人才强市战略，有力推动了教育事业的健康、协调、可持续发展。但由于历史原因，襄阳教育发展水平距"省域副中心城市"和"汉江流域中心城市"建设的要求、与人民群众接受良好教育的强烈愿望还有一定差距。主要表现在：(1)现代国民教育体系尚不完备，教育结构布局还不尽合理。学前教育和高等教育目前还是襄阳国民教育体系中的两块"短板"；中小学基础教育城乡一体化水平有待提高；职业教育统筹发展不够，服务经济社会发展能力有待提高；终身教育体系不健全，学习型社会建设任务重。(2)师资队伍结构矛盾突出，高水平领军人才相对不足。(3)教育体制机制活力不足，教育对外开放程度不高。(4)教育经费不充足，教育优先发展的战略地位尚未完全落实。

建设教育名城是一项教育领域的系统工程，同时也是一项社会工程，目标指向性明确，教育与经济社会发展和人民精神生活对接的粘连度更高。所以，未来的襄阳教育要有高远的发展视野、高点的目标定位、高标的发展水平、高速的推进过程。

建设汉江流域教育名城，要立足现实基础，扬长补短，重塑构架，整体提升。要准确把握内涵，突出工作重点，既要注重文化传承，又要坚持"三个面向"，走出一条符合教育规律、体现时代要求、彰显汉江特色的"襄阳之路"。

(一) 实施"三名战略"，打造教育名城的靓丽名片

(1) "名校发展战略"。城市教育的影响力往往取决于名校的拥有数量及其知名程度。未来襄阳，必须创办自己的综合性大学，并依托其带动普通高校、职业院校良性互动发展。未来襄阳，要构筑区域性基础教育的"高地平台"，继续释放襄阳四中、襄阳五中等全国名校的品牌效应，以优质、特色的高中教育引领整个基础教育的健康、和谐、可持续发展。未来襄阳，让更多不同层次、不同类别的"襄阳名校"在国际、全国、全省及襄阳本土有相应的位次、特色、影响；要让更多的学校基于物质形态的硬件实力，彰显自身的历史底蕴、文化底色、办学理念、精神风貌和育人模式等"软实力"，并形成鲜明的民族特色、汉江特点、襄阳特长，提升其独树一帜的影响力。

(2) "名师带动战略"。无大师成就不了大学，无名师成就不了名校。"教育名城"定是名师富集之地。未来襄阳，要不断着力培养一大批不同类型的名师，形成不同类型骨干

教师培养梯队和培养机制，鼓励和支持教师高位晋级、高端发展，追求成为本土化的名师大师。基础教育学校要培养一大批特级教师、"隆中名师"，职业学校要不断提高"双师型"教师比例，高校要引进和培养一批教授、学科领军人物等"大师级"高端人才。

（3）"名校长培养战略"。一个名校长成就一所名学校。建设教育名城就要塑造一批不同风格的名校长。未来襄阳，要培养一批既具备现代校长共需的文化知识、专业技能和师德素质，又在办学理念、办学实践等方面具有独特风格和特质的名校长队伍；要倡导既倚重教育家办学、又注重校长实践能力和创新精神培养的治校理政理念；要营造百家争鸣、百花齐放的校长办学氛围，成就一支具有独特人格魅力和学识魅力的"襄派校长"队伍。

（二）实施"三大项目"，构筑"基础教育改革发展示范高地"

（1）学前教育公共服务体系覆盖项目。至2020年，全市幼儿园总数达到750所左右，全市学前三年教育毛入学率达到95%。

（2）义务教育学校标准化建设项目。积极实施"学校标准化建设工程"，按照国家部颁标准，本着"安全、适用、够用、美观"的原则，搞好校园校舍建设，按照教育部发布的行业标准，加强教学辅助设施建设，加强现代化教学手段建设。

（3）高中教育优质资源扩容项目。调整优化普通高中布局结构，通过新建和改扩建，增加优质高中资源总量，进一步满足人民群众对优质高中的需求。全市省、市两级示范高中达到高中总量的80%以上。

（三）推行"两种模式"，打造"区域性职业教育培训中心"

（1）职教园区集约模式。为更好地服务于经济发展方式转变和产业结构调整，促进职业教育与经济社会协调发展，促进职业教育质量、结构、规模、效益协调发展，可整合相应存量资源，在城市新区规划建设科教园区，推进职业教育校企合作、工学结合、顶岗实习的办学模式和人才培养模式改革，形成区域性职业教育与培训中心。

（2）中高职集团化办学模式。依托高职院校，聚合中职教育资源，推进职业教育集群化、集团化、集约化发展。围绕襄阳市"一个龙头，六大支柱"产业布局和区域经济文化特点，优化职业教育学科专业结构，提升教育教学质量，扩大办学规模。通过校企联办、企业冠名等方式，支持职业院校与行业企业联合开展人才培训，推进"襄阳汽车"、"襄阳机电"、"襄阳装备"、"襄阳旅游"、"襄阳电子"、"襄阳医药"、"襄阳化工"、"襄阳织造"、"襄阳农产品"、"襄阳新材料"等职业教育学科专业品牌建设。

（四）实施"两项工程"，打造"区域性高等教育知识创新中心"

（1）综合性大学创建工程。以湖北文理学院为基础，积极创建综合性大学，使之成为区域经济社会发展的人才培养基地、科技创新基地、知识转移中心和智库中心，为将学校建设成为全国知名、区域一流、特色鲜明的综合性大学奠定坚实基础。同时，带动在襄其他高校共同发展。

（2）应用型大学转型发展工程。支持普通本科高校向应用技术型高校转型发展，推进建设城市协同创新机制和智库中心。支持职业高校加强自身建设，推动校企合作、产教融合,提升职业教育对经济社会发展的匹配度和贡献率。

(五)落实"四项行动计划",打造"教育合作与交流中心"

(1)襄阳教科研水平提升计划。大力开展科研兴教、科研兴校,以科学理论引领教育科学发展、健康发展、可持续发展。开展教育发展战略研究、教育政策研究、教育管理研究、学校制度研究、教育思想理念研究、教学教法研究、品牌课程研究。按照"兼容并蓄,学术自由,国际标准,关注本土"的指导思想和"思想与合作"的原则,聚集域内外权威教育专家、教育行政官员、校长及优秀教师,紧紧围绕教育改革发展的现状、趋势和中国教育的热点、难点、焦点问题开展全方位、多层次、广渠道研讨。把襄阳建设成为一个平等、融洽、民主的教育科学研究中心和教育学术传播舞台。

(2)襄阳地方文化传承行动计划。围绕"一城两文化"和"千古帝乡,智慧襄阳"主线,以建设具有襄阳地域特色的学校文化为核心,鼓励和引导全市各级各类学校用文化的方式"筑学校魂魄、立教育风尚",用文化发展战略统领学校发展。

(3)教育信息化建设行动计划。随着史上政治中心的东移,襄阳逐步丧失地缘政治优势;人类提高抗洪防汛能力、逐步向下游城市聚集,又使襄阳失去中心城市地位;近代工业尤其是铁路、航运、通信业的发展,再次使襄阳丢掉其"枢纽"地位。进入21世纪,信息技术已渗透到经济发展和社会生活的各个方面,改变了人们固有的、传统的生产方式、生活方式及学习方式。在当今信息社会时代,襄阳一定要先抓住现代信息技术这个"牛鼻子",抢占信息技术革命带来的发展战略制高点,进入科学发展、跨越发展的领军阵营。

打造教育名城,就要坚持以教育信息化带动教育现代化,超前部署教育信息化建设。形成与教育现代化发展目标相适应的教育信息化体系,基本建成人人可享有优质教育资源的信息化学习环境,基本形成学习型社会的信息化支撑服务体系,基本实现所有地区和各级各类学校宽带网络的全面覆盖,教育管理信息化水平显著提高,信息技术与教育融合发展的水平显著提升。

(4)教育对外开放行动计划。建立与教育强市相适应的对外开放体制机制,显著提升襄阳教育的影响力和竞争力。积极创造条件,出台优惠政策,引进国外优质高校、职业教育机构、高中学校、学前教育机构来襄合作办学(办班),推进我市大中专院校、示范高中、义务教育中小学、学前教育机构积极开展对外交流与合作,引进国际先进教育理念、优质师资、优质课程资源和科学的人才培养模式,全面提升襄阳教育对外开放水平、综合实力和区域竞争力。

(六)统筹"十项资源",构建"学习型社会模范城"

统筹襄阳学校教育资源体系、广播电视大学、民间学会(论坛)、老年大学、非学历教育培训机构、社区流动书屋、企事业单位教育资源、农民书屋、开放的公共教育资源(图书馆、科技馆、博物馆、文化馆等)及现代信息技术资源,构建灵活、多样、对接融通的终身教育学习平台。

健全宽进严出的学习制度,以广播电视开放教育为基础办好开放大学。加强和改进成人高等教育,改革和完善高等教育自学考试制度,加强以卫星、互联网、电视等为载体的远程开放继续教育及服务平台建设。建立和完善现代远程教育质量保证体系。加快发展城乡社区教育，争创国家社区教育示范区。引导各级各类学校、科研机构、文化馆、图书馆、博物馆、科技展览馆等公共资源免费向全体社会成员开展继续教育，充分发挥公共文化设施、新闻媒体的社会教育职能，为构建终身教育体系和学习型社会服务。通过终身教育体系构建，形成覆盖城乡、惠及全民的学习网络和服务平台，重学习、爱学习、善学习和想创新、敢创新、能创新成为广大市民普遍行为和城市发展重要理念。

（七）树立"三种理念"，营造良好的教育生态环境

教育生态环境是以教育为中心，对其产生、存续和发展起制约和调控作用的外部自然环境、社会环境和规范环境等多元环境体系。主要包括三个环境层面：以"大教育"为中心的层面、以学校或某一教育层次为中心的层面、以学生个体发展为主线的层面。打造"汉水流域教育名城"，就要树立"三种理念"，构建良好的教育生态环境。

（1）"教育为先"的行政理念。树立"人才第一资源、教育第一基础、科技第一生产力、创新第一驱动力"发展理念，实施教育优先、人才优先发展战略，着力调优教育结构布局，创新建设现代教育体系，提升教育现代化水平，从而持续增强城市的文化软实力、核心竞争力和对外影响力。

（2）"教育为重"的社会心态。将"尊师重教"融入城市血脉，让"党以重教为先、政以兴教为本、民以支教为荣、师以从教为乐"植根城市土壤。教育让社会尊重，教育令自尊自重。此为"教育名城"应有的特质和城市品质。

（3）"人本为要"的施教理念。教育的对象是人，把"人"作为教育发展的目标和主体，作为教育的出发点和归宿。"人的全面发展"是教育的最高理想和目标。

让襄阳以文化装扮城市，以知识熏陶市民，以科技催生产业，以智慧繁荣经济，建成汉江流域中心城市。

襄阳建设高品位艺术城市研究

黄有柱 赵 德 李晓航

襄阳城市在两千多年的发展历程中，不断自觉地以艺术内涵经营和完善自己的城市意象，形成了襄阳今天的"山水为基、城市为形、艺术为魂、乐居为本"的魅力城市的基本格局，构成了襄阳城市区分于其他城市的独特标志。可以说"艺术城市"理念，对襄阳城市文化品质的提升，促进城市优质资源要素集聚以及城市空间功能与审美的重组等方面，为襄阳城市建设提供了全新的理想与目标。在新的时期，襄阳市提出加快"建设汉江流域中心城市"和"建设区域性文化艺术中心"的战略目标，从而让艺术城市的发展与城市转型发展形成一种良性的互动，在现代城市体系中全面提升襄阳城市的综合竞争力。因此，探索高品质艺术城市建设对襄阳城市转型发展的战略引领与路径突破，有着重要的实践导向作用。

一、"艺术城市"的理念、内涵及特点

（一）"艺术城市"的理念

"艺术城市"是一种以城市科学和美学为理论基础、以艺术活动为实践中介、以实现人的全面发展为目标的城市发展理念与模式。如果从一个城市的建设主体和目的来看，主要包含"城市的功能"与"城市的审美"两部分内容，功能的目的在于造城与造物，满足居住，"审美"的作用在于使人获得快乐与自由。就当下的襄阳社会而言，日益增长的物质生活基础，不断完善的社会制度与保障体系已经为人们的生存与发展提供了条件，因而，提出建设高品位艺术之城的发展策略，积极凝练城市文化品牌，对于襄阳城市全面、协调发展显得越来越重要。正如费孝通所指出："美好的城市生活除了物质的需要，还需要艺术……这是高层次的超过一般的物质的生活，也是人类今后前进的方向……"由此看出，"艺术城市"是从"城市让生活更美好"这一命题出发，对传统的工业化、城市化模式的理性反思以及发展观、价值观的调整转变。

（二）"艺术城市"的内涵

"艺术城市"是指在城市发展过程中，充分利用一个城市独具特色的艺术优势、地域特点和文化定位，按照"以人为本"的原则，综合运用历史文化、艺术资源、当代综合艺术和各种环境艺术，所形成的以城市建筑、城市公共艺术、城市艺术行为为代表的个性化城市符号。创建"艺术城市"要求我们用一种新的价值观指引城市建设和物质生产，在科

学建设"都市襄阳"的目标下，从人文和生态环境等方面来权衡都市化进程中的利弊，更加注重城市审美内涵的积累，以实施"艺术城市"战略为城市转型发展新的切入点。

(三)"艺术城市"的主要特点

第一，整体性。"艺术城市"是城市规划与建设理念、艺术形态、艺术活动等综合因素相互作用、相互依赖的有机整体，其实质是艺术化城市的社会价值、历史价值、艺术价值所共同形成的精神穿透力和形象辐射力，以及公众艺术化生活方式与现实体验结合形成的美好感觉和满意度。

第二，长久性。"艺术城市"的形成是一个长期的过程，其指标体系和方法策略涵盖了多方面、多层次的内容。同时，"艺术城市"的形成又具有相对的稳定性，许多东西可以在保持中传承下去，正是这种长期性与稳定性的结合，才能承载一座城市的文化精神和美的形式。

第三，标志性。真正具有标志性的"艺术城市"往往拥有特殊的文化品格和精神气质，它与城市传统和地域风情息息相关。就城市的艺术符号而言，一个城市的建筑、音乐、美术等作品越能反映历史、地域的特点，越符合人们的审美情感，其影响力越强。我们建设富有标志性的"艺术城市"，就是对富有个性魅力的襄阳城市形象的张扬。

二、"艺术城市"的成功范例与经验借鉴

(一)"艺术城市"的成功范例

1. 以历史文化元素为载体打造"永恒之城"的罗马

罗马因建城历史悠久和拥有经典的古代建筑被昵称为"永恒之城"。谈到"罗马柱"、"罗马雕塑"，人们都会为其恢弘的气魄以及独特的艺术魅力而赞叹。最早的罗马建筑艺术来源于希腊的神庙建筑，经过罗马人改造后用在为大众服务的公共建筑、竞技场、公共浴室上。罗马人爱好奢华，不断在希腊经典的造型柱式上进行装饰改造，令建筑形式更为繁复华丽。同时，在罗马建筑文化基础上延伸的其他艺术为现代城市赢得了无上的荣耀，如绘画、雕塑、戏剧、诗歌等艺术作品很多都是以罗马的建筑为蓝本。好莱坞众多的成功影片选在罗马拍摄，主要就是为罗马的这些伟大的艺术建筑遗存而吸引。

罗马城市品牌形象成为世界瞩目的焦点，每年的旅游业直接收入占到全市收入的23.7%，间接收入更是多达一半以上。

2. 以博物馆建设为"艺术城市"发展路径的圣·彼得堡

圣·彼得堡市，始建于1703年，位于俄罗斯西北部波罗的海芬兰湾东岸，是俄罗斯的第二大城市。圣·彼得堡市在第一次世界大战时更名为彼得格勒，1924年为纪念列宁改为列宁格勒。1992年恢复其圣·彼得堡旧称。圣·彼得堡被誉为欧洲建筑的博物馆，大多数是18、19世纪建成的，雕塑是博物馆建筑重要的组成部分，为其锦上添花。其代表性的有俄罗斯国家博物馆，陈列着世界艺术精品。冬宫博物馆与卢浮宫、大英博物馆和大都会博物馆共称为世界四大博物馆，收藏着俄罗斯以及世界最经典的艺术品，包括中国

四川的汉画像砖、敦煌莫高窟的壁画、明清的文人画家作品也在其中。

圣·彼得堡是一座真正的"艺术城市",整个圣·彼得堡都是一个艺术的博物馆,保持这座城市并使其永不失魅力的就是艺术的价值和城市的品位!

3. 以山水意境塑造最美城市的爱丁堡

爱丁堡是苏格兰首府,这里依山(岩石峭壁)傍水(福斯湾海岸),地理位置优越。市中心以王子大街为界,一边是老城,保留着中世纪城堡和狭窄弄巷的鲜明风貌,另一边是18世纪后拔地而起具有佐治亚设计风格(装饰精美、讲究门面)的新城。绿荫掩映的新城和老城浑然一体,神秘的城堡、大教堂、香醇的威士忌、穿着苏格兰格呢裙的风笛手等景致魅力无比。在市中心陡峭悬崖的城堡上随时可饱览经典建筑,而走在街道上,也可以欣赏到城堡上时隐时现的城垛、冰冷的火山峰和高耸的山峦。在这些建筑物里面是各式各样的俱乐部,与建筑物外面的装饰相映成趣,形成一种古代与现代交错的时空感。爱丁堡作为苏格兰的艺术重镇,到处都是林立的画廊,如苏格兰国家画廊、国立现代画廊、大戏院、很多小剧场,甚至连餐厅、酒吧都会变成小剧场,艺术类型应有尽有,艺术场所,比比皆是。爱丁堡每年的八月都会举办世界最大型的艺术节,主要有国际艺术节、艺穗节、军乐节、图书节、梅拉节等,其中,艺穗节更是3周内有2000多台节目在室内外集中上演,吸引了上百万观众。

爱丁堡成为国际"艺术城市"的巨大成功,很大程度上得益于英国政府把文化创意产业作为这个古老城市繁荣发展的市场推手,同时在艺术管理上宽松有度的体制和特立独行的风格。爱丁堡艺术之城的经营目的,不仅要面对世界游客,其艺术产品更要被全球买家选择采购,所打造的是全球最大的艺术品交易市场。

4. 以地域风貌经营浪漫休闲城市的厦门

厦门市2001年提出建设"艺术之城"。改革开放以来,厦门作为特区城市,在特区城市排队中,经济总量偏少,城市人口少,发展空间狭窄。于是厦门在从海岛型城市向海峡西岸中心城市的转变过程中,采取经济与艺术齐头并进,科教与艺术比翼双飞的发展策略,催生了"艺术之城"。厦门被誉为"民族音乐的活化石",建设"艺术之城"的基础就是独特的音乐文化,以南音为代表的传统音乐,以钢琴为代表的西洋音乐;以独特的民族民间文化为代表的高甲戏、漆画等。近年来,市政府共拨出专项补助资金20亿元,新建、改建社区基础文化场所14万多平方米。投资4.5亿元改建了14万平方米的集图书馆、博物馆、科技馆、文化馆、美术馆于一体的厦门文化艺术中心。在文化产业发展方面,扶持、培育的文艺演出、钢琴制造及艺术培训、商品油画、文物艺术品拍卖、电影放映等骨干产业群体形成了自己独特的风格与产业链。

厦门市在特区城市里扬长避短、独辟蹊径发展艺术并打好艺术牌,"艺术之城"引来了人才、资金和技术,产生了影响广泛的文化产业理念和生产方式、经营模式和社会效益。

5. 以公共文化服务为载体建设"艺术之城"的"东方雅典"——徐州

徐州,地处江苏西北部,建城历史有2600年。战国中期,先后为宋、楚之都。黄河穿城而过,大运河傍城而流,山水相连是徐州独特而美丽的城市风貌。徐州历史文化悠久,胜迹浩繁,以汉墓、汉画像石、汉兵马俑为代表的"汉代三绝"名扬海内外。近年来,徐州以创建公共文化示范区为载体,共建有文化站158个、群众艺术馆14个、公共图书馆 8 个，博物馆 21 个，文物藏品总量 8.58 万件（套），徐州艺术馆、徐州音乐厅、文化大厦、大剧院更为这座古城再添新韵。

徐州艺术馆作为徐州重要的城市名片和城市文化的标志性建筑，定位为开放的城市文化客厅，其目的就是让艺术馆融入百姓的生活。

（二）"艺术城市"的经验借鉴

1. 先进的城市建设理念引导

成功的"艺术城市"都具有明确的符合人的物质与精神双重需求为目的的城市建设理念。马克思有一个精彩的论述，他认为动物的生产是片面的，而人的生产是全面的——人是按照美的规律来建造的。而城市建设就是"按照美的规律来建造"，即造物和造美是高度统一，不得分离。我们在城市建设中应当走出二元对立的误区，坚持物质（造物）与精神（造美）的高度融合，避免出现够用不够美的城市败笔。

2. "城市、艺术、旅游"的结合

建设"艺术城市"要与文化旅游产业结合。襄阳拥有深厚的历史文化底蕴和丰富的旅游资源，文化旅游业比较优势明显，发展潜力巨大。建设"艺术城市"应把旅游营销作为突破口，突出文化、旅游资源深度开发和保护，培育具有影响力的文化产品和文化旅游品牌，实现文化与旅游大融合、大发展，打造在国内外有较大影响并富有魅力的文化生态型旅游目的地。

3. 加强历史文化街区开发与保护

古城、旧景是襄阳建设"艺术城市"的核心战略资源，必须要加强开发与保护，坚持保护为主、科学开发，对襄阳城区内的历史文化古迹和历史文化街区，整体保护、修复和高品质提升。重现历史文化街区昔日繁华，强化襄阳"艺术城市"的历史文化魅力。

4. 科学的"艺术城市"建造方法

从"艺术城市"的建造方法上讲，就是用美的技术和想象创造可与人分享的美的对象、环境或者体验。"艺术城市"的造美领域深刻宽广，主要表现在城市的色彩、城市的形状、城市的空间和城市的质感等各方面。襄阳城市的色彩风格是，襄阳老城区的色彩古朴与厚重，襄阳新城区的色彩清新与饱满。襄阳城市的形状是千百年来形成的"一江碧水穿城过，十里青山半入城"的山水园林生态格局，要保护好、发挥好。而"一心四城"的"中心对称式"大时空格局，确实有"巧夺天工"的意味，应当经营好。襄阳城市的质感是，山与城、江河与绿地交织穿插、水乳交融，构成了虚实浓淡的肌理效果，使得襄阳成为中国少有的质感细腻饱满的城市。

三、"艺术城市"的发展定位及要素分析

（一）"艺术城市"的发展定位

1. 富有深厚文化底蕴的传统艺术展示区

在中国艺术发展史上，襄阳是一个开宗立派的地方，"米点山水"以及"襄阳腔"（西

皮)久负盛名；襄阳是一个孕育艺术明星的地方，田园派诗人孟浩然蜚声海内外；襄阳是一个产生过传世艺术精品的地方，《研山铭》被称为"天下第一难书"等。襄阳悠久的人文传统和博大精深的文化资源是创建"艺术城市"的重要源头和宝库。要按照"承古惠今、古今融合"的原则与方法，把襄阳书画、音乐、戏曲等传统艺术精华的保护、利用与品牌展示结合起来，使传统艺术的精神潜移默化地渗透到襄阳人民的文化血脉之中。一是以视听艺术为载体，展示襄阳音乐与襄阳戏曲。音乐戏曲是一座城市的听觉符号和情感寄托，要用襄阳的歌唱响襄阳的城，襄阳的戏演活襄阳的人。推广"群星音乐厅"，让市民唱出襄阳好声音(襄阳市群众艺术馆)。二是以视觉艺术为载体，全景观展示襄阳美术、历史文化遗产、民俗民间工艺等。襄阳被媒体誉称为"全国书、画艺术重镇"。我们拥有丰富的艺术珍品，不能仅出现在书本和口头传诵上，封闭在仓库里，应该成为"艺术城市"的精彩看点。因此，要打造视觉艺术的文化展示工程，使艺术珍品进入社会公众的视觉审美空间，惠泽当代百姓。三是在传统艺术资源展示的方法策略上，体现古为今用的原则，力求达到"展示、传播、品牌"三位一体的目的。

2. 发展与创新驱动下的当代艺术引擎地

近年来，市委、市政府确定的"坚持文化立市，建设文化襄阳，努力打造国内外有重要影响的文化名城"的发展导向，助推着"艺术城市"的现代业态迅猛发展，建筑艺术、艺术展演、广告传媒、工业设计、时装设计、影视动画、音乐、出版、软件、电视广播正在形成文化创意产业集群；规划建设中的襄阳四大文化品牌，七大文化产业以蓬勃之势悄然崛起。在这种当代文化大发展、大跨越的战略机遇期，要根据襄阳的实际情况，遵循"艺术城市"建设的客观规律，进一步强化艺术引擎地"创意、研发、孵化、产品"功能，将"艺术城市"发展的基础、手段和目标结合起来，为"艺术城市"的襄阳模式建设明确目标和标准。

3. 公共文化服务示范区成效下的大众艺术普及地

不断丰富和满足广大人民群众的艺术生活需要是建设"艺术城市"的落脚点。在建设"艺术城市"的目标下，牢牢抓住襄阳创建国家公共文化服务体系示范区这个契机，按照"公益性、基本性、均等性、便利性"的原则，对现有公共文化设施、品牌提档升级，同时，在公共文化服务标准化、服务设施布局、服务内容、服务程序等方面加大投入，建设到位。最大化发挥图书馆、群艺馆、美术馆、博物馆、艺术中心、大剧院、艺术学校等公共文化场馆的作用。在公共文化服务供给多元化格局下，形成城市"15分钟"文化艺术活动圈，以"欢乐襄阳"、"百里汉江文化长廊"、"群星音乐厅"、"汉江讲坛"、"重大传统节日文化活动"等文化活动品牌为载体实现公共文化服务优质化。

(二)襄阳建设"艺术城市"的五大要素

1. 文化资源是前提

文化资源是"艺术城市"的历史源头和文化宝库。"艺术城市"的创建就是对文化资源(基因)"扬弃"的过程。襄阳是历史文化资源大市，占有独特的发展优势。概括地说，襄阳文化资源可以分为物化型资源、精神型资源和综合型资源三大类，包括众多的历史文化遗存、丰富的艺术门类、网络化的公共文化设施等。需要从建设襄阳艺术之城的目标出发，进行科学整理，系统的、多层次的开发和利用。

2. 创意产业是基础

创意产业是具有艺术含量的智能化、知识化的高附加值产业。襄阳市现有的部分生产企业文化含量低，品牌、创意、设计水平处于劣势。依靠廉价的劳动力、土地资源培养起来的产业，只能处于产业链的低端，只能成为世界工厂，产品的核心技术依旧掌握在外来企业的手中。因此，襄阳发展创意产业，应实施产业集聚和人才集聚的战略，做强创意产业园区品牌、创意企业品牌和创意产品的品牌，把发展创意产业作为催化经济转型的重要战略举措。以创意产业推动新产品、新市场和财富创造的新机会。

3. 领军人才是核心

在艺术型城市的劳动阶层中，除了传统的白领阶层（脑力劳动），蓝领阶层（体力劳动）以外，真正起核心主导作用的应当是创意阶层。创意阶层的人群特点是长于自主灵活的"制造"无中生有（创新想法）的新东西（艺术产品）。襄阳市要建成"艺术城市"，还要继续加大、加强对引导社会潮流的思想家、艺术家、设计师、策划家、手工艺人、数码工程师、文学家等人才的引进。

4. 宽容环境是保障

襄阳建设艺术型城市，需要以宽阔的文化胸襟吸纳、包容各类积极的文化形态。在"艺术城市"里，各类人才都能各得其所，一种是充满了科学思维，严谨而认真的设计师、工程师等；而另一种是充满了异想天开的创造力和想象力的艺术家、传媒工作者、各种文化自由职业者等，正是具有多种文化背景和不同类型人才的聚合，才能带来严谨与浪漫，开发与保护，本土与新潮的思想碰撞和创意风暴。在引人、用人观念上，我们既要有"天下襄阳人"走出去建功立业的格局，更要有筑巢引凤，接纳"襄阳天下人"为我所用的大胸怀。

5. "乐居"生活是目标

"诗意化栖居"（乐居）是"艺术城市"建设的高级目标。在物质生活基本满足的后工业社会中，人们对城市公共艺术、生态景观、音乐、绘画等人文环境的需求会越来越高。因此，襄阳"艺术城市"建设的惠民成效就是营造便利的"乐居"意境，让市民在"轻松"与"愉悦"的工作、生活环境中激发最大的创造热情。

四、襄阳构建设艺术城市的品牌战略及实现方式

（一）做实、做强"书、画名城"，营造翰墨书香的襄阳气息

在襄阳数千年的文化传承中，诗歌、书法、绘画艺术源远流长、相得益彰。说襄阳是一座墨色生香的书、画城市、是一座诗意盎然的诗歌城市毫无疑问。"诗中有画、画中有诗"，"诗、书、画相映成趣"是襄阳诗歌、书法、绘画艺术联袂生辉的真实写照。如何做实、做强襄阳"书、画名城"品牌。可以从以下三个环节主导、七大项目策略上推进：

三个环节主导：一是顶层设计到位。经营襄阳"书、画名城"的金字招牌是一个承古立新的系统工程，需要科学谋划，精心设计。其核心是进一步明确发展目标和路径，实施

有效推进。二是软、硬件建设配套。襄阳市美术馆、博物馆、展览馆、米公祠正在启用；航母级的"艺术馆"建筑群就在眼前，今后要在襄阳书画的体制机制和商业运作模式上下工夫，从根本上解决书画市场不健全、不景气的问题。三是出精品、出名家。"精品"是彰显当代襄阳书法艺术水平的重要窗口，"名家"是推动襄阳书法艺术发展的决定性因素。因此，要为书画出精品、出名家提供保障。

七大项目推进策略：定期举办"襄阳市米芾全国书法、绘画大展赛"；建立书画家作品收藏、拍卖、研究、推广于一体的综合服务体系；造就一批学术研究和策展人才；设立全国书法、绘画创作基地；书、画文化渗透到城市主题文化的核心内容中；制定襄阳市书画艺术的评价标准，每年进行书、画组织请进来、走出去活动，尤其是加强跨文化交流活动。

（二）推广"群星音乐厅"，让市民唱出襄阳好声音

城市音乐随着城市公共文化服务体系的浪潮不断深入发展，构建着城市特色的城市音乐文化体系和城市音乐文化模式。近年来，襄阳市根据新时期群众文化事业发展的需要，以文化艺术活动持续性、常态化、品牌化为手段，以促进全市音乐艺术事业和艺术教育事业发展、全面推进"文化襄阳"建设为目的，推出了"群星音乐厅"这一公益文化活动平台。其成效是有效凝聚了襄阳音乐人才，提出"只要你有实力，就为你免费举办音乐会"的口号，得到了音乐人才的一致响应。充分发挥了公共文化服务体系"文化惠民"的作用，成为襄阳市文化惠民重要工作内容。丰富了城市对外文化交流新平台，宣传和提高了襄阳文化形象。值得进一步完善、支持和推广。

推广"群星音乐厅"的主要思路、内容和形式是：第一，每月都有音乐会，以常态化的音乐会妆亮城市艺术星空为使此项活动真正做到日常化、常态化，采取活动时间和地点相对固定的方式来引导襄阳的广大市民养成一种"每月都可以去欣赏音乐会"的固定习惯。第二，建立"人人争上音乐厅"的机制，以品牌化的艺术平台激励文艺人才打破身份、年龄、艺术经历的限制，向主办单位申报"群星音乐厅"专场音乐会的演出。对于尚未达到举办音乐会水平的，专家评审委员会也会对其进行点评辅导，并提出努力的方向。第三，着眼未来看长效，以制度化的规范运作保证良性发展。"群星音乐厅"符合襄阳老百姓对音乐文化的需要，符合音乐艺术发展规律，具有开创性。应当加强专门管理、进一步完善和规范群众申报机制、节目评审和指导机制、组织保障机制、活动宣传报道机制等长效运作机制的建立和完善，努力把"群星音乐厅"打造成襄阳的一个真正的文化品牌。

（三）挖掘"襄阳戏窝子"，以襄阳的戏演活襄阳的人

襄阳是南北文化交流的重要通道，历史上曾被称为"襄河道"。正是这种独特的地理位置形成了多种戏曲艺术门类汇聚的优势，被人们称为"戏剧窝子"或"曲艺窝子"。戏剧品种包括"襄阳腔"与西皮、"襄阳越调"、"襄阳花鼓"，等等，襄阳戏剧特色明显，"演"与"唱"形式生动富有感染力，锣鼓伴奏，节奏鲜明，气氛浓烈，饱含了浓郁的地方色彩和生活气息。在中国戏曲发展史上具有重要的地位。

如何发挥襄阳市"戏窝子"的戏曲文化品牌效应？是一个综合性的问题。首先需要相

关部门加强对襄阳城市戏剧(曲)文化相关制度和政策的制定。现阶段,要加大对襄阳市地域民俗戏剧文化的相关投入以及优先政策支持。其次,由政府成立一个"襄阳戏剧文化基金会",作为襄阳戏剧发展、保护与传承的物质基础,同时进一步研究制订和完善有关政策措施,还可以多方位筹集保护资金,拓展经费来源渠道。实现"政府主导、社会参与"的良性循环和互动。再次,实施"精品"品牌战略,探索戏剧艺术的市场运作规律与策略,加大"引进来"以及"走出去"的展演活动。在文化产业模式上大胆与国际国内市场接轨;在戏剧艺术产业化经营渠道上与旅游、企业、民俗、主题文化节会结合;在内容与形式创新上真正创作出老百姓喜闻乐见的"有看头"作品。

(四)塑造"公共艺术",丰富文化襄阳的精彩看点

公共艺术可以成为襄阳艺术城市的"点睛"之笔。公共艺术凝聚城市特色、维系都市空间,并作为空间的节点起着起承转合的中心作用,既成为一个物理空间的限定和标志,也成为城市文化内涵的象征与符号,从而使城市空间因此饱满和更赋表情起来。

襄阳塑造公共艺术,要从建设襄阳城市艺术形象的高度出发,认真把握其特点。襄阳城市公共艺术设计、建设的思路是:一是襄阳城市公共艺术的创作原则——彰显襄阳精神、符合城市规划、展示襄阳形象、创作文化精品、凸显襄阳特色。二是襄阳城市公共艺术的空间布局:首先,在襄阳城市核心位置树立标志性雕塑;其次,在襄阳高速公路出入口进行主题雕塑建设;再次,襄阳城市公共功能空间的雕塑分布,主要包括步行街、主题公园、商业区、体育场等。三是襄阳城市雕塑的题材——主题性雕塑(建议汉水女神作为襄阳城市标志性雕塑)、纪念性雕塑、民俗生活雕塑等;四是公共艺术的造型风格——传统类40%,现代类60%,运用新材料、体现新工艺。五是建立和完善公共艺术创作实施的相关制度机制。建议文化宣传部门和城市规划部门组织专家队伍编制《襄阳市城市公共艺术规划》,制定《公共艺术工程的质量标准》,成立由规划、美学、雕塑等方面组成的专家艺术委员会,尽快编制完成高水平的公共艺术作品创作计划。树立精品意识,可以邀请国内外知名雕塑师参加,创作出精品力作,体现城市代表性,树立城市新气象。挖掘公共艺术的文化精髓,突出特色与形象,还要和襄阳的城市格局、山水意象、旅游环境协调。公共艺术将解决襄阳艺术城市形象中"有说头,没看头"的问题。

(五)培育"影视动漫产业",演绎三维空间的襄阳风情

襄阳市拥有丰富的影视动漫资源和深厚的影视文化氛围,对建设艺术之城构成了坚实的实力支撑。一是襄阳荟萃了历史文化、军事文化、三国文化和革命传统文化的风采。同时,襄阳市独具特色的山水风光,城市空间是理想("恰到好处"陈凯歌语)的影视动画创作、制作基地。二是襄阳有八一电影制片厂湖北分厂的坚强后盾。这里拥有设施配套的现代化影视生产基地。45年来,洗印完成电影拷贝70000余部。三是襄阳的"影视城"龙头企业已经初具规模,成为目前国内最大的"唐朝古城"。四是襄阳有着广泛的影视产业市场。中国-襄阳大学生电影节成为全国大学生的浪漫青春品牌节。襄阳还出现了一批在国内颇具影响的影视编剧和制片人、影视产业企业家。五是襄阳动漫创意产业兴旺发达,襄阳将成为湖北省首屈一指的动漫体验和展示区。

发展襄阳影视动画产业的主要策略与建议是：第一，影视动画产业是娱乐产业，是高效、节能、环保的"体验经济"，襄阳应当认准目标，梳理脉络，整合资源，抓住当前影视产业快速发展的机遇期，高起点制定动漫产业的战略规划与推进方式。当前重点是要制定系统的经营战略与拓展市场的策略，向高、新、精、尖方向发展。第二，依托高新技术产业园建设动漫基地，制定优惠政策，吸引国内外优秀动漫企业和人才向基地集聚，发挥基地孵化、提升、集聚、创新的功能。多出和快出成果，打造襄阳动漫产业的区域品牌形象。第三，将动漫创意成果实现产业化，根据襄阳影视旅游资源的特征和消费市场，可开发的项目包括：影视主题产品、影视拍摄地产品、影视节庆产品、影视博物馆产品、影视文化旅游产品等。第四，建立动漫原创产品的创作、生产、发行和推广机制，加大动漫原创产品的扶持与奖励。第五，与高等院校、科研院所联合，构筑影视人才、技术高地。包括影视创作和制作人才，经营型人才和兼通经济、文化的复合型人才的引进培养。建立共享机制，搭建动漫游戏产业公共服务平台，为产业发展提供技术支撑。

(六) 办好"主题艺术馆"，多方位展示文化襄阳的独特风貌

襄阳市有各类(公立、私立)主题艺术场馆35家左右。这些主题艺术馆群分布在社区内，构成了一个相互制约、相互依存的网络系统，正在自发地或自觉地发挥着特殊的作用。一是内容丰富的主题艺术馆群是多种类型的城市文化品牌。主题艺术馆群落包括了书画、民俗、古玩、戏曲、音乐、陶瓷、民艺等，包罗万象。分门别类的主题成为城市历史文化的信息库，也是专题的文化品牌。二是星罗棋布的主题艺术馆群成为健康高雅文化休闲场所。主题艺术馆的特征是"世俗化"，成为每个人都想去和能去的地方，担负着大众公共休闲消费的功能。艺术馆中的咖啡馆、纪念品商店等设施为参观者提供了便利。三是雅俗共赏的主题艺术馆增强大众文化的普及与传播。场馆文化是区域竞争力的核心内容，影响并引导着社区文化的趣味和走向。尤其是从传统的功能城市到今天的公共城市，艺术场馆正在成为现代城市的精神聚居地，成为现代城市人的生活方式。四是各具特色的主题艺术馆有效拉动旅游消费。近年来，主题艺术馆的旅游功能日益突出，逐渐成为展示襄阳城市独特历史文化，提升旅游吸引力的重要载体。国家对文物系统博物馆实现全部开放后参观人数的成倍增长证明了艺术馆旅游的价值。

办好襄阳城市"主体艺术馆"的思路：第一，支持办好历史(名人)类主题艺术馆。主要表现襄阳城市起源与发展的来龙去脉，包括襄阳重大历史事件、著名历史人物等主题。第二，支持办好建筑类艺术馆。主要包括码头文化类，民居建筑艺术类，宗教建筑类内容。第三，支持办好产业类艺术馆。全景式展示襄阳南北交汇的产业中心和繁华的商业中心与贸易港口的地位。展示襄阳有史以来出现过的商业及产品名牌。第四，支持办好艺术类主题艺术馆。主要包括民间艺术主题艺术馆，书法、绘画艺术馆，工艺美术艺术馆，音乐曲艺艺术馆等。第五，支持办好生活类主题艺术馆。包括襄阳人生活方式的林林总总，如美食、婚嫁、穿天节等，突出"襄味、古味、雅味"。第六，支持办好数字艺术馆。在数字化艺术馆里，观众可以通过电脑数字模拟让观众直接参与现场，体验身临其境的感觉，以此吸引观众参观和理解展览。

通过襄阳主题艺术馆建设，襄阳城市原有的历史文物和人文元素都将得到质的提升和

飞跃。主题艺术馆是襄阳文化的导向者，能够完全体现场馆艺术的无限张力。

(七)设立"艺术区"，以"实验法"探索创意襄阳新生活

襄阳市的艺术区建设正处在呼之欲出的"阵痛"阶段。在这个时期，需要综合考量襄阳的实际情况，遵循艺术区的建设规律，选择一个切入的发展时机，合适的原初空间，专业的聚居群落，切实可行的发展步骤，城市艺术区才可能发展壮大。

推进建设襄阳艺术区的思路与主要办法是：首先，选好位置，精心打造。如何选，按照艺术区"廉"、"闲"、"便"的特点，一是历史文化街区，二是现代工业遗产旧址，三是依附大学园、科技园新建。综合分析，襄阳建成艺术区，在现代工业遗产旧址上选择把握最大。主要理由是，从城市历史来看，每百年的城市规划建筑形态应当选择有价值的"作品"保留下来，现代工业遗产旧址将成为延续城市文脉——工业化阶段的"名胜古迹"。同时在"价廉物美"的旧工业厂区"名胜古迹"里做艺术区有古为今用，废物利用的多重价值。建议有关部门做工业遗址调查时，选择具有代表性，有历史价值的厂房、设施进行保护和利用为艺术区综合利用。其次，艺术品质，魅力吸引。艺术区之所以具有强大的吸引力，是因为：艺术创作的私密、神酷、新奇特点，可满足游人猎奇艺术家生活、工作状况的心理；艺术品的独特、个性，可观看、揣摩、购买；砖瓦房建筑是包豪斯风格的"活化石"其建筑的高大、极简、敦实，让人产生自然、怀旧、回归的感受。再次，保持特色，表里如一。襄阳的现代工业厂房是建国后工业化时代的产物，建筑风格具有典型的"包豪斯建筑"功能和形式特征。艺术区的改造、装修、应体现艺术内涵和时尚因素，与艺术区的创作展示空间的时尚性风格相一致。不能破坏老厂房建筑风格、建筑格局。最后，政策宽松，租金便宜。艺术区得以持续发展，主要在于宽松的环境和低廉的租金。从整体上看，时尚、先锋、前卫的艺术工作者往往是穷艺术家，租金太贵让他们无法在此扎下根来，踏踏实实从事艺术创作和展示，政府应对艺术区采取一些特殊政策，以实际鼓励时尚艺术家们在此生存下来，潜心创作时尚精品。

总之，从"艺术城市"的建设和实践中可以看出，"艺术城市"的产生与发展是城市管理理念、发展战略、发展动力的科学转变。从发展工业主导的城市到发展经济主导的城市再到艺术城市的转变过程，体现的是城市管理不断理性发展的过程，这就是城市发展中不断吸收人类文明积累的理性，不断校正过去对城市建设不全面的认识，使人"诗意化栖居"和发展成为当今城市发展的动力和最终目的。

第五篇

宜昌市

"单独两孩"政策对我市的影响及对策

宜昌市卫生计生委课题组　孔福生　陈天明　张　黎

一、研究背景及意义

(一)研究背景及现状

近年来,随着经济社会的快速发展和人口形势的不断变化,计划生育政策的调整完善一直是社会各界关注和讨论的热点。为适应发展形势、顺应人民期待,党的十八届三中全会通过的《中共中央关于全面深化改革若干重大问题的决定》(以下简称《决定》)提出:"坚持计划生育的基本国策,启动实施一方是独生子女的夫妇可生育两个孩子的政策,逐步调整完善政策,促进人口长期均衡发展。"这一被俗称为"单独两孩"的政策一经公布,立即在社会上引起强烈反响。随后,各省、自治区、直辖市结合本地实际,相继启动地方条例的修订工作。今年3月27日,湖北省十二届人大常委会第八次会议表决通过了《关于修改〈湖北省人口与计划生育条例〉的决定》,自公布之日起施行,这标志着"单独两孩"政策在我省的正式落地。

"单独两孩"政策实施究竟会给我国人口及经济社会发展带来哪些影响,国内学界对此十分关注,很多专家学者从宏观角度分析了"单独两孩"政策实施的重要意义。对于"单独两孩"政策实施的积极作用,达成了一些共识:一是有利于稳定我国适度的生育水平。"单独两孩"政策实施可以使我国总和生育率有一个相对显著地提升,同时也不会造成大的人口波动,使得我国总人口数量始终处于一个可控的范围内。二是有利于改善人口年龄结构、促进人口长期均衡发展。首先是延缓老龄化速度。"单独两孩"政策实施对于近中期的人口老龄化有微弱的下降作用,但是对远期人口老龄化有显著的下降作用。其次是可适当增加劳动年龄人口数量。"单独两孩"政策实施将使新增人口一定程度上补充劳动年龄人口规模。三是有利于降低出生人口性别比。我国出生人口性别比持续偏高多年。"单独两孩"政策实施后,出生人口性别比一定会相应下降。长远来看,有利于社会和谐稳定。四是有利于家庭发展能力提升。家庭规模小型化、结构核心化,关系简单化、成员流动化逐渐成为我国家庭的普遍特征。"单独两孩"可以缓解家庭的代际结构,增强家庭养老照料功能,有利于孩子健康人格的形成,有利于提升家庭抵御风险的能力。

同时,也有学者认为,实施"单独两孩"政策会给资源环境、基层工作、公共服务带来一定挑战。一是加剧经济社会和资源环境竞争。南开大学人口与发展研究所原新教授认为,"单独两孩"政策使得总人口在2030年达到峰值14.53亿人,峰值时间推迟4年,但峰值人口增加1500万人,总人口数量的增加无疑会加剧经济社会发展成果和资源环境分配的竞争性。二是基层计划生育服务管理能力面临考验。北京大学人口研究所教授乔晓春表示,启动实施"单独两孩"政策恰逢卫生、计生机构调整,此间,应尽量减少基层计生人员受机构调整影响情绪波动,放松和削弱计生工作。三是公共服务、管理和保障亟须跟上。新政实施后,三五年可见到效果,出生人口增长将对医院、幼儿园、学校等公共资源造成一定压力。为此,很多人口学专家建议,政府部门应加强跟踪监测,分析新增出生人口大多是分布在城市还是农村、东部还是西部,提前做好应对措施。学界对于"单独两孩"政策实施意义的分析为我们提供了很好的研究视角和方向。

(二)研究意义

已有研究多数都是集中在宏观层面的分析,鲜有结合实际的探讨,而针对某一个市域内"单独两孩"政策实施的影响及对策研究则更是少见。从研究意义来讲,中观或微观层面的一个城市缩影,可能会更好地反映一个国家或地区的人口发展水平,尤其像宜昌这种计划生育水平较高的城市,更具研究价值。基于这样的背景和形势,本课题组以宜昌市为例,围绕人口发展现状、生育意愿调查、出生人口规模等内容,深入分析"单独两孩"政策实施给宜昌人口及经济社会发展带来的影响,提出如何应对的相关政策意见和建议。希望通过这一研究,能够对市委、市政府在基本公共服务资源供给和配置规划、推动人口与经济社会资源环境可持续发展中起到决策参考作用。

二、宜昌市"单独两孩"政策实施情况

(一)宜昌的人口环境

宜昌市位于湖北省西部,地处长江中上游结合部,属渝鄂湘三省市交汇地,下辖五县三市五区,是省委、省政府重点支持发展的省域副中心城市。全市现有常住人口409.83万人,人口自然增长率连续18年稳定在2.7‰以下,育龄妇女总和生育率连续30年处于更替水平以下,近15年更是一直维持在1左右;出生政策符合率连续22年稳定在96%以上;虽下辖两个普遍二胎政策的土家族自治县(长阳县和五峰县),但截至2014年6月,全市一孩妇女积存率仍高达76.68%。同时,宜昌的出生性别比始终保持正常,孕育过程中的性别偏好并不明显。在全国、全省性别比保持高位的情况下,出生性别比长期保持正常的"宜昌模式"曾被作为最佳案例,得到过彭珮云、李鸿忠等领导同志的批示。"六普"数据显示,宜昌平均每个家庭户的人口为2.91人,比2000年第五次全国人口普查的3.16人减少了0.25人,也低于全国家庭户的平均人口3.10人和全省家庭户的平均人口3.16人,家庭核心化趋势明显。

1. 人口总量及出生人口情况

图1展示了部分年份宜昌市人口总量(常住人口)和出生人口数量的变化。由图我们可以看出,2000年以后,宜昌的人口增长比较缓慢,甚至一度出现了负增长。近些年宜

昌人口的缓慢变化既与稳定的低生育水平相关,又与人口的流动密不可分。每年新出生的人口数量基本维持在3万人左右。

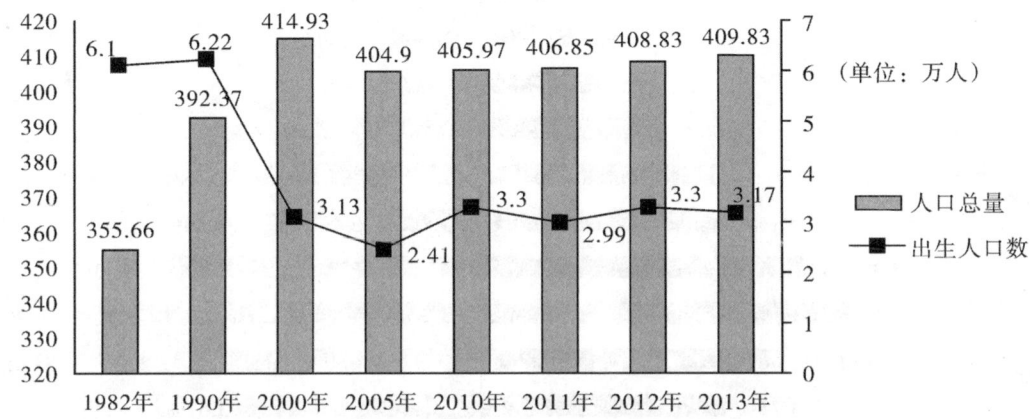

图1　宜昌市人口总量及出生人口数量变化

数据来源:历次人口普查主要数据公报(2005年数据来源于全国1%人口抽样调查主要数据公报、2011—2013年数据来源于《宜昌市国民经济和社会发展统计公报》)。

2. 人口年龄性别结构

图2显示了"六普"时宜昌市常住人口的年龄结构,0~14岁的人口为44.13万人,占总人口的10.87%,15~59岁劳动年龄人口为296.62万人,占73.07%,60岁以上人口占总人口的16.06%,其中,65岁及以上人口为43.47万人,占10.71%。以国际标准来看,宜昌市已进入严重老龄化和超少子化社会。

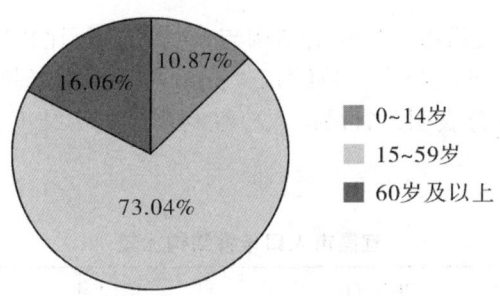

图2　2010年宜昌市人口年龄结构占比情况

从年龄结构金字塔情况看(见图3),呈现出底部收缩,上部变宽的特点。这表明少儿人口比重在缩小,老年人口比重在增大,属于老年型人口年龄结构金字塔。从抚养比情况看,少儿抚养比为14.88%、老年抚养比为21.98%,总抚养比达到36.86%,这意味着3个劳动力要供养1个非劳动力人口,抚养负担相对较重。

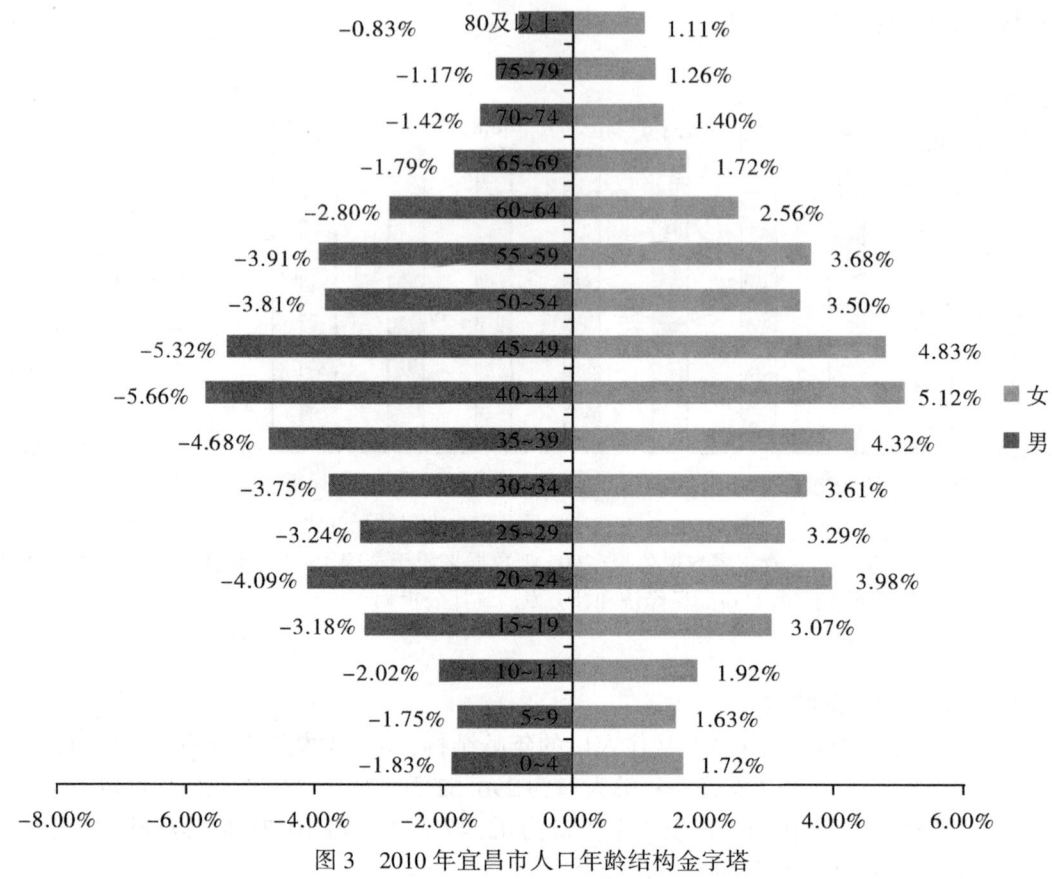

图3 2010年宜昌市人口年龄结构金字塔

将2012年、2013年宜昌市人口年龄结构与"六普"进行比较发现，少儿人口占比有所增加，劳动年龄人口（15~59岁）占比持续减少，60岁及以上老年人口和65岁及以上老年人口占比持续增加。这充分表明，宜昌市人口红利期已基本结束，人口老龄化程度逐年加重（见表1）。

表1　　　　　　　　　　宜昌市人口年龄结构比较　　　　　　　　　　（单位：%）

年龄	2010年	2012年	2013年
0~14岁	10.87	11.33	11.32
15~59岁	73.07	72.03	71.24
60岁及以上	16.06	16.64	17.44
65岁及以上	10.71	11.21	11.66

注：2012年、2013年数据来源于人口计生统计报表。

长期的低生育水平下，宜昌的出生人口增量趋于稳定，人口总量变化比较缓慢，出生人口性别比长期保持正常，其中一个重要的原因是人们文明、进步的婚育观念以及男女平等的人口文化。即使在可以生育二孩的长阳、五峰等少数民族地区，也有很大一部分人主动放弃了生育二孩的指标。这样的生育氛围下，家庭小型化、核心化趋势明显，老龄化和少子化现象严重。

3. 全市"单独两孩"政策实施情况

2014年3月，单独两孩政策在湖北省落地实施，据统计，宜昌市现有已婚妇女86.16万人，符合单独两孩条件的家庭有66884个，从政策出台到8月底，全市提出办理《生育证》申请的单独夫妇有1315对，不到符合条件家庭的2%，已经领取《生育证》1204对，已生育的单独两孩465人。

总体而言，全市积极应对"单独两孩"政策，该政策在宜昌的落地实施比较平稳。一是强化了宣传培训。充分利用广播、电视、三峡手机报、电子显示屏、手机短信、印制宣传折页、制作宣传栏等多种形式，广泛宣传"单独两孩"政策。同时，通过组织对全市计划生育干部进行视频培训、就"单独两孩"政策举办专题讲座等方法，为实施"单独两孩"政策提供强有力的保障。二是进一步优化办证流程。迅速组织业务培训，统一政策口径，明确办证程序。强化首接负责制、一次性告知制、代办制，方便群众办证。三是实施"单独家庭圆梦行动"。开展"单独家庭圆梦行动"，为"单独"家庭提供办理、优生和生育等方面的便利。充分利用卫生计生网络和妇幼保健技术服务资源，对全部"单独"家庭开展主动服务、全程服务、跟踪服务。针对各地工作实际和"单独"夫妇年龄跨度大、个体差异大、孕育风险大等特点，实行分类指导和个性化服务，引导群众合理安排生育时间，实施出生缺陷三级预防，确保母婴健康安全，帮助单独家庭顺利实现孕育健康二孩的梦想。四是加强对单独两孩政策实施情况的督办。在督查计划生育工作时，将单独两孩政策实施情况作为重点督办内容。

(二) 未来5~10年人口发展态势预测

1. 生育意愿调查

为帮助科学制订怀孕及生育计划，落实适宜的避孕方法，减少盲目怀孕导致的非意愿妊娠和扎堆生育现象，"单独两孩"政策实施之前，宜昌全市多地开展了符合"单独两孩"政策家庭数量及有生育意愿家庭数量的摸底调查，提前谋划相应措施。摸底调查结果显示，全市符合政策对象中，有生育"二孩"意愿的在20%以内，明确表示放弃生育两孩的占50%，还有30%左右的对象没有拿定主意。符合单独两孩政策的对象中，表示在三个年度或稍长年限内生育的约占40%。

本课题组对一些符合"单独两孩"政策的育龄群众进行了访谈，访谈结果显示，选择"放弃生育二孩"的主要原因在于"一个孩子就够了，养好了都一样"、"姑娘儿子都一样"、"工作太忙了，生孩子耽误很多事情"、"我婆婆想要，可我跟我老公都不想再生了"、"生得起、养不起"，等等。虽然个案的情况都不一样，但原因主要可以归结为以下几类：一是更看重孩子的质量而非数量；二是更看重个人的生活品质；三是基于对生育孩子成本的考虑；四是没有男孩性别偏好。这表明，是否生育二孩对单独家庭来说是理性选择的结果。

"单独两孩"政策实施后,湖北省卫生计生委组织省人口与发展研究中心对全省符合"单独两孩"政策家庭开展了二孩生育意愿的样本调查。在全省所调查的6958个单独两孩家庭中,有21.51%的人表示"要二孩",59.17%的人明确回答"不要二孩",有将近20%的表示"还没想清楚"。在生育率较低的宜昌等地,城乡单独家庭想要生育二孩的比例分别为12.7%和16%,明确表示不想要二孩的比例为64.2%和62.7%。这个调查结果中,明确表达"不要二孩"的比例高于我们的前期调查,这说明,当单独二孩政策真正落地实施后,一些人更加明确了自己的态度。虽然个体目前的生育意愿和最终的生育行为可能有差异,但根据单独两孩政策已经落地后再实施的生育意愿调查结果,一定程度上可以反映出未来的人口变动情况。

2. 人口变动情况预测

(1)出生人口变动情况。全市符合单独两孩条件的家庭有66884个,目前提出办理《生育证》的有1315人,已生育465人。本课题组的调查结果显示,在符合单独二孩条件的育龄妇女中,有20%的人明确表示生育"二孩",这一部分人中又有40%的人表示想延长3个年度。一些被访群众曾表示,2015年是农历的羊年,更愿意在猴、猪等年份生育。基于以上考虑,本课题组认为,2016年生育二孩的单独家庭会比较集中。因此,2016年农历猴年可能会形成一个出生高峰,比往年出生人口新增的预计在4000人左右,这对全市的妇幼健康服务和医院的分娩接纳能力提出了更高要求。未来5年,全市的新增出生二孩预计达到1.4万人,这些新增出生二孩未来的入园、入学需要也需要相关部门加以考虑。

(2)总人口数量结构变动情况。总人口的数量及年龄结构是人口长期发展的结果,人口的发展变化通常具有一定的惯性,新的生育政策效果对总体人口年龄结构的影响也需要在一个较长的时期后才能够显现出来。长期的低生育水平下,宜昌的人口年龄结构呈现出少子化和老龄化的特征,从短期来看,不会发生人口数量和结构的突变。从长远来看,新增出生二孩的不断累积则在一定程度上有利于增加少儿比重,不断改善少子化的趋势,在未来能为社会经济发展提供更为充足的劳动人口,减缓老龄化的速度。

三、启动实施"单独两孩"政策对全市发展的影响分析

(一)对全市经济社会发展的影响

计划生育政策的调整,最直观的效果主要体现在人口规模和人口结构方面。前文中,我们分析了"单独两孩"政策的启动实施可能带来的出生人口变化和人口总量及结构的影响,从宏观层面看来,人口的发展变化也会对全市的社会经济产生影响。

1. 对人口发展的影响

前文对未来出生人口和人口总量、结构的变化进行了预测,一定时期内,可能出现新生二孩增多的现象,总体而言,对全市的人口总规模影响相对有限,不会出现大的人口反弹。从长远来看,"单独两孩"政策的实施,有利于增加全市的青少年人口比重,增加劳动年龄人口,从而降低人口老龄化程度,改善人口的年龄结构,同时,有利于完善家庭结

构，促进家庭发展能力的不断提升，特别是能在一定程度上缓解一些失独家庭存在的问题，减少因政策带来的风险和隐患，有助于家庭成员的健康发展，不断增强家庭抵御风险的能力。

2. 对公共资源的影响

有学者指出，"单独两孩"政策会加剧经济社会和资源环境的竞争。这个结论的依据是单独二胎政策虽然推迟了我国总人口达到峰值的时间，对人口结构中存在的问题有一定缓解，但峰值人口总量将会增加，这必然会"加剧经济社会发展的成果和资源环境分配的竞争性"；另一方面，"单独两孩"政策实施后将在一定时期内导致出生人口的不断增加，从而对医疗卫生资源和公共教育资源造成一定的压力，尤其是高危人群妊娠的增多，将对妇幼健康服务提出更高的要求。

3. 对社会发展的影响

"单独两孩"政策的实施，在增加未来就业人口的同时，对现有的就业市场可能会产生影响。一直以来，因为女性职工会出现怀孕、生育、哺乳而给用人单位带来人员紧缺、工作开展不畅等情况，而使一些单位在用人过程中，不愿意招用女性，这种现象并不少见。"单独两孩"政策的实施，可能会加剧这种现象。因此，相关的法律法规、社会保障等一些配套政策也应该跟进，切实平衡劳动者和用人单位间的权益，促进社会有序平稳发展。

（二）实施"单独两孩"政策所面临的挑战

"单独两孩"政策的实施是人口发展到当前阶段的一个必然选择，而对于实施"单独两孩"政策所面临的挑战，学界也没有回避：湖北省人口与发展研究中心的课题组对"单独两孩"政策调整后存在的低生育率陷阱、结构性生育堆积、区域生育差距扩大、政策衔接等问题进行了讨论，也有学者对单独二孩政策可能存在的用工问题和社会保障体系等问题进行了分析，结合调查结果和宜昌实际，本课题组认为，"单独两孩"政策的实施面临以下挑战：

1. 对基本公共服务能力有着更高的要求

"单独两孩"政策的落地实施，正值宜昌市卫生计生委机构调整到位，这对刚刚完成合并工作的基层计划生育服务能力也是一个考验。同时，"单独两孩"政策的实施，使得一些想要生育二孩的高龄或不孕不育人群需要相关的医疗卫生服务及妇幼健康知识，因此，基本的公共卫生服务、管理和保障亟须跟上。新政实施三五年后，可见到效果，新增出生二孩将对医院、幼儿园、学校等公共资源造成一定压力，因此，相关的公共服务也需要配套。

2. 在政策实施过程中应该进行积极主动的思考和探索

任何一项新政策的颁布实施，都有一个不断提高群众政策知晓率、作用逐渐凸显的过程。虽然在政策实施之前，相关学者对于各种可能存在的风险及问题都采用科学的手段进行过预测，但在具体的实施过程中总会出现这样或那样的情况，而且每个地方都具有差异性，也可能出现一些个性化的问题，因此，我们要积极主动的做好"单独两孩"政策实施的相关工作，为突发情况做好准备，认真思考，提前研判。

3. 需要处理好政策衔接的相关问题

新旧政策的衔接和过渡有一个过程。"单独两孩"政策实施以来，申请二孩生育证的家庭并不多，这并不是说大家都不想生，主要是因为大家对政策还有一个了解、熟悉、接受和思考的过程，同时，一些不符合条件的人可能存在等待观望的心理，认为"单独两孩"政策是全面放开二孩政策的信号，存在侥幸心理，甚至出现政策外生育增多的情况。

四、对策和建议

为了积极稳妥推进"单独两孩"政策实施，结合全市的情况，本课题组提出以下建议：

1. 积极做好生育政策衔接工作

首先，要宣传动员到位，政策传递到位。各级党委、政府和卫生计生等相关部门要充分调动社会各种宣传资源和力量，广泛利用报纸、广播、电视、网络等新闻媒体，采取一切可以采用的手段和方式来宣传贯彻新《条例》，将启动实施"单独两孩"的重大意义、基本原则、适用条件和办理程序，形成强大的宣传声势和舆论氛围，提高群众的政策知晓率。其次，对于一些违法生育行为，要积极处理到位。对于十八届三中全会之后到正式出台湖北省单独二孩政策之间的生育行为以及一些"抢生"行为要按照相关规定，及时处理好，做好政策的解释工作。

2. 要继续加大计划生育服务能力

我们应积极应对机构改革后计生工作转型，转变思维方式。"单独两孩"政策的实施不是计划生育可以放松了，而是更应该加强。"单独两孩"政策的落地实施，人们的计生服务需求在增加，"如果说过去计划生育的重点是管理的话，那么未来计划生育的重点将是服务"，同时，继续深入开展"单独家庭圆梦行动"，让符合政策、有生育意愿的"单独夫妇"如愿以偿地生一个健康的宝宝。加强妇幼健康人才队伍建设，提高技术服务能力，降低剖宫产率；加大高龄孕产妇顺利分娩的研究，包括辅助生殖技术研究和临床应用，防止高危妊娠所带来的问题，在医院的妇产科应加大对相关人群的事前和过程指导及孕情监测，保证母子健康和安全，从而使高危人群生育所带来的问题降低到最小。加快市妇女儿童医院及各医疗机构妇产科、儿科建设，妥善解决高龄产妇医疗服务需求增多、新生儿初期护理需求。各基层卫生计生单位应该在办证、优生优育指导、早期教育等方面做好服务。

三是保障配套服务体系。出生人口的增加需要医院要增加妇产科床位的利用率，保障新增产妇的生育服务质量。每年新增的出生二孩未来有着入园、入学的基本公共服务需求。对于教育需求堆积的问题，应该加快民办幼儿园的发展，提高他们的办园质量和师资水平，而在义务教育阶段，教育部门也应做好准备，促进中小学教育资源的公平分配。有调查显示，"单独两孩"政策出台后，一些女性在找工作的时候往往会面临更多的考量，对于用人单位在用工过程中可能存在的女性歧视问题，也应该出台相应办法，保障女职工的合法权益。

四是制定科学的发展规划。人口是社会经济发展的基础性要素，同时也是城市规划、合理布局需要考虑的重要内容，"单独两孩"政策对新增出生人口、人口总量、人口结构的影响,也需要在城市发展规划上加以考量,特别是在长期执行以后,"单独两孩"政策的社会效应将不断凸显,新生儿的出生有着分娩、医疗的需求,新生儿的成长有着教育的需求,长远来看,加快推进与居民生活密切相关的道路、公园、水、电、气、污水处理等公共基础设施的建设,进一步调整完善落户就业、子女入学、社会保障、住房等公共政策,也是在宜昌的发展规划中,应该予以考量的。

参考文献

[1] 王广州."单独"育龄妇女总量、结构及变动趋势研究.中国人口科学,2012(3).

[2] 乔晓春."单独两孩"生育政策的实施会带来什么?.人口与计划生育,2014(3).

[3] 何蕾蕾."单独两孩"政策的原因和影响及其测算方法.合肥学院学报,2014(3).

[4] 张哲."单独两孩"政策实施的影响及对策研究.法制与社会,2014(2).

[5] 乔晓春."单独两孩"生育政策的利与弊.人口与社会,2014(1).

[6] 李博涵.单独二胎政策的出台对我国人口规模及结构的影响研究.知识经济,2014(2).

[7] 张丽娜.妇幼医疗服务与"单独二胎"政策的相关性分析.中国卫生产业,2014(12).

[8] 王荃.浅论人口增长与经济增长的关系——从放开"单独二胎"政策谈起.新经济,2014(3).

[9] 石智雷.符合"单独两孩"政策家庭生育意愿与生育行为."家庭发展与公共政策学术研讨会"会议论文,2014.

[10] 曹立斌、石智雷.放开"单独"政策将释放出多少人?——湖北省"单独"家庭生育意愿分析."家庭发展与公共政策学术研讨会"会议论文,2014.

[11] 程广帅、黄瑞芹、徐玮."单独两孩"政策与家庭发展能力建设."家庭发展与公共政策学术研讨会"会议论文,2014.

[12] 石智雷、程广帅."单独两孩"政策下的生育意愿分析及对策建议.湖北省人口与计划生育领导小组简报,2014(25).

川汉铁路遗存保护和文化旅游扶贫结合活化利用建议

陈华洲　陈　贞

一、建议回应

　　川汉铁路遗存是典型的工业遗存。我们对百年前川汉铁路在宜昌建设史实和遗存进行过初步研究。2013 年 1 月，作为政协宜昌市第五届委员会常委，陈华洲完成《关于建设川汉铁路纪念园的建议》，得到市领导高度重视，在市政协五届二次全会上作大会发言，市委、市政府、市政协领导和市政协委员听取发言。上报的同名提案被市政协确定为重点督办提案。2013 年 5 月，拟定川汉铁路遗存调研方案，参与组织市政协委员调研视察川汉铁路遗存活动。2013 年 6 月，川汉铁路遗址因此被确定为市级文物保护单位正式挂牌。市政府督促市文化局拟将宜昌市川汉铁路遗址整体包装，申报国家级文物保护单位。2013 年 7 月 2 日，市政协主席李亚隆、副主席李德才、秘书长尚葵等领导带领相关部门负责人和提案人陈华洲，到市住建委等部门进行承办单位和提案人见面和督办，考察有关场地，与市政府领导沟通交流，拟将该项目纳入 2014 年市城建项目计划。2013 年 12 月 12 日，市委副书记王兴於在全市领导干部学习贯彻习近平总书记系列讲话和十八届三中全会精神研讨班上，对川汉铁路遗存保护和文化传承政治协商给予充分肯定。市政协主席李亚隆在市政协五届三次会议上所作的《中国人民政治协商会议宜昌市委员会常务委员会工作报告》中前后两次肯定和强调该项工作。市长马旭明在参加市政协五届三次会议分组讨论时给予充分肯定。宜昌市文化局等部门为回应市政协提案、市政协社情民意以及市领导批示、宜昌社会科学等各界乃至海内外的广泛关切，于 2014 年 5 月 18 日世界博物馆日，在市博物馆隆重举办"国之复兴　路写春秋——百年中国梦之川汉铁路专题展"，市委、市人大、市政府、市政协领导出席开展仪式并讲话。8 月，陈华洲、陈贞《川汉铁路遗存保护和文化旅游扶贫结合的建议》在省社科联《领导参阅》第 6 期刊发，8 月 12 日，省社科联党组书记曾婕作出重要指示："此建议值得研究，请专报马旭明市长。"省社科联将此参阅件分送市委、市人大、市政府、市政协领导，并专报马旭明市长。8 月 25 日，省委常委、宜昌市委书记黄楚平作出重要批示："陈华洲、陈贞同志提出将川汉铁路遗存保护与文化旅游、扶贫开发相结合的建议值得重视和借鉴。请市住建、规划、文化、旅游、扶贫等部门并兴於、传强、应华等同志阅处。"同日，市委副书记、市长马旭明作出重要批示："建议很有价值。请应华同志结合我市文化旅游建设，组织专人认真研究，提出可行的工作意见。"8 月 26 日，副市长王应华作出重要批示："此事社会各界关注甚多，此建议已十分明确具体，请覃照同志召集文化、旅游、规划、城管、扶贫办、夷陵区、西陵区等单位研究一个川汉铁路遗存保护和开发的系统方案供政府决策。"9月10日，市政府召开会议，邀请两名作者和有关部门专题讨论研究川汉铁路遗存保护方案。目前，已提出初步方案。9月12日，市委常委、宣传部长廖达凤作出重要批示："市社科联围绕中心精心选题进行研究，提出有价值有分量的意见建议，应予充分肯定！关于《川汉铁路遗存保护和文化旅游扶贫结合的建议》有深度、有可操作性，请锦成、陈刚同志阅研。送文化局、文联阅研，提出意见。"

二、建议意义

川汉铁路是和三峡工程齐名的中国近代以来最伟大的超级工程。两大工程都在宜昌，见证了宜昌乃至中华民族的兴衰，是城运和国祚的浓缩。"蜀道难，难于上青天"。清朝末年，川汉铁路动工兴建，"仓猝停歇"，实业强国折戟梦断。孙中山先生在《建国方略》中对修建川汉铁路和三峡工程均有构想。在中国共产党领导下，2010年，中国施工难度最大的宜万铁路建成，天堑变通途。宜万铁路桥梁隧道占总长7成以上，世界之最；24个车站，8个建于桥梁隧道，全球唯一；两度飞越长江天堑，堪称奇迹。成昆铁路不能比其险，青藏铁路不能比其难。随着汉宜铁路建成与之连通，千里江陵半日还。沧桑巨变，百年梦圆，抚今思昔，慎终追远。为实现中华民族伟大复兴的"中国梦"，再圆"宜昌大城梦"，构筑宜昌现代化特大城市的精神文化支撑，特提出川汉铁路遗存保护和文化旅游扶贫结合活化利用建议。

（一）再现民族复兴历程，弘扬伟大的爱国主义精神

1911年5月9日，正当川汉铁路施工期间，清政府宣布收回商办的川汉铁路为国有，将筑路权出卖给帝国主义国家，引起四川、宜昌的"保路运动"。清政府抽调兵力镇压"保路运动"，导致武昌城头空虚，革命党人趁机发起武昌首义。宜昌革命党人联合驻宜新军举行起义，川汉铁路1000多名筑路工人成建制加入起义。宜昌起义，史评"全国义师桴应武昌，以宜昌为最先"。"保路运动"实为"辛亥革命"的导火索，修路是实业救国的重要举措，保路是反帝爱国的生动体现。

（二）缅怀先贤丰功伟绩，宣传宜昌人民的大局意识

詹天佑是我国近代最著名的铁路专家。1908年，詹天佑任川汉铁路宜万段总工程师，他从京张等线路调集6000多名熟练工人云集宜昌，故有今"云集路"之名。1909年12月10日，川汉铁路宜万段在宜昌府典礼开工，宜昌"铁路坝"成为指挥中心，始得名。1910年7月13日，宜昌新码头经铁路坝至小溪塔7.5公里路基筑成，开始铺轨，詹天佑亲自打下第一颗道钉。9月3日，轨道铺设完毕，数辆客货列车运行。詹天佑在宜昌成就了一番蜀鄂山道变坦途的豪情壮举。1909年，李稷勋任宜昌公司总经理。停工命令下达后，李稷勋奔走于京都邮传部和宜昌公司，力争路权路款，会同地方政府妥善遣散数万工人和民工。李稷勋为宜昌做过不少善事，"培心路"街名便来源于李稷勋等捐资创办的培心善

堂。数万筑路工人和民工风餐宿露，夜以继日，精心施工。宜昌工商士绅和市民积极配合，搬迁让地，捐资出力，体现了高度的大局意识。他们用热血、青春、宏愿乃至生命在中国近代史上写下了辉煌一页。

（三）彰显宜昌开放精神，推动宜昌科学发展跨越式发展

川汉铁路是宜昌领全国开放风气之先，步入现代化征程的铁证，是宜昌人骄傲的精神富矿。因重大事件和重大工程客观上带动宜昌跨越式发展，有深厚的历史渊源。主要有《中英烟台条约》后宜昌通商口岸建设、川汉铁路在宜昌动工兴建、萨凡奇三度考察三峡及南津关等。葛洲坝、三峡工程的建设更是实现了宜昌从小城市到中等城市、大城市的两次跨越。目前，宜昌正在实现向现代化特大城市第三次跨越。这是没有重大工程带动的跨越，是现代化特大城市新定位和省官治市领导体制新调整、形成制度后的跨越，更需要彰显开放的宜昌精神。建设川汉铁路纪念园，可以凝聚宜昌人民改革开放共识，以"四个一流"的标准，掀起新一轮"解放思想激情跨越"的热潮。

（四）回应社会广泛关切，展示宜昌现代化特大城市的文化魅力

海内外高度关切川汉铁路。一批社会科学工作者对川汉铁路有研究，多次实地考察，目前宜昌至少已发现近30处（件）遗存或找到遗存相关资料。其中宜昌城区有李稷勋愤而书写的《东山碑志痛》1处遗存资料；夷陵区有李稷勋题字的"上风垭山峒"及通风孔、黄花场火车站（现做仓库）、黄花场铁路桥墩、新坪铁路涵洞、晓峰河铁路桥墩、晓峰未开封的铁皮罐装水泥等14处（件）遗存；兴山县原有三道翁子桥（三拱桥）、白石湾铁路桥墩、青树包铁路桥墩、学堂坪铁路桥墩、斑鸠窝铁路桥墩5处遗址。2013年，兴山县文物部门对境内的川汉铁路遗址进行补充调查，新发现了店子铁路桥、庙湾口铁路桥墩、保管室铁路桥、史家台川汉铁路一号桥、史家台川汉铁路二号桥、史家台川汉铁路三号桥、鸳鸯水川汉铁路桥、里村坪川汉铁路桥、马颈项川汉铁路桥等9处遗址。另在兴山县峡口镇峡口村一组，有川汉铁路桥墩一组，根据湖北省三峡工程淹没区地面文物留取资料的精神，留取资料后这组铁路桥墩已经淹没。建设和命名夷陵广场广场时，简兴安先生等学者多次建议在广场塑立詹天佑李稷勋雕像。建设川汉铁路纪念园文化精品工程，可以调动社会各界的积极性，展示宜昌现代化特大城市的文化魅力。

（五）文化旅游扶贫结合，助推沿线区域经济社会协调发展

宜昌市文化项目不多，文化与旅游结合的项目较少，而文化旅游扶贫结合活化利用的项目更少。夷陵区、兴山县、秭归县三地川汉铁路沿线地区，是宜昌市集中连片贫困地区、山区、三峡坝库区，经济基础薄弱。特别是后三峡工程时期，三峡工程建设带动作用呈现日益递减趋势，十分需要切合实际、有深厚文化内涵、有现实旅游活化利用价值、有广泛扶贫辐射作用的重大项目带动经济社会发展。鄂渝川三省区，地处中西部腹地，历史渊源深厚，生活习俗相近，经济联系紧密，历史上发生的刘备取西川、湖广填四川、兴建川汉铁路、宜昌大撤退，现在的三峡工程和三峡移民，都是这种经济社会人文广泛联系的缩影。但由于同处三峡地区和长江上游，交通等条件严重制约了经济社会发展。一荣俱

荣，一兴俱兴，现在已不能站在狭隘的行政区划角度来考虑经济社会发展，鄂渝川三省区必须共同向国家争取新旧川汉铁路南北两线覆盖区域扶贫优惠政策，统筹考虑区域合作和协调发展。

三、建议内容

（一）近期目标

建成川汉铁路纪念园。做到高端、大气、上档次。

1. 纪念园选址

为形成新旧川汉铁路现实与残梦的强烈对比，川汉铁路纪念园可以在滨江公园宜万铁路宜昌长江大桥附近择址规划建设，以彰显只有在中国共产党的领导下，中华民族伟大复兴的"中国梦"、"宜昌大城梦"才得以实现。目前，市政协与市政府领导沟通，初步认可此方案。市住建委已着手制定初步方案。可一并考虑在夷陵广场适量植入川汉铁路有关文化元素，使铁路坝（现夷陵广场）名实相符，使铁路文化在宜昌人世代传承下去。

2. 纪念园展示方式和内容

一是浮雕再现。塑立大型汉白玉主题浮雕，再现修建川汉铁路艰难场景、昔日宜昌建设火热场景、"保路运动"壮烈场景；塑立詹天佑、李稷勋大型雕塑，介绍生平。

二是文字铭刻。立碑介绍川汉铁路及铁路坝由来；记录新旧川汉铁路大事记、工程进度、重要数据；重刻《东山碑志痛》；记录修建川汉铁路纪念园大事记；突出"1909—2012"字样。文字杜绝电脑刻绘，均以书法名家撰写摹刻。

三是照片对比。用历史人物和宜昌时况、典礼通车等老旧照片，新旧川汉铁路标志性桥梁隧道照片进行新旧对比。

四是实物陈列。将铁皮罐装水泥修缮后集中陈列在纪念园中央；通过道石、枕木、铁轨铺设，老旧蒸汽机火车头陈列，勾起人们历史回忆；统筹考虑国旗升降台的设立。

（二）中期目标

（1）在宜昌东站中心广场塑立詹天佑、李稷勋大型雕塑，将宜昌现代化特大城市与川汉铁路历史事件结合起来。

（2）对宜昌区域内现有川汉铁路主要遗存进行保护修缮，按照4A旅游景点的要求进行规划，搞好沿线征地拆迁、通路、通电、通水、停车场、宾馆、农家乐等基础设施建设和绿化、美化。

（3）将川汉铁路遗存景区纳入宜昌市民免费旅游范围，为市民纪念游、休闲游、自驾游创造条件。

（4）将宜昌范围内川汉铁路遗存全面清理，摸底登记，整体规划，作为一个文化旅游扶贫项目整体活化利用。按照修旧如旧的原则，一是优先将"上风垭山峒"、黄花场火车站（现改做仓库）、黄花场铁路桥墩等修复。二是按照晓溪塔火车站站房残址照片，复建晓溪塔川汉铁路火车站欧式站房。三是先期修复开通运行从晓溪塔川汉铁路火车站欧式站房,经"上风垭山峒"等隧道、桥梁遗址,到晓峰景区15公里旧式旅游观光列车。远期可考虑开通到兴山县高岚景区。将宜昌城区和晓峰、高岚景区通过复建的川汉铁路部分线路连接起来。

(5)以宜昌为中心,宣传营销武汉—宜昌—重庆—成都"百年寻梦—穿越时光隧道"新旧川汉铁路对比红色旅游线路。推动文化旅游产业跨越发展,推动夷陵区、兴山县、秭归县遗存景区沿线周边扶贫攻坚。

(6)设立川汉铁路遗存保护基金。

(三)长期目标

(1)向交通运输部申请在宜昌建立中国铁路纪念馆。国内外多有先例。英国被誉为"铁路故乡",孕育着跨越两个世纪的工业革命瑰宝,记录着曾经令世人瞩目的辉煌。英国就建立了国家铁路博物馆,使之成为火车艺术空间。如今,世界上最著名的铁路博物馆就坐落在英国中部城市约克(York),在这座沧桑而美丽的中世纪古城中,火车成为另一种记录。在国内,上海铁路博物馆以史料和实物为主要载体,展示从19世纪六七十年代铁路进入中国后,上海及华东铁路一百多年来所走过的历程,突出反映铁路生产力的变化、发展。馆内分6个部分,有50余个展项,近千件展品。内有珍贵的铁路老设备、老器材和历史图片,还有融知识性、趣味性于一体的可让观众参与的科普项目,现为上海市科普教育基地。福建泉州在宋元时期是世界上第一大港口,成为海上丝绸之路的起点,如今,在泉州建立了海外交通史博物馆,大大提升了泉州在国内外的知名度和影响力。

以宜昌城区为中心方圆30公里内,铁路、公路、水运、航空等交通业态齐全、密集,如铁路、公路又有各种桥梁、隧道等路况,有长江、清江等大中河系水运,有多种形态船闸,还有机场,因此,也可以涵盖所有交通业态,向交通运输部申请在宜昌建立交通大观园。

选址以夷陵区晓溪塔镇上风垭,或者伍家岗区城东大道与宜万铁路交汇处为宜。选择前者,因为川汉铁路保存最完好的隧道、车站都集中在此,且处于连接宜昌城区和兴山县川汉铁路遗存的中间;选择后者,因为现代化的铁路桥梁5线凌空立体交错,气势雄伟、对比强烈,能突出宜昌交通建设通江达海的巨大成就。

若能建立铁路纪念馆或交通大观园,吸引全国各地和世界各地游客来宜昌体验各种交通业态,拉长游客在宜昌停留时间,可能成为宜昌市旅游在全国乃至全世界独一无二的营销点。

(2)以"新旧川汉铁路"为项目,向中宣部申请国家级爱国主义教育基地。将川汉铁路纪念园、宜昌东站中心广场詹天佑、李稷勋大型雕塑、宜昌辖区内所有川汉铁路遗存、铁路纪念馆(交通大观园)、立体交通网串联起来,整体包装,突出新旧对比,突出"百年中国梦",争取重大项目资金支持,在全国宣传营销。中宣部分别于1997年、2001年、2005年、2009年,先后向社会公布命名了4批353个国家级爱国主义教育示范基地,其中湖北省有17个,宜昌市没有。这353个国家级爱国主义教育示范基地中,大多与党史、军史、领袖和英雄模范人物、历史、文化有关,与中国历史命运与文化结合十分紧密、有丰厚遗存的"工业遗存"目前还没有一个,这是宜昌市申报的最好条件和独特之处。目前,宜昌市最有可能申报国家级爱国主义教育基地的是"新旧川汉铁路"、三峡工程。如辽宁丹东鸭绿江断桥，作为"战争遗址"，就建立了国家级爱国主义教育基地。

（3）鄂渝川联动，向全国政协汇报，争取将以宜昌为中心的"新旧川汉铁路南北两线覆盖区域"整体纳入类似武陵山区、秦巴山区连片扶贫的国家战略，争取有关扶贫项目和优惠政策。

（4）以川汉铁路遗存保护和文化旅游扶贫结合活化利用为契机，推动北纬30度川汉铁路沿线以宜昌、秭归、兴山、巴东乃至万州、重庆等为代表的"三峡城市群"建设，积极配合国家打造长江全流域黄金水道、依托长江建设中国经济新支撑带大战略的实施。

四、建议思路

（1）保护在前，利用在后，在充分保护的前提下，适当利用遗存价值。

（2）川汉铁路遗存保护、文化传承和文化旅游扶贫结合活化利用。

（3）党委重视，纳入决策；政府主导，部门配合；政协牵头，市社科联呼吁；系统评估，科学决策；财政投入，市场运作；项目引进，社会赞助；各界响应，媒体宣传。

（4）发挥省市社科联"联"的作用，由省市政协牵线搭桥，推动鄂渝川党委政府区域联动合作。

参考文献

［1］白寿彝. 中国交通史. 上海书店，1984.
［2］张春霆. 张文襄公治鄂记. 湖北通志馆，1947.
［3］（清）诵清堂主人. 辛亥四川路事纪略，1914.
［4］商办四川川汉铁路总公司报告.
［5］商办川汉铁路总公司报.
［6］东方杂志. 商务印书馆，1904.
［7］湘路记事. 湘路警钟，1909.
［8］潘君祥，段炼，陈汉鸿. 上海会馆公所史话. 上海人民出版社，2012.
［9］国务院关于改革铁路投融资体制加快推进铁路建设的意见，2013-08-09.

发展城市绿色物流助推宜昌特大城市建设研究报告

黄世秀

随着宜昌特大城市化发展进程的加快，构建一个高效清洁的城市绿色物流体系已成为宜昌实现可持续发展迫切需要解决的关键问题。这不仅是宜昌物流要"绿起来"，也是要将宜昌打造成"绿色生态城市"。按照国家标准规定，绿色物流，是指在物流过程中抑制物流对环境造成危害的同时，实现对物流环境的净化，使物流资源得到最充分利用。它是在可持续发展理念和保护环境的基础上，注重经济发展、消费生活与物流之间的双向作用关系，抑制物流危害环境的同时，构建经济消费健康发展的物流系统。可见，绿色物流从全局和长远利益出发，重视对环境的影响，树立了绿色形象，是现代物流发展的趋势。课题组成员深入到宜昌上百家物流企业、物流园区和宜昌市交通物流发展局进行调研，在掌握宜昌绿色物流发展现状的基础上，通过借鉴国内外发展绿色物流的成功经验，从而提出助推宜昌特大城市建设的发展城市绿色物流对策。

一、宜昌发展城市绿色物流的必要性

（一）发展绿色物流是适应当前世界经济发展的需要

随着全球经济一体化的发展，一些传统的关税和非关税壁垒逐渐淡化，环境壁垒逐渐兴起，为此 ISO14000 成为众多企业进入国际市场的通行证。ISO14000 不仅适用于第一、二产业，也适用于第三产业，其两个基本思想就是预防污染和持续改进，它要求企业建立环境管理体系，使其经营活动、产品和服务的每一个环节对环境的不良影响达到最小。近年来，我国物流服务方面经过合理的过渡期，已取消大部分外国股权限制，不限制外国物流企业进入我国市场。但国外物流企业起步早，物流经营管理水平相当完善，势必给国内物流企业带来巨大冲击。随着宜昌特大城市建设的推进，本土企业参与国际竞争将成为常态，宜昌物流企业要想在国际市场上拥有一席之地，发展绿色物流将是必然选择。

（二）发展绿色物流是实现可持续发展战略的一个重要环节

传统的物流活动单纯着眼于满足客户的需求和实现企业盈利，这种单一的目标很可能导致供应链上的企业盲目追求眼前的经济利益，忽视资源环境的承载能力，加剧资源浪费和环境污染。绿色物流着眼于物流活动和生态环境的和谐发展。绿色物流与绿色制造共同构成了一个节约资源、保护环境的绿色经济循环系统，二者之间是相互渗透、相互作用的，是社会和经济可持续性发展的需要。目前，我国的社会和经济发展面临着环境污染等社会问题：一是我国的城市大气环境污染相当严重，"雾霾"笼罩着越来越多的城市；二是我国城市道路噪声14年来居高不下，全国有47%的城市区域受到噪声的污染；三是垃圾污染已成为当今社会的重要问题。环境污染问题非常严重并已引起政府和全社会的关注和重视，企业作为环境污染的主要制造者，必须在环保方面承担起社会责任。发展城市绿色物流就是摒弃传统物流单一盈利目标的落后模式，摒弃先发展后治理的落后观念，在宜昌建设特大城市过程中就恪守经济、社会和环境的和谐发展，将企业盈利、满足消费者需求和保护生态环境、节约资源三者有机地结合在一起，将节约资源、降低污染作为重要目标贯穿于物流活动的所有环节中，在保证物流活动正常运行的前提下，利用新技术、新手段、新方法降低物流活动各个环节的资源消耗和减少其中的污染排放，实现宜昌经济、社会、环境的可持续发展。

(三) 发展绿色物流是物流企业提升形象和竞争力的需要

随着可持续发展观念的不断深入，消费者越来越关注企业是否具有社会责任感，即企业生产与运营是否达到节省资源、减少环境污染、促进经济持续健康发展的目的等，这些准则成为决定企业形象与声誉的重要因素。绿色物流理念基于物流活动和资源环境效益的协调，即在降低资源消耗、减少环境污染的前提下，既满足物流活动的需求，又实现企业盈利。这种"低投入大物流"的运营模式依靠先进科技和高效的管理，将投入物流活动的资源进行更高效的利用，从而在总量上控制物流活动消耗的资源量。与此同时，也减少了物流活动给环境带来的污染，通过追求物流活动的环保和高效，带来物流活动经营成本的下降，从而起到降低经营成本、提高市场竞争力、企业声誉和增加市场美誉度的双重作用。

(四) 发展绿色物流是实现"美丽宜昌"大城梦的必然选择

近30多年来，中国经济高速发展，在"效率优先"的发展战略指引下，工业化和城市化迅猛推进，各类资源富集在大型和特大型城市中。物流、资金流和信息流的集中，造成人流的集中，随着财富高度聚集，生活方式的变迁带来资源和能源的巨量消耗，进而形成了公众关注焦点的雾霾天气。山清水秀的宜昌也未能幸免，近年来也雾霾频发，中度污染的空气笼罩着整个城市。发展城市绿色物流，倡导绿色消费，降低城市发展中噪音、垃圾污染等的产生，减少特大城市建设与发展中对资源的过度依赖和消耗。可见，"宜居、宜业、宜旅"、具有较强影响力和辐射带动力的世界水电旅游名城、长江中上游区域性中心城市和湖北省域副中心城市"美丽宜昌"大城梦的实现，发展城市绿色物流势在必行。

二、宜昌城市绿色物流发展现状与问题

宜昌现有物流企业678家，其中注册资本1000万元以上的有38家；注册资本500万元以上的有82家；主营业务收入500万元以上的企业有448家。其中仓储型物流企业44家，道路货物运输型物流企业176家，管道运输型物流企业1家，航空型物流企业1家，

水上货物运输型物流企业 78 家，铁路货物运输型物流企业 8 家，邮政服务型物流企业 39 家，装卸搬运与运输代理型物流企业 97 家，企业物流 4 家。国家 A 级物流企业有 24 家，3 家公司入选全国交通运输行业重点联系物流企业，4 家公司被省物流局授予全省"十佳物流园区"、"交通物流示范企业"称号，21 家物流企业被省发改委公布为湖北省重点物流企业。课题组对宜昌物流企业按分类随机抽样方法，选取样本物流企业 200 家，通过发放问卷进行为期 2 个月的调查，回收问卷 200 份，其中有效问卷 146 份，经整理分析得出以下宜昌城市绿色物流发展现状与问题：

(一) 对绿色物流缺乏正确认识，观念落后

由于绿色物流的理念传入我国较晚，人们在思想观念上还不够重视。课题组对宜昌百家物流企业和园区调研时发现，50%的受访企业认为物流业对环境的影响较小，只有 30%的企业认为物流业对环境的影响较大；在对绿色物流与传统物流区别认识上主要倾向于"合理利用资源，降低成本"，而对绿色物流"节约资源保护环境"、"实现社会和经济效益的统一"认识不足，更有部分物流企业认为发展绿色物流有别于传统物流的是"追求利润最大化"。由于观念落后，严重制约宜昌物流企业在绿色物流发展方面的软硬件投入，使得绿色物流的发展跟不上特大城市建设与发展的步伐(如图 1、图 2 所示)。

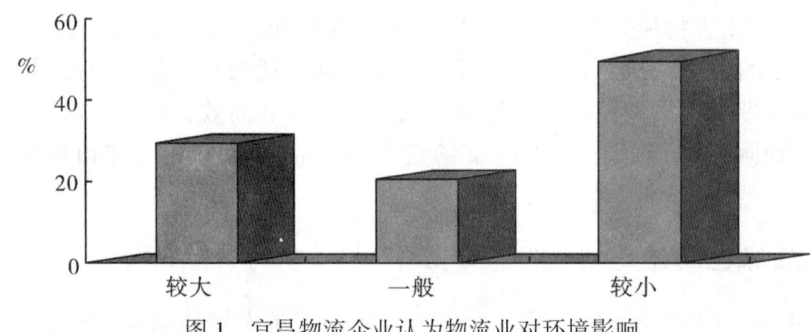

图 1　宜昌物流企业认为物流业对环境影响

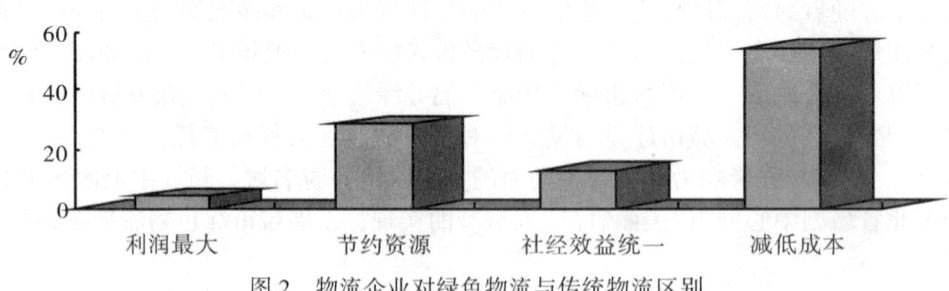

图 2　物流企业对绿色物流与传统物流区别

(二) 绿色物流技术水平低

要大力发展绿色物流，不仅依赖于外部环境条件，更离不开绿色物流技术在物流行业

的应用和普及。但宜昌物流企业与园区的物流技术水平还比较落后，在机械化程度和先进性方面，在自动化、信息化和网络化方面，都与绿色物流的要求存在一定距离；所使用的物流材料与绿色物流倡导的可重用性、可降解性也存在很大差距。如在是否使用"企业绿色运输管理系统（实现对车辆的路径选择与调度）"和"绿色仓储"等问题上，受访物流企业经常使用的只占30%，从不使用高达50%；在"是否对原料、产品或包装等材料的再循环使用"的情况方面，宜昌只有30%的物流企业经常，偶尔使用的占25%，从不实现再循环使用的比例高达45%。此外，相当一部分物流企业仍未普及条码技术、射频技术、EDI技术、全球卫星定位系统等现代信息技术，宜昌物流目前仍处在粗放经营状态（如图3所示）。

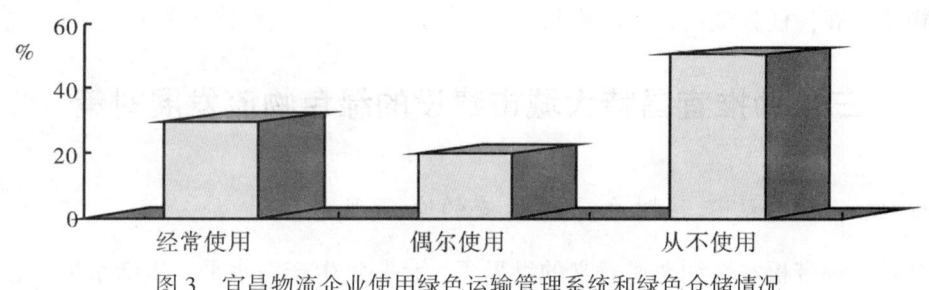

图3　宜昌物流企业使用绿色运输管理系统和绿色仓储情况

（三）物流企业管理水平不能满足绿色物流发展的需要

绿色物流强调在产品生命周期内有效集成绿色设计、绿色工艺、绿色材料、绿色包装和绿色处理等，这无疑加大了供应链管理范围的广度、内容的深度与难度。因此，与传统物流模式下供应链的运作与控制相比较，绿色物流中供应链的运作与控制要求企业必须具有更高的管理水平。譬如在选择材料时，不仅要考察材料的质量、价格等传统因素，还必须充分考虑它的绿色环保程度。另外，绿色物流模式要求供应链成员内部注重知识创新，但是创新往往意味着打破传统，因而对管理提出了更高的要求。而宜昌物流企业与园区目前依然是各自为政，相互之间的协助，尤其是供应链成员之间的紧密合作不够，物流运行效率低下。

（四）绿色物流专业人才缺乏

宜昌绿色物流专业人才缺乏表现在现有的物流从业人员整体素质不高，受访物流企业中60%的从业人员为高中以下学历，本科以及研究生学历的从业人员只占5%，比例严重偏低。物流管理工作者大都没有经过正规的物流专业培训，缺乏既懂管理又懂技术的高素质复合型人才，学历教育和培训机构滞后。宜昌本土高校开设物流管理专业只有三峡大学和湖北职业技术学院，历史不长且前期的毕业生90%以上未能留在宜昌，留在宜昌就业的也很少从事与物流管理专业对口的工作。此外，由于我国物流专业教育起步较晚，高校中缺乏技术和理论兼备的专业物流教师，企业中缺乏物流方面的高级培训人员和管理人员,并且绿色物流方面的课程开设的较少,有的高校甚至没有开设相关课程,使得绿色物流专业人才匮乏,阻碍了绿色物流的发展。

(五)物流企业实力不强制约绿色物流发展

宜昌物流企业规模普遍偏小,物流产业总体水平不高。宜昌注册资本1000万元以上的物流企业只有38家,仅占5.6%;主营业收入500万元以上的物流企业有448家,占66%。从问卷调查数据分析来看,宜昌物流企业开办历史均较短,涉足物流行业不到10年的占到75%;从业人员200人以下的物流企业占到66.7%。发展城市绿色物流就需要投入资金淘汰高能耗的运输设备;优化物流网络,提高物流运营效率就需要引进大量的专业技术人员;物流自动化、智能化的提升需要资金和管理的支撑等等。可见,宜昌物流业向绿色物流发展,任务艰巨,道路漫长。

三、助推宜昌特大城市建设的绿色物流发展对策

(一)统一思想认识,树立绿色物流的全新观念

观念是一种带根本性和普遍意义的世界观,是一定生产力水平、生活水平和思想素质的反映,是人们活动的指南。受长期的低水平生产力的影响,人们更多考虑温饱等低层次问题,往往为眼前利益而忽视长远的经营规划,为个体利益为忽视社会利益,企业因这种非理性需求展开掠夺式经营,忽视长远利益和生态利益及社会利益,进而导致全球气候受到影响。因此,树立绿色物流观念,就是要促使全社会从根本上意识到这一问题的重要性。现代物流已成为宜昌6大千亿产业体系的重要组成部分,得到政府和企业的高度重视。政府部门和物流企业需要转变观念,树立发展绿色物流的全新理念。政府应借助舆论工具向大众宣传绿色观念、绿色意识,提高全社会的绿色物流意识,使人们在日常生活和工作中受到绿色理念潜移默化的影响,从而共同自觉地来维护绿色环境、缔造和谐社会,为发展绿色物流营造良好的人文环境与时代氛围。宜昌物流企业应意识到绿色物流是未来物流行业发展的必然趋势,将新技术、新手段和新方法应用于物流行业,减少物流活动中对资源的依赖和消耗,淘汰粗放运营的传统落后模式,倡导循环经济发展模式,从可持续发展的高度制订物流发展规划、促进物流与生态环境的和谐发展。

(二)发挥政府对城市绿色物流发展的引领与导向作用

国际经验表明,绿色物流的发展需要政府出台强有力的政策保障,强化对物流资源的有效整合。我国必须建立一套完善的政策体系和法律法规,作为发展绿色物流的重要动力和基本保障,用以规范、监督和激励物流企业的经济行为。可通过建立绿色物流标准、制定排污收费制度、加强环境保护立法等途径来干预、约束物流活动。宜昌市政府可以建立有效的激励政策,借助经济杠杆的作用,来激励和引导物流企业的行为。例如,宜昌市国土部门在用地指标分配上向发展绿色物流的企业倾斜;税务部门可出台专门针对发展绿色物流企业的优惠税率;金融监管部门制定相关政策对发展绿色物流企业合理的贷款与融资

给予支持；财政部门对企业发展绿色物流、研究机构从事相关研究给予补贴。市政府和监管部门还可制定专门针对金融机构的激励政策，对参与物流产业节能减排领域投融资活动的金融机构，采用新增信贷规模、减免相应税收等方式给予支持，鼓励金融机构支持绿色物流发展。另外，还要制定惩罚政策增加不发展绿色物流企业的经营成本。要制定全市统一的物流企业碳排放标准，对满足排放标准但不引入绿色物流理念的企业，要通过环境税、碳税等手段提升其经营成本，通过在用地指标、融资等方面从严控制等手段限制其扩张；对不满足排放标准的企业，要罚款并限期整改；对整改后仍然不能达到要求的企业，要强制淘汰。

（三）加大宜昌城市绿色物流基础设施建设

物流基础设施是物流活动硬件系统，"高效率、低耗能、低污染"的绿色物流系统离不开先进、合理、安全的基础设施的保障。加大绿色物流的基础设施建设的力度，首先要切实对已有物流设施设备进行合理的再利用和升级改造，如对公路系统进行优化，使干线和支线实现最短的距离进行最有效的连接。而且还要整合现有的物流设施资源，通过资源共享重新整合物流设施资源，全面提升使用效率。其次，要按科学发展观的要求，对新建及拟建物流基础设施从战略性的高度进行科学规划，一方面进行宏观调整，另一方面进行微观更新和技术升级。对物流中心选址规划、场站仓库、码头建设规划要宏观把握，兼顾到各种运输方式及仓储设施之间的有效衔接与合理配合，避免重复性建设、减少土地自然资源的浪费。最后，要增加对交通基础设施的投资，尤其是要加大对公路和水路运输设施的投资与维护，尽快完善多层次综合立体式的交通运输网络，推进多式联运发展。

（四）加强信息化建设优化宜昌物流供应链

随着现代信息技术在物流信息化建设中的广泛应用，宜昌物流企业应积极将条形码技术、射频识别（RFID）技术、电子数据交换（EDI）技术、全球定位系统（GPS）、地理信息系统（GIS），以及基于计算机、网络技术的物流管理软件等运用于物流活动中，提升物流企业的技术水平。为顺应宜昌特大城市发展，按照城市总体规划、综合交通规划和产业布局规划等搭建物流公共信息平台，解决信息化水平程度偏低、供应链上下游企业之间沟通不畅等导致物流业发展水平低下、物流成本偏高等问题。物流公共信息平台是指基于计算机通信网络技术，提供物流信息、技术、设备等资源共享服务的信息平台。具有整合供应链各环节物流信息、物流监管、物流技术和设备等资源，面向社会用户提供信息服务、管理服务、技术服务和交易服务的基本特征。物流公共信息平台的信息服务需要大量权威的政务信息，管理服务是物流相关管理部门的政府职责，这两项功能应由相关政府管理部门负责建设提供；物流公共信息平台的技术服务和交易服务则完全可以采用市场化的机制建设和运营。

绿色物流是功能健全的物流链的最理想状态，不合理的物流结构不仅会对环境造成负面影响，同时又会造成严重的资源浪费。一般来说，产品的制造加工时间，在从投产到销出的整个过程中仅占10%，而运输、装卸、仓储、流通加工、信息处理等物流过程则几乎占90%。因此，要提高效率、降低成本，就必须优化物流供应链。在供应链管理方面，绿色物流强调通过供应链上各企业内部、各企业之间的紧密联系和通力合作，达到整条供应链的最优化和绿色化。加强绿色供应链管理，首先强化供应链各个成员的绿色物流观念，把绿色理念作为供应链管理战略的重要组成部分；其次，企业要制订有效的绿色供应链管理计划，通过与专业的绿色物流服务供应商合作，提高服务水平，增加企业收入；再次，企业应建立完善的绿色供应链绩效评价体系，重视对企业内外绿色物流运作的评价。

（五）加强管理提升宜昌物流企业整体实力

首先，宜昌物流企业要加强绿色文化建设，以引导物流经营者形成良好的行为习惯。只有通过宣传、贯彻绿色物流文化，使物流的绿色化成为物流企业从业人员工作与生活中的固有理念和良好习惯，才能从根本上解决问题。物流经营者不能只考虑自身的物流效率和经济利益，必须从整个供应链的视野和现代物流管理角度来组织物流活动，与利益相关者协同起来，配合、协调经济运行各环节中绿色环保的生产和消费，否则，绿色物流就将成为无本之木，无源之水。为此，物流企业应在内部各部门中强化绿色环保的责任和职能，例如行政部门应做好水电用量、控制空调温度、采用节能灯等方面的规范化管理，运营部门应加强车辆油耗、尾气排放等方面的规范化管理。如果宜昌整个物流行业管理体系都能体现出绿色物流的文化价值和绿色文化理念，必定会增强宜昌物流企业信用度，提高员工素质，从而带来较好的文化创意。可以预见，物流行业绿色文化能为宜昌物流业发展增添的经济附加值将是十分可观的。其次，努力提高物流环节的绿色化水平。宜昌物流企业在制定采购计划时要充分考虑环境因素，节约资源，推行绿色采购。合理规划物流网点及配送中心、优化配送路线、提高往返载货率；改革运输方式，在有效范围内扩大水路运输的使用频率；提倡绿色工具的使用，显著降低有害气体排放量等来实施绿色运输。广泛采用绿色包装，实行包装减量化（Reduce），绿色包装在满足保护、方便、销售等功能的条件下，应是用量最少的适度包装；包装应易于重复利用（Reuse）或易于回收再生（Recycle），通过多次重复使用，或通过回收废弃物，生产再生制品、焚烧利用热能、堆肥化改善土壤等措施，达到再利用的目的；包装废弃物可以降解腐化（Degradable），为了不形成永久的垃圾，不可回收利用的包装废弃物要能分解腐化，进而达到改善土壤的目的；包装材料对人体和生物应无毒无害；在包装产品的整个生命周期中，均不应对环境产生污染或造成公害。开展绿色流通加工，由分散加工转向专业集中加工，以规模作业方式提高资源利用效率，减少环境污染；集中处理流通加工中产生的废料，减少废弃物污染等。采用先进的保鲜冷藏技术，保障货物保存的质量和数量，实施绿色仓储。

（六）与高校合作加大绿色物流专业技术人才的培养

先进的技术可以大幅提高资源的有效利用率，正因如此，绿色物流对规划和营运人员以及各环节专业人员的要求很高。我国绿色物流技术水平、管理水平偏低，与相关科学研究滞后、专业人才匮乏直接相关。宜昌物流企业这方面差距更大，大部分工作人员属于装卸工人，而发达国家和地区因其机械化程度较高，拥有大量专业的物流管理人才，其装卸工人仅占到物流业工作人员的1%。人才不足，是制约绿色物流发展的瓶颈之一，要推动绿色物流良性发展，必须培养大量专业人才。宜昌市政府、交通物流发展局等部门可以借助三峡大学、湖北三峡职业技术学院服务地方的办学理念，建立战略合作，培养宜昌特大城市发展所需要的绿色物流相关的技术人才。

（1）高校层面：根据绿色物流的特点科学设置课程体系，专业课方面应加大与绿色物流发展相关的环境经济学、环境科学、环境税收、低碳金融等课程所占的比重；在教学方法上应注重理论与实践相结合，通过案例教学的方式，培养学生发现问题、解决问题的能力。

（2）社会层面：以行业协会和社会培训机构为平台，大力开展职业资格认证与培训工作，对社会上有志于从事绿色物流的人员进行培训，为绿色物流发展做好社会人才储备。要构建面向企业高层的培训与推广体系，让物流企业的高层管理者充分意识到发展绿色物流的战略意义，推动物流企业根据自身实力与发展战略选择发展绿色物流的适当途径；要通过研讨会等方式，让企业高层认识到中国清洁发展机制对企业发展绿色物流所具有的巨大价值，引导企业通过积极开发中国清洁发展机制项目，力争通过碳交易体系降低发展绿色物流的成本。

（3）企业层面：构建内部培养体系，整合区域高校研究机构的研究力量，针对宜昌物流企业内部在职人员进行形式多样、层次不同的短期培训。要在物流企业内部设立整合高校、研究机构及企业研究人员的研究平台，既为理论研究人员提供接触研究企业绿色物流实践的机会，又为企业研究人员提供接触最前沿理论的机会，从根本上解决理论研究与实践脱节的问题；要与高校共建绿色物流人才培训中心，定期对企业内部绿色物流管理人员进行培训，确保企业绿色物流管理工作能够跟上社会前进的步伐。

课题负责人：黄世秀
课题参与人：戴发山　刘旺盛　邓绍艾　崔蜜

深入推进宜昌市绿化美化行动的实践与策略分析

陈宏彦　曹光毅　张惠琴　谢　军　梅朋森

党的十八大以来，围绕生态文明和美丽中国建设，全国各地踊跃探索，积极实践。宜昌市提出建设"既大又强、特优特美"现代化特大城市，把绿化美化作为首要任务。2013年初，宜昌启动了建设现代化特大城市绿化美化行动的实践。本文在分析深入推进绿化美化行动所面临的机遇与挑战，总结宜昌市绿化美化行动实践经验基础上，提出了相关对策建议，为实现宜昌市绿化美化10年规划目标，及宜昌经济社会发展提供良好生态保障，提供理论与实践支撑。

一、宜昌绿化美化行动面临的机遇与挑战

(一) 宜昌绿化美化行动的机遇

党的十八大将生态文明建设提高到前所未有的高度，宜昌市是首批建设国家生态文明先行示范区的城市之一，作为生态文明建设的示范工程和宣传工程，绿化美化行动迎来了全面发力的大好机遇。

一是生态文明建设为实施绿化美化提供着强大的政治保障。当前，全面推进生态文明建设已成为各级党委政府的普遍共识，作为生态文明建设的示范工程，其政治保障力和舆论氛围不言而喻。二是现代化特大城市和新型城镇化建设将给行动提供有力的基础支持。宜昌正处于现代化特大城市建设和新型城镇化建设的全面发力期，从规划、项目到资金安排上，各个方面都给绿化美化提供了优越的支撑条件。三是人民群众不断提升的生态文明意识和对良好人居环境的追求将为行动提供不竭动力。绿化美化行动较好地回应了广大人民群众对良好人居环境的期盼，人民群众的支持正是深入推进绿化美化的核心力量。领导重视，群众期待，全社会认同。这些有利条件的叠加，正有效地推动着宜昌绿化美化事业。

(二) 宜昌绿化美化行动面临的挑战

近两年来的实践取得了较好成绩，但同时也显露出一些不容忽视的问题，深入推进绿化美化行动，持续改善宜昌生态和民生还面临诸多挑战。

1. 绿化用地保障越来越难

宜昌"七山二水一分田"的地理地形特征决定了宜昌城市建设用地寸土寸金，这使得

绿化空间受到制约。按现行土地使用制度，城市土地归国家所有，农村土地归农民集体所有。当城市扩容需征用农民集体土地时，须支付土地使用补偿等各种费用，城市绿地作为城市建设用地的一部分，扩大绿地自然也需要征地、拆迁和安置，城市绿地的征用面大、范围广、耗资甚巨。根据《宜昌市城市总体规划（2011—2030 年）》，到 2030 年，宜昌中心城区绿地面积要达到 4049.53 公顷，其中公共绿地 3480.82 公顷。就是说，以 2011 年数据为基数，要求在 20 年内新增公共绿地 2674.2 公顷，按现价（约 100 万元/公顷）计算，仅征地成本就需要 27 亿元，若考虑价格变动，再加上土地附属物补偿、土地整理和维护管理费用，实际耗资更大。

2. 全民参与绿化的积极性有待进一步发挥

过去 35 年里，全民义务植树运动蓬勃开展，对提高全民绿化意识，加快国土绿化和生态环境建设，促进经济发展和社会文明进步起到了重要作用。而近年来，尽管植树造林热情更加高涨，但义务植树尽责形式相对有限。一方面，每年 200 多万人次要求参与植树，却难以找到合适的地方；另一方面，很多生态脆弱、需要生态恢复的区域，受安全、交通等因素影响，无法组织义务植树活动；此外，因受制于可造林地分布偏远，市民植树技术不过关等因素，绿化效果不理想。市民植绿积极性很高，护绿参与度却不够，以资代劳、以管代植等新的义务植树尽责方式没有被广泛接受。

3. 生态修复和生态补偿机制尚不完善

去年以来，宜昌启动的城区山体生态修复造林工程，得到了市委市政府的高度重视和社会各界的广泛关注，两年来取得了明显成效。但目前，涉及生态修复的制度体系还不健全，自然生态系统损害鉴定评估办法和赔偿标准，重大生态修复工程建设制度和生态修复的社会参与机制还有待建立健全。基础建设项目没有真正做到生态优先、同步绿化，工程扰动不可避免地会带来一定的生态破坏和景观破碎，一旦生态恢复责任缺失，就给政府留下了生态修复难题。生态补偿机制方面，生态服务价值价格化、市场化政策体系尚不完善。虽然宜昌早已启动实施森林生态补偿，但补偿范围覆盖面依然不够，15 元/亩的补偿标准也相对偏低。全市 1146 万亩生态公益林面积启动补偿的生态公益林面积只有 765.9 万亩，占生态公益林总面积的 67%，占全市有林地面积 43%，其中国家级 568.7 万亩、省级 197.2 万亩，市、县两级生态公益林还没有启动补偿机制。

深入推进绿化美化行动还需要克服融资难题，加大投入；推广运用乔、灌、花、草立体种植复合结构模式；落实后期管护，提升绿化效果等。

二、宜昌绿化美化行动实践

党的十八大将生态文明建设提高到前所未有的地位，要求着力推进绿色发展、循环发展、低碳发展，形成节约资源和保护环境的空间格局、产业结构、生产方式、生活方式。坚持经济、政治、文化、社会和生态"五位一体"地建设中国特色社会主义，必将对建设美丽中国、造福亿万人民产生重大而深远的影响。借此，宜昌市委市政府围绕推进生态文明、建设"既大又强、特优特美"现代化特大城市战略，将实施绿化美化行动作为改善人居环境、提升市民幸福指数的重大惠民工程，全域布局，市县联动，吹响了宜昌推进生态文明、建设美丽宜昌奋斗的号角。

(一)实施绿化美化行动的民生意义

习近平总书记曾在视察湖北时指出:人类生存的环境只有一个,破坏了就很难修复。在发展中既要金山银山,更要绿水青山,说到底绿水青山是最好的金山银山。"并要求湖北"着力在生态文明建设上取得新成绩。植树造林,绿化家园,是保护和改善生态环境的根本措施,是造福当代、泽被子孙的千秋伟业。实施绿化美化行动,具有重要的民生内涵和惠民意义。

首先,实施绿化美化行动,是改善生态面貌,打造宜居宜旅宜业城市的重要保障。森林是人类的摇篮,绿色是生命的象征。人类文明的兴盛,历来以丰茂的森林为依托、以良好的生态为基础;人类文明的毁灭或衰退,亦与森林消失、生态恶化相关联。失去了森林,失去了绿色,就失去了人与自然的和谐,也就失去了经济社会可持续发展的生态基础。党的十八大报告把生态文明建设列入中国特色社会主义建设"五位一体"总布局,融入经济建设、政治建设、文化建设、社会建设各方面和全过程,上升到前所未有的高度。生态文明建设的目标是:森林覆盖率提高,生态系统稳定性增强,生态面貌明显改善。这就对生态建设和国土绿化提出了新的更高的要求。省第十次党代会、市第五次党代会明确提出了宜昌建设现代化特大城市的宏伟目标。在建设现代化特大城市中,"既大又强"是基础支撑,"特优特美"是内涵追求。越是要加快发展,越是要注意形成特优的发展环境,打造优越的投资环境、生活环境、服务环境和人文环境。实施城市绿化美化行动,就是要塑造特美的城市形象,彰显山之厚重、水之灵动、绿之生机、城之大气,充分展现自然生态之美、历史人文之美、现代文明之美,着力打造"宜人之城、昌盛之地"的城市形象,建设绿色宜昌、美丽宜昌。

其次,实施绿化美化行动,是优化人居环境、提高人民群众幸福指数的重大举措。一座美丽的城市,应该有生态的、绿色的、艺术的色彩来映衬,绿色不仅是重要的城市形象,更是重要的城市功能。抓绿化,就是建设绿色基础设施,是人心所向,是民心工程。亲绿是人的本性,绿化程度提高了,就能提升人民群众的舒适度和幸福感。有资料表明,森林每生长1立方米的蓄积量,平均能吸收1.83吨二氧化碳,释放1.62吨氧气。前一段多个城市出现的雾霾天气,一个根本原因,就是城市的二氧化碳排放太多,森林太少!城市森林植被称作城市之"肺",不仅能够净化空气,还具有涵养水源、保持水土、减少噪音、调节气候、优化人居环境等多种独特的生态功能。近年来,宜昌市着力加快转变发展方式,大力实施生态优先战略和城市增绿工程,努力追求绿色增长,提出"既要金山银山,又要绿水青山","发展了经济更需要环保","提升了生活水平更需要健康",努力让GDP成为一张绿色成绩单。当前建设现代化特大城市,需要更多的绿量,特大城市的市民生活需要更好的生态,特大城市的内涵中还需要更多后现代美的元素。通过加快绿化美化步伐,科学经营城市森林,逐步构筑良性生态循环系统,有利于解决城市污染、噪音、粉尘、热岛效应等问题,有利于实现经济发展与生态保护的和谐统一,有利于发展低碳循环经济,有利于提高市民幸福指数,从而促进人与自然和谐相处。

（二）实施绿化美化行动的具体实践

全市坚持科学规划布局，认真组织实施，按照"大员上阵、大苗上阵、大家上阵"的要求，采取得力措施，动员全市上下积极投身绿化美化行动。两年来，全市2000多家机关企事业单位主动参与，共投入30多亿元，实施景观节点和通道绿化重点工程424项，完成造林48.93万亩，义务植树1919万株，城区定植乔木59.6万株。

1. 高规格推动

2013年2月19日，宜昌市委、市政府召开建设现代化特大城市绿化美化行动动员大会。省委常委、市委书记黄楚平指出，城市绿化是重要的基础设施，是绿色的基础设施，绿化工作就是基础建设工程，是提升市民幸福指数的重要惠民工程，也是建设特优特美城市的重要内容。市绿化美化行动指挥部成立，市委副书记亲自任指挥长，很快全市各级党委政府组建了高规格的绿化美化行动指挥系统。市"四大家"领导带头参加义务植树，省委常委、市委书记黄楚平同志主持市委常委会专题研究绿化美化工作，并在绿化美化行动关键时刻亲自组织调研视察。对绿化美化行动，始终保持高位推进态势，充分调动了各级党委和政府的积极性，确保了绿化美化行动领导到位、专班到位、措施到位。

2. 大规模建设

各地按照"城乡一体、全域布局、上下联动"的要求，广泛组织发动，多方筹集资金，集中力量实施了重要景观节点及通道绿化美化工程、机关企事业单位绿化美化工程和乡村绿化工程，建设了一批精品工程和亮点工程。两年来，全市共计启动实施重要景观节点和通道绿化重点工程424项。城区按照"3年按照扮靓4个城市入口门户，打造6个景观节点，整理8条交通廊道，新增和提升公园绿地及景观绿化5730亩"的目标，启动实施了机场路提档升级、沿江大道、城东大道绿化升级改造等23项重点工程，各县市区积极响应，大力推进辖区重要景观节点和通道绿化美化，实施了一大批重点工程项目，这些工程的完工将为宜昌生态环境持续改善提供有力的绿色支撑。

3. 快速度行动

在推进绿化美化行动项目建设过程中，各地各有关部门科学调度，坚持边优化设计，边审查方案，边准备施工，边筹措资金。市林业、园林、交通、城投等部门取消休假，专业队伍、专班人员和社会力量相结合，白天顶着日头挖窝，晚上趁着凉意栽树，既有效利用了时间，又确保了成活率。城东大道景观改造工程在全市动员会后第三天就开标，施工进度基本上达到了"一天一个样，一周一大变"。

4. 高标准建设

各地各有关部门按照"增绿量、上档次、创特色、出精品"的要求，对绿化布局、品种选择、苗木规格、色彩搭配、工程实施等环节进行严格把关，要求在重要节点多栽植大苗，确保了绿化美化效果。磨基山森林公园、求雨台公园等项目聘请国际知名设计单位进行设计，移栽高规格大苗。沿江大道及滨江公园绿化升级改造中注重季相色彩搭配，加大密度补植增绿。同时各地把后期管护落实到责任单位和责任人，猇亭区推行绿地养护招投标和市场化管理制度，伍家岗区与相关单位和个人签订管护责任书，进一步强化了后期管护。

(三) 实施绿化美化行动的主要策略

宜昌市在实施绿化美化行动中，坚持边探索边实践，边归纳边推广，初步形成了一些基本经验。

1. 实行了"大员上阵、大家上阵、大苗上阵"高效建设模式

各地各部门负责人亲自研究、部署、参与绿化美化行动，抽调责任心强、技术水平高的骨干人员组建工作专班，一线指导，确保了建设质量；市绿化美化行动指挥部在充分调研的基础上，结合宜昌实际，倡导多采用8~20公分的大苗、壮苗带冠绿化，既有效增加了绿量，又提升了品位；各地各部门广泛发动，全社会积极参与，掀起了新一轮绿化美化高潮。

2. 坚持了"日报告、周通报、月小结"综合督办机制

市绿化美化行动指挥部落实强力督导机制，实行日报告、周通报、月小结制度，市、区两级督办工作采取对任务表、对建设点督办，每日以短信的方式将当天的进展及正反面典型发送给市委、市政府领导及各区书记、区长、指挥长等，有力地推进了工作落实。同时，每周由市委督查室、市政府督查室、市纪委监察局等单位联合组成督查专班，开展现场督导，并及时召开督办碰头会，通报督办结果。每月向各级党委政府报送行动小结。

3. 推行了"一张任务表、一把检查尺、一份责任书"质量把关制度

为确保建设质量，各地各有关部门及时组建技术指导组，带着技术手册、围尺到现场对照任务表进行技术指导，并签订管护责任书，确保了苗木的栽植质量和绿化美化成果的有效保存。

(四) 实施绿化美化行动的惠民成效

随着全市绿化美化行动深入持久地推进、重点工程的相继完工、新植树木的存活生长，宜昌市民更加感受到良好生态环境所带来的幸福美好。

1. 市民生态文明意识逐步增强

在绿化美化行动中，全市每年参加义务植树人数达到230万人次之多，义务植树尽责率保持在90%以上，全市有2000多家机关、企事业单位主动参与绿化美化行动，真正形成了"全党动员、全民参与、全社会支持"的良好行动氛围，通过绿化美化行动大力度的宣传，广大人民群众普遍认识到了造林绿化对改善生态环境、优化人居环境、提升人民幸福指数的极端重要性，高度支持并积极响应市委市政府号召，极大增强了植绿爱绿护绿的生态意识。绿色进街道、进社区、进机关、进校园、进企业、进家庭蔚然成风。各级机关、企事业单位纷纷开展院落绿化美化和争创"园林式"单位活动；广大市民积极参与社区、街道树木认养和管护，主动绿化楼顶或阳台。

2. 城乡人居环境持续改善

全市绿化美化行动遵循"生态优先、和谐相融"的原则，按照"乔灌草花"合理搭配、色彩季相赏心悦目的要求，科学规划，优化布局，新增了大量的绿地面积，带来城乡绿量大幅增加。进一步构筑了三峡坝库区生态屏障，能更好地净化空气、涵养水源、减少噪音、缓解热岛效应，打造优越的投资环境、生活环境、服务环境和人文环境，建设"宜居宜旅宜业"城市，建设美丽乡村，建设美丽宜昌。猇亭区新建六泉湖广场市民活动中心综合景观工程，体现自然生态特色，突出乡土大苗树种，广场规模是夷陵广场面积的近3倍，成为城区市民新的生态休憩乐园，活动市民引以为荣。

3. 宜昌城市形象不断提升

通过开展绿化美化行动，进一步提升了城市品位。在城区，4个城市入口、6个重要城市节点和8条城市道路沿线绿化提档升级工程全面启动，尤其是城东大道大苗绿篱绿带的大气与沿江大道灌木色块的精致相得益彰，成为提升宜昌城市品位之作；伍家岗区华鹏置业公司引进"绿道"概念，投资1100多万元在柏临河岸沿河路打造绿色、健康、环保、美观的自然生态走廊，建设生态回报社会，品味高尚；点军江南大道新栽大苗整齐美观，磨基山彩林错落有致，色彩斑斓，东部山谷景区繁花似锦，花香四溢，翻坝高速接线段"桂花大道"初见端倪，形成了江南生态新区的绿色长廊。在农村，坚持开展以村旁、路旁、水旁、宅旁"四旁绿化"为重点的乡镇、村屯绿化，建设了一批小林带、小景区、小景点、小果园、小花园，城乡生态面貌焕然一新。

三、深入推进宜昌绿化美化行动策略探讨

深入推进绿化美化是践行中国特色社会主义生态观的具体行动，是建设美丽宜昌和国家生态文明先行示范区的基本要求，是市委市政府实现生态惠民目标的重要举措。《市委办公室、市政府办公室关于深入推进建设现代化特大城市绿化美化行动的通知》，要求各级各部门从战略和全局的高度，以更新的理念、更大的决心、更有力的措施，深入推进实施宜昌建设现代化特大城市绿化美化行动。

（一）做好专项规划

根据市委市政府《关于深入推进建设现代化特大城市绿化美化行动的通知》、《关于加强城区生态建设的意见》等文件精神，利用好全省可造林绿化面积普查成果，由市政府聘请专业机构主持编制高水平、能管用的全域绿化美化行动十年规划，将具备绿化条件的土地纳入城市永久绿地范围。根据地理、气候条件，结合宜昌文化特色，进一步明确种植地块、苗木种类、色彩搭配等，以便有效指导发动社会各界积极参与，提升绿化品位档次。按照"全域规划、超前规划"的思路，对具备开工条件的项目优先纳入各年度建设计划，还不具备条件的，落实保护措施，加强山体、湿地自然生态系统的保护。对不适宜大规模植树的难利用地，建议全面摸底、统筹规划，突出宜昌文化元素，采用立体绿化和文化墙等方式进行美化，打造新的城市景观。

（二）完善制度建设

一是建立生态红线保护制度，研究划定红线保护范畴，出台严格的管制办法，加强天然林、湿地、山体保护，维持全市林地保有量、森林覆盖率稳定，森林蓄积量持续增长。二是健全生态修复机制。按照谁破坏、谁付费、谁恢复的原则，大幅度提高征占用林地、湿地的成本，建立采石采矿生态恢复保证金，确保生态破坏后得到及时恢复。

三是完善生态修复社会参与机制。创新义务植树尽责形式和部门绿化机制，发展志愿者队伍，坚持谁造、谁有、给谁补贴，充分调动全社会保护、修复生态的积极性。

（三）优化管理体制

强化绿化委员会和绿化委员会办公室职能，充实绿化委员会办公室人员，由绿委会负责全市绿化美化行动的指挥，绿委办负责具体工作，不再另设"行动指挥部"、"领导小组"等临时机构。按属地管理原则，重心下移，强化县级绿委办公室职能，由其统筹协调，林业、住建、园林等部门具体实施。在城区，建议将小区绿化、机关企事业单位绿化纳入区园林部门工作范畴，并由其牵头负责实施，加强对新建小区的绿化、管护督查；在乡村，由县市区林业部门牵头。

（四）出台保障政策

一是坚持应绿尽绿。针对长期闲置的拍卖地块，要出台强制性措施，规定开发商在时限内完成绿化任务；针对城区山体绿地，出台补偿政策，并纳入城区网格进行管理。

二是出台以奖代补政策。在全市范围内，开展"森林乡镇"、"绿色示范乡村"、"园林式单位"创建活动，每年确定10~20重点支持对象，按照"先建后奖"的方式，给予一定的奖励扶持，打造一批样板式单位。

三是建议市委、市政府出台文件，明确要求各级政府将绿化美化行动作为改善生态民生的基础设施建设项目，设立专项资金并纳入财政预算。四是对于永久绿地规划，建议由规划部门牵头，组织调研，进行调整，明确管护主体，预算管护经费，落实管护责任。

（五）激活社会参与绿化美化的活力

深化推进绿化美化工作改革，进一步调动社会植树造林的积极性。

一是面向社会公开择优确定绿化养护企业，健全人员培训机制，加强日常监督和资质管理，变"以费养人"为"以费养事"。

二是对绿地认养实行协议管理，明确认养者和绿地管理单位的责任和权利，由认养单位或个人直接负责绿地养护、保洁和建设管理工作，相关部门可参照城市绿化及郊区造林的标准提供相应认养资金。

三是明确绿化美化行动造林业主权益，落实"谁造、谁有、谁受益"，逐步引入市场机制，鼓励社会法人、私营企业和个体商户以投资、捐资等多种形式参与植树造林。

（六）加强绿化美化宣传

创新宣传方式，吸引更多市民关注并参与绿化美化行动。

一是开设绿化美化行动官方微信、微博，及时发布有关行动的政策措施、工程建设动态，积极与市民开展互动，征求市民意见、建议。

二是由各级绿化委员会办公室发布信息，向广大市民征集绿化美化需求建议，逐级筛选、汇总、编制绿化美化工程项目，高效实现"应绿尽绿"目标，同时增强市民参与绿化美化行动的积极性，提高绿化美化行动的凝聚力和支持率。

三是举办绿化美化行动征文、摄影、绘画、设计大赛等活动，丰富行动内容，动员社会各界参与。

(七) 加强绿化美化管护

一是制定管护标准，落实管护责任。研究制定绿化美化苗木后期管护规程，落实业主、施工单位和管护单位的权责，确保绿化苗木管护工作落到实处。

二是加强公共绿地管护设施建设。对重要通道、景观节点绿化美化工程配套设施，新建设绿化项目中铺设或预留灌溉管网，降低绿化管护难度和成本，提高绿化苗木存活率。

三是加强管护监管。出台规范性文件，健全执法、监督机构，完善公安、城管、房管、工商、林业等多部门联合执法制度，规范绿化指标审批、绿化工程质量监督、竣工验收、绿化移植变更等事项的管控和执法。

市州电视台转型与突围
——宜昌广电打造旅游商务频道的探索与思考

李兆华

近年来，宜昌广电旅游商务频道在深入调研、科学论证中深化建设，在建设完善中探索总结、积累经验，形成了以实用型研究推动改革、以科学的创新总结经验的良性发展道路。为推动旅游商务频道建设和宜昌广电全面转型，我们专门成立频道改革发展课题组，进一步深化课题研究，对频道开播以来多方面工作进行论证和完善，对各频道栏目建设进行再次总结与思考，既具有学术研讨性质，又有重大实用型意义，研究成果必将成为促进频道不断完善、腾飞发展的重要"行动指南"。

一、宜昌广电打造旅游商务频道的紧迫性、必要性

（一）打造旅游商务频道是市州广电主动迎接传媒发展新挑战的转型之举

目前，市州台面临严峻挑战。一是互联网传播进入全新时代，电视传播遭遇拐点。在手机、IPAD、笔记本成为互联网终端的时代，普通大众瞬间能够获得全球最新资讯；微博、微信正在解构一切传播方式，开机率影响电视收视。二是在央视和卫第一集团越来越强势的形势下，市州台、尤其中西部台，陷入困惑；三是近年来湖北台高歌猛进的"改革、改版、改频道"，对各市州台构成巨大压力。今天，在宜昌，近120个落地频道，每天播出2000多小时的电视节目，每100个开机观众中，有超过七成只跟随央视和卫视第一集团的节目。因此，市州台要突围，要发展，必须找到自己的特色和核心竞争力。在频道专业化进入全新时代的背景下，市州台，除新闻综合之外，凡没有试图组建专业频道、仅靠电视剧的，都在痛苦摸索。提前组建的，都走在了前面。湖北省内，荆州是第一家。宜昌台要立足和发挥宜昌旅游资源和产业的优势，开播自己的特色频道。

（二）打造旅游商务频道是主流媒体打造服务中心新平台的责任使命

宜昌市委、市政府抢抓"黄金十年"重要战略机遇期，结合宜昌实际，作出建设"既大又强、特优特美"现代化特大城市的重大部署，并把打造六大千亿产业作为强健现代化特大城市筋骨的核心举措。其中文化旅游产业作为现代服务业的龙头，被赋予了重任，成为了经济建设的主阵地。湖北省委常委、宜昌市委书记黄楚平指出，抓旅游就是抓经济，就是抓发展，就是抓民生。因此，宜昌台必须坚决贯彻落实市委、市政府的指示精神，发挥

自身优势，围绕现代化特大城市建设和打造六大千亿产业等工作大局，立足和发挥宜昌旅游资源和产业的优势，创新思路，主动作为，在全省率先开播旅游频道，在更大的范围内更好地宣传推介宜昌，吸引更多的游客爱上宜昌，使频道成为宣传推介宜昌旅游资源、服务文化旅游千亿产业的新窗口和主平台。

（三）打造旅游商务频道是宜昌广电实现转型突围的战略举措

宜昌广电的目标是立志打造三峡区域第一传媒，但是，目前宜昌广电离这一目标还有相当一段距离，还存在着许多不足。

1. 思维之"缚"

广电内部有相当一部分人对未来的挑战认识不足，小富即安、安于现状的意识浓厚，不能"跳出广电看广电"，思考发展旧思维，干事创业凭经验。

2. 发展之"窄"

节目出口窄。虽然宜昌台拥有四个频道，但只有新闻"综合频道"这一个"独轮车"，超限超载。《宜昌新闻》、《直播宜昌》、《三峡夜航》三档新闻栏目，几乎负载了九成以上的"主旋律"和"高音部"。人才进口窄，人才储备不足，质量不高，大多都是"青年军"，缺乏"领军人才"。信号覆盖窄，仅有长阳、五峰、秭归等三座高山台站，但宜昌是山区，主塔绝对高度，天然地局限了这些台站的"接力发射"，信号逐级递减，在山区和农村，趋近于零。

3. 机制之"僵"

节目生产方式单一，效率低下；传播方式简单，未能形成合力；考评奖励机制不科学，不能有效激发队伍干事创业的积极性。宜昌广电立志要打造三峡区域第一传媒，实现这一新目标，必须要有新作为。因此，开播旅游商务频道，是宜昌广电全面改革的切入点、突破口和"试验田"，将以点带面推动宜昌广电全面改革创新和转型发展。

二、宜昌广电旅游商务频道探索与实践

（一）学习论证，明确旅游商务频道的定位

为了借鉴各大、各级电视台在频道建设方面的好做法、好经验。局（台）旅游商务频道课题调研工作组，历时两个多月，前往山东、安徽、浙江、上海、广东等沿海优秀台取经。在以频道为建制的"突围"上，向省台学习；在频道栏目群的构架上，向省外优秀市州台学习。在宜荆荆城市圈，向荆州台取经；在武汉、襄阳、宜昌这三个全省相对突前的城市台，向前两者学习；在鄂西生态文化旅游圈，参考借鉴恩施台的优秀做法。从一开始，新频道的建设定位突出在三个层面。一是在宜昌三峡台范围内，旅游商务频道将打破新闻综合频道"一强独大、独木难支"的窘境，形成"良性互动、比翼齐飞"的发展格局。二是在三峡区域内，旅游商务频道将成为宣传推介宜昌旅游资源的主窗口、服务打造文化旅游千亿产业的新平台。而且，通过与鄂西生态文化旅游圈、宜荆荆城市群和全国优秀旅游城市的合作（比如互传、互播旅游商务相关节目），通过与新媒体的合作（互联网、手机

台),努力扩大宜昌宣传的"出口",力争在更大的范围内宣传推介宜昌好形象,吸引更多的游客爱上宜昌。三是作为宜昌三峡台全面深化改革的试验田。通过发展旅游商务频道,探索在节目生产、传播方式、经营收入等方面的新做法、新经验,为局(台)全面深化改革闯出一条新路,争做城市广电改革创新的突围者、先行者,成为市州广电转型发展的典范。

(二)精心谋划,架构旅游商务频道栏目

在旅游商务频道的建设上,我们不局限"建设一个频道、完成一项任务",而是突出以频道带全台,实现全台的历史性突围。因此,我们在新频道栏目架构上,做了精心谋划,重点打造六个自办精品栏目。《旅游气象》以宜昌为核心,辐射全国重点旅游城市气象。该类节目全省市州台唯一。《好风光》主推宜昌山水人文,联络并推介恩施、襄阳、荆门、荆州,成为这五座城市旅游节目的唯一"互联高地"。《今日随拍》是今日宜昌的"南风窗",通过照片和视频,展示并点评宜昌日新月异的发展新气象、宜昌人民的和谐幸福新面貌。《西陵峡口》是宜昌人民的"新闻会客厅",第一时间架起党和人民就重大课题、热点问题沟通的桥梁。对新城建设、十八届三中全会等的深度解读与访谈,成为《宜昌新闻》之外的深度延伸。《致富英雄会》是创业的多方对话平台,成功的创业者、企业家与怀揣创业梦想的有志之士现场互动,助推宜昌创业新高潮。《夷陵职战》搭建就业的平等对话平台,企业"伯乐相马"的"竞技场"。这六大自办节目,涵盖了吃、住、行、娱、购、游六大方面,突出了"就业、创业"等重大民生主题。

(三)加大投入,加快推动频道建设发展

1. 重视频道和节目的包装推介

面向全国公开招标(当时亚洲最大的专业包装公司——水晶石公司也参与了投标),对频道、剧场、节目、栏目进行整体包装推介,大力提升频道、栏目的包装水平和形象气质,大力提升频道包装水平,全系全频道,面向全国公开招标,这在全省市州台是第一笔。

2. 启动数字高清化改造工程

以开播旅游商务频道为契机,投入700多万元升级改造频道所需的前端设施、高清非编网及400m^2中型演播厅,实现前段高清化改造,满足互联网传播要求,实现了新频道所有栏目在高清演播室制作、播出。这在省内市州台尚属首家。

3. 推动频道多元覆盖

同时,深度改组网站,扩充建制、扩大边界,建成"新媒体中心",力推手机台,寻求突破山区电视覆盖局限。

(四)以点带面,推进全台全面改革创新

新频道作为宜昌广电改革的突破口和试验田,牵引、带动全台宣传服务和媒体建设的全面改革。

1. 加快新闻发展步伐

在线包装、在线游标发布、同步网络与手机台发布，突出"新、独、快，多渠道"。目前，正在构建内宣外宣两个联络中心，将促成宜昌三峡区域新闻对外发布的快速释放。二是推进加快了体制机制改革步伐。再造人才使用机制，形成"逢进必考、择优录用"机制，大大提高了频道竞争力。

2. 推动组建广电集团

按照事业与产业、宣传与经营"两分开"原则，从机构、机制、战略上推动成立广电集团，继续抓好集团组建前期工作。目前，我们已明确了集团目标、发展战略、机构架设、核心业务、重点项目和集团组建步骤，制定出集团组建初步方案。

3. 加快产业发展步伐

在深耕频道经验的基础上，努力搭建以文交所、宜昌文化创意中心、"三峡之星"广播电视旅游观光塔等为主体构架的产业布局，经济社会效益初步显现。"三峡之星"综合体项目已进入选址的最后阶段，175文化创意产业园项目土地、规划、设计等工作进展顺利，力争下半年开工建设。宜昌文交所今年交易额将超过10亿元。26集动画片《中华鲟历险记》获得"金熊猫"奖，在央视少儿频道及众多省市电视台播出，受到业界的好评和观众喜爱，当前正在做好全省"五个一工程奖"的申报、参评工作。下一步，将重点做好动漫图书出版、电影版拍摄制作、手游及创意衍生品开发等工作。广电新媒体项目进展顺利，无线传输平台和无线数字电视正在抓紧论证规划。宜昌广电项目带动、多业并举、协调发展的产业创新发展格局已然显现。

三、旅游商务频道创新亮点和主要成效

作为宜昌广电全面深化改革的试验田，旅游商务频道实行了全新的体制及管理、生产、传播、经营新机制，在以下四个方面做出有效的创新突破和实践成效。

1. 尝试实行频道制管理

按照当前广电媒体建设的发展要求，新频道管理体制相对独立，按照频道总监负责制、栏目制片人负责制和频道栏目独立核算的原则，从总监到员工全部实行公开竞争上岗，人员打破编制身份界限，严格执行绩效考核使用和淘汰退出机制。

2. 转变节目生产方式

改变传统的自拍自制的生产方式，实现与30多家单位联合生产和省内外多个旅游城市电视台节目互传共享，提高了生产效率，扩大了节目影响力。

3. 创新频道传播覆盖方式

深度改组广电网站，建成"新媒体中心"，打造三峡手机台和网络电视台，并积极推动成立全国旅游城市电视台"节目互传联盟"，寻求突破传统覆盖局限、借助新媒体传播、扩大在全国旅游城市有效覆盖的新模式。

4. 改革频道经营管理模式

改变以往单纯依赖广告经营的模式，深挖各环节市场资源，寻求战略合作伙伴，深度开发旅游宣传和延伸服务，探索广电媒体与文化旅游产业结合的新路子。

经过近1年多的改革、创新和实践，旅游商务频道体制机制逐渐形成，生产方式得以转变，生产效率显著提高，社会影响不断放大，频道全新的气质形象和精彩的节目栏目受到社会各界的关注和好评。开播一年来，频道生产效率提高近60%，市场份额由2.52%上升到5%左右，频道排位在100多个落地频道中从开播时的第51位上升至17位左右，单日最高点达到第6位。

四、旅游商务频道不足之处和下一步创新发展思路

虽然旅游商务频道在一年多的探索实践和创新调整中取得显著成效，但是市州电视台打造专业频道仍是个新生事物，特别是在面对新老媒体全面融合的趋势下，频道建设实践仍存在不少困难和问题。

1. 各类信息多元化采集不足

新频道是要面向新媒体传播的，其显著特征就是双向互动、参加生产的主体多元，需要强大的基础数据支撑。但频道绝大部分节目主要由工作人员完成，缺乏足够多的部门、单位、企业参与联合生产，信息采集不及时、不全面、不深刻，生产单一。在节目制作中，用户意识不强，缺乏观众、听众的基础数据和广告经营及重点行业、重点部门的关键数据，无力制作创业、就业、文化、养老、环保、住房、交通等民众特别关注的服务类深度节目，造成"我播什么，你就看什么、听什么"，缺乏有效到达，不能有效回应群众关切、提供群众关注和追问的信息。

2. 内容生产不适应互联网传播需要

一方面，不少从业人员对媒体融合发展的大势认识不够，不善于用互联网思维办媒体、抓融合、促发展，在节目生产中习惯用"传统媒体思维"办事。只是简单地把电视节目"照搬"到网上，没有充分考虑新兴媒体信息传播碎片化、个性化、互动化的特点。另一方面，对新型媒体传播的产品标准把握不准，不善于拓宽新媒体传播渠道，在节目生产中还没有建立真正意义上的数据库和可以共享的具有搜索引擎功能的媒资库，不会利用互联网时代下的大数据生产、与用户互动生产，不适应新媒体时代的规模生产、反复生产，生产出来的节目也不能在传播样式上与用户需求对接。

3. 与用户互动沟通和反馈调整不够

虽然新频道在《今日随拍》、《致富英雄会》、《夷陵职战》等节目生产制作中引入了演播室生产、用户生产等联合生产方式，根据用户需求来量身制作节目栏目，满足群众就业、创业、资讯等各类现实需要，并根据用户反馈情况对节目进行调整、创新。但是，在沟通互动方式上仍停留在热线电话、网络留言和上级指派任务等简单层次，缺乏与用户（受众）互联互动的前沿窗口和交流平台，难以快速收集受众收视意见反馈，更不能够实现以用户体验为主精准生产、提供优质服务。

下一步，我们将沿着新老媒体全面融合的方向，适应广电媒体变革发展的新常态，用互联网思维精办频道节目，努力将旅游商务频道将打造成为宣传推介宜昌旅游资源、服务文化旅游千亿产业的新窗口和主平台。

一是建立数字采编存储集成平台。围绕旅游商务频道、新闻综合频道、移动频道等内

容生产需要，与国内知名高校、研究院或高科技企业合作，建设全信息采集、全媒体编播的数字化采编播平台和强大的媒资库(数据库)，彻底革新采集方式和编辑方式，统一采集、管理文字、图片、视音频等多媒体稿件，实现产品向多种传播渠道的多样、快捷推送，支撑宜昌广电所有媒体采编和信息资源管理，提供适合广播、电视、网站、移动终端等媒体传播的内容。

二是建设多媒介的立体传播平台。针对各媒体尤其是旅游商务频道传播覆盖需要，改组目前新媒体中心，开发基于4G的移动客户端产品及三峡手机台pad版本、4G版本和智能电视版本，将旅游商务频道视频有效传输到4G手机、PC用户和智能电视上，实现多渠道、多介质、多终端传播。开发多屏互动功能，丰富用户体验，让视频在手机、PC、电视上自由切换，聚合被分流的广电传统用户，让"流失的用户"主动回归频道，通过频道建设探索对新兴媒体的建设力、驾驭力。

三是建立适合新媒体的内容生产方式。改革节目产出流程，深度改造旅游频道，依托数据库和受众反馈适时对频道栏目和节目内容进行策划、调整和创新，强化多元信息采集和联合生产力度，联合旅游部门、气象部门和旅游产业市场主体、其他社会力量，集中优势资源打造晚间黄金时段的旅游节目，各媒体联动作战、梯次发布、在线互动，及时反馈、回应用户关注。在节目生产中，以制片人为中心，实行技术研发、内容创新等岗位跨界合作；节目集成生产结束后，原始素材、主要视频、图片和文字、关键词进入数据库(媒资库)存储。

四是建立即时互动的信息服务平台。针对受众互动反馈和完善服务的需要，建立24小时与用户(受众)互联互动的交流窗口和信息平台，该平台要多运用现代通信手段和方式，同时具备热线电话、QQ群、微博、微信、网页在线互动等多个接入口，实现主流媒体对受众的多元化、全天候覆盖，确保及时高效搜集整理受众意见、疏导负面情绪、快速推送重要信息，传达主流媒体正能量。同时，依托互动平台，打通线上线下，提供增值服务，并为节目精准生产、调整创新提供参考和依据。

五是推动频道体制革新和队伍建设。立足旅游商务频道的探索实践，完善频道制、栏目负责制和业务指挥系统，建立健全科学的人员管理使用制度、绩效管理体系和收入分配制度，转变传统频道经营理念和模式，探索媒体融合发展形势下的频道发展新路子。此外，要加快人员引进培养力度，从业者推动新频道从业人员认识能力和操作能力的转型，淘汰一批完全不适应媒体融合发展和频道建设的人员，努力培养全媒体记者、全媒体编辑，成为既具有先进现代传媒传播理念，又具有实际操作能力的新型传媒人才，加快构建适合旅游商务频道长远发展的全媒体复合型的人才队伍。

五、结语

实践证明，市州台要转型突围，一要认清媒介生态的新格局，主动适应新老媒体全面融合发展的新趋势；二要适应媒体竞争、变革、融合的新常态，主动调整决策思维和产品样式。三要重新认识自身的新使命、重构媒体新价值。四要不断调整新的生产关系，匹配生产力提升的新要求。五要在新闻舆论公信力之外，不断拓展公信力生成的新领域，建立联合采集、合作生产的新机制。六要建立起与用户互联互动的新通道，占领舆论新阵地、发挥媒体新价值。总之，频道建设是转型和突围的试点探索，远不能涵盖市州台全面转型的各个领域和各项要素。因此，借势文化体制改革、借势新老媒体融合，或成市州台实现蜕变升级的最后时机。

课题负责人： 李兆华
课题参与人： 陈永权　赵立强　丁远国

宜昌机关文化建设现状及对策研究

宜昌市社科联课题组

党的十八大报告对推进中国特色社会主义事业作出"五位一体"总体布局。其中，文化建设在"五位一体"的中国特色社会主义事业建设中居于重要的位置，推动文化建设为经济建设、政治建设、社会建设、生态文明建设提供思想保证、精神动力和智力支持。把握五位一体总布局，在文化建设方面，要加强社会主义核心价值体系建设，全面提高公民道德素质，丰富人民精神文化生活，增强文化整体实力和竞争力，建设社会主义文化强国。文化是一个民族发展的不竭动力，深深融化在中华儿女的血脉中，是中华民族共有精神家园。文化在促进经济发展、引导体制变革、创新社会管理等领域易于引导全社会形成共同的精神支柱。湖北省第十次党代会强调，弘扬社会主义先进文化、发展和培育现代文明，是富民强省的题中应有之义。加强物质文明和政治文明建设的同时，要着力推进精神文明和生态文明建设，不断提升构建重要战略支点的精神驱动力、文化影响力和生态承载力。这对全省的文化建设提出了新的要求。

机关文化建设在文化建设中又具有特殊地位，与学校、企业、社会团体的文化建设相比，机关文化建设是机关加强自身建设的重要举措，是党和政府机关推动科学发展、跨越发展的助推器。只有切实加强机关文化建设，建设文明和谐机关，提高机关工作效能，促进机关各项工作的上台阶，服务跨越发展的目标才能早日实现。文化是机关的"软实力"，是一个机关的灵魂，是机关管理水平和文明程度的重要标志。机关文化贯穿于整个机关发展的全过程，与机关干部的工作和生活紧密相连，密不可分。机关文化以其影响、融合、导向、带动、凝聚、激励等特有的功能，在现代机关建设中发挥着十分重要的作用，大力加强机关文化建设，既是贯彻落实中央、省委和市委精神，发展和繁荣社会主义文化的实际行动，也是加强机关自身建设，努力推动宜昌现代化特大化城市建设的客观需要。

一、机关文化建设在服务宜昌城市发展中的重要地位

根据发展经济学的观点，所谓城市发展就是依靠提升科学技术，转变管理方式，推动制度创新，整合要素资源，在推动城市经济社会发展中充分发挥个人的主观能动性，在不脱离发展客观环境的前提下，减少发展带来的社会矛盾冲击，从而使经济社会发展走上超常规的前进轨道，人民群众从中也能享受到高速发展的社会成果。具体到每一个推动发展的具体层次，包括加快区域经济发展，尽可能招商引资、招才引智，以项目建设为龙头，优化经济结构，增加地方财政收入，带活中小企业、个体工商户发展，吸纳当地就业人

口。改善不适应发展的经济体制、政治体制、文化体制和社会体制，能够创新服务发展方式，使整个政府各单位的职能能够与跨越发展相适应，使各部门的能够便捷运转经受住跨越发展形成的严峻考验。运用政府的力量，扭转分配不公的局面，缩小收入差距拉大的趋势，使人民群众能够共享跨越发展的成果，让发展所带来的福利能够惠及在市场竞争中弱势的各类群体。

完成城市跨越发展的任务，只靠市场经济的力量自发调节，利用生产要素在等价交换中聚集，任凭资金缓慢地向个人或组织手中积累，坐等科技进步和制度调适，这是远远不够。按照中国国情和历史规律，必须发挥党和政府机关在推动跨越中发展的力量，各级党组织和政府机构就是一个跨越发展的"大气场"，如同漩涡一样，频率高、力度大、活力强、持续久，能够把周围要素吸引、吸纳，最大限度保证了发展规模、发展速度和发展可持续性。机关文化就是跨越发展的"大气场"的催化剂，机关文化就如同一条红线贯穿跨越发展的不同层面。从概念上讲，机关文化属于上层建筑范畴，是由意识形态的科学理论、理想信念、道德准则、精神风尚等因素构成，并由机关干部职工共同认可的思想体系，并遵循为大多数成员所认同和共同遵守的基本规则、价值标准、业务技能，并由此形成机关及其成员在长期工作中约定俗成的整体行为和个人行为。现代组织行为学认为，任何组织、群体及个人的存在和发展，围绕目标发挥合力，都需要以一定核心价值观为基础的文化力量来进行支撑，加强机关党组织的凝聚力和战斗力同样离不开文化驱动力。马克思历史唯物主义观认为，就生产力、生产关系（经济基础）、上层建筑相互影响的互动关系而言，生产关系包含社会公共事务和公益事业的管理者，与企业家、生产者、劳动者等从事生产经营和劳务服务的群体之间的基于创造财富、推动发展的关系。因此，生产关系反作用于生产力，上层建筑反作用经济基础，也表现为在党政机关范围内，通过文化意识形态间接调整生产关系，从而推动生产力快速发展，推动特大城市建设、促进社会全面进步。反之，机关文化发展的滞后，也会间接影响机关组织力、职工活力及共同推动发展的动力，对城市的飞速发展造成阻碍作用。

建设现代化特大城市是宜昌第五次党代会的目标任务，基于上述分析可以看到机关文化建设在城市建设中能够发挥积极作用。加强和发展机关文化对推动宜昌现代化特大城市建设的重要性是不言而喻的，这既是当前和今后一个时期追求城市发展的新要求，又是全体机关工作人员的热切衷心期望和必须自觉拥护的目标。必须坚持不断发展机关文化建设，积极探索加强机关文化建设的途径和方法，始终把机关文化作为提高机关建设整体水平，服务发展的先决条件，把文化建设作为促进干部全面发展的提高手段。通过加强机关文化建设，用先进的文化理念凝聚、激励和引导机关工作人员艰苦创业、锐意创新、奋力创优，为服务宜昌现代化特大城市建设而努力。

二、宜昌加强机关文化建设的实践和成效

宜昌近年来突出机关文化建设，充分放大文化影响力，密切与外界的沟通、交流、协调和联系，充分展示良好的机关形象，提升并扩大机关社会地位和影响。创造性探索抓机关文化建设引领干部开拓创新、凝神聚力、奋勇争先、服务城市发展。围绕市委市政府的

中心和城市建设的目标，从学习文化、廉政文化、创新文化、执行文化、务实文化五个方面加强机关文化建设，保持和发扬干事创业的良好机关文化氛围，取得了显著成效。

（一）大力发展学习文化

学习文化是学习型组织建设的基础，是机关文化体系重要内容之一。学习文化的熏陶形成全体职工努力学习、善于学习、勤于学习、乐于学习的好氛围，党员干部学习动机会更加明确、学习目标会更加清晰、学习强度会得到增加，干部的政治素质、理论水平和业务能力得到不断提高，从而为带头落实中央、省、市重大方针政策奠定了基础，在推动宜昌现代化特大城市建设中切实履行好职责。

自2012年开始，市委市政府将每年4月定为"读书月"，倡导全民阅读。以全民参与、打造特色、形成声势为目标，持续开展全民阅读进机关、进学校、进企业、进村组、进社区、进家庭、进工地、进军营、进特殊人群、进网络和创"青年书香号"、"十进一创"阅读活动，并将进机关放在首位。通过书香进机关提能增效的示范作用和辐射力量，带动书香进校园传播经典、书香进社区惠及市民、书香进家庭构建和谐、书香进企业服务职工、书香进工地展现关爱、书香进监区开启新生、书香进军营陶冶官兵、书香进村组润泽农家、书香进网络益智怡情、创"青年书香号"助力成长。市直各单位在"文化宜昌全民阅读"活动的号召力下，注重顶层推动，建立健全了全民阅读活动机制；营造社会氛围，推出系列宣传报道、公益广告和阅读先进典型；举办"文化宜昌全民阅读"知识竞赛；表彰了一批全民阅读活动先进单位和先进个人。增强学习文化阵地建设，加强图书馆、文化站、图书室、农家书屋建设，注重打造阅读品牌和精品项目。逐步建立阅读网和电子阅报栏等新型阅读资讯服务平台，推广手机、网络、电子书、电视阅读等新型阅读方式，构建覆盖广泛的阅读服务体系，适应市民阅读新变化和新需求。

"党员干部读书月"主题活动不断推进了机关学习文化建设。通过开展读书月活动，引导党员干部"好读书、读好书"，营造全民读书、终身学习的良好氛围，不断提升全市党员干部的学习能力、理论素养、业务水平，不断增强党组织的创造力、凝聚力、战斗力，为加快建设现代化特大城市提供强大的精神动力、智力支持和文化环境创造条件。推荐阅读书目供大家选择，不失时机的举行"我与改革同行"主题读书活动和"书香漫宜昌，共筑大城梦"全民阅读征文大赛。以机关学习文化建设带动全市文化建设，以机关干部带头学习的热情带动宜昌市民阅读兴趣，共同为推进宜昌科学发展、现代化特大城市建设提供精神食粮。

发挥发挥组织引领导向作用，打造一流学习环境。大力实施学习型党组织示范工程，突出首批示范点带头作用，坚持亮点示范、以点带面，大力表彰先进单位和优秀个人，认真总结和推广典型经验，带动整个机关的学习气氛。提倡读经典、学党史、讲党课、唱红歌，增进对党的深厚感情。市委组织部、市委党校、市直机关工委等综合部门大力拓宽个类培训班的学习内容，增强培训实效，采取闭卷答题的方式检验学习成果，让党员干部更加注重提高学习效率、学以致用。

充分调动职工学习积极性，参与学习型组织建设。打造市直机关"以讲代学"的平台，举办"局长讲坛"，以市直部门负责人为主讲，以机关党员干部为主体听众，并逐步开展

"领导讲座"、"科长讲坛"、"党员讲课"等学习活动,讲座内容涵盖政治理论、形势政策、业务知识,到文明礼仪、兴趣爱好等方方面面,让党员干部由过去的个人自主学习者转变为担当主讲人,成为消化所学内容的知识传播人。坚持不懈开展"周读一文、月看一书、季通一法、年学一艺"的"四个一"读书活动,创造干部职工自主学习、自由讨论的好氛围,焕发党员干部谋发展的工作激情。举办党建理论研讨、主题演讲比赛、征文、理论测试等活动,以同场竞技、学习交流的方式,让党员干部明白自身差距,使机关党员干部呈现你追我赶的学习劲头。

抓党群共建,实现学习对象全覆盖。组织市直机关干部职工技能大赛,竞赛范围含党务知识、业务知识、科学知识、语言表达、计算机基础等内容,成为展示干部职工才能的舞台。针对青年群体,联合市直部门成立"青年干部学院",为青年干部配备了以党政领导、理论专家、英雄模范为主体的导师,鼓励各单位青年团体及青年个人打破部门、单位局限,加强横向交流学习,以辩论赛、心得体会、小组研讨、案例分析等多种手段促进学习效果提升,为青年干部增长能力才干、优势互补知识结构开辟途径。加强机关妇女群体的学习教育,邀请专家讲授适合机关女性所需的礼仪形象、穿着服饰等课程。

(二) 大力弘扬廉政文化

廉政文化是关于廉洁从政的思想、信仰、知识、规范和与之相适应的行为方式、社会评价的总和。加强机关廉政文化建设,是新形势下突出用文化的力量来促进反腐败工作和党风廉政建设的一种新的思维方式和行为方式,也是当前机关文化建设的核心内容。市直单位充分利用机关党组织建设、群众满意机关和"五型"机关创建活动等载体,大力弘扬廉政文化。特别是将廉政文化与机关干部作风建设相结合,以提高队伍素质、提高管理水平为目标,用生动活泼的文化形式来强化党风廉政建设,切实转变工作作风,改进服务措施,提高服务质量,提高群众的满意度。

强化组织领导,高度重视廉政文化建设工作。把廉政文化建设作为建立教育、制度、监督并重的惩治和预防腐败体系的基础性工作,纳入惩防体系建设的总体规划和"双争"、"目标考核"、城乡结对共建、作风建设年等活动内容。逐级成立廉政文化建设领导小组,制定下发实施方案,明确了廉政文化建设指导思想、总体目标、基本原则、主要任务、方法步骤、组织领导、工作要求和责任划分。着力开展创建活动,形成了单位领导带头抓、班子成员协调抓、创建单位具体抓的工作机制,推动活动的有力有序开展。不断健全和完善责任工作机制。强化责任意识,明确责任主体,实施责任分解,提高了机关干部廉洁自律的自觉性。

集中构筑廉政文化宣传教育工作格局,推动廉政文化进机关活动标准化建设和管理,增强工作的规范性和可操作性。通过坚持不懈地学习教育,强化机关成员自重、自省、自警、自励的意识,不断提高其自我要求、自我约束的自觉性。每年突出党风廉政教育主题和抓好典型示范工作。以突出重点、试点先行、总结推广、分步实施的思路,挑选市地税局、市交通局等单位为廉政文化进机关示范点,通过以点带面指导试点单位在机关廉政文化建设中大胆探索,创造性地开展具有特色而又行之有效的教育活动。在总结试点成功经验的基础上,调动各方力量,从机关到基层,从学校到医院,从企业到农村广泛开展廉政文化进机关活动。确保廉政文化进机关工作扎实、稳妥、健康发展。

抓好廉政文化阵地建设，营造机关廉洁氛围。紧紧依托"五个阵地"，大力营造敬廉、崇廉、守廉的社会氛围。一是依托媒体，开展廉政文化舆论宣传。协调文化、广电、报社等文宣单位力量，形成抓廉政文化建设的工作合力，运用机关党建平台，开办廉政宣传专栏，发布廉政信息，宣传廉政成效，提高廉政文化建设整体效能。二是依托机关工会、团工委、妇工委开展廉政文体活动。开展了廉政书画、本土廉政歌曲、警言警句、小品创作、廉政征集活动，近年来征集稿件2万多篇；组织开展廉政文化进农村，通过送廉政书、讲廉政课和送温暖活动，使广大党员在潜移默化中受到教育。三是依托家庭教育，开展廉洁提醒助廉活动。利用召开家属联谊会，与干部家属签订廉政责任书，延伸廉政文化的触角。四是依托教育部门，加强对青少年的廉洁教育。把学科渗透作为进行廉洁教育的主渠道，出版中小学生廉政读本，开展"小手拉大手"校园助廉活动，以主题班队活动强化了青少年廉洁意识。五是依托廉政网站，加强廉政信息传播。通过廉政网站，推荐廉政书、警示片对干部职工进行经常性的廉政教育，通过电信平台在每个重大节日定期向党员干部编发廉政短信。

抓载体拓宽廉政文化的辐射面，营造机关带全民的廉政文化氛围。注重统分结合，指导各单位在创新活动载体上下工夫，确保廉政文化进机关工作有特色有亮点。市纪委、市广电局举办了廉政文化专题文艺晚会，使廉政文化以更加形象生动的方式贴近群众、贴近生活，增强了廉政文化的亲和力和感染力。积极组织"红歌大家唱"、"参观爱国主义教育基地、瞻仰革命前辈"、"广场民族舞蹈比赛"、"迎国庆、讲文明、树新风"拔河比赛、青年志愿者等活动，多层次、多角度地搭建社会教育活动平台，大力宣传廉政文化。市交通局利用交通隔离栏、站台广告牌、指路牌、大型灯箱广告图文并茂进行反腐倡廉宣传。市国税局、市环保局编印廉政书籍、向干部职工发放廉政卡，使党员干部强化廉洁自律意识；市档案局、市公路局制作了廉政宣传活动展板。市文化局打造本土廉政文化精品，组织干部和民间文化人士开展本土廉政歌曲、书画、诗歌的创作，深爱群众喜爱。市地税局制作廉政文化宣传专题片，特别是利用廉政文化动漫片形式，在廉政网站向党员干部进行播放，使廉政文化影响力得到提升。市司法局、市人社局利用廉政文章、廉政台历、廉政宣讲员和警示教育基地开展廉政教育。机关工委、市妇联利用书画、黑板报、公开栏、台历、挂历、文化走廊等形式，进行格调高雅、内容清新的反腐倡廉宣传，使廉政文化渗透机关方方面面。

(三) 大力培育创新文化

习近平总书记强调，创新始终是推动一个国家、一个民族向前发展的重要力量。创新驱动发展战略对于激发全社会创造活力，具有重大而深远的指导意义。创新文化，简而言之，就是有利于"创新"的文化，是激励创新的文化，是先进文化在组织团体内的一种反映，也是推进工作高效落实的重要手段。市直机关致力于机关文化创新，把先进的文化理念转化为各项工作的创新实践。同时，在机关引领发展、服务发展、推动发展中培育文化创新，使文化创新和工作创新互为促进、相得益彰。

加强创新文化建设，转变工作方法，增进业绩质量，改善社会对机关干部墨守成规的印象。一是强化创新意识。提倡敢为人先的精神，允许不同意见存在、欢迎不同观点，鼓励创新、宽容失误。克服因循守旧、做表面文章、胆子小、怕担风险、平稳做官的思想，在机关形成敢想、敢干、勇于探索的氛围。二是在解决实际矛盾和存在问题上下工夫。把科学理论应用到实际工作中，不断提高对新形势下客观事物特点和规律的探索与把握的能力，不断增强对各种热点、难点、重点、苗头性、倾向性问题的积极化解能力，创造性地完成各项任务。三是创造有利于创新的环境。市委市政府出台改革系列方案，逐步革除制约创新的体制性障碍，建立和健全有利于创新的竞争机制、激励机制和保障机制，让想干事的人有机会，使干实事的人有舞台，给干成实事的人以重用，最大限度地焕发干部创新积极性。

注重调查研究和集思广益，选择切实可行的措施，研究解决问题的办法。县市区党政机关在推动区域经济社会发展中，坚持解放思想、与时俱进、锐意创新，不断提出创新的思路和举措，加快了宜昌现代化特大城市建设进程。机关工委在市直机关运动会徽标设计中，在社会广泛征求"金点子"，通过征集活动鼓励党员干部、社会公众提出不同意见，对被采纳的"金点子"酌情进行奖励，并作为机关考核评比参考依据，以达到开阔思路、相互启发、提高创新能力的目的。许多政策措施不能完全落实，许多工作不能取得预期效果，在很大程度上是缺乏好的思路执行，这就需要深入调查研究、发现新问题、解决新问题。市委组织人事部门、机关工委在公开选拔和公务员技能大赛中，考题设计增加调研项目，把是否具有创新思想的真知灼见作为评价依据，以达到突出创新意识、弘扬创新精神的选拔人才的目的。市委党校在县干班、青干班课程设置上，注重培养党员干部的创新思维，创造条件让他们研究新情况、解决新问题，具备在工作中敢于突破传统思维方式、掌握创新方法的能力。

弘扬创新文化必须认识到人才是创新的基础，只有尊重人才、培育人才、使用人才，才能使党政机关人才大胆创新、开拓进取、奋发有为。市委市政府高度重视人才培养、使用工作，激发干部职工的积极性，发挥每一个人的自主精神、创造潜力和工作责任感，形成机关干部强烈的创新价值认同感。市直单位不仅是尊重单位少数的业务骨干，而且尊重全体干部职工，积极营造创新氛围，使每个人在岗位上施展才能、创新进取。通过创造各种活动载体和深入挖掘典型经验，不断营造创新氛围和构建创新机制，创造人才成长的宽容环境，给予干部职工充裕的学习消化吸收时间，允许打破常规推动工作，让创新文化渗透到机关方方面面。

（四）大力发扬求真务实文化

抓发展必须解决抓干部落实工作的问题，义无反顾向一切不良现象和庸懒散软风气挑战。市直机关干部能够亲力亲为，披荆斩棘，狠抓落实，积极解决发展一线中存在的关键的问题，真正处理重大项目落地生根、招商引资、来信来访、涉及民生等工作任务。号召"想实招、办实事、求实效"，推动全市中心工作，引导工作人员形成积极向上、干事创业的精神追求，争做的内有一流素养、外有创业激情的"实干家"。着力打造一流的政务服务软环境，行政服务提速、提质、提效，实现电子化、信息化、科学化，立足岗位为群众干事创业，把转变作风，改善环境，推动发展不折不扣落到实处。务实是事业不断发展的源泉，务实文化的孕育能够有效地转变了机关工作执行形式，实现机关运转高效。大力推进机关服务品牌创建工作。品牌既要体现服务特色，又要打造文化内涵，让机关干部、社会公众易于理解，一目了然的。通过建品牌、创名牌，充分发挥文化的价值导向、凝聚感情、约束言行、激励斗志、辐射带动等积极作用，调动全体机关工作人员的工作积极性和创造性，实现机关工作目标明确、定位准确，为人民群众干实事谋发展。

提高机关干部的执行力，是深入贯彻落实科学发展观，促使机关干部自觉发扬求真务实精神，从而提高党政机关执政能力和水平的重要保证。市直机关要把执行力作为党政机关的生命力放在重要位置，着力建设一支作风过硬、业务精湛、能力出色的高素质干部队伍。其一，应强化党员干部政治素质和理论素养。抓好教育培训，强化政治意识，不断提高政治敏锐性和鉴别力。真正吃透中央、省、市精神，把握实质，用科学理论武装头脑，提升服务发展的思想境界和认识水平。其二，应激发活力提高干事凝聚力。成立篮球队、书法协会、围棋协会、业余艺术团等协会组织，丰富干部群众的文化生活，陶冶干部职工的思想情操，使干部职工远离麻将、赌博等不良爱好，养成健康的生活情趣。其三，应注重解决干部心里问题，以开办"知心姐姐"心理讲座，疏导干部职工心理压力。强化干部交心谈心制度，减轻干部精神压力。其四，应建立科学的监督考评体系。完善监督考核机制能最大限度发挥机关干部潜力，提高机关整体执行效率和水平。市委市政府在科学设定工作任务和责任目标上，不断完善考核的程序、标准、办法，强化经常性的监督，把平衡积分卡等先进手段应用到考核当中，加强对执行过程控制，完善了目标绩效管理体系。

（五）构建和谐文化生长的土壤

机关和谐文化建设是机关文化建设的一项重要内容，也是机关文化建设的一个重要条件。和谐文化能够最大限度发挥机关团队力量的凝聚功能，充分调动和发挥党员干部的积极性、单位的积极性以及整个机关的积极性。宜昌机关和谐文化建设主要体现在两个方面：一是构建机关内部和谐环境，搞好团结，积极培育和谐人际关系，为干部职工发展和机关事业发展提供必要的条件。二是履行好岗位职责，始终坚持以人为本，提高团结协作能力，为和谐社会建设作贡献。机关工作是相互联系、有机统一的整体，只有每个人都尽职尽责，才能建立起协调运转机制，形成工作合力。三是强化全局观念，在做好本职工作的同时，加强沟通，搞好团结，密切配合，相互协作。坚持原则性与灵活性相结合，积极开展批评和自我批评，相互帮助，共同进步，营造宽松和谐、齐心协力干事业的良好氛围。宜昌市直机关形成人与人相互理解、部门与部门相互配合、人与部门相互依存、机关与机关相互融通的和顺局面。

丰富机关精神文化生活，培养机关团队意识、进取精神，凝聚机关爱党、爱国、爱岗的热情。团结出效率、团结凝聚力量，这些做法让党员干部思想观念上进一步转变，在知识领域上进一步拓宽，在实践能力上进一步增强，在推动现代化特大城市建设上更加有"位"。以第二批群众路线教育实践活动的开展为契机，通过学习动员、民主评议、整改提高等各个环节的教育活动，营造市直机关党内民主气氛和协商民主的文化氛围。推行党务公开，进一步明确和规范机关党务政务公开的内容、事项以及公开的形式，做到公开项目细化、公开地点具体、公开时间合理，切实落实党员群众的知情权、决策权和监督权。

机关和谐文化的蓬勃发展,打破了旧有的"衙门"作风,改变了墨守成规的心态,激发了团结共事谋发展的动力。

三、进一步推动机关文化建设的对策思考

机关文化建设不愧为助力跨越发展的"软实力",机关文化不仅对机关内部建设起到明显导向和激励作用,也通过各种渠道对社会产生影响。机关文化建设得好,可以大大提高机关的工作效率、工作质量和服务水平,对经济、社会的全面发展会产生极大的推动作用。机关干部在文化的号召力下将会更富有战斗力和生产力,成为全社会的劳动者勤奋努力的"标杆",带动社会各界努力实现宜昌现代化特大城市建设的宏伟目标。中直机关工委《关于进一步加强中直机关文化建设的意见》很好地为机关发展文化建设指明了方向,带来了良好的外部制度环境,要趁势"东风",以丰富和发展机关文化为目标从以下几个方面进一步推动机关文化建设。

(一)增强机关文化建设的内生动力

机关文化作为推进发展的主要因素之一,其诞生、演变到固化、繁荣,对机关单位与个人都会产生全面而深刻的精神影响。这种影响对于跨越发展是必不可少的,且因机关内部人与人交往而产生,发源于党员干部之间自然约定俗成的而非书面的行为规范,并能迅速形成一种凝聚人心人力、争先谋发展动力机制。我们称之为内生动力,只有增强内生动力,才能保证机关文化建设有张弛之道,保证党员干部拥护发展、推动发展、带动发展的决心。

首先,根据唯物辩证法的观点,内因是变化的根据,外因是变化的条件,外因通过内因而起作用。机关文化产生、发生效力的根本原因在于人的自身意识和行为,同时,也跟社会大环境有关。但是,人与人之间关系,人与组织之间关系,是文化的存在和发展的必要条件,外部条件只在时间上、范围上、内容上调整文化发展的进程,局部地改变文化形态。根据这一原理,推动机关文化壮大做强的内生源动力,必须是基于机关内部长期积淀而有的,而不是外来的"舶来品",并依靠全体干部职工不断强化,任何时候都牢不可破。因此,我要把尊重党员干部的文化创造与外部意识形态的嵌入,看成是有内在联系的不可分割的机关文化建设两个组成部分。

其次,帮助机关干部职工牢牢树立社会主义核心价值体系,引导机关干部职工培育和践行社会主义核心价值观。要着力构建以社会主义核心价值体系为统领的机关文化,以社会主义核心价值体系为主线,以文化活动、制度建设为载体,推动和形成机关成员共同的理想信念和价值追求。围绕社会主义核心价值体系,加强理想信念教育和纯洁性教育,增强党性对干部职工精神意识的引领作用,升华党员干部对共产主义信仰的坚定信念。各单位可以结合机关服务品牌创建活动,广泛参与并征集提炼并形成具有普遍指导意义、积极向上、全体认同的机关核心价值文化理念,使其成为各单位机关党员干部共同遵守的基本理念、价值标准和行为准则,成为团结奋斗的精神力量。把社会主义核心价值体系融入精神文明建设和党的建设全过程,发扬荆楚人文精神,构筑促推科学发展、跨越式发展的精

神家园。深入进行党的基本理论、基本路线、基本纲领、基本经验学习教育，在心中树立起正确的世界观、人生观和价值观的丰碑而毫不动摇，在实践中更加自觉地形成正确的地位观、权力观、事业观，激发机关促进发展的内在活力，做到服务发展有的放矢。

再次，要加强思想道德建设，提高机关干部的道德修养。机关思想道德建设要以为人民服务为核心，要坚持集体主义为原则，倡导"爱国守法、明礼诚信、团结友善、勤俭自强、敬业奉献"的基本道德规范。要反对和抵制物质主义、享乐主义、极端个人主义等腐朽思想，要逐步形成有鲜活生命力、奋进有为、斗志昂扬的文化理念，引导人们在遵守基本行为准则的基础上，树立更高的思想道德追求。要带动群众参与精神文明创建活动，进一步完善社会志愿服务体系，推动学雷锋等志愿服务活动常态化。

最后，做好动力机制设计，持久酝酿新文化。诺贝尔经济学奖的理论成果——机制设计理论的核心观点激励相容对此有一个解释，由于人性自利，往往为了个人利益不顾整体利益，如果能让个人利益与总体利益相容，机制才有可能运行。从机关文化建设的动力机制来说，只有在实现机制目标的同时，能让机关干部个人利益也获得满足，文化运行机制的实践与运作才有可能实现。机关里要的是朝气蓬勃的良好风气，而不是在暮鼓晨钟中消沉。我们看到，一旦开个会、讲个话、搞个政治学习或开展个大的活动，整个机关的精神就会为之一振，人员的进取心随之产生，工作成效显著，可惜激情总不能持久。因此，机关组织建立激励的目标应该是引导机关成员想干事、鼓励机关成员多干事、支持机关成员干成事、教育机关成员不出事，营造一个充分理解和尊重人、能给予人需要和发展以及围绕组织目标而努力的人文氛围。

（二）以制度建设推动机关文化建设

制度建设是文化建设的根本环节，以制度作基础，文化建设才有坚强的后盾和旺盛的生命力。就是通过规章制度的建立、目标任务的分解、完成情况的督办和工作绩效的评价，形成一个有章可循、运转有效、开拓进取、争创一流的工作态势。在加强制度建设方向上，要促进机关各项制度的健全、规范及其高效运转。要坚持用文化的思维、理念和办法来建立健全有关制度规范，完善机关文化建设与外部管理、自律与他律相互补充和促进的运行机制。逐步形成符合时代要求，具有单位特点的机关工作制度体系，使机关文化以比较完整和规范的形式运用于机关工作之中。进一步规范制度建设，对工作细则、管理制度实施进行严格的量化考核，把先进的理念、机制、风气等转化为机关人员的实践行为，提高工作效率和工作质量。

探索现代企业管理服务模式。引导市直机关积极学习借鉴现代企业管理制度和方法，如企业组织机构设计、职能部门划分及职能分工、岗位工作说明、专业管理制度、工作或流程、管理表单等管理制度类文件。企业因为生存和发展需要而制定这些系统性、专业性相统一的规定和准则，规范员工立足岗位，按照企业经营、生产、管理相关的规范与规则来统一行动、工作，实践证明是这成功而有效的。同样，机关可以学习统一、规范的企业管理制度，让党员干部就在企业管理制度体系下开展工作，优秀企业管理制度下必然会体现科学、完整、实用的管理文化。在一套制度体系和文化体系下，围绕机关组织的目标任务，提高机关形象，再造业务流程，增强工作效能，履行发展的职能。

(三)营造机关文化发展的环境

以"路漫漫其修远兮,吾将上下而求索"的探索精神,着力推动机关环境再造,打造文化生存的土壤。创造文明的办公环境和良好的人文环境,使机关文化建设在构建和谐社会的进程中起到示范和带动作用。这也是适应新形势和新任务的要求,促进机关文化建设和机关干部全面进步的有效途径。

提高干部综合素质,坚持建设学习环境。当前,世界信息技术突飞猛进,科技进步日新月异,知识经济迅速发展。这种形势,对机关干部的知识、能力和工作水平都提出了新的更高要求。机关干部随着形势的要求、视野的开阔,其本身的精神文化需求也在日益增长。通过开展机关文化建设,积极营造重学习、爱学习的浓厚氛围,鼓励机关干部加强实践锻炼,在实际工作中努力增长才干,使机关干部真正做到不断掌握新知识,积累新经验,增长新本领,努力实现整体素质的新提高和新跨越。

抓好文明环境建设,努力构建和谐环境。人不仅是机关文化建设的主体,也是机关文化建设的客体,机关文化需要机关干部职工在长期的实践中不断创造、建设和发展,同时,机关文化建设的最终目的就是为了人。因此,我们必须坚持以人为本的原则,着力营造关心人、尊重人、理解人、培养人的文化氛围,在宽松和谐的环境中完成对人的思想、理念、精神的再塑造,努力实现干部职工的自我管理、自我完善、自我发展、自我提高,使全体干部职工的智慧和能量得以最大限度的发挥,自觉为实现工作目标而努力。建设办公环境整洁优美、精神文明高尚、人际关系和谐的机关。保持办公室、办公楼干净整洁;积极营造团结协作、友好相处、和谐共事氛围;督导工作人员仪表大方,言行举止文明得体;引导干部职工业余文化活动健康向上,有好的生活情趣等。

保持艰苦奋斗作风,建设勤俭节约环境。机关文化偏离正确方向,有大部分原因是浪费、奢侈造就的。要紧紧围绕节能降耗环保的要求,从普遍适用和易于操作的角度出发,在办公用品、节约用电、节约用水、公务用车、建筑节能、管理维护等方面,做到"斤斤计较"。加强政府机关的节能环保改造,深入开展能源不足体验、低碳出行等特色创建活动。强化节能环保目标责任,加强节能管理和审计。注重对机关工作人员进行环保生态、低碳经济、节能减排等新知识教育,强化敬畏自然、保护环境意识。通过深化学习教育,引导机关工作人员把节能降耗、绿色环保作为一种职业道德和工作习惯。

(四)领导干部要在机关文化建设中有所担当

各级领导干部要率先示范,自觉成为机关文化建设的组织者、推动者和实践者。建立健全推动工作的领导体制和工作机制,形成长效机制。充分调动各方面的积极性,形成推动工作的合力。加大对机关文化建设的支持和投入力度,加强督促检查,健全考评机制,保证机关文化建设的各项任务落到实处。要加强机关文化阵地建设,开展丰富多彩的文化活动。打造文化精品,培育、建设机关文化队伍。要坚持以人为本、贴近实际、贴近生活、贴近群众的原则不断创新文化建设的内容、形式和手段,使机关文化成为发展的文化、创新的文化、先进的文化。充分发挥机关群团组织的作用,开展有特色的群体活动,活跃机关文化生活,提升机关文化品位。坚持干部入口及使用上"流水不腐,户枢不蠹",

拓宽文化承载者的来源和范围。拓展年轻干部来源渠道，注重年轻干部个性化培养，营造年轻干部健康成长、脱颖而出的良好环境，使机关文化发展得更有活力。推动机关文化与经济社会发展形成良性互动，使先进的机关文化和理念将进一步带动全市人民干事创业的热情和动力，成为助推宜昌现代化特大城市建设的重要"软资源"、"软实力"。

参考文献

[1]王宇涛.服务型政府模式下机关文化建设研究[D].中国海洋大学，2009.

[2]张辉华.构建社会主义核心价值体系 全面推进机关文化建设[J].四川档案，2011(06).

[3]陈露，王晓来.关于党政机关文化建设的一些思考[J].吉林省教育学院学报（下旬），2012(01).

[4]肖向前.论新时期机关文化建设[J].法制与社会，2010(29).

[5]谢国峰.加强机关文化建设的几点思考[J].中共乌鲁木齐市委党校学报，2010(03).

[6]李静.对以人为本的党政机关文化建设的思考[J].杭州（周刊），2011(05).

[7]耿识博，吴著友.加强和创新机关文化建设[J].中国行政管理，2011(12).

[8]葛树增，郭健.机关文化建设主体性的缺失及构建[J].环渤海经济瞭望，2011(02).

[9]赵文斌，帅萍.机关文化建设理论与务实[M].北京：化学工业出版社，2013(09).

[10]湖北省直机关工委课题组.加强省直机关文化建设实践与思考[R].湖北省直机关工委调研报告，2013(05).

[11]湖北省交通运输厅课题组.关于加强机关文化建设的探讨及对策[R].湖北省交通运输厅调研报告，2012(09).

课题组成员：周游　李芬芳

宜昌市绿色生态猪肉品牌推广策略研究

王 皓 田 野 薛才玲

在经济全球化背景下，随着国民经济整体攀升，人们对绿色、健康、安全的农产品需求的加剧，农产品市场竞争的加剧，加之今年2月以来，生猪市场持续走低，给企业和广大农民养殖户带来了很大的养殖压力，由于市场不确定因素较多，使猪肉行业打破了传统的经营理念、经营模式，很多的猪肉厂家开始使猪肉走产业化、品牌化的道路，逐步调整生猪产业转型，成为发展生猪养殖的新思路。在猪肉走向品牌化的道路中，少数商家获得了成功，如北大的陆步轩和陈生，将猪肉卖成知名品牌。但如此成功的商家毕竟是少数，很多生产绿色生态猪肉的中小企业也开始打造自己的品牌猪肉，但实力有限，经验不足，投入了大量的资金和物力，却达不到预期效果，品牌塑造不起来，市场拓展不开。由此可见，打造绿色生态猪肉强势品牌，提升绿色生态猪肉的市场竞争力，已成为绿色生态猪肉企业发展的重要主题。本研究以宜昌市夷陵区野牧生态黑猪养殖专业合作社为例，从农产品的市场营销基本原理出发，分析了目前绿色生态猪肉的品牌推广和市场营销现状，结合绿色生态猪肉的产品特性、顾客特性，分析绿色生态猪肉在品牌化推广过程中存在的问题，提出该产品品牌化推广的策略，给夷陵区野牧生态黑猪养殖专业合作社及其他同行企业提供一些策略性建议。

一、宜昌市绿色生态猪肉品牌化推广的案例描述

宜昌市夷陵区野牧生态黑猪养殖专业合作社成立于2013年3月，注册资本2520余万元，企业职工人数45人，其中，高中级畜牧兽医师5名，助理畜牧兽医师5人。拥有能繁母猪存栏规模750头，有独立的核心繁育体系，年出栏仔猪、种猪、育肥猪15000头。2013年起，企业年实现产值3000万元，实现利润300万元。宜昌市夷陵区野牧生态黑猪养殖专业合作社是一家专业致力于黑猪绿色生猪产业化开发的新型农业企业，公司绿色生猪产业化示范基地、生态黑猪种猪示范基地，主要从事夷陵生态黑猪养殖。该社位于夷陵区分乡镇高场村五组，占地100余亩，示范基地养殖生态黑母猪500头，年提供优质仔猪10000头。宜昌市夷陵区野牧生态黑猪养殖专业合作社的生态黑猪是《湖北省农科院畜牧兽医研究所》推广的经过6年研发的科研成果，具有肉质好、肌内脂肪高等特点。该公司自绿色生态猪肉上市截止到现在将近一年半载，在宜昌市开设有两家绿色生态猪肉直营专卖店，一家国贸超市的生鲜专柜，一个肉制品加工厂。但宜昌区县市大小百余家商超及农贸市场，均没有开设专卖店，由此可以看出公司的市场拓展进度并不乐观。此外，产品销

售状况也不大好，因为采用零排放、无污染、微生物发酵床养殖技术，养殖成本高，售价也比市场上高出许多，产品虽然好但却无足够的概念支撑产品，让产品缺乏内涵，得不到消费者的认可，所以购买的人并不多，而价格又是影响顾客消费最敏感的因素，虽然在市场拓展中，公司不断采用各种方法进行品牌塑造，如发放宣传单页、举行促销活动、鼓励办理会员卡以及举办小黑认养等各种方法，但依然达不到预期效果。因此，品牌的推广还要不断进行，品牌推广的方法还需要不断改进。

二、宜昌市绿色生态猪肉品牌推广现状

(一)实施绿色生态猪肉品牌推广的优势

宜昌市夷陵区野牧生态黑猪养殖专业合作社实行"公司+基地+农户"的联合经营模式。夷陵生态黑猪是经湖北省农科院畜牧兽医研究所利用宜昌市地方品种经过多年的选种培育的科研成果，生态黑猪采用生态放养，即传统的粗粮喂养方式，饲喂以杂粮和青饲料为主，饲料以青料为主，杂粮为辅。主要有番薯苗、玉米、米糠、麦皮等土饲料喂养，禁止使用添加剂饲料和抗生素类药品，以确保猪肉品质。饲养周期长，肌肉脂肪含量高，口感好，是绿色、生态、健康的肉食品。代养户从种猪场领回1~2月大的小仔猪，每头小猪都打有耳牌，有种猪场登记每天耳牌号进行建档，为后期建立产品可追溯体系奠定基础。代养户必须要有较好生态饲养场所，圈养每头生猪不得低于5平方米或者进行生态放养，养殖基地均为环境优美、空气清新、无工业污染的果园以及山坡地。

该社采用健康的高山放养方式，生长速度较缓慢，出栏时间均在10个月以及1年以上。养殖基地有严格的卫生消毒防疫制度，种苗、饲料、兽药均由公司提供，在饲养过程中的每一生长阶段，公司都安排专业的兽医、营养师、保育员在现场进行监督和指导，确保饲养出来的绿色生态猪无农残、药残、激素残留等，以确保为绿色生态猪热鲜肉提供质量可靠的原材料。此外，绿色生态猪猪养殖过程产生的污水、污物全部被发酵床发酵分解，公司进行无害化处理，变废为肥，返还于田，保持和维护了生态环境平衡，并提供清洁能源用于养殖基地生产生活，做到粪污无害化(大型厌氧消化处理、再生利用)、能源沼气化，环境治理及能源终合利用较好的循环农业科技示范企业。总之，绿色生态猪的先进养殖技术为生态猪肉的产品质量提供了强有力的技术保证，让更多的消费者放心、安心。

(二)绿色生态猪肉品牌推广的劣势

1. 经营者品牌意识淡薄，品牌宣传力度不够

根据宜昌市夷陵区野牧生态黑猪养殖专业合作社的调查数据显示，整个宜昌区县市养猪专业户大大小小近百家，还有诸多的农民个体养殖。仅仅在宜昌市场，就有很多的经营者，市场竞争异常剧烈。随着竞争的加剧，极少数生产猪肉的中小企业有了一定的品牌意识。但一些企业在塑造品牌的过程中，依然不肯加大投资。

2. 品牌个性不明显，核心诉求松散

许多企业在塑造品牌个性过程中绞尽脑汁去诉求品牌的个性特点，认为"卖点"越多吸引顾客就越多。如宜昌市夷陵区野牧生态黑猪养殖专业合作社在为绿色生态猪肉寻找诉求点时，将零排放、无污染绿色循环养殖技术、健康、放心、营养、美味近十来个点都作为诉求点，并期望在品牌传播过程中，把这些优点全部传播出。可想而知，如果把这些优点作为品牌的内涵进行传播，势必造成品牌核心利益松散，消费者在信息接收与处理过程中也会感到一片混乱不能达到集聚效应。

3. 产品价格过高，没有与之相匹配的理念支撑

绿色生态猪肉与市场上其他的猪肉相比，野牧绿色生态猪肉在重量相同的情况下，其价格却比竞争对手高出15元/市斤。对于猪肉这样一种消费者价格敏感度比较高的产品而言，每斤的价格差在三至五毛钱时，消费者往往会掉头而去，购买其他品牌的猪肉。由于没有正确的概念引导，含糊的产品概念导致野牧绿色猪肉高昂的销售价格没有强有力的支撑，产品无疑成了空中楼阁，因此，不能形成大量销售也就不足为奇了。

4. 专卖店形象单一，无统一标准，渠道功能弱化

专卖店的形象从侧面代表着整个企业的形象。专卖店形象不统一，不利于品牌的推广。专卖店在视觉传达上，没有展示出产品亮点以及企业文化，降低了公司品牌推广的强度。专卖店的选址也应该择优在人流量大的中心区域。

5. 产品质量安全体系不健全，缺乏产品全程透明质量追溯体系

如何打造绿色生态猪肉品牌，使之成为名牌，关键就是要不断提高绿色猪肉产品质量，使生产过程标准化和系统化，符合国家标准。现在市场上对猪肉检验的标准虽然较为严格，但也存在很多问题，某些企业会将一些普通猪肉冒充绿色生态猪肉售卖，既损害了消费者的利益，也毁了企业的声誉，导致企业品牌的美誉度降低。

6. 品牌维护偏重短期效益，而对长期发展并不重视

品牌的构筑是一个长期的过程。大众传播心理学指出，消费者对任何产品都有一种潜在的抗拒心理；消除这种抗拒心理的最有效手段是让消费者自愿了解绿色猪肉，而具有文化内涵或特定理念的产品更容易与消费心理磨合。

三、宜昌市绿色生态猪肉品牌化推广策略

(一)树立品牌观念，增强品牌意识

树立品牌观念，增强品牌意识是实施绿色生态猪肉品牌化道路的先决条件。品牌是一个企业质量的保证，是对消费者的承诺，采用任何不正当的竞争手段，都会导致品牌受损，从而降低消费者的消费信心，导致品牌存在基础崩塌。建立品牌不仅是企业品牌部门或市场部门的工作，而更是包括研发市场行政等部门在内的所有员工的工作。只有树立品牌观念，增强品牌意识，将品牌的管理当重点抓，品牌的推广才会更加顺利。

(二)塑造绿色生态猪肉的品牌形象

要塑造绿色生态猪肉的品牌形象，应注意以下两个方面：(1)品牌内在形象的塑造。

品牌的内在形象主要体现在绿色生态猪肉的质量特性上，如绿色生态猪肉健康、安全、味道鲜美等。质量是品牌内在形象的核心，是产品的生命所在。（2）品牌外在形象的塑造。品牌的外在形象主要体现在品牌名称、品牌标志、品牌包装上。著名品牌策略大师艾里斯说："实际上被灌输到顾客心目中的根本不是产品，而只是产品品牌，它成了潜在顾客亲近产品的挂钩"。野牧生态黑猪养殖专业合作社在推广绿色生态猪肉时，品牌的设计要清晰醒目，便于消费者记忆，销售的是绿色食品，要彰显出绿色食品的特性。

（三）完善产品质量安全体系，建立健全生态放养的过程监控体系

质量是企业生存之本。产品质量没有保证，再著名的品牌也会产生负面影响，重则导致企业破产。猪肉是大家每天都吃的食品，它的质量安全不容许忽视。因此，在生产绿色生态猪肉的过程中，完善产品质量体系是非常必要的。绿色生态猪肉在完善产品质量体系上应该做到：其一，公司应该给销售的每一头绿色生态猪建立一个数据档案，可以追溯到该猪从出生、饲养、检疫、宰杀、运输过程中的一切信息，以防产生以普通猪冒充生态猪的情况；其二，严格控制好猪的饲养过程，喂养猪的饲料、时长决定了猪肉的品质；其三，严格控制猪肉加工过程。定点屠宰，检疫检验合格，符合绿色猪肉卫生标准之后再卖，坚决不卖质量不合格的绿色猪肉。通过计算机视屏监控系统，建立健全生态放养的过程监控体系，做到消费者信心购买，使用放心、食用安心。

（四）丰富产品内涵，发展品牌延伸

野牧生态黑猪养殖专业合作社以养殖、加工、销售绿色生态猪肉为主要产业，但市场竞争不断加剧，要进一步拓展市场，必须围绕核心品牌，建立健全品牌体系，通过品牌延伸方式来拓展品牌范围。现在该公司正在向这一方面发展，该公司建立了"山牧"黑猪生鲜专柜。品牌的适当延伸是有利于公司的发展的，如该公司的品牌延伸，将养殖绿色生猪产业的各个环节都形成了一条产业链，都能产生利润。只有建立品牌，品牌的内涵才能得到消费者的认可。丰富品牌的内涵，培养起忠诚顾客。

（五）加大技术创新，强化科技对品牌的增值保值能力

要实现品牌推广，技术上的不断创新是非常关键的，只有不断创新，才能提高猪肉品质，这是树立品牌的内在需求。野牧生态黑猪养殖专业合作社现在推广的养殖技术的优点在于养殖的猪不易生病，因为天然放养，猪的生长环境良好，免疫力强，该技术不会对环境造成污染，具有一定的生态效益。但是，猪肉的品质不单在于发酵床养殖技术，饲料的技术和精细化分割以及其他一系列技术都要引起企业的重视，去不断创新。强化科技能够促进品牌的价值提升，促进企业的快速发展。

（六）加强品牌管理，铸造品牌丰碑

品牌管理是一个企业应该具备的品牌理念和意识。它是一种思想体系，如果不具备这种思想，就不可能建立起优秀的品牌。在我看来企业应当成立品牌管理机构，加强公司品牌的管理。做好品牌的命名与注册工作，做好品牌的维护，巩固好已有品牌。建立起自己

的品牌优势，扎扎实实培育品牌，才能使品牌健康稳步地发展，发挥出它超值的魅力。

（七）建立小猪乐园生态休闲度假的特色基地

绿色生猪养殖基地是绿色生态猪肉市场营销的基础，是实施品牌化推广的基础，只有建立稳定的基地，才能培育出稳固的市场。野牧生态黑猪养殖专业合作社的养殖基地在群山之中，离外界很远，山上的植被是一道天然的屏障，有利于猪的养殖，真正做到生态养殖。在推广品牌过程中，公司还带一些消费者去基地参观体验，培养意见领袖，使品牌在传播过程中更具说服力。通过度假休闲体验，能够认同绿色猪肉的安全、优质和生态特色品质。

（八）强化市场营销方式的整合营销创新

市场营销是企业创品牌中的重要一环。我市养殖绿色生猪的企业在营销方面没有优势，相反还很落后。因此，要以品牌合理定位为起点，细分市场，研究适合市场的营销手段，提高品牌知名度；再以品牌带动研发、管理等进行整合营销，形成品牌经营与提升企业核心竞争力的良好互动关系。

四、结语

由于经营者计划经济思想的残留，以及养殖技术的制约，我市猪肉品牌的建立和推广还很落后。随着经济全球化，竞争的加剧，猪肉经营者不得不树立起建立品牌的思想，只有创造自己的品牌才能在市场上立足。企业才能获得发展。本文以野牧生态黑猪养殖专业合作社为例，从对绿色生态猪肉品牌推广的分析开始，进一步分析猪肉品牌塑造和推广的现状、提出问题，最后给出解决问题的措施方案。

参考文献

[1] 陈彦华. 高端猪肉品牌的渠道打造之式. 渠道建设，2013(02)：69~70.

[2] 国晶、邓蓉. 关于我国猪肉市场的调查分析. 现代化农业，2010(06)：40~42.

[3] 张雅燕. 生鲜猪肉品牌营销探讨. 黑龙江畜牧兽医，2010(12)：23~24.

[4] 李颖. 绿色生态猪肉品牌化推广之路. 玉溪师范学院学位论文，2010(12).

[5] 张伟力、殷宗俊. 中国品牌猪肉的历史机遇与技术路线. 养猪，2008(01)：29~32.

第六篇 荆州市

东部产业转移背景下荆州农业发展战略规划初探

林继军　叶　涛

荆州地处长江中游，江汉平原腹地，国土面积 1.41 万平方公里，总人口 664 万，下辖荆州区、沙市区、江陵县、松滋市、公安县、石首市、监利县、洪湖市 8 个县市区和 1 个国家级经济技术开发区。作为中国淡水渔业第一市、全国优质农副产品生产基地、国家及承接产业转移示范区、中部地区农业大省和粮食大省，随着我国产业转移的加速和东部地区产业结构升级的加快，荆州迎来了承接东部地区产业转移的历史新机遇，近年来已经成为促进湖北经济发展的重要战略支点。在承接产业转移过程中，如何认识自身在农业发展中的优势和不足，切实取长补短，制定发展战略，走出一条特色的产业发展之路，是当前荆州市经济发展中非常现实和重要的问题。

一、承接东部产业转移背景下荆州市农业发展的优势

（一）人文优势

荆州是楚文化的发祥地、三国文化的集中地、荆江水文化的汇集地，是国务院首批公布的 24 座国家历史文化名城之一。一是楚文化底蕴深厚，楚国在荆州建都长达 411 年，分布着纪南城、郢城、八岭山古墓群等大量楚国遗址，出土文物 13 万多件，越王勾践剑、虎座鸟架鼓、战国丝绸和简牍等国家一级文物。二是三国文化源远流长。"闻听三国事，每欲到荆州"，刘备借荆州、关羽守荆州等三国故事脍炙人口，始建于三国时期、至今保存完好的荆州古城墙被誉为"我国南方不可多得的完璧"。三是水文化厚重独特。荆州建有举世瞩目的荆江分洪工程，造就了伟大的"九八抗洪精神"，洪湖湿地、石首天鹅洲、松滋洈水水库风景秀丽。四是红色文化可歌可泣。老一辈无产阶级革命家贺龙在此创建了湘鄂西革命根据地，拥有洪湖瞿家湾、监利周老嘴、沙岗红军街和石首红军树等一批革命遗址。

（二）资源优势

荆州地处江汉平原腹地，外部资源优势显著。一是水资源极其充沛。长江穿越荆州全境，流经里程达 483 公里，占全省的 45.6%，境内水域面积占国土面积的四分之一，江河过境客水 4680 亿立方米，地表径流近 100 亿立方米，是长江中下游流经里程最长的城市、全国水资源最丰沛的地区、内陆水域最广、水网密度最高的地区之一。二是农产品类全量

大。荆州是全国重要的综合农产品生产基地,素有"鱼米之乡"的美誉,粮食、棉花、油料、蔬菜、水产品等主要农产品的产量位居全省前列,其中油菜籽、水产品的产量位列全国市州第一,水稻、棉花的产量位居全省第一。三是地理气候资源丰富。荆州市域地势平坦、土地肥沃、日照充足、雨热同季,土地资源和气候环境十分有利于农业的发展。此外,拥有较多可供开发的土地资源,有利于集聚生产要素,延伸产业链条,形成产业集群,能够为承接产业转移提供良好的支撑条件。

（三）区位优势

荆州处于全国国土开发一级轴线（长江）与二级轴线（京广、焦柳铁路）交会区域,距"四大发展极"（北京、香港、上海、重庆）均为1000公里左右,是国家重要的公路运输枢纽城市。2011年以来,随着汉宜高速铁路、荆岳铁路、洪监高速、江南高速、荆州长江二桥、洪湖嘉鱼长江大桥、荆州组合港、引江济汉工程、蒙华铁路、沿江铁路和荆州机场等一批已经建成投运或正在建设和规划建设的重大交通基础设施项目,荆州将建成内畅外联的"三横五纵"高速公路网、覆盖县市的铁路网、辐射江汉平原与湘鄂地区的大腹地水运网和国内支点机场,基础设施和区位条件将进一步改善。荆州不仅能凭借这种区位优势承接沿海劳动密集型农业加工贸易产业转移,而且能够面向国际国内大市场的产业,吸引越来越多的市场驱动型产业转移,从而为国内外企业开拓国内市场提供良好的平台。

（四）产业优势

一定的产业规模和良好的产业优势是影响产业承接的重要条件。荆州是全国重要的农业大市,也是著名的"两湖粮仓"和"鱼米之乡",素有"湖广熟,天下足"的美称。荆州农业基础设施日益完备,生产装备水平逐步提高,农业机械化水平处于全国领先地位。2013年,全市粮食总产77.2亿斤、增3亿斤,增量位居全省第一；油菜总产1220万担,淡水产品产量122万吨,均稳居全国市州第一；生猪出栏达到492万头,增长18万头,家禽出笼7708万只,增加416万只。新型农业经营主体突破4000家,土地流转面积达到151万亩。监利县获批全国现代农业示范区改革与建设试点县,石首市被授予"全国蔬菜标准化建设示范县"。荆州市城区以及公安、监利、松滋、江陵等4个县市开展的动物检疫电子出证试点工作填补了省内空白,初步建成了动物及其产品质量安全可追溯平台。目前,荆州已拥有"洪湖浪"、"小胡鸭"等农产品中国驰名商标6个,中国名牌产品5个,中国名牌农产品1个,农产品地理标志证明商标16个,湖北著名商标和湖北名牌达到76个,有效使用的农业"三品"标志达到473个。上述产业优势很大程度上推动了荆州农业的有效承接和进一步发展。

（五）市场优势

荆州及周边地区人口众多,消费潜力和市场空间巨大。当前,荆州市城乡居民消费已由简单的数量增长向数量和质量并重转变,多样化、方便化、个性化需求日益突出,对农产品等各类消费品的要求不断提高,对精深加工的农产品将保持旺盛的需求,从而为农业产业和农产品加工业的发展提供广阔的市场空间。2013年,新认定省级农业产业化龙头企业22家,全市现有市级以上农业产业化重点龙头企业263家,其中国家级6家,省级88家,市级169家。现有农民专业合作社2855家,合作联社15家,专业大户超过2万户,经农业(经管)部门认定的家庭农场629家。现有国家级休闲农业示范县1个(洪湖市),一村一品示范村镇6个,省级休闲农业示范点8个,市级休闲农业示范点12个。近几年农副产品超市发展迅猛,为农副产品货畅其流创造了极好的有利条件。不仅使荆州农业在产业承接中有内需强劲的市场优势,而且有抢占中部其他市场的优势。

(六)科技优势

荆州是农业经济大市,也是农业科技大市,科教资源丰富,拥有长江大学等10所高校,在校大学生10万人,科教资源在全省仅次于武汉市,是国家重要的农业科研基地,在部分领域的科研成果居全国领先地位,拥有大批高素质的职业型、技能型和科研型人才。目前,荆州市区域性农业科技创新中心初步形成,农科院院士工作站入选湖北省人才重心下移"六个一百"项目。3个国家现代产业技术体系综合试验站、2个省级农业科技创新试验站以及市直农业技术推广部门承担的20余项部省级重大农业技术推广任务全面完成。现有植保统防统治专业化机防组织近百个,日作业能力8万亩。农村能源服务体系从业人员达到2180人,其中获得农业部考评员资格4人,高级技师5人,高级技工21人,中初级持证沼气利用工1564人,这都为荆州农业承接产业转移奠定了良好的基础和条件。

二、承接东部产业转移背景下荆州市农业发展的特征

(一)产业结构调整步伐加快,内部结构仍需优化

承接东部地区产业转移以来,无论是从荆州市第一产业在三次产业结构的比重看,还是从第一产业内部结构中各具体产业部门的相对比重看,荆州市农业产业结构调整的力度都是比较大的。从荆州市第一产业在三次产业的相对地位来看,2010年第一产业在荆州市地区国内生产总值中所占比重为27.6%,2013年下降到23.9%,平均每年下降近1.3个百分点。从农业内部结构的变动看,农林牧渔服务业比重呈现上升趋势。与产业承接之前相比,荆州市严重失衡的农业产业结构得到了一定程度的矫正,农业内部结构逐步顺应社会消费需求,不断提升,逐步向相对合理化方向演化。当前乃至今后一段时期内,农业内部结构发展的不平衡现象仍然存在,并在一定程度上制约了产业结构的调整步伐。

(二)农业产业化进程加快,加工企业集群优势初现

2013年全市完成农产品加工业产值1019.4亿元,占整个工业总产值的50.1%,其中规上产值926.7亿元。农副食品加工业、纺织业、饮料制造业、造纸及纸制品业等4大骨干产业产值占农产品加工业比例达到88.4%,食品制造业、医药制造业、饮料制造业等精深加工业增幅均在平均水平以上,食品制造业增幅达到54.1%。全市农产品加工规上企业达到377家,前30强企业产值占规上产值的55.82%,产值过10亿元的企业达到13家,其中福娃集团89.19亿元、洪湖浪米业(含中兴能源)75亿元、拍马纸业(含骏马纸

业)63.16亿元、白云边53.15亿元，宏凯工贸、德炎水产、新裕农业过20亿元。中国驰名商标总数达到10个，农业"三品"标志达到456个，地理标志总数达到17个。农产品加工业已成为荆州经济发展的突出亮点。

（三）工业园区建设力度加大，招商引资初见成效

为了更积极地承接东部地区产业转移，推进农业产业集群化发展，2009年湖北省委、省政府首批确立了20个农产品加工园区，拿出10亿元的调度资金进行农产品加工园区的建设，荆州市粮食加工工业园位列其中。2012年9月，荆州市政府与湖北省联发投集团签约，合资组建湖北华中农高投资有限公司，以市场化运作模式，推进核心区基础设施建设，打造华中农业高新技术产业开发区，该区规划面积9.6万亩，分三期建设，预计10年建成，基础设施建设总投资80亿元。到2020年，农产品加工产值达1000亿元以上，其中农业高新技术产值达500亿元以上。此外，荆州拍马工业园、荆州雨润食品工业园区、两湖绿谷农产品加工园区、大明水产工业园区、松滋白云边工业园区等农产品加工园区也取得了很大的发展，这为荆州农业产业的集群化、专业化、区域化生产提供了良好的发展平台。近年来荆州高度重视招商引资工作，先后签约一批重点农业项目，引进了中粮、中纺、中航、富程等央企和国内大型企业。2013年，荆州市农业招商引资亿元以上项目49个、总投资218亿元，在建亿元以上重点项目达到63个，总投资324亿元，其中5亿元~10亿元项目8个、10亿元以上项目5个，成效极为明显。

（四）农业内涵不断拓展，利益联结机制不断完善

承接产业转移以来，荆州市先后开发新增了生态农业、生物能源、网上农业、数字化农业、休闲观光、乡村旅游等产业，多功能农业产业体系初现端倪，取得了较好的经济效益。如近年来大力发展农业观光旅游，极大地推动了荆州市现代农业的发展。按照农业产业化经营思路，龙头企业建基地联农户，探索出了"企业—基地（农户）"、"企业—合作社—基地（农户）"等一些较为成功的利益联结模式，既保证了高质量的原料供应，又提高了农民组织化程度，实现了企业与农户的互利双赢。目前荆州农业产业化龙头企业网络农户达到75万户、占全市农户的75%左右。福娃集团有6万亩水稻清洁生产基地和120万亩优质稻生产基地，形成了企业联基地（农户）的产业化模式；德炎水产公司租赁土地2万多亩，投资1800多万元建设原料生产基地14处，实现了农户增收和企业发展双赢；湖北华贵水产建立莲藕专业合作社网络洪湖、监利、仙桃农户2100多家、面积达4万亩；中科水产通过中科水产合作社，网络水产养殖户3000多户、辐射基地面积5万多亩。

三、承接东部产业转移背景下荆州市农业发展的战略对策

（一）积极推进产业结构调整，构建高效农业经济体系

一是不断调整和优化荆州市三次产业结构，大力发展农村非农产业，积极推动乡镇企业的发展。二是加快调整荆州市农业内部结构，大力发展畜、禽、水产养殖产业。要把传

统优势和国际市场需求有机结合起来，适当增加畜牧水产品种的生产，推动畜、禽、水产养殖产业的发展壮大，改变荆州市粮食主产区长期以来主要提供初级产品、比较效益低的状况。三是大力发展农业加工业，拉长农业产业链。在抓好一般性初加工、单层加工的同时，通过引进高新加工技术和国内外先进装备，重点开发一批精深加工产品，实现农产品多次增值。加强市际乃至国内外的广泛联系，大力发展有优势的农产品资源，提高精加工水平，挖掘地方农产品传统加工技术，形成高效、优质、特色农产品加工体系。同时，充分利用资源优势，发展适度规模经营促进农产品加工业发展，延长农业产业链，进而形成新的经济增长点。

(二) 注重农业产业化经营，凸显品牌龙头带动作用

一是发展优势农产品，壮大区域性支柱产业。建议坚持"市场导向、因地制宜、突出重点、规模推进"的原则，按照高产、优质、高效、生态、安全的要求，大力发展优质水稻、优质水产品、无公害蔬菜、优质棉等优势产业和特色产品，制定实施农产品优势产业规划，推动优势产品向最适宜区域集中，形成区域化布局、专业化生产、规模化经营的格局。二是按照"扶优、扶强、扶大"的原则，着力培育壮大一批起点高、规模大、竞争力和带动力强的大型骨干龙头企业，发挥龙头企业的带动作用，积极引导龙头企业参与华中农高区建设，使企业成为农业先进科技的开发中心和推广基地，成为技术创新的主体。应重点发展最具优势和潜力的粮食深加工、淡水产品深加工、果蔬饮品加工、特色农产品深加工等生产加工板块上，扶持其做大做强。三是加强农产品基地与龙头企业的对接，当务之急是搞好板块基地与龙头企业的配套建设，突出板块扶龙头，突出龙头建板块，真正做到大板块、大龙头、大品牌相配套，一、二、三产业综合开发。

(三) 加强农业科技创新，注重技术推广和体系建设

建议提高农业科研开发能力、农业技术推广能力、农民应用科技能力为重点，大力推进科技创新体系建设。一是注重农业产业的技术创新。以龙头企业为主导，不断开发新产品，充分利用地方特色和绿色资源打造精品名牌，推进农业产业化经营的发展，同时积极运用农业高新技术改造传统农业，提高农业科技水平。二是加强农业技术推广。加强同外界的科技交流与合作，注重国际先进技术的引进和转化。要加强与农技推广服务部门的合作，使其成为农业科技入户和培训农民的有效载体。三是强化实施农民技术培训。注重农民的实用技术培训，充分发挥农广校、农函大、成人学校、文化技校等教育网络的作用，加速农业科技人员的培养和知识更新，重点加强特色农业生产、加工、运销、储藏保鲜知识培训，提高农民技术素质。

(四) 完善政府扶持政策，加大财政投入力度

一是建立稳定的投入增长机制。加大企业、银行、政府之间的沟通与协作，充分发挥银行主渠道作用，重点扶持国家级和省级农业产业化龙头企业，同时适当扶持正在成长上升、能带动农民致富、较小规模的龙头企业及农民专业合作组织。二是调整财政支出结构。进一步增加农业投入，提高中省信贷计划中农业贷款的比例，加强农田基本建设，增

加财政对农业发展的投入,尤其是重点支持龙头企业和有一定规模的农民专业合作示范社。三是完善社会化服务体系。积极培育农产品流通企业,鼓励商贸涉农企业发展"超对超"、"农人超"连锁配送,不断拓宽农产品流通渠道,进一步打通农产品"绿色通道",确保货畅其流,逐步形成一个以批发市场为中心、城乡集贸市场为基础、连锁超市、直销配送、信息网络平台和农产品质量安全检测为一体、城乡通开的农产品市场体系,构建大生产、大流通的发展格局。

(五)加快农产品加工园区建设,推进产业集群发展

一是紧紧抓住农产品加工业"四个一批"工程实施的大好机遇,按照"政府主导、财政引导、市场运作"的模式,加强园区基础设施建设,完善各项服务功能,不断提高产业承载力和吸引力。二是加大投资引导力度,使招商引资项目、企业新建或重建项目尽可能向园区集中,实行集群发展,实现产业和区域的规模效应。三是加大对农产品工业园区技术创新体系建设、知识产权运用以及自主知识产权产业化的支持力度,提高集成创新和再创新能力。鼓励高校、科研机构、企业开展多种形式的产学研合作,推动有条件的企业建立研发机构和中试基地,从而为农业产业的集群化发展搭建高效的服务平台。

参考文献

[1]2013年湖北省国民经济和社会发展统计公报.

[2]2013年荆州市国民经济和社会发展统计公报.

[3]涂玮:论农业在中部崛起中的战略地位——以湖北省为例[J].经济研究导刊,2010(11).

[4]余胜伟:湖北省农业产业化形势发展报告[EB/OL].湖北省农业产业化信息网.

[5]肖明军:实施新时期湖北农业产业化经营战略的思考[J].华中农业大学学报,2007(2).

[6]胡树华、侯仁勇等:区域战略与中部发展[M].科学出版社,2007.

荆州历史文化资源开发与利用研究

汪存锋 朱丹 陈欢

2012年8月，湖北省旅游局与荆州市政府签订旅游产业发展合作协议。会上，荆州市委书记李新华同志指出，"文化壮腰"就要先把文化产业发展起来，而旅游业作为"文化壮腰"的引爆点，见效最快。同时，若没有旅游产业的良好发展，丰富的历史文化资源就是历史包袱。可见，利用荆州丰富的历史文化资源促进文化旅游产业的发展、将本地深厚的文化旅游资源优势变成经济优势，将是荆州市历史文化资源开发和利用的重点。

一、荆州历史文化资源的特点

将荆州历史文化资源转化成本地的经济优势，提高人们生活水平和综合素质，反哺文化资源的保护，了解荆州历史文化资源的特点是本研究的第一步。作为国务院第一批公布的24座历史文化名城之一，荆州拥有深厚的历史文化底蕴，历史遗迹遍布、名胜古迹众多，文化旅游资源十分丰富，具有十分重要的旅游产业价值。荆州历史文化资源特点主要表现在以下几个方面：

（一）历史古城闻名天下

作为全国重点文物保护单位、国家AAAA级风景名胜区，荆州城墙是目前我国南方保存最完整的古城墙，被称为"南国完璧"。它享誉海内外，其宏伟的蜿蜒英姿、精湛的建筑技艺令世人折服。

古城东西长5.75公里，南北宽1.2公里，面积4.5平方公里，高9米，厚度10米，周长10.5公里。整座古城盘旋于湖光水色之中，依地势而起伏，顺湖池而迂回，蜿蜒伸长，状若游龙，巍然而不失俊秀。古城为三城组合式结构，城外为水城（护城河），中间为砖城，墙内为土城，三城相依环抱，体现了古代修建城墙的军事防御功能。早在2800多年前的周厉王时期，荆州城墙就开始出现。到三国时期，关羽镇守荆州时又继续修建改良，当时只有土城。现存的砖砌城墙是在周厉王、三国关羽修建的原土城基础上历经五代、宋、明、清堆垒叠压而成，墙体用特制青砖加石灰糯米浆砌筑。在最后一次清顺治三年（公元1646年）重建后，荆州古城墙历经300多年依然保存完好，条石与糯米浆修筑的墙脚和青砖石灰糯米浆砌筑的墙体保证了城墙的坚固性，历经风风雨雨依然如初，"铁打荆州"因此得名。现今，在东门城楼还可以看到记载着操办城砖官府、官员等内容的文字砖。

古城墙保留荆州古城原始风貌,固着了荆州人民的历史记忆。它历经沧桑、饱受风雨,依然在倔强中传承着人类文明,从历史穿越到现代,在现代文明的一角保持着我们祖先的风骨。它是今人从现代文明追寻历史气息的窗口,也是古人留给今人的宝贵记忆和审美财富。古城墙作为古代军事防御主要设施吸引着数不清的游客前来一观风姿,也凝聚了我们对民族文化气质的向往之心。

春秋战国时期"五霸"之一的楚国在其存在的800多年中,在荆州建都达411年之久。唐代时荆州称为"南都",与长安南北呼应。楚国在这里发展出以"惊采艳绝,阴柔浪漫"为特征堪比古希腊文化的"楚文化"。难怪国学巨匠季羡林先生会认为"中国古代历史应该重写"就是认为"楚文化至少应当与中原文化并驾齐驱",这也说明了楚文化的灿烂无比。楚文化最具代表性的六种表现形式分别是:青铜冶铸工艺、丝织工艺和刺绣工艺、漆工艺、老庄文化、屈(原)宋(玉)楚辞风尚和音乐美术等艺术。当时世界上最先进的青铜工艺出现在楚国,最早的丝绸出自楚墓,楚漆器工艺在先秦首屈一指,世界上第一部数学巨著——《算术书》出在楚国,楚国还是屈宋楚辞和编钟音乐等文学艺术的代名词。可以说,荆州作为楚国时间最长的都城所在地,积聚了楚文化的精髓,几乎囊括了周代文化所有的精华。这些精华在下文所述的文物古迹中还会再次得到验证。

(二)民族精神影响深远

一部《三国演义》,不仅塑造着我国的民族精神,也带给我们审美享受。正所谓"唐朝的力,三国的计",三国时期以卓绝的智慧成为我们历史朝代长河中耀眼一环。诸葛孔明在《隆中对》中曾写道:荆州北据汉沔,利尽南海,东连吴会,西通巴蜀,乃用武之国也。可见,诸葛孔明早就将三国刘备为核心的故事定格在荆州。《三国演义》120回中有72回在写荆州,桃园三结义的三兄弟建功立业的历史事件是以荆州为主要根据地展开,借荆州、袭荆州、失荆州等历史故事加深了荆州的历史厚重感。而三国时期三大战役中的赤壁与夷陵之战都关系到荆州归属问题。正是"闻听三国事,每欲到荆州"。经过诸多战事,历史遗迹也随处可见,关公跑马泉、阅马场、刮骨疗毒处、放曹坡等遗迹都再现了当年豪杰们的英雄气概。我国著名诗人杜甫在《公安县怀古》中就抒发了对三国故事的深切感慨:"野旷吕蒙营,江深刘备城。寒天催日短,风浪与云平。洒落君臣契,飞腾战伐名。维舟倚前浦,长啸一含情。"

镇守荆州达十年之久的三国核心人物关羽,其诚信忠义的品德为世人尊崇,成为我们民族精神的重要组成部分。荆州作为关羽文化孕育之地,是关羽文化真正的故乡,凝结了关公忠义武勇品德的精髓,而义薄云天的关公也成为荆州的一张文化名片。

说到民族精神的化身,春秋战国中楚国的屈原是当之无愧的杰出代表。屈原用诗歌表达对国家的忧虑,用行动抒发对人祸的愤恨,"举世皆浊我独清,众人皆醉我独醒"的爱国情操,对后世影响深远。而这位爱国诗人的《楚辞》、《离骚》等千古绝唱也正是他任"左徒"、"三闾大夫"等职务于荆州时所作。后世文人墨客都尊敬和敬仰这位爱国先驱,纷纷作诗填词传唱他,其中崔涂的《屈原庙》最有代表性:"馋胜祸难防,沉冤信可伤。本图安楚国,不是怨怀王。庙古碑无字,洲晴蕙有香。独醒人尚笑,谁与奠椒浆?"

这些曾经驻足于荆州的民族精英们用他们的不朽品质塑造着我们中华民族精神,影响至今，已经融入我们中华民族优良品格中。

(三) 文物古迹无价之宝

作为楚国故都，荆州文物主要以楚国王公贵族的墓葬和陪葬品为主。城四周古墓葬星罗棋布，仅封土堆的古墓葬达900余座，楚庄王、康王等18代楚王及明代11座藩王墓葬于此，其中最引人注目的是熊家冢。熊家冢现处于初挖阶段，主冢和副冢尚未动土，仅出土了车马坑，其中就出现当时只有周天子才能拥有的"天子驾六"，且保存完好。因此，有"北有兵马俑，南有熊家冢"之说。

荆州共发掘近500座封中、小型秦墓，出土了大量秦简，被称为"地下书库"，为研究春秋战国和秦代时期的楚文化提供珍贵的文字资料。从1975年到1993年期间，共挖掘汉墓200余座，出土许多珍贵的陶铜器、漆木器、玉器、丝绸和汉简等文物。漆木器则是楚国文化的最独特代表，使荆州的脱漆技术走在当时世界前列。

荆州博物馆是一座综合性博物馆，占地4.8万平方米，现馆藏文物达10万余件，其中国家一级文物和稀世珍品2000余件。荆州博物馆藏有1975年在楚故都纪南城内出土的一具西汉男尸。该男尸埋藏于地下多达2000年之久，早于长沙马王堆汉墓女尸，更让人惊叹的是该男尸不仅没有腐烂，而且刚出土时犹如沉睡活人，是一具比干尸更有考古价值的湿尸。另外，该馆内珍藏有楚墓出土的编钟、石磬等楚国乐器，再现了当年乐器齐奏楚乐的场景，既音色美妙，令人流连，又让人重温屈原做楚辞的风骨。既展示了楚文化的博大精神，又给人以余音不绝的精神美感。1994年经国家文物局专家评选，荆州市博物馆荣获全国地级市"十佳博物馆之首"的美誉，而后多次获得全国地市级"十佳博物馆"称号。

二、荆州历史文化资源开发利用中存在的困境

荆州在历史文化资源上得天独厚，享誉盛名，一说起荆州人人至少能够想到三国刘备、关羽的"借荆州"、"失荆州"等历史故事，但真正来过荆州一睹风采的却是为数不多，正可谓是"久闻荆州却不到荆州"。究其原因，有荆州历史文化资源自身原因，也有将历史文化资源转化为旅游产业过程中的外在原因。

(一) 历史文物资源分布分散

自然景观资源具有连续性和整体性特点，提供天然的观光平台，而由历史文化资源转化的旅游景点则带有明显的人为整合特点。正如"西安曲江大雁塔·大唐芙蓉园"旅游景点就带有明显的人为打造痕迹，而桂林的自然风光则更直观。荆州历史遗址多，分布广，由此形成的文化精神也有待挖掘和整合。它作为三国刘备政权的根据地，关公跑马泉，放曹坡等遗迹数不胜数，但是难以集中。作为楚国故都，荆州拥有大量的楚国文物，存放于博物馆，但是另有纪南城、章华寺、熊家冢车马坑却只能就地开发旅游，与博物馆难以衔接。荆州人杰地灵，盛产名人，由此产生的名人故居和祠堂文化如张居正故居、三公庙、关羽祠、屈原像等也分散各地，难以统一。

此外，历史文物既丰富又分散的特点造成了旅游产业主题不明显的缺陷。西安以兵马

俑闻名天下,桂林以自然风光令人折服,而荆州虽一直占据着历史文化资源优势,但资源本身多且杂,反而显得主题不突出,需要人力引导和打造。

(二)资金存在瓶颈

旅游产业投资大、涉及面广、回报时间长,需要足够的资金支持和宽广的融资渠道,而以历史文化资源为基础的旅游业较之以自然风光为重点的旅游投入更大。历史文化资源的挖掘、打造和整合既需要大量资金支持,还需要优秀人才支撑。文物价值需要大量专家进行鉴定、古迹亟待学者进行解读,历史文化资源的隐形资金投入大。历史文化产业属于以向人们提供文化产品和文化服务为特点的第三产业,其行业性质决定了文化产业的从业人员必须具备较高的文化素质和专业素养,才能为人们提供高素质的服务。但是,旅游业本身属于高风险业,而历史文化旅游更是回报时间长,金融机构不愿意大量融资,导致资金短缺问题只能通过其他非正式的融资渠道进行融资来解决。另外,荆州投资主要以政府和民间小资金投资为主,缺乏外资和大型资本的投入,资金瓶颈问题较为突出。

可见,荆州若想将历史文化资源转化为旅游产业,就必须解决资金问题。只有资金充足才能从规划到落实各个环节顺利实现从历史文化资源到旅游产业的转化。

(三)产业结构有待完善

以历史文化为主题的旅游产业较之自然景观旅游有较大差别,其开发难度大,前期准备时间长以及回报周期长,但一旦形成旅游凝聚力,则容易深入人心,成为一代代人的旅游追寻地。因此,培育历史文化旅游产业,在前期,需要更为科学的开发、管理体制。荆州在开发和管理旅游产业上存在一些不足。首先,资源开发没有向纵深和整合方向发展,产品结构单一。荆州旅游产品只是借用传统自然景观静态展示为主,游客欣赏方式也主要是游览,产品较为老化,内容单调,游客与景点没有互动,难以体现荆州特色,降低了游客对荆州景区的评价。以历史文化旅游为特色,开展多样化的古战场、古生活和古娱乐的旅游服务,让游客在参与古代生活中体会到深层次的古代文化是荆州历史文化资源开发重点。其次,基础设施、配套设施缺乏是产业结构不合理的另一表现。大部分景区景点的交通、通信、停车场等基础设施建设比较滞后,不配套、不相适应问题十分突出。专用旅游线路和大型停车活动场所缺乏,景区景点周围环境较差,没有形成为景区景点服务的旅游环境,造成了景区可进入性差的问题。如有的景区景点入口标志、标牌和旅游线路图设置不规范甚至缺乏相应标志,既影响城市的旅游气氛,也难以留住游客。配套的住宿、餐饮、购物、游览等服务项目比较缺乏,景区景点附近既没有统一规范的住宿地带,也缺少荆州特色小吃餐饮服务,购物更是无从谈起,与我国比较成熟的老牌旅游景区形成鲜明对比。

(四)文化产业辐射力不够

首先,荆州历史文化产业尚未形成足够的辐射力。文化产业辐射力主要指文化产业不仅吸引全国各地游客来本地旅游,而且使以周边为目的地的游客也愿意前往本地游览。首先来看荆州本地的游客客流量情况。从 2003 年开始,全市接待国内外游客人数和旅游收入总数呈下降趋势。以荆州博物馆和东门景区两大招牌景区为例。2004年,荆州博物馆共接待游客10万人次,门票收入250万元,而2002年却接待有17万人次,客源量下滑明显;2004年东门景区接待游客11万人次,门票收入101万元,与2002年的14万人次、141.5万元相比也有很大差距。

其次,从荆州文化产业辐射力来看,荆州旅游产业不仅没有辐射到其他地区,反而是武汉、宜昌地区的游客由旅游客车送来在东门城墙或博物馆游览几个小时后再由客车送回。荆州的两大主要景点只能获取门票收入(荆州博物馆免费),根本没有能力带动餐饮、购物、住宿等产业,收益率极低。可以说,荆州不但没有形成核心景区辐射其他地区,反而成为周边景区的"卫星城",为其提供景点资源。只有彻底改变荆州旅游景区现状,才能实现历史文化资源转向文化旅游产业、拉动经济的作用。

三、突破困境,加强对历史文化资源的开发与利用

目前,充分利用荆州丰富的历史文化遗产,培育旅游产业,推动文化与旅游产业融合发展,打造全国乃至国际知名文化旅游目的地,可以从以下方面着手:

(一)调整产业结构,改善管理体制与经营方式

在历史文化资源转为文化旅游产业上,我国有许多其他景区的成功经验值得借鉴。湖南凤凰和江苏周庄均以古城和文化名城著称,其开发打造的成功经验为荆州提供思路。荆州可以在确立"楚国故都,三国名城"旅游形象的主题基础上重点发展楚文化和三国文化。打造荆州主区"三大旅游区",指发展遗址保护区,让"北有兵马俑,南有熊家冢"深入人心,和海子湖生态文化旅游区以及荆州古城旅游区。文化局、文物局和旅游局等多个政府部门加强沟通协调,整合文化资源,共同推进荆州城区文化旅游统一管理体制的建立和完善。积极建设熊家冢、纪南城和荆州古城三大文化旅游核心景区,支持国内外具有成功运营旅游模式经验的投资公司进驻荆州,在保护资源的基础上充分开发利用,联合开发建设海子湖新区,推动荆州文化产业发展。鄂西生态旅游投资公司正式与荆州签署协议,启动荆州关公文化园项目,将荆州打造成中华美德之城、全球关公朝觐之地,以此带动荆州文化壮腰、实现打造世界知名旅游胜地的目标。

(二)注重前期投资和规划,大力引进外资

突破旅游产业转化过程中的资金瓶颈主要,依靠创新资金投入机制,扩大资金引入方式,多渠道融入资金。首先,发挥主管部门的优势和积极性,重视对文物、古迹的保护和利用,积极争取向国家、省有关部门争取项目和资金投入。其次,重视引入大型旅游投资和开发公司,如引进拥有"西安曲江大雁塔·大唐芙蓉园"国家AAAAA级景区的西安曲江文化集团对荆州古城文化资源进行整体开发,既实现了开发的整体性和创新性,又能解决小型公司零散开发带来的资金局限问题。再次,建立旅游发展专项资金,抓住新农村和乡村公路建设的机遇,加强基础建设,保护农村和郊区环境,逐步推进环境改善。

(三) 挖掘历史文化内涵，创新主题旅游增长点

荆州以历史文化资源为背景发展旅游产业，其优势和核心竞争力就在于文化内涵和民族精神，只有充分挖掘历史文化内涵，创新旅游主题，才能打响荆州名片。

首先，荆州需要集中力量围绕"楚国故都"和"三国名城"挖掘文化内涵，以楚国文化和关公精神为突破口，重点打造两项精品名牌，从而提升荆州旅游文化品位和整体形象。

其次，创新旅游形式，加强游客参与性，提高游客对荆州文化认识。如在熊家冢挖掘的同时可以规划出春秋战国时代楚国生活区，设置骑马、射箭和日常生活体验设施，同时配以讲解员，当游客在观赏熊家冢车马坑布阵后亲自体验楚国生活和战事，加深游客对荆州深厚历史感的认同，享受历史文化旅游带来的精神洗礼。此外，借鉴恭王府旅游模式，将屈原爱国精神、张居正治国理念等文化精髓都以故事形式呈现，提高荆州旅游趣味性，在享受乐趣的同时接受古代名人品格熏陶。

再次，注重弘扬文化传统和民族精神。以三国为主题的旅游重点在于感受三国时期人们的智慧和关公忠义精神，传播文化思想。可以借助"关公文化"将荆州打造成"忠、义、诚信"教育基地，通过讲解荆州三国战事再现名著的精彩片段，吸引各地渴望了解三国智慧的游客。

(四) 改善荆州软硬件设施

荆州旅游软硬件设施建设关系到游客对荆州景区的整体印象，也是口碑能否建立的关键。作为旅游产业的支撑，设施主要指软件和硬件设施。软件设施是看不见的内在素质，包括景区景点文化内涵的挖掘程度、讲解员和荆州市民的素质以及荆州的文化旅游氛围等；硬件设施主要指具体的实物设施，包括道路、停车场、旅游指示牌等基础设施和餐饮、住宿、购物等旅游服务设施等。

在软件设施上，荆州首先要改善自然环境，加强环境保护宣传，提高市民环保意识，同时也要规范游客旅游行为，建立文明出游意识，做到旅游文明两不误。其次要加强旅游人文环境建设，组织多种形式的文化宣传活动，开展文化知识大赛，培养市民主人翁意识，树立"我为荆州旅游争光，荆州旅游为我服务"意识，切实提高市民历史文化修养，让人们将市内旅游产业看成是提高人们生活水平的保障。最后采取多种形式开展对外宣传，制作荆州古城风光、楚文化和"三国时代争荆州"的专题光盘以及旅游画册，充分利用报纸杂志、铁路传媒等媒体全方位地开展宣传活动，进一步扩大荆州对外的影响力和知名度。

在硬件设施上，荆州以大力建设基础设施和旅游服务设施为重点，可以从以下几个方面开展：第一，城市风貌建设。良好而有特色的城市风貌往往会给游客留下深刻印象。荆州应从城市绿化、路面整理和改造城中村等方面改变城市整体风貌。第二，改善旅游服务设施。停车场、景点指示牌、娱乐设备等服务设施要及时维修和完善，为旅游创造更好的条件。第三，提高旅游接宿能力。要发展旅游产业，带动整个荆州经济，仅靠门票收入难以实现，必须建立以旅游为中心的多层级服务。规范荆州餐饮业，提高特色饮食质量；改善住宿卫生条件，形成住宿规模经营；在景区景点附近设立荆州特色特产市场，刺激相关消费。

荆州建设现代职教体系研究

肖云林

现代职教体系就是适应地方经济社会发展需要,满足人民群众多样化职业教育需求,形成由中职、专科、本科到研究生的有机衔接。职业教育、普通教育、继续教育相互沟通的现代职业教育系统。

《国家中长期教育改革和发展规划纲要(2010—2020)》指出,到2020年,形成适应经济发展方式转变和产业结构调整要求、体现终身教育理念、中等和高等职业教育协调发展的现代职业教育体系。党的十八大也明确要求加快现代职业教育体系的建设。2014年全国职业教育工作会议进一步确定以建设现代职教体系为主旨,六部委相应出台了《现代职业教育体系建设规划》(2014—2020)。

职业教育是民生教育,具有为社会经济发展提供技术技能人才保障的使命,也有救济弱势群体的社会责任。习近平总书记在长达417个字的关于职业教育的批示中,明确指出职业教育是国民教育体系和人力资源开发的重要组成部分,是广大青年打开通往成功成才大门的重要途径,肩负着培养多样化人才、传承技术技能、促进就业创业的重要职责,必须高度重视、加快发展。

六部委在《现代职业教育体系建设规划》(2014—2020)中明确规划了现代职教体系的基本架构、重点任务、制度保障和机制创新等,为现代职业教育体系的构建进行了完善的顶层设计,成为地方建设现代职教体系的方向标。

荆州是武汉城市圈和鄂西生态文化旅游圈的交叉节点,拥有国家级经济开发区和承接产业转移示范区两张国家名片。特别是省委省政府实施"壮腰工程",帮助荆州发展,荆州火车站投入使用,荆州机场已纳入国家规划,荆州经济驶入弯道超越的快车道。

经济越发达,对技术技能人才的需求也就越大,这些都需要有优秀的体系化的职业教育提供保障,这就为荆州职业教育的发展提出了较高的要求。

一、荆州职业教育的发展现状与主要贡献

基本形成了职业教育的体系。荆州目前有高职院校5所,其中普通高职3所(荆州职业技术学院、湖北中医药高等专科学校、荆州理工职业学院)、成人高职1所(荆州教育学院)、广播电视大学1所(荆州广播电视大学),学校数量在全省仅次于武汉市;实际招生的中职学校27所。高职院校年招生规模不低于1万人,中职院校年招生1万人左右。服务区域经济发展,组建了荆州职业教育集团,同时还服务区域行业发展,分别组建了荆

州信息职教集团、荆州室内装饰职教集团、荆州汽车维修职教集团、荆州会计职教联盟、荆州旅游职教集团等区域性行业职教集团，进一步整合了政行校企的资源，提升了技术技能人才的培养能力。

服务了荆州经济社会发展。荆州各职业院校设置专业与荆州支柱产业基本匹配，特别是信息技术、化工、机械、汽车、护理等专业门类完整，规模较大，为荆州产业发展提供了一定的技术技能人才保障。职业院校提供了不低于5000个工作岗位（含工勤等服务外包岗位），按照6万在校生年均消费1.5万元（含生活费、通信费、交通费等）估算，年均总消费不低于9亿元，刺激了经济经济发展。

职业教育改革取得了一定成绩。经过多年建设与发展，荆州高职院校专业建设各有特色，其中荆州职业技术学院特色专业包括汽车类、纺织类、信息类、农类专业、会计专业、护理专业，其中纺织类专业在全省仅有武汉职业技术学院和荆州职业技术学院开办；湖北中医药高等专科学校特色专业中医药、临床类专业，是全省唯一的中医药高等专科学校；荆州理工职业学院特色专业电光源，也是全省重点专业；荆州教育学院特色专业学前教育，是国培计划的承担院校。在荆州中职学校中，目前有湖北省创业高级技工学校、荆州市机械电子工业学校、荆州工贸技师学院已先后通过教育部三部委验收，成为国家中职教育改革示范校。湖北省创业高级技工学校由于与上市公司深圳格林美高新科技股份有限公司的深度合作，为公司提供有价值的服务以及在全省率先将现代职业教育与传统非遗手艺文化的有机对接，首期投资3000余万元，建成非遗传承院，被文化部肯定为"公司+学校+基地"的荆州模式，受到多个部委、厅局的高度重视，2014年11月26日，作为全省8个代表之一和荆州职业院校的唯一代表，在全省职教工作会议上典型发言。

二、荆州现代职教体系的主要问题与原因

为了进一步了解荆州现代职教体系存在的主要问题，2014年10月21日，借助全市教育系统学习贯彻全国职业教育工作会议精神的机遇，对与会的各县市区分管职业成人教育的副局长、职成科长、市局相关人员共25人进行了不记名的问卷调查，一定程度上可以佐证荆州现代职业教育体系的现状。

被调查对象的基本构成：市教育局干部7人，占28%；县市区教育局干部13人，占52%；职业院校5人，占20%。

25名被调查对象对所在区域职业教育（学校办学行为）的评价为1人"高度认同"，占4%；14人"基本认同"，占56%；4人"不觉得特别"，占16%；6人"不认同"，占24%。

25名被调查对象认为"所在区域职业教育（所在学校）存在的主要问题"依次为：16人认为"学校拨款太少"，占64%；15人认为"学校师资缺失"，占60%；14人认为"招生成本过高、家长不认同"，占56%；9人认为"专业重置"，占36%；8人认为"职业院校办学没有质量"，占32%，1人认为"职业院校管理不善"，占4%。

对您很重要的孩子成绩不理想，19人可能会建议报读职业院校，占76%；3人除非孩子要求才会建议报读职业院校，占12%；3人无论何种情况都不会建议报读职业院校。

来自于职业教育一线的管理者与职业院校的主要负责人对当前的职业教育以及职业教

育体系总体上认同度不高。

纵向立交尚未畅通。从目前荆州职业教育现状来看，地方本科院校还没有转型的实践，本科高职教育处于事实上的缺失状态；专科高职教育与中职事实上还没有有效建构纵向立交桥，有升学意愿的中职学生还不能全部顺畅地进入高一级学校深造。

横向对接尚未完成。荆州技工教育有较好的基础，从全市进入国家方阵的中职学校来看，技工学校占75%，中专相对较少。技师学院目前为1所，高职院校中还没有1所省级以上示范学校。技师学院还没有纳入到高等教育序列，技校隶属于人力资源与社会保障局，中专隶属于教育局，二者在教师身份认定、专业教学标准、课程建设等方面存在明显的差异，甚至在提法上都存在很大的差异，比如学制教育（技校）与学历教育（中专）；精品课程（技校）与精品资源课程（中专），横向对接远未完成。

产教融合尚未形成。荆州职业院校目前与产业融合度普遍不高，多数职业院校办学停留在招生层面，还缺乏服务产业发展的能力。现实的招生实际下，学生知识漏洞过大，学习习惯相对欠缺，在学校教学方法不能及时跟进、改善的情况下，学校职业教育往往显得远离产业需求，学生难以符合产业所需。

三、荆州建设现代职教体系的基本构想

在对荆州市职教系统的问卷调查中，对于职业院校生均拨款标准，20%的人选定2000元，64%的人选定5000元，8%的人选定8000元，与教育部、财政部生均标准相去甚远。

在设立本科高职的问题上，选定2所的是选定1所的1倍；在设立专科高职的问题上，24%的人选定3所，60%的人选定2所，16%的人选定1所；在中心城区中职数量上，20%的人选定1所，60%的人选定2所，32%的人选定3所，20%的人选定4所。

在如何办好职业教育的问卷中，76%的人认同需要上级重视；60%的人认为需要提高负责人理念；24%的人认为需要产业/企业支撑；36%的人认为需要改善实训条件；28%的人认为需要改进合适的教学方法；8%的人认为需要加快建设双师素质教师。

鉴于上述判断和对当下职业教育政策以及荆州教育的现实图景，对建设荆州现代职教体系提出如下构想：

（一）荆州的专业硕士教育

主要依托长江大学应用研究的硕士点，通过校市合作，支持长江大学发展荆州经济社会急需的，特别是荆州开发区主要产业集群急需的，如白色家电、汽车配件等相关的专业硕士点建设。在积累资源、创造条件的前提下，发展专业博士点。为了加快建成荆州相对完备的现代职教体系，可以考虑支持长江大学的专业硕士点在一定时期内优先招录本地应用本科生源。

荆州的本科高职教育。考虑目前荆州高校实际，长江大学以教学研究为定位，不符合转向举办应用技术性高校的标准，适合继续举办偏教学研究型高校。除资质外，2所以举办学科型本科教育为主的独立学院目前更不具备转向举办应用技术型高校的基本条件。可

以依据教育部对三本进行规范的总体部署,将1所独立学院转设为纯粹民办的应用技术型本科院校;另一所由市政府收回,交由整合后的荆州职业技术学院和湖北中医药高等专科学校举办。这样形成1所公办、1所民办应用技术型大学的格局。两所学校专业尽可能不重置,各自特色发展。

(二)荆州的高职教育

整合荆州理工职业学院、荆州教育学院和部分中职学校,继续举办高职教育。将荆州工贸技师学院和即将举办的湖北民间工艺技师学院纳入高校序列,形成2所公办、1所民办高职。

荆州的中职教育。在评估的基础上,城区保留1所公办(机械电子工业学校),各县市重点办好1所职教中心(监利县职教中心、江陵县职教中心均已被企业或民办职业院校托管),实现专业差异化发展,鼓励托管,鼓励举办混合所有制、品牌化的职业教育集团。这样形成专业硕士教育(长江大学)—应用本科(1所公办、1所民办)—高职(2所公办1所民办)—中职(城区1所公办,各县市区1个职教中心)的格局。

(三)荆州的终身教育

全面落实职工培训经费全部用于员工培训,让更多的劳动者能够自由地转换于职场与职业院校,让职业院校源源不断地提供技能的持续提升、学历的持续提升服务,用终身教育服务学习型社会的构建,拓宽职业院校教育培训社会服务的视野,弥补职业院校生源的相对不足。

(四)荆州的产教融合

建立荆州市职业教育联席会议制度,市主要领担任负责人,积极争取国家职业教育示范区项目,建立定期通报、督办制度,将重视职业教育、推进校企合作、提升生均拨款与国家标准逐步一致作为对县市区主要领导绩效考核、干部任用重要依据的核心指标之一,职业教育与产业发展互动制定并出台《荆州市职业院校校企合作条例》,提高生均拨款,充分发挥荆州职教集团的平台作用,鼓励荆州的职业院校与荆州本地企业在现代学徒制领域的试点,让职业院校的人才培养有校企共赢的深度合作,让技术技能人才更具有针对性,建立企业参与职业教育的奖励制度,形成社会参与职业教育的长效动员机制;建立职业院校服务荆州产业,包括培养的毕业生稳定就业的比例,包括为荆州产业发展提供有效服务的绩效,对其中绩效特别优秀者给予相应的奖励,促进荆州的产教融合。

由职教大市向职教强市的转变,需要进一步落实职业院校办学自主权,优化职业院校治理结构,加快建构荆州现代职教体系,推动职教内部协调发展,加快职教与劳动就业体系的互动,推动职业教育与产业的融合发展,让荆州的职业教育体系有层次、有品牌。让荆州的职业教育纵向畅通、横向互动,终身教育成为社会风尚,崇尚一技之长、尊重劳动蔚然成风,对职业教育的认同以及职业教育的品质升级吸引更多的人主动选择职业教育,让职业教育为企业、为学生、为社会创造更大的价值。

参考文献

[1] 国务院关于加快发展现代职业教育的决定(国发〔2014〕19号).

[2] 教育部等六部门关于印发《现代职业教育体系建设规划(2014—2020年)》的通知(教发〔2014〕6号).

[3] 湖北省人民政府关于加快发展现代职业教育的决定(鄂政发〔2014〕51号).

关于培育与践行社会主义核心价值观的思考
——以湖北省荆州市为例

刘国威　杜应佳

党的十七届六中全会通过的《中共中央关于深化文化体制改革、推动社会主义文化大发展大繁荣若干重大问题的决定》指出："社会主义核心价值体系是兴国之魂，是社会主义先进文化的精髓，决定着中国特色社会主义发展方向。"

党的十八大以来，党和国家对社会主义核心价值观的重视程度日益增强、理论阐述不断深化。2013年12月23日，中共中央办公厅印发了《关于培育和践行社会主义核心价值观的意见》，明确指出："培育和践行社会主义核心价值观，是推进中国特色社会主义伟大事业、实现中华民族伟大复兴中国梦的战略任务。"这标志着，围绕着更高的目标与要求，我国的社会主义核心价值观建设已经进入了一个全新的阶段。

核心价值观作为一定社会形态、社会性质的集中体现，在社会思想观念体系中处于主导地位，决定着社会制度、社会运行的基本原则，制约着社会发展的基本方向。进入新世纪以来，荆州在致力于搞好物质文明建设，发展经济的同时，也十分重视精神文明建设，并取得了可喜的成绩，当前，经济社会发展步入转轨转型期，人们的思想观念和价值取向日趋多元，伴随形势的不断变化，实践的不断深入，理论的不断创新，培育和践行社会主义核心价值观的任务日益突出，其重大理论和现实意义也日益凸显。

一、培育与践行社会主义核心价值观的现实意义

（一）社会主义核心价值体系是"兴国之魂"

社会主义核心价值体系是"兴国之魂"，这是一个全新的判断，我们要正确加以理解。首先，社会主义核心价值体系是我党历史经验的总结，这是坚持社会主义核心价值体系的历史依据。从党的历史、共和国历史、改革开放和中国特色社会主义的历史考察，社会主义核心价值体系是建党90多年来积累的经验总结，是历史的选择。我们党就是在坚持、发展、创造社会主义核心价值体系的实践中走过来的。其次，社会主义核心价值体系是历史的创造，爱国主义、改革创新、社会主义荣辱观是在中国特色社会主义建设实践中形成和发展起来的。以爱国主义为核心的民族精神和以改革创新为核心的时代精神，以及社会主义荣辱观，也是在长期的革命和建设实践尤其是中国特色社会主义建设实践中形成和发展起来的。没有这两种精神以及社会主义荣辱观，中国革命和建设就不可能取得成功，改

革开放和中国特色社会主义建设就不可能取得伟大成就。

(二)社会主义核心价值体系是社会主义先进文化的精髓

社会主义核心价值体系还反映在发展社会主义先进文化、反对资本主义价值体系的现实斗争中。一个社会的核心价值体系是该社会在价值观方面所坚持的基本方向，以此与其他社会的核心价值体系区分开来，作为该社会价值观的标志。在当今世界，资本主义价值体系与社会主义价值体系是两种最突出的价值体系。两者核心价值观的区分也构成两种社会制度区分的重要标志。社会主义必须要有自己的文化自觉和文化自信，要有自己的价值体系和价值标准。不坚持社会主义核心价值体系，就会偏离社会主义先进文化的发展方向和中国特色社会主义的发展方向。多年来，资本主义国家对我们的文化渗透和价值观渗透始终没有停止，这是一个值得我们高度警惕的大问题。

(三)社会主义核心价值体系决定着中国特色社会主义的发展方向

培育和践行社会主义核心价值观是树立国家良好形象，提升国家文化软实力的迫切需要。当今世界文化越来越成为综合国力竞争的重要因素，成为经济社会发展的重要支撑，文化软实力越来越成为争夺发展制高点、道义制高点的关键所在。而文化的力量，归根到底来自于凝结其中的核心价值观的影响力和感召力。文化软实力的竞争本质上是不同文化所代表的核心价值观的竞争。现在越来越多的国家把提升文化软实力确立为国家战略，核心价值观之争日趋激烈。培育和践行社会主义核心价值观，用最简洁的语言介绍和说明中国，有利于增进国际社会对中国的理解，扩大中华文化影响力，展示社会主义中国的良好形象，有利于增强社会主义意识形态的竞争力，掌握话语权，赢得主动权，逐步打破西方的话语垄断、舆论垄断、维护国家文化利益和意识形态安全。

二、践行核心价值观的荆州坐标

荆州作为国家首批历史文化名城，历史悠久、底蕴丰厚。近年来，荆州通过开展精神文明创建，培育和涌现了一大批践行社会主义核心价值观的先进代表，受到国家、省市表彰的各类道德模范、先进典型达80多个。他们用平凡和义举践行着真善美，用勇敢与坚守构筑这座城市核心价值观的精神坐标。

(一)践行社会主义核心价值观的社会组织代表：雷锋互助社的19万笔"储蓄"

2002年6月，荆州市荆州区东城街道几名党员发起建立我国首个雷锋互助社银行，发起一张特殊的"储蓄卡"：市民做了好事，可存一笔，需帮助时凭卡到"雷锋互助社"等量支取，得到别人的帮助。

在雷锋互助社的爱心储蓄本上，密密麻麻记着数千个爱心储蓄者的姓名。年龄最大的90岁，最小的仅7岁。目前荆州区已成立29个社区雷锋互助社，组建60支志愿者队伍。

雷锋互助储蓄卡自推广以来，好人好事储蓄额19万笔，累计受救助群众1000多户，帮扶物资、资金共计500多万元，资助贫困生1500多人。

(二)践行社会主义核心价值观的志愿者代表："阳光号列车"永远奔驰没有终点

在荆州市长江大学，有一个志愿者组织闻名遐迩。20年前，它因学雷锋而诞生。20年间，它在志愿服务中发展壮大。20年后，它收获全国高校校园文化建设优秀成果一等奖。这个组织有一个响亮的名字——"阳光号列车"。1994年3月2日，"阳光号列车"正式启程，首个目的地是沙市徐永富孤儿院。从此，每周日早上8点到中午12点，"阳光号列车"便停驻在孤儿院。长江大学外语系的大学生们在那儿辅导孤儿功课，陪他们谈心、聊天、为他们梳头、洗衣、缝衣服……风雨无阻，届届相传。

"阳光号列车"还组织实施了"阳光行"青年志愿者英语培训计划，共有80多大学生志愿者参加，面对荆州地区10多所中小学的420余名学生，开设了小学少儿英语、国际音标与语音、初中新概念、同步英语辅导等课程。由于长江大学志愿者们的教学方法很灵活，大大增加了学生们的学习兴趣。迄今，"阳光行"活动稳步推进，已有荆州、天门、宜昌、松滋、公安等地的1600多名学生受益，依托该项目，还建立了荆州市梅园中学等8个志愿服务基地。

20年来，"阳光号列车"的影响越来越大，志愿者由最初的140人发展到5160人，而且这个数据还在不断刷新。2013年12月，"阳光号列车"当选"湖北省十佳公益组织"。

(三)践行社会主义核心价值观的党员干部代表："草根民警"刘建平

作为一名普普通通的社区民警，刘建平从警16年来一直扎根在社区。从警多年，只要是工作需要，他从来没有上班、下班之分。荆州市迎宾、草市、南门这三个原来让派出所领导头痛的社区，因为他的接管而改变了面貌，每个社区的变化都倾注了他的心血。从1994年截至2009年，他共收养、帮扶了社区106名困难儿童，现有建档并继续帮扶的困难儿童58名。在派出所和南门居委会的支持下，他筹措成立了荆州南门社区"建平特困儿童帮扶协会"。刘建平帮助特困少年儿童的事迹，经媒体关注后，在荆州引起了一种"好人效应"。有数千名市民自发地加入了爱心团队，其中有28名民警、机关干部、企业老总已成为"建平特困儿童帮扶协会"骨干会员，并结对与特困儿童达成了长远帮扶协议，在社区形成一种良好扶贫帮困的风气。2007年，在湖北荆州市640万市民参与的"荆州好人"评选活动中，作为一名年过半百的社区民警，刘建平以绝对优势的选票独占鳌头，荣获年度最受老百姓欢迎的"荆州好人"称号。2008年这位"荆州好人"又被荆州市委、市政府表彰为"全市十佳政法干警"，2009年被省公安厅荣记个人二等功。

(四)践行社会主义核心价值观的普通市民群众代表

洪湖市船头嘴村女医生谢爱娥驾着一艘小船，19年来在百里洪湖为渔民送医上门，走过的水路可绕行地球两圈。雷体勇用收废品的资金成立长江大学爱心工作站，3年时间捐资10多万元，资助34名学生完成大学学业。7岁脑瘤患者陈孝天在生离死别间不仅捐肾救母，还把右肾和肝脏也捐给两名年轻患者，重新点燃了3个人的生命之光。平民英雄可敬，凡人善举可学，人民群众为梦想而拼搏，为生活而努力的奋斗是践行社会主义核心价值观最深厚的土壤。

通过长期不断的典型宣传和广泛教育，荆州逐步培育出人人争当社会主义核心价值观的传播者、倡导者、实践者的良好社会氛围。

三、培育和践行社会主义核心价值观的荆州经验

（一）注重氛围营造，着力构建文明有礼的社会环境

见贤思齐、择善而从是中华民族的传统美德，是人们进行自我修养，追求更高道德境界的重要途径。为让城市的精神风貌上个档次，提高市民素质，弘扬社会正能量，荆州市通过评选五好社区活动，扎实开展"十星级"文明农户创建活动，提升文明指数。同时，利用媒体资源大力进行"讲文明树新风"公益广告宣传。2013年起，荆州市大力刊播以社会主义核心价值观为主要内容的"讲文明树新风"公益广告，以市直新闻媒体为主要力量，着力弘扬正风正气。

一是市直新闻媒体利用版面和黄金时间，大力刊播社会主义核心价值观、中国梦等主题公益广告。一年来，《荆州日报》、《荆州晚报》、《江汉商报》三家报纸在重要版面投放公益广告200多条，合计100多个整版，其中很多是整版刊载公益广告。荆州电台在荆州之声、音乐广播等四个频率共播出公益广告78条，每条每天播三次以上。荆州电视台在新闻频道、社区频道等三个频道上播出公益广告75条，每条每天播出六次。荆州新闻网在首页显著位置长期刊播公益广告。

二是中心城区各社区、单位广泛开展公益广告宣传。各社区、单位普遍设立了公益广告宣传牌，张贴了文明礼仪温馨提示标识。各窗口单位、临街门店利用宣传栏、LED等载体大力刊播以社会主义核心价值观为主要内容的公益广告。移动、联通、电信共传递620条公益短信。

三是建立了公益广告工作联席会议制度。市委宣传部、市文明办牵头，定期召开工作推进会，及时通报任务的完成情况，统一布置播出专题，积极推动各新闻媒体和相关单位大力刊播公益广告。

四是各县市区积极开展公益广告宣传。公安县列支50万元用于公益广告宣传。监利县制作大型公益广告宣传牌50多个。江陵县制作路灯灯箱广告70个，设置站台广告66个。

（二）注重载体创新，着力提升活动的吸引力、感召力

荆州市一贯注重活动载体的探索和创新，深入开展了形式多样的群众性精神文明创建活动。不断提高活动的吸引力、感召力和实效性，让广大市民参与到文明创建活动中来。通过身体力行，进一步增强主人翁意识和奉献精神。多年来，荆州市深入开展了"讲文明、树新风"主题实践活动，广泛开展志愿者服务活动。学校、企业、社区、农村、军营成立雷锋互助社、学雷锋互助先锋队和志愿者服务组织，开展"空巢老人"、留守儿童帮

扶系列活动；组织一年一度的学雷锋标兵、优秀雷锋岗、优秀志愿者、我身边的活雷锋等评选激励活动；制定荆州市道德讲堂总体方案，对全市道德讲堂建设工作进行规划、部署；举办荆州市道德讲堂总堂，全年开讲不少于10次；指导各县市区参照荆州市道德讲堂总堂的流程，办好各地的道德讲堂，从而进一步培育与践行社会主义核心价值观。通过多样化的活动载体和形式，把丰富的教育内容寓于群众喜闻乐见的活动之中。

(三)注重榜样力量，着力加强道德建设，升华城市文明

提升城市文明水平，需要发挥道德模范、身边好人示范带头作用，积极组织开展各种模范人物的评选活动，树典型、树品牌。进入21世纪，荆州市连续举办了八届"感动荆州年度人物"评选，六届"荆州好人"评选，四届"荆州十大经济年度人物"评选，还先后开展了"十佳公仆"、"十大干警"、"十大优秀青年"、"十大女杰"、"十大母亲"、"十大孝子"等各类先进典型评选活动。推出了一批如：一生献给乡村福利院的刘德芬、"大爱夫妇、大义父母"黄宏林、严玉芹夫妇、见义勇为舍己救人10·24英雄群体、为儿还债诚实守信的农民刘为保等有影响力的先进典型，在社会上引起很大反响，取得了良好的社会效果。通过对道德模范进行报道、宣传，生动展现了道德模范的感人事迹和崇高品德，深深打动了广大居民群众，在广大干部群众中进一步塑造起崇德尚善、以德为尊的价值评价标准，营造了学习、崇尚、争当道德模范的良好氛围，大力促进了精神文明建设，培育社会文明新风尚。

(四)注重机制保障，着力推动精神文明创建常态化

荆州市把全市从阶段性学做好事到长年坚持为民做实事上转变。一方面注重把核心价值体系建设融入国民教育、精神文明建设全过程，整合教育、文化、科技等资源，建立了多层次、开放性、立体化、覆盖城乡、全民共享的学习服务体系。加强基层党校建设和基层党课教学，促进马克思主义中国化最新成果武装党员干部、指导工作实践。另一方面建立了市民素质提升行动，学雷锋活动常态化机制以及道德模范评选机制，完善了考核体系，使道德实践活动得到有效保障。同时，强化相关工作考核考评机制，将道德建设的工作和成果纳入各级督查督办、领导班子政绩考核，从制度上保证了道德建设的有效性，促进了精神文明创建工作的常态化。

四、对进一步培育与践行社会主义核心价值观的思考

(一)广大干部群众认可是培育和践行社会主义核心价值观的根本动力

社会主义核心价值观只有被群众认知、认同，才能被更好地践行。荆州市政府及各单位应精心策划、有效组织和广泛开展社会主义核心价值观的主题教育活动，紧紧围绕核心价值观的丰富内涵，通过各种形式推动核心价值观的大众化过程。

首先，要加强基层党校建设和基层党课教学，促进马克思主义中国化最新成果武装党员干部、指导工作实践。要充分发挥各级领导干部的表率作用，带头坚持理论学习，带头

开展调查研究，带头解决突出问题，培育与践行社会主义核心价值观。

其次，在青年中深入开展民族精神和时代精神教育，在市民中深入开展社会主义荣辱观教育，努力推动形成良好的社会风尚。学校作为培育和传播社会主义核心价值观的"主渠道"和"主阵地"，应充分发挥引导教育功能，把社会主义核心价值体系融入教书育人的全过程，用社会主义核心价值体系教育和引导青少年。

（二）树立先进典型和榜样人物是培育和践行社会主义核心价值观的重要抓手

用先进典型的事迹和精神教育群众，要比一般的理论灌输更具有生动性、直观性和鲜明性，更具有说服力、感染力和号召力。发挥好先进典型的示范引领作用，对于培育践行社会主义核心价值观具有重要的意义。通过挖掘和宣传各类典型，让人民群众感到社会主义核心价值要求更加具体实在、可信可行。把宣传"精英"典型与宣传"平民"典型结合起来，把宣传高尚精神境界与宣传良好道德情操结合起来，使群众既能从杰出人物的高尚品格中感受到强烈的精神震撼，又能从身边的凡人小事上体会到不平凡的精神内涵，从而得到熏陶和提高。

近年来，荆州先后树立了全国道德模范赵传宇、全国优秀女检察官马俊镠、全国医德标兵吴诗琦等一批先进典型。在先进典型带动下，全市形成了解放思想、干事创业，团结务实、开拓进取，艰苦奋斗、无私奉献的良好社会风尚。彭国珍党员服务队、社区110、荆州好巴郎、社区365等志愿者服务组织遍布荆州城乡，5000多名在职党员和5万名志愿者竭力帮助困难群众。

（三）网络、广播电视等多种媒体是培育和践行社会主义核心价值观的主要平台

新闻传媒具有舆论引导、价值引导、社会整合的重要功能，担负着培育与践行社会主义核心价值观义不容辞的责任。

积极抢占新兴媒体阵地，打造新型传播平台。利用网络阵地进行宣传有着传统方式不可比拟的优势，是一条快捷简便、教育效果好的重要途径。现在90%的人是通过广播电视和互联网获得信息的。许多单位开办的局域网，设有理论教育宣传站。政府部门除了要高度重视互联网的建设、运用和管理，加大互联网监管力度，倡导互联网文明，使互联网真正成为推进社会核心价值观建设的新渠道、新路径，还应该着力创新传统媒体的报道思路，注重采用导读、视频直播、微博、留言、对话等新鲜手法活跃版面和画面，通过有效的实践平台，使社会主义核心价值观化无形为有形、变抽象为具体，更加入脑入心。

（四）加强体制机制建设是培育和践行社会主义核心价值观的重要保障

制度承载着价值，传递着理念，是价值体系建设的有效载体、重要保障。培育和践行社会主义核心价值观，需要制度建设的融入贯穿。

1. 完善相关政策

积极促进社会主义核心价值体系的要求转化为政策，使经济、政治、文化、社会等方

方面面的政策都有利于社会主义核心价值体系建设，防止出现具体政策措施与社会主义核心价值体系相背离的现象。

2. 加强法规建设

积极促进社会主义核心价值体系的要求转化为法律规定，用法律的权威来推动社会主义核心价值体系建设。对背离社会主义核心价值体系的行为要给予谴责并对行为主体给予相应的惩罚，形成对核心价值体系的敬畏之心，真正从内心认同这些主流的价值观念，并转化为价值行为。

3. 建立激励约束机制

各种社会管理不仅具有维护生产生活秩序的作用，也承担着倡导主流价值观念的责任。各级各类管理部门都应当把倡导社会主义核心价值体系作为分内工作，注重在日常管理中体现主流价值，建立健全有效的激励约束机制，大力表彰助人为乐、见义勇为、诚实守信、敬业奉献、孝老爱亲等各类先进典型。

4. 建立社会联动机制

在党委政府的统一领导下，各级各部门要做到分工负责、各司其职、相互协作，形成全社会积极参与的联动机制，深入推进社会主义核心价值体系建设。

加快推进荆州国家级承接产业转移示范区建设的难点与对策

荆州市委政研室课题组

位于北纬30°的江汉平原，因其地跨长江和汉江而得名，是我国三大平原之一的长江中下游平原的重要组成部分。作为农业区域，现为湖北经济的软肋和腰身所在；荆州作为江汉平原中心城市，正处于江汉平原的"腰眼"位置，荆州的振兴与崛起对壮大湖北"腰身"、加快湖北长江经济带新一轮开放开发、推动湖北"建成支点、走在前列"具有重要战略和现实意义。如何抢抓荆州国家级承接产业转移示范区建设和长江经济带新一轮开放开发机遇，克难攻坚，全力打造中部地区承接产业转移优秀示范区和湖北经济发展重要增长极，是当前荆州市委、市政府面临的一个重大课题。

一、东部地区新一轮产业转移的趋势与特点

经过改革开放30多年的快速发展，东部沿海地区已经越过工业化初中级阶段，开始迈入高级工业化（高科技含量、高利润水平）阶段，需要完成从规模扩张向结构提升的转型。加工工业和低端的劳动密集型产业受资源、市场、资本等相对饱和影响，向中西部地区转移成为一种必然趋势。主要特点如下。

（一）由部分企业迁移转向多数低附加值产业面临转移

东部地区产业转移是从一部分企业、小规模区域开始的。东部沿海地区集中了全国70%的纺织业、80%的服装制造业和90%以上的加工贸易，从目前产业结构看，要实现以现代服务业和先进制造业为主的产业结构，这些劳动密集型产业和加工贸易型产业中多数都面临转移。一个国家或地区的劳动密集型产业从开始到形成竞争优势，大约用时20年；我国劳动密集型产业从东部向中西部转移促进中西部产业的发展也可能持续20年左右。

（二）由劳动密集型产业加速撤离转向劳动资本密集型产业大量转移

从产业转移的层级看，除了纺织、服装等劳动密集型产业大规模迁移外，化工、机械和家电等一些劳动资本密集型产业也呈现加速转移趋势，企业迁移开始由低端产业转向中高端，显现了产业转移的新动态。从2006年开始，中西部地区资本要素的集聚程度开始明显上升，电子通信制造业、交通设备制造业、金属制品业等资本密集型产业开始大规模转移，产业转移趋势将持续较长时间。

(三)由单纯考虑生产要素的"单个迁移"转向注重生产流程协作配合的"抱团转移"

从企业迁移的行为来看,开始由以往单纯考虑生产要素的单个企业迁移到注重生产流程协作配合的"企业抱团迁移",也就是整个产业链的转移。这种转移,因其大大节省了重建产业链的成本,也节省了企业适应新环境的时间,其方式备受推崇。

(四)由企业自发寻找路径迁移转向政府加大调控引导转移

从企业迁移的社会环境看,产业转移起初只是一种受成本和节能减排等因素影响寻找出路的企业自主行为,而从2006年开始逐步演变为政府引导行为。一方面是国家贸易政策的重大调整;另一方面是租税优惠政策的取消,使从事加工贸易的东部沿海企业财务成本骤增,被"逼"将产业内迁。2009年以来,国务院、国家发改委相继确定安徽皖江城市带、广西桂东、重庆沿江、湖南湘南、湖北荆州、黄河金三角(跨山西、陕西、河南3省)6个国家级承接产业转移示范区,调控、引导、示范、推动产业规范有序转移。

(五)由"就资本转移劳动力"的东聚转向"就劳动力转移体现资本"的西移

改革开放以来,我国的经济总量和制造业不断向东部地区集中,60%的流动人口向东部沿海地区转移,走的是一条"就资本转移劳动力"的路径。而目前长三角、珠三角等地劳动力供应紧张而中部地区就业岗位十分缺乏,使东部地区产业向中西部地区转移以及政府出台措施引导企业"中突西进",鼓励承接产业转移的地区以重点开发区为载体大规模集聚产业和人口,走的是一条"就劳动力转移资本"的路径,反映了我国经济协调发展和产业区域梯度推进的阶段性特征。

(六)由"海外接单、沿海加工、国际销售"格局转向"沿海接单、内地加工、内外销售"的发展模式

目前,东部地区产业转移的方式主要是到中西部独资、合资办企业,也有通过承包、兼并、收购中西部企业、在原有生产设备的基础上进行一些改造升级、变成自己的生产基地,如美的荆州基地就是这种类型;而通过设立研发机构、转移生产设施及转移企业总部等方式进行对外扩张和产业转移的企业还比较少,这种发展趋势将形成"沿海接单,内地加工"的格局。通过承接产业转移,在内陆地区形成新的开放经济增长点和外向型产业体系,这将在很大程度上提高我国整体产业配套水平,加快"中国创造"步伐。

二、荆州示范区承接产业转移面临的问题与挑战

荆州示范区于2011年12月设立,范围包括荆州、荆门、仙桃、潜江、天门5市;土地面积3.36万平方公里,占全省国土面积的18%;2010年末总人口1388万人,占全省22.5%。荆州示范区设立之日也是省委、省政府"壮腰工程"战略启动之时。3年来,荆州、荆门和天潜沔积极抢抓省委省政府"壮腰工程"、中国农谷建设及国家长江经济带新

一轮开放开发等历史性战略机遇，大力调整产业结构，积极扩大对外开放，深化体制机制创新，加快交通水利能源等基础设施建设，经济社会全面发展，区域经济综合实力进一步增强。

在"壮腰工程"战略带动下，荆州承接产业转移力度加大，招商引资成效明显，经济呈现提速增长、位次前移、份额提升的良好态势。固定资产投资、规模以上工业增加值、地方公共财政预算收入实现"三年翻番"目标。尽管荆州承接产业转移示范区建设取得了初步成效，但仍然存在一些问题亟待解决。

（一）外部竞争压力加大，政策优势逐步弱化

荆州在承接产业转移过程中面临激烈的区域竞争。一方面是来自东部欠发达地区的竞争。东部欠发达地区在承接向外转移的东部产业时在地理区位、文化背景等方面占有优势，且当地政府也出台了很多措施鼓励企业实现产业"就地升级、就近转移"。如广东省省级产业转移工业园已有近60个；江苏省推行南北挂钩共建苏北开发区，10年累计向苏北五市产业转移500万元以上项目17439个，总投资额达到10151亿元。

另一方面是来自中西部其他地区的竞争。尤其中部地区竞争最为激烈，因其在地理区位、资源丰饶程度、经济发展水平等方面都较为接近，且各地都制定了很多强有力的承接转移产业的政策措施。可以预见的是，未来一段时期荆州示范区在承接产业转移中面临的竞争将更加激烈。同时也要看到，优惠政策的比拼，也有一定局限性。目前，我市承接产业转移主要以政府主导为主、企业内生动力不足。在承接产业转移的起步阶段，优惠政策的吸引力较强，但随着产业转移的推进，沿海省份政策调整，内陆的一些政策优势已大不如前。如广东省为推进珠三角企业向省内山区及东西两翼转移，设立了500亿产业转移基金，同时从2008年开始，每年评选3个优秀承接产业转移基地，一次性给予10亿元奖励资金，用于园区基础设施建设。与之相比内陆地区无论是在政策优惠程度上，还是在园区硬件配套及政务服务的高效、透明与规范上都存在差距。

（二）产业集群规模偏小，产业配套能力不足

作为老工业基地，尽管荆州农产品加工、纺织服装、化工、汽车零部件、装备制造业和高新技术产业已成为主导产业，工业体系基本完善，并形成了荆州区石油机械等10大省重点产业集群，但仍存在集群规模小、产业链条短、行业信息滞后、集群发展层次偏低等问题，10大产业集群只有3个产业集群销售收入突破了百亿规模。任何一个产业的发展壮大都需要相关产业的支持和配合，只有具备了较强的产业配套能力，才能吸引优势产业转移进来。荆州较差的产业配套能力降低了其在区位、土地、水资源、科教和劳动力资源等方面的优势，不利于承接产业转移。即使有企业转移进来，也有部分项目因产业配套等问题再转移到其他地区。

（三）园区平台功能不全，工业同质现象比较明显

全市10个省级以上开发区按照产城融合发展的思路加快推进。但各地经济开发区、工业园区仍存在重企业、项目引进，轻园区水、电、气、讯、热等市政配套功能设施完善

的现象，精神文化生活基础服务设施严重滞后，城镇化推进落后于工业化，致使园区服务不到位，对劳动者的吸引力下降。工业园区解决环境污染问题的功能表现不佳。政府对环境保护方面的作用很大程度上未得到发挥。由于竞争加剧，在产业布局上，各地经开区、工业园区在发展过程中仍存在求快、求全的倾向，从而忽略打造和培育符合自身发展实际、具有特色优势和区域竞争力的产业。

(四) 环境改善不够明显，发展瓶颈有待突破

近几年，荆州交通等基础设施通过"还欠账"式建设已大有改善，但在产业基础、园区建设、生产性和生活性服务业发展等方面与周边地区仍有明显差距，连接示范区各市的道路交通还不完善，不能满足大规模承接产业转移的要求。随着引进企业项目的增多，融资、用地、用工等矛盾也日益凸显。一是融资渠道不畅。各地承接的大部分是科技含量较低的简单加工贸易类产业，各商业银行出于风险因素考虑，对项目贷款审批程序较严，贷款金额较少。由于产业项目抵押方式单一，部分项目无法得到贷款。二是征地用地难度较大。受国家宏观调控的影响，用地受到严格控制，部分工业企业、物流园等项目受用地指标限制，至今未开工建设。三是用工矛盾突出。虽然荆州劳动力资源丰富，但由于引进企业主要以中小型企业为主，受规模、环境、工资、员工成长等因素的制约，对就业人员特别是优秀人才的吸引力明显不足。主要表现为技术工人的短缺和行业领军人物的相对匮乏等。此外，地方政府行政效能偏低，服务意识不强等问题，都使移入企业运营成本加大。

(五) 区域合作推进较慢，跨行政区融合发展亟待加强

一是区域行政壁垒的限制。在现行体制下，各个地区出于自身局部利益的考量，往往会使用一些不规范的行政手段来阻碍生产要素的合理流动，区域间恶性竞争、相互拆台的现象仍然存在。二是产业转移成本较高。荆州作为中部欠发达地区存在劳动力价格优势和土地价格优势，这两个优势可以使单位产品的生产成本降低，从而使产品具有比较价格优势。但是，当上述两者价格的降低不足以弥补由于物流成本较高、劳动生产效率降低、管理成本上升、规模经济下降所带来的综合成本上升时，会引起单位产品生产成本的上升，从而降低产品的竞争优势，阻碍产业的转移。

三、荆州示范区承接产业转移的方向与重点

当前和今后一个时期，荆州示范区必须以科学发展观为指导，以加快转变经济发展方式为主线，在调整产业结构、加强基础设施建设、发展循环经济、优化产业空间布局上狠下工夫，积极推进农业现代化、工业化、信息化和城镇化同步协调发展，努力建设中部地区承接产业转移优秀示范区、人水和谐可持续发展先行区、跨区域合作与产业转型发展综合试验区。

(一) 把握承接方向，制定中长期发展规划和战略

在承接产业转移上，荆州示范区既要盯紧东部发达地区，又要密切注意美日韩等发达

国家及港澳台地区这些产业转移的重点区域，扩大区域合作领域，提高开放开发水平。一是加强对国内外产业转移态势及东部地区加工贸易产业重新洗牌后产业发展趋势的研究，进一步明确推动承接产业转移、促进加工贸易发展的指导思想、战略目标、区域布局、产业导向、保障机制等。二是制定中长期发展规划和战略，明确不同阶段的发展重点。应把"引进来"（引进大项目、大企业核心技术和业务）、"扎下根"（与引进企业进行不同层次配套协作）、"本土化"（鼓励本地企业学习借鉴外资外企经验成为投资主体）和"走出去"（大力发展市外、境外加工贸易）作为不同阶段的目标和任务，打造荆州优势特色产业，推动产业转型和技术进步。

（二）确立承接重点，壮大一批特色产业集群

产业转移不是资本简单的区域流动，而是受价值链的内在规律制约。承接的产业除了要符合国家产业发展导向，还必须考虑到荆州独特的竞争优势。一是要选择"优、强"产业的承接。加强与世界500强和国内500强的对接联系，力求引进一个、带动一批、辐射一片。二是要选择"高、新"产业的承接。大力发展战略性新兴产业，培育壮大信息、生物、新材料、新能源、节能环保、航空航天等重点新兴产业。三要突出"关联度"、"配套性"及功能"集合性"，重点引进一批有利于江汉平原传统优势产业、现代服务业做大做强的项目。特别要吸引一批京企、央企、外企在荆州设立研发中心、采购中心、物流配送中心和区域总部，力争有所突破。

（三）优化产业布局，打造沿江沿路产业转移走廊

按照"体现区域优势、把握发展趋势、结合现有产业、拉长产业链条、形成产业板块"的要求，重点构建"一主四区"产业布局，即以荆州市为主体区，荆门、仙桃、潜江、天门市为辐射区，形成以长江黄金水道、汉宜高速公路（318国道）与汉宜铁路复合运输通道、武荆高速公路与长荆铁路复合运输通道等三条交通动脉为横轴，以襄荆高速公路（207国道）、荆岳铁路、随岳高速公路等三条交通动脉为纵轴的"三横三纵"的沿江沿路产业转移走廊。坚持走主导产业高端化、新兴产业规模化、传统产业品牌化的路子。依托现有10大产业集群有针对性地承接，大力发展荆州农产品加工、机械制造、化工三个千亿元产业和轻工建材、纺织服装、高新技术三个五百亿级产业。大力推进荆门市农产品加工业集群化发展。进一步壮大仙桃市食品加工业、潜江市盐化工业和天门市纺织服装产业链。

（四）优化承接平台，强化重点园区重点培育

工业园区是承接产业转移的重要平台。要按照项目集中、产业集群、资源集约、功能集成的思路，充分发挥园区载体作用，提高项目承载能力和投资强度，促进优质资源、先进要素向功能区聚集。一是建设一批承接产业转移的核心园区、特色园区、加工贸易专业园区，使园区成为承接产业转移、带动示范区工业快速发展的龙头和基地。对以上三类园区实行分类指导，确保方向明确、重点突出、有序承接、促进群集、形成特色。二是借鉴广东经验，设立较大规模的园区产业扶持基金。对粗具规模、走在前列的园区，以贴息或

奖励等形式优先给予资金支持，主要用于园区基础设施建设和重大项目前期土建投资，实现滚动使用。三是鼓励和引导外来企业和客商采取参股开发、厂房租赁、土地入股、项目招商等方式，参与园区建设管理，逐步形成政府、企业、客商、中介组织共同办园、共同发展的格局。四是加快园区扩容升级。促进荆州国家级开发区建设，推动荆门、仙桃开发区申报国家级开发区。加快示范区内的省级开发区扩区升级步伐，不断提升园区承载能力。

（五）营造承接环境，促进转移产业的培育壮大

一是要严格生态环境保护。严防污染转移，严格限制"三高"项目，把生态环境影响评价作为是否承接产业转移企业不可逾越的红线；严防对自然资源掠夺式经营，对加工层次低、附加值少的项目要亮红灯；严防借机圈地，坚持节约集约用地，提高工业用地的产业效益。二是要加快构建公路、铁路、航空、水运、管道运输的现代立体交通网络，打造快速出境通道。重点抓好荆州示范区对接武汉城市圈和长株潭城市群的立体交通网络。加快推进蒙西至华中地区铁路煤运通道荆门至岳阳段建设；加快天门至仙桃、天门至潜江货运铁路支线建设，完善荆沙铁路，构建江汉平原铁路运输网；推进示范区内公路、过江通道、港航基础设施建设，支持交通站场和物流基地建设，促进各类交通方式实现无缝对接。三是要加强技术人才培训。整合教育资源，大力开展职业教育培训，鼓励通过校企联合和订单、定向培训等形式，为落户企业提供数量足够、技能熟练的劳动用工。四是要加强政务环境建设。地方政府要主动与加工贸易发达的东部沿海地区加强沟通与联系，建立多种形式的政府间对话沟通机制。积极创造公平竞争的投资环境，消除不合时宜的体制性障碍，构建全天候外商投资处理反应机制，不断提高政府工作的职业化水准和政务运行的透明度，尽力帮助转移企业降低商务成本。尤其要解决好行政服务和政策管理滞后的问题，在办事规则上尽可能按照东部发达地区或国际惯例操作。五是要加快发展与产业转移互动发展相关的生产性服务业，为引进企业建立完善的专业配套服务平台。加快电子政务及电子商务信息服务平台、农产品网上交易和服务平台、自主创新平台、技术服务平台、企业信息发布平台等建设，推进信息化在各领域的全面推进。

四、相关政策建议

当前，荆州示范区最重要的是要切实加强对这项工作的组织领导，变过去的被动承接为主动承接，研究自身特点，扬长避短，因地制宜，立足于抢，立足于快，立足于采取新举措、新办法、新对策，积极主动做好各项承接工作。

1. 组建专班、加强研究

承接产业转移工作事关荆州对外开放和发展全局，意义重大，必须纳入市委、市政府的重要议事日程。当务之急就是要根据当前承接产业转移过程中遇到的问题和挑战，抓紧研究制定承接产业转移的具体行动方案，明确阶段性工作目标、任务和措施，把承接产业转移和实施"壮腰工程"、加快湖北长江经济带新一轮开放开发有机结合起来，与优化发展环境、加强干部作风建设和机关效能建设结合起来，推动荆州示范区健康发展。

2. 突出重点、形成合力

要准确把握产业转移趋势和特点，突出现代制造业和现代服务业承接工作，形成政府推动、政策驱动、市场拉动三力合一。一是在政府层面，应依托优势，突出抓好招商引资、产业配套、园区建设和环境优化四个关键环节。严把项目准入关，严格坚持环评准入制，加强规划与建设项目的环境影响评价，坚持环保优先、节能优先。强化产业整体承接。抓好产业链中核心企业的引进，发挥核心企业带动作用，聚集产业链上下游产业，着力构建大规模、集群式承接产业转移的格局。二是在政策层面，应制定有利于承接东部产业转移的实质性政策措施，提高政策的吸引力、强化政策的执行力和影响力；强化对企业家的激励和约束机制，推行企业家持股经营和年薪制，建设一支高素质的企业家队伍。广泛开展各级各类职业培训，建设一支高素质产业工人队伍。三是在市场方面，要规范市场秩序，鼓励引导民间资本积极跟进，大力培育市场主体，加快民营经济的发展。

3. 健全机构，落实责任

建议成立高级别的专门协调机构，加快荆州示范区建设发展步伐。目前我国的国家级示范区大都成立了专门的协调机构，且协调机构的级别较高，一般由一名副省长负责协调。荆州示范区设立后，省政府《关于加快推进湖北省荆州承接产业转移示范区建设的若干意见》明确由省发展改革委(省发展战略规划办公室)牵头的示范区建设联席会议制度还有待完善。建议成立荆州示范区建设领导小组，下设专门协调机构，由一名副省长兼任协调机构主任，专门负责示范区内部的产业有序承接和发展、核心区建设等协调事宜，推动示范区交通、市场、制度一体化建设，打破行政区划限制，使荆州示范区与东部发达地区之间减少市场壁垒，并能及时协商解决承接产业转移工作中的难点问题，推行重大招商项目协调制度，防止过度竞争和恶性竞争。

4. 政策引导，营造氛围

近年来，我市在加大招商引资力度，促进非公有制经济发展，深入推进"工业壮腰"等方面出台了一系列优惠政策。要对这些政策进行认真的清理和规范。对不能落实的优惠政策要据实作进一步的修订完善；对转移企业比较关注的诸如规费减免政策、融资政策、财政扶持政策以及行政服务、中介服务体系建设要有突破性的政策措施。要建立相应的投、引资激励机制。对符合国家产业政策和我市发展规划要求的产业转移项目，市政府可按实际到资额给予一定比例的奖励；对成功引进产业转移项目的公民、社会团体或组织，统一纳入招商引资奖励范围，按照市政府制定的招商引资奖励办法给予奖励；对在承接产业转移中开拓创新、大胆决策、绩效突出的干部要给予表彰奖励，并作为干部提拔任用的重要条件，而对工作推进不力、办事拖拉、作风漂浮、损害投资环境的干部要实行问责。要切实加强对承接产业转移的宣传工作。通过集中宣传、系列宣传、重点宣传、专题宣传等形式，多渠道、多形式加强我市区位优势、产业优势、政策优势、招商引资项目和发展环境等方面外宣工作，在全社会营造浓厚的开放开发氛围。

课题组成员：薛家林　李凯　李伟

参考文献

[1] 中共中央国务院关于促进中部地区崛起的若干意见.

[2] 国务院关于中西部地区承接产业转移的指导意见.

[3] 国家发改委促进中部地区崛起规划.

[4] 荆州市"十二五"发展规划.

[5] 加快荆州振兴总体规划(2010—2020).

[6] 省委、省政府关于实施"壮腰工程"、加快荆州振兴的意见.

[7] 湖北省人民政府正式文件关于加快推进湖北省荆州承接产业转移的意见.

[8] 陈来卿,刘霞. 从区域经济发展差异看泛珠三角区域合作[J]. 珠江经济,2005(10):35~40.

[9] 李澎. 广西经济发展与承接产业转移的问题探析[J]. 现代经济信息,2012(10).

[10] 叶嘉国. 珠三角部分传统工业企业为何不转移[J]. 广东经济,2012(01):14~18.

[11] 林毅夫. 新结构经济学[M]. 北京大学出版社,2012.

[12] 丁家云,雷勋平. 皖江城市带打造承接产业转移示范区对策研究——以铜陵市为例[J]. 铜陵学院学报,2010(2).

关于推进"四化同步"发展的思考与建议

荆州市人民政府研究室

推进工业化、城镇化、信息化和农业现代化"四化同步"发展,是党中央作出的一项重要决策。今年9月,全省新农村建设暨城乡一体化试点工作会议在宜昌召开,会议强调要牢牢把握"三维"纲要,坚持"四化同步"发展,全面深化农村改革,推动我省新农村建设和城乡一体化发展再上新台阶。近年来,荆州市委市政府高度重视"四化同步"发展,坚持试点先行、示范引领,推进以工哺农、以城带乡、城乡共建,试点探索工作取得了一定成绩,也暴露出一些问题。为促进"四化同步"健康发展,我室组织专班对全市11个"四化同步"试点乡镇进行了深入调研,在总结经验、分析不足的基础上提出了相关建议。

一、试点探索成效明显

去年12月,市政府出台了《关于推进全市"四化同步"发展试点工作的实施意见》,除省级试点镇新沟镇外,明确太湖管理区等3个市级试点,川店镇等7个市县共建镇。近一年来,11个试点乡镇集中资源优势,大胆探索、不断创新,"四化同步"发展取得了明显成效。

(一)释放了发展激情

壮腰工程战略的实施,为荆州注入了强大的发展动力,点燃了全市干部群众思发展、干发展的创业激情。11个"四化同步"试点乡镇的设立,既顺应了基层群众改善生产条件、提高生活质量的期盼,又为基层干部提供了11个干事创业的平台。各县(市、区)高度重视,相继成立了主要负责人挂帅的领导小组,出台了相应激励政策和保障措施。公安县、监利县、松滋市等地多次在试点乡镇召开专题会议,现场研究工作、现场解决问题,加快了试点推进速度。荆州区列支100万元、江陵县列支50万元支持试点镇发展。在支持"四化同步"发展的良好氛围下,各试点乡镇抢抓机遇、乘势而上,经济社会发展不断取得新亮点、新变化。

(二)形成了发展理念

一是注重规划引领。各试点乡镇在财力紧张的情况下,拿出数十万甚至数百万资金,聘请专业机构编制发展规划。目前,新沟镇、南坪镇等7个乡镇已经完成总规编制,实现了"四规合一";陈店镇、滩桥镇等4个乡镇基本完成总规编制,正在组织申报审核。严格落实"不在没有规划的地方搞建设、不建设没有经过规划设计的小区和房屋"的要求，部分试点镇创新管理方式，与国土、住建、规划等部门成立了违建管理执法队，强化规划管控，收到了良好效果。二是注重绿色发展。各地严格控制环保准入，不断优化产业结构；深入学习浙江"美丽乡村"建设经验，巩固"三万"活动成果，建立完善了垃圾收集、转运、处理机制，农村环境持续改善。以全市"绿满荆楚"行动为契机，各试点镇植树添绿，加快改善人居环境。石首市新沟镇计划3年投入3000万元，全面美化绿化乡村环境，目前已投入近千万元。三是注重改善民生。监利县新沟镇筹集1亿元新建监利县第三人民医院，可容纳300名病人同时住院就医，集小学、初中、高中于一体、可容纳8000名学生的新型教学区正在规划建设。公安县南平镇整镇推进重大民生工程，筹资1480万元建成日供水5000吨、惠及3.5万人的南音庙水厂，投入1700万元建成可容纳300人的南坪镇福利院。

（三）探索了发展模式

各试点乡镇立足镇情、大胆探索，形成了特色鲜明的"四化同步"荆州模式。一是工农互促的福娃模式。监利县新沟镇依托龙头企业福娃集团，以工哺农、镇企共建、城乡共兴，被誉为湖北四化同步发展的典型案例。全镇流转土地8.2万亩，建设了6大现代农业示范基地，成立了专业合作社24家、家庭农场135家，为福娃集团提供了充足的原料供应；筹措资金近10亿元，规划建设了5平方公里的粮食深加工产业园和2平方公里的福娃城西工业园；建设了可容纳1200户、5000人的福娃社区，城镇化率从18%提高到61%。二是城乡共兴的南平模式。公安县南平镇依托产业基础、区位优势推进城区、园区、新社区"三区共建"，筹资6.6亿元实施大规模的旧城改造和城镇基础设施建设，拉开了城镇建设框架。打破行政村界限，规划建设城东、城西、城南三大农村新社区，其中城西社区已入住212户650人。三是工业主导的陈店模式，松滋市陈店镇依托车阳河码头的运输优势和区位优势，建设长江临港工业园，以工业为主导推动"四化同步"发展，一批投资过亿元的项目落户陈店镇，初步形成了化工、建材、物流等产业雏形。今年以来完成工业投资13亿元。四是农业现代化带动的三湖农场模式。江陵县三湖农场培育省级农业产业化龙头企业1家、市级3家，成立了农机、黄桃等专业合作社15家，年产值6500万元，流转土地面积达到2.5万亩；投入1亿多元完成农田整理7.2万亩，综合机械化率、农田有效灌溉率分别达到90%和94%。农场466户约2000人从零星居民点搬进了农村新社区。

二、存在问题不容忽视

（一）规划的针对性不够

各试点乡镇对规划先行的认识普遍提高，但在规划制定与实施过程中，还存在一些问题。一是规划与实际结合不够紧。各试点乡镇聘请专业机构制订规划，体现了重视，付出了成本，但有些设计机构对实际情况调查研究不深，导致对乡镇的发展定位不够准确。有的规划与实际脱节，实施起来束手束脚、处处受制。有的规划编制时，没有充分征求基层群众意见，导致群众认可度不高，在实施过程中遇到许多障碍。二是规划的个性色彩不强。在产业发展和城镇建设上，没有充分考虑当地的产业、资源、区位、风俗特色，特别是农村新社区选址的适用性和设计的创新性不够，对群众的吸引力不高。三是规划执行落实不够。一些试点乡镇做了三年、五年、甚至十年规划，但规划编制完成后，往往束之高阁，没有把规划细化、具体化，没有按照规划来建设与发展，规划失去了引领发展的现实意义。

（二）农业特色发挥不够

农业现代化是"四化同步"的基础，不能在农业衰退、农村凋敝、农民贫困的情况下推进工业化、城镇化。荆州的特色是农业，优势也在农业，但部分试点乡镇推进农业现代化的积极性不高，存在按部就班、被动作为的现象。一是农业生产组织程度不高。科技推广、市场服务等触手还没有完全延伸到基层农户，部分农户仍然处于自然发展状态，生产效率较低、抗风险能力不强。二是农产品加工企业块头偏小。各试点乡镇农产品加工企业较多，但存在企业多而不大、大而不强，产业集中度不够、产业链不完善，加工粗而不精、产品竞争力不强等问题。三是新型农业经营主体培育不够。我市的专业合作社、家庭农场等经营主体的数量在全省靠前，但发展质量还有较大提升空间，经营主体在推进全市农业专业化、科技化、市场化等方面发挥的示范引领作用不强。四是信息化融入不够。农业生产信息化服务平台有待健全，数字化水平和辐射能力有待进一步提高；农村网格化管理水平较低，距离精细化、便利化的管理要求还有一定差距。

（三）要素瓶颈制约破解不够

各试点乡镇在推进"四化同步"过程中，有规划、有目标、有措施，但受要素瓶颈制约严重，导致推进速度不快、成效不明显。一是资金瓶颈制约。县（市、区）和乡镇财力薄弱，不足以支撑大规模的城镇建设；各大商业银行对农村农业发展支持力度不够，影响了发展速度。二是用地瓶颈制约。部分乡镇的城镇建设用地缺口较大，影响了城镇化进程。三是人才瓶颈制约。大量的农村青壮年外出务工，导致农业生产经营、农村建设方面的人才急剧流失，有的行政村"两委"班子平均年龄在50岁以上。

三、几点建议

同步推进工业化、信息化、城镇化和农业现代化，既要遵循"四化"的各自发展规律，又要适应新时期对"四化同步"发展的新要求，必须进一步加大政策研究和改革创新力度，努力提高发展的质量和效益。

（一）注重以点带面，找准"四化同步"的切入点

"四化同步"发展涵盖面广、工作千头万绪，必须坚持规划引领，用规划理清思路、分清主次，找准各个阶段的重点，集中攻坚、以点带面。在战略布局方面，从外地和我市

的发展经验看，实现跨越式、超常规发展，首先必须选准一个突破口。可以园区建设为抓手，全力以赴强基础、优环境；可以交通建设为重点，集中精力建设公路、港口等重要设施，围绕这些设施进行产业布局、城镇布局；可以围绕主导产业，内投外招、深根细作，不断壮大经济总量。这就要求，各地务必深入研究规划、研究实际、研究发展形势，牢牢把握每一阶段的工作重点，持之以恒、抓出成效。在产业发展方面，要立足资源、区位优势，发展有竞争力的产业；围绕龙头强产业，选准龙头企业、围绕龙头强链补链，打造产业全产业链。在城镇建设方面，既要重服务，加强"软件"建设，提高城镇公共服务的质量；又要重建设，坚持以需求为导向，高标准、高品位建设中心集镇和一批具有荆楚特色的新型农村社区。在信息化提升方面，要坚持用信息化改造工业，优化产业结构、提升产业层次和管理效率；坚持用信息化服务农业发展，加快农业科技服务和市场信息服务网络建设，为农业高效发展提供有力支撑；坚持推进信息化与城镇化融合，强化社区和农村网格化建设，完善社会公共服务体系，提高服务的精度、广度和深度。

（二）注重强农兴业，充分发挥荆州"农字号"特色

对荆州这样一个具有丰富农产品资源、庞大农业人口的农业大市来说，强农兴业既有基础优势，又有重要的现实意义。做强了农业，就能让外出务工农民在家门口就业，汇聚"四化同步"的人气；做强了农业，就能解决农民增收问题，增强"四化同步"的动力。一方面，要矢志不渝地发展壮大农产品加工业。农产品加工是农业生产的延续，广大农民能够在产业链中获得实惠。要注重传统产业提档升级，以追求更高附加值为导向，引导企业把加工的文章做深、做精，尽可能地"吃干榨净"；加大政策支持力度，推进企业跨区域、跨行业重组、联合，推动一批加工企业上规模；积极引进行业龙头，用新理念、新模式提升本地产业的层次。特别是要重视"农字号"品牌建设，扩大荆州农产品的影响力和竞争力。对农产品来说，加工是一次增值，创品牌是农产品的又一次增值。我市农产品品牌较多，但多而不精、多而不响的问题普遍存在。要加强品牌创建，鼓励企业持续投入，争创更多驰名商标、地理标志认证；要引导企业转变发展理念，实现由粗放管理向精细管控转变，更加注重产品质量和市场认可度；要注重保护、传承、发展荆州的"老字号"，把"聚珍三宝"等传统品牌做成大产业。另一方面，要加快推进农业现代化。把农业新型经营主体作为提高农业规范化、专业化水平的生力军，进一步加大培育力度，既重数量、又重质量，不断发挥经营主体的示范带头作用；以农产品加工企业带动农业特色板块和示范基地建设，形成以工哺农、以工带农的农业发展新格局。

（三）注重资源整合，发挥项目和资金的最大效益

推进"四化同步"的主要难点之一是资金缺口，而中央和省级的支农惠农项目往往以"撒胡椒面"的形式到达基层，实施起来收效甚微。化解这一矛盾，关键在整合。好钢要用在刀刃上，要把土地整理、交通、水利、危旧房改造、农业开发、扶贫等项目和资金充分整合，集中于一点，形成项目的聚集效应和放大效应。县市区级政府是整合的主体，一方面，要加大项目整合力度，能整尽整、能合尽合；另一方面，要科学合理部署，做好分阶段、分批次的统筹安排，确保"全域一盘棋"。乡镇是实施的主体，在资金、项目的使

用上，既要有焦距、有重点，确保在较短的时间内见成效、见变化；又要十分珍惜，确保每一分力量都用在关键处。

(四) 注重探索创新，善于运用市场办法破解难题

王国生省长在大冶市调研时强调，推进"四化同步"发展，要充分发挥市场力量的决定性作用，坚持用市场理念引领体制机制创新，用市场化改革释放发展活力，用市场办法突破资金瓶颈，为"四化同步"发展筑牢产业支撑、基础设施支撑和体制机制保障。因此，要充分发挥市场作用，实行负面清单管理，推动资源开放共享和企业公平竞争，鼓励和吸引各类社会资本参与经济建设、城乡公共基础设施建设和社会事业发展，特别是在医疗和养老服务等领域，要以市场为主要推动力，促进服务质量全面提升。要加快推进农村产权确权颁证和交易体系建设，使农村土地、资产、金融等资源"活"起来，促进城乡要素自由流动、平等交换。试点县市要坚持高标准、严要求，加快推进各项工作；非试点县市，要及早研究、及早谋划，为全面深化改革做好准备。

调研组成员：李平　瞿青萃　王伟

荆州农产品加工业发展战略研究

国家统计局荆州调查队　别友平　文礼发

一、荆州农产品加工业发展现状

(一)农业基础雄厚,提供了丰富的农产品加工原料

2012年,全年实现全市农林牧渔业总产值534.97亿元,实现农林牧渔业增加值292.76亿元,扣除价格影响因素后,比上年增长4.7%,高于全国4.5%的平均增幅。全市粮食总产量371.06万吨,实现九年连续增产,水稻面积、产量一直稳居全省市州第一,生猪出栏474.40万头,肉类产量48.46万吨;禽蛋产量115.69万吨;棉花总产量达15.36万吨,棉花产量占全省的1/3;油料总产量达57.55万吨,油料产量连续14年稳居全国市州之首;水产品总产量115.69万吨,水产品产量连续18年稳居全国淡水养殖市州第一位。在农产品供求总量基本平衡以后,应该优先发展农产品加工业,提高农产品质量和效益。

(二)规模企业不断增多,龙头支撑作用开始凸显

2012年市级以上农产品加工重点龙头企业数量达到265家,其中国家级6家、省级67家;主营业务收入过亿元的有148家、过10亿元的有5家,福娃集团达到69.9亿元,两湖绿谷交易额达到210亿元、超过武汉白沙洲成为全省同类企业第一,福娃集团和洪湖浪米业进入全省农产品加工企业综合10强,福娃集团、德炎水产、宏凯工贸分别进入全省行业前3强,龙头企业的支撑作用开始显现,如图1所示。

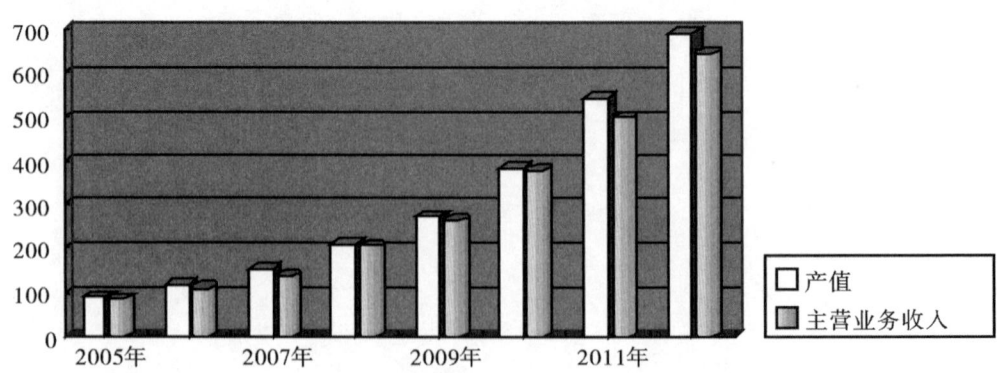

图1　2005—2012年荆州农产品加工业发展趋势(单位:亿元)

（三）发展速度不断加快，经济支柱产业基本形成

近几年来，荆州市农产品加工业从以粮、棉、油加工为主，逐步转变到粮、棉、油、水产、畜禽、瓜果菜、林纸等几大行业，加工领域基本涵盖我市农业的主要农产品，呈现多领域综合发展态势。2012年，全市农产品加工业实现产值693.2亿元、比上年增长28.6%，占规模以上工业企业产值的47.5%，已成为全市经济发展名副其实的支柱产业。

（四）产业集聚不断推进，集群发展效应初步显现

各县市区依托本地优势资源，围绕区域农业主导产业，突出地方特色，建设农产品加工园区，引导农产品加工企业特别是产业关联度高的农业产业化重点龙头企业不断向园区集中，形成产业集群。目前全市已初步建成7个农产品加工园区及产业集群，其中监利县农产品加工园区和洪湖市农产品加工园区被确定为省级农产品加工园区和省市县三级共建的农业产业化示范园，监利县农产品加工园区产值达到117亿元，洪湖市农产品加工园区产值达到70.5亿元。监利县全力实施满园工程、"3101"工程（即用3年时间培植10家税收过1000万元的企业）、中小企业孵化工程，打造以福娃为龙头的食品加工产业、以温氏为龙头的畜禽养殖加工业、以玉沙为龙头的纺织服装产业，大力推进农产品加工大县建设，全县农产品加工业产值突破100亿元、达到117亿元。

（五）名牌产品不断涌现，市场销售领域得到拓展

2012年，全市有效使用的无公害农产品、绿色食品、有机农产品等"三品"标志农产品达到473个，拥有"福娃"、"白云边"、"吉象"、"洪湖清水"、"天助"5个中国驰名商标，"福娃"牌大米、"荆楚"牌水稻种子、"福江"牌细木工板、"吉象"牌中密度纤维板、"大枫玛丽"牌书写纸5个中国名牌产品，"德炎"牌淡水小龙虾1个中国名牌农产品和51个湖北名牌产品、24个湖北著名商标。此外，还创建了如"小胡鸭"、"港楚蛋品"、"洪湖清水河蟹"、"监利粮酒"、"鄂南明珠牌鱼肚"等一批地方传统特色产品。农产品精品名牌的创建极大地提升了农产品加工企业知名度和市场竞争力，福娃集团借助奥运会吉祥物"福娃商标"，积极拓展国内市场，目前福娃糙米卷、福娃雪饼等一系列产品销售覆盖全国各地。

（六）技术水平不断提高，企业发展后劲明显增强

农产品加工企业注重人才引进，加强与科研院所合作，采取自办和联办形式，逐步形成了以龙头企业为主体、产学研相结合的科技创新体系，促进了产业的不断升级，增强了发展后劲。67家省级以上重点加工龙头企业中，有55家建有专门的研发机构，共投入科研资金2亿元，获得省级以上科技成果奖16个。所有农产品加工龙头企业都建有比较完善的产品质量管理制度和质检机构，有67家企业的产品获得ISO 9000、HACCP等认证。农产品加工企业科技创新能力的不断提高，加快了新技术、新产品开发步伐，逐步从粗加工向精深加工转变，福娃集团开发的"糙米卷"、荆州中科开发的"淡水鱼糜"、大明水产开发的"调理产品"等，企业发展的后劲有了明显增强。

（七）联结机制不断加强，农民组织化程度有效提升

农产品加工企业按照推进农业产业化经营的思路，建基地联农户，探索出了"企业+基地（农户）"、"企业+合作社+基地（农户）"等一些较为成功的利益联结模式。目前全市农产品加工企业网络农户达到68多万户、占全市农户的60%以上。如福娃集团建4万亩有机稻和120万亩优质稻生产基地，形成了企业联基地（农户）的产业化模式；中科水产通过中科水产合作社，网络水产养殖户3000多户、辐射基地面积5万多亩。农产品加工企业通过建立利益联结机制，既保证了高质量的原料供应，又提高了农民组织化程度，实现了企业与农户的互利双赢。

二、荆州农产品加工业发展的SWOT分析

以全省部分地市（宜昌、襄阳、孝感、荆门、黄石等）为比较对象，分析荆州农产品加工业发展的优势（Strength）、劣势（Weakness）、机遇（Opportunity）和挑战（Threat）。根据SWOT矩阵，选取合适战略。

武汉、襄阳、宜昌成为全省首批加工业产值过千亿元的大市，黄冈、孝感、荆门等地农产品加工业突破性发展。

如表1所示，荆州农产品加工业保持高速发展，对全市工业的支撑作用明显。2012年全市有规模以上农产品加工企业307家，比上年净增13家，完成工业产值693亿元，比上年增长28.6%，增速超过全市平均水平8.2个百分点；占全市规模以上工业总产值的47.5%，比上年提高3.3个百分点，比全省平均水平高19.7个百分点；利润总额占全市规模以上工业的42.6%，比全省平均水平高15.1个百分点；对全市工业增长的贡献率达62.4%。拉动工业增长12.7个百分点。

表1 部分地市农产品加工业比较 单位：亿元

	荆州	宜昌	襄阳	荆门	孝感	黄石
企业个数	307	314	519	315	517	69
产值	693.3	979	1391.6	804.4	864.5	165.5

（一）优势

占据江汉平原的区位条件以及丰富的优势资源和深厚的历史文化底蕴，雄厚的科教、人才实力等条件，决定了重振大荆州雄风是必然的，也是切实可行的。

1. 资源丰富

荆州拥有优越的农业生产自然条件和丰富的自然资源。一是荆州市属亚热带季风气候区。光能充足、热量丰富、无霜期长。全市太阳年辐射总量为104~110千卡/平方厘米，年日照时数1800~2000小时，年平均气温15.9℃~16.6℃，≥10℃年积温5000℃~

5350℃，年无霜期 242~263 天，多数年份降雨量在 1100~1300 毫米之间。有足够的气候资源供农作物生长。4~10 月份降水量占全年 80%，太阳辐射量占全年 75%，≥10℃的积温为全年 80%，水热同步与农业生产季一致的气候条件，适宜多种农作物生长发育。二是物种资源比较丰富。据统计，农作物有棉花、水稻、大麦、小麦、黄豆、油菜等 21 种，蔬菜有 12 类 70 多个品种，药材有 9 类 152 种，花卉有 7 类 188 个品种，野生动物有 1100 多种，其中不少物种具有较高的经济价值和开发潜力。三是水资源丰富，利于水产养殖和水生植物的种植。荆州拥有湖北大部分的湖泊和湿地，还有长江等大型河流，全市可用于养殖水面占全省 60%。由于具有良好的农业生态环境和发展基础，是湖北的农业重心区。

2. 产业基础较好

从资源分布和产业基础看，荆州是湖北重要的商品粮生产基地和优质水产品生产基地，化工、轻纺、机械工业基础厚实，农副产品加工业条件优越，食品饮品、装备制造、建材工业体系完善，产业比较优势凸显。初步形成了汽车零部件、石油机械、化工纺织、森工造纸、家电五大产业集群及优质粮棉油、畜牧、水产、平原林业等 4 大农业优势产业，全市现有农产品品牌 2380 多个，占品牌总量的 30%以上。其中国驰名商标 6 个、中国名牌产品 5 个、湖北著名商标 28 个、湖北名牌 48 个、农产品地理标志 5 个，有效使用的"三品"标志数量 473 个。农产品质量也不断提高，水稻优质率已达到了 80%以上，全市基本建成了 250 万亩的优质水稻基地，140 万亩的优质棉基地，350 万亩的"双低"油菜基地，200 万亩的水产养殖基地，260 万亩的速生林种植基地，140 万亩的果蔬菜基地。全市现有 6 个全国粮食生产大县，5 个全省水产大县和 3 个全省畜牧大县。荆州还是江汉平原重要的商贸流通中心；产业基础较好，发展后劲较强。

3. 文化底蕴深厚

文化资源是地方经济社会发展的内在动力。荆州有着其他地区无法比拟的人文环境优势和文化资源。荆州是国务院首批公布的国家历史文化名城，1982 年国务院所列举的 3 个历史文化保护单位——荆州古城垣、楚故都纪南城遗址、八岭山古墓群，均在荆州。"十二五"期间，国家确立的 150 处重要大遗址保护，荆州大遗址保护被列其中。荆州还是楚国文化的发祥地，孕育了博大精深的楚文化、三国文化、名人文化和水文化。按照"清水之城、文化之都"的建设目标，以熊家冢楚墓为代表的楚文化旅游、关公文化为代表的三国文化旅游、长江水文化旅游以及洪湖、天鹅洲湿地生态旅游等在近年来都有了突破性发展。这些具有深厚文化内涵和浓郁地方特色的遗址、民俗，有着极其广阔的开发价值和经济价值，对于文化产业的发展具有极强的推动作用。

4. 科教实力支撑

荆州科教资源丰富，资源位居全国地级市前列，是湖北省第二大人才密集地，拥有长江大学等 9 所高校，中等职业教育学校 36 所，在校大学生、中专生分别达到 12 万人和 13 万人。地处中心城区的长江大学是中央与湖北共建的综合性大学，在省属高校中其规模最大、学科门类最多。荆州拥有各级各类科研院所 20 多家，其中农业部淡水渔业研究所、中国石油江汉研究所、长江水文地质研究所等均属国家部委研究机构，国家、省部级重点实验室和工程技术研究中心 32 个。这些都为荆州长江经济带开放开发提供了智力和技术支撑。

5. 周边带动明显

湖北省各地都在发挥区位优势，谋划和打造区域中心。武汉及周边城市定位"1+8"城市圈，宜昌、襄阳定位"省域副中心城市"，十堰定位"鄂豫陕渝省际中心城市"，随州定位"鄂北区域经济中心"，荆门定位"鄂中区域中心城市"，这些中心城市的发展会对荆州发展起到辐射带动或促进作用。同时，皖江经济带、长株潭城市群等的快速发展，为中部地区加速崛起点燃了助推器，将会对湖北长江经济带的开放开发形成巨大的促进作用，这使荆州的发展优势日益凸显。

可以说，这些特有的资源优势为蓄势待发的荆州注入了新的活力和强大的动力。

（二）劣势

1. 规模加工企业少

一是规模以上农产品加工企业数量少。2012年荆州仅有规模以上农产品加工企业307家，比襄阳少212家，比孝感少210家，比宜昌少34家。二是龙头企业规模小。2012年全市农产品加工企业销售收入过10亿元的只有10家。全市307家企业销售收入总额为428.8亿元，平均每家才1.4亿元，与毗邻的荆门比较比差距不小。荆门市级以上重点龙头企业196家，其中国家级企业6家，省级龙头企业50家，年销售收入过5亿元企业14家，过10亿元企业6家，过30亿元企业2家。

2. 农产品加工转化率和增值率低

荆州是一个有名的农产品生产大市，但农产品加工转化率低、加工增值少。荆州经济的结构性问题日益凸显，农业占比仍高居24.5，高于全国14.5个百分点、全省11.7个百分点。2012年，全市粮食总产量371.06万吨，但加工率仅为8.5%，全国为10%，发达国家平均为70%；全市出栏生猪474.4万头，但生猪加工量的比重仅为10%。蔬菜年产量246.9万吨以上，蔬菜深加工转化率仅1%。而发达国家果蔬综合加工转化率达到50%。水产品年产量115.69万吨，但目前加工量仅占产量的3%，远低于沿海省份的10%，也低于全国5%的平均水平。2012年全市农产品加工产值与农业总产值之比为1.29∶1，低于全省1.9∶1的平均水平，其中武汉市产值比为3.65∶1；襄阳市产值比为2.05∶1；宜昌市产值比为1.88∶1；孝感市产值比为1.79∶1；荆门市614亿元，产值比为2.5∶1，全市加工能力偏弱的问题相当突出。

3. 自主创新水平低

荆州农产品加工程度较低，技术创新薄弱，目前，在国际市场上还没有驰名的荆州品牌农产品。荆州农产品出口16.24亿元，仅占制造业产品出口的24.1%，初级产品占60%左右，加工品只占40%左右，导致荆州农产品的产品档次较低，科技含量不高，名优产品少。

4. 加工产能布局不合理

荆州虽然有丰富的农产品加工原料，但全市龙头企业收购市内农副产品原值占农业总产值的比重仅为14.1%，除本地原料质量因素外，显示出原料生产与加工产品的匹配性差，导致本地农民受益面不广、受益程度不高。由于加工与产地原料脱节，产业链条难以延伸，龙头企业对当地农村经济发展的带动作用难以发挥出来。

(三)发展机遇

1. 国民经济稳定发展

2012年,全年国内生产总值1196.02亿元,比上年增长11.1%。其中第一产业增加值292.8亿元,增长4.7%;第二产业增加值522.54亿元,增长14.6%;第三产业增加值380.68亿元,增长11.5%。一是农业生产继续稳定发展,粮食实现连续9年增产。全年粮食总产量达到371.06万吨,比上年增产8万吨,增长2.2%。二是规模以上工业企业净增91家,达到804家,完成规模以上工业增加值434.06亿元,比上年增长16.8%。增幅高于全省2.2个百分点。工业对全市经济增长的拉动作用进一步增强。按常住人口计算,全市人均生产总值18032元。全市财政总收入91.82亿元,增长23.3%。其中,地方财政收入56.76亿元,增长28.1%。实现税收收入77.52亿元,增长21.5%。良好经济发展环境给荆州农产品加工业带来了有利的发展机遇。

2. 政府重视程度提高

"十五"以来,市委市政府高度重视农业产业化和农产品加工业的发展。国家围绕"三农"主题,多年间连续出台了数个中央"一号文件",市委市政府也先后制定实施了系列相关政策,如荆州市人民政府办公室关于落实《政协荆州市委员会关于"培育壮大农产品加工业 加快打造千亿级支柱产业"建议案》的通知(荆政办发〔2013〕10号)。提出了突出抓好农产品精深加工、高标准基地建设、科技研究与推广、市场体系建设、经营组织创新以及农业招商引资等重大措施,并从财政扶持、税收扶持、收费减免、信贷服务等方面制定了多项扶持政策。并提出要继续实施和完善农产品"绿色通道"政策,提升产业化经营水平。政府的重视和政策的倾斜给荆州农产品加工业带来了新的发展机遇。

3. "中部崛起"、"承接产业转移"、"壮腰工程"战略的实施

"中部崛起"战略的实施,迎来政策上的突破。国家对西部的扶持政策以及振兴东北老工业基地的一些政策,已向中部延伸。中部崛起战略将是我国"十二五"规划的重点。农业是中部的最大特色,位于中部的粮食主产区几乎就是全国的"米袋子"、"菜篮子",优势十分明显。有数据显示:中部6省的国土面积仅占我国国土面积的10%,但它为我国提供了1/3的粮食、29%的棉花、41%的油料、28%的肉类,外出农村劳动力占全国劳动力的43%。因此,中部崛起的重点在"三农",而解决"三农"的出路在于农业产业化和农产品加工业的发展。所以,作为有"鱼米之乡"美称的荆州,在"促进中部崛起"、"承接产业转移"和"壮腰工程"战略的大背景下,2013年省金融部门支持荆州"承接产业转移"的授信额度为130.5亿元,其中农产品加工企业163家、占授信企业总数的40.1%,授信额46.6亿元、占授信总额的35.7%,其农产品加工业将迎来前所未有的发展机遇。

(四)挑战或威胁

近几年来,全市农产品加工有一些发展,但从总体上看,与当前农业结构战略性调整和推进农业工业化、农村城镇化的要求还很不适应,存在许多亟待解决的矛盾和问题。突出表现在以下几个方面:

1. 发展不够

就农业产业化龙头企业而言，主要表现是规模不大、实力不强、辐射带动作用不够。全市农产品加工企业大部分是处于成长阶段民营企业，企业规模小，竞争能力弱，缺乏能够整合上下游产业链、能够与国内甚至国际大公司抗衡的旗舰企业，很容易被激烈的市场竞争淘汰出局。就农产品加工的深度和广度而言，主要表现为"六多六少"，一是粮油加工多，其他加工少；二是初加工多，精深加工少，农产品加工的附加值较低；三是传统工艺多，高新技术少；四是小型分散多，规模经营、集团化经营少，部分农产品加工企业都在县域内，并且主要分布在乡镇，有的甚至在村组，业主大都是以一品一业自发展起来的，缺乏集约经营和规模效应；五是一般产品多，名牌产品少；六是内向型企业多，外向型企业少。

2. 农产品加工企业经济效益不高，亏损企业比重大

据初步统计，全市农产品加工企业有10%左右亏损。造成企业效益差、亏损严重的原因，主要是产品附加值低，加工利润微薄，无利可图。有的是经营不善，还有政策问题。如国有粮食企业由于国家政策变化，许多自营企业没有了原来的优惠条件，收购资金缺乏，经营陷入困境。

3. 管理体制不适应，服务体系不健全

主要表现是农产品生产、加工、流通脱节，服务和管理部门协调困难，跟不上市场发展的需要。分布在农村的企业难以享受农产品加工环节利润，不利于发挥农产品加工与农业的互补优势。

4. 农产品加工业生产手段相对落后

大部分农产品加工企业属于劳动密集型，且设备简陋，工艺落后，有的还停留在手工作坊阶段，质量检测手段也很差。这既不利于企业打造新的品牌和企业的发展，也不利于农产品资源的精深加工和综合利用，造成资源浪费。

5. 国家调控政策的影响

一是企业贷款难。目前明显存在着大企业贷不足、中企业贷款难、小企业贷不到的问题。二是土地政策影响企业扩大规模。龙头企业扩大经营规模、新上项目，需要连片征用土地，但加强土地征用管理的政策限制了企业的发展壮大。三是流通不畅。当前整顿超限超载，不少农产品加工企业的产品运输成本增加，企业难以接受，导致农产品销售受阻。四是税负重。目前，部分农产品加工企业的进项税率为13%，但深加工后的销项税率为17%，与一般工业产品相比，企业要多承担4个百分点的增值税，企业无法获得抵扣，企业因此至少降低了4个百分点的利润率。

6. 农产品物流配送现代化程度不高

许多农业龙头企业还没有建立起自己的现代化物流配送中心，专业化水平不高，规模化程度较低，配送能力较弱。没有建立起高标准的农产品冷链系统，农产品在冷藏、仓储、运输的过程中损耗较大。农产品市场准入制度不健全，地区封锁、部门分割、行业垄断现象严重，导致物流渠道不畅通。此外，农村缺乏大量的现代物流专业技术人才。

三、主要农产品加工业行业结构分析

全市农产品加工业现有农副食品加工业、食品制造业、饮料制造业、纺织业、纺织服装、鞋、帽制造业、皮革、毛皮、羽毛(绒)及其制品业、木材加工及木、竹、藤、棕、草制品业、家具制造业、造纸及纸制品业、医药制造业、橡胶制品业共计11个大类。产值693.3亿元,占制造业产值的47.5%,占轻工业产值的82.9%。成为全市第一大支柱产业(如表2所示)。

表2　　　　　农产品加工业企业总产值行业分类　　　　　(单位:亿元、%)

年份	企业个数	利税总额	企业总产值	其中							
				农副食品	食品制造	饮料制造	纺织业	木材加工	家具制造	造纸业	医药制造
2005	91	5.0	83.9	24.7	0.7	4.5	32.7	7.1	0.2	13.4	0.5
2006	103	6.1	100.1	33.5	0.7	5.3	37.8	6.9	0.3	15.1	0.6
2007	126	8.5	141.2	63.4	1.3	7.3	42.3	10.9	0.4	14.8	0.7
2008	153	9.3	188.5	96.3	1.8	13.3	43.3	12.8	0.9	18.8	1.2
2009	189	12.1	253.7	127.1	3.3	21.6	57.9	13.7	1.9	26.8	1.3
2010	266	21.7	355.2	181.3	8.3	31.3	77.8	17.8	2.1	34.6	2.1
2011	272	29.1	539	292.7	10.4	44.7	91.9	23.2	3.74	51.0	2.6
2012	307	38.3	693.3	398.4	13.6	57.0	102.6	27.9	5.0	64	3.1
增速	16.4	28.8	30.2	41.5	46.2	37.2	15.3	18.7	47.8	21.6	24.4

(一)农副食品加工业(含食品制造业)

2012年,荆州农副食品加工业(含食品制造业)企业有186家,其中亏损7家,全行业现有资产142.9亿元,总产值411.9亿元,占规模以上企业产值的28.2%,在农产品加工业处于第一位置,占有绝对主导地位,主营业务收入379.4亿元,利润总额7.7亿元,利税总额10.5亿元。

农副食品加工业产值从2005年的24.74亿元增长到2012年的398.4亿元,年均增幅41.5%。2012年,该行业总资产贡献率19.49%,资产负债率49.66%,流动资产周转率6.05%,成本费用利润率4.42%,产品销售率97.53%,吸纳从业人员2.23万人。

"双低油菜籽"深加工,曾经是荆州比较辉煌的特色,由于特殊原因,这一特色产业走向低谷,从荆州农产品资源优势看,重振该产业应成为重中之重。

(二)纺织业

纺织业(含纺织服装、鞋、帽制造业)企业有 28 家,其中亏损企业 1 家,全行业现有资产 70.42 亿元,总产值 102.6 亿元,占规模以上企业产值的 8.5%,在农产品加工业中处于第二位置,主营业务收入 95.4 亿元,利润总额 3.3 亿元,利税总额 5.9 亿元。

纺织业产值从 2005 年的 32.77 亿元增长到 2012 年的 102.6 亿元,年均增幅 15.3%。2012 年,该行业总资产贡献率 11.93%,资产负债率 57.3%,流动资产周转率 3.24%,成本费用利润率 3.93%,产品销售率 96.58%,吸纳从业人员 2.23 万人。

(三)造纸及纸制品业

造纸及纸制品业规模以上企业有 20 家,其中亏损企业 1 家,全行业现有资产 19 亿元,总产值 64 亿元,占规模以上企业产值的 4.2%,在农产品加工业中处于第三位置,主营业务收入 64.7 亿元,利润总额 1.8 亿元,利税总额 2.7 亿元。

造纸及纸制品业产值从 2005 年的 13.38 亿元增长到 2012 年的 64 亿元,年均增幅 21.6%。2012 年,该行业总资产贡献率 15.8%,资产负债率 52.3%,流动资产周转率 6.5%,成本费用利润率 2.9%,产品销售率 95.25%,吸纳从业人员 0.48 万人。

(四)饮料制造业

饮料制造业规模以上企业有 15 家,其中亏损企业 0 家,全行业现有资产 46.7 亿元,总产值 57 亿元,占规模以上企业产值的 3.8%,在农产品加工业中处于第五位置,主营业务收入 58.5 亿元,利润总额 9.2 亿元,利税总额 15.1 亿元。

饮料制造业产值从 2005 年的 4.54 亿元增长到 2012 年的 57 亿元,年均增幅 37.2%。2012 年,该行业总资产贡献率 33.7%,资产负债率 50.9%,流动资产周转率 2.05%,成本费用利润率 18.57%,产品销售率 94.75%,吸纳从业人员 0.53 万人。

四、荆州农产品加工业发展的战略选择

(一)基于 SWOT 分析的荆州农产品加工业发展战略选择

荆州位于我国中部地区,经济总量增长速度虽然较快,但经济总量不算大。荆州是农业大市,农产品资源丰富,发展农产品加工业应是推进新型工业化的重要产业方向。根据荆州社会、经济和农产品加工业发展的现状水平,我们认为荆州农产品加工业发展应选择 SO 战略,即概括为非均衡梯度推进战略。

(二)荆州农产品加工业发展的非均衡梯度推进战略

1. 战略思路

非均衡梯度推进战略有四个方面的含义:一是根据荆州主导农产品集中产区及农产品加工产能的布局,对农产品主产区和产能集中区,加大支持力度,在加工资源分配和政策扶持上给予适当倾斜，促进农产品资源丰富区域和加工产业基础较好的地区，农产品加工业快速发展；二是积极推进地区专业化，主导农产品的生产区域重点针对该区域内的农产品发展相关农产品加工业，着力打造荆州区、沙市区城郊畜禽及蔬菜深加工、监利粮食深加工、洪湖水产品加工、松滋酿酒、石首林产品加工、公安纺织、江陵油脂的"一县一业"特色产业发展格局；三是结合县域经济的发展，适度集中农产品加工产能，推进农产品加工业集群发展，根据农产品资源布局，结合交通区位优势、农产品加工业发展基础等，建设一批市、县级的农产品加工产业园，培育区域经济发展的增长极；四是在整体规划、合理布局、整体推进的指导下，要选择荆州的优势农产品重点突破，要加强技术创新，以农产品精深加工为切入点，提升农产品加工业的技术装备水平和市场竞争力。

2. 战略重点

（1）发展优势农产品精深加工。根据荆州市资源特征和农业产业发展现状，应将发展农产品精深加工作为战略重点。发展农产品精深加工要以发展优势农产品精深加工为突破口。重点发展我市具有优势的稻谷深加工、"双低"油菜精深加工、畜禽产品精深加工、淡水产品深加工、果蔬精深加工、林产品精深加工等。采取引进现代高新加工技术和装备与自主创新相结合的方式，研发一批精深加工产品，实现农产品多次增值。通过发展农产品精深加工提升农产品加工业的整体竞争力和农业综合效益，提高农产品加工企业在推进我市推进农业产业化进程中的带动能力。

（2）建好加工专用原料基地。农产品加工业的发展依赖农业为其提供优质农产品原料。农产品原料的数量和质量，直接影响到农产品加工业的规模加工产品的质量及其市场竞争力。根据我市农产品加工业发展现状、未来发展趋势，应将加工专用原料基地建设作为战略重点之一。要结合加工企业需要，突出重点，突出特色，合理布局，充分发挥资源优势，建设专业化、规模化的农产品加工原料基地。优先发展我市具有比较优势的大宗农产品和特色农产品。与此同时，依靠科技进步，积极培育农产品加工专用品种。采用"一村一品"生产布局方式，按照区域布局科学、资源利用合理的原则，集中扶持一批农产品加工大县，县市区重点抓好一批优质农产品加工园区，逐步推进我市农产品加工原料生产区域化、专用化和规模化，为我市农产品加工企业提供稳定的、优质专用原料。

（3）建立和完善科技创新体系。科技进步是农业持续发展的原动力，也是农业产业化不可缺少的支撑力量。我市农产品加工业必须依靠科技进步，提高科技含量特别是农产品加工企业的技术装备水平，技术装备水平越高，其产品市场竞争力和对农业生产的带动能力就会越强。提升技术装备水平要坚持自主创新和引进、消化、吸收再创新相结合。一是针对我市主导农产品和国内外市场竞争发展趋势，引进一批国内外先进技术，重点引进农产品精深加工技术和装备，快速提高农产品市场竞争力。同时，要加强对引进技术的消化、吸收和再创新。二是根据我市农业优势产业发展，组织农产品生产和加工技术创新。重点开展农产品标准化生产技术和精深加工关键技术、共性技术的科技攻关。积极鼓励社会科研机构、高等院校和企业积极开展农业新技术、新品种和农产品精深加工技术生产装备的研究和开发，力争在较短时间内缩小我市农产品生产、加工技术装备水平与国内外先进水平的差距。

（4）培育壮大农产品加工龙头企业。在市场经济条件下，品牌是核心竞争力的集中体现。我国农产品竞争已进入了"品牌竞争时代"。实施品牌带动战略，是我市增强农业竞争力和拓展农产品市场的重要举措。近年来，我市农产品品牌建设取得了一定成绩，培育了一批国内、省内知名品牌。但是我市品牌产品的知名度和市场影响力十分有限，更没有国际知名品牌。要打造我市农业的核心竞争力，必须进一步加强品牌建设。一是加强现有品牌整合，提升品牌影响力。二是加强品牌文化建设，培育品牌核心竞争力。三是加强品牌宣传和保护，促进"荆州"牌农产品走向世界。

龙头企业肩负着开拓市场、科技创新、带动农户和促进区域经济发展的重任，是推进农业产业化的中坚力量，其经济实力的强弱和带动能力的大小，决定着农业产业化经营的程度、规模和成效。农产品加工龙头企业，对农业发展的带动作用又最直接、最有效。全市在推进农业产业化进程中，已经培育一批国家、省、市级龙头企业，特别是培育了一批产业关联度大、加工能力强的农产品加工龙头企业。但是，我市农业产业化龙头企业规模偏小，技术装备水平还比较低，与国内一些大型农业企业相比，带动能力还比较弱，还需继续加大龙头企业特别是农产品加工龙头企业的培育。要整合资源，扶优扶强。要大力扶持农产品加工企业和民营企业，重点培育一批起点高、规模大、带动能力强的农产品加工龙头企业。对涉及洪湖地名加工企业的品牌进行整合，提升"洪湖"牌水产品的品牌影响力；以湖北双港、湖北荆江蛋业为重点，加强对禽蛋加工产品品牌的归并、整合和扩张，提高荆州禽蛋加工产业的市场竞争力；以白云边、黄山头、洪湖浪、福娃、绣林玉液五个知名白酒品牌为依托，重组、兼并、吸收、整合县域内零散白酒企业，择机开展跨县域整合，打造在全国有竞争力的白酒集团。到"十二五"期末，培育形成10个中国驰名商标和国家地理标志。支持龙头企业开展跨区域、跨行业、跨所有制的联合与合作，组建企业集团，推进优势产品向优势企业集中、优势企业向优势产业和优势区域集聚，逐步形成产业集群。要鼓励有条件的龙头企业进行股份制改造，按照现代企业制度的要求，建立产权明晰、权责明确、政企分开、管理科学的现代企业运行机制和管理机制，提高龙头企业的管理水平。力争用2~3年时间，全市形成以福娃、白云边、洪湖浪为代表的3~5家产值过100亿元，以大明水产、拍马纸业、中粮粮油、宏凯工贸为代表的4~7家产值过50亿元及一批产值过20亿、10亿元的企业。

(三) 形成千亿级支柱产业

"十二五"期间，形成千亿级支柱产业；实现"两个基本"：在全市基本实现农产品优质化，基本实现农产品初级加工；建成三个基地：国家级淡水产品加工基地、国家级双低油菜籽加工基地、国家级优质稻米加工基地；打造"十大园区"：建设华中农高区、大明水产科技园、荆州区农产品加工园、沙市区农产品加工园、江陵县农产品加工园、松滋市农产品加工园、公安县农产品加工园、石首市农产品加工园、监利县农产品加工园、洪湖市农产品加工园等10个产值过50亿~100亿元的农产品加工业园区，力争在"十二五"期末，荆州区、松滋市、公安县、监利县、洪湖市5个农产品加工园单个产值突破百亿元。

1. 建立优质基地

结合我市资源特点和产业优势，调整优化产业结构，重点建设好优质粮棉油、淡水产品、瘦肉猪、禽蛋、速生林、果蔬生产基地，引导产业合理布局。积极拓展我市优势农业资源,坚持举办全国性的渔博会,探索举办全国性油菜高峰论坛、优质稻米峰会,打造全国性的淡水养殖中心、交易中心、加工中心和渔文化中心,提升油菜籽、优质稻米在全国的影响力。紧紧依靠农业科技进步,加大与大专院校和科研院所协作的力度,培育和引进农作物优质品种,确保农作物优质高产。大力发展农村专业合作组织,推行"企业+合作社+基地+农户"的种养模式,促进基地与企业的高效对接,确保农民和企业实现"双赢"。积极推进土地流转,加强协调,鼓励龙头企业通过多种形式加强与农民的合作,建立自己的原料基地,实行专业化、规模化、标准化生产。

2. 加快园区建设

坚持规划先行,改变农产品加工业自我发展、自成气候、自成园区的现象。根据资源、交通、区位和产业优势,科学、合理布局农产品加工园区,发挥聚集、辐射、引导、示范功能,促进农产品加工业规模化、专业化和效益最大化。要像重视工业园区建设一样重视农产品加工园区建设,提供满足农产品加工企业入园的基础设施、仓储、公共服务平台、物流、信息服务等条件。出台政策和措施,引导企业进园发展。按照空间集聚、产业关联、专业协作、资源共享、服务配套的产业发展路子,对小而零散的农产品加工园区进行有效整合,引导优势资源、优势企业向园区聚集,形成产业集群。加快中心城区农产品加工业布局,积极建设华中农高区,尽快推动雨润(荆州)项目开工生产,全力支持省粮食局与荆州共建"荆州粮油食品科技产业园"项目建设,力争项目尽早启动。

五、荆州市农产品加工业发展对策

(一)确立战略地位

发展农产品加工及流通业是实现农业产业化、农村工业化、农村城镇化的重要途径。荆州地处中部,中部崛起农业是重点,农产品加工业发展的程度是标志。目前,我市农产品加工业已成为全市国民经济的重要支柱,我市农产品加工业亦正处于发展的战略机遇期。应立足我市的资源禀赋、产业基础等优势,按照市委、市政府提出的"一化三基"和富民强市的战略要求,把农产品加工业确立为我市新型工业化的主攻战略方向之一,走以农产品加工业优先发展的新型工业化道路,以农产品加工业的率先发展加速荆州中部崛起和富民强市目标的实现。

(二)强化政府作为

一是要理顺体制,打破"条块分割"的管理体制,将农产品的产加销归于一个系统统一管理,建立完善的有利于农产品加工业发展的管理体制。二是要转变职能,减少行政干预,转向服务为主,着重做好引导、支持、保护和调控工作。要重点加强政策引导,按照促进农产品加工业优先发展的要求,积极制定和完善农产品加工业发展的各项政策,如用地政策、对龙头企业的税收优惠和信贷扶持政策等,并切实抓好各项政策的落实,促进资金、技术、人才等资源向农产品加工业倾斜,推动我市农产品加工业实现跨越发展和后发赶超。三是要加强对各市场主体的行为监管,切实保护资源与环境,保障农产品加工业的科学发展。

(三) 发展行业协会

加快农产品加工业发展，需要政府的大力作为，同时也非常需要行业中介机构的协同支持与推动。要鼓励同类型的农产品加工企业之间组建专业协会，加强行业自律，协调解决行业内部矛盾。行业协会通过定期或不定期开展信息交流、市场分析、产业研究等，在行业发展规划制订、加强行业内部约束、协调行业内各主体利益、统一应对外部壁垒等方面发挥积极作用，为企业搭建协同发展的平台，为农产品加工业健康快速发展创造良好的氛围和环境。

(四) 促进产业集聚

要根据地区资源、工业基础和外部环境等，加强全市农产品加工产业的区域布局规划，形成与优势农产品区域布局适应的农产品加工业产业带区。要通过规划引导，促进技术、人才、资金等要素向相关农产品加工产业带区集中，加速全市产业集群的形成与发展。

(五) 扩大对外开放

要在确保国家食品安全的前提下，有序扩大农产品加工产业、农产品生产基地基础设施等的对内、对外开放，充分利用国内外的资金和技术，促进农产品加工产业技术、管理等整体水平的迅速提高。要重点抓住我国沿海发达地区产业梯度转移的战略机遇，选择基础条件好、交通运输便、出口前景广的部分产区建立若干个大宗农产品出口加工贸易区，主动承接沿海地区产业转移，加速我市农产品加工业技术的更新换代，从而真正把我市的资源优势转化为产业优势和经济优势。

参考文献

[1] 武拉平, 杜保德. 北京市农产品加工业发展战略研究. 中国农业出版社, 2007.

[2] 张润清, 杨建锋, 赵邦宏. 河北省农产品加工业发展研究. 中国农业科学技术出版社, 2008.

[3] 李仁柱, 杨立学. 工业兴市战略初探. 当代经济杂志社, 2003.

[4] 荆州统计年鉴 2005—2012. 中国统计出版社.

[5] 政协荆州市委员会. 关于"培育壮大荆州农产品加工业加快打造千亿级支柱产业"的建议案.

[6] 陶武辉. 当前孝感市农产品加工业发展情况分析.

[7] 农业部. 农产品加工业"十二五"发展规划.

[8] 孔凡真. 国内外农产品加工业现状及启示. 《农产品加工》, 2009(2).

[9] 魏益民. 我国农产品加工业发展现状与趋势分析. 中国科学院农产品加工研究所.

撰稿：别友平 文礼发

数据整理：安宇 张宗山 肖厚耀 汪孝雨 罗玉清 张峥 李正国

荆州市新型"四化"同步发展研究

何蒲明

党的十八大报告提出，实现未来经济发展目标，关键要转变经济发展方式，促进工业化、信息化、城镇化、农业现代化同步发展。推进"四化同步"，先导是抓信息化和工业化的深度融合，核心是抓工业化和城镇化的良性互动，基础和难点是抓城镇化和农业现代化的相互协调。围绕这三个方面，我们进行了广泛调研并形成了调研报告。

一、荆州市"四化"同步发展的条件及现状

(一)荆州市"四化"同步发展的条件

荆州地处湖北省中南部和中国版图的几何中心处，荆州是国务院首批公布的24座历史文化名城之一，是国家优秀旅游城市、长江中游重要港口、鄂中南地区中心城市和湖北省重要的工业生产基地。

1. 区位优势

荆州地处"两湖平原"(江汉平原、洞庭湖平原)中心，东连苏沪，西通巴渝，南达两广，北抵中原，是我国东西南北的地理要冲，距中国"四大经济发展极"均为1000公里左右。独特的区位优势，使荆州成为"长三角"和"珠三角"两大经济发达区域与大西北之间最重要的交通驿站。随着国家西部大开发和中部崛起战略的实施，荆州日益成为各类产业资本转移的焦点。

2. 资源丰富

荆州市河流交错、湖泊密布。全市有大小河流近百条，均属长江水系。荆州湖泊众多，全市有千亩以上湖泊30多个，总面积8万公顷。全市生物资源十分丰富，具有种类多、分布广、南北兼备的特点。荆州市粮食产量约占全国百分之一，棉花产量占全省三分之一，油料产量占全省五分之一，淡水鱼产量连续17年位居全国地市之首，是名副其实的"全国淡水渔业第一市"。荆州市矿产资源丰富，可供开采的矿产有35种，其中探明有一定工业储量的13种，已开采利用的20种，特别是富钾卤水资源，达100亿吨以上。全市大多矿产资源分布在低山丘陵地区，散布在城镇周边，交通便利，矿产开发外部条件优越。荆州科教实力雄厚，是湖北第二大人才密集地，拥有科研院所300多家，高等院校9所，中等职业教育学校40所，在校大学生、中专生分别达到12万和10万人，可为经济社会发展提供强有力的智力支持。

3. 发展机遇

当前的荆州发展机遇前所未有。2011年以来，荆州连续获得了六块国家级"金字招牌"，即：纳入全国老工业基地调整改造规划，成为全国第五个国家级承接产业转移示范区、全国大遗址保护示范区、国家"北煤南运"大通道水铁联运重要节点，荆州开发区晋升为国家级经济技术开发区。同时，湖北省委、省政府出台了《关于实施"壮腰工程"，加快荆州振兴的意见》，80多家省直单位同荆州签订合作协议，支持荆州发展的广度、深度、力度不断拓展。

(二) 荆州市"四化"同步发展的现状

全市各地切实把"四化同步"发展试点工作作为重中之重，精心组织，统筹引领，创新思路，全力以赴抓好试点推进，取得较好成效。

1. 强化领导，认真部署，形成推进"四化同步"发展试点工作的强大合力

荆州市成立了由市委书记李新华任组长、各相关部门主要负责人为成员的"四化同步"发展试点工作领导小组和工作办公室，印发了实施意见，明确了指导思想、基本原则、目标任务、工作重点和保障措施，全力推进"四化同步"发展试点工作。各县(市、区)、试点镇(区)也都成立了"四化同步"发展试点工作领导小组和工作专班，出台了具体实施方案，明确了责任领导，细化了目标任务，确立了工作重点，拿出了切实可行的有效措施，强力推进"四化同步"试点工作又好又快发展。各试点镇(区)强化督办检查，实行季度调度，促进落实到位。采取多种形式，加大宣传报道，鼎力宣传开展"四化同步"发展试点工作的重大意义和重要举措，营造了全市上下合力推进"四化同步"发展试点工作的良好氛围。

2. 整体规划，示范引领，高标准绘就"四化同步"发展试点蓝图

各试点镇(区)都十分重视规划的编制落实工作，严格按照试点镇(区)发展总体规划、土地利用总体规划、农村新社区建设规划、产业发展规划"四规合一"的思路和要求，强调规划的整体协调，高度融合，做到高标准、高质量，充分发挥规划的龙头作用和引领作用，推进城乡一体化协调发展。目前，11个试点镇(区)编制了较为详细的各类规划。新沟镇聘请浙江规划设计院等6家单位对全镇193平方公里进行全域规划，编制3个层次的11个规划，三个层次的规划紧密相连，互为一体，其中编制的农村新社区规划彰显了江汉水乡城镇风貌，体现了"荆楚派"特色，受到省规划审查专家的好评。

3. 统筹协调，发挥优势，全力推动"四化同步"试点示范加快发展

各试点镇(区)始终坚持产业向园区集中、人口向集镇和农村新社区集中、土地向规模经营集中"三个集中"原则，充分发挥当地地理资源优势，统筹区域协调发展，推进"四化同步"发展和城乡一体化进程。一是大力推进新型工业化。各试点镇(区)都把推进新型工业化作为"四化同步"发展试点的核心来抓，大力招商引资，全力推进。新沟镇帮助福娃集团征地601亩新上福娃六厂，规划3000亩新建福娃城西工业园，切实把福娃集团做大做强。关沮镇以"中国天谷"为抓手，全力推进关沮工业园和银湖中小企业城建设，加快新型工业化进程。滩桥镇在荆监一级公路旁新建占地500亩的镇级工业园，搭建产业平台，促进集群发展。二是大力推进农业现代化。各试点镇(区)集约推进农业现代化，农业发展特色鲜明。大沙湖管理区以名流产业园和玫瑰产业园为中心，全力推进现代农业发展，目前名流现代农业产业园前期投资4000万元，集并土地500亩，建花卉大棚30个，栽植苗木1.3万株；玫瑰文化产业园投资8000多万元，种植玫瑰2000亩。新沟镇福娃集团与监利县23个乡镇签订了120万亩的优质水稻订单合同，建成了优质大米和精深加工专用粮放心基地。三湖管理区着力推进"六个一"工程，引领现代农业发展。三是大力推进新型城镇化。2013年新沟镇投资12.3亿元，新建扩建项目10个，大力改造城镇基础设施，2000年以来，新沟镇城镇建成区面积从2平方公里拓展到7平方公里，城镇化率从18%提高到59%，福娃集团的集聚发展，为新沟镇城镇建设注入了强劲动力，一座规划科学、产业发达、功能完善、环境优美的新城镇正在江汉平原崛起。大沙湖管理区累计投入建设资金6亿元，改造基础设施，致力打造现代新城。南平镇以金马新农村社区为示范，打造1000套以上、容纳3000~5000人的中心社区，目前已入住500人。四是大力推进农村信息化。11个试点镇(区)以正在开展的新一轮"三万"活动为平台，突出加强农村网格化建设、农村远程教育、农村广播"村村响"工程，推动农村信息化建设，提高便民服务水平。目前这些镇(区)正在加紧开展农村网格数据登记和录入工作，4月中旬可全面投入正常运行。

4. 创新机制，政策扶持，为推进"四化同步"发展试点营造良好环境

市、县(市、区)、试点镇(区)三个层面都出台了扶持激励"四化同步"发展试点的具体保障措施。市财政安排330万元专项资金，用于试点镇(区)规划编制补助；从2014年起的三年内市财政每年安排1000万元调度资金，专项用于市级试点镇(区)新型农村社区建设承建主体的启动和周转。各县(市、区)每年列支200万元以上专项资金，支持试点镇(区)建设。岑河镇投入210万元编制各类规划；南平镇投入100万元完成规划编制。陈店镇对建立家庭农场每户给予1000元奖励；对30亩以上的规模经营户，按每亩100元给予奖励，推动全镇流转土地2000亩发展规模经营。各地还创新机制，服务下沉，加大扶持，出台了从税收、金融、土地、户籍身份、项目审批等方面的优惠激励政策，全方位服务，推动"四化同步"发展试点工作平稳有序进行。

二、荆州市"四化"同步发展中存在的问题及原因分析

在荆州市"四化"同步发展面临的最突出问题是"四化"不同步、不协调，主要表现在：

(一)新型工业化与承接产业转移之间矛盾突出

承接国际与国内发达地区转出来的产业是荆州市发展的一种重要途径。产业转移有两个目的：一是实现生产要素最佳配置和利润最大化；二是为发达地区淘汰的生产资源寻找出路。虽然承接产业转移可以优化劳动资源配置，但是承接的落后产业必然影响环境，这与新型工业化发展目标背道而驰。新型工业化要求发展科技含量高、经济效益好、资源消耗低、环境污染少的产业，发达地区转移出来的产业并不符合新型工业化发展的要求。

(二)城市化滞后于工业化,造成社会结构的变化与经济结构变化之间严重失衡

改革开放以后,我国工业化进程加快,三次产业结构中的二、三次产业所占比重迅速上升,农业所占份额大幅下降,但劳动力的就业结构和城市人口的份额上升却较慢,在经济结构迅速调整中,城乡人口和就业结构转换未能及时跟上,其直接结果是农业上滞留大量人口,农业潜在的生产力无力发挥,农业商品率低下。2013年荆州市三次产业结构为23.9∶44.7∶31.4,已进入到工业化中期阶段,与湖北省乃至全国保持基本同步。但从城镇化率来看,2013年湖北省的城镇化率是51%,荆州还不到46%,全省排名倒数第三。我市一半以上的人口在农村,城镇化率只有45%,低于全国、全省水平,城镇发展质量不高,体系不完备,功能不健全。

(三)城乡发展不同步

荆州市城乡发展不同步问题的实质是没有处理好工业与农业的关系,这是我国历史发展造成的。为了实现"四化同步",必须正确地处理好工业与农业的关系。一般来说,实现农业现代化的根本目的在于提高农业劳动生产率,而提高农业劳动生产率必然导致农村劳动力过剩,剩余的农村劳动力必然流向城市。这就是一般意义上所说的城市化。虽然通过工业化可以解决农村转移劳动力的就业和生存问题,但是工业化需要大批高素质的劳动力,工业现代化与农业现代化同步导致城乡竞争高素质人才。由于人才供给不足及人才流动偏好,导致城市工业化快于农村现代化。

(四)信息化与工业化融合不深,在各行业各领域运用不够

从信息化与工业化的融合发展看,荆州市信息产业发展较快,但信息化与工业化融合不深,在各行业各领域运用不够,对工业化、城镇化的推动力仍显不足。一是信息化与产业发展融合度较低。根据2012年的统计数据,全市企业中实现数字化设计、数控化生产、数字化管理营销的比例依然较低,企业的电子商务应用比例很低。二是光网城市、无线城市和地理基础数据库建设滞后,信息基础设施、信息技术普及和信息消费水平的城乡差距较大,信息化在医疗卫生、文化教育、公共安全、城市交通等领域应用不够,智慧城市建设任重道远。

(五)工业化质量不高,产业结构与就业结构不够协调

从工业化与城镇化的良性互动看,荆州市处于工业化中后期,但工业化质量不高,产业结构与就业结构不够协调,以工兴市、以工促农的带动力仍然不强。荆州市工业化对城镇化的推进作用比较有限。同时,与发达经济体相比,荆州市工业化未能充分促进农业人口向非农人口转变,工业化与城镇化良性互动的局面还未有效形成。

(六)城乡二元结构与城市二元结构并存

从城镇化与农业现代化的协调发展来看,近年来荆州市城镇化发展较快,但城乡二元

结构与城市二元结构并存,产与城、城与人在空间布局和时间进程上不够同步、不够协调,城镇化为工业化、农业现代化创造需求的空间有待深度拓展。近年来荆州市城镇化率从1995年的29.04%提升到2012年的45.68%,带动了全市经济社会快速发展。但城镇布局和形态不合理,县城和重点镇发展不足。城镇布局与产业布局不协调,部分园区功能配套不足,不少乡镇产业空心化严重,拉动农村人口转移能力不强,城镇化内生动力不足,人口城镇化滞后于土地城镇化;农民及农民工市民化等有关"人的城市化"问题也非常突出。从农业本身看,农业现代化仍然是"四化同步"发展的短板。荆州市农业综合生产能力、农村市场化水平和农民组织化程度依然较低,农村土地资源尚未充分激活与日渐凸显的"谁来种地、如何种地"问题并存。荆州市农民组织化程度仅为40%,农村劳动力输出规模超过农村劳动力资源总量的53%,农户兼业化、村庄空心化、人口老龄化、经营分散化问题日渐突出。

(七)"四化同步"发展的制度约束和要素制约依然存在

从制度建设和运行机制看,荆州市"四化同步"发展的制度约束和要素制约依然存在。一是农村产权价值的实现面临制度障碍,主要是城乡土地等资源要素的平等交换机制尚未全面建立和有效运行。二是城镇空间拓展面临土地供给制约,主要是建设用地规模日益受限,生态保护面临严峻挑战。三是资金筹措压力不断加大,以政府为主导的投融资模式已难以维系不断增长的城镇基础设施建设需求。

三、促进荆州市"四化同步"发展的对策建议

(一)指导思想

坚持科学发展观,按照规划全覆盖、建设分步走的要求,以改革创新为动力、产业发展为支撑、改善民生为根本,引导产业向园区集中、人口向社区集中、土地向规模经营集中,形成产业、基础设施、市场体系、公共服务、社会管理、基层党建一体化发展的新格局。

(二)基本原则与目标任务

试点工作坚持规划先行,科学布局;因地制宜,稳步推进;政府主导,农民主体;产业兴镇,协调发展;整合资源,创新驱动的基本原则。按照"一年打基础、三年见成效、五年大变样"的总体目标,力争经过五年努力,到2017年将试点镇(区)建成全市"四化同步"发展的先行区、试验区、示范区。

1. 工业经济迈上新台阶

到2017年,试点镇(区)共新增规模企业150家以上,新增产值300亿元以上,新吸纳农民就近就地就业10万人左右。打造百亿园区,力争1~2个试点镇进入全省前十强。

2. 城镇建设展现新面貌

5年引导60%以上人口进城市、进集镇、进社区,到2017年底试点镇(区)城镇化率

高于所在县(市、区)5个百分点,建成设施齐全、功能完善、环境优美、管理规范、特色鲜明的新型城镇。

3. 现代农业取得新突破

每个镇(区)新增1~2家市级以上农业产业化龙头企业,新建家庭农场10家以上,农村土地流转面积占耕地总面积的60%以上,规模经营面积占耕地总面积的50%以上,农业机械化率达到75%以上,农民人均纯收入高于所在县(市、区)平均水平的10%以上。基本实现"产业化、规模化、标准化、机械化、组织化"。

4. 信息化建设取得新进展

实施信息化示范工程,加快城乡信息化服务体系建设,稳步推进工业、农业和城镇的信息化。加快农村智能广播网建设,实现广播村村通,有线电视、互联网全覆盖。

(三)对策建议

1. 发挥规划的引领作用

按照乡镇建设和社会发展的需要,高起点、高质量抓紧编制和完善试点镇(区)发展总体规划、控制性详细规划、土地利用规划、街区整治规划、新型农村社区规划、产业发展规划等,形成覆盖全域的镇村规划体系。建设用地控制性详细规划覆盖率达到100%。城镇建设规划要体现规模适度、布局合理、设施配套、功能完善、环境整洁的特点;新型农村社区建设规划要体现环境优美、生活便利、居住舒适的特点。分门别类确定村庄的发展方向,重点突出中心村的建设,整治保留的生态村,保护历史文化特色村,合并搬迁小型自然村。2014年3月底以前完成所有规划编制。试点镇(区)规划要先报市领导小组审核,然后按程序审批。当前要严格规划管控,有效遏制乡村违规建房行为。

2. 突破性发展工业

以农产品加工为突破口,培育壮大龙头企业,每个镇(区)每年力争新增一家以农产品精深加工或物流服务为主的规模以上企业。加快园区建设,每个试点镇(区)每年引进一家以上固定资产投资过5000万元、产值过2亿元的新项目落户。加强企业科技创新,提高企业竞争力。

3. 大力发展现代农业

加快发展龙头企业、家庭农场、专业大户和农民专业合作社等新型农业经营主体。采取土地出租、入股等方式,实行规模化生产、集约化经营。按照"一镇一业"的思路,开展专业村(镇)建设,打造品牌,形成特色。围绕农产品加工,建设"三品一标"生产基地,推动农业标准化生产。加强基础设施建设,改善农业生产条件,提高综合生产能力。

4. 稳步推进小城镇和新型农村社区建设

试点镇(区)建设和村庄建设要充分体现荆楚特色,实现基础设施和公共服务城乡共享,推进城乡一体化协调发展。以打造"美丽乡村"为目标,推动"镇区、园区、社区"三区共建,有序引导农民向城镇转移。因地制宜,合理布局,科学选址,每个试点镇(区)要在集镇所在地或产业聚集区规划启动建设1~2个基础设施配套、公共服务功能齐全的新型中心社区。合理确定新型农村社区规模,原则上按照1000户、3000~5000人进行规划建设,条件允许的,规模可以更大一些。借鉴浙江经验,每个试点镇(区)要选择一个村建成设施配套、功能完善、环境整洁、生态良好、特色鲜明的"美丽乡村"。大力开展村庄环境整治，完善集镇长效管理机制。加大水、电、路、气、互联网等基础设施配套建设，让农民住得起、留得下。农民入住社区按照有关政策办理房屋所有权证和土地使用权证。

5. 创新体制机制

创新资金筹措机制，发挥市场的决定性作用，吸引社会资金投入农业农村。整合各项涉农建设专项资金，充分发挥涉农专项资金的聚焦效应；鼓励支持试点镇（区）成立土地资源经营公司或县（市、区）级城投公司延伸到试点镇（区）设立分公司。开展建立城乡统一的建设用地市场试点。赋予农民对承包地占有、使用、收益、流转及承包经营权抵押、担保权能。丰富土地流转形式，发展适度规模经营。保障农户宅基地用益物权，改革完善农村宅基地制度，慎重稳妥推进农民住房财产权抵押、担保、转让，探索农民增加财产性收入渠道。建立农村产权流转交易市场。加快户籍制度改革，全面放开试点镇（区）落户限制，加快农业转移人口市民化。稳步推进城镇基本公共服务常住人口全覆盖，把进城落户农民完全纳入城镇住房和社会保障体系，在农村参加的养老保险和医疗保险规范接入城镇社保体系。创新农村社会化管理和服务，实现农村网格化管理全覆盖，完善村级便民服务。

6. 完善农村社会保障体系

创新全民创业就业助推机制，加快失地农民和农村富余劳动力的转移消化。大力开展"关爱留守家庭、服务就业创业"行动，引导鼓励农民工就地或返乡就业创业。认真落实新农保、新农合等政策措施，实现社会保障的全覆盖，营造社会和谐的安全网。进一步完善九年义务教育、农民工培训、住房保障、社会救助、失地保障等制度，多途径增加城乡居民可支配收入，让老百姓最大限度地分享"四化同步"发展成果。

7. 加大政策扶持

一是市财政安排330万元专项资金，用于试点镇（区）规划编制补助；从2014年起的三年内，市财政每年安排1000万元调度资金，专项用于市级试点镇（区）新型农村社区建设承建主体的启动和周转，年初借出，年底收回。各县（市、区）每年要列支不低于200万元，支持试点镇（区）建设。对试点镇（区）税收超收部分，财政全额返还给试点镇（区）；对试点镇（区）内实现的城建配套费、行政事业性收费、国有资产有偿使用收入、政府性基金、专项收入、国有资产经营收入、罚没收入等非税收入，全额用于试点镇（区）基础设施建设。二是对省政府下达的年度建设用地计划指标，重点向试点镇（区）倾斜；土地整理复垦开发、增减挂钩土地项目要向试点镇（区）倾斜，支持试点镇（区）开展迁村并点、开发利用荒地和废弃地；结余的指标可通过调剂或拍卖，在本县（市、区）内集中使用；农用地转为建设用地的收益地方留存部分返还试点镇（区）使用。三是鼓励各类金融机构在试点镇（区）设立分支机构；支持试点镇（区）组建城镇建设投资公司等融资平台，吸引各类资本参与试点镇（区）基础设施、社会事业和产业功能区建设等。四是对入住城镇的农民，根据自愿，可办理城镇居民户口，同时保留土地承包权和宅基地使用权。五是推进强权扩镇改革，对试点镇（区）下放权力，赋予县级经济管理权。创新镇（区）管理体制，完善管理职能。各县（市、区）要出台相应的扶持政策。

第七篇 荆门市

关于荆门市女性能人对于促进农村经济发展的调查与思考

荆门市社科联

随着荆门市新农村建设的稳步推进，农村产业结构的深度调整，农村妇女在农村经济领域参与面逐步扩大，作用日益凸显。在此过程中，农村女性内部并非呈现均质特点，其自身素质、发展状况及在当地的影响均有差异。有些女性在妇女群体中表现突出，为当地经济的发展做出了积极贡献，起到了一定的示范带动作用，成为社会公认的女性能人。但同时，这个群体也需要社会各界给予更多的关注、帮助与支持。本文拟以荆门市范围内部分农村女能人、女大户、女性专业合作经济组织为样本，概括其对于农村发展的意义，分析她们更好参与农村经济发展的制约因素，并提出相关建议。

一、调查样本概况

（一）农村女能人、女大户

全市共调查女能人、女大户264人（户），从学历上看，大学本科学历3人，占1.1%；大专学历7人，占2.6%；中专学历11人，占4.1%；高中学历99人，占37.5%；初中学历142人，占53.8%；小学学历2人，占0.8%。从年龄上看，20~30周岁14人，占5.3%；31~40周岁65人，占24.6%；41~50周岁147人，占55.7%；51周岁以上38人，占14.4%。从经营项目上看，在全市女能人、女大户中，从事粮食、蔬菜、菌菇、花卉苗木等种植行业70家，占26.5%；从事水产、养鸡、养猪、养牛、养羊及特种动物养殖领域147家，占55.7%；从事农产品加工领域11家，占4.2%；从事农副产品及农资产品流通行业15家，占5.7%；从事服装加工行业3家，占1.1%；从事百货超市及农家餐饮等行业18家，占6.8%。从经营规模上看，年收入5万~10万元103家，占40%；11万~20万元66家，占25%；21万~30万元22家，占8.3%；31万~50万元29家，占11%；51万~100万元17家，占6.4%；101万~500万元18家，占6.8%；501万~1000万元5家，占2.0%；1000万元以上4家，占1.5%。

（二）农村女性专业合作经济组织

全市共调查女能人创办的专业合作经济组织29个。从经营项目上看，从事种植领域专业合作经济组织13个，占45%；从事养殖领域专业合作经济组织11个，占38%；从事农副产品及农资产品流通领域的专业合作经济组织5个，占17%。从组织规模上看，会员

5~10人10家，占34%；11~50人8家，占28%；51~100人6家，占21%；101~300人5家，占17%。从经营规模上看，年产值10万~50万元12家，占41%；51万~100万元7家，占24%；101万~500万元5家，占17%；501万~1000万元3家，占10%；1000万元以上2家，占6.8%。

二、农村女能人的贡献与作用

全市农村女能人伴随着农村经济改革的大潮应运而生，其作用不可忽视。一方面，她们推动了农村经济的发展。她们率先掌握了农村新政策、农业新技术，并及时地转化为现实生产力。通过兴办农业产业化经济体的实践锻炼，进一步增强了市场意识、竞争意识、风险意识和市场经济适应能力，成为农村科技致富带头人。同时也引领带动更多农村妇女走出小农经济，在传统农业转变为现代农业的进程中，发挥着主力军的作用，促进了农村经济的快速发展。

另一方面，农村女能人的意义已经超越了经济本身，渗透到经济、社会、环境、政治等多个领域。第一，女性较易以非正式形式对科技成果进行高效传递，使得科技成果传播成本变得低廉；第二，女性能人在吸纳农村剩余劳动力方面有突出表现，这种就业形式多为半工半农，既提高了妇女所在家庭的整体收入水平，又兼顾了妇女的家庭内部再生产功能；第三，引领作用。相对男性精英，女性能人亲和力强，她们的成功为身边的妇女提供了最直观、最形象、最真切地参考，被其他妇女所效仿以致逐渐形成新的女性能人；第四，妇女集中的产业对于环境的负面影响远远低于男性集中的产业；第五，女能人因为收入较高，生活方式、消费观念、着装打扮、子女教育等方面也与其他妇女表现出差异，妇女在引导家庭消费中有着积极作用。一般来说，妇女更多的是执行家庭再生产功能，当女性能人的经济收入增加及家庭地位提高的时候，她们就会对子女和家庭成员的衣食住行及家庭规划等方面增加投入。当女性能人达到一定的规模后。可以带动整个消费模式的改变；第六，女能人在经济活动中建立了良好的社会网络，为她们参与基层民主管理提供了条件和基础。

三、农村女能人发展存在的问题及制约因素分析

(一) 存在的问题主要表现在：

1. 发展领域有待拓展，后劲有待增强

在264名农村女能人中，从事种植、养殖领域217家，占82%；从事农副产品及农资产品流通领域15家，占5.7%。在29个农村女性专业合作经济组织中从事种植、养殖领域24个，占83%；会员2713人。调查结果表明，现阶段农村女能人主要选择资金投入少、技术要求不高、投资风险小、创业门槛低、行业竞争不强的项目进行创业，容易进入，集中于传统的种植业、养殖业。大多数属于劳动力资源型，投入的劳动强度大，生产的产品多为市场末端产品，科技含量不高，附加值较低，竞争力不强，相应的收益回报率也不高，创业蓄势发展壮大的实力不强、劲头不足。大部分农村妇女仅有致富的良好愿望和苦干的勤劳品质，缺乏承担风险的勇气、规避风险的能力和持续发展的后劲。

2. 规模化、合作化、精细化程度有待提高

调查发现，女能人创办的专业合作经济组织普遍存在"小、散、弱"问题，规模化、合作化、精细化程度亟需提高。"小"就是块头小、会员少、带动农户少。在接受调查的29个专业合作经济组织中，会员在50人以上的有11个，占38%，其余均为50人以下。同时组织辐射面小，大多限于一个村（组）内，跨村、镇、跨县（市、区）的少，导致影响力不大，带动力有限。"散"就是组织结构不够严密，会员的权利、义务不够明确，纵向、横向联合程度低，存在"单打独斗、各自为战"，真正意义上的利益机制尚未建立。"弱"就是一般性生产的多，高层次、专业化、精细化生产的少，大部分以粗放型为主，质量及商品化、标准化程度低，缺乏打造品牌、精品的意识。

（二）上述问题存在的深层次原因

1. 传统观念影响

传统的"男主外、女主内"的思想，以及女性自身的心理弱势和生理负担，使农村女性创新意识、进取意识不够，有依附、从属、小富即安思想，满足于现状；不愿抛头露面、照顾老人孩子、操持繁重家务等原因制约了农村女性更好发展；在发展过程中遇到的困难和付出的代价远远大于男性，也影响了农村女性进一步发展的热情和信心。

2. 自身素质限制

所调查的女性能人文化程度普遍偏低，年龄偏大。264名农村女能人中，大专及以上学历的10人，仅占总数的3.8%，初中学历142人，占53.8%。29个农村女性专业合作经济组织负责人中41周岁以上185人，占70%。大多数是"洗脚上田"，没有经过专门的学习培训，很多时候都是"摸着石头过河"、走一步算一步。因文化层次、年龄等的限制，她们对市场、政策机遇的把握、科技的应用、品种结构的调整、发展的可持续性等方面研究都不够，导致创新意识、进取精神不强，满足于小打小闹，墨守成规。

3. 外部环境制约

政府职能部门及社会对女能人的扶持服务亟待加强。一是责任主体意识不清。女能人的发展没有纳入决策意识主流，在引导、扶持、服务方面，没有明确的责任主体，没有具体的责任单位。二是扶持服务措施不专。没有专门的扶持服务措施，在资金、技术、信息等方面扶持力度不够，有些政策因门槛较高女能人无法享受。比如现行的小额担保贷款，对刚起步、发展规模不大的女能人，因没有担保人或没有营业执照等原因贷款很难。调查中，95%的女能人反映她们面临的突出问题就是资金、信息、技术上的问题，最渴望有专门的服务机构来统一引导和扶持。

四、促进农村女能人更好发展的对策与建议

分析问题存在的深层次原因，有内在的，即女能人自身方面的，也有外在的。针对问题及原因，特从内、外两方面提出对策及建议。

（一）内在即女能人自身方面

1. 转变思想观念

农村女性要坚决摒弃传统思想观念，自信、自立、自强，树立想创业、能创业、创大

业的信心，激发干事创业的热情，增强进取意识和创新精神。

2. 提升能力素质

女能人要发挥主观能动性，自觉加强学习，包括学习理论知识和实践。要积极参加各类培训，学知识学技术，要向身边的先进典型学，学思想学管理，不断提升自身能力素质。

（二）外在方面

政府职能部门及社会各界要为女能人的发展营造环境氛围，提供帮助支持。

1. 强化引导宣传

相对于男性，农村女性在社会活动、生活圈子等方面都较窄小，所以要建立更宽更广的交流平台，比如媒体宣传、组织活动、建立女能人协会等。通过多种途径扩大女能人的社会活动面，启迪思路，开阔视野，同时宣传农村女能人在促进农村经济发展、农民增收致富等方面的作用和贡献，宣传涌现出的先进典型，为农村女能人的发展营造良好的舆论氛围，引领带动更多农村妇女参与发展。

2. 完善服务体系

建议建立完整的服务体系来为女能人的发展提供服务。当前各个部门为女能人的发展做了一些工作，但据调查了解，目前的服务还是零散的、笼统的，或者说是被动的。建议以政府为主导，由农业、科技、人社、财政、金融、畜牧、水产、妇联等相关部门共同建立服务女能人联席制度，明确职能职责，各司其职，各负其责，为女能人发展提供专业化、系统化、个性化的服务。

3. 提供扶持服务

在大的政策框架内，建议对于女能人给予一定的倾斜，尤其是资金、技术和信息上的扶持，指导帮助女能人做大做强。比如鼓励、引导女能人创建"巾帼示范园"等生产基地和精品农业园区，鼓励、扶持"妇字号"龙头企业牵头兴办专业合作经济组织，形成"企业+专业合作经济组织+农户"的发展模式，实行规模化生产和经营，向产业化、规模化、精细化要效益，提高市场竞争能力，使女性能人的规模不断扩大，从而进一步提高其影响力和带动力。

4. 加强能力建设

农村女能人能力相对于其他女性而言稍高，但和男性相比依然偏低，享有的资源相对缺乏，影响了她们的进一步发展，所以必须加强女能人能力建设。建议将农村女能人纳入当地党委、政府人才培养总体规划，进行正确的能力建设定位。要超越以往"为妇女而妇女，为培训而培训"的思维，开展具有性别视角的能力建设需求评估，有针对性地设计活动内容，为女能人提供更有意义的能力建设活动，比如性别平等意识培训、女性领导能力培训、各种技能培训等。

课题组成员：朱秋娣　陈亚妮　尹作亮　邹雪菜　袁开剑

汉江流域荆门段生态补偿研究

荆门市社科联

近年来南水北调中线工程造成汉江流域水土流失严重、水质逐渐下降,我市经济、社会发展受到了较大的限制。因此,尽快建立、完善水源地生态补偿机制和标准,加大中央财政转移支付力度,从政策上给予支持和帮助,协助我市进行产业结构的逐渐调整和转型,并建立和完善补偿机制的评估和激励机制,保障我市经济、社会稳步发展。

一、南水北调给荆门生态环境带来的影响

(一)对农业生产方面的不利影响

1. 沿江涵闸灌排功能减弱

汉江荆门段共有各类闸站49座,其中已废弃3座(修复、重建意义不大);南水北调工程已改造了7座;水利工程已改造了3座;尚有36座闸站受南水北调影响,亟待改建或重建。在这36座闸站中,兴隆库区有排涝闸站10座,由于兴隆枢纽工程蓄水后,库区水位抬高3~4米,导致这些泵站完全或部分丧失原有排涝功能,需要改造或重建。汉江荆门段共有灌溉泵站6座,由于这些泵站处在兴隆枢纽工程回水线以上,受汉江来水量减少的影响,取水口变低,使得灌溉功能减弱,均需改扩建。

2. 沿江崩岸加剧

兴隆枢纽工程蓄水后,沙洋马良镇以下汉江河段水位上涨,河堤脚石不足,风浪淘涮,使得崩岸加剧。同时,南水北调中线工程通水后,造成马良镇以上汉江段水位下降,导致汉江钟祥段河床进一步下切,破坏现有河岸的稳定,使得崩岸加剧。据查,在汉江荆门段154公里的河道和373公里的堤防上,共有28处崩岸,长73.15公里,需抛石226万立方米进行护脚,对63.94万平方米的堤岸进行加固护坡。尤其是兴隆库区汉江主河道上有3处崩岸严重,长度达17.6公里。水位抬高后,崩岸速度明显加快,沙洋县李市镇蔡家咀崩岸已威胁当地村民的生命安全,急需搬迁村民,对崩岸进行整治。

3. 生产环境恶化

一是调水后汉江来水量减小,导致农业灌溉用水和渔业用水矛盾进一步激化,造成我市75万多亩农田灌溉困难。二是汉江来水量减少后水体自净能力降低,致使石头鱼等当地一些特有鱼类濒临灭绝,各种鱼类产卵场规模和范围缩小,生物多样性及渔业生产受到较大影响。三是马良以上汉江沿岸地下水位下降,导致土壤温度和湿度下降,土壤环境和

土壤结构明显恶化，直接影响农作物产量，优势农作物逐步弱化，汉江沿岸农作物种植结构需要进行重新调整和布局。四是沙洋县汉江沿岸的地下水位受兴隆枢纽工程影响有所升高，引起排水不良、土壤透水透气性差，形成36万亩冷浸田。

（二）对生态环境方面的不利影响

1. 竹皮河等小河流入汉江口水体污染加重

汉江荆门段流域面积在100平方千米以上的二级支流13条。由于汉江来水减少稀释能力变弱，13条支流对汉江的污染相应加重，尤其是竹皮河。竹皮河是荆门城区唯一的自然河流，也是城区唯一的排水通道，年接纳荆门城区52万人的生活污水和工业废水6000多万吨。由于以前汉江流量大、稀释净化能力强，多年来未对汉江下游造成明显影响，汉江沙洋段多年来水质一直稳定在Ⅲ类以上。南水北调中线工程实施后，汉江上游来水量减少26%，特别是兴隆枢纽工程建成后，竹皮河水汇入汉江后形成约长2000米的污染带，"水华"现象频次增加，治理难度加大，成本成倍增加。

2. 湿地生态功能弱化

汉江作为我市最大的湿地，调水后由于汉江干流地表水位的下降，沿江及江中洲滩湿地面积将减少，由此将造成现有湿地所具有的巨大生态功能弱化，尤其对生物多样性产生不利影响。汉江水资源减少，直接加大了我市境内各水库、湖泊调水抗旱压力，漳河、长湖等一批重要湿地水位大幅下降，昔日的"鱼米之乡"正面临严重的"肾衰"之痛。

3. 土壤沙化加剧

汉江沿岸土地主要是由汉江泥沙冲积而成的潮土，土壤含沙量高，汉江水位下降后，作物生长期间大量水分蒸发、蒸腾得不到有效的地下水补偿，保水能力降低进而降低了潮土的抗旱能力，干旱现象加重，土壤肥力降低，雨季、旱季的交替出现加速了潮土向沙化的退化，目前汉江沿岸土地沙化面积已达15万亩。

二、当前荆门市生态补偿的基本状况及其存在问题

（一）补偿机制不完善

目前，缺乏对南水北调中线取水后给汉水流域生态环境、经济社会发展所造成影响的科学评估，未建立完善的汉水流域生态补偿机制，存在补偿标准低、补偿项目覆盖不合理、补偿资金补足、资金来源不稳定、资金渠道单一，对流域的补偿不足以抵消南水北调中线工程给汉水流域生态环境、经济社会发展带来的消极影响；生态补偿组织机构不健全，生态补偿资金的划拨、生态补偿执法权力均分布在不同的部门，降低了资金使用的效率，影响了执法的力度和效果。

（二）生态补偿监管执行力度不够

1. 监管落实不够

受加快经济发展的影响，面对一些化工行业重大项目、征占林地重大项目、矿山开采

重大项目等执法刚性不够。

2. 经费缺口较大

林业基层单位"事业经费"严重短缺,争取的上级保护生态环境有关扶持资金配套不到位,支持保护生态环境的科研和专项经费不足。

3. 综合协调乏力

对内,虽然明确了环保部门牵头协调,但有效的联系协调机制没有建立,有利的事情各单位部分抢着管,承担责任的时候则多有推诿;对外,没有建立与周边比邻地区河流水质监测联系协调机制,跨流域污染问题得不到根本解决。

(三)环保基础设施建设运营问题突出

1. 环境基础设施建设相对滞后

城区少数区域截污干管未通达,污水未经处理直接排放,部分县市城镇污水处理厂规模不足以及配套管网建设滞后,污水处理率偏低。

2. 污水处理设施运营保障的压力越来越大

随着污水处理厂陆续建成投运、管网的延伸覆盖、污水收集率和处理率的提高、价格调整等,污水处理费用呈现快速上升态势,除征收的污水处理费全额用于污水处理厂外,保障污水(污泥)处理厂运营费用的压力越来越大。

三、加大生态补偿的对策建议

(一)建立南水北调工程汉江中下游生态补偿机制

1. 争取将汉江流域荆门段纳入国家生态补偿转移支付范围

建议将我市纳入转移支付范围,享受丹江口库区同等政策,并期望这项政策能够形成长效机制,以引导和支持水源区经济社会发展和水质保证相关工作,支持我们做好生态环境保护基础性工作,推动和谐社会建设;将水利设施的运行费用、配套垃圾处理厂建设、航运、水产业经济损失、企业关停和搬迁产生的费用和减少的税收、水资源的经济社会价值损失等纳入生态补偿范围。

2. 国家设立生态补偿基金,对水源区经济社会发展给予扶持

3. 完善转移支付制度

加大对水生态环境重要地区的一般性转移支付力度,提高我市的财政保障能力,加强基础设施和水生态环境建设。

(二)以项目建设促进生态补偿

1. 支持引水工程建设

我市汉江以东的京山县、钟祥市、屈家岭管理区是鄂北地区重旱区,是"中国农谷"、"柴湖振兴发展"两大省级战略的重点实施区域。为解决该区域水资源紧缺问题,我市计划实施"汉江以东"和"汉江以西"引水工程。由于牵涉面广,人口多,投入大,需要国家给予专项支持。

2. 加大沿岸整治力度

一是崩岸整治。重点整治钟祥市的皇庄堤，沙洋县的赵家堤、丫八堤、蔡家咀等崩岸。二是闸站改造。主要改造沙洋县兴隆库区内的排水闸、排水泵站，钟祥市的胡家山、关山、跃进、仙女山等灌溉泵站，恢复其原有功能。三是码头(渡口)修复。新建石牌港区综合码头、大同码头、中粮码头等51个码头(渡口)，代替已淹没或弃用的码头(渡口)继续发挥原有功能。四是水厂建设。对汉江荆门段取水困难和水质污染严重的钟祥市柴湖水厂、皇庄水厂、旧口水厂和沙洋县水厂进行重点改造，同时配套建设流域内的乡镇污水处理厂和污水处理站。第三，补偿性建设一条快速铁路。对接武汉至天门城际铁路，争取武汉至天门城际铁路西延至荆门，缓解我市客运、货运紧张的局面。

(三)加大环境治理、生态修复投入力度

实施湿地生态补偿制度，加大汉江湿地保护与恢复体系建设等重大生态安全工程投入力度，重点对汉江荆门段流域面积在100平方千米以上的13条二级支流进行综合整治，将竹皮河综合治理包括河道整治清淤工程、截污工程、重点企业污染防治、农村环境治理、生态修复、能力建设6大类工程纳入汉江流域生态补偿项目。同时，在汉江荆门段投资建立增殖流放站，恢复受保护的鱼类资源。

(四)坚持规划引领，制度创新，努力消除不利影响

一是积极呼吁国家编制《汉江水污染防治和水土保持规划》。参照丹江口库区水污染防治和水土保持规划，编制实施《汉江水污染防治和水土保持规划》，重点开展城镇和农村污水处理、垃圾处理设施建设，实施污水处理补偿项目，对水土保持和农业面源污染进行专项治理。二是推进水污染治理项目建设。抢抓湖北汉江生态经济带开放开发机遇，改扩建沿江污水处理厂，加快实施市域污水集中处理工程，重点解决汉江流域荆门段沿江城镇生活污水、垃圾污染问题。三是建立健全汉江流域水污染防治区域联动机制。加强与沿江地区的合作，建立健全汉江流域水污染防治区域联动机制，保障汉江流域水生态安全。

课题组成员：丁建军　宋茂华　杜汉华　陈前恒　李新阳　邹雪莱

荆门融入"两圈两带"推动产城并进对策研究

肖菊华

在湖北"两圈两带"新的区域发展格局下，荆门面临着两种选择：要么在奋进中崛起，要么在竞争中落伍。我们必须准确把握工业化、城市化发展规律，全面深化改革开放，加快推动产城并进，主动融入"两圈两带"，进一步提升荆门的影响力、竞争力和带动力，努力在全省发展格局中争取更大作为、作出更大贡献。

一、荆门融入"两圈两带"、推动产城并进的重要意义

（一）新机遇：区域格局深刻调整，政策"窗口"已经打开

世界经济的复苏和我国进入打造经济"升级版"的新阶段，为我们实施转型发展提供了新机遇、新空间。十八届三中全会的系列改革举措开启了国家新一轮改革。促进中部崛起、打造长江中游城市群战略深入实施。湖北"构建支点，走在前列"全面展开，"两圈两带"发展格局日渐清晰。荆门是全省唯一承担两大省级战略重任的市州，这都有利于荆门发挥比较优势，争取政策支持，汇聚优质资源，率先探索产城融合发展的新路径，构建"四化同步"发展的新格局。

（二）新挑战：区域竞争日趋激烈，发展"突围"势在必行

全省大力支持各地发展平台的建设，各地竞争发展加剧。随着武汉城市圈城际铁路的开通，各城市间联系更加紧密，长江沿线城市整合发展步伐将更快，对荆门发展提出新挑战。2013年，荆门地区生产总值、工业、第三产业总量和GDP增速都明显低于其他城市。荆门面临着优势弱化、劣势加剧以及经济发展速度慢，质量低的严峻挑战。

（三）新引擎：经济步入中速增长，动力"换挡"正当其时

中国经济进入7%左右的中速增长阶段，经济增长动力将转向"创新驱动"和"制度红利"。在国家实施扩大内需战略特别是扩大消费需求的新形势下，荆门单纯靠投资拉动的经济增长模式已难以为继。2013年，荆门城镇化率为52%，这一方面说明城镇化滞后于工业化，另一方面说明城镇化潜力巨大。因此只有坚持走以产兴城、以城促产、"产城"并进的道路，才能引领荆门城市未来发展。

二、荆门融入"两圈两带"、推动产城并进的战略目标

荆门推动产城并进、融入"两圈两带"的总体思路是:把长江黄金水道功能辐射到荆门,把重大产业项目引进到荆门,把国家、省改革试点示范争取到荆门,着力打造"鄂中城市群"、"荆楚立交桥"和沿江"绿色生态走廊"。

(一)聚焦荆门居汉江之腰、享两圈之利的优势,着力打造"鄂中城市群"

汉江荆门境内河道全长 154 公里,全市 76%的国土面积属于汉江流域;沿江城镇涉及"两城"、"10 个建制镇"、"2 个农场"。为推动"两圈两带"区域发展格局的形成,省委、省政府先后出台了多项政策、意见,已经形成了一系列配套完善的规划体系和政策体系。城市群已成为区域竞争和分工的基本单元,在区域发展中具有主导、枢纽和极化的功能。我们要坚定不移地走新型城镇化道路,坚持"以城带乡、以乡促城、城乡互化"的方针,按照"1+3+4+X"的思路,纵深推进鄂中城市群建设。

(二)聚焦荆门"中部之中"、"中国之中"的优势,着力打造"荆楚立交桥","楚塞三湘接,荆门九派通"

"得中独厚"的区位优势,决定了荆门综合运输体系是湖北打造祖国立交桥的重要组成部分,是湖北建设国内市场枢纽的重要节点。我市虽然五种运输方式齐全,综合运输体系基本形成,但与经济社会发展的需求相比,差距十分明显。经济要发展,交通需先行。我们要大力加强交通基础设施建设,加快建设多种交通方式相衔接的立体大交通,形成连接"一主两副"、贯通"两圈两带"的交通枢纽中心,进一步撬动湖北腹地"牛肚",重振荆襄古道的风采,着力打造"荆楚立交桥"。

(三)聚焦荆门产业基础沉雄、循环经济领先的优势,着力打造沿江"绿色生态走廊"

从发展成果看,荆门拥有国家循环经济试点市、国家现代农业示范区等一批靓丽名片。从发展趋势看,荆门发展正步入快车道。从新兴产业看,荆门正在加快培育新兴产业集群。从循环经济看,建立了国家级荆门化工循环经济园、荆襄磷化循环产业园等专业园区,建成了循环产业链条。我们要牢牢把握产业梯度转移的新趋势、新特点,引领绿色低碳环保产业大发展,加快建设沿江"绿色生态走廊"。

三、荆门融入"两圈两带"、推动产城并进的主要措施

要坚持"以产兴城、以城促产、产城一体"的原则,以产业化为"发动机",引领城镇化水平提升;以新型城镇化为"增长极",支撑产业优化升级,最终实现产业化、城镇化发展"双结合"、"双加速"。重点做到"五个坚持"、"五个同步":

（一）坚持规划统筹，同步优化产城发展布局

健全城乡规划体系，优化城乡空间和产业发展布局，明确区域功能，确保以规划的全域化、一体化引领产城发展同步化。

一是完善规划体系。加快完善全市城镇规划体系和重点片区的控制性详规，合理确定城镇和重点区域的发展时序、功能配备和增长边界。进一步完善细化鄂中城市群规划和新型农村社区布点规划，尽快联合宜昌、荆州和襄阳、仙桃，启动编制宜荆荆城市群规划和汉江生态经济带战略规划，明确区域内城市性质、职能，实现互促互进。

二是强化规划统筹衔接。在城镇规划编制中，立足各城镇产业基础和资源优势，注重对城镇错位分工发展进行总体布局，促进优势互补、差异发展。在各项规划衔接上，牢固树立产城融合的理念，强化总体规划、专项规划和详细规划的有机衔接和配套，纵向上，加强市、县、乡、村四级规划无缝对接；横向上，强化产业发展、交通、水系、道路、土地利用、社会事业、生态环境等子规划的深度融合，切实做到"多规合一"，形成总规管总、详规管块、专规管线、设计管点、全面覆盖、互为支撑的城市规划体系。

三是严格规划管理。进一步强化规划的龙头作用，严格规划管理，坚决查处违法违规建设行为，禁止随意调整规划，始终做到没有规划不建设、违反规划要严惩。

（二）坚持功能配套，同步提升产城质效

推动产城并进，要不断提升产业、城市和生态承载能力，实现产业功能、城市功能和生态功能融为一体。

一是提升产业承载能力。进一步做大做强工业经济，推动传统产业转型升级，提高新兴产业竞争力。不断推进农业产业化，发展设施、绿色、高效农业。适应新型城镇化发展需要，突出发展第三产业，积极发展文化旅游、商贸物流、金融等现代服务业。

二是提升城市承载能力。坚持交通先行，按照"内通外拓"的思路，超常规发展交通基础设施，加快推进交通联网建设，加强与武汉城市圈、宜荆荆城市群、汉江生态经济带其他城市之间的交通无缝对接，构建铁路、水运、高速公路、干线公路和通村公路配套协调的现代化综合交通网络；抓紧完善市域公共交通体系，规划建设城镇互通连廊，加快公交枢纽站场建设，调整优化公共交通线路和站点，合理设置交通接驳设施，提高全域通达便捷度。推动城市基础设施一体化，统筹布局城乡供水联网工程建设，积极推进城乡水源一体化利用、水系一体化保护，提高城镇居民用水水质；做好城镇综合管网规划，健全城镇给排水网络，推进雨污水分流收集和处理排放；着力完善城镇环卫配套建设，推进垃圾分类收集处理；规范电网建设和改造，提高电能质量和稳定性。推动城乡公共服务均等化，优化中小学、卫生医疗和养老设施布局，增强优质公共资源供给能力；优化文体设施布局，实施基础文化设施全覆盖和文化惠民工程；建设覆盖全市的就业公共服务体系，多渠道开发就业岗位，不断优化就业环境；加快社保并轨步伐，稳步提高各项社会保险统筹层次，稳妥推进城镇基本公共服务常住人口全覆盖，把进城落户农民完全纳入城镇住房和社会保障体系，在农村参加的养老、医疗保险规范接入城镇社保体系。

三是提升生态承载能力。落实环保优先、节约优先方针，全面深入开展生态建设，做

到既要金山银山，更要绿水青山。加强生态保护，以解决饮用水安全和空气、土壤污染等损害群众健康的突出问题为重点，加大环境污染综合整治力度。抓住我市被确定为国家节能减排财政政策综合示范市的机遇，大力发展循环经济，鼓励发展低碳技术、节能环保产业和绿色经济。坚持铁腕治污、刚性降耗，深入开展重点行业专项整治，加快淘汰落后产能。广泛开展植树造林，积极推进荒山绿化、平原绿化、城镇绿化，构筑绿色"屏障"。加快推进生态环境治理修复，抓好采空沉陷区等治理工作，为产城并进腾出环境容量。

（三）坚持资源共享，同步配置产城发展要素

同步配置产城发展要素、推进城乡要素平等交换，是实现产城并进的根本要求。

1. 完善土地要素配置

优化土地配置机制，使土地利用结构既满足保护耕地的基本要求，又满足新型工业化、城镇化发展的正常建设用地需求。大力盘活闲置和低效用地，积极抢抓全省实行"四项改革创新试点"机遇，争取工矿废弃地复垦利用和低丘缓坡土地综合开发利用纳入试点。完善企业挖掘存量用地潜力的激励机制，对工业企业利用现有土地进行"零增地"改建扩产的，免征提高容积率后的土地出让金和其他配套规费。加快全域推进土地整治和增减挂钩工作，探索建立农村建设用地和宅基地有偿腾退机制，加大对农村建设用地、宅基地、空闲地整理复垦和流转置换力度。创新增减挂钩形式，探索实行城镇建设用地增加规模与吸纳农村人口进入城镇定居规模挂钩。逐步建立城乡统一的建设用地市场，在符合规划和用途管制前提下，允许农村集体经营性建设用地出让、租赁、入股，与国有土地同等入市、同权同价。继续做好"两转四集中三同步"工作，鼓励支持农民以承包经营权入股发展农业产业化经营，鼓励支持承包经营权向专业大户、家庭农场、农民专业合作社、农业企业流转。

2. 完善金融要素配置

强化对产业发展的金融支撑、切实解决中小企业融资难问题，加大对城镇建设和农村的金融扶持力度。通过发行城投债等多种形式，拓宽融资渠道，允许社会资本参与城市基础设施投资和运营。落实和完善涉农贷款税收优惠、定向费用补贴、增量奖励等政策，完善县域内银行业金融机构新吸收存款主要用于当地发放贷款的制度，加大政策性金融对农村改革发展重点领域和薄弱环节支持力度。加快培育村镇银行、贷款公司、农村资金互助社，引导社会资金投资设立适应"三农"需要的新型金融组织。创新农村金融服务，积极推广"惠农创业贷"、家庭农场主贷款等金融产品，赋予农民土地承包经营权抵押、担保权能，探索推进农民住房财产权抵押、担保，增强农业农村融资能力，增进农民财产性收入。

3. 完善人才资源配置

深入实施"人才强市"战略，依托重点产业项目，建立一批高层次人才创新基地，加快建设院士工作站、省级以上重点实验室、工程技术中心和检测中心，形成项目与人才的互动机制。开展"百名专家基层行"活动，完善科技特派员制度，建立专家与基层单位结对制度，推进乡土人才开发利用，鼓励支持人才在基层和经济一线建功立业。构筑人才引进"绿色通道"，实行"绿卡"服务，保障重点产业、企业、项目的人才供给，着重引进现

代金融、城市规划建设等急需人才。

(四) 坚持城乡互化，同步构筑产城并进平台

实现产城并进的路径在于城乡互化。要以工业园区、城市新区和重点镇、新型农村社区建设为平台，着力推动土地向规模经营集中、居住向城镇和新型社区集中、产业向园区集中、商贸向规范市场集中。

1. 突出抓好工业园区建设

加大"一核六片十五园"建设力度，倾力打造荆门高新区、化工循环产业园两大千亿园区，推动各县(市、区)园区竞相发展，抓好乡镇工业集中区建设。按照布局集中、产业集聚、发展集约的思路，明确园区产业结构、发展规模和方向，高起点、高标准配套基础设施，制定入园企业的投资强度、税收贡献程度最低标准，确定环保准入门槛，完善政务服务功能，构筑成本最低、效益最好、环境最优、污染最少的投资创业平台。紧密结合园区区位条件、经济优势，合理确定招商引资和产业承接重点，形成各具特色、集中布局的产业群。按照"园区即城区"的理念，实施园区基础设施和中心城区全面对接，完善园区居住、商业、卫生、金融等城市公共服务功能，建设宜居、宜业、宜商之地，为建好一个园区、催生一座新城这个目标奋斗。

2. 突出抓好城市新区和重点镇建设

中心城区要按照"一心四城"的空间布局，加快漳河新区建设，做到新区建设与老城区改造同步推进，城市建设与功能优化同步推进，形成100万人口、100平方公里的区域性大城市。京山温泉新区、沙洋滨江新区、钟祥莫愁湖新区、东宝北城新区、掇刀新区、屈家岭农谷核心区要完善各项规划，加快基础设施和项目建设，拓展城市骨架，为产城并进留足空间。各镇域小城市、中心镇和特色镇，要进一步完善城镇功能，带动周边乡镇组团式发展。

3. 突出抓好新型农村社区建设

高标准完成县域新型农村社区布点规划和全市100个新型农村社区的详细规划编制，引导新型农村社区向城区、重点镇和景区、园区周边布局，配套完善水、电、路、气、网络等基础设施和公共服务设施，带动新农村建设。

(五) 坚持政策衔接，同步创新产城发展机制

体制机制是根本性问题，必须从制度创新入手，打通阻碍产城并进的制度"壁垒"，为产城并进提供有力支撑。

1. 完善城乡公共财政资源配置机制

着力推动公共财政资源向农村、小城镇和产业集聚区倾斜，实现总量持续增加、比例稳步提高，确保财政支出优先支持农业农村发展，预算内固定资产投资优先投向农业基础设施、小城镇基础设施和产业集聚区基础设施，土地出让收益优先用于农业土地开发和小城镇、农村基础设施建设。深化重点镇行政体制改革，对胡集、后港、宋河、易家岭等镇域小城市，赋予其同人口和经济规模相适应的财权。

2. 创新产城并进的工作推进机制

统筹重大基础设施、重大公共服务设施、重大项目建设，加快研究制定推动统筹布局的协调机制，形成工作合力。进一步强化在分工合作中实现"双赢"的区域经济意识，尽快建立整体招商机制。积极探索区域合作的利益分配办法，努力形成区域发展的共同利益。完善考核评价体系，建立与产城并进相适应的政策导向、舆论导向和用人导向，充分发挥目标考核的"指挥棒"作用。

中国积分制管理
——道、术、器的有机结合

段联合　周海兵　尹作亮

十八大报告指出，在中华民族的伟大复兴中要坚持道路自信、理论自信、制度自信。在管理领域，中国积分制管理在湖北荆门群艺数码诞生、发展、逐步成熟，成为源于实践、指导实践，推动广大中小企业健康成长的管理理论，是"理论自信"的生动注解。

中国积分制管理是近年来湖北群艺数码广告传媒有限公司结合自身管理实践总结出一套行之有效的管理体系，该积分制管理的原理、方法、应用软件深受广大中小企业的喜爱。目前，中国积分制管理体系的推广和应用发展已成为湖北群艺的核心产品，截至2014年9月30日，累计开班积分制管理落地实操班100期，超过万名中小企业主参与培训，取得了良好的经济效益和社会效益。中国积分制管理实现了"道"、"术"、"器"的有机结合，易于在中小企业落地生根，易学、易用、见效快。本研究拟从"道"（原理）、"术"（方法）、"器"（实用工具）三个层面来对中国积分制管理进行简要分析。

一、中国积分制管理的"道"

"道"就是指原理、规律，中国积分制管理的"道"植根于中华传统文化，吸收借鉴了部分西方现代科学理论，形成了其基本思想。

（一）中国积分制管理的基本思想

中国积分制管理的基本思想就是利用积分对人的能力和行为进行全方位量化考核，运用软件记录积分，灵活使用积分进行激励，以调动员工积极性、激发创造潜能，最终形成以乐观、进取、合作、和谐为代表的积极向上的企业文化，实现企业的永续经营与和谐发展。

1. 赏罚分明，公平公正

中国积分制管理针对有益行为奖励积分，针对有害行为扣除积分，赏罚分明。通过积分制管理的运用不以善小而不奖分，不以恶小而不罚分，实现了从制度层面确保"勿以善小而不为，勿以恶小而为之"被理解和执行。奖分与扣分遵循相应的标准，一视同仁，公平公正。在此基础上，依据总积分或各类积分高低的排名进行各种奖励的就非常的公平公正，评先进、发奖金大家都心服口服。

2. 全面量化，机会均等

中国积分制管理实施过程中对人的能力和行为进行全面量化，一方面，对具备相应的学历、职称、技能的员工每个月都有一定的基本加分；另一方面，职称、学历、技能不如人的可以通过自己的各种有益行为来加分，这就真正做到了只要足够努力，人人都有机会，都有可能积分第一。看似简单的思想，大大激发了员工的斗志和潜能，在正确的操作和实施下，员工素质在工作中不断得到提升，企业效益蒸蒸日上。

3. 以人为本，无为而治

中国积分制管理在实施过程中遵从人的本性，通过合理设计奖分扣分规则并有效实行，广大员工积极努力工作，实现了事事有人管、人人有事做、互帮互助，老板在与不在一个样，真正实现了无为而治。

4. 灵活运用，成本可控

中国积分制管理的运用非常的巧妙，积分不与钱直接挂钩，但是与奖励和福利有关。在具体做法上，企业老板可以灵活运用。例如，规定年终积分最高的3人自己购车，公司给予3万元奖励，不买车也奖，规定出来后，不管大家多努力，年终积分前三的永远只有3个，所以奖励数额固定为9万元，而激励作用却非常明显，往往有可能人人奋勇争先。再比如，某次老板发现马路边的大西瓜很便宜，2块钱一个，叫司机买了8个，回去后，可以安排相关人员查询员工积分，本月获取积分前8名的一人奖一个，这样一来，8个人下班后都欢欢喜喜抱着西瓜回家了，花钱很少，但是给人的被尊重感、荣誉感却可以使得奖者高兴，使未得奖者受到刺激，产生较大的激励作用，同时由于奖励的不确定性，更加引人向往。

5. 以和为贵，道法自然

中国积分制管理遵从儒家的"和为贵"思想、道家的"法自然"思想。通过把"和"的理念融入积分的设计和执行中，巧妙地实现员工与员工之间、员工与企业之间的和谐共赢。例如，在具体实践中通过合理设计规则，举办每月一次的快乐大会，在大会中，员工们竞相参与。一方面展示自身才华，另一方面也在欢乐中彼此增进了感情、加深了了解，在月复一月的快乐大会中企业内部日益和谐，内部沟通日益高效。通过将"道法自然"的理念融入积分制度中去，合理设计、调动大家的主观能动性，可消融企业内部不同部门之间的隔阂，推动了企业内部资源的高效整合。

6. 植根文化，生生不息

物质资源最终会不断消耗，唯有文化源远流长、生生不息。中国积分制管理植根于中华传统优秀文化，并通对其灵活运用，最终可以实现在企业内部形成乐观、进取、合作、和谐为代表的积极向上的企业文化，从根源上解决企业为谁而生、要做什么、怎么做的问题，确保企业行走在正确的道路上，不断发展壮大。

(二) 中国积分制管理与中国传统文化

中国传统文化博大精深、源远流长，湖北群艺立足中国传统文化，从中吸取营养，下面仅从"儒、释、道、法、墨"简单进行说明。

1. 中国积分制管理与儒家文化

儒家文化以"仁、义"为中心,中国积分制管理非常注重对儒家文化的吸收利用。例如,员工给父母买礼物有积分奖励,员工拾金不昧、见义勇为、待人接物礼貌得当等均有积分奖励,违背这些原则的做法通常会有罚分处理。

2. 中国积分制管理与佛家文化

佛文化讲究积德行善、因果报应,提倡莫以恶小而为之,积小恶会成大凶;莫以善小而不为,积小善可成大德。中国积分制管理体系真正体现了有善必赏、有恶必惩,从制度和执行层面推动了广大员工努力工作、积德行善。

3. 中国积分制管理与道家文化

道家文化博大精深,寻求"道"。在中国积分制管理中充分遵循了道家"无为无不为"、"图大于细,图难于易"、"道法自然"的基本思想。中国积分制管理实施走入正轨后,中小企业老板可以不用盯着员工、在与不在一个样,真正实现了解放老板,老板就有时间和精力学习知识、调查研究、思考公司前途和发展战略,老板看似闲下来了,企业却得到了更好的发展,实现了"无为无不为"。中国积分制管理从员工工作、学习、生活的点点滴滴抓起,通过抓细节、抓点滴,日复一日、年复一年,企业最终跨越了重重障碍,实现了大发展。中国积分制管理从人性向善、人需要被认可出发,通过合理的积分规则的设置,遵循人的全面发展的基本规律,最终实现了员工与企业的和谐共生。

4. 中国积分制管理与法家文化

法家文化追求赏罚分明,遵循"法贵一、法不阿贵"的原则,而中国积分制在实施过程中要达到良好的效果也必须遵循这些基本的原则。例如,中国积分制管理使用软件记录积分、通过积分高低进行激励,客观公正,不论职称、职务、资历,一视同仁。

5. 中国积分制管理与墨家文化

墨家追求兼爱、非攻、科学真理。中国积分制管理在实践中非常注重员工的诉求、推动员工之间互帮互助。例如,可规定老员工与新员工结成师徒关系,老员工帮助新员工成长,双方都有积分奖励。中国积分制管理借鉴西方心理学、信息学、管理学等相关科学的规律加以灵活运用,在千锤百炼中不断完善。

(三) 中国积分制管理与西方理论

中国积分制管理借鉴和吸收了西方社会学、管理学、心理学、伦理学等诸多学科的相关科学论断并结合中国实际加以灵活运用。下面就仅就心理学与系统理论简要作出说明。

1. 中国积分制管理与心理学

马斯洛基于人本主义思想提出了需要层次理论。其理论核心是人在社会工作学习和生活中通过"自我实现",可满足其多层次的需要,达到"良好体验",实现完美人格。马斯洛认为,作为有机整体的人,具有多种动机和需要。梅奥通过霍桑实验发现工人满意度与其个人需求是否得到有效满足关系密切,在实验中梅奥还注意到工人不光有物质需求,还有精神需求。梅奥通过霍桑实验发现"受到注意了"会引发相应的效应。中国积分制管理充分借鉴并运用了上述思想,建立了"行动—积分(扣分)—行动"的运行机制。在积分制运用中将积分不与钱直接挂钩,而是更多的与荣誉、面子、身份、地位、福利挂钩,成功地实现了物质奖励与精神奖励的灵活运用。

2. 中国积分制管理与系统理论

"老三论"是系统理论的重要分支，指系统论、信息论、控制论。中国积分制管理非常注重系统化，形成系统的理论、方法、工具体系；中国积分制管理注重运用现代信息技术、利用电子计算机等现代工具通过信息系统来进行积分管理；中国积分制管理在积分规则上注重对"信号—反馈—控制"的运用来奖励有益行为、惩罚有害行为，形成了一套有效的控制机制，简单易用。

二、中国积分制管理的"术"

所谓的"术"，就是指运用基本规律和思想，为达到目的而采用的一些方法。中国积分制管理体系较为完备，有效方法很多，以下仅挑几种常见方法"管中窥豹"。

（一）奖分与扣分

所谓奖分，就是指通过设定相应的规则，来对有益行为在积分上进行奖励。为了便于积分管理在实施中的推进，可以规定，管理人员对员工一次有益行为最大的奖分额度，同时还可以规定每一层级的管理人员每天必须奖励分数的数额，达不到要扣管理人员相应的积分，这样设定以后，管理人员就会在工作中努力寻找各个员工的闪光点，通过积分奖励予以挖掘，形成良好的正向激励，日复一日、年复一年，将会产生水滴石穿、绳锯木断的伟大力量，形成积极向上的企业文化。所谓扣分，就是指通过设定相应的规则，来对有害行为在积分上进行扣除，其基本做法与奖分相反。

（二）算积分与算产值

在中国积分制管理中，算积分是一个重要的组成部分，积分可能对应荣誉、福利、年终奖励等，一般与员工工资关系不大，这就必然产生相关的问题。中国积分制管理不光算积分，也算产值，在算积分的同时，运用相关的规则计算每位员工的每一项工作的工作量所对应的产值，然后在每个月的月末通过产值来核算工资。这样做，既可以实现员工工资与工作绩效挂钩，还能实现员工工资与企业效益直接挂钩，在打破大锅饭、平均主义的同时，还使企业与员工形成了真正的利益共同体。

（三）累积与运用

在中国积分制管理的应用中，积分是靠软件来记录的，所有人的积分通过软件都可以方便地查询、比较，不作废、不清零。每个人都可以查询自己的积分和积分的排名，这样就容易在企业中形成你追我赶、奋发有为的良好风气。积分的永久使用和灵活运用可以产生强大的威力。例如，积分的永久和灵活使用使积分的收益具有不确定性，在不确定下，高积分的员工不愿轻易离开公司，因为排名第一的积分可能会被奖励小汽车一辆或者住房一套亦或企业配干股等无法预料的收益。不确定性往往引人入胜，何况是不确定的收益，大部分人是不会放弃的，这就很好地解决了优秀人才留不住的问题。

三、中国积分制管理的"器"

"工欲善其事，必先利其器"。在掌握了中国积分制的"道"，熟悉了中国积分制的"术"之后，学习者要运用中国积分制管理理论进行管理，达到预期的目的需要一套行之有效的工具。湖北群艺数码为了使中国积分制管理能够在中小企业顺利落地，结合自身多年的实践经验，开发了一系列廉价而又实用的工具。例如：积分制管理丛书、积分制综合管理软件网络版、积分制综合管理软件单机版、中小企业积分制管理软件、中小企业工资核算软件、中小企业业绩管理软件、企业客户积分管理软件、业务管理系统等。众多融入了中国积分制管理思想和方法的有效工具一方面为中国积分制管理的推广应用创造了良好的条件，另一方面连同积分制管理落地培训班打造出了群艺数码中国积分制管理在管理咨询行业的核心竞争力。

综上所述，中国积分制管理是湖北群艺数码在管理实践中逐渐形成并不断完善的管理理论体系，目前基本实现了原理、方法、工具的有机结合。其易于学习、易于复制、容易落地、效果明显。展望未来，应当组织力量进步深入研究、不断总结实践经验，推动中国积分制管理在更广阔的领域推广应用，最终形成产于中国、影响世界的具有鲜明中国特色、中国风格、中国气派的管理理论和应用体系。

中国农谷"政产学研用"协同创新研究

梁小青

作为荆门实施的省级重大战略,中国农谷核心区屈家岭如何尽快实践农谷战略初衷,落实农谷战略规划,走"政产学研用"协同创新的道路是必然选择。作为全省唯一一个服务于中国农谷战略的省级人文社科重点研究基地,中国农谷发展研究中心(下称"农谷中心")在2013—2014年广泛调研与社会实践基础上,积累了一些体会与认识。

一、为什么要"政产学研用"协同创新

"协同创新"是指创新资源和要素有效汇聚,通过突破创新主体间的壁垒,充分释放彼此间人才、资本、信息、技术等创新要素活力而实现深度合作,强调创新效率的高效性、创新资源的易得性、创新成果的共享性以及创新动力的可持续性。

"政产学研用协同创新"就是通过整合政府部门、产业资本、高等院校、研究机构、具体目标用户等各方资源和优势,围绕市场需求,促进各行为主体向有效协作的方向发展,逐渐建立起以政府为主导、产业资本为主体、市场为导向、学研用相结合的合作创新体系。

(一) 从国际潮流看

20世纪80年代后,基于科学创新的新兴产业大量兴起,学术研究对产业创新和经济发展的影响越来越大,逐步引起决策者关注。20世纪90年代初,第三代技术创新理论提出,产学研结合的思想和原理逐渐在科技管理实践中得到推广和应用。21世纪以来,高等教育、科学研究和产业创新之间逐步建立起紧密联结的创新网络。更有学者指出,大学除了教学和研究外,还有产学合作的"第三使命"。放眼世界,这种促成技术研发和商业运作密切合作的"政产学研用协同创新"的跨组织合作模式已经得到各国政府高度重视,并逐渐向跨区域化、国际化和网络化方向发展。

(二) 从中国国情看

政、产、学、研、用协同创新是彻底解决"科技与经济两张皮"的治本之策。尽管中国的科研经费投入巨大,但"科技与经济两张皮"现象仍然突出,投入产业不成比例。如何推动产学研之间深度合作和共同发展,已成为国家战略。解决问题的基本思路在于构建政产学研用协同创新体系,以促进科技成果的快速转化,并推动科学研究面向产业需求,

形成科技进步与产业发展互促共进的良好局面。美国硅谷的成功、芬兰"信息通信技术联盟"的组建、北京中关村自主创新能力的大幅度提高，都是这一思路大获成功的典型案例。

（三）从国家政策看

教育部"高等学校创新能力提升计划"（简称"2011计划"）是中国高等教育系统继985工程、211工程之后启动的第三项国家工程，自2012年启动实施，旨在建立一批"2011协同创新中心，大力推进高校与高校、科研院所、行业企业、地方政府以及国外科研机构的深度合作，探索适应于不同需求的协同创新模式，营造有利于协同创新的环境和氛围。共分四种类型：面向科学前沿、面向文化传承创新、面向行业产业和面向区域发展。湖北省政府也在2013年12月18日印发《促进高校、院所科技成果转化暂行办法》，在省内引起巨大反响。

（四）从农谷实际需求看

"中国农谷"战略沿着考古发现—规划概念—经济领域—政治引领的路径一直演绎而来。其具体内涵、目标导向、实现路径等到现在仍旧没有形成共识。政府曾经大包大揽，风情一条街被当地人戏称为"鬼街"，满地空置楼盘等待消化。体制机制创新停留在纸面上，仍旧固守党政分离、相互监督的通俗设计，根本没有考虑其"三农特区"的开发区性质。在具体工作中，专业人办专业事体现不够。

二、中国农谷核心区屈家岭"政产学研用"协同创新内容

现代农业是以工业化的理念，推进从种养殖技术研发，到生产、加工、仓储、物流、配送全过程的现代化，本质就是工业化的组成。现代农业示范区是中国农谷首要功能定位，这既是协同创新的内容，更是目标：使农谷核心区屈家岭成为中国现代农业发展的风向标、示范地。

（一）建立基于风险共担和利益共享的战略联盟

传统的以资源交易为主的联盟表现为如下特点：政府决策需要专家签字，企业需要高校、科研院所提供技术解决方案，高校科研院所希望从企业拿到科研经费，合作方式单一，往往是某一具体项目的合作，有些合作完全是"一槌子买卖"：为争取政府项目经费的"拉郎配"，短期化、走形式。

这里倡议的基于风险共担和利益共享的战略联盟分核心层、支持层与辅助层。核心层为"战略—知识—组织"的要素协同，支持层为政府政策引导、项目推动和相关制度激励，辅助层则由中介机构、金融机构以及风险投资等构成，志在实现协同各方在战略层次上的合作共赢：政府决策要策划在前，决定在后；企业利用高校的科研、人才优势，通过联合培养丰富自身人力资源储备，提升企业整体竞争力；高校科研院所可以弥补教研经费的不足，提高科学成果转化率，强化其服务社会的功能；目标用户可以在实际工作与解决现实

问题的过程中，有更多的合作伙伴与技术选项。

(二)协同创新的基本内容

1. 价值观上的协同

因为在客观资源、主观能力、发展目标上存在差异，协同各方形成了不同甚至是对立的组织文化和行为准则。政府追求政绩，企业追求利润，大学讲究人才培养，科研机构考虑学术研究，目标用户考虑实际问题的解决。但在协同创新过程中，各方首先应该寻求价值观的协同，以建立基于风险共担和利益共享的战略联盟。

2. 信任和交流的协同

协同创新要求各合作方找准自己在创新链条中的角色定位，厘清各自的关注点和资源优势，建立利益共赢导向下的相互信任，避免出现纠纷、制定纠纷出现后的解决机制，通过优势互补与资源集成达成协同效应，为各方带来新的利益。

3. 风险和利益观念上的协同

协同创新存在较大风险。随着合作深入，如果合作双方不能对合作中的知识创新和技术商业化风险，以及派生的管理成本、机会成本和沉没成本达成一致，就会使合作项目成为"一次性事件"甚至中途夭折。如何进行利益分配机制上的顶层设计，达成"利益均衡点"，是协同创新的关键。

三、协同创新的具体建议

作为中国农谷战略核心区的屈家岭，本身就是一个省委省政府搭建的创新创业的平台。目前，各级政府已经投资30多亿元完善各类基础设施，"筑巢引凤"工作告一段落。屈家岭已经具备启动"政产学研用"协同创新的工作基础。农谷中心据此提出如下具体建议。

(一)屈家岭管委会：努力缝合科技与经济"两张皮"

近几十年来，根据产学合作目标、范围和方式的不同，各国在实践中摸索出了许多组织模式，不同程度上克服了传统的产学合作中局限性。具体的有国家工程研究中心、国家工程技术研究中心、产学研技术创新联盟等。2006年成立的"中关村开放实验室工程"就是由中关村管委会协调、整合北京市科技优势资源、加快产学研合作的一个重要载体。

建议：屈家岭政府建立协同创新委员会。由屈家岭管委会主导，以湖北农谷实业股份有限公司、相关高校(中国农业大学、华中农业大学、荆楚理工学院)和相关科研机构为核心，联合各类中介组织、金融机构等组成。可围绕现代农业的某一项或某几项特定技术，采取非营利组织或合资公司的治理形式，努力解决关键共性技术，制定技术标准、共享成果。

(二)农谷公司：做好产业文章，发挥主体作用

屈家岭地形地貌多种多样，适合做不同种类农产品的科学实验，周边8个乡镇，人口

近60万，四条高速形成"井"字形交通格局，人流十分畅通。不仅位于江汉平原大农业区的核心地带，且有几十万亩集中连片的国有农用地，天地十分广阔。作为"中国农谷"品牌相关资源的主体和运营平台，湖北农谷实业股份有限公司已经确立了以资本营运为核心，涵盖城乡基础设施建设及土地一二级市场开发、金融投资服务、"中国农谷"品牌经营传播、产业引导培育四大业务板块经营模式。目前，农谷公司已经与香港英飞尼迪资本管理公司合作，发起成立了湖北农谷英飞尼迪创业投资基金。

建议：借助农谷英飞尼迪基金的影响力，探索打造一系列各具亮点的高科技农业产业园，引进战略合作者，盘活农谷核心区黄桃、梅花鹿等传统优势产业存量，吸引社会资本聚集，引导培育"中国农谷"区域内的相关产业，并适时推向资本市场。

（三）高等院校：培养应用型人才

不少地方在规划与建设新农村的过程中，早已丢失了传统的历史、文化与生活方式，又由于投资不足，搞得到处城不城、村不村。说城市，住的大半不是市民；说农村，居民大多不干农活。这种情况不能再持续下去了。农村就是农村，对有着5000年农耕文化历史的中国尤其如此。在建设美丽乡村的过程中，首要的任务就是保留农村的美丽与特色，还原曾经的自然村，建设自然与生活相融、房屋和路不规则结合的自然村，让城里人在感受新农村丰富功能的同时，欣赏到别具特色的自然村，找到曾经的农耕文化的精神家园。省内的堰河村、樱桃沟村，省外的郝堂村，正是这样的精神家园。但是，全中国那么多高校，却没有一个"乡村规划与建筑"的专业来培养专门人才，以便在传承传统文化的过程中建设社会主义新农村。既是怪事，更是憾事。这一历史使命，中国农谷核心区责无旁贷，荆楚理工学院更是义不容辞。

建议：要充分利用荆楚理工学院这样一所农谷区域内的唯一本科高校的既有办学特点，结合屈家岭实际，把"乡村规划与建筑"列为今后专业申报的一个重要考虑。同时，借助中国农业大学、华中农业大学等高校智力资源，为现代农业示范区规划路径、提供强大技术支撑。

（四）研究机构：发挥智囊作用

作为省级重大战略，"中国农谷"既要有雄厚的经济基础，也需要耸立的上层建筑。这类平台既指政策咨询类学术平台，如农谷论坛、农谷中心等，又指农业技术类研发平台，如荆门（中国农谷）农业科学院、荆楚理工学院新农村研究院。这类平台不仅已经为荆楚理工学院培养实用型人才提供了鲜活案例，更为推进"中国农谷"战略做了大量具体工作。

由荆楚理工学院新农村发展研究院主办、中国农学会协办的"全国生态农业发展研讨会"，于2014年9月在荆门召开，旨在探讨中国生态农业存在的问题及未来的发展。国务院发展研究中心、中国社会科学院、中国农业大学等多位权威专家与会。该院泗水桥工厂化育苗基地首批40万株穴盘苗按质按量成功交付，标志着荆门第一家工厂化育苗基地成功进行大规模生产经营，结束了荆门市蔬菜种植户从山东寿光以及周边地市买苗的历史。

农谷中心的价值更多体现在决策咨询。在农耕文化展示方面，农谷中心的观点十分明确：只有"打中国农耕文化的牌，点屈家岭文化的睛"，才能撑起中国字号。在信息化建设方面，不仅主持"中国农谷网"后台建设项目，还就屈家岭全域信息化建设提出了顶层设计框架，并就信息化办公室建设提出了原则建议。同时，引荐屈家岭管委会相关部门参加现代农业、农业信息化等学术活动，以了解技术发展、收集招商信息。

建议：无论新农村发展研究院，还是中国农谷发展研究中心，皆由省教育厅批复，可以此为基础，强化资源整合，争取在今后的2~3年内，催生面向中国农谷现代农业示范区的协同创新中心的萌芽，为农谷核心区屈家岭政产学研用协同创新提供再强一些的智力支撑。

（五）信息化办公室：整合资源，为协同创新迈出第一步

农谷中心认为，屈家岭已经具备了推进信息化建设的智力支撑体系。在宏观的顶层设计上，有中国农业大学李道亮教授。李教授是湖北"国家农村信息化示范省"首席科学家，正在牵头编制农业部"十三五"农业信息化规划，任总体组组长，已经两次赴屈家岭指导信息化建设。在中观的省情把握上，有华中农业大学贺立源教授。贺教授30多年来先后主持创办农业环境保护硕士点、地理信息系统本科专业、资源环境信息工程硕士和博士点，主持申报并获批国家第三批"211"农业信息化交叉学科建设项目，也曾专门赴屈家岭指导信息化建设。在微观的荆门市情与屈家岭实际需求方面，既有市农业局信息中心团队，也有农谷中心团队，可以做些基础性工作。

建议：首先，作为信息化建设的具体目标用户，于2014年8月初成立的信息化办公室，可以在屈家岭管委会主导下，通过整合资源，走出"政产学研用"协同创新的第一步。其次，"中国农谷网"的承办与运营应该交还屈家岭。作为省级重大战略的实际实施方，只有屈家岭政府才能了解自己的工作诉求、把握实际工作进展，有着相对齐全的现代农业专业人才储备。并努力协调好中国农谷网、湖北农谷公司网、屈家岭电子政务网之间的关系。再次，中国农谷网就是农谷核心区的脸面、窗口，是中国"三农"政策的宣讲平台、是中国现代农业科技的演示平台、是屈家岭招商引资政策的解读平台、是农谷建设成果的展示平台。

（六）对省委省政府的建议

农谷本意就是要在农业领域建一个"深圳特区"，给予其政策等方面的特殊支持，鼓励其先行先试，试点先进农业技术、农业产业化模式等。目前，中国农业面临着产量供应紧张、技术研发不够、农业污染严重等一系列问题，需要一个特区先行先试。湖北是农业大省，地理位置居于中部、气候条件相对适宜，如果湖北能把中国农谷做成一篇好文章，就是对整个中国农业的巨大贡献。

建议：考虑农谷核心区屈家岭的开发区性质，逐步打破党政分离、相互监督的通俗设计，进一步发挥集中力量办大事的体制优势，首先把屈家岭管理体制设计为屈家岭工委、屈家岭管委会的"党政一体"的管理体制，再进一步把农谷公司融入其中，设计为"党政企合一"的管理体制。

湖北省人文社科重点研究基地　中国农谷发展研究中心
主要成员：蒋丹　李冉　余琨　彭勤涛　贺体刚

第八篇

鄂州市

鄂州市生态农业发展路径研究

鄂州市社科联课题组

鄂州生态农业发展有别于其他地区基于高效投入实现农业产业化后的改造路径,虽然目前处于起步阶段,但已表现出明显的后发优势,主要在于鄂州生态农业发展与城乡一体化发展相得益彰,并依托综合改革与城乡发展的前期成果,顺理成章地作为一个系统的亮点工程加以推进。从鄂州生态农业发展的现状特征,以及深入推进需要解决的突出问题中,可以梳理出有利于系统推进、持续发展的策略模式和发展路径。

一、鄂州发展生态农业的动力与优势条件

(一)鄂州发展生态农业的主要动力

1. 观念认知动力

问卷调查和访谈表明,鄂州市政府部门对推行生态农业建设的认知非常强,企业认知也比较强,农民认知相对较弱,这与农民的生存和发展状况和个体目标相关。但从生态农业试点推进的基地来看,农民对生态农业的生产要求也是非常认可的。从生态农业的重要性上看,政府认识强于企业,再强于农民,而从实际操作看,企业的认知强于政府和农民,在操作层面上,政府与农民认知各有侧重。政府偏向宏观,农民偏向微观利益,总体来看观念认知动力足够到位。

2. 消费需求动力

鄂州是武汉城市圈都市农业的重要基地。武汉市居民恩格尔系数在40%以下,居民生活步入相对富裕水平。鄂州城镇居民的恩格尔系数也下降到40%以下,而食品消费的绝对支出在增长,居民收入提高,食品质量安全的意识提高,消费倾向增大,对优质农产品的购买力提高,使潜在需求转变为有效需求。鄂州及周边特别是武汉居民生活水平的提高,内在消费和外源消费需求的同步升级倒逼鄂州农业生产方式的转型升级。武汉市沃尔玛超市、家乐福超市、中百仓储、武商量贩等多个大型超市已经成为农产品销售的重要渠道,农产品质量追溯程序保障性更高,为生态农业产品的溢价销售创造了条件。鄂州本地的需求和网点也同步升级,形成了市内外一体的消费拉动格局。

3. 政策环境动力

十八大以来,生态文明建设已成为全党全国的重大战略任务,在生态文明理念下,不以GDP论英雄已成为全社会的共识,转变发展方式的观念变革和相应行动正深刻影响着

工业和农业生产的方方面面。全社会对绿色发展更加重视，对"舌尖上的安全"也更加关注。鄂州作为全省城乡一体化首个试点和综合改革试点城市，在先行先试中，主动不抢先，创新不跑偏，始终坚持生态文明的政策导向，出台了系统的政策措施，积累了改革经验和发展基础，几年来的改革探索为生态农业发展奠定了良好的政策环境。

（二）鄂州发展生态农业的优势条件

1. 得天独厚的自然生态环境

鄂州是全国著名的"百湖之市"，是驰名中外的武昌鱼故乡，土壤肥沃，气候适宜，构成各种类型生态环境，有利于各种植物的生长。第二次土地调查数据显示，鄂州市总面积1596.45平方公里，2013年年末，全市统计常用耕地面积56.68万亩，林地面积45.81万亩，湖泊面积39.5万亩。鄂州土地退化指数好于全省水平。境内有植物3000多种，鄂州南端的梁子湖是全国十大淡水湖之一，全省第二大湖泊。梁子湖生态系统完整、物种丰富，有"化石型湖泊"、"物种基因库"和"鸟类乐园"之称。梁子湖曾是国内保护最好的内陆湖泊之一，2010年被国家环保部选定为水质成功恢复的代表性湖泊，纳入国家重点湖泊水库生态安全调查及评估专项。鄂州境内有大小湖泊133个（百亩以上119个），万亩以上6个，千亩以上20个。特有的农业资源禀赋为生态农业发展提供了先天条件。

2. 科学合理的城市发展布局

鄂州地处长江经济带重要区段，紧临武汉与黄石城区，鄂州根据国家城镇化发展和长江经济带发展战略，结合自身区位特征，充分发挥区域内资源要素的比较优势，主动应对武汉东扩和黄石西进，将生态文明理念融入新型城镇化建设，除主城区外，已规划建设葛店开发区、三江港区、鄂州开发区、鄂城新区、花湖开发区、梁子湖生态文明示范区、红莲湖新区七大沿江滨湖新区。"开发几片热土，留足几片净土"的组群式散点状的发展模式，符合城镇化发展规律，符合农村经济规律，对农业发展具有辐射带动作用，也有利于城乡环境的综合治理和保护。

3. 便捷通畅的交通区位优势

鄂州作为武汉城市圈都市农业的重要基地，武汉至鄂州建成多条扇形径轴通道，均可在半小时内直达华容、梁子湖、鄂城三区，鄂州还拥有长江沿岸优良的深水港，城乡要素在空间上的便利流动，可以将一、二、三产业串通起来。葛店开发区正在打造中部地区重要的电商物流基地，信息、空间、物质，加上交通区位和新型的营销方式，共同构织现代物联网，为鄂州农产品向更开阔的市场营销开创通道。

二、鄂州生态农业发展的阶段特征与障碍

（一）生态农业发展现状与特征

一是生态农业的探索实践与生态农业发展规划同步互动推进，由农业部规划设计院编制的《鄂州市生态农业发展规划（2014—2020年）》已审议通过，成为指导鄂州生态农业发展的纲领性文件。

二是加快推进梁子湖区500平方公里生态文明示范区建设，鄂州要求梁子湖区主动退出一般工业，2013年10月，环境保护部正式批准梁子湖区开展全国生态文明示范区建设试点工作。

三是美丽乡村建设为生态农业发展打下了良好的基地。围绕"污水全处理、垃圾全转运、村庄全绿化"目标，在全省率先建立了覆盖全市的村（湾）保洁、乡（镇）转运、市（区）处理的垃圾收集转运系统。应用农村生活污水实用技术，在示范区内的村庄（新社区）试用试行，其出水水质达到了《城镇污水处理厂污染物排放标准》Ⅱ级标准，提高了水体质量。

四是各类生态农业基地建设竞相发展。规模以上基地（"双百"标准：投资过百万，种植业超百亩）由2013年的67个增加到131个，其中示范基地达到129个。2013年全年注册地理标志商标9件，全国首个有机农产品检测认证中心落户我市，长港峒山新社区被列为全国现代生态农业创新示范基地，鄂州市被命名为武昌鱼标准化养殖示范市和国家"粮安工程"示范市。其中以池湖生态园和梁子湖万亩有机稻为代表的生态农业基地起到重要的引领作用。

鄂州生态农业发展处于起步阶段，但是见效快，后发优势明显，可持续发展的势头强劲，可圈可点的特征突出：

1. 后发赶超，标杆明确

选择从满足基本质量安全的生态标准，向较高水平的生态标准，分类发展不同质量级次的生态农业。在有机农业方面，严格要求"去农药、去化肥"。市农委托省农科院制定了40个有机农产品的生产技术操作规程。全市"三品一标"产品达到136个。作为生态重点发展区域的梁子湖区共有11个产品（春雨薯业的红薯、红薯粉丝，绿色食品的胡柚、茶叶、茶油，伟业蔬菜的西蓝花、藜蒿，前进合作社的草鱼、鲈鱼、武昌鱼、黄颡鱼）取得有机认证或转换证明，正在申报和准备申报产品认证的有19个品种。

2. 因地制宜，因"市"利导

"一区两线四园"（梁子湖有机农业示范区，百里长港、樊寺线生态农业示范线，华容省级农产品加工园、汀祖"四化同步"示范园、南迹湖生态农业示范园、长港循环农业示范园）的生态农业空间规划充分考虑了各地自然条件和资源禀赋。各类生态基地坚持生态标准，利用品牌认证，合理确定高端价位，顺"市"而为，有利可图，农业高端产品的溢价收入已经体现出来。梁子湖万亩有机稻基地，每亩一季净收益达1500元。池湖生态农业园引进以色列优质番茄品种，每亩年净收入可达8000~10000元。沼山源有机芦笋基地2014年有望实现芦笋销售收入4246万元、净利润924万元。

3. 主体多元，利益共享

生态农业经营主体的组织形式灵活多样，以明晰的产权关系和契约为纽带，结成牢固的利益共同体。特别是生态农业基地创建中，突出强调保护农民利益，尊重农民意愿。燕矶镇池湖村一、二、三组3个村民小组农民将110亩土地的经营权直接入股鄂州新都生态农业有限公司，持有该公司股份，参与公司盈余分红。池湖农业生态园农民入股享受的优先股分红保底额度是1500元/亩，另外，每三年分红保底金增长5%。由太和农民专业合作社，太和镇谢埠、金坛、花黄三个村的村委会，与梁子湖生态文明建设有限公司共同组建湖北联和有机农业有限公司，农民也以土地入股，按400元/亩参与保底分红。入股农民反聘到基地后，每月劳务收入介入1000元至2000元之间。农民以"股民"和新型职业农民的双重身份投入到基地中去，实现外来投资人、集体合作组织、农民多赢局面。

（二）生态农业发展面临的问题

生态农业发展是一个系统工程，不可能一蹴而就。鄂州生态农业从起步向更高水平推进，需要重点破解的问题有：

1. 生态农业发展的要素重组问题

生态农业发展需以多元化、专业化、规模化、产业化、市场化为基础，需要资本注入，更需要集中的产品营销，资本下乡与生态经营方式有效结合，才能实现生态农业的长足发展。十八届三中全会首次提出"鼓励和引导工商资本到农村发展适合企业化经营的现代种养业，向农业输入现代生产要素和经营模式"。长期困扰的资本下乡问题，在政策与观念上的障碍已经打通，但是资本、技术、管理、人地资源的再配置是一个复杂的过程，现行的土地制度还是不利于农村土地顺畅流转，是影响生态农业要素重组的主要问题，鄂州在这方面进行了大胆探索，组织形式摒弃了企业加农户的简单模式，选择公司、合作社、家庭农场等多种形式，将生产和交易活动内化到固定的组织体系之内，降低了交易成本和不确定性。目前鄂州生态农业基地处于有利可图的成长期，随着生态农业规模扩张，需求范围和份额不可能像一般产品那样量大面广，政府相应的支持补贴政策有待跟进，以弥补生态农业的正外部性问题。

2. 生态农业基地的内外监管问题

通过调查发现，各类基地中的技术及管理人员最多8人，与其基地规模和监管要求不够匹配。另外生态基地的劳动人员也多是妇女和老年人，劳动者的技术素质水平不高也会给内部监管带来一定难度。为保证产品按生态农业标准生产，目前市农业部门和质监部门也印发了指导性文本，相关基地也研究发布了协会性标准。基地普遍重视投入品的源头控管，但内部生产过程的程序化控制记录有所忽视。

3. 生态农业发展的环境制约问题

工业污染的治理任务艰巨，如原武汉市葛店化工集团污水排放曾长期影响湖泊下游的鸭儿湖水系，现在虽已停产，几十年的污染物蚀透土壤的影响也将是长期的。2010年对代表性基本农田土壤抽检表明，土壤中的重金属污染物含量均达到《土壤环境质量标准》（GB15618—1995）中的二级标准要求，对农作物无不利影响。但在2012年和2013年分别对土壤重金属选取2305个点进行检测，发现相关开发区及企业周边存在重金属超标问题。据资料统计，我国一般化肥使用强度为25公斤/亩，而鄂州市化肥使用强度为73.8~81.4公斤/亩，鄂州市农药总量已降到1000吨以下，农药品种也以高效低毒为主，但以往农村还存在超量使用农药情况，化肥、农药残留影响农业生态环境。

4. 生态农业发展的多重风险问题

自然风险：农业受自然影响明显，除了水旱灾害带来的风险外，病虫害也是一个重要方面。发展生态农业要在数量与质量间权衡，大规模开放条件下的农业生产可能会面临威胁。对生态农业中植保技术的应用提出了更高要求。养殖业的自然风险更大。

生态风险：工业化加快发展时期，各类工业企业污染物排放治理不当，都会产生不良的波及和影响。一是实质性的生态危害，二是声誉影响。需要用一种全域的生态文明观来抓生态农业的发展。

道德风险：生态农业主体在精心营造生态产品的异质化，策划生态产品的市场细分时，还会面临其他不法经营者以次充优的道德风险影响。

市场风险：主要是市场经济周期和结构性波动风险，生态农业产品的供求失衡风险等。生态农业发展中要进行必要的市场风险评估。

三、鄂州深化生态农业发展的路径与策略

(一) 准确定位生态农业发展的多重目标

鄂州生态农业建设要放在全市生态文明建设框架下进行。鄂州生态农业发展首先要确立四重递进目标：一是从生态农业到生态文明的梯级递进目标；二是从无公害农业到有机农业的梯级递进目标；三是从种植业到种养加一体的梯级递进目标；四是从单一生态标准向相对自然的循环生态农业的梯级递进目标。在四重递进目标下，派生出其他功能目标，主要是将全域生态与局域生态相结合，传统农业与现代农业相融合，实现生态农业多重目标的全息对映，通过生态农业的发展，牵引农业发展方式的深刻变革。

要使完备的目标理念和规划转化为具体行动，重在推进落实。市直相关部门要列出推进生态农业发展的责任清单，建立推进生态农业工作台账，并将此纳入部门实绩考核制度，推行政府部门领导挂点制，跟踪协调生态农业发展，农业、环保、质监、工商、土地等相关部门，与生态农业发展导向相关的职责需要进一步明朗化、具体化，层层分解，归类整合，部门间要形成既相分离又协调有序的办事机制，合力推进生态农业的发展。

(二) 合理确定生态农业发展的规模结构

按每平方公里1万人的紧凑型标准，根据鄂州市现有建成区面积以及未来7个新区的占地面积计算，城镇容纳人口将远超过全市的总人口量。若按低于紧凑型标准计算，已规划建设的城镇化区域也能容纳较高的城镇化水平的人口，未来不久城镇化发展对耕地的占用会达到拐点，鄂州市耕地会维持在一个稳定水平。发达国家有机农业占用耕地最高不超总耕地面积的14%，例如德国非常重视生态农业，其比例不超6%，而且这些国家的城镇化率非常高。按鄂州市第二次调查的耕地，综合考虑相应水域和低坡林地面积，参照国外有机农业发展的规模化规律，生态农业基地平均面积按500亩计算，鄂州市生态农业基地应保持在160个以内为宜，而且应该分步推进。这既是由有机农业高端标准决定，更是由有机产品高端需求的市场份额决定的。因此在初始阶段，发展生态农业基地要坚持宁缺毋滥的原则，防止一哄而上。另外，按照多重目标的要求，鄂州生态农业要重点从种植业向养殖业扩展，形成良好的生态农业结构。"百湖之市"需要突显"生态水文章"，进一步完善湖泊登记制度，强化湖泊水质监测治理力度，结合水面滩涂确权改革，推进各类水生产品的生态化转型。大力推广"清水养鱼"和传统"糠草养猪"模式。

(三)综合选择生态农业发展的推进机制

生态农业发展是市场自发行为与政府自觉行为的统一。生态农业发展的直接主体是农业生产经营者,在开放的市场经济环境下,市场决定人们的行为选择,农业生产经营主体是否选择生态农业的发展方式,其决定因素仍然是市场,农业生产经营中的资源配置也必须遵循这一基本规律。生态农业的发展是一个资源再配置的过程,而且比一般的资源配置更加复杂。在按照"规模化、规范化、多元化、透明化"的要求,发展产权明晰、风险共担、利益共享、内生动力强和约束力强的"双强型"生态农业基地的同时,需要政府参与进来,同时要特别注意处理好边界。从政府角度看,鄂州市在解决生态农业面临的农村土地经营的碎片化和农民生产行为的同质性问题方面,可以大有作为。生态农业需要借用资本的力量,发挥市场机制的作用,也需要政府在土地改革等方面大刀阔斧,以完备的土地确权促进土地顺畅流转,实现从碎片化向规模化、同质性向异质性改变。在此基础上,鄂州市要大力鼓励设立不同层次的有机农业协会。

政府推进方面还需要做好宣传工作,完善财政扶持政策和绿色发展的指标体系。加大力度推进美丽乡村建设,在农村到边到角推进清洁乡村和水土安全工程,将生态农业纳入"阳光培训工程",推广普及生态农业知识,使村民生产生活方式和消费习惯符合生态要求,通过行为方式改变实现绿色革命。搞好农村面源污染普查和治理。反思在农村推进城镇模式的改水改厕,将农村人畜粪便集中收储,无害化处理,对施用人畜粪便、绿肥等农家有机肥的基地实施奖励性补贴。

(四)连动激活生态农业发展的动力机制

需求拉动是生态农业发展的主要动力,供给创造需求也是生态农业发展的重要方式。需求拉动传导到供给推进,才能激发生态农业发展的内生动力。按照市场供给规律,在供给推进方面,需主动实施品牌和营销战略。生态农业的价值在于生态品牌,鄂州市生态农业发展要特别注重生态认证、品牌创造、市场营销三位一体。政府做好政策和制度供给,减少生态农业发展的交易成本,改革补贴办法,对"三品一标"的达标基地给予相应奖励,形成良好的正向激励机制。

鄂州生态农业发展初、中期,可采取出口与内需同步的发展策略,引进国外生态农业发展的先进理念、管理和技术,直接按各进口国有机农产品标准生产,既可保证较高的标准,也可扩大市场。

(五)高度重视生态农业发展的监管机制

政府在积极引导生态农业发展,在扶上一马、送上一程的过程中,要始终把生态目标、生态标准放在首位,生态农业的生命力、竞争力依赖生态标准的严格执行,生态农业产品的质量是"管"出来的。首先要重视环境监督和生态功能区分类管理。对环境污染行为实行零容忍,以铁腕严律治理污染。重点要完善环境状况报告公开制度,空气、水和土壤质量状况要及时全面公开,通过公开方式监督约束污染行为。鄂州市已在主城区布设了四个空气质量监测点,在主要水域设置了水质监测点,环境监测要向源头延伸,完善环境监测评估制度,杜绝污染源,为有机产品提供安全的环境保障。在生态功能分类区方面,严格执行梁子湖区退出一般工业要求，建立一方净土和一方净水的农业生态区，对于已污染区域进行隔离治理，将污染区域强制确定为农业生产禁止区。

鄂州市要加快建立农产品质量安全检测中心，完善农业投入品监管机制，禁止使用不符合标准的生产投入品，建立和完善企业内检员制度和产品质量追溯系统，确保质量安全监管有效运行，必要时，要对生态基地的内部流程进行监管，政府部门要树立监管也是服务的理念，做到从产前到产后、从田间到餐桌的全程无缝监管。建立政府职能部门监管、认证企业负责、生产主体参与、媒体群众监督的长效管理机制，完善产品质量抽检制度，对产品质量实行动态监控。健全有机产品质量公告制度，尊重消费者的知情权，发现问题及时查处。

（六）建立健全生态农业的风险防范机制

一是加大对新型农业经营主体的政策支持，增强其抗风险能力和可持续发展能力。如政府加大农业基础设施的投入，提高抵御自然风险的能力；通过全域生态文明建设，为有机农业发展创造良好的生态环境；加大对新型农业经营主体带头人的培训，提升其拓展市场能力。

二是大力发展现代农业生产性服务业，实现从传统的单个、分散的低层次服务，向集中的、高层次的、专业化的现代农业生产性服务业转变，使农业生产性服务业与现代农业，特别是有机农业发展相适应。为支持农业生产性服务业发展，应该逐步创造条件，实行对农业生产性服务业的补贴制度，促其健康、快速发展。

三是保护生态农业品牌。有机农产品能够占据高端市场，全在于其品质；人们愿意高价消费，也是基于其安全性和高品质。而安全性和高品质都是建立在高投入、高成本上的。农产品能够贴上有机标签，有着极为严格的要求，鄂州池湖生态农业园（"梁心"西红柿）、太和万亩有机稻（"梁道"大米）处于认证转换期，已经迈出了可喜的第一步。鄂州应该汲取原产地品牌保护经验，保护梁子湖大生态品牌和武昌鱼品牌，加大"梁心"、"梁道"等"梁系"品牌的创建、基地或产品认证力度，形成独具鄂州特色的有机产品。

四是在营销上推行农超对接，超市专柜、专卖店、直销等模式，稳定销售渠道，鼓励支持生态农业主体参与农业保险，并给予农业保险补贴。在农产品市场销售环节，虽然地方政府没有税收减免权限，但是鄂州市作为先行先试的综合改革试点城市，可以大胆探索生态农业的补贴。主要通过以奖代补的方式，将生态补偿机制直接落实到生态农业生产经营主体中去。

五是建立严格完备的生产台账。有机产品的生产、管理、储存、运输等各个环节都有着极为严格甚至苛刻的条件与要求，各个基地必须建立严格规范的工作程序记录。农业生态基地要有一个相对透明的机制，以确保各利益相关者监督。一些基地虽然已经进入到了有机产品认证转换期，但严格追溯体系并未建立起来，而这些都是有机认证的必备条件。这个问题应该引起各基地经营者的重视。

课题组成员：邵南高　章丹　李志　闻新国
课题执笔人：闻新国
感谢市农委、梁子湖区、鄂城区、华容区及相关生态农业基地和农户对调研的支持和帮助。

鄂州沿江滨湖新区产业整合联动发展现状及思路

王时晖①

2014年9月25日,国务院发布《国务院关于依托黄金水道推动长江经济带发展的指导意见》,部署将长江经济带建设成为具有全球影响力的内河经济带、东中西互动合作的协调发展带、沿海沿江沿边全面推进的对内对外开放带和生态文明建设的先行示范带。长江经济带的黄金水道贯穿的多个国家级经济圈,如长三角经济圈、长株潭城市群、武汉城市圈、成渝经济区等都似珍珠般被串联起来,其覆盖的11个省市将会迎来新一轮发展机遇,长江经济带建设已蓄势待发。

早在意见发布之前的2014年4月,湖北省政府就召开湖北长江经济带开放开发专题会议。省委常委、常务副省长王晓东强调,长江经济带是打造中国经济升级版的发展支撑带、改革试验区、生态保障线,湖北省务必抢抓机遇,坚定信心,解放思想,狠抓落实,加快推进湖北长江经济带开放开发。

而作为湖北省综合改革示范区的鄂州市,更是早在2013年12月召开的市委六届八次会议上就明确提出:为湖北建成支点,走在前列作贡献、打头阵必须打长江牌,实施沿江滨湖开放开发战略。葛店开发区、三江港区、鄂州开发区、鄂城新区、花湖开发区、梧桐湖新区、红莲湖新区、梁子湖生态示范区这8个新区将成为鄂州沿江滨湖新区开放开发的重点,进一步拉开城市骨架,打造项目承载平台。②

一、产业整合联动的必要性

《国务院关于依托黄金水道推动长江经济带发展的指导意见》指出,"以沿江综合运输大通道为支撑,促进上中下游要素合理流动、产业分工协作。着力推进信息化和工业化深度融合,积极引导沿江城镇布局与产业发展有机融合"。"支持和鼓励开展产业园区战略合作,建立产业转移跨区域合作机制,以中上游地区国家级、省级开发区为载体,建设承接产业转移示范区和加工贸易梯度转移承接地,推动产业协同合作、联动发展。"因此,湖北省目前产业必须进行整合,以实现与上下游的产业融合以及联动发展。

---

① 王时晖,1971年生,鄂州职业大学商学院副教授,管理学硕士,研究方向:城市经济行政管理。

② 王时晖,鄂州新型城镇化建设的探索与实践[N]. 湖北日报. T24, 2014-06-30.

(一) 湖北省战略实施的需要

1. 一元多层次战略实施的需要

2013年10月，湖北省委十届三次全会，对深入贯彻落实总书记视察湖北时的重要讲话精神进行了全面部署，提出把"建成支点、走在前列"作为"一元多层次"战略体系的"一元"，统领"两圈两带"、"四基地一枢纽"、"一主两副"等战略，其中的"两带"之一就是湖北的长江经济带，"两圈"之一就是湖北的武汉城市圈。而鄂州市恰好既位于武汉城市圈又位于长江经济带上，战略位置十分重要。因此，鄂州市如何与圈内其他城市乃至与上下游城市的产业进行融合，实现产业的联动发展，关系到湖北省一元多层次战略的顺利实施。

2. 一改两化战略的实施需要

一改两化，即综合改革、新型城镇化和城乡一体化。《国务院关于依托黄金水道推动长江经济带发展的指导意见》明确提出要"创新城镇化发展体制机制"，"选择具备条件的开发区进行城市功能区转型试点，引导产业和城市同步融合发展"。鄂州是湖北省一改两化示范区和示范城市，承载着"做贡献、打头阵"①的重要工作，因此，鄂州市如何做好产业和城市的共同发展，尤其是沿江滨湖八大新区的产城如何融合，试点是否成功，关系到湖北一改两化战略的顺利实施。

(二) 鄂州市内部发展的需要

叶贤林市长在2013年的政府工作报告中提到："全市经济社会发展仍然存在不少困难和问题：经济总量不大、发展不够仍然是鄂州最大的实际；产业结构不优、整体抗风险能力不强、发展质量不高的局面仍然没有根本改变；发展不均衡、不协调的问题仍然存在。"因此，为了扩大全市的经济总量，实现全市高质均衡协调的发展，必须进行产业结构的调整，而这个任务也落在了八个新区的身上。他在2014年的政府工作计划中提出："坚持产城一体，加快新区开放开发，构建新型城镇化多点支撑格局。加快沿江滨湖8个新区开放开发，拓展城市发展空间，引导产业和人口向新区集聚，实现产城融合发展。"

1. 鄂州产业转型升级的需要

《国务院关于依托黄金水道推动长江经济带发展的指导意见》指出："长江经济带的建设要依托黄金水道，但又不绝不止于交通的改善，而是一次发展的升级。中西部发展除了要加大自身发展要素的挖潜力度，还需要以提升自身的软硬件来迎接新一轮的产业转移，而长江经济带建设，就是要在这方面作大力改善。这就要求，除了交通，在发展环境、产业布局、对外开放上都要予以相应的调整。特别是在产业布局和调整上，中西部地区要借机以全国性的眼光来审视，找到自身的优势，以实现产业配置的效益最大化和产业升级的加速。"鄂州市在沿江滨湖8个新区进行产业的整合，发展战略性新兴产业，有利于实现全市的产业转型升级。

---

① 市委书记李兵主持召开全市领导干部大会上的讲话[N]. 中国共产党新闻网. 2014-10-24.

2. 鄂州产业自身发展的需要

根据目前八大新区的产业定位①，新区的产业发展存在以下几个问题：一是产业发展失衡。从目前的产业发展来看，一方面，较早成立的3个区中，葛店开发区产业发展定位比较早，发展方向比较明确，发展成果明显，而花湖、红莲湖开发区在产业的发展上相对滞后，另一方面，2009年成立的4个新区也同样存在发展失衡的状况，如三江港区基本上还是一张白纸，梧桐湖新区基本上处于招商引资和基础设施建设上，而鄂州经济开发区规模以上企业是花湖的两倍。二是产业发展重复。从目前各区的产业发展定位及发展现状来看，各区发生重复的产业有：物流，有三江港、花湖、鄂州、鄂城4个新区重点发展；旅游，有花湖、红莲湖、梧桐湖3个新区重点发展；制造，有葛店、花湖、鄂州、鄂城4个新区重点发展。三是产业发展脱节。如葛店开发区发展现代服务业，为全省电子商务示范基地，但缺乏与之配套的物流产业；花湖发展物流，但缺乏物流产业发展支撑所需的相关产业链。梧桐湖发展旅游，却缺乏与之配套的服务业建设；鄂州经济开发区发展现代制造业，但配套的物流产业发展却相对滞后。为此，八大新区只有进行产业整合，才能实现联动发展。

二、新区产业整合联动的思路

《国务院关于依托黄金水道推动长江经济带发展的指导意见》指出："顺应全球新一轮科技革命和产业变革趋势，推动沿江产业由要素驱动向创新驱动转变，大力发展战略性新兴产业，加快改造提升传统产业，大幅提高服务业比重，引导产业合理布局和有序转移，培育形成具有国际水平的产业集群，增强长江经济带产业竞争力。"这为鄂州沿江滨湖新区的产业整合联动发展提供了思路。

（一）其他地区产业整合联动的借鉴

1. 成功经验

一直以"制造业高地"著称的长三角地区，近年来服务业快速发展的同时，大量产业向长三角中上游转移。目前，仅长江中游地区，就设立了安徽皖江、湖南湘南和湖北荆州三个国家级的承接产业转移示范区。长江上游的四川省，引进国内省外资金每年上一个千亿元级台阶，2013年达到8697亿元，其中东部地区的到位资金占58%。上海在产业转移中大多扮演"输出方"的角色。早在2011年，上海就提出"研发和销售两头在沪、中间在外"的产业转移模式。记者从上海产业转移促进中心了解到，该中心自2008年成立以来，已促成落地项目73个，投资金额724亿元，有效地推动了长江流域的联动发展。

除了产业转移，长三角多年来积累的协作经验也值得复制推广。上海社科院部门经济研究所副所长郁鸿胜说："长三角的区域合作是市场经济体制下的'五流'合作，即人流、物流、资金流、信息流和技术流的合作，再走向制度的全面合作。建设长江经济带的过程

---

① 温博侃. 八张蓝图引领我市八大新区跨越发展[N]. 鄂州日报. 2014-04-21.

中，可以借鉴长三角已有的合作机制，由原来的要素合作逐步转向制度合作。"①长三角城市合作平台强化了专业和务实的特征，成立了长三角新型城镇化建设等4个专业委员会，加强对区域内人口、土地、能效、投资等数据的分析和监测，建立专家库，为长三角新型城镇化建设提供决策依据。长三角已在海关监管等领域形成了区域性的运作机制，通过功能优势互补、跨关区的转关等措施，推进了区域经济的合作。为加快长三角城市一体化建设进程，有效提升长三角城市群的综合竞争力。

上海自贸区在制度创新方面也有许多成功验。工商注册登记从实缴改为认缴、企业年检改为年报公示，海关监管从先报关、后入区改为先入区、后报关，国际贸易启动"单一窗口"试点，贸易监管制度创新后，货物通关时间平均缩短2天至3天，节约物流成本10%左右。制度创新带来的红利超乎预期。截至3月25日，上海自贸区办结新设企业7492户，其中外资628户，平均每户注册资本468万美元。内资企业6864户，平均每户注册资本2116万元。如果再加上已办理核名手续但还没有设立的企业，数量将达到1万户左右。这意味着在吸引企业入驻方面，上海自贸区半年交出的成绩赶上了过去20年。②

2. 失败经验

(1) 对城市的社会功能规划不够。如珠三角城市的工业化历程，基本上是农田变成工厂的过程。当年的发展对城市规划重视不够，没有很好的规划，而城市建设中，教育、医疗、体育、卫生、科技等社会功能的建设发展，直接影响到大项目能否引进和立足。当年宝钢之所以选择上海，就是认为湛江的社会建设水平不高。而大项目的进入，改变了城市的产业结构和人员成分，也改变了城市的性质，只有对规划进行适当的调整，才能满足发展的要求。很多城市没想到发展这么快，如今要改变现状，成本极高。汪洋在广东视察时曾指出，历史经验表明，大部分人反对的，可能是好的规划；大部分人支持的，反而是坏的规划。

(2) 政府在区域发展阶段协调能力不强。因为政府配置资源的领域主要集中在基础性和公益性领域，对政府来讲，就是要重点解决各区域不能自行解决或解决不好的跨地区、跨行业的重大问题。如要实现珠三角一小时经济圈，就要做好高速公路、轻轨、地铁等交通基础设施的规划，合理布局，并加大投入力度；要防治水污染，就需要省政府建立区域环保协调机制和补偿机制，协调流域、区域环境保护问题。经济利益协调，是珠三角资源整合和协同发展最难的问题。据了解，从1994年11月到1998年，珠三角领导小组前后召开了8次协调会议。之后，仅分别于1999年和2002年召开过两次协调会议，协调效果显然不好。③

(3) 环境破坏和资源紧张的问题。广东的粤东、粤西和粤北的很多地方已经从珠三角的产业转移浪潮中承接了不少企业，不少地区领导言行不一，经常说是要在保护环境的前提下发展经济，但在引进企业的时候却始终把如何提高GDP和税收的因素放在首位，有意无意地承接了不少高耗能、高污染的企业，使地区环境进一步恶化，污染环境严重。同

---

① 长三角经济结构持续优化 与长江经济带形成联动[N]. 中央政府网, 2014-10-04.
② 探路深水区——盘点上海自贸试验区半年运行三大亮点[N]. 中央政府网, 2014-03-30.
③ 珠三角"规划"了什么[N]. 人民网, 2003-08-06.

时，这些地区的资源，包括工业用地、原材料、人口和环境等，出现了前所未有的紧张局面；用地、用电、用水和用工等成本进一步上涨，未来发展现代产业体系的空间受到严重的挤压。

(二) 新区产业整合联动发展的思路

《国务院关于依托黄金水道推动长江经济带发展的指导意见》指出，"以沿江综合运输大通道为支撑，促进上中下游要素合理流动、产业分工协作。着力推进信息化和工业化深度融合，积极引导沿江城镇布局与产业发展有机融合"，"顺应全球新一轮科技革命和产业变革趋势，推动沿江产业由要素驱动向创新驱动转变，大力发展战略性新兴产业，加快改造提升传统产业，大幅提高服务业比重，引导产业合理布局和有序转移，培育形成具有国际水平的产业集群，增强长江经济带产业竞争力"，这为鄂州沿江滨湖新区的产业整合联动发展提供了思路。

1. 利用长江中游经济带区位优势，整合物流产业资源，实现电子商务和物流产业的联动

鄂州介于武汉和黄石之间，紧邻武汉，与黄石融城，位于长江中游经济带和武汉城市圈的核心区，除毗邻长江外，境内有四条高速、两条省道、一条跨城市道路，一个国家级新港(三江港为武汉新港的一部分)，铁路四通八达，发展电商和物流产业的条件十分优越。电子商务与物流是相互依存相互促进的两个产业，电子商务产业的发展可以促进物流产业的发展，同时，物流产业的发展也促进了电子商务产业的繁荣。应利用葛店开发区建设中国中部电商基地的有利条件，将四个重点发展物流新区中的物流资源进行整合，各有侧重。如葛店开发区利用及紧邻东湖高新技术开发区的优势，及区内的化工、生物医药产业支撑，主要发展电子商务产业及相关配套的金融、技术、策划、培训、信息、会展行业，同时发展生活消费品物流和医药物流。三江港区利用港口优势及区内外冶金工业优势，主要发展生产资料机械设备等大宗物品物流业，花湖开发区利用与黄石融城的优势，利用紧邻的鄂城开发区的金刚石刀具产业支撑，大力发展建材家居装饰装修物流仓储和配送服务业，鄂州开发区利用靠近城区的优势，大力发展冷链物流，农业物流，提升生态农业产品加工配送能力。通过资源整合，新区的电商产业发展和物流产业各有侧重，且互相串联，可以避免产业重复建设和物流基础设施重复建设的问题，同时可以实现与其他产业的联动发展。

2. 利用与长江连接的湖泊优势，整合农业资源，实现文化、旅游和生态农业产业的联动

鄂州生态农业的发展受地域和自然环境的限制，与长江沿岸其他地市相比，不求最大，但求最精，为此，只有在增加农业的附加值上下工夫，文化和旅游是增加农业附加值的一个重要手段，我们可充分利用所拥有的湖泊优势，将农业和文化、旅游产业结合起来发展。目前除了梧桐湖新区将文化旅游和生态农业结合起来发展外，其他新区则忽略了文化旅游产业与生态农业的结合，浪费了江河湖泊的优势。梧桐湖可大力发展民俗文化生态旅游、鄂州开发区可大力发展百里长港水乡文化生态农业旅游、花湖开发区可大力发展花湖宗教文化生态旅游、三江港区可大力发展三江港三国文化生态旅游，而红莲湖新区则可利用红莲湖水上训练基地发展现代体育文化生态旅游，鄂城开发区可发展车湖古典文化生态旅游。利用一个长江，将梁子湖武昌鱼和湖蟹品牌，百里长港，三山湖、车湖、花湖、三江港等港口、湖面、水库、渔业、森林、历史、文化等资源串起来，进行整合，形成八大新区长江湖泊水系生态农业文化旅游一体化发展的格局，从而带动相关产业的发展。

3. 利用长江中游经济带的工业优势，整合工业资源，实现高新技术制造产业与传统制造产业的联动

鄂州的资源十分丰富，工业历史悠久，基础雄厚，总部（研发）在武汉上海等一线城市，制造基地在鄂州的条件十分优越。应配合长江中上游一线城市的产业发展，整合工业资源，大力发展高新技术制造业，升级传统制造业。应利用葛店与东湖高新技术开发区的零距离地理区位优势，重点发展生物及光电制造产业，进一步巩固葛店开发区研发在武汉、制造在葛店的产业地位，辐射到鄂州经济技术开发区和鄂州城区，从而加快鄂州经济技术开发区的传统产业转型升级，传统的冶炼行业升级后空闲的机械设备和人员可整体迁移到葛店新区，满足支撑开发区高新技术制造业、物流和电商产业所需要的人力资源，同时鄂州开发区鄂钢等传统制造业升级后空闲的仓库可满足区内外物流业发展的需要。利用花湖与黄石经济技术开发区的零距离地理区位优势，重点发展新型环保建材及家居制造产业，辐射到鄂城经济开发区，使鄂城开发区的金刚石刀具等产业能进一步得到扩展的空间。

三、新区产业整合联动中应注意的几个问题

（一）管理机制的问题

产业的发展，离不开良好的管理机制。机制的建立，一靠体制，二靠制度。这里的体制，主要是指组织职能和岗位责权的调整与配置；这里的制度，是指法律、法规以及规章制度。鄂州市作为一改两化的示范区和试点市，在管理机制上应先行先试，大胆创新。

1. 建立横向联动机制，促进产业横向联动发展

横向联动机制即八个新区之间及与周围城市园区之间的横向联动机制，即将产业的横向合作制度化，形成相关的激励机制、约束机制、保障机制。2014年7月，鄂州市委、市政府发布《关于进一步明确和落实沿江滨湖新区有关政策的通知》，明确了新区"三规"实行封闭运行，即新区经济社会发展规划、总体规划和控制性详细规划、土地利用总体规划由各区自己编制，然后报批实施。这对于提高效率，因地制宜，充分发挥各区的积极性方面起到了积极的作用。但我们也应该看到，如果没有横向的相关联动，各区的规划极有可能真的实现了"封闭"，即各新区为了自己眼前的一区之利，或者急功近利，或者闭门造车，没有高瞻远瞩的考虑，与其他各区及其他城市相关产业园区的产业联系断裂。因此，必须形成横向产业联动机制，在制度上保障各新区之间和上下游其他城市园区保持产业信息上的互通，行动上的统一，利益上小我的牺牲，使新区产业与长江经济带相关产业链对接，实现联动发展，避免产业重复建设、脱节发展的现象。

2. 建立纵向联动机制，促进产业纵向联动发展

纵向联动机制指八个新区与国家、省、市上下级之间的纵向联动机制，即将产业的纵向合作制度化，形成相关的激励机制、约束机制、保障机制。国家、省、市对产业布局都有相关的规划，有的产业鼓励发展，有的产业抵制发展，应建立与国家、省、市相关产业主管部门的纵向联动机制，了解国家、省、市相关产业的发展动向，即时作出调整，多争取成为鼓励发展的产业示范区，生产基地，多争取产业鼓励政策、产业刺激资金等，搭顺风车，将区内产业的发展置于国家级、省级产业发展的大方向中。应加强与国家及省市的上下级部门的协调，解决区内产业发展中存在的涉及多个部门的问题，联系国家级、省级产业发展专业机构、咨询机构、专家库等，对区内人口、土地、能效、投资等数据进行分析和监测，及时进行调整，将纵向的联动制度化，形成常态，促进区内产业在国家级、区域级、省级层面上的纵向联动发展。

(二) 社会配套的问题

1. 基础设施的配套问题

新区的产业发展离不开基础设施的配套。如物流业的发展，需大力发展交通设施及仓储设施的配套，电子商务业的发展，需大力发展通信及通信基础设施的配套。制造业的发展离不开厂房等工业基础设施的配套，生态农业产业的发展离不开农业基础设施的配套，文化旅游产业的发展离不开景点设施的配套。《国务院关于印发物流业发展中长期规划（2014—2020年）的通知》指出："加强物流园区规划布局，进一步明确功能定位，整合和规范现有园区，节约、集约用地，提高资源利用效率和管理水平。"该通知还指出："在大中城市和制造业基地周边加强现代化配送中心规划，在城市社区和村镇布局建设共同配送末端网点，优化城市商业区和大型社区物流基础设施的布局建设，形成层级合理、规模适当、需求匹配的物流仓储配送网络。"因此，基础设施建设应布局合理，与需求匹配，避免贪大求全，重复建设，过度建设。尤其是在全国仓储基地和物流园区建设加快的情况下，警惕在新区盲目过度建设风险。

2. 社会环境的配套问题

珠三角的经验告诉我们，在发展产业的同时，也要注重社会环境的配套建设问题。《国务院关于依托黄金水道推动长江经济带发展的指导意见》指出，"以沿江大中小城市和小城镇为依托，促进城市群之间、城市群内部的分工协作，强化基础设施建设和联通，优化空间布局，推动产城融合，引导人口集聚，形成集约高效、绿色低碳的新型城镇化发展格局"。因此，不能仅把新区变成一个大工厂，也要变成一个人口稳定聚集的宜居之地，教育、医疗、体育、卫生、科技等社会功能的配套建设也要同步进行，这样才能既为投资提供配套的环境保障，也为人口长期集聚提供社会保障，才能真正地建设产城融合的现代化工业园区为特点的新型城镇。

3. 招商引资的配套

招商引资应与新区的规划相配套，以企业作主导，政府作引导实行市场化运作。新区相关职能部门不能为了完成引资任务而引资，不对投资主体进行甄别，甚至为了引资不惜牺牲部门利益，违背市场化运作规律。一方面招商的投入要与产出相配套；另一方面招商

引资要与规划好的产业布局相配套,不能盲目引进项目,盲目招商引资。

(三)资源保护的问题

1. 文化资源的保护问题

鄂州既是一座新兴的工业城市,也是一座历史悠久的文化古城。鄂州有5000多年的历史,在漫漫的历史长河中,有不少文化资源散落在各个新区。如在樊口至三江口一带,有三国文化资源,葛店有道家文化资源,车湖有苏轼和车胤等古典文化资源,梁子湖有民俗饮食文化资源等,在做规划的时候,要注意对文化资源的保护,将保护文化和文化开发并肩进行,如果盲目开发,而不注重文化资源的保护,则造成的文化损失是不可逆转的、毁灭性的。

2. 自然资源的保护问题

鄂州既是一座现代化的城市,也是一座美丽的山水城市。各新区都由大小湖泊和群山环绕,风景十分优美。国家多次提到了生态和环境保护的问题,《国务院关于依托黄金水道推动长江经济带发展的指导意见》指出,"统筹江河湖泊丰富多样的生态要素,推进长江经济带生态文明建设,构建以长江干支流为经脉、以山水林田湖为有机整体,江湖关系和谐、流域水质优良、生态流量充足、水土保持有效、生物种类多样的生态安全格局,使长江经济带成为水清地绿天蓝的生态廊道",山水资源等自然资源不仅使我们的城市更美,它们还是自然环境自我调节的保障。因此,在规划和建设开发区的同时,应注重对自然资源的保护,尽量保持新区的原生态地貌,尽量少占用湖泊和山林的面积,争取建设成为全国生态文明示范城市。

参考文献

[1]国务院关于依托黄金水道推动长江经济带发展的指导意见[Z].国发〔2014〕39号.2014-09-25.

[2]市委书记李兵主持召开全市领导干部大会上的讲话[Z].中国共产党新闻网.2014-10-24.

[3]全市沿江滨湖新区建设工作推进会召开[Z].鄂州新闻网.2014-07-25.

[4]温博侃.八张蓝图引领我市八大新区跨越发展[N].鄂州日报.2014-04-21.

[5]鄂州新型城镇化建设的探索与实践[N].T24.湖北日报.2014-06-30.

[6]长三角经济结构持续优化 与长江经济带形成联动[Z].中央政府网.2014-10-04.

[7]珠三角"规划"了什么[N].人民网.2003-08-06.

[8]关于进一步确和落实沿江滨湖新区有关政策的通知[Z].鄂州办文〔2014〕47号.2014-07-17.

[9]国务院关于印发物流业发展中长期规划(2014—2020年)的通知[Z].国发〔2014〕42号.2014-10-04.

关于梁子湖流域综合治理情况研究

鄂州市人大常委会课题组

近几年来，在湖北省各级党委、政府的坚强领导下，随着生态文明建设的推进和"两型"社会建设步伐加快，梁子湖流域综合治理既面临难得机遇，同时也面临严峻挑战，但机遇大于挑战。党的十八大就大力推进生态文明建设、节约资源和保护环境作出了新的战略部署。党的十八届三中全会提出，紧紧围绕建设美丽中国，深化生态文明体制改革，加快建立生态文明制度，健全国土空间开发、资源节约利用、生态环境保护的体制机制，推动形成人与自然和谐发展的现代化建设新格局。2014年湖北省政府工作报告提出，"实施碧水工程，构建人水和谐的水生态环境。"同时提出，加强梁子湖等五湖重点流域综合治理。为认真贯彻落实中央、省有关精神和工作部署，进一步推动梁子湖流域综合治理，鄂州市人大常委会课题组对此开展了专题调查研究，现将调研情况报告如下。

一、梁子湖流域概况

梁子湖是湖北省第二大淡水湖，处于武汉、鄂州、黄石、咸宁四个大中城市中间区域。在常年平均水位时，长44.3公里，最宽处9.9公里，面积225平方公里，多年平均水位18.25米，平均水深2.5米，贮水量6.5亿立方米，堤内湖水滞留时间为0.53年。梁子湖流域跨武汉、鄂州、黄石、咸宁四市，集水面积2085平方公里，流域面积3265平方公里。

梁子湖流域共有入湖河港30余条，主要有高桥河、金牛港、朝英港、徐家港、张桥港、山坡港、宁港7条。其中高桥河全长64.4公里，集水面积893平方公里，占流域陆上汇水面积一半，入湖水量占入湖总水量50%以上。出水口仅长港一处，长港全长46.6公里，通过樊口大闸排入长江。

梁子湖原为通江敞水湖，高水位时与保安湖和鸭儿湖连成一片。新中国成立初期梁子湖面积近409平方公里。20世纪50年代末至70年代中期，先后在鄂州市境内修筑了小南湖堤、广家洲、东井、湖赛、鲁家湖、涂镇湖、蔡家海等围堤76处，堤线总长89.3公里，致鸭儿湖、保安湖、三山湖与梁子湖完全分开。在武汉市江夏区内相继修筑了张桥湖、山坡湖、仙人湖、马场湖和牛山湖等湖泊围堤共24处，围垦面积150平方公里，到2008年，梁子湖水域面积比新中国成立初期减少近一半。

梁子湖是武汉城市圈重要的生态屏障，对于发挥生态屏障与生态调节功能，缓解这一经济发达、人口密集区域的生态环境压力具有越来越重要的作用。梁子湖Ⅱ类水质面积达到85%以上，被列为大武汉的应急备用水源地，直接保障千万人的饮水安全。梁子湖处于鄂东平原天然湖泊湿地群的东南端，是全球生物多样性最丰富的湿地之一，被列入亚洲湿地保护目录。2002年，梁子湖鄂州水域及其周边湖滨湿地共379.46平方公里被列为省级湿地自然保护区。在很多湿地受到不同程度损害的情况下，梁子湖湿地良好的生态系统尤其显得重要，在涵养水土、调节气候、维护现有生态方面发挥着越来越重要的作用。

梁子湖流域现有人口约71万，其中城镇常住人口约11万，是相对贫困的农业区。种植业、水产业、畜牧业为支柱产业。工业和服务业相对落后。

二、综合治理的措施、成效与主要经验及存在的主要问题

近几年来，按照省人民政府办公厅印发的《梁子湖生态环境保护规划（2010—2014年）》的规定和部署，各相关责任单位采取有力措施，不断加大综合治理力度，取得了明显成效。

2000—2009年，省政府共安排671万元专项资金用于湖区围栏拆除，拆除围栏64处，面积47229亩；从2008年开始，省政府每年安排100万元用于湖区水草种植和沿岸水生景观修复，每年安排150万元用于人工增殖放流。最近几年，桃花水母在梁子湖高密度、大面积再现，佐证梁子湖的生态环境正在逐步改善。在2009年第十三届世界湖泊大会期间，梁子湖湖泊环境保护经验引起了国内外专家的关注。在2012年11月4日中美清洁水行动计划技术研讨会上，梁子湖与美国明尼苏达州的佩平湖结成"姊妹湖"，被纳入《中美能源十年合作框架协议》的重要组成部分。

湖北省梁子湖管理局是梁子湖水域保护的第一责任单位，武汉、鄂州、黄石、咸宁四市，以及发改、农业、林业、建设、水务、旅游、环保等地方政府和省直有关部门为相关责任单位。近五年来，各责任单位各司其职、各负其责，通力协作，互相配合，梁子湖流域综合治理取得明显进展。综合起来，各相关责任单位采取的治理措施与取得的成效如下。

（一）主要措施

1. 拆除湖区围网围栏

经过各相关责任单位共同努力，梁子湖围网围栏已大部拆除，梁子湖水域生态空间萎缩的局面得到一定控制，湖区自然生态空间得到扩大，水域生态质量得到提升，水生植被和水生动物多样性逐步恢复。

2. 关闭流域内所有污染工业项目

目前，黄石市已关闭了金牛铁红厂，鄂州关闭了独峰化工厂等3家污染企业，咸宁市关闭了苎麻脱胶生产线。同时各地一律禁止上污染项目。

3. 流域内养殖业特别是养猪场治理力度不断加大

各地在排放达到《规模化畜禽养殖废水排放标准》的基础上，控制污染物入湖总量，确保所辖河港水面、湖面水质达标。

4. 不断加大污水治理项目建设进度，禁止生活及工业污水入河入港入湖

武汉市将流芳等九家集镇和单位的生活污水治理项目列入计划并予以资金支持；鄂州市将湖区五镇一码头产生的生活污水进行集中处理；黄石市完善了劲牌公司小曲酒二厂、三厂废水处理设施，金牛镇实现了生活污水集中式处理；咸宁市对所辖五个集镇的生活污水进行集中处理。

5. 实施垃圾无害化处理

流域内四市都不断加大垃圾无害化处理力度，在土地供给和资金上予以大力支持，有的建设垃圾无害化处理填埋场，有的建设垃圾中转站。

6. 加强流域内生态防护林和水土保持建设

武汉市强力保护江夏区滨湖带，限制开挖精养鱼塘；鄂州市通过实施"三边"（村边、路边、水边）植树工程，加强鄂州全域生态保护；黄石市重点加强金牛镇的污染防治与生态保护；咸宁市负责杨堡河、高桥河生态防护林和梁子湖水源地水土保持建设工程。

7. 控制污染物排放总量

武汉等四市在切实采取上述综合治理措施的同时，都将控制污染物排放总量作为一项重要任务来抓，确保所辖河面、港面、湖面水质达标。

8. 发改等七部门综合治理力度不断加大

发改部门严禁审批新上污染项目。农业部门实施农业面源污染治理示范工程。林业部门负责流域湿地保护和水源区林业建设。建设部门严控沿湖地区房地产开发，指导垃圾处理场和污水处理厂的设计与建设。水务部门负责水利调度、生态补水、取水许可等。旅游部门控制旅游污染、防止生态破坏，从严审批旅游开发项目，严格禁止以旅游名义搞房地产开发。环保部门负责工业污染企业的关闭，加强河水、港水、湖水的水质监测和流域污染源监控等。

9. 省梁子湖管理局充分发挥第一责任单位职能作用，在职权范围内严格履行管理职责

积极主动与沿湖地方政府配合，实施了各项综合治理措施。

（二）治理成效

1. 污染源得到较好控制

经过近几年的治理，流域内四市在产业结构调整、工业污染防治、城镇生活污染控制、农业面源污染等方面，均取得了阶段性成果。在经济快速发展的同时，梁子湖Ⅱ类水质面积达到85%以上。

2. 工业点源污染防治成效明显

流域内污染企业已基本关闭。梁子湖水生态维持较好状态，物种多样性得到发展。

3. 城镇生活污染源治理取得一定成效

截至2014年，流域内已建成垃圾处理厂（场）5座，建成垃圾压缩中转站12座。

4. 农村污染源治理效果显现

流域四市都在推进绿色农业、生态农业建设，推行测土配方施肥和增施有机肥。大力推进"清洁乡村"、"美丽家园"建设工程，积极探索农村生活污水相对集中处理模式和适宜工艺。2014年5月，鄂州市在全省率先启动全域污水收集处理。计划用3年时间，建成覆盖全市各区(开发区、新区)、乡镇、行政村(自然湾)城乡一体化污水处理设施并投入运营。

5. 内源治理示范效果良好

流域内各市实施了"土地整治"工程,疏浚了河道,加固了河堤。鄂州市正在向国家有关部门申报建设梁子湖入江第二通道工程,目前已对工程可行性研究报告进行了技术审查,争取项目早日开工。

6. 生态修复取得进展

通过几年来的持续综合治理,梁子湖流域生态得到逐步修复,主要体现在梁子湖目前已具有独特而丰富的生物多样性。湖内共有脊椎动物280余种,水生高等植物92种,湖内生长着国家重点保护动物21种,重点保护植物4种,有珍稀名贵的桃花水母、蓝睡莲等动植物。梁子湖是我国新记录物种和国际特有新记录特种扬子狐尾藻的发现地。因其生物多样性和稀有性,被专家称为"化石型湖泊"、"鸟类乐团"、"武昌鱼故乡"和"物种基因库"。梁子湖水产资源独具特色,武昌鱼、螃蟹、红尾鱼等闻名全国。

(三)主要经验

1. 产业结构调整是减少污染源的重要举措

调整产业结构,转变经济发展方式,可以有效减少污染源。四市通过关停污染企业,严禁新上污染项目,积极发展高新技术、高效益、低能耗、低污染产业,取得了明显效果。

2. 综合治理是防治污染的基本途径

近几年的污染治理,逐步探索形成了综合治理的模式。四市把控制工业点源污染、农业面源污染和强化城镇生活污水处理,以及产业结构调整、生态修复、灌江纳苗、加强监测等措施结合起来,多管齐下,使治理工作取得明显进展。

3. 科技进步是推进综合治理的重要支撑

部分区域实施了水污染控制和水体修复技术示范、农业面源污染控制示范、水生植被恢复示范等科技项目。

4. 运用经济杠杆是减少污水排放量的有效阶段

提高水价,包括水资源费、污水处理费和排污费,起到了节约用水和节能减排的作用。

5. 合力治污是治理工作取得成效的基本保证

成立了梁子湖生态环境保护领导小组,由省政府领导出任领导小组组长,武汉、鄂州、咸宁、黄石市政府和省相关部门负责人为成员,较好地协调解决了梁子湖生态环境保护中的重大问题。

(四)存在的主要问题

1. 流域内产业结构不尽合理,低碳循环发展亟待加强

一是生态农业缺乏整体规划,农业园区层次较低,总体规模小,农业园区建设没有制定相配套的发展标准,多数园区以简单的农作物前期种植为主,发展方向、目标不够清晰,农业产品品牌影响力及知名度弱化。二是工业产业结构不够合理,经济增长方式粗放。长期以来流域区内经济发展主要依靠资源消耗型产业推动，产业层次特别是工业偏向中低端，经济增长依赖于资源的高消耗，发展方式粗放。三是三产产值比重低，生态旅游功能单一。2012年，区内第三产业比重低于发展中国家的平均水平，服务业产品的总体技术含量和附加值不高。交通运输仓储和邮政业、批发零售、住宿餐饮等传统服务业传统产业比重仍然偏高，新兴服务业占比较低。旅游产品的市场吸引力不够，旅游产品类型单一，旅游市场规模较小，市场知名度和影响力较低。

2. 生态功能呈退化趋势，资源利用效率低

一是生态系统局部碎化，生态功能不突出。人为开垦湿地、围湖造田及分隔湖汊等活动，导致湖泊生态系统的碎化和生态功能的减弱。大型工程建设破坏自然植被，企业、居民建筑用地侵占林业用地，影响了生态系统的功能。至今，梁子湖仍存在围栏养殖32处尚未拆除，面积2.8万亩。二是生物多样性遭受威胁，生物群落结构异常演变。生物多样性日趋受到威胁，遗传种质资源不断流失。梁子湖植物种类构成逆向演变，浮游植物种类正从贫营养型（如硅藻、甲藻等）向富营养型（如绿藻、蓝藻等）转变。三是水土流失形势依然严峻，生态环境依然脆弱。人为活动逐渐破坏地表植被，加剧了水土流失。尤其是鄂州市梁子湖区，水土流失现象较为严重，现有水土流失面积达117平方公里，占全区土地面积的23.4%。四是自然资源供需矛盾突出，利用效率较低。境内水系与长江的水力联系受长江大堤阻隔，水资源状况供给不畅。建设用地需求量大，土地集约利用水平不高，经济建设发展用地与耕地保护、生态保护土地的矛盾尤其突出。矿产资源利用效率低，资源效益和经济效益较差。

3. 环境污染仍较严重，环境保护压力大

一是农业面源污染问题较为突出，农村环境保护力度有待加强。流域区内化肥农药流失量较大，在农田氮、磷流失总量中，化肥引起流失的占比约为61%、87%。在入湖氨氮中，来自农业面源的占69.3%，造成氨氮超标。农村生活垃圾和部分秸秆等农业固废乱倒、乱堆时有发生。二是生活污水处理率低，工业污染防治有待强化。区内农村生活污水收集处理设施缺乏，目前乡镇生活污水处理率只有10%。工业污染防治需进一步强化，有的企业仍存在污水直排现象，废水的排放使部分入湖河流水质超标，造成局部地区的水质较差。三是局部地区水环境风险加剧。随着社会经济发展，梁子湖流域的人民生活水平得到较大提高，生存与环境的矛盾已经演化成沿湖经济发展与湖泊环境保护的正面冲突，特别是房地产和旅游开发正在向湖岸延伸，加大了生活污染源排放；旅游业的快速发展，加剧了沿湖水环境污染风险。

4. 人居环境建设滞后于经济社会发展，有待进一步完善

一是新建绿色建筑推广普及率较低，目前区内推进绿色建筑创建、可再生能源应用、既有建筑节能改造等工作困难较大，缺乏有关激励政策措施，群众对绿色建设认知度不足，建设主体的积极主动性不高。二是城镇建设与生态用地之间矛盾突出，随着工业现代化、新型城镇化建设步伐的加快，工业和城镇用地需求逐步扩大，林地、草地、湿地和湖泊等生态用地比例面临巨大压力。区域内部人与自然资源之间的矛盾随着城市化、工业化的推进而显得更加突出。三是城乡基础设施公共服务能力较弱，区域内城乡二元社会结构矛盾突出，生产生活基础设施建设步伐跟不上社会经济发展的步伐，较多村镇未配套建设生活污水处理设施,电力供应仍相对紧张,农村公路建设发展不平衡。

5. 生态文明理念亟须加强,环境公共服务能力欠缺

一是生态文化载体有待进一步丰富,目前实施"生态文化战略"还未达成共识,没有发挥文化对城乡综合建设的引领作用,生态文化基础设施建设的力度相对较弱。生态教育基地类型单一、覆盖面窄、利用效率低。二是生态文化宣教工作尚未全面展开,生态文明宣教力度不够,宣教对象单一。未发挥企事业单位、政府机关主体在生态文明建设过程中的主导性作用。三是生态文明行为有待进一步培育,日常生活、工作中存在铺张浪费的现象,日常办公用品重复利用率低,无纸化办公未能全面推广,生活垃圾分类还没能形成基本习惯,资源回收利用的意识淡薄,培育百姓正确的生活方式和消费模式的力度有待加强。四是环境公共服务能力不足,环境执法监察有待完善。目前区内环境执法监察能力亟须改善,鄂州市梁子湖环境监测站,与国家中部地区三级标准化的差距悬殊甚大,整体环境公共服务质量不高。

三、综合治理的重要性和紧迫性

省政府以及流域内四市和省有关部门要充分认识梁子湖流域实施进一步综合治理的重要性和紧迫性,不断增强做好梁子湖流域综合治理的责任感和紧迫感。

一是贯彻落实科学发展观、转变发展方式的内在要求。实施好梁子湖流域综合治理,必须深入贯彻落实科学发展观,增强发展的协调性,坚决扭转工作中重 GDP 轻环境保护的传统发展观念,把生态文明建设放在更加突出重要的位置上来,牢固树立"绿色决定生死"的理念。梁子湖污染问题本质上是流域经济社会发展方式长期不科学、不合理的外在表现。必须把经济社会发展方式转变到有利于可持续发展的生产方式、消费方式上,努力建设"两型"社会,必须建立有利于经济增长与环境保护相统一的体制和机制。

二是坚持以人为本,推进人与自然和谐相处的重要保证。梁子湖流域的水环境维系着流域内 71 万人的生存和发展。流域水环境不断恶化的趋势,已凸显流域人与自然关系的紧张,影响到流域广大群众的饮用水安全和切身利益,也是影响社会和谐的重要因素。要持之以恒、常抓不懈,不断加大治理力度,切实保障流域人民饮用水安全,促进社会全面和谐。

三是加强生态文明建设,恢复和维系梁子湖生态系统良性循环的紧迫任务。梁子湖属于半封闭型水体,流动性差,生态系统十分脆弱。国内外经验表明,一个流域生态功能一旦退化,由于系统的结构难以在短期内恢复,要恢复水环境功能需要长期的过程,付出成倍的代价。目前,梁子湖水环境质量呈恶化趋势,水体富营养化加重,水生生态系统仍呈退化趋势,抓紧抓实综合治理迫在眉睫、刻不容缓。

四、下一步综合治理的战略机遇、基本原则及目标任务

(一)战略机遇

生态文明建设成为国家经济社会发展的战略要求。党的十八大把生态文明建设提升到

总体布局的战略高度，明确生态文明建设的目标是建设美丽中国、实现中华民族永续发展，指出现阶段生态文明建设的任务是"优化国土空间开发格局"、"全面促进资源节约"、"加大自然生态系统和环境保护力度"和"加强生态文明制度建设"，对生态文明建设作了重要部署，为全国生态文明建设指明了方向，也为梁子湖流域综合治理提供了依据。十八届三中全会《关于全面深化改革若干重大问题的决定》提出"建立系统完整的生态文明制度体系"，实行最严格的源头保护制度、损害赔偿制度、责任追究制度，完善环境治理和生态修复制度，国家生态文明制度体系的完善为生态文明建设奠定了组织和制度保障。

在生态文明"五位一体"的总体布局下，国家、湖北省、流域内四市各个层面均将生态文明建设作为经济社会发展的重要内容，《国民经济和社会发展第十二个五年规划纲要》、《国务院关于加强环境保护重点工作的意见》、《国家环境保护"十二五"规划》都明确把"提高生态文明"作为当前和今后一段时期内重要的任务。位于梁子湖流域核心区的鄂州市，对梁子湖进行综合治理的措施和力度更是前所未有。2013年5月，市委、市政府决定，梁子湖区500平方公里的区域全部纳入生态示范区建设范围，梁子湖区全面退出一般工业，并构筑三道保护屏障，即构筑水中屏障，养殖围网全部拆除、水产养殖禁止投肥（粪）、严禁向水体排放污染物；构筑湖岸线屏障，建设环梁子湖500米宽生态绿化带；构筑外围生态屏障，发展生态农业，禁止挖山、填湖，实施集镇污水全处理、垃圾处置全覆盖，全面修复梁子湖生态系统。2013年11月，梁子湖区入选全国生态文明建设试点地区。以此为契机，鄂州市将把梁子湖区打造成全国生态文明示范区以及国际生态文明示范区，向全世界示范生态农业和生态旅游。

(二) 基本原则

1. 坚持以人为本、科学发展

把维护流域内广大人民群众的根本利益作为基本出发点和落脚点，以解决群众最关心、最直接、最现实的水环境保护问题为重点，转变发展观念，创新发展模式，更加重视生态文明建设，加快建设"两型"社会，走科学发展道路。

2. 坚持统筹规划，综合治理

依据梁子湖流域生态环境承载力，统筹考虑经济社会发展和流域环境保护。采取工程与非工程措施相结合、污染治理与生态修复相结合、湖泊治理与河网治理相结合、水环境治理与产业结构调整相结合等综合措施，实现科学治理。

3. 坚持近远结合，标本兼治

立足当前，放眼长远，先易后难，分步实施。既要确保城乡居民生产生活用水安全，又要采取治本之策，从源头上加强污染防控和治理，切实控污减排，从根本上不断提高水环境质量。

4. 坚持突出重点，分类指导

整体把握梁子湖流域生态环境存在的问题及成因，明确治理重点和难点。从实际出发，因地制宜，针对流域内污染源的结构和区域分布，分别采取不同的治理对策，有计划、有重点地推进治理工作。

5. 坚持依靠科技,公众参与

加强梁子湖流域环境问题综合研究,科学合理制定综合治理的技术路线,加强水环境治理集成技术研究和应用推广。加大宣传引导力度,倡导尊重自然、顺应自然、节约资源、保护环境和绿色消费的生活方式,充分调动社会公众参与治理的主动性和创造性。

(三)目标任务

梁子湖流域综合治理的主要目标包括:污染物总量控制、产业结构调整、工业点源污染治理、城乡污水处理厂建设及垃圾处置、农业面源污染治理、生态修复、河网综合整治、节水减排建设、监管监测体系建设等。

1. 污染物总量控制目标

化学需氧量COD、氨氮NH_3-N、二氧化硫SO_2、氮氧化物四种主要污染物排放量近期(至2016年)、远期(至2020年)目标分别达到7.5/4.5、0.81/0.73、0.65/0.5、0.83/0.76(单位:吨/平方公里)。

2. 产业结构调整

以转变经济发展方式和促进产业转型升级为核心,以优化现代生态农业,调整二产制造业和推进现代服务业为抓手,不断提升产业发展环境,逐步形成产业结构高级化、产业布局优质化、产业发展生态化、产业竞争力高端化的环境友好型产业体系。大力促进一、二、三产业健康协调发展,逐步形成生态农业为基础、高新技术产业为先导、基础产业和制造业为支撑、服务业全面发展的产业格局。

3. 工业点源污染治理

严格控制梁子湖流域内现有工业点源,对环保设施不完善、不能稳定达标的工业企业一律实行限期治理,强化监管。重视旅游业和船舶污染防治,流域内重点发展以旅游观光为主的生态旅游,梁子湖湖泊保护区推行游船废油收集,外运集中处理,科学规划湖泊周边旅游业。

4. 统筹城乡污水和垃圾处理

建设城镇、村庄污水处理厂和垃圾处置项目。流域内各乡镇要逐步实现"一镇一厂",全面实现雨污分流。流域内城镇推广生活垃圾分类回收,至2016年,城市生活垃圾无害化处理率达到100%,乡村达到85%。至2020年,在流域内全部村湾推广生活垃圾分类回收,乡村无害化处理率达到95%。

5. 防治农业面源污染

减少种植业污染。加强种植业污染的源头控制,实施化肥农药减量、增效、控污技术。至2016年,化肥施用量在现有基础上削减20%,化肥使用强度(折纯)达190千克/公顷,秸秆综合利用率达95%。至2020年,化肥使用强度(折纯)达180千克/公顷,秸秆综合利用率达97%。加强畜禽、水产养殖业排污管理。积极推广生态养殖技术,实行雨污分流、清洁生产、畜禽粪便干湿分离,实现畜禽粪便能源化、肥料化利用,加快推进规模化水产和畜禽养殖污染减排。重点发展有机生态农业,推进绿色无公害食品、有机食品生产。

6. 加强生态修复

加强森林生态系统的保护与恢复。对流域内规划林地、森林（特别是国家级、省级生态公益林）、湿地等各类生态用地，划定林地红线、湿地红线，实行最严格保护制度。绿化造林，不断提高林地覆盖率，至2016年森林覆盖率达到26%，2020年达到32%。加强保护湿地生态系统，至2016年、2020年湿地保有量保持2.5万公顷，湖泊面积保有率保持100%。进一步防治水土流失，建立水土保持方案审查机制，水土保持生态补偿机制等重要机制。

7. 推进河网综合整治

在前期实施国家"土地整治"项目的基础上，进一步疏通流域内河道、加固河堤，建设生态涵养林，绿化沿河、沿湖地带。

8. 强化节水减排

实行最严格水资源管理制度，落实"三条红线"标准。节约用水可以减少废污水排放，有利于减轻污水治理的压力。要努力做到"农业用水负增长，工业用水零增长，生活用水微增长"。

9. 完善监管监测体系

认真落实《中华人民共和国环境保护法》、《湖泊省湖泊保护条例》、《湖北省水污染防治条例》等法律法规、实现"以法治水"。逐级落实责任，建立考核机制，实行严格的问责制。目前，四市政府作为梁子湖流域环境保护、综合治理的责任主体，要明确任务，狠抓落实。省直相关部门要切实履行职责，加强指导和协调，加大支持力度。健全环境监测预警体系。加强流域内河港、湖泊水质监测能力建设，优化监测网络，扩大监测范围，增加监测断面和监测频次。对水质、水情和水环境污染事故隐患进行认真分析，制定水环境保护预警和应急预案，健全指挥管理系统，建立完善污染源、水环境质量和应急预案的综合信息管理平台，及时发布预警信息。

10. 加强科技攻关

强化对梁子湖水体氮、磷污染控制、水体自然修复、生态养殖、沼泽化防治和消落带保护、面源控制污染、污水排放标准、生态补偿机制等方面关键技术的研发，为综合治理增强科技支撑能力。

五、一条建议

我们的建议是设立湖北省梁子湖管理区行政区域，隶属省政府管理，从根本上理顺明晰管理体制。目前，在梁子湖流域综合治理，特别是在梁子湖生态环境保护中，是四市、七部门、一个管理局共12条"龙"在治水。实践证明，12条"龙"治水的效果并不明显，梁子湖生态环境实际上是呈恶化趋势。其根本原因在于这12条"龙"管事的管不了人、管人的管不了事，条块分割严重、利益交叉错叠。各项生态保护措施难以"落地"。这里仅举一例，比如经省委、省政府同意印发的《梁子湖生态环境保护规划（2010—2014年）》，其中明文规定"在2010年年底前全部拆除梁子湖围栏围网"。但5年过去，时至今日，梁子湖仍然有32处围栏围网尚未拆除，总面积2.8万亩。按说，拆除湖中围栏围网并不是一件难事,但5年过去仍未完成,其根本原因就是管理体制上的问题。因此,省委、省政府要下定决心,比照当年设立神农架林区的做法,将梁子湖流域现有11个乡镇(武汉4个、鄂州5个、黄石1个、咸宁1个。实际上还可扩大到入湖河港上游及湖区其他乡镇。)和梁子湖湖区划出来单独成立湖北省梁子湖管理区,由湖北省直辖,从体制上彻底剔除目前大量存在的上下、左右协调环节和利益矛盾,从根子上解决梁子湖流域综合治理的体制问题。若如是,则为"功在当代,利在千秋"的一项伟业。

参考文献

[1]《湖北省梁子湖管理局关于在流域综合治理中所做工作情况汇报》(2014年8月)。
[2]鄂州市梁子湖区委、区政府《梁子湖区生态环境保护情况汇报》(2014年3月)。
[3]湖北省水利厅《梁子湖水利综合治理规划简介》(2014年7月)。
[4]鄂州市政府《关于梁子湖生态环境保护有关情况的汇报》(2014年6月)。
[5]安徽省巢湖市人大常委会《巢湖市国开行环巢湖地区生态保护修复工程进展情况汇报》(2014年9月)。

课题组成员:
涂文晖　鄂州市人大常委会副秘书长、研究室主任
余　勇　鄂州市人大常委会研究室副主任
朱晓斌　鄂州市人大常委会研究室法规科科长

论农村公共资源合作治理的路径选择
——以湖北省鄂州市"万名干部进万村挖万塘"活动为例

周 茜 周红兵

一、国内外公共资源合作治理模式理论简介

农村公共资源中的"公共池塘资源",是一种人们共同使用整个资源系统但分别享用资源单位的公共资源。在公共资源环境中,理性个人的自利行为扩散,会导致资源使用拥挤或者资源退化。这种现象就是学术界所称的"公地悲剧"。由于"公共池塘资源"的非排他性和竞争性,本身就具有其他物品无法比拟的治理难度,这给农村公共资源管理工作带来一系列难题和挑战。现阶段,我国的农村公共资源主要由地方政府和村民委员会集中管理,这种集权式管理模式虽然能调动一部分社会力量,一定程度上能缓解"公地悲剧"的发生及其影响;但也存在诸如政策执行力低,信息成本过高,出现搭便车和权力寻租、村干部与村民之间的冲突等一些较为突出的问题。

调研中,笔者了解到,在农村公共资源治理管理机制上,一些地方也尝试引入了合同承包、租赁等市场化模式,或者受益户共管等社会自治管理模式。但这些创新型社会管理模式在各地践行后所回馈的政策效果并不稳定和一致。一方面,市场化体制下个人的逐利行为正切中公共资源管理的要害,加剧了公共资源产权的碎片化,削弱社会共同价值基础,使得不同资源使用者之间的矛盾和冲突更显性和突出,这些往往导致市场化改革的失败;另一方面,在村民自治管理模式下,农村囿于财力、人力、物力上的局限,农民群体难以独立支撑农村公共资源的巨大投入和有效参与。

鉴于政府、市场和社会自我管理不同管理模式的流弊,以奥斯特罗姆为代表的印第安纳学派倡导一种多中心的合作治理模式。

第一,操作层面。这一层面是个体的资源使用者行为发生,及直接相互影响的一个层面。个体行为人通过观察其他个体行为人的行为,以及判断当前的行为情境,来决定采取何种方式采集资源,例如,是选择个人利益最大化攫取,还是与他人合作有序利用。

第二,集体决策层面。在影响较大范围的区域内,政策决策群体或个人如何从微观操作层面的个案中提取成功的经验和有效规则,规避已发现的制度缺陷,来制定资源治理的相关政策。

第三,国家宏观法律、法规制定层面。现有的国家法律体系或体制,对于当前资源治理的新变化和新挑战是否有所反映。如何完善,以及在何种时机下来完善资源治理的相关

法律，亟待国家立法机关或立法者讨论和决定①。

这三个行为层面基本对应了国家、社会资源治理的微观、中观以及宏观层面。多中心的合作治理理论，跳出以往政府、市场和社会管理模式孰优孰劣之争，契合现实情境综合考虑三者在公用资源治理中不同角色和功能；在制度设计上，根据资源禀赋、人文社会因素和现有规则，对国家、市场和社会资源作灵活搭配，互相补充，以期取长补短，发挥合作治理的综合优势。借用波兰尼在《自由逻辑》中阐发的"多中心秩序"一词及其含义，奥斯特罗姆研究在"多中心秩序"框架下，政府应如何界定自身角色以及在何种条件下发挥作用，以促进公共事务，进而促进社会的可持续发展。

随着我国政治、经济体制改革的逐步深化和经济社会的发展，国内学者们也发现，建构"多中心治理"秩序，形成政府、市场、社会组织共同参与的合作治理机制，并已逐渐成为当今中国农村公用资源管理的共识。如，方堃等借鉴现代系统科学中的"协同学"理论框架，提出未来农村公用服务是以农民需求为导向，政府主导、市场运作为基础，公用服务系统中各个要素相互合作、协调与同步运动，激发国家与社会共同治理农村公共服务的"善治"，促进农村公用服务的提供②。张润君认为农村公共事业管理必须走合作治理的道路。其中，建立合作关系和编制合作网络，需要考虑公共产品的自身属性（数量、质量以及分配方式），来对政府、市场、社会组织和农户进行角色定位③。朱仁显等对社区网格化管理的研究发现，当前各地践行的网格化社区管理只是走向合作治理的一种过渡模式；随着公民社会的成长和居民参与度的提高，未来它将发展为强政府与强社会背景下的国家与社会合作共治模式④。贺雪峰等认为，如果要为农民提供稳定而且低成本的公共物品，不仅需要政府主导的管理模式，而且在某些地区践行设计自治管理模式时，政府也不能"撒手不管"，农民仍需要强制性的合法的"政府性权力"，否则公共资源的相关利益可能被地方黑恶势力所攫取。总而言之，无论何种情况，农村公共物品供给都应以国家强制力为保障，形成国家与村庄之间合作与互补的供给机制，"民权进"的同时"国权不能退"⑤。董明涛等基于地区差异的视角，以不同地区农村的实际情况为出发点，尝试构建农村公共资源供给模式的选择模型。首先，通过对农村地区自然条件、文化特征，所处的经济发展阶段、经济社会发展水平等因素的分析，判断其所属的区域类型，为农村公共资源供给模式的选择提供必要的基础。其次，分析农民对公共产品的需求结构及变化趋势，加上对各地区农村地方政府结构、财政能力以及农村市场化程度的考虑，在政府主导型、市场主导、社会自愿供给以及多元主体联合供给这四种供给模式中作

---

① Ostrom, E. 2013. "Do institutions for collective action evolve?" *Journal of Bioeconomics*: 1~28.
② 方堃, 肖微. 从"国家单方供给"到"社会协同治理"——协同学语境下的县域农村公共服务模式变革研究[J]. 管理现代化, 2009(1): 51~53.
③ 张润君. 合作治理与新农村公共事业管理创新[J]. 中国行政管理, 2007(1): 56~59.
④ 朱仁显, 邬文英. 从网格管理到合作共治——转型期我国社区治理模式路径演进分析[J]. 厦门大学学报(哲学社会科学版), 2014(1): 102~109.
⑤ 贺雪峰, 罗兴佐. 论农村公共物品供给中的均衡[J]. 经济学家, 2006(1): 62~69.

出科学合理地选择①。这些研究成果都显示，合作治理研究在中国已引起了政策决策者和学者们的广泛关注和重视。

在这样的理论基础和社会背景下，一系列旨在促进各方利益主体合作治理农村公共资源的社会民生政策项目被相继推出。湖北省"万名干部进万村挖万塘"活动(以下简称"三万"活动)，就是一次在全省范围内，以整修各地当家塘堰为主的水利建设活动。该活动于2011年11月启动，由各市州根据当地情况组织实施。正如湖北省委书记李鸿忠所言，"三万"活动是一个典型的由政府主导、农民参与、社会共建的合作治理项目。一方面，湖北省各级政府在加大投入的同时，充分动员企业、社会等方方面面的力量参与到塘堰整治活动中来；另一方面，大力发动、组织群众投工投劳，尊重群众的主体地位和首创精神，动员群众自己动手也是"三万"活动预期实现的政策目标之一。显而易见，"三万"活动，不是简单的农田水利基本建设，而是要以此为载体、为平台，加强党和政府在农村的组织、动员能力，提高农民群众对地方公共事务管理的参与程度。谭英俊对公共资源合作治理模式的反思，提出合作治理面临四个方面的困境：第一，合作治理参与各方本身可能存在能力不足的问题；第二，合作治理参与各方在公共协商过程中难以取得一致意见，造成合作失败；第三，产权不清，责任边界模糊，可能导致合作治理各方互相推诿，无法达成有效合作；第四，合作治理参与各方的信任问题，民众对政府的不信任或低信任度会给合作治理带来重重困难②。

笔者通过调研发现，在"三万"活动实施过程中，虽然地方政府的资助标准一样、政策框架一样，但不同村庄农民投工投劳(包括筹资)的参与程度有着显著区别。这表明，塘堰等农村公共资源的治理问题，不仅仅与公共制度的顶层设计关联，也与当地的地理水文条件、农村社区的人文因素，以及本地现行的制度规则有关。

二、鄂州市农田水利基础设施建设基本现状

(一)鄂州市农田水利基础设施基本情况

据调研资料统计，截至2011年，鄂州市已建成涵闸169座(其中沿江涵闸16座)，总排水流量2364立方米/秒。

建成电力排涝站205处，装机492台套，容量6.5万千瓦(不含樊口泵站)，总排水能力452立方米/秒；固定抗旱站705处，装机840台套，容量3.3万千瓦，提水能力178立方米/秒，排灌结合站32处，75台套，5009千瓦，流量44立方米/秒。一级排涝站4处，装机20台31640千瓦；

共有中小型水库35座(中型水库1座，小一型7座，小二型27座)，总库容5911万立方米，有效库容3923万立方米，有效灌溉面积9.56万亩。

---

① 董明涛，孙钰. 我国农村公共产品供给模式选择研究——基于地区差异的视角[J]. 经济与管理研究，2010(7)：110~115.
② 谭英俊. 公共事务合作治理模式：反思与探索[J]. 贵州社会科学，2009(1)：51~53.

现有塘堰 1.6 万口，蓄水量 3800 万立方米。

千亩以上圩垸 92 处，其中万亩以上 12 处，5 千亩以上 16 处。内湖圩堤 282 公里，圩垸面积 48 万亩。

(二) 鄂州近年水利建设工作情况

(1) 已对马龙口、狮子口、白雉山、夫子岭、白龙、黄龙、黄山、石桥等小(一)型水库实施了病险水库除险加固工程。

(2) 先后完成了对投资 6800 万元的南迹湖泵站、投资 2663 万元的花洋湖泵站的更新改造工程，并以概算总投资 3993 万元和 1600 万元分别对磨刀矶节制闸、三山湖节制闸进行了整险加固。

(3) 完成了梁子湖区狮子口、鄂城区沙窝乡新湾"民办公助"工程建设，硬化渠道 15 公里，改善灌溉面积 2 万亩；完成概算投资 200 万元的蒲团节水灌溉基地续建配套工作。完成了概算投资 1957 万元的杨家巷灌区续建配套建设工程和概算投资 1200 万元的马龙狮子口灌区续建渠网配套工程。

(4) 采取"以奖代补"、"一事一议"以及小型水利工程产权制度改革等方式，整合各方资金用于农田水利建设。据统计，近年来，在农田水利基本建设中完成土石方 400 万立方米，完成工程项目 1200 处。围堤加固 57 公里，渠网硬化 50 公里，开挖塘堰 550 口，新增蓄水 30 万立方米；完成抗旱泵站维修 60 处，排涝泵站维修 15 处；完成港道清淤 65 公里。

(三) 鄂州市农田水利基础设施建设存在的突出问题

近些年，国家各级财政对小型农村水利工程投入有限，中央对水利的投入重点主要是大江大河过程以及大中型水库除险加固和灌区骨干工程续建配套改造，再加上鄂州地方财力有限，对于小型农村水利基础设施建设投入也只能是"杯水车薪"，区、乡级财政收入每年基本都用于工作人员的工资发放，根本无法投入小型农村水利基础设施建设与维修；此外，由于农村"二工"的取消，以及近几年土地平整、农业综合开发，再加上农村大部分青壮年劳动力到城里打工，农村兴修水利人员少，群众兴修水利的热情不高；造成很多小型农村水利基础设施处于自生自灭状态、无法发挥应有的作用。虽然鄂州市农村水利基础设施经过多年的建设，防汛抗旱能力有一定的提高，但仍存在着如下较为突出的问题：

1. 泵站设施老化

鄂州市排涝抗旱泵站和涵闸始建于 20 世纪五六十年代，这些泵站涵闸担负起全市 92 处内湖圩垸 50 万亩农田排涝抗旱任务，经过多年的运行，机电设施普遍年久失修，严重老化，效率低下。目前，全市有 55 千瓦以上的 136 处 331 台，装机容量 2.76 万千瓦的固定排涝泵站和 30 千瓦以上 336 处 437 台，装机容量 1.87 万千瓦的固定抗旱站严重老化，效率减退，占全市排涝抗旱站的比例分别为 66% 和 48%。如长港镇大治港电排站，兴建于 20 世纪 50 年代，承担 5 万亩农田排涝任务，该机组 50 多年没有进行大修，出水管道道严重锈蚀，管道滥穿，机电设施破坏严重，一遇防汛排涝，机组排涝力不从心，致使该地区受渍严重。

2. 饮安全水困难

据鄂州市对饮水安全情况调查统计：全市不安全人口41.95万人，按饮用水不安全的因素分：饮用未经处理Ⅳ类及超Ⅳ类的地表水人口13.05万人，饮用污染严重未经处理的地下水人口15.35万人，饮用其他水质不达标的人口4.03万人，用水方便程度不达标的人口2.79万人，水源保证率不达标的人口6.73万人。经过近几年实施农村饮水解困的基础上，目前，鄂州市仍有33.08万人饮用污染水，不安全的饮用水。一是水源污染严重。由于受工业的"三废"污染，农业的化肥、农药污染，水面养殖污染，畜禽粪便污染，生活的垃圾污染和塑料制品废弃物污染，水源污染日益严重，水质越来越差，造成全市水质性缺水十分严重，几乎已到了"有水不能用"的地步。二是塘堰淤塞严重。全市现有塘堰60%的塘堰基本淤塞，蓄水量减少，水质变坏，也影响群众的生活饮水。

3. 涵闸年久失修

在全市169处涵闸中，除沿江14座涵闸进行整险加固后，内湖155处涵闸都没有经过大修。特别磨刀矶节制闸、民信闸、车湾闸等重点涵闸，闸门严重锈蚀破坏，机电设施严重老化，影响防洪安全。

4. 渠道漏水严重

鄂州市抗旱渠道基本上都是土渠，全长有2500多公里，加上管理不善，破坏严重，渠道防渗差，用水率仅45%，水资源浪费多，抗旱成本加大。鄂州市港道现有429公里，是鄂州市主要湖泊的泄洪通道，由于多年没有清淤，港道淤塞严重，制约汛期洪水自排能力。目前，全市60%港道淤积萎缩，泄洪能力下降，效益减退。

5. 水库病险严重

鄂州市35座中小型水库都建于20世纪50年代末至70年代初，大部分水库运行超过50年，由于当时的施工手段技术条件及经济条件限制，水库工程建设均存在不同程度的质量问题，主要表现在，防洪标准不够，大坝散浸渗漏，坝基清基不彻底，导致坝基渗漏，输水管漏水，溢洪道水毁风化，金属结构锈蚀老化等。

（四）鄂州市"三万"活动中塘堰整治工作总体情况

2011年以来，鄂州市把改造"当家塘"工程，作为"三万"活动的重要内容，作为解决当前农民最关心、最直接、最现实的利益问题的重大举措，并采取多项措施：

一是全省水利工作会议以后，鄂州市委、市政府于2011年12月6日专题召开了"三万"活动动员大会，计划筹资1.2亿元，用100天时间，在全市每个自然湾建一口标准"当家塘"。市政府成立了塘堰改造工作领导小组，把塘堰改造工程列入2012年的"十件实事"之一，与各区签订责任状，纳入目标考核。建设期间，市委书记、市长等主要领导深入现场检查指导塘堰改造工作。

二是根据水利普查和塘堰改造数据，对全市需要改造塘堰进行认真分析，科学分类。全市现有当家塘堰7230口、3.8万亩、蓄水量4221万立方米，有自然湾3126个，按每一个自然湾解决一口"当家塘"的要求，按照"政府引导、农民主体、社会融资、因地制宜、突出重点、注重实效"的原则，认真编制了《鄂州市塘堰改造工程实施意见》，明确建设内容、时间、地点、资金，并分解到各区乡镇，改造塘堰3126口。

三是市政府出台《关于鄂州市塘堰改造"以奖代补"的实施意见》和《鄂州市塘堰改造资金管理办法》，明确塘堰改造的补助标准和资金专储专用。采取"上级争取一部分，市级补一部分，地方筹一部分，群众集一部分，社会融资一部分，区乡镇配套一部分"的多元投入机制，拓宽筹资渠道，共计筹集资金1.2亿元。将农业综合开发、以工代赈、扶贫、农林水专项资金，以及新农村建设、土地整理等资金捆绑使用，提高水利建设的整体效益。

四是从标准建设入手，规范塘堰改造工程建设程序，对改造的塘堰要求面积在2~7亩，塘堰护岸护砌，新建下踏步，堤面栽树绿化，堤边建栏杆，污水管与塘堰来水分开。制定塘堰验收和管理办法等制度，明确了塘堰建设验收和管理实施办法。水利部门派出3个督导小组，跟踪督办监督，及时对全市已完成验收的塘堰792口落实了奖补资金1600多万元。

三、农村公共资源合作治理与鄂州市"三万"活动研究视角的选择

鄂州被选为研究对象，主要有三个方面的原因：其一，鄂州市历来是湖北省实施、开展各项政治、经济以及社会管理改革的先期试点城市。同样的，这次"三万"活动中，鄂州市也是本省"三万"活动启动后参与的第一批试点城市之一。其二，鄂州市的"三万"活动，是一次以政府为主导的有关建立公共资源合作治理机制的探索和创新，在全市范围内具有重大影响。时任市委书记对该次活动主要特点的总结是"干部全参与、村庄全覆盖、塆塘全改造、村容全整治"。活动要求各级地方政府工作人员成立工作组，在活动启动后三日内下到驻点村迅速开展工作，集中在3个月内完成相关政策目标；同时，要发挥村民自治和民主协商的作用，充分调动农民群众建设的积极性，将政府的动员转变为农民群众自觉自愿的行动。其三，鄂州市作为湖北省综合改革示范区，本次"三万"活动的政策实践对其他市县在各地探索公共资源合作治理具有示范效应。由此可见，湖北省鄂州市"三万"活动建设目标明确，开展时间早，政策设计伊始就涉及多方利益主体，关于其塘堰整治项目合作治理实践经验的探讨和研究，将对全市、全省乃至全国范围内加强和创新社会管理，推动政府与社会合作共治的道路，具有重要意义和深远影响。

笔者以湖北省鄂州市"三万"活动为研究个案，着重考察其"三万"活动中地方政府、社会自我管理在塘堰整治问题上的合作治理机制和制度安排。按"富裕，耕地多"、"贫穷，耕地多"、"富裕，耕地少"、"贫穷，耕地少"四种类型对各乡镇进行分类，从每种类型选一个乡镇，再从所选乡镇中根据政府财政投入情况，任选两个水利投入占比较多（每亩）的村庄，以及其他两个水利投入占比较少的村庄。最终选定并实地调研了该市的太和、涂镇、燕矶和蒲团4个乡镇的16个村庄。

数据和资料主要来源于三个方面：一是各乡镇政府"三万"活动办公室。通过对选点各乡镇"三万"活动实施落实情况进行调查分析，收集地方政府在当地塘堰整治方面的政策资料，访谈政府相关工作人员，研讨政府在活动中的具体角色和行为。二是对16个村庄的村民进行实地访谈。了解他们对塘堰整治的看法，对合作治理问题的态度，对政府、企业、本地村民和其他社会力量在塘堰整治过程中所应扮演角色的定位和理解，对本地塘

堰治理和管护以及其他农村公共资源治理问题的展望等。其中，着重收集本地地理水利资料、地域文化特点和现行水利制度规则的信息，转译为可定性比较的要素变量，作为收集资料后系统推断分析依据。三是政府报告、工作简报、互联网、报纸等渠道了解选点乡镇、村"三万"活动中塘堰整治工作情况，通过实地勘察和档案资料等形式获取各地水利治理的历史资料以及现在的治理现状材料。

关于研究方法的考虑，一方面，以统计数据为基础的定量研究在样本量有限的情况下很难提供有效的分析结论，而且定量研究往往运用系统层面的数据对某几个变量进行两两相关性分析，缺少对变量之间多重配置关系的考量，这也无法呈现合作治理实践中影响因素的复杂性。合作治理涉及多方利益主体的行为和选择，合作治理的结果——农民参与程度的差异往往同时取决于多个要素构建及其组合；另一方面，传统的案例研究通常集中在一个或两三个案例的比较分析上，解释力有限，不能推断总体，因而难以对理论观点作系统的检验，同时有的个案研究"基于因变量选择案例"，也容易引起方法论上选择性偏误的猜疑。囿于以上这些原因，本文采用了 Ragin 的定性比较分析方法（Qualitative Comparative Analysis）①。

定性比较分析方法能够有效、系统地处理多案例比较研究数据。区别于定量和定性的两种常用的研究方法，定性比较分析方法是"取中"的一种研究方法。它主要有以下几个特点：

(1)定性比较分析方法对因果关系的理解异于定量研究，它假定社会现象的因果关系是非线性的，同一个社会现象的发生可能有不同的原因组合。

(2)定性比较分析方法的分析单位是条件组合，而不是变量或者案例。

(3)定性比较分析方法是基于必要条件和充分条件的推断逻辑，而不是统计推断的逻辑，因此研究者可以根据数据资料独立选择分析现象发生的原因，或者分析现象不发生的原因。

对本研究来说，定性比较分析方法将是一种合适的分析策略。首先，这是一个拥有中小规模样本量的研究。定性比较分析方法正是针对中小规模样本数据分析发展起来的一种研究方法。它能处理那些样本量不足以进行有效的统计建模，又超过个案研究承载能力的中小规模数据集合。其次，本文的研究问题是关于实现合作治理的多路径选择问题。合作治理过程的复杂性决定了该问题在现实政策实践中并没有最优方案，探寻多种引致合作结果的资源治理机制，才能符合我国最多数人民的广泛利益，构建一系列有中国特色的社会合作治理模式。

四、对鄂州市"三万"活动有关情况的定性比较分析

(一)所选调研对象要素变量的选择

首先，塘堰的整治难度是一个核心要素。塘堰的面积有宽有窄，在项目开始前塘堰本

---

① Ragin, Charles C. 1987. *The comparative method: moving beyond qualitative and quantitative strategies*. Berkeley: University of California Press.

身的状况有好有坏,这就使不同村民小组在接受塘堰整治任务时面临不同的成本核算和激励选择。在公共资源治理理论中,公共资源自身的物理属性常常为学者们研究和重视。例如,Schlager 等学者(1994)发现,根据资源的流动性和储存能力的不同,资源使用者具体面对的治理问题不同,其适用的制度设计和使用规则也会有差异①。在本次湖北省鄂州市"三万"活动的项目设计中,对纳入合作治理项目的备选塘堰未做明确要求;只在工程验收的技术标准上做了统一规制,有面积、塘深、塘堤护岸硬化比例等基本合格指标(如建成后塘堰平均深度不应小于 2 米等);此外,有考虑到塘堰面积大小的差异,并在补助标准上设定了不同的补偿比例。这些工程技术标准上的规制,一定程度上明确了本次"三万"活动合作治理的治理对象,避免项目投资的错位;同时项目验收办法的统一也一定程度上保证了工程质量。然而对备选塘堰起始状况的忽视,在合作治理过程中可能导致各村项目执行的成本差异很大。尤其是某些特定的本地知识无法体现在政府的统一规划中,会使塘堰整治项目因出现资金缺口而难以为继,或虎头蛇尾。比如,参与合作治理项目的塘堰土壤类型是否适合蓄水;若不适合,是否需要补建防漏层?塘堰淤塞状况如何,需要清淤的面积和深度多大?若是灌溉塘,相关联的沟渠有多长,淤塞状况又如何?这些问题都关联到塘堰整治的项目设计,直接影响塘堰整治的造价和成本。一方面,若塘堰整治成本过高,而政府的投入有限,村民们需要补充的资金缺口就越大,这在一定程度上抑制了村民参与合作治理项目的决心;另一方面,塘堰和关联沟渠的整治状况,决定了项目结束后塘堰能不能真正服务于村民,也决定了村民是否愿意参与到合作治理过程中来。因此,在分析评估待整治塘堰现状与预期标准之间差距的基础上,整治塘堰的成本是否超过村民可承受的能力范围,是解释村民参与合作治理的一个重要解释变量。

其次,所选塘堰是否有明确的服务边界,是否能服务于全体村民,也是一个核心要素。在产权理论中,产权的基本功能体现在三个方面:其一是制约功能。它规定了公共资源的产权主体可以作为或不作为的范畴;其二是激励功能。明确的产权能使产权所有者对公共资源的权益归属有合理预期,从而激励他们对资源本身增加投入或维持资源的生产能力;其三是配置资源的功能。产权制度直接影响资源配置及其利用效率。在各地塘堰管理的实践中,笔者发现塘堰的产权归属并不仅仅是单一模式,而是复杂多样的。主要有三种产权模式:村组集体所有、部分受益农户共有、私人承包。在本次"三万"活动组织实施时,并未对备选塘堰的产权模式作出限定。但在建后管护措施上,政府有考虑到三者的差别,并分别规定公共、观景的当家塘由村组负责管护,灌溉塘由享受用水的农户成立用水者协会管护,而租赁、承包出去的塘堰则由承租人自主管护。塘堰的产权模式一方面是因为历史原因延续下来,另一方面则是由资源禀赋所决定。塘堰的面积、深度和位置决定了其蓄水量和功能。其有限容积决定了塘堰只能在较短时期内提供生产、生活用水,协调本地水资源不均衡的状况,缓解附近群众缺水的情形。这说明塘堰的水资源本身就是稀缺资

---

① Schlager, Edella, William Blomquist, and Shui Yan Tang. 1994. "Mobile Flows, Storage, and Self-Organized Institutions for Governing Common-Pool Resources." *Land Economics* 70 (3): 294-317. doi: 10.2307/3146531.

源，若不合理有效地利用和管护，就极可能重演过去塘堰淤塞、荒废的"公地悲剧"。而塘堰的位置和本地水源的丰缺程度，决定了塘堰提供公共服务的方向（当家塘或灌溉塘）。若塘堰与本地农田水利系统相连接，在整治过程中势必要考虑到保留或改善塘堰的灌溉功能，而灌溉面积或区域的变化将影响到不同村民的农田或增加受益农户数量；若塘堰仅作为观景塘及部分生活用水的来源，则哪些村民会从家居环境的美化中受益也需要得到附近村民的认同。总之，无论是历史发展还是资源禀赋差异的原因，都可能造成合作治理实践中塘堰的产权归属多元化的局面。因此，塘堰的产权是否明晰，成为决定"谁是塘堰改造实际受益者"的关键。换句话说，塘堰的产权属性是否能让所有村民从合作项目中获利，将成为村民是否愿意参与合作治理的一个重要解释变量。

再次，村庄中是否有其他活跃的社会组织存在，是影响塘堰整治项目结果的关键要素。社会资本理论认为，个体行为人生活在既有的社会网络（即正式或非正式的社会组织）中，有助于为社会网络结构中的行动者提供便利资源，包括关系网络、信任和规范[1]。一方面，这种社会网络可以是以地缘、血缘、姻亲关系联结起来的传统宗族组织[2]；另一方面，以共同经济利益或社会利益为基础建立起来的新兴社会网络也在中国农村社会中生长，如各种农村专业技术合作组织[3]，灾后重建村民互助协会等[4]。有关社会网络在公共资源治理与发展方面的作用，已有不少学者作了相关论述。贺雪峰认为，传统宗族性组织能给村民提供一种稳定的合作预期——村民短期内在公共资源管理中受影响的利益部分，或其对本地公共资源的投资、维护行为将在中长时期内得到补偿或回报；同时对于那些不想自己付出而想通过别人劳动分享收益的"搭便车者"，宗族组织的内部规则将会对他们实施惩罚[5]。惩罚行为同时对其他村民产生约束作用，使"搭便车者"的不合作行为仅仅限制在自己身上，而不扩展为村中大多数人的行为。然而，在市场力量的侵蚀下，宗族性组织的权威和能力正在不断削弱，其在农村公共资源管理方面不再活跃；农民在熟人社会中理性行动的逻辑已不再受传统组织力量约束，引致村庄社会关联度大大降低。至于另外一些新兴社会网络，包括各类型经济合作组织、公益组织、互助组织等，则是在政府和社会力量的推动下，为了回应农村社会各式各样的公共性需求，承担着联结国家与农民的"中间组织"的角色[6]。同样，目前这些新兴社会组织的发展，仍面临着诸多问题，例如外部资源和制度等多方面制约，其内在管理水平和运转方式有待提升和规范，等等。这些

---

[1] Jin, Myung. 2013. "Does Social Capital Promote Pro-Environmental Behaviors? Implications for Collaborative Governance." *International Journal of Public Administration* 36（6）：397~407.

[2] 陈潭，刘建义. 集体行动、利益博弈与村庄公共物品供给——农村公共物品供给困境及其实践逻辑[J]. 公共管理学报，2010(3)：1~9.

[3] 李红玲. 农民专业合作组织的社会资本扶贫逻辑[J]. 贵州社会科学，2013(3)：113~117.

[4] 罗家德，李智超. 乡村社区自组织治理的信任机制初探——以一个村民经济合作组织为例[J]. 管理世界，2012(10)：83~93.

[5] 贺雪峰，罗兴佐. 论农村公共物品供给中的均衡[J]. 经济学家，2006(1)：62~69.

[6] 吕方. 再造乡土团结：农村社会组织发展与"新公共性"[J]. 南开学报（哲学社会科学版），2013(3)：133~138.

问题可能导致新兴社会组织未能达到政策预期，在地方公共资源管理中未能发挥应有的积极作用。总而言之，这些农村社会组织活跃与否，直接影响村民之间的联结程度，影响到村民对公共资源的认识和共同价值观的形成。换句话说，当农民对于合作治理公共资源有成功经验时，他们在政府提供各种政策支持、资源支持的情况下，更有可能参与到合作治理过程中来；同时，已有社会组织的网络效应及其资源还能"溢出"给新的合作治理项目，加强农民对合作治理结果的信心。反之，若当地社会组织处于蛰伏状态，这种"溢出效应"将不会出现。在鄂州农村地区，这两种社会组织都广泛存在，但是活跃状况有待笔者考证。据初步调查结果显示，有的自然村已有上十年未曾组织有关公共资源的集体活动，如修路、修宗祠、植树或者清浚沟渠等；有的则在宗族组织或者其他社会组织和村两委的牵头组织下，在近年曾开展过相关集体活动。考虑到某些集体活动（如修路、修宗祠等）不会开展得很频繁，笔者将以"近十年内，村落中有关社会组织面向公共资源管理是否组织过相关集体活动"作为代理指标，来衡量社会组织的活跃程度。

最后，当地塘堰是否存在广泛认可的用水规则，也是影响农民参与合作治理项目的关键要素。公共资源治理理论中，资源的使用规则经常被学者们研究。Schlager 等学者发现根据资源的流动性和储存能力的不同，资源使用者的制度设计和使用规则也会有差异。例如，面对游动的鱼群资源，渔民们无法直接管理鱼群；渔民必须根据鱼群的生活习性在开阔的水域定位鱼群的游动路线来设立捕鱼点；关于用哪种渔具在什么季节捕捉什么种类的鱼，以及捕鱼的数量和大小，都有一系列规定才能保障鱼群资源的休养生息和渔民生计的可持续发展[1]。同样的，关于塘堰灌溉，Lam 和 Ostrom 等也对最常使用的三种用水规则——定量按比例取水，按时间段取水，以及按距离远近取水作过一系列比较研究[2][3]。一般来说，为了使有限的塘堰水资源得到有效利用，使村民真正从合作治理项目中获益，对塘堰的用水规则进行研究是必不可少的。明确了用水规则，村民才能对自己参与合作项目的成本和可能收益有较准确、可靠的预期，并对其他人的行为（是否参与合作）有大概估计，从而决定自己的合作行为。同时，用水规则明晰也能减少或缓解村民之间的用水矛盾，促进社区和谐，提供合作治理的制度基础。需要注意的是，有些地方虽然有正式的用水规则，但是在实际操作层面却没有获得村民认可或者遵守，这种用水规则是"形同虚设"。而另外一种情形下，有些用水规则虽然没有在书面上规定下来，只是作为惯例沿袭下来，但事实上是村民共同认可和接受的，这些用水规则需要被学者观察和从实践中确认出来[4]。在鄂州农村地区，大多数塘堰采用的是"先到先用"的用水规则：在丰水季节，

---

[1] Schlager, Edella, William Blomquist, and Shui Yan Tang. 1994. "Mobile Flows, Storage, and Self-Organized Institutions for Governing Common-Pool Resources." *Land Economics* 70 (3): 294~317. doi: 10.2307/3146531.

[2] Lam, Wai Fung. 1998. *Governing Irrigation Systems in Nepal: Institutions, Infrastructure, and Collective Action*. Oakland, CA: Institute for Contemporary Studies (ICS) Press.

[3] Ostrom, E. 2013. "Do institutions for collective action evolve?" *Journal of Bioeconomics*: 1~28.

[4] Lam, Wai Fung, and Elinor Ostrom. 2010. "Analyzing the dynamic complexity of development interventions: lessons from an irrigation experiment in Nepal." *Policy Sciences* 43 (1): 1~25.

对于用水量并无限制；个别地区在枯水季节，会采用前文提到的3种用水方法。当然也有部分地区村民在塘堰用水范围和用途方面有争议。在制定并执行用水规则时，管护人员的存在对于维持用水秩序、监督村民合理用水以及日常维护塘堰有着重要作用。塘堰的管护主体，有村集体、受益户组成的协会或塘堰承包者3种可能。同样的，调查过程中笔者有考察相关管护主体事实上对塘堰是否有维护和管理行为，且他们的管理行为是否被大多数村民接受。因此，是否存在广泛认可的用水规则，作为解释村民合作行为的一个重要解释变量，在定性比较分析过程中也被笔者考虑进来。

（二）调研对象要素编码和事实表构建

（1）对于笔者根据案例经验数据与理论知识选择出来的四个关键要素，在访谈记录和相关统计资料的基础上，对其分别编码和转译。在应用QCA研究方法时，表示某条件发生或存在时变量取值为1，同时在编码时通常用大写字母标示；反之，当某条件不发生或不存在时变量取值为0，编码则用对应的小写字母标示（见表1）。

表1　变量选择与说明

因变量	编码	发生	不发生
村民是否参与塘堰合作治理项目	E	E	e
解释要素			
整治成本是否超过可承受范围	C	C	c
是否所有村民都能获益	B	B	b
是否有其他活跃的社会组织存在	O	O	o
是否存在广泛认可的用水规则	R	R	r

（2）根据整治成本、受益范围、是否存在其他活跃社会组织及用水规则等变量的综合数据来建构有关16个村的事实表。我们将采集到的数据导入QCA的专门软件Tosmana 1.3.2中进行分析。引入的初始模型为：

$$E = C + B + O + R$$

经过整理和观察，在所调研的16个村中，有9种条件组合出现。虽然逻辑上应该有$2^4=16$种条件组合的可能，但是在实际案例中，往往会出现条件组合一样的情形；另外也有一些逻辑上可行，实践中不可能存在的条件组合。这些都可能导致分析结果中出现的条件组合比逻辑推理中假设的组合要少的情况出现。这9种条件组合中，其中4种出现了村民参与塘堰合作整治项目的结果，对应的案例有11个，分别是Y1、Y2、Y4、T2、T3、U2、U3、P1、P2、P3、P4；另外5种条件组合得出的是村民不愿参与合作项目的结果，对应的案例有5个，分别是Y3、T1、T4、U1、U4（见表2）。

表2　　　　　　　　　　　　事　实　表

条件组合(Row)	整治成本(C)	受益范围(B)	其他社会组织(O)	用水规则(R)	参与(E)	不参与(e)	案例(Cases)
1	1	1	1	1	2	0	Y1, U2
2	0	0	1	1	3	0	Y2, T3, U3
3	1	0	0	1	0	1	Y3
4	0	1	1	1	3	0	Y4, P2, P3
5	1	1	1	0	0	1	T1
6	0	1	0	1	3	0	T2, P1, P4
7	1	1	0	0	0	1	T4
8	0	0	0	0	0	1	U1
9	1	0	1	1	0	1	U4

在 QCA 分析结果中,"*"表示"和"的逻辑关系,"+"则表示"或"的逻辑关系。因此,对观察到的条件组合进行简化,得出的逻辑关系式分别是:

$$E=B*O*R+c*O*R+c*B*R \quad (式1)$$

$$e=C*b*R+C*B*r+c*b*o*r \quad (式2)$$

由于整治成本(C)要素受客观环境限制较大,短期内不太容易发生改变。依此,上述两个关系式还可以进一步表述为:

$$E=c*R(B+O)+B*O*R \quad (式3)$$

$$e=C*(b*R+B*r)+c*b*o*r \quad (式4)$$

根据 QCA 作出的分析结果,可以得出在何种情况或者要素组合条件下,鄂州地区的村民会参与到塘堰合作整治项目中来呢? 笔者认为:其一,在塘堰整治成本不超出农民负担能力,且塘堰用水规则被村民广泛接受时,项目受益范围是全体村民或者村落中有其他活跃的社会组织的条件下,村民们更可能组织起来参与到合作治理过程中;其二,当被整治的塘堰产权明晰,既能服务全体村民,又有广泛接受的用水规则存在,且村中有活跃的社会组织条件下,塘堰的整治成本可以不考虑。

那么,分析当地村民为何选择不参与到合作治理项目中来,也有两种原因:第一,在塘堰整治成本超出农民负担能力时,即使存在广泛接受的用水规则,但有限的受益范围抑制了村民的参与热情;或者即使受益范围能涵括所有村民,但用水规则有争议时也会对村民参与合作有反激励作用。第二,在塘堰整治成本不超出农民负担能力时,如果当地没有活跃的社会组织和广泛接受的用水规则,且受益范围不能包括全体村民的条件下,村民也无法产生参与合作治理项目的激励。

(三)研究结论及思考

通过定性比较分析方法,本文较为系统地比较了16个自然村参与"三万"活动的案例，得出在湖北省鄂州市农村地区促成公共资源实现合作治理的两个主要途径（见图1~图2）。

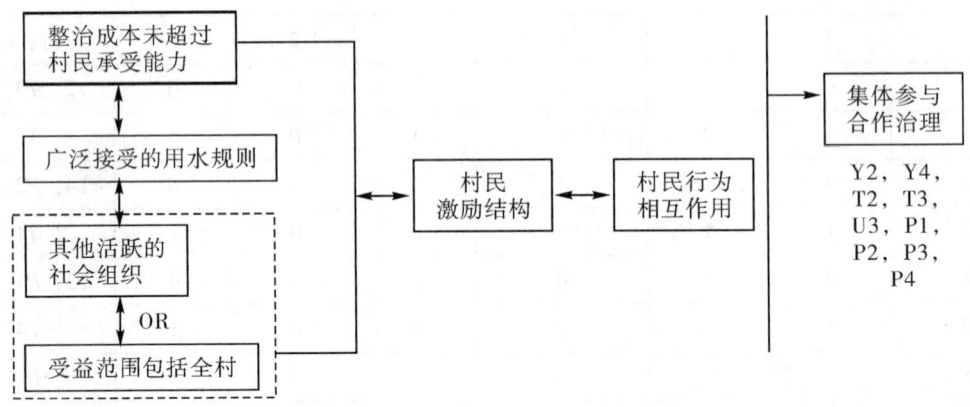

图1　湖北省鄂州市农村公共资源合作治理路径（一）

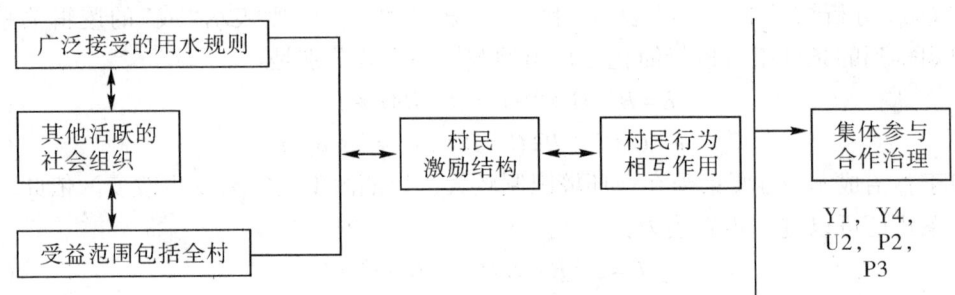

图2　湖北省鄂州市农村公共资源合作治理路径（二）

结果发现，在塘堰整治方面合作治理成功的项目中，存在广泛接受的用水规则是一个必要条件，它在两种成功途径中都存在。这说明微观制度基础的重要性：合作治理模式作为一种外来制度，是否能真正移植到农村公共资源管理的实践中，需要考虑当地已有的惯例、规则等微观制度环境。显然，如果资源使用者内部在资源的使用、分配上尚有争议，以政府为主导的合作治理项目的介入只能让资源使用者面临的激励结构更加复杂化，增加合作治理的成本和难度。在只有有限的资金支持，和合作治理项目大规模推广的情形下，资源使用者很难有足够动力达成一致对已有争议的公共资源再去投工投劳。因此，这些村落中的"三万"活动往往采取工程外包的形式落实，缺乏资源使用者的参与。这可能导致"三万"活动的政策成效是短期的，只局限于基础建设的升级，而并没有解决资源分配和使用等根本问题。

同时，笔者注意到，在大多数成功案例中，塘堰的整治成本并没有超出农民的负担能力，当用水规则取得一致时，村民和已有社会组织的自组织能力就凸显出来。一方面，如果村民们认识到整治塘堰是"自己的事"，他们有能力而且愿意在公共资源上投工投劳；

这进一步论证了在农村公共资源管理方面走村民自治"第三条道路"的可行性。另一方面，如果有其他社会组织存在，这些社会组织则会积极利用自己在当地的网络优势聚集空闲劳力、机器和资金等资源参与到合作治理项目中来。社会组织的参与能统合市场和社会力量，经济有效地完成项目任务，同时深化自身在地方公共资源管理方面的影响力。这两种合作治理路径为今后农村地区公共资源管理提供新的思路和方向，也实现了本次"三万"活动的政策目标：在政府引导下，增进农民群众对地方公共事务包括公共资源管理的参与；农村社区自治能力和相关社会组织管理能力的提高，也为今后多元化合作治理模式的进一步推广和普及奠定基础。

特别地，本文的研究成果也充分反映了地方合作治理路径的多样性和兼容性。如本文的 Y4，P2，P3 三个案例其实用两种合作治理路径都可以解释。这进一步说明合作治理的成功并不只有一种单一模式；在不同条件组合配置的情况下，只要符合了上文农村公共资源合作治理的某种路径选择，就有可能导向合作治理。

这为地方寻求合作治理道路提供了更多的可能，半开放式的政策解决方案一方面减少了对地方公共资源治理主体的约束；另一方面也充分调动起农民参与本地区与公共资源治理、建设的积极性。

分析农民不参与合作治理项目的原因(见式4)，也主要有两个：

一是塘堰整治成本过高。在很多村集体已背负债务、农民尚不富裕的情况下，村民要参与到合作治理项目中来，将面临更高的机会成本。这时，若塘堰涉及大多数人利益且塘堰的用水规则尚有争议时，会导致规避"搭便车"者困难的现象出现，而用水规则的不一致，将使村民对整治塘堰的收益预期不明确而退出合作。若塘堰的受益对象局限于部分村民，且用水规则是大家广泛认同的，村民的理性选择是不参与到不能给自己带来收益的合作项目中来。

二是塘堰整治的工程成本不高时，过度原始化的村落环境(包括塘堰受益范围有限、没有活跃的社会组织且没有广泛接受的用水规则)使得合作的制度成本过高，而阻碍合作行为发生。

综上所述，对于"三万"活动这类型的以政府为主导的合作治理项目，作为一项强制性制度变迁，其成功与否务必要考虑到当地自然资源禀赋、社会文化基础和现有制度规则的差异。这些微观要素共同构建了村民行为的场域(Action Arena)，塑造他们的激励选择结构(Incentive Structure)。

基于"三万"活动中农村公共资源合作治理的不同路径分析，要想使政府的合作项目在地方得到落实，真正获得村民的参与，需要在政策设计过程中探讨哪些是影响村民合作行为选择的解释要素，研究哪些条件组合更可能引致合作行为发生，而哪些条件组合则可能阻碍合作行为产生。深入剖析湖北省鄂州市农村地区在"三万"活动中与村民合作治理地方公共资源不同路径选择的政策结果，笔者思考如下：

(1)加大农业基础设施建设投入，创新和完善农村公共资源合作供给机制。农业基础设施建设是农业和农村赖以发展的"先行资本"，是实现国家治理能力现代化任务的题中之意。整体来看，我国农民的收入水平仍不高。我国农业小规模和分散式的家庭联产承包责任制式的经营方式决定了农民的投资能力十分有限。因此，在本研究案例中，塘堰整治成本过高是部分自然村村民放弃参与合作治理项目的主要原因之一；这提醒政策制定者在今后农村公共资源合作治理的方案设计时，务必要考虑当地农民的收入水平和投资能力，尽量规避那些要求村民自筹大额资金甚至举债投入农业基础设施建设的方案。而各级政府一方面应大幅度增加农业基础设施建设方面的各类型专项资金补助，如"一事一议"、"以奖代补"、小型农田水利工程建设补助等。另一方面，应进一步创新和完善农村公共资源合作供给机制，除了政府财政上加强支撑，还要积极引导社会资本参与到农业基础设施建设和公共资源供给环节中来。

（2）推进农村小型水利设施产权改革，落实工程管护制度。一直以来，我国各级政府在农村小型水利设施产权改革方面已做了大量探索性和创新性实践工作，也形成了一些行之有效的建管机制和模式，如合同承包、租赁等市场化模式，或者受益户共管等社会自治管理模式。但当时广泛采用的"一刀切"、单一"模式推广"等策略，也制造和累积了一些新的管理问题，如农村小型水利设施产权归属关系复杂，管理权责混乱，一些小型水利设施出现有人承包获利、没人投入维护的尴尬局面。产权不明晰，导致政府、村民、水利设施承包者对各自的角色定位不清，对各自在小型农田水利设施方面的投资收益无法有可靠的预期。在这种激励结构下，村民和水利承包人的理性行为是自利倾向的，难以产生合作治理的意向。因此，在产权不明晰的条件下，无论是强调效率的市场化模式，还是强调多中心分权的社会自治管理模式，都很难达到预期的政策效果，实现集体合作。因此，在农村公共资源合作治理的准备工作中，有必要进一步推进农村小型水利设施产权改革，切合地方小农田水利设施的历史发展和管理实践落实工程管护制度，确定事实受益对象。针对那些受益对象范围有限的项目，有必要调整合作治理方案，不能将公共资源投入和管护成本强加给非受益对象；可以考虑合理引入市场机制或其他民间资本，如工程外包、企业捐资等消化超出的投入成本；也可以商量更改现有的产权关系，适当扩大受益范围，让公共资源本身服务更多人，也为大家共同管护。

（3）重视地方用水规则，协助村民建立起能保障当地公共资源可持续利用的分配和使用秩序。在本次"三万"活动湖北省鄂州市案例的定性比较分析结果中，所有成功实现农村资源合作治理的路径选择里，存在广泛认可的用水规则是一个必要条件。这说明合作治理成功的制度基础是当地已建立互信互惠的资源分配和使用秩序。这些内生的制度规则，有助于帮助村民建立对他人可能的合作行为的合理预期，并以此来调整自己的合作行为。长此以往，稳定和互信的关系能够在社区中稳定下来，从而为公共资源的合作治理奠定坚实的制度"软环境"。这些专有的地方制度因素，应该在政府引入合作治理项目前被识别和认可。可能有的制度规则表面上看来并不"科学"、"高效"，但如果它们被当地群众所广泛认可并运行多年，本身就说明它们存在的合理性，应当被政策制定者所包容，并纳入合作治理方案的设计环节。尤其是，村民长期使用用水规则，已形成路径依赖；这时候以政府为主导的这一类型合作治理项目，作为一项强制性制度变迁，要想吸引村民参与，合作完成共同治理农村公共资源的任务，一方面，要重视地方上本已存在并应用成功的制度规则，这既可以节省双方因应新制度变化产生的制度成本，也可以吸引村民以较低成本参与到新的合作治理项目中；另一方面，若随意用外来制度替代内生制度规则，肯定会对本来稳定的社区关系带来新的变数，打破村民之间、村民与资源之间、村民与政府之间原有的均衡关系，引起一系列必不可少的调整，甚至制度混乱，这些在无形中增加了村民参与合作治理的制度成本，成为政府落实合作治理项目的阻碍。因此，若当地已有认受性较广的用水规则，政府在引入新合作治理项目时一定要妥善配置新制度和已有制度的关系。对于那些用水规则尚不统一、用水争议较多的村落，政府在合作治理项目设计过程中应重视制度建设方面的工作，主动协助村民建立起能保障当地公共资源可持续利用的分配和使用秩序。

（4）强化其他社会组织在农村公共资源管理方面的角色和作用。各类型的社会组织，包括传统宗族组织和新兴社会组织，都有其独特的社会资源和制度资源。其中，一些社会组织的日常工作本来就是面向部分农村公共资源管理的。如何有效实现这些社会组织的"资源外溢"，使得原本未组织起来的公共资源供给和分配过程能有序聚合在一个社会组织下，是值得政府和村民思考和研究的一个重要课题。一方面，农村地区有些社会组织，在当时的历史情境下只负责某一方面的资源管理工作，甚至只是某一个项目，这对于村民和政府都是一种巨大的资源消耗及浪费。另一方面，已有社会组织在农村公共资源管理方面的经验、能力和影响可以辐射整个社区。经本文实证检验证实，村落中存在活跃的社会组织确实能够有效抵消资源整治成本过大带来的压力，如本文研究发现的合作治理路径二。在资源整治难度可能较大的客观情况下，活跃的社会组织能够有效调动外围民间资本投入到家乡公共资源治理过程中来，同时，社会组织以前在村民中积累的良好信用和影响也能增进村民对于新合作治理项目的信心。因此，政府应进一步简政放权，有意识地将农村社会管理的相关职能和权力下放到农村基层的有关社会组织中，给予这类社会组织相应的法律地位，强化社会组织在农村公共资源管理方面的功能和角色，为今后在农村地区能够建立起政府、市场和社会三位一体的公共资源合作治理体系打下坚实基础。

（5）规避"一刀切"的政策设计方案，推进公共资源管理体制创新，探索多样化合作治理路径。由政府推动的大型政策改革和创新实践，通常在试点成功后，为了发挥其"规模效应"，会在更大区域范围内推行同一种成功模式。然而，无论是之前市场化改革、受益户自治管理改革在部分地区的失败，还是本次"三万"活动合作治理结果的多样化都说明，忽略各地地理条件、人文环境和制度因素等各方面差异，针对同一问题只设计提供唯一一种政策解决方案是不现实的。若简单套用单一政策应对所有地区的公共资源治理问题，难免会出现在有些地方成功，而在另外一些地方失效的尴尬状况。通过本文案例研究，大体呈现了16个自然村在四大关键要素——塘堰整治成本、受益范围、社会组织现状和用水规则——禀赋上的多样性和要素组合的复杂性。9种条件组合中，有4种是可以引致合作治理结果的；经过逻辑运算简化，我们总结出来，在湖北省鄂州农村地区实现农村公共资源合作治理的两种路径选择。这进一步证明公共资源合作治理的解决方案不是唯一的。因此，基层政府在今后落实同一类型的合作治理方案时，不应简单忽略本地的资源特色、社区特点和制度条件，而是重视和因应这些微观因素，结合上级政府的宏观政策决策，来选择不同的合作治理路径。这样才有可能引导出更多成功的合作案例，为国家治理体系现代化，和农村社会管理创新打开新局面，提供新思路。

最后，需要注意的是，本研究并非没有局限。一方面，由于资源的限制，本研究的样本略小,虽然定性比较分析可以较好地处理小样本的数据,但如果可以获得更大的样本,显然可以让结论具有更强的经验基础;另一方面,本文研究和案例选择主要集中在湖北省鄂州地区,因此上文总结的两条合作治理路径可能对该地区的合作治理政策有更强的解释力。如需纳入更大范围的地区来讨论,需要重新校准相关解释要素,分析过程中可能出现新的条件组合,因此在总结简约理论模式时也可能得到新的结果。

新形势下农村产权制度改革的探索与创新

市改革办农村产权制度改革课题组

农村产权制度改革是农村改革的核心和基础。党的十八届三中全会提出了赋予农民更多财产权利、建立城乡统一的用地制度、构建新型农业经营体系等多项改革举措,进一步为农村产权制度改革指明了方向。我市农村产权制度改革起步较早,于 2012 年起开始在全市进行积极探索,经过两年多的实践,取得了阶段性成效。在活跃农村产权交易市场、推动农村资产资本化、促进城乡资源要素优化配置等方面发挥了积极作用,为深入推进城乡一体化发展注入了新的活力。随着改革的逐步深入,一些深层次的问题和矛盾逐渐暴露出来,改革的阻力也随之加大,这些问题和矛盾亟待我们研究解决。

一、我市农村产权制度改革的做法及成效

我市农村产权制度改革于 2012 年 3 月正式启动,市委市政府制定下发了《关于加快推进农村产权制度改革的指导意见》(鄂州发〔2012〕3 号),全市上下以建立现代农村产权制度为基本目标,以体制机制创新为根本动力,以"还权赋能"为主要内容,以促进产权流转为中心环节,以实现农业增效、农民增收为最终目的,围绕确权登记颁证、开展指标交易、推动农村产权抵押融资、搭建农村产权交易平台、搭建农业发展融资平台五大任务,坚持两手抓、两手硬,一手抓面上工作,一手抓试点工作;一手抓政策制定,一手抓平台建设;一手抓宣传培训,一手抓督促检查,稳步推进各项工作。经过两年多的努力,初步探索出了一条富有鄂州特色的农村产权制度改革之路,在全国产生了一定的影响,受到国家部门和省市有关领导的充分肯定,吸引了省内外很多兄弟地市前来参观学习。目前,我市农村产权制度改革的整体制度框架基本形成,在全省地市州率先搭建了农村产权交易平台和农业发展投融资平台,重点在指标交易和"五权"抵押融资方面取得了实质性进展,成为继成都、重庆之后全国第三个规范开展土地指标交易的试点城市。十八届三中全会提出的建立城乡统一的建设用地市场和农村产权流转交易市场,已在我市探索实践两年多。

(一)推进确权颁证,夯实农村改革发展基础

我市牢牢抓住确权颁证这个基础,把它作为农村产权制度改革的首要任务来抓。全市按照"四个一致、九个程序、应确尽确、群众满意"的确权工作标准和要求,全面启动了 9 项农村产权确权工作。截至目前,全市集体建设用地使用权发证率 79.96%、宅基地使用权发证率 48.83%、农村房屋所有权发证率 5%、水域滩涂养殖权发证率 24.6%、农村小

型水利工程产权发证率6.2%，集体建设用地所有权和林权确权工作基本完成。按照省试点工作要求，土地承包经营权新一轮确权已全面展开。

(二) 搭建两个平台，促进农村产权规范流转

我市牢牢抓住产权流转这个核心，制定出台农村"五权"流转管理办法和农村产权交易管理办法，积极搭建农村产权交易平台和农业发展投融资平台，引导农村产权规范流转，促进农村资产资本化、市场化。一是搭建农村产权交易平台。整合市国土局和市农委相关职能和资源，建立农村综合产权交易中心，组织开展农村产权交易。搭建农村产权交易信息平台，对内筹划建立市、区、乡镇、社区相互连接的交易信息系统，对外做好与武汉农交所交易信息平台对接，形成横向联结、上下贯通的农村产权交易信息服务体系。截至目前，全市集体建设用地使用权流转7宗，53.06亩，成交额851万元；林权流转266宗，9.6万亩，成交额2286万元；农村房屋所有权流转30宗，4000平方米，成交额60多万元；全市农村土地承包经营权流转率达36.36%。二是搭建农业发展投融资平台。创新财政支农方式，整合农口部分经营性国有资产和财政支农资金，吸纳市城投公司投资，组建鄂州市农业发展投资公司，负责开展委托贷款、担保服务、参与土地整理等业务，发挥财政资金四两拨千斤的作用，以此撬动和吸引更多的信贷资金和社会资本投向"三农"，带动农户以产权流转参与土地规模经营和土地综合整治，促进农业产业化发展和农村新社区建设。整合农业、水利、林业、国土等部门资金，由市政府出资设立1亿元生态农业专项资金，由市农业发展投资公司统一管理和使用，通过直接投资入股、委托村集体参与投资、融资担保等方式支持生态农业发展，重点解决生态农业基地建设融资难问题。截至目前，市农发投共投放资金2000多万元，撬动社会资本近亿元投入农业产业化发展和农村新社区建设。

(三) 创新制度设计，破解农村发展资金难题

我市牢牢抓住制度创新这个关键，针对"三农"投入严重不足的现实问题，在法律法规未作明令禁止、国家政策又鼓励探索的领域大胆创新，以制度创新破解农村发展资金瓶颈问题。一是推进农村金融制度改革，开展农村"五权"抵押融资。积极探索扩大农村抵押担保物范围，先后出台了《鄂州市农村产权抵押融资总体方案》等12个文件，打通了农村"五权"抵押融资的制度通道。通过遴选确定并公布了首批8家农村资产评估中介机构名单，解决了农村产权评估环节的问题。由市、区财政共同出资1200万元设立抵押融资风险补偿基金，解除了银行开展"五权"抵押融资的后顾之忧。截至目前，全市共办理"五权"抵押贷款111笔，抵押面积8.19万亩，贷款金额2.04亿元。二是用活"增减挂钩"政策，开展挂钩指标交易。在学习借鉴成都等地经验的基础上，制定出台了《关于完善土地交易制度促进农村土地综合整治和新社区建设的实施意见》等8个文件，向社会公开发布了建设用地挂钩指标"持证准用"制度公告和建设用地挂钩指标价格公告，对指标的产生、交易、使用和收益用途作出了明确规定，鼓励农民集体对农村废弃闲置建设用地或迁村腾地腾出的土地进行复垦，形成建设用地挂钩指标并进行交易，以解决农村新社区建设资金投入不足的问题。目前全市已复垦形成合格指标1183.9亩，首批拨付指标价款7010万

元。市农交中心共向国有经营性建设用地使用者出售指标109宗4238亩，成交额达6.78亿元。

(四) 发展生态农业，推动土地经营机制创新

我市牢牢把握生态农业发展这个方向，把创新土地经营机制、土地规模经营和生态农业发展扭在一起抓，以经营机制创新推动生态农业大发展。全市上下把创新生态农业经营机制，加快发展生态农业作为促进鄂州农业提档升级的主攻方向，市"四大家"领导带头兴办生态农业示范点，扶持发展新型农业经营主体，构建新型农业经营体系。按照村集体代政府持股、农民带地入股保底分红、社会资本参股的模式，组建生态农业公司，发展农村混合所有制经济，促进生态农业规模化发展、市场化经营。生态农业经营机制创新吸引了工商资本下乡，推动了工商资本与农村土地的"联姻"，实现了农村土地由承包经营向股份经营的飞跃。太和镇谢埠、金坛、花黄3个村农业经济专业合作社及农户与湖北梁子湖有机农业公司联合组建湖北联和有机农业公司，建设万亩有机水稻种植基地。其中3个村1700余户农民的土地占股45%，3个村的合作社占股4%，湖北梁子湖有机农业公司占股51%。公司承诺流转土地的农民年分红不低于400元/亩。土地股份经营兼顾了投资者、村集体和农户三方利益，调动了农户土地流转的积极性，目前全市面积超过100亩以上示范基地达到129个。

二、存在的问题与原因

当前，我市农村产权制度改革正处于全面推开、深化攻坚阶段，一些重点领域和关键环节的难点问题逐步凸显出来，影响和阻碍着农村产权制度改革的顺利推进。从目前情况来看，主要存在以下几个方面的问题：

(一) 确权登记颁证工作滞后

我市共有11类农村产权需要确权登记发证，涉及国土、房管、林业、水产、水务、农经等部门。目前，确权颁证工作进展不平衡，除林权、农村土地所有权完成确权颁证任务外，其他农村产权的确权工作进展比较缓慢，特别是农村房屋产权、水域滩涂养殖权、小型水利工程产权的确权工作相对滞后，其主要原因是确权颁证需要耗费大量的人力、物力和财力，工作繁杂，任务艰巨，对此，有的部门存在畏难情绪，因而等待观望，畏葸不前。

(二) 少数产权抵押登记不畅

我市通过制度创新，已打通农村"五权"抵押融资通道，但一些地方在办理集体建设用地使用权和宅基地使用权抵押登记时受阻。其主要原因是以上两项产权办理抵押登记时在操作上有一定的难度，所以在实际工作中还未执行。这种状况导致目前农村房屋和集体建设用地使用权抵押融资业务无法开展。

(三) 农交中心服务功能还不完善

我市农村产权交易品种主要包括"五权两指标"，由于相关部门各自为战，还未形成统一的意志和行动，加之电子政务系统与农村产权交易信息系统还未实现有效对接，致使农交中心服务功能受限，部分农村产权一时还难以进场交易，目前只开展了建设用地挂钩指标和集体建设用地使用权交易业务，涉及农口部门的农村产权要进场交易还有大量工作要做。

(四) 农发投职能作用发挥不够

我市成立农发投的目的，是要发挥财政资金"四两拨千斤"的作用，为"三农"发展融通资金。但目前农发投只参与了土地整治工作，其政策性融资平台的作用还未发挥出来，主要原因是农发投的公司治理机制不完善，投资评审委员会没有成立，注册资本金没有完全到位，资金池还未建立，因而无法按照现代企业制度管理和运营，大大影响了其职能作用发挥。

(五) 生态农业基地权责关系不清晰

相当一部分产业基地没有理顺社会投资者、集体、农民三者之间的利益关系，没有建立完善的现代企业制度，导致产权不清晰、权责不明确。全市100多个示范点中，真正公司化运作的不足20%。这种状况不仅影响生产和管理效率，而且还潜在产权及利益纠纷的问题。

三、对策和建议

农村产权制度改革，政策性强，涉及面广，工作难度大。面对新的形势和任务，需要我们进一步提高思想认识，切实增强紧迫感和使命感，继续发扬敢闯敢试精神，不断把改革引向深入。下一步，我市农村产权制度改革必须在"巩固、深化、拓展"上下工夫，在前期制度设计的总体框架下，进一步健全完善各个领域的体制机制，正确处理好试点先行和整体推进的关系，努力在推进农业产业化发展和农村新社区建设方面见到成效，为助推我市城乡一体化发展和新型城镇化建设提供强劲动力。

(一) 强化部门责任，加快推进确权登记颁证工作

确权登记颁证是农村产权制度改革的基础工作，确权不到位，农村产权制度改革就无法向纵深推进，农村产权流转和抵押贷款就成为一句空话。因此，我们既要充分认识到确权颁证在农村产权制度改革整体布局中的基础性地位和重要作用，又要认识到这项工作的紧迫性和艰巨性，进一步加大工作力度，采取得力措施，加快推进农村产权确权颁证工作。针对目前部门各自为战的问题，要加强组织领导和检查督办，强力推进确权颁证工作。要进一步强化部门责任，明确目标任务，提出时限要求，把确权颁证工作纳入年度目标考核内容，实行严格考核、奖惩兑现。各有关部门要提高服务意识，主动深入村组、上

门服务，提高群众确权意识。同时市政府要将有关工作经费纳入财政预算，为确权颁证提供经费保障。

（二）集中力量攻关，突破"五权"抵押融资最后一道障碍

抵押登记是开展农村产权抵押融资必不可少的重要一环，鄂州市农村产权抵押融资的顶层设计已经完成，制度通道完全打通，而集体建设用地使用权和农村房屋的抵押贷款业务到目前还未突破，卡在了部门抵押登记环节。客观上讲，通过变通规避法律限制有一定难度，但成都、重庆等地都能够将制度落到实处，解决操作层面的问题，而鄂州市为什么不能将制度创新的内容落到实处呢？有政策支撑却不能执行到位，说到底还是个思想认识问题，思想不解放，导致执行难落实。因此，针对这一问题，市改革办和市国土局要组织有关人员联合攻关，研究解决集体建设用地使用权和宅基地使用权抵押登记在操作层面的问题，拿出具体的操作办法，确保农村产权抵押登记畅通无阻，全面推进农村产权抵押融资。

（三）完善服务功能，加强农村产权交易市场体系建设

农村产权交易市场的活跃与繁荣，对于实现农村产权要素流动、价值显化以及同社会资本的结合与重组具有重要作用。目前，我市农村产权交易中心成立时间不长，管理体制和运行机制尚不健全，因此要下大力气加强农村产权交易市场体系建设。一是要建立监管协调机制。成立市农村综合产权交易监督管理委员会，负责对农村产权交易行为实施监督管理和指导，帮助协调解决农交中心与部门之间的业务对接问题。二是要完善农村产权交易信息系统。将农村产权交易中心网站与市直有关部门电子政务系统对接，与现有区级房屋、林权交易平台和乡镇经管站的产权交易信息平台联网，在村和新社区设立农村综合产权交易信息收集点，形成市、区、乡镇、村（新社区）四级联动的农村产权交易服务体系。三是要加快推进农村产权入场交易。对农村产权交易涉及的部门要进一步明确职责，国土、房产、农业、林业、水产、水务等部门要负责督促各自所涉及的农村产权进场交易。与此同时，市政府要尽快研究制定鼓励农村产权入场交易的优惠政策，引导和鼓励各类农村产权入场交易。

（四）理顺管理体制，充分发挥农发投三大职能作用

农发投是吸引和集聚社会资本、金融资本投入农业的重要投融资平台，其职能作用发挥得好，可以有效解决财政支农投入不足的问题。我市农发投虽然成立两年多，但其职能作用发挥不够，对农村资本市场的撬动不尽如人意，对农业产业化发展以及农村新社区建设的推动作用不明显。我们要进一步加强农发投平台建设，切实理顺管理体制机制，促进农发投科学管理、高效运转。一是要加快完善农发投法人治理结构和内部监管制度，确保农发投严格按照现代企业制度管理和运营。二是要成立投资评审委员会，确保对重大项目投资实现民主决策，科学决策。三是要落实注册资本金，建立财政资金注入机制，确保农发投运转有后续资金保障。

(五) 规范土地流转，深入推进生态农业经营机制创新

我市生态农业经营机制创新，核心在土地经营机制的创新，工商资本与土地的结合，关键要解决好参股各方的责权利关系。针对目前一些生态产业基地权责不明晰的现状，应从以下几个方面进完善。一是要严格按照法律法规，制定公司章程、合作社章程，建立健全组织制度，明确投资者、集体和农户各方权责关系，切实维护农民和集体利益。二是要规范土地入股、出租、转让等行为，对已流转的土地，没有签订合同或登记备案的，要补办相应的手续，把土地经营机制创新纳入法律、政策轨道，确保生态农业基地可持续发展。三是要制定出台土地承包经营权流转基准价格，根据土地产出情况，以大米等农作物为标准，按照农作物当年市价折现兑付，确保流转价格随行就市，切实维护农户和投资者双方利益。四是要做好土地流转服务工作，制定规范的土地经营权租赁协议文本，引导土地承包经营权入场交易，规范土地流转行为，促进土地承包经营权价值显化和保值增值，确保农民利益不受侵害。

(六) 加强组织领导，确保农村产权制度改革顺利推进

农村产权制度改革涉及资源要素的重新配置和利益格局的深刻调整，因此，改革越深入遇到的困难越多，难度越大。目前，我市农村产权制度改革进入了最后的攻坚阶段，五大领域存在的难点问题均与部门配合不到位有关，存在很大的协调难度。因此，进一步强化组织领导，加强协调督办是当务之急。一是要加强组织领导。成立由市级领导挂帅的协调工作专班，帮助协调解决农村产权制度改革中的重点难点问题，扫除各种障碍。二是要加强部门协作。各有关部门要进一步解放思想，树立大局观念，从部门利益的狭隘意识中解脱出来，主动作为，大胆创新，在改革中发挥引领作用，形成推进农村产权制度改革的强大合力。三是要加强典型宣传。大力宣传农村产权制度改革中涌现的先进人物和典型经验，让广大农民群众真切感受到改革带来的好处，调动更多的农民参与到改革中来。四是要把握改革方向。各级各部门务必要转变思维方式和工作方式，牢牢把握社会主义市经济改革取向，始终不渝地坚持"政府引导、市场运作"的原则，确保农村产权制度改革沿着正确的轨道运行。

课题组组长：曹军
课题组成员：朱丽洁　邢振海　张明村

鄂州市基层社会工作组织孵化器及其人才培养研究结题报告

梁 君 等

《鄂州市基层社会工作组织孵化器及其人才培养》研究，将新型农村社区和城区社区，统称为"基层社会工作组织"。所谓基层社会工作组织，是由若干行政村合并在一起，统一规划，统一建设，或者是由一个行政村建设而成，形成的"新型农村社区"（本项目研究称之为"基层社会工作组织"）；而城区社区一般以街道、居委会为组织领导，绝大多数以购房或租赁形成聚居的"地缘社区"而形成基层社会工作组织。是以缩小城乡差距，营造城市社会生活形态，让农民享受到跟城里人一样的公共服务，过上像城里人那样的生活；城区"地缘社区"既不是过去的老（旧）城街道、里弄的户籍管理，也不是简单的人员、安全等管理，而是以"地缘社区"为单位的"基层社会工作组织"而形成集公共设置、医疗、教育、购物等全方位的多功能社区。同时在新型农村社区和城区社区（基层社会工作组织），我们要同步培养和训练一支强大的"基层社会工作组织管理人才"替代"大学生村官"。

一、鄂州市"基层社会工作组织"结构状况

目前，鄂州市"基层社会工作组织"的结构为：鄂州市葛店开发区（1个镇26个行政村）、鄂城区（10个乡镇107个行政村）、鄂州经济开发区（10个行政村）、华容区（5个乡镇76个行政村）、梁子湖区（5个乡镇86个行政村）和凤凰街道办事处（5个行政村）、古楼街道办事处（3个行政村）、西山街道办事处（7个行政村）等五个政府直辖区和三个政府直辖街道办事处（下面简称为"五区三街办"）共计320个行政村和105个社区。

随着城乡一体化的深入推进，城镇综合功能不断完善，鄂州市"五区三街办"按照"四化两型"建设要求，加快了新型城镇化建设的步伐，进入升级转型的快车道。例如：华容区将原有的5个乡镇76个行政村的组织模式，规划、发展、打造成"三城三特三十社区"城镇新格局，即构建以"三座新城"（葛华科技新城、红莲湖新城、临港新城）为中心，以"三个特色镇"（段店、蒲团、临江）为节点，辐射"三十社区"和一般居民点的"三城三特三十社区"空间发展的城镇新格局。华容区城镇建设为鄂州市全面践行城乡一体化起到了龙头性作用。

二、基层社会工作组织孵化器及其应用性

《鄂州市基层社会工作组织孵化器及其人才培养》研究，是为鄂州市"五区三街办"下

属320个行政村和105个社区(基层社会工作组织)提供"互联网管理工具"和"互联网管理人才"的应用性研究。鄂州市以华容区为龙头,将全面推进完善的新城镇格局,客观合理的生产力布局,必须打开互联网思维之门,首先,我们要对"基层社会工作组织"进行与时俱进的科学管理,即"互联网管理工具";其次,训练一支基层社会工作组织孵化器管理员,即"互联网管理人才"队伍。

所谓"基层社会工作组织孵化器",是一个智能服务,是针对鄂州市"五区三街办"下属320个行政村和105个社区(基层社会工作组织)设计和运作的"互联网管理工具"体系,更是一个系统。所谓系统,是指基层社会工作组织孵化器具有的整体性、层次性、结构性、逻辑性、功能性、管理性、科学性等,比如:基层社会工作组织的对外宣传,接待,文秘,档案等;内部财务、人力资源管理;辖区人员和暂居人员的行政服务;辖区户籍和辖区人员、暂居人员管理以及"三留人员"的信息调研等;辖区居民的水、电、设备、环境卫生、保安、等一系列物业后勤配套服务;计算机网络管理及相关专业技术信息服务等进行精准化登记和管理。

所谓"基层社会工作组织孵化器管理人才"培养,是培养和训练以团队或个人的方式熟练掌握和维护"基层社会工作组织孵化器",并借助"基层社会工作组织孵化器"对所在辖区提供全方位和全程的系统性、智能性的管理服务,成为鄂州市基层社会工作组织的专业"互联网管理人才",同时也是首批"基层社会工作组织孵化器"应用培训师和推广师。

三、鄂州市基层社会工作组织孵化器及人才培养研究意义

(一)"大学生村官"向"互联网管理人才"转型

我国从20世纪90年代中期开始,大学生"村官"从无到有、到快速发展,经历了长时间的积累发展过程。大学生"村官",是指到农村(含社区)担任村党支部书记、村委会主任助理或其他村"两委"职务的具有大专以上学历的应届或往届大学毕业生。工作多为社区(村)事务。2005年7月,中央办公厅、国务院办公厅下发《关于引导和鼓励高校毕业生面向基层就业的意见》;2006年2月,中央组织部、人事部、教育部等八部委下发通知,联合组织开展高校毕业生到农村基层从事支教、支农、支医和扶贫工作。此后,大学生"村官"工作进入大范围试验阶段。2008年3月,中央组织部会同教育部、财政部、人力资源和社会保障部召开选聘高校毕业生到农村任职工作座谈会,部署选聘高校毕业生到农村任职工作,"大学生村官"工作进入一个全面的发展时期(根据中央办公厅、国务院办公厅下发《关于引导和鼓励高校毕业生面向基层就业的意见》)。

据统计,目前"大学生村官"进入村"两委"班子的占24.1%,其中担任村党支部和村委会负责人的占12.3%;有创业项目的19527人,其中独立创业的有5916人,合作创业的有13611人。2010年4月29日,中央组织部下发通知,五年内选聘10万大学生村官,增长为五年内选聘20万大学生村官,2010年全国选聘3.6万名"大学生村官"。

我国目前"大学生村官"无论是从数量上,还是从管理能力上都不能适应和满足我国农村向城镇化发展的需要。随着我国农村深化改革,全面推进城市化,改变我国的二元户

籍管理制度，为农村剩余劳动力向城镇转移创造条件。农民向城镇转移主要靠市场的力量，在工业化和城市化过程中，特别需要保护失地农民的合法权益。

国务院总理李克强5月6日主持召开国务院常务会议，研究部署2013年深化经济体制改革重点工作，部署今年经济体制改革9项重点工作。会议确定今年在行政体制、财税、金融、投融资、价格、民生、统筹城乡、农业农村、科技等重点领域和关键环节加大改革力度，第7项重点工作是："围绕提高城镇化质量、推进人的城镇化，研究新型城镇化中长期发展规划。出台居住证管理办法，分类推进户籍制度改革，完善相关公共服务及社会保障制度。保护农民合法权益。"要实现这一伟大改革目标，必须尽快培训基层社会工作组织的专业"互联网管理人才"亲历农村城镇化建设和管理。

2014年年底，鄂州市政府直属"五区三街办"的320个行政村和105个社区"村官"和"主任"的换届将全部完成。换届后的"村官"和"主任"有一部分是应届和往届大学生（"选调生"）担任，有一部分是由本辖区内选举产生的。无论是谁担任，都必须参加鄂州市基层社会工作组织孵化器应用的人才培训，迅速向"互联网管理人才"转型。

（二）"组织孵化器"及其人才培养的可复制性和推广性

根据国内外文献检索，目前在"组织孵化器"的研究和管理应用上处于空白。《鄂州市基层社会工作组织孵化器及其人才培养》研究，突破了我国目前基层社会工作组织（村及社区）管理上的随意性、短期性、应付性和不合理、不达标、不规范、不科学等管理和执行上的难点，将各行政村和社区引入"孵化器"管理，从而达到统一精准化、科学化和网络化；《鄂州市基层社会工作组织孵化器及其人才培养》研究，达到了两个创新，即"基层社会工作组织管理专业人才可复制性"、"'孵化器'网络管理可复制性"；《鄂州市基层社会工作组织孵化器及其人才培养》研究过程中，我们咨询了我国发展社会学权威武汉大学周运清教授，并得到了周运清教授的指导，周运清教授认为：该项目的研究具有超历史性、进步性、科学性意义，无论是人才培养还是"孵化器"都具有可复制性，并能在全省、全国乃至国际上推广运用。

四、鄂州职业大学主动承担"组织孵化器"及人才培养

鄂州职业大学是鄂州市唯一的一所高校，也是全国百名骨干高职院校，完全具备培养基层社会工作组织孵化器（互联网管理工具）及应用人才（互联网管理人才）；具有基层社会工作组织孵化器设计、制作、试用、推广能力和条件，该项目研究负责人和责任人分别是鄂州职业大学校长、教授孔国庆和鄂州职业大学社会科学部教授梁君，项目组"组织孵化器"及人才培养详细计划如下：

（一）在鄂州职业大学建立"基层社会工作组织孵化器及其人才培养基地"

鄂州职业大学可设"基层社会工作组织孵化器及其人才培养基地"。为全省乃至全国培养、培训并输送基层社会工作组织孵化器应用人才。这支队伍所具备的工作素质，即具

备组织管理学、行政管理学、行政法学、经济法学、社会发展学、统计学、社会学心理学等知识以外，必须掌握中央和地方形式与政策等大政方针、发展规划、地方新农村建设发展等"地方情"；必须具备熟练掌握办公自动化和网络管理能力以及驾驭和处理突发事件能力等。只有这样，才能在工作中做到得心应手、游刃有余，成为基层社会工作组织的"互联网管理人才"。

"鄂州市基层社会工作组织孵化器及其人才培养基地"可根据我国（鄂州市）农村城镇化发展和进程的需求，与地方政府签订"基层社会工作组织孵化器及其人才培养"培训计划，定向培养，以保证"基层社会工作组织孵化器及其人才培养"按计划输送到各个基层社会工作组织，做到准时到岗，到岗就能担当。

（二）在在读生中选拔并进行维期一年的培养和训练

在在读生中选拔并进行为期一年的培养和训练（由理论学习和具体应用以及社区实践三部分组成）在学生选拔上和人才结构上能保质保量并相对合理。更能达到从农村社区需要出发，因人而异、因岗而异；更能突出前瞻性、系统性、长期性、实用性、效益性培训原则。能科学、系统和有效进行有组织、有计划地管理和培训，从而保证达到知识传授、技能传递、标准传递、信息传递、信念传递、管理训诫等培训目标。

"基层社会工作组织孵化器管理人才"培养，采取"1+1+2+1+1"①，即第1学期下基层调研（称"熟悉未来岗位"）；第2学期回学校学习公共课（称"提高人文素质"）；第3、4学期在校学习"社会工作"专业课程（称"掌握专业知识"）；第5学期下基层试用"孵化器"（称"掌握应用'孵化器'"）；第6学期回校总结并分配各行政村或社区。

第3、4学期在校学习的课堂教学，全部采取"3+2+2+3"考教程序及"课堂四阶段"模式，"3+2+2+3"考教程序，即（考勤）+（平时作业，心得体会等）+（课堂演讲、答辩）+（课程结业考试或考查、课程论文等）。"3+2+2+3"考教程序以10分制或百分率计算（注：考勤占课程总成绩30%；平时作业、体会占课程总成绩20%；课程结业考试或考核或课程论文占课程总成绩30%）。

"3+2+2+3"考教程序及"课堂四阶段"模式，对学生进行"军事化学习管理"，同时使教与学进入一个良性循环，实现了两个"三位一体"，即教、学、管"三位一体"；教师、学生、辅导员"三位一体"（具体内容略）；"3+2+2+3"考教程序及"课堂四阶段"模式，使学生形成自觉思考，善于观察，能说会写，能答善辩等，从而培养和养成"五动能力"（即动脑、动眼、动手、动脚、动口）。为基层社会工作组织专业课的学习提供学习能力和学习方法，也赋予课堂教学无限的生命活力，促使学生能尽快适应基层社会工作组织管理工作，同时达到人才培养的可复制性，即"基层社会工作组织孵化器"设计具有整体性、层次性、结构性、逻辑性、功能性、管理性、科学性等，最终达到可复制性的系统性特点。

---

① 注：1=1学期，2=2学期。

(三)"基层社会工作组织孵化器及其人才培养"在鄂州职业大学培养的意义

"基层社会工作组织孵化器及其人才培养"在鄂州职业大学培养的"三个有利于"重大意义：有利于增强选拔培训对象(在校学生)和增强参训学生的信心和决心；有利于在学校树立大学生服务基层、服务农村的榜样；有利于对在校大学生树立正确的人生观、价值观和择业观。

鄂州市职业大学为鄂州市政府选拔培养鄂州职业大学在读生担当基层社会工作组织"互联网管理员"，对贯彻实行"地方高校以服务地方经济社会发展为目标，着力为地方培养高素质人才"，有着深远的历史性和社会性意义，同时为地方高校指明和拓展了又一条办学道路的价值取向。

参考文献

[1] 袁方. 社会研究方法教程：三. 五[M]. 北京大学出版社, 2007, 58~91、128~164.

[2] 周运清. 新编发展社会学：十三[M]. 武大学出版社, 2003, 216~223、270~275.

[3] 关培兰. 简明行为科学辞典：一[M]. 武汉大学出版社, 1989, 24~35、52-61.

[4] 俞国良. 社会心理学：十五[M]. 北京师范大学出版社, 2006, 604~608.

[5] 金国华. 青年学：十五[M]. 中国青年出版社, 1999, 289~301.

[6] (苏)伊·谢·科恩. 自我论——个人与个人自我意识：五[M]. 三联书店发行, 221~225.

[7] 梁淑芬. 列宁的领导艺术：十二[M]. 湖北教育出版社, 1991, 285~292.

[8] 大学生村官问题调查, http://wenku.baidu.com/view/7d92167e1711cc7931b7168e.html.

[9] 大学生村官定义, http://wenku.baidu.com/view/177780debceb19e8b8f6baff.html。

[10] 梁君. 地方高校为地方政府培训在读生担当"新型农村社区管理员"势在必行：中华文本库, http://www.chinadmd.com/file/6uvwtez63autrowtvcpewvoz_4.html.

[11] 城乡一体化是我国现代化和城市化发展的一个新阶段, http://www.docin.com/ice3018.

第九篇 孝感市

中华孝文化与创新创业文化融合的
研究与实践成果综述

田寿永

本项目立足于社会转型期中华孝文化传承创新的现状，针对某种程度上客观存在的中华孝文化传承与时代精神脱节倾向的实际，推进中华孝文化与创新创业文化的融合，建设中华孝文化传承创新区，建设中华孝道创业园，发展孝文化产业，探索在孝文化的新生态中培养具有"感恩、责任、忠诚、奉献"品格、"资源节约、环境友好"理念、创新创业精神的现代公民的新路，以实际行动推进中华孝文化的科学化、大众化、现代化，在知行合一中实现孝文化的传承与创新。

一、本项目提出的重要观点

（一）"孝创互转"

建设孝文化传承创新区和创新创业示范基地，是弘扬中华孝文化的新路径。推进孝道教育，让公民接受道德的浸润，接受中华孝文化的熏陶，接受创新、创业的训练，出成果，长才干，出人才，建功立业，回报社会。有孝就有创，有创就有孝。以创业来反哺孝文化，保护、传承、展示、创新、发展孝文化，培育创新创业文化，构建创业孵化器，加强志愿服务队伍建设，健全志愿服务的长效机制，打造孝文化的新形态。推进"有灵魂"的创新创业，把孝文化传承创新区建设成为传承孝道、创业创造、志愿服务的文化产业新区。

（二）中华孝文化和创新创业文化在培养公民的感恩心态、生命意识、责任情怀、爱国精神、生态理念、职业道德等方面的价值日益彰显

培育和践行社会主义核心价值观，公民素质教育既要关注感恩心态、生命意识、和谐人格的培养，又要加强民族信念、爱国精神、时代责任、生态意识、职业道德的塑造。中华孝文化和创新创业文化在培养公民的感恩心态、生命意识、责任情怀、爱国精神、生态理念、职业道德等方面的价值日益彰显，中华孝文化和创新创业文化成为公民文化素质教育的重要资源，也成为地缘文化生态的重要组成部分。立足于我国当前的现代化实践和公民文化素质现状，大力推进公民道德教育，要植根于中华民族优秀文化传统和创新创业文化，推进中华孝文化与时俱进，凝练生动的感恩教育主题，建设创新创业的载体，探索科

学可行的志愿服务运行模式，建设中国特色的"孝创互转"范式，培养具有文化自觉和文化自信、良好职业道德的公民。

（三）中华孝文化和创新创业文化是公民素质教育取之不尽的源泉

教育的"教"，左边是一个"孝"，右边是一个"攵"。孝是教育的原点。我们需要深刻思索人性和人的价值，引导公民明理修身、循道而行、推延亲情、放大善性，成为社会主义核心价值体系的宣传者、传承者、实践者。文化的内核——精神价值观与道德、道德教育具有本体意义上的联系。对于伦理建设和公民素质教育来说，从文化角度的审视就具有尤其重要的意义。公民"忘恩"现象应引起我们的高度重视，从文化素质教育的角色反思并加以解决，不失为一条正确的道路。孝的本义是善事父母，孝文化涵盖古今一切有关孝的思想理论、法律、制度、行为规范、民风民俗以及各类文艺成果在内的社会现象和客观存在。孝是中国文化向人际与社会历史横向延伸的根据和出发点，是中国传统伦理型文化的基础和核心。在我国古代，感恩和感恩教育主要以"孝"和"孝道"为表现形式，孝的意义和孝德的培养是感恩教育的主要内容。在历史的长河中，孝文化在不断地与时俱进。孝文化包括"孝亲敬老、扶贫济困、珍惜生命、善待自然、感恩诚信、忠诚廉洁、爱国建功"等要义。以中华孝文化为切入口，推进中华传统文化与创新创业文化的融合，让公民在生活、学习、实践中成长，愉快地感知，主动地实践，开显良知，启迪性灵，培养公民的"职业心态、职业忠诚、责任感、专业进取与创新、团队协作与职业规范"等职业道德、态度。

（四）情感迁移规律是"孝创互转"的逻辑基石

在诸善之中，孝最具有超越性；在诸德之中，孝最具有普遍性。孝道是被中华民族推崇的做人准则和道德伦理规范，体现了中国传统伦理始于家庭扩展至社会、始于私德扩展至公德的特点。孝是中华民族的凝聚力，孝文化倡导善事父母，帮扶弱势群体，进而为国家尽忠，最后实现创新创业、建功立业的志向；孝文化教育着每个人都应该对父母尽义务、对孤寡行孝心、对时代负责任、对国家做贡献。这是一个从小孝到大孝的递进过程。孝文化注重"人—社会—自然"整体生态思维方式，倡导人与自然、人与社会协同共建的信念。通过敬畏生命、尊重自然的生态伦理教育，使公民自觉将生态道德规范转变为行动，体现在日常生活的方方面面，以实际行动建设"两型社会"。这种由孝文化而派生出来的精神产品，具有深层次、长久的生命力，这是建立公民"孝创互转"的长效机制的逻辑基石。践行社会主义核心价值观，要吸收孝道教育中有益的思想和方法，开启公民最朴素的天性之爱即孝心，培养公民的孝行，有孝就有创，并推己及人，按照情感迁移规律，让社会道德规范逐渐内化为公民的自觉行动，提高公民的综合素质，大力推进创新创业，有创就有孝，以创业来反哺孝文化。

（五）"弘扬中华孝文化和创新创业文化"的特质

"孝创互转"的感恩教育应以科学发展观为指导，构建承接我国文化传统、适应社会主义核心价值体系、中国特色的感恩教育的内涵体系。一是目标任务。感恩是一种心态，是一种品质，是一种能力。感恩教育是教育者运用一定的教育方法与手段，对受教育者有目的、有步骤地实施知恩、识恩、报恩和施恩的文化素质教育。感恩的能力，需要也可以培养。弘扬中华孝文化创新创业文化，以仁性良知的唤醒与开显为方式，以知识、情感、意志、行为的和谐共生、顺利转换为路径，以培植公民的感恩情怀、增强公民的责任意识、培育公民的忠诚品格、培养公民的奉献精神、提高公民的创新创业能力为目标。弘扬中华孝文化，推进创新创业，其本质任务是完善人的生命，特别是完善人的精神生命。感恩教育承担着完善公民的精神生命的神圣职责。二是内涵层次。对自然、社会和他人提供的服务、恩惠和便利认可，产生真诚回报的认识、情感、意志、行为，是感恩。在市场经济条件下，社会呼唤感恩文化，呼唤与社会主义核心价值体系相适应的感恩文化。儒家将维系社会和谐的亲情纽带转向伦理纽带之后，对个人行为的规范和约束，也由自律而他律、由自愿而自觉、由情感而理智。这种升华，是感恩文化的价值所在。文化素质教育视野下的感恩也包括认知层次、感情层次、意志层次、实践层次，明显高于基础教育阶段，并且凝聚着更多的马克思主义"观照"和光辉。这四者之间相辅相成，形成了一个有机的统一体。弘扬中华孝文化和创新创业文化的重点，旨在建立契合公民特点、能够实现上述四个层次和谐转换的机制。三是主旨主题。弘扬中华孝文化和创新创业文化，要自觉排除西方"感恩节"之类的干扰，在社会主义核心价值体系的框架内，凝练好主题，建设好载体。即感激党和国家的培养之恩、感激革命先烈的奉献之恩、感激父母前辈的养育之恩、感激老师先贤的教导之恩、感激学校社会的关爱之恩、感激大自然的哺育之恩。

(六)构建"弘扬中华孝文化和创新创业文化"科学的运行范式

民族将兴，人品要立，就要大力弘扬传统文化，加强道德建设，形成向上的力量、向善的力量。要建立感恩教育和创新创业的长效机制，推进中华孝文化与创新创业文化的融合，不失为一条有效的路径。公益创业需要一定的文化理念，公益创业文化不会凭空产生，它需要"文化母体"。中华孝文化具有自然性、人本性，中华孝文化能衍生出感恩品格、生命意识、责任理念、奉献情怀，在当今时代，孝文化是立德育人的重要资源，是生成公益创业文化的"土壤"和"母体"。公民道德教育，可将感恩教育作为教育的"原点"，以孝文化为起点，引导公民认识自己、理解生命、承担责任、了解生活、丰富心灵、培养性灵，由掌握知识到发展智力再到非智力性因素，建立感恩教育的认知体系、组织体系、实践体系和评价体系，推进中华孝文化与创新创业文化的融合，建设孝文化领域的创业园或产业园，促进公民"知识、情感、意志、行为"的转换，培养具有文化自觉、文化自信，具备"感恩、责任、忠诚、奉献"品格和"资源节约、环境友好"意识和创新创业精神的公民。设立感恩文化、创新创业基金，对弘扬孝道行为、感恩行为、创业实践进行资助和奖励。

二、中华孝文化与创新创业文化融合的思路

(一)研究先行，筑牢"孝文化"、"创新创业文化"融合的理论基础

本项目核心团队倡导率先成立全国第一家中华孝文化学院，率先成立全省高职院校第

一家创业学院,初步形成了立足湖北、联系全国、面向世界的中华孝文化研究工作格局,以历史的眼光、人类的视野来审视中华孝文化,用培育现代公民的高度、实践的角度、产业的广度来研究中华孝文化,打造在中华孝文化研究领域的特色,以创新的勇气推进中华孝文化的当代重构。用孝文化的研究成果指导实践,在传统与现代、历史与现实的有机融合中设计孝文化现代化的路径。

(二)建设基地,发挥孝文化实践基地与创业园的功能

发掘孝文化在立德树人领域的系列资源,建设全国孝文化领域的第一个创业孵化器——中华孝道创业园;与团省委合建武汉城市圈创业学院;中华孝道创业园每年孵化大学生创办的小微企业一百多家;建设国家级科技企业孵化器孝感创业中心。建设中华公益创业研究中心、中华公益创业孵化基地,设立公益创业基金。争取政府、成功创业校友和校企合作企业支持,设立大学生创业基金。建立健全创业教育制度,加大创业政策扶持、创新创业教育、创业基地建设和创业服务等工作力度。开展创业大赛,展示创业成果,奖励创业项目,搭建合作平台,营造创业氛围,优化育人环境。以"创业项目+学生社团"、"创业项目+订单培养"等模式,发挥公民文化素质教育功能。

(三)典型引路,构建崇尚道德、激情创业、志愿服务的文化新生态

举办创新创业年度人物暨孝老爱亲楷模评选表彰活动,坚持了15年。深度挖掘,准确定位,总结提炼典型。整合资源,科学策划,宣传推广典型。关心爱护典型,优化环境,建设平台,发挥典型效应,不断增强先进典型的生命力和影响力。

三、中华孝文化与创新创业文化融合的路径

(一)文化引领

建设了全国首家中华孝文化学院、全省高职院校第一家创业学院,开展孝文化、创新创业文化的理论研究和科普宣传。孝文化、创新创业文化领域成果获湖北省思想政治工作创新奖、湖北省高等学校教学成果一等奖、湖北省高等学校教学成果二等奖、湖北省社会科学三等奖、全国孝老爱亲成果奖等;把孝文化、创新创业文化的研究成果转化为教学成果,把中华孝文化、创新创业文化上升为育人文化,把"孝文化与创新创业文化"纳入课程体系,推进文化素质教育、创业创新教育,并贯穿到人才培养的全过程。引导师生传承美德当孝子,一专多能做义工,激情创业,回报社会。

(二)社工联动

实施"党建带盟建、社工带义工"工程,整合社会管理和服务相关领域师资力量,大力开展社会工作实务方面的培训,建立"社工带领义工,义工协助社工"的联动机制。全国最大的区域性志愿服务组织之一——武汉城市圈志愿者联盟总部在湖北职院,会员达十

万多人,孝文化专家田寿永任武汉城市圈志愿者联盟主席;设立了武汉城市圈志愿者联盟感恩文化基金;湖北职院志愿者联合会(义工社)的体制机制不断完善,会员达一万五千人,在湖北职院志愿者联合会(义工社)设立党支部,全国道德模范、第十二届全国人大代表谭之平任党支部书记;武汉城市圈志愿者联盟、湖北职院志愿者联合会(义工社)在义工招募、教育培训、考评监督、权益保障、奖惩激励等方面规范管理。

(三)项目载体

以项目推进志愿服务、义工工作,建设了"老年护理"、"结对帮扶空巢老人"、"结对帮扶残疾家庭"、"科技下乡"、"健康体检"、"义务家教"、"家电维修"、"心理咨询与危机干预"、"节约资源"、"环境保护"、"义务导游"、"无偿献血"、"文化进社区"、"为烈士扫墓"、"法律维权"、"农家书屋"、"科普宣传"、"文明交通"、"关爱农民工子女"、"为英雄尽孝"、"公益创业"、"家政服务"等23类志愿服务(义工)项目。被授予"全国敬老模范单位"、"全国志愿助残示范基地"等称号。"义工行天下"被评为湖北省文明行业创建十大品牌。

(四)创业基地

建设了创业学院,与团省委共建武汉城市圈创业学院。建设了中华孝道创业园,有创业培训楼、创业孵化楼共7000多平方米作为大学生创业场地。国家级科技企业孵化器孝感创业中心、孝感市青年创新创业服务中心落户学校。建设了公益创业研究中心、公益创业孵化基地,校友捐赠设立了100万元的公益创业基金。湖北捷瑞汽车玻璃有限公司斥资200万元,设立"捷瑞教育与创业基金",推进创业教育,孵化创业项目。采用定期培训、科研带动、到企业挂职锻炼、待遇倾斜等办法,提升专职创业导师理论水平和实践经验。成立了湖北孝道创业孵化有限公司;建设了创新创业研究中心,每年选送一批创业导师到国内外培训,并邀请国内外创业教育专家、创业成功人士来校讲学。聘请了100多位企业家、创业成功校友担任创业导师。开展创业大赛,搭建合作平台,展示创业成果,奖励创业项目,营造创业氛围,优化育人环境。中华孝道创业园的大学生企业100多个。中华孝道创业园发挥育人功能,推行"创业项目+学生社团"、"创业项目+订单培养"等模式,推进大学生文化素质教育。中华孝道创业园企业,员工都是志愿者,把企业利润的5%~20%,用于弘扬中华孝文化,用于志愿服务。从中华孝道创业园毕业的企业,保持志愿服务的本色,把中华孝文化、创新创业文化传播到全国各地。

(五)闭环运作

建立了义工工作、创业实践的认知、组织、实践、评价体系,形成了闭环效应和长效机制。中华孝文化学院、创业学院、武汉城市圈志愿者联盟、湖北职院志愿者联合会(义工社)体制机制不断健全完善。在体制机制的链条中,义工把志愿服务、创业实践当做一种生活习惯、生活方式。

四、中华孝文化与创新创业文化融合工作成效及取得的经验

（一）建设了创业热土

2012年6月，中华孝道创业园被湖北省教育厅评为湖北省首批大学生创业示范基地；2012年8月，被湖北省人社厅评为湖北省首批创业孵化示范基地；2013年12月，被湖北省人社厅评为湖北省首批大学生创业孵化示范基地，正积极争创全国创业示范基地。2014年9月16日，国家教育部高校创新创业教育调研组来中华孝道创业园专题调研。教育部高校创新创业教育调研组指出："通过实地察看中华孝道创业园及座谈，看到了很多新东西，感觉湖北职院创新创业教育很有生命力、有活力。他指出，湖北职院建设了创业学院，是一个创举；创新创业教育与孝文化、思政相结合，有了灵魂和方向；湖北职院把创新创业教育纳入人才培养的全过程，创新创业工作做得很扎实，确实体现了高水平创新型高职名校的实力。大学生创新创业教育是提高人才培养质量、内涵建设的一个切入点，学校要抓住这个发展机遇，大力推进学生创新创业教育，建设高水平创新型全国高职名校。"

（二）引领了社会风尚

在中华孝道创业园中，中共党员、入党积极分子、志愿者创办的企业占98%。大学生企业及员工、武汉城市圈志愿者联盟在义工中升华人生，在创业中共建和谐，志愿服务的范围已由武汉城市圈扩大至河南、湖南、广东、四川、北京、上海、广西、四川、贵州、云南、山东、浙江、江苏、青海等地。更多的人认同义工、志愿服务的价值观，并加入到义工的实践中。义工工作成为弘扬中华孝文化和创新创业文化、改善民生、建设和谐社会的有效载体。中共湖北省委宣传部组织省直九大媒体来校集中采访，推广"义工行天下"的经验；被中央文明办、民政部、中国残联授予"全国志愿助残示范基地"称号；被教育部、民政部等中央七部委授予"全国敬老模范单位"称号。全国有65所高校将我校作为孝文化、大学生志愿服务工作的交流基地。中宣部三次组织中央媒体来校集中采访。在中央文明办、中央电视台等的支持下，中华孝文化学院核心团队三次在全国做巡回报告。

（三）创新了育人模式

中华孝道创业园志愿服务始终保持着旺盛的生命力，得益于把中华孝文化作为志愿服务的文化基石，得益于把创新创业与高校人才培养模式有机结合起来；中华孝道创业园作为省级大学生创业示范基地的示范作用日益彰显。《基于弘扬中华孝文化的高校义工工作的理论与实践》全国高校德育创新发展成果奖。孝文化、创新创业文化教育着每个人都应该对父母尽义务、对孤寡行孝心、对时代负责任、对国家做贡献。这是一个从小孝到大孝的递进过程，也是一个从自立自强到回报社会的过程。大学生走上创业之路，综合素质得以提高，行孝的能力得以提升。孝文化注重"人-社会-自然"整体生态思维方式，倡导人与自然、人与社会协同共建的信念。通过敬畏生命、尊重自然的生态伦理教育，通过忠诚廉洁、慎独守信的诚信建设，使大学生自觉将道德规范转变为行动，体现在日常生活的方方

面面，体现在经济、文化、社会建设的方方面面，以实际行动建设"两型社会"。

（四）形成了"道德群星"与"创业群星"现象

中华孝文化学院"孝子班"和创业学院的"创业班"，每年春季、秋季分别开办，有平行班多个，推行"参与性教学"、"实践性教学"。举办了十五届创新创业年度人物暨孝老爱亲楷模评选表彰活动，表彰了校级150名孝老爱亲楷模、150名创业标兵、1500名孝老爱亲之星、750多名创业之星。这些楷模中，涌现出了1名全国道德模范、1名全国道德模范提名奖获得者、2名中华孝亲敬老楷模、3名湖北省敬老楷模、4名孝感市十大孝子、6名孝感市孝德青年等，而且这些道德楷模，全部有创业的经历，带动了一批创业先锋的成长，形成了"道德群星"与"创业群星"现象，增强了学校软实力。李长春、刘云山等就湖北职院以孝文化育人和先进典型事迹作出重要批示。

五、本项目的创新点

（一）开辟了文化传承的新视阈

作为中华孝文化名城，孝感要科学对待传统文化，以"孝"切入中华优秀传统文化，古为今用，推陈出新，择善而从，注意传统文化的时代融入性，并加以现代价值转换，符合公民的特点，又能以孝为"原点"推衍开来，引导公民了解和掌握传统文化，实现对公民成长的有效引领，让中华传统文化精神融入公民的生活，走进更多人的心灵，进而影响和渗透到各个行业、社会的各个层面。

（二）开创了实践育人的新路径

中华孝文化的重要属性是实践性，建设传统文化的实践育人基地，建立健全中华孝文化和创新创业文化的认知体系、组织体系、实践体系和评价体系，形成闭环效应，公民在道德实践中提升专业技能、在服务社会中提升道德境界，着力培养公民的感恩心态、生命意识、责任情怀、爱国精神、生态理念，着力培养公民的职业道德和创新创业能力，培养高素质的社会主义建设者。

（三）建构了文化产业的新生态

作为中华孝文化名城，孝感需发掘中华优秀传统文化资源，实现中华孝文化与创新创业文化的融合，富有特色的历史文化传统及创新创业文化成为城市文化系统的内核；把志愿服务纳入公民培养体系，以规范性的制度促进城市文化的有序运转；中华孝文化的实践基地丰富了以文化人的物质载体；公民以实际行动推进中华孝文化的科学化、大众化、现代化，在知行合一中实现孝文化的传承；精神文化、制度文化、物质文化、行为文化四要素形成自我发展、良性循环的生命状态。城市需要内部各文化生态间的平衡与和谐，也需要城市内文化生态与城市外文化生态之间的平衡与和谐，培植城市良好的地缘文化生态就成为必然的选择。

湖北农村家庭养老模式的困境与可持续发展研究

胡泽勇

随着老龄化社会的到来和城市化进程的加快,农村养老问题日益严峻。湖北作为中国中部地区农业大省,农村老年人口基数大,空巢家庭多,养老保障问题更为严重。破解湖北农村养老问题,既要强调政府所要承担的责任,又要充分发挥市场、社会、家庭和包括老年人在内的各个方面的积极性。调查研究资料显示,虽然城镇化和市场经济的发展在一定程度上使农村家庭养老功能弱化,但是传统孝文化的家庭养老模式仍然具有很强的现实适应性和可持续性,在当下乃至未来很长一段时期内,以孝文化为依托的家庭养老模式仍将是湖北农村养老体系的基础和主体。充分认识和发掘传统孝文化的家庭养老功能,从某种意义上来说,可能比多增加养老投资,多建养老机构更有积极意义。

一、湖北农村家庭养老模式的困境

家庭养老是中国的历史传统,也是社会伦理道德观念中的一个重要组成部分。然而在当下,家庭养老模式步履维艰,陷入困境。就湖北农村来讲,这种情况尤为突出。

(一)农村老年人口大幅度增加,空巢家庭和留守老人逐年增多

随着经济的不断发展和人们的健康水平不断提高,加之计划生育工作的力度加大,湖北省老龄人口呈现快速增长趋势。根据省老龄办联合省委政研室、武汉大学人口资源环境经济研究中心的调研数据,湖北省自1998年进入人口老龄化社会以来,至2012年年底,全省60岁以上老年人口已达889万人,占人口总数的15.4%。预计到"十二五"期末,60岁以上老年人口总数将达到1042.4万人,占全省总人口的17.6%以上。调研数据表明,当前湖北人口老化程度在城乡存在着较大差异,农村老年人口所占比重较大,有一半以上的老年人在农村。在湖北农村,每6人中就有1个老人(见表1)。至2012年年底,全省60岁及以上老年人口中,城镇为393.7万人,占总人口13.6%,而农村为496.1万人,占17.2%,农村高于城镇3.6个百分点。农村人口老龄化将于2016年超过20%,2028年超过30%,达到中、重度老龄化状态,之后城乡之间的差距开始逐步缩小,至2050年左右,城乡的老龄化程度才接近平衡①。

---

① 联合调研组:《湖北人口老龄化现状、趋势与对策》,湖北民政厅网,2013-06-19。

表1　　　　　　　　　湖北人口老化城乡差异

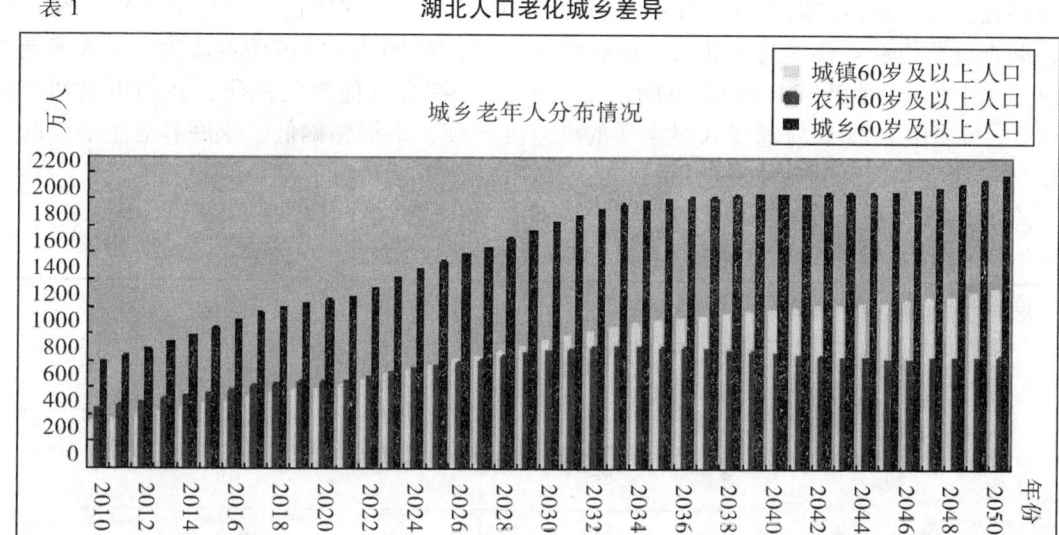

当前，湖北省农村老年人不仅数量大，而且绝大部分为"空巢"或者"留守"老人。据湖北省农调队 2005 年对全省 17 个县市 170 个村进行的农村社会保障制度专题抽样调查，农村老人单独居住的比率达到 27.6%，比 20 年前上升了 11.4 个百分点。2011 年湖北省老龄工作委员会办公室开展的农村留守老人调查和 2012 年湖北省委农办统计显示，湖北农村留守老人 222.9 万人，占老年人口的 45%。个案资料也印证了这一结果。以武汉市为例，在武汉市 50 万的农村老年人口中，"空巢"、"留守"老人占到四成以上[①]；江陵县沙岗镇沙岗村、中岭村、丁堤村、李公院、九甲湖和方乐寺 6 个村，26 户农户中，老年人与配偶独居有 18 个[②]；安陆市陈店乡下辖 26 个行政村，228 个村民小组，总人口 32196 人，其中 60 岁以上老年 4696 人，占总人口的 14.6%，据统计全乡空巢老人 1846 人，占老年人口的 40.2%[③]。

老龄化的加剧，最明显的后果就是劳动力的减少和养老负担的加重。而农村老人成为空巢老人，则意味着不管子女是否孝顺，老年人精神关爱、家庭照料都会成为突出矛盾，农村老人的养老实质上变为自我养老，属于没有养老保障的养老。

（二）农村老年人养老生活总体水平较低，养老现状堪忧

农村养老问题实质上由三个方面构成：一是农村养老的经济基础或者说经济来源问题；二是对老年人日常生活照顾的解决方式问题；三是老年人精神慰藉问题。这三个问题是老年人养老需求中的主要问题。那么，这三个问题解决得怎么样呢？2014 年 8—9 月间，本课题组对孝感市孝南区、孝昌县、云梦县、安陆市及大悟县五个县市区采取访谈式

[①] 伍伟：《武汉 50 万农村老人空巢占四成以上八成有病硬扛》，《武汉晚报》，2013-04-03。

[②] 胡洋、丁士军：《新时期农村家庭养老的出路选择——湖北省江陵县沙岗镇农村家庭养老的调查与思考》，《农村经济》2003 年第 4 期，第 39 页。

[③] 陈建民：《关于农村老龄工作及老年人生存状况调查与思考》，孝感老龄网，2012-12-24。

问卷调查，每个地区选取 100 个样本，对象是 60 岁及以上的居住在农村的老年人及其子女，调查后所得有效样本为 500 人。调查结果表明，有 76.8%的被访者认为老年人养老生活总体水平处于"很低"和"较低"的水平（见表 2）。综合其他相关调研，我们可以初步得出这样一个结论，即农村老年人对生活的满意度不高，幸福感偏低，家庭养老生活状况不容乐观，其主要有以下几种表现。

表 2　　老年人养老生活总体水平的描述统计

老年人养老生活总体水平	有效个案数	有效百分比（%）
很低	208	41.6
较低	176	35.2
一般	95	19
较高	21	4.2
很高	0	0
合计	500	100

1. 生活负担重，健康状况差

大多数农村老年人虽然他们勤劳一生，但是年老后因为担心儿女说他们吃"闲饭"，在身体健康条件允许时，往往不愿给子女增加经济负担，还要从事繁重的家务劳动，如带孩子、放牛羊、喂猪、打柴、种地等家务活。尤其是相当一部分家庭青壮年劳动力外出打工，整个家庭的负担完全落到了老年人身上。从现有的调查情况看，目前湖北省约 90%的农村低龄老年人、70%的中龄老年人和 40%的高龄老人仍参加农业生产或家务劳动，有 1/3 的老人每天在田劳动超过 6 小时，很多 70 岁以上的老人仍长年操劳在田间地头。① 这部分农村老年人生活过得非常"劳累"，身体健康状况较差。

2011 年云梦县农村空巢老人调查报告显示，全县老年人口 82166 人，占全县总人口的 13.999%，全县农村 60 岁以上空巢老人 32753 人，占老年人口的 39.86%，空巢老人身体健康良好的 10523 人，占 32.13%，健康一般、较差、非常差的占大多数②。2013 年，吴春宝、陈琴以湖北省 26 个县 869 位农民为分析样本，对农村空巢老人物质生活与精神状况调查，身患疾病的空巢老人共占 65.4%③（见表 3）。

---

① 黄本明：《湖北农村留守老人的生活现状调查》，《中国社会工作》2012 年第 10 期（中），第 37、38、39 页。
② 云梦县老龄工作委员会办公室：《云梦县农村空巢老人调查报告》，孝感老龄网，2011-12-07。
③ 吴春宝、陈琴：《农村空巢老人物质生活与精神状况调查——以湖北省 26 个县 869 位农民为分析样本》，《调研世界》2013 年第 11 期，第 38、40 页。

表3　　　　　　　　　　　空巢老人年龄与健康状况表

年龄分组	60~70岁		71~80岁		80岁以上		合计	
	人数（人）	占比（%）	人数（人）	占比（%）	人数（人）	占比（%）	人数（人）	占比（%）
病重/高龄生活不便	6	6.1	3	13.6	0	0	9	7.3
有病需要适当照顾	21	21.4	7	31.8	2	50	42	24.2
有病不影响生活	35	35.7	7	31.8	0	0	75	33.9
无病可以自理	25	25.5	2	9.1	1	25	46	22.6
身体健康可以照顾家人	11	11.2	3	13.7	1	25	21	12.0
合计	98	100	22	100	4	100	124	100

2. 独居老人生活难以自理

调查发现，农村的很多家庭因多种原因和矛盾，老年人不便或者不能与子女们在一起共同生活，这样的家庭老人只能靠自己养活自己，苦劳苦吃，生活十分艰难。极少数老人生活无保障，靠在外捡废品，乞讨度日，离家出走，流浪街头。安陆市辛榨乡红旗村87岁太婆魏学英，为了不拖累务农儿女，在外流浪9年，靠乞讨为生①。除了在经济上依靠自己外，农村老年人在生活照料上也大多是依靠自己和配偶。因为无人照料，"空巢老人"突发疾病猝死家中的现象时有发生。2008年，家住武当山镇74岁的黄朝英老人在自家床上悄然离世，8天后才被前来探望的女儿发现，此事在当地引发了人们对空巢老人命运的关注②。2008—2009年，孝昌县齐岗村发生两起老人房屋起火两个老人活活被烧死事件③。

3. 赡养分担让老年人生活不幸福

近年来，农村很多家庭老年人，由子女按比例分摊生活必需的粮食和零用钱，但还有一部分儿女们为了赡养老人显示"公平"，将老父老母拆散供养，一个儿子养活爹，一个儿子养活妈，活生生将二老拆散，因在赡养老人上兄弟之间发生各种矛盾，没有了兄弟情，在赡养老人方面，养活爹的儿子不管妈的事，养活妈的儿子不管爹的事，包括为老人送终也都是各负担各的，这种让儿女判了"离婚"的老人，他们不但生活上不幸福，而且在精神生活方面更不幸福。

4. 儿女赡养老人难保障

现实农村里，子女在为老人的赡养费上相互推诿，应负担的老人生活费成了儿女们相互之间闹矛盾的由头，有的儿女们相互间还成了仇人，老年人在生活上被儿女们当做累

---

① 胡彩丽：《87岁老人在外流浪9年靠乞讨为生称为了不拖累务农儿女》，荆楚网，2014-04-17。
② 张家国、胡开月、谢学林：《青壮年外出老人日子难熬 农村"空巢老人"的养老困境》，湖北新闻网，2008-09-13。
③ 陈锋、周朝阳：《农村留守老人问题探析》，《西南石油大学学报（社会科学版）》2012年第1期，第54、55页。

赘。一是在轮流养老上，轮到哪个儿女家就在哪个儿女家吃住，身体好时，儿女们高兴，而患病时轮到哪家，各种矛盾就来了，老人们吃的是"脸色"饭，吃的是"受气"饭。二是在分摊养老上，吃了这顿愁那顿，有时还必须找儿女们催要。三是在雇佣和寄养养老上，虽然生活有保障，一旦生了病，儿女们不在身边，晚年难享"天伦之乐"，这部分农村老年人的生活过得非常"忧虑"。

5. 受子女歧视和虐待，非正常死亡现象较多

极少数子女缺乏孝道意识，虐待打骂老人现象时有发生，给老人造成极大的精神和肉体的伤害，最终被迫自杀，结束生命。据调查，农村老年人非正常死亡率占 10% 左右。农村老人自杀的原因主要是代际冲突，其次是摆脱疾病的痛苦，两者合计约占直接死因的 60%①。当前湖北农村虽然绝大多数人都参加了养老保险或者合作医疗保险，在较大程度上解决了农民大病致贫的问题，但是由于报销比例和报销范围有限，老年人由于自己收入水平十分有限，依靠自身根本无法应对疾病，也怕给后人添负担，不愿治病，还有的认为岁数大了总是要死的不想治病。少数子女不给老人治病，造成小病拖大病，大病拖到死。孝昌县王店镇老营村为例，老营村在过去 10 年内，60 岁以上老人死亡总数 35 人，而非正常死亡人数 8 人，高达 22.85% 的比例（见表 4），死亡原因大多是代际冲突、无人照顾、病患痛苦等②。在我们的走访调查中也了解到，大悟县三里镇中寨村，近十年来，部分老人生病无钱治，子女又不在身边，而走向自杀的人群，仅仅一个村，就自杀了 17 人之多。老年人自杀情况让人震撼。

表4　　　　　　　　　　老营村10年内老年人非正常死亡统计表

编号	性别	死亡年龄	死亡时间	死亡方式	死亡原因
1	女	70多岁	2008年	喝药	有病，子女在外打工，不在家照顾
2	男	70多岁	2009年	上吊	与老伴吵架
3	女	70多岁	2007年	喝药	有病疼痛难忍
4	男	60岁	2001年	喝药	与儿子儿媳关系不好，分家不分田
5	女	80多岁	2003年	跳水	儿子已死，孙子不照料
6	女	70多岁	2008年	喝药	婆媳吵架
7	男	60多岁	2004年	喝药	有病，五保户，无人照顾
8	男	80多岁	2003年	上吊	轮养子女照顾不好，吃饭都成问题

（三）农村养老难的主要原因

农村养老难的原因是多方面的，但是最主要的有以下几个方面：

---

① 宣金学：《农村老人自杀的平静与惨烈》，《中国青年报》，2014-08-01。
② 陈锋、周朝阳：《农村留守老人问题探析》，《西南石油大学学报（社会科学版）》2012年第1期，第54、55页。

1. 人口流动和家庭结构的变化

湖北是全国的劳务输出大省，每年向外省流出人口高达600万人，农村80%以上的青壮年都加入到外出务工行列，其中省外输出的占70%，省内输出只占30%。① 由于农村青壮年大量外出务工，致使广大农村"空巢老人"数量急剧增加，引发出农村老龄化、少儿化、女性化"三化"并存的局面，这种局面让农村老年人养老状况难以乐观。近几十年来，农村计划生育政策的实施虽然较好缓解了人口的压力，却也使得在这一政策下出生的子女背负着沉重的养老负担。由于实行计划生育政策，现在农村家庭的子女也较以往大大减少，农村独子家庭增多，这些年轻人成家立业后往往要赡养三四个老人，由于近7成的老人都身患疾病，既需要照顾又需要大量的医疗开支，这就加重了儿女的经济负担和精神负担。再加上年轻人自己也要抚养子女，负担也很重。另一方面，自打工经济兴起以来，农村的通婚圈日益扩大，女儿外嫁越来越普遍，近年来还出现了不少跨省婚姻。婚姻圈的扩大，来自女儿的照料变得越来越困难。湖北省在60年代，女儿嫁到外县的婚姻所占比重只有4.8%左右，而在2005—2011年间，女儿嫁到外县或以外的比重已经高达39.4%。婚姻圈的这种变动对农村老年人的生活照料影响巨大，其直接的后果就是来自女儿的生活照料和帮助日益减少。②

2. 尊老养老观念退化，法律意识淡薄

研究发现，当前农村家庭养老问题并不仅仅是家庭养老资源匮乏的结果，更是农村代际关系内含的价值失调和传统孝文化及其支持体系衰退的结果。

社会现代化和城镇化在促进经济社会发展的同时，也带来乡土文明的撕裂。传统的家庭至上、父母至上的观念在一定程度上为追求个人价值的观念所代替。年轻人外出打工，由"熟人社会"到"陌生人社会"，他们对长辈好不好，外人无从知晓，村里人也很难说得上话，因此，外出务工给了一些不孝子女逃避养老责任的机会。一些赡养人法律意识不足，不能认真履行赡养扶助父母的法定义务。华中科技大学中国乡村治理研究中心某研究人员在调查中发现这样一档事，因突发重病，老人无奈唤回在外打工的儿子。儿子请假回家伺候了几天老人后，老人病情未见好转，着急了的儿子对着重病在床的老人说："公司只批准了7天假，7天里，你死也得死，不死也得死。"老人听后，当晚喝药自尽。儿子赶在一周内办完丧事，回城继续打工。还有应城农村一户人家，老人瘫痪在床，年底，子女们商量，给老人断水、断粮，希望他在年前死掉，"免得过年家里来客人，屋里臭烘烘的"③。

当前农村老年人的一些凄惨遭遇，既有来自子女方面的不孝，也有村庄舆论与公序良俗等民间孝道支持体系日趋消解的因素。如在一些农村，存在着一种对老年人十分不利的意识形态，这种意识形态似乎认为，人老了就不值钱了，欺老不欺少，因为最终老年人总是要去世的，而未来的日子是年轻人的。当乡民们谈起老年人的不幸事件时，大多嘻嘻哈哈的，笑谈"正常合理"。有些子孙甚至在自杀老人的葬礼上还谈笑风生。

---

① 江宜航：《中部：农村人口老龄化矛盾正在蔓延》，《中国经济时报》，2013-02-22。
② 江宜航：《中部：农村人口老龄化矛盾正在蔓延》，《中国经济时报》，2013-02-22。
③ 江宜航：《中部：农村人口老龄化矛盾正在蔓延》，《中国经济时报》，2013-02-22。

3. 农村社会保障缺乏

根据国务院国发〔1991〕33号、民政部〔1992〕2号有关文件精神，从1993年农村正式起步实施社会养老保险工作，但是，时至今日，湖北大部分农村空巢老人还无法享受到社会养老方式的好处，社会养老机制覆盖范围较小。除农村合作医疗参保人数较多外，空巢老人在农村养老保险、各种商业保险方面的参保人数都较少。根据统计，空巢老人中享受新农保养老金的比例仅为18.3%，没有享受新农保的老人多达81.7%，领取养老金的空巢老人不到两成①。目前，尽管实施了新农保，但每月仅领取100余元甚至更低，根本起不到养老保障作用。农村社会保障缺乏还体现在农村养老服务设施建设严重滞后，社会化养老服务机构不发达，能接纳老年人的养老机构和设施非常有限。目前湖北农村1956家养老机构，收住老年人16.8万人，只能够解决近500万农村老年人中的1/40老人的问题②。而且入住率较低。由于农民传统观念影响至深，在许多人眼中，老人进养老院是一件很"尴尬"的事情；特别是那些有儿有女的老人，对进养老院更是忌讳莫深，尽管儿女"不孝"，但他们为了保留"面子"甘愿受困吃苦，也不愿进养老院。虽然目前农村社会化养老服务机构每年都在增加，但是普遍存在专业性不足，子女无力承担或者不愿意承担入住费用，导致入住率低，大量床位空闲。以孝感市孝南区为例证，新铺镇福利院可容纳人员78人，入住人员43人，入住率55.13%；东山头乡福利院可容纳人员22人，入住人员11人，入住率50%③。作为公益事业，当前由政府出资建设的老年人活动场所，乡镇一级很少见到。村级更少看见老年人活动室。襄阳市樊城区164个村很少有老年人文化场所，荆州市没有建立老年人活动场所的村可能要占到90%以上，这是全省农村的普遍现象④。

二、湖北农村家庭养老模式可持续发展的现实根据

尽管现阶段湖北农村家庭养老陷入困境，但是，家庭养老向社会养老转化还需要一个比较长的过程。无论从中国文化传统、基本国情来看，还是从国际社会的经验教训来看，在今后相当长的一段时间内，家庭养老都不可能被社会养老完全取代，湖北农村家庭养老还有很大的发展空间。

（一）家庭养老仍然是湖北农村最基本也是最主要的养老方式

诚然，在我国社会经济高速发展的过程中，"四二一结构"家庭成为城市社会主流，

---

① 吴春宝、陈琴：《农村空巢老人物质生活与精神状况调查——以湖北省26个县869位农民为分析样本》，《调研世界》2013年第11期，第38、40页。

② 黄本明：《湖北农村留守老人的生活现状调查》，《中国社会工作》2012年第10期（中），第37、38、39页。

③ 熊锐：《农村社会化养老：问题与对策——基于湖北省孝南区实证研究》，《特区经济》2012年第11期，第153页。

④ 黄本明：《湖北农村留守老人的生活现状调查》，《中国社会工作》2012年第10期（中），第37、38、39页。

与此同时,社会竞争加剧、生活节奏加快,在此背景下,以子女为核心的传统家庭养老功能面临着冲击和弱化,但是家庭本身的养老功能并未完全丧失。调查表明,尽管湖北省农村地区目前存在的养老方式正在趋向多样化,自我养老、家庭养老、集体养老和社会养老保障等多种养老方式并存,但是家庭养老仍然是湖北省绝大多数农村地区首选的养老方式。

2010年,华中师范大学中国农村研究院研究人员齐晶基于湖北省21个村的200份问卷调查,在生活来源方面,调查的200位空巢老人中,共有99人的收入中含有子女补贴,占了总数的49.5%,接近五成,其中有41.0%的老人把子女补贴作为唯一生活来源,超过了四成;有21.0%的老人只靠务农收入生活;靠个人以前储蓄作为来源的占11.5%;靠新农保保障金生活的老人有16人,占总样本的8.0%①;2011年,华中科技大学中国乡村治理研究中心"百村万户"调查显示,大多数的空巢老人养老意愿都以"依靠子女"、"个人自养"等家庭养老的方式为主,并且"依靠子女"占主导地位,在鄂东的鄂州、黄梅两市,老年人"把钱都花在子女身上,老了靠子女"的比例分别高达79.7%和78.9%②。2014年本课题组对湖北孝感五个县市区农村调研,在500位受访老年人中,不愿意进养老院的所占比例为76.6%(见表5)。这些数据显示,家庭养老仍然是湖北农村最基本也是首选的养老方式,政府和社会在农村养老中仍旧处于配角地位。

表5　　　　　　　　　　　　　对于进养老院的态度

项目	人数	所占比例(%)
愿意	99	19.8
不愿意	383	76.6
附近没有	18	3.6
合计	500	100

家庭结构、社会结构决定着一个国家和地区的社会养老模式。在湖北农村,虽然"空巢"家庭逐年增多,但是家庭还是基本生产单位或消费单位,二世同堂仍然是不可忽略的家庭结构。特别是在偏远地区的农村,父母一般仍然跟子女住在一起。根据咸宁市通山县调查,将近60%老年人愿意和子女住在一起③。而且,即使是父母与子女分居的核心家庭中,不同代际之间仍然有广泛的经济、生活联系。黄石市农村空巢老人生活状况调查表明:农村老年人生活来源,有74.5%由子女补贴④。这说明孝养父母依然是湖北农民重要

---

① 齐晶:《关注农村空巢老人——基于湖北省21个村200份问卷的分析》,《安徽商贸职业技术学院学报》2012年第1期,第12页。

② 龚为纲、李元珍:《应对中国农村人口老龄化的战略分析》,《战略与管理》2011年第10期,第78页。

③ 南册兵:《对农村养老保障现状的浅析和立法思考——以咸宁市通山县为调查对象》,《湖北经济学院学报(人文社会科学版)》2011年第7期,第82页。

④ 曹中承、刘富鹏、王元汉、余雷、周嵩:《黄石市农村空巢老人生活状况调查》,《中国社会工作》2013年第8期,第41页。

的美德或价值,"孝共同体"在湖北农村依然稳固。

(二)家庭养老也是养老本身的要求

养老不能单纯归结为经济问题。人是有思想和情感的高级动物,养老不仅需要物质生活上的供养,而且需要精神生活上的充实,两者缺一不可。对老年人来说,衣食住行无忧、吃饱穿暖不愁,只是一种最基本的生存需求。中国老人对于亲情的需求远远胜于其他民族,制度化社会化的养老保险措施只能满足他们在经济上的需要,而精神慰藉方面的满足更多的必须诉求于家庭和孝文化。改革开放30多年来,中国的经济建设迅猛发展,已经基本解决物质方面的需要,非物质方面的需要已经成为养老问题的主要矛盾。例如云梦县农村空巢老人调查报告,从老人们的需求状况上看,主要是精神慰藉,子女"常回家看看",分别占52.3%、49.2%,排在前两位①。另一方面,养老也不能简单归结为社会问题,完全依靠社会解决问题。每一个老年人都是共性和个性的对立统一体。将养老问题归结为社会问题,依靠创办各类养老机构解决养老问题,其实质在于否定老年人的个性,而只突出老年人的共性。当代中国老年人追求生活质量的意识增强,情感需求更强烈。这种需求不仅仅是天伦之乐,还有对怀旧心理的满足,有尊严和独立。家庭养老虽然存在专业化水平较低等不足之处,但却是一种最人道的养老方式,它的最大好处和优势,在于能够充分兼顾老年人物质生活、照顾护理、精神慰藉三方面的需要,不仅讲求物质供养,更重视精神供养,而且老年人与儿孙们生活在一起,其乐融融,更有利于老年人的身心健康。否定孝文化和家庭养老,就难以从人文角度创造一个适合老年人生存的社会伦理环境。

(三)家庭养老有助于弥补社会养老保障体系的不足与局限性

较之于西方国家的"先富后老",我国的老龄化是典型的"未富先老"。湖北省是在人均GDP尚不足1000美元时进入老龄社会,2013年人均GDP也仅6000美元左右)。即便是在城市,社会化养老保险体系的资金、制度、人才、思想等各方面还都缺乏应有的准备,在人口基数庞大又缺乏前期储备的广大农村,养老院、老年公寓等社会机构养老更不可能成为主要模式。其原因在于:第一,社会成本巨大。修建养老院、老年公寓等社会养老服务设施,必须进行巨额基建投资,而且还要有相应的专职养护人员队伍和配套的养老服务管理系统,专业化水平要求比较高。当前湖北农村社会保障的福利和救助制度,政府补助和投入严重不足,主要由集体经济承担,而农村经济又相对薄弱,难以满足这些需求。第二,养老院的收费相对来说是比较高的,并非多数农村家庭能够承受得了,而且越来越庞大的老年人口规模也是养老院难以容纳的。目前湖北农村养老保险还无法普及和推广,农村家政服务的社会化程度不高,发展家庭养老,不仅成本低,效率高,为国家节约了大量资金,也保持了社会安定。当前全球范围内的养老危机表明,世界上任何一个国家和政府都不可能包办养老问题,即使是发达国家,农民的养老国家也没有完全包下来。因此,当前形势下要解决农村养老问题,首要的和关键的问题还是要强化家庭养老功能。

---

① 云梦县老龄工作委员会办公室:《云梦县农村空巢老人调查报告》,孝感老龄网,2011-12-07。

(四)家庭养老是社会主义法律法规和养老政策的要求

在中国,孝养老人不仅是道德规范,也是法律规范。我国不仅从道德上提倡养老敬老,而且用法律的手段来保障老年人的权利和地位。《中华人民共和国宪法》第 49 条规定:"父母有抚养教育未成年子女的义务,成年子女有赡养扶助父母的义务。"《中华人民共和国老年人权益保障法》第 47 条规定:"暴力干涉老年人婚姻自由或者对老年人负有赡养义务、抚养义务而拒绝赡养、抚养,情节严重构成犯罪的,依法追究刑事责任。"《刑法》第 261 条规定:"对于年老、年幼、患病或者其他没有独立生活能力的人,负有扶养义务而拒绝扶养,情节恶劣的,处五年以下有期徒刑、拘役或管制。"《婚姻法》也规定:子女不履行赡养义务时,无劳动能力的、或生活困难的父母,有要求子女付给赡养费的权利。对拒不履行者,可以通过诉讼解决,情节恶劣构成犯罪者,依法追究其刑事责任。自 2007 年 6 月 1 日起施行的《行政机关公务员处分条例》也对"养老"提出了明确要求。2007 年民政部出台的《农村养老保险基本方案》也确立了家庭保障在农村养老中的基础地位。2009 年《国务院关于开展新型农村社会养老保险试点的指导意见》第二条指出:"个人(家庭)、集体、政府合理分担责任,权利与义务相对应。"上述法规和政策清晰肯定了家庭养老在中国养老中的地位。推进家庭养老是坚持中国特色社会主义法治道路,贯彻落实十八大和十八届四中全会精神的题中之意。

(五)家庭养老作为行为方式具有多样性和可变性,但是作为文化模式则是相对不变的

家庭养老范畴包括子女养老机制和个人养老机制。从具体方式上看,家庭养老可以分为子女养老和社会养老,子女养老是家庭养老的低级形式,社会养老则是家庭养老的高级形式。从子女赡养老年人的外在形式划分,家庭养老又有共居、轮居、独居等养老方式。在家庭养老方式存在的几千年间,家庭养老从共居养老向分居养老变化,从居家养老向机构养老变化,从子女支持到社区支持变化,等等。万变不离其宗,只要家庭成员对老年人负有事实上的责任,只要老年人依然将最重要的支持置诸家庭成员身上,这就是家庭养老,或者说就是家庭养老模式。由此可以说,现行的各种养老方式都属家庭养老模式的范围之内,除了无子女老人养老之外,目前各国都在大力提倡居家养老,然而,居家养老不过是拓展或更新了家庭养老的存在形式而已,它在中国古代就已存在,并非新生事物或新养老模式。虽然家庭养老作为行为方式具有多样性和可变性,但是作为文化模式,家庭养老具有长时间的稳定性。家庭养老模式作为一种文化体系,从农业社会开始至今,大约已有三四千年的历史。家庭养老模式之所以历久弥新,就在于它不是一个孤立的社会现象,而是政治制度、经济形态、思想文化、代际关系等多种因素相互作用的结果,只要家庭还存在,家庭养老就会存在。

(六)国际社会对中国家庭养老模式予以了高度的认同和肯定

反思世界各国养老保障制度在建立和完善过程中所遇到的种种问题,除了经济和技术的因素之外,我们还会发现,现行的养老保障制度在设计时,并未充分考虑到社会保障制

度与国民特性和社会特性的融合，从而导致实施过程中很多方面的不尽如人意甚至寸步难行。早在1982年，世界老龄问题大会就指出"以中国为代表的亚洲方式，是全世界解决老年人问题的榜样"，而以中国为代表的亚洲方式即是指中国传统家庭养老模式。"老龄问题国际行动计划"中特别把"提倡子女赡养父母"列入向各国政府的建议之中，并且提出"由于家庭被认为是社会基本单位，因此应设法按每个社会的文化价值制度和家庭的老年成员的要求来资助、保护和加强家庭"。深受儒家文化熏陶的东亚及东南亚诸国的养老制度无不以家庭养老为基础，特别是韩国、日本、新加坡等国家已形成一系列较成熟的家庭养老支持政策。英、美等西方国家也逐步认识到家庭在解决人口老龄化问题中的重要作用，并通过专项立法、舆论引导、服务提供等多方面加强对家庭养老的支持力度。2013年10月，英国卫生大臣亨特发表讲话说，英国的几十万老年人被社会忽略，这是英国的耻辱，所以应该学习中国和日本如何照顾老年人的经验。随着全球人口老龄化的发展，重视家庭养老的重要性，对家庭养老给予政策支持已经成为世界各国应对人口老龄化的共识。

三、湖北农村家庭养老可持续发展的实现条件和路径

我国传统的民族文化以及现实国情的特殊性，决定了家庭养老在我国农村养老方式主体地位的不可替代性。但是只有社会需求，而不具备运行环境，农村家庭养老的可持续也很难实现。从理论和实践上讲，家庭养老的实现需要具有"两个一体化"：一是老年人和子女的内在性一体化，二是家庭养老与社会支持的外在性一体化。只有实现"两个一体化"的优化组合，家庭养老才能生存和发展。在这"两个一体化"中，家庭与社会的一体化是问题的关键，即社会支持对维系家庭养老具有举足轻重的作用。因此，应该积极创造农村家庭养老的现代运行环境，实现现代环境中的老年人、子女和社会的优化组合，以适应农村家庭养老可持续发展的需要。结合湖北农村实际，当前主要应着力于以下六个方面：

（一）加强孝文化教育，夯实家庭养老的思想基础

家庭养老不仅涉及养老的方式问题，还是一种文化模式，需要以一定的文化作为依托。孝文化是我国传统家庭养老方式的思想与文化依托，是维系家庭养老的存在基础，离开了孝文化的导向，监控和强化作用，家庭养老就很难维系。虽然时代变了，传统孝文化在现代社会中有许多不适，但是，中华民族孝亲敬老这种优良传统是不能割断的。一个可持续的农村家庭养老保障，需要家庭有尊老养老的文化传统，子女能够孝顺父母。年轻一代是养老的主体，年轻人的养老观念、孝道观念在很大程度上决定着家庭养老的质量。因此，必须注重对年轻人进行孝道观念的灌输与培养。一方面，要抛弃旧孝道中的封建糟粕，避免政治化与泛化，既要把"孝亲"与"忠君"相区别，又要避免以宽泛的"尊老敬老"取代孝观念，破除把对父母尽"孝"看成封建道德的极左观念。另一方面，要根据时代的变迁和养老的需求，构建一种与老龄化社会相适应的现代孝文化，以对父母的责任感作为对集体、国家责任感的基础。要破除薄养厚葬的陈腐观念，摒弃为推进计划生育必须淡化家庭养老的偏激思想，从而增强年轻一代人的家庭责任感和义务感。要通过家训、家教等

形式，使传统孝道在家庭日常生活中、在耳濡目染中深入人心。通过孝文化的宣传教育，为完善农村家庭养老机制提供文化伦理基础。

（二）完善家庭养老的法律化和规范化，保障家庭养老落到实处

家庭养老的法律化、规范化是强化家庭养老功能的重要保障。目前，国家关于保护老年人权益的法律工作已经取得了一定成效，但这些法律法规对家庭养老的规定原则性较强，如规定了子女有养老的义务，但对子女承担的具体责任以及不承担责任的具体处罚措施没有明确的规定，可操作性差，对此要根据湖北农村家庭养老的现实问题，将国家层面的法律法规细化为可操作的实施办法，如制定《湖北省农村家庭养老暂行办法》等，对家庭养老的责任与标准明确规定。另一方面，由于湖北农村人口文化水平较低，法律意识不强，因此应加强对子女赡养父母的行为规范，具体可以通过三种措施：一是把孝道纳入乡规民约，形成公序良俗。二是签订《赡养老人协议书》，使子女对老人应尽的经济供养、生活扶助等义务明确规定下来，并经司法公证，使之具有法律效力；三是充分发挥村镇集体组织、社区以及民间宗族组织的作用，形成支持家庭养老的社会舆论约束和监督网络，保障家庭养老落到实处。近几年来孝感市许多农村把"不孝不是中华好儿郎"、"不孝不配入团入党"写进了村规民约，麻城市、十堰市等一些农村建立"孝善榜"，把"孝"列入创建十星级文明户、五好文明家庭的重要条件，一票否决，对孝敬老人的典型应予以表扬，对不履行孝道的予以曝光和批评，这些经验和做法具有一定的示范和推广价值。

（三）构建激励机制，调动农村家庭养老的积极性

养老不仅是家庭问题，从某种意义上说也是一个社会问题。在传统模式下，由于子女供养是老年人长期照护的主要资源，一旦老人没有子女，或者即使有子女，但子女不在身边或者没有给付能力，这个体系就变得极为脆弱，因此，推进农村家庭养老的持续发展，决不能淡化政府责任。由于家庭养老部分地承担了本应由社会承担的责任，因此政府对承担养老的家庭给予补贴或奖励不但是一种激励措施，也是对老人子女替政府承担社会责任的补偿，更是对老年人社会贡献的一种回报和老年生活的一种保障。当子女正在赡养老人时，他们应当在物资、资金、税收、住房等政策方面获得政府的优惠和支持。如在城镇化、非农化过程中为家有老人的人员优先安排就业、优先解决住房问题等。在比利时，接养老人的家庭每日可收取20~25欧元的寄养费；新加坡、日本政府很早就对与父母同住者和赡养父母者给予税收上的优惠或住房上的补贴。根据湖北农村现状，政府应从物质上对农村家庭养老给予一定补助，为照顾老人的家庭尤其是独生子女家庭提供资助和便利，为赡养老人的低收入家庭给予适当生活补贴。当前，最重要的，就是要完善社会保障制度，逐步提高老年人的社会保障水平。要加快破除"二元经济结构"，在允许农民工进城的同时，同时解决农村留守老人的进城问题，切实解决农村老人的养老问题，通过制度激励，使年轻一代既能履行赡养父母义务，更能享受相应的权利。

（四）增加农民收入，为农村家庭养老提供经济保障

家庭养老需要较强的经济实力做基础。改革开放以来，随着农业和农村经济的发展，

湖北农民收入虽然有了较大幅度的提高和增长，但农民的整体收入水平还不高，尤其是人均现金纯收入水平提高不快，2012年湖北省农村居民人均纯收入只有7851.71元，2013年农村居民人均纯收入也只有8866.95元，受宏观经济增长放缓等不利因素影响，收入增速明显趋缓，而农村家庭养老费用中的大部分需要现金开支，这就形成了农村家庭养老中的收支矛盾。因此，为了解决农村家庭养老问题，就必须从根本上增加农民收入。从政府来看，应进一步扩大对农民补贴的范围，提高补贴的额度；实行价格、信贷、税收支持；引导非农产业支持农业，以增加农民收入。从农民自身来看，应通过结构调整、技术创新、农业产业化、组织创新、发展非农产业等途径，提高收入。只有农民的收入有了保障，农村家庭养老才会有经济基础和保障。

（五）加快农村城镇化和社区化建设，增强社会化服务

几十年来我们一直重城轻乡。然而"乡土"之于中国，不是一个愚昧、落后、待消灭的历史命题，而是新希望、发展潜力之所在。乡村的存在，亦是人类生存方式多元化的必要。我们不要只想着"城市，让生活更美好"，如何以城市化模式改造农村，让农民成为城市人，也要考虑为什么不能使农民成为更好的农民，农村成为更好的农村。因此，农村城镇化建设，以不离开乡土为宜，就地、就近城镇化，合乎农民心愿，便于生产和生活。现阶段，我国大中城市的吸收就业人口的能力已趋饱和，客观上要求农民实现职业和观念的"回归"：与其背井离乡，骨肉分离，不如重归乡村，安老怀少。目前湖北大多数农村的社区功能还很差，只是松散的居住村落。要结合新农村建设，加快农村城镇化和社区化，做到小病不出村，娱乐有去处，吃饭有保障，与外界联系更便利。城镇社会养老功能和社会化服务都显著高于农村，因此促进农村人口城镇化和社区化，其社会化服务的水平就会有所提高，这样就会促进农村养老质量的改善。

（六）创新家庭养老形式，促进家庭养老与其他养老形式的融合和互补

家庭养老的可持续发展，离不开自身的不断完善和创新。子女对老年人将从共同居住、亲自服侍转向多形式的照料。比如，子女可以单独居住，又与父母家离得较近，所谓"一碗汤"的距离；子女在外地的，可以将父母接到外地赡养，或寄钱回家，雇人照顾父母；子女确无时间的，也可以在父母同意前提下，送父母进养老院，等等。无论采取何种方式，子女都应保证老年人身心愉快、安度晚年。我国的传统是"养儿防老"，而"嫁出去的闺女是泼出去的水"，女儿从不承担养老义务。随着经济和社会的发展，妇女的地位日渐提高，在湖北农村，出嫁的女儿也养老者日趋增多，这一做法应为政府所鼓励，并日趋为社会所接受。特别是"女娶男"所形成的由女儿、女婿赡养老人的新的家庭养老方式，比儿子、儿媳养老的传统具有明显的优越性①。这一点，已被越来越多的实践证实，政府及有关部门应大力倡导这种养老方式。

发展家庭养老并不是要否定其他养老形式，相反家庭养老的可持续存在与发展离不开社会养老、机构养老、自我养老和社区居家养老等诸形式的支持和补充。政府要通过政企

---

① 郑元昌、张磊：《长阳有个"女婿村"》，荆楚网—湖北日报，2007-06-30。

联合、公建民营等形式,完善乡(镇)、村两级公办福利院、民办养老机构(托老所),充分运用社会和市场资源,减少家庭养老负担,为老年人特别是"三无"、"五保"老人和高龄老人提供专业化服务;要逐步推行和普及农村新型养老保险,缓解家庭压力;提倡"积极老龄化"和"健康老龄化",鼓励农村老年人从惰性养老转向参与性或主动性养老,提高自身健康水平,尽可能延长有收入的劳动和工作时间,通过个人储蓄和社会养老保险等方式,筹集足够的养老资金,增加自我积累,提高自养能力。鼓励和支持老年人发挥"责任田"、"房产"等资产的养老保障作用,分担子女和家庭养老压力;综合利用农村社区养老资源,大力组织和推广社区互助养老活动(建立乡村老年协会、老年人互助照料服务中心)①,发展社区居家养老,实现老年人经济保障、生活服务保障、医疗保障和心理保障的有机结合,最大限度地提高农村老年人生活质量。

总之,任何一个民族文化的发展都是一个连续不断的过程,抛弃文化传统,割断历史联系,只会使现代化的发展失去根基。完善国民养老保障,必须有正确的历史文化观,以孝文化为基础的家庭养老没有过时,在相当长的时期内,家庭养老仍然是我国养老的基本模式。坚定不移地走有中国特色的养老道路,以孝文化守望中国人的"养老梦",这既是"中国道路"的题中之意,也是一种"文化自觉"和"文化自信"。在完善湖北农村养老保障制度的过程中,不应脱离既有的国情、省情和民情,更不能盲目照搬西方国家的社会养老模式。充分认识和发掘传统孝文化的家庭养老功能,功在当代,利在千秋。

---

① 江宜航、刘帅杰:《互助式养老破解湖北农村养老难题》,《中国经济时报》,2013-03-27。

加强楚剧文化地位的思考与建议

孝感艺研所 殷 伟

孝感地处鄂东北，以董永"卖身葬父、行孝感天"而得名，是中国著名的"孝子之乡"，有着深厚的历史文化底蕴。楚剧是湖北省的主要地方剧种之一，被列入首批国家非物质文化遗产名录。孝感作为楚剧的发源地，目前有7家楚剧团仍在排戏演出，同时在街头广场、社区村镇还活跃着大量民间楚剧戏班。楚剧对孝感的文化发展和孝感群众的精神文化生活具有深远的影响。下面将从五个方面谈谈我们对加强楚剧文化地位的思考与建议：

一、认识地方传统文化价值：统一思想、凝聚共识

（一）非物质文化遗产的传世价值

优秀传统文化是在历史发展中积淀下来的文化精品。楚剧的前身是1850年以前形成于黄陂孝感一带的黄孝花鼓戏，1926年正式改称楚剧。黄孝花鼓戏原为灯戏，是民间酬神祈福的歌舞。在历经了由业余转向半专业化、由农村走向城市之后，楚剧逐渐趋于成熟，成为一个独立的剧种。非物质文化遗产是我们中华民族优秀传统文化的代表，正如习总书记在2014年10月召开的文艺工作者座谈会上强调"中华民族的精神命脉，是涵养社会主义核心价值观的重要源泉，也是我们在世界文化激荡中站稳脚跟的坚实基础"。命名非物质文化遗产给楚剧带来了新的生态环境，是在博物馆里作为历史遗迹展览，还是作为传统文化在民间活态传承成为了楚剧发展过程的转折点。保护好和传承好非物质文化遗产是让老祖宗留下的精神财富逐渐散发光辉、传递价值的重要途径。

（二）地方文化振兴的时代价值

孝感作为楚剧发源地，是湖北省地市州中独有的以楚剧作为唯一剧种的城市。楚剧以朴实生动的语言、贴近生活的题材、短小精练的情节、激烈尖锐的冲突和轻松俏皮的喜剧风格，受到群众的普遍欢迎。百年来长演不衰，涌现出大批经典剧目和表演大师，至今仍有7个楚剧团和数百个以楚剧为主打的节目和民间戏班活跃在孝感社区和乡村。楚剧剧目主要以孝文化为主题，如《云梦黄香》、《可怜天下父母心》、《孟宗哭竹》、《孝子情》、《冬日荷花》、《三个媳妇》、《妈妈呀妈妈》等。孝文化题材在孝感既具有深厚的群众根基和文化基础，又具有选材提炼的现实性和可操作性。孝感具有孝子之乡的美称，又是中国唯一一个以孝命名的城市，楚剧剧目中对孝的张扬与歌颂正是对习总书记在文艺工作座谈

会上强调要"结合新的时代条件传承和弘扬中华美学精神"讲话精神的呼应。

(三)地方艺术种类平衡的需求

新中国成立以后,湖北境内有楚剧团26个(湖北地方戏甚多,如黄梅戏在黄冈,荆州花鼓戏在荆门,南戏在恩施,鄂西北则是豫剧),呈现欣欣向荣之势。到了20世纪末便减少到19个,而近年则剩下十余个,剔除名存实亡暂定运作的剧团,能够组建完整班子剧团所剩无几。散布在民间的众多的业务剧团更是剧减。

在党的"百家齐放,推陈出新"方针的指引下,孝感专区(大冶专区和孝感专区合并一个专区)的戏曲艺术得到了蓬勃发展。孝感共有专业剧团18个,包括京剧、汉剧、楚剧、巴陵戏等多个剧种。发展到今天只剩下楚剧一个剧种,剧团7家。楚剧艺人展示精湛技艺,创造宝贵的精神财富,给当地群众留下了深刻的印象,流传下"吃菜要吃白菜心,看戏要看陈苟金"、"看戏不看白莲花,心中好似鸡爪抓"、"不怕你唱的喉咙出血,唱不倒郭何峰的《董永分别》"等脍炙人口的歌谣。楚剧的兴亡与否不仅仅决定了孝感市剧种生存生态环境的消亡,更是对广大戏曲观众的"在场性观看"产生重要影响。

二、完善楚剧发展政策措施:引导有力、保障到位

(一)构建合理政府财税支持格局

建立健全政府主导、财政投入为主的文化产业发展优惠政策。孝感市2013年国民生产总值达到1239亿元,财政总收入达到127.6亿元;全市文化事业支出达到2.5亿元,比上年增加1720万元,占当年财政总支出的1.1%。与此同时,还建立了全市文化人才培养、文艺创作奖励、文化基础设施建设扶持等专项资金。在已设立各类专项资金、扶持资金的基础上,进一步细化资金使用办法,采取贴息、补助、奖励等办法,支持剧团创排具有浓郁地方特色、反映时代精神的新编现代戏。落实有关税收优惠政策,特别是对符合条件的转制型文化企业事项收受减免和有关规费减免,支持文化改革发展。

(二)建立鼓励社会力量参与保障体系

引导和鼓励社会力量参与地方文化建设是完善政府主导的精神文明建设的一个重要补充,也是一个新的领域。

首先要搭建社会力量参与戏曲创作的平台。平台缺失导致社会力量想参与创作但找不到合适的渠道;需要社会力量补充的创作项目却得不到社会力量参与。社会力量参与创作不需要考虑演出场所、演出人员等方面的投入,同时在创作过程中精打细算、控制成本,减少了资源浪费,提高了资源的利用率,最终在投入产出比上能够显著提升。

其次是形成社会力量参与创作的评价体系。社会力量在管理人才和管理水平等方面具有深厚的积累,在演出经营运作方面更能适合市场发展的需要,在剧目创作上符合市场需求。但是对于社会力量在职称评定、荣誉授予等方面缺少合理的倾斜。

再次是完善人才流通渠道。专业创作人才储备方面是社会力量在参与戏曲创作过程中

的短板。社会力量带来的市场化运作方式、企业化管理提高了戏曲创作的演出的效率。通过市场调节作用，也使得优秀创作人才合理流通，促进创作质量也不断提升。因此，楚剧创作演出必须重视社会力量的参与，推动创作主体多元化，完善评价体系，政府出台相关政策，建立楚剧创作演出融资平台，出台措施鼓励社会力量进入楚剧创作。

（三）搭建文化部门牵头的楚剧创作交流平台

以多方联合创作来推出精品佳作。汇聚多方力量，形成创作强大的创作动能，从而保证剧本具有较高的艺术性和准确的价值导向性。如由福星集团总裁谭功炎和李云经联合创作的楚剧《可怜天下父母心》、《人在福中》；由湖北省艺术研究所编剧尚造林和孝感市艺术创作研究联合创作的《冬日荷花》；由湖北省艺术研究所国家一级编剧和孝感市艺术创作研究联合创作的《特别部队》等。在现有联合创作的基础上，推动走向省外，向国内著名编剧、创作室邀请合作，推出能够代表楚剧文化精髓、深入孝感文化传统的作品。

以办节参演来拓宽戏曲创作视野。近年来孝感市连续举办九届"楚剧展演"，同时开展多届楚剧新人新作比赛；承办第四届、第五届湖北省"福星杯"楚剧艺术节；承办第十届湖北省戏剧牡丹花颁奖活动。"楚剧展演"得到了省内国家级编剧、导演、表演艺术家的亲临指导，楚剧艺术节和牡丹花颁奖活动荟萃了全省戏曲艺术精英，都是孝感戏曲艺术工作者不可多得的学习提升的机会。但是这种互动交流主要集中在楚剧艺术工作者圈中。湖北省"福星"楚剧艺术节和牡丹花颁奖活动都是三年举办一次，并不能完全满足我市大量楚剧艺术工作者的交流需求。这种交流的局限性导致楚剧并不能更好地吸收外来营养。因此，以多剧种互动演出来汲取艺术营养，从而达到艺术品种的借鉴融合是非常必要的。对于戏曲创作的编剧、导演、音乐等各个专业行当的省内、省外互动交流学习更是提升楚剧发展的"内功"的重要渠道。楚剧必须齐步走，任何一个方面出现了短板瘸腿，都将不利于楚剧的发展，政府搭建的发展平台应该在有所侧重的同时，照顾到剧种发展的方方面面。

三、推动优秀文化资源整合：丰富内容、拓展形式

（一）扩大戏曲演出辐射，增强楚剧影响

2006年起至2014年，孝感市成功举办九届楚剧展演。每届持续8~10天，演出大戏十余台、折子戏数十出，吸引观众十多万人次。楚剧展演成为了广大戏迷热切期盼、踊跃参与并交口称赞的公共文化盛事。2014年第九届楚剧展演孝感主会场分为大型传统剧目展演、青年演员小戏折子戏比赛、"中国梦"精品剧目展三部分，共11场演出，惠及群众近10万人。剧团大戏展演上演《穆桂英招亲》、《三娘教子》等七出大型古装楚剧；两场青年演员小戏折子戏比赛共有《赶会》、《断桥》、《楼台会》、《失子惊疯》等12个折子戏；"中国梦"精品剧目展是邀请武汉楚剧院演出的《两道菜》、《百日缘》、《山乡网恋》3个小戏折子戏，其中《山乡网恋》系第六届中国戏剧奖小戏小品奖决赛入围剧目。楚剧展演是我市各县（市）区专业剧团艺术创作的大练兵、大比武，是一次专业艺术团体的同台竞技和切磋交流。应城市2014年文化惠民楚剧展演活动演出17个场次、惠及群众十万余人；

大悟县楚剧展演演出17个场次，惠及群众近10万人；孝昌县楚剧展演演出16个场次，惠及群众8万余人；安陆市楚剧展演演出20个场次，惠及群众近15万人；孝南区楚剧展演演出17个场次，惠及群众10万余人；福星楚剧团在汉川连演三个月，共演出90个场次，惠及群众近40万人，另外邀请湖北省各大剧团精品剧目展演10场。云梦县楚剧展演从2014年10月15日正式开启。孝感楚剧展演活动要形成长效机制，成为具有较大影响力的文化活动品牌。楚剧展演的辐射范围要逐步深入到孝感市县乡村三级。

（二）拓宽楚剧表现内容，弘扬时代精神

孝文化题材在孝感既具有深厚的群众根基和文化基础，又具有选材提炼的现实性和可操作性。因而这种类型的剧本在近年的创作中占较大比重。如《云梦黄香》、《可怜天下父母心》、《孟宗哭竹》、《孝子情》、《冬日荷花》、《三个媳妇》、《妈妈呀！妈妈》等。历史人物和时代英模是社会发展中涌现出来的典型人物，是值得我们学习和发扬的典范。这类题材也是广大孝感人民所熟悉的人物，他们的事迹经过艺术加工，同时以最具孝感特色的艺术形式为载体搬上舞台之后，成为了经久不衰的保留剧目。如《云梦黄香》、《孟宗哭竹》、《圆梦村支书》、《特别部队》等。孝文化题材和革命历史人物和时代英模在孝感具有大量的文化资源储备，这些都是具有正能量，能够激起群众的文化认同。

（三）开发涉戏艺术形式，实现多元发展

在楚剧百余年来的发展历程中，先是在20世纪初由农村走进城市，艺术上也趋于成熟；50年代在"百家争鸣、百家齐放"的指引下步入辉煌时期；到80年代逐渐跌入谷底。楚剧在80年代跌入谷底的一个主要原因就是受到了电影电视等新兴艺术形式的冲击。电影、电视、互联网视频等极具视觉震撼力和观众吸引力的新兴娱乐方式压缩了戏曲艺术的生存空间。今天戏曲的生存环境和历史上任何时期都截然不同，戏曲如何能在这种夹缝中寻找属于自己的立足之地，已经成为刻不容缓的命题。当前，人民的审美趣味已经发展成多层次、多样化，而戏曲对此缺乏足够的适应能力。因此，尝试将戏曲与新的娱乐方式和传播媒介的融合，以一种新的姿态新的角度呈现在观众面前，对于戏曲的生存的不失为有益的探索。即是以楚剧为主体，推出楚剧小品、楚剧音乐、楚剧电影、楚剧动漫、楚剧歌剧、楚剧舞蹈等艺术形式。楚剧的改革不必拘泥于戏曲传统的程式化、虚拟化等要求，更为重要的是，要适应当下观众对艺术作品的欣赏需要。在内容上创作新编现代戏、复排经典大戏，在形式上不违反艺术美感的基础上吸收融合其他艺术形式为我所用。

四、加强楚剧人才引进培养：优化环境、鼓励创新

（一）以服务为宗旨树立人才观念

以服务为宗旨，就是要求人才服务于创作，创作服务于人民群众。给人民群众提供优质的精神文化产品是编剧、导演、演员、舞美、营销等各类文化人才的宗旨。文化人才优先发展是许多国家和地区实现经济追赶、文化繁荣的成功经验，也是发达国家、先进地区

长期保持文化经济科技领先的重要原因。因此，必须确立开放式发展和包容性增长的文化人才工作理念，做好培养人才，吸引人才、开发人才、用好人才，使文化人才真正成为文化发展的第一推动力。坚持把人才建设放在优先发展的战略位置，做到文化人才资源优先发展，文化人才结构优先调整、文化人才制度优先创新，才能实现文化的发展。

(二) 以市场为导向调节人才流动

戏曲专业人才的流动必须适应文化大发展、大繁荣与专业创作对人才需要匹配的趋势，只有在遵循市场规律的情况下人才的最大价值才能得到发挥、人才的使用效益才能得到提升。以编剧为例，孝感市编剧人才老龄化严重，后继力量匮乏。近年来活跃在创作舞台上的编剧年龄主要集中在47~65岁。以多产编剧胡大力为例，2008年创作《云梦黄香》时60岁，2012年创作《民意如天》时64岁。胡晓峰创作《孝子情》时65岁，胡道发创作小戏《三个媳妇》时63岁，创作《妈妈呀！妈妈》时64岁。因此，需要大力引进年轻编剧人才，人才的价值很重要的一条是在流动当中实现，在流动当中提高。在流动的过程中发现新的价值，创造新的价值，不断地增值。在保持固定人才队伍的基础上增加编剧等核心人才队伍的流动数量，固定人才队伍和流动人才队伍形成互补。

(三) 以剧目为中心形成人才聚集

全市戏曲艺术创作实施市级主管部门统一管理、统筹分配。目前孝感的戏曲创作比较散乱，各个剧团在自己的业务框架和能力范围内自行开展创作。人力、物力都比较分散。建议设立戏曲创作协调委员会，有权对各个剧团的编剧、演员、剧本题材统一调度，先是集全市艺术力量推出新剧目，然后授权各个剧团排练演出。在全市范围内协调各自演出范围，在市外则凭演出水平抢占演出市场和观众。上述方法在创作剧目数量上可能减少，但是艺术水平则会提高。

剧目是一个剧种繁荣与否的标志之一。剧目创作是剧种发展的核心环节。如何解决剧本作为一剧之本的极度匮乏现状，是时下戏曲创作的当务之急，这既需要文化管理层在制定方针政策的时候进行全面布局，也需要戏曲编创人员的共同努力。孝感近年来尝试以剧目为中心汇聚多方力量，形成强大的创作动能，从而保证剧本具有较高的艺术性和准确的价值导向性。如由福星集团总裁谭功炎和李云经联合创作的楚剧《可怜天下父母心》、《人在福中》；由湖北省艺术研究所编剧尚造林和孝感市艺术创作研究联合创作的《冬日荷花》；由湖北省艺术研究所国家一级编剧和孝感市艺术创作研究联合创作的《特别部队》等。这种与省艺研所著名编剧联合创作的行为中，我们只是拥有了剧本编排及推出的名，而无创作之实。这种联合创作对于锻炼孝感本土编剧来说是欠缺力度的，各方面人才在创作结束后创作团队自行解散达到的仅仅是短期集聚效应。因此我们在联合创作中，应该由孝感本土编剧来实施创作，聘请知名编剧指导修改；或者开展以编剧研讨班的形式，由聘请编剧指导集体修改。最终以良好的创作环境，以剧目为中心聚集人才、吸引人才。

在肯定和嘉奖老一辈编剧继续坚持创作的基础下，鼓励他们推荐新生代编剧进入戏曲创作部门工作。破格引进真正有创作才能的编剧人员。不仅年龄破格，更要学历破格，专业破格。高学历不如高水平，专业对口不如创作精通。艺术创作必须打破条条框框，对待艺术创作人员也必须放开束缚。同时实施老帮青、老带幼，艺术创作除了要有一定的悟性和灵感，也需要传帮带。对现有的青年编剧实施跟踪培养。摒弃文件培养、口头培养等形式化的东西。让编剧以创作为生存养家的方式、以创作为生命的价值所在、以创作成为立足社会的落脚点。真正的让创作成为营生的手段，编剧才能在内力和外力的推动下发展起来。对于青年编剧首先是扶一把，鼓励以项目的形式申报市级创作项目，限定结项时间和结项标准，也即是最终剧本完成的时间。能立上舞台则争取立上，暂时不能立修改之后作为剧本储备。其次是推一把，促成青年编剧去省级剧院跟团跟戏，拜师学艺。在实践中掌握和消化编剧技巧，并转化成编剧能力。最后是拉一把，由主管机构对青年编剧的剧本实施市场化购买，智力成果的货币化转变将极大地推动创作自信和行业自立。

五、建立戏曲市场营销机制：服务为本，重在体验

（一）组建专业营销团队，实现专事专干

戏曲演出市场与其他商品市场既有相同之处，也有许多独特之处，因而戏曲演出的营销与其他商品的营销也存在差异。在市场营销的产品、价格、渠道、促销四个组合因素中，产品质量的高低、票价定位合适与否、渠道选择是否合理、促销手段是否有效决定着营销的成败。楚剧演出和其他商品的买卖不同之处在于楚剧演出是一次性的精神消费，其消费成果的根本在于观众是否得到精神享受。长期以来，国有文化资产经营需要大量人员，而且效率低下。部分国有剧团配有兼职营销人员，但是在营销心态、手段和策略上不够专业，在制订营销方案上也不够系统，整个营销活动难以达到应有的效果。因此，戏曲在市场受到严重挤压的阶段必须正视营销的作用，重视市场的开辟。营销团队培养票务销售人员的沟通技能、服务技巧，同时也进行市场调查、受众分析，为楚剧的演出市场做准确的定位。

（二）开发楚剧衍生商品，形成次级市场

戏曲衍生品是戏曲艺术符号化、形象化、产品化的重要途径，高质量的戏曲衍生品能够使观众与戏曲的黏合从剧场内持续到剧场外，更为戏曲文化的传播提供有效便捷的途径。可以从戏曲音乐、戏曲乐器、戏曲道具、戏曲人物形象等方面入手，戏曲衍生品在功能上具有实际用途，要特别注重突出地域文化特色和特性；在工艺上要适当采用科技手段和接纳新材料工艺等，选取能够吸引消费者的文化元素进行产品设计。楚剧在戏曲衍生品开发过程中可以尝试联合开发，就是邀请工艺设计企业对楚剧概念范畴内的各种具有实用价值的工艺用品进行设计生产，也可以尝试授权企业特许生产经营楚剧衍生品。楚剧衍生品的开发不是为了追求最大利润，而是实行薄利多销，从而起到拓展剧场观戏以外的次级市场的作用。

（三）创新演出营销模式，实现多重覆盖

随着时代的发展进步，戏曲营销要打破传统媒体宣传及售票的形式，采用新媒介手段

来更加有效地推广戏曲。虽然楚剧在孝感具有深厚的群众基础，但是年轻一代对于楚剧的了解较为有限，对于戏曲市场行为也是非常陌生。通过建立剧团官方微信，定期发布剧团演出售票信息及经典唱段欣赏；实行会员制，发放会员专属打折卡片，定期为会员举行互动活动、戏曲讲座、走进后台、走进化妆室等活动；利用豆瓣网、人人网、58同城、赶集网、百姓网等进行票务宣传和剧目介绍，通过全方位的宣传推广来聚拢人气，形成潜在观众群；针对年轻观众，可以选择演出一个月前在超市、广场、公园发放宣传册，同时展开现场售票，以买一张送一张情侣套票、未成年人看戏家长免票陪同等形式；在票价定位上，为了让更多的观众走进剧场来了解和观看楚剧，实行5~10元低票价来吸引观众，免费让买票的观众加入会员。

综上所述，楚剧剧目创作依赖于编导演等各方面人才储备，楚剧文化发展与传播必须与楚剧演出营销结合。剧种文化氛围的形成又与剧目创作相辅相成。不论是出于非遗保护还是地方文化振兴发展的角度，戏曲在当下的发展是离不开政府为文化发展所搭建的各类平台。文化发展平台建设或许将成为楚剧创作及楚剧文化繁荣的重要支柱。

焦作、闵行、南海预算绩效改革模式与孝感路径选择

孝感市财政局课题组

诺贝尔奖获得者美国的经济学家米尔顿·弗里德曼曾说："花自己的钱办自己的事，最为经济；花自己的钱给别人办事，最有效率；花别人的钱为自己办事，最为浪费；花别人的钱为别人办事，最不负责任。"这段话包含了深刻的绩效管理思想。按照这种说法，政府及相关部门使用财政性资金是"花纳税人的钱，办纳税人的事"，应归于"既不经济、又不讲效率、最不负责任"的一类，亟待引入绩效机制，切实加以改变。改革开放以来，我国经济发展进入了快车道，财政收入高速增长，但财政收支矛盾依然突出，财力增长难以满足刚性支出增长需要，一个重要原因就是财政管理缺乏绩效，导致政府决策效率低、资源配置效率差、资金使用严重浪费。十八届三中全会对预算管理制度改革提出了明确要求，探索预算绩效管理改革代表了建立现代财政制度改革方向。

一、预算绩效基本理论、起源发展与我国推进情况

（一）预算绩效概念、认识与适用理论

由于国情、改革目标和方法不同，目前全球预算绩效还没有统一概念，本文通过调研，定义为：预算绩效是将企业绩效管理理念引入到政府公共管理领域的一种管理模式，是一种以支出结果为导向的预算管理模式，是现代国家治理中政府绩效管理的重要组成部分，强调预算支出的责任和效率，要求在预算编制、执行、监督的全过程中更加关注资金的产出和结果，要求政府部门不断改进服务水平和质量，花尽量少的钱，办尽量多的事，向社会公众提供更多、更好的公共产品和服务，使政府行为更加务实和高效。

与传统预算相比，预算绩效主要有五大变化：一是预算理念发生了变化。预算绩效管理将市场管理理念、竞争机制引入到部门预算之中，使预算编制、执行以绩效为中心展开。这是发挥市场在资源配置中起决定作用的重要体现；二是预算目的发生了变化。传统预算目的是为了保障供给，关注重点是收入和分配。预算绩效管理目的是为了提高政府决策效率和资金使用效益，关注重点是产出结果；三是预算机制发生了变化。传统预算偏重于行政决策、计划控制，基本上是以前控后、以拨代管。预算绩效是"预算编制有目标、预算执行有监督、预算完成有评价、评价结果有反馈、反馈结果有运用"，每个环节都有重点，连成了一个环环相扣、有序推进的整体，总体上是以后控前、超前控后；四是预算程序发生了变化。传统预算程序为"二上二下"。预算绩效程序为年度绩效目标制定、绩

效目标审核、绩效跟踪监管、绩效结果评价、绩效结果反馈、绩效结果利用,是一个相对独立的工作过程。绩效评价以一定方式嵌入预算编制、预算执行和预算监督环节;五是预算方法发生了变化。传统预算主要有固定基预算、增量预算、定期预算等方法,预算绩效主要有零基预算、弹性预算、滚动预算等方法。

预算绩效管理适用理论是委托代理理论。委托代理理论是过去30多年里契约理论最重要的发展之一。它是20世纪60年代末70年代初一些经济学家深入研究企业内部信息不对称和激励问题发展起来的。在委托代理关系中,由于委托人与代理人的效用函数不一样,委托人追求的是自己的财富更大,而代理人追求自己的工资津贴收入、奢侈消费和闲暇时间最大化,这必然导致两者利益冲突。在没有有效制度安排下,代理人行为很可能损害委托人利益。委托代理理论中心任务是研究在利益冲突和信息不对称环境下,委托人如何设计最优契约激励代理人。以"目标导向"的预算绩效目标管理体现了公众(委托人)的利益,通过构建"对结果负责"的制度,使政府机构(受托人)实现委托人的绩效目标时得到奖励,没有完成时得到惩罚,是一种基于"信息不对称"状态下的"激励相容"制度安排。同时,对代理人进行监督,可以保证预算支出实现委托人的绩效目标,最大限度减少受托人的"败德"行为。

(二)世界绩效预算起源与发展

绩效预算起源于西方,萌芽于1907年美国纽约市政研究局提供的"改进管理控制计划"的报告中,该报告强调"通过对已批准项目的管理,提高资源使用效率"。绩效预算理念最早用于实践开始于20世纪30年代。50年代,绩效预算改革一直是公共支出管理的重要议题。70年代大部分西方国家开始进行绩效预算改革,特别是90年代,绩效预算改革浪潮席卷以OECD(经济合作与发展组织)为代表的发达国家,后又传播到发展中国家和转型国家。目前,世界上已有近50个国家不同程度实施了绩效预算,形成了不同的发展模式:一是以新西兰、英国、加拿大等为代表的国家完全以产出与结果为导向,改革全面覆盖所有政府部门;二是以美国为代表的另一些国家采用了渐进的、注重预算过程、对绩效因素不同形式引入的改革模式。除了韩国实施时间较短外,其余国家都超过了15年。目前,绩效预算是被西方国家证明了的先进预算管理方式,对推进我国预算绩效管理改革具有重要的启示和借鉴意义。

(三)我国预算绩效改革进程与趋势

我国预算绩效改革从财政支出绩效评价开始。1998年,建立了财政投资评审体系,成为预算绩效改革切入点。2002年以后,绩效评价理念被引入我国,中央和地方开始重视支出绩效评价,湖北、广东、湖南、江苏、浙江等地成立了专门机构,在一些支出项目上进行探索。2005年,财政部出台《中央部门预算支出绩效考评办法》,要求由专门的评价主体对部门绩效进行综合评价。2006年,中央《部门预算编制指南》指出,以绩效评价为突破口,探索科学合理的预算绩效评价体系,在我国逐步培养关注产出的预算绩效文化,为将来推行预算绩效管理改革夯实基础。2008年,中央《部门预算编制指南》进一步指出,绩效评价是加强部门预算管理的需要。2010年,财政部召开了全国第一次预算绩效管理工作会议，正式启动预算绩效管理改革工作，出台了系列文件，包括指导意见、三年规划和暂行办法等。借鉴西方绩效管理理念和方法，在充分考虑政治背景、文化传统、管理体制、发展水平等基本国情基础上，系统提出了预算绩效管理模式。目前，我国预算绩效与发达国家有很大差距。2013年11月，十八届三中全会提出深化财税体制改革、建立现代财政制度，其中"透明预算、提高效率"就是要建立预算绩效管理制度。2014年6月，中国财政学会在北京成立第一届预算绩效管理研究专业委员会，强化预算绩效管理理论、政策、制度研究，探索建立有中国特色的预算绩效管理体系。

二、孝感市本级推行预算绩效管理改革的实践探索

孝感市预算绩效管理改革于2012年启动。按照省人民政府《关于推进绩效预算管理的意见》和省财政厅分年度推进改革的具体要求，遵循"先易后难、由点及面、稳步推进"的原则，孝感市级积极开展试点、探索和积累，目前取得了阶段性成效。

(一)主要做法及成效

1. 主要做法

(1)成立了领导小组及工作专班。成立了市预算绩效管理改革领导小组，局长任组长，其他党组成员任副组长，局内相关科室负责人为成员。领导小组下设办公室，明确了工作职责。建立了由预算科牵头，绩效评价科主抓，部门预算管理科分头负责，国库科、评审中心、财政监督局分别参与关键环节的工作，在领导小组统一部署下，协同作战、整体联动的预算绩效管理工作机制。

(2)制订了绩效改革工作方案。2012年11月，印发了《关于推进市级预算绩效管理工作的通知》(孝财预发〔2012〕239号)，明确了预算绩效管理的概念、预算绩效改革的意义，以及推进预算绩效改革的具体要求；2013年10月，印发了《孝感市级预算绩效管理工作方案》(2013—2015年)》，提出了未来三年市本级预算绩效改革的实施方案。

(3)建立了绩效评价专家智库。2014年4月，印发了《孝感市本级预算绩效智库建设管理暂行办法》(孝财绩发〔2014〕96号)，市财政局邀请市人大、纪检监察、审计工作人员和聘请社会中介机构及专家组成监督指导库、中介机构库和专家库。

(4)提出了绩效评价指标体系。2013年10月，印发了《孝感市级预算绩效管理实施暂行办法》(孝财绩发〔2013〕299号)，提出了预算绩效评价指标体系，涉及三大类(产出指标、效益指标、满意度指标)、11项、86个具体指标。

(5)开展了预算绩效评价试点。2012年11月，印发了《关于做好2013年度市级预算绩效管理试点工作的通知》(孝财预发〔2012〕242号)，在市直16个部门各选择一个经常性支出项目开展绩效评价；2013年11月扩大试点，选取市公安局等50个部门77个重点项目开展绩效评价工作，涉及资金17929.6万元。评价部门数占总预算部门(234个)的21.4%，评价项目数占总数项目数(464个)的16.6%，评价资金占总项目预算资金(24827万元)的72.2%。

2. 主要成效

（1）促进了预算管理理念转变。从市本级一年多的预算绩效管理改革实践来看，部门预算单位的预算管理理念开始发生转变，在传统的重分配轻管理、重资金轻效果的同时，开始接触和重视财政支出绩效，预算绩效管理的理念开始萌芽。

（2）强化了部门单位支出责任。通过设定清晰的项目支出绩效目标，使部门预算单位更清楚地了解财政支出所要取得的社会效益和经济效益，使其职责和目标更加明确；通过绩效评价，考核部门预算单位绩效目标实现情况，并与下年度预算安排挂钩，用财要问效，无效要问责，在一定程度上强化部门预算单位的自我约束意识和责任意识。

（3）初步建立了预算绩效管理机制。通过两年多的试点，初步形成了"预算编制有目标、预算执行有监控、预算完成有评价、评价结果有反馈、反馈结果有应用"的预算绩效管理机制。

（二）存在的主要问题

1. 预算绩效评价范围太窄

目前，发达国家和国内先进地方的预算改革的目标是绩效预算，是一种全过程、全口径绩效管理预算，全过程是指对预算目标、预算结果、预算过程实现绩效管理，全口径是指对人员经费、公用经费和各类专项支出实行绩效管理。而目前市本级预算绩效管理仅仅是对预算确定后的预算执行结果进行事后评价，且绩效管理对象不包括人员经费、公用经费，专项支出也只是纳入预算管理的部分专项，这与规范的绩效预算管理要求存在天壤之别。

2. 预算管理理念亟待转变

主要是路径依赖和传统习惯改变困难。长期以来，财政部门形成了"分钱"思维，部门单位形成了"要钱"思维，各预算单位认为要钱越多就越有效益，并与财政部门在相互博弈中达到基本均衡状态，形成了路径依赖。在一般预算安排上，财政部门采取的是基数法，每年按一定比例上调预算；对专项预算往往采取年终追加，预算随意性大，仍然是一种"要钱"思维。即使现在改成绩效评价，由于是一种事后评价，绩效评价时点滞后于"分钱"时点，对单位的约束不大。因此，不少单位认为预算绩效改革类似于审计，跟单位关联不大，搞绩效预算改革意义不大，多此一举且太麻烦。作为单位只要资金合规使用就行，批复部门预算即可。

3. 评价指标建立十分困难

财政支出主要用于公益性项目，公益项目少数有经营收入，多数没有经营收入，是非营利项目，主要是社会效益，因此不能像企业一样，从投入产出、本量利关系、行业平均值等角度进行评价。而社会效益有的可以定量，有的无法定量，指标设置困难。有的指标个性化突出，不能用于其他项目，有的指标随其他因素变化而变化，参考值不断弱化。同一类项目评估，由于缺乏区间可比性和历史可比性，一般不能相互通用。因此，在预算绩效评价是，目前全国没有通用指标，一般由各地研发。市本级设计应用了一套评价指标，但比较简单粗糙，评价尺度不精准，评价结果可用性不强。

4. 第三方机构人才严重缺乏

一是工作量逐年增加。从2013年起,省财政厅将预算绩效改革纳入了财政工作年度考核,对市县财政提出了具体目标要求。如地市一级纳入预算绩效目标管理的项目占本级项目资金的比例,2014年不低于30%,2015年不低于50%,2016年实现全覆盖。还有整体支出考核目标。目前,大量的预算绩效评价工作都积压在市县一级,形成了很大的工作压力。二是第三方机构缺乏。目前,全市共有会计师事务所11家,除孝感城区3家,汉川市、应城市各2家外,其他县(市)均为1县1家。三是评价人才缺乏。全市注册会计师68名,其中通过全国统考取得执业资格的40人,其余为老制度下评审考核取得。65岁以上13人,除去这部分老龄人实际注会55人。不仅如此,绩效评价需要复合型人才,注会一般承担一方面评价。

5. 绩效评价体制机制不合理

在评价体制上,领导小组设在财政局,评价管理党政机关和其他预算单位,超越了财政层级,不利于发挥行政推动作用。在评价机制上,绩效评价由财政内部协作完成,既当"运动员"又当"裁判员",不符合游戏规则。在专家团队建设上,存在重复建设问题。在信息资源共享上,存在分享不够问题。

此外,在预算绩效管理顶层设计上,还存在立法依据不足问题;在会计核算基础上,还存在与绩效评价不配套问题;在公共预算监督上,还存在预算透明度不高,公众参与程度不够,绩效评价结果未进入运用等问题。上述现象在全国、全省范围内具有一定的普遍性。

三、焦作、闵行、南海三地预算绩效改革模式比较分析

从2008年起,财政部科研所在全国13个省、地市州、县建立了科研基地,围绕一些重大前沿课题开展理论研究与实践探索,其中,在预算绩效管理方面取得了一定成果,有代表性的模式主要有焦作模式、闵行模式和南海模式(如表1所示)。

表1 焦作、闵行、南海三地预算绩效管理模式的比较分析

比较项目	焦作模式	闵行模式	南海模式
模式名称	公众参与式预算改革	全过程绩效评价	项目支出绩效评价
借鉴经验	巴西参与式预算改革	美国联邦政府预算资金管理经验和方法	国内外预算绩效改革成功经验
市区类型	中部欠发达地市	东部发达地区	南方发达地区
改革背景	以煤炭为经济支撑的焦作市遭环保政策调整、亚洲金融危机冲击,经济和财政收入出现负增长,工资不能正常发放,财政捉襟见肘成了改革动力	由于城镇化不断推进,人口不断增长,公众对于公共服务需求与日俱增,政府预算资金的供求矛盾日益凸显,缓解公共资金压力与公共服务紧张状况是预算改革动因	在传统分配体制下,财政资金分配缺乏依据,项目管理不规范,怎么分钱成了财政头疼的问题,财政收入高速增长但收支矛盾仍然尖锐是预算改革的动因

续表

比较项目	焦作模式	闵行模式	南海模式
启动时间	1998年	2005年	2004年
模式特色	已形成"政府主导、人大监督、公民参与、财政干活"模式	已形成预算项目前期评审(前评价)、中期过程评估(中评价)和后期结果评价及结果运用(后评价)的全过程绩效管理模式	将50万元以上专项资金纳入预算绩效评价范围,已形成"竞争分配、制度分钱"绩效管理模式
改革内容	1. 实行会计委派。1999年,封存单位账户,没收财务印章,由财政派驻会计管理单位财务。 2. 建立完整预算。从2008年起,建立了一般公共、社会保障、政府采购、住房公积金、非税收入、国有资本经营、政府债务、国有土地基金等八大类预算。 3. 财政"四权分离"。成立预算编制局,研究政策、制定标准、审核把关;成立预算执行局,执行年度预算,合理组织收入,均衡支出进度;成立财税监督局,对预算编制、执行实行全程动态监督;绩效评价权由绩效评价科和各业务科室行使;建立综合办公室,保障机制顺畅运行; 4. 公众参与决策。主要步骤措施:公开预算编制基础信息;部门申报和财政汇总;民意测评;专家论证;社会听证;人大公审;财政政务公开	1. 区委高位推进,人大直接支持。从2008年起,预算绩效改革年年被提上中共闵行区委全会审议,在区人大财经工委直接支持下,预算绩效改革一步一个脚印,每年都有新进展。 2. 高校研发指标,师所独立评价。通过政府购买服务引入第三方评价机构(7家会计师事务所及3家高校科研机构)。上海财大中国教育支出绩效评价(研究)中心独立评价部分有代表性项目,同时指导3家会计师事务所完成若干项目。复旦大学绩效评价中心指导并帮助4家会计师事务所完成若干项目。 3. 先指标后项目,扩大公众参评。财政部门会同主管部门、项目单位以专家行家先对中介机构提供的绩效评价指标体系展开评审,中介机构再对具体项目开展评价,报告经各方代表及专家评审后向社会公开。民生与公共领域投入有没有实现当初绩效目标、受益人是否满意、花了钱是否值得,都邀请群众参评。 4. 实行上网公开,接受公众提问。将项目概览、单位自评报告、中介机构重点评价报告、绩效评价总报告等在区政府门户网站向社会公开,项目单位对网民提出的问题及时进行回答、解释和调整。 5. 纳入单位考核,注重结果运用。将评价结果列入行政效能指标,考核各单位政绩;将评价结果与预算安排结合,绩效优良的优先安排预算。提出问题没有整改意见或措施的,非政策类新增项目当年不安排预算,政策类项目由区财经工作委员会与区行政效能办联审,提交区人大常委会审议	1. 领导始终重视。将预算绩效改革纳入"一把手"工程,直接拿在手里,加强组织协调,保证改革顺利推进。 2. 财政自解财权。财政把80%左右预算支出决策权交给了专家。由省有关部门和著名高校专家组成专家评审团,对申请立项的项目的合规性、必要性、实用性、真实性进行审查,并按轻、重、缓、急程度,作出相应的资金安排。 3. 专家独立评审。成立了一支100多人的跨学科专家评审团队,建立了一套绩效评价指标体系。整个过程由专家独立进行,所有预算单位不得干预,申报项目先由单位自评,只有目标科学合理,才能进入下一步。自评必须是专家而非官员,专家评审必须是南海区之外的专家。 4. 公开竞争分配。出台了《财政资金竞争性分配改革意见》,经过公开申请、公开答辩、专家评审当场提问,当场打分,分高者获得财政项目资金支持。 5. 绩效挂钩问责。由人大、监察、审计和财政等组成绩效问责小组,按5%比例随机抽取单位进行"全程追效"。项目资金实行分批发放,只有达到事先承诺的效果,才能获得全部资金。同时,将项目评估结果与年终干部考核挂钩,一旦出现资金浪费或执行不到位,将直接影响干部的"乌纱帽"

续表

比较项目	焦作模式	闵行模式	南海模式
主要成效	1. 预算内容更加全面细致、公开化、科学化； 2. 财政政务公开，保障市民的财政知情权； 3. 增强了人大监督的职能和作用； 4. 改进了政府工作，提高了财政资金使用效益； 5. 经济腐败得到有效制约； 6. 推进了民主进程。	1. 先评价指标体系增强了绩效评价工作的科学性； 2. 开展目标评价有利于从源头上避免浪费； 3. 实行全程评价提高了预算管理整体水平； 4. 将评价结果纳入政绩考核，增强了部门单位绩效管理意识	1. 减少了大量不合理支出。2010年申报项目516个金额27亿元，评审后立项338个安排金额17亿元； 2. 实现了"人分钱"向"制度分钱"转变。申请立项、项目分配、资金拨付有一套严格制度，没有谁可以"直接拍板"； 3. 关口前移评价目标，提高了预算科学性； 4. 引入竞争性分配，实行联合问责问效，提高了资金使用效率
不足之处	1. 政府划定了参与式预算项目，公众参与的空间较小； 2. 财政设计了参与程序，公众被动式参与决策； 3. 官方或有官方背景的参与者占比大，普通民众占比低且缺乏多样性； 4. 参与式预算游离于法律制度框架之外，可持续性堪忧	1. 指标研发工作任务繁重； 2. 基础数据采集工作难度大； 3. 选择评审专家须兼顾不同部门要求和行业具体特征，对专家提出了复合型人才要求，在实际中比较困难	1. 支出标准体系需进一步完善。如实际效果与产出目标差异大，支出标准要调整； 2. 需建立预算执行动态监控体系。目前主要在事前、事后评价，事中监控不够； 3. 专家评审机制需进一步完善，确保专家团独立评审，行使好预算支出决策权
共同点	1. 改革背景基本相同。尽管三地经济基础不同，但改革背景都是财政收支矛盾突出，政府决策效率不高，资金使用效率低下； 2. 改革组织基本相同。都是大员上阵，行政推动，即使是焦作市"参与式预算改革"，政府在改革中也发挥了主导作用； 3. 改革内容基本相同。都包含设立评价指标、聘请专家评审、公开评审结果、评价结果利用等内容		

续表

比较项目	焦作模式	闵行模式	南海模式
不同点	1. 改革基础不同。焦作市是中部欠发达地市，闵行区是东部发达区，南海区是南方发达区，2013年三地财政收入分别为139亿元、529亿元、420亿元。财政基础不同，改革出发点有所不同； 2. 改革重点不同。焦作改革重点在于扩大民众参与预算决策，让预算安排符合各方面意愿；闵行改革重点在于运用先进技术对预算实行全过程评价，提高预算管理整体水平；南海改革重点在于引入市场激励机制，重点在项目立项、资金分配环节上提高预算绩效； 3. 评价范围不同。焦作市在建立八套预算基础上实行绩效评价；闵行重点对公共预算资金实行绩效评价；南海主要对重大项目支出实行绩效评价； 4. 财政改革不同。焦作财政大刀阔斧推进机构改革，建立了四权分离制衡机制；闵行财政在绩效评价中履行组织、协调、管理职能，同时注重发挥第三方作用；南海财政"自解财权"，把80%左右预算支出决策权交给了专家		
主要启示	1. 党委政府领导是确保改革顺利推进的重要前提。在现行行政体制下，推行任何一项重大改革都离不开党委政府领导； 2. 引入第三方评审是提高绩效评价质量的重要保证。三地财政均由最初的几家行政单位组成评审团"闭门评审"，发展到后来引入第三方"独立评审"，走过了相同道路。目前，焦作市与中国发展研究基金会签订了绩效评价合作协议；南海区引进著名高校14位专家，并建立了一支跨学科100多人的专家团队；闵行区与复旦大学绩效评价中心合作，引入了PART评级工具，并聘请了多家上海知名会计师事务所参加评审。 3. 扩大民众参与是提高公共决策效率的必然趋势。尽管三地改革内容不同，但都在不同程度、以不同方式吸收民众意愿，扩大公众参与，体现了公共财政的本质要求； 4. 引入市场机制是提高财政资源配置效率的必由之路。立项体现公众需求，分配体现公平公正，使用体现效用最大，三地改革在不同环节体现了市场运行机制。 三地改革精髓可以概括为：领导推动、专家评审、扩大民主和市场运作。其中：行政推动、专家评审是人的要素，是重要前提和保证；扩大民主、市场运作是核心要素，是提高绩效的根本手段		

资料来源：1. 官方网站；2. 财政部主办《财政研究》、《中国财经信息资料》；3. 三地相关新闻报道等。

焦作、闵行、南海三地预算绩效改革经验是：领导推动、专家评审、扩大民主和市场运作。从当前孝感市本级存在的问题来看，这几个方面都存在差距，都有可借鉴之处。在领导推动方面，预算绩效改革没有进入到市委市政府决策层面；在专家评审方面，目前只能说是刚刚起步；在扩大民主方面，预算分配除市政府每年提出的十件大事外，基本上是内部分配；在市场运作方面，政府采购纳入了一些项目，但占预算支出比重太小（2013年，市财政组织政府采购98次，实际采购6227.65万元，占本级公共预算支出2.4%），竞争性分配基本没有实施。因此，应该增强加快改革的紧迫感，在上述四个方面加大工作力度。如果按照轻、重、缓、急角度进行排列，当前在预算绩效管理方面第一突出问题应该是专家评审问题，建立评价指标体系和组建专家评审团队两个方面工作迫在眉睫，只有这个问题解决了，领导推动才能真正发挥作用，扩大民主和市场运作在技术层面才能操作起来。

四、孝感市本级推进预算绩效管理改革的路径选择

针对孝感市推行预算绩效管理改革存在的问题，借鉴焦作、闵行、南海三地预算绩效改革的成功经验，立足于孝感本地工作实际，提出如下对策和建议：

（一）整合全市会计机构，打造本土专家团队

目前，市、县两级评价机构、评价人才严重缺乏，单靠本级或单靠县市各自为战均难以完成评价任务。同时，评价指标也不成熟，不能保证预算绩效评审的质量。从应急与谋远相结合计，建议与武汉著名高校合作，加大绩效评价指标研发力度，建立一套适合孝感市情的预算绩效评价指标体系。同时，建议由武汉高校专家牵头，聚合全市会计事务所力量，加大人才培养力度，尽快打造一支满足本土需要的跨学科、跨市县的专业评审队伍，实行预算绩效评价专家团队"全域共享"。

（二）建立全口径预算，探索全程绩效管理

一是扩大预算编制范围。针对预算绩效管理范围太窄问题，进一步加大力度，将所有财政性资金和代管资金纳入预算管理，实行全口径预算。截至2013年，市本级已建立以"公共预算、非税收支预算、政府性基金预算、国有资本经营预算"为主体的预算编制体系，社保基金预算首次向人大汇报，编制了"三公"经费预算。今后还要扩大范围，将本级政府性债务、住房公积金、新型城镇化等预算纳入预算管理。二是探索事前绩效评价。针对目前市级预算绩效评价主要是事后评价，存在较多弊端，建议积极开展事前评价试点，注重评价结果运用，逐步向全过程绩效管理推进。三是改进会计基础。逐步改进现金收付制，向权责发生制过渡，更好反映预算绩效管理成效。四是试编财政中期预算。根据深化财税体制改革要求，试编三年期财政滚动预算，动态反映财政政策执行和预算收支情况。

（三）创新评价体制机制，再造财政内部流程

在评价体制上，建立"政府领导、财政主抓、部门配合、专家评审"的管理体制。成立市政府预算绩效管理委员会，市主要领导亲自挂帅，财政、审计等相关部门组成专班。财政主抓预算绩效日常管理工作，审计组织专家开展评审。同时，引入激励机制，调动各预算单位参与管理的积极性。一方面建议组织部门将预算绩效评价结果纳入单位年度政绩考核，切实增强单位法人绩效责任；另一方面将绩效评价结果与预算安排挂钩，对绩效评价优良单位优先安排资金，并给予预算增效奖；除此之外，对绩效评价差的单位，消减项目资金额度，并暂停项目安排，待其整改到位后再恢复安排项目。在优化财政预算管理上，要以预算绩效管理为导向，再造财政内部流程。按预算编制、预算执行、预算监督、

绩效评价归并职能责任,编制以预算科为主,执行以国库科为主,监督以财政监督局为主,绩效以绩效科为主,建立权责明确、分工明晰的预算管理分工协作体系,更好地发挥各自的作用。建立财政公共信息库,实现信息资源共享。

(四)抓住落实上级政策的契机,向改革支出管理要绩效

一是抓住落实中央"八项规定"、省委"六条意见"和市委"七十五条措施",以及中共中央、国务院《反对浪费厉行节约条例》时机,及时跟进出台管理办法,切实规范单位公用经费。目前市本级已出台会议费、培训费、差旅费管理办法,还应尽快出台覆盖其他公务活动的管理办法。一旦落实,公用经费将有大幅下降空间。二是抓紧制定省政府明确出台改革事项的管理办法。目前,省政府已出台《关于创新管理机制统筹使用财政专项资金的指导意见》、《关于政府向社会力量购买服务实施意见(试行)》和《省直部门财政拨款结转结余资金管理办法》。建议结合实际,尽快出台《市本级政府向社会力量购买服务实施办法》,提高公共服务项目采购绩效;出台《市直部门财政拨款结转结余资金管理办法》,提高财政存量资金管理绩效。出台《市本级竞争性项目分配管理办法》,提高市级预算安排的项目管理绩效。三是积极探索法律法规性支出改革路径。根据中央全面深化改革的要求,清理与财政收支或生产总值挂钩的法律法规性支出项目,改革完善不合理支出挂钩办法,探讨减轻政策硬性约束、确保重点支出合理增长的办法。

(五)对接财政四项改革,落实好绩效管理措施

围绕建立社会主义市场经济条件下的公共财政,市本级已初步构建了部门预算、国库集中收付、政府收支分类改革、政府采购制度为支柱的基本预算制度体系。这些成果属于预算制度基础建设,预算绩效管理需要以此为基础进一步对接发展。具体来讲,就是要以绩效评价优化部门预算支出,要通过绩效预算编制,让做表面文章的拿不到钱;就是要以绩效评价结果控制项目支出拨款进度,合理结转项目资金;就是要以绩效评价作为依据,先评价后采购,确保财政资金发挥最大效益;就是要将更多的财政性资金支出项目纳入绩效评价,做到"花钱看效果","用钱必问效"。只有把预算绩效管理与财政四项改革紧密结合起来,渗透到各预算单位、各管理环节、各具体项目,才能真正增强全社会绩效管理意识,形成共同参与管理的合力。

课程组成员:
组长:黄永红
副组长:罗培平　毛晓祥
研究人员:江东平　付永诚　李安华　李学文　王芳
执笔人:李安华

推进当代中国马克思主义大众化的若干思考

孝感市委宣传部课题组

适应新的形势任务需要，用马克思主义中国化成果武装全党、教育人民，在新的实践基础上推进马克思主义大众化，是我们党不断推进伟大事业的宝贵经验。在新的历史时期，如何深入推进当代中国马克思主义大众化，用中国特色社会主义理论体系武装干部、教育群众，使之成为全党全国各族人民的共同信仰和行动指南，这是我们当前亟待研究和解决的一个重大的理论和实践课题。

一、推进当代中国马克思主义大众化的重要意义

在新的历史时期，深入推进当代中国马克思主义大众化，对于建设和发展中国特色社会主义、实现中华民族伟大复兴的中国梦具有重大的现实意义和深远的历史意义。

（一）推进当代中国马克思主义大众化，是实现"两个一百年"目标和中华民族伟大复兴的中国梦的根本要求

实现"两个一百年"奋斗目标和中华民族伟大复兴的中国梦，是中国共产党治国理政的根本任务，集中体现了全党全国人民的共同意志和根本利益。围绕实现"两个一百年"目标和中华民族伟大复兴的中国梦，全面深化改革，集中力量建设和发展中国特色社会主义，是当今中国最伟大的实践。伟大的实践必须要有伟大的理论做指导。中国特色社会主义理论体系和习近平总书记治国理政重要思想，是马克思主义中国化最新的理论成果，是当代中国的马克思主义，是全党全国人民团结奋斗的共同思想基础，是建设和发展中国特色社会主义的理论指南。中国特色社会主义理论体系和习近平总书记治国理政重要思想，是人民群众实践经验的科学总结，只有被广大党员干部和人民群众所认识和掌握，内化为干部群众的自觉信仰，外化为干部群众的自觉行动，才能成为人们认识世界和改造世界的强大思想武器，进而转化为强大的物质力量，在建设和发展中国特色社会主义伟大实践和实现中华民族伟大复兴的中国梦的进程中发挥巨大的作用。深入推进当代中国马克思主义大众化，用马克思主义中国化最新理论成果武装全党、教育人民，是坚持和发展中国特色社会主义、实现"两个一百年"奋斗目标和中华民族伟大复兴的中国梦的内在要求。

（二）推进当代中国马克思主义大众化是凝聚社会共识、建设人民共有精神家园的迫切需要

推进当代中国马克思主义大众化，是新时期中国经济社会发展的必然要求，是整合社

会多元思想和价值观、凝聚社会共识的迫切需要。随着我国经济体制深刻变革、社会结构深刻变动、利益格局深刻调整、思想观念深刻变化，一方面，人们视野开阔、思维活跃，思想观念、价值取向、文化认同越来越多样化，自主意识和民主法制意识以及开拓创新精神也不断增强，而且随着社会分层多元化、社会流动加速化、社会矛盾复杂化，不同社会群体的思想观念呈现出日益明显的差异性；另一方面，社会上拜金主义、享乐主义滋长蔓延，个人主义恶性膨胀，特别是西方敌对势力亡我之心不死，一直没有放弃对我进行"西化"、"分化"的图谋。这就需要我们大力推进马克思主义大众化，在尊重差异、包容多样的基础上，用马克思主义中国化最新理论成果，武装全党、教育人民，整合社会多元思想，使马克思主义成为社会大众的主心骨和精神支撑，以此引领社会思潮、凝聚社会共识，不断增强抗拒各种错误思潮的免疫力，不断提高抵御西方思想渗透的能力，巩固马克思主义在意识形态的指导地位，巩固全党全国人民团结奋斗的共同思想基础。

推进当代中国马克思主义大众化，也是建设中华民族共有精神家园的迫切需要。中华民族共有精神家园是整个中华民族共同依托、共同传承、共同发扬的文化精神、价值观念和情感态度的总和，是中华民族血脉和灵魂所在，是我们赖以生存和发展的精神财富，是中华民族生生不息、团结奋进的精神动力。中华民族精神家园主要有以儒家文化为核心的中国优秀传统文化、马克思主义文化和国外优秀文化成果三大部分构成，其中马克思主义是灵魂和核心，在中华民族精神家园中居主导地位。建设中华民族精神家园，既要传承、弘扬优秀传统文化，学习借鉴西方有益文化，但最根本的是，要坚持马克思主义的主导地位，在全党全民中推进马克思主义，用马克思主义武装中华民族。

(三) 推进当代中国马克思主义大众化是培育和践行社会主义核心价值观的必要途径

核心价值体系和核心价值观，是决定文化性质和发展方向的最深层次要素，是安邦治国的根基所在。社会主义核心价值体系是社会主义意识形态的本质体现，是兴国之魂，决定着中国特色社会主义发展方向。社会主义核心价值观是社会主义核心价值体系的内核，体现社会主义核心价值体系的根本性质和基本特征，反映社会主义核心价值体系的丰富内涵和实践要求，是社会主义核心价值体系的高度凝练和集中表达，关乎国家前途，关乎人民幸福安康。马克思主义作为社会主义核心价值体系最重要组成部分，是社会主义核心价值体系和核心价值观的灵魂。培养践行社会主义核心价值观，必须以马克思主义为思想指南，贯彻马克思主义基本立场、观点和方法。从本质上讲，马克思主义大众化的过程实质上也是社会主义核心价值观深入人心的过程。因此，推进当代中国马克思主义大众化，既是培育和践行社会主义核心价值观的内在要求和应有之义，也是培育和践行社会主义核心价值观的重要途径。只有深入推进当代中国马克思主义大众化，用中国特色社会主义理论体系和习近平总书记治国理政重要思想武装全党、教育人民，社会主义核心价值观才能深入人心，才能内化为干部群众的自觉信念，外化为干部群众的自觉行动。

(四) 推进当代中国马克思主义大众化是坚持和发展党的群众路线、密切党群关系的必然选择

人民群众是历史的创作者，是党的血脉和生命所在，是我们党治国理政的根基。群众

路线是我们党根本的工作路线和生命线,是我们党治国理政的优良传统和宝贵经验,也是我们党最大的政治优势。要坚持党的性质和宗旨,提高党治国理政的能力和实效,把最广大人民根本利益实现好、维护好、发展好,就必须坚持党的群众路线,保持党同人民群众血肉联系。党的群众路线能不能切实践行好,党群关系能不能保持一种鱼水关系,最终取决于二者之间有没有"黏合剂"、有没有思想和信仰上的共识、能不能建立良性互动关系。中国特色社会主义理论体系和习近平总书记治国理政重要思想是当代中国马克思主义,是党和广大人民群众达成共识、保持血肉联系的精神纽带,是确保党和群众良性互动的思想根基。在新的历史时期,要坚持和发展党的群众路线,密切党群关系,一方面,要牢固树立执政为民的宗旨,深入实际做好群众工作,坚持问政于民、问计于民、问需于民,把人民利益实现好维护好发展好;另一方面,要深入推进当代中国马克思主义大众化,用中国特色社会主义理论体系和习近平总书记治国理政重要思想武装全党、教育人民,引导广大党员和人民群众深刻领会和把握马克思主义中国化最新理论成果,使之成为马克思主义的忠实信仰者,永远跟党走,共同致力于中国特色社会主义伟大事业。因此,推进当代中国马克思主义大众化是坚持和发展党的群众路线、密切党群干群关系、巩固党的执政地位的必然选择。

二、深刻理解当代中国马克思主义大众化的丰富内涵

新时期要深入推进当代中国马克思主义大众化,必须准确界定和深刻理解当代中国马克思主义大众化的科学内涵,这是推进当代中国马克思主义大众化的前提。

所谓当代中国马克思主义大众化,就是要用当代中国马克思主义武装全党、教育人民,使之由抽象到具体,由深奥到通俗,由被少数人理解掌握到被广大群众理解掌握和认同、内化为人民群众的信念信仰、外化为人民群众的自觉行动的过程。当代中国马克思主义大众化,内涵很深刻,内容很丰富,归结起来,主要有四个方面。

(一)中国特色社会主义理论体系和习近平总书记治国理政重要思想的大众化

这是当代中国马克思主义大众化的核心内容和首要任务。马克思主义博大精深,其基本原理与中国革命、建设、改革的具体实际、实践相结合,即形成当代中国马克思主义。而马克思主义中国化最新理论成果,即中国特色社会主义理论体系和习近平总书记治国理政重要思想。特别是习近平总书记治国理政重要思想,是党的十八大以来以习近平同志为总书记的新一届党中央,对中国特色社会主义理论体系的丰富和发展,是发展中国特色社会主义必须坚持和贯彻的重大战略思想。中国特色社会主义理论体系和习近平总书记治国理政重要思想,是扎根中国现实的当代中国马克思主义,是全党全国人民团结奋斗的共同思想基础,是党员干部的看家本领,是人民群众的认识世界和改造世界的强大思想武器。推进当代中国马克思主义大众化,就必须用中国特色社会主义理论体系和习近平总书记治国理政重要思想武装广大党员干部、教育人民,使之成为全党全国人民统一行动的理论指南,成为广大干部群众的自觉遵循。

(二)马克思主义科学思维和方法的大众化

这是当代中国马克思主义大众化的一个重点内容。马克思主义的思想方法和工作方法,是马克思主义重要组成部分,包含深刻智慧、胆略和勇气,是我们正确判断形势、有效化解矛盾和顺利推进工作的一大法宝。马克思主义科学思维和方法的大众化,对于提高全党的思维能力和工作水平、提高全体人民的思维素养具有重大意义。学习和掌握马克思主义,其重中之重,就是要学习和掌握马克思主义科学思维和方法,培养战略思维、创新思维、底线思维、辩证思维等,善于用唯物辩证法观察形势处理实际问题,增强实际工作的原则性、系统性、预见性和创造性。当务之急,是要让干部和群众善于用大局思维、底线思维和民主法治思维认识和处理问题。坚持大局思维,就是要维护党的团结,维护国家、民族的核心利益,反对极端自私自利的个人主义、本位主义,实现国家、集体和个人包容性发展。坚持底线思维,要求我们干任何工作都要遵守法律和道德的底线,坚守做人的基本良知,反对任何突破底线的损人利己的行为。坚持民主法治思维,就是要增强民主法治观念,坚持用民主法治思维和方式处理问题,实现依法治国和社会治理的法制化。

(三)社会主义核心价值体系和核心价值观的大众化

这是当代中国马克思主义大众化的一个重要方面。社会主义核心价值体系和核心价值观是马克思主义价值理论的重大创新和发展,是马克思主义社会意识形态理论在新历史条件下的具体运用。推进当代中国马克思主义大众化,必须推进社会主义核心价值体系和核心价值观的大众化,在全体人民中培育和弘扬"二十四字"的社会主义核心价值观,把核心价值观作为凝魂聚气、强基固本的基础工程切实抓紧抓好,增强人民群众的认同感和归属感。

(四)党的路线方针政策的大众化

这是当代中国马克思主义大众化的一项重要任务。党的路线方针政策是党的生命,是党实现历史使命、发挥政治领导功能的根本方式和途径,也是人民群众根本利益之所在,是建设和发展中国特色社会主义的总遵循和根本路径,关系到国家前途和人民命运。任何路线方针政策的确立,既要有实践依据,也要有理论依据。马克思主义理论就是我们党制定正确路线方针政策的根本理论依据。党的路线方针政策,实质是马克思主义的具体化、现实化,是最富生命与活力的马克思主义。毛泽东同志曾说过:没有抽象的马克思主义,只有具体的马克思主义;没有死的马克思主义,只有活的马克思主义。党的路线方针政策就是具体的活的马克思主义。党制定了正确的路线方针政策,只是完成了工作任务的第一步,更重要更进一步的工作任务是必须让广大干部群众及时学习、了解和掌握党的路线、方针、政策,使之成为党的路线方针政策的坚定拥护者和自觉执行者。党的路线方针政策,如果远离干部群众,不能很好地被他们理解和掌握,就是一纸空文,就不能发挥应有的作用。因此,推进当代中国马克思主义大众化,必须推进党的路线方针政策的大众化,加强党的路线方针政策的宣传阐释和教育,架起路线方针政策与干部群众之间的桥梁,让干部群众理解、掌握和拥护党的路线方针政策,成为党的路线方针政策的忠实执行者。

三、推进当代中国马克思主义大众化的基本要求

必须按照与实践相结合、与广大人民群众相结合、与中国优秀传统文化相结合的要求，深入推进当代中国马克思主义大众化。

（一）与实践相结合，在发展中国特色社会主义伟大实践中推进当代中国马克思主义大众化

理论不仅源于实践，而且只有在实践中才能得到检验和发展，才能实现指导实践的根本作用。实践性是马克思主义根本属性，是马克思主义重要理论品质。马克思、恩格斯多次指出，他们的理论不是教条，而是行动的指南；他们理论中的一般原理的实际运用"随时随地都要以当时的历史条件为转移"。马克思主义作为人们认识世界、改造世界的强大武器，它不是书斋里的学问，而是广大人民群众实践经验的科学总结，最终要回到实践中去指导人民群众实践活动、解决实际问题。当代中国马克思主义是在中国改革开放和建设中国特色社会主义伟大实践中产生的，根本目的是要回到实践中去，指导中国特色社会主义伟大实践，回答和解决当代中国现代化建设中一系列重大理论和现实问题，推进中国特色社会主义伟大事业。大众化在本质上是一个实践范畴。当代中国马克思主义大众化的程度，是由其作用于中国特色社会主义实践程度决定的。离开中国特色社会主义伟大实践，当代中国马克思主义大众化就是无源之水、无本之木。只有立足于建设中国特色社会主义实践，把马克思主义同中国特色社会主义的伟大实践紧密结合起来，在社会主义现代化建设实践中，不断赋予当代中国马克思主义实践特色，才能真正实现马克思主义大众化。

（二）与群众相结合，在服务群众和教育群众中推进当代中国马克思主义大众化

坚持为人民服务，不仅是我们党的根本宗旨，也是马克思主义的根本立场和鲜明特征。马克思主义产生于人民群众实践之中，最终目的是用来为人民群众服务的。马克思主义只有走到人民群众中去，与群众相结合，为人民大众所理解和接受，才能从群众中获得宝贵营养，才能起到武装群众、教育群众、指导群众的作用，才能实现其理论价值和实践价值。同时，人民群众要维护和实现自己的根本利益，也必须以马克思主义为指导，把马克思主义作为认识世界和改造世界的强大思想武器。马克思主义离不开人民群众，人民群众也离不开马克思主义。马克思主义和人民群众的这种内在联系，只有通过"大众化"这一根本途径才能实现。马克思主义大众化的过程，本质上是马克思主义同人民群众相结合的过程，是服务群众和教育群众的过程。推进当代中国马克思主义大众化，与群众相结合，必须走群众路线，牢固树立为民服务的宗旨，坚持从群众中来、到群众中去的工作方法，坚持问题导向原则，直面大众关切，回应群众诉求，着力解决群众普遍关注的热点和难点问题；必须树立群众主体意识，尊重群众的主体地位，充分发挥干部群众在推进马克思主义大众化中的能动作用；必须体现大众风格，运用大众语言，采用群众喜闻乐见的形式，增强马克思主义的感染力和吸引力。唯有如此，才能深入推进当代中国马克思主义大

众化，发挥当代中国马克思主义指导实践、服务群众的巨大作用。

（三）与中国传统文化相结合，在传承弘扬优秀传统文化中推进当代中国马克思主义大众化

中华民族有几千年文明史，文化博大精深、源远流长。中国优秀传统文化，是中国人民生存繁衍的精神血脉和根基，已经成为中华民族的基因，植根于中国人的内心，构成中国人民生命与生活的重要组成部分。马克思主义必须与中国优秀传统文化结合，特别是与儒家文化相结合，广泛吸收、借鉴中国传统文化精华，嵌入中国传统文化基因，融合中国人的思维方式和价值取向，采用民族形式，表现出中国风格、中国气派，不断增强和丰富民族特色，才能够得到中国人民理解和认同，真正走进中国人的精神世界，融入中国人的日常生活，在中国大地上生根发芽、开花结果，成为中国人工作和生活的指南。离开中国传统文化，割断民族血脉，马克思主义是不可能有持久而旺盛的生命力的。推进当代中国马克思主义大众化，必须挖掘和弘扬传统文化有益价值，发扬光大中国儒家文化，实现马克思主义与中国优秀传统文化特别是儒家文化的大对接大融合，不断赋予当代中国马克思主义的民族特色和丰富的中国历史内涵，使之真正成为中国人民喜爱的精神食粮和价值追求。

四、深入推进当代中国马克思主义大众化的正确路径

在新形势下，推进当代中国马克思主义大众化，必须深入把握推进马克思主义大众化的规律。

（一）坚持"三贴近"原则，坚持服务基层群众

坚持"三贴近"原则，及时回应大众关切，切实解决人民大众关心的现实问题，这是推进当代中国马克思主义大众化的首要选择。"三贴近"是马克思主义实践观和群众观的体现，是我们党加强宣传思想工作的一条基本经验，也是推进当代中国马克思主义大众化的根本路径。基层群众是马克思主义大众化的对象，又是推进当代中国马克思主义大众化的主体和根基。马克思主义大众化离开基层群众的广泛参与，就会成为无源之水，无本之木，必将寸步难行，一事无成。只有充分激发基层群众参与大众化的热情，发挥基层群众在大众化中的主体作用，马克思主义大众化才可能实现。因此，推进当代中国马克思主义大众化，首先要解决的问题是如何增强马克思主义的吸引力、感召力。人的任何兴趣和追求，都是基于人性和利益基础之上的。人民群众对"主义"或者理论的兴趣和态度，与"主义"或者理论跟他们利益的相关程度密切相连。要让人民群众对马克思主义感兴趣，增强马克思主义的吸引力，就必须将解决思想问题与解决实际问题相结合，深入回答群众普遍关心的热点问题，着眼于解决人民群众的切身利益问题，真正反映和把握群众的现实需要。因此，在推进马克思主义大众化、宣传普及中国特色社会主义理论体系和习近平总书记治国理政重要思想过程中，要从广大人民群众的现实需要出发，坚持贴近实际、贴近生活、贴近群众，关注群众需求，回应群众关切，为群众解疑释惑、排忧解难，着力解决人

民群众最关心、最直接、最现实的问题，如保障和改善民生、加强党风廉政建设、维护社会公平公正等方面问题，让人民群众切身感受到马克思主义是为大众服务的理论，是与自己的生活息息相关的，进而从内心真正接受和拥护马克思主义。

(二)丰富理论宣传载体，创新理论宣传形式

这是推进当代中国马克思主义大众化的重要举措。其内容和形式是辩证统一的，内容决定形式，形式为内容服务。好的内容，必须要有好的实现形式，同样的理论，运用不同的表达方式和传播手段，效果大相径庭。马克思主义作为一种系统的科学理论，具有高度抽象、概括的特点，内容深奥，如果不经过理论宣传工作者深入浅出地讲解阐释，人民群众是不可能理解和掌握的。理论宣传只有采取多种有效方法，丰富载体，创新手段，坚持大众化风格，采用通俗易懂、大众喜闻乐见的形式，才能增强理论的吸引力和感染力，促进理论与群众的良性互动，取得较好效果。

一是要通俗化，让大众喜欢听。大众化离不开通俗化，通俗化是达到大众化的一种必要手段。推进马克思主义通俗化，就是赋予马克思主义以大众文化的表现形式，善于用简单、明了和群众易懂的语言进行宣传阐释，善于用家常话、大众话把深奥的理论通俗易懂讲出来，多用群众身边的鲜活事例讲道理，使之适合人民群众的口味，让群众喜闻乐见，感到马克思主义可亲可近、可学可用。

二是要形象化，让大众喜欢看。推进马克思主义大众化，还要善于运用群众易于接受的方式和载体，如用形象化的电影、电视、网络视频、图画等传播媒体来进行更广泛的传播和宣传。

三是要多样化，积极探索多形式多途径推进马克思主义大众化。推进马克思主义大众化，形式要灵活多变，方法要不拘一格，手段要多种多样。如举办各种学习培训班、讲坛、论坛、读书会、报告会、知识竞赛、主题教育活动等，建立一批马克思主义大众化场馆和网站，重点推出一批马克思主义大众化作品，综合运用舆论宣传、理论阐释、文化传播、社会宣传、政策法规制度等手段。只要是行之有效、群众喜闻乐见的形式和方法，都应该采用和推广。

四是要民俗化，把马克思主义融入乡风民俗，使其深深扎根于人民日常生活之中。民俗是广大民众所创造、享用和传承的一种大众性文化，具有顽强的生命力，千百年来潜移默化深深影响民众的思维方式和行为方式，是所有文化中最有活力的文化，能够绵延不绝传承下去。民俗化是大众化的具体体现，也是大众化的重要手段。推进当代中国马克思主义大众化，就必须把马克思主义同乡风民俗相结合，融入群众生产劳动、日常生活、婚丧嫁娶和岁时节日的民俗中，成为大众民俗的基本元素，使之深深扎根于人民群众的生活和生命之中！

五是要与时俱进创新手段，充分运用新技术创新媒体传播方式，占领思想传播制高点。除了继续充分发挥电视、广播、报纸等传统媒体宣传普及理论的重要作用外，还要充分发挥各类大众媒体特别是互联网、手机等新兴媒体的作用，通过电视专题、网络访谈、微信互动等形式，面对面宣讲、心贴心交流，把马克思主义宣传阐释融入人们接受信息和学习知识过程之中，融入各种活动中，使马克思主义具象化、形象化，更好更快地被群众

接受。

（三）加强理论宣传队伍建设，培养推进马克思主义大众化专业人才

这是推进当代中国马克思主义大众化的关键。任何理论大众化，首先离不开专业工作者的宣传阐释，需要一批与之相适应的具有创新能力的专业人才。马克思主义能不能大众化、在何种程度上大众化，不仅取决于马克思主义本身，取决于人民大众的需求，而且取决于从事马克思主义理论研究和宣传教育的广大工作者。加强马克思主义大众化人才队伍建设，对于宣传普及马克思主义、扩大马克思主义影响力、推进马克思主义大众化具有重要意义。没有一大批政治信仰坚定、理论素养深厚、思想品德高尚、宣传教育本领过硬的马克思主义大众化专业人才，马克思主义大众化就寸步难行。因此，推进当代中国马克思主义大众化，必须加强人才队伍建设，大力培养一批掌握马克思主义理论和党的基本路线、熟悉群众情况、热爱理论宣传教育工作、道德品质优良的人才，构建一支政治好、业务精、作风正、纪律严和专业性强、规模适度、结构合理的马克思主义大众化工作人才队伍。

（四）加强制度建设，建立健全推进当代中国马克思主义大众化的长效机制

制度带有全局性、稳定性，管根本、管长远。推进当代中国马克思主义大众化是一项长期的、潜移默化的工作，不可能毕其功于一役，需要制度作支撑。制度建设是推进马克思主义大众化的根本保证。

一是要建立健全干部群众理论学习制度。人类的文明进步是建立在不断学习基础之上的，重视学习、加强学习和善于学习是我们党的优良传统。推进马克思主义大众化，首先要加强学习，在学习的基础上理解和掌握马克思主义。建立党员干部和群众理论学习制度，形成一套科学合理注重实效的常规化学习制度体系，是推进当代中国马克思主义大众化的客观需要和必然选择。任何学习教育都有其内在规律，不能搞一刀切，应该因人而异，分类别分层次进行。推进马克思主义大众化，加强理论学习，在不同的群体中，内容和形式有所不同。对党员干部、特别是领导干部而言，应建立严格的学习制度，多加强共产主义理想信念教育。对青年学生而言，应进行全面系统的马克思主义理论灌输，让他们树立马克思主义的世界观、人生观和价值观。马克思主义大众化的重点和难点在基层，农村和社区是理论宣传教育工作的薄弱环节。各地应结合基层群众的实际情况，探索建立群众理论学习的长效机制，有针对性地对广大农民和工人进行马克思主义宣传教育。

二是建立资源整合机制，努力打造推进马克思主义大众化的优质平台。要充分挖掘当代中国马克思主义大众化的各类宣传教育资源，对分布在高等院校、党校、社科院、宣传部门等各个领域从事理论研究和宣传教育的人员进行整合，形成合力。要整合家庭、学校、机关、社会等各方面资源，建立以家庭为起点、学校为核心、党组织为主导、社会为载体的全方位、立体化的马克思主义大众化平台，充分发挥党政系统内部学习教育、教育系统的系统灌输、新闻媒体的宣传、社团组织的自我学习和宣讲、家风家教传承等各自在大众化方面的独特作用，形成马克思主义大众化的强大气场，切实有效推进当代中国马克思主义大众化。

三是建立健全推进当代中国马克思主义大众化信息反馈机制。要建立推进当代中国马克思主义大众化中宣传教育者与其对象的沟通和协调机制，建立宣传教育与受众互动、理论读物与读者反馈、理论供给与大众需求关系调研等机制，及时把握广大人民群众关心的重点、热点和难点问题，及时总结大众化进程中在主题内容和表现形式方面的经验教训，并且根据实际情况有针对性的适当调整，使马克思主义宣传教育普及活动与人民大众的实际工作和需求保持高度一致，增强推进马克思主义大众化的实效性。

四是建立健全推进当代中国马克思主义大众化考核评价机制。推进马克思主义大众化是一项长期而艰巨的任务，需要大众化工作队伍坚持不懈的努力，需要调动相关部门和人员的积极性、主动性和创造性。如果大众化工作队伍缺乏热情和积极性，推进马克思主义大众化工作就会疲软无力，难以取得任何实效。因此，推进当代中国马克思主义大众化，必须建立健全考核评价机制，制定出一套科学规范的程序和规则。应根据推进马克思主义大众化的阶段性和长期性任务，结合工作实际，建立以人民群众对中国特色社会主义理论体系和习近平总书记治国理政重要思想的认知率、认同率和践行情况为基本指标的考核评价指标体系。在考核方法上力求灵活多样，采取组织考评、社会民意测验、群众代表评议和自我考核相结合的方法，确保考核的公平公正。要采取一些约束性措施，把干部群众对马克思主义理论的学习情况，党的路线方针政策的贯彻执行情况等纳入目标考核体系、党建工作责任考核体系、精神文明创建考核体系之中。通过上述途径和方法，充分调动各方面积极性，把推进当代中国马克思主义大众化工作落到实处，使之深入持久地进行下去。

课题组成员：程如进　刘洪波　袁学清

全面深化改革背景下小城镇发展路径研究
——以湖北省孝感市为例

高 磊

孝感市是距武汉最近的城市，是武汉城市圈重要的组团城市，下辖7个县市区，国土面积8910平方公里，据统计，2013年年末全市户籍总人口527.43万人，常住人口（指常住本市半年以上人口）485.18万人，其中：城镇247.59万人，乡村237.59万人。城镇化率达到51.03%。近年来，孝感市以十八大提出的"四化同步"、"五位一体"总布局为指针，以省十次党代会提出的"五个湖北"建设任务为引领，围绕建设武汉城市圈副中心城市、打造"湖北的苏州"，建设"魅力孝感"战略目标，大力推进产业、城镇、文化、动力、民生"五个跨越"，加快建设经济强市、鄂豫省际区域性中心城市、中华孝文化名城、创新城市、人民幸福城市"五个城市"，着力打造区域发展重要增长极，促进了经济社会持续快速健康发展。

党的十八届三中全会以来，孝感市深入贯彻落实习近平总书记系列重要讲话精神和中央、省委省政府重大决策部署，坚持市场化改革方向，注重改革的系统性、整体性、协同性，深化重点领域和关键环节改革，加快构建和完善有利于孝感科学发展、跨越式发展的体制机制，为大力推进"五个跨越"、加快建设"五个城市"，开创第三次创业新局面提供强有力的保障。在《中共孝感市委关于贯彻落实十八届三中全会精神推进全面深化改革的实施意见》（2014年1月6日中共孝感市委五届五次全体〈扩大〉会议通过）中明确指出："紧紧围绕加快建设鄂豫省际区域性中心城市深化改革，着力破解城乡二元结构，加快新型城镇化、城乡一体化进程，推进绿色发展。"

为学习贯彻党的十八大、十八届三中全会精神，结合孝感市实际，综合运营新型城镇化、新农村建设、城乡一体化、城镇化、小城镇以及中心镇等研究成果，试图在对孝感市30个重点特色镇开展实地调查研究的基础上，分析小城镇支撑新型城镇化与新农村建设协调互动发展的内在机理和实现条件，为制定符合孝感市小城镇实际的新型城镇化和新农村建设决策提供参考。

一、国内外相关理论研究综述

许多发达国家对于小城镇的研究起步早、层次丰富，但并没有形成独立的理论体系。概括说来，国外小城镇的发展路径主要存在着"自上而下"和"自下而上"两类。其中"自上而下"是从城市考虑出发，通过中心城市的投资来分散工业、疏散城市人口，建设小城镇。其中最具代表性的即为霍华德"田园城市"理论和台依拉"卫星城"理论。"卫星城"的概念是于1915年在美国学者台依拉的著作《卫星城镇》中首次提出的。1924年，曾经参与"花园城市"规划设计的建筑师恩温，在荷兰阿姆斯特丹召开的国际城市会议上，明确界定了卫星城的概念，并提出了相关设想。1930年，一些欧洲国家就是采用这种办法建设卫星城。后来，卫星城市打破了以往对母城过分依赖的模式，开始注重强调卫星城的功能健全和相对独立性，最初的卫星城建设也逐步演变成"新城"建设。新城镇发展的理论核心包括：第一，合理界定新城城镇人口的上限规模；第二，新城镇由新城镇开发公司统一规划实施建立；第三，新城镇布局不宜采用低密度的田园城市模式，其开发到一定程度后必须另建新的新城镇，并编制新镇群规划；第四，新城镇强调居住与工作的自给自足等。归纳而言，新城镇的发展理论强调政府的自上而下型引导，主要结合规划和建设实践展开，对经济和社会发展层面的关注相对较少。这种自上而下由政府推动的城镇建设方式对我国新农村社区的建设和城镇体系的构建有一定的借鉴性。

"自下而上"发展战略方式于1975年以后逐步成为研究的重点。沃尔特斯托尔认为，发展应该根据本地域的条件，鼓励临近自然和人文资源的流动。1978年，弗雷德曼与道格拉斯共同提出的一种构造国家宏观城乡联系方式的模式，主张应在农村区一级的行政管理层次，集中地发展农业城镇，其要点包括：第一，这一战略的基础是满足人类所需要的社会发展而非经济增长；第二，农村综合发展计划应优于单一的经济发展政策，并置于首位；第三，发展规划须与本地的环境状况相一致；第四，农村发展计划的制订与实施需要农村居民的广泛参与。1980年年初，沃尔特·斯托尔等人提出：自下而上的发展是以当地的自然、人文和制度资源的最大利用为基础，以满足当地居民的基本需求为目标，直接面对贫困问题，应依托农村而发起和控制。但是许多国外学者在提出自下而上的发展战略时有意弱化政府的作用，步入了另一个极端，强调在自给自足农业经济的基础上进行与城市经济较少联系的村镇建设。此外，近年来国外学者对城乡融合现象的研究也愈益深入，相关的研究理论也逐渐涌现。1987年，加拿大学者麦吉通过对亚洲不同国家的发展问题的长期实地研究，提出了区域整体的城乡发展观，一方面，在充分重视大中城市发展的同时，需建立城乡间高效的资源流转网络，鼓励农村小城镇的发展；另一方面，应高度重视首先形成灰色区域的城乡交界带的发展。对于远离大中城市，人口密度较低、灰色区域发展不足的地区，不宜急于全面推进农村工业化。此外，由于灰色区域多属于现有政策的空白区域，因此在远期应引导一种城乡共管的运作体制。这一理论对我国的城乡融合的统筹发展提供了良好指导。

我国小城镇的快速发展始于1980年。基于我国小城镇总体发展的研究涉及层次较多，主要涉及：

一是小城镇的模式与类型。1982年，费孝通提出了对小城镇"类别、层次、兴衰、分布、发展"的10字研究课目，总结了县域集镇的5种类型，认为县域集镇按行政地位可分为3层5级，开创了社会学者对小城镇进行大规模研究的新局面。1986年开始，费孝通提出小城镇发展模式的概念，总结了苏南模式、温州模式和珠江三角洲模式。此后，结合不同的地域特点，许多各具特点的小城镇发展模式被归纳和提出，如以"公司+农户"式的农业产业化发展为特征的"民权模式"（费孝通，1995），以邻村换地、集零为整的集地开发方式有效解决小城镇乡镇企业布局分散问题的"孙耿模式"（曹广忠、周一星，1997），以小型工业为主发展家庭工副业的"耿车模式"，以集资经营、股份制经营为特征的"晋江模式"，以乡镇企业和农村产业化相结合带动小城镇发展的"襄樊模式"，以市场导向下的产业集聚为特点的大唐模式，以及由侨胞投资兴办各种企业、甚至成片开发工业小区的"侨乡模式"等。在小城镇的类型方面，在小城镇的类型方面，成义军等（1995）根据小城镇发展形成的特点，将其分成四种类型：工业开发型、商贸旅游型、传统集镇型和城郊型。田明、张小林（1999）则把"经济发展水平"、"城镇体系结构"和"区域内部城镇间的相互作用强度"作为3个维度，每种分为9种类型，组合为27种初始类型，后最终得出15种小城镇类型，等等。

二是小城镇发展方针与发展战略。这一方面的研究争论较多，大致有4种观点，即"大城市论"、"小城镇论"、"中等城市论"和协调论。持"小城镇论"的学者一般倾向于认为小城镇能有效地解决农村大量剩余劳动力，有效组织农村生产、生活并协调城乡关系，实现乡村城市化（崔功豪，1989；许学强等，1989；周干峙，1988）。一些学者也结合我国的城市发展方针，探讨了小城镇的发展战略与战略地位（周干峙，1988；王淑华等，1988）。在我国对城镇化和"三农"问题大力关注的新时期，许多学者强调了小城镇的发展在这两方面的意义（朱建芬，2003；杨林防，2003等）。

三是小城镇发展机制、特征和制度。1995年以前，学者对小城镇发展机制的研究主要集中在探讨农村工业与小城镇的关系方面。如王淑华等（1988）对乡镇企业和小城镇发展条件、功能及发展前景等的实例分析等；随后，小城镇发展机制的研究领域则逐渐拓展。1998年，樊杰通过对我国6省7个建制镇的实地调查，从人口就业结构变化、人口迁移、小城镇建设和资金来源、小城镇工业布局等方面，对中国农村工业化在城镇化中的作用开展了实证研究。崔功豪、马润潮（1999）综合研究了在国家方针政策指导影响和政府、农民、外部（内资、外资）力量共同作用下，我国自下而上城市化的运行机制、发展阶段，并评估了其在国家未来城市化发展中的地位和作用。姜永涛（1999）认为小城镇可以把农民的职业转移与空间转移协调起来，鼓励乡镇企业向小城镇集中，做到两大战略相结合。冯健（2001）、石忆邵（2000）认为，未来农村城镇化的主旋律是小城镇的升级，而小城镇发展战略的实现需要一系列制度创新来保证。尤其是要注意塑造和运用土地级差调节机制。祝华军、白人朴（2000）主张发挥大城市集聚—扩散效应、积极发展中小城市，有重点地选择性发展小城镇才是解决问题的关键。也有学者认为中国小城镇发展的问题在于"先天不足"和"后天失调"，并提出了切实的解决对策（柳思维，2000）。王海霞（2000）则进一步提出要慎提乡村城市化，走内涵式、集约式城市化道路。

四是小城镇发展的可持续性。在小城镇可持续发展的研究中，既有总论和理论上的探讨（赵秀玲，1997；杨贵庆，1997），又有对区域小城镇可持续发展的研究（熊国平，1999；陈烈等，1998）。

也有学者对我国小城镇可持续发展问题提出不同看法。如冯健（1999 38）认为在经济欠发达地区，首先要解决的是生存问题与温饱问题，不宜于以可持续发展战略约束乡村及广大小城镇初级工业的开发。

对于湖北省的小城镇发展关注开始于20世纪80年代中期，1986年马大强在《中国工业经济》中发表文章，认为湖北省应积极引导小城镇的工业发展，将大中型企业积极布设于小城镇，将大中城市的一部分工业企业和工业产品逐渐转移到小城镇，同时多方筹集资金发展小城镇。在工业建设中，应在地域层面重点发展那些具有一定区域经济中心意义的小城镇，重视和加强省域边缘地区的小城镇建设，在具体建设中注重因地制宜和多种形式的经济技术协作。但在此期间，学术界对湖北省小城镇发展的关注微乎其微，这一状态一直持续到了20世纪90年代中期。1994年，湖北省委和省政府作出了《关于加强小城镇建设的决定》，为湖北省小城镇的建设开展提供了政策支持和保障，也使得湖北省的小城镇发展开始逐步得到更多的关注。20世纪90年代湖北省小城镇的发展研究大多较宏观，且以发展策略型的研究为主导。袁斌昌(1996)提出借鉴发达省份的经验，提出了乡镇企业的八大发展战略和小城镇经济的七种兴镇模式。谢学长、阮斌(1999)提出了加速乡村城镇化、构筑合理的小城镇建设格局和建设生态可持续的小城镇三方面的任务，首次对湖北省小城镇的发展提出了人与自然和谐共生的可持续发展观。

1999年年底，湖北省委省政府作出的《关于进一步加快全省小城镇建设的意见》，将湖北省的小城镇的建设推上了一个高潮，也进一步增进了学术界对于湖北省小城镇的发展的研究与讨论。2000年以后，湖北省的小城镇发展中存在的问题、特点和发展的差异性得到了更多的讨论。罗曼霓、罗伯元(2000)以地形地貌为标尺，提出湖北省的城郊平原小城镇、丘陵岗地小城镇和贫困山区的小城镇的经济发展状况差异性，并提出了不同的发展策略。姜爱林(2000)通过对湖北湖南两省的若干小城镇调查，提出了现状小城镇建设中亟待解决的土地政策问题，包括土地规划衔接、土地供应政策、宅基地使用政策、承包地去留政策、土地置换政策和土地收益分配政策。马发生(2001)最早对湖北省小城镇发展的基本特点进行了归纳，指出应以内涵发展、功能提升为基本指导思想，重点放在小城镇经济实力增强、人口规模扩大、基础设施完备等方面，在经济发展、观念更新、制度创新和科学规划布局上努力。胡金林(2006)则指出湖北省小城镇市场化和工业化发展不充分的深层原因是陷入"路径依赖陷阱"，强调湖北省的小城镇发展必须着力在观念和制度上创新。宋先道(2007)则提出了发展湖北省小城镇建设的9大优化模式，举例说明了每种模式所的适用地区。一些学者也结合典型案例，探讨了该小城镇的现状发展情况，并提出了针对性的对策和建议(祁华清，2003；沈翠珍，2003；杨明生，2003；黄红发等，2005)。

2005年以后，更多的学者开始针对湖北省小城镇发展过程中的具体问题进行研究和探讨，例如小城镇的工业用地问题(卢晓玲等，2006)、小城镇的集聚能力(鲁德银，2007)、农民市民化的问题(胡泽勇，2007)、小城镇的文化建设(王爱巧，2007)、小城镇的房屋建设(王志超，2008)、小城镇的阶段发展(洪光荣，2008)等。近年来，湖北省小城镇发展的可持续性之路也逐步得到了一定的关注。刘宝发等(2008)也提出湖北省应坚持"绿色产业集群"的乡镇企业发展思路。总体来看，随着时间的推移，针对湖北省小城镇发展的研究重点逐步由宏观对策型研究转入微观问题型研究，对湖北省小城镇发展的方方面面均有涉及，为湖北省的小城镇未来的发展和决策提供了宝贵的资料。但是，由于研究缺乏广泛或是深入的案例探索，存在一定的雷同性，未能建构对湖北省小城镇发展的完整系统的认识。同时，由于小城镇量大而面广，使得小城镇的发展对策深度不够，指导性和针对性不强。

二、孝感市小城镇建设的"三情"分析

城镇化是经济社会发展的必然趋势，也是现代化的重要标志。党的十八大、十八届三中全会以及中央城镇化工作会议，从国家发展战略全局出发，对做好新形势下的城镇化工作作出了全面部署，为我们做好当前和今后一段时期的城镇化工作指明了方向。从孝感市来看，"十二五"期间，是孝感加快突破城乡二元结构、加速城乡融合发展的新时期。如何通过互动与协调推进新型城镇化和新农村建设，实现城乡一体化，是孝感加速推进城乡融合发展中面临的重大战略问题。与此同时，重点特色镇作为小城镇建设和发展的最新形态，作为新型城镇化和城乡一体化的战略节点，作为现代产业体系和区域经济发展的生长点，作为城乡基础设施建设和推进公共服务均等化发展的着力点，将日益成为孝感促进新型城镇化和新农村建设的重要桥梁、战略节点以及二者协调推进的枢纽。

在此背景下，基于重点特色镇的视角，研究新型城镇化与新农村建设协调推进机理，引人关注。在孝感30个重点特色镇推进城乡统筹与城乡一体化的实践中，有着新型城镇化和新农村建设之间协调推进的成功实践，但同时也存在着二者之间非协调互动的关系。诸多种可能性的现实向我们提出了这样一些问题：如何推进新型城镇化和新农村建设之间协调互动，互动关系的建立和发展需要满足哪些条件，二者互动的内在机理如何，如何完善二者的互动关系？因此，深入研究推进新型城镇化和新农村建设之间协调互动的机理以及互动发展关系实现的条件，提出推进新型城镇化和新农村建设及两者协调互动的新思路、新方法与新路径，对于进一步促进重点特色镇切实发挥好统筹新型城镇化和新农村建设协同发展的战略性节点作用，加快实现城乡统筹发展与城乡一体化，具有重要的现实意义。

"三情结合找科学有效路径"的方法论告诉我们，要想探索出一条行之有效的孝感小城镇发展道路，必须借鉴外情、吃透上情、把握内情。

（一）外情：国内外城镇化发展模式及其特点

概括地说来，国外城镇化发展模式大体有四种：一是英国"城市与农村变革同步推进"。从18世纪中后期到19世纪中期近100年，英国城市人口比例从20%提高到51%，从而使英国成为世界上第一个高度城市化国家。1760年英国工业革命开始后，以蒸汽机为动力的农业机械化设备的出现推进了农业技术革命，促进了英国农业生产力的发展，英国农村出现了大批剩余劳动力并向城市转移，城市化进程由此加快。二是美国"低密度蔓延式扩展"。美国城市化起步于1830年代，到1920年时城镇化水平已达到51.2%。1940年后，随着经济的发展和汽车的普及，许多城市人口移居到郊区，城市空间结构发生显著变化。低密度的蔓延式扩展降低了人口密度，促进了城市与郊区、乡村之间发展差距的缩小。三是拉美国家"缺乏产业支撑的过度城市化"。拉美地区城市化的快速发展始于1950年。1970年开始，大城市的人口每10年就翻一番。而城市的产业，缺乏吸纳这些人口的能力，造成了城市居民的贫困化，被学者称为"过度城市化"。四是亚洲新兴工业化国家

和地区"城乡交错发展"。1950年代以后，东南亚一些国家和地区选择"出口导向"发展战略，迅速推进了工业化和城镇化进程。中心城市的空间范围迅速扩张，在城市边缘出现了规模庞大的城乡交错地带，出现了大量"似城非城，似乡非乡"的"灰色区域"。在城镇化进程中，拉美国家过于强调市场机制而排斥政府作用，城市问题也越来越严重；亚洲新兴工业化国家由于经济发展速度无法支撑人口爆炸带来的各种压力，城乡连绵区域普遍存在就业岗位不足、基础设施落后、公共设施匮乏和生活环境恶化系列问题；以英、美为代表的完全市场化城镇发展，与农业现代化基本同步，避免了对农业的伤害，但完成城镇化时间漫长。由此看出，城镇化发展必须依靠经济支撑、市场元素和政府推动。

发展小城镇是欧美发达国家的普遍选择。欧美发展国家城市化起步早，逆城市化趋势最为明显，面对大量难以借鉴的经济、社会矛盾，相继采取了积极的应对措施，大力支持小城镇建设。最早开启城镇化的英国，在20世纪初期就发起新城镇运动，"二战"后在新城镇的发展规划指导下，一批小城镇脱离了大城市的依托，逐渐发展成为自主平衡的新城镇。迄今为止，英国此类小城镇有3000多个，几乎每个中心城市周边都分布着若干个新城镇。美国选择了农工协调发展的道路，小城镇的发展水平很高，3万人以下的小城镇有3.4万多个，与3万~10万人的小城市878个，已共同构成美国城市体系的基础，占到其城市总数的99.3%。德国城镇体系中，百万以上的大城市只有4个，50万人以上的不超过10个，而小城镇则多达1.35万个，承载着70%以上的常住人口。小城镇已经成为发达国家城市体系最重要的组成部分，是发达国家城镇人口的重要载体。

我国城镇化有着自己的发展历程和特点，大致可以分为3个阶段。第一阶段是从1953—1958年，国家开始进行工业化。在计划经济体制下，大规模的工业建设吸收大批农民进厂，城镇人口有计划地增长，是城镇化稳步发展的时期。全国城镇化率从10.6%提高到16.3%。第二阶段是从1958—1978年，是城镇化徘徊、停滞阶段，由于"大跃进"、"文化大革命"干扰，指导思想摇摆和一度曾试图走"非城市化工业化道路"，城镇化率20年只提高1.6个百分点。第三阶段是从1978年至今，是城镇化快速发展阶段，1998年后城镇化率每年提高超过1个百分点。目前，我国已进入加速城镇化时代，坚决破除城乡二元结构已成为决策层和社会各界的共识。2010年，中国城市数量达到657个，比1978年增加464个；小城镇数量1.94万个，比1978年增加1.72万个；市辖区总人口400万以上的城市达到14个，人口1000万以上的城市有6个，而镇区人口超过5万人的建制镇达740个。2011年全国城镇人口首次超过农村人口，达到6.9亿人，城镇化率达到51.27%，超过世界平均水平，2012年达到52.57%。10年间，城镇化率以平均每年1.35个百分点的速度发展，城镇人口平均每年增加2096万人。但与美国相比，我国的城镇化率仅相当美国20世纪20年代的水平，落后近100年。

发展小城镇是我国沿海发达地区的成功实践。东部沿海地区小城镇建设最为典型的是苏南模式、温州模式和珠三角模式。早在1980年代，沿海地区制定农业政策时就确定了发展专业镇（产业集聚区）的政策思路和政策措施。20世纪90年代这些地区的小城镇开始进入内涵式发展阶段，城镇质量不断提升，有些小城镇经济社会发展水平及规模已超过内地的一些中小城市。目前，长三角和珠三角已经成为我国综合发展水平较高的小城镇聚集地。

（二）上情：战略部署中的小城镇建设

城镇化是我国未来发展的重要引擎，是党和政府作出的意向重大战略部署。我国十二五规划及《全国主体功能区规划》明确提出，到 2020 年，我国要构建以陆桥通道、沿长江通道为两条横轴，以沿海、京哈京广、包昆通道为三条纵轴，以国家优化开发和重点开发的城市化地区为主要支撑，以轴线上其他城市化地区为重要组成的"两纵三横"城市化战略格局。这一战略格局的形成将推进小城镇建设进入一个新的快速发展时期。发展小城镇，有利于加快农村人口向城镇转移，缓解当前内需不足的情况，促进农业适度规模经营，带动服务业发展，实现经济转型升级，推进四化同步发展。

同时，面对这经济下行的巨大压力和新常态的发展态势，新一届中央审时度势，先后提出扩大内需、转型升级、四化同步和全面深化改革等一系列重大决策和战略部署。这既为小城镇化发展提供了重大的政策导向，同时也对加快小城镇发展提出了更高要求。我国把加快城镇化发展作为应对全球化、国际化和区域一体化发展的战略抉择，明确提出积极稳妥推进城镇化。党的十八大报告第一次提出坚持走中国特色城镇化道路，对城镇化发展做出新的重大战略部署。十八届三中全会《决定》再次强调，坚持走中国特色新型城镇化道路，推进以人为核心的城镇化，推动大中小城市和小城镇协调发展、产业和城镇融合发展，促进城镇化和新农村协调推进。中央城镇化工作会议明确提出，要推进人的城镇化，全面放开建制镇和小城市落户限制，有序放开中等城市落后吸纳之，合理确定大城市落后条件，严格控制特大城市人口规模。这标志着我国城镇化政策开始由一味强调城市数量和规模向更加注重城市内涵和质量转变，从重点发展大城市向大中小城市共同发展转变。按照《国家新型城镇化规模（2014—2020）》，2020 年我国城镇化率将达到 60% 左右，这意味着未来 6 年我国有近 1 亿农业转移人口落户城镇。如此庞大的人口规模，必须发挥小城镇的作用，小城镇也必将成为承载农业转移人口的主体和加快新型城镇化的主攻方向。

湖北省要建成支点、走在前列，同样离不开中小城市和小城镇的发展。从国家统计局 2006 年"千强镇"排行榜来看，中部六省有 29 个，其中，山西 7 个，湖南 9 个，河南 9 个，江西 2 个，安徽 2 个，湖北无一入列。湖北乡镇发展水平、生活环境和发展潜力等亟待提高。为加快城镇化发展，省委、省政府研究出台了《关于加快推进新型城镇化的意见》，明确提出"十二五"期间将优化城镇空间布局，把具有一定规模的中小城市（县城）、中心镇做多，逐步归并和减少村镇数量，缩小城乡人均住宅占地规模，形成以武汉城市圈为核心，以城市群和中心城市为支撑，以湖北长江经济带为纽带，具有区域竞争力的城镇空间布局结构。"十二五"以来，我省实施"两圈一带"战略，相继启动了仙洪、鄂州、竹房城镇带等 8 个层面的试验区，积极探索工业化、城镇化、农业现代化同步主导下的"三个转变"——由单兵推进"三化"向产城农互动发展转变、由单一转移农村劳动力向就地就近城镇化转变、由人口数量城镇化向人口质量城镇化转变，开始走出一条既有效克服城乡二元结构又不以牺牲农业和生态为代价的新型城镇化道路。2012 年全省城镇化率达到 53.5%，居中部之首，开始进入以城市型社会为主体的新时代。

(三) 内情：孝感城镇化发展状况

围绕打造武汉城市圈副中心城市，建设"湖北的苏州"，建成鄂豫省际区域性中心城市，市委、市政府依托"两型社会"示范区建设，制定了城镇化发展规划。即孝感中心城区以东扩为主，适度南进，西联云梦，拓展孝感中心城市发展空间，加快建立以孝感为中心，县市城区为骨干，小城镇为基础的城镇体系，把孝感建设成全市政治、经济、文化、科教、信息中心，把县、市城区（小城市）建成全市城镇体系的重要支撑，把中心镇（小城镇）建成吸纳农村剩余劳动力的主渠道。近期重点是以市本级为主建设东城新区、临空经济区、生态旅游区三大板块，以孝南为主建设南城新区，依托汉孝大道和汉孝城际铁路形成的"8"字形布局，形成生产、生活与生态和谐统一的空间布局，使孝感成为环境友好先导、"两型"产业聚集、城乡一体化先行的城市。

目前，全市共有小城镇104个，其中，建制镇69个、乡23个、办事处5个、农场7个。列入省"百镇千村"重点镇的9个，列入市级重点镇的30个。"十一五"以来，我市以"百镇千村"示范工程建设为重点，从现实条件出发，不断优化小城镇发展布局，有效推进基础设施建设，大力提升小城镇功能和改善居民生产生活环境，加快了全市城镇化进程，全市城镇化率达到40%。截至目前，全市共有58个建制镇、18个建制乡完成了总体规划编制任务，分别占建制镇、乡应编制规划数的84%和100%。小城镇市政公用设施、公共建筑、生产性建筑以及住宅等基础设施建设逐步加强，建成区面积逐步扩大。全市小城镇建成区道路总长度1051.1公里，总面积762.96万平方米；供水管道1210.09公里，排水管道515.75公里；水厂69座，年供水量8466.79万立方米；绿化覆盖总面积2282.35公顷，绿地面积426.04公顷；小城镇建成区总面积16285.59公顷，对农村地区的辐射和带动作用逐步增强。9个重点镇的产业经济板块和集群初步形成，年生产总值过30亿元1个（汉川市马口镇），过20亿元1个（汉川沉湖镇）。

我市小城镇建设呈现三个特点：一是总体规划编制科学化。应城市在小城镇总体规划编制过程中，做到"四个到位"，即思想认识到位、规划经费到位、工作合力到位、程序质量到位，确保了乡镇规划编制的深度和进度。云梦县突出乡镇地方特色和乡风民俗文化，保护现有的绿色植被和可传承的历史风貌，使居民的"恋地情结"和"鱼米之乡"的风情在规划中得以体现。孝昌县强化乡镇规划管理，做到"三个一"，即规划一张图、审批一支笔、建设一盘棋，确保乡镇规划的规范性、严肃性和长久性。二是重点镇建设特色化。各县市区突破性的优先发展重点镇，抓好基础设施配套，完善城镇功能，提升城镇水平，走产业发展、特色发展的路子。汉川市马口镇打造纺织名镇，按照"整体规划、分步实施、合理布局、规范运作"的指导思想，突出民营纺织工业园建设，实施了工业园区路网、400吨污水处理厂、绿化休闲广场、高湖北苑住宅小区及2.5万吨水厂改造等重大项目的建设；应城市汤池镇围绕温泉旅游业打造旅游名镇，完成了老集镇仿古徽派门面改造、温泉路刷黑改造及汤西街、汤池东街、温泉商业街建设，实施了锦怡生态度假村、运动休闲会所、中百仓储超市、南街开发等项目建设，旅游名镇的格局已经初步形成；大悟县宣化店镇打造红色旅游名镇，启动红色旅游纪念馆建设，投资2200万元，实施道路硬化、路灯安装、河堤整治等红色旅游配套设施建设，各项工作扎实推进。三是乡镇建设管理规范化。为了规范小城镇建设行为，健全乡镇建设管理机构，部分县(市)在创新小城镇建设管理模式上，结合实际，大胆实践，做了积极探索，建立起了三种模式：(1)汉川模式。汉川市分别在该市的马口镇、沉湖镇、新河镇三个重点镇成立城建分局。其隶属当地镇政府管理，工作人员、办公场所和运转费用由所属镇政府解决，负责本行政区域的规划、建设和管理。(2)大悟模式。大悟县下发专门文件，恢复大悟县建设局村镇建设股，在全县分片区设立5个区域性建设分局，为县建设局所属的副局级事业单位，代县建设局履行片区内的村镇规划建设管理职能。此项工作正在推进中。(3)孝昌模式。孝昌县出台了《县人民政府关于加强全县村镇规划建设管理的若干暂行意见》，规定各乡镇成立规划建设管理办公室，工作人员由各乡镇、县建设局、人事局共同选配，经费纳入财政预算。

三、孝感市小城镇发展中存在问题及原因分析

孝感市小城镇建设虽然取得了可喜的成绩，但还存在一些问题，主要表现在：

(一)规划不够科学，布局不够合理

从孝感市部分城镇发展情况看，其规划相对滞后，总体规划和修建性详规的编制调整和深化工作跟不上建设需要，存在规划不够科学，可操作性不强等问题。有的乡镇规划缺乏科学客观分析，整体协调差，重复建设多、建设凌乱、功能不全、辐射力不强。

(二)城镇化水平低，发展不平衡

由于地理环境、历史条件、经济基础等原因，孝感市小城镇建设不平衡。一是小城镇规模偏小。一些小城镇规模偏小、实力不强、特色经济不突出，难以发挥地方资源和产业优势。以孝南区为例，区内建制镇基本上是从由自然经济条件形成的农村集镇演化而来，城镇规模相对过小，地域城镇人口偏少。2013年，全区3万人以上的小城镇1个，1万~3万人的7个，1万人以下的5个。小规模城镇化造成生产要素集聚水平低，经济辐射能力弱，影响了城镇功能发挥。二是产业带动作用不强。孝感市绝大部分城镇都以农业经济为主，经济结构层次低，农业集约化程度低，导致农业劳动生产率低下；城镇发展缺乏相应的产业支撑，对农村剩余劳动力的吸纳能力不强，农村人口主要向城区聚集，小城镇人口集聚速度明显滞后，人口集聚质量不高。三是城镇品位和特色不明显。许多小城镇是边规划、边开发，带有很大的盲目性，尤其是模仿大中城市的建筑风格，千篇一律、缺乏特色，导致小城镇个性差异和可识别性差异，这对于树立小城镇的形象品牌，吸引要素和产业在小城镇有效聚集和扩散，提升小城镇的核心竞争力都十分不利。

(三)投入不足，基础设施建设滞后

一是投入严重不足。从大的方面来看，在全国在城市建设中，政策、资源要素向大城市过度倾斜，财政收入和转移支付越到基层越呈递减趋势。小城镇建设需要大量的资金，投入不足是制约小城镇发展的瓶颈。孝感市各级财政较为困难，市本级县市区级财力不强，加之乡镇财政基本属于"吃饭财政"，投入城镇建设的资金有限，社会集资和个人投

资,主要用于开发房地产、自建门店和住宅,公共设施投入少,导致建设资金严重不足,制约了城镇化进程。二是市场化融资渠道不畅。目前,小城镇建设资金的主要来源是民间投资,缺乏财政性投入资金的保证,也没有形成多元化投入的格局,尚未形成有效的小城镇投资的调控手段。在小城镇建设上,没有运用市场手段,没有放开搞活建设的局面,吸引多方投入资金致使小城镇建设长期存在资金欠账多、缺口大的问题,资金短缺成为阻碍小城镇建设健康发展的主要因素。三是基础设施建设滞后。小城镇建设资金不足,分散征地、零星建设,大多数城镇道路、供水、排水、供电、绿化等设施相当薄弱,服务功能不全;文教、卫生、公共福利等社会事业发展迟缓,实现两个"六张网"全覆盖尚需时日,当前基础设施无法满足人民群众正常生产、生活需求,直接影响了城镇规模扩张和功能提升,影响了小城镇的有序发展。

(四)管理体制不顺,不利于小城镇发展

小城镇建设管理经济社会事务的权限大多集中在上级有关部门,镇一级财政资金缺乏,无法满足基础设施建设和各项社会事业投入;同时,户籍管理制度滞后,农民进城户口迁移手续繁杂,不利于农民进城经商和小城镇发展。不少小城镇没有建设管理机构,使小城镇建设工作处于无人具体管、具体抓的状况。个别地方对小城镇建设工作认识不足,人员经费不能落实,规划、建设、管理不到位,小城镇建设没有大的改观。有的小城镇虽然成立了机构,但由于无编制、缺经费,致使管理人员工作积极性不高,少数管理人员素质较低,缺乏小城镇规划、建设、管理方面的知识。还普遍存在着管理执法人员有法不依、执法不严、疏于管理的现象,难以适应小城镇建设和管理的要求。

以上问题产生的原因有以下几点:(1)思想认识不到位,忽视小城镇建设工作的情况依然存在。特别是一些领导干部对发展小城镇的重大意义认识不够,存在着重农业、轻视小城镇建设的思想倾向,在机遇面前缺乏紧迫感、责任感,在困难面前缺乏强调客观因素多,发挥主观能动性少,造成了思想松懈、工作被动的局面。少数政府职能部门片面地认为小城镇建设只是城建部门的事,与自己单位联系不大,在工作中相互配合不够,对小城镇建设支持不够,直接影响了小城镇建设的发展。(2)小城镇规划工作相对滞后于经济发展,一些小城镇规划编制深度不够。控制性详细规划较少,因而对小城镇建设发展缺乏科学的指导性,导致了这些小城镇在建设过程中存在着盲目建设、重复建设、无序发展等弊端,造成了"有楼无人"、"有场无市"的局面,既带来了不应有的浪费,又发挥不出小城镇应有的作用。(3)小城镇建设的相关配套政策尚不完善,已有的政策落实不到位。近几年,上级部门先后制定和出台了一系列有关促进小城镇健康发展的文件和优惠政策,但这些优惠政策因不配套而难以落实。有些职能部门过分强调条条的有关规定,不认真执行地方党委、政府扶持小城镇建设的有关政策,甚至个别职能部门受经济利益的驱动,收费多,服务少,造成了政策绑架现象,影响了小城镇建设健康发展。

四、推进孝感市小城镇发展的路径研究

选取孝感市小城镇为研究对象,并将其作为全面深化改革的一个重要突破口和抓手,

对于推进人口、土地(空间)、产业、社会等方面的协调发展,提高孝感乃至湖北城镇化质量和水平,选择科学的新型城镇路径,也为其他地方在城镇化发展中提供范例,具有实践意义。

(一)以科学规划为先导,推进小城镇健康发展

城镇规划是城镇发展建设的蓝图,对于指导城乡发展,生产力布局,国土开发及相关社会事业发展建设具有重大作用。因此,孝感市要进一步加大力度,结合实际,采取措施,重点抓好小城镇规划建设工作,制定小城镇建设的经济发展规划和城镇建设总体规划,坚持做到科学规划、合理布局、因地制宜、体现特色、加强组织、强化管理、注重生态效益、经济效益和社会效益的统一,努力建成有孝感特色的小城镇群体,推动孝感市城镇化进程。

一是坚持全域规划理念。把孝感8910平方公里作为一个整体来进行统筹规划,从市域、武汉城市圈、鄂豫省际三个维度,拓展城镇化发展空间。(1)推进城乡规划全打通。立足市域构建"1531"城镇体系。"1"即孝感中心城市,把云梦城区纳入孝感中心城市组团,到2020年建成人口过100万的大城市;"5"即汉川、应城、安陆、大悟、孝昌5个县级城区,到2020年全部建成中等城市;"3"即马口、沉湖、东马坊、汤池等30个重点镇,按小城市标准规划建设管理,加快重点镇特色发展;"1"即100个农村新社区,完善社区公共服务,加强社区生态建设,建成"城里人向往、农村人留恋"的新农村样板。(2)立足武汉城市圈建设副中心城市。采取依托武汉、服务武汉、融入武汉、发展孝感的思路,全面推进汉孝基础设施、产业发展、区域市场、城乡建设、环境保护"五个一体化"建设,实现与武汉优势互补、错位发展。(3)立足鄂豫省际建设区域性中心城市。充分发挥孝感的区位交通、产业基础、资源禀赋等优势,增强孝感在鄂豫省际区域的影响力和辐射力。加紧汉孝城际铁路、麻竹高速、武汉城市圈外环高速等交通大通道建设,提升孝感在区域交通中的枢纽地位。加快京广高铁孝感北站配套建设,打造大悟高铁新区。

二是优化区域结构。结合全域规划编制工作,按照"空间聚集、组群推进、城乡统筹、协调发展"的原则,编制完善《孝感市城乡总体规划》、《孝感市新型城镇化和城乡一体化发展"十二五"规划》等规划,做大城镇规模,彰显城镇特色;突出城市、城镇、农村"三类"新社区建设,构建多轮驱动、梯次有序的城镇发展格局。

三是打通提升规划。纵向打通市、县、乡、村四级规划,横向打通总体规划、土地利用规划和各类专业规划、专项规划及控制性详规。围绕武汉城市圈副中心城市和鄂豫省际区域性中心城市定位,坚持"四个一体",引入竞争机制,引进一流设计单位,抓紧修编各类规划。当务之急是抓好全域孝感、产业发展和城镇及"三类"新社区规划的完善与提升,继续完善城乡一体化规划、提升乡镇总体规划,编制提升"三类"新社区规划建设方案,有序推进重点镇、"一线一点"和新社区建设。

四是强化规划约束。把规划管理作为调控资源配置的重要关口,强化规划评审管理,严把规划编制、审批、监管各个环节。将规划管理机构向乡村延伸,实行分片管理、全域覆盖、源头把关,提高管理效能,确保纵向到底、横向到边,不留空白。从严查处违法建设行为,做到规划一张图,审批一支笔,建设一盘棋,管理一张网,切实维护规划的权威

性、严肃性和整体性。组建孝感市城乡规划执法分局,规范用地性质和容积率等规划条件调整程序,实行规划红线、蓝线、绿线、紫线、黑线、橙线、黄线"七线管理"。

(二)以培育城镇经济为依托,推进小城镇健康发展

产业是城镇可持续发展的内在动力。充满活力的经济是小城镇繁荣和发展的基础。发展小城镇的关键在于繁荣小城镇的经济。要把小城镇建成吸纳农村剩余劳动力的"蓄水池",农副产品流通的"集散地",农民走向市场的"桥头堡",乡镇企业发展的"主战场"。从实际出发确立小城镇发展类型,引导小城镇与经济协调发展,互为促进。要强化产城融合、双轮驱动理念,以新型工业化带动新型城镇化,以新型城镇化拓展新型工业化空间。要坚持走产业兴镇之路,促进企业向重点镇集中,突出特色,"一镇一业",加快建设一批加工型、旅游型、商贸型、交通枢纽型小城镇。

一是增强市县城区辐射带动力。按照"产业集聚、土地集约、主业突出、错位发展"原则,加大园区招商力度,重点引进大企业、大项目和关联企业,引导产业集中布局、集约发展。推进百家骨干企业提升、千家中小企业成长、万家小微型企业孵化"三大工程",以孝感市国家高新区、7个省级开发区、24个优势特色产业集聚区为平台,加快主导产业发展,培植一批税收过亿元企业和产销过百亿元产业。加快牵动孝感发展全局的100个重大工程项目建设,提升市县两级城区功能。

二是增强小城镇产业支撑力。以产业基础雄厚镇、交通要道沿线镇和省市域边界口子镇为重点,全面加强30个特色镇建设。合理规划引导向小城镇集聚并成片发展,合理利用产业集聚效应,顺利实现企业转型升级和城镇规模扩张。要根据小城镇特点,与当地经济发展结合,以市场为导向,以产业为依托,大力发展特色经济,着力培育各类农业产业化经营的龙头企业,形成农副产品的加工销售基地。下大力气调整和优化农业产业结构,大力发展城郊农业,加大对农业资金、技术、信息等投入。发展"市场农业、效益农业、订单农业",要切实办好农业龙头企业,走公司加基地加农户的路子,带领农民致富,进一步推进农业产业化经营,不断提高农业经济效益和社会效益。积极发展主导产业突出示范项目,建设各有特色的小城镇,推动小城镇健康发展。

三是增强"一线一点"建设示范效应。按照"全域规划、产业支撑、设施延伸、服务覆盖、文明整洁、管理创新"的总要求,从山水田林路房六要素入手,力争通过3~5年的努力,把"一线一点"打造成全市的城镇集中带、人口聚集带、产业聚集带、经济聚集带、生态文明示范带、开放创新示范带。把引导企业合理集聚、围绕完善服务城镇、发展农村市场体系和产业化经营等与小城镇结合起来,着力改善小城镇人居环境,加强小城镇专业市场、创业小区和城镇新社区建设,提高对周边居民的吸引力和吸纳力。

(三)以改革创新为动力,推进小城镇健康发展

按照社会主义市场经济的要求,加强引导和调控,进一步深化小城镇改革,消除阻碍城镇化的体制,推进城镇化加快发展。加大体制机制创新力度,着力破解新型城镇化过程中的涌现的难题:以"十大融资办法"破解建设资金难题。采取"七大土地增容措施"破解项目用地难题。以招才引进和培养使用相结合破解人才难题,以三类新社区建设为突破口

破解拆迁安置难题。

1. 建立多元投资体制

按照"科学规划、合理布局、政府引导、市场运作"的原则，逐步建立多元化投资体制。完善财政投入增长机制，逐年增加对住房、基础设施建设和各种社会保障投入。充分利用城乡建设用地增减挂钩和土地交易等政策，获取土地级差收益，从土地资源的升值、房地产资源的增值中聚集资金；积极探索把新型农村社区建设用地部分转化为国有土地，增加土地交易收益，为新型农村社区建设提供资金保障；推动农民利用旧村拆迁腾出的土地，采取入股的形式发展农村二、三产业和现代农业，使土地变资本、资本变股本。积极探索市场经济条件下，改变过去投资主体单一的局面，推动市场化运作，明确融资主体，采取"谁投资、谁所有、谁管理、谁受益"的办法，通过出让公共设施经营权、公益性基础设施建设与商业开发相结合、吸纳民间资本建设基础设施等形式筹措城镇建设资金，鼓励企业和城乡居民、社会资金投资，逐步建立政府投资、社会集资、招商引资等多渠道、多元化筹资格局。政府投资重点放在水电、交通、通信等基础设施上；采取各种政策，鼓励各行各业、各个方面和广大农民群众积极参加小城镇建设，鼓励社会及个人投资开发房地产、商贸市场、兴办托儿所、幼儿园、学校、医院、个体娱乐场所等公用事业。通过改善水、电、路、绿化、美化城镇、兴建医院、学校、文化广场等配套设施，使城镇面貌焕然一新。条件成熟的乡镇探索建立小城镇建设发展基金，将土地转让金收入、财政返还、基础设施有偿使用费和其他各项管理费、镇属企业上缴利润或股份分红、上级拨款等都纳入小城镇经济综合开发基金，由镇财政所管理或成立专门的基金管理机构，按照有关法律和制定的规章进行管理，提高使用效益，解决资金瓶颈，加快城镇建设步伐。

2. 推动土地流转制度创新

加大农村土地流转力度，采取将土地集中到种养能手、农民用土地承包权入股、集中连片进行招商引资开发等方式，将农村人口从土地中解放出来。推广土地租赁"禾丰模式"，按照依法、自愿、有偿原则，引导多元主体参与、多方力量推进土地流转，发展多种形式的规模经营。加强土地流转服务平台信息化建设，推进土地流转规范化。对进城落户农民保留其原有土地承包权（使用权），允许依法有偿转让等。改善和改革城镇用地制度，在保护耕地和保障农民合法权益的前提下，要优先安排小城镇建设用地指标，妥善解决城镇建设用地。加快户籍制度改革，形成统一市场条件下劳动力正常流动和就业新的人口管理机制。

3. 推进乡镇改革创新

小城镇的正常运转和发展壮大，需要有健全有力的管理机制。建立健全小城镇管理机构，转变政府管理职能，重点抓好城镇规划编制及监督实施、公益性基础设施建设、环境保护、计划生育、社会治安和精神文明建设等政府职能管理工作，县市区直部门下放的机构和人员要与小城镇经济管理和技术服务部门逐步融为一体，转变为多种形式的经济实体和服务实体，为小城镇居民服务，为企业服务，并采取产业化等形式为广大农民走向市场服务。积极探索镇级小城市，推进有条件的乡镇开展"四化同步"建设试点。支持沉湖镇开展农村宅基地有偿退出机制试点。加快小城镇政府机构改革，增强其服务功能，完善社会化服务体系。有关部门各司其职，分工明确，互助协作，加强协调，减少职能交叉与政出多门，实行综合管理，把主要职能放在规划、公益事业建设运筹管理及规范引导上。大胆改革福利型的公益事业的管理方法，将企业行为引入小城镇建设，增强小城镇政府管理经济和社会事务的能力。各级政府增加财政投资，作为引导小城镇建设重点项目的引导资金，充分发挥财政资金在小城镇经济开发中的引导和促进作用。

4. 提升城镇特色文化内涵

文化是城镇发展的核心竞争力。城镇建设要统筹好城镇建设与历史文化保护，使城镇的历史延续和现代发展相得益彰，以文化来塑造城镇的特色和品牌，以文化来增强市民对城镇的认同感和归属感。新型城镇化彰显文化特色，必须对各地的历史文化名城、历史文化街区、特色古建筑进行高标准规划和保护，并严格按照规划对其进行有效保护和利用，保护好各类文化遗产和文化遗存，保持城市的文脉和记忆。加强城市主题文化建设，突出城镇建筑特色，打造城镇鄂风楚韵魅力。加强对城市主题文化的"顶层设计"，将城镇建成纪念性空间，在建成区范围内建设环城绿道、文化街区、中心绿地、博物馆、纪念馆、美术馆、雕塑群，建设一批文化地标，体现出外形的典雅和文化内涵，注重与城镇周边环境的协调，形成人文景观与自然风光的和谐格局，提高城镇文化软实力。

（四）以人为核心，推进小城镇健康快速发展

推进城镇化，关键是"化"人。新型城镇化要不断满足城镇广大人民的需要，提供安全、方便、舒适的生产、生活环境作为主要的追求目标。各项设施的配置，建筑设计、项目、环境建设等方面，必须坚持以人为本，充分考虑广大居民的生产、生活环境，不断提高人们的生活质量。

1. 转移人口市民化

把转移人口市民化作为首要任务，加快推进户籍制度改革，着力打破城乡"户籍隔离墙"，鼓励农村居民到城镇买房居住，变农村居民为城镇居民。有序推进两个"全面放开"：对在城镇有固定住所和收入来源的农村户口居民，全面放开城市户籍；对来孝经商、办企业、投资的外地人口和来孝工作的有技术专长的大中专生，全面放开城市户籍。加强创业就业培训。对农村转移劳动力、城镇就业困难人员、城乡登记失业人员，实行财政兜底免费培训。推出"返乡农民创业"、"大学生村官创业"等培训项目，助推"打工潮"变"创业潮"。采取公益岗位和企业岗位培训相结合的办法，确保失地农民每户至少有一人就业，确保进城农民"进得来，住得下，稳得住，能发展"。

2. 公共服务均等化

按照先地下后地上、先还建后开发、先建服务平台后建房"三先三后"的原则，高标准规划建设城市、城镇、农村三类新社区，实现城乡居民有序聚居。解决在城镇就业居住但尚未落户的转移人口享有公共服务问题，推进基本公共服务全覆盖。大力推进基础设施"六张网"（供排水、供电、供气、交通、信息、市场）和公共服务"六张网"（教育、卫生、文体、社保、安居、安全）向农村延伸覆盖，加快城乡"五个一体化"（规划建设、产业布局、市场网络、社会事业、生态环境）。加快保障性住房修建，推进"三房并轨"。

3. 改善城乡居住环境

完善《孝感市生态文明先行示范区建设总体规划》，修订我市国家级和省级生态功能红线,切实保护"三湖"(野猪湖、王母湖、白水湖)水域生态环境,编制"三湖保护"总体规划,实施"绿满澴川"行动计划。落实节能环保产业创新发展的政策措施,全面推进节能减排,推动临空经济区争创国家"绿色生态示范城区"。以建设"美丽孝感、清洁城乡"统揽"三项创建"(市县城区"四城同创"、文明卫生村镇创建、城乡一体化"一线一点"建设),不断优化城乡人居环境。

4. 强化居民文明素质提升

以孝文化建设为载体,传承和弘扬孝老爱亲优良传统,践行"至孝至诚、图强图新"的孝感精神,促进孝文化与现代文明、群众生活深度融合,开展孝德文化进校园、进企业、进农村、进社区"四进"活动,号召广大群众争做文明孝感人。整合孝文化资源,推进孝文化与工业、农业、旅游、养老等产业融合发展,加大孝文化特色商品开发力度,壮大孝文化产业,不断提升文化对经济发展的贡献率。开展"四城同创"活动。在城镇开展"告别十大不文明行为"活动,在农村开展"革除十大陋习"活动。

第十篇 黄冈市

关于做大做强李时珍医药文化产业的建议

黄冈市中医药文化课题组

李时珍是我国明代卓越的医药学家,也是世界医药史上伟大的科学巨匠之一,他所著的《本草纲目》不仅集中体现了中国古代医药学的最高成就,而且充分反映了我国医学与传统文化的血脉关系,是中华传统文化的继承与发扬,也是世界医药文化发展的里程碑。李时珍医药文化集中体现在李时珍高尚的医学品德、科学创新的实践精神及《本草纲目》丰富的科学文化价值等三个方面。在新的历史条件下,加强对李时珍医药文化的研究,做大做强李时珍医药文化产业,对于促进中医药事业可持续发展、弘扬中华文化、提高人民健康水平、促进黄冈乃至湖北经济社会发展具有十分重要的意义。

一、李时珍医药文化及产业发展现状及存在的主要问题

李时珍医药文化及产业究竟如何发展,目前政府部门以及理论界均对此有不同的看法。有一种观点认为,李时珍医药文化及产业应将医药文化与医药经济发展相结合,促进区域经济的发展;也有另一种观点提出,目前的重点是"文化搭台、医贸唱戏"。近年来,黄冈市立足自身资源禀赋,就发展李时珍医药文化产业做了大量卓有成效的工作,取得了一些宝贵的经验。

(1)医药文化引领相关产业协同发展。自20世纪90年代起,蕲春围绕"李时珍"这一无形资产,将"医药兴县"作为经济发展的战略目标,种药材、卖药材成为初始的发展模式。经过10多年的努力,已初步形成规模种植、加工、贸易及产业化格局。建成了冠名李时珍的酒厂、药厂、医疗保健品厂等数十家医药骨干企业,产品由单一的补酒发展到中药胶囊、片剂、丸剂、冲剂及保健药枕、腰带、药用化妆品等18个系列50多个品种。蕲春的历届政府都十分重视李时珍医药节会,实行节会搭台、经贸唱戏。创办了李时珍国际健康文化旅游产业园,拍摄了电视连续剧《大明医圣李时珍》,在李时珍景观药物种植园举办了李时珍国际健康论坛等。

(2)创新发展医药文化事业。坚持长期办好"一节两论坛",即李时珍医药节会、李时珍国际健康论坛和海峡两岸李时珍医药文化与产业发展论坛。通过学术交流、经贸洽谈、药物交易等形式,推广李时珍品牌,传播中医药文化,吸引国内外学术机构、科研单位、知名企业,研究开发李时珍品牌,凝聚各方力量发展文化产业,促进医药文化大发展。

(3)扩展李时珍品牌建设李时珍国际健康文化旅游区。依托李时珍健康产业股份有限

公司，着力抓好以华中影视文化基地、国际健康论坛、乡村俱乐部、水上运动中心等为重点的赤龙湖生态旅游区，以李时珍文化街、李时珍主题文化公园、玄妙观、昭化寺等为核心的蕲州中医药文化及历史文化旅游区，以南天河漂流、太平避暑山庄和桐梓温泉等为支撑的云丹山风景区、三角山名胜风景区、横岗山森林公园名胜风景区、仙人台名胜风景区、官窑非物质文化遗产保护区七大板块建设，全方位、多层面开发李时珍人文资源，把李时珍健康文化旅游区建设成为集健康养生、商务休闲、教育科研文化、运动疗养、观光旅游及健康环保于一体的国际化的综合社区，促进健康产业、健康文化、健康医疗协调发展，逐步打造全国知名的健康之乡。

在调查中我们清醒地看到，虽然李时珍医药文化产业日益受到各级党委、政府的重视并得到了一定的发展，但还存在许多亟待研究和解决的问题，还远未发挥出应有的效益。这些问题集中表现在：

1. 医药文化研究不够，与"医圣"地位不符

李时珍是中医药发展史上一个里程碑式的重要人物，也是距当代最近的医药大家，其《本草纲目》被联合国教科文组织列入《世界记忆名录》，昭示了中国中医药传统文献的重要价值。尽管对李时珍及《本草纲目》的研究一直有人在做，但总体来说，组织松散，队伍不大，研究方向散乱，成果不多效益不佳。虽然黄冈、蕲春均成立了李时珍中医药文化研究会，并出版了学会期刊《本草》，但与李时珍"医圣"地位不相符，在国内及业界影响度不高。

2. 品牌效益发挥不够，医药文化与相关产业协同发展程度不高

当今世界文化与经济和政治相互交融，在综合实力竞争中，文化的作用越来越突出。文化既是产业发展的助推器，更是增长极。在蕲春这样一个经济欠发达而文化底蕴十分深厚的县，历史上曾出了李时珍、顾景星、黄侃、胡风等许多文化名人，文化资源和人文资源极为丰富。但过去多是停留在"文化搭台，经贸唱戏"，开发利用李时珍文化品牌明显滞后，没有真正把李时珍文章做出深度和广度，医药文化与相关产业的协同发展程度较低。

3. 产业化程度不高，龙头企业带动作用不强

从国内国际比较来看，黄冈市医药资源整合程度还不高，企业的实力不强。如在国内以"张仲景医药文化"为核心理念的河南南阳宛西制药已成为集基地、科研、生产、销售为一体的现代企业集团，连续十年领先河南中医药业，跻身中国中药30强。而黄冈一些较大的医药企业由于没有形成产业链和规模经济，进而不能成为拉动县域医药经济发展的牵引力，自然亦无法与一流医药企业相抗衡。

4. 政府相关政策支持的力度有待加强

主要是中药材种苗补贴政策未落实，影响了投资者建中药材基地的积极性；对药农的补贴政策更缺乏持续性；同时，对医药企业给予招商引资、固定资产投资、信用担保等方面的优惠政策不够，在财税政策、科技投入等方面力度也不大。这些方面亟待政府给予支持。

二、李时珍医药文化及产业发展战略的 SWOT 分析

(一) 李时珍医药文化及产业发展战略的优势分析

1. 区位优势

黄冈是武汉城市圈"两型"社会建设综合配套改革试验区的组成部分，交通方便快捷，公路、水运和铁运已形成相互衔接的现代化大交通网，有利于人流、物流、信息流的畅通无阻，是发展李时珍中医药文化及产业的重要优势。

2. 资源禀赋优势

(1) 黄冈素有"医药之乡"的美誉。作为"医圣故里"，《本草纲目》记载的 1892 种药物中，仅蕲春境内的地道药材就占 1000 多种，其中野生药材 900 余种，人工种植药材 100 余种。除此之外，蕲春自古就有着良好的医药传统和氛围。(2) 人才优势。蕲春是医圣李时珍的故乡，这里物华天宝、人杰地灵。据蕲春县教育局组织编纂于 2008 年的《蕲春教授风采》一书记载，当时驰骋于国内外大学讲坛上的蕲春籍专职教授有 1602 人，其他战线的专家、学者、高级工程师等有 2000 余人。被誉为"教授县"、"文昌之乡"，形成了以李时珍为代表的独具特色的人文资源。

3. 文化品牌优势

原湖北省委书记李鸿忠说"李时珍品牌至少值 2000 个亿"，道出了李时珍医药文化及产业发展的巨大价值潜力和光明前景。名人李时珍是我国 16 世纪卓越的药学家、医学家，世界文化史上伟大的自然科学家。《本草纲目》在国内外广泛流传，赢得极高声誉。李时珍被联合国教科文组织命名为"世界文化名人"。"李时珍"和"本草纲目"品牌经济价值巨大，也是发展李时珍文化旅游产业和李时珍中医药文化产业的核心。

(二) 李时珍医药文化及产业发展战略的劣势分析

1. 基础设施不能满足文化及产业发展的需求

从自然条件来看，李时珍医药文化资源区分布较广，较散，又多处在山区和阻塞之处，交通、信息成为制约文化及产业发展的主要因素之一。主要问题是交通运输、信息设施建设滞后，文化旅游宾馆、饭店数量不足，条件差。物流、市场、信息等基础设施建设落后，相关设施不配套，导致中药材种植及其加工、销售、运输等环节出现严重脱节，极大地影响了中医药生产的标准化和现代化。

2. 医药文化产业资源开发水平较低，产品单一

例如：尽管蕲春县李时珍医药文化产业资源十分丰富，但大多名气不大，可进入性差。医药文化产业资源的开发还没有完全走出初级无序阶段，没有开发出有针对性的名牌医药文化产品。仍然是只求规模，不求质量的粗放型状态。

3. 资金短缺，投入不足

这表现在资源地经济社会发展整体水平比较低，自身资金积累能力差，资金筹集渠道少，吸引外资少。因此医药文化产业发展资金短缺，用于医药文化产业的投入不足，交

通、信息等基础设施还比较落后，医药文化产业建设投入不足，医药文化产品的宣传促销也缺乏资金，导致医药文化产品大多质量低、知名度不高，需要投入更多的资金来推介李时珍医药文化品牌。

4. 管理体制不健全，专业人才青黄不接

医药文化产业是属政府主导的产业，医药文化产业的开发需要跨部门、跨地区协作。医药文化产业管理部门较多，卫生局、文化局、医药局、农业局、发改局都在各自职责范围内进行管理，既出现多头管理，又缺乏统一规划管理，严重阻碍了医药文化产业的发展。

开发李时珍医药文化产业资源，发展李时珍医药文化产业急需大量的专业人才。目前李时珍医药文化产业处在刚刚起步阶段，非常缺乏专业人才，尤其是高端管理专业人才极其紧缺。

(三) 李时珍医药文化及产业发展战略的机遇分析

1. 医药文化及产业需求升级带来机遇

由于化学药品副作用大，开发费用高，人们已把眼光投向传统医药和植物药，据世界卫生组织(WHO)统计，全世界80%的人口使用天然药物。这种药品消费的趋势为中医药的全面复兴与发展提供了难得的机遇。随着我国经济发展水平的提高，人们对医药文化产品需求大量增加。如20世纪90年代以来，历届蕲春县委、县政府敏锐地认识到上述趋势所带来的发展机遇，坚持把"高昂医药经济龙头"和"医药兴县"作为县域经济的发展战略，大胆探索、加快发展，取得了较好的成绩，特别是中药材基地建设成效显著。以医药业为主的李时珍医药经济开发区粗具规模，蕲州中药材专业市场跻身全国十七大药材专业市场，李时珍医药节会连续成功举办，医药文化产业也渐入佳境，使得中医药行业在经济中的比重由过去的5%以下，上升到20%左右，中医药区域经济的特色逐步显现出来，这为发展李时珍医药文化及其相关产业带来了难得的机遇。

2. "大别山革命老区经济社会发展试验区"建设带来的机遇

"大别山革命老区经济社会发展试验区"为转变经济发展方式，实现经济超常规、跨越式发展，特别是发展李时珍中医文化及产业创造了良好的外部条件。医药特色经济是资源所在地的特色优势产业，站在医药经济发展的快车道上，着眼于医药经济战略性转型和价值升华，大力弘扬中华医药文化，打造健康之乡，大力发展医药文化及产业是未来中医药资源地发展的主要方向。

3. "求健康"为医药文化及产业发展带来了机遇

数千年来，中医中药在养生防病方面备受喜爱。随着人们追求健康的需求日渐增强，中医养生调理市场也在不断发展扩大。打造优秀养生品牌，发展中药养生休闲产业，形成养生产业链，为李时珍医药文化及产业发展创造了机遇。

(四) 李时珍医药文化及产业发展战略的威胁分析

1. 如何诠释"李时珍医药文化"的内涵

文化是经过几千年甚至上万年的积累而形成的，如何通过有效方式完美展现李时珍医药文化，将是发展李时珍医药文化产业的巨大挑战。

2. 国内外中医药市场面临着激烈的竞争

随着全球经济一体化进程的加快，中医药市场面临着强大的跨国医药集团的激烈竞争，以及日、韩、泰等亚洲国家传统医药产品和德、法、美等欧美国家植物药的巨大冲击。在国内，还面临着与广东、湖南、安徽的一些医药名县的竞争。中医药大环境中的激烈竞争将不可避免地威胁着以黄冈、蕲春为主导的李时珍医药文化及产业的发展速度和发展水平。

3. 资金难题

李时珍医药文化产业发展需要先期投入大量的资金进行基础设施建设，在政府主导、协调的前提下，企业能否在较短时间内筹措大量建设资金，将是发展李时珍医药文化产业的又一挑战。

三、做大做强李时珍医药文化产业的对策建议

（一）传承与创新李时珍医药文化

1. 强化对李时珍医药文化的传承

一是要重点开展李时珍医药文化学术特点和学术思想研究。充分发挥李时珍纪念馆的功能，使其成为国内外医药者祭拜医圣和进行中医药学术交流的阵地，办成全国有较大影响的中医药宣传教育基地和接待国内外来宾参观旅游、文化交流的窗口。二是开辟建设李时珍医药文化旅游线路。打造中医药旅游专线，整合中医药文化资源与旅游资源，以拜谒医圣李时珍为主线，参观李时珍纪念馆、中医医疗、教学、科研、生产加工、种植和中医药文化等。培训导游及有关人员中医药知识，使李时珍医药文化旅游成为全省乃至全国的医药文化旅游品牌。三是加强中医医院中医药文化建设。以中医药文化建设促进技术服务、学科建设、人才培养以及科学管理等各项工作水平不断提高；在中医医院形象文化、服务文化、特色文化、管理文化和精神文化等方面，突出中医药文化建设，增加传统文化含量，提高中医药文化品位，塑造优秀的中医医院形象。

2. 创新和发展李时珍医药文化

一是积极创作李时珍医药文化艺术精品。撰写制作包括有关中医药的影视、文学、艺术和科普作品；开发、制作李时珍医药文化特色的旅游纪念产品。通过电视、网络、报纸、杂志等多种媒体，宣传中医药政策和发展成就，宣传中医药科普知识。要深入挖掘中医药文化，加强中医药文化资源开发利用，打造具有鲜明特色的中医药文化品牌。二是建立企业文化传承与创新机制。积极探索李时珍中医药文化、传统企业文化向现代企业文化升华路径，形成独具特色的李时珍企业文化，为建立现代中药药业文化提供范式。三是创新节会兴办内容。充分发挥李时珍名人效应，把举办医药节会由文化活动为主向中医药学术交流活动转变，使医药节会逐步成为中医药理论创新成果汇报会；由各级领导参加为主，向中成药生产企业、药品流通企业、中医院院长、中医药科研单位等参会转变；使医药节会成为中药产供销、科工贸一体化的中医药产业化成果展示会。

（二）着力培育李时珍中医药文化及产业优势品牌

一是以电视剧《大明医圣李时珍》即将在央视播出为契机，以"李时珍医药论坛"、"大别山茯苓文化节"、"大别山地产药材推介会"等为平台，弘扬传统中医药文化，努力培育新的中医药文化，在鄂东乃至湖北营造浓郁的中医药文化氛围。二是地方政府大力推进实施品牌培育战略。积极探索规模化发展、标准化生产、产业化经营、品牌化推进的中医药产业发展新思路，以品牌促规模，以品牌拓市场，以品牌增效益，打造具有鄂东地域特色的中医药文化品牌。

（三）加强组织领导，加大政策和资金扶持力度

党委、政府应组织成立专门的机构，及时研究解决工作中遇到的重大问题，督促落实有关政策措施。同时成立专家咨询委员会，吸收国内外高层人士和著名专家，对发展战略、实施规划、产业方向、功能定位等重大问题开展研究，为中医药文化及产业发展提供科学的决策依据。为此，一是要加大对鄂东中医药文化产业的政策扶持力度。各级党委政府一定要从思想上高度重视鄂东中医药文化产业发展，出台相关政策，明确发展要求和发展目标；二是要加大对鄂东地区基础设施特别是交通的资金投入力度。鄂东地区属大别山区，是革命老区，经济发展相对落后，交通主体框架虽已基本形成，但公路等级低、路况差。要推动鄂东地区中医药文化产业加快发展，必须加大资金投入力度，加快交通等基础设施建设，建设好"大别山二级生态公路"，使之能通达鄂东各地；三是要出台引进人才的相关政策，使急需人才进得来、留得住。

（四）扶持李时珍医院建设成为国内知名的中医院

继续加大对李时珍中医院建设和支持的力度，将其打造为李时珍中医药文化继承、创新、展示和传播的前沿示范阵地，建成省内乃至全国具有影响力的大型综合性中医院，成为中医医院的品牌。组建"李时珍中医药实用技术学院"，加快中医药各类人才的培训与培养，营造良好的中医药文化氛围。鼓励社会力量开办非公立中医医疗机构，探索中医执业医师多点执业的办法和形式，支持符合条件的名老中医开办中医诊所，允许符合条件的药品零售企业聘请中医执业医师坐堂诊治疾病。

组长：余赤
成员：项菊　陈中文　江军民
执笔人：江军民

试论戏曲产业化的科学定位

陈中文　黄晓敏

戏曲是面向生活世界的艺术,其融入生活之流之中,而不是超脱于生活之流之外。戏曲的艺术魅力和强大生命力,也就在于它既源于现实生活,超越现实生活,升华、凝聚现实生活的真善美;又回归现实生活,关照现实生活,引导现实生活的价值取向。正因于此,戏曲绝不能成为脱离于社会人群的纯粹艺术,也绝不能堕落成为平庸粗浅的俗世艺术,其存在必须扎根经济社会的日常生活,拥有经济社会的市场和人群,其发展必须依据人们生活方式和生存观念的改变而灵动,随着人们精神生活需求的提高而创新。这就决定了戏曲作为一种文化存在现象在当代中国经济社会的演进,既是一个艺术境界的追求和超越过程,也是一个产业化的市场衍扩过程。

所谓戏曲产业化,是指戏曲在特定的经济社会环境条件下,依据一定的艺术与市场定位,按照一定的产业规模,通过市场化运作和经营,实现其艺术效应与市场效益,达到其价值目标的生存、演进和发展过程。实际上,戏曲从一产生开始,就有产业化的内在诉求、发展趋向和雏形。在中国,原初朴素的曲艺茶馆、各种类型的剧院,甚至公园、街头巷尾之类社会人群聚集的地方,都是戏曲借以产业化的场所,师父口授心传、戏班演艺谋生等,都是戏曲实现产业化发展的路数。然而,严格意义上的戏曲产业化,在当代中国经济社会才真正成为一个时代命题。因为中国传统的戏曲艺术无论从演唱节奏、舞台道具、演艺人才,还是经营理念、发展规模、艺术影响、生存能力等,都严重滞后于当代中国经济社会的飞跃发展。在这种情形之下,戏曲要在当代中国经济社会获得生存的根基与发展的空间,就必须实现艺术效应与市场效益统一,沿着戏曲产业化的发展路向,寻求到楔入新时代新生活的出路。事实上,在当代中国经济社会,有些戏种之所以走向衰落,甚至销声匿迹,多是因为其未能成功地实现自身产业化良性发展的结果。

那么,在当代中国经济社会,如何才能成功地实现戏曲产业化的发展?受很多因素影响,而其中一个学术界较少注意到的关键因素就是:戏曲产业化的科学定位。为此,本文拟分析中国当代戏曲产业化对于艺术与市场的双重需求,在这个基础上,探讨戏曲产业化在艺术与市场之间的科学定位,并对戏曲产业化的科学定位予以辩证的反思,以见教于大家。

一、艺术与市场——戏曲产业化的双重价值需求

在中国当代经济社会,从中央到地方,各级政府都把大力发展文化产业作为经济社会

发展的重点。戏曲是文化产业的重要组成部分，其演出业更被列入文化产业大军之中。但是，高新科技革命改变了人们的生活方式与观念，也带来了文化生产方式的巨大变革，促使传媒形式不断革新，新兴文化形态不断崛起，这就导致原有文化艺术生态格局的迅速改变，过去曾经居于主流文化艺术之一的中国戏曲，也逐步失去了主导地位而被边缘化，许多剧种几乎丧失了基本的观众群。如果不积极寻求生存与发展的出路，作为中华民族文化瑰宝的戏曲，就势必会失去其最基本的存在空间。而本质上，中国当代戏曲产业化的发展，必然内在地具有双重的价值需求：一个是面向艺术，实现自身艺术效应的价值需求；另一个是面向市场，实现自身市场效益的价值需求。

从中国当代戏曲产业化的艺术境界追求和超越来看，它必须面向艺术，遵循自身艺术发展的客观规律，实现良好的艺术效应。戏曲作为一种文化存在形态，必然有其存在的文化依据，而这些依据中，一个最基本的依据就在于其本身是否"艺术"，换句话说，就是要看它自身的演艺人才、演艺主题、演艺题材、演艺语言、演艺风格等系统内涵要素的艺术整合，是否能够产生足以影响、维持、扩张其存在的艺术效应。在当代中国，好的剧种必定是适应时宜地提升其现代艺术性，能够产生强烈艺术效应的剧种，否则就难以得到当代观众群体的普遍认同和欢迎。比如，如果戏曲的演艺主题不当、无聊或无趣，没有正确的价值追求和理想化目标，就不可能有效地楔入当代文化的主流价值体系之中；如果戏曲的演艺人才平庸，没有点爆观众心灵情感的角色，就不可能赢得那些簇拥如潮的当代"粉丝"；如果戏曲的演艺节奏太慢，拖拉冗长，就不可能亲近当代生活中那些行色匆匆的人群；如果戏曲的演艺题材不当，过于漠视现实生活，疏离普通群众，就不可能产生艺术的心灵共振，诸如此类都说明，面向艺术，实现良好的艺术效应，毋庸置疑，是中国当代戏曲产业化的一个必然的价值需求。

从中国当代戏曲产业化的市场生存与衍扩来看，它又必须面向市场，遵循市场经济规律，实现自身的市场效益。恩格斯《在马克思墓前的讲话》说：正像达尔文发现有机界的发展规律一样，马克思发现了人类历史的发展规律，即历来为繁茂芜杂的意识形态所掩盖着的一个简单事实：人们首先必须吃、喝、住、穿，然后才能从事政治、科学、艺术、宗教等等。① 戏曲作为一种艺术存在形态，也需要存在的物质条件，需要艺术存在的接受人群、市场环境与经济基础支撑，能够产生良好的市场效益。这就是说，戏曲的生存与发展，还要看它的演艺模式、演艺队伍、演艺受众、演艺场馆、演场价格、演艺规模、演艺广告、演艺包装等系统要素的市场整合，是否能够产生良好的市场效益。在当代中国，好的剧种，必定是适应市场生存环境，不仅能够融入大众生活，占领国内市场，而且能够走向世界，挺进国际市场的剧种；否则，就难以形成产业化发展的市场规模效益，构筑起厚实的经济基础。比如，如果戏曲的演艺模式陈旧、呆板单一，缺乏与时俱进的创新和情趣，就不可能适应市场经济的飞跃发展，形成良好的观众接受心理，产生规模效应；如果戏曲的演艺队伍得不到充分的整合、力量弱小，就不可能形成足够推动产业化发展的市场分有能力；如果戏曲发展过程中，对于演艺受众把握不当，就不可能获得足够数量民众的

---

① 恩格斯：《在马克思墓前的讲话》，载《马克思恩格斯选集》第3卷，人民出版社1995年版，第776页。

喜爱，融入当代中国经济社会宏阔的生活洪流之中，占领产业化的国内外文化消费市场；如果戏曲演艺场馆条件不好，就会直接影响戏曲艺术观赏人群的集结，难以形成产业化的市场聚拢效应；如果戏曲演场价格不合理，过高或过低，就会难以维系其产业化的可持续发展等，诸如此类都说明，面向市场，实现良好的市场效益，也是中国当代戏曲产业化的一个必然的价值需求。

二、在艺术与市场之间——戏曲产业化的双重科学定位

戏曲产业化发展的双重价值需求，决定了戏曲产业化的双重科学定位。也就是说，中国当代戏曲产业化的发展，必须平衡、协调艺术与市场两个方面的价值需求，在艺术与市场之间实现科学定位：既要遵从艺术发展的客观规律，从追求戏曲产业化的艺术境界超越，实现戏曲产业化的良好艺术效应出发，进行科学的艺术定位；又要遵从市场经济发展的规律，从推动戏曲产业化的市场衍扩，实现戏曲产业化的良好市场效益出发，进行科学的市场定位。

（一）戏曲产业化的艺术定位

从戏曲产业化的艺术定位来看，当代中国戏曲要适应时宜，超越传统戏曲艺术，有效地融入到当代人们的社会精神生活之中，形成强大的文化软实力，获得良好的艺术效应，就必须在社会主义核心价值观的统领之下，从角色、主题、语言、题材、风格等主要方面进行科学定位。

1. 主题定位

戏曲艺术的主题是统摄戏曲演艺效果与市场效益的灵魂，因而是事关戏曲产业化成败的关键要素。好的戏曲主题，必定是具有浓郁的社会生活气息，体现鲜活的时代特色的一类主题，能够贴近实际，贴近生活，贴近群众，能够突出当代社会的核心价值观念和主流价值目标，塑造理想化的艺术范型。正是由于这样的戏曲主题能够适应时宜，因而更有利于其产业化发展。反之，戏曲主题不佳或不当，就很容易变味，而流之于庸俗化、概念化、符号化、肤浅化，甚至会败坏自身的艺术形象，堕落到无德无趣的困境之中，难以彰显社会主流价值，因之也会失去产业化良性发展的可能。近年来，一些戏曲艺术创作与表演者，就是凭着一种时代的使命感与社会责任感，不畏艰辛地深入基层一线，感受普通百姓的生活需求和精神渴望，从而准确地抓住时代的脉搏，寻求到许多好的艺术主题的。例如，秦腔现代戏《西京故事》之所以受到人们普遍的欢迎，就在于创作者与表演者都能够站在国家和人民共同的立场上，关注现实，表达现实，以良知和勇气，直面现实，抓住了中国奇迹的创造性主体[①]之一——农民工的现实主题，以艺术的智慧，成功地刻画出典型的当代生活范型。它不是简单地把生活表象直接、残酷地呈现在我们面前，而是于冷峻的反照之中，始终有一种温暖的情愫在流淌，正是由于主题定位科学，该剧实现了对于现实

[①] 徐勇：《农民理性的扩张：中国奇迹的创造性主体分析》，载《中国社会科学》2010年第1期，《中国社会科学》（英文版）2011年第1期。

生活的诗化艺术敞亮，升华起源之于现实生活又超越现实生活的时代主题，有力地推进了自身的产业化发展。

2. 角色定位

戏曲创作者和演艺人员必须首先树立科学的世界观、人生观、价值观，明确戏曲产业化必须合乎中国当代社会的主流价值导向，能够有利于颂扬富强、民主、文明、和谐，颂扬自由、平等、公正、法治，颂扬爱国、敬业、诚信、友善，有利于积极培育和践行社会主义核心价值观；同时，又要认识到，戏曲是艺术，而不是政治教材，戏曲只有动之以情、晓之以理，真正扣人心弦，方能达到情感与理性和谐统一的艺术境界。因此，现实主义题材，特别是当下题材的戏，不能将戏角定位于不食人间烟火的存在者，其塑造的戏角，不能变成假大空的、概念化的人物，而要有情有趣、有理有节，具体形象、生动活泼。在这方面，有些戏曲就做得很好。例如，黄梅戏《春到江湾》①，就以1998年长江流域特大洪灾中，湖北省嘉鱼县簰州湾十九名解放军战士抢险牺牲的最悲壮的一幕为背景，反映灾区人民弘扬抗洪精神，重建家园的故事。戏曲主角县财政局长江燕，在丈夫抢险英勇牺牲的悲情之下，坚决拒绝了从一己私利出发，兴建以丈夫之名为名的政绩项目"黎明公园"。她全心全意为老百姓办实事，为江湾人民的灾后重建，设计出深水养鱼、山坡种茶、高筑丰田"三合一"的发展构想，从而帮助江湾人民走向了富裕。该剧塑造了一个一心为人民聚财、理财、办实事的女财政局长形象，歌颂了我党干部"立党为公、执政为民"的高贵品质，创作者怀着对社会责任的担当，能够直面冷峻的生活现实，直面人物内心复杂的矛盾，深刻体味其苦难、苍凉、酸楚、痛苦，秉承中国优秀文化传统积淀下来的高尚品德，张扬人性中那些纯情、纯真、纯善、纯美的东西，关注普通人的平常心，以人物内心真实的思想感情感染人，从而也提高了角色可信度。正是由于实现了科学的角色定位，因而戏曲洋溢着鲜活的时代气息。成戏之后，当时即在湖北省七十多个县市巡回演出，大获成功，在一定程度上推进了黄梅戏的产业化发展。

3. 语言定位

戏曲的语言定位是否科学，是其能否走向产业化发展的又一重要因素。戏曲作为一种文化艺术，只有为最大多数群众所理解、所感动、所领悟、所钟爱，而不是晦涩难懂、枯燥无味、空洞虚伪、肤浅庸俗，才有可能成功并持续长效地实现自身产业化的发展。好的戏曲作品不仅是优秀的表演艺术，而且应该是诗化的语言艺术。完美的演出语言其实是非常简单的：无概念化虚拟，无陈词滥调，有哲理、发人深省，韵味无穷，有感染力。就戏曲艺术而言，人在感情无法以通常言语表达时，"长言之不足，则咏歌之"，自然地转化为唱腔，唱出来的歌词，不论是七言体还是长短句，都是诗化的、唯美的。在这一方面，许多传统剧种的语言艺术很值得当代戏曲作品作为优秀文化因子予以接续。例如，黄梅戏《寻儿记》②，开场张氏即有唱词："一日离家一日深，好比孤雁宿寒林。先前只说出门好，谁知在外苦万分。""朝朝暮暮将儿望，望穿秋水倚破了门。莫非他途中得了病？莫非他恶水遇强人？""因此离家山东奔，去寻金保小娇生。走一里来哭一里，行一程来哭一

---

① 段友芳等：《湖北黄梅戏剧目研究》，长江文艺出版社2011年版，第158页。
② 黄秋初、桂遇秋：《黄梅戏传统剧目汇编》第十二集，内部资料，第175页。

程。"这样的唱词语言,构境清晰:一个"深"字,道离家寻儿之艰,一个"孤"字,象凄寂无伴之单,一个"寒"字,状漂泊无依之冷;浓情流溢:母爱浩大如海,那一种渴盼,那一种担忧,那一种说不出又不得不说的愁绪,尽在寥寥数言之间;意象传神:以一个"哭"字连起"一里"、"一程",简短的反复之间,寻儿的无限痛苦因之自然而跃出。其境、其情、其象,其真、其善、其美,都体现出一种精益求精的语言精神。正因如此,当代中国戏曲的创作者,完全有必要结合新时代语言表达的特点,潜心学习、借鉴这些好的语言表达方式,秉承这种好的语言精神,实现语言的科学定位。此外,还要使戏曲的语言符合人物的身份、口吻和性格;作为地方戏的舞台语言,必须体现地方语言的特色;作为戏曲剧作,不同行当的人物口中吐出的话语,也必须体现行当的特色。现代戏唱词既要有朴实的乡土味用语,又要精心提炼、挖掘出能够反映人物内心世界真真切切的、贴心贴肉的语言。

4. 题材定位

戏曲艺术的题材是其深入现实生活、汲取现实生活养分的根系,也是戏曲艺术融入社会生活母体的脐带,因而,题材定位是否科学,也是戏曲产业化成败的一个决定性要素。戏曲作品要有"天地之间,莫贵于民"的民本理念和"革故鼎新,顺潮而兴"的创新精神,深入群众之中,尤其要善于以平民心态叙述平民生活,通过敏锐的笔触呈现普通人物的喜怒哀乐,触摸社会生活的亲切与真实,征服人心。例如,黄梅戏《未了情》,就是采取我国古代舞台戏曲典型的开放性构架,以"血癌晚期"的女教师陆云在生命的弥留之际,了其未了之情为中心线索,紧扣一个"情"字,以情叹、情怨、情真、情赞四个场次分叙不同的故事,将她以自己的真情改变现实生活中不认道理只认拳头的憨哥、迷失本性误入歧途的俏妹、由于父亲因公牺牲、母亲哭瞎眼而逃学的佳佳以及对她产生爱情的心磊的几个现实题材的故事"一线穿珠",书写了一曲催人泪下的爱的颂歌。正是由于该剧的题材定位科学,写的是老百姓的真生活,抒的是人间的真感情,因而真正做到了于平凡之处见不凡,应合了"无情不成戏"的道理,为戏曲创作闯出了一条颇具特色的路子,其演出产生了良好的艺术效应,也推动了黄梅戏的产业化发展。

5. 风格定位

戏曲艺术的风格是显示其自身特色的基本元素,是戏曲艺术是其所是的内在依据,也是戏曲艺术成功实现产业化发展,创立产业品牌的重中之重。好的戏曲艺术必定是坚守自身风格与特色、体现自身独特价值,实现自身独特风格的科学定位的艺术。正是由于风格定位准确、科学,它们才能够在百花齐放的艺术天地赢得自己的一席之地,能够在文化产业化竞争中,取得优势与先机。学界对几个国内剧种进行过评价并普遍认为,黄梅戏有山野文化的风味,越剧有市民文化的底蕴,昆曲则有江南才子文化的沉淀,等等,这些评价不仅切实地道出了这些剧种的文化内涵,而且也指出了它们的风格定位。例如,无论是在传统黄梅戏还是在现代黄梅戏的诸多戏曲中,具有山野文化风味的戏份都是很重的,《妹娃要过河》就实现了土家音乐文化与黄梅戏的完善融合,把黄梅戏《观灯调》、《游春调》、《对花调》、《龙船调》、《采茶调》、《纺纱调》、《补背褡调》与土家音乐元素"支嘎多,里嘎多"融为一体,轻松、活泼、节奏明快,其具有淳朴浓郁的民歌风格,山野文化风味十足。还有很多黄梅戏,《对花》、《打猪草》、《夫妻观灯》、《懒烧锅》、《掰竹笋》等等,大抵如此。在某种意义上可以说，这种风格，为黄梅戏作为一大戏种的产业化发展赢得了优势。当然，一般而言，当代中国各大剧种的风格定位，都不是也不可能是短期形成的，而是伴随着不同戏曲剧种的发展、演进历程，千百年来逐渐凝练而形成的。所以，一种戏曲要实现科学的风格定位，不仅要有自我风格与时俱进的当代跟进，而且更重要的是要有自我风格的发扬光大和坚守，唯其如此，它才能更好地打造出独一无二的金字招牌，推进自身产业化的良性发展。

(二)戏曲产业化的市场定位

从戏曲产业化的市场定位来看，中国戏曲要扎根当代经济社会生活之中，挺进文化市场，形成强大的文化生产力，产生良好的市场效益，又必须在社会主义核心价值观的统领之下，从观众、价格、舞台、规模等主要方面进行科学定位。

1. 观众定位

戏曲进入市场，就成为了商品，尽管存在形态与一般意义的商品具有较大差异，但本质上却和其他商品一样，都是为了满足消费者的需要而存在，其生产的最终目的指向也都是消费者。因此，戏曲产业化发展要取得成功，就必须对作为戏曲商品消费者的观众群体进行科学定位。戏曲产业化的观众定位，应结合自身的文化特点。例如，昆曲由于其诸多剧目取材自元曲和明清传奇，同时又保留了这些作品的原貌，对今天的人来说其唱词较为艰涩难懂，欣赏昆曲的观众群体，必然要具有一定文化素养和较高的文化层次，因此其产业化发展，也应当注重有针对性地培育、壮大这样的观众群体；戏曲产业化的观众定位，也应以目前戏曲市场的状况为依据。例如，据调查显示，目前的京剧剧场观众中，在60岁以上者超过了70%，45岁以上者超过了90%。虽然京剧观众的老龄化对其发展极为不利，但在当今的市场条件下，对其观众定位，必须重点经营这些老龄人群；否则，京剧一旦失去了他们，就会失去生存与发展的基础；戏曲产业化的观众定位，还应明确"服务对象"，注重对戏曲消费群体进行富有长效的市场培育。例如，国际上一些知名的戏曲节，阿维尼翁戏曲节、爱丁堡国际戏曲节等之所以能受到全世界戏曲人、戏曲迷们的追捧，就是由于其经过了几十年的历史沉淀和市场培育，定位精准，有其明确的"服务对象"，能够保持长久的生命力。而相反，北京的一些戏曲节之所以没有形成相应的市场效益，据业内人士分析，也正是由于其定位不够精准，没有明确的目标或针对的群体。其中，非非戏曲节中"非非"指"非职业"和"非商业"，这一戏曲节是针对全国的非职业戏曲而创办的；女性戏曲节是以家庭文化和女性生活为关注点；青年戏曲节是为了培养青年戏曲人才，为他们提供交流、展示的舞台。从名称上可以看出，这些戏曲节各有侧重，但又多有重叠。一部由非职业戏曲团体创作的戏既符合非非戏曲节的定位，同时又能参加北京国际青年戏曲节，能够成为南锣鼓巷戏曲节的新生单元。① 这样，缺乏科学的观众定位，势必会导致戏曲产业化的市场无序状态，逐渐丧失已有的和潜在的消费者群体，严重影响到市场效益的增长。

---

① 苏丹丹：《北京各类戏剧节此起彼伏 精准定位是关键》，载《中国文化报》2013年5月22日。

2. 价格定位

观众买票看戏是一个自主选择的市场行为，其消费热度和票价期许值均受到戏曲质量和消费者经济收入两方面的制约，因而戏曲的价格定位是否科学，直接影响到其产业化的市场效益。一般地，依据文化消费市场规律，戏曲的价格定位要综合考虑不同地区消费者的经济收入水平，灵活变动。在高收入地区，如果戏不好看，即使票价低廉，也不一定能吸引来观众；如果戏好看，即使票价高，也会吸引很多观众。例如，北京戏曲节在举办期间，为了实现其培育市场、吸引观众的初衷，展演剧目的票价一般定得比较低。南锣鼓巷戏曲节、北京国际青年戏曲节都推出了大量 50 元的低价票，非戏曲节由于其"非职业"戏曲演出的特殊原因，票价只卖到 20 元至 40 元。而即使在推行低票价的情形下，多数戏曲节的售票情况也并不理想。而反之，2006 年刘老根大舞台进入成熟期，票价由 200 元涨到 330 元，人们还是慕名前来观看。北京的刘老根大舞台开业伊始，票价就定为 380 元、580 元、680 元三个档次，这样昂贵的票价竟然出现一票难求的现象，甚至还衍生出高价倒票的"黄牛党"。在低收入地区，情况则不同，如果票价过高，即使戏再好看，观众大多也不会来看；如果票价不高，即使戏一般，也可能会有一些喜爱的人来看。例如，据湖北省黄梅戏曲院青年演员王刚介绍，《李时珍》在国家大剧院演出时，该剧院定的最低票价是 288 元。而在 150 名受访黄州市民中，仅有 30% 的人表示愿意花 100 块钱的票价看一场黄梅戏；被采访的 45 岁以上市民中，约 30% 的人表示即使花上大几百也愿意看黄梅戏，如果有免费的黄梅戏，则有 70% 的人表示愿意观看。为了让市民了解黄梅戏，去年湖北省黄梅戏曲院开通了周末黄梅戏大舞台，向市民免费赠票，表演古装戏经典剧目《天仙配》、《女驸马》、《五女拜寿》等，演出了 10 多场，场场座无虚席。① 可见，价格定位是否准确、科学，也是戏曲走向市场，实现产业化发展的一个不可忽视的直接因素。

3. 舞台定位

这里所谓戏曲产业化的舞台定位，主要是指戏曲应当定位于何种档次的舞台设施、何种样式的表演场地、何种价格的服饰道具、何种投资的广告等展开演艺，以实现其产业化的生存和发展。这一定位是否准确、科学，也直接关系到戏曲产业化的艺术效应与市场效益。当今一些戏曲表演有一个极端不好的倾向，就是一味强调舞台的高科技效果，追求高档次的舞台硬件设施。有的戏曲表演动辄数千万甚至上亿地投入舞台硬件设施、广告包装等，而戏曲本身的艺术内涵却过于贫瘠，戏份严重不足，这不仅未达到期望的艺术效果，而且市场效益极差，甚至会产生严重亏损。另一种倾向则相反，不注重戏曲产业化的现代艺术跟进，不屑于融进高科技的文化元素，戏曲表演形式过于传统封闭、落后，戏曲表演的舞台、场地、服饰、广告等都过于原始简朴，场面过于窄小，不适应于较大数量规模的观众群体消费，这种情形，也必定会制约戏曲市场的做大做强，影响到其产业化的充分发展。因此，戏曲产业化的舞台定位必须适中，既不能追求豪华，也不能过于简朴；既要注意合理档次的舞台硬件建设，又要突出更高质量的舞台表演艺术标准。只有戏曲产业化的舞台定位科学，才能有效地促成戏曲产业化的良好艺术效应与市场效益。

---

① 汪秀玲：《黄梅戏，该如何飞进寻常百姓家》，载《中国川剧网综合》，http://scopera.newssc.org, 2013-04-10 10:10。

4. 规模定位

就戏曲的消费市场而言，每一个社区单元、每一个消费时段，每一个观众群体，其数量与规模都是一定的。有多大的消费市场，戏曲产业化的投入就只能有多大的规模。规模过小，就会影响到戏曲潜在观众群体的培育，影响到戏曲产业化综合效益的充分实现；规模过大，则会影响到投入与产出的比例，导致经济上的亏损，造成戏曲产业化的夭折。因此，戏曲产业化的发展，必须瞄准消费市场，进行科学的规模定位。一方面，要有效地整合戏曲产业化所需要的人才队伍规模，使其所吸纳的人力资源保持在合理的限度内。例如，一个社区只那么大，如果从业人员庞杂，必定会影响其生存与发展的空间以及执业环境，造成"僧多粥少"的不良局面，反之，一个非常大的社区，如果没有一支像样的戏曲队伍，就很容易造成戏曲产业化发展的空场，影响戏曲产业化发展的市场衍扩进程。另一方面，又要适当地调节戏曲产业化的建设规模，使其所投入的物力、财力资源保持在合理的限度内。戏曲产业化的建设规模的大小要与消费市场的大小相配备，因为投入过少，不能满足消费者需求，会影响戏曲产业化的充分发展，反之，投入过多，又会导致资源的市场消化不良，形成资源的浪费。可见，只有保持合理的建设规模，才能做到既优化戏曲产业化的发展环境，又提升戏曲产业化物力、财力诸资源的利用效率。

三、艺术与市场何以结合——戏曲产业化科学定位的辩证反思

戏曲产业化的科学定位，必须坚持辩证思维的原则方法，摒弃片面、孤立、静止的形而上学态度。戏曲产业化的艺术定位与市场定位是对立统一的辩证关系，二者各有侧重，又相互联系。

一方面，戏曲产业化的艺术定位与市场定位各有侧重，二者是实现戏曲产业化科学定位的两个不同向度。戏曲产业化的艺术定位侧重于戏曲艺术本体内涵的丰富、意象符号的精炼、审美境界的提升等，是对于戏曲的主题创新、题材选择、角色塑造、话语表达、风格特色之类系统要素所进行的科学定位，突出的主要是戏曲产业化的内涵发展向度；而戏曲产业化的市场定位则侧重于戏曲艺术的市场演进、舞台、场地、服饰、广告等的设计，人才队伍的培育，市场价格的确定，各种物力、财力资源之类剧场、剧团要素的经营运作等，是对于戏曲的观众、价格、舞台、规模之类系统要素所进行的科学定位，突出的主要是戏曲产业化的市场扩张向度。这两个方面的科学定位，对戏曲产业化定位的向度不同，在戏曲产业化中缺一不可，因而不能相互混淆，更不能相互替代。

另一方面，戏曲产业化的艺术定位与市场定位紧密相关，二者是实现其科学定位相互补充、相互助益的两个方面。戏曲产业化的艺术定位，是戏曲在当代经济社会市场演进中的艺术定位，忽视戏曲产业化的市场演进规律，脱离了市场经济的文化生态环境条件和物质基础，缺乏深入到市场经济现实土壤中的营养根系，一味追求戏曲的艺术效应，而不讲市场效益，戏曲的艺术定位，就只能是丧失自身生存与发展基础的艺术定位，就会导致戏曲产业化疏离最广大的人民群众，远隔生活世界，而难以实现自身的可持续发展，成为一场空梦；戏曲产业化的市场定位，是借重戏曲的艺术魅力和社会生活影响力的市场定位，违背戏曲产业化的艺术发展规律，忽视戏曲产业化的艺术效应，一味追求戏曲的市场效

益，戏曲的市场定位，就只能是丧失自身生存与发展活力的市场定位，就会导致戏曲艺术低层化、庸俗化、媚俗化，甚至会充满"铜臭味"，成为腐朽堕落的文化影响因子，而失去正确的艺术价值目标。戏曲产业化的艺术定位是为其市场定位创造艺术优势，凝聚核心竞争力的定位，戏曲产业化的市场定位是为其艺术定位建立生存根基，赢得市场拓展空间的定位；二者相辅相成，相得益彰。

因此，在戏曲产业化的实践过程中，对两个方面的科学定位，必须辩证地把握，既要坚持"两点论"，对两个方面的定位做到统筹兼顾，不可偏废；又要坚持"重点论"，依据当代中国戏曲产业化在不同剧种、不同社区、不同人群、不同时段的具体情形，或侧重于以戏曲产业化的艺术效应促进市场效益，或侧重于以戏曲产业化的市场效益带动艺术效应，从而保持戏曲产业化艺术定位与市场定位的平衡与协调。

正确处理戏曲产业化的艺术定位与科学定位的辩证关系，在当前中国戏曲产业化发展的现状之下，尤其要注意消除几个主要的认识误区：（1）把戏曲产业化的市场拓展误解为戏曲艺术的低俗化，认为戏曲艺术只能是高雅的艺术，由此，在进行戏曲产业化的定位时，一味强调戏曲产业化的艺术追求，排斥戏曲产业化的市场效益。这显然是错误的。实际上，戏曲产业化的市场拓展绝非戏曲艺术的低俗化，而是要兼顾艺术品位，并且还必须要通过戏曲的市场拓展为艺术追求打下发展的根基，以形成良好的艺术效应；（2）把戏曲产业化的艺术追求误解为戏曲艺术的疏世化，认为戏曲艺术是不能超越经济社会生活的艺术，由此，在进行戏曲产业化的定位时，一味地突出戏曲产业化的市场追求，排斥戏曲产业化的艺术效应。这一误解的根源就在于，否定了戏曲艺术的根性，不知道无论是阳春白雪还是下里巴人，都是源之于现实生活又超越现实生活的艺术，因而戏曲产业化绝非戏曲艺术的疏世化，而是要讲究市场效益，并且还必须要通过戏曲的艺术魅力和社会影响力获取市场竞争优势，以赢得良好的市场效益；（3）割裂戏曲产业化艺术定位与市场定位的关系，认为戏曲产业化两个方面的定位不可兼顾。由此，在进行戏曲产业化的定位时，总是左右偏倚，使戏曲产业化陷入或失去市场价值目标、或失去艺术价值目标的困境。这种错误，只看到了两种定位的矛盾冲突，而没有看到两种定位的和谐同一。实际上，戏曲产业化的艺术定位是追求市场效益的艺术定位；戏曲产业化的市场定位也是追求艺术效应的市场定位，二者不可分割。可见，对于戏曲产业化的各种误解，都要以辩证思维进行理性的反思。只有把握戏曲产业化艺术与市场的双重价值需求，将艺术效应与市场效益有机地结合起来，明确戏曲产业化艺术定位与市场定位的辩证关系，才能真正实现戏曲产业化的科学定位。

全媒体时代市级新闻媒体生存状况的调查
——以黄冈市为例

市级新闻媒体生存状况调查课题组

"全媒体"即"Omnimedia",最早由美国一个名叫 Martha Stewart Living Omnimedia(玛莎-斯图尔特生活全媒体)的家政公司提出。这是一个拥有并管理包括杂志、报纸、电视、网站在内的多种媒体,并且通过这些"全媒体"传播自己的家政服务和产品的公司。谁也没有想到这个成立于1999年的公司,在无意中预示了世界传媒业的发展方向。而这个包括报纸、杂志、广播、电视、网络、手机等各类传播工具的"全媒体"时代,作为全国新闻传播体系中,中央—省—市州—县(不含报纸)四级新闻传播媒体结构中,市级新闻媒体在中国行政治理体系中占据特殊而重要地位,它们的生存状况如何?它们的现实地位如何?它们的未来发展走向何方?这是我们急需了解、研究并加以关注的重要现实命题。

新媒体时代的来临,如何整合媒体各方力量、优化媒体资源配置、拓展媒体发展领域、提升新闻媒体自身能力和水平,从而在21世纪的全媒体"白热化"竞争中立于不败之地意义重大。正在当前的全媒体环境之下,我们通过研究市级报纸、电视、广播以及异军突起的网络媒体如何在市州一级的狭小天地里,主要是就黄冈市现有媒体资源的生存发展状况进行解剖分析,试图透析出黄冈市级媒体从耕植于自身所具有的生存独特优势和鲜明特点,寻找出不断创新、扬长避短、做大做强的可行之道。

一、全媒体时代带来的深刻变化,尤其是给新闻媒体带来的重大机遇和挑战

近20年来,信息传播业不断进行深刻的变革,信息传播的范围、速度与效果显著提高。深刻变化的媒体格局和舆论形势铸造了独特的全媒体传播广场,过去是单向传播,现在是双向互动、多方互动,受众也是传播者,既是重大机遇,让新闻媒体传播的广度、宽度和深度等产生深远的影响,也带来巨大挑战,让媒体之间的竞争更加白热化、更加直白和激烈,并产生残酷的洗牌效应(如图1所示)。

(一)传统媒体生存发展面临严峻挑战

一方面,互联网正引发一场以技术融合创新为先导,带动市场融合和产业融合,最终

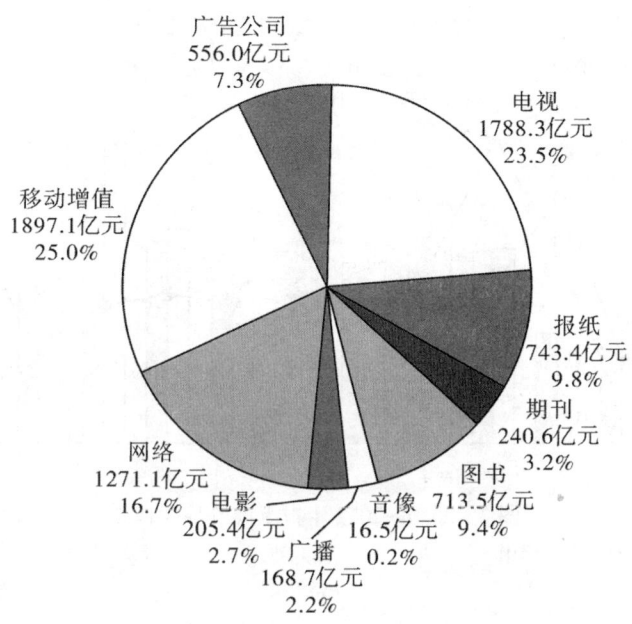

图 1　2012 年中国传媒产业各行业市场结构

引发管理体制融合的变革。互联网时代的受众接触和使用媒体的时间碎片化，用户的媒体使用习惯和共性被打破，媒介形态更加多元化、小众化。新媒体大量分流用户，挤占广告市场份额，传统大众媒体的渠道控制力下降。未来微博、微信等社交媒体将继续削弱传统媒体的主流地位，受众作为传播个体的影响力逐步增强，广告营销市场呈现"碎片化"特征。人们对内容（信息）的需求不但不会减少，还会更加丰富和个性化。

另一方面，移动媒体将进入快速发展期。个人电脑用户向基于移动互联网的智能化平台加速迁移；新闻、阅读、音乐等移动服务和应用与微博、微信、视频等平台互联互通，构成全媒体业务战略，并加速商业化步伐；移动广告形式、广告表现力和合作平台逐渐成熟，广告市场进入快速增长通道；国内移动终端平台操作系统的竞争格局基本稳定，Google、苹果、电信服务商等移动媒体巨头的发力点也将转向服务和应用层面，成为一支新的竞争力量，移动互联网有可能成为构建"大传媒产业"新格局的核心。

（二）传统媒体广告市场下行压力加剧

中国最优秀的专业市场调研公司艾瑞市场咨询的数据显示，2012 年网络广告收入继超越报刊后，2013 年网络广告市场规模达到 1100 亿元，几乎追平电视（见图 2）。业内基本认定，百度 2013 年总营收为人民币 319.44 亿元，比 2012 年增长 43.2%；净利润为人民币 105.19 亿元，百度广告收入首次超越央视。来自世纪华文全国报刊发行监测数据，2013 年，我国报业发行市场整体呈下降趋势，环比下降 2.16%，同比下降 10.83%。

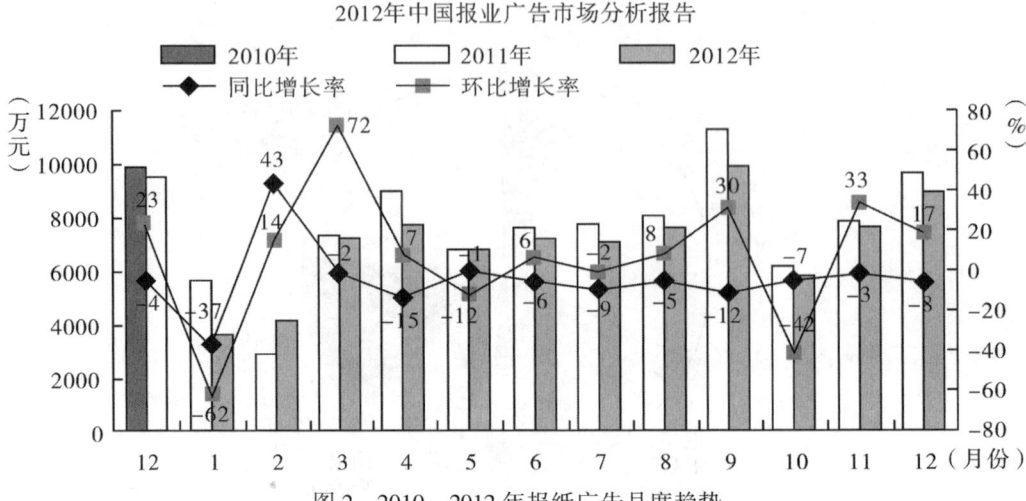

图 2 2010—2012 年报纸广告月度趋势

资料来湖：CTR 媒介智讯。

2013年年末《新闻晚报》休刊再次引发"纸媒将死"的话题。根据CTR的数据，2013年传统媒体广告市场的整体增长仅为6.4%，低于同期GDP增速，其中报纸广告同比下降8.1%，6家报业上市公司中，有3家广告收入降幅超过两位数。报纸零售发行整体下滑，从报纸类别来看，IT类和财经类报纸近几年销量持续走低，2013年下降幅度仍然较大；都市类报纸一直是各城市零售市场上的绝对主角，进入2013年之后，尽管销量仍继续保持市场份额61.06%的领先地位，但普遍下降，只有个别城市的都市报处于上升态势。

(三) 全媒体时代传统媒体机遇与挑战并存

报业市场并不是全面下跌，在一片"下跌"声中。令我们感到欣慰的是，党报、社区报、时政类报纸发出了"好声音"，呈现不同程度上涨态势，而订阅市场也呈现稳定状态。而以《环球时报》为代表的时政类报纸，由于迎合读者的爱国情绪以及评论国际大事件的心理，发行量继续上涨。

从订阅发行来看，2011—2013年世纪华文对全国主要大中城市进行订阅调研，调研范围既包括每个城市的高档社区、普通居民区，以及企事业单位。以3个城市为例，在成都，《成都日报》单位订阅排在第三，市场份额占8.3%；在沈阳，《沈阳日报》单位订阅排名第二，市场份额为23.13%；在广州，《广州日报》社区订阅排名第一，市场份额为56.51%，单位订阅排名第一，市场份额达到43.74%。几份报纸在所在城市都有较好表现。

从零售发行来看，2013年全国党报报刊亭覆盖率达到54%，仅次于都市类、时政类、财经类三个类别的报纸，覆盖率排名第四。党报市场份额有很明显的上升，增幅为10%。党报进入报刊亭有两种考虑，一是增强影响力，二是增加发行量。从我们的统计数据可以看出，2013年党报市场地位提升，主要原因有以下三点：其一是不管新媒体怎么强势，读者怎么分流，党报都很稳定，买党报的人是社会的固定人群。党报有自己固定的销售对象；其二是渠道覆盖比较强，在有的报刊亭甚至可以看到，外面挂一个牌子"党报党刊特约零售店"；其三是都市报的下降幅度大于其他报纸，因为与其他相对专业的报纸相比，其登载的内容更容易在网上看到，读者没有必要通过报纸获取信息。

全媒体时代到来的今天，报纸发行受到冲击，整体平均销量呈下滑趋势，但不同类别的报纸表现不一，各地区和各城市的报业竞争格局也未出现明显变化。全国主要大中城市报纸订阅市场的稳固给困境中的报纸发行带来增长空间，党报媒体的表现可圈可点。未来我国报业发行将会呈现多样化发展形式，如电子发行、移动终端互动传播等，报纸的发行变得立体化、丰富化。用内容吸引读者、承继纸质媒体的阅读深度，以及发展稳定的忠实读者，将让报纸发行延伸出新的成长空间。

广播电视行业的发展同样令人瞩目。据统计，2013年广播影视产业发展进入全面转型阶段，全国广播电视行业总收入达到3734.88亿元，广播电视广告收入达到1387.01亿元，同比增长9.19%。2013年新媒体产业进入发展黄金期，成为视听传媒产业生力军。

国家新闻出版广电总局发展研究中心在北京举行《中国广播电影电视发展报告（2013）》（广电蓝皮书）出版发布会，发布2013年广电蓝皮书对2012年全国广播影视发展的新进展新亮点以及2013年发展总体趋向的最新研究成果。研究指出，在新媒体时代，视听新媒体发展表现优异，截至2013年3月31日，全国共有608家机构获批开展互联网视听节目服务；另有19家省级以上广电播出机构获批开办网络广播电视台，22家地市级广电播出机构获批共同建设运营城市联合网络电视台（CUTV）。2012年，视频网站内容差异化发展战略日益清晰，节目自制能力快速提升，自制内容反向输出电视播出平台。网络视听领域迎来合纵连横谋求更大发展的全新时代。依托移动互联网和移动终端的迅速普及，中国视听行业开启移动视听新时代。截至2012年年底，共7家单位获批建设、管理和运营互联网电视集成平台，10家机构获批提供互联网电视内容服务，互联网电视终端用户数接近3000万；CMMB用户规模达4700万户，其中付费用户2300万户。截至2013年5月，6家机构获批开办手机电视集成播控服务，26家机构获批开办手机电视内容服务，中国移动、中国电信、中国联通3家电信企业获准开办手机电视分发业务。

国家新闻出版广电总局发展研究中心主任庞井君分析认为：广播影视的发展应树立"视听传媒"发展理念，建立符合传统媒体与新媒体融合发展的新体制机制。加快推动传统广播影视向现代视听传媒转型。技术创新驱动着融合发展，综合立体的现代传输产业格局逐步构建成型。下一步应统筹多种传播手段，为用户提供"视听无处不在，视听无时不在，视听无所不有"的便捷服务。理顺网与网、网与台间的业务和利益关系，鼓励有序竞争，形成完整的传输产业价值链。

二、黄冈市新闻媒体状况分析研究

按照"二级电视、三级报纸、四级广播"的中国传媒业结构，尽管县市区级客观存在电视、广播等媒体，但毋庸置疑，市级新闻媒体在全国新闻传播体系中占据着特殊而重要的地位。下面将对黄冈市黄冈日报社、黄冈电视台和黄冈人民广播电台等主流媒体进行分析研究。

黄冈日报社定编80名，现有职工185人，下辖鄂东晚报社、黄冈网络传媒中心、黄冈日报电子报有限公司、黄冈新闻传媒有限公司等四个二级单位和5个县市记者站；办有"三报两网一刊"等媒体，即：《黄冈日报》、《鄂东晚报》、《黄冈手机报》(含《黄冈手机报惠农版》)，黄冈新闻网、鄂东都市网、《新黄冈》杂志。报社现有资产2000万元，其中固定资产460万元(包括一栋办公楼和一小块土地)。

黄冈日报社作为市委直属单位，经过多年的发展，媒体的影响力、公信力、影响力不断扩大，经济实力不断增强，形成了自身特有的政治优势、社会资源优势、新闻传播优势、广告经营优势等，但同时面临着管理运行机制不畅、发展块头不大、政府投入不足、发展地域空间受限、经营主体不够、发展结构不优等突出问题。

特别是，因不符合相关硬指标等原因，至今未组建黄冈日报传媒集团(全省大部分市州党报报业集团已挂牌运作，只有黄冈、鄂州、随州三家实力较弱，没有成立传媒集团的市州报社)，不能很好地形成运转灵活、反应便捷的全媒体运行机制，也不能适应社会主义市场经济要求的科学高效的管理体制和经营机制，不能塑造新型市场主体和战略投资者，更不能很好地实现多元化经营和产业化布局，对于黄冈日报社转变发展模式、加快发展步伐和壮大集团实力产生诸多不利影响。

以黄冈日报社为例，2013年黄冈日报社总收入3100万元，距离成立报业集团要求的"固定资产要过1个亿，年度经营收入在5千万元以上，年利润400万元以上"差距较大(见图3)。

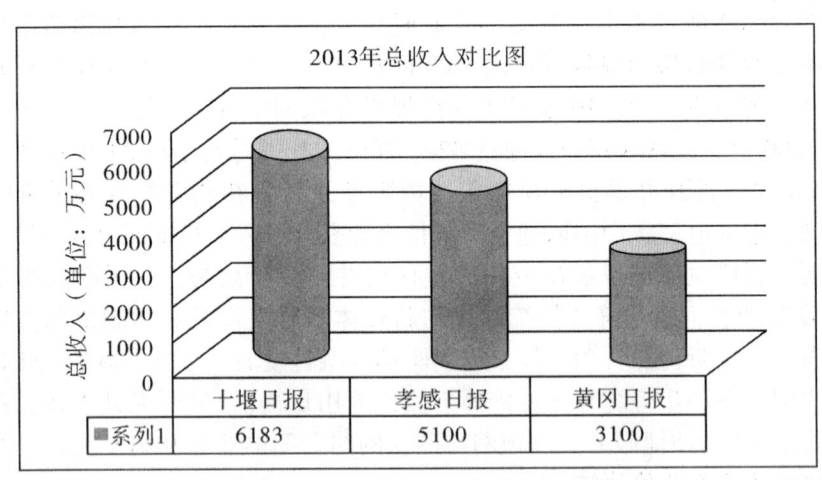

图3　三份报纸2013年总收入对比

2007年，三峡日报社资产总额和经营总收入就双双突破1亿元，并在2008年就被省新闻出版局批复组建三峡日报传媒集团。黄冈日报社尽管相较过去，整合黄冈日报、鄂东晚报、黄冈新闻网和黄冈手机报等采访资源，成立突出阶段性报道重点的"大采访中心"，区域内重点选题报道相较过去有较大突破，但由于在管理、机制、资金、技术和人员等方面存在较大缺陷，无法实现传统媒体和新兴媒体的深度融合，未能从根本上建立适应市场竞争和一体化发展的内部运行机制，无法建立统一指挥调度的全媒体采编平台，实现新闻信息一次采集、多种生成和多元传播。

黄冈日报社目前还面临基础设施陈旧、采编手段原始、专业人才奇缺、政府投入不足和缺乏事业保障性供给和事业发展性供给等现实困难，报社人员供养压力与日俱增，进一步推进改革发展的基础十分薄弱，生存发展举步维艰。

黄冈市广播电视机构生存状况同样不容乐观。黄冈市除黄州区、龙感湖管理区外，经国家正式批准的广播电视播出机构（台）共11个，分别是黄冈电视台、黄冈人民广播电台，麻城、团风、红安、罗田、英山、浠水、蕲春、武穴、黄梅广播电视台，正式批准的电视频道共22个、频率10个。全市除黄冈市直属局管台、武穴先行改为广播电视台体制外，其他县市都实行局台合一的管理模式。

目前，全市广播电视播出机构从业人员共1679人，大专以上学历达90%以上，其中高级职称人员11人、中级职称人员461人。2013年，全市各级广播电视台经营创收5586万元（其中黄冈电视台1400万元、黄冈电台100万元）；有线电视网络收入1.77亿元（不含市直），是广播电视台收入的3倍多。2013年全市各级广播电视播出设备更新投入7300多万元，占全部收入的31.34%，财政预算和财政项目拨款占全部收入约18.6%。如果没有有线电视网络收入的支撑和补贴设备投入，全市绝大部分电台、电视台濒临入不敷出的状态。

根据有关调查表明，按照财政预算和项目拨款投入、经营创收总量、人员收入水平、自办节目质量、外宣工作业绩、播出设备情况6项进行评估，全市11个播出机构，麻城、黄梅县和武穴市处于较好水平，团风、罗田状况较差，包括市直台和蕲春等6个播出机构处于一般状况（见表1）。

表1　　　　　　　　　**2013年黄冈市广播电视播出机构工作业态实绩一览表**

单　位	人均收入	财政拨款	设备更新	经营创收	节目水平	外宣业绩
黄冈电视台	4.5	466.40	已完成	1400.00	一般	较弱
黄冈电台	4.0	329.10	未动	100.00	一般	较弱
黄梅县	3.4	461.00	正在进行	613.90	较好	较好
武穴市	3.2	630.09.	更新	610.00	较好	好
红安县	3.2	430.00	正在进行	562.10	一般	较好
英山县	3.0	294.00	未动	300.00	一般	一般
团风县	2.40	221.77	未动	150.00	较弱	较弱
麻城市	4.0	566.80	已列计划	540.00	较好	好
罗田县	3.2	440.07	已完成	250.00	一般	较弱
蕲春县	2.4	200.00	已完成	500.00	一般	较好
浠水县	2.8	294.30	未动	500.00	较弱	一般

注：1. 表中财政拨款系人头经费和2013年度项目拨款之和；
　　2. 单位：万元。

作为非实体性城市广播电视播出机构，黄冈电视台、电台存在的问题不容忽视：

一是自办节目在县市的收视和影响力较差。"黄冈新闻"、"新播报"节目，在县市区绝大多数人表示只偶尔看一下，没有收看习惯。只有县级领导关注、观看，普通百姓收看的很少，但"百姓问政"节目在县市普通百姓中有较高的认同和收视群。电台的"方向盘红绿灯"在黄州城区司机朋友中有较高的知名度，但总体感觉两台自办节目在县市区"曲高和寡"。市直两台自办节目在县市收视、收听不高，原因固然很多，除少数县市台新闻播出时间与黄冈台新闻播出同步，观众难以选择的原因外，其根本还是节目内容"接地气"不够，研究地域特色不够，节目"大路货"居多，特色不鲜明。

二是节目覆盖能力较差。黄冈电台只覆盖了黄州、团风，浠水、罗田也只有部分地区可以收听。黄冈电视台无线覆盖能力有限，通过有线网络也只有第一套节目通达各县市，第二套节目至今难以落地。

三是采、编、播设备落后，无法与省台、央视对接，也间接导致外宣乏力。前两年市政府投入了大量资金对电视台播出设备进行了改造，但设备标准未与央视和省台（高清）对接，市民直观感觉就是电视图像没有卫视和央视的清晰，外宣工作也因高清摄像机过少而上稿不足。

四是人员结构不合理。两台在职人员238人（内退和停薪留职人员43人），大专以上学历175人（职后大专学历达半数以上），其中高级职称人员3人、中级职称80人。绝大部分人未经过宣传、新闻业务专门培训，半路出家居多。

五是经营意识淡薄。两台除广告播出经营外，再也没有其他经营项目，故创收难以上新台阶，人员收入难以提高，士气也难以提振。

市级各媒体（除电台外）作为自收自支的事业单位，除少量财政拨款外，保吃饭、保运转、保发展的压力几乎全部集中在广告经营上。近年来，随着各种新媒体的快速崛起，国家对广告市场（如对医药卫生广告的清理整顿）的监管和规定政策日益严格，报纸、电视和电台等传统媒体的广告经营呈逐年下滑的态势，各级党报、党台出现了行业性亏损。而且，随着宣传任务的加重，市级各媒体人员队伍越来越庞大，供养压力越来越沉重。

三、市级新闻媒体的未来发展之对策建议

从"铅与火"、"光与电"到"数与网"，新媒体新技术的迅猛发展不仅极大地改变了新闻生产方式，而且也深刻改变着媒体格局和舆论生态，新闻传播正处于一个重要的历史节点。站在这一历史节点，传统媒体与新兴媒体的融合，已是大势所趋。随着新科技革命浪潮的迅猛冲击，新闻信息产品的内容和结构、传播终端的形态和功能、受众的心理和习惯，都在发生革命性变化。

全媒体时代推动传统媒体和新兴媒体融合发展，是党中央着眼巩固宣传思想文化阵地、壮大主流思想舆论作出的重大战略部署。习近平总书记强调，要加快传统媒体和新兴媒体融合发展，充分运用新技术新应用创新媒体传播方式，占领信息传播制高点。党的十八届三中全会提出，要整合新闻媒体资源，推动传统媒体和新兴媒体融合发展。

未来两到三年是决定传统媒体生死存亡的关键时期，新媒体的强劲发展势头迫使传统

媒体尤其是平面媒体加快转型步伐。《新闻晚报》休刊释放出报业重组走向深刻阶段的信号。停刊、减编是传统媒体避免同质竞争和资源浪费所做出的理性选择。传媒集团的跨地域、跨媒体、跨行业整合的步伐将加快。传媒企业应把注意力转移到整合后如何进行业务重组、资源配置、人员安置、成本控制等问题上。越来越多的传统媒体将高举数字化和移动化大旗，调整战略布局，以期在竞争格局尚未明朗的移动媒体领域找到出路。

如何突破我国常规的依靠行政力量推动的组建传媒集团"粗放"模式，改变"集而不团"的现实窘境，增加内部资源的整合？如何创新体制机制，积极探索实行跨媒体、跨行业、跨区域的经营发展模式？这将是市级新闻媒体生存发展所要面临的重大命题。

毫无疑问，在全媒体时期，新闻媒体尤其是市级媒体的生存发展，迫切需要从党委政府在一系列产业政策、财税政策、金融政策、土地政策、版权保护政策和内容准入政策等方面给予大力支持。但同时，市级新闻媒体在现有各种条件框架下，应坚持正确舆论导向，努力适应并主动改变媒体新闻生产方式，推进媒体在内容、渠道、平台、经营和管理等方面的融合发展。

针对黄冈市新闻媒体面临的诸多困难，本文试图通过借鉴一些先行做法和有益尝试，结合湖北尤其是黄冈本地媒体实际，就推动全媒体时代市级新闻媒体的改革创新、发展壮大，提出了如下一些思考：

(一) 思想层面

一是各媒体要深化认识，牢固树立适应全媒体时代媒体融合发展的理念，从政治责任和政治担当上增强推进全媒体时代新闻媒体融合发展的思想和行动自觉，革新图存，刻不容缓。二是积极适应新媒体迅猛发展，树立互联网思维、一体化理念、用户意识、设置议程意识、产品意识和融合思维，积极推进传统媒体一体化运作、"中央式厨房"等新兴实践，在内容生产、项目发展、话语表达、传播方式和流程再造等多方面进行改革创新。

(二) 体制方面

一是切实推进采编经营分离、制播分离改革创新，更新理念，创新盈利模式，进一步整合频道(媒体)资源。如除推行传统的广告盈利外，探索付费阅读、增值服务等模式；二是加快推进体制机制创新，使新闻网站、手机报和黄冈周刊社等在遵循党管媒体的原则下，树立市场导向，成为"自主经营、自负盈亏、自我发展"的实体，探索创新资本进入、人员资质和信息服务等规范规则，盘活资源，做大做强；三是健全激励保障机制，探索建立以责任目标考核为导向、同工同酬、梯度合理和注重绩效等科学规范的薪酬制度。四是亟须组建报业集团和黄冈广播电视台。如黄冈广电部门亟须整合拓展黄冈新视窗网和黄冈人民广播电台网，强力打造黄冈网络广播电视台。

(三) 市场方面

一是加强受众定位与市场分析，特别是改变经营意识淡薄的陈旧意识，努力拓展媒体融合发展的互动性、分众性和多元化。如黄冈本地广播节目应突出相近性和地域性，针对听众市场的细分化和对象化，广播积极发扬空间限制的优势，打造重点特色动态收听节目，开发争取流动听众。黄冈电视台应突出民生新闻的排他性，拓展其差异化价值；二是拓宽工作视野，加快推进新闻媒体对外开放步伐。如黄冈日报社可拓宽思路，推行开门办报、合作办报、社会力量参与办报等；电台部门应创新播报方式，开辟交谈式、互动式播报，树立"城区台、社区台、音乐台、交通台、谈话台和资讯台"等不同类型的广播立台意识。

（四）人才方面

一是加强对新闻人才队伍建设。加强新闻人才的分层分类系统培训，改变新闻人才结构不合理结构，制定人才激励政策，留住人才，盘活已有人才资源；二是加大专业人才引进力度，重点是分类引进培养一批新闻采编、广告经营、网络技术、节目制作和行政管理等各类专业技术人才，完善人才"传帮带"机制。如黄冈日报社迫切需要对技术开发、新媒体建设和经营管理等专业人才开辟特殊"绿色通道"，加大引进力度。黄冈本地电视台应克服节目粗制滥造、侵犯知识产权现象、严重缺乏制作节目的能力和人才等难题并在此基础上改革创新。

（五）技术方面

一是在大数据、云计算、3G、4G技术等"异军突起"的移动互联时代，急需加强对新媒体技术的引进、应用，完善用户体验，适应用户分众需求。二是亟须更新现有技术设备，强化技术支撑，为全媒体融合发展插上"腾飞之翼"。三是及时搭建网站、微博、微信和客户端等立体传播平台。

（六）政策方面

新媒体时代，市级新闻媒体生存空间狭小、竞争加剧、压力增大，投入严重不足。一是党委、政府应响应中央有关精神，在产业政策、财税政策、金融政策、土地政策、版权保护政策和内容准入政策给予倾斜支持，在重点项目、重点产品等方面给予政策扶持；二是尤其是针对目前媒体设备资金缺口大、更新压力重等问题，政府更应伸出援手，努力把本地主要媒体建成1~2家较具实力、传播力、公信力和影响力的新型媒体集团。

组长：雷电
成员：曹成发　陈金明　陈丽　周勇
执笔人：周勇

关于黄冈现代物流业发展的思考

黄冈现代物流业发展研究课题组

现代物流业是以现代运输业为重点，以信息技术为支撑，以现代制造业和商业为基础，集系统化、信息化、仓储现代化为一体的综合性产业，是第三产业的重要组成部分。发展现代物流业对振兴第三产业、提高经济运行质效、缓解就业压力、优化投资环境和扩大对外开放有着举足轻重的作用。

目前，黄冈物流业正处于从传统物流业向现代物流业过渡时期，域内正逐步形成公路、铁路、水路、过江通道管道和机场纵横交错、上下相应的立体物流交通基础设施网络体系，各类物流园区建设不断推进，粗具规模，物流企业发展迅猛。所有这些，都给黄冈现代物流业的发展提供了极为便利的条件。

一、黄冈现代物流业发展的机遇和优势

（一）区位优势凸显，基础设施大为改观

黄冈市具有"承东启西，纵贯南北、得中独厚、通江达海"的开放性区位优势。

1. 对接武汉成现实

黄冈长江大桥、武汉至黄冈城际铁路、黄鄂高速公路的建设，让黄冈融入武汉城市圈的速度加快，黄冈与武汉将实现无缝对接。黄冈到武汉沿城际铁路只需要28分钟，沿高速公路不到50分钟。

2. 陆路交通发展迅速

居中靠东、纵贯南北、通江达海的区位优势尽显。合武快速铁路，武英高速、武麻高速公路腾越黄冈大别山，直插华东；京九铁路，黄黄高速、大广高速公路飞跨长江天堑，联通东南沿海；以"三横一纵"的国家高速公路网，以3条国道为骨架，以17条省道为辅助，其他县乡道路为扩展的公路运输网络全面建成。大别山红色旅游公路初步解决了山里山外的沟通问题。"十二五"期间，形成"两纵九横"的铁路交通格局。

3. 水路交通大有作为

黄冈有6个县市紧靠黄金水道长江，拥有主江深水岸线116.6公里，到"十二五"中期，全市已建有长江沿线港口6个，码头164个，泊位201个，港口码头吞吐能力达3000万吨，最大靠泊能力5000吨级。

4. 过江通道及管道

已经建成6条过江通道，有"淮武联络线"、"川气东送"、"西气东输二线"3条国家

级输气干线穿越黄冈境内。

(二) 政策优势叠加，放大撬动效应明显

1. 国家实施中部崛起战略的机遇

中部崛起是国家继东部率先发展、西部大开发、振兴东北老工业基地之后提出的重要的区域发展战略，湖北省委十届三次全会作出了"建成支点、走在前列"的决定。黄冈市位于京九铁路和长江黄金水道的交汇中心，东连长三角，南接珠三角，西依大三峡，北承大中原，是承东启西、纵贯南北的纽带和桥梁。抢抓中部崛起的机遇，把黄冈打造成为鄂豫皖赣区域结合部的区域物流中心。

2. 武汉城市圈建设的机遇

黄冈是武汉"1+8"城市圈的核心城市之一，在武汉城市圈中，黄冈国土面积占1/3，人口占1/4。黄冈正努力抢抓建设武汉新港机遇，加快黄冈临港经济区建设，打造连接大武汉的铁路网、公路网、水运网、航空网，对接大武汉，推进同城化。以市区为主体，组团团风、黄州、浠水，不断创新临港经济区发展模式。

3. 长江经济带开放开发机遇

2013年7月12日，中共中央总书记、国家主席习近平同志考察武汉新港，强调"长江流域要加强合作，发挥内河航运作用，把长江全流域打造成黄金水道"。最近，中央明确提出打造东北老工业基地、中西部沿长江区域、西南中南腹地三大新的经济支撑带的新构想，长江经济带的开放开发已成为我国区域发展新的战略重心。长江经济带正步入我国改革开放的最前沿、成为内陆大开发的支撑带。

4. 大别山革命老区振兴发展提升国家战略机遇

国家即将出台《大别山革命老区振兴发展规划》，与《大别山连片特困地区扶贫攻坚实施规划》，共同形成国家扶持政策的叠加效应，加大大别山老区扶持力度，推动大别山地区产业发展合作，通过特殊政策加长拓宽地区经济社会发展的"短板"，打造区域经济新增长极，推动大别山革命老区实现跨越式发展。

5. 长江中游城市群机遇

黄冈处于长江中游城市群中，分别与九江、黄石、鄂州三市隔江相望，毗邻武汉，有利于深化跨江联合、城市合作，构建联系紧密、交通一体、物流一体、流通活跃、产业互动的发展大格局。

6. 国家加大物流业发展支持力度机遇

近年来，国务院先后出台了《物流业调整和振兴规划》、《关于促进物流业健康发展政策措施的意见》，进一步加大对物流业的扶持力度。湖北省政府对物流业发展高度重视，要将武汉打造为全国性物流中心，先后出台了《湖北省现代物流业发展"十二五"规划》、《全省物流业健康发展政策措施意见》、《湖北省促进现代物流大发展两年行动计划（2014—2015）》等系列政策性文件。

7. 市校合作机遇

通过市校合作，吸引物流专业人才来黄冈就业创业，解决黄冈当前物流人才匮乏的

问题。

8. 产业转移机遇

当前，沿海产业向中部地区转移不断加快，黄冈是长江中游、京九铁路中段投资的黄金地段，是长三角和珠三角延伸线的交汇处，处于南北物流通道和长江物流通道交叉点，紧邻全国性物流中心城市——武汉。物流发展、得天独厚的区位优势是黄冈的产业招商和发展极具竞争力的因素，而产业的发展将给物流业的发展带来机遇。

(三) 发展优势明显，后劲潜力巨大

1. 农业优势

农产品品种丰富，是传统的农业大市，农业资源丰富，粮棉油麻丝茶糖菜烟果药杂样样不缺，林木、畜禽、水产品品种繁多、一应俱全。农产品特色明显，已获得45个国家地理标志保护产品，并建立了首个中国地理标志保护产品黄冈集散中心。农业产业化企业达到242家，"三品一标"企业发展到250家，居全省前列。稻谷、棉花、油菜籽、花生、生猪、羊、家禽、牛奶、禽蛋、蚕茧、水产品的诸多农产品产量在全省名列前茅。

2. 工业优势

全市已建成省级开发区11个，工业园区26个，规模型乡镇工业集中区47个。工业园建成区面积162平方公里，入园企业2500多家，规模以上工业企业达到1035家，产值过亿元的企业数达到366家，过20亿元的企业数11家。初步建成了食品饮料、机械电子、医药化工、纺织服装、建筑建材等产业集群31个，其中7个进入全省重点行列。

二、黄冈现代物流业发展存在的问题及不足

(一) 物流企业缺乏竞争力

2012年，全市有以物流名称登记注册的企业865家，其中公路运输企业265家，水路运输(服务)企业46家，物流快递企业104家，商贸类物流公司450家；全市物流业从业人员5391人。

1. 物流企业"小、散、弱"特征明显

大多数企业规模小，运输物流多以散户经营为主，零担快递物流以户经营的较多，企业仍沿用传统管理手段，效率不高，市场竞争力不强。黄冈缺少本土物流行业的领军骨干企业，缺乏市场引领示范效应，没有形成自主的物流品牌。

2. 第三方物流发展缓慢，专业化程度不高，服务能力不强

受传统的"大而全"、"小而全"思想束缚，多数企业自行负责物流，专业化程度不高，造成社会资源利用率低下，社会物流需求未充分释放，制约了第三方物流发展，导致很多企业物流成本居高不下。

3. 交通运输先进组织方式程度不高，集约化经营水平低

多数物流企业从传统的仓储、运输企业转型而来，组织化程度较低，服务功能单一，

辐射半径小，缺乏品牌效应。甩挂运输、多式联运等先进物流组织方式没有有效开展；信息不畅，空载运输和非规模化运营现象严重；通行费用和超限超载罚款导致运输成本增高。

4. 现代物流管理体制不顺，机制不活

存在管理职责不清、多头管理、部门各自为政以及行业自律组织不完善的问题，导致物流资源分散浪费，难以统筹协调，服务水平不高。

5. 物流市场秩序有待规范

由于物流业立法工作的滞后以及行业协会职能不强，难以建立行之有效的政策保障体系和物流市场的监管体系。企业进入与退出机制、物流行业服务标准规范以及诚信信用体系尚未建立，物流企业处于一种自由发展状态。

（二）物流信息化水平不高

1. 缺乏物流公共信息平台

目前在全市推广运用的湖北省交通物流信息平台的服务功能较为单一，主要体现在政务网站作用，存在物流信息资源不足，信息更新不及时等问题。大多数物流企业只能从商业网站获取车源、货源信息，信息资源有限，区域性、实用性不强。

2. 物流企业间没有实现数据交换

企业间业务联系多以纸面介质为主，辅以传真、E-mail 进行，且绝大多数的单证仍然采用纸张等传统的传输方式，沿用黑板公告、简报、临时短信以及面对面交流方式的企业比比皆是，基本停留在原始的信息交换方式上。

3. 企业物流装备、技术标准化工作滞后

多数物流企业规模小，效益差，在信息化建设方面投入不足。少数企业虽然能应用 GPS 技术对运营车辆实现动态跟踪，却无法通过信息渠道实施对车辆动态货源配载和安全监管。所使用的车型结构中，大部分是普通货车，能够从事专业物流车辆较少，加上业主多为分散经营，对企业信息化的推广运用有一定影响。

（三）专业人才匮乏

由于我国现代物流产业发展历史较短，各类院校物流专业的师资大多缺乏实践经验，所教授的专业知识与市场需求脱节。而黄冈市物流企业普遍难以留住物流专业人才，导致物流管理和技术高端人才匮乏，严重制约了我市物流企业的发展。

（四）物流费用过高

2012 年，全市社会物流费用总额为 80.2 亿元，同比增长 24.1%；占 GDP 比重为 18.3%，比上年增加 0.8 个百分点，增速高于全省 8.5 个百分点，远高于发达地区 14% 左右的比重。物流企业经营成本居高不下，仓储租赁费、过桥过路费高，尤其是黄冈市区最为突出，市区的几个出口通道都有收费站。在土地资源配置方面，较高的物流业用地成本制约大型物流企业的落户和物流基础设施投资。

三、黄冈现代物流业发展目标定位及对策建议

（一）发展定位、目标

以黄冈市区为主中心，以湖北长江经济带为依托，充分发挥长江"黄金水道"、京九铁路、高速公路等区域综合交通运输体系优势，大力发展水运业，以及与之对接的铁路、公路物流业，形成各种运输业工具的无缝对接，建设区域交通一体化、网络化的多式联运体系，将黄冈市打造成武汉城市（物流）圈重点物流节点城市和长江经济（物流）带综合交通运输枢纽物流基地。

近期目标（2014—2015年）：依托优势产业，针对重点产业形成产业链，初步形成产业集群；以建设现代物流园区和物流中心为重点，搞好布局和结构调整，实现对物流资源的整合、改造和提升；积极推进信息技术的应用，构建物流信息公共平台。

远期目标（2016—2020年）：全市物流业发展水平大幅提高，物流整体运行效率显著提高，物流整体运行效率大幅提高，物流市场主体进一步壮大，物流网络布局进一步完善，物流科技应用水平进一步提高。逐步发展城市物流共同配送；大力推广绿色物流方式，加大绿色物流装备、设施和节能仓库的推广使用力度；开拓第四方物流，提供物流规划、咨询、物流信息系统、供应链管理等活动。

（二）加大物流基础设施建设

1. 强化物流交通基础设施建设

加强公路建设，提升高速公路比例，提升国省干线等级，拓展南北公路里程，促使交通便利化，减免过路费，逐步取消收费站。在黄州铁路货运站方面实现重点突破。以长江"黄金水道"为依托，大力建设码头物流园，实施铁路入码工程，逐步建立具备竞争能力的现代物流设施系统，构筑起物流网络的基础结构，促进各种运输方式的衔接和配套，提高资源使用效率和物流运行效率。

2. 积极建立物流信息化平台

科学规划黄冈社会物流信息公共服务平台。确定物流信息公共平台的基础交换和公共信息服务，满足社会物流行业不同层次用户的需求，实现各需求方互联互通，数据交换以及电子交易与结算功能，并与商检（拟建）、海关（拟建）、工商、税务、交通、金融等领域信息系统衔接，实现信息流、物流贸易与资金流的快速传递。

（三）培育现代物流重点骨干企业

物流企业是物流市场的主体，是物流业转型升级的主要载体。要培育规范的物流市场，加快培育物流重点骨干企业，在全市形成以应用先进物流技术和先进运输组织方式为引领，以创新发展等典型示范为格局的物流企业体系。鼓励企业争创A级物流企业。以培育创新型示范企业、先进组织运输方式的物流示范企业、城乡绿色配送示范企业、网络化零担快运示范企业、信息化建设示范企业等为重点。主要措施：一是加大对省、市重点

示范物流企业支持力度；二是积极支持企业开展甩挂运输试点；三是积极开展招商引资，引进国内外物流企业50强。

（四）支持企业加强物流信息化建设、管理

支持企业建设专业性的管理信息系统，推动企业生产经营和服务管理的信息化、网络化，以大幅度提高产品和服务质量水平。积极推广和运用全球定位系统GPS、地理信息系统GIS、安全认证中心等的建设，使物流企业与客户之间建立安全、有效的联系。同时，要特别强调信息系统运行的规范化和标准化，在整个物流过程中，对制造商、运输商、分销商、服务商等分别采用符合国际标准的编码；与全国物流信息技术标准对接，加快相应的物流信息分类编码和信息技术标准化的建设，在技术上形成相应的规范和标准。

（五）强化物流管理部门职责，进一步整合物流企业

针对黄冈市当前第三方物流业"小、散、杂"的现象，交通物流等管理部门要加强物流业质量监管，建立质量准入许可制度、企业为第一责任人的责任追究制度等一系列安全管理制度，严卡物流资质和质量关，推动、引导其走向自动化、信息化、集聚化的服务道路，鼓励物流企业通过兼并联合、资产重组，壮大企业规模与实力，形成龙头带动，引领全市现代商贸物流业发展；并且积极引进国内外优秀第三方物流企业，提升黄冈市第三方物流业市场的活跃度和竞争力，拉动第三方物流业整体水平的提高。

（六）进一步加大政策支持力度

1. 加强物流人才培养和引进

随着信息技术和管理水平的提高，现代物流业的竞争已从低端的价格竞争转向对高端物流和信息流掌控能力的竞争。竞争层次越高，对物流从业人员的素质要求就越高，我市物流企业普遍感到人才制约对企业发展的重要影响。建立多元的物流人才教育培养体系。鼓励黄冈市物流企业与高等院校加强"产学研"联合，为企业发展提供持续的智力支持。通过多种培训途径提升物流企业现有管理人员的物流管理水平。加大高端物流紧缺人才的引进力度。

2. 加大土地政策支持力度

对符合发展规划、土地利用总体规划的重点物流园区、物流中心、配送中心以及重点物流企业项目建设所需用地，在提高土地集约利用的基础上，在提高土地集约水平利用的基础上，合理安排年度用地计划指标；积极支持符合市级土地利用计划配置条件的项目申请使用市级土地利用计划，用地规模较大的可以考虑分年度安排用地计划指标和土地供应计划。示范企业投资物流园区建设，其物流项目优先考虑纳入建设规划；积极保障物流建设项目用地。凡符合产业导向、符合土地利用总体规划和城乡建设规划的物流企业，其用地规费按照工业用地价格执行；积极支持将工业企业旧厂房、仓库和存量土地资源优先用于解决物流企业的用地。

3. 加大财政政策支持力度

加大财政对市重点示范企业资金支持力度。每年安排专项资金，对获得省级示范物流

企业和市重点培育企业，给予一定的资金扶持。加大物流基础设施投资项目扶持力度。对符合条件的重点物流企业的运输、仓储、配送、信息设施和物流园区（货运站场、港口集疏运设施）的基础设施建设项目，积极争取中央、省级财政资金支持。积极支持重点物流项目建设、物流人才培训、物流标准化推进以及物流新技术、新工艺、新材料的应用推广。大力扶持列入规划的重点物流园区、物流中心及配送中心建设。设立黄冈市物流业专项发展资金，倾斜支持重点物流企业和物流设施的建设。

4. 加大金融政策支持力度

放宽市场准入，鼓励外资、民资等社会多元化投资，完善物流企业的信贷担保机制，缓解物流企业融资难。通过财政贴息方式引导银行给予物流业建设项目和物流企业发展贷款倾斜支持；积极争取国家、省物流业发展专项资金对黄冈物流业的支持；加快物流业中小企业信用体系建设，建立担保机制，增强物流企业融资能力。协调解决物流企业融资难问题。积极引导商业银行在防范资金风险的前提下，放宽物流企业贷款融资条件，降低其融资成本；建立物流业融资担保体系，协助中小物流企业取得贷款；推广物流金融新模式，围绕产业链上下游资金往来，开发供应链融资解决方案；对于区域重点物流企业在物流园区、基地、中心重点项目建设方面给予投资补助、贷款贴息等方面的扶持。

笔者注：

1. 两纵九横："两纵"即京九线229公里，新建北京至深圳高速铁路（京九客专）245公里。"九横"即麻武联络线45公里、合九线42公里、合武线95公里，在建武汉—黄冈城际线19公里，新建武汉新港江北铁路湨口至黄州线25公里，新建麻城至安徽六安货运线16公里、随（州）—麻（城）—安（庆）铁路65公里、武九与京九铁路鄂州至黄州联络线28公里、黄冈至安徽安庆城际线100公里。

2. 甩挂运输（Drop and Pull Transport）：带有动力的机动车将随车拖带的承载装置，包括半挂车、全挂车甚至货车底盘上的货箱甩留在目的地后，再拖带其他装满货物的装置返回原地，或者驶向新的地点。这种一辆带有动力的主车，连续拖带两个以上承载装置的运输方式被称为甩挂运输。

课题组成员：
组　　长：崔永辉　黄冈市政府常务副市长
副组长：海　峰　武汉大学教授、博导
成　　员：吴元西　黄冈市政府发展研究中心主任
　　　　　夏建栋　黄冈市政府发展研究中心高级经济师
　　　　　梁会君　中南财经政法大学博士生、国际贸易师
　　　　　史长宽　中南财经政法大学博士生
　　　　　袁荣华　黄冈市委办公室科长
　　　　　刘　美　黄冈市委办公室科长
　　　　　江　平　黄冈市交通物流局副局长
　　　　　倪晓丹　黄冈市委政研室科长
　　　　　刘　煜　黄冈市统计局科长

黄冈市文化产业发展战略与路径研究

汪耀汉

改革开放以来,随着物质生活水平的不断提高,人们的精神生活水平不断提升,需求不断多样化,市场经济制度不断完善,文化产业发展环境不断优化。党的十七大报告指出:"推动文化内容形式,体制机制,传播手段创新,解放和发展文化生产力,是繁荣文化的必由之路。"文化产业是文化经济一体化发展的表现形态,具有广阔的发展空间和巨大的发展潜力,已成为经济发展的新增长点。党的十八大报告中指出:"中华民族伟大复兴,必须推动社会主义文化大发展大繁荣,兴起社会主义文化建设新高潮,提高国家文化软实力,发挥文化引领风尚、教育人民、服务社会、推动发展的作用。文化实力和竞争力是国家富强、民族振兴的重要标志,要推动文化事业全面繁荣、文化产业快速发展。"文化产业在当今社会经济发展中的地位与作用日益凸显。

对于黄冈这个历史文化源远流长、自古名人巨匠层出不穷,山水资源旖旎秀丽,革命传统光辉灿烂,可利用文化资源丰富的城市来说,研究文化产业发展对于城市整体发展繁荣来说有着重要的意义。

一、文化产业相关理论综述

(一)文化产业的定义

文化经济一体化产生新的经济形态——文化产业。文化产业这一术语产生于20世纪初。最初出现在霍克海默和阿多诺合著的《启蒙辩证法》(1947年)中。它的英语名称是Culture Industry,可以译为文化工业,也可以译为文化产业。文化产业作为一种特殊的文化形态和特殊的经济形态,影响了人民对文化产业的本质把握,不同国家从不同角度看文化产业有不同的理解。

国家统计局2012年制定的《文化及相关产业分类(2012)》中定义文化及相关产业是指为社会公众提供文化产品和文化相关产品的生产活动的集合。列明我国文化及相关产业的范围包括:以文化为核心内容,为直接满足人们的精神需要而进行的创作、制造、传播、展示等文化产品(包括货物和服务)的生产活动;为实现文化产品生产所必需的辅助生产活动;作为文化产品实物载体或制作(使用、传播、展示)工具的文化用品的生产活动(包括制造和销售);为实现文化产品生产所需专用设备的生产活动(包括制造和销售)。

尽管各国对文化产业从不同角度进行了不同的定义,但文化产品的精神性、娱乐性等基本特征不变。所以，文化产业是具有精神性娱乐性的文化产品的生产、流通、消费活动。通俗地讲，文化产业就是以创意为核心，科技为载体，工业化生产标准，满足人类精神需要的产业。联合国教科文组织对文化产业的定义是按照工业标准，生产、再生产、储存以及分配文化产品和服务的一系列活动。

文化产业如今已经渗透到人们日常生活的方方面面，涉及社会的每一个角落。从传统意义上的书籍、报刊出版发行，文艺创作和表演，工艺美术品、文具制造、销售，休闲娱乐、文化服务等，到工业化时代开始出现的音像制品出版、制作和销售，广播电视传送、服务，电影制作、发行到旅游文化服务等，到信息化时代的互联网信息服务，知识产权服务，电子出版物出版和制作，新闻服务、广告和会展文化服务等，都纳入了文化产业的范畴里。所以说，小到我们现在手中拿着的纸和笔，大到一些风景名胜区，经常到每天要看要用到的互联网、报纸、电视，偶尔到数天看一次的电影，数月一次的外出旅游等，都是文化产业的范畴。除了这些比较具体，还有一些看起来并不在意，但实际上有巨大影响的，如各类产品外观设计、品牌商标的打造塑造等，都属于文化产业的范畴。

（二）文化产业的特征

1. 文化产业与其他产业具有兼容性与渗透性

文化渗透在任何产业中，任何产业形态都融入了不同的文化内涵，如企业文化、旅游文化、饮食文化、汽车文化等。随着经济的快速发展，文化与经济的互动性也不断加快，文化产业的生产领域与拓展空间显现前所未有的放射状态，文化产业的发展空间也成为开放性空间。

2. 文化产业是一种创意产业，它以思维创新为显著特征

文化产业的本质是文化的产业化，文化产业必须运用新思路、新观念、新方法去创造财富。许多学者将文化产业界定为创意产业，通过人的智慧、技能和天赋，借助于高科技对文化资源进行创造与提升，产生效益。其创新性、创意性是最主要的动态特征。

3. 文化产业的核心是满足人们的精神需求

它通过创作文化和开采文化资源和生产文化产品、围绕人们的精神需求进行创造和生产。

（三）文化产业的地位和作用

有一组数据显示文化产业带来的效益，足以让世人感到惊讶和震惊。截至2012年8月，在全球电影票房排行榜上，全球电影票房前300位的基本上被美欧影片垄断，仅是排第300位的电影票房就有2.8亿美元。在这个排行榜上前三位的分别是：（1）*Avatar*《阿凡达》（2009）；票房成绩27亿8千多万美元，（2）*Titanic*《泰坦尼克号》（1997+2012）；票房总成绩21亿8千多万美元，（3）*The Avengers*《复仇者联盟》（2012）；票房成绩14亿5千多万美元。这三部片子都是在美国好莱坞生产制造的单个影片表现，都是好莱坞创造的经典巨制，都堪称世界电影史上的奇迹。还有一个文学出版和电影史上的奇迹，英国女作家J.K.罗琳创作的《哈利·波特》系列小说，共7部，被翻译成74种语言，已经在全世界200多个国家累计销量达4.5亿册，位列史上非宗教、市场销售类图书首位。而由美国时代华纳公司投拍的《哈利·波特》系列，共 8 部影片总票房则已经超过了 78 亿美元，8 部影片中票房成绩最差的一部也已经达到 8 亿美元，这样的经济效益足以让人瞠目结舌。

近年来，英国文化产业的年产值将近 600 亿英镑，从业人员约占全国总就业人数的 5%；日本娱乐业的年产值早在 1993 年就超过汽车工业的年产值；近年来风靡东亚甚至欧美的韩国电影和韩剧，在博得了观众大量眼泪的同时还赚取了大笔的钞票，在很多国家形成了被称为"韩流"的韩国文化热潮。

目前世界上，美国的文化产业最为发达，美国文化产业在其国内 GDP 中所占的比重非常大，约占四分之一，成为仅次于军工行业的第二大支柱产业。其中，好莱坞的巨制电影、三大电视网的娱乐节目、时代华纳的流行音乐是其中的领头羊。美国的图书市场占全球图书市场的 35%。它同时为美国国内提供了 1700 多万个就业岗位。美国发达的广告业和创意设计业也为其塑造了"Cocacola 可口可乐"、"KFC 肯德基""Microsoft 微软"、"Apple 苹果"等一大批享誉世界的名牌商标，这些带有文化标签的著名商标为他们的产品带来高额的附加文化产值，成为美国力量的代表。文化创意产业在给美国带来巨大的经济效益的同时，也将美国的文化价值体系迅速地向世界其他国家和民族进行推广，美国的价值观念通过美国的影视作品在全世界范围内得到了传播。

（四）文化产业发展趋势

进入 20 世纪，随着知识经济的发展，信息化席卷全球，经济与文化加快融合，经济文化一体化发展趋势日益增强。目前，世界各国尤其是发达国家把文化产业发展作为国家发展、经济竞争重要战略，优先发展文化产业，增强各自的文化影响力和文化竞争力。

二、黄冈发展文化产业的有利条件及重要性分析

（一）黄冈发展文化产业的有利条件分析

黄冈市位于湖北省东部、大别山南麓，长江中游北岸，京九铁路中段，是武汉"1+8"城市圈成员城市之一。黄冈目前辖管黄州区、团风县、红安县、麻城市、罗田县、英山县、浠水县、蕲春县、武穴市、黄梅县、龙感湖管理区，共 11 个县市区，总人口 740 万。黄冈历史文化源远流长，自古名人巨匠层出不穷，山水资源旖旎秀丽，革命传统光辉灿烂，可利用的文化资源相当丰富。

1. 红色文化光辉灿烂

黄冈是中共早期建党活动的重要驻地和鄂豫皖革命根据地的中心。先后诞生了董必武、陈潭秋、包惠僧三名中共一大代表；董必武、李先念两位国家主席；王树声、韩先楚等 200 多名开国将帅；组建了红四方面军、红十五军、红二十五军、红二十八军等重要革命武装力量；发生了"黄麻起义"、新四军中原突围、刘邓大军千里跃进大别山等重大革命历史事件。为缔造新中国，先后有 44 万黄冈儿女英勇捐躯，其中 50300 人被追认为革命烈士。铸就了"紧跟党走、不屈不挠、艰苦奋斗、无私奉献"的老区精神。

2. 历史文化源远流长

自秦代设郡治开始，黄冈已有2000多年的建置历史，是闻名中外的历史文化古城。在这块神奇的土地上，先后孕育了中国佛教禅宗四祖道信、五祖弘忍、六祖慧能，宋代活字印刷术发明人毕昇，明代医圣李时珍，现代地质科学巨人李四光，爱国诗人学者闻一多，国学大师黄侃，哲学家熊十力，文学评论家胡风，《资本论》中译者经济学家王亚南等一大批名垂青史、享誉中外的历史文化名人。这里是黄梅戏的故乡，有国家命名的诗文词之乡、书法之乡、楹联之乡、武术之乡、农民画之乡，有闻名遐迩的"将军县"和"教授县"，有蜚声中外的黄冈中学。

黄冈素有崇文重教的光荣传统，人才辈出，大师辈出。黄冈教育品牌享誉全国。黄冈文化遗产丰富多彩，境内有各类文物点5768处，其中，已公布为文物保护单位的有国家级9处，省级102处，文物点总量位居全省第一；已列入非物质文化遗产保护名录的有国家级8项、省级22项。黄冈是中国戏曲的重要发源地，孕育了黄梅戏、汉剧、楚剧、东路子花鼓戏、文曲戏、采茶戏等一大批戏曲剧种，诞生了京剧鼻祖余三胜、京剧青衣泰斗余紫云、京剧余派创始人余叔岩、黄梅戏创始人邢秀娘等。

3. 自然人文交相辉映

黄冈依山傍水，风光秀丽，是一块美丽的土地。大别山逶迤绵亘、巍峨磅礴、天工巧夺，集雄、奇、险、幽于一体，连绵境内数百里，有"中原之肺"之美称，主峰天堂寨海拔1729米，号称"中原第一峰"；麻城龟峰山万亩古杜鹃群落，全国一绝，世界罕见；龙潭河谷被誉为"华中第一谷"；龙感湖古称雷池，曾与鄱阳湖相连，现有水域面积2500平方公里，是全国重要的湿地保护区。长江流经黄冈200余公里，境内倒、举、巴、浠、蕲、华阳六水并流，百湖千库星罗棋布，地热温泉资源丰富。黄冈胜迹如云，名贤咸至，李白、杜牧、王禹偁等众多客籍历史文化名人在黄冈留下大量名篇，北宋著名文学家苏轼在黄州写下"一词二赋"等千古名篇，成就其文学巅峰。旅游资源魅力无穷，"三色"旅游独具特色，以黄冈为中心的大别山革命老区，是全国12大红色旅游区。

（二）黄冈发展文化产业的重要性分析

党的十八届三中全会提出，要建设社会主义文化强国，增强国家文化软实力。文化产业作为我国第三产业中的一个重要行业，近年来发展迅速，已经成为经济发展富有潜力的增长点。文化产业的繁荣发展，使文化产业自身创造的价值在经济发展中占的比重越来越大，为社会经济的繁荣发展做出了巨大的贡献。同时文化产业又是知识、教育和休闲娱乐的重要载体，它的发展可以促进知识的传播和普及，大量健康向上、丰富多彩的，各具特色的地方文化精神产品的生产，可以引导全市广大人民群众从思想上、精神上不断进步。

1. 发展文化产业是满足人们精神文化需求的重要途径

随着改革开放的不断深化，我国小康社会全面建设进程的加快，人们生活水平的显著提高，物质文明建设已达到了一定的水平。黄冈人民在衣食住行这些基本消费满足以后，对精神文化生活的需求越来越强烈。发展文化产业，正是满足这一社会需求的重要方面。文化产业以一种商品化、技术化的方式，为人们的精神需求和娱乐消遣提供情感的满足和享用。文化产业主要靠市场化运作，市场将根据消费者的需求来对企业的生产进行调节，更多地考虑消费者需要什么，文化产业运作市场化生产文化产品，就会更加注重产品如何才能满足市场，才能满足消费者的依赖与喜爱。

2. 发展文化产业为黄冈物质文明进步提供有力保证

文化产业的职能是生产文化服务产品，文化服务产品同工农业产品的本质一样，是社会财富的组成部分。在市场经济条件下，文化产业的兴起与发展，促进了黄冈文化与精神产品的生产、流通和消费的转型。文化产业的丰厚利润吸引了来自社会各方面的投资。文化产业的管理者、生产者、经营者和消费者，在市场这只无形之手的运作下被联结为整体，物质文化建设由此向社会全面铺开，成为社会各部门、各行业、各阶层共同参与的广告活动。正是这样，文化经营或文化产业的发展，不仅是一个产业的繁荣问题，而且是增强整个经济社会发展的能力，推动黄冈整个经济社会的发展，也推动物质文明建设繁荣前进。

3. 发展文化产业是黄冈加快发展战略的必要要求

黄冈是革命老区，也是一个经济欠发达地区，虽然这几年经济发展有了较大提高，但与周边地区相比、与全省的平均水平相比，还有很大的差距。在全国掀起文化大发展大繁荣的热潮中，黄冈市委、市政府在总结近几年发展实践的基础上，结合黄冈的实际，梳理、提炼，确立了黄冈的发展战略，就是"双强双兴"——强工兴城、强农兴文，即强工业化兴城镇化，强农业化兴文化发展。兴文是指文化产业的发展。黄冈是"1+8"武汉城市圈"两型"社会综合配套改革试验区的重要组成部分，实现资源节约、环境友好，势必要"兴文"，黄冈建设红色大别山、绿色大别山、开发文化旅游资源都必须要兴文。

三、黄冈文化产业发展现状和存在的突出问题

（一）黄冈文化产业发展现状

1. 黄冈文化产业总量偏低

2012年《政府工作报告》统计，全年实现地区生产总值1190亿元，其中文化产业实现增加值29亿元，约占全市GDP的2.4%，而全国的文化产业占GDP达到4%，全省的文化产业占GDP是2.5%，低于全省发展水平，也远远落后于全国发展水平，文化产业总量偏少，总体滞后于全市经济社会发展。

2. 文化旅游业发展步伐加快

2013年全市旅游业综合收入达58亿元，共接待各类游客近千万人次，同比增长了31%。2012年年底，在湖北省委、省政府的大力支持和帮助下，黄冈市建设了一条大别山红色旅游公路，总投资13.89亿元，公路全长458.65公里，贯穿了红安、麻城、罗田、英山、浠水、蕲春、黄梅7个县市。市委、市政府依托全国12个红色旅游区和30条红色旅游精品线路，以"大别山水，人文黄冈"为主题，以打造大别山旅游品牌为目标，加快全市12大旅游景区、20个红色旅游景区（点）、一批省级旅游名镇名村建设步伐。

3. 文化基础设施相继建成

黄冈市委、市政府投资兴建的一批文化基础设施相继建成，有：苏东坡纪念馆、遗爱

湖文化公园、大别山地质博物馆、黄麻起义和鄂豫皖苏区烈士纪念馆、董必武纪念馆、王树声纪念馆、麻城市文化中心、麻城市博物馆、李先念故居纪念馆和图书馆、武穴市博物馆、李四光纪念馆等。一批重点文化基础设施正在建设或筹建，如中国黄梅戏大剧院、黄冈市博物馆新馆、黄冈艺术学校新校园、黄冈市图书馆、黄冈市民俗博物馆、红安县革命博物馆改扩建、董必武故居复原扩建工程、大别山红色革命博物馆、毕昇墓园、中华医药（李时珍）博物馆等。

4. 文化产业投资力度加大

黄冈市政府引进北京眉州东坡万景投资有限公司投资10亿元，在遗爱湖畔开发占地150亩的东坡外滩，计划打造成一个集文化、旅游、餐饮、休闲、娱乐为一体的城市综合体，黄冈东坡外滩将成为黄冈展示东坡精神的文化地标，黄梅县引进湖北龙凤呈祥旅游投资开发有限公司投资15亿元，综合开发五祖寺旅游风景区，投资3亿元的一期工程建设正酣；引进温州民企老板郑绿岗，投资1.8亿元建成邢秀娘影视基地。蕲春县引进北京信中利投资集团公司，总投资35亿元建设李时珍健康文化旅游目的地。红安县引进深圳盛世时代文化传媒公司，总投资27亿元，规划占地6000亩，建设"红安·中国将军文化军事乐园"旅游文化项目。英山县引进武汉仁和物业有限公司和新海天有限公司联合投资5亿元，开发卢家湾温泉度假村项目。麻城多方筹资开发龟峰山、五脑山，使"人间四月天，麻城看杜鹃"家喻户晓。

（二）黄冈文化产业发展存在的突出问题

1. 文化产业结构性矛盾突出

黄冈市是一直以来都是农业大市，市委、市政府立足农业的发展，而忽视了文化的力量和发展，更没有就如何发挥自己的优势资源，加快文化产业发展制定好的发展战略和发展规划。虽然近年来黄冈市在文化产业基础设施建设在不断加强，投资力度在不断加大，但全市文化产业整体集中度低，各县市区产业发展散滥现象严重，产业的发展块头不大，规模效应不强，特别是缺少有实力的龙头文化企业和拳头文化产品。而发达地区，文化产业集中地区的文化产业已有相当规模，与发达地区相比还很落后。

2. 文化产业发展不平衡

黄冈市文化产业的内部结构长期以来一直处于盲目发展的状态。首先，一些经济效益较好的行业发展迅速，创收较好。而一些基础差的产业没有获得较大的发展，效益不高，缺乏活力。一是在经济的战略调整中，文化产业的比重日益增大，特别是在大城市发展尤为迅猛，已成为当地经济发展新的增长点和支柱产业；二是信息技术和网络手段更为深入地用于文化产业的产品开发和传播，使文化产品大规模复制，走向标准生产的道路，文化产业数字化成为其存在形态和发展的趋势。而广大的中小城市比如黄冈市文化消费还很落后，造成文化消费失衡。其次，文化生产的失衡，由于文化资源的开发转化能力不强，一方面大量的文化资源闲置浪费，却没有能力开发；另一方面，文化内容的不足和粗糙，生产出来的文化精品太少。

3. 旅游业发展水平欠佳

黄冈市地理位置优越，旅游资源丰富，近几年，黄冈市旅游业发展取得了较大进步，但是整体发展欠佳。目前，全市开发的景点有限，有大量的旅游资源没有被开发出来，众多的旅游资源被掩埋在崇山峻岭之中。比如遗爱湖公园、四祖寺、五祖寺、赤壁公园等重点旅游景点均未被开发出来。四祖寺、五祖寺是我国著名的禅宗圣地、重点保护遗址，虽然县委、县政府一直在修缮，但是没有足够的资金对其进行改建和扩建，难以再现往日的宏伟气势，也与五祖寺的地位名不副实。同时，在已有的旅游景点中，景区的层次不高，景区周边的配套设施不够完善。例如：赤壁公园，古代著名诗文人苏东坡，为赤壁写了一首流传千古的诗《赤壁怀古》中提到"大江东去，浪淘尽"，使赤壁闻名于世，但是赤壁公园景区目前只是一个小小的公园，远远达不到景区的要求和层次。再次，在目前的旅游景区中，服务也跟不上景区的发展，如旅行社服务质量不高，导游员素质有待提高等，这些因素都阻碍了旅游业的发展。

4. 文化管理体制不健全

我市文化产业长期以来受行政体制和各种政策的限制，发展后劲不足。一是政策这只有形的手过多干预企业的经营管理，政府承担了办文化的职能，包办了所有的文化事业。既打击了企业的积极性，又容易导致企业产生依赖心理，使企业难以成为真正的市场主体和法人实体。二是文化管理的各部门存在条块分割、行政垄断的现象，使文化企业在实践中感到难以适从，政出多门，没有统一的标准。三是缺乏完善的政策体系，不能对文化产业进行分类指导，区别对待，也不能有目的、有意识地引导文化产业良性发展。

5. 从业者素质不高缺乏管理创新人才

文化产业的发展，需要一批既懂经济又懂文化的高素质人才。黄冈因为经济欠发达，难以培养文化产业经营人才，真正的文化产业人才难以留住。目前，黄冈真正在市场上从事文化产业经营的绝大多数人文化程度不高，知识面比较狭窄，创新能力不足，适应不了日趋发展的文化产业的要求。另外，许多文化产业团体的文化人，往往不擅长产业经营，缺乏资本运作能力和经验，造成一些企业不讲文化品位，单纯追求商品利润，而有文化人才无能力实现文化的产业运作，造成文化产业管理缺乏人才。

四、黄冈加快文化产业发展的对策建议

（一）坚持规划引领，战略谋划发展方向

党的十七届六中全会吹响了文化大发展大繁荣的号角。黄冈市高瞻远瞩，制定出台《关于推进名人文化建设的意见》、《黄冈名人文化建设规划》、《黄冈文物事业发展规划》等。2012年，黄冈市第四次党代会报告提出实施名人文化和文化产业发展"七大工程"，建设"中国名人之都"，打造全国有影响力的文化名市目标，推进我市从文化大市向文化强市跨越。要立足顶层设计，引入全国一流智囊团队编制《黄冈市文化产业发展规划》。从更高起点上谋划、更高层次上推进文化产业发展作出的重大决策，是落实"双强双兴"战略的重要举措，是当前和今后一段时期指导我市文化产业发展的纲领性文件。各级党委、政府要坚持规划引领，强化服务保障，着力推进文化强市建设。

（二）发挥人文优势，发展文化旅游

围绕打造"多情大别山，风流看黄冈"核心品牌，按照"一线串珠、多点支撑"的发展路径，推动文化产业与旅游业融合发展，不断拓展文化旅游产业链。通常情况下，文化与旅游的融合程度愈强，旅游业文化含量愈高，文化和旅游的产业链愈长，文化旅游的附加值愈多。反之，则将失去影响力和竞争力。发展文化旅游，要深度挖掘、提炼、开发特色文化资源，擦亮禅意生活、红色体验、赤壁怀古、避暑漂流、黄梅戏苑、医道养生、竹福天下、杜鹃花海、麻城寻根、雷池荷香十大文化名片，重点打造大别山水生态游、红色军事体验游、禅宗文化修心游、东坡怀古购物游、创意农业参与游、中医健康养生游六大文化旅游精品线路，加大对文化旅游休闲产品的开发与运营力度，在品牌传播、游客服务、衍生品开发、用品销售等方面多做文章，提高资源开发利用效率，延伸文化旅游产业链，提升文化旅游产业附加值，使文化旅游业真正成为市域支柱产业。

（三）加大招商力度，推动产业增量提质

要专门组建文化旅游产业招商分局，落实人员、经费、办公场地、工作制度等，积极开展文化产业推介和招商引资工作。2013年8月，黄冈市在武汉东湖国际会议中心举办2013中国·黄冈文化旅游产业招商推介会，签约项目46个，协议投资金额近500亿元；推介项目79个，推介项目投资约760亿元。招商推介会后，市招商分局成员对已签约的项目进行一一筛选并请专家对项目进行可行性分析和评估，对可行的项目进行跟踪督办，确保项目落户黄冈。

（四）突出自身特色，打造"一县一品"品牌

黄冈所辖的11个县市区都有着丰富的文化资源，它们结合自身的资源禀赋和优势，大力引入、建设一批文化企业和产业园区，努力打造"一县一品"文化产业品牌。例如：

1. 团风县：着力打造"农民画"文化产业

团风县的"农民画"具有显著的地址特色，它绘画取材于鄂东风土人情、民间传统和民间生活习俗；广泛吸收了民间剪纸、皮影、挑花、刺绣、印花等艺术营养；以夸张的表现手法、丰富的全景式构图、统一而凝重的色彩效果，形成了团风民间画特色的艺术风格。县委、县政府高度重视农民画艺术，大力支持农民画品牌创作，每年组织一次农民画研讨会，组织一次农民画精品展览，不定期开展文化与企业联姻活动，对农民画作品深加工，制作农民品装饰品、小饰物和农民画礼品包装盒。逐步形成一条"定向创作农民画—工艺饰品、加工礼品盒—投放市场"的产业链，预计年收入300万元。

2. 英山县：着力打造毕昇文化园

我国古代四大发明之一的活字印刷术，曾经推动了整个人类文明的进步和发展，它的发明人——毕昇，经过考古研究学家的认定，是我黄冈市英山县人。英山县委、县政府抓住这一宝贵的文化资源，着力打造毕昇文化品牌，加大对毕昇文化的研究、开发和宣传。初步建设毕昇广场、毕昇森林公园、毕昇小学、毕昇印务公司。

该县文学艺术界搜集编辑大量毕昇量研究和毕昇传说方面的书籍，有《毕昇研究文

集》、《中国英山·毕昇》,长篇小说《毕昇传奇》等。县委、县政府拟与香港凤凰卫视台合作,计划投资2.5亿元,开发建设"毕昇文化园",并共同摄制大型电视连续剧《毕昇传奇》。还在国家印刷史界专家的帮助下,研究复原了毕昇胶泥活字烧制印刷流程。整个毕昇文化园里,模拟出古代活字印刷术的工作流程,如造纸作坊、周版作坊、泥活字烧制作坊等;还模拟出宋代以来,英山县人民生产生活的场景。并拟建"中国古代四大发明陈列体验馆",除了活字印刷外,还能体验造纸、火药、指南针发明创造。使毕昇文化园既是一个文化体验公园,又是毕昇影视旅游城,同时也是科技创新教育基地。据统计,毕昇文化园建成起,3年后年利润过亿元。

英山县毕昇产业园的建设,在培植地方新的经济增长点的同时,传承了毕昇文化,也弘扬了毕昇创新精神,推动了创新社会的建设。

3. 浠水县:着力打造闻一多文化艺术节

黄冈市浠水县是我国著名的诗人、学者、民主斗士闻一多先生的故乡。县委、县政府充分利用闻一多先生这一文化资源,着力打造"闻一多文化艺术节"文化品牌。建设闻一多纪念馆,闻一多故居,浠水博物馆,建设国家级森林公园、4A级风景区——三角山风景区、大别山民俗风物馆。定期举办颇具影响的闻一多文化艺术节,大力推广浠水杂技、哦呵腔民歌表演、巴河天狮表演等民俗表演,还创办了闻一多先生诗歌命名的文学艺术期刊《红烛》。整个规划建成后,年吸引游客可达80万人,利润可达亿元。

浠水县打造"闻一多文化艺术节"文化品牌,对弘扬爱国主义教育、整合开发地方文化旅游资源、繁荣文化艺术活动,繁荣县文化产业发展起到了巨大的推动作用。

4. 蕲春县:着力打造李时珍医药文化

我国古代的医圣——李时珍,是黄冈市蕲春县人。他编撰的《本草纲目》被称为:"东方的医药巨典,中国古代的百科全书",对中国乃至世界的人类健康具有极大的贡献。县委、县政府充分利用李时珍的文化资源,着力打造李时珍文化品牌,大力发展中医药系列开发、旅游开发等。这一做法得到了省委、省政府的充分肯定,在省委、省政府下发的《关于加快中药事业发展的决定》一文中指出,在蕲春建立李时珍中医药文化宣传教育基地,着力打造成湖北中医药文化品牌。建设李时珍医药公司、李时珍广场、李时珍故居、李时珍祭坛、李时珍诊堂、李时珍药膳街、并建设国际健康论坛会议中心,被省委、省政府选定为国际性的健康主题高峰论坛永久性会址。每年举办一期蕲春·李时珍国际健康文化节。规划项目总投资4.6亿元,分三年建成,建成后接待游客8万人次,创收近亿元。

5. 武穴市:着力发展"文曲戏"文化

黄冈武穴市文曲戏是我国的地方戏,源于鄂东广济县,流行于鄂、赣、皖三省。文曲戏是从鄂东一种称为"调儿"的丝弦小曲单人坐唱演变发展而来的。武穴市委、市政府利用这独一无二的文化遗产大力发展"文曲戏"产业。出版《武穴经典文曲戏》、申报湖北省级和国家级非特产文化遗产名录、成立武穴市文曲戏协会和研究会,兴建武穴市曲戏大剧院,创建文曲戏精品参加中国地方戏演出,大力推广文曲戏走出湖北、推向全国。2009年创作编排的大型古装文曲戏《草鞋老太爷》参加全国地方戏曲新作演出中荣获11项大奖。"文典戏"系列开发总投资近千万元,预计每年可创收300万元。

6. 麻城市：着力打造"杜鹃文化旅游节"

"人间四月天，麻城看杜鹃"这句广告词已经在全国家喻户晓了，这就是黄冈麻城市境内龟峰山风景区的杜鹃群落。麻城市龟峰山风景区生长着一片原生态的古杜鹃群，累计面积达数百万亩，是世界上迄今为止发现的最大的古杜鹃群落，杜鹃群分布集中、林分结构纯、面积大、树龄古老、保存完好、景色壮丽。麻城市委、市政府利用这一得天独厚的自然资源，大做杜鹃文章，打造杜鹃文化品牌。加大杜鹃文化旅游的建设和开发，成立龟峰山风景区管理处，创建国家4A级景区，建设旅游村等硬件设施，举办中国·麻城杜鹃文化旅游节，举办全国杜鹃摄影活动，筹建龟峰山四季杜鹃植物园、杜鹃文化博物馆。每年仅四月、五月花期时节就吸引游客60余万人，综合创收5亿元。

7. 罗田县：着力打造"万密斋医药文化"

与我国古代医圣李时珍齐名的古代著名医学家——万密斋，系我市罗田县人。万密斋擅长治疗儿科、妇科、痘疹病著称于世，同时对养生、保健和预防学方面有着独到见解，被时人称为"神医"。罗田县委、县政府利用万密斋神医品牌，加大对万密斋文化的开发。整合医药文化资源优势，建设万密斋医药化工产业园，建设中药材生产基地。收集、出版《大明医圣传》医药书，拍摄大型古装电视剧《万密斋》，编排一台大型古装黄梅戏《万密斋传奇》，参加全省黄梅戏艺术节演出，并获得大奖。建设、修复万密斋故居、万密斋墓，新建万密斋陵园、万密斋纪念馆等，发展旅游产业。通过五年的努力，将万密斋品牌系列产品打造成湖北名牌，系列产值超过30亿元，文化产业产值达5亿元。

8. 黄梅县：着力打造佛教禅宗文化（含黄梅挑花和黄梅戏）

黄冈市黄梅县素有"小天竺"之称，是佛教禅宗的发源地，史有"佛家大事问黄梅"之说。唐代，道信、弘忍两位祖师首创了中国禅宗，五祖慧能将禅宗弘化全国。禅宗六代祖师有三位在黄梅修行并传承衣钵。黄梅挑花源于我国唐宋，相传黄梅许多女青年待嫁前利用自纺的棉匝，精心挑绣各种吉祥图案头巾，逐步发展到各种挑绣产品。黄梅戏，源于黄梅采茶歌，黄梅戏剧目十分丰富。

黄梅县委、县政府利用这些宝贵的文化资源，大力发展黄梅禅宗文化旅游业、黄梅挑花产业、黄梅戏曲产业。投资5亿元建设东山五祖禅文化旅游区，修复四祖寺、五祖寺，重建、新建老祖寺、妙乐寺。打造4A级旅游景区，形成"东有五祖寺、南有妙乐寺、西有四祖寺、北有老祖寺"的鄂东禅宗文化旅游区格局。投资6000万新成立黄梅挑花工艺有限公司，公司产品有窗帘、壁挂、地毯、画匾、钟表等系列作品。投资1.8亿元，建设邢绣娘影视度假村，拍摄了20集电视连续剧《黄梅戏宗师传奇》并在中央电视台热播。

9. 红安县：着力打造将军文化

黄冈市红安县是一个山区小县，而这个小县却是全国著名的将军县，在同一历史时期内走出200多位将军，在1965年以前，在中国人民解放军序列中正式授衔的有61位，也因此被称为"中国第一将军县"。将军县的现象被人们称为世界历史的奇迹。红安县委、县政府利用这一独特的政治和人文优势，大力发展文化产业，形成自己独有的将军文化。兴建了董必武纪念馆、李先念纪念馆、革命烈士纪念馆。通过省委、省政府的争取，红安被列为30条全国红色旅游精品线和100个全国红色旅游经典景区之一。省委还指定红安县作为全省最重要的革命传统教育基地，并从规划到资金筹措予以全力支持。

（五）培育主导产业，建设产业集群

按照"资源项目化、项目产业化、产业集群化"的发展思路，集中力量争创国家级文化产业示范基地（园区），加快建设一批集聚效应明显的文化产业项目，积极培育一批主导产业突出的文化产业集群和特色文化产业强县（市、区）。市区要以培育文化创意产业为主导，加快推进中国恒天"黄冈文化创意城"建设，力争用3~5年的时间，建成国家级文化产业示范基地（园区）；各县（市、区）要在4个省级文化产业示范基地基础上，进一步做大做强，全力冲刺国家级文化产业示范基地（园区）。全市要进一步整合资源、突出重点、彰显特色、优化布局，重点打造红色文化、东坡文化、历史文化、禅宗文化、戏曲文化、民俗文化、养生文化、生态文化、影视拍摄、工艺美术等十大文化产业基地（项目），发挥基地（项目）的集聚效应，建成一批文化特色鲜明、主导产业突出的文化产业园区。努力形成多个产业集聚园区并举、传统产业与新兴产业互促、市县共进、城乡联动的特色文化产业竞相发展格局。

（六）营造良好环境，支持文化企业发展

坚持树立"产业第一、企业家老大"的理念，进一步优化办事流程，积极向上争取各项文化产业和项目优惠政策，集中策划、包装一批重点文化项目。先后与中国恒天集团、融园投资控股有限公司、香港维景集团、湖北日报传媒集团、奥山集团、四川万景集团、广州摆渡船通讯科技有限公司、武汉恒生集团、康辉旅行社、伟光汇通文化旅游投资有限公司、浙江商业湖北联合会、香港西江月生态旅游开发有限公司等达成投资协议（合同），不断提高我市文化产业的发展水平。

（七）加大政策扶持，强化服务保障

一是要完善政策保障体系。从市场准入、资金支持、税收优惠、出口扶持、基地（园区）建设、知识产权保护等方面为文化产业发展提供政策、法规支撑。二是要设立文化产业发展专项资金（基金）。通过项目补助、贷款贴息、保费补贴和资金奖励等形式，支持重点项目建设。三是要建立统计指标体系。统一文化产业的界定范围、统计口径，规范数据来源渠道，提高文化产业统计信息收集和分析的科学性、可比性和可操作性。四是要健全考核评价体系。要进一步加强对文化产业工作的领导，认真实施文化产业发展规划，将文化产业发展纳入经济社会发展全局，纳入领导班子目标管理考核之中，并科学确定权重，合力推动，确保产业发展各项举措落到实处。

课题组成员：
组长：柳长青
成员：王保国　汪耀汉　陈秋松　刘倩
执笔人：汪耀汉

大别山旅游和文化融合发展的问题及对策

方华国

大别山作为一座历史名山、生态名山，不仅具有独特的生态旅游资源，而且蕴藏着丰富的文化旅游资源，是国内重要的生态文化旅游目的地之一。在文旅融合已成为现代旅游产业主流发展方向的大背景下，大别山旅游向何处去？如何促进旅游与文化的完美融合、提高大别山旅游产业的效益，已成为实现大别山旅游产业可持续发展亟待研究和解决的一个重大课题。

一、文旅融合是发展大别山旅游的必然选择

(一) 旅游本质上是一种文化现象

所谓旅游，是人们为寻求精神上的愉快感受而进行的非定居性旅行和在游览过程中所发生的一切关系和现象的总和。因此，旅游既是一种具有较强文化性的经济现象，同时也是一种经济性很强的文化现象。旅游与文化之间可谓水乳交融、密不可分，旅游是文化的载体，文化是旅游的灵魂。随着旅游业的飞速发展，旅游者选择目的地的诉求越来越趋于多样化，除了欣赏异地美丽的自然风光之外，对不同地域、不同民族异质文化的好奇与追求也是影响现代旅游者选择出游或选择目的地的一个重要因素。文化既是旅游的最初动机，也是旅游的最终目的，异地文化的差异促使旅游行为的出现和形成，所以文化性是旅游的本质属性。从另一个角度来看，旅游也为文化的交流传播提供了一个很好的平台，为文化资源的开发提供了载体，为文化产业的发展注入了强大的动力。

(二) 文旅融合已成为现代旅游的主流发展方向

从目前旅游产业的发展趋势看，文化旅游已逐渐成为现代旅游的主流形式。一个地区要发展旅游业，打文化牌是必经的途径，也是一条捷径。在蓬勃发展的大众旅游热潮中，我国不少地区借着富于特色的地域文化开发了一批旅游精品，在市场上大领风骚。例如，安徽的徽文化、江浙的古镇文化、三峡的巴楚文化、成都的休闲文化和美食文化、内蒙古的草原文化等。对于一些新开发的景区来讲，它们可能没有太深厚的文化底蕴，但开发商也纷纷打文化牌，融入游客感兴趣的文化元素，博取游客的注意和青睐。这充分说明文化对于旅游的重要性，体现了文化和旅游融合发展的产业发展趋势。没有文化品位的旅游产品缺乏生命力，最终将失去市场。

(三) 大别山旅游具有文旅融合发展的天然优势

省委书记李鸿忠说："大别山是生态旅游和文化旅游资源都十分丰富的地区。"从生态旅游资源方面来看，大别山是我国重要的生态屏障和地理分界线。它西接桐柏山，东延到张八岭，逶迤270多公里，覆盖三省六市39县市，国土面积约10万平方公里，2810万人口。四大主峰白马尖1777米、多云尖1763米、天河尖1755米、天堂寨1729米，1000米以上山峰150多座，国家森林公园55个，国家自然保护区35个，国家地质公园3个，大型湖泊水库120多座，大小河流300多条，是全国七大生物基因库场之一，有植物1867种，动物686种，AAAA级以上景区44家（其中AAAAA级两家），山川风景秀美、自然生态环境良好，是天然的生态旅游目的地。从文化旅游资源方面来看，大别山又是我国重要文化区。她的历史几乎与中华民族的文明史一样悠久，早在新石器时代罗田九资河就有人类活动。经过漫长的岁月沉淀，大别山形成了自己独有的地域文化和传统文化，文化形态千姿百态，名人文化、红色文化、东坡文化、民俗文化、戏曲文化、建筑文化、宗教文化、医药文化等多元文化共同交织出大别山光辉灿烂的文化星空。红安七里坪、红安鄂豫皖苏区纪念园、黄梅禅宗四祖寺五祖寺、蕲春蕲州古城、罗田九资河紫薇山庄、红安李先念故居纪念园、英山毕昇故里、浠水闻一多纪念馆、黄州李四光纪念馆等知名景点都蕴藏着丰富的文化内涵。无论从数量还是质量来看，大别山的游资源在全国都是首屈一指的。

难能可贵的是，黄冈大别山的生态旅游资源和文化旅游资源共生共长，相得益彰，特别是这里广泛流传的一些民间传说故事、留存下来的数量丰富的遗址遗迹、保存完好的民风民情民俗，更是把生态旅游资源与文化旅游资源紧密地结合在一起，形成了文旅融合发展的天然优势，为发展大别山旅游提供了重要的基础条件。

二、大别山旅游和文化融合发展中存在的问题

近年来，黄冈在文化与旅游融合发展方面进行了积极的探索，也取得了一些阶段性的成果。但在实际发展过程中，仍然存在许多亟待解决的问题。

(一) 旅游与文化融合不充分，管理机制有待改革

管理机制问题是制约大别山文化、旅游产业融合发展的一大障碍。黄冈大别山的文化旅游资源分属于多个政府部门管理，文化部门管理娱乐场所和文化场馆，文物部门依靠其自身掌握的文物资源建立一系列文物保护单位和博物馆，林业部门主要管理自然保护区和森林公园，园林部门负责主题公园管理工作，旅游部门管理风景区和度假区等。这种管理机制容易造成各自为政，彼此孤立，从而导致各种文化旅游资源难以进行有效整合，纯粹的文化元素或旅游元素相对较多，文化元素难以融入旅游元素，旅游元素的文化底蕴也难以得到彰显，旅游与文化融合不充分，难以形成具有核心竞争力和吸引力的优质文化旅游资源。

(二) 旅游产品文化内涵不足，旅游与文化发展脱节

在大别山的旅游产品开发中，旅游和文化脱节的现象比较突出。大别山区各地文化部

门、旅游部门往往仅从各自的角度出发来考虑具体问题，双方之间缺乏互动与互相促进，文化部门仅关注文化产品，旅游企业只研究旅游产品，对旅游产品深层次的文化价值挖掘不够，因此导致旅游产品缺乏深厚的文化内涵。

(三) 文化旅游产品创意不足，文化开发欠缺新意

大别山拥有名人文化、红色文化、东坡文化、民俗文化、戏曲文化、建筑文化、宗教文化、医药文化等厚重和多元的文化资源，具有做大做强旅游产业的先天条件。但在实际开发过程中，有关部门只是以相对单调而传统的方式对各种文化进行开发和展示，缺乏新意，能充分反映文化旅游资源的新鲜创意和项目相对匮乏，无法抓住游客更多的注意力。具体地讲，就是缺乏把文化遗产、文化现象等一些"死"的东西转变为游客喜闻乐见、愿意体验的"活"的产品的创意，缺乏把各类文化元素融入文化旅游产品包装的创意。

(四) 旅游文化发展软件、硬件环境与需要差距较大

在大别山旅游与文化融合的过程中，旅游文化发展的硬件基础差是硬伤。第一，文博场馆严重缺乏，作为一座有着深厚文化底蕴、多元化文化发展的历史名山名城，黄冈大别山的文博场馆数量缺乏，规模受限，无法承载大别山厚重的人文历史。第二，文化旅游景点建设标准相对较低，在大别山许多人文景点当中，基础设施和服务设施无法满足游客的需求，从而影响了游客对景点的综合印象，使大别山历史文化内涵的展现和传递也一定程度受到了影响。第三，景区范围内有碍景观的大量存在，严重影响了游客的视觉感受和心理感受，会降低游客对文化景点的总体评价。

除硬件基础亟待改善外，从业人员文化素质普遍偏低可以说是一个通病。这是大别山旅游和文化融合发展迫切需要解决的另一个难题，也是制约我市旅游产业发展的重要"瓶颈"。

三、大别山旅游与文化融合发展的对策

实践已经证明，实现文化与旅游融合发展，是做大做强大别山旅游产业的必然选择。针对目前存在的以上这些问题，提出如下建议：

(一) 创新管理机制

旅游和文化要实现融合发展，必须有科学合理的管理机制。相关的政府管理部门应该相互协调，相互合作，以发展"大文化、大旅游、大产业、大市场"的魄力，对旅游产业和文化产业的管理机制进行革新，从而构建起统一、高效和共促发展的管理新机制，为两大产业的融合发展提供必要的制度保障。

创新管理机制的具体内容包括：一是在行政机制上，根据精简机构高效能的原则，将文化局、旅游局、宗教局合并组建文化宗教旅游局，形成文化旅游融合发展的合力；二是建立产业融合的企业主体机制，以特色鲜明的文化旅游企业和企业集团为主，组建一批文化旅游产业集团，并按照现代企业管理制度的要求进行市场化运作，建设产业融合投融资

平台，培育民营企业做大做强。支持恒天集团对遗爱湖公园进行商业化转轨并创建国家AAAAA景区，支持恒天集团发展成为黄冈文化旅游产业的龙头企业。

（二）挖掘旅游产品文化内涵，突出产品特色

对旅游产品的文化内涵进行深度分析和挖掘，凸显产品特色。首先，突出文化旅游产品的特色，树立良好的旅游目的地形象。要充分发挥文化在旅游中的灵魂作用，深入挖掘黄冈大别山的文化内涵和精髓，将文化的潜在价值转化为现实的文化旅游产品，赋予旅游产品丰富的文化内涵和鲜明的特色，走内涵式发展道路。要把红色文化、名人文化牌擦亮、打响。第二，把大别山文化特色融入"食、住、行、游、购、娱"等旅游要素及服务环节中。旅游目的地的住宿餐饮、交通运输、景区景点、购物商场、娱乐场所，既是构成旅游产品的要素和基本内容，也是传播黄冈大别山文化的重要载体。只有自觉将黄冈大别山的文化特色体现在各旅游要素中，才能营造旅游地浓郁的文化氛围，创造良好的文化环境，全方位地展示和弘扬旅游地的文化精髓。

（三）强化创意策划，提升文化旅游产品的创新性和吸引力

文化和旅游的融合越来越依赖于有创意的策划，只有那些新颖独特、极具创意的项目，才有可能得到游客的青睐、最终取得良好的经济效益、社会效益及生态效益。可以通过策划一批有创意的旅游项目，比如罗田吊锅节、板栗节、甜柿节、漂流节等民俗节庆活动、《大别山放歌》、《铁血红安》等旅游地域风味浓郁的文艺表演和互动活动、大别山东腔戏、皮影戏等独特文化资源的展示活动等，在向游客提供具有知识性、艺术性和趣味性的旅游产品的同时，增强游客对文化旅游项目的参与兴趣，使他们从中既得到地域文化的熏陶，又加深对大别山文化的理解，从而达到增强吸引力、拉动消费的效果。

（四）培育主题文化，提升黄冈大别山品牌形象

主题文化是旅游品牌的基石。只有加强主题文化的培育，才能找到黄冈大别山文化旅游的灵魂，勾勒出黄冈大别山文化旅游的主线，把握黄冈大别山文化旅游的脉络，打造黄冈大别山文化旅游的标志，铸就黄冈大别山文化旅游的品牌。这是构建大别山旅游核心竞争力、使大别山早日成为国内外知名旅游目的地的关键所在。

首先是主题文化的提炼，在对大别山特色文化进行深入剖析和研究有基础上，找出各自的共性与特色，并以此为基础归纳和提炼大别山主题文化。笔者认为大别山的主题文化应该是红色文化。其次是通过主题文化构建文化旅游系统，以主题文化为统领，以其他文化为辅助，把黄冈的主题文化融入到旅游建设的景观、建筑、经济、产业、空间等各方面的建设中去，使文化旅游项目处处彰显着黄冈主题文化的独特气质，使黄冈大别山的独特魅力洋溢在旅游景点的角角落落。再次是对以主题文化为中心的大别山文化旅游品牌进行营销和推广，在这一过程中，应努力抓好实施推广、运用营销概念、突出品牌规划、做足特色文章，坚持"突出主题化，注重特色化，提升名牌化"战略，体现差异化的竞争优势，增强主题文化的国际性、战略性、前瞻性、权威性，从而塑造出大别山文化旅游的强势品牌。

（五）注重文化旅游硬件建设

首先是景点景区的基础设施建设，这是旅游产业发展的基础。它包括景区交通体系（包括景区的通达度建设、景区间交通体系、景区内部交通体系、景区内部交通工具的选择等）的完善、景区能源通道的完善、景区管理信息化水平的提高、景区绿化环境的改善等。其次，要注重景区周边的旅游城镇化及旅游公路通道两旁的配套服务设施建设，这是发展旅游产业的重要条件，直接关系到能否更好地满足游客各方面的游览需求，为游客的各项活动提供便利，罗田的九资河旅游名镇及大别川生态画廊建设就是成功案例。服务设施建设包括景区内部及周边餐饮条件、住宿条件的改善、景区周边商业场所的构建、旅游活动中文娱性项目比例的平衡等。这两个方面的硬件建设对于大别山旅游与文化融合发展至关重要，必须予以足够的重视。

（六）加强文化旅游人才培养

一是要加强专门人才培养，在黄冈各高等院校、职业学院的开设旅游和文化管理等专业，增加文化和旅游开发建设的教学内容，并结合黄冈文化与旅游开发建设的实际，大力培养应用型、能力型、创新型专门人才，以适应文化产业、旅游产业互动发展对人才的需求；二是要加强专门人才引进，积极从其他领域引进专业人才，加强文化旅游行业员工培训，努力培养出一支懂管理、善经营、能提供优质服务的人才队伍。特别是要重视引进、培养和组织好文化旅游开发的规划与设计队伍，这样有助于提高文化产品与旅游产品开发建设的质量和品位；三是要焕发人才活力，树立"不求其全，但求其长"的新型人才观，努力营造良好的人才创业和成长环境，不拘一格地发现人才和使用人才，使一切人才的创造愿望得到尊重、创造活动得到支持、创造才能得到发挥、创造成果得到肯定，以人才的作用推动文化产业与旅游产业的融合发展。

关于加强新媒体建设的思考

黄冈市新媒体建设课题组

新媒体是以数字信息技术为基础,以互动传播为特点、具有创新形态的媒体。如数字杂志、数字报纸、数字广播、移动互联网、新闻客户端、桌面视窗、博客、微信等。随着当今社会数字网络技术的迅猛发展,新媒体的迅速崛起不断冲击着既有的媒体话语秩序,进一步变革着大众传播格局,而且快速向政治、经济、文化等诸多领域渗透,成为一种高度社会化的媒介,成为国家社会发展的迫切需要和发展趋势。因此,如何加强新媒体建设,处理新媒体自由与监管的平衡,推动新媒体又好又快发展,已成为摆在各级政府面前的一项重要课题。

一、新媒体发展的总体概况

近年来,随着网络技术的不断创新以及三网融合的步伐加快,IPTV、移动电视、手机电视等数字新媒体和新业务迅速兴起,网络终端移动化、网络活动社会化、网络传播自媒体化的特点越来越鲜明,带来信息传播的主体、客体和渠道的显著变化,新媒体正以锐不可当之势给传媒业带来巨大变革,使媒体格局发生深刻变化。

(一)新媒体势头强劲,覆盖广泛

随着新媒体融合发展步伐的加快,我省正加快推进华中国家数字出版基地等重点项目建设以及广播影视数字化建设、广播电视网络数字化双向改造、广电网络有机整合、三网融合业务和跨域型新业务开展,以互联网为代表的新媒体发展强劲,覆盖广泛,正逐步改变着人们的行为习惯和生活方式,对社会影响越来越巨大。

1. 网民人数不断攀升,网民结构发生变化

统计显示,截至 2014 年 6 月底,全国网民规模达到 6.86 亿,互联网普及率 46.9%。手机网民规模达 5.27 亿,手机上网的网民比例为 83.4%,各项指标稳居世界第一。湖北省截至 2013 年年底,共有各类备案网站 8.4 万多家,互联网用户 2490 余万户,网民人数占全省总人口的 43.1%。黄冈市现有各类网站 3800 多家,网民人数约 330 万,在全省仅次于武汉市,排第 2 位。随着移动互联网和三网融合的发展步伐加快,互联网用户呈逐年增加,网民人数不断扩大。调查显示,在黄冈,综合性报纸读者平均年龄已超过 45 周岁,且读者群正在减少。以黄冈市委机关报黄冈日报为例,2014 年共发行 5.2 万份,平均每万人订报数只有 69 份。而全市高学历(大专以上)网民比例已接近饱和,来自低学历(初中及以下)网民则增幅明显,由 2011 年的 8.5% 增到 2012 年的 10.9%,到 2013 年的 11.3%。在年龄结构上,90 后、00 后已开始成为主体,10~29 岁的网民占网民总数的 52.5%,30~49 岁的网民占网民总数的 38.7%。有关调查显示,有超过 62.8% 的普通网民,超过 91.6% 的党政干部每天都会上网。使用的网络工具主要包括新闻网站、政府门户网站或官方网站、大型商业网站、学习互助类网站、BBS、微信等即时通信工具。互联网已融入到人们的日常生活,成为不可或缺的一部分。

应用	2013 年 6 月		2012 年 12 月		半年增长率
	网民规模(万)	使用率	网民规模(万)	使用率	
即时通信	49706	84.2%	46775	82.9%	6.3%
搜索引擎	47038	79.6%	45110	80.0%	4.3%
网络新闻	46092	78.0%	39232	73.0%	17.5%
网络音乐	45614	77.2%	43586	77.3%	4.7%
博客/个人空间	40138	68.0%	37299	66.1%	7.6%
网络视频	38861	65.8%	37183	65.9%	4.5%
网络游戏	34533	58.5%	33569	59.5%	2.9%
微博	33077	56.0%	30861	54.7%	7.2%
社交网站	28800	48.8%	27505	48.8%	4.7%
网络购物	27091	45.9%	24202	42.9%	11.9%
网络文学	24837	42.1%	23344	41.4%	6.4%
电子邮件	24665	41.8%	25050	44.5%	-1.7%
网上支付	24438	41.4%	22065	39.1%	10.8%
网上银行	24084	40.8%	22148	39.3%	8.7%
论坛/BBS	14098	23.9%	14925	26.5%	-5.5%
旅行预订	13256	22.4%	11167	19.8%	18.7%
团购	10091	17.1%	8327	14.8%	21.2%
网络炒股	3256	5.5%	3423	6.1%	-4.9%

图 1　2012.12—2013.6 中国网民对各类网络的使用率

2. 移动互联网渐趋普及,传播方式发生变化

随着 3G、4G 网络技术的发展以及新闻移动客户端等 APP 程序的加速发展和低价智能手机的普及，手机上网已成为大势所趋，手机网民人数不断攀升，目前已占网民总数的75%以上。调查显示，基层民众获取信息的主要渠道依次为电视、网络、报刊和手机，调查人数中获取信息比例分别为电视84%、网络79%、报刊69%、手机24%。在黄冈，有超过48%的网民每天都会用手机上网，尤其县（区、市）以下乡镇基层干部、媒体从业人员、在校大学生等更以手机上网为主。其中，68.5%的党政干部、39.5%的在校学生将浏览新闻、搜索信息作为第一上网目的，信息的传播和获取更加方便快捷。在黄冈师范学院、黄冈职院、鄂东职院等高校学生群体中，有52.6%的学生用QQ、微信、飞信等即时通信软件作为信息联系和沟通的主要方式。以手机为代表的移动互联网发展，已成为社会公众日常生活的必需品、社情民意的集散地和获取信息的主渠道，在传播党和政府决策、反映民生民需、表达群众利益诉求、汇聚民智民力等方面发挥着越来越的重要作用。

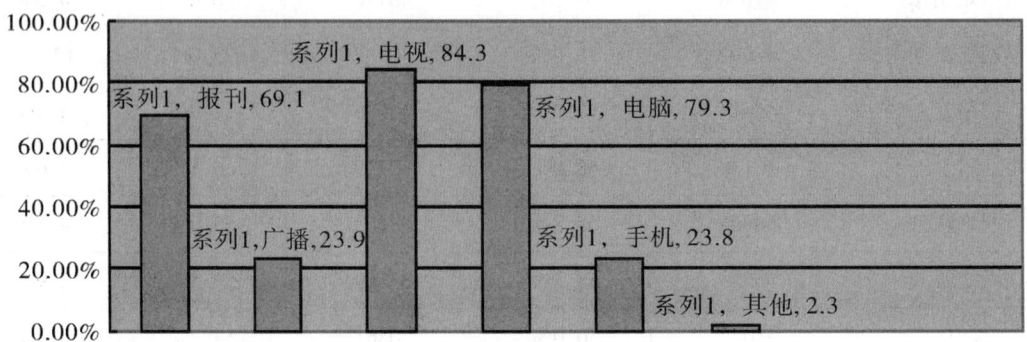

图2　普通群众获取信息的主要媒介渠道

3. 新媒体已成为社会各界的重要信源

互联网的媒体化趋势发展，网络媒体的出现使得新闻信源等呈现出多元化的特点，从而根本上打破了传统媒体时代对信源的垄断。调查显示，商业门户网站由于集合了大量信息资源，成为社会大众的主要获取信源；党政新闻网站以及政府门户网站由于其权威性和独特性，成为各级党政干部重要的获取信源；传统媒体的网络版由于在采编上的专业优势，成为媒介从业者较为青睐的获取信源；但微博等自媒体虽然有巨大的信息流量，但因信息质量良莠不齐，则往往不是公众及媒介从业者获取信源的首选；而微信则因通过网络快速发送语音短信、视频、图片和文字等，支持多人群聊等功能，正逐步成为新媒介信息传播的热门形态。在信源获取的认知上，由于网络媒体（主要是自媒体）自身的先天劣势，如虚假信息、谣言、流言的泛滥等，对网络信息的核实与甄别就显得尤为重要，在这个环节中，传统的信源管道（如政府官员、媒体机构、知名记者等）依然具有较权威的公信力。

由图3可知，黄冈市传统媒体使用人数在近四年趋势变化不明显，但以互联网和手机为代表的新媒体人数使用状况呈明显上升趋势，反映了新媒体在黄冈市发展的势头强劲。

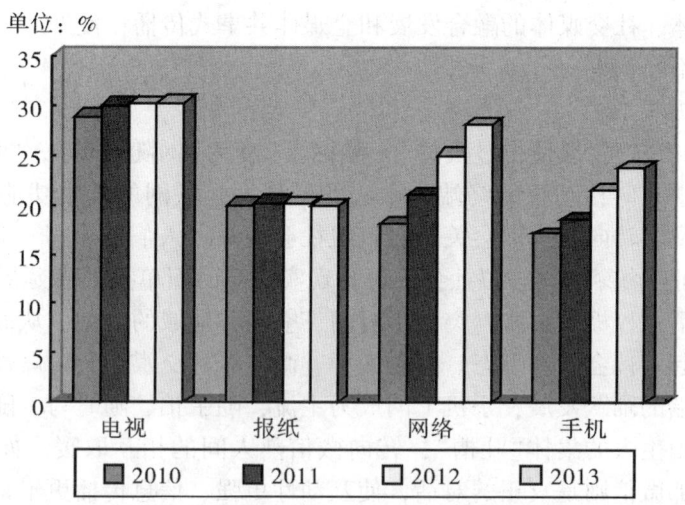

图 3 黄冈市媒体使用状况趋势表

（二）新媒体形式多样，互动性强

当前，互联网创新和普及应用速度前所未有，智能手机、笔记本、平板电脑、手持阅读器等移动上网终端，已成为人们接入互联网的主要方式。博客、微博客、微信、网络社区、BBS等社交媒体成为普通公众发表言论和声音的"话筒"，人际传播和群体传播复苏并成为主要的传播形式。

1. 非中心离散式传播

网民多以虚拟身份在网上发声，从根本上改变了传统媒体多"审"把关程序，各种信息大多呈无障碍传播。以黄冈市为例，现有各类备案网站3800余家，除11家新闻网站和85家政府门户网站外，其他多数为社会网站和个人网站。谁都可以上网发声说话，客观形成人人都是信息源，每个人都可以借助网络同时在横向和纵向进行立体的交叉传递。如百度黄冈吧、东湖社区黄冈论坛、黄冈遗爱网等，一些涉及黄冈的舆情信息通常多会聚集在此，呈现出传播分众化、传受关系复杂化、信息扩散化的发展态势，既为党委政府关注民生民需，掌握舆情动态，及时做好舆情预警和应对提供了平台，同时也成为一些突发事件、群体性事件的信息发布源，网络舆论、网络民意对现实社会的影响力正变得越来越大，不断地影响着人们的生活和社会认知。

2. 全媒体共享式传播

当今媒体格局中，传统媒体、网络媒体、社交媒体"三媒互动"融合发展已成为主流趋势，报网互动、移动互联网等已成为信息生成传播和热点舆情发酵升级的策源地。传统媒体在自己的网站上开设社区、论坛、微博、微信等平台，使媒体的影响力不断扩大。如湖北日报传媒集团既拥有传统纸质媒体《湖北日报》及其电子版，也拥有都市类媒体《楚天都市报》及其电子版，同时建立有网络媒体荆楚网并开设了东湖社区、微博、微信等互动平台，同时也成立了新媒体中心并创建了湖北手机报等电子平台，实现了真正意义上的传统媒体、网络媒体、社交媒体的融合发展和全媒体共享式传播，使湖北日报传媒集团的影响力与日俱增，不断扩大。

3. 互动性开放式传播

移动互联网的快速发展使得过去的"人随网走"变为"网随人走"，网络信息传播正实现以个人电脑为中心向移动智能终端为中心的转变。互联网的基本功能已由海量信息生产、沟通社会成员，转向重构社会关系、组织社会成员。人们的思考、言说和行动在"线上"和"线下"之间自由穿梭，虚拟社会不再是现实空间的简单投射和延展，这种传播方式的改变使得网民话语权极大扩张，突破了时间、空间和地域的限制，从而形成了崭新的人类生活场并构建起了社会的新形态。随着微博、微信等社交媒体获得爆炸式增长以及民间自媒体新闻客户端的踊跃发展，手机上网成为主流，随手拍、随时写、随地看、随时传成为时尚，由微博陌生人的集体"吐槽"，转向微信熟人间的相互取暖。如果说微博更偏向传统广告的话，那微信则是真正的对话，使互动性更强、信息传播更丰富、社会影响更直接和更广泛。

图 4 是对黄冈市公众利用互联网论坛获取信息以及交流的统计状况，各论坛的会员数均过万，互联网沟通已成为大众普遍乐于接受和使用的形式。

项目 论坛	会员	帖子	日平均发帖量
浠水在线	137216	331911	102
蕲春论坛	154310	1553232	312
遗爱网	27315	331911	185
举水社区	26373	827233	250
英山论坛	95432	128071	125
罗田论坛	40281	641520	479
红安论坛	33821	561714	80
武穴论坛	79232	762787	312

图 4　2014 年黄冈市部分论坛统计表

4. 数据储存自动生成传播

随着云计算、大数据、物联网等技术的发展，人们对数据的获取、存储、搜索、共享、分析和可视化等更方便、更快捷，大众媒介信息抓起以及自动生成的速度更快、更高，传播的渠道更多、更广。信源主体从传统的大众媒介及其控制机构迅速扩展到公众个体层面，获取和传播信息的方式和效率均发生了巨大变化。一是随着网络用户的高速增长和用户平均网络使用时间的不断延长，使用户网络行为数据大增；二是随着网络服务从单一的文字形式走向图片、语音和影像等多媒体形式，导致数据量大增；三是网络终端由过去的单一台式机变为台式机、平板电脑、书刊阅读器、手机和电视等多终端，极大增加了数据量。同时，新媒体的交互性带来了充分的即时交流和网络互动，以往传播格局中泾渭分明的传者和受者的界限逐渐模糊，特别是微博、微信的异军突起，改变了中国社会的舆论传播格局和生成、演变机制，重塑了中国社会的舆论生态。

（三）传统媒体改进策略，加速融合

随着新媒体的不断发展壮大，加速了新旧媒体融合发展的势头。一方面，传统媒体与网络媒体通过参股、合并、合作等方式共同搭建跨媒体平台的现象日渐增多。另一方面，电台、电视台和报纸借鉴网络媒体的技术，纷纷将集团信息资源搬上互联网，创建自己的新闻媒体网站。以《黄冈日报》为例，报社成立了新媒体中心，旗下包括"两网一报一公司"（黄冈新闻网、鄂东都市网、黄冈手机报、黄冈日报电子报公司）4个平台，另有《黄冈日报》、《鄂东晚报》官方微博、微信和1个手机客户端。黄冈新闻网设有13个频道、200多个栏目和专题、1个论坛、3个官方微博，涵盖新闻、文化、教育、旅游、房产、健康、娱乐、生活等方面，其新闻多被百度、谷歌、搜狐、腾讯、凤凰等网站收录索引，同时被人民网、新华网、中新网、凤凰网等网站转载，截至2014年上半年，仅百度收录量就累计1000多万条，单天访问量最高达70万人次，平均日访问量在20万人次以上。与此同时，利用网络优势，对市域内有重要影响的新闻事件进行直播，如对已举行的《百姓问政》全程网络直播和微博直播，网友在线观看互动点击达50多万人次。

二、新媒体建设的现状

近年来，黄冈市委、市政府对新媒体建设高度重视，坚持一手抓谋远发展、一手抓建设管理，一手抓理顺体制、一手抓完善机制，为维护改革发展稳定大局奠定了坚实基础。

（一）新媒体意识不断增强

随着互联网的不断推广普及，互联网在传播党委政府决策、反映民生民需、表达群众利益诉求、汇聚民智民力等方面发挥着越来越重要的作用，也越来越引起全市各级党委政府对互联网舆情的重视。一是积极开展业务学习。市委、市政府主要领导带头学网讲网用网，市委中心学习组和各单位创建学习型机关等活动中开展新媒体传播、网络问政、舆情应对、危机处理等业务知识的学习，邀请国内知名专家前来授课，面对面交流，不断提高领导干部特别是党政主要领导干部知网、懂网、用网能力。仅黄冈市委中心学习组已连续两年组织市、县及市直单位主要领导开展了新媒体建设与应用、互联网知识等专题讲座和互联网舆情处置与应对讲座，各县市区中心学习组也相应开展了相关知识的学习和培训工作。二是相继成立了市网络安全和信息化领导小组、网络舆论事件应急处置工作小组等领导机构，有效整合全市网络宣传、信息发布、突发事件舆情处置、新闻网站管理、网评员队伍建设、舆情信息报送等工作职能，着力打造网宣、网管、网研队伍，切实加强网络舆论引导，不断强化对以互联网为代表的新媒体的建设、运用和管理，全市网络舆论环境得到了不断优化和提高。

（二）管理机制和体制不断理顺

理顺管理体制机制，在一定程度上能够避免责任不明、效率不高、扯皮推诿等现象。一是建立了新媒体管理专职机构。把新媒体宣传管理的相关行政资源整合起来，形成党委统一领导、统一部署、协调各方、共同管理的体制机制。黄冈市成立了处级互联网信息管理办公室机构，所属11个县市区均配备了专兼职人员从事互联网信息管理工作，成立了互联网信息管理机构。二是建立新媒体管理联席工作制度。按照谁主管谁负责和属地管理的要求，建立了较为完整的管理责任链，形成统一、权威、协调、高效的管理机制，初步形成了省市县三级网络舆情管理体系。三是建立了网络舆情处置"问责"机制。以市委办名义下发了《关于加强网络舆情处置工作的若干要求》的文件，定期召开工作例会，使社会动态能够及时通报和交流，苗头性的信息能够及时捕捉和研究，倾向性问题能及早发现和注意，进而统一步调，形成合力，实现党和政府的有效决策和对全面工作的有效指导。

（三）网络问政平台不断强化

一是制定了网络问政工作机制。黄冈市各地、各部门立足网络问政平台，及时高效回应百姓的各类诉求。各级"一把手"除特殊情况外，基本上做到了定期和不定期上网浏览热点网络板块，把握本地网络舆情动态，关注处理网络民生问题。二是建立了网络问政工作队伍。市直如公安、民政、教育、卫生、环保等与民生密切相关的重点部门，均明确了分管领导作为网络问政工作的主要负责人，选配专门的工作人员，实行专人分工、专人承办。三是严格网络问政督查考核。制定了"及时受理—初步回复—报领导审阅—按程序办理—跟踪督办"的网络问政办理流程；对情况比较复杂的，如重大民生问题、历史遗留问题等，由市政府召集相关单位进行交办。市政府督查室对网络问政办理情况进行跟踪督办，从网帖办结率和群众满意率两个方面对各单位网络问政办理工作进行考核，确保不停办、不漏办、不超时办，让老百姓真正觉得"上网胜过上访"。

（四）舆情引导能力不断加强

在突发事件中，能否充分发挥新媒体的作用，在一定程度上决定着事件处置的成败。在公开、透明的环境下，谁掌握信息发布的主动权，谁就把握了舆论导向的主动权。近年来，黄冈市在互联网舆情监管引导工作中不断总结经验和方法，舆情应对能力明显提高，对突发事件舆情的处理基本做到有章有法，及时有效。一是逐步熟悉和积累了应对网络舆情热点的措施和方法，能够适时适度适当发出权威声音，抢先引导舆论；二是充分运用主流媒体特别是新媒体的权威性和引导作用，做到以正视听，主导舆论；三是争取本级主要领导和（上级）主管部门的重视，做到事件快速处置与舆论引导同步，最大限度地降低负面舆情的影响；四是面对舆情热点事件，积极主动应对，以良好的态度赢得网民的理解和支持。

三、新媒体建设存在的不足

总体看，黄冈市新媒体发展态势良好，但也伴随着一系列问题和不足，尤其是在新媒体的认识、建设和管理方面，都对体制机制的完善提出了挑战。

（一）对新媒体认识重视不够

从黄冈全市来看，市、县两级党政主要干部对新媒体认识高度重视，但县以下乡（镇）领导干部特别是乡、村干部对新媒体认识还不足，一些较偏远地方的乡镇村干部面对新兴媒体，存在着不适应、不习惯、不熟悉的现象，不善于与网络媒体打交道，缺乏基本的应对能力，发生舆情不是第一时间调查核实情况，而是存在"捂、躲、蒙"的思想，这种"围堵"的方式反而容易造成"水涨坝垮"的现象，客观上导致一些问题的解决难度人为加大。

（二）新媒体发展规划不完善

1. 发展规划引领不够

目前，全市对新媒体发展尚未有明确的阶段性目标，也没有制定指导性、前瞻性、操作性较强的长远规划，缺乏规划引领作用。

2. 政策支持不够

市委、市政府以及市委宣传部虽然高度重视新媒体建设，并赋予其重要宣传职责和任务，但政府缺少刚性的政策扶持措施。以黄冈日报新媒体中心为例，由报社内部整合资源组建而成，除市财政给予20万元专项资金支持外，报社无资金投入，也尚无社会资金投入，存在资金严重短缺，制约了新媒体的发展。

3. 资源整合不够

市内新媒体单位和个业，大多为独立经营，资源分散，经营零散，尚未实现有效整合和优势互补，由于大多尚处初创阶段，底子薄、基础弱、块头小，实力不够强，影响力不大。

（三）新媒体复合型人才短缺

主要表现为专门技术人才少，智力支撑不够。比如黄冈新闻网和鄂东都市网网络频道总监一般由报社或晚报部室主任兼任，缺少互联网专业资质的管理人员和从业人员。全新的传播方式和运行规律要求从业人员时刻保持对于新技术、新业务的关注度、敏感度和洞察力。根据调查，黄冈市新媒体应用人才缺口大，计算机网络专业人员少，网站维护优秀技术人才出现断层。一些新传媒机构、新媒体企业找不到合适的人才，尤其是有一定经验的高端人才。由于大多新媒体单位、企业尚处在起步发展时期，待遇普遍较低，优秀人才难引进，难留住，客观造成专业人才培养与行业需求之间的错位，成为制约黄冈市新媒体发展的一项重要障碍。

（四）新媒体内容亟待改进

"视觉时代"或者说"读图时代"的来临促使媒体要不断迎合读者的视觉需求，但在市、县(市、区)一级的新闻网站以及政府门户网站，往往在页面设计的形式上、栏目设置及内容上，与发展成熟的网站比，还有很大距离，需要大力改进。以黄冈新闻网、新视窗网以及市政府门户网为例,一是首屏页面设计均不够合理,存在广告挤占正文空间。首页是网站的黄金地段,首页首屏呈现的应该是网站最重要的信息资讯,是网民信息咨询的兴趣点,而不是大量的广告条。二是新媒体的内容缺乏特色。多样化的传播模式一定会引发多样化的需求。目前,黄冈新媒体大多传播的视听节目多数是传统的影视节目,缺乏有新媒体传播特点,同时在内容和形式上有特色、有水准的作品,更缺乏大家叫好的原创精品。

(五)网络监管措施明显滞后

随着互联网从城市普及到乡镇农村,各类社会网站的注册登记准入门槛过低,监督管理措施没有跟上,导致全市不具备起码条件的个人网站、个体私人网站、社会网站及在本地注册,服务器外挂(设在外地甚至境外)的其他网站大量存在。据初步调查,全市现有本地注册服务器外挂网站800多家,客观上导致管理难、难管理的现象突出,网络舆情爆发的可能性大幅度增加。由于市、县(市、区)互联网管理职责没有理顺,除公安部门有专门机构和人员负责监管外(主要是针对网络犯罪),市、县级部门对互联网的各种信息基本上只停留在监测的层面,没有有效的管理手段和职能,在信息审核和处理上没有具体的权限,遇涉及本地敏感舆情难以及时处置,被动删帖,被动引导,被动应对。由于市、州及县(市、区)一级没有设立通信管理机构,市、县级信息服务的电信部门也因网站注册等权限在省一级,缺乏有效管理手段,无法开展对网络使用者进行有效监管,相对于使用者和管理者而言,发帖的成本远远小于信息处理的成本,使得基层对互联网的管理常处于穷于应对的困境。

(六)信息审核制度缺位

就黄冈市来讲,目前大多数网站互动栏目的管理和信息审核制度不到位,网站和论坛大多是呈开放式的,缺少对网民发布信息进行审核的限制,一些未经审核的负面信息易被利用,一旦发生影响网民情绪和态度的事件,就容易被炒作,从而引发网络热点事件,使政府公信力受到损害。再如上网实名制执行不严格、落实不够具体,客观上给一些网站以可乘之机,有的在经营过程中从利益出发,存在借用、盗用他人身份证甚至用假身份证为顾客提供上网便利的情况,给网络管理带来困难。

四、加强新媒体建设的对策建议

能否利用好、引导好、管理好新兴媒体,是对党和政府在新形势下的一大考验。要以全新视野和战略思维谋划好新媒体的发展规划,以新的理念、新的思路推动新媒体的建设,以新的举措规范新媒体管理,努力把新媒体建设成为公共文化服务的新平台、人们精神文化生活的新空间。

(一)增强主动意识

一是推动各级党委、政府进一步提高认识。新媒体作为文化产业和信息产业战略发展的重要内容,应纳入各地文化体制改革和建设的总体规划,纳入各级党委、政府考核指标体系。二是推动传统媒体解放思想，转变观念。充分认识到推进传统媒体与新媒体融合是发展的必然趋势，不断加强传统媒体与新媒体资源深度整合，统筹协调共同发展。三是推动体制机制改革创新。遵循新媒体发展的特点和规律，积极推动适应新媒体发展的体制改革和机制创新，积极探索新媒体科学发展的新路子。

（二）加强人才队伍建设

在"融媒"时代，传统媒体与新业态的融合表现为"多层面"、"立体化"的媒体形态的来临，媒体人才的知识结构要求具有复合型人才，把人才队伍培养作为新媒体建设、管理、运用的战略性任务来抓。具体从三方面入手：一是建立一支现代化的"网军"部队；二是培养一批自己的意见领袖来引导舆论；三是媒体管理队伍须引进具有国际视野、立足国情、有前瞻性眼光的高技术人才。

（三）营造良好环境

一是加强政策支持。落实相应的财政、税收、融资、人才等优惠政策，在网络建设、宽带使用、业务应用等方面对新媒体发展给予实质性的政策倾斜。二是加大资金扶持。加大对主流新闻网站和手机媒体的投入，为设备更新、技术升级、人才引进和培养等提供财力支撑，着力培育一批具有黄冈特色的新媒体骨干企业和节目品牌。三是鼓励新媒体通过经营增加收入。进一步拓展经营项目，提高造血机能。另外，还要尝试拓宽融资渠道，在国家政策允许的范围内，通过多种渠道拓展资金来源。

（四）加大技术研发力度

随着数字技术和网络技术的发展，出版、电信、广电、娱乐、互联网等产业需实现真正意义上的媒体融合。通过新技术提升新媒体的管理水平和运用效率是必然选择。黄冈市各新媒体需加强运用管理的科技攻关，确保信息传播安全。投入一定的科技力量和资金，加强对基础性网络技术、数字技术、多媒体技术、信息管理技术等关键技术的研发和应用，开发有害信息过滤技术、数字版权登记技术等，为新媒体运用和管理提供技术保障。

课题组组长：杨先理
课题组成员：童和平　方利　王炜婷　张建平
执笔人：童和平

乡镇基层公务员心理健康现状及维护策略
——以黄冈市团风县淋山河镇为例

黄冈市心理健康课题组

人社部最新公布的数字显示，我国公务员队伍中90%是科级以下干部，60%在县以下机关工作。作为党和政府各项方针政策的直接实践者、执行者，乡镇基层公务员的精神状态、能力、素质直接关系到党和政府的执政水平，影响到经济社会各项事业的顺利推进。当前我国正处于经济转型、政府转型和社会转型的关键时期，随着基层政府职能的不断转变以及基层政府公务员职责的不断调整，致使影响基层公务员心理健康的主客观因素相互交织，基层公务员的心理健康状况日趋严峻和复杂。正确认识现阶段乡镇基层公务员心理健康的现状，有步骤、有计划地为基层公务员提供专业、有效的心理健康援助，提高基层公务员的心理健康水平和心理调适能力，是一个亟待研究和解决的重大课题。

一、乡镇基层公务员心理健康现状

黄冈市团风县淋山河镇位于团风县西北部，是一个山地、丘陵、湖区各占三分之一的乡镇，因有多家知名建工企业诞生于此，被称为"楚天鲁班镇"。全镇版图面积116平方公里，耕地面积36748亩，山林面积44494亩，水面面积5872亩，现辖49个行政村，402个村民小组，14602户，总人口62180人（其中农业人口56173人）。2013年财政收入为556.71万元，农民人均收入5290元。全镇共有行政编制数45人，其中在职人数35人，部门领导人数8人（其中正职2人，副职6人），纪检组织书记1人，副科及以上19人。在职35人中，20~30岁人员4人，30~40岁3人，40~50岁11人，50~60岁17人；大专及以上学历35人（其中研究生1人，本科12人，大专22人）。

2014年5月以来，黄冈市心理咨询学会以该镇为样本，采用文献法、心理测量法、问卷调查法、访谈法等方法，对该镇45名人员进行了调查和走访，共发放调查问卷45份，收回有效问卷45份。调查统计结果见表1。

在我们调查的10个因子当中，有28%的公务员存在抑郁症状，24%存在焦虑症状，20%存在躯体化状，40%存在强迫症状，36%存在人际关系敏感，28%存在敌对，28%存在偏执，16%存在精神病性。从以上调查统计结果不难看出，基层公务员普遍存在工作压力大、心理健康状况差、心理疲劳现象严重的问题，整体心理健康状况不容乐观。

表1

比例	躯体化	强迫症状	人际关系敏感	抑郁	焦虑	敌对	恐怖	偏执	精神病性	其他	阳性项目	总分
轻微以上	20.00%	40.00%	36.00%	28.00%	24.00%	28.00%	12.00%	28.00%	16.00%	24.00%	28.00%	32.00%
中度以上	8.00%	20.00%	12.00%	16.00%	8.00%	12.00%	12.00%	16.00%	12.00%	12.00%	4.00%	4.00%
重度以上	8.00%	12.00%	4.00%	8.00%	4.00%	4.00%	4.00%	4.00%	4.00%	4.00%	8.00%	12.00%

二、影响基层公务员心理健康的主要因素

（一）工作本身的压力

1. 工作任务的繁重

随着政府部门职能的不断加大，乡镇公务员工作的内容越来越复杂，责任越来越大，工作量越来越重，特别是工作的临时性与突发性事件较多，这一切又经常要占据乡镇公务员的时间和精力，困扰着公务员。在访谈过程中有很多人提出对工作缺乏信心，提不起精神，没有工作热情，占访谈和回答主观题总人数的33%。一位在乡镇担任办公室主任的女干部说，自己每天事务性的工作太忙，应酬又多，小孩初三即将中考了，也没多少时间来照顾，除了规定的工作任务外，临时性的任务也很多，为此她经常失眠。繁重的工作任务，不仅导致公务员身体的严重透支，而且使许多公务员无暇顾及家庭和子女，对家庭、对子女产生深深的愧疚感。

2. 职业发展不明确性

这种压力同样存在于我们调研的过程中，特别是30~49岁年龄段与高学历的公务员群体中。在访谈和主观题的回答中，有41%乡镇公务员提到对前途不可捉摸，升迁的希望渺茫，晋升渠道及发展前景不明朗导致许多公务员不知路在何方，如何去实现自己的职业目标。一位在乡镇主管纪检的书记，在这个位置上已经干了近十年，一直升不上去，他以前的部下调到市里成了他的领导，导致这位纪检书记的心上感觉非常不平衡，感觉前途渺茫，而职业目标的丧失，势必导致乡镇公务员的职业倦怠和多种心理冲突及心理失衡，对工作失去了热情、信心，换来的只是精神世界的苦闷。

（二）复杂的人际关系

人际关系在中国历来微妙而复杂，"三分工作，七分关系"成了许多场合的潜规则。乡镇公务员在工作中要面临许多复杂的关系，有上下级关系、同级关系、群众关系等。良好真诚的关系不仅会增强开拓工作新局面的信心，而且会满足人的社会安全感，使心理健康发展。可现实中往往是人际关系紧张，特别是在部门利益分配、分工合作、职位升迁阶段。一位新分到基层的大学生说，为了维护各种人际关系，他需要拿出相当多的时间和精力来应对自己身处的各种关系，这样才能营造平衡，妥善处理好上下左右复杂的关系。在

访谈和主观题的回答中,有21%的乡镇公务员提到一切都是虚假的,不知道该信任什么。在这种低信任度的猜疑不安的工作环境中,基层公务员很容易感到精神压抑,心情苦闷。根据访谈及对问卷的分析,人际关系的复杂性主要表现在领导管理不规范、工作不好开展和个人行为不被他人理解、工作得不到同事配合等。

(三)较低的工资水平

不可否认,这几年公务员的工资有了很大的提高,公务员工作的稳定性对社会也产生了很大的吸引力,这从近几年公务员招考报名人数上可见一斑,应该说,能成为政府的一员是令人羡慕的,但是乡镇公务员工资水平总体还不高,公务员的工资收入和生活水平同社会上其他部门的人比较,往往还有很大的差距,加之赡养老人、抚养孩子的重担,就会使一些乡镇公务员产生不平衡感,进而导致精神压抑不堪重负。在访谈回答中,有许多人提到工资低的问题,占整个访谈和主观题回答的67%,认为目前最主要的问题就是工资低,而物价又上涨太快,仅靠这点收入养家糊口实在很难。经济压力成为影响乡镇公务员心理健康的一个重要因素。

(四)社会变迁引起的价值观混乱、个人情感、孩子的教育等问题

涉及这些问题的占整个访谈人数的9%。价值观混乱主要是指现代社会价值观念评价体系与固有价值观念评价体系冲突而引发的困惑,以及弱势群体权利的缺失和剥夺等。孩子教育问题主要包括子女升学、就业、婚嫁、管教等方面的压力。其中30~49岁这个年龄段的基层公务员子女问题压力最强烈,因为在这个年龄,子女正常来讲应处于青少年时期,这个时期,要面对的子女问题非常多,例如升学、就业、甚至婚嫁,每位父母除了要承受巨大的经济压力之外,还要对子女的每一个选择担忧和操心,因此不可避免的产生了巨大的心理压力。

(五)对心理健康认识不够,自我调适手段欠缺

在我国,由于受传统文化的影响,人们对心理健康问题普遍重视程度不够,乡镇公务员也不例外。在访谈设计中,我们问到:如果你有了心理困惑、心理问题,你会怎么解决?只有1%的基层公务员会找心理医生去咨询。有少数乡镇公务员虽然已经意识到了心理健康的重要性,但对心理健康的知识知之甚少,自我调适能力不强,不善于自我调节、自我减压。同时,由于心理疾病又比较隐蔽,不如身体疾病那样容易察觉,因此很容易被忽视。基层公务员往往是有了压力以后,在上级领导面前不敢说,同事面前不能说,亲人朋友面前不愿说,而自我又缺乏有效的调适手段,致使心理压力不能得到及时的释放,日积月累,导致心理严重失调或身体健康出现问题。

三、提高基层公务员的心理健康水平的对策探讨

心理健康和生理健康密不可分,健康的心理是公务员素质健全、全面发展的基础,是公务员健康、快乐与成就事业的重要保证。健康的心理是体现公务员执政能力和执政水平

的重要标志，是公务员能否把握角色，切实履行职责，拓展局面，取得业绩的内在潜质，尤其是领导干部能否担当大任的重要心理品质。关注公务员心理健康就是关注干部的成长和进步，就是关注党和国家事业的发展。基层公务员出现的心理问题如果得不到及时的救治，必然影响身体健康，进而影响工作和政府的管理效能，甚至影响到政府的形象和经济社会的稳定发展。为此，我们通过一系列讲座、团体及个体辅导，增强基层公务员对心理疾病的免疫与调适能力，强化提高基层公务员的心理素质。

1. 转变观念，正确认识心理健康问题

在西方，心理问题就像身体疾病一样，人们遇到了就去咨询心理医生，这是件很平常的事，几乎所有的人，上到总统、国会议员，下到普通百姓都进行过心理咨询。相应地，对公务员这一特殊群体的心理健康问题就更加重视。在我国，由于受传统文化的影响，人们对心理健康问题普遍重视程度不够。我们在调查中同样遇到了这样的问题，许多基层公务员不敢真实地表达自己的心理感受，在我们反复说明绝对保密，绝对不会影响到其工作及前程时，才敢对我们吐露心声。针对这种情况，我们通过广泛开展心理健康知识讲座或宣传等活动，用大量的科学知识，让大家摒弃传统观念，正确认识和对待心理问题及心理疾病，，使基层公务员对心理问题、心理疾病有一个正确的看法，不再谈心理疾病而色变，树立起正确的心理健康理念，让基层公务员了解心理健康问题对工作、身体和生活的影响，正确应对各种心理问题。同时通过培训，使基层公务员了解掌握心理科学的基本理论知识、方法和工作技巧等，增强基层公务员的心理承受能力和自我调适能力，客观对待名誉、地位、权力和金钱，正确行使手中的权力，妥善处理上下左右的关系，促进身心健康，工作顺利，家庭和睦，社会进步。

2. 在基层公务员日常管理中引进相关的心理学知识

第一，我们建议在选任干部特别是公开选拔、竞争上岗时，加入了一定比例的心理测试成分。通过心理测试技术，了解公务员的心理特质及心理结构，一方面为组织人事部门培养使用公务员提供重要参考，防止公务员带"病"上岗，带"病"晋升，实现人岗匹配；另一方面帮助公务员了解自己的心理特质，制定个人生涯计划，规划自己的职业发展，找到更适合自己的岗位，有效避免由于人岗不宜而造成工作中的心理紧张。

第二，建立职业能力提升路径，关心基层公务员职业成长。职业能力是公务员实现自我持续发展的基础。在知识经济迅猛发展的今天，公务员所拥有的知识将随着时间的推移而逐渐老化，我们通过培训给其提供充电和深造的机会，如沟通能力和执行能力的培养，强化沟通技巧和执行方法，使基层公务员体会到其所从事的工作并非简单的"机械化"操作流程，同样也是一门艺术，由此提高其心理效能和价值认知。这一方面可以缓解因知识技能更新加快而给公务员带来的压力，另一方面也是对个体发展需要的尊重。

第三，切实提高基层领导干部的心理领导水平。我们单独对班子成员进行心理领导科学知识的培训，改变工作简单化的模式和狭隘化的格局，掌握心理学知识，懂得基本的心理领导方法和领导艺术，知道如何运用用情、用心的艺术，以情商支配智商的"心理沟通"、"心理搀扶"、"心理感召"以及"心理激励"和"心理导向"的"心理领导意识和技巧"激发其工作的活力，提高工作效率和工作质量。

3. 为基层公务员提供适当心理咨询及心理宣泄的渠道

人在压力情境中会产生冲突的、痛苦的情绪反应，如果强行压抑情绪，迫使不良因素转入体内，有损于身心健康。基层公务员也是人，也有七情六欲，他们的心理郁积长期得不到排解，就容易出现心理症状，如倦怠，工作僵化缺乏新意。如果不通过心理方式解决这些问题，那么最终的结果，就是政府机构服务水平及效率低下，公众满意度持续降低。

对于已经存在心理问题的乡镇公务员，我们要给予足够的理解、关心和爱护，加上积极的治疗，让他感到有人理解他，也让他的"心理垃圾"有倾倒的地方，这样就能够缓解病情，有效地避免悲剧的发生，使他们早一点走出心理困境，回归正常的社会生活。

4. 掌握自我心理调适方法，努力驾驭自己的情感

通过心理知识培训和团体、个体辅导。我们主要让基层公务员从以下四方面进行自我心理调节：

(1) 正确认识和对待工作压力。

针对工作本身的压力，每个基层公务员都应认识到，工作是人生的一项重要内容，除了能带来报酬之外，还可以从工作中得到许多收获。一个真正活得踏实的人是获得"个人安全感"的人。"个人安全感"的最主要的成分就是对自身工作的高度胜任。基层公务员一方面要不断给自己充电，接受终身教育，不断提高自己的能力，使之日臻完善，这样就可以从工作中体验到一种满足感和成就感，建立起自尊与自信；另一方面，要做好自己的职业生涯规划，并对可能出现的压力和问题做好心理准备，增加工作的目标性，以目标管理减少工作中不确定感。基层公务员还要努力挖掘工作的积极面，从工作结果的社会意义中品味自我的价值。也就是说，基层公务员要想从根本上消除烦闷的情绪，就必须热爱自己的工作，在工作中寻找乐趣，在工作中倾注自己的热情、智慧与责任心，把工作看成自我创造力的表现，看成自我价值的实现。

(2) 努力提高自己的人际交往水平。

针对人际关系的复杂性，基层公务员要努力提高自己的人际交往水平。正常的人际交往是满足个人爱与归属需要、尊重需要、建立个人自我价值观的重要渠道，正确的人际交往态度、良好的人际关系、有效的人际沟通技能对于维护健康的心理非常重要。为发展良好的人际关系，基层公务员首先要加强自我修养，做到对工作中的分歧和争议，能够宽容和理解，避免内耗；其次还应该学会换位思考，从他人的角度看问题，对人不苛求；再次，要学会主动发现他人的优点、欣赏他人的成功，主动关怀和帮助他人，从中体会到做人的价值。基层公务员通过良好的人际交往，不仅可以与人交流工作经验、开阔心胸，还可以获得更多的社会支持。研究表明，社会支持水平直接影响个体的心理健康水平，社会支持水平越高，心理健康水平越高，主观幸福度越高，心理症状越少。

(3) 树立正确的价值观和人生观，正确处理生活中的各种问题。

针对部分基层公务员提到的价值观混乱、个人情感、孩子教育等问题，基层公务员一是要加强学习，与时俱进，正确认识和对待社会变革带来的文化、价值观、生活方式等多元化问题；二是要学会处理好事业、家庭和身体之间的关系。正确对待各种压力，注意劳逸结合，工作之余尽量多开展一些有益的业余活动，使自己放下烦恼、修整身心。同时，还应该尽量抽出时间经营家庭，关心家人。温暖和谐的家庭会让人产生安全感，可以让烦恼和痛苦减轻到最轻程度。基层公务员如果能在这三者之间找到一个平衡点，就可以做一个幸福、健康、高效的人，就可以远离心理危机；三是努力扩大自己的交际圈。基层公务员要建立自己"朋友圈"、"工作圈"、"兴趣圈",扩大与外界倾诉和交流的范围,通过分享他人的实践经验、亲身经历、信息反馈等,鼓励、激发甚至是警醒自己,从而能够更从容地预见将来的结果。同时,这种交流也是释放压力的良好方式。

(4)掌握自我心理调适方法,努力驾驭自己的情感

首先,要培养乐观精神,增强韧性。乐观是对事件的一种利己性因果归因或预期,即个体会倾向于将事件的成功归于内部、持久、普遍、深入的因素,而把失败归于外部、暂时和特定情景下的因素的积极解释风格,包括对自己有比较客观实际的看法;更具自信和自主能力;在较大的程度上接纳自己的感受;对自己有比较积极的评价;较少压抑自己内心的体验等。

其次,学会从积极方面看问题的思维方式。事件本身无所谓好坏,当人们赋予它自己的偏好、欲望和评价时,便有可能产生各种无谓的烦恼和困扰。因此人对自己情绪和行为的反应负有责任,只有改变了不合理的信念,才能减轻或消除烦恼与痛苦。所以,在现实生活中,当我们遇到问题时,要善于从积极的方面看待,避免绝对化的想法,避免以偏概全,避免糟糕至极的想法。

再次,学会一些心理自我调适法,以缓解心理压力:

①学会放松。如闭上眼睛,采用腹式呼吸法,深深地吸气,将清新的空气吸入每一个细胞中,然后吐出废气,并随之想象所有的焦虑、不安都随之一起排出。还可以听音乐、聊天、参加体育运动、做家务等,在做这些的过程中,使内心获得安宁和平静。

②常给自己一些积极的自我暗示。在日常的工作生活中,常用激励性的词语暗示自我,增加自信,提高解决复杂问题、驾驭自己情绪的能力,如在遇到棘手问题时,告诉自己:"我能行。一定能找到解决的办法";在愤怒时,对自己说:"冷静,不要发火,发火无济于事";在烦恼时,提醒自己:"多考虑一下,别着急,一定会有办法的";在忧虑时,告诉自己:"忧虑无济于事,要面对现实"等。

③学会情绪转移。当遇到不良情绪时,善于把注意力、精力投入到一些有意义活动中去,以减轻不良情绪对自己的冲击,如参加各种文体娱乐活动、阅读名人传记、琴棋书画等,从这些活动中寻找有益的启示,转移平衡自己的情绪。

④学会辩证地看问题。任何事情都是有好有坏的,在遇到问题时,要一分为二地去看,多看它的积极方面,少看消极方面。

⑤积极寻求社会支持,包括找家人或朋友倾诉、写日记自我倾诉、和有相同经历的人交流等,都可以有效地缓解心理压力。

⑥善于宣泄。不良情绪淤积在内心,会影响身体健康,进而影响工作,公务员要学会一些情绪宣泄的方式方法,如哭泣,找亲人朋友倾诉,旅游,参加体育运动,娱乐活动等,善于把自己的不良情绪通过合理的方式方法宣泄出来,保持心态的平衡,更好地开展工作。

课题组组长:张静
课题组成员:肖安　吕晓霞　袁丽华　杨培
执笔人:肖安

黄冈市农村精神文明建设调查报告

黄冈市农村精神文明建设课题组

近年来，随着我国社会主义新农村建设的不断推进，广大农民的物质生活水平得到快速提升，物质文明的发展进步给广大农民带来了全新的变化，同时也对农村精神文明建设提出了新任务、新要求。如何进一步加强农村精神文明建设，并使之与实现"中国梦"的要求相适应，已成为新时期社会主义精神文明建设一个重要课题。今年上半年，黄冈市委宣传部与市文明办组成专门调查组，对全市农村精神文明建设情况进行专题调研，现将调查情况报告如下：

一、我市农村精神文明建设现状及原因分析

黄冈位于湖北东部，大别山南麓，长江北岸，素有"吴头楚尾"之称，总面积1.74万平方公里，辖11个县市区(1区2市7县和1个县级农场)、115个乡镇、4314个行政村、37050个村民小组、154.54个农户，农村人口580.46万，占全市总人口的77.6%。近年来，黄冈市委、市政府坚持从实际出发，从关心农民切身利益的实际问题入手，把精神文明建设与群众办实事、办好事相结合，求实创新，锐意进取，广泛开展文明创建活动，促进全市农村精神文明建设保持了蓬勃生机和旺盛活力。目前，全市已涌现国家级文明村镇5个，省级村镇54个，市级文明乡镇99个。虽然我市农村经济得到了快速发展，农民收入得到了大幅提高，农村面貌发生了翻天覆地的变化，与之相适应的农村精神文明建设水平也得到不同程度地提高，但与社会主义新农村的要求相比，我市农村精神文明建设也还存在一些不容忽视的突出问题。

(一)群众道德教育弱化

意识决定行为，农村精神文明建设根本性好转，取决于农民群体的道德素养和坚持的道德水准。不少群众反映，自"三提五统"不收了，干部也很少到老百姓家里了，干群之间沟通少了，干群之间的距离也拉远了。由此导致农村政治思想教育不深入，党的农村政策在农村宣传不到位、解释不具体；道德教育不扎实，良好的道德规范在广大农村还没有形成。一些农民的思想意识、价值取向、道德观念产生错位，出现了"端着碗吃肉放下碗骂娘"、"爱子不孝老"、"吃水忘了挖井人"等现象。特别是艰苦奋斗精神、勤劳致富思想、诚实守信的美德和体现真善美的做人准则均有所弱化，好逸恶劳、见利忘义等懒散无为的生活方式较为普遍。同时，当前农村大量的留守儿童和留守老人涌现，代沟和代差，

带来了未成年人思想道德教育的真空。

（二）易风移俗步伐缓慢

先进的文化不进村，没落的文化就会抢占主阵地。当前，农村封建迷信、腐朽思想、陈规陋习等不良现象又有所抬头，一些农民生活水平提高了，却缺乏健康的精神追求。有的村民时常聚在一起玩麻将、赌博，少数农民沉迷其中，造成对时政不闻不问，对生产生活得过且过；红、白喜事讲排场，大操大办，对老人重葬轻养现象比较严重；重男轻女、打架斗殴的歪风邪气屡禁不止，引发了一些不稳定的因素，影响了农村社会安定。在调查中，我们做了初步统计，平均1个家庭年送礼2000元左右，并且出现了"攀比风"，大有你送一百我送两百的趋势。这些现象如不有效遏制，势必会造成农村道德的整体滑坡。

（三）农民精神生活单调

当前农村群众的文化生活主要是看电视，而多数是看电视剧节目，很少有看社会和综艺类节目的。其他的文化设施几乎一片空白。据调查，在全市4314个行政村中，建有文化广场的村不到10%，且集中在沿路沿江地区，北部山区很少村有文体广场。2008年，全市开展"农家书屋"援建工作，目前绝大多数村都建起了"农家书屋"，但"农家书屋"的大门经常紧锁着，很少对群众开放。也有不少村建有各式各样的活动中心，但有些没有很好地发挥应有的作用，有其名而无其实。同时大多数乡镇文化活动中心年久失修，有的是"一间房子，多块牌子"。加上缺资金，缺人才，长期不开展活动，与广大农民对文化的需求存在很大差距。

（四）农村生活环境堪忧

精神建设成果是建立在物质文明之上的产物，有什么样的物质条件就有什么样的精神文明。近几年来，农民生活条件有所提高，但多数农民仍不十分宽裕，农村脏乱差现象仍然突出，村组无统一规划，农户建房无设计，随意选址，带来基础设施投入加大，现有房屋的维修改造与新农村建设的要求还有差距。农村的生活垃圾无人管理，生活垃圾随处乱倒现象还比较普遍，房前屋后随处可见猪牛粪便和污水坑，甚至还有少数人畜混住现象，环境污染严重，直接影响到农村的环境，农民的生活质量和身体健康。农民收入没有大幅增加，居住条件没有大改善，农村精神文明创建就会失去根基，环境上讲究不起来，言行上也文明不起来。

我市农村精神文明建设存在的这些突出问题，一方面是受到了农村群众生活困难和根深蒂固的封建传统思想的影响，另一方面则是部分领导和干部对精神文明建设的重要性认识不足、措施不力，失之以宽、失之以软造成的。究其原因，主要表现为"四重四轻"：

1. 重面上宣传，轻深入教育

宣传教育的针对性还不够。目前，党的大政方针等现实形势政策教育的多，面向城市居民的内容多，而面向广大农村、符合农村实际情况的具体惠农措施和宣传农村精神文明建设成就的少。宣传教育形式的适应性还不够。往往依靠报纸、互联网等不适合农村实际得多，灌输性、教条式、空洞性说教的多，切合农民实际，深入生活、生动活泼，引起群众共鸣的少,依靠广播和曲艺形式等符合农村实际的少。

2. 重城市和硬件投入,轻农村和教育投入

城市和农村精神文明建设投入比反差较大,农村人均文化事业经费不到城市居民的10%。硬件和软件的资金投入比反差较大。投向有形的硬件设施建设居多,而投入相对无形软件建设的少,尤其是针对普通群众教育和开展文化活动的投入少之又少。

3. 重树立典型和点上进步,轻全面协调和统筹发展

群众性精神文明创建工作覆盖面窄,占村镇总数15%的各级文明村镇采取的跟进措施多,占85%的普通村镇采取的促进精神文明建设的措施少。创建工作质量不够高,保证创建各类文明先进一次性通过的方法多,提高文明创建巩固率、降低文明创建"返贫率"方面的思路和方法少。考评体系不够科学,在科学评估督查农村精神文明建设方面,面上督查、临时性检查、上级有关部门督促的多,建立健全全面、量化、客观考评体系的少。

4. 重活动创建和载体创新,轻丰富内涵和理顺体制

群众参与活动少,目前在农村开展的文化活动中,全部都是送下乡,而农民组织、农民参与的文化活动则很少。组织力量弱,目前每个县市区文明办只有编制1~2人,黄冈市文明办也仅有5人。专职人员少,在镇村两级文化活动组织方面,组织活动时涉及的工作和任务多,组织所需有专业背景和能力的专职人员少,这种情况在乡镇一级更为突出。

二、加强和改进我市农村精神文明建设的对策建议

(一)把精神文明建设作为社会管理创新的重要内容

1. 以加强群众教育为切入点,不断提高群众的思想道德素质

着眼于提高农民综合素质,加快由传统农民向现代农民转变,为建设新农村提供强大的人力支撑。要加强对农民的传统文化与形势政策教育。用通俗易懂、群众化的语言深入乡镇、农村广泛持久地开展宣讲活动。以此加强对农民进行社会主义荣辱观教育,引导广大农民分清是非、善恶、美丑。要加强对农民的民主法制教育。把依法行使民主权利的内容方法教给农民,把与农村群众生产生活密切相关的法律法规教给农民,引导农民以理性合法的形式表达利益诉求,成为遵纪守法的合格农民。要加强农民的知识技能教育培训。把"阳光工程"、"雨露计划"等做实做好,培养一批"有道德、有文化、懂技术、会经营"的新型农民。要加大农村先进典型的培育。深入开展"道德模范"、"身边好人"、"好婆媳"、"好夫妻"、"好孝子"、"文明卫生示范户"等创评活动,培育、树立一批先进典型示范人物,充分发挥先进典型示范带动作用,引导农民学习先进、争当先进,推动形成邻里团结、家庭和睦、诚信友爱、扶贫济困的人际关系。

2. 以培育"文明乡风"为切入点,不断提高农村文明程度

农民是建设新农村的主体,培育新农村、树立新风尚,是新农村精神文明建设的迫切需要。乡风文明的培育也是一个长期过程,各乡镇、村要注意从乡规民约、村规民约入手,通过约定俗成,农民用普遍认同的乡规民约、村规民约来规范行为形成乡风。各乡

镇、各村要从当地的历史、文化、传统、风尚出发，制定出得到普遍认可的乡规民约，使农民在乡规民约的约束中，潜移默化地受到教育，得到提高，形成自身的文明乡风。进一步深入开展"文明新村"、"十星级文明农户"、"婚育新风进万家"等丰富多彩的精神文明创建活动，在广大农村形成尊老爱幼、邻里和睦、见义勇为、扶危济困、崇尚科学的文明新风，塑造社会主义新农村的新风尚。深入开展移风易俗活动，引导农民群众树立文明意识、健康意识、卫生意识、节俭意识，逐步养成良好的生活方式，促进农村形成健康文明新风尚。

（二）把"三园"创建作为农村精神文明建设的推动载体

1. 以"文化乐园"建设为切入点，不断丰富群众精神文化生活

随着农村经济社会的发展，农民对精神文化需求也不断增长，求知、求乐、求健、求美的要求也越来越强烈，但农村的精神文化生活相对贫乏，迫切需要以思想文化阵地为依托，大力发展群众文化、完善文体设施。一是要加快农村电视、电脑入户工程。目前，通过电视、电脑求知、求乐是农村精神生活的一个主渠道。目前农村有线电视入户率、电脑普及率，还不能适应农民对政策掌握、信息了解、文化娱乐、精神生活的需求。要进一步实施有线电视"村村通"工程，加快电脑、电视的进村入户，提高电脑、电视的普及率。二是加强农村文化体育设施的建设力度。要通过"政府和社会化投入"相结合的办法，大力加强农村文体设施建设，下工夫建设好包括农村广播室、文化活动室、阅览室、阅报栏等各种思想文化阵地，把思想宣传工作、文体活动向农村延伸、向农民渗透，把教育农民的工作做实。三是突出特色，开展群众歌咏、体育比赛等文化活动。文化部门要继续深化送文化下乡工程，重视乡镇文化活动中心、村文化室建设，通过"读经典，唱红歌"等形式，丰富农民文体活动内涵，满足农民的文化需求，取得寓教于乐的作用。

2. 以"清洁家园"建设为切入点，改善群众生产生活环境

乡村面貌是农村经济发展和精神文明建设的集中体现。要把农村环境卫生治理、村容村貌建设纳入村镇发展的总体规划，从教育引导农民改变陈规陋习、倡导科学文明健康的生活方式抓起，把经常性工作和集中整治结合起来，把宣传教育和制度规范结合起来，下工夫解决"脏乱差"问题，努力建设环境整洁优美、生态良性循环、管理规范有序的新农村。按硬化、绿化、净化、亮化、美化的要求，积极推进文明卫生村镇创建活动，大力开展"清洁家园行动"，重点解决"五乱"（柴草乱垛、粪土乱堆、污水乱泼、垃圾乱倒、禽畜乱跑）问题，努力打造一批"文明卫生示范村"、"文明生态村"等新农村建设示范点。探索建立农村环境卫生长效保洁机制。要按照"三个一"标准，建立农村环卫工作长效管理机制，做到建立一支卫生保洁队伍，建设一批环卫保洁设施，制定一套卫生管理制度。通过修订村规民约，采取有效措施，切实解决"五乱"问题。乡镇要建立专职农村环境监察队伍，村组要设立监督员，真正使农村环境卫生工作有人抓、有人管、有人干。改善农村居住环境，实现村容整洁，是一项长期的渐进的工作，必须从早谋划，从现在做起，加大力度，逐步推进，力争通过几年的努力，使我县的村庄建设有一个根本的改善。

3. 以"生态田园"建设为切入点，不断增加群众收入

一是加强农村生态环境建设。认真实施山川秀美工程，继续抓好退耕还林工作，保护

好土地、森林、地下水等自然资源。重视和加强农村环境保护工作，治理农村水源污染、禽畜养殖污染和农药化肥污染，逐步实行农村垃圾无害化处理。坚决制止乱砍滥伐和偷猎盗捕等违法行为，维护生态平衡。积极发展生态经济，努力增加群众收入。二是加强生态产业建设。按照"一村一品"和"工农对接"的思路，结合实际，大力发展生态产业。大力培育农村特色块状经济，建设一批经济强镇、经济强村，努力增加群众收入。

（三）把长效机制作为农村精神文明建设的有力保障

1. 健全领导组织机制

要切实加强对农村精神文明建设的领导，实行党委统一领导、党政齐抓共管、文明委组织协调、有关部门各负其责，确保农村精神文明建设纳入经济社会发展大局，融入各部门各行业的业务工作，尤其要把各级领导抓农村文明建设工作纳入岗位责任制，一同谋划、一同部署、一同落实。要着重改变目前乡镇宣传委员兼职过多的现象，乡镇应设立文明办，配备专兼职人员，明确每个干部抓精神文明建设的职责，形成人人抓，人人参与的格局，确保农村精神文明创建有人抓、抓得起。同时要加大干部队伍的培训力度，提高创业创新能力。要加强资源整合，健全协调制度，改变各有关涉农部门各自为政的情况。针对目前文明村、平安村、科普村等农村创建工作载体过多的现象，努力找准结合点，整合部门力量，合理减少载体数量，改变农村基层干部疲于应付的局面。

2. 健全考核激励机制

要建立相应的考核机制，形成完整的考核体系，量化、客观、全面并重点考核工作创新、社会效益和长远规划。要逐步改革投入模式，探索实行以奖代补等方式，完善考核激励机制，将工作进展和群众满意率同班子主要领导绩效考核、物质奖励相结合，按照工作绩效奖优罚劣，进一步调动农村精神文明建设的积极性、创造性，提高实效性。各乡镇要结合中央及省市县"十二五"规划，制定精神文明建设中长期规划，通过制订规划，明确乡镇精神文明建设的奋斗目标，对精神文明建设各方面的内容要有明确的规定，对各部门单位、个人担负的农村精神文明建设任务要有明确的要求。通过规划对农村基层精神文明建设工作起到导向作用，促使农村基层干部群众将目标转化为具体行动，实现农村精神文明建设持续稳定发展。

课题组组长：方林生
课题组成员：余赤　郑华　肖华　陈劲
执笔人：郑华

第十一篇

咸宁市

咸宁积极打造全国绿色发展示范区可行性及路径研究

咸宁市发改委课题组

绿色是人类永恒的追求。绿色发展是按照科学发展观和建设生态文明的要求，以尊重自然、经济、社会发展规律为前提，以实现更高层次、更可持续、更快速度的发展为目标，推动经济社会发展与生态环境保护双赢的发展模式。当今世界，绿色发展已经成为一种新趋势和潮流。我国政府在"十二五"规划中首次提出"绿色发展"的概念；党的十八大提出要把生态文明建设纳入中国特色社会主义事业"五位一体"总体布局，着力推动绿色发展、循环发展、低碳发展。近年来，咸宁市委市政府审时度势、因地制宜、科学定位、高瞻远瞩提出了"绿色崛起"的战略目标、打造全国绿色发展示范区的构想。

生态优势是咸宁最大的优势，也是我市基础最好、特色最优、潜力最大的资源禀赋。在咸宁市建设国家绿色发展示范区，可以为我国转变经济发展方式探索路径，为生态优良地区建设生态文明引领方向，为欠发达地区脱贫致富、和谐发展提供样板。如何进行这一具有重大社会、经济、历史意义的"试验"，早日促成咸宁绿色发展示范区建设上升为"国家战略"，是摆在我们面前现实而艰巨的任务，也是亟待研究的重要课题。

一、咸宁建设全国绿色发展示范区的可行性及必要性

咸宁作为欠发达地区，面临着既要消除贫困、又要建成全面小康的双重压力，既要"追赶"、又要"转型"的双重任务，既要加快发展经济、又要推动社会转型的双重挑战。咸宁应充分发挥自身丰厚的资源和生态优势，力争率先实践、率先创新、率先发展，积极打造全国绿色发展示范区，为咸宁探索走出一条生产发展、生活宽裕、生态良好的发展新路，成为绿色产业革命的重要践行者。

（一）咸宁生态意识深厚，建设绿色发展示范区能够为贯彻落实党和国家战略部署探索一个新模式

作为全省重要生态功能保护区、资源富集区，咸宁较早积极探索具有片区特色的生态文明建设道路，近年来，咸宁相继荣膺国家级"最适宜人居城市"、"中国人居环境范例奖"、"中国魅力城市"、"中国十大最具成长力创新型城市"、"全国第二批可再生能源建筑应用示范市"、"温泉之都"等荣誉称号。随着"绿色崛起"战略的提出，"生态优势是咸

宁最大优势"、"绿水青山本身就是金山银山"已成为全市人民的共识。十八大首次把生态文明建设放在总体布局、五位一体的高度来论述，作出了建设美丽中国、实现中华民族永续发展的庄严承诺。咸宁发挥绿色生态和资源环境优势，提出建设国家绿色发展示范区的构想，致力于把咸宁建设成为全国转变经济发展方式的示范区，生态文明与经济社会发展协调统一、人与自然和谐相处的试验区，符合党和国家的重大战略部署，是落实转变经济发展方式、建设生态文明、打造美丽中国具体而生动的实践，是推动多年生态环境保护成果不断延伸转化的现实需要，是科学发展、绿色崛起的新模式。

（二）咸宁绿色产业基础较好，建设绿色发展示范区能够为落实"绿色崛起"战略提供一个新引擎

经过多年培育，咸宁基本形成"竹产业、茶产业、油茶产业、桂花苗木产业、蔬菜产业"为特色的现代农业体系，以纺织服装、冶金建材、机电制造、食品饮料、森工造纸、电力能源为主导的六大支柱产业，以"山清、水秀、泉温、桂香、竹翠、月明、洞奇、民居"为特色的生态旅游业；电力能源、电子信息、新材料、生物医药、绿色矿业等战略新兴产业蓄势待发。在咸宁建设国家绿色发展示范区可以作为一个有力的支撑平台和有效的突破口，助力咸宁有效突破经济发展的资源环境瓶颈，把"绿色崛起"建设落到实处。

（三）咸宁自然生态资源丰富，建设绿色发展示范区能够为构筑生态屏障、富民强市闯出一条新路子

咸宁享有"温泉之乡"、"桂花之乡"、"楠竹之乡"、"苎麻之乡"、"茶叶之乡"等美誉，全市气候温和，水热条件好，生态环境多样，生物资源富集，森林覆盖率超过54.2%，是中国重要生物多样性资源库，是湖北省重要的生态屏障、重要的水源涵养地，是典型的"山水林田湖"类型齐全的地区。咸宁最大的特色是绿色，最大的优势是生态，最大的财富是自然资源。在咸宁建设绿色发展示范区，就是走绿色发展的路子，最大限度地发挥和利用好咸宁的生态优势，把后发优势转化为竞争优势，把生态资源转化为生态资本，在发展绿色经济的同时保护好生物多样性、构筑生态屏障，有利于贯彻落实国家生态文明建设的重大部署，能够为建设我国重要的生物多样性宝库和生态屏障作出试验示范，实现环境保护与经济发展的协同并进、人与自然的和谐发展。

（四）咸宁区位优越，建设绿色发展示范区能够为提升区域合作水平、展示形象打开一道新窗口

咸宁市紧扼鄂南门户，东邻赣北，南接潇湘，西望荆楚，北靠武汉，它既是"8+1"武汉城市圈成员之一，又是湖北长江经济带的节点城市；它既处于长江中游城市群武汉、长沙、南昌、合肥"中四角"中心地带，又是咸（宁）岳（阳）九（江）安（庆）"小四角"的中心城市。在咸宁建设绿色发展示范区，能够充分展示咸宁科学发展的蓬勃生机和活力，大大提升咸宁的吸引力和美誉度，有利于提高区域合作水平，在推进生态文明建设方面起带

动、辐射、示范作用。

二、咸宁建设国家绿色发展示范区的战略构想

咸宁建设国家绿色发展示范区，既是区域发展模式的重大突破，又是重大的民生工程，还是发展环境的形象名片，是事关咸宁经济和社会发展全局的整体战略和目标，也是诸多发展战略在咸宁的最佳结合点和实施载体。咸宁必须坚持用大规划、大思路指引，高起点谋划，全力构筑起持续跨越发展新优势、新空间，未来通过典型引路在全国进行推广。

（一）总体目标

咸宁建设国家绿色发展示范区，将抢抓国家生态文明建设和湖北省生态省建设战略机遇，围绕大力发展生态农业、生态工业和以生态旅游业为龙头的服务业，积极探索区域绿色发展新模式、形成区域绿色发展的新体制，通过政府推动、企业驱动、社会联动、全民行动，促进区域产业结构绿色化、能源结构绿色化、消费结构绿色化。建成绿色产业创新发展、生态环境和谐优美、生态文明发扬光大的绿色发展示范区，为全省乃至全国欠发达地区的跨越式发展提供经验。

1. 绿色经济发达

经济与生态进一步协调发展，基本建立以生态产业为主体的高效绿色经济体系。到2020年，初步形成有利于绿色经济发展的体制机制，生态农业优势明显，生态工业粗具规模，生态旅游效益显著，绿色GDP占比达到85%；实现全面小康。2030年达到经济生态化、生态有序化、发展低碳化和生态资产化，成为全国领先的绿色经济强市。

2. 生态屏障强化

生态环境状况指数保持全国领先水平。其中，全市森林覆盖率稳定在58%以上，人均城市绿地面积达到13.95平方米，空气质量优良天数比达到98%，地表水功能区水质达标率保持在87%以上。在各县市区建成国家级生态县的基础上，2020年底建成国家级生态市，实现人口、资源、环境与经济社会协调发展。

3. 绿色文化繁荣

生态文明观念牢固树立，市民生态文明知识普及率达到100%；绿色生态文化得到科学保护、合理开发和有效利用，生态文化产业实现特色化、规模化、品牌化；基本公共服务均等化初步实现。文化基础设施不断完善，生态文明建设取得显著成效。

（二）战略定位

1. 中国绿色发展试验区和示范区

抓住绿色经济发展契机，积极探索生态、经济、社会协调发展的新模式，在推进生态环境建设、构建绿色产业体系、建设绿色宜居城乡、培育绿色社会环境、推进体制机制创新等领域积极开展试验示范，将咸宁建设成为国家绿色经济特区，为全国加快发展绿色经济探索有效途径、提供示范。

2. 中部绿色经济强市先行区和带动区

充分发挥咸宁优势，加快构建以高效生态农业、循环友好工业、现代低碳服务业为主要特征的绿色产业体系，建设在全省乃至全国有重要影响力和带动力的绿色产业基地，把咸宁打造成为生态环保的新高地、绿色经济的示范区，成为湖北生态省建设的重要支点。

3. 中部绿色发展合作重要平台和窗口

积极推进生态环境保护和治理，充分发挥地理区位优势，在保护生物多样性、应对气候变化、发展低碳绿色经济等领域开展广泛的区域合作，打造绿色发展的典范，全方位、立体式展示咸宁坚持生态与经济、人与自然和谐发展的新成就。

4. 湖北省生态文明制度建设创新区

勇于创新，积极探索建立系统完整的生态文明制度体系。在主体功能区制度、自然资产产权管理、生态保护红线、生态补偿机制、政绩考核与责任追究制度等关键领域取得决定性成果，率先为全国在生态文明体系建设和制度保障上提供示范。

(三) 绿色发展路径设计

咸宁走绿色发展道路，打造全国绿色发展示范区，必须结合咸宁市情，着重从以下几方面入手，积极探索具有咸宁特色的绿色发展之路：

1. 发展绿色经济

把握绿色发展重点，以绿色经济为突破口，以尽可能低的经济和社会成本，逐步调整产业结构，在转化传统产业的同时，大力发展绿色新兴产业，构建低碳、高效、包容的绿色产业体系，促进整个国民经济的"绿色化"。

2. 营造绿色发展环境

要以绿色城镇为目标，以新型城镇化、美丽乡村建设为突破口，致力于新型工业化、新型城市化、新农村建设一体推进，有效实现园区、城市和新农村平台互动融合发展。要把现代农业园区、生态工业园区、服务业集聚区和旅游休闲景区"四区"建设摆在首要位置来强调和谋划，为产业经济提供良好的载体和平台，为城镇居民提供宜居的现代城镇空间，为绿色发展创造良好条件。

3. 优化绿色发展空间布局

优化全域空间布局是构筑绿色发展产业体系、打造绿色发展示范区的基础和前提。要遵照国家和省主体功能区划的有关要求，根据咸宁市的经济社会发展情况、自然生态条件禀赋和区位特点，将咸宁市全域划分为产城集约发展区、生态核心保护区、绿色控制开发区、绿色发展过渡区。

4. 创新绿色发展机制

深化林权制度、土地承包制度、集体产权制度等方面的改革，激活城乡绿色发展资源要素。利用市场力量优化环境容量和资源配置，逐步建立和完善自然资源有偿使用机制和生态环境恢复补偿机制。推进碳排放交易市场化改革，探索建立环境成本合理负担机制和污染减排激励约束机制。

以上路径咸宁绿色发展的实践中力求兼容并包，有机统一，形成合力，共同推进咸宁绿色发展新境界。

三、推进咸宁打造全国绿色发展示范区的对策建议

打造全国绿色发展示范区建设是一项系统性、综合性、政策性很强的社会工程，必须坚持自上而下推动与自下而上探索相结合，既要鼓励基层善于发现新问题、探索新路子、总结新经验，又要在更高层面上，从体制机制、政策导向、激励结构等进行重大创新，为推动全国绿色发展示范区建设提供坚强保障。为此，我们提出如下对策建议：

1. 坚持规划引领，描绘一张发展蓝图

建设全国绿色发展示范区，规划是龙头和总纲。咸宁不能再一次与绿色革命失之交臂，更不能坐失良机。应坚持以先进的思想为先导，以科学的理念作指引，以新出台的《湖北省生态省建设规划纲要》为指导，尽快修改完善《咸宁绿色崛起规划》，尽早报市委常委会审议通过，使《规划》可操作、可实施、可实现。市委、政府要进一步将打造全国绿色发展示范区的战略构想与省委省政府及省发改委主动汇报对接，全力推进，力争上升为"国家战略"。同时，要把生态文明、绿色发展理念融入到"十三五"总体规划和产业发展、环境保护、节能减排、新农村建设、新型城镇化建设、国民教育等各类规划方案中，形成"十三五"总体规划和生态文明建设规划体系，全方位指导绿色发展。

2. 强化项目示范，形成一个重要支撑

在项目筹划上，组织实施一批符合上级政策要求、能够吸引社会投资的绿色发展项目，形成绿色特征鲜明的"十三五"项目体系。在项目引进上，强化选商引资，促进招商引资由数量扩张型向质量提升型转变，积极引进产业配套抱团项目；树立绿色招商理念，科学设定招商项目绿色标准。在项目建设上，定期协调解决重大项目审批、用地、用电、用工、融资等方面问题的重点项目联席会议制度，重点项目绿色通道、审批服务和企业问题直报制度等机制的建立，有效加快项目推进速度。可用足用活政策，大胆先行先试，抓紧每年实施10大先行项目、10大试验项目和10大示范项目，形成绿色发展示范区的重要支撑。建议全力加速推进华彬金桂湖低碳示范区项目，将其打造成绿色发展示范区的标杆，形成可复制、可推广的经验。

3. 夯实产业基础，打造一个绿色引擎

依据咸宁绿色产业发展的基础条件和比较优势，咸宁应着力构建以绿色制造、绿色农业、绿色旅游、绿色服务和绿色能源为支撑的绿色产业体系，为加快咸宁绿色崛起提供强劲引擎。要做强绿色制造，把咸宁打造成全国汽车零配件生产及售后服务中心，成为绿色制造业基地；做精绿色农业，努力成为绿色有机产品生产基地；做特绿色旅游，使咸宁真正成为生态文化休闲旅游目的地；做深绿色服务，把咸宁建成休闲胜地、养生胜地、度假胜地；做大绿色能源，充分利用风能、太阳能、生物质能资源丰富的优势，推进风能、生物质能、太阳能、沼气能、热电联产、核电等新兴能源产业发展，把咸宁建设成为"中三角"的绿色能源基地之一。

4. 注重制度设计，探索一套绿色考评机制

我市应启动绿色经济指标体系、绿色经济考核体系、绿色GDP核算体系、绿色经济科技支撑体系等政策体系研究制定工作，探索建立一套绿色GDP核算体系以及新的绩效

考核体系，建立政府环境保护重大决策监督与责任追究制度，使绿色发展贯穿咸宁建设，让绿色 GDP 成为各级党委政府的追求，绿色政绩观成为各级领导干部的追求，绿色生产观成为市场主体的追求，绿色消费观成为全市人民的追求，从制度上保障生态文明示范区建设取得实效。

5. 发挥金融作用，破解一个融资难题

资源有限，创新无限，思想解放程度决定示范区发展的速度和成效。咸宁应以新一轮思想大解放讨论为契机，通过思想的大解放、观念的更新和体制机制的进一步创新，寻求加快发展的资源、动力、空间，用改革的办法、市场的办法、开放的办法解决问题、破解难题，聚集更多的资源投向咸宁。金融是现代经济的核心，金融不活，发展必慢，必须千方百计做好金融这篇文章，想方设法增大金融贷款对地方生产总值的贡献率，要根据金融机构服务地方经济发展出台激励机制，为绿色发展解决融资难题。

6. 倡导生态道德，建立一个心理屏障

建设国家绿色发展示范区，需要我们大力倡导生态道德，建立起心理上的绿色屏障，从而为建设示范区提供强大的思想保证与精神动力。要在我市组织各种活动，评选出生态道德模范并加以宣传；可以把生态道德理念列入"道德讲堂"范围；可以把生态道德课程作为中小学生必修课程。诸如此类，这些措施必然会使生态道德教育成为一个聚集正能量、创建示范区的有效助力。

总之，推进绿色发展是彰显生态环境、提升发展竞争力的最佳选择。建设绿色发展示范区，是规律所系、道路所指、形势所趋，更是咸宁发展所需、职责所在、群众所盼。咸宁应顺势而为，主动对接，力争生态文明建设上升为"国家战略"，走出一条科学的绿色发展之路，实现"绿色崛起"及全面建设小康社会宏伟目标。

课题组成员：张永红　万维民　古祎　何靖

发展绿色产业集群 推进咸宁"绿色崛起"

涂修亮 汤涤洛 王建华

绿色崛起,是咸宁市委、市政府认真研究市情提出的发展战略。实施绿色崛起战略,是今后咸宁经济社会发展的重要遵循。

实现绿色崛起,不能离开产业的支撑。做到"既要金山银山,又要绿水青山"的辩证统一,发展绿色产业集群,是实现绿色崛起的重要路径。根据咸宁绿色产业基础和发展现状,我们认为,淡化传统三次产业划分方式,以第一产业工业化,第二产业高端化,第三产业现代化的思路,打造茶产业、苎麻产业、竹产业、桂花产业、油茶产业、都市农业,发展绿色产业集群,是推进咸宁绿色崛起重要举措。

一、咸宁具备绿色产业集群发展的基础

咸宁茶产业、苎麻产业、竹产业、桂花产业、油茶产业、都市农业发展并不平衡,茶叶产业、苎麻产业有较好的发展基础,油茶产业虽然起步较晚,但势头很好,竹产业、桂花产业发展具备丰富的资源,都市农业发展已具雏形。

(一)资源禀赋

地域资源禀赋发展绿色产业。咸宁处于幕阜山脉向江汉平原过渡地带,素有"六山一水两分田,一分土地是家园"之说,耕地总面积291.7万亩,森林面积达665.6万亩、森林覆盖率达54.2%。咸宁土壤资源丰富,按成土条件、成土过程、土壤性质共分8个土类、20个亚类、70个土属、241个土种,主要为红壤和水稻土。咸宁市陆生野生动物共有30目460余种,包括两栖类、爬行类、鸟类、节肢类、兽类等。咸宁市乔木树种共有112科、354属、1114种、54个变种,其中竹类共有12属、100种、7个变种。全市有野生药用植物357种。主要经济树种有茶叶、桂花、油茶、油桐、柑橘、乌桕、棕榈、板栗、杜仲、厚朴、桃、李、梨、柿、枣、漆树、猕猴桃等。咸宁市境内有富水、陆水、金水、黄盖湖四大水系,面积30公顷以上大小湖泊19个,总湖容31.523亿立方米,主要湖泊有西梁湖、斧头湖、黄盖湖、大岩湖和密泉湖。河流246条,长江自西向东经螺山而下,流经赤壁市、嘉鱼县环绕簰洲湾经上沙伏,入武汉市江夏区向东流去,境内长138公里。全市地表水资源79.455亿立方米,地下水资源量24.49亿立方米。全市有大小泉眼18244处,仅在温泉城区的月亮湾就有14处泉眼。流量在0.1立方米/秒以上的就有997处。全市共成地热井约60口,平均日开采量约30000立方米,众多大大小小的温泉中,

"一城十二泉"最为有名。咸宁属亚热带大陆性季风气候，气候温和，降水充沛，日照充足，四季分明，无霜期长，年均日照时间1754.4小时，年均降雨量1577.4毫米，年均无霜期245~258天。

咸宁是著名的"茶叶之乡"、"苎麻之乡"、"楠竹之乡"、"桂花之乡"、"温泉之乡"，拥有丰富林地资源，丰富的水资源，生物多样性丰富，气象和土壤条件优越，为绿色产业发展提供了优厚的资源禀赋。

(二)产业基础

1. 茶叶产业

截至2013年年底，咸宁全市茶园面积25.41万亩，产量2.5万吨，产值7.33亿元，产业综合产值30亿元。目前全市茶叶生产加工农户300余户，生产加工企业180余家，其中省级农业产业化龙头企业5家，市级21家，年销售额过亿元的企业3家，过1000万元的企业17家。三品认证企业37家，其中有机认证的10家，绿色认证的12家，无公害认证的15家。全市茶叶有中国驰名商标2个，湖北著名商标6个，咸宁知名商标14个，中华老字号1个。

咸宁茶叶种植历史悠久。通城、通山老茶区因为市场、政策原因，茶叶种植面积减少，最近几年在恢复发展。赤壁市是茶马古道源头，羊楼洞青砖茶远销俄罗斯等欧洲国家，青砖茶已经成为我国外交礼仪用茶。咸宁茶产业具备做大做强的条件。

2. 苎麻产业

咸宁苎麻纺织业是全国最具规模产业集群，目前规模以上麻纺企业13家，是湖北省30个产业集群之一，是全国产业集群竞争力百强之一，其中代表性企业湖北精华纺织集团有限公司年产值达16亿元，企业与华中科技大学研发的苎麻生物脱胶技术处国内领先水平。咸宁苎麻种植历史有1600年之久，咸安官埠、赤壁车埠是咸宁历史上麻上交易的主要集散地，年交易量50万担以上。咸宁苎麻常年种植面积约20万亩，经历了1995—2005年的稳定发展期，最近几年，受国际金融危机出口减少、人民币升值、环保高压政策、企业用工成本增加等因素的影响，苎麻价格跌至低谷，2013年苎麻种植面积不足15万亩。

苎麻由传统纤维原料向多用途方向转变，中国农科院麻类研究所与咸宁农科院在咸宁开展可降解麻地膜蔬菜等作物覆盖及可降解麻地膜早稻机插秧育秧技术研究，开展苎麻骨叶饲喂奶牛、肉牛、山羊研究，咸宁农科院还与省农科院畜牧研究所共建创新团队，开发青贮苎麻饲料，应用效果良好。中国科学院亚热带农业生态研究所与咸宁农科院在咸宁建立观测站，开展苎麻水土保持作用机理研究。农业部南京农机化研究所在咸宁开展苎麻收割机研究，咸宁农科院开展苎麻脱麻机研究。农业部、财政部在咸宁设立国家麻类产业技术体系苎麻试验站，每年有稳定的投入开展苎麻新品种选育，新技术推广应用。咸宁苎麻产业科技创新资源聚集，创新能力强，可以支撑咸宁苎麻产业持续稳定发展。

3. 油茶产业

2009年以来，咸宁大力推动基地建设和油茶加工，近几年，全市新发展良种油茶29.5万亩，全市油茶总面积达50.2万亩，2013年全市油茶产值12亿元。通城、崇阳、嘉鱼三县分别被授予"全国油茶产业发展示范县"，市国有林场管理处油茶良种繁育基地被评为"全国油茶良种繁育科技示范基地"。经湖北省林业厅获准，全市建有油茶良种专业繁殖基地5处，即咸安、通山、通城、崇阳、赤壁等县（市、区）。苗圃基地面积770亩，每年可生产油茶良种苗1200万株，可保证年造林10万亩种苗供应。通城建成全自动温控油茶苗育苗中心，全部采用油茶无性繁殖芽苗砧嫁接轻基质容器育苗生产技术。经过多年探索努力，芽苗砧嫁接成活率达85%以上，培育两年达到国家油茶苗木标准的出圃率达70%以上。在每年的省级油茶育苗检查验收评比中，咸宁育苗综合质量指标排位都在前5名之列。

咸宁油茶加工技术先进。黄袍山绿色产品有限公司投资2亿元，已建成10条油茶加工生产线，年处理油茶籽4万吨，年产精炼茶油1万吨。该企业加工产品整体通过ISO2000食品安全质量管理体系论证、出口食品卫生注册证和绿色食品有机产品认证，成为全国油茶产业重点企业。该企业还集中力量，研发取得一批拥有自主知识产权的核心生产技术成果，"油茶籽脱壳冷榨生产技术"通过了省科技厅、国家粮油学会的技术鉴定，属国内首创达到国际先进水平。该公司利用此项技术生产的"本草天香"茶油产品，获CCTV全国农产品最佳人气奖和2012中国（伊春）国际森林产品博览会金奖。在茶油的深加工上，还研发出护肤、护发、按摩、防晒、化妆品和香波系列产品等，目前正转入试产阶段。湖北森泰集团公司投资10亿元，2013年7月在通山开工建设占地300亩、年产茶油5万吨的加工生产线，建成投产后年产值可达50亿元。采用现代先进加工设备和低温冷榨精炼技术，保留了油茶原生态营养和品质，使油茶加工产业上了一个新的台阶。咸宁早就有油茶种植历史，特别是2009年以来，引进精深加工企业，油茶产业发展势头强劲。

4. 竹产业

咸宁竹资源比较丰富。现有竹类12属140余种，面积153.5万亩。其中楠竹150.6万亩，立竹2.24亿株，年产2200万支，占全省80%以上的份额。万亩以上竹林基地26个，汀泗桥、大幕竹林超过5万亩，官塘驿、陆水湖竹林突破10万亩。

全市现有竹加工企业60多家，开发出竹板材、竹工艺品、竹日用品、竹食用品、竹高新技术产品等六大系列产品。其中规模企业40家，巨宁竹业、利源林农、瑞发竹业、天和鑫鑫等企业已形成品牌效应。咸宁竹加工业一度比较红火，先后有23批次产品荣获全国竹（林）业博览会金奖。2013年，市、区共同筹措基础设施投资1.4亿元，在咸安经济开发区建设"园中园"——咸宁竹产业园，已入园企业3家、签约企业5家。其中湖北巨宁竹业公司投资3.2亿元建设重组竹项目，第一期四条生产线已投入运行，全部建成投产后每年消耗楠竹400万支、产重组竹材5万立方米，产值5亿元。咸宁竹产业具备较好的发展态势。

5. 桂花产业

咸宁桂花拥有金桂、银桂、丹桂和四季桂4大品种群近30个品种，地径在5cm以上的桂花树有150万株，其中在咸宁市区就有5万株，桂花古树2000株，占全国桂花古树2200株的91%。咸宁年产鲜桂花90万吨。

咸宁桂花加工主要在咸安，咸安以桂花为原料的加工企业有10余家，开发桂酒、桂花糖、桂花糕、桂花酱、桂花茶、桂花浸膏等7个系列200多个品种产品，年销售收入6000多万元，其中桂源酒业公司、八月花桂花食品公司销售收入均超过1000万。与温泉结合，由湖北科技学院开发的桂花香皂、洗发水、保湿霜、牙膏等系列沐浴产品已经面市，进入试销售阶段。随着桂花保鲜技术研究的深入，桂花精深加工的研发，咸宁花农熟练掌握了桂花育苗技术和栽培技术，桂花苗木基地的不断壮大，产业前景广阔。

6. 都市农业

依托咸宁市区、各县(市区)县城、重点镇，发挥优势，整合资源，突出特色，重点建设集高效、生态、安全、观光、休闲、旅游等为一体的现代都市农业示范园区，大力发展高效设施农业、绿色生态农业、特色种养农业、休闲观光农业、现代园区农业和农产品加工、物流产业，有效促进一、二、三产相结合，经济、社会、生态效益相统一，积极构建布局科学、规模适度、优势集中、效益显著的现代都市农业新体系，倾力打造服务城市、致富农民、城乡一体、协调发展的现代都市农业新格局。

目前，在向阳湖地区咸安境内现代农业园区已具雏形，落户企业十余家，园区集奶牛养殖、花卉苗木、蔬菜、水果、体验采摘、农家乐于一体。嘉鱼潘湾蔬菜园区蔬菜远销省外。其他县市区城郊农业发展也具有一定基础，通城隽水镇阔田畈大棚蔬菜，与水稻工厂化育秧紧密结合，相得益彰，田间道路排灌设施完备。市委市政府正准备在向阳湖市区部分，整合市农科院、市原种场、市种畜场、原生物机电工程学校土地资源，建设现代生态农业展示园区，与咸安统一规划编制，前期准备基本就绪，成立了领导小组和工作专班，工作正在稳步推进。

咸宁都市农业发展业已扬帆起航，假以时日，必将成为推进咸宁绿色崛起一支重要产业支撑力量。

(三) 市场需求

随着生活水平提高和生活条件的改善，人们盼望无公害、绿色、有机食品，打造绿色产业集群，可以为广大消费者提供高质量的产品，六大产业可以提供具备观赏价值、经济价值、营养价值、医疗保健价值，文化旅游价值的产品。

咸宁打造"香城泉都"，不能离开桂花产业，建设以桂花为主体的香产业园，充分展现城市特色美、舒适美，展现城市生机和魅力。都市农业为市民提供菜篮子，为市民休闲、体验采摘提供便利的场所。苎麻产业在国际上有品牌优势，在国内有集群产能和区域特色，苎麻饲料为解决南方牧区饲料紧缺提供可行的选择。油茶享有中国橄榄油之称，油茶的主导产品茶油，是我国传统食用油料之一，过去市场主要局限南方油茶产地消费，北方非油茶产区对茶油产品认识不多。随着人们科学保健知识普及，对茶油有新认识，消费市场也从产区走向国内大中城市，消费群体逐渐扩大。茶油加工企业和经销商则应运而生。如外地生产的金浩、润心、绿海，湖北黄袍山绿色产品有限公司生产的"本草天香"品牌茶油，纷纷在全国各大中城市商场上架销售，并成为新的农业出口创汇产品。青砖茶欧洲市场开拓效果良好，目前咸宁生产能力还不足以满足市场需求，有的订单还不敢接。人们饮茶习惯也从以绿茶为主，向黑茶、红茶、绿茶、白茶多元化方向发展。竹食品、竹饮料、竹工艺品逐渐赢得消费者青睐，咸宁市区几家竹生活体验馆(店)生意兴隆。竹家具、竹地板也深得消费者喜爱，使用竹产品已成为绿色消费的趋势之一。六大绿色产业市场前景广阔。

（四）政府推动

2012年，市委市政府提出"实现绿色崛起，打造香城泉都，构建中三角重要枢纽城市"的发展战略，随后相继提出打造百亿茶产业、百亿竹产业、百亿油茶产业等"三个百亿产业"的战略目标，同时组建专班，编制规划，出台扶持政策，大力推进了三个百亿产业的发展。

2007年，市委市政府提出在"山上再造一个咸宁"，大力促进了茶叶、楠竹、油茶、花卉苗木基地建设，各县市区狠抓秋冬农业开发，结合各自县情，基地规模不断扩大。

温泉国际文化旅游节已成功举办六届，节会已经成为咸宁一张响亮的名片，政府搭台企业唱戏，节会为产业集群的发展提供了较好平台，同时六大产业融入文化旅游元素，推动了产业集群的发展。

在向阳湖建设现代生态农业展示园区，必将推动咸宁都市农业的发展，都市农业与其他五大绿色产业的互动与融合，必将推动绿色产业的共同发展。

相关政策的出台，促进银企合作，投融资渠道畅通，有利于基地建设的发展，有利于企业研发的投入，有利于推进科技创新，绿色产业可以向更高层次发展。

总体说来，咸宁六大绿色产业有一定基础，但发展还不平衡，还存在着一定的困难和不足。

一是产业弱、散、短。就"弱"来说，一方面，企业实力弱，规模小，有的还停留在作坊式阶段，品牌不响，市场竞争力不强，市场开拓不足。另一方面，基地规模不大，产业基础薄弱；就"散"来说，龙头企业之间关联度不高，各自为战，无序竞争现象明显。拿茶叶来说，200亩的基地，注册一个商标，就是一个品牌，更多基地还不到200亩规模；"短"是指产业链短，产品精深加工不够，对于原材料的使用还不够充分或者只能生产原材料或半成品，产品附加值不高，对经济的拉动辐射作用受到制约。

二是科技创新不足。一方面是研发投入不够，新产品、新工艺、新模式研究开发不够，像桂花栽培品种少，花期集中，花质较好的金桂、银桂、丹桂始花需要10年左右时间，桂花苗木生产标准化、规范化程度不高，桂花加工以食品为主，食盐、明矾混合保鲜桂花影响产品质量。苎麻纺织产品外贸依赖度高，且以初级产品麻纱、布、面料出口为主，国内市场拓展不力，抵御市场风险能力低。苎麻脱胶与环保工艺需大力提升，苎麻机械化难度大。另一方面是人才缺乏。人才是竞争力的核心，是推动技术创新的主体，产业发展需要发大批具有专业技能的创新人才、管理人才、营销人才、熟练技术工人和新型农民，人才的紧缺制约了咸宁绿色产业的发展。

二、多措并举打造咸宁绿色产业集群

（一）建设绿色产业基地

1. 巩固林权发证成果，实施"山上再造一个咸宁"工程

巩固集体林权制度改革成果为重点，不断深化林权改革，做到确权到户，勘界发证，通过实施年市委市政府提出的在"山上再造一个咸宁",夯实基地建设基础,不断扩大基地建设规模。

耕地面积是有限的,基地建设要向山地进军,再一次掀起开发荒山高潮,鼓励机关、企事业单位和个人承包荒山建设基地。引进老板建基地,继续执行"山上再造"优惠政策,多渠道融资办基地。通过补贴、统一收购产品、确定最低售价等,扶持农户上山建基地。

2. 合理流转土地,适度规模经营

2014年中央一号文件鼓励土地要素进入市场,农村土地经营权可以进行流通,合理流转土地,整合土地资源,适度规模经营。

引进有实力的企业,以公司+基地+农户的形式,建设基地。鼓励建设家庭农场办基地。建立协会、合作社等农村经济合作组织,建设基地,确保农户利益。

3. 整合项目资金

国家对"三农"工作高度重视,农业、林业、水利、扶贫、财政、土地等有关项目投入三农方面很多,以"各炒一盘菜,共办一桌席"方式,整合项目资金,扶持基地建设,改善基地道路、排灌等基础设施条件,建设新基地,恢复发展老基地。

4. 实施奖励政策支持

各县市区要出台优惠政策,通过以奖代补方式鼓励企业、农户发展基地,做好集中连片建基地与千家万户建基地的有机结合。一是在种苗方面,相关职能部门要尽力组织,集中免费或优惠供给,并提供技术指导。二是在基地道路建设提供补助,像崇阳茶园道路建设,一公里补助15万元。三是在排灌设施建设提供补助,发展喷灌、滴灌技术。四是给予基地建设与休闲、旅游、体验相结合的农户或企业补助。

5. 示范推广新品种、新技术、新模式

建立良种园引进示范推广饲用苎麻,发展肉牛、奶牛、山羊养殖业,以中苎2号、川苎12号和华苎5号为主引进更新苎麻品种,提高苎麻产量和原麻支数。选育砖茶绿茶通用茶树新品种,根据目标选择适宜制作毫峰、剑春、龙井、红茶、白茶、青砖茶的茶树品种建设茶园,建设适宜机械化采摘茶园。推广绿色防控、配方施肥、自动喷灌等技术,高标准建设基地。试验茶园养鸡、竹林养鸡等生态农业模式,建设生态基地。发展设施农业,建设名贵花卉苗木基地,推广茶叶工厂化育苗技术。

(二)做强绿色产业主体

1. 培养壮大现有企业

如前面所说,目前有些企业存在弱、散、短的问题,通过改造、重组、加强研发等手段,培育壮大现有企业。

改造落后企业,逐步淘汰产能低、资源消耗大、劳动强度大的小企业、小作坊,改版升级传统加工业。整合资源,通过政府引导与市场配置资源相结合的方式,进行资源重组,做大同类企业的块头,同时整合品牌,目前茶叶特别是绿茶品牌多,块头小,可以通过股份制方式进行整合,做大温泉豪峰、川玉等品牌,做大羊楼洞青砖茶,逸思园瑶红。加强精深加工研发,开发新产品、新工艺,延伸产业链,提高产品附加值和企业竞争力。

2. 招商引进

继续加大招商引资力度，大招商，招大商，尽快形成产业集群。一是招商引进企业，建设规模基地，通过土地流转和林地确权，做大基地块头，培育资源，夯实产业基础。二是招商引进全国500强，业内50强的精深加工企业，延伸产业链。三是招商引进大型物流、商贸企业，建立绿色产业产品交易集散地。四是引入物流、信息流等现代技术要素，加快与传统加工业融合，实现现代服务业与精深加工业的同步发展。通过三次产业的交汇与互融，延伸产业链，提供产品附加值和市场占有率。

3. 打造产业集群

培育壮大龙头企业。以培育国家级龙头企业和上市企业为目标，重点做好湖北精华纺织集团有限公司、羊楼洞茶叶、湖北黄袍山绿色产品有限公司、巨宁竹业、桂源酒业等相关企业的培育壮大，通过龙头企业的拉动，吸引末端、中端、顶端等配套产业向龙头企业聚集，形成产业集群。充分发挥市场配置资源的主导作用，建立产业战略联盟，抱团发展。

（三）推进绿色产业科技创新

1. 加快精深加工产品研发

吸纳政府、企业、社会资金，加大科技投入，加快精深加工产品研发。开发超微绿茶粉、低咖啡因茶等新型茶产品。开发利用竹装修、建筑材料，以竹代木，以竹代钢。开发利用竹原纤维、竹浆纤维、竹炭纤维，实现竹麻、竹棉、竹棉麻混纺。开发利用竹食品、竹饮品。开发利用竹工艺品。开发利用竹醋液、竹叶黄酮等竹化工品。开发利用竹家居用品。加快开发油茶原料的综合利用价值，将茶枯饼、茶皂素、茶籽壳及生产茶油的剩余物，广泛用在日用化工、制染、造纸、化学纤维、纺织、农药等领域，提高综合利用率和附加值。与温泉结合，开发桂花香皂、洗发水、保湿霜、牙膏等系列沐浴产品。加快桂花药用价值的研究与开发，采用低温冷冻干燥技术、萃取技术，充分利用桂花各种成分。加强桂花酒、桂花酱、桂花糕、桂花蜜、桂花茶、桂花汤圆等产品的开发利用。加快饲料苎麻品种选育，开发苎麻饲料，加快麻地膜育秧技术推广应用，加快苎麻脱胶工艺研究和脱麻机械研发。

2. 发挥企业创新主体作用

发挥企业创新主体作用，将企业销售收入的5%用于研发经费投入。通过建设企业产业研究院、产业技术联盟，提高企业创新能力，发展科技型企业、高新技术企业，获得科技型企业和高新技术企业称号的企业实行税收减免和奖励。

3. 加强政产学研合作

通过政产学研的方式，加强政府、企业与院校的合作互动，协同创新。相关部门要积极为企业牵线搭桥，让科研院所、大专院校的成果及时在企业得到应用，对企业生产过程中产生的问题，及时有相关科研人员进行研究，企业要主动到高校和科研院所寻求技术支持，有关科研人员要面向产业、面向市场开展科学研究。政府研发经费投入要面向生产一线，特别是地市级的研发投入要以开展应用研究为主。相关部门要定期不定期组织产学研互动，提供交流平台，促进协同创新。

4. 提升从业人员素质

培养提升从业人员的科学素质，建设科技服务队伍。通过引进培养，建成完备的创新人才体系。培养新型农民，掌握病虫草害统防统治、绿色防控技术，高产栽培技术。培养熟练技术工人，掌握制茶工艺和其他生产工艺。培养高端人才，从事新型产品开发。目前从事苎麻、桂花、茶叶相关研究有一定基础，其他研究人员不足，特别熟练技术工人缺乏，一方面要引进人才为我所用，另一方面要加快本土人才的培养。

(四) 构建绿色产业营销市场

1. 建设产品集散地

引进大型商贸企业，建设产业集群商贸流通市场。在通城建立油茶产品交易中心，在赤壁建立青砖茶交易中心，在咸安建立竹产品、苎麻产品交流中心，在市区建设花卉苗木集散地，茶叶交易中心，与此同时配套发展物流业。

2. 构筑营销网络

建设产品展示、信息发布、产品交易、中介服务平台，培育中介组织和经纪人队伍，构筑完善的营销网络。可以借鉴通城营销砂带、茶叶、药品的思路，拥有一批活跃在全国各地的产品代理，企业和代理之间建立起利益共赢机制，逐步建成完备营销网络。借助国内知名电商交易平台，开展电子商务。

3. 走出去

坚持走出去，在一线、二线城市开辟产品销售网点，把茶庄开到武汉，把花卉卖到上海。加强产品、企业的宣传，让咸宁之外的地方能够了解我们的产品，了解我们的企业，消费我们的产品。大力开展促进产品进超市活动，要能够在省内外大型超市看到咸宁产品深受欢迎。

4. 新产品开发与应用

不断开发新的产品，保持品牌的勃勃生机。像以礼品茶为主要销售渠道的企业，要尽快改变生产和营销策略，加大中低档茶生产份额和转向制作红茶和青砖茶。根据消费习惯，开发便于携带的颗粒茶，改善青砖茶不易使用现象。苎麻纤维使用向多用途转化，开发苎麻饲料，推广应用麻地膜育秧机插秧技术，应用麻地膜蔬菜、食用菌覆盖。

(五) 打响绿色产业品牌

1. 品牌的培育与整合

打造知名品牌和核心品牌，培育中国驰名商标、湖北省著名商标、湖北名牌产品。对获得相关称号的品牌给予奖励。重点发展青砖茶，以青砖茶的发展带动绿茶、红茶、白茶等的发展。挖掘开发咸宁历史名茶，整合茶叶品牌，做大做强具有鲜明咸宁特色的茶叶品牌。做大做强"羊楼洞"、"川"青砖茶品牌，开发做大"瑶红"咸宁历史红茶品牌，逐步整合咸宁绿茶品牌。充分利用精华纺织外贸出口优势，打造国际品牌。继续培育"本草天香"油茶品牌。做大"桂源酒"桂花酒，巨宁竹地板等品牌。

2. 建设企业文化

无论是卖产品，还是做品牌，还是制定行业标准的企业，企业文化建设十分重要，企业文化是一个企业的精气神，通过企业文化建设，扩大企业影响，助力品牌培育。

在市区、在县城、在重点镇要宣传咸宁产品，像"普洱"茶饼模型在普洱的路灯杆上随处可见，咸宁的青砖茶宣传图片也可在武汉地铁站看见，让企业文化融入城市文化之中，让人们一到咸宁就可以感受到我们的产品。

3. 融入历史文化旅游要素

融入历史、文化、旅游元素，一、二、三产业综合协调发展。深入挖掘、整理、传播茶文化，扩大以茶文化为主题的宣传和交流，打造百里茶叶长廊。组建鄂南大竹海，整合咸安区星星竹海、赤壁市随阳竹海、崇阳县金沙竹海资源，成立由咸宁市直管、三地入股的鄂南大竹海风景区管委会，打造湖北竹林生态旅游核心区。完善景点建设，结合鄂南旅游发展大框架，配套建设赤壁陆水湖、通山九宫山等竹旅游区的景点和基础设施，形成"一海多景"格局。开发竹文化旅游，深入挖掘竹子的景观观赏、生态养生、文化艺术、文明承载、民俗文化价值，开展竹乡观光休闲游、民俗风情游、科普教育游、文化购物游、竹笋采挖体验游、竹海漂流探险游等。鼓励竹农发展林下经济、经营"农家乐"，加强桂花街道绿化和旅游景点合理布局，增强桂花观赏性和延长观赏周期。结合咸宁旅游景点，做好茶叶、竹、油茶、桂花、花卉苗木生态文化旅游和自然旅游景点的对接，开发多条旅游线路。建设茶叶博览馆、竹子博览馆、油茶博览馆、桂花博物馆、苎麻博物馆，充分彰显咸宁文化。通过基地建设与文化旅游的结合，建设几个集文化旅游、资源供给于一体的高标准生态示范基地。

（六）加大绿色产业政策扶持

1. 奖励

制定系列奖励优惠政策，对基地建设、品牌打造、商标的打造、龙头企业、高新技术企业、科技型企业进行奖励和补助。一方面相关部门要主动服务企业，帮助策划申报专利、中国驰名商标、湖北著名商标、湖北省名牌、科技型企业、高新技术企业、国家省级龙头企业。另一方面企业要培养有关方面意识，主动作为。再者，政府对获得相应称号的企业给予奖励、税收优惠、项目支持、研发投入等方面的奖励政策。

2. 融资

建立银企沟通渠道，建立多元化投融资渠道，扩大规范有关抵押、质押和担保范围，改善贷款环境，构建金融支持和信用体系。简化中小企业贷款质押抵押手续，解决中小企业融资难的问题。建立政府风投基金，支持有苗头企业进行新产品开发，以贴息、低息或者无息的方式予以资助。

3. 执法环境

放水养鱼，挂牌保护，优化企业发展环境，为企业搞好服务。鼓励成立相关行业协会等民间组织，保护基地建设大户的相关权益。成立产业技术联盟，相关企业抱团发展，克服无序竞争，形成利益共同体。做好相关产业规划，并以人大相关程序，保证政策的延续性，做到一届接着一届干。

4. 园区建设

建设产业园区，形成相关产业的分工和产业聚集。赤壁以发展青砖茶为主，建设青砖茶产业园，兼顾发展苎麻、楠竹。通城以发展油茶为主，建设油茶产业园，兼顾发展楠竹、茶叶。咸安以发展桂花、苎麻、竹产业为主，建设桂花产业园、苎麻产业园、竹产业园，兼顾发展茶叶。嘉鱼以发展苎麻、楠竹为主，兼顾发展茶叶。崇阳以发展茶叶、楠竹为主，兼顾发展花卉苗木。通山以发展油茶为主，兼顾发展花卉苗木、楠竹。

在向阳湖建设咸宁现代农业生态展示园区，以设施农业为主要方式，把园区打造成花的海洋，菜的世界，常年有果的清香，园区成为集科研、生产、示范、科普、旅游、休闲于一体的现代生态农业展示园。各县市区在城郊也可建设类似现代农业展示园区。把城郊区域建设成为产销对接、质量安全的"菜篮子"基地，构建起林水相依、生态良好的城市森林体系，打造出一批各具特色、效益突出的现代都市农业园区，使城乡统筹、协调发展作用更加彰显。

制定相应政策，支持入园企业发展，在基础设施、厂房等方面优惠照顾，甚至可以按企业要求实行交钥匙工程。在税收、信贷、项目投入等方面给予入园企业更加优惠的政策支持。

农村土地流转中存在的问题及应对策略

施仕胜　余安安　涂修亮　沈其文　徐绳武

近 30 多年来，农村发生了翻天覆地的变化，然而，随着经济全球化和我国工业化与城市化步伐的不断加快，原有的"小而全"、"杂而散"的家庭经营模式正逐渐成为束缚我国农业经济和农村产业进一步发展的"制度瓶颈"。随着社会主义市场经济体制的逐步确立和传统农业向现代农业的过渡，家庭联产承包责任制这种分散经营的小农生产越来越难以适应现代农业的要求。实践表明，实行农村土地适度规模经营，对调整农村产业结构、转移农村剩余劳动力、促进农业产业化和小城镇建设等都具有重要作用，是实现家庭承包经营责任制与现代农业顺利对接的有效途径，也是建设社会主义新农村的必然选择。因此，农民以多种形式实现农村土地的合理流转，开展规模化经营将成为新时期我国农村改革的重要政策和主要方向之一。

我国农村土地流转经历了从禁止到允许的一个过程，这与我国实行的农村土地制度是分不开的。改革开放之前，农户对农村土地仅有劳动权和部分收益权，不拥有所有权和使用权，农户对土地连使用权都不具有，农村土地流转根本就无从谈起。改革开放之后，农村土地实行包干到户，农户拥有了土地使用权。但是，我国的农村土地承包权在设立之初是严禁流转的，这一点体现在 1982 年我国的《宪法》中，即"任何组织或者个人不得侵占、买卖、出租或者以其他形式非法转让土地"。我国 1988 年宪法修正案的颁布使得这一禁令得以解除，它认可了土地使用权有偿转让的合法性，但也只是在一定程度上将集体土地的部分处置权由国家归还给集体。直到 1993 年才逐步开始允许农村土地使用权流转，并进行着制度的创新和实践。

农村土地的所有权是集体的，农村土地流转是指农村土地使用权流转，即拥有土地承包经营权的农户将土地经营权转让给其他农户或经济组织，即保留承包权，转让使用权。农村用地在土地承包期限内，可以通过转包、转让、入股、合作、租赁、互换等方式出让承包权，发展规模经营。农村土地流转是随着家庭联产承包责任制的产生而产生，并随着农业结构调整的推进而发展的。

土地是农民赖以生存的资本，是农民财产的基础，也是农民最重要的经济权益。健康有序的土地流转，有利于促进农业增效、农民增收、农村发展。如果土地流转不按章法、无序进行，不仅会妨碍现代农业的发展，还会影响农村的社会稳定。在新的形势下，如何创新农业经营体系，放活土地经营权，推动农村土地有序流转，是一项政策性很强的工作。

近年来，咸宁在着力推进"四乡六业"特色农业战略，实现粮食生产"十年增"的基础上，全市先后培育各类产业化组织1441个，农民专业合作社900多个，建成特色农业板块基地面积达480万亩，省级重点龙头企业44家。咸宁农业发展成就是通过实施优势特色农产品区域规模化布局，大力扶持专业大户、家庭农场、农民专业合作社等新型农业经营主体，推进县市区建十万亩、乡镇建万亩、村建千亩农业产业化基地实现的。这一系列的特色农业战略实施离不开土地流转后的规模经营。

2014年咸宁市以集约农村土地、提高资源利用率和增加农民收入为目标，坚持农村基本经营制度，建立健全农村土地流转市场，加快农村土地流转步伐，不断提高土地利用率和产出率。一季度，全市家庭承包耕地流转面积51937亩，签订耕地流转合同15295份。主要流转特点一是流转形式多样化。结合各地实际，全市土地流转主要采取出租、转包、土地入股等方式进行，流转面积分别达到31055亩、12322亩、2612亩。二是流转主体多元化。流转主体主要以家庭经营为主，从事农业规模化、集约化生产经营，流转面积达33838亩，占流转总面积的65%。同时，企业经营规模不断扩大，达到8170亩，占流转总面积的15.73%。三是流转市场多层覆盖。为搭建统一的农村交易产权市场，推动农村产权规范、有序、高效流转，咸宁市加紧筹建农村综合产权交易中心，按照"六统一"的管理模式，形成市、县市区、乡镇三级交易信息平台统一联网监管，对接省级农村综合产权信息平台。

一、农村土地流转的必要性

（一）农村土地流转是适应规模化、机械化生产需要

农业现代化是我国现代化建设事业的重要组成部分。农业现代化或现代农业是以规模化、集约化、组织化、市场化为主要特征的农业生产方式。其中，规模化是前提和基础，没有规模化就没有农业的现代化。20世纪70年代末，我国进行了以农村土地家庭承包为核心的第二次土地改革，确立了以家庭承包为基础、统分结合的农业生产经营体制。这一重大改革，冲破了人民公社"一大二公"的牢笼，实现了农民与土地的直接结合，极大地调动了广大农民的生产积极性，推动我国农业和农村经济连续迈上几个大的台阶。粮食生产连年丰收，农民生活水平不断提高，有力地支撑了国民经济的持续快速发展和社会的稳定。但是，由于家庭承包责任制是一种按人口平分土地的小规模均田制，因而它天然地与小生产相联系，本质上排斥现代农业的发展。改革开放30多年来，尽管我国农业和农村经济有了很大发展，但传统农业向现代农业转变十分缓慢，农业危机日渐显现。近年来，各地在推进农村土地使用权流转，发展规模经营方面进行了一些有益探索，但总体上来说土地流转大都是短期的、小规模的，流转的形式也不规范，远远不能适应现代农业发展的需要。党的十八大报告指出，要发展多种形式规模经营，建立集约化、专业化、组织化、社会化相结合的新型农业经营体系，加快发展现代农业。因此，现在有必要从国家层面启动第三次土地改革，大力推进农村土地使用权流转，实现农业规模经营，从而为现代农业的发展开辟道路，奠定坚实的物质基础。

真正从事农业而且希望从中获利的人要走的一条路是发展高效农业。而发展高效农业

的条件之一是技术专门化,条件之二就是经营规模化。这在一家一户占有一小块农田的情况下都无法实现。在充分市场化的条件下,如果资金、劳动力等所有生产要素的流动都是自由的,农业的平均利润也会被调整到工业、商业相似的水平。

农业发展的根本方向和目标是实现农业现代化,目前我国农村小规模分散的经营方式已不能适应农业现代化发展的要求。在目前体制下,地块过于细碎,不利于机械耕作;再加上农户文化素质低、资金少,新技术、新品种的推广应用都遇到了很大的困难,规模化经营更成了一句空话。可以说,在这种条件下实现农业现代化是几乎不可能的。而从欧美等农业发达国家的经验可以看到,土地规模经营有利于机械化耕作,有利于新技术、新品种的推广,有利于推进农业现代化进程。家庭联产承包责任制缺陷:农业规模化生产与小农户单个经营矛盾,农业大市场变化与小农户经营风险的矛盾,市场运作效益最大化与小农户效益趋小化三大矛盾。加快农村土地流转、扩大土地经营规模是大势所趋。

我国农村土地承包制是以平均分配土地为原则贯穿全部土地分配过程。承包土地基本上是按人头平均分配,农村土地不论面积大小和土质肥瘦一律按人头平均。平均分配土地使得农户承包农村土地分散与细碎化,导致极小规模的经营方式,不利于大规模经营,不利于合理耕作以及农业机械化与现代农业科技的推广与应用,过小的规模也常伴随着较高的生产成本与交易成本,限制了农业劳动生产率更大地提高,农民务农的积极性也随之下降。同时,因为可流转农村土地不能满足想转入农村土地农户对转入农村土地的要求,而无法实行流转。我国现行农村土地制度在很大程度上是为了达到社会保障的公平原则,但平均是在机会的拥有和财富的分配上,无视能力和特殊需要的存在而曲解为简单地按份分摊。

经多年发展,咸宁农机合作组织正朝着国家省级示范合作社的方向发展,全市拥有农机专业合作社40家国家示范合作社1家省级示范合作社6家共有社员3600人拥有农机具5200台套固定资产达1.1亿元年作业面积66万亩服务创收2.1亿元。农机事业的发展,反过来进一步促进了我市农村土地流转。

(二)农村土地流转避免了土地资源浪费

"无农不稳",农业的发展关系到社会的稳定和经济健康的协调发展。我国人口较多,土地人均面积是世界人均土地资源量的1/3,属于资源短缺国家。如何做好农村土地的开发和利用,让奇缺土地资源发挥最大效益,具有重要战略意义。然而,与宝贵的土地资源相比,农村土地的浪费现象严重。尤其近些年来,农村土地抛荒现象严重。大量土地成为农民所称的"白地"。大量土地长期闲置,即使偶尔季节性种植,农民自身角度来看,也只是出于自给自足的需要。与联产承包责任制推行初期相比,农民对于土地的热爱程度已经大大下降。

农村土地大面积抛荒反映出中国社会转型期独有的社会特征。计划经济向市场经济、农业社会向工业社会的转型,一方面,机械化的生产解放了大批农业劳动力,打破了原来对于劳动力流动的限制,大批农村青壮年劳动力走出农村,走入城市,在城市之中发挥自己劳动力量。另一方面,中国长期二元经济体制,城乡差别之大,城市工价大幅度上涨、农资价格节节攀升,农产品价格却长期相对处于较低价位。加上农业本身生产方式投入人力资本多，收益时间长，劳动生产率低，受自然灾害影响大等特点，高成本、高风险和低收益之间不成比例的现实，迫使大批农村青壮年劳动力外流追求自身效益的最大化。

因此，土地抛荒现象是随着我国改革开放的逐渐深入，农民自给自足的传统观念日益被市场化经济所改变，他们也开始要实现"利润最大化"，以期改变自己的生活现状。在农村耕种土地无法实现这个目的时，农民就会离开，自愿变成尽管社会地位低下，但是能够获得比种地更多收益的"农民工"，实现自己对美好生活的向往。农村成为鳏寡孤独、老弱病残的收养所。他们无力也不愿意耕种费力费时而收益颇少的土地。

土地资源的浪费体现在三个方面：一是大量农民外出打工，而其名下的土地没有实现合理流转，导致一些土地呈现小规模的常年抛荒。二是城市化过程中大量农民在城市"非正式定居"（户籍不能随迁），大量村落消失，又没有新的农业人口进入，导致农地较大规模抛荒。三是最严重的，在现有的土地产权和征地制度下，征用农民土地过于廉价，导致地方政府以地生财的欲望格外强烈，以各种开发区为名的圈地运动此起彼伏，大量土地被圈后没有开发，多年抛荒，杂草丛生。

近年来，我市各地坚持"明确所有权，稳定承包权，放活经营权"和"依法、自愿、有偿"的流转原则，以"经营规模化、农业机械化、农民组织化、服务社会化、农田设施化"等"五化"为支撑，加快农村土地流转和新型农业经营主体发展步伐，提高了土地资源利用率和经济效益，增加了农民收入，推动了全市农村经济又好又快发展。

崇阳县在近几年抓住省政府大力推动低丘岗地改造和农村林权制度改革的机遇，以整合资金项目为依托，加大招商引资的力度，挖掘荒山、荒地、空闲田资源潜力，促进土地流转，加快现代农业转型，取得了明显成效。截至2014年上半年，全县流转林地、耕地40万亩，占全县可用土地的20%，其中耕地流转比重达到14.2%，高出全省平均水平；涉及农户2.6万户，惠及全县19.8%的农户。全县基本上消灭了荒山、荒地、空闲田，提高了土地利用率。

咸安区大力促进农村土地流转培植新型农业生产经营主体，通过加速发展农业产业、鼓励农民积极自愿转出承包地、加大财政扶持力度等一系列措施加快农村土地流，避免了土地资源浪费，提高了土地资源利用率。全区2013年农村土地流转总面积为63426亩，占家庭承包耕地总面积的17.4%。培植新型农业生产经营主体正在建设当中或已受益。如在汀泗桥镇古塘村，姚文祥的300亩蔬菜大棚已完工受益100亩，马桥镇谢树伦的蔬菜大棚扩大规模近400亩，双溪桥镇香泉蔬菜合作社400亩吊瓜、蛇瓜、金童玉女黄瓜、水果番茄长势喜人，官埠桥河背村500亩蔬菜大棚、横沟孙田村300亩大棚正在建设当中。

二、农村土地流转存在的问题

农村土地流转是盘活农村土地、调动农村资源的有效举措，然而，从农村土地流转的总体实施情况看，还存在农村土地流乱用耕地、土地流转"非粮化"、矛盾纠纷突出等问题，给农村土地流转造成了巨大的障碍。

（一）土地流转中乱用耕地现象

在现行户籍制度条件下，农村的土地依然是农民心中最后的立足之所。相当一部分农民，特别是外出务工经商农民为了使自己外出时，能够让土地继续带来收益，往往与村集体（往往是村委会）、企业开发商等达成非法交易。主要有：一是非法转让、转包、出租土地。而且大量转租土地未经土地管理部门认可就私自转换土地使用用途。用租赁的土地建企业、度假村、游乐场等。二是直接出卖。直接出售土地给个人用作修房盖屋或者用作墓地，或者出售土地给一些以泥土为生产资料的个体私营企业，如砖坯厂等，大量土地被挖掘，土壤表层被严重破坏。三是变相出卖土地。以买卖房屋、林木为名掩盖买卖土地的事实。当前，农村土地非法流转现象严重，而且有愈演愈烈之势。大量农用地非法流转，一方面造成国家收益的减少，另一方面大量的农业用地被破坏或者转作非农用途，使本来就短缺的土地资源雪上加霜。

近年来，随着房价的上涨，许多村民建房意识增强，哪里地势好、交通方便就在哪建。他们有的乱占滥用耕地建房；有的一户多基，弃旧房建新房；有的未批先建，少批多占。这种浪费农村土地资源的现状时有发生。农村税费改革和"以钱养事"机制变革后，农村土地管理及城建机构人员精简、职能削弱，机构撤并，形成庙拆人散的局面。机构不全，管理缺位导致农村土地管理、农民建房放任自流，控制不力。必须在加强对村民的土地政策法规宣传力度基础上，还应修订村庄规划，科学调整村庄建房用地。此外，政府部门还应加大农村违法用地的查处力度。

（二）土地流转中粮食生产用地日益减少

土地流转"非粮化"已成为各地土地改革中普遍面临的挑战。据农业部门测算，一亩地种杂交水稻的平均利润是200元，如果粮食与经济作物结合，效益会是种粮食的两倍，种蔬菜的效益是种粮食的5倍，搞水产养殖和花卉种植的效益是种粮食的7倍，种大棚蔬菜的效益更高。由于种粮经济回报低，致使土地承包者偏爱土地流转"非粮化"。咸宁市土地流转土地上百亩的合作社或大户，基本上是种植茶叶、蔬菜、苗木等非粮作物。

土地大面积种植经济作物埋下重重忧患。首先，规模种植亩产原本比个人精耕细作亩产低，因此大面积土地流转不种粮食，肯定会影响粮食产量；其次，有企业或承包户流转土地用来种西瓜、种苗木、种葡萄，使用地膜、遗留树根等对田地土质和肥力都有较大损害；最后，有的工商资本流转土地后，简单投入平整种树或结果，目的在于申请项目补贴资金、作为贷款地抵押物或等征地补偿。

遏制土地"非粮化"流转后期监管难度大。由于基层对土地流转后用途缺乏有效监管，导致部分业主无视合同条款、不按项目规划实施产业开发，甚至随意改变土地农业用途，对耕地造成永久性破坏。

（三）土地流转中农村劳动力减少

土地流转使分散在一家一户的土地集中起来，为规模化、集约化和机械化提供了前提，农民也从一家一户的分散经营集中了起来，剩余劳动力则从土地中解放出来，向工业和服务业转移，也为目前正在推进的城市建设注入了活力。随着农村打工浪潮的发展，农村大量青壮年劳动力外流，2003年，中国有1.3亿农民外出务工，其中61%的人口流向地级以上大中城市，截至2009年6月，中国农民工总规模约2.4亿，外出农民工规模约为1.5亿，纳入城镇人口统计的农民工约为1.23亿。经过实地调查发现，由此导致的"空心村"现象严重，这些"空心村"的共同之处在于：从地理位置来说，距大城市较远，经济比较落后，发展缓慢；从"空心村"的现状来说，闲置的住房和荒置的耕地随处可见。农村留守人群中，妇女、儿童、老人占有相当大的比例。调查结果显示，农村人口结构严重失调，50岁以上的人占留守人群的67%。由此可见，"空心化"已经成为时代发展的"痼疾"。大量外流的青壮年劳动力，严重失调的人口结构，日渐增加的"空心村"必然阻碍现代化进程。

青壮年是农村建设发展的核心，农村青壮年的大量流失给农业生产、农村发展带来了种种问题。

（四）土地流转中矛盾纠纷引发新的不稳定因素

土地的大量抛荒伴随着土地的非法流转，使农村农民围绕土地导致的矛盾和冲突增多。概括起来，农村土地权益纠纷大致可以分为四类：一是农民和村委会之间的矛盾。农村土地承包经营权不到位，违法收回农民土地经营权，强迫农民流转承包土地，或者多留村干部掌握的"机动地"；二是农民与农民之间的矛盾。农民私下不规范流转土地造成的纠纷，以及子女之间围绕土地特别是宅基地的继承导致的冲突，还有一些属于划界不清导致的矛盾；三是农民和有关部门之间的矛盾。非法征占土地、改变农业用地用途以及以租代征；四是上级部门非法截留、挪用、占用、挥霍土地补偿款，失地农民得不到合理的补偿，矛盾激化。大量的土地纠纷案件，影响到对于土地的长期投资和规模经营，降低了土地效益，而且个别地方因为调处机制不完善，出现大规模农民集体上访事件，甚至酿成暴力流血冲突，严重危害了社会稳定。

（五）农村土地成片流转较难

在目前农村家庭联产承包体制下，土地分户经营的分散性、随意性与土地流转的计划性、规模性之间存在矛盾。在大面积农业开发、规划连片种植等生产需要的时候，往往因为一户或几户承包户不愿意流转，而影响成片流转，阻碍了整体开发。

三、应对策略

（一）加大执法力度，保护耕地

根据《中华人民共和国土地管理法》和《基本农田保护条例》，认真开展执法检查，严格限制农用地流转过程中转为建设用地，控制建设用地总量，对耕地实行特殊保护。

1. 坚决制止耕地闲置、抛荒

全面清理占而未用、具备耕种条件的耕地，组织乡（镇）、村、户及时复耕，并由土地征用单位支付复耕费用；对闲置一年以上的土地，要依法处以罚款；对闲置两年以上的土地依法收回。对常年和季节性抛荒的承包地，可由种粮大户耕种。县、乡两级政府对制止耕地抛荒承担直接责任，并把此项工作列入干部目标管理考核责任制，对耕地抛荒严重的地方，坚决追究、严肃查处当地领导的责任。

2. 严格执行土地用途管制制度

加强规划实施管理，促进各类建设特别是城镇建设合理集约用地。严格实施土地规划计划，从严控制用地规模。减少用地报批环节，缩短报批周期，积极主动为重点工程建设项目提供用地服务。同时，各级地方政府要坚持依法用地，决不能以用地报批程序慢或缺乏征地资金等各种理由，擅自用地、越权用地、违法用地，决不能以牺牲资源和农民利益为代价，换取经济的一时发展。

3. 严格巡查，加大执法力度

建立土地动态巡查制度，成立土地巡查小组，坚持定期巡查，巡查到位、不留死角。对巡查中发现的问题及时处理，将违法行为消灭在萌芽状态。加大对违法案件查处力度，对重大违法案件要公开查处，一抓到底，既要处理事，更要处理人，构成刑事犯罪的，要移交司法部门追究刑事责任。

4. 认真落实基本农田保护制度

切实加强耕地保护，根据"基本农田保护面积数量不少、质量不降和绝不允许擅自将耕地改为非农用地，这是一条不可逾越的红线"的总体目标和要求，采取有效措施，切实抓好基本农田保护工作。建立县乡村保护基本农田领导小组，形成保护网络，对基本农田管理实行定位、定量、定人，确保每片都有一个责任人，村村都有专职管护员。

5. 积极推进土地开发整理复垦，增加有效耕地面积

严格执行"占一补一"，确保耕地占补平衡，全面实行建设项目补充耕地与土地开发整理复垦项目挂钩制度，严格按项目考核，落实责任，建立和完善土地开发整理复垦管理制度，以重点项目实施为导向，全面推进土地开发整理复垦，形成补偿耕地的良性循环机制。

总之，耕地是人类赖以生存和发展的基础，面对我国耕地严重不足的严峻形势，采取各种措施，预防和消除危害耕地及环境的因素，稳定和扩大耕地面积，维持和提高耕地的物质生产能力，预防和治理耕地的环境污染，是保证土地得以永续和合理使用，稳定农业基础地位和促进国民经济发展的重大问题。所以及时采取切实有效的办法保护耕地将是我国目前急需着力解决的一大重要问题。

(二)加强政策指导，确保土地流转中有序进行

深入贯彻落实党的十八大和十八届四中全会精神，紧紧围绕提高农业综合生产能力、促进农民增收、实现城乡一体化的目标，在坚持和完善农村基本经营制度、落实农民对承包地的各项权益、尊重和保障农户生产经营主体地位的基础上，积极推进农村土地承包经营权有序流转，发展土地集约化经营，加快农业经营方式转变，提高农业经营专业化、规模化、组织化、社会化水平，促进农业现代化建设。

1. 加快农村土地承包经营权确权登记颁证工作

尽快完成6县(市、区)的确权登记颁证试点工作，试点地区农民承包地块面积不准、四至不清等问题得到基本解决。要充分依靠农民群众，依法协商解决工作中遇到的矛盾和问题。在土地流转中确保农民利益。

2. 政策指导上要遵循以下基本原则

一是尊重农民意愿。承包农户是土地承包经营权流转的主体，自主决定是否将承包地流转出去，以及采取的流转方式、流转期限和流转价格。要引导、支持和鼓励流转，但不能强制推动，禁止强迫承包农户放弃土地承包经营权。二是坚持依法依规。土地承包经营权流转是农民实现承包地权益的主要形式，必须依照法律政策规定进行，确保不损害农民土地权益、不改变土地集体所有性质，不改变土地用途、不破坏农业综合生产能力，坚决制止和纠正土地流转中的各种违法行为。三是坚持规范管理。土地流转是流转双方之间发生的经济行为，为保护双方当事人的合法权益，应加强规范化管理。坚持合同制、备案制等管理制度。四是健全市场机制。充分发挥市场在土地资源配置中的决定性作用，引导土地流转形成规模化经营，并兼顾效率与公平、劳动生产率和土地产出率同步提升。五是注重政策扶持。各级政府都要积极研究制定农村土地流转扶持政策，对符合产业发展规划，达到一定规模的流转进行扶持，促进现代农业发展。

3. 政策指导中要完善工作措施

大力培育新型农业经营主体。以家庭农场、农民合作社、农业产业化龙头企业为代表的新型农业经营主体是土地流转和集约化经营的重要牵动力量。鼓励承包农户通过土地流转成立家庭农场。各地要建立家庭农场初始登记制度，做好家庭农场的认定建档工作，开展农场经营者成本核算、资产管理、联合与合作等方面培训，建立和发布示范家庭农场名录，开展种植业家庭农场的年度备案工作，促进家庭农场提高经营管理水平。鼓励农户以土地承包经营权入股的形式组建土地股份合作社，引导投资主体与土地股份合作社、社员之间形成利益共同体。允许财政项目资金直接投向符合条件的土地股份合作社，允许财政补助形成的资产转交土地股份合作社持有和管护，允许土地股份合作社开展信用合作。要指导土地股份合作社建立规范透明的管理制度，促进土地股份合作社健康发展。充分发挥农业产业化龙头企业带动作用。引导农业产业化龙头企业参与土地承包经营权流转，建立具有示范、带动作用的原料生产基地，推动产业集群发展。鼓励和支持农业产业化龙头企业和种植业家庭农场、土地股份合作社建立利益联结机制，解决原料生产问题。

建立健全土地承包经营权流转市场。要按照责权明确、形式多样、管理严格、服务全面的要求，整合现有行政资源，建立健全覆盖全市所有乡村的土地承包经营权流转市场。市要加强流转市场建设工作的指导，县要提高土地流转管理和服务的效率，乡(镇)要设立为流转双方提供交易的场所，村要设立流转服务站，形成市县乡村四级土地流转管理和服务网络，为流转双方提供流转信息发布、法律政策咨询、流转价格评估、指导合同签订、协调利益关系等相关服务。

规范土地承包经营权流转行为，鼓励承包农户依法采取委托、转包、出租、互换、转让及入股等方式流转土地承包经营权。积极探索其他流转方式，除代耕不超过1年的短期流转以外，所有土地承包经营权流转都要通过流转市场进行，达到统一交易流程、统一合同文本、统一服务标准的规范化要求。流转市场保管的流转合同按地区、按流转方式立卷归档,实行流转合同档案化、微机化管理。

建立流转价格形成机制和风险防范机制。土地承包经营权的流转价格,应当由流转双方协商确定。原则上流转价格以实物计租、货币结算,租金以3年为一调整期,支付方式可以一次性趸交、期内补交差额部分,也可以分期支付,以稳定土地流转关系。各级负责农村经济经营管理的机构应当加强流转情况监测,对流转期限较长、面积较大的,在签订流转合同前,应当对受让方的农业经营能力、资信情况、履约能力进行核查;流转合同签订后,应当做好流转土地经营状况的督查工作,防范土地承包经营权流转的风险。按照严格审批、局部试点、封闭运行、风险可控的原则,各地可以开展土地经营权抵押、担保、信托等试点工作。

强化土地承包经营权流转纠纷调处机制。全面贯彻《中华人民共和国农村土地承包经营纠纷调解仲裁法》,做好土地流转纠纷调处工作。各县(市、区)根据实际需要可以设立农村土地承包仲裁委员会;农村土地承包仲裁委员会的日常工作由当地农村土地承包管理部门承担,确保流转纠纷得到及时解决,维护当事人的合法权益。各级政府要加强农村土地承包仲裁基础设施建设,改善仲裁机构办案条件,提高仲裁工作效率。

4. 规范程序,创新模式

在土地流转的实际操作中,允许农民以转包、租赁、交换、转让、股份合作和其他形式将承包土地经营权进行转让。崇阳县在低丘岗地改造、低产林改造、农田示范改造等项目中摸索出"三级集中流转"模式,即先由村组从农户手中将土地流转出来,乡镇从村组集中流转形成相应规模面积,然后由乡镇将土地流转经营权租赁给投资商或种植大户。对政府实施的土地整理改造项目,按项目需要确定流转面积,预先从农户手中流转出来。崇阳县采取这种模式每年流转土地1万亩,主要用于发展马铃薯、西瓜、葡萄、蔬菜和稻田养虾。这种模式在咸宁现代农业生态展示园和咸安区向阳湖现代农业示范区建设过程中可作为借鉴。

(三)加大扶持力度,确保农民增收,粮食增产

1. 加大惠农政策,减轻农民负担,留住种田能手

近年来,国家陆续出台了一系列支农、惠农政策,先后有粮食直补、良种补贴、农机补贴、粮食最低收购价等,然而这一切并没有留住农民的脚步,耕地的有效利用率仍不断下降。原因何在?不难看出,在国家推出这么多惠农政策的同时,农资,如化肥、农药等价格也在不断上涨,这样除去农资或许收入还不如从前,劳动力流失也在情理之中,所以国家应进一步完善、落实政策,采取具体措施促进农业发展。首先,适当调控种子、化肥、农药等价格,从实践上做到惠农。其次,加大科技投入,研发高产优良品种,提高农作物单产,提高农民的收入,这样才能留住劳动力的脚步。

2. 积极创造非农就业工作岗位

各级政府要把发展二、三产业及创造非农产业工作岗位作为促进土地流转的重要措施来抓。充分利用阳光工程、农村创业带头人等培训项目,优先安排转出土地农民的培训,提高转出土地农民的劳动技能,增加再就业机会。要充分利用现有的产业发展政策,结合

农村当地实际，合理确定发展项目，对大量提供非农产业工作岗位的项目给予重点支持，发挥其在促进土地流转中的作用。农业产业化龙头企业租赁农户承包地的，应当承担安排转出土地农民就业的职责。

3. 加大资金扶持力度

各级政府要结合本地区实际，积极采取增加财政专项投入、调整优化现有财政支出结构等措施，多渠道筹措资金，多方式支持通过土地流转形成规模经营的家庭农场、农民专业合作社和其他新型农业经营主体改善生产条件，实行标准化管理，提高生产能力，降低经营风险。建立和完善省市县三级示范家庭农场、示范合作社考评奖补机制，发挥其在土地流转中的示范带动作用。结合现代农业示范区建设和农业发展重点工作，选择几个乡镇作为推进土地承包经营权流转促进土地集约经营的示范乡，实施重点推进。

4. 强化农机补贴、用地、用电等支持政策

家庭农场、土地股份合作社和其他新型农业经营主体从事农业、林业培育和种植、畜牧业、渔业生产用电，农业灌溉用电，以及农业服务业中农产品初加工用电执行农业生产用电价格（不包括农林牧渔服务业用电和农副食品加工业用电）。在农机具购置、更新时，符合条件的，要给予优先补贴。鼓励农村集体利用闲置或者废弃土地改建农机仓库棚和粮食晾晒场，统一向土地规模经营主体提供服务；在建设用地指标中单列一定比例用于家庭农场、土地股份合作社的粮食加工等配套辅助设施，并适当简化审批手续，减免相关费用。农业部门要加强与工商部门的沟通协作，做好土地承包经营权流转合同（示范）文本的制作和推广，全力服务农村改革发展。

5. 加快构建新型农业社会化服务体系

继续鼓励发展农机合作社、水利合作社等各类农民专业合作社，以及供销社、工商企业等农业生产性服务组织，为土地规模经营者提供产前、产中、产后服务。建立健全县乡村三级农业公益性服务体系，推行农技人员与种植业家庭农场、土地股份合作社"结对子"的工作责任制，及时提供各类信息、技术、经营等指导服务。进一步拓展农业社会化服务，创新农业公益性服务有效供给机制和实现形式，采取支付订购、定向委托、以奖代补、贷款担保、招投标等方式，支持具有一定资质的经营性服务组织从事病虫害统防统治等公益性服务，支持粮食烘干、集中育秧、农机场库棚、信息网络和仓储物流平台等服务性基础设施。

6. 发挥工商企业引领土地集约化经营发展的作用

鼓励工商企业主要从事农业社会化服务和农产品加工业，发挥资金、技术、人才等资源优势。引导工商企业与农户、农民合作社建立紧密的利益联结机制，带动农民开展产业化经营，实现合理分工、利益均沾。鼓励和引导工商企业到农村发展适合企业化经营的现代种养业，向农业输入现代生产要素和经营模式。探索建立工商企业租赁农户承包地准入监管和风险保障金制度，防范原承包农户因受让方违约或经营不善遭受损失。

7. 切实加强组织领导

要充分认识农村土地流转对推进现代农业发展、促进农民增收重要意义的认识，深刻理解、全面把握党的农村基本政策，把推进土地流转和集约化经营作为当前农业和农村工作的重要任务，切实加强组织领导，统筹协调，采取有效措施，积极稳妥推进。要加强各级农村土地流转管理、指导和服务工作,提高对土地流转和集约经营工作的服务能力和指导水平。加强农村基层组织建设,提高基层组织对农村土地流转的协调服务能力。要充分利用各种媒体和途径,大力宣传推进土地承包经营权流转的相关政策和发展中的好经验、好做法、好典型,为推进土地承包经营权流转、促进土地集约化经营营造良好氛围和环境。

(四)健全社会保障制度,保护农民利益

土地是农民的衣食之本、生存之源。作为农民的基本生产资料,土地承担了农村的基本生活保障、养老、就业、医疗等社会保障功能。由于农村土地承载着农业生产与农民生活保障的双重功能,且农村社会保障制度的缺位,极大地束缚了农村劳动力的流动,严重影响着农村土地流转。从总体来看,农村广大地区,绝大部分农民游离在现代社会保障制度之外。完善农村社会保障制度是农村土地流转的前提。发展农村经济,必须要建立和完善与我国社会生产力和农村经济发展水平相适应的农村社会保障制度。

1. 健全农村社会保障制度

健全农村社会保障制度对土地流转双方是必要与有益的。对于土地转出方而言,他们担心的是将土地转出后,能否在非农产业取得稳定的收入,使自己的生活水平稳步提高,能否适应现代社会的竞争节奏。一旦出现种种问题,如暂时的失业、年老、生病、事故等丧失了取得收入的能力,或因病致贫及其他的生活困难等,农民就不会轻易地将赖以维持生存的承包土地流转出去。将自己的"命根子"流转出去不仅等于将自己的主要收入流转出去,而且也意味着将自己最后的一份生活保障放弃。对于土地转入方而言,他们经营土地流转来的成片农村土地,投入大量的资金,从事规模化、专业化经营与生产。高投入、周期长的特点决定着农业经营的高风险,他们面临自然和市场两重风险,有可能受到自然灾害、自然条件等自然风险的影响,同时可能会受到农产品生产的市场价格、市场供求等的影响,资金链断裂,难以实现利润目标。这些会严重地影响他们从事农业生产的积极性与主动性。因此,需要通过建立农村社会保障制度,来对因严重的自然灾害给农业生产造成的巨大损失和因市场价格变动给他们带来的损失给予保障,以提高他们生产积极性。健全农村社会保障制度,最终形成以农村最低生活保障制度、新型农村合作医疗制度、农村医疗救助制度、农村五保供养制度、自然灾害生活救助制度等为主要内容的农村社会保障制度体系。

2. 将土地流转后农民双方纳入农村社会保障的重点对象

农村社会保障项目、范围及其对象较为复杂,在农村经济比较落后、农民收入低且不稳定、抵御风险和灾害能力弱等情况下,需要得到保障和帮助的项目还很多,诸如子女上学、生育、增产不增收、农村劳动力转移离开土地后的收入稳定等问题,从社会保障的角度都应得到保障。在我国农村社会保障制度不健全、需要保障范围比较广、对象比较多的情况下,更应该有明确的规定。将土地流转后农民双方纳入农村社会保障的重点对象,解决他们生活、经营上的后顾之忧,有利于促进土地进一步流转。

3. 多渠道筹集农村社会保障资金来源

多渠道、多形式筹集农村社会保障资金问题是社会保障制度运行的关键,是制约我国

农村社会保障事业发展的瓶颈。我国的农村社会保障基金主要来源于财政拨款、集体补助、社会筹集、个人缴费，但由于制度安排、经济发展水平以及政策支撑上的种种原因，这些筹资渠道通畅程度均不理想，使得农村社会保障基金缺乏，从而影响到农村社会保障制度的实施。社会保障基金的筹集从单一化走向多元化。在农村建立现代社会保障制度，逐步将农村的社会保障由依靠承包地转为依靠社会和制度，大幅提高国家财政对农村社会保障的支出比例，尤其要将增加投入的重点放在农村，结合地方财政和农民自筹资金，多渠道、多层次、多方式地兴办养老、医疗、生育、伤残等保险，使农民得到充分的社会保障，改变农村落后的生产方式和农民传统的生活方式。比如可以考虑把在现行征地制度之下地方政府低买高卖取得的土地级差地租的一部分存到农民的社会保障基金上，福利彩票收益部分也应当让农民分享成果。

鄂南建立全国第一个县级红色政权研究

市委党史研究室课题组

1927年8月下旬，鄂南人民在鄂南特委领导下，贯彻落实中央八七会议精神和中共湖北省委关于《鄂南农民暴动计划》的指示，率先暴动，在全国打响秋收起义第一枪。经过大小百余次战斗，攻打与占领过咸宁、蒲圻(今赤壁)、崇阳、通城、通山等五县县城及二十多个重要集镇，惩办反动官吏、土豪劣绅数百人，建立全国第一个县级红色政权通城县劳农政府、通山县工农政府委员会，实行了抗租、抗税、抗捐、抗粮。这场运动使鄂南共产党员和广大人民了解了土地革命的意义，引起了极大的革命热情，受到了斗争的考验和锻炼，为鄂东南苏区的建立与发展，为地方工农武装的创建，打下了坚实基础。

2003年以来，通城、通山两县广泛征集党史资料，深入研究红色政权，积极举办全国第一个县级红色政权研究会或座谈会，在媒体上大量发表研究、宣传相关两县红色政权的文章，并出版了数量可观的相关党史图书，在党史界和全社会引起了强烈反响和关注。2007年10月，石仲泉先生在《党史天地》发表《通山红色政权与湖北革命党史》一文时，称通山县工农政府委员会为"最早的红色政权之一"。2010年，在修水举办的首届湘鄂赣苏区论坛上，石仲泉先生做题为《湘鄂赣苏区的历史地位与苏区精神》的报告时指出："湖北通山县党史办公室通过多方查找档案文献资料，了解到在通山秋收起义后建立的通山县工农政府委员会，是党在八七会议后建立的最早一批全国县级红色政权。大革命时期，南方各省特别是湘、鄂、粤、赣四省工农群众运动如火如荼。在国民党反动派实行大屠杀后，许多地方根据党的布置举行了秋收起义，但单独靠农民武装夺取县城、建立县级苏维埃政权的，在秋收起义初期并不多见。湖北通山农民起义军，运用军事打击与政治攻势相结合的策略，在迅速占领县城后就成立了工农政府委员会，它排除了国民党左派和非工农代表参加，是苏维埃政权性质。此外，通城县起义后也成立了'劳农政府'。这两县都是秋收起义后在全国建立最早的一批县级红色政权。"

一、大革命时期鄂南的政治形势

咸宁市现辖通山、通城、崇阳、赤壁(蒲圻)、咸安(咸宁)、嘉鱼六个县市区。文中所说的鄂南多数时间指现在的咸宁市范围。

1925年6月，中共镇南中学支部委员会成立，为鄂南第一个党支部。同年7月通城成立党小组，8月成立蒲圻城关党小组，12月建立中共崇阳县支部。1926年7月，建立中共咸宁县特支。中共组织建立后，鄂南革命日益发展。

1926年7月，湖北省农协秘书长聂洪钧受命回家乡咸宁县发动群众，策应北伐。7月9日，国民革命军在广州誓师。8月22日，叶挺独立团攻克通城县城后，指派第四军上校秘书万世勋任通城县长，组建县政府。23日，北伐军攻克蒲圻。24日，北伐军攻占崇阳县城，撤销县知事公署，建立县政府。8月27日拂晓，聂洪钧领导农民土枪队、破路队、向导队配合北伐军向汀泗桥守敌发起全线总攻。北伐军又于29日晨打响贺胜桥战役，于31日午时结束。

汀泗桥、贺胜桥战役的胜利，大量消灭了敌人的有生力量，打开了进入武汉的通道，为北伐军首先打倒吴佩孚和占领武昌奠定了坚实的基础。同时，北伐军在鄂南废除北洋政府统治下的县知事公署，建立国民政府，给鄂南人民树立了革命理想和信心。叶挺独立团所表现出来的"铁军精神"激励鼓舞了鄂南人民的革命斗争意志。值得一提的还有鄂南的共产党的领导干部和农民群众，他们都在北伐战争的血与火中经受了锻炼。所有这些，都对鄂南革命产生了积极而深远的影响。"两桥"战役后，通山、通城、崇阳、蒲圻、咸宁各县成立共产党部委，中共嘉鱼县支部也于1926年10月成立。党组织的发展壮大，推动了国民革命运动。鄂南各县共产党组织积极帮助改组、建立国民党县、区党部，共产党员以个人身份加入本县的国民党，实现国共合作，开展工农运动，把反帝反封建的大革命运动推向了高潮。

1926年8月，在建立通城县国民政府的同时成立国民党通城县执行委员会筹备处，共产党员赵世当任委员。是年秋，国民党湖北省党部特派员、共产党员李良才(材)、汪玉棠先后来通城指导工作，成立由11名执委组成的国民党通城县党部，其中共产党员7人，国民党员4人，主任委员汪玉棠。通城县国共合作的工农运动开展得轰轰烈烈。1927年元旦，通城召开盛况空前的庆祝元旦大会，总工会及行业工会等40余个团体5000余人庆祝北伐胜利、庆祝国民党中央党部及国民政府迁入武汉。2月7日，又举行5000余人的纪念京汉铁路二七大罢工大会。1926年底，召开农民代表大会，举行盛大的"大解放"游行。开展惩办土豪劣绅、开仓赈饥、破除迷信、实行男女平等。1927年1月，开展以杀贪官污吏、杀土豪劣绅、杀流氓地痞、抗捐抗债、减租减税、赶走天主教神甫为内容的"三杀、两抗、两减、一赶"斗争，调动了工农群众的革命热情，使全县农协会员发展到2万余人，工会会员发展到6000余人。

1926年9月，咸宁县取缔了由孙文主义学会操纵和地主豪绅拼凑的国民党咸宁县党部，罢黜了由土豪劣绅镇泮香任县长的咸宁县国民政府，建立了以共产党员为骨干的咸宁县国民政府。10月，组成国共合作的国民党咸宁县党部。1926年10月，崇阳籍共产党员邱指侲由国民党湖北省党部派回崇阳建立国民党崇阳县党部，于12月成立。国民党崇阳县党部成立后，审议县政府施政纲领，开展工农运动。1926年10月，国民党蒲圻县党部被改组，共产党员漆昌元以国民党湖北省党部特派员身份兼代蒲圻县党部常委，领导工农运动。嘉鱼县也于1926年10月成立国共合作的国民党嘉鱼县党部。

1926年冬，通山县各区、乡、村都建立了农民协会，会员达2万余人。12月下旬，通山县第一次全县农民代表大会在通山县城召开。与会代表认真讨论并通过了大会报告，通过了《惩办土豪劣绅，实行一切权利归农会》与《成立农民自卫军总部》的决议。会议选举产生县农民协会执行委员会，黄中策(色)当选委员长。会后，出席会议代表、县农民协会执行委员及省农民协会派来的28位特派员分别到全县10个区、200多个乡村召开农民协会会员会议，宣传县农民协会的决议，先后惩办土豪劣绅200余人，开展减租减息活动，在乡村中实行了"一切权利归农会"，公布并落实"农民诸禁"，把农民运动推向了一个新高潮。到1927年1月，通山县总工会、妇女协会、共青团通山总支委员会、学生联合会、童子团、商民协会、农民自卫军总部相继成立，国民运动蓬勃发展。

以上情况充分表明，各个国共合作的县党部都是由共产党帮助改组建立的，共产党在改组国民党的过程中起了重要作用，共产党对国民党县党部都有重要影响，起到了主导作用。这是作为全省暴动中心必须具备的组织保障和群众基础。

二、八七会议精神的传达与鄂南秋暴的准备

在中国共产党面临生死存亡、中国革命面临新的政治抉择的紧急关头，中国共产党组织从中央到地方都进行了认真的思考。1927年8月3日，发出《中共中央关于鄂湘粤赣四省农民秋收暴动大纲》(以下简称《大纲》)。8月7日，中共中央在汉口召开紧急会议，确定了党在农村领导武装暴动、开展土地革命的斗争方针。在南昌起义之前，中共湖北省委书记罗亦农、省委农民部部长任旭在一起，做了"一个很长的计划"，计划组织湖北农民举行秋收暴动。8月5日，省委又制订了《鄂南农民暴动计划》，并派出一大批干部到鄂南组织暴动，县级党员干部也有类似的思考和行动。

八七会议后，湖北省委根据中央的精神，在《鄂南农民暴动计划》的基础上及时制订了《湖北省农民秋收暴动计划》，将全省划分为7个暴动区，其中鄂南区包括蒲圻、通城、嘉鱼、崇阳、咸宁、通山六县，并明确鄂南为全省暴动中心。8月上中旬，省委派符向一等40余人到鄂南开展工作，并指定符向一在鄂南特委成立之前主持鄂南工作。符向一在蒲圻召开党员会议，传达八七会议精神和湖北省委关于秋收暴动的决定。会后，派出党员干部到鄂南各县工作。8月中下旬，正式成立鄂南特委，吴德峰任书记，其他委员为黄赤光、谢一寰、符向一、王钟、刘振一、漆昌元、向若愚、蒋友谅。8月下旬，鄂南特委召开鄂南六县负责人会议，决定将农民自卫队改为农民革命军(简称农军)，建立鄂南农民革命军总指挥部，总司令聂鸿钧(聂洪钧)，副总司令曹振常，总参谋长钱定荣，总政治部主任余子任。这次会议还决定鄂南秋收暴动以夺取咸宁、蒲圻县城为中心，通山、崇阳、通城可以先行"骚动"，必要时三县农军应该上山，造成军事势力，以支持中心区域的暴动。8月底，中共长江局书记兼湖北省委书记罗亦农亲赴鄂南，召集鄂南各县负责人会议，布置秋收暴动有关事宜，要求各县10天内做好8项准备工作。

早在1927年春，曾任国民革命军第四军政治部的少将科员续香山回到通城，煽动不明真相的农民游行示威，目的是打倒国民党县党部内的共产党员赵世当、刘一元、姚春华，并捣毁县党部。续香山继而利用东区农协副委员长刘育仁与县党部葛乙垣的矛盾，唆使刘育仁和麦市商会会长高济仁以"分土地"为号召，"起农会，打党部"。当时，葛凤先、葛明先兄弟俩被县党部派往东区审查登记农会会员，清除地主豪绅出会。另外，葛必先奉汪玉棠、赵世当指示回东乡揭露续香山的阴谋。4月14日，续香山、刘育仁在塘湖、李

段两地召开会议,煽动农民进城打党部。葛必先、葛凤先闻讯前往塘湖劝阻,被农民捆绑关押。葛明先也在李段遭拘押。"三葛"被诬以"谋杀县长、嫁祸农民"的罪名。第二天,东区两路农民2万余人绑吊着"三葛",沿途"吃大户"、"打钱粮",涌向县城。由于城门已紧闭,东门外水泄不通。县长万世勋几次登城动员农民回家,要求把"三葛"交县府处理,无济于事。续香山、刘育仁进一步挑拨农民说:"万县长包庇葛家三先。"受骗农民一怒之下用棍棒将"三葛"打死。事后,在董必武的关心下,由汪玉棠、赵世当、葛乙垣等9人组成"三葛"惨案审查委员会。葛乙垣职为县保安团长,派三个班士兵到麦市为其家族报仇,滥杀夏绍文5位农民代表及胁从农民120多人。案犯续香山、刘育仁、刘厚尧、黎逢云被判死刑。"三葛"惨案错综复杂、教训沉痛。其本质是煽动群众将矛头对准共产党的反革命事件。葛乙垣滥用职权,公报私仇,也引人深思。这一事件无疑给了通城党组织一个警醒,锻炼了党员干部的识别能力,更加坚定了革命斗争的意志。

就通山县而言,做好了武装暴动的思想准备,壮大队伍的军事准备,建立机构的组织准备。通山武装暴动的思想准备可以追溯到通山"五二一"惨案后。"五二一"惨案后的6月,李良才任中共通山县委书记。他听取叶金波等人的建议,表面上与汉川老乡何雄飞和平相处,而把县委机关迁到城东与阳新县大畈相邻的板桥,各革命团体负责人也疏散到各地农村,在乡村中秘密发展党组织和农民武装,积蓄力量,准备武装斗争,并且在乡村中镇压土豪劣绅。因此,八七会议的传达是水到渠成。通山的武装准备也成绩可观。到8月上旬,农民自卫军发展到1000余人,暴动时有农军近2000人;全县党员发展到500余人,县委已领导着拥有约4万人口的广大农村,人口占当年总数的1/3。暴动前,通山将农民自卫军改建成农民革命军。建立通山县秋收暴动委员会,完成组织准备。1927年8月中旬,李良才根据特委派人到通山传达精神,随即在板桥召开县委扩大会议,部署秋收暴动。会上,还成立了以夏桂林为主任、叶金波为副主任的通山秋收暴动委员会,具体领导秋收暴动事宜。8月下旬,将通山县农民自卫军改编为通山县农民革命军,夏桂林任总指挥,李良才任党代表,叶金波任副总指挥,下辖6个大队和1个快枪队。

此后,通城取得了驱逐夏斗寅叛军的胜利,锻炼了农军,为秋收暴动准备了力量。1927年6月初,夏斗寅叛军由崇阳进扰通城,刚刚到任的代县长潘某畏匪如虎,卷款潜逃。汪玉棠、赵世当随即组织县治安委员会,代行政府职权,赵为负责人。随后又成立以赵世当为首的倒夏临时指挥部,与夏匪斗争。6月26日,夏匪进占通城县城,屠杀进步学生和群众40余人。7月上旬,夏匪1000余人倾巢出动,进犯九岭,企图南连长沙许克祥。农军激战一夜,打退敌人9次进攻,毙伤敌人百余人,迫使敌人退守县城。逾数日,夏斗寅率一部过江西。6月13日拂晓,中共通城县委、国民党通城县党部组织农军2600余人,连同警卫营,分兵三路进攻县城,叛军残部溃逃,农军缴枪400余支。收复县城后,赵世当立即重建县党部和其他革命团体。"七一五"反革命政变后,通城组成了一支300人的农民自卫军。接着,中共湖北省委派人来通城传达八七会议精神与省委关于秋收暴动的决定,要求9月10日以前举行起义。为此,通城于8月中旬作了一次攻城预演,未能攻下。这次预演为夺取县城积累了作战经验。

三、鄂南打响全国秋收暴动第一枪

1927年8月5日，中山大学大学生罗荣桓受党组织派遣，在崇阳籍大学生黄明的引导下，到达崇阳，领导暴动，任崇阳县农军党代表。第二天，罗荣桓又赴通城，组织暴动。8月13日，崇阳县农协会送来报告，大地主陈余庆有一船大米将于14日从洪下运往武汉，农军做好了劫船准备。第二天拂晓，农军冲上准备起航的货船，消灭地主武装10余人，缴获大米40袋，步枪5支，农军安全返回县城。洪下暴动后，敌第十三军方鼎英部大兵压境，意欲铲除崇阳农军。按罗荣桓预制的方案，崇阳农军向通城集结，于18日抵达通城。于是，崇阳、通城农军决定智取通城县城。8月20日，崇阳农军的叶重开以崇阳县团防局长的身份带领化了装的农军来到西门，声称抓到一个通城县的共产党"犯人"，要亲自押交团防局的刘团总，打开城门，与早已守候在衙门附近的通城农军配合，活捉刘秀波。当天下午，王武扬在通城县城主持召开大会，宣告通城崇阳农民自卫军正式成立，总指挥王武扬，党代表罗荣桓，总参谋长刘继宋，军需长王嘉瑞。下辖两个大队，通城农民自卫军为一大队，大队长肖力，政治指导员王文安；崇阳农民自卫军为二大队，大队长叶重开。

8月下旬，唐生智出于政治需要，将驻守通山县城的陈维汉团调走，通山县城守军力量大为下降，只剩下一支警备队。通山县委和暴动委员会抓住有利战机，命令全县6个大队、1个快枪队的农军举行暴动，占领四乡集镇，然后夺取县城。28日、29日两天，各处农军完全占领各地集镇。8月30日清晨，各路农军近2000人和数千农民以排山倒海之势，把整个县城围得水泄不通。上午9时许，敌人在西门楼上树起"接受农军条件，交出政权"的白旗，并派人打开城门让农军进城。但是，警备队架在屋顶上的30多支枪还对着农军。守在南门桥的叶金波派人把这个情况告诉了李良才（材）、夏桂林。李、夏识破何的诈降把戏，将何雄飞及其心腹擒获，捕捉"治安党"头目帮凶，收缴县警备队枪支，将何雄飞及其僚属等9人实行软禁。通山暴动取得成功。

9月9日，中伙铺劫车成功，鄂南全区总暴动爆发，各县规模或大或小，坚持的时间或长或短，参加暴动的农军和革命群众前后达10万之众，有力地推动了两湖暴动。

四、全国第一个县级红色政权鄂南工农政府的建立及其活动

8月20日智取通城县城后，于21日劳农政府成立，朱春山任主席，谭梓生、黄子端任副主席。劳农政府成立后，全县农民协会等群团组织更加活跃，打土豪、捉劣绅，减租减税，分田分地，如火如荼。8月下旬，国民党湖北省政府得知通城县长王武扬"暴乱"，另派反共分子毕振英任通城县长，农军以保留旧县长为名，拒绝其就职。毕振英纠集通城县外逃的土豪劣绅和崇阳县地主武装不断进行骚扰和攻击。鄂南总暴动的时间定在9月9日。由于鄂南其他各县暴动尚未开始，通崇农军压力很大，独力难支。罗荣桓带人与在修水活动的由共产党掌握的余洒度师取得了联系。师长余洒度答应给通城拨一些弹药，派两

名教官,并同意通崇农军必要时向他们靠拢。罗荣桓一行刚刚返回通城,即获悉国民党军事部长叶琪电派第十三军陈嘉佑率十五、十六两个团接应毕振英的民团,疯狂地扑向通城。此时,鄂南特委派符向一前来调遣通崇农军北上参加9月9日的鄂南暴动。与此同时,刘继宋又接到湖南省委的指示,要通崇农军南下参加湘赣秋收起义。罗荣桓、王武扬客观分析了当时的形势,认为北上将会与数倍于自己的敌人遭遇,伤亡必然惨重;相反,如果南下,还能吸引敌人的兵力,为鄂南暴动减轻压力。于是,通城县委和农军总指挥部毅然决定由罗荣桓、汪玉棠等人率领农军主力南下,过修水与余洒度会师,参加毛泽东领导的湘赣秋收起义,而由赵世当代理县委书记与王武扬一起带领其他同志在当地斗争,参加鄂南暴动。

8月30日下午,中共通山县委、县暴动委员会决定根据《大纲》精神成立工农政府委员会。各地农军召开会议,分片酝酿、推选工农政府委员会委员,夏桂林、叶金波、陈兆秀、阚禹平、涂宗夏等人当选。8月31日上午9时,通山县工农政府委员会成立大会在县城圣庙前召开,夏桂林任委员长(群众习惯称为县长),叶金波任副委员长,阚禹平、陈兆秀、涂宗夏为委员。工农政府委员会下设四个部:军事部长叶金波、财政部长阚禹平、民政部长陈兆秀、教育部长涂宗夏。通山县工农政府在县城坚持了43天,有效地行使了政府权力,做了大量富有成效的工作,概括起来有十个方面:

(一)严守四境,保卫新生政权

组织农民革命军严守通山通往外县的交通要道,不让境内的反动势力潜逃出境,对外封锁消息,防止境外武装和敌对势力渗透进来,防止反动派对新生红色政权的破坏,维护境内社会秩序,使通山成为鄂南全面暴动的战略后方。

(二)惩治首恶,建立区乡政权

县工农政府从农民革命军中抽调骨干组成20支小分队,每个小分队10人,分别奔赴全县各区乡,严惩了大革命失败后与人民为敌的土豪劣绅、"治安党"反动头目与坏分子100余人,恢复了区乡农民协会、妇女协会等革命组织。《大纲》指示:"夺取一切政权于农民协会,歼灭土豪劣绅及一切反革命派,并没收其财产。"因此,恢复区、乡农民协会等于建立区乡红色政权。

(三)割富济贫,筹集军需

县工农政府仍以何雄飞的名义发布公告,令豪绅巨富交粮交款,除解决各地贫苦农民的生活困难外,还积谷1000余担,资金1万元,以备战争之需。这是很高明的一招,既能轻松地筹集到粮款,又不至于敌对分子向新生政权采取过激的对抗行动。

(四)组织民众,抗租抗债

县工农政府组织民众开展抗租抗债活动,清算土豪劣绅财产,取消高利贷,烧毁豪绅地主的账单、账本、借据与契约。

（五）没收土地，还田于民

各区乡执行县工农政府的统一规定，将没收的大土豪劣绅与一部分由土豪劣绅控制的公会的土地分给无田或缺少田地的农民耕种，实行"耕者有其田"。

（六）扩军备战，集中培训

9—10月，全县接受千余名青年参加农军，并整编为两个团，一团由陈叔卿任团长，二团由叶金波兼任团长。每团辖1个快枪连，9个土枪梭镖连，指战员千余人。全县农民革命军共有长短枪200余支、土枪1000余支、大刀梭镖1000余把。

（七）广泛开展宣传，持久革命

县工农政府将有文化的同志组织起来，深入各地开展形式多样的革命宣传，扩大武装斗争的影响，把革命推向深入，扩大影响，巩固革命成果。

（八）人民做主，公审反动县长

对何雄飞及其幕僚的杀与留，领导层内部有不同的意见。1927年10月，《中共湖北省委关于湖北农民暴动经过之报告》记载，鄂南特委书记吴德峰"亦不想杀他们，以为这些是好官，将来可以作书记"。但"镇一及通山农协委员长夏桂林同志，奉特委命令，将此九人枪毙"。9月9日，通山县工农政府委员会在县城召开万人大会，批斗、公审何雄飞等人。何雄飞借口通山穷困、人才缺乏，将其家乡汉川的亲朋好友带到通山，占据了各局局长的位置，大肆搜刮民脂民膏，民愤极大。《中共湖北省委关于湖北农民暴动经过之报告》记载："被捉之县长及征收局局长九人，中有八人系汉川人。"雄飞还在暴动中诈降。根据群众的一致要求，何雄飞及其心腹9人被处死。

（九）组织农军，参加咸宁暴动

9月9日，遵照省委和鄂南特委的指示，由夏桂林、陈叔卿率领通山农民革命军第一团开赴咸宁，参加鄂南秋收暴动。

（十）组织农军转移，恢复赤色区域

1927年10月上旬，除通山外，其他各县的暴动均告失败，敌人将集中兵力围攻通山。为了保存革命力量，避免不必要的牺牲，县委决定将农民革命军分为3路，分别进入九宫山、周步山、沉水山，依靠当地党组织与农协会建立革命区域。这也是执行省委的指示："最后如万不得已时，亦须至通山、通城一带上山。"10月13日，通山县委、通山县工农政府委员会率领农军撤出县城。平江起义后，彭德怀率红五军到九宫山休整，了解到通山农军在九宫山坚持斗争的情形，十分赞赏，他在自己起草的《中国工农红军第五军军委报告》中说："鄂南在马日以前，农村组织和斗争有相当的成绩，在南昌暴动时，鄂南民众进攻咸宁、通山、通城等县，很奋勇的自起响应，尤以通山孤战数月，至万急难守时，他们积粮于九宫山，作最后艰苦奋斗，延至四十三天之久。"

通城、通山两县暴动受到省委的高度赞赏，在《中共湖北省委关于湖北农民暴动经过之报告》载："通城已取得政权，县长表现很好。"又载："通山于八月尾由县委书记以同乡关系，说明政治概况，该县长即将政权让出，同时即将该县长幽禁，以县长名义向土豪劣绅募捐以稍安其心，同时将交通断绝，并派农军严守四境，至九日即将该县长及各官吏枪毙，同时派农军二十队分赴各乡杀戮土豪劣绅，并没收其财产，计杀土豪劣绅一百余人。第二天即派农军帮助咸宁。""鄂南工作，为湖北各区之冠。"

五、鄂南秋暴与两县建立全国第一个县级红色政权的历史地位

鄂南暴动虽然没有黄麻起义、海陆丰起义、广州起义、平江起义的名声大，更无法与湘赣起义相比。但是，它具有开先河的意义，推动了中国人民革命的历史进程，具有不可否认的历史地位和不可磨灭的功绩。

第一，鄂南暴动打响了全国秋收起义第一枪。包括崇阳、通城、通山在内的鄂南暴动从8月14日开始，奏响全国秋收起义的序曲。石仲泉主任在《通山红色政权与湖北革命党史》中认为："鄂南三县秋收暴动点燃了全国秋收暴动的烽火。它比中央规定的两湖秋收暴动的统一时间（9月10日）提前了半月左右，也比毛泽东领导的湘赣秋收暴动早了许多天。当然，毛泽东领导的湘赣秋收暴动是全国秋收暴动进入高潮的标志。它无论在规模、声势和影响方面都比鄂南暴动大许多。特别是通过那次暴动转移'上山'后所开辟的井冈山道路，成为中国特色革命道路的摇篮，并在理论上作了初步的概括和总结，这是其他地方都无法相比的。对毛泽东领导的湘赣秋收暴动的这一特殊功绩要充分认识，绝不能以为鄂南秋暴较早，就妄自尊大。过去对鄂南秋暴的历史意义认识不够，现在看来，包括通山在内的鄂南三县暴动，可以说是打响了全国秋收暴动的第一枪，奏起了以毛泽东为代表的中国共产党人探索中国特色革命道路的革命交响乐的第一串音符。"

第二，通城、通山两县建立了全国第一个县级红色政权。通城县劳农政府、通山县工农政府委员会比海陆丰红色政权还早，海陆丰是第一个苏维埃政府诞生地。通城县劳农政府、通山的工农政府委员会虽然没有使用"苏维埃政府"称谓，但是，其政权成分却具有苏维埃政权性质（它排除了国民党左派和非工农代表）。土地革命战争初期，红色政权的称谓各不相同，但是，性质一致；政府形态也参差不齐，有的很简单，近乎只有一个名称，但是，即使这样也已经是难能可贵了。当时的红色政权实际上有一些象征意义也就不错了。因此，不必过分强求政府形态的完备性、不必过于强调时间上早十天半个月的差别。陆丰县苏维埃政府、海丰县苏维埃政府是两个不同的地方在不同的时间成立的两个性质相同的政权，被称为全国第一个苏维埃政府，成为研究、解决类似党史问题的范例。

鄂南能打响秋收起义第一枪和建立全国第一个红色政权，是革命的历史把它推到了历史的前台。在八七会议后，省委决定以鄂南作为湖北秋收暴动的重点。《湖北省一九二七年秋收起义概况》载："那时南部的形势比较好。从政治上讲，南部对武汉有影响；从地理上讲，可以阻止武汉和长沙之间的交通，可以造成湖南的政治和军事危机（有利湖南发动起义）。正由于这个原因，省委决定南部为湖北起义的中心。湖北的南部计划决定后，中央作出了湖南和湖北起义的决定，因为武汉政府非常动摇，社会非常不安定，经济情况

非常困难。"正是这个历史的政治背景，使鄂南有机会、有可能打响全国秋收起义第一枪和建立全国第一个县级红色政权。

第三，通城崇阳农军参加了毛泽东领导的湘赣起义和井冈山革命根据地的创建。这是通城崇阳农军最大的历史贡献。9月4日，罗荣桓带领通城崇阳农军500余人向修水进发，在通城的麦市遭到崇阳地主武装和国民党军队的包围。罗荣桓等指挥农军向东南突围后，三股农军只剩一股，100余人继续向修水前进。进入修水后，通城崇阳农军被编为工农革命军第一军第一师师部特务连，罗荣桓任党代表，谭希林任连长，叶重开任副连长。就这样，通城崇阳农军汇入毛泽东领导的湘赣起义的洪流，并紧跟毛委员走上井冈山，参与了中国人民革命的摇篮——井冈山革命根据地的创建。在土地革命的初期，在井冈山革命根据地初创时期，通城崇阳农军的加入，对毛泽东无疑是一个有力的支持，对中国革命是一个突出贡献。此外，罗荣桓从崇阳、通城起步，领导通城暴动，率领通城崇阳农军参加湘赣起义，进军井冈山，展示了他非凡的决策能力和组织领导能力。此后，罗荣桓成为我军卓越的政治工作者，最后与林彪合作，完成四大战役中的两大战役，解放半个中国，成为共和国十大元帅之一，为党和国家、军队立下不可磨灭的历史功勋。

第四，通山成为八七会议后全国第一个红色区域。通山秋暴是从农村开始的，先占领四方乡镇，然后合力围攻县城，正符合中国革命的实际，成为秋收起义一个很成功的范例；攻下县城后，建立红色政权，全县自然为红色区域，或叫赤色区域，抑或称革命根据地，是全国最早的一批。10月中旬后到年底，通山农军在东部的阳新通山边境、南部的九宫山、冷水坪一带恢复了1000余平方公里的连片的赤色区域。

第五，鄂南暴动和鄂南建立全国第一个县级红色政权直接推动了两湖暴动。鄂南暴动与黄麻起义有着密切联系。鄂东的黄麻起义方案蓝本就是《鄂南农民暴动计划》。领导鄂南暴动的吴光浩、刘镇一于同年11月直接参与了对黄麻起义的领导。吴光浩在黄麻起义中任副总指挥，成为鄂豫皖革命根据地的创始人之一，1928年1月任红七军军长，1925年5月牺牲，英年23岁。刘镇一也参与了黄麻起义方案的制订，夺取黄安县城后留任司令，1928年3月被捕就义。湖南省委则"预备在会议上选举出代表数人，派到鄂南参观。同时要鄂南农民亦派代表到湘省农民中宣传"。通城崇阳农军加入湘赣起义队伍，中伙铺劫车的成立，鄂南暴动的政治影响，对湖南暴动、湘赣起义都有着推动作用。因此，可以说鄂南暴动推动了中国人民革命的历史进程。

第六，鄂南暴动和鄂南建立全国第一个县级红色政权培养了一大批党和军队的骨干。除罗荣桓之外，鄂南暴动还培养出一大批党和军队的骨干，有的成为党和军队的高级干部，有的英勇牺牲，有的战斗到共和国成立。中共通城县委书记汪玉棠于1928年9月任黄蕲区特委书记，1928年11月6日，在汉口被捕牺牲。"八二〇暴动"暴委会副总指挥王武扬于1928年8月调任省委秘书、省委委员，1930年11月因叛徒出卖，在汉口机关被捕，12月16日就义。通山暴动中的县委书记、通山农军党代表李良才离开通山后，继续在汉川、天门领导斗争，后转移到九江继续工作，1933年病逝，新中国成立后被中央人民政府追认为革命烈士。通山县暴动委员会主任、通山农军总指挥夏桂林于1927年12月当选湖北省委执行委员，留省委工作，1928年1月被捕牺牲。通山县暴动委员会副主任、通山农军副总指挥叶金波后成立独立红三师政委，于1934年2月牺牲，被称为"没有走上授衔台的将军"。鄂南特委书记吴德峰则有幸看到中华人民共和国的诞生，曾任新中国成立后武汉市首任市长、最高人民法院副院长等职，1976年12月病逝。

参考文献

[1] 中共咸宁地委党史办公室编. 鄂南党史文献资料（上辑），1987.

[2] 中共咸宁地委党史办公室编. 中国共产党湖北省咸宁地区组织史资料，1995.

[3] 《中国共产党鄂南历史》，中共咸宁地委党史办公室编，1999.

[4] 《通山人民革命史》，中共通山县委党史办公室编，1991.

[5] 《鄂南秋暴六十周年纪念文选》，中共咸宁地委党史办公室编，1987年9月.

[6] 《中共通城简史》，中共通城县委党史办公室编，2008年8月，中共党史出版社.

[7] 通山红色政权与湖北革命党史. 党史天地，2007(10).

[8] 《红色通城诗文集》，通城县老区建设促进会等著，2013年9月.

[9] 《红色通城》，通城县老区建设促进会等著，2013年5月.

[10] 《通山英烈传》，中共通山县委党史办公室编，1987年12月.

[11] 中共通山县委党史办公室编. 红色通山九十年. 中国文史出版社，2011.

课题组成员：
执笔：徐赐甲
审稿：范伟才　刘彩云

向阳湖生态农业发展研究

李城外　董芳

农业是我国国民经济的基础。生态是农业发展的前提。生态农业是党的十八大提出的基本要求，是实现农业可持续发展的根本之路，更是建设生态文明的基础。向阳湖是咸宁的农业重镇和生态资源富镇。"十二五"期间，向阳湖镇提出了充分发挥生态优势，大力发展现代农业的战略部署，努力把向阳湖建成全市现代农业示范基地。实现这一目标，必须充分发挥向阳湖的自身优势，将农业发展和生态建设紧密结合起来，切实转变农业发展方式，积极发展生态农业，走现代农业发展道路。

一、向阳湖农业发展的现状

向阳湖位于咸宁市咸安区城郊，地处嘉鱼、赤壁、江夏三县（市、区）交界处，是咸安区的一个重要乡镇。向阳湖不但历史悠久，文化底蕴深厚，而且自然禀赋独特，生态环境良好，农业资源丰富，是鄂南著名的"鱼米之乡"。全镇国土面积104.2平方公里，其中耕地面积30932亩，山林面积37326亩，水域面积48346亩。农业生产是向阳湖的主导产业，种植业和养殖业由来已久，是向阳湖农业生产的基本形态，半机械化半手工作业是向阳湖农业的主要生产方式。

1. 农业发展迅速

向阳湖是咸安区的农业重镇，农业是向阳湖的主导产业，传统种植业和养殖业是向阳湖3.5万农民安身立命的根本。21世纪以来，尤其是"十二五"期间，向阳湖农民坚持以科学发展观为指导，抢抓建设社会主义新农村的有利时机，充分发挥自身优势，大力发展农业，农业生产发展迅速。主要表现在：粮、油、麦、棉等主要粮食产量稳步增加，农作物品种越来越丰富，经济作物的种植面积进一步扩大；农业生产结构不断优化，逐渐形成了苗木、水产、奶牛、优质水稻四大农业支柱产业；农业科技含量进一步提高，农业生产逐渐向生态农业方向迈进；农产品加工转化的进程加快，农业特色不断凸显，向阳湖农业品牌优势不断显现；农业产业化经营和规模化水平有所提高，农业生产的组织化程度不断提高；传统农业逐渐向现代农业转化，农业科技示范园进一步规范和扩大。目前，向阳湖正在规划建设苗木花卉基地、蔬菜基地、水果基地、意杨基地、水产基地、鱼蟹混养基地、苎麻基地、湘莲基地、油料基地。农民人均收入进一步提高，农民生活正在向小康社会迈进。

2. 传统农业发展遇到挑战

从总体上看，向阳湖农业发展迈出了新的步伐，取得了令人欣喜的成绩。但在农业和农村经济转型发展的新形势下，向阳湖农业面临着严峻挑战，勤劳朴实的农民对农业发展存在越来越多的困惑。主要表现在：农作物种植和水产养殖面积减少，"抛荒"、"撂荒"现象严重，农民从事农业生产的积极性不高，农业的基础地位有所弱化；农业生产目标依然是追求农产品产量，产业结构依然是以粮食为主，农业产业结构还不能完全适应市场需求，产业化进程缓慢，传统农业为主体的生产经营格局还未根本改变；农业生产方式依然是小农生产为主，家庭是主要生产单位；农业增长方式依然是粗放式经营。人工作业占据较大比重，科学技术利用率不高，农业"靠天吃饭"的格局依然没有改变；农民发展生态农业的意识不强，现代农业发展受到诸多因素制约，发展步伐缓慢；农业基础设施落后的状况依然没有改变；生态环境进一步恶化，农业可持续发展能力减弱，逐步成为制约农业发展的瓶颈。由此可见，农业生产力水平较低，生产技术较为落后，农业总体效益不高，农民持续增收压力较大，是向阳湖农业生产存在的主要问题。

要使向阳湖农业持续快速健康发展，实现建设社会主义新农村的宏伟目标，必须从根本上改变向阳湖农业生产过程中传统的生产方式和粗放的经营方式，大力发展生态农业，走高效、优质、安全的现代化农业道路。

二、向阳湖发展生态农业的意义

生态农业，就是在传统农业基础上进行改革，充分运用现代科学技术和生产管理经验，综合协调农业社会效益、经济效益和生态环境效益的农业发展模式。生态农业是未来农业发展的必然方向，是农业实现可持续发展的基本途径。

（一）发展生态农业是向阳湖推进生态文明建设的积极举措

党的十八大明确提出了建设生态文明的宏伟目标，并将生态文明建设纳入中国特色社会主义"五位一体"总体布局。生态农业是建设生态文明的基础。向阳湖不仅是咸宁重要的农业生产基地，更是鄂南推进"香城泉都"建设实现绿色崛起的一扇窗口。发展生态农业，将生态资源和农业资源有机结合起来，推动传统农业发展进步，不仅有利于合理利用向阳湖自然资源，保护生态平衡，防止水土流失和土地荒漠化，防止水体和大气污染，抑制农业生态功能退化；而且能够实现农业高效快速发展和可持续发展，保障产业间良性互动，实现经济社会发展"双赢"。因此，发展生态农业，促进人与自然、人与社会和谐共存，为建设生态咸宁、实现绿色崛起、打造"香城泉都"增添了鲜活的素材，是建设"香城泉都"的具体举措。

（二）发展生态农业是向阳湖加强新农村建设的科学实践

建设社会主义新农村是我国现代化进程中的重大历史任务，也是解决"三农"问题的战略方向。推进社会主义新农村建设必须以产业为基础。生态农业不仅引领着未来农业的发展方向，更能够为顺利解决"三农"问题、推进新农村建设奠定坚实的产业基础和社会基础。其原因是：一方面，发展生态农业，能够极大地促进向阳湖农业进步和生态产业发展。生态农业是农业和生态的完美结合，它改革农业发展方式，提高农业科技含量，提高农产品质量，丰富农业发展内涵，延伸农业产业链，加强农业与市场的联系，提高农业的效益和整体竞争力，这必然会促进向阳湖农业发展壮大，最大限度地实现农业增效、农民增收。另一方面，生态农业以保护生态环境为基础，充分挖掘生态资源，发展生态产业，打造生态品牌，走高效、优质、生态、安全的新型产业化发展道路，这为建设美丽乡村创造了良好环境。因此，发展生态农业不仅能够为向阳湖新农村建设奠定厚实的物质基础，而且能够为建设和谐幸福的乡村打下了良好的社会基础。发展生态农业的根本目的是以人为本，实现人与自然和谐共存，实现生产发展、生活宽裕、乡风文明、村容整洁、管理民主的目标，这与社会主义新农村的目标是根本一致的。

（三）发展生态农业是加快向阳湖农村经济发展的必然选择

向阳湖农业发展虽然有优越的自然资源和政策保障，在一段时间内呈现良好的发展势头，但随着经济社会的快速发展，传统发展模式的弊端越来越明显，农村劳动生产率水平低下，经济增速放缓，农民收入增长缓慢。实践证明，只有改变传统发展模式，大力发展生态农业，才能保持向阳湖经济的持续快速发展。第一，发展生态农业有助于提高农村生产力水平。生态农业是农业经营管理方式和组织形式的变革，是农业生产结构的转型升级，它延伸了农业产业链，增加了农产品附加值，提高了单位土地的产值，加速农村经济发展步伐。第二，发展生态农业能够促使农民增收。经济效益是生态农业较传统农业的明显优势。生态农业不但自身农产品生产价值高，而且它附加值高。发展生态农业，农民根据市场需求，自觉调整生产结构，合理配置生产资料，降低生产成本，减少经济风险，产生实实在在的经济利益。第三，生态农业具有一定的观赏价值和旅游价值。生态农业不仅是单纯农业，而且是集观赏和旅游于一体的大产业。发展向阳湖生态农业，有利于促进农业与餐饮、教育、文化、交通等多种服务业融合，不自觉地带动城市资金、技术、人才等要素向向阳湖流动，有力优化向阳湖农业生产资源，为向阳湖农业内部增效打下基础。向阳湖发展生态农业的过程，实际上是把农业生产过程、鄂南农村风情风貌和农民劳动生活作为旅游资源进行加工转化，形成旅游产品并推向市场的过程，使咸宁农业发挥出观光旅游、文化传承等功能的过程。因此，发展生态农业能够为咸宁农村经济发展创造新的增长点，加快向阳湖农民脱贫致富的步伐。

（四）发展生态农业是适应向阳湖实际的农业发展模式

向阳湖位于咸安区城郊，地处嘉鱼、赤壁、江夏三县(市、区)交界处。全镇国土面积104.2平方公里，其中耕地面积30932亩，山林面积37326亩，水域面积48346亩，全镇共有3.5万人口。人口众多、人均耕地占有量相对较少是向阳湖的基本特征。长期以来，向阳湖农业以粗放式的经济增长方式为主，生产规模小，生产经营水平不高。种植业广种薄收，重用轻养；养殖业"小养小收"，分散经营。其结果是投入多、产出少、效率低，人均收入相对较低。在传统农业发展方式的制约下，丰富的农业资源很难转化为经济效益和社会效益。此外，由于地处城郊，在咸宁市快速推进城镇化和工业化的过程中，向阳湖的土地等农业资源越来越紧缺，农业发展的基础性资源受到限制。这客观上要求向阳湖必须树立现代农业发展理念，改变粗放型增长方式，走高效、优质、生态的农业化发展道路，实现农业全面、协调和可持续发展。实践证明，发展生态农业是顺应向阳湖农民意愿，符合向阳湖农村实际和农业现实的发展模式。

三、向阳湖发展生态农业的优势与困难

（一）向阳湖的优势

发展生态农业，向阳湖有得天独厚的优势，表现在以下几个方面：

1. 向阳湖有独特禀赋

从农业条件看：向阳湖面积广阔，土地肥沃，四季分明，阳光充足，雨水充沛，无霜期长。全镇国土面积104.2平方公里，既有平原耕地，又有丘陵山地、河流湖泊。著名的西凉湖、斧头湖穿镇而过。水、田、河、湖自然布局走向合理，适宜多种农作物生长和畜禽养殖。从实践条件看：向阳湖生态资源丰富，农村劳动力充足，农业生产历史悠久，传统农业生产技术成熟，是咸宁历史上著名的"鱼米之乡"。从交通区位看：向阳湖交通条件优越。107国道、京珠高速公路、京广铁路和咸潘公路贯穿全境，形成三横一纵的"丰"字形交通大动脉。交通格局纵横交错，形成了快捷便利的交通圈，为向阳湖经济发展创造了开放合作的天然条件。

2. 向阳湖面临难得的机遇

从国家层面看：我国始终把农业作为一项基础性产业，中央连续多年出台政策扶持农业发展。党的十八届三中全会指出，解决"三农"问题是全党工作的首要任务和重中之重，要继续加强农业和农村工作的领导，走中国特色的现代化农业道路。从市级层面看：咸宁是个农业大市，市委、市政府高度重视农业发展，积极贯彻落实国家农业扶持政策，科学制定农业发展规划，为向阳湖农业发展创造良好条件。从镇级层面看：向阳湖镇政府积极向农民宣传国家的支农、惠农政策，及时发放农业补贴，鼓励农民发展生态农业。

3. 向阳湖有成功的探索经验

在市区两级政府的大力支持下，向阳湖充分利用自身资源，积极学习发达地区发展生态农业的成功经验，不断探索现代农业的发展路径，已经进行了初步尝试，并取得了一些成绩。向阳湖已经规划建立了现代农业示范园，专门发展生态农业。目前，已经引进了清华同方、向阳湖香莲、爱尔蔬生态农业公司、湖北坤元向阳湖生态农业旅游观光园、良种奶牛场等龙头企业，并顺利运转。向阳湖镇农科所研究培育的无土种植技术已应用于蔬菜等农作物，种植的丝瓜、白菜等蔬菜供不应求，经济效益逐年提高。经过几年的摸索，向阳湖已经成功打造了向阳湖香莲、向阳湖兴兴奶业等生态品牌。这些企业为向阳湖发展生态农业积累了成功经验。

（二）向阳湖的困难

尽管向阳湖发展生态农业拥有优越的条件，面临难得的机遇，但在具体实践过程中，依然存在一些问题，主要表现在以下4个方面：

1. 思想准备不足

虽然向阳湖有丰富的农业资源，发展生态农业有较为良好的基础，但是与发达地区相比，向阳湖的生态农业起步晚，发展速度缓慢。究其原因，一个重要方面是思想认识不到位，没有充分认识发展生态农业的重要意义和广阔前景。当前，向阳湖的大多数农民依然没有认识到未来农业生产将会发生巨大变革，生态农业将是未来农业发展的必然方向，是提高农村生产力水平和增加农民收入的重要途径。据调查，向阳湖的一些农民感觉发展生态农业是农业主管部门和科技部门的事，是发达地区的事。再加上对生态农业预期收益的不确定性影响农民对发展生态农业的投入。这种思想导致向阳湖农民对发展生态农业望而生畏或持观望态度，而更多地愿意习惯性思维，不愿意抛弃熟悉生产方式。

2. 农民素质不适应

生态农业涉及农业、林业、畜牧业、水产养殖、生态、资源、环境、加工技术以及社会科学等多种学科和行业，是一项复杂而系统的综合性工程。将农业与生态发展相结合，扩大农业的发展内涵，充分释放农业的生态功能、经济功能和社会功能，在今天依然是个新事物，需要挖掘、推动和牵引。农民是发展生态农业的主体，是直接推动者和实践者，是影响农业发展方向的主要力量。他们对农业发展的熟练应对是顺利推进生态农业发展的一个重要因素。实践证明，发展生态农业必然要求农民要有知识、懂技术、会经营、善管理。但现在很多从事农业生产的劳动者，素质不合要求。向阳湖许多农民文化程度低，对生态农业发展规律认识不清、把握不足，尤其是科学知识和管理能力不足。在发展过程中，难以做到经济效益和社会效益的"双赢"。据调查，近年来，向阳湖80%青壮年劳动力外出打工，剩下的几乎都是老弱病残，无力应对现代农业的变革，从事农业生产的目的是维持基本生计。

3. 科技服务不到位

科技是生态农业发展中的重要因素，生态农业的发展对科学技术的依靠程度越来越高。向阳湖农民对科学技术的重要作用已有普遍认识，他们能够自觉运用已掌握的科学技术知识，发展农业生产，如熟练选用良种、化肥、农药等，有助于提高劳动生产率。但是，在病虫害防治，种植技术更新，耕作方式创新，新产品引进等方面，知识和技能显然不足。他们渴望获得具体指导。当前，虽然农业、农机、林业、水利、畜牧等涉农部门均有科技人员，但具体分配到向阳湖的并不多。据调查，向阳湖在编的农业科技人员共有12人，不仅数量少，而且有些人员并非专职农技人员，有些农技人员在编不在岗，还有些农技人员被借用从事其他工作。即使所有农技人员全部到位，一年之中也仅仅是组织开展几次培训，开展一些一般性的指导而已。农业科技服务远远不能满足农民的现实需求。科学技术指导的缺乏已经成为制约向阳湖发展生态农业的重要因素。

4. 资金难以保障

资金是发展生态农业的重要保障。从理论上看，生态农业是一项系统而复杂的工程，涉及环境、林业、农业等方面，是农业生产发展的重大变革。目前，生态农业还是个新鲜事物，仍在进一步探索过程中，虽然预计有较为可观的经济效益和社会效益，但也存在一定风险。从实践中看，资金不足已成为制约当前向阳湖生态农业发展的重要因素。无论是建设农业基础设施和配套设施，还是试验新品种、引进新技术等都需要资金保障。据有关专家预测，向阳湖建设现代农业科技示范园，大约需要 2 亿元资金，而目前向阳湖发展生态农业的资金远远不足。

四、向阳湖发展生态农业的思路与对策

党的十八大为向阳湖发展生态农业指明了方向。向阳湖要以十八大精神为指导，以建设"香城泉都"、实现绿色崛起为契机，充分发挥自身优势，将农业发展和生态建设紧密结合起来，切实转变发展方式，积极发展生态农业，走出一条适合自身发展模式的农业特色之路。

（一）增强发展意识

思想是行动的先导。原省委书记李鸿忠在咸宁调研时指出，要发挥向阳湖的生态优势，大力发展生态农业，建立向阳湖现代农业示范园。向阳湖要深刻认识发展生态农业的积极意义，正确对待农业发展变革，切实增强发展意识，充分认识自身优势，抢抓发展机遇。在思想上要自觉坚持以科学发展为指导，深刻理解发展生态农业的重要性，引导全镇农民增强可持续发展意识，把发展生态农业提高到战略高度来认识。提升对生态农业内涵的理解，明确向阳湖发展生态农业的目标定位，增强发展生态农业的信心和干劲。进一步解放思想，更新观念，自觉摆脱传统农业发展的束缚，积极主动寻求发展生态农业的路子。

（二）提供政府支持

政府支持是发展生态农业的重要支撑。由于发展生态农业是农业发展的重大变革，是一项庞大而复杂的工程；且向阳湖的生态农业还在试验过程中，还不成熟，需要各级政府积极支持和引导。一要建立激励机制。鼓励向阳湖农民利用现代科学技术开展农业生产，支持农民发展林地经济、现代养殖业、特色种植业，对农业实行产业化经营的单位和个人进行奖励，并给予一定的资金扶持，促进项目、资金、技术、人才等向向阳湖流动，为向阳湖生态农业发展提供必要的生产要素。在税收、资金、信贷、用地等方面给予一定的优惠政策，调动向阳湖农民发展生态农业的积极性。树立生态农业发展典范，发挥其示范和带动作用。采取物质奖励和精神奖励措施，鼓励向阳湖农民改善农作物品种，调整生产结构，扩大生产规模，加大资金投入。二要完善保障体系。一方面，加强政策保障。积极贯彻落实中央支农、惠农政策，落实农业发展补贴资金。引导土地经营权合理流转，促进土地向龙头企业、农业专业户集中，提高经营专业化、规模化水平。建立向阳湖生态农业合作组织。另一方面，建立生态保障体系。加强农业基础设施建设和农业环境管理。加强对向阳湖耕地、水等资源保护力度，整合林木、湖泊等资源，构筑生态良性循环系统，维护生态平衡，为向阳湖发展生态农业创造良好的生态条件。

（三）加强科技引导

科技是生态农业发展的核心和关键。生态农业的发展过程实质上是科学技术在农业中

的推广和应用。向阳湖发展生态农业离不开科技的支撑。目前，科技的缺乏已经成为制约向阳湖生态农业发展的重要因素。一要加强农业技术指导。要通过市区农业局和乡镇农科所、农技站等部门，指导农民选用优质品种、幼苗、肥料等，引进一批节本增效的配套技术和高效的种植模式，提高生态农业科技含量，为生态农业发展打下生物基础。二是培养一支懂技术的农民队伍。邀请农业专家、技术人员到向阳湖田间地头授课，向农民传授现代农作物种植技术，水产品养殖方法、病虫害防治等科学技术，把先进的现代科学技术融入到生态农业发展中。不定期组织农民集中培训，学习先进的农业种植、养殖技术，分析土壤、空气、湿度的调节，提高土地集约化水平，促进科学技术的推广应用。不定期组织农民赴发达地区参观考察，学习借鉴发达地区发展生态农业的经验，学习他们有机栽种、无土栽培，营养水滴灌技术等，推进农业精细化操作。三要建立农业信息化平台。加强与电信、农办、农科所等部门的协作，建立向阳湖农业信息化平台，为农民发展生态农业提供信息服务信息，使向阳湖农民及时掌握农业市场信息，迅速调整生产结构，降低市场风险。

（四）建设生态农业示范区

在生态农业发展进程中，示范园的辐射和引领作用不可或缺。目前，向阳湖已经高标准规划设计了以向阳湖奶牛场为中心，东至107国道、南到咸潘公路、北接桂乡大道、西临斧头湖，总面积130平方公里的现代农业科技示范园。示范园位于咸安区、嘉鱼县和江夏区的交界处，地理位置和区位优势明显。一要按照规划要求，进一步整合向阳湖农业资源，理清发展思路，科学融合农业、文化、历史、旅游、生态于一体，不断完善和充实向阳湖现代农业示范园。二要加快引进龙头企业。落实税收、资金、信贷、用地等优惠政策，积极争取国家项目支持，引进和扶持龙头企业，迅速开展无公害蔬菜、水果、苗木、花卉等的种植和优质鱼、生态螃蟹、有机奶牛等水产品的养殖，引导龙头企业在推广生态农业技术、组织生产、推销产品发挥带动和示范作用。三是组建农业专业合作社。针对农民在农业生产中"单打独斗"，信息不灵活，市场风险大的困境，着力探索农民抱团闯市场的新路子。鼓励发展蔬菜合作社、香莲合作社等专业化组织，构建集约化、组织化、专业化、社会化相结合的新型农业经营体系，推动分散经营向规模化经营转型，提高向阳湖农业的组织化程度和抵御市场风险能力，增强产品市场竞争力。四是构建向阳湖农业生态文化旅游圈。以向阳湖文化名人旧址为中心，挖掘向阳湖文化的深刻内涵，打造历史文化基地，推动农业、教育、科技、文化、旅游的深度融合。以专家湾大片农田为中心，建设生态景观农业走廊，开发农业的生态和美学价值，发展观光农业、休闲农业、旅游农业和采摘农业，提高农业产业化水平；以西凉湖、斧头湖为中心，建设特种养殖基地和湿地生态保护区；以向阳湖奶牛场为中心，建设奶牛良种生产繁育基地；以甘棠村为中心，建设优质花卉苗木基地和无公害有机蔬菜基地；沿107国道，建设农产品加工贸易区，建设农副产品交易中心和物流配送中心，加快农产品市场流通，推动单一生产向多业发展转型。

（五）打造向阳湖生态品牌

品牌是生态农业发展的生命。向阳湖要发挥自身优势，整合农业资源，提高农产品质量,积极打造向阳湖生态农业品牌,促进农业重镇向农业强镇转型。一要积极保护向阳湖农产品种质资源,并结合实际进行适当改良。发挥龙头企业和各专业合作社的作用,采取"公司+专业合作社+农户"模式,统一品种、统一操作、统一销售,实行农业标准化生产,推进传统露地种养向现代设施农业转型。二要积极申请向阳湖农产品商标。积极申请向阳鱼、向阳香莲、向阳湖虾、向阳湖螃蟹等地理商标,加强对向阳湖牛奶商标的保护,打造名牌农产品。三要发挥向阳湖文化名人旧址的影响力,充分挖掘向阳湖生态农产品的文化内涵,增强农产品品牌的生命力。四是通过电视、报纸、网络等大众媒体和节假日展销、会展等方式,加强向阳湖农产品的宣传,提高其知名度和美誉度。

(六)加大资金投入

资金是发展生态农业的重要保障。以政府为主导,以企业为龙头,以农户为主力,建立向阳湖生态农业发展专项资金。在农业基础设施建设、环境整治、技术培训、农业新品种引进、水产养殖、品种改良、农业信息化建设等方面,加大投入力度,为发展生态农业创造良好条件。积极引导农村金融机构加大小额信贷投放力度,为龙头企业和种养专业户贷款提供方便,引导金融资金在向阳湖快速流动、科学流动,有效解决向阳湖农民发展生态农业资金短缺的难题。积极拓宽投融资渠道,鼓励工商企业投资向阳湖生态农业,逐步形成政府、企业、农民共同投入的机制。

五、结语

生态农业是未来农业发展的基本方向。向阳湖发展生态农业是贯彻落实党的十八大精神,推动生态文明建设的具体举措,是符合农业发展规律、适应市场需求、蕴藏巨大潜力的朝阳产业,对于致富向阳湖农民、繁荣农村、保护生态、转变农业发展方式具有重要意义,是一篇可以大有可为的锦绣文章。在建设"香城泉都"、实现绿色崛起的生动实践中,我们要把向阳湖作为一扇窗口,大力发展生态农业,不断提升农业和生态发展水平,真正把传统农业变成快乐产业、农民变成富裕群体、农村变成美丽家园。

第十二篇 随州市

关于随州城镇化建设与文化表达的探索

中共随州市委宣传部

近年来，随着城镇化进程的加快，我市城镇整体发展水平有了大幅度提高，城市的规模不断扩大，经济实力逐渐增强，现代化水平日益提高。城镇化建设不仅是一个历史实践，而且是一个文化实践，随着城镇化的发展，文化在城市发展中所起的作用日益凸显，文化特质与城市特色紧密相连，越来越多的人认识到文化建设发展在新型城镇化建设中的重要作用，我国有不少城市将发展城市文化放到促进城市发展的基础地位，努力实现经济、社会、文化的协调发展，全面提升自身竞争力。加强城镇化进程中的文化表达，对于提升城市的文化品位、创建城市的特色品牌、塑造城市的人文形象，进而提升城市综合竞争力具有重要意义，因此，在我市城镇化建设发展的背景下，进一步深化对城市文化建设的认识，加大文化表达的力度，加快文化建设步伐，不仅具有重要的理论意义，更具有积极的现实意义。本文试从城市文化表达的内涵、城市文化表达对城镇化建设的重要意义和增强随州城镇化建设中文化表达力的对策建议三个方面对随州城镇文化表达力建设进行思考。

一、城市文化表达的内涵

城市文化通常有广义和狭义之分。广义的城市文化，是指在特定的城市区域内为该城市社会成员所共有的物质财富和精神财富的总和。几乎涵盖了整个城市社会成员的所有生产、生活方式，不仅包括教育、科技、文学、艺术、体育、服务业的服务质量、居民素质、企业管理及政府形象等非物质实体，而且还包括建筑艺术风格、街景美化、广场规划和设计、雕塑装饰、公共设施、环境卫生状况等物质实体。换言之，广义的城市文化是城市各个要素相互作用的总和。狭义的城市文化，仅指城市社会成员生产和生活的精神意识形态，包括城市公益文化、环境文化、观念文化、制度文化、娱乐文化、演出文化、节庆文化、休闲文化、群体文化、科普文化、企业文化、校园文化、军营文化等方面的内容。我所探讨的是指广义的城市文化。表达是将思维所得的成果用语言、表情、形象、行为等方式反映出来的一种行为，以交际、传播为目的，以物、事、情、理为内容。而所谓文化表达是将文化元素和思想感情表示出来，它是观察、记忆、思维、创造等的综合运用，几乎包括了一切高级行为、一切艺术、一切表露出来的情绪。

根据以上对城市文化的界定，我认为，城市文化表达的内涵应该表现在如下六个方面：

(一)城市社会成员素质的培育

培育城市社会成员素质是城市文化表达的关键,主要包括城市社会成员的教育水平、科技水平、艺术水平的提高及现代生活方式、思维方式和价值观的形成。城市社会成员是城市的主体,是城市社会文明的创造者和体现者,也是城市文化的载体。城市社会成员的素质如何,直接决定着一个城市的形象。现代素质的城市社会成员,必然决定着城市的高水平规划、高品质建设、高速度发展和高度文明形象。一个充满小农意识和市井习气、封闭保守的城市,是无法成为一个现代化城市的。

(二)城市文化形象的建设

城市文化形象是城市文化表达的直观表现,主要包括城市空间布局及建筑风格的规划设计、城市文化基础设施的建设等。文化形象就像人的脸,是城市文化的物质载体。城市的空间布局,建筑造型、风格、色彩以及道路、广场、博物馆、剧院、公园、雕塑、路灯、栏杆,甚至路牌、广告等,都必须有规划、有特色,要讲究城市的整体和谐和审美情趣,要有文化个性和艺术感,要体现城市自身个性,不能凌乱无章、残缺不全、千人一面。特别是标志性的文化、体育设施,在形象文化表达中显得尤其重要、必不可少,往往一两个标志性文化、体育设施就能提升整个城市的文化品位,如悉尼,一个著名的海上歌剧院,就大大提高了它在世界上的文化地位。

(三)城市文化产业的经营开发

城市文化产业是城市文化表达的经济效益,主要包括城市文化娱乐产业、影视及音像制品业、新闻出版业、文化旅游业、体育业,以及一些与文化相关的美食、美容、时装、休闲、艺术品等产业的经营开发。文化产业作为"朝阳产业",既可以有力地促进经济发展,也可以极大地提高一个城市的文化品位。美国洛杉矶,靠"迪斯尼乐园"和"好莱坞城",既造就了世界文化名城的国际地位,又形成了惊人的影视及音像制品业和文化旅游业。

(四)城市历史文化资源的发掘利用

城市历史文化资源是城市文化表达的灵魂,主要包括对城市文物、古迹、革命遗址等历史遗产的发掘和利用。历史文化资源是一个城市文化品位的重要表现,是一个城市文化个性的生动体现,更是一个城市成为文化名城的一种最独特的文化优势。如我国南京、曲阜等,完全是靠历史文化资源而蜚声国内外的。当然,我市也是靠历史文化资源的发掘和利用获得了"中国历史文化名城"的称谓。

(五)城市科教事业的繁荣

教育是文化的基础,科技是文化的精华。城市科教事业是城市文化表达的保障。世界上所有的国家都将这二者作为衡量一个城市文化水平高低的标志。美国的波士顿,之所以能成为文化名城,靠的就是这二者。因此,推动城市文化教育和科学研究的繁荣发展,是构造一个现代化城市的重要措施。

(六)城市社会文化的建设

城市社会文化是城市文化表达的重点,主要包括城市社会成员自娱自乐的文化形式和一些节庆文化活动,比如社区文化、校园文化、企业文化等。社会文化是城市文化的重要组成部分,也是建设文化名城必不可少的一个重要内容,特别是节庆文化活动,对提高城市的文化品位,养成群众的文化意识,具有不可估量的重要作用。如辽宁大连以举办国际服装节而举世闻名,并带动大连城市经济的快速发展;河北吴桥因举办国际杂技节而传遍海内外。可见,通过举办大型节庆文化活动也是创建文化名城的一个重要载体。

二、城市文化表达对城镇化建设的重要意义

当前的城镇化是一种新型城镇化,和传统城镇化相比,其不仅仅是人口由农村转向城市的"人口转移型"的城镇化过程,不仅仅是"破旧立新"的发展过程,它愈益关注城镇化过程中经济、社会、自然、人口的综合平衡发展,文化在当中发挥着不可替代的作用,可以说,新型的城镇化是一种多元的"文化创新"的发展过程,是文化基因的传承、文化记忆的存留、文化历史的延续和文化冲突的选择。推进新型城镇化建设,文化是灵魂,文化表达作为文化建设的主要载体,其之于新型城镇化建设的重要作用主要表现在:

(一)提升文化素养有利于打造城镇化建设人才队伍

"人民群众是社会的主体,是实践的创造者",这意味着我们在推进城镇化建设的过程中不能忽视建设的主体——人民群众。文化作为推动人类社会由低级向高级发展的动力,人民群众文化素养的高低直接影响了城镇化建设的进度。李克强总理明确指出:"我们强调的新型城镇化,是以人为核心的城镇化。"而以人为核心的一个重要方面就是城镇居民文化素质的提高。文化素养在通俗意义上理解就是一个人的知识水平,提升文化素养是培养高素质产业工人的必备条件和基本要求,丰富的生产技术知识可以提高人民群众劳动生产力,提升文化素养能够为城镇化建设发展的培养过硬的人才队伍。同时,良好的文化素养可以从精神层面对人民群众的生产行为进行指导,增强人民群众的价值判断力、反思辨别力,在思想上进一步凝聚人民群众进行城镇化建设的共识,引导人民群众自发投身城镇化建设并维护城镇化建设的成果,为城镇化建设提供智力支持。

(二)塑造文化品牌有利于彰显城镇化建设特色魅力

在发展市场经济和知识经济的今天,单凭经济实力不足以强化城镇发展的核心竞争力,未来的竞争是综合实力的较量,文化是综合实力的重要组成部分,直接影响城镇核心竞争力的强弱,城镇化建设过程中尤其要重视提升城市核心竞争力。城镇核心竞争力是城镇在经营发展过程中形成的具有明显优势的能促进城镇快速发展的独特能力,具有独特性、积淀性、显著增值性和持久性的特点,彰显着城镇化建设的特色魅力。城镇文化既是本地千百年历史演变的馈赠,更是城镇发展精髓所在,独具特色的文化,承载着城镇的历

史,展示着城镇的风貌,体现着城镇的品格,是一个城镇魅力的集中展示,不管一个城镇其外在如何美化,一旦缺少了内在的文化特色和魅力,都是不完美的。城镇独特的历史文化是本地区别于其他城镇的特质,它能增强本地核心竞争力的独特性,使本地的发展模式不易为其他城镇竞争对手模仿或占用。城市文化品牌则是城镇化建设过程中不断凝练出来的发展之魂,是对本地历史文化的浓缩载体,塑造具有鲜明特色的城市文化品牌,有利于本地在城镇化建设中避免"千城一面"的窘境,在激烈的竞争中独树一帜,并在社会化建设进程中彰显出本地风采魅力。

(三)发展文化产业有利于提升城镇化建设发展质量

随着我国改革开放力度的不断加大、市场经济体制的不断完善,城市经济获得了持续增长,人民群众随之的需求也有所调整,对城镇化建设不仅要求发展速度,还要求发展质量。文化产业相比于传统的工业产业、农业产业存在自身优势,即具有双重属性——经济属性和社会属性,发展文化产业已成为提升城镇化建设发展质量的重要选择。就文化产业的经济属性而言,随着社会经济文明的发展,全社会对文化产品的需求必将会越来越旺盛,这就为文化产业的发展提供了前所未有的机遇,文化产业成本小、污染少、效益高的特点也促使其成为21世纪的朝阳产业,文化产业的发展有力地促进了产业结构的调整、发展方式的转变和发展环境的优化,这对于城镇化建设质量的提高具有重要意义。就文化产业的社会属性而言,现阶段"物质文明和精神文明两手抓"的政策方针表明:城镇化建设发展的质量不是仅由物质的富裕程度决定,还与城镇人民生活的幸福程度相关。人的幸福感主要来源之一是精神需求的满足,而人的精神需求更大程度上要靠文化的丰盛来满足。文化产业的发展将进一步提升文化产品的生产力,这种能力的提高可以满足人民群众日益增长的精神需求,同时带动这种文化消费将进一步扩展人民群众的文化视野、延伸人民群众的文化思考,有利于相对积聚的人文环境的形成,这种文化产业发展带来的精神文明的进步有利于提升城镇化建设质量。

(四)挖掘文化资源有利于注入城镇化建设持续动力

新型城镇化的建设发展离不开科学发展观的指导,科学发展观要求"树立全面、协调、可持续的发展观",这决定了在城镇化的建设进程中要推进"低成本、集约型"的城镇化建设。挖掘文化资源最重要的目的就是开发利用其当中蕴含的文化资本,文化资本为城镇化建设发展提供持续发展动力。低成本不局限于单个生产产品花费的成本,就城镇化建设成本而言,其体现了一个总量的概念,旨在尽可能降低城镇化的当期成本和远期成本。文化资本具有自我增值属性,其在为社会提供优质文化产品和服务时,能少耗费甚至不耗费能源和资源,减少污染,无需支付高额的环境治理成本,这是其他生产经营活动所不具备的。此外,文化资源作为城市的历史沉淀物,其蕴含的文化资本中内嵌的一系列思想情感、行为习惯、价值信念等文化价值观有利于规范人民群众的思维与行为模式,逐渐形成具有较强稳定性的文化心理结构,消解人与人之间的文化差异而产生的交流、合作障碍,有效规避因信息不对称、不确定性、机会主义动机等原因产生的道德风险与逆向选择,进而降低生产经营中的组织管理成本和市场交易成本等。集约型要求依靠提高生产要素的质量和利用效率,最终落脚点在提高社会总收益。文化发展对城市综合发展具有乘数效应,文化资本具有报酬递增的属性,通过观念引导、知识指导、价值熏陶等不断提高资源、技术、劳动力、资本等要素的生产率,增进社会经济绩效。同时,文化软实力的一个重要能力就是文化影响力,无形的文化资本具有很强的"外溢性",即某个群体中拥有相同的价值观的人数越多,群体的规则就更易遵守,则更易于同化其他思想观念,在这种自我融入、相互传递的过程中,群体的自我组织能力增强,更好地帮助群体进行选择物质资本、发挥人力资本。此外,文化资本还可以通过人力资本和产业渗透来提升经济发展的质量,为产业经济注入新增价值,成为改造传统产业、优化产业结构、转变发展方式的新引擎,文化资本的可再生性更为经济发展提供源源不绝的动力。

(五) 完善文化服务有利于夯实城镇化建设和谐基石

当前城镇化建设中涌现出一些不和谐的事例,多为城乡发展不平衡所致,这就要求全面提升城镇化质量和水平必须要牢牢坚持统筹兼顾的原则,文化服务具有社会性、广泛性、公益性,公共文化服务的均等化、公平化、大众化有利于推动城镇化建设的顺利进行。就城区发展而言,伴随着经济的快速发展,人们面临的各种诱惑也越来越多,这就需要政府完善图书馆、文化馆、博物馆、体育馆等文化设施,为市民业余生活提供一个好去处。同时,这种日益健全的公共文化服务对市民精神世界有潜移默化的影响,在享受文化服务的过程中能够有效祛除经济快速发展带来的浮躁心理,能够引导市民理性地对待社会发展过程中的一些矛盾,这对于和谐社会发展是十分有益的。就城乡一体化发展而言,长期以来,传统的重城轻乡、封闭式聚落方式的发展模式,人为制造了城乡有别、非均衡发展、不和谐的格局,这就更为需要在文化建设方面给予农村以指导和支持。在二元经济结构背景下,公共文化服务的完善将会带动城乡一体化建设进程中农村教育、卫生、文体等职能部门的完善,这一过程将会丰富农民的精神文化生活,对于其在经济、社会、心理层面融入城市社会具有指导作用,有利于其市民化进程的顺利进行。从整个社会的角度来看,公共文化服务是社会主流文化的重要教育载体,尤其是我们将"民主法治、公平正义、诚信友爱、充满活力、安定有序"的社会主义和谐文化融入其中,将更有效地打通阻碍城乡发展的思想壁垒。这种和谐文化在不同社会群体间起着重要的协调与黏合作用,形成感召力、凝聚力、团结力,这一过程有助于调整群体间的利益关系、化解社会矛盾,使不同社会群体间的民众在维护切身利益上达成一致,即把自己的切身利益与组织的生存发展紧密相连,把个人理想和集体目标相统一,将个人价值追求建立在社会归属感、社会政策的认同度、社会包容度、信任以及社会的公平公正等多维基础之上,进而成为城镇化建设思想保障的坚固基石。

三、增强随州城镇化建设中文化表达力的对策建议

加强城镇化进程中的文化建设,增强城镇化建设中的文化表达力,是提升城市文化品位,塑造城市人文形象,增强城市综合竞争力的重要手段。根据随州市情,笔者认为增强城镇化建设中的文化表达力需从如下几个方面切入:

(一)树立文化理念,明确城市定位

历史是城市的脉络,山水是城市的神韵,文化是城市的灵魂。对一个城市的定位,既要考虑其地理位置、区位优势和自然景观要素,更重要的是要把握其文脉。各级文化部门要加强对当地文化脉系的研究,科学厘清当地历史文化、革命文化和现代文化的发展脉络,从中提炼出最能体现地方人文精神的文化元素和文化符号,并通过各种方式,加大传播力度,积极与规划、建设部门沟通,把这些文化元素和文化符号嵌入到当地城镇化建设的规划之中,提升城市定位的文化内涵,使之成为设计师的设计理念、建筑师的建筑理念,物化到城市基础设施建设中。要善待历史文化遗产,把历史文化遗产作为一个城市区别于其他城市的重要特征,使历史文化遗产成为城市"唯一性"的主要标志。

随州自古为我国南北经济和文化交流的重要通道,南北通衢,人文荟萃,历史悠久、文化古老,古称"汉东之国",是中华民族最早的发祥地之一。作为炎帝神农故里,这里开启了华夏5000年的农耕文明,作为编钟古乐之乡,随州出土的2400年前的曾侯乙编钟改写了世界音乐史;随州也是文物遗存的富集地,目前已经发现发掘新石器时代以来各个时期的文化遗址168处、古墓葬(群)137处、古建筑144处、石刻306处。其中国家级、省级重点文物保护单位25处。全市国家一级文物78件,居全省市州前列;随州的非物质文化资源丰富多彩。随州的炎帝神农传说、炎帝神农祭典、随州花鼓戏被列为国家级非物质文化遗产,大洪山打锣鼓被列为省级非物质文化遗产;随州生态文化资源领秀华中。随州山水俊秀,生态富集,境内有四大名山、两大秀水,森林覆盖率达53%,有大洪山、中华山两个国家森林公园和跻身全国十大水库之列的徐家河水库等省级风景名胜区。

随州城镇化建设中的文化主流应当是历史、文化、民俗和生态的,其定位应为富有山水特色的历史文化名城。因此,在建设新型城镇化,要遵循经济规律,延续城市文脉,大打名城牌、名人牌和生态牌,按照市、区、县一体的理念,着力传承炎帝文化与编钟文化,主要突出厚重性、原真性,在生态方面主要突出可比性、原生性,在创业精神的提炼方面主要突出唯一性、传承性。大力实施"神韵随州"战略,通过凝聚全民族力量建设民族宗庙,通过深化文旅融合擦亮圣地品牌、完善产品系列、构建产业体系,努力将随州打造成"全球华人寻根谒祖圣地、中国编钟文化体验圣地和区域山水休闲度假胜地",使之成为湖北省首个文化旅游发展示范区、中部崛起的文化支撑点和国家级文化产业示范园区,成为一座以文生彩、以山聚秀、以城会友、以服务创造价值、用梦想点燃生活的文化生态新城。

(二)发展文化产业,繁荣文化市场

文化产业是一种新兴产业,主要包括知识产业、信息产业、文化艺术业、文物博物业、广播电视业、新闻出版业、体育业等。发展文化产业是把文化价值转变成经济价值的有效途径,也是改造传统产业,使经济持续发展的重要手段。走文化产业化发展的道路,是城市文化建设与经济建设相结合的经典之作。我们要着眼当地文化资源禀赋和产业优势,制定文化产业发展规划,并就文化产业项目建设、园区建设、基地示范、企业发展、人才培养、品牌塑造、投融资政策等相关问题进行科学论证和精心研究,作出部署。要着

眼增强城市活力，进一步减少文化市场的行政许可，在依法办事的前提下，降低文化市场进入门槛，搞好对文化市场主体的服务，优化文化市场环境，着力培育文化消费市场，拉动文化消费需求，进一步激活随州城乡居民的文化消费潜力。

立足随州实际，我们应按照"做亮文化吸引中心——做精系列文化产品——衍生发展相关产业"三层递进模式发展文化产业，努力实现节庆向常态化转变、遗产向活态化转变、事业向产业化转变、城市向景区化转变、单打独斗向战略合作转变、文化资源大市向人文繁荣圣地转变。在做亮文化吸引中心环节，主要是做亮炎帝故里核心景区、中国编钟音乐之都项目、国家文化遗产保护随州大遗址片区项目、世界华人炎帝故里寻根节和编钟相关音乐节会等；在做精系列文化产品环节，主要是精心谋划建设各类文化旅游景区、文化融合产业园和文化创意产业区；在衍生发展相关产业环节，主要是衍生发展文旅农林牧渔产业、文旅工商展产业、文旅地产城产业、文旅康体保健业、文旅科教信息业等。根据随州"圣地"建设要求和文化旅游产业发展定位，积极推进一个大遗址保护片区(国家文化遗产保护随州大遗址片区)，建设一个"中国编钟音乐之都"，高规格举办两个世界级文化节会(世界华人炎帝故里寻根节、随州编钟之乡世界音乐节)，擦亮圣地文化品牌，扩大文化影响力和吸引力；强力打造五大文旅融合园(中华农耕文明园、中国编钟音乐产业园、大洪山佛教文化与生态文化旅游产业园、梦幻随州·西游神话旅游产业园、广水徐家河生态文化旅游产业园)和四大新业态示范区(旅游新城示范区、随州"国际慢城"示范区、桐柏山七尖峰运动休闲探险示范区、中医生态养生度假示范区)，整合四大圣地文化主题(以炎帝神农为品牌的人文初祖文化体验、以编钟为代表的曾随古国文化体验、以大洪山为龙头的生态文化体验、以西游记为故事穿线的神化传说文化体验)，完善文化旅游产品系列，满足消费者需求；打造五个重点文化产业(演艺娱乐业、影视传媒业、工艺美术业、体育休闲业、创意设计业)，逐步拓展文化旅游的五条产业链(文旅农林牧渔产业、文旅工商展产业、文旅地产城产业、文旅康体保健业、文旅科教信息业)，构建文化旅游产业体系，带动城市整体发展，总体形成"一片、一都、两节、五园、四区、四主题、五产业、五条衍生产业链"的文化旅游发展布局，努力实现文化产业发展近期目标(寻根谒祖圣地)和中远期目标(文化旅游胜地)。

（三）凝练城市精神，促进观念养成

城镇社会成员是城镇的主体，其素质的高低决定了城镇整体文化素质和形象。城市社会成员素质高，有利于形成先进的价值观念，促进工作能力提升，养成开拓创新精神，构建经济、社会、生态和谐统一的良性发展结构，使人们呈现朝气蓬勃的精神状态，从而促进城镇整体发展进步。而观念性的文化是城市文化的内核，在历史上和现实中发挥着灵魂统率作用。炎帝是中华民族的共同始祖，炎帝精神是中华民族的文明之根、精神之魂。我们要加强炎帝文化、炎帝精神的研究，将炎帝文化、炎帝精神的精髓融会于规划建设中，展现给大众，使之具有更强的实践性。当前的圣地建设就是延续炎帝精神，就是要把"坚忍不拔的开拓精神、敢为人先的创新精神、自强不息的奋斗精神、天下为公的奉献精神"代代相传、深入人心，成为凝聚民族力量、具有全民族号召力的华人精神信仰。

在随州城镇化建设中，要努力凝练炎帝精神，使之成为随州的城市精神，即将其提炼为"开拓、创新、自强、奉献"。要组织历史、文化专家形成宣讲团，向随州各级部门、团体、企业、社区宣讲随州精神，营造浓厚的圣地氛围，使之成为建设"神韵随州"的强大精神动力；要大力推进观念创新，加强对市民社会公德、家庭美德、职业道德等方面的教育，形成与城镇文明对接，体现随州特色的"精"、"气"、"神"；还要通过开展省文明示范区等创建活动，使城镇品位不断得到提升，乐业安居、活力魅力的创业型生态新区的文化内涵得以丰富，从而推动和促进随州城镇文化建设与社会事业的同步发展和共同进步。

（四）加大扶持力度，增强文化活力

要落实好《城乡文化基础设施建设方案》，将公共文化设施建设纳入县、市、区经济和社会发展规划，纳入本级财政支出预算，继续增加财政对公益性文化事业的投入。

要鼓励社会力量捐赠公益性文化事业，拓宽公共服务渠道，健全公共服务网络，不断提高惠及城镇居民的公共文化产品供给能力。建立扶持基层文艺精品创作、文化产业发展等奖励基金，通过政策扶持和加大投入，不断推进城镇文化事业繁荣发展，不断增强文化软实力。

要加强文化人才培养、培训和引进的力度，一方面加强对现有"乡土"文化人才的教育和培训；另一方面要积极引进城市优秀文化人才，造就一支懂文化、善经营的复合型文化人才队伍，发挥其文化建设生力军的作用。

要进一步加快城镇文化馆、图书馆、文化市场及文化站建设，优先安排基层广播、电视等关系人民群众切身利益的文化项目，完善乡镇、社区等文化设施网络，让文化发展成果走进社区，惠及百姓。

（五）利用现有资源，提升群众素质

要充分利用城镇现有资源，积极开展丰富多彩的群众性文化活动，提高文化活动的群众参与度，活跃和丰富人民群众的文化生活，培植和强化文化特有的凝聚力与亲和力，以文化氛围凝聚人心，提升群众文化品质。

要实施"文化资源共享工程"，进一步办好城镇文体中心，鼓励各种形式的群众自办文化，支持开展各类民间民俗文化活动，大力丰富城镇文化生活。

要积极探索适合我市和基层特点、符合群众要求的文化服务方式，充分发挥乡村文艺骨干作用，大力发展具有民族、民俗特色的文化园、文化角、文化点，用特色鲜明、内涵丰富、思想向上的文化娱乐活动，不断满足城镇群众日益增长的文化需求。

（六）倡导文明新风，打牢发展基础

提高市民的思想道德素质，形成良好的社会风尚，是推进城镇文化建设的关键。在城镇化的过程中，要以建设社会主义核心价值体系为根本，大力加强群众思想道德建设，深入开展各类群众性精神文明创建活动，全面提高城镇文明程度。

要以乡镇文体中心、社区书屋、农家文化大院为基地，用群众喜闻乐见的形式，弘扬我国传统文化中有利于社会和谐的内容，形成符合传统美德和时代精神的道德规范和行为

规范。

要大力推进文明城市创建,深入开展"温情系列"、"讲文明,树新风,关爱马路天使"等活动,为先进的城镇文化发展奠定良好的社会基础。

要加强文化监管的执法力度,让积极健康向上的文化占领文化阵地。要加大文化市场法律法规的宣传力度,抓好网络文化的建设和管理,引导群众自觉抵制封建迷信文化的侵蚀,让积极健康向上的文化占领农村文化阵地。要把"扫黄打非"工作纳入法制化的轨道,重点打击利用游戏机、互联网、麻将机等进行赌博的违法犯罪分子和利用桑拿、歌舞厅、沐足、美容美发等娱乐服务场所涉黄的违法犯罪活动。

中国当前的城镇化离不开文化支持,城镇化浪潮实际上是一种文化重建的过程,城镇化进程中挖掘文化资源、做好文化表达,有利于推动经济更有效率、更加公平、更可持续发展,随州顺应这一发展趋势有利于提高自身发展综合质量,实现"神韵随州"与"美丽中国"、"幸福中国"建设同步。

课题组成员:加玉计 张玉 邹幸

弘扬炎帝精神与培育社会主义核心价值观

袁绪军 张 成 柯黎鹏 余晴霞

炎帝是中华民族的人文始祖，炎帝文化是中华文化的源头和基石。在远古蛮荒时代，炎帝带领其部族在生产生活实践中创建了华夏农耕文明，实现了中华民族从渔猎时代到农耕时代的转变，创造了独具特色的炎帝文化，而其中蕴含的炎帝精神则为中华文化注入了最原始的基因，对中华民族和每一个炎黄子孙产生了持久深远的影响，是中华民族宝贵的文化资源。当前，国家正在大力培育和践行社会主义核心价值观，构建社会共识"最大公约数"，为实现"中国梦"凝聚精神力量。而社会主义核心价值观的培育必须立足中华优秀传统文化，传统文化"积淀着中华民族最深层的精神追求，代表着中华民族独特的精神标志，为中华民族生生不息、发展壮大提供了丰厚滋养"（习近平《谈治国理政》），是社会主义核心价值观的深厚源泉。随州作为炎帝神农故里，有义不容辞的责任和义务去弘扬炎帝精神，进而培育社会主义核心价值观。

一、炎帝精神的内涵

炎帝，又称神农氏。《帝王世纪》中记载："神农氏，姜姓也……人身牛首，长于姜水。有圣德，以火德王，故号炎帝。"古代五行与方位相配，五行配五方，因为炎帝在南方，所以又称其"南方之神"。又因炎帝支裔族大量南徙，与南方许多民族共同劳动生息、融合，被视为祖先，所以后世南方人们都称炎帝为"始祖"。

以炎帝为首的原始氏族人民，在长期的生产实践中，创造了丰硕的物质财富和精神财富，积淀而形成了博大精深的炎帝文化，凝聚而铸就了伟大的炎帝精神。炎帝神农文化，是指在中华民族发展的几千年历史长河中，全部传颂以及史料记载的有关炎帝神农氏的功德、功绩和创造发明中所蕴含的民族意识、优秀传统、执著信念、崇高理想等的总和。炎帝文化是中华民族精神的源头，它反映了中华民族由野蛮走向文明时代。我们研究炎帝精神，必然从研究炎帝文化开始。结合炎帝所创造的辉煌文化，概括炎帝精神主要有以下几个方面：

（一）"始作耒耜，教民农耕"的农耕文化孕育了自强不息、开拓创新的民族精神

炎帝发明了许多东西，其中最重要的是种植和农具。炎帝时代，人们靠采集、捕鱼、打猎为生，过着朝不保夕的生活。为了把中国古代人民从原始采集渔猎社会带进原始农耕

社会，炎帝率领人民进行了伟大的创造和实践，制作农耕工具，教民农耕，使"九州人乃知食谷，而天下化之"（《管子》）。种植和耒耜的发明，解决了"民以食为天"的大事，其意义和贡献是无可比拟的，它促进了古代农业生产的发展，推动人类由原始游牧文化向农耕文明转化，标志着一个新时代、新文明、新文化的产生。

《周易》中有"天行健，君子以自强不息"的说法，说的是人要像天那样，生生不息，不断进取，从不懈怠。炎帝时代，混沌初开，生产力极其低下，为了生存下去，炎帝带领氏族不断与大自然做斗争。吃野果多疾病，就努力探索，"始作耒耜，教民农耕"；为疾病烦恼，就"以赭鞭鞭草木，始尝百草"；为躲避风寒，就"相土择居，造屋建房"；为生活便利，就"精作陶器，冶制斤斧"；为耕作便利，就"垦渠凿井，浇灌农田"等，历经千辛万苦，带领氏族逐步告别茹毛饮血的时代。据记载，炎帝一生的各类发明有34种之多。这种自强不息、开拓创新的精神贯穿于中华民族几千年历史演变之中：从上古大禹治水的时期，到创造"四大发明"、开辟"丝绸之路"的封建时期，历经抗日战争、解放战争的近现代时期，最终步入改革开放的今天，促使中华民族一步一步走向世界强国之林。

（二）"遍尝百草，首创医药"的医药文化孕育了心怀天下、为民谋利的奉献精神

炎帝为解民于疾病，遍尝百草，以身试药。据《淮南子》记载：古者民茹草饮水，采树木之实，食蠃蛇之肉，时多疾病毒伤之害，于是神农乃始教民播种五谷，相土地宜，燥湿肥硗高下；尝百草之滋味，水泉之甘苦，令民知所避就。当此之时，一日而遇七十毒。从《淮南子》中可见，在医疗条件恶劣的远古时期，炎帝为了让氏族民众免除疾病毒害之苦，想尽了办法，终决定尝百草之滋味，最终也因误吃断肠草中毒身亡。因此，后人颂扬炎帝多为"不贪天下之财，而天下共富之；不以其智能自贵于人，而天下共尊之"。炎帝这种心系天下（氏族）、为民谋利的奉献精神，成为原始社会民风的一个重要导航标，促成了原始社会"大公"的奉献精神。

炎帝"怀其仁诚之心"，教民、利民、爱民，实行全民的"公养"、"公教"、"公恤"，他尝百草等所做的一切，无一不是为了人民。炎帝的这种奉献精神，正是中华民族最为看重的"天下为公"的道德准则。这种原始的"大公"精神，在后代也有继承与发展，从周公的保民，到孔子的爱民、孟子的"民贵君轻"；从陆贾的"民为本"，到李克强总理的"行大道，民为本，利天下"，都是炎帝原始奉献精神的延伸。炎帝的心怀天下、为民谋利的奉献精神，是永远屹立在中华儿女心中一块不朽的丰碑。

（三）"相土择居，造屋建房"的氏族文化孕育了炎帝血脉、地域认同的爱国精神

《路史》中说，炎帝"相土停居，令人知所避趋"。随着在农耕、生产文化上的不断探索，炎帝开始选择一些适宜氏族发展生产、生活的定居点，因此相土择居，建立部落。从随州发掘的遗址来看，部落的分布多为背山靠水的高爽地段，居民点分布有序，俨然一个小型城镇群，这便是我国历史上最早的"国"。

中国古人的爱国精神最早源于血脉和地理的宗族情感以及由此发展而来的民族意识。

在原始社会和封建社会的"国"和我们今天的理解有着本质上的区别，但这种民族意识和爱国精神的文化本质却是基本相通的。举例来说，炎帝时期"相土择居"的氏族便是他们的"国"，虽然以今天的眼光来看，当时的炎帝氏族只是那个时期中华民族大家庭中的一个成员，此外还有黄帝部落等。然而，在炎帝时期，炎帝氏族作为一个极大的群居部落群，在当时的炎帝氏族群众心中便是他们至高无上的"国"。氏族人民热爱炎帝氏族，为它一步步走向繁荣富足而自豪，这便是炎帝氏族的爱国精神。这种爱国精神虽然与我们今天提出的"振兴中华，爱我祖国"有着很大的差异，但是那毕竟是几千年前的文化精神之始。

炎帝时期因血脉、地域认同衍生而来的爱国精神，历经我国完成"大一统"的漫长历史时期，经历血缘认同、地域认同与文化认同这一由浅入深的发展过程，最终形成中华民族的爱国精神。炎帝在这一历史进程中，起着血缘纽带、地域纽带和文化纽带的巨大作用。在相关古籍的记载中，炎帝被视为中国绝大多数民族的血缘始祖。从文化传统上讲，炎帝子孙的血脉认同和"大一统"思想，是形成中华民族的向心力和凝聚力的重要因素，是铸就中华民族爱国主义精神的重要基础。

炎帝神农文化所蕴涵的民族精神永远不会过时，它仍然是我们走向成功的重要精神力量。当前，我们正在全面深化改革，为实现中华民族伟大复兴的"中国梦"而奋斗，更需要大力发扬包括炎帝文化精神在内的民族精神，增强中华民族的凝聚力和认同感。

二、社会主义核心价值观的内涵

社会主义核心价值观是适应时代的需求而提出的，是国家精神层面的一项重大战略部署，内涵精练而丰富。

(一)社会主义核心价值观的提出背景

1. 建设社会主义文化强国的需要

任何一个国家、任何一个民族，没有强大的精神力量，就不可能成为强大的国家和民族，也不可能成为受人尊敬的国家和民族。国家的强盛除了经济总量、军事力量等硬实力外，也包括价值观念、思想文化等软实力，软实力是影响更深远、更持久的力量，是现代国家建设的重要着力点。而核心价值观则是决定文化软实力的最深层次要素，是一个国家和民族文化最核心内容的高度凝练和精神力量的象征。历史的经验告诉我们，国家和民族的强盛必然伴随着精神力量的强大；反之，国家和民族的衰弱则伴随着精神力量的衰败。汉唐盛世，中华民族影响世界的是文化，至今为世人所称道。近代以来，中华民族陷入了积贫积弱、山河破碎的困境和危局，究其根源，则是人们思想道德的衰败。梁启超在其《中国积弱溯源论》中就指出，中国人"爱国之心薄弱"、"人心风俗"之弊"实为积弱之最大根源"。改革开放后，我国的经济、军事实力迅速提升，逐步迈入世界强国之列，但在文化影响力上还远不及欧美等西方强国，它们借机不断向中国输入其价值观，试图按照它们的意愿改变中国，使中国丧失价值独立性，它们之所以能够进行价值输入，主要还是因为我国的文化实力不强，没有形成主流核心价值观。因此，建设社会主义文化强国是当前之需，而培育社会主义核心价值观则是其中的关键。

2. 凝聚社会共识的需要

社会共识是指社会成员对社会事物和问题有着大体一致的看法，社会作为一个整体要保持稳定和进步需要社会共识，社会成员的价值观念冲突往往是社会不稳定的重要因素。当前，我国经济体制深刻变革，社会结构深刻变动，利益格局深刻调整，思想观念深刻变化，正处于矛盾多发、思想观念容易混乱和对立的时期，在这种情况下，要想有效化解矛盾，维持社会和谐稳定，就需要在全社会形成基本的社会共识。社会共识是维系社会团结、抵御社会风险的"稳定器"，在社会共识之下，各种矛盾就有了理性处理和调和的基础，社会成员的思想观念就有了基本的参照物，整个社会就能够按照一定的遵循有效运转。如何形成社会共识呢？最重要的莫过于培育整个社会的核心价值观，核心价值观承载着一个社会的精神追求，体现了一个社会评判是非曲直的价值标准，构建具有强大感召力的核心价值观，关系社会和谐稳定，关系国家长治久安。培育社会主义核心价值观，就是确立全体人民共同认同的价值观"最大公约数"，凝聚社会最大共识，使全体人民"心往一处想、劲往一处使"，同心同德，共同战胜改革发展中遇到的困难和挑战。

3. 顺应时代发展的必然结果

改革开放后，我国经济社会飞速发展，物质财富得到极大增长，但是精神文明建设却相对滞后，很多社会问题甚至经济问题的产生都与人们的思想道德观念有关。邓小平同志意识到了这个问题，并曾多次谈及理想信念和精神文明建设，这里其实就是指社会主义核心价值体系的建设。党的十六届六中全会首次提出建设社会主义核心价值体系的重要战略任务，强调马克思主义指导思想、中国特色社会主义共同理想、以爱国主义为核心的民族精神和以改革创新为核心的时代精神、社会主义荣辱观构成社会主义核心价值体系的基本内容。此后，党的十七大、十七届六中全会均明确地提出了社会主义核心价值体系建设的任务。在多年的理论和实践探索的基础上，党的十八大提出了培育和践行社会主义核心价值观的战略部署，进一步对社会主义核心价值体系进行了凝练，提出要"倡导富强、民主、文明、和谐，倡导自由、平等、公正、法治，倡导爱国、敬业、诚信、友善，积极培育和践行社会主义核心价值观"。

（二）社会主义核心价值观的内容

社会主义核心价值观"三个倡导"24个字，分别从国家、社会和个人层面提出了价值目标、价值取向和价值准则，三个层面相辅相成、密切相连，形成了一个整体，共同构成了我们的核心价值追求。

1. 国家层面：富强、民主、文明、和谐

富强是一个综合范畴，它不仅指经济的富裕，还包括强大的国防实力以及科技、教育、文化等的高度发展。富强是自鸦片战争以来中华民族数代人不懈追求的梦想，是实现中华民族伟大复兴"中国梦"的物质基础。民主是指人民当家做主，人民是权力的主体，一切权力来自人民、属于人民。民主是社会主义的本质，发展社会主义民主政治，建设社会主义政治文明，是现代化国家建设的奋斗目标。文明是人类社会的进步程度和开放状态，与野蛮、无知、愚昧相对立。文明是整个人类社会的共同追求。建设社会主义文明国家包括物质文明、政治文明、社会文明、精神文明、生态文明"五个文明"建设。和谐是指事物的一种统一的、协调的存在状况，它是中华文化之魂，体现了中华文化独特的智慧魅力。和谐是社会主义现代化的本质特征。国家层面的四个目标主要回答了建设什么样的国家。

2. 社会层面：自由、平等、公正、法治

自由是人的本质属性，从政治角度讲，是指不受压迫和奴役；从人性角度讲，是指对超越自身局限的追求。实现人的自由和全面发展是社会主义的最高价值目标。平等是现代社会人权的基本要求，不仅指人格上的平等，而且指经济、政治、文化权益上的平等，追求平等是社会主义的基本价值原则。公正是现代社会维系和调节社会关系的基本准则，是指公平正义，具体来说，就是权利公平、机会公平、规则公平，它是中国特色社会主义的内在要求。法治是一种治理方式，即法的统治，它是自由、平等、公正的制度保证。社会层面的四个价值取向主要回答了建设什么样的社会。

3. 个人层面：爱国、敬业、诚信、友善

爱国是指对国家的忠诚和热爱，是一个公民在处理与国家的关系时应保持的准则。敬业是指对事业的专心致志，是一个公民处理与事业关系时应保持的准则。诚信是指诚实守信，是一个公民处理与社会关系时应保持的准则。友善是指友好善良，是一个公民处理与社会上其他人的关系时应保持的准则。个人层面的四个价值取向主要回答了培育什么样的公民。

三、炎帝精神与社会主义核心价值观的内在联系

炎帝精神是中华优秀传统文化的重要组成部分，社会主义核心价值观则是我们当前急需建立的主导价值体系，两者之间有着紧密的内在联系。

（一）从国家层面讲，炎帝精神与社会主义核心价值观是源和流的关系

炎帝神农精神是中华民族精神的源泉。炎帝神农，制耒耜、植五谷，尝百草、疗民疾，立市场、倡贸易，带领华夏民族从野蛮走向文明，形成炎帝神农文化，铸就炎帝神农精神，即坚韧不拔的开拓精神，百折不挠的创新精神，自强不息的进取精神，天下为公的奉献精神。炎帝神农精神与自强不息、厚德载物、宽厚仁和、以德化民等黄帝精神，共同成为中华民族的精神原点，炎黄子孙的情感纽带，民族复兴的动力源泉。以此为源头，经过数千年的积累、融合、演变、发展，汇聚成浩瀚的中华民族精神的洪流，形成了以爱国主义为核心的中华民族精神。这些经过历代言传身教与传承，伴随着中华民族历史长河源远流长。如无私奉献、自强不息、开拓创新、民本位的爱国主义等等，这些都与炎帝文化有着本源关系，是现今时代精神的重要依托和来源，是摄取中国传统文化思想精华的营养而结出的硕果。中华民族为何能节节排除干扰，是因为中华民族有巨大的向心力、凝聚力。

中华民族是一个有着强烈开拓精神的民族，从古至今都是如此。古有造纸术、指南针、火药、活字印刷四大发明，今有中国在军事、航空、汽车等各领域的创新成果，这种

开拓创新精神在中国千年历史中不断发扬光大。作为中国无产阶级的代表来说，中国共产党人更是勇于开拓创新的先锋者：毛泽东开拓了中国特色的民主革命之路，邓小平开拓了中国特色的社会主义建设之路，江泽民提出的与时俱进、建设中国特色社会主义的理论，这些都是前无古人的开创性事业。这些开创性事业之中，蕴含着鲜明的炎帝开拓创新精神，他们正是继承发扬炎帝精神，才开创了中国社会主义事业一路走来的正确道路。

（二）从社会层面讲，炎帝精神与社会主义核心价值观是带和结的关系

炎黄文化是中华民族凝聚力形成的情感基础和思想基础，是维系全体中国人的精神纽带。含有亲情、乡情、民族感情和国家感情的爱国主义思想，促进了中华民族的民族凝聚力的形成和发展，使中国人产生出强烈的民族认同感，从而凝结成为一个牢不可破、密不可分的整体。世界华人炎帝故里寻根节，作为凝聚华人的文化纽带，具有非常重要的意义。

炎帝发明耒耜，是为了提高农耕生产水平，解决族民的吃饭问题；发明"日中为市"，是为了便利族民物物交换，余缺相补，共同富裕；发明琴弦，是为了丰富族民的精神文化生活，并以乐舞和谐族民之间的关系，加强姜炎族的团结。炎帝的每一项发明创造，都与族民的生存息息相关，急族民之所急，想族民之所想，全心全意地为族民谋利益，实实在在地为族民办实事。原始社会没有国家这一说法，不然我们可以简单解释炎帝这一系列发明创造的出发点皆是源于他热爱他的氏族，热爱这样一个"国家"。千百年来中华民族历经战乱和变迁，每每能在战火中长久保持国土完整、主权独立，其中一个主要原因就是中华民族爱国主义精神纽带的作用。

（三）从个人层面讲，炎帝精神与社会主义核心价值观是点和线的关系

人是万物生灵，人能改造这个世界，是因为人能创造和生产，这也是人类生存、发展的前提。炎帝神农聪明睿智，以勤劳促进创新，成为劳动创造世界、改造自然的开拓者。炎帝的创业精神，就是以炎帝为首的姜炎族在其谋求生存、发展实践中所表现出来的精神。

炎帝作为姜炎族的首领，与他的族民们"并耕而食"，同上山狩猎，同下田耕种，在漫长的生产实践中，在与大自然的反复较量中，逐渐认识，不断总结，以自己的聪明才智，为人类发明创造出了众多的东西。而这些发明创造，无不是他大胆探索、反复实践的结果。据《周易·系辞下传》记载："庖牺氏没，神农氏作，斫木为耜，揉木为耒，耒耜之利，以教天下，盖取诸益。"炎帝创造的耒耜，是上古时翻土的农具，这种农耕工具，就是他在与自然界的长期斗争中，在不断的农耕生产实践中逐渐认识、总结出来的。《风俗演义》称，"神农悉地力种谷疏"，"谷"即稻谷，"疏"通"蔬"，即蔬菜，由此中国有了原始农业。由于我国农耕始于炎帝，故神农氏又有"田祖"、"先啬"、"先农"等名。据史书记载，他"拾嘉谷"、"作陶冶"、"为耒耜"，发明了种植和农耕，奠定了中华民族生存之本；他"尝百草以为药"，创造了医药文化；他提出"日中为市，聚天下之货"，创造了市场文化；他"结丝为弦"，制琴作曲，创造了音乐和美学，等等。

炎帝心系民众疾苦、鞠躬尽瘁的原始为民奉献精神，成为原始社会民风的一个重要导航标，促成了在原始社会"氏民为公"、"仁诚之心"的社会道德状况：在原始社会里，没有私有制，生产资料公有，氏族成员之间共同劳动、共同消费，大家以仁爱之心相对，因此氏族成员质朴、稳重、正直、诚实，不忿争而财足，不劳形而功成，依靠天地的资源，男耕而食，妇织而衣，人与人没有邪念，大家安居乐业，天下平等，正是从炎帝到每一位族民都怀有仁诚之心，原始社会才能得以不断发展进步。

在炎帝神农精神的指引下，中华民族的先民，积极改造世界、创造世界，创造了人类历史上的一个又一个奇迹，促使中华民族从野蛮无知走向繁荣文明，实现了原始社会人民生活和社会发展上质的飞跃。

四、运用炎帝精神培育社会主义核心价值观的可行性

炎帝精神与社会主义核心价值观内在的紧密联系，决定了运用炎帝精神培育社会主义核心价值观是可行的。这种可行性主要表现在以下三个方面：

（一）文化认同的力量

文化认同是指个体对群体文化的认可和同意，是一种肯定的文化价值判断，它所回答的是"我们是谁"。亨廷顿曾经指出，不同民族的人们常以对他们来说最有意义的事物来回答"我们是谁"，即用"祖先、宗教、语言、历史、价值、习俗和体制来界定自己"，并认为"文化认同对于大多数人来说是最有意义的东西"。通过文化认同，人们找到自我价值归属，找到生活的精神依归。文化认同对群体和个人的影响是极其深刻的，群体和个体所认可的事物往往都是经过长期的积淀而深入到文化血液之中，是不证自明的东西，是思想和行动的自觉参考。炎帝及其炎帝精神对我们中华民族和炎黄子孙来说也是一种文化认同，它已经深入到我们的文化基因之中，我们认可炎帝是我们的祖先，认可炎帝所开创的功绩，认可炎帝所形成的精神，这种文化认可成了凝聚中华民族的精神纽带，也成了中华民族生命延续的精神基础。利用人们对炎帝精神的文化认同所形成的强大力量来培育社会主义核心价值观是非常有效的。比如，炎帝是我们引以为豪的祖先，一谈到炎帝我们就会形成民族自豪感，这种自豪感就会让我们产生强烈的对炎帝的热爱，进而上升到对中华民族的自豪和热爱，这就是社会主义核心价值观所倡导的爱国精神。再比如，我们把炎帝作为共同的祖先，我们都是炎黄子孙，同为炎黄子孙，相互之间友善互助是应该的、不言自明的，社会主义核心价值观所倡导的友善也就很容易得到人们的认可和践行。还有，我们认可炎帝及其精神，并以之为豪，就会自觉不自觉地把炎帝精神作为自己行为处事的准则，而炎帝精神又是与社会主义核心价值观相通的，培育炎帝精神其实就是间接地培育了社会主义核心价值观的某些内容。

（二）文化象征的影响力

文化象征是指一种文化中具有代表性的因素，提起这个因素就能让人们更容易、更清晰地联想、认识到这种文化。中国文化有很多象征，如汉语、孔子、长城、孙子兵法、兵

马俑等，这些象征并不只是一个单独的事物，其中蕴含有丰富中华文化的内涵，比如说到孔子，人们就会联想到儒家文化、仁义文化、礼仪文化等，这里的孔子不仅是个历史人物，还意味着附着在他身上的是中华文化。文化象征具有很强的影响力，通过具体的象征，人们可以更形象深刻地认识这种文化，也更认可这种文化。炎帝也是中国文化的一个象征，谈到炎帝，人们就会自然而然地联想到中华文化的源头，联想到同为炎黄子孙都是四海一家，联想到炎帝神农氏作耒耜、尝百草、开创农耕文明所形成的民族精神。炎帝的这种文化象征对人们的影响是深入到文化观念之中的，因此是潜移默化而有效的。借用炎帝及其精神这个文化象征培育社会主义核心价值观可达事半功倍之效。

(三) 文化载体的有效性

培育社会主义核心价值观需要鲜活载体，就社会主义核心价值观而论社会主义核心价值观只会是空洞的说教，难以获得人们的认同。培育社会主义核心价值观的载体是多方面的，可以是模范人物的先进事迹、可以是各种主题实践活动、也可以是文化艺术作品等，但中华文化应该是一个重要的"根"和"源"。中华文化绵延几千年，已经植根于中国人的内心，潜移默化影响着中国人的思想方式和行为方式，是培育社会主义核心价值观的宝贵精神源泉。炎帝是中华文化的重要内容，弘扬炎帝精神为培育社会主义核心价值观提供了一个有效载体，通过炎帝的鲜明事迹和炎帝精神的丰富内涵，人们更容易获得对社会主义核心价值观的认同和践行力。

五、运用炎帝精神培育社会主义核心价值观的现实路径

运用炎帝精神培育社会主义核心价值观，要在原有的基础上，进一步将炎帝精神发扬光大，渗透到大型活动、文化交流、城市建设和产业发展等各个层面。

(一) 建好一个"基地"：世界华人炎帝故里寻根节

世界华人炎帝故里寻根节不仅是官方对始祖炎帝神农的隆重祭祀，也是维系两岸同胞血脉相连的重要纽带，更是全球华人实现民族归属感和认同感的精神家园。由于炎帝文化在国内外的巨大影响，寻根节自举办之初便不断受到海内外华人华侨的高度关注：2009年首届寻根节规模约2万人，其中海外华侨占大多数，分别来自50多个国家和地区；2010年，神农大像在随县厉山镇揭幕；2011年，寻根节由党中央、国务院批准举办，上升至国家战略高度；2012年由湖北省政府联合国务院侨务办公室、中国文学艺术界联合会、中华炎黄文化研究会、海峡两岸关系协会共同举办，进一步增强了海峡两岸"华夏同根，和合天下"的民族认同感和归属感；2013年寻根节，在随州市炎帝神农故里建立了"海峡两岸交流基地"，全国人大常委会副委员长华建敏、国民党副主席蒋孝严、国台办主任张志军等领导出席谒祖大典，2014年，蒋孝严先生再次来到随州，全国政协副主席何厚铧，全国人大常委会原副委员长、中华炎黄文化研究会会长许嘉璐也出席了谒祖大典。6届寻根节的成功举办，加强了海内外政治经济文化交流，增强了炎黄子孙的向心力和凝聚力，也推动了地方发展和知名度提升，寻根节的巨大作用得到了全球华人的广泛认

同,至今已吸引了数以万计海内外华侨华人寻根谒祖。只有重视寻根节、办好寻根节,才能表达崇德守礼、薪火相传的人文精神,才能表达海内一家、血脉相连的民族精神,才能弘扬无私奉献、天下为先的炎帝精神。要发挥寻根节的基地作用,一是要打造炎帝祭祀的"主战场"。近年来,由于经济发展的需要,名人故里之"争"愈演愈烈,炎帝故里之争涉及四省五地(湖北随州、陕西宝鸡、山西高平,以及湖南株洲炎陵县和会同县)。各地围绕名人资源展开了激烈竞争,重复建设和投资难以避免,也无法形成有效的权威和有说服力的定论。根据大量的历史文献记载和相关文物佐证,华夏人文始祖炎帝神农诞生在湖北随州。中华炎黄文化研究会在《炎黄会典》一书中更是明确指出:湖北随州是炎帝神农故里。连续6届寻根节的成功举办更是确立了祭祀炎帝神农的主体地位,得到了海内外的广泛认同。继续保持和巩固寻根节的主体地位,有助于更好地聚焦目光、集中投入,将随州建设成为弘扬炎帝精神、增强文化认同、维系血脉联系的核心区和主战场。二是要扶正炎帝精神的"主心骨"。在目前复杂的国际局势下,社会主义核心价值观不仅需要在中国特色社会主义实践中得到认同,而且需要在国际范围内提升影响力。这是提升国家文化软实力的要求,也是彰显社会主义核心价值观优越性的要求。炎帝精神是中华传统文化的起点,也是全球华人文化自觉自信自豪的根源,最容易激发他们的民族认同和历史记忆。炎帝精神又与社会主义核心价值观高度契合,要紧靠这一"主心骨",进一步凝练和总结炎帝精神,使之成为联系国家内外的精神桥梁。通过弘扬炎帝精神不断增强海外华人对社会主义中国的理解和认同,逐步使炎帝精神成为炎黄子孙们共同的文化追求和信仰,成为大家团结奋斗的思想基础和动力,提升社会主义核心价值观的国际影响力和中国的文化软实力。

(二)搭好一个平台:炎帝神农文化高端论坛

炎帝神农文化高端论坛是世界华人炎帝故里寻根节的重要组成部分,至今已成功举办了6期,吸引了一大批内地和港澳台知名文化学者参与,论坛为两岸的文化精英们提供了一个交流思想和探讨研究的平台,主要围绕炎帝相关的文化、历史话题展开探讨,先后总结了炎帝文化研究的经历和成果,阐释了炎帝精神的内涵、影响和时代价值,探讨了如何传承炎帝精神等。通过炎帝神农文化高端论坛的研讨交流,进一步深化了炎帝精神的意义和内涵,使炎帝精神的研究和总结上升到学术高度,对弘扬炎帝文化、凝聚同胞感情、促进两岸合作具有重要意义。办好炎帝神农文化高端论坛,一是要突出特色。论坛要与随州地方传统文化、特色产业相结合,在邀请学者、确定主题等环节牢牢抓住炎帝文化这一特色品牌,把炎帝神农文化高端论坛办成随州独有的两岸文化交流项目。二是要保证质量。通过论坛的交流和研讨,有意识地推动炎帝文化研究,用高质量的学术成果,吸引更多专家学者关注和探讨炎帝精神,形成学术交流的良性循环,把炎帝神农文化高端论坛办成炎帝文化交流研究的高端学术品牌,成为国内外炎帝文化研究学者展示最新发现、交流分享学术成果的重要平台。

(三)做强一个产业:文化旅游产业

随州是国家历史文化名城、炎帝神农故里、编钟古乐之乡,文化底蕴深厚,拥有丰富的旅游资源。2013年随州市共接待游客1450万人次，旅游综合收入90.5亿元，文化旅游产业实现了长足发展。文化是旅游的灵魂，发展文化旅游产业，必然要求我们做好文化提炼、提升文化内涵，以优秀文化的传承推进旅游业的发展，以旅游业的发展来传承、保护与弘扬炎帝文化等优秀传统文化，实现文化、旅游的互利互惠、共兴共荣。一是要突出炎帝文化特色。发挥随州旅游资源优势，在发展旅游产业的同时，坚持把炎帝精神作为发展文化旅游产业的重要内容，使炎帝精神在深度和广度上不断拓展，将炎帝精神打造成为随州乃至鄂西生态文化旅游圈的重要文化符号，进而推动社会主义核心价值观通过旅游产业影响广大游客。二是围绕文化旅游主题定位搞好规划。把炎帝文化作为旅游主题，增强对旅游消费者的吸引力，做好炎帝文化旅游发展的规划，确保炎帝文化资源有序开发，努力打造具有鲜明特色和一流水准的精品景区、景点，以文化旅游的产业化运作推动炎帝精神发扬光大。三是继续策划举办以炎帝故里为背景和以寻根谒祖、增强民族凝聚力为主体的大型文化活动，扩大炎帝精神认知度和影响力，以炎帝精神树立形象、扩大开放、加快发展。四是抓好炎帝文化系列旅游商品的开发。设计、生产独特的炎帝文化旅游手工艺品和文化旅游纪念品，使旅游者加深对炎帝精神的理解和记忆，在潜移默化中接受社会主义核心价值观的熏陶，在增加景区、景点收入的同时推广弘扬炎帝精神。

（四）宣传一种精神：随州的城市精神

著名学者余秋雨说："随州文化，就是随州人由于时间原因或空间原因养成的集体的精神价值和生活方式。"随州作为全省最年轻的地级市，基础差、底子薄，要赶超先进地区，必须有强大的精神文化支撑。随州要发展，就必须有自己的城市精神。城市精神塑造重在实践、贵在落实。城市精神始终和市民群众的生活实践融为一体。炎帝精神恰好为随州的城市精神提供了核心，也符合当前培育和弘扬社会主义核心价值观的要求，弘扬炎帝精神，正是从随州实际出发作出的必然选择。要进一步弘扬炎帝精神，必须从多层面多角度进一步加大宣传力度。把炎帝精神融入城市基础建设中，合理塑造城市形象，建设城市文化景观，让炎帝精神渗透到老百姓生活的方方面面。要把炎帝精神融入城市的公益广告宣传体系，营造浓郁的讲文明、树新风的城市氛围，引导市民崇德向善。因为公益广告宣传在传播正能量上，是一种最直接、最有效的宣传教育方式，图文并茂、通俗易懂让老百姓看得懂、记得牢，一眼瞧去便很有亲切感和可读性。

（五）教育一方百姓：群众的价值追求

无论是弘扬炎帝精神还是弘扬社会主义核心价值观，其主体都是广大人民群众。当前，我国经济社会正处在急剧转型时期，基层群众的思想多元多变，经济发展、社会变革和文化碰撞对基层群众的生活方式、价值取向和思想观念产生了巨大的影响。要在基层群众中大力推行炎帝精神，首先是要抓好学校教育。要把炎帝精神融入学校教育，切实把社会主义核心价值观融入学校课堂教学、主题教育、文化建设和日常管理之中，注重课程渗透，使课堂成为炎帝精神教育的主渠道、主阵地。要发挥中小学思想政治教育课程的作用，把炎帝精神的基本内容有机融入到中小学的德育课程体系之中。其次是要抓好市民教育。要把炎帝精神融入市民教育，通过道德讲堂、志愿服务等载体活动，采取灵活多样的方法和群众喜闻乐见的形式，对炎帝精神进行深入分析和解读，使之更好地走进群众、深入心灵，转化为社会的群体意识和人们的自觉行动。要通过典型选树、示范引领，将炎帝精神的内容通过有形的方式"实体化"，让广大市民能够"看得见、摸得着"，学有榜样、赶有目标。

城市社区治理创新研究
——以随州市为例

随州市委政策研究室 李居正

党的十八届三中全会作出了全面深化改革的重要决定，把"完善和发展中国特色社会主义制度，推进国家治理体系和治理能力现代化"作为全面深化改革的总目标。城市社区治理作为国家治理体系的重要组成部分，在构建和谐社会、强化城市管理、提升群众生活水平中发挥重要作用，推动城市社区治理不断创新发展地位重要、意义重大，是地方党委政府必须答好的一道时代命题。为此，本文结合随州实际，从城市社区治理创新的背景及意义、城市社区治理面临的困境、推进城市社区治理创新的对策建议等三个方面入手，认真总结和探索随州市在社区治理创新实践中形成的新思路、新做法、新经验，力争推动城市社区治理现代化水平不断提高。

一、城市社区治理创新的重大背景及意义

（一）城市社区治理创新的历史背景

20世纪30年代，"社区"及社区研究的概念在吴文藻、费孝通等人的倡导与实践下进入中国。计划经济时期，我国城市社区管理主要依靠政府主导。市场经济体制改革的兴起，对传统的城市社区管理模式产生巨大冲击，在新的城市社会环境下，"单位制"社区向"社会化"社区转化的大势不可逆转，在城市社区建设中探索更适宜经济社会发展要求的治理体系便成为现实性的问题。基于此，20世纪90年代初，为了解决体制转轨所产生的各类问题与矛盾，民政部提出进行"社区建设"，其基本内涵就是"在政府倡导和指导下，依靠社区力量，利用社区资源、解决社会问题，强化社区功能，发展社区事业，促进社区经济和社会的协调发展"，我国城市社区建设从此拉开序幕。20多年来，城市社区建设经历了提出理念集中研讨、开展试点积累经验、形成决策启动建设、适应形势健全完善四个阶段，出现了许多各具特色的模式，如行政引导型模式、自治型模式、混合型模式、企业主导型模式等。这些模式从社区管理体制创新上与政府职能转变上进行大胆探索，尝试理顺管理体制、转变政府职能，划分政府管理与社区管理的范围，取得了明显成效，提供了有益借鉴。

十八大以来，城市社区治理工作迈上了新的台阶，受到各级党委、政府和社会各界的进一步高度重视。尤其是十八届三中全会旗帜鲜明地提出要推动国家治理体系和治理能力

现代化，让城市社区治理工作迎来了加速发展、创新发展、科学发展的又一战略机遇期，同时也迎来了深层次矛盾和问题的集中爆发期。社区治理创新，已经从一道单纯的民生命题，发展到影响社会体制改革、新型城镇化推进、现代化治理能力提升的关键要素。

在此背景下，随州市认清形势、扬长避短，深入贯彻落实中央和省委的重要部署，把社区治理作为社会管理的一项重要工作抓在手上。全市坚持系统治理、依法治理、综合治理和源头治理的原则，在城市社区全面建立居民自治体系、公共服务体系、社会事务管理体系，全面提升社区居民生活质量和幸福指数，充分发挥社区在创新社会管理、和谐人际关系、化解社会矛盾、满足公众需求、维护社会稳定中的基础作用。随州在城市社区治理中的积极探索，适应了我国经济体制和社会结构发生的持续巨变，适应了社会成员组织形式发生的根本转变，解决了社区居民参与不足的问题，解决了社区服务的"缺位"、"不到位"等问题，解决了干部与群众走得不近、感情不深的问题，在密切党群关系、创新社会管理、构建"幸福随州"方面取得了一定成效，形成了良好的工作模式，为进一步提升社会治理能力和服务能力奠定了坚实基础。

(二) 城市社区治理创新的重大意义

1. 推进城市社区治理创新，是落实十八届三中全会精神、加快社会治理改革创新的需要

中央《决定》明确提出，要"创新社会治理体制"，"重点培育和优先发展行业协会商会类、科技类、公益慈善类、城乡社区服务类社会组织"。省委关于全面深化改革的《意见》在此基础上进一步提出，要"在全省城乡统一实施网格化管理，整合基层服务资源，将社会化服务纳入网格化管理之中，延伸至城乡基层社区"。社区作为城市的基本单位，可谓"上面千条线，下面一根针"，具有政治、经济、文化、教育、环保、卫生、福利、安全等多种功能，可以说是社会体制创新的重中之重。按照中央《决定》和省委《意见》，把社区服务类组织培育好了，把网格化管理抓到位了，城市经济发展中的许多社会问题都能迎刃而解，社会治理的现代化水平也就随之提升了。

2. 推进城市社区治理创新，是保障新型城镇化快速推进、促进社会和谐稳定的需要

2014年李克强总理在《政府工作报告》中明确提出了今后一个时期"3个1亿人进城"的问题，其中农民进城、进入城市社区是第一站。农民能不能在城市社区这个新"家"安居乐业、和谐相处，社区治理创新尤为重要，这就需要与时俱进，开展切实有效的社区服务与管理。

3. 推进城市社区治理创新，是深化行政体制改革、建设服务型政府的需要

社区治理创新既是城市管理体制的制度创新，也是党委政府转变观念、打造服务型政府的方法创新。城市社区建设对原有的居委会管理体制进行了改革，在城市社区治理创新过程中，党委政府自上而下的传统管制模式转变为政府、社会、市场、群众四方共同参与社区治理，推动了基层民主自治，激发了基层党组织的活力和社会组织参与社区共建的动力，是深化基层行政体制改革的重要内容；与此同时，政府通过改革，将越来越多的权力下放到社区，让政府服务的触角直接延伸到社区，改善了公共服务质量，方便了群众生活，丰富了社区功能，成为建设服务型政府的一个基础性平台。

4. 推进城市社区治理创新，是提升城市建设和管理水平的需要

社区是城市人口的主要聚集区，既是城市发展的"面子"，也是城市服务群众的"里子"。当前，城市规模迅速扩张，设施建设一日千里，但与之不对称的是，城市社区的建设、管理与服务步伐仍然偏慢，水平仍然偏低，许多城市快速发展遗留下的"城市病"集中在社区内沉淀，长期积累势必诱发一系列问题，影响城市科学可持续发展。通过城市社区治理的创新，可以推动城市建设和管理水平的整体提升，以社区发展强促进城市实力强，以社区环境美促进城市形象美，以社区生活安促进城市基础安，为城市发展铸就坚实基础和坚强保障。

5. 推进城市社区治理创新，是回应人民群众过上美好生活愿望的需要

在经济社会飞速发展的背景下，社区的管理水平与服务质量，直接影响着社区居民的幸福指数。党委政府惠民政策的落实、基层广大群众对党委政府的评价、老百姓日常生活的切身感受，很大程度上取决于基层社区组织是否坚实、社区基层民主是否充分、管理服务机制是否健全、基层党员干部作风是否扎实。党的十八大报告提出要在改善民生和创新管理中加强社会建设，我省围绕"幸福湖北"建设，大力推进基层社会服务治理创新，大力推进社区"网格化"管理，将各项公共服务和社会管理措施落实到城乡社区、基层单位、每家每户，满足了社区群众多层次的服务需求，提升了社区居民的幸福指数，回应了人民群众过上更好生活的愿望，为建设"幸福湖北"作出了重要贡献。

6. 推进城市社区治理创新，是践行群众路线、转变干部作风的重要机遇

城市社区治理创新是一个系统工程，既涉及政府部门的服务问题，又涉及社会组织的培育问题，既涉及民生问题，又涉及财力保障问题，可以说任务重、责任大、要求高。城市社区治理工作身处服务群众的"最后一公里"，做好这项工作，需要各级干部树立群众意识，掌握群众工作方法，提升解决社区难题的工作水平，提升驾驭复杂局面的能力水平，这对各级干部都是走实群众路线、转变工作作风的重要机遇。

二、城市社区治理面临的困境

城市社区治理面临着诸多困境，有社区上一级政府"越位"、"缺位"的问题，把大量行政事务转嫁到社区组织承担；有社区自身服务功能不强的问题，也有社会组织发育不够的问题，等等。随着新型城镇化的加快推进，社区所要承担的服务压力会逐步增大，破解社区治理诸多困境任重而道远。这些困境主要体现在以下五个方面：

(一)权责划分不清

1. 责重权轻

计划经济剥离出的公有制企业、"单位"式小区的服务职能逐步由现代社区承接，党委、政府的社会管理和公共服务职能需要社区落实，城镇化中大量涌入的外来人口的物质文化需求需要社区来满足，社区的担子越来越重，但与之不相适应的是，长期以来社区治理的主体仍然是社区居委会，自身力量薄弱，职责日益增重和权力原地踏步之间的矛盾十分突出。

2. 重上轻下

受旧体制的影响，一些职能部门仍然把社区当做"手"和"腿"，不仅把工作任务和压力层层传达到社区，而且习惯于用党政机关的办法对社区进行考核，导致社区过多重视上级行政命令，忽视了群众需求。

3. 避实就虚

社区治理既涉及政府行政管理范围内的事务，又涵盖社区自治范围内的事务，但是由于权责划分不清，社区居委会承担了大部分行政事务，将很大精力投入到各项工作的应付上，存在一定的形式主义。比如大部分社区面临"五多"：上级检查多、内设机构多、门口招牌多、贯彻落实会议多、报表台账多，为民服务作为社区最主要、最实际的功能反而越来越弱。

(二) 自治水平不高

1. 社区干部"不会"

社区干部老龄化现象突出、文化程度偏低、开拓能力差，缺乏发展社区民主自治的理论知识和创新意识，在社区民主自治进程中还存在"跟不上"形势发展、"跑不赢"居民需求的问题。

2. 社区群众"不想"

社区居民逐利意识强烈，参与社区治理主要为了追求自身利益最大化，同时社区吸引居民参与自治的手段不足、载体不多、物质利益不够，致使社区居民参与社区自治的热情不高，甚至出现"社区拼命干、群众旁边看"的现象。

3. 民间组织"不敢"

社区民间组织发展迟缓，没有充分认识到参与社区自治蕴含的巨大潜力和广阔空间，同时缺乏规范的章程和健全的组织机构，导致民间组织没有参与社区自治的勇气和能力。

(三) 社区服务不优

1. 效率不高

服务机制和服务理念陈旧落后，审批环节庞杂繁复，工作信息不够公开透明，办事流程随意性强，缺乏制度和规则的刚性约束，导致办事效率低下。

2. 对标不准

服务内容、服务标准、服务时限细化不够，对事关群众切身利益的实际需求把握的不准、不透，导致社区工作付出大量心血却与群众愿望出现偏差，"好心办了蠢事"。

3. 覆盖不全

社区服务停留在一般性的事务办理，在多层次、全方位的居民需求中仍然存在空白，尤其是对新兴群体、特殊困难群体和流动人口的服务亟待加强。

(四) 工作合力不强

一是上级帮扶争取不足，缺乏"跳起来摘桃子"的精神，习惯于"一亩三分田"的自耕自收，对外宣传、对上争取的力度需要进一步加强。二是社会资源吸纳不足，吸纳社会资源参与社区共建共享共发展的办法不多，缺乏吸引社会资本的突破口和切入点，各类企业投资社区建设的积极性不高；同时，与共建单位日常联系的主动性不够，共建帮扶的长效机制需要进一步健全。三是居民潜力挖掘不足，社区居民是社区治理的主体，但是在当前，动员社区居民投身社区建设、参与社区治理、推动社区发展的能力仍然不足，社区居民的力量没有通过统一的渠道得到开发利用。

(五) 工作保障不足

1. 缺乏制度保障

部分制度制定的时间较早、内容较为单一，已不能适应新形势和新条件下社区治理的需求，导致社区治理出现制度空白，容易造成治理失范。

2. 缺乏阵地保障

社区发展水平参差不齐，一些社区基础较差、资源有限，缺乏较为规范的场所开展工作。同时，一些社区以硬件建设代替阵地建设，缺乏长效管理和利用机制，造成资源浪费。

3. 缺乏资金保障

社区创收渠道有限，管理经费不足，工作人员的经济待遇缺乏稳定的保障和增长机制，这些都影响了社区治理效能和社区干部积极性。

三、推进城市社区治理创新的对策建议

针对社区治理面临的五大困境，要坚持系统治理、依法治理、综合治理和源头治理的原则，既要借助党委政府的力量，又要借助市场和社会的力量，让"政府之手"、"市场之手"和社会的"自治之手"都发挥作用，通过思想理念的创新、服务载体的创新、治理机制的创新、资源整合的创新、制度保障的创新，努力解决城市社区治理久治不愈的权责不清、自治不力、服务不优、合力不强、保障不足等问题，不断提升城市社区治理创新的现代化水平，为构建和谐社会、强化城市建设管理、提升群众生活水平、密切党群联系作出更大贡献。

(一) 在重视治理上创新，让思想理念跟上来

在社区建设中，要把管理概念中强调单一的控制和统领，逐步扩展为治理概念中党委政府、社会、社区和居民之间的良性互动，建立稳定的合作互补机制，从而推动社区建设现代化进程迈向更高水平。

1. 更加注重整体性

社区治理应当从大局出发，结合自身条件进行通盘谋划考虑，更加重视地区居民的整体福利。

2. 更加注重开放性

要培养多元化的战略思维，在社会治理中承认、重视和利用社会、私人和志愿组织的贡献，并通过有效手段加以保护和促进，而不是单纯的控制和排挤。

3. 更加注重有效性

不同组织在社区治理中的角色,应当根据它是否贴近社区和居民需求、是否保护群众权益、是否让资源被充分用于社区建设和治理来判定。要认真考察如何才能最有效地满足群众意愿,采取不同的方式开展社区治理,不断保障治理的有效性。

4. 更加注重公平性

要健全监督机制、信息公开机制、回应机制和问责机制,让社区治理在群众"眼皮子底下"进行,以公正公开公平的治理环境赢得群众信任,为社区发展创造良好条件。

(二)在惠及民生上创新,让社区服务优起来

要始终坚持把创新服务机制、优化服务质量、拓展服务覆盖面、提升服务效益作为社区治理的第一要务,切实为群众办好事、解难事、做实事。

1. 以代办服务便民

变"群众跑路"为"干部跑腿"。随州市推进行政审批事项向社区延伸,将民政优抚、劳动保障、计生户籍、综合服务四个方面32个行政审批项目下放到社区,规范服务流程,压缩办结时限,实行"一站式"办理,打造了居民办事"15分钟服务圈"。截至2014年,共为居民代办事项1万多件。

2. 以平安建设安民

将公共安全治理的触角延伸到社区。随州市"平安建设"大行动将社区作为重点目标区域,把37个社区划分为290个网格,实行一格一员,构建了覆盖城区的视频监控网、专职民警参与的治安巡逻网、群防群治的社区防控网,形成了完善的社区治安防控体系。

3. 以环境整治利民

把环境变化作为社区治理成效最直接的体现。随州市开展"洁美家园"大行动,筹资1200余万元,在社区开展背街小巷亮化、泥巴路硬化、公共厕所洁化、垃圾清运快捷化"四化"工作。

4. 以扶贫帮困暖民

社区服务既要为一般性需求"锦上添花",也要为特殊困难群众"雪中送炭"。随州市在城市社区推行"三位一体"困难帮扶机制,即通过爱心救助会播撒关爱"及时雨",通过"一对一"帮扶架设关爱"连心桥",通过"爱心超市"传递关爱"接力棒",共发放爱心救助金320万元,组织439名副科级以上干部进行一对一帮扶,建成开放爱心超市31个,发放物品3000多件。

5. 以特色服务乐民

通过打造特色服务品牌,提升居民的认同感和归属感。随州城市社区开展"一社一品"创建活动,打造出一批特色社区,如齿轮社区结合退休老年人多的特点,创建"金色夕阳幸福社区",建立老年人日间照料中心。双龙寺社区结合辖区书画家较多的特点,建立随州市艺术院暨双龙寺社区书画特色文化基地,致力打造"书情画意双龙寺"。城区37个社区组建各类群众性文化团队83个,定期举办"周末大舞台"、"能工巧匠绝活比赛"等文化活动。

6. 以扎实作风亲民

以教育实践活动为动力，不断改进为社区群众服务的工作作风。随州市不仅要求社区干部扎根干，更要求领导干部沉到社区带着干、代表委员走进社区促着干。比如，随州市出台《"两代表一委员"进社区工作制度》，每个社区进驻6~9名市、区两级"两代表一委员"，每月28日定期进社区，听民意、解民忧。

(三)在扩大民主上创新，让社区群众走进来

以民主自治为核心，加快构建和完善社区治理公众参与体系，让群众走进社区治理、参与社区治理、热爱社区治理。

1. 干部民"选"

立足全面考核，减少中间环节，规范选举流程，清除"暗箱操作"，加强监督管理，真正选出人民认可、对民负责的社区干部。在随州市第五次社区换届中，曾都区全部采用"两票制"办法，按照"五步流程"直选社区干部，即"群众投信任票，党员投选举票"产生社区党组织领导班子，主任、副主任、委员预备人选，由辖区居民自主申报，提交居民大会后，按照承诺、公示、演讲、质询、表决5个步骤直接产生。

2. 决策民"定"

重大决策前要立足实际，尊重群众的选择权和决定权。随州市各个社区采取党员干部联系走访居民、设立信箱和楼栋留言箱等形式，广泛收集居民诉求，提出议题。社区党委召集议事恳谈，提出草案；再提交居民或居民代表充分讨论，并征求专业人士意见后，修订形成具体实施方案，提交居民代表大会表决，获得2/3以上代表同意后形成决议，由社区"两委"干部根据分工负责实施。共安装意见箱439个，新增电子公示显示屏92个，制作公示栏439个，公示社区党务、居务、财务相关信息1211件，最大限度地公开了社区工作，获得了群众支持。

3. 管理民"评"

要丰富民主管理形式，充分听取群众对社区治理的意见和建议，形成齐抓共管的"大合唱"。比如，针对物业管理难问题，随州城区各社区广泛征求群众意见，推行"三自"管理模式，即在社区成立物业管理协调委员会，对物业公司已进入的小区，社区物业管理协调委员会定期组织物业公司、业主委员会等召开联席会议，研究解决小区管理中的热点、难点问题，实行"自主服务"；对零散老旧小区，由社区物业管理协调委员会指导，小区党支部牵头成立物业服务中心，招聘人员提供保洁、绿化养护、治安巡防等准物业服务，实行"自助服务"；对单位自建小区，由单位成立后勤服务中心，社区物业管理协调委员会定期对其进行检查考评，实行"自我服务"，并已引进具备资质的物业公司68家，成立自助物业服务中心159个、后勤服务中心326个，受到社区群众普遍欢迎。

(四)在增添动力上创新，让各方力量聚拢来

要调动各类社会主体参与社区治理的积极性和创造性，把潜在的、零星的、单边的行政资源和社会资源整合起来，统筹各方人力、物力、财力，形成推动社区治理的强大动力。

1. 聚党委之力优结构

坚持党组织在社区治理中的核心地位,推动社区治理结构进一步优化、基层基础进一步夯实。随州市在社区推行"大党委"制,把辖区行政事业单位机关党组织、非公企业和社会组织党组织纳入社区大党委。依托基层管理单元,建立290个网格党支部、1130个楼栋党小组,确定1900余个党员中心户,形成"社区大党委—党支部—楼栋党小组—党员中心户"四级党组织架构。在社区大党委领导下,构建"社区居民委员会—居民小组长(网格员)—楼栋长—楼门信息员"四级居民自治网络,形成以党组织为核心,自治组织和共驻共建组织配套完善、职责明确、相互协调、运行高效的组织体系。

2. 聚群团之力强支撑

要深化党群共建,整合群团组织力量,力争实现工会、青年、妇女、科协、残联等群团组织建设到位、作用发挥到位,为社区治理提供有力支撑。随州市推进党群组织资源要素"五个一体化"建设,即基本组织一体化设置、基本队伍一体化建设、基本制度一体化建立、基本活动一体化开展、基本保障一体化配置,把各个群团组织的力量团结在党组织周围,共同参与社区治理,实现优势叠加。

3. 聚志愿之力增后劲

要调动各方面的积极性,把志愿者队伍建设成社区工作的重要补充和强大后备力量。对社区志愿者队伍,随州市注重多途径招募,统一登记注册、统一着装、统一组织活动,全区组建骨干队伍37个,骨干队员2200人。同时,积极动员机关事业单位在职党员进社区,已有1700余名机关干部和在职党员到社区报到并主动参与社区工作。

(五)在强化保障上创新,让社区事业转起来

要根据社区发展实际,加大各类资源下沉到社区的力度,强化奋发有为的制度激励,不断提高社区干事创业的积极性,为社区治理各项事业动力十足"转起来"提供坚实保障。

1. 扩充队伍强保障

不断增强队伍实力,为社区工作提供充足的人才资源。随州市吸纳行政事业单位干部、非公企业和社会组织党组织负责人、小区业主委员会成员、物业管理公司负责人、社区党员民警共263人任兼职委员,扩充社区"两委"班子领导力量。同时,出台《社区工作人员管理办法》,规范选任、管理、培训和待遇,统一招录、统一财政供养,下派社区民警37名,人社专干、计生专干等行政事务代办员74名,专职治安巡防队员140名、网格员290名,由各社区全权管理使用,扩充了社区专职工作队伍实力。

2. 建好阵地强保障

要把社区场所建设作为加强社区治理的重要前提,加强社区党群服务中心建设,为社区工作提供基本阵地。曾都区先后筹资1.2亿元,用于社区党员群众服务中心新建或改扩建,实现标准化、规范化。每个社区党员群众服务中心面积不少于500平方米,并落实有一个文体活动场所、一个党群之家、一个图书室等"22个一"的要求,有的社区还根据实际情况开设了幼儿"四点半"学校、居家养老日间照料中心等特色服务场所。

3. 加大支持强保障

调整优化财政支出结构,健全多层级财政支持机制,确保社区有钱办事。全市社区工

作经费按每年 6 万元的标准，由市、区、街道三级财政按照 1∶4∶1 的比例拨付。每年按不少于 20 万元的标准预算困难社区扶持经费。社区党员活动经费依据上年度社区党员实际人数，按照区管党费、区财政、办事处 1∶2∶3 的比例，以党员人均活动经费 50 元的标准拨付。同时，凡依法应由社区居委会协助的事项，相关部门要为社区居委会提供必要的经费和工作条件；凡委托给社区居委会办理的有关服务事项，通过签订协议、购买服务、项目管理等方式，实行"权随责走、费随事转"。目前各社区"费随事转"经费达到每年 4.5 万元，并根据经济发展情况逐年增加。

4. 深挖潜力强保障

社区保障既要上级助力，也要自身发力，在接受"输血"的同时加强自身"造血"功能。比如，对村改居型社区，随州市要求除政府征用以外，所有土地、门面只租不卖；对必须征用社区土地的，协调预留一定比例作为社区发展经营用地；对企业改制后形成的单位型社区，在企业改制资产分割时，协调为社区预留部分经营资产，保证社区有相对固定的经营收入。当前，随州城市社区年集体经济纯收入突破 7000 万元，在优化人居环境，改善民生质量等方面发挥了重要作用。

5. 充分激励强保障

要健全社区干部考核、激励和约束办法，探索建立政府、中介机构、社区群众等多元协调互补考评机制，为社区干部以所劳获取所得、以有为争取有位营造良好环境。随州市积极推行"双述双评"考评机制，社区党组织书记每年年底对下向社区党员和居民代表述职，并进行民主测评；对上向街道全体干部、部门负责人、县级以上"两代表一委员"代表进行述职，并进行民主评议。街道党工委根据上评和下评结果，以及定量考核情况综合评定社区党组织书记年度工作绩效，并据此兑现工资报酬和优劣奖惩。

课题组成员：李居正　杨金星　郭原　李鸿昌

随州地域文化研究破解"曾国之谜"

随州市博物馆

一、导论

"曾国之谜"的问题是由曾国青铜器的出土而产生并引发了广泛讨论。我们结合曾国历年的考古新发现大致可将此问题归纳为两个方面:

(一)曾、随之争的由来

曾国青铜器早在北宋时期就有著录[1]。20世纪六七十年代,又相继在今湖北京山、随州、枣阳,以及河南新野等地出土大批两周时期的曾国青铜器物,其中1978年7月在随州城郊擂鼓墩发掘出土的战国早期曾侯乙墓,出土了大量铸有曾侯铭文的青铜器[2],证明当时的曾国中心区域应在今湖北省随州城区一带。但在文献中,却没有任何关于这个曾国的记录。根据《左传》:"汉东之国,随为大"的记载,此区域应该是历史文献中的春秋时期随国所在地。与曾国有真实出土文物相反,以随为名的历史文物此时、此地尚未出土。学者们便将出土文物与文献记载的这种不协调情况称为"曾国之谜"[3]。

(二)姬、姒之争的由来

2011年、2013年,随州叶家山西周早期曾国墓地共发掘墓葬140座,马坑7座,出土各类文物3000余件(套),其中铸有"曾侯"、"曾侯谏"、"曾侯犺"等铭文铜器的发现[4],说明曾国于西周早期即在汉水流域以东(今随州境内)建国立都。但该墓地呈现出商、周文化特征各异、并存的现象,让学界对早期曾国的来源(即族姓)问题产生了严重的分歧。少数学者认为,叶家山西周曾侯与擂鼓墩东周曾侯,均为"姬姓"曾国国君是周王宗亲,二者一脉相承。多数学者认为,叶家山西周曾侯为"非姬姓"曾国国君,擂鼓墩

---

[1] 薛尚功:《历代钟鼎彝器款识法帖》16.165条下有"翼师盘",应为曾师盘,中华书局1986年版;张昌平:《曾国问题研究》,《方国的青铜与文化》,上海人民出版社2012年版,第122页。
[2] 湖北省博物馆:《曾侯乙墓》,文物出版社1989年版。
[3] 李学勤:《曾国之谜》,《光明日报》1978年10月4日,第3版。
[4] 湖北省考古研究所、随州市博物馆:《随州叶家山西周墓地第二次考古发掘的主要收获》,《江汉考古》2013年第3期。

东周曾侯为"姬姓"曾国国君①，二者之间没有传承关系。观点对立，众说纷纭，使之成为新的"曾国之谜"。

因此，曾国问题已经成为周代历史最大的疑团之一②。我们采用多重证据法的论证框架，从微观"墓主头向方位、墓葬腰坑葬俗、干支日名记时、青铜铭文释读、随葬礼器组合"入手，运用"文献学、考古学、历史地理学"等多学科进行交叉分析，继而上升至"夏商周区域文化类型研究、中国古代文明起源研究"的高度，进行全面而深刻的探讨，力求破解扑朔迷离，错综复杂的"曾国之谜"。

二、曾、随问题研究

有关曾、随问题的探讨，综合起来大致有以下五说③：

第一说，根据曾器的出土范围、族姓、活动时间，尤其是曾侯墓葬出于随州近郊的情况与古文献中关于随国的记载进行比较分析，认为铜器铭文中的曾国即古文献中的随国。

第二说，随非曾，南阳盆地、随枣走廊出土铜器铭文中的曾也非姬姓。春秋晚期，楚先后灭缯、随之后，又在随国故地分封楚国大贵族，称为曾侯。

第三说，曾即古文献中的缯，曾、随虽为同姓，但非一国。随在今湖北随州一带，战国初灭于楚，而曾初在南阳盆地以北的缯关一带，后南迁至随国故地，再由随迁居淮域。西阳（即曾侯乙钟铭之"西阳"），在汉西阳县，今河南光山一带。

第四说，曾、随初为两国，族姓不同，后来曾国于东周初期南迁，在楚人支持下经南阳盆地入随枣走廊，于春秋中期楚令尹子文败随后不久即灭随，曾人入居随地。

第五说，曾为姒姓之缯，在南阳盆地一带，都西阳，随为姬姓，在随枣走廊一带，后来随灭了曾，迁于曾都西阳，并改随为曾。

（一）考证曾即是随的依据

曾国与随国为一国两名的判定，主要是源于对文献资料中"昭王奔随"的史事与考古发现曾侯舆编钟铭文及曾侯乙镈钟铭文中关于"曾楚关系"，相互印证后形成的结论。

1. 文献记载

《左传·定公四年》记载："冬，蔡侯、吴子、唐侯伐楚。楚王奔随。吴人从之，谓随人曰：'周之子孙在汉川者，楚实尽之'。随人卜与之，不吉，乃辞吴曰：'以随之辟小，而密迩于楚，楚实存之。世有盟誓，至于今未改。若难而弃之，何以事君？执事之患，不唯一人。若鸠楚竟，敢不听命'。吴人乃退。王割子期之心，以与随人盟。"④

《史记·楚世家》记载："十年冬，吴王阖庐、伍子胥、伯嚭与唐、蔡伐楚，楚大败，

---

① 项章、张顺：《"曾国之谜"新解》，《随州日报》2014年2月11日，第2版。
② 湖北省博物馆：《曾侯乙墓》，文物出版社1989年版。
③ 徐少华：《曾即随及其历史渊源》，《荆楚历史地理与考古探研》，商务印书馆2010年版，第1~11页。
④ 参见《春秋左传集解》定公四年，上海人民出版社1977年版，第1628~1630页。

吴兵遂入郢,昭王亡也至云梦,出奔随。吴王闻昭王往,即进击随,随不听,吴亦罢去。"①

清华简《系年》第十五章曰:"景平王即世,昭王即位,伍员为吴太宰,是教吴人反楚邦之诸侯,以败楚师于柏举,遂入郢,吴王归随,与吴人战于析。吴王子晨将起祸于吴,吴王阖庐乃归,昭王焉复邦。"②

上述《左传》、《史记》、清华简《系年》皆记叙了春秋晚期"吴伐楚入郢之役,楚王避险于随"的历史事件。公元前506年冬季,伍子胥向吴王建议,联合蔡国、唐国,共同伐楚。三国联军同楚军在柏举(今湖北麻城、新洲举水流域)交锋,楚军大败。吴军乘胜攻进楚都郢城(今湖北荆州江陵)。楚昭王仓皇出城,先逃至"云中"(今荆门市境),后逃到随国。吴王尾追赶到,对随国人说:周朝姬姓子孙,凡是分封在汉川一带的,楚国都把他们灭掉了。现在我们共同灭掉楚国,汉水以北的土地都可以归你随国。

随人对吴王说:以随国的偏僻狭小而紧挨着楚国,楚国确实保存了我们,而且我们世世代代都有盟誓,至今没有改变。如果有了危难就抛弃别人,又怎么能事奉君王!何况楚王不在这里,执事所担心的并不在于一个人,如果你们对楚国境内加以安抚,我怎敢不听您的命令。

吴王认为说得有理,就传令撤退。

楚昭王十分感谢随国的救命之恩,割取公子结胸口的血和随国盟誓,从此将以诸侯之礼对待随国。第二年的六月,秦军打败吴军。七月,秦楚联军灭掉唐国。同年秋天楚王从随国返回郢都,复兴楚国。

2. 考古发现

1988年江苏六合县程桥中学M3出土有曾子义行簠,M3属于春秋晚期,同出青铜器还有吴国攻吴太叔、罗儿之盘、匜③。这批青铜器的性质属于吴国④。

1993年随州东风油库M2出土有一件春秋晚期的S形纹饰鼎⑤,类似该鼎的纹饰和铸造工艺只在春秋时期的长江下游地区可见。据此判定,此鼎可能来自于吴国。曾国青铜器出土于吴国墓葬,及吴国青铜器出土于曾国墓葬,考虑到春秋晚期的地理政治格局,皆应与楚、吴战争相关⑥。

3. 铭文释读

2009年东周文峰塔曾国墓地出土8件青铜编钟,M1:1号编钟共铸铭文34行169字⑦,

---

① 《史记》卷40《楚世家》,中华书局1982年版,第1715~1716页。
② 清华大学出土文献研究与保护中心编、李学勤主编:《清华大学藏战国竹简(贰)》,中西书局2011年版,第80~81页;释文注释,第170~173页。
③ 南京市博物馆、六合县文教局:《江苏六合程桥东周三号墓》,《东南文化》1991年第1期。
④ 曹锦炎:《程桥新出铜器考释及相关问题》,《东南文化》1991年第1期。
⑤ 随州市博物馆发掘资料。
⑥ 张昌平:《曾国问题研究》,《方国的青铜与文化——张昌平自选集》,上海人民出版社2012年版,第108~124页。
⑦ 湖北省考古研究所、随州市博物馆:《随州文峰塔M1(曾侯與墓)、M2发掘简报》,《江汉考古》2014年第4期。

其中"曾侯與曰：吴恃有众庶，行乱，西征南伐，乃加于楚，荆邦既变，而天命将误。有严曾侯，业业厥圣，亲博武功。楚命是静，复定楚王。"考释为曾侯與（曾侯乙祖父）说：吴国伐楚，楚国惨败，而曾侯圣明，亲自帅师建功，挽救了楚国命运并重新安定了楚国之位①。

1978年随州擂鼓墩发掘了一座战国早期曾侯乙墓，并出土了一套65件青铜编钟。其中一件镈钟共铸铭文3行31字，"佳王五十又六祀，返自西阳，楚王酓章乍曾侯乙宗彝，奠之于西阳，其永持用享。"考释为楚惠王（楚昭王之子）于五十六年（即公元前433年），从西阳得知曾侯乙去世的讣告，特地制作此镈钟送至曾国宗庙用以祭奠曾侯乙②。

(二) 考证曾、随各异的依据

曾国和随国是两个不同国家的判定，是前述"曾随问题研究"中的第二说至第五说的结论，主要立足于二国族姓不同、地理位置有别、被楚国灭亡时间不一等三个方面。

1. 文献记载

《左传》及其他古代文献中，对汉水以东各小国以及楚国向该地区发展的情形，都有详细的记叙，但却没有"曾国"字样③。

2. 考古发现

2012年随州文峰塔墓地M21出土了一件带有"随"字的铭文铜戈。铸有铭文9字，"随大司马献有之行戈"，随字在此释为国名，这是新中国成立以来首次经过科学发掘出土的第一件随国铜器④，并随葬于曾国的贵族墓葬中。使部分学者更据此坚信，曾国与随国是两个不同的国家。

3. 铭文释读

2011年浙江大学教授曹锦炎先生，在《江汉考古》第4期发表了题为《"曾"、"随"二国的证据——论新发现的随仲嬭加鼎》一文，文中对在收藏界友人处惠赠一件所谓"楚王鼎"铭文进行了考释。该鼎内底铸铭文5行28字："唯王正月初吉丁亥，楚王媵随仲嬭加飤繇，其眉寿无期，子孙永宝用之。""正月初吉丁亥"是春秋中晚期楚器较为固定的习语。"媵"，释为媵器，即陪嫁铜器。考释为春秋时期的楚王为即将出嫁到随国的次女制作了一件铜鼎作为陪嫁，祈望其子孙繁昌。这说明春秋时期确有一个随国的存在，并与楚国保持着良好的姻亲关系。

(三) 小结

1978年，李学勤先生在《光明日报》上首次提出了"曾随问题"⑤。其主要论据就是

---

① 凡国栋：《曾侯與编钟铭文柬释》，《江汉考古》2014年第4期。
② 湖北省博物馆：《曾侯乙墓》，《文物出版社》1989年7月，第467页。
③ 谭维四：《中国重大考古发掘记——曾侯乙墓》，生活·读书·新知三联书店2003年版，第63页。
④ 湖北省考古研究所：《湖北随州文峰塔墓地考古发掘的主要收获》，《江汉考古》2013年第1期。
⑤ 李学勤：《曾国之谜》，《光明日报》1978年10月4日，第3版。

"楚惠王为何要做一套钟镈放在曾国的宗庙里，恭敬地祭祀曾侯呢？当时楚国称霸一时，决不会对一个小诸侯国给予这么高的礼遇呀？"我们结合前人的研究成果与目前考古新资料相互校勘，认定曾国即是随国，为一国两名。

其一，从文献记载与考古资料的对照研究，曾侯與铸造此套编钟的缘由，是因为在吴楚之争中"吴恃有众庶，行乱，西征南伐，乃加于楚，荆邦既变，而天命将误"，是曾侯"亲博武功"才使得"楚命是静，复定楚王"。曾国保护了楚王，楚王便与曾侯與共立斋盟，恢复了曾国故有的疆域。"余申固楚成，改复曾疆"。故曾侯與铸此钟以记载这段丰功伟业。"择选吉金，自作宗彝"。与《左传》、《史记》、清华简《系年》等历史文献中记载的吴楚相争，吴师入郢，楚昭王避难随国，受到随国的庇护之事相印证。

曾侯與的孙辈曾侯乙铸造的整套编钟中有楚王熊章所赠镈钟，镈钟铸铭文有"楚王酓章作曾侯乙宗彝，奠之于西阳,"说明，楚惠王熊章对曾侯乙下葬给予了极高的礼遇。先秦时期，一国君主为另一国君主铸造"宗彝"，目前仅见此一列①。这些现象暗示曾国在春秋晚期之后受到楚国的优待超乎一般附庸国地位。这也与当时随国曾经救助了被吴人打败的楚昭王，春秋中晚期前后楚与随建立"姻亲"关系的政治背景相一致。如果曾即随，曾侯乙镈钟反映出楚人对曾国的报德之意。另外，曾国墓葬出土吴国铜器，吴国墓葬出土曾国铜器也从侧面反映出曾国参与了吴楚之战。

其二，从东周时期的政治格局和地理位置分析，关于随国历史，《春秋》、《左传》、《国语》等古籍中均有记载。《左传·定公四年》记载："吴人从之，谓随人曰：'周之子孙在汉川者，楚实尽之'。"也指出随国与周人相同的族姓②。《国语·郑语》记录西周末年周人史伯回答郑桓公说："当成周者，南有荆蛮、申、吕、应、邓、陈、蔡、随、唐"韦昭注："应、蔡、随、唐，皆姬姓也。"说明西周晚期，在成周(今河南洛阳市)的南方已有一个姬姓随国。"随仲嬭加鼎"的发现也确认了文献记载中随国的存在。关于它的地理位置，《左传·桓公六年》记楚斗伯比语云："汉东之国，随为大"，指明东周时期随国是汉水流域以东地区最大的诸侯国，随国都城就应在今随州境内。这在文峰塔M21出土随大司马铜戈已得到了实物的印证，纠正了过去学者认为汉水以东不出随国铜器的误解。

其三，上述文献中已指出，随为姬姓；考古出土的两件"周王孙季怡"铜戈也表明曾为姬姓。证明二者应族姓相同。直接否定了第二说、第四说和第五说。

此外，1978年擂鼓墩发掘出土战国早期"曾侯乙"墓葬③；2011年至2013年叶家山发掘出土西周早期"曾侯谏"、"曾侯犺"等墓葬④；2012年义地岗墓地追缴回一件自铭为"曾侯甸"的春秋早期铜鼎⑤，2013年文峰塔墓地发掘出土战国中期"曾侯

---

① 湖北省博物馆：《曾侯乙墓》，《文物出版社》1989年7月，第467页。
② 张昌平：《曾国问题研究》，《方国的青铜与文化——张昌平自选集》，上海人民出版社2012年版，第108~124页。
③ 湖北省博物馆：《曾侯乙墓》，文物出版社1989年版。
④ 湖北省考古研究所、随州市博物馆：《随州叶家山西周墓地第二次考古发掘的主要收获》，《江汉考古》2013年第3期。
⑤ 项章：《随州博物馆藏曾侯甸鼎》，《文物》2014年第8期。

丙"墓葬①，2014年义地岗墓地追缴回数件自铭为"曾侯石"的西周晚期铜器②。由此可见，曾国自西周，春秋，战国都在随州境内立国建都。否定了"曾初在南阳盆地以北的缯关一带，后南迁至随国故地，再由随迁居淮域。"的第三说。

综上所述，如果曾国不是随国，曾国和随国这样两个国力较强的诸侯国，自西周至战国时期同时并存于鄂北地区的随枣走廊一带，并都与楚国保持着密切联系，几乎是不现实的。在周代历史上有很多诸侯国都为一国两名，如"吕国又称为甫，山东安丘的州国又称为淳于"③，因此，曾、随一国两名也就不足为奇了。

三、姬、姒问题研究

有关姬、姒问题的探讨，综合起来大致有以下三说④：

第一说，叶家山墓地所见西周早期的曾侯、曾国与此前这一地域出土的大量东周曾国铜器属于同一国族，为姬姓。

第二说，西周早期的曾侯、曾国与甲骨卜辞所见的殷商之曾相关，是姒姓，其与东周时期的姬姓曾国虽名称相同、地域一致，但族姓上有变化，当时周王室在伐灭姒姓之曾侯而改封的姬姓曾国，这一转变可能发生于西周中晚期。

第三说，叶家山所见的曾侯为姜姓，属长期以来在南方活动的炎帝支裔。

(一) 考证叶家山曾国为姬姓的依据

西周早期，武王灭商后，进行了大量的分封，一些周之宗室先后被封于随州走廊及其附近的有随、唐、赖、轸、贰等姬姓国家，在文献中常用"汉阳诸姬"来形容这一带的国家与周王室的关系。上文已论证，文献中的随国即考古发现的曾国。而且叶家山曾国墓地年代为西周早期与文献记载周王分封年代正相吻合。

1. 葬制葬俗

(1) "腰坑葬俗"商人热衷于田猎，殷墟甲骨文中田猎卜辞比比皆是。田猎离不开"田犬"，腰坑埋狗葬俗，显然是象征墓主生前田猎时把狗带在身边。而周人以农立国，田猎并非主要的生活方式，因而腰坑埋狗葬俗并不普遍，如陕西张家坡一座周人墓葬仅有腰坑，但并不埋狗，腰坑显然已经成为没有实用价值的象征和符号⑤。虽然叶家山 M1 有腰坑，并殉葬一犬，但通过出土铜器可以判定为曾侯或曾侯夫人的墓葬中都没有腰坑，如 M65 曾侯谏、M2 曾侯媿姓夫人、M28 曾侯、M27 曾侯夫人、M111 曾侯犺。因此，个别

---

① 湖北省文物考古研究所、随州市博物馆：《湖北随州市文峰塔东周墓地》，《考古》2014 年第 7 期。
② 资料现存于随州市博物馆。
③ 李学勤：《曾国之谜》，《光明日报》1978 年 10 月 4 日，第 3 版。
④ 徐少华：《论随州文峰塔一号墓的年代及其学术价值》，《江汉考古》2014 年第 4 期，第 80~81 页。
⑤ 王恩田：《随州叶家山西周曾国墓地的族属》，《江汉考古》2014 年第 3 期。

腰坑葬俗还不足以来否定叶家山曾国为姬姓①。

（2）"墓主头向"已发掘的东周姬姓曾国墓地，如枣阳郭家庙、随州义地岗、擂鼓墩出土墓葬中，墓主头向都是东西向，与西周叶家山墓主头向一致②，二者应有传承关系。另据《后汉书·乌桓传》记载，乌桓族虽然被汉武帝迁于辽东，但仍然保持着死者灵魂一定会返归距辽东五郡西北数千里以外的故土赤山的信念。因此叶家山西周墓地多呈东西向，大墓墓道朝西，应是死者灵魂西归陕西周人故土信念的反映。叶家山墓地东西墓向非但不能用来作为其族属是殷遗民的证据，恰恰相反，倒是其族属必属周人的证据③。

2. 随葬器物

（1）"方座铜簋"，叶家山墓地出土有数件方座铜簋，如 M27:17 疑父方座簋，M28、M107 四耳方座簋，M50:14 方座簋，M111:67 犺作列考南公方座簋等，方座簋作为周人"重食"礼制文化的代表，起源于陕西宝鸡地区④，是姬周文化的标志性器物。曾侯犺选用方座簋为父辈南公制作珍贵的祭器，凸显出特殊的文化背景。

（2）"纹饰特征"，首先西周早期周人所特有的蜗身兽纹（也称涡龙纹），见于该墓地 M28:176，M111:120 铜罍，以及 M27:17 方座簋之上。其次，被邹衡先生称为先周文化器物的乳丁纹铜器⑤，在该墓地多有出现。如 M27:23、26 曾侯方鼎；M46:17、M111:62 铜簋等。均表明了曾国与姬姓周人千丝万缕的关系。

另外，叶家山墓地的大、中型墓葬都在头端及二层台上放置随葬器物、毁器与折兵、彩绘陶器等方面也与姬周文化因素相同⑥。

3. 铭文释读

2013 年西周叶家山曾国墓地中，规模最大的 M111 所出铜器，有多件铸有"曾侯犺作宝尊彝"的铭文，说明该墓墓主应为曾侯犺，其中一件 M111:67 兽面纹方座双耳簋，内底铸铭文 2 行 8 字，"犺作烈考南公宝尊彝"，其中，"烈考"，释为曾侯犺之父；"南公"，释为南宫括，与西周大盂鼎、南宫乎钟铭文所言"南公"为同一人，是商周之际周室中地位显赫的名臣，而此器，是曾侯犺为其父"南公"所做的祭器。这证明南公是西周早期曾国的先公或始封之君⑦。

2009 年文峰塔 M1:1 号编钟，铸有铭文"曾侯與曰：伯适上用，左右文武，达殷之

---

① 张懋镕：《谈随州叶家山西周曾国墓地》，《古文字与青铜器论集（第四辑）》，科学出版社 2014 年版。黄凤春：《关于叶家山西周曾国墓地的族属问题》，《叶家山西周墓地国际学术研讨会会议论文》2013 年，第 1~6 页。

② 刘绪：2013 年 12 月在"叶家山西周墓地国际学术研讨会"总结发言，见常怀颖笔记：http://blog.sina.com.cn/s/blog_4ed0757d0101gsyp.html。

③ 王恩田：《随州叶家山西周曾国墓地的族属》，《江汉考古》2014 年第 3 期。

④ 张懋镕：《三论西周方座簋》，《苏州文博》2011 年第 1 期。

⑤ 邹衡：《论先周文化》，《夏商周考古学论文集》，文物出版社 1980 年版，第 316~317 页。

⑥ 黄凤春：《关于叶家山西周曾国墓地的族属问题》，《叶家山西周墓地国际学术研讨会会议论文》2013 年 12 月。

⑦ 徐少华：《论随州文峰塔一号墓的年代及其学术价值》，《江汉考古》2014 年第 4 期，第 80~81 页。

命，抚定天下。王遣命南公，营宅汭土，君此淮夷，临有江夏。"考释为曾侯與说：曾国始祖伯适（南公）于商代末年辅佐周文王、武王，共同讨伐商纣王，并建立周朝安定天下。因此周成王便分封南公到江汉之地建邦立国，统治南土淮夷各族，监管江汉广大地域，保障周朝南部疆域的安全。另据考证，曾侯與是战国曾国国君曾侯乙之祖父①。说明西周曾国与东周曾国的祖先同为"南公"。两个不同时代的曾国是一脉相承，前后相继的传承关系②。

文峰塔 M1:3 号编钟残存铭文 11 行 30 余字，其中"曾侯與曰：余稷之玄孙。""稷"，释为后稷，为周人先祖，"稷之玄孙"说明曾侯與及其先祖南公都是后稷的子孙后代，应与周人是同祖同宗。

1933 年安徽寿县李三孤堆楚幽王墓出土两件"曾姬无恤"铜壶，铭文 5 行 39 字："隹王廿又六年，圣桓之夫人曾姬无恤，吾宅兹漾陵，蒿间之无匹，用乍宗彝尊壶，后嗣用之，职在王室。"铭文中"曾姬"的称谓，显示出曾国为姬姓③。

1979 年义地岗季氏梁墓地出土的曾国铜器中有两件铭文铜戈，一件铭文为"周王孙季怡孔臧元武，元用戈"，另一件为"穆侯之子、西宫之孙，曾大攻尹季怡之用"④。考释为曾国贵族季怡，既是曾穆侯的儿子，又是周王的后代。"周王孙"、"西宫之孙"释为姬姓周王后裔，并非实指周王的孙辈。"穆侯"释为曾国国君；"曾大攻尹"，释为曾国的官职名称。充分证明，曾国属于周王后裔，二者之间有直接的血缘关系，曾侯确为姬姓。

综上所述，文峰塔 M1 出土的 1、2 号钟均铸有铭文"王遣命南公"之句，此南公与叶家山 M111 曾侯犺簋铭文中的"列考南公"，同指一人。佐证了，西周早期的曾国与东周曾国都是南公之后，是同一个姬姓国家。《左传·定公四年》记载："周之子孙在汉川者。"也指出随国与周人相同的族姓⑤。按照曾即是随，那么曾国与周人同为姬姓。

（二）考证叶家山曾国为姒姓的依据

嚃国，最早见于商代殷墟卜辞："乙未卜，贞立事于南，右从我，中从举，左从嚃。"学者认为，卜辞揭示出"举"（今湖北武汉）和嚃是商朝南土的两个封国，反映出商王武丁挞伐荆楚，统治南土的历史事件⑥。从甲骨文而知，商代南方确实存在一个曾国。

1. 埋葬习俗

（1）"腰坑葬俗"。叶家山 M1 墓底中部有一长方形腰坑，葬有一狗。商代墓穴祭奠是以杀牲并将牺牲埋入腰坑为核心内容，所用牺牲主要是狗。西周早期，墓底有无腰坑也是

---

① 张昌平：《曾国青铜器研究》，文物出版社 2009 年版。
② 徐少华：《论随州文峰塔一号墓的年代及其学术价值》，《江汉考古》2014 年第 4 期，第 80~81 页。
③ 参见刘节：《寿县所出楚器考释》，载《古史考存》，人民出版社 1958 年版，第 108~140 页。
④ 随县博物馆：《湖北随县城郊发现春秋墓葬和铜器》，《文物》1980 年第 1 期。
⑤ 张昌平：《曾国问题研究》，《方国的青铜与文化——张昌平自选集》，上海人民出版社 2012 年版，第 108~124 页。
⑥ 笪浩波：《汉东的嚃国、曾国与随国考》，载罗运环主编：《楚简楚文化》，湖北教育出版社 2013 年版，第 26~34 页。

区别商人与周人墓葬的一个重要标志,如北京琉璃河墓地周人、商人并处的情况下仍然分明①。

(2)"墓主头向"。叶家山墓地墓主人均头向东脚朝西,呈东西向,与山西绛县横水墓地和翼城大河口墓地等非姬姓国家埋葬头向相同。而姬姓周人的墓葬多为南北向。

2. 器物组合

(1)"族徽铜器"。叶家山墓葬随葬较多带族徽铜器,族徽有近20个之多。如举、戈、(匕矢)、冉、鸟、守、鱼、亚禽等,多数族徽见于商代晚期铜器上,有的就是商代器物,发现如此之多的族徽,是其他封国墓葬少有的现象②,具有典型商文化特征。

(2)"觚爵组合"。商代的礼仪祭祀活动中是以觚、爵等青铜酒器的组合数目来区分贵族身份等级高低。其死后的随葬品也以酒器为核心,1件觚加1件爵为一套。随葬3套或3套以上者,多为王族成员或者诸族的"族长"③。如:M1出土3件爵2件觚,M27出土2件爵1件觚,也具有商人风气④。

(3)"列卣组合"。叶家山墓地M28、M50、M86、M111、M126等均出土了形制、纹饰相同而大小相异的一对铜卣,学者称之为"列卣"。据研究,列卣起源于商文化,均出现在墓室面积为5平方米以上的中型和大型墓葬中。其主人多为方国首领或高级贵族,都带有浓郁的商文化特征⑤。

(4)"仿铜陶器"。陶器的使用往往与族群传统关联较大,叶家山墓地出土陶器,显示出较多的商文化背景,M27出土的双耳簋、尊等仿铜陶礼器,是殷墟文化陶器的延续。使用商式陶器的区域,都具有西周早期商遗民的活动背景⑥。此外,M50出土陶鼎与湖南宁乡高砂脊西周早期墓所出双立耳束颈圆腹圜底三锥足越式陶鼎酷似,也是非姬姓的特征。

3. 铭文释读

(1)"字体相同"。西周晚期曾国铜器铭文的"曾"写作(带"日"的曾)字。而叶家山铜器铭文中的"曾"(不带"日"的曾)字写法与商代卜辞记载的"曾"(同缯)字及"安州六器"及"静方鼎"铭文中的"曾"写法相同,彼此的方位也能相对应⑦。因此叶家山曾国铜器的"曾"字是承袭商代"曾"字的写法。这也可以证明西周早期保持了商代缯国的存在⑧。

---

① 张昌平:《叶家山墓地相关问题研究》,《随州叶家山西周早期曾国墓地》,文物出版社2013年版。

② 李伯谦:《西周早期考古的重大发现》,《随州叶家山西周早期曾国墓地》,文物出版社2013年版。

③ 唐际根:《殷墟一个王朝的背影》,科学出版社2009年版,第84页。

④ 杨升南:《叶家山曾侯墓地曾国的族属》,《中国文物报》2011年12月2日,第3版。

⑤ 张懋镕:《关于扶风红卫村出土"列卣"的思考》,《古文字与青铜器论集》(第三辑),科学出版社2010年版。

⑥ 张昌平:《叶家山墓地相关问题研究》,《随州叶家山西周早期曾国墓地》,文物出版社2013年版。

⑦ 杨升南:《叶家山曾侯墓地曾国的族属》,《中国文物报》2011年12月2日,第3版。

⑧ 杨权喜:《谈谈叶家山西周墓及其相关问题》,《叶家山西周墓地国际学术研讨会会议论文》2013年12月,第91页。

（2）"日名制度"。叶家山墓地发掘最早的M1，出土了4件方鼎、5件圆鼎，其中M1：12方鼎铸铭文"师作父癸宝尊彝"、M1：6圆鼎铸铭文"师作父癸"、M1：09镬鼎铸铭文："师作父乙尊彝"。按照墓葬内"出土二件中型方鼎者，多属方国国君"①，推断墓主人"师"应为曾国国君。铭文中"父癸"或"父乙"是对死去的父亲称呼，属于殷商旧习。文献记载，从商部落第九任首领上甲微到最后一个商纣王帝辛，均以"甲、乙、丙、丁、戊、己、庚、辛、壬、癸"十天干为其庙号，这种以十天干为祭名的日名制度是商人的专利。无独有偶，叶家山最大的墓葬M111曾侯犺墓出土一件大方鼎，也铸有"曾侯作父乙宝尊彝"的铭文。与之对应的是姬姓周人不采用"日名制度"。

综上所述，从"曾"字书写笔画和商代缯国地处南土的地理位置，证明叶家山考古发现和商代甲骨文记载二者完全吻合，所以"曾"国的历史可以追溯至商代晚期。通过考古资料我们发现，叶家山M1墓主"师"作为最早"曾"国族群首领的身份，但他没有以"曾侯"称谓下葬，暗示这个"曾"国可能并非是在西周建立后嫡出陕西关中的周人，而是在商代就已存在的方国②。因此这个"曾"国就不可能与此时还偏居陕西周原的姬姓周人有任何血缘和主从关系。

《史记·夏本纪》记载："禹为姒姓，其后分封，用国为姓，故有夏后氏、褒氏、缯氏等。"大禹因治水有功，舜帝禅让于禹，使其成为夏朝第一代君主。而"其后分封，用国为姓"，表明夏代就已经有姒姓缯国。20世纪80年代，武汉大学考古系联合随州博物馆，共同对淅河叶家山墓地以南1公里的西花园遗址进行了考古发掘，获得了一批重要的新石器时代晚期文物资料。《西花园与庙台子》考古报告结语中指出："在西花园遗址的石家河文化地层中，出现有部分陶器形制、花纹的作风是和二里头文化早期（夏文化早期）相同或相似。经碳-14测定为公元前约2000年"。距今约4000年，正逢夏禹征服三苗（长江中游以南的土著部落），并分封了包括缯国在内的不少姒姓国家，建立自己的政权。佐证了《汉书·地理志》："颖川、南阳，本夏禹之国"的记载。秦汉以后学者都将江、淮地区称为"夏人之居也"。而商代的缯国，正是承袭夏代的姒姓缯国而来。另从叶家山出土众多商代族徽铜器，也可以看出此曾侯同商代的一些氏族有着密切的关系，此应是周人灭商胜利后对商代在南土缯侯的续封③。

（三）考证叶家山曾国为姜姓的依据

商代卜辞中的曾国和叶家山铜器铭文中的曾同指一国——曾国，商代至西周早期存在于随州的淅河一带，为炎裔所建立。炎帝被黄帝在阪泉打败后，有一部分迁到了南方。西周时期，在随州东北就存在有一个炎帝后裔烈山氏建的厉国，说明炎帝后裔确有一部分部族在随州一带活动。曾国近厉国，又建国于商代，由此推导，曾国也可能是炎帝裔建立的姜姓国家④。

---

① 杨宝成、刘森淼：《商周方鼎初论》，《考古》1991年第6期。
② 张昌平：《叶家山墓地相关问题研究》，《随州叶家山西周早期曾国墓地》，文物出版社2013年版。
③ 杨升南：《叶家山曾侯墓地曾国的族属》，《中国文物报》2011年12月2日，第3版。
④ 笪浩波：《汉东的曾国、曾国与随国考》，载罗运环主编：《楚简楚文化》，湖北教育出版社2013年版，第26~34页。

（四）小结

西周早期曾国族属问题的讨论，自叶家山墓地发掘后争论不休持续已久。直至叶家山M111:67铜簋铭文"烈考南公"与文峰塔M1:1甬钟铭文"伯适""南公"的相互隶定，才使其族属问题得以破解。认定叶家山"曾"国应是西周早期周王分封的姬姓曾国与东周时期的姬姓曾国一脉相承。

其一，从文献记载与西周分封体制的对照分析，据文献《左传·定公四年》记载："昔武王克商，成王定之，选建明德，以蕃屏周。"西周初年周成王平定三监之乱后，便将有功之臣进行分封，将太公（吕伋）、周公（伯禽）分封于东土，建立齐国、鲁国；将召公分封于北土，建立燕国；将伯适分封于南土，故又称之"南公"，建立曾国，共同保卫周王朝的安危。叶家山墓葬的考古年代佐证了叶家山曾国在西周早期立国于汉东地区。商代甲骨文中虽然见到曾国，但并未表明是侯爵。叶家山曾侯同商代的姒姓缯国应没有传承关系，更不可能是炎帝后裔的姜姓。

叶家山墓地中仅见"曾侯谏"、"曾侯犺"的墓葬却不见"南公"的墓葬。暗示南公与召公、周公一样，作为周王的辅佐大臣，均需在王室内担任重要职务，而改派其子到封地赴任。这与西周早期大的分封历史背景相吻合；从而证实西周早期的曾国应为周王分封的诸侯国。

其二，将考古出土的遗迹、遗物与西周文化面貌的对比研究。

首先，姬姓周人也偶尔使用日名，如姬姓召公家族铜器。但就叶家山出土几件带日名曾国铜器，与上百件不用日名曾侯铜器相比，毕竟是极少数，不能代表墓葬的主流文化。

其次，对于成片的商周时期家族墓地而言，不能简单地依据其中一座墓或者少数几座墓葬出现的个别文化因素来判断其为商遗民墓地、非姬姓家族墓地，应综合考察墓葬形制。腰坑葬俗是殷商葬制，不可否认，但在叶家山墓地中除M1等少数几座中小型墓葬中有腰坑葬俗，并殉葬一犬外。其余发掘大、中型墓葬，M65、M28、M111曾侯墓葬，M2、M27曾侯夫人墓葬中，均未发现腰坑殉犬。所以用腰坑葬俗来否定姬姓曾国的论据还不足以成立。

叶家山墓地出土的族徽虽然很多，但是很分散，没有一种族徽超过1/3，占有绝对优势，这种情况就不是商遗民墓地。况且西周早期各国之间战争频繁，随葬铜器的来源十分复杂。这些族徽铜器既可能来自于掠夺，也可能来自于赠送。所以不能简单根据族徽的多样性来判断墓葬族属。

最后，叶家山墓地整体青铜器的面貌，是出土的食器数量多于"爵觚组合"的酒器数量，青铜器以鼎、簋、甗为中心，体现了"重食"的周文化特征。"列卣组合"虽然起源于商代，但进入西周时期仅仅流行于早期一段，应是周承商制的尾声产物。

上叙文化元素，决定了西周时期叶家山曾文化面貌是以周文化为主导的，其地域性的文化特征还很难显现，在随州叶家山发现的西周早中期墓葬，在墓葬形制、埋葬习俗等方面大部分与周文化特征相一致。出土的青铜器，无论是器物的类别、组合、形制、纹饰还是铸造等特征，主体都与陕西宝鸡宗周、河南洛阳成周地区出土器物的特征相一致，甚至有些器物如同出于一范。

其三，通过青铜器铭文来考证姬姓曾国的政治地位。文峰塔 M1:1 钟上铭文中"曾侯與曰：伯适上用，左右文武，达殷之命，抚定天下。"是赞颂其直系祖先"南公适"辅助周王灭殷的丰功伟绩。"王遣命南公，营宅汭土，"又言明了祖先"南公"受命于周天子，"君此淮夷，临有江夏"，肩负着周王所赋予的职责和统领的辖土。从中反映出西周时期的曾国，在此区域中的地位极为重要，"汉东大国"的称谓名副其实，曾国成为了周王朝在淮夷、江夏区域的代言人。

四、结语

至此，"曾国之谜"所涉及的两个方面都已经得到破解。但任何事物都需要辩证看待，虽然运用考古材料来校定文献资料，做到去伪存真解决了某些历史问题，但又会带来一连串的新问题。

疑点一：随国青铜器现仅见两件，"随大司马"戈是随人自称随，"随仲嬭加"鼎是他人(楚王)称随。与此相同，曾国铜器中也有自称和他称现象，如曾侯與钟的"曾侯"为自称，曾侯乙镈钟的"曾侯"为他(楚王)称。因此，将两个自称和他称都十分明确的国家，推定为同一个国家，尚有疑惑。

疑点二：南公的身份问题，古文献《帝王世纪》亦曰："文王昌……敬老慈幼，晏朝不食，以延四方之士……是以太颠、宏夭、散宜生、南宫适之属咸至，是为四臣。"以上四人皆为周文王的四个朋友，史称"文王四友"。可见，南宫适与太颠、宏夭、散宜生、太公望等人一样是"四方之士"，都是投奔文王的异族人，并非周王室姬姓嫡系。

面对以上疑问，我们期待着伴随考古研究工作的进一步深入，可以从根本上解决这些矛盾的疑点，还原其历史的本来面貌。

推进随州汉江生态经济带建设的思路及对策研究报告

随州市人民政府研究室 毛家锋

生态文明是后工业文明，推进生态经济建设，是关系人民福祉、关乎民族未来的长远大计。汉江流域是我国粮食主产区、南水北调中线工程水源区、全国重点生态功能区、中西结合部重要的生态走廊、长江中上游的生态屏障。省委省政府提出建设汉江生态经济带的重大战略决策，这是依托长江黄金水道打造湖北经济升级版的重要战略支撑。随州应抢抓汉江生态经济带建设战略机遇，积极谋划，顺势而为，策应推进，加快经济社会发展。2014年以来，笔者通过广泛收集资料，认真调查研究，掌握了国内外生态经济发展、全省汉江生态经济带建设的相关情况，提出了随州推进汉江生态经济带开放开发的对策建议。

一、国内外生态经济发展研究与概况

(一) 生态经济的概念

根据学术界的定义，生态经济是以环境和经济协调发展为目标，综合运用现代科学技术、生态学原理、市场经济理论和系统工程方法，达到经济和生态的双重良性循环，建立经济、社会和环境协调发展的现代社会体系。生态经济的实质是在保证自然环境不受破坏的前提下，在生态系统可承受的范围内发展经济，扩大经济的再生产过程，建立一个资源配置合理、经济实力增强、产业结构优化、自然环境良好的经济与生态协调发展的系统。生态经济是一个符合现代社会发展趋势的全新概念，其同传统的工业经济相比具有可持续、高科技、绿色可循环的特点。许多专家学者从理念、制度、政策等层面进行研究，就生态建设提出了一些有价值的思想，如确立生态理性、生态优先观念，发展循环经济、稳态经济，实现生态现代化、生态自治，构建生态国家，等等。

(二) 生态经济区划的提出

生态经济区划思想的产生与生态经济学的发展有着密不可分的联系，生态经济学的诞生是以20世纪60年代末美国经济学家鲍尔丁的重要论文《一门科学——生态经济学》的发表作为标志。生态经济区划是运用生态学的观点，根据各地区的自然地理因素和社会经济因素特点，并以这些因素相互作用的综合效应为指标所进行的区划。它是工业布局、环境管理和因地制宜合理利用土地等自然资源的依据，因而也是进行农、林、牧、副、渔业生产规划、城市建设规划和合理配置人口分布等问题的重要参考，该思想提出后，得到迅速普及和发展。生态经济区划按区域划分的不同，可分生态经济城市、生态经济省、生态经济带、生态经济国家，生态经济带是生态经济区划的一种模式。

(三)生态经济区划研究的几个重大问题

1. 生态价值

建立一种新的、多元的、多重标准的评估方法来改变自然社会系统，以生态经济原则来影响环境政策。根据不同的环境适应性价值建立相应的评估框架，制定多元化的生态经济政策。

2. 生态经济规模

长期来看，经济规模越大，破坏人类生存条件的风险越大。对现有经济规模的评估、经济发展方向的合理性、维持可持续发展的规模等，采取一系列"生态计算"的方法来阐释规模问题。

3. 生态系统的适应性管理

以生态系统可持续性为目标，实现社会、经济、生态系统综合效应的最大化目标。目前国内研究主要集中在水资源管理方面。

4. 循环经济

通过资源的循环利用，使社会生产投入自然资源最少、向环境中排放的废弃物最少、对环境的危害或破坏最小，是一种与环境和谐的经济发展模式、新的经济增长方式、新的污染治理模式。

5. 生态经济区划

对区域内部的自然条件、资源、社会经济等相似性和差异性按地域进行逐级划分，强调生态经济的协调耦合对区域发展的重要作用。

(四)我国生态经济的发展概况

党的十七大报告把"建设生态文明"明确列为新时期全党全国人民建设小康社会的新目标，人们节约资源、合理利用资源和生态环境保护的自觉性不断加强。党的十八大报告提出："把生态文明建设放在突出地位，融入经济建设、政治建设、文化建设、社会建设各方面和全过程，努力建设美丽中国，实现中华民族永续发展。"首次把"美丽中国"作为未来生态文明建设的宏伟目标，把生态文明建设摆在"五位一体"总体布局的高度来论述，表明我们党对中国特色社会主义总体布局认识的深化，彰显出中华民族对子孙、对世界负责的精神。

目前，我国生态经济正在加快建设，并开始大量的实践，如湘江生态经济带、淮河生态经济带、汉江生态经济带等规划建设正在加快推进。湖南省人民政府2003年印发《湘江长沙株洲湘潭段生态经济带开发建设总体规划》，规划沿湘江长128公里的滨江地带，范围面积约468.86平方公里。规划经过近20年的开发建设乃至更长时期的努力，把湘江生态经济带建设成为具有明显的生态良性循环特征、城乡一体化的生态经济发达，景观环境优美，适宜人类休闲和居住，在国内外享有盛誉的生态经济发展走廊，并为长株潭城市群地区，乃至湖南省的可持续发展发挥重要作用。目前，湘江治理、生态建设、经济发展、民生质量等都取得了明显成效，打造"东方莱茵河"……湘江生态建设道路越走越宽。

豫皖苏等地着力推进淮河生态经济带，淮河经济带涉及苏鲁皖鄂等 5 省 181 个县市，有 28 万平方公里，1.8 亿人，土地肥沃，人口密度为全国之最，近年来提出建议上升为国家战略，努力建设继长三角、珠三角、环渤海之后的第四个增长极。目前，淮河生态经济走廊框架已基本形成，确立了以淮河为"带"、"淮安、蚌埠、信阳"为核的"一带三核多节点"的空间开发格局，取得了将淮河建设成为中国第三条"黄金水道"的共识。

二、随州推进汉江经济带开放开发的形势分析

（一）湖北实施汉江经济带综合开放开发的概况

1. 基本情况

汉江发源于陕西省西南部秦岭山地，全长 1577 公里，为长江第一大支流，流域包括陕西、河南、湖北三省，在武汉市汇入长江。汉江在湖北省境内 871 公里，占全长的 55.25%。流域面积 6.3 万平方公里，占全省国土面积的 33.89%。为减轻南水北调中线工程影响，促进汉江流域经济社会全面发展，湖北省从 2006 年开始规划汉江流域现代水利工程；2009 年开始谋划设立汉江生态经济带，2014 年正式将其纳入省级发展战略。2012 年，湖北汉江流域常住人口 2419.37 万人，占全省的 41.86%；GDP 达到 9638.48 亿元，占全省的 41.51%。今年县域经济前 20 名中汉江流域占有 11 席。

2. 流域地区

全省汉江流域内包括十堰市郧县、郧西县、竹山县、竹溪县、房县、丹江口市、茅箭区、张湾区；神农架林区；襄阳市襄城区、樊城区、襄州区、南漳县、谷城县、保康县、老河口市、枣阳市、宜城市；荆门市东宝区、掇刀区、钟祥市、沙洋县、京山县；随州市曾都区、随县；孝感市安陆市、云梦县、应城市、孝南区、孝昌县、汉川市；潜江市；天门市；仙桃市；武汉市江汉区、硚口区、汉阳区、东西湖区、蔡甸区、汉南区等 10 市（林区）的多个县（市、区）。此外，影响区还有 3 个县市区：荆州市荆州区；随州市广水市；孝感市大悟县。

3. 主要特色

汉江中上游是国家重点生态功能区（秦巴生物多样性保护区），南水北调中线工程水源区，濒危珍稀动植物保护示范区，中部地区重要的生态安全屏障。汉江流域自然资源丰富、经济基础雄厚、生态条件优越，具有"融合两圈、连接长江经济带，贯通南北、承东启西"的功能，在湖北发展格局中具有重要的战略地位。今年省《政府工作报告》提出，加快制定汉江生态经济带综合开发规划，推动湖北长江经济带与汉江生态经济带协同发展，努力把湖北长江经济带、汉江生态经济带打造成高科技产业走廊、先进制造业产业带、新型城镇带、现代农业示范带，明确了推进汉江生态经济带开放开发的特色目标任务。

(二)随州推进汉江生态经济带开放开发的主要优势

1. 特色产业构筑经济增长引擎

随州作为汉江生态经济带中的重要组成部分,立足自身产业基础和资源优势,大力实施"圣地车都"战略,特色发展,弯道超越,推进了经济社会的又好又快发展,为生态经济带发展作出了重要贡献,特别专用汽车、食用菌、风机、新能源、文化旅游等产业发展成为汉江生态经济带建设中一个耀眼的明星。

(1)特色工业加快扩张。汽车机械、农产品加工"两大龙头"和冶金建材、医药化工、电子信息、战略性新兴产业"四个支柱"加快发展,专用汽车及零部件、香菇、风机三个全省重点产业集群加快成长,特别是中国专汽之都建设成效显著。①汽车机械产业:已形成年生产专用汽车15万辆、汽车底盘10万辆、车身10万台、车轮1000万套、铸造件100万吨的生产能力,被中机联授予"中国专用汽车之都"、"中国风机名城",是全国重要的铸造生产基地之一。罐式车、环卫车、教练车、平头车身、钢质车轮和汽车铸造件连续五年销量均居全国第一。齐星集团的汽车驾驶室在同行业中领先,销量全国第一,并拥有中国特种异型汽车驾驶室总成工程技术研究中心。②农产品加工业:形成布局合理、特色鲜明、效益突出的产业体系,是"中国香菇之乡"、"中国花菇之乡",2013年农产品加工业产值与农业总产值之比达到2∶1。现有农业产业化市级以上重点龙头企业70家,其中,国家级2家、省级18家,裕国菇业成功挂牌新三板。③冶金建材产业:形成"一园一业一品"的产业格局,即杨寨冶金工业园、曾都铸造产业集群、随县石材产品。其中,冶金产业涵盖冶金矿山、钢铁冶炼、铸造、钢铁深加工、铁合金、有色金属深加工等六个子行业。④医药化工产业:拥有18个剂型、146个生产品种批号,生产规模较大、生产剂型较全。此外,甲基锡等部分化工产品处于亚洲领先地位。犇星化工是国内甲基锡行业龙头企业,在国内拥有40%以上的市场份额,产销量居亚洲第一、世界第三。⑤电子信息产业:是全省重要的电子信息产业基地,在中低端通信产品领域占有一定份额,LED屏生产线具备国内领先水平,音叉晶体谐振器生产线处于国际领先水平。泰晶电子的微型片式音叉晶体谐振器打破日本等国家的垄断,市场占有率亚洲第一、世界第三,且已报中国证监会待审上市。⑥战略性新兴产业:新能源产业从无到有、从小到大,逐步形成了以风电、光伏发电为代表的新能源产业发展格局,正在努力创建国家新能源示范城市(基地)。到2013年年底,已有华润随州二妹山、天河口等5个风电场项目投产,累计装机达25万千瓦;分布式光伏发电装机达2.7兆瓦,全省最大的地面光伏发电站——淅河马鞍山100mw地面光伏发电站开工建设;另有3万千瓦的生物质发电项目正在建设中。

(2)特色农业持续壮大。一是高效栽培模式有效推广。探索一批适合我市推广的"水稻+N"粮田高效种植新模式,如菇稻、虾稻轮作、鸭稻轮作等。2013年,我市主要高效特色作物面积超过40万亩。马铃薯技术在全国处于领先水平,单产水平与国际接轨。二是特色农业板块不断扩大。是全省重要的产粮大市、畜牧大市,形成以尚市为中心的油桃基地、以草店、殷店、三里岗为中心的香菇生产基地、以大平乡为中心的大蒜生产基地、以万店、淅河为中心的蚕豌豆生产基地和以安居、万店为中心的设施蔬菜生产基地。三是创汇农业发展迅猛。随州已成为省重要的农产品出口基地，年出口创汇额位居全省前列，2013年农产品出口达到7.2亿美元，总额、增幅均居全省第一。其中食用菌出口达到6.5亿美元，出口额全省第一；茶叶出口3126万美元，居全省同行业第一。

(3) 特色旅游不断升温。随州是"中国优秀旅游城市"，近年来旅游业发展迅速，2013年，接待游客1450万人次，旅游综合收入90.5亿元，同比分别增长20%、29%。旅游的吸引力不断提升，主要因素有：一是文化底蕴深厚。着力擦亮"炎帝故里、编钟之乡、佛教名山"等城市名片，连续六届成功举办世界华人炎帝故里寻根节，炎帝神农祭典列入国家非物质文化遗产名录，炎帝神农故里被确定为海峡两岸交流基地，随州炎帝文化在海内外的影响力进一步提升。文峰塔、叶家山等获全国考古十大新发现，随州大遗址保护片区规划建设被全国政协列入提案，安居遗址被列为第七批全国重点文物保护单位。二是景区建设提速。拥有炎帝故里景区、西游女儿国（温泉）、西游记漂流、文化公园、大洪山风景名胜区、千年银杏谷景区等国家4A级景区6个，炎帝故里—博物馆—擂鼓墩—文化公园打包创建5A级景区工作全面推进。随县成为"湖北旅游强县"，炎帝神农故里—大洪山旅游线成为全省精品旅游线路，炎帝故里、大洪山分别入选湖北"十大旅游名片"和"十大旅游新秀"。三是生态环境优良。随州生态环境堪称一流，全市森林覆盖率50.45%，其中随南地区超过70%，堪称"天然氧吧"，国家级风景名胜区大洪水、国家森林公园中华山、九亿年火山温泉、数千年古银杏画廊等一批风景名胜享誉华中地区。

2. 特色外贸形成经济拉动重要力量

2013年实现出口11.27亿美元，同比增长61.9%，首次突破10亿美元大关，增幅位居全省第一。目前，全市共有出口备案企业336家，实际出口企业111家，出口过千万美元的企业24家。一是出口产品范围不断扩大。出口产品涉及农产品、专用车及零部件、手机电子、生物化工、纺织服装、风机等多个行业。如专用汽车出口产品涉及62个类别、600多个品种，零部件产品囊括800余个品种、上千个规格。加强对新产品出口的引导工作，茶叶出口异军突起，蔬菜、水果、中药材、水产品、风机等产品出口不断扩大。二是出口基地建设成效显著。随州是全国首批"外贸转型升级示范基地"、全省首批"国家出口农产品质量安全示范区"，是省级"食用菌出口基地"、"汽车和零部件出口基地"和"生物医药化工产品出口基地"。三是出口市场拓展越来越广。目前产品出口覆盖全球134个国家及地区。2013年对亚洲出口占全市出口比重达81.9%，其是中国香港、越南、泰国是随州出口前三大贸易伙伴，对这三个地区或国家出口占出口总值的61.8%。

3. 特色城市打牢经济跨越的坚实载体

紧紧围绕城乡一体化，推动城乡建设上水平、管理上台阶。2013年，全市城镇化率达到46%，同比增长2.78个百分点。一是推进城市建设。紧盯向百万人口、100平方公里大城市迈进的目标，坚持规划引领、基础先行，大规模推进城市建设，不断扩大城市建成区面积。"一河两岸"的规划与建设被授予中国人居环境范例奖。二是创新城市管理。探索构建"大城管"格局，实施城市管理观摩考评制度，扎实推进摩托车专项整治行动，城市环境综合管理力度进一步加大。实施"四治三化"、"门前三包"等综合整治，启动"数字城管"项目建设，城市管理排名持续保持全省前列，成功创建"楚天杯"优胜城市。三是打造城市品牌。成功创建全国绿化模范城市、国家园林城市、国家森林城市、省环保模范城市，其中省环保模范城市是全省市州第一家，国家历史文化名城复查、省级文明城市、省级卫生城市复查工作顺利完成。四是统筹城乡发展。成功创建一批省百强乡镇、特色镇、重点中心镇和宜居村庄。2013年，杨寨镇成为全省"四化同步"试点乡镇，成功创建省级生态镇1个、生态村4个、宜居村庄19个，广水桃源村、曾都椅子山村纳入全国"美丽乡村"创建试点。

4. 特色区位夯实经济持续发展后发优势

京广线、西宁线、汉丹线三条铁路，107、312、316三条国道，汉十、随岳和麻竹三条高速公路在随州纵横交错，穿境而过。从随州东距上海，西至成都，南达广州，北到北京，都在1000公里的半径之内。优越的地理位置，便捷的交通为随州打造鄂北区域中心城市开拓了广阔的空间。

(三) 随州推进汉江生态经济带开放开发面临的主要问题

尽管随州在汉江生态经济带开放开发中具备良好态势，但也存在不容忽视的困难和问题。

1. 总量与结构两个不够

2013年我市经济总量只占全省的2.7%，低于人口和面积在全省的占比。同时，我市产业结构不够优化，农业在三大产业中的占比达18.8%，比重过高。

2. 工业化和城镇化两个短板

随州作为工业欠发达地区，正处于工业化初期向中期过渡阶段，而当前我省工业化率近50%，总体水平正处于工业化中期向工业化后期过渡的加速发展期。2013年我市城镇化率是46%，虽然同比提高了2.8个百分点，但仍低于全省平均水平8.5个百分点。

3. 融资与投资两个软肋

我市除裕国菇业今年在"新三板"成功挂牌外，到目前还没有一家公司在主板上市，企业资本市场直接融资尚未实现根本性突破。2013年，全市金融业增加值占第三产业的比重为3.7%，占GDP比重仅为1.2%，远低于全省平均水平；到9月底，全市存贷比为45.9%，低于全省平均水平近20个百分点。同时，随州自新中国成立以来央企布点较少，国家和省级投资过10亿元以上的重大项目不多，引进大项目也较匮乏。

4. 发展速度与增长动力两个下降

近年来，在宏观经济下行的大背景下，我市经济增速也逐步放缓，2011年GDP增速是15.2%，2012年是12%，2013年是10.6%，今年上半年只有9.4%。同时，由于我们正在步入结构调整、转型升级和深层次矛盾凸显期，各种资源和环境约束日益趋紧，原有的增长动力也在不断弱化。

5. 民生保障与财政支出两个压力

由于经济发展不够、财力薄弱，民生保障水平不高，公共服务设施覆盖不足，住房、医疗、教育、文体等方面与群众期待都有很大的距离。对此，需要认真研究，切实探索解决。

(四)随州推进汉江生态经济带开放开发面临的难得机遇

1. 国家宏观政策机遇

这些机遇将为随州争取支持提供强有力的支撑,主要包括以下三个方面:一是微刺激、保增长。国家增加公共产品有效供给,加强中西部铁路、水利、能源、生态环保等重大工程建设,扩大医疗、养老等社会急需的服务供给。支持实体经济发展,保持货币信贷和社会融资规模合理增长,深入落实对农业、小微企业、服务业降税减负和定向降准等措施,金融资源向实体经济倾斜。二是抓改革、增活力。深化行政审批制度改革,中央年内再取消和下放200项以上行政审批事项。深化投融资体制改革,清理不必要的资金"通道"、"过桥"环节,缩短融资链条,降低小微企业担保费用,解决企业融资难、融资贵等问题。深化涉企税费改革,免征新能源汽车车辆购置税、简化合并增值税特定一般纳税人征收率、取消政府提供普遍公共服务或体现一般性管理职能的收费项目。把暂免小微企业管理类、登记类、证照类行政事业性收费改为长期措施。建立涉企收费清单管理制度,严查乱收费、乱罚款和乱摊派。深化作风建设、司法体制、社会体制、生态文明建设改革,加强群众路线教育、反腐倡廉、户籍制度、事业单位改革等。三是推进新型城镇化、挖掘发展潜力。推进以人为核心的城镇化,编制国家新型城镇化规划(2014—2020年)、加强棚户区改造、开展新型城镇化试点、推进廉租房、公租房并轨运行、住房信息联网等。对于这些大政方针和决策部署,只要随州对得准调子、跟得上步子、找得对位子,就会转化成随州下步发展的宝贵机遇。

2. 区域发展战略机遇

我省区域发展战略为随州提供了宝贵的发展机遇:如中部崛起战略、中三角、五个湖北建设、长江经济带、汉江生态经济带等"两圈两带"建设、大别山革命老区等区域发展战略,有利于随州加快产业、市场、城乡建设、生态环保、基础设施等一体化发展。省委、省政府7月出台的《关于促进经济稳定发展的若干意见》,深入实施全省20个重大专项480个(类)重大项目,端出16条政策"干货",给出了"真金白银"优惠政策。随州作为襄十随城市群的重要节点,在区域协调发展中加快建设"双百"城市,赢得了更多的发展空间,成为建设区域性大城市的必然趋势。

三、随州推进汉江经济带开放开发的对策建议

(一)随州依托汉江生态经济带发展的战略考虑

一是推进汉江生态经济带开放开发是充分发挥随州资源禀赋优势的路径选择。随着汉江生态经济带开放开发战略的推进,随州的区位优势、资源优势、产业优势将加速转变为发展优势,为加快实现经济社会全面、协调、可持续发展增添新动力。二是推进汉江生态经济带开放开发是推动随州一体化发展的现实需要。"圣地"的主题是发展生态文化旅游,"车都"的灵魂是发展新型工业化,这与汉江生态经济带"绿色、民生、经济"三位一体的导向高度契合,两个战略形成同频共振,将加速推进随州产业结构调整和发展方式的转

变。三是推进汉江生态经济带开放开发是随州贯彻落实"五位一体"总体布局的新实践。实施"圣地车都"战略,融入汉江生态经济带充分体现了中央精神、"五个湖北"建设与随州实际的紧密结合,紧扣了随州科学发展、追赶跨越的具体实际,从具体内涵和内在要求等方面抓住了"五位一体"总体布局的实质,推进区域经济协调发展,促使随州与全省、全国同步全面建成小康社会。

(二)随州依托汉江生态经济带发展的主要对策建议

随州应立足推动湖北汉江生态经济带建设,找准功能定位,制订完善规划,突出生态建设,突破性提升产业竞争力,加快基础设施建设,创新体制机制,努力将随州建设成为湖北生态经济发展的示范区。

1. 制订方案规划引领

围绕省里汉江生态经济带开放开发总体规划,结合随州自身的产业、生态和区位优势,将绿色发展、循环发展、低碳发展贯穿始终,加强与城市总体规划、圣地车都战略发展规划、大别山革命老区振兴发展规划等相关规划的有机衔接,高起点、高标准、高水平制定随州汉江生态经济带建设实施方案,加快把随州建设成为功能完善、特色鲜明、宜居宜业宜游的襄十随城市群核心城市和鄂豫门户节点城市,加快实现全面小康建设目标。

2. 培育生态工业集群

顺应汉江产业一体化发展的趋势,坚持将工业转型升级作为应对新常态,推进随州汉江生态经济开放开发的重要抓手,加快培育特色鲜明的生态工业经济。突出抓好"两大龙头、四个支柱"产业转型,着力抓好汽车机械产业,大力发展农产品加工业,改造提升冶金建材业,不断壮大医药化工业,着力推进电子信息业,积极培育战略性新兴产业,以支柱产业的优化升级带动全局发展,进一步提升产业整体实力。重点围绕具体有比较优势的汉十汽车走廊产业带建设,深化产业分工合作,抓好专汽产业规范发展、转型跨越,建好"中国专用汽车之都"。推进风力发电和光伏电站建设,加快构筑能源工业新格局。实施"两化融合"示范工程,重点培育一批"两化融合"试点示范企业。坚持把市高新区、县市开发区和工业园区作为推动经济转型升级的载体平台和试验田,以创建国家高新区为契机,抓好生态·产业新城建设,推动市高新区创建国家新型工业化专汽产业示范基地,引导工业制造向科技化、智能化、数字化转变。

3. 探索发展生态农业

按照"农业要强、农村要美、农民要富"的目标要求,围绕汉江流域丰富的农业资源,加快特色农产品基地建设,推进农业产业化经营,着力打造特色优势。优化农业生产结构,积极发展水稻旱直播、旱稻等节水型农业,示范推广节水技术,鼓励农民种植花生、红薯、芝麻等旱作物和核桃、油桃、葡萄、蓝莓、木本油料等高效经济作物。推进食用菌资源转换和产品转型,推广随县炎帝科技公司标准化、工厂化栽培模式,带动茶叶、中药材、小龙虾、蔬菜等创汇农产品发展;结合农村土地流转,积极推行安全、高效、优质的农业标准化、规模化、集约化生产,重点打造"一袋面"、"一壶油"、"亿只鸡"工程。大力培育农业经营主体,扶持农业产业化龙头企业,推行农业标准化、规模化、集约化生产,切实提升农产品深加工水平。

4. 加快发展生态旅游

充分利用汉江流域优良的生态环境和独特的文化魅力,结合随州著名的炎帝文化、编钟文化和富集的生态资源,打造"世界华人谒祖圣地"。重视抓好营销推介,办好一年一度的寻根节。坚持把生态旅游、休闲度假、考古旅游三大优势有机地结合起来,加快随州大遗址保护片区创建工作,实质性推动"中国编钟音乐之都"建设,全力推动炎帝故里风景区创建AAAAA级景区,加快推进大洪山新区及慈恩寺配套建设,继续推进西游神话世界、千年银杏谷、三潭、桐柏山太白顶风景区等项目建设,争创全省文化旅游产业发展试验区。加强与武胜关、桐柏山等景区资源跨区域整合,拓展周边市场,持续放大随州生态文化旅游的影响力。

5. 推进现代服务业发展

全面落实省里出台的《促进现代物流大发展两年行动计划(2014—2015年)》以及推进电子商务发展、促进信息消费扩大内需、推进软件和信息技术服务业发展的意见等一系列扶持政策,加快提升服务业发展质量。重点抓好城市商贸综合体、物流产业园区等项目建设,进一步规范发展餐饮、娱乐、商业零售等传统服务业;引导发展教育培训、移动通信、金融保险、家政、中介等现代服务业;培育发展电子商务、网络购物、文化创意、研发设计等消费业态,打造淘宝网特色中国——随州馆电商平台。落实鼓励外贸出口相关政策,力争2~3年内服务贸易出口占比达到10%以上。

6. 着力强化项目支撑

围绕汉江流域投资方向,认真研究国家产业政策,注重工业、能源等项目谋划,进一步优化投资结构,加强项目库建设。不断加强铁路、水利、能源、生态环保等重大工程建设,着力做好鄂北水资源配置工程、武汉至十堰城际铁路、华能火电厂、地面光伏电站、区域电网、云数据中心六个大项目和东风车轮、青岛啤酒扩能等重点项目的推进实施。健全完善领导干部包联重点项目责任机制,加强重点项目落地率、开工率、竣工率、达产率的考核,促进大项目、好项目落地见效。坚持把招商引资作为"一号工程",突出重点项目、重点区域、重点产业、重点园区招商,结合本地产业特色,加大招商力度,推进优质资源与大型央企等不同所有制企业兼并重组,加快培育发展混合所有制企业。精心筹备组织"鄂港澳粤经贸洽"、"湖北—北京产业合作对接"等重大招商活动,加强招商引资督办考核,务求招商引资取得实效。

7. 加快建设"神韵随州"

坚持发展以人为核心的新型城镇化,围绕建设"汉十随"城市群明星城市,以建设"神韵随州"为目标,以提升城市品位、公共服务、宜居指数等内涵为重点,加大统筹城乡发展力度,充分发挥新型城镇拉动内需和经济持续增长、促进社会公平正义的功能。一是坚持规划引领。以高水平的规划指导新型城镇化建设,启动随州市城乡总体规划编制,完成随州市城镇与城镇化发展战略规划、城市综合交通体系规划、城南片区城市设计和控规等重大规划项目编制,谋划推进广水市、随县"两翼"城市建设,积极开展以镇域规划为重点的城乡"全域规划"行动,推动小城镇社会经济发展规划、城乡规划、土地利用规划"三规"协调,优化城乡空间布局结构。二是完善城市功能。在城镇建设中,充分体现随州的历史、生态和文化特色,加强城市历史文化遗产的保护,彰显随州作为炎帝神农故里、编钟古乐之乡的独特文化魅力。切实完善城市配套功能，着力抓好市政重点项目建设，重点推进城市道路、菜场、美食街、防洪排涝工程、地下管网、智慧信息化管控中心等项目建设。加快城镇新区、产业集聚区、商务中心区和特色街区建设，形成新的城市组团和商住区，发挥城镇的聚集效应和经济辐射功能。拓宽城市建设的投入渠道，多途径拓宽融资渠道，推进建投债券的发行和运作，大力鼓励民间资金投入城镇化建设，积极探索更加符合城市发展需要的新模式，为城市功能的不断强化注入持续的资金活力。三是提高管理品质。加速构建相对集中行政处罚权城管体制，提升城管综合执法水平。加快推进数字城管等项目建设，加大对占道经营等违章行为的打击力度。坚持源头管控、综合治理、齐抓共管，推动全市小区物业管理不断走向规范，为群众营造舒适的居住环境。

8. 着力提升民生质量

顺应人民群众对汉江美好期望的关切，按照"民生决定目的"的要求，以实实在在的行动和成效不断提升民生质量，让群众的生活更加美好。一是加快发展社会事业。坚持办好人民满意教育，推进义务教育均衡发展，进一步改善办学条件，全面提升教育质量。加快组建医疗联合体，推动医疗资源有机整合；探索总结基层医疗卫生机构"医养融合"试点工作经验，并逐步在全市推广。抓好文化体制改革，推进广电体制改革，实现繁荣事业和发展产业两轮驱动。深入推进全民创业，积极创建国家级创业型城市。加快建设覆盖城乡的社会保障体系，落实各项社会保险待遇。深入实施保障性安居工程，不断提高人民群众居住保障水平。二是优化生态环境质量。着力"向污染宣战"，深化饮用水源保护行动、空气质量改善行动、打击环境违法行为"零容忍"三大行动，加快污水处理设施建设，加强农村环境整治，力争府河一河清水流向汉江。深入"全国文明城市、国家卫生城市、国家环保模范城市、全国双拥模范城市"创建，巩固国家森林城市创建成果，认真做好全国"美丽乡村"创建试点、高新区生态产业新城、淅河美丽乡村示范片、最严格水资源管理试点等工作。继续实施"美丽家园、清洁乡村"三年行动计划，进一步深化"洁美家园"大行动，重点建立农村卫生保洁长效机制。三是提升社会治理水平。按照"一社一品"要求，全面推进"三民"工程，建立长效机制，强基层、夯基础、办实事、惠民生，建设幸福社区。深化平安随州建设，完善"五警合一"为龙头的三级巡防机制，打造人防、物防、技防相结合的安防工程。持续开展安全生产大检查、安全隐患大排查活动，坚持"党政同责、一岗双责、齐抓共管"，全力抓好安全生产工作。高度重视信访维稳工作，努力畅通信访渠道，积极化解信访积案，依法规范信访秩序，千方百计确保社会大局和谐稳定。

(三) 随州依托汉江生态经济带发展的机制创新

融入汉江生态经济带加快随州发展，必须全方位提升开放水平，推进体制机制创新，用改革创新进一步激发区域内各地发展活力。一是创新考核导向体系。科学设置随州融入汉江生态经济带考核体系，增加生态文明建设情况及民生改善情况等指标权重，突出"绿色、民生、经济"三位一体的发展导向，实现区域内生态、经济、社会协调发展。二是创新区域合作机制。探索建立制度化、网络化的汉江生态经济带区域合作机制，开展多层次、多形式、多领域的区域合作。积极促成设立襄十随城市群协调机构，推进区域系统规划与有序建设，在资源共享、产品整合、市场开发、品牌扩张、行业管理等方面加强协作，实现区域内共赢发展。三是创新市场化投融资机制。搭建市场化融资平台，吸引民间资本积极参与筹划设立汉江银行，以此为平台拓展融资渠道，服务区域内基础设施和项目建设；全力推进多层次资本市场建设，推动企业上市和在场外市场挂牌，做好中小企业私募债、集合债和集优债发行工作，加大城投债券项目建设力度，利用资本市场的投融资功能和结构调整功能推动区域内产业调整升级。四是建立生态补偿机制。把汉江生态经济带作为落实十八届三中全会关于"实行资源有偿使用制度和生态补偿制度"精神的先行试验区，争取在中央和省级层面设立生态补偿资金，专项用于汉江生态经济带的污染治理、生态修复、安全饮水、生物多样性修复和生态产业发展。五是加大资源整合力度。确立基础设施建设一体化原则，共同争取在国家、省的规划中加大对汉江经济带重大基础设施建设项目的支持，推进一批重大基础设施项目在汉江流域实施。加强区域内基础设施的对接和资源共享利用，促进基础设施效能的最大化。加快推进鄂北水资源配置工程，科学统筹汉江流域的水量调度；加强道路交通基础设施建设，推进汉十城际铁路、麻竹高速等一批路网建设，构建完善的流域综合交通运输体系。加大力度推动大洪山生态文化旅游资源与汉江生态经济带内城市间旅游资源的整合，将汉江生态文化旅游打造成全球知名、全国一流的旅游品牌。

新时期曾侯乙编钟文化的产业化研究

中共随州市委党校

曾侯乙编钟自1978年出土以来，吸引海内外大量游客慕名而来观赏，多次代表湖北以展览、展演与艺术交流的形式，频繁参与我国的文化建设和对外交流活动，成为湖北省的"形象大使"。随州作为编钟的出土地，理应在传承和发展曾侯乙编钟文化的过程中扮演更加重要的角色，并挖掘其经济潜力，充分发挥其在"圣地车都"中的积极作用，为湖北省"一元多层次"战略增砖添瓦。

曾侯乙编钟被誉为"音乐长城"、"世界第八大奇迹"，其学术价值不亚于中国古代四大发明。长期以来，曾侯乙编钟及相关问题一直是学术界研究的热点和重点。仅中国知网上与曾侯乙编钟相关的文章就多达260余篇。目前对曾侯乙编钟相关问题的研究集中在以下五个方面：曾侯乙编钟折射的古代乐制；曾侯乙编钟的乐律；曾侯乙编钟铭文研究；曾侯乙编钟的复原与复制；曾、随之谜（2014年此谜基本解开）。

随州是曾侯乙编钟出土地，随州市委、市政府在重视曾侯乙编钟文化理论研究的同时，更应重视其实用价值尤其是产业价值、品牌价值等经济价值。产业化能极大地实现曾侯乙编钟文化的产业价值、品牌价值等实用价值。首先，文化产业有利于文化的传承与发展。文化的传承与发展既指同一种文化的内部传承，也指借鉴和吸收相关文化的外部传承。文化产业化以后，将促使相关文化的内外传承更完整、更快捷。其次，文化产业有利于城市建设的转变与发展。现代城市建设面临的问题之一是城市发展趋向同质化，城市在趋向同质化的过程中逐渐失去了特色和竞争力。随着后工业城市社会的拓展，当"工业社会"进入"后工业社会"，人类从只注重经济增长转为关注生活质量和生活意义，文化价值在城市发展中的意义凸显，城市从"功能城市"走向"文化城市"，所以，发展文化产业是新形势下城市发展的必然选择。再次，文化产业有利于促进经济转型。文化产业被公认为是21世纪的朝阳产业，越来越多的地方政府认识到文化产业对促进经济发展以及提升核心竞争力的显著作用，因此，现阶段国内文化产业园的建设正如火如荼地展开着。曾侯乙编钟文化的产业化，既能传承和发展与之相关的礼乐文化，还能推进随州的新型城镇化建设，更能促进随州的经济发展。

一、新时期发展曾侯乙编钟文化产业的新机遇

伟大的物理学家阿基米得有句名言，"给我一个支点，我能撬动地球"。新时期曾侯乙编钟文化的产业化发展对于随州而言不但极其必要，而且面临着千载难逢的发展机遇，

这个发展机遇，正是撬动曾侯乙编钟(为行文方便，下文部分地方将"曾侯乙编钟"简称为"编钟")文化产业发展的支点。

(一)生活水平的不断提高，为编钟文化产业发展带来了新前景

2013年，我国人均收入已经超过30000元人民币(即约6000美元)，达到世界中等收入水平。"仓廪实而知礼节，衣食足而知荣辱"。人民物质生活水平达到一定标准后，就会追求精神生活。近年来，我国旅游市场迅速发展、电影票房总收入逐年攀升、传统文化(即国学)备受追捧，并且个性化需求日益明显。以旅游市场为例，当前的游客出游需求和出游方式已多样化，从传统的观光旅游向休闲旅游、度假旅游、体验旅游、乡村旅游等新型、多业态、多形式旅游转变已是大势所趋。曾侯乙编钟的个性主要表现为四个"最"："是我国迄今发现数量最多、保存最好、音律最全、气势最宏伟的一套编钟。"江泽民同志参观后称赞其为"中华民族文化宝库中的瑰宝、中国古代的高科技"。美国学者誉之为"古代世界的第八大奇迹"。曾侯乙编钟所具有的艺术、历史、旅游和文化个性，具有巨大的产业潜力。

(二)网络市场的速度发展，为编钟文化产业发展搭建了新平台

互联网时代，世界正在变成一个没有时差、没有距离的整体。3G技术的成熟和普及开启了3G时代，3G时代互联网从电脑走向手机后，信息的传播和获取更加方便快捷。目前，中国的网民数量已经超过6亿，这是一个潜力巨大的平台。据天猫官方微博2013年11月11日的消息，在当年"双11光棍节"当天，支付宝交易额达350.19亿元，相当于中国日均社会零售总额的5成。2014年11月11日支付宝交易额仅高达517亿元，这足以说明3G、4G时代的网络市场平台，其巨大潜力由此可见一斑。曾侯乙编钟演奏的经典乐曲、曾侯乙编钟演出、曾侯乙墓中的复制产品等与曾侯乙编钟相关的东西，在互联网平台上面临无限机遇。其巨大的市场潜力挖掘后，将开启随州曾侯乙编钟文化产业的全新时代。

(三)全球化程度的不断加深，为编钟文化产业发展开拓了新空间

全球化作为当今世界发展的一个重要特征，涉及经济、政治、文化、生活等人类社会的一切领域，是当今覆盖面最广、影响最大、渗透最深的社会现象。在经济全球化时代，中国经济的崛起为博大精深的中华文化在文化产业化方面创造了前所未有的机遇。首先，国外文化资本和先进技术的涌入有利于我国文化产业优化升级。其次，全球化为我国文化产业提供了更广阔的发展空间。

(四)地方政府的高度重视，为编钟文化产业发展注入了新动力

曾侯乙编钟蕴藏的巨大品牌价值、经济价值在新时期更加明显和突出，随州市委市政府高度重视并大力擦亮这张世界级的"文化名片"。2008年，为纪念曾侯乙编钟出土30周年，随州修建博物馆并举办了第一届编钟文化艺术节。在2011年制定的《随州市"十二五"旅游业发展规划》中，"擂鼓墩景区"是随州市15个重点旅游建设项目中仅次于"炎帝

神农故里"的第二大项目。《2013年政府工作报告》明确指出，要吸引多方资源打造高品质的中国(随州)编钟"音乐之都"城市综合体，把随州打造成全国著名、世界闻名的音乐之都。2013年4月18日编钟音乐之都展示厅正式开工，目前主体工程已完工。

二、新时期发展曾侯乙编钟文化产业的新举措

近年来，文化创意产业的崛起已成为中国城市发展的新生力量，它在经济发展、城市形象、文化品牌建设方面具有举足轻重的地位。依据随州的地理区位、文化资源、产业基础等优势。本部分主要就建设中国编钟音乐之都提出若干补充建议，再从其他方面提出课题组的思考与对策。

(一)抓住关键，建好中国编钟音乐之都

中国编钟音乐之都以"音动随州 乐舞天下"为主题理念，包括设施建设和创意策划。硬件设施方面，包括核心功能区，即中国编钟音乐厅、中国音乐产权交易中心、中国原创音乐孵化器、白云湖音乐栈道、仿真数字编钟广场、编钟国际大酒店等若干子项目；配套产业项目包括世界音乐风情小镇、中国民族原生态音乐展演区(民族音乐创作采风基地)及相关关联项目。课题组提出，要建好中国编钟音乐之都，除编钟文化创意园已经规划、设计的内容外，还可以考虑包括以下内容，以使中国编钟音乐之都的建设更加完整和丰满。

1. 建立曾随文化馆，产生编钟"立体感"

建立以曾侯乙编钟为核心的中国音乐之都，必须把它放在曾随文化的大文化背景中，才能更完整地呈现出曾侯乙编钟的历史脉络。曾随文化的发展可以将其概括为"三次浪潮"：第一次浪潮发生在史前时期，是由炎帝神农氏创造和推广的农耕文化；第二次浪潮发生在春秋早期，是由大贤季梁提出并实施的"民为神主"思想；第三次浪潮则发生在春秋末期战国初期，是以曾侯乙编钟为代表的青铜器文化和音乐文化。曾随文化馆可围绕这三个时期的核心文化内容，以出土文物、图片或影像的方式记录它们，使游客在更加宏观的文化背景中认识和体验曾侯乙编钟的意义与绝伦。

2. 建立墓葬文化馆，增重编钟"历史感"

墓葬文化伴随华夏文明诞生而同步发展，在中国传统文化中占有十分重要的地位。墓葬是考古学对坟墓的称呼，在民间又称为坟或墓。它既是地面文化的补充，又是中国几千年历史的缩影。儒家的生死观进一步影响了中国的墓葬文化。孔子认为要"事死如事生"，就是对待死去的人要像对待其生前一样，这种观念反映在墓葬文化中就是竭力营建豪华的墓葬，装饰墓室，葬入代表主人身份地位的礼器及其他生活用品。中国有非常丰富的墓葬资源，其中部分有代表的陵墓已经开发成重要的旅游景点，举世闻名的秦始皇陵、秦始皇兵马俑、明十三陵深受海内外游客喜爱。随州拥有极为丰富的墓葬资源，现已初步探明擂鼓墩有76座墓，是战国时期贵族与平民的墓地。以曾侯乙为首，按时间先后、等级高低，整齐地排列着。虽然中国编钟音乐之都的主题是音乐，但曾侯乙编钟出土于曾侯乙墓，因此在此建立一座墓葬文化馆合情合理。墓葬文化馆的主要内容是以实物的形式展现中国几

千年墓葬文化的发展历程，使游客在直观上对中国的墓葬有感性认识。

3. 建立曾侯乙生活体验馆，还原编钟"真实感"

曾侯乙墓出土的文物，按照春秋时期的制度来划分基本可分为两类，一类是礼器。曾侯乙出土的礼器以青铜为主，主要有镬鼎2件、升鼎9件、饲鼎9件、簋8件、簠4件、大尊缶1对、联座壶1对、冰鉴1对、尊盘1套2件及盥缶4件等。另一类则是乐器。曾侯乙墓共出土乐器124件，包括编钟65个、编磬32个、十弦琴1件、五弦琴1件、二十五弦瑟12件、鼓4架、笙5件、排箫2件、篪2件。曾侯乙墓出土的众多文物为还原曾侯乙时代的生活场景，建立曾侯乙文化生活体验馆提供坚实的文物保障。建立曾侯乙时代体验馆，让游客于其中感受春秋战国时期王侯将相的生活，使他们在观光中切身感受与学习古代历史文化。

4. 建立编钟博物馆，形成编钟"聚焦感"

据考古发掘资料不完全统计，迄今为止全国发现先秦编钟300余批次（仅统计各省出土批次），出土甬钟、钮钟、镈钟总计2410多件，其中甬钟约1060件，钮钟980余件，镈钟360余件（出土木质、瓷质编钟未计算在内），分别收藏于我国25个博物馆，其中还有部分流失到海外，为外国博物馆所收藏。根据2011年底的统计，中国登记注册的博物馆数量已由多年前的2200多个，发展到当年的3589个，并继续以每年100个左右的速度增长。中国平均每40万人拥有1个博物馆，目前随州市人口为258万，但仅有一座博物馆，随州的博物馆数量远远低于国家平均水平。此外，近年来，随州先后发掘了文峰塔东周古墓和叶家山西周古墓，出土了大批珍贵文物，2008年建立的博物馆在2013年扩容后，仍然不能收藏全部随州文物。基于我市博物馆数量远低于全国平均水平，随州近年来出土大批珍贵文物，曾侯乙编钟在世界的影响和地位三个方面的因素，可以考虑在随州建立一座编钟专题博物馆。目前，我国已经有各式各样的专题博物馆，如中国丝绸博物馆、中国邮票博物馆、航空博物馆等，但迄今为止全国乃至全世界尚无编钟博物馆。鉴于曾侯乙编钟是我国影响最大、地位最高的编钟，随州可以考虑建立世界第一座编钟博物馆，形成编钟"聚焦感"，其影响之深远和意义之重大不言而喻。

（二）合理延伸，整合曾侯乙编钟演奏乐团

成立曾侯乙编钟商业演奏乐团有三大作用：一是外出演奏本身可以进一步宣传曾侯乙编钟，让更多的人知道并了解曾侯乙编钟；二是通过商业演出，可以赚取收入；三是在商业演出的过程中，在融会贯通其他乐团演出的基础上推陈出新。

目前随州市共有五个编钟商业演出乐团，各自为政；演出内容以简单的编钟演奏和非专业人士表演的舞蹈。五个乐团演出内容大体相同，并无自身特色可言，演出水平也不相上下，在某种程度上是简单重复建设。如果整合这些乐团，加强他们之间的有机联系并形成有效合力，将成为曾侯乙编钟文化产业的重要突破口。

第一，形成各自特色。不同的曾侯乙编钟乐团要有各自的特色，比如有的侧重于舞蹈，有的侧重于音乐，有的侧重于历史再现，有的侧重于与现代元素相结合。第二，建立乐团协会。可以成立政府或民间的曾侯乙编钟协会，协调各自间的合作以免陷入恶性竞争的陷阱。此外，成立曾侯乙编钟协会，还可以促进随州编钟铸造业的发展。目前，随州有

随州市古编钟文化发展有限公司、随州市神韵乐器制造有限公司、随州市曾侯乙编钟编磬文化有限公司等5家规模较大的公司从事曾侯乙墓中出土文化复制和生产。编钟协会在协调这些公司进行分工和合作以避免陷入恶性竞争方面发挥积极作用。

(三)深谋远虑，做好知识产权保护

在市场经济时代和网络时代，商标注册和域名注册对于产业的发展和壮大是极其必要的事。随州作为曾侯乙编钟的出土地，无论是在商标注册还是域名注册方面，均名不符实。2002年11月，湖北省博物馆为进一步发挥"曾侯乙编钟"这一文化遗产的商业价值，通过省商标事务所申请"曾侯乙编钟"商标，服务范围包括娱乐、演出、音乐厅、文娱活动、组织表演、录像带发行等10项内容。湖北省博物馆于2004年3月底领到了"曾侯乙编钟"商标注册证。此举意味着曾侯乙编钟这一珍贵的、具有世界影响的历史文物的品名的商标权不归随州而归湖北省博物馆所有。

省博物馆在2004年成功注册"曾侯乙编钟"的商标后，由于当时互联网的运用远不及今天普及，因此并未及时进行域名注册。目前，zhybz. com、zhybz. net、zhybz. com. cn等三个域名已经被注册，仅剩zhybz. cn一个域名尚未注册。"zhybz"即是"曾侯乙编钟"拼音的第一个字母的组合。建议随州相关部门或企业及时注册"zhybz. cn"这个硕果仅存的域名。

在中国编钟音乐之都尚未建好以及曾侯乙编钟产业尚未成规模、品牌价值还未显现之际，曾侯乙编钟的商标和域名价值相对较低，建议市委市政府及时把曾侯乙编钟的商标权购买回来。如果等到曾侯乙编钟文化产业做到有一定的市场影响后才发现商标和域名的重要性，届时成本将难以预料。

三、新时期宣传曾侯乙编钟文化的新路径

古语云，"酒香不怕巷子深"，而在竞争日益激烈的市场经济时代，"酒香最怕巷子深"。产品不但要有好质量和好服务，更要有知名度。有质量保证的产品只有配以良好的广告宣传，才能形成自己的品牌，使其丰满起来，并在激烈的竞争中站稳脚跟。除了目前随州已经采取的宣传途径和一般的宣传手段和策略外，曾侯乙编钟一定要在认清新时期特点的基础上从自身实际出发，找准宣传平台并制定科学合理的宣传策略。

(一)借助电视平台，让曾侯乙编钟艺术走进"千家万户"

要在把握时代特点的基础上，选择编钟推介平台。近年来，我国各类选秀节目和娱乐节目收视率屡创新高，电影票房总收入持续刷新纪录，各类景点游客数量井喷，总而言之，娱乐文化、快餐文化备受欢迎，这是当前我国的时代特点之一。针对这个时代特点，编钟的宣传和推广可尝试从以下几个方面入手。

1. 以音乐选秀节目为支点，向音乐爱好者推介编钟

近年来，我国各类音乐类选秀节目层出不穷，其中湖南卫视的《快乐女声》、《快乐男声》和《我是歌手》、浙江卫视的《中国好声音》以及央视的《中国好歌曲》最具知名度和影

响力。这些节目捧红了李宇春、张靓颖、吴莫愁、霍尊等一批草根歌手，也使黄绮珊、林志炫、蔡健雅等一批本已人气不旺的歌手迎来事业的第二春。曾侯乙编钟是我国迄今为止发现数量最多、保存最好、音律最全、气势最宏伟的一套编钟，乐器出现在音乐类节目的舞台上，合乎情理。编钟美轮美奂的外形、充满历史厚重感的声音、精湛无比的铸造艺术，出现在这些收视率、影响力巨大的音乐类选秀节目后，既能给这些节目本身增光添彩，又能开阔现场和电视机前观众的眼界，最重要的是，对于随州而言，能很好地宣传和推广编钟，并可能吸引大批音乐爱好者前来随州一睹编钟之风采。

2. 以影视剧为平台，向影迷推介编钟

2012年，国际著名功夫影片巨星成龙以世人所熟悉的圆明园十二生肖铜首为线索，拍了一部名为《十二生肖》的贺岁电影，全球票房过10亿元人民币，是当年年底、次年年初海外最热的华语片。该片播出后，全球再次掀起了一股十二生肖兽首热，圆明园因此迎来了一次旅游高峰期。曾侯乙编钟本身的影响力和吸引力，其背后可以为导演和演员提供广大发挥空间的春秋战国时代背景，以及曾随历史之谜等，构成了一个好剧本的基本要素。如果能够在借鉴《十二生肖》、《凤舞天下》等相近题材电影的正反两方面经验的基础上，写出好剧本，并请好的导演和好的演员拍摄一部好的电影，再邀请好的营销团队做一个好的宣传，将可能在增加影迷对编钟了解的基础上，极大地提升编钟在影迷中的知名度和影响力。

3. 以央视春晚为舞台，向世界华人推介编钟

央视春晚在演出规模、演员阵容、播出时长和海内外观众收视率上，一共创下中国世界纪录协会世界综艺晚会3项世界之最：入选中国世界纪录协会世界收视率最高的综艺晚会；世界上播出时间最长的综艺晚会；世界上演员最多的综艺晚会。2012年4月，中国春节联欢晚会荣获吉尼斯世界纪录证书。2014年1月，中国中央电视台春节联欢晚会首次升格为"国家项目"，与奥运会开幕式等同，由此可见央视春晚这个平台影响之大、受众面之广、收视率之高。自1983年央视举办第一届春晚以来，央视春晚已经捧红了很多人，从早期的毛阿敏、张明敏，到近两年的小沈阳、刘谦。目前的春晚，饱受非议的原因之一，在于它主要是人的表演，历史文物的展示很少。如果曾侯乙编钟演奏能上春晚，并让大家在电视上看见编钟而不只是听到它的声音，既可能帮助春晚走出饱受非议的困境，开启春晚从人的展示到物的展示的新转折，也可能使曾侯乙编钟一夜走红，最终吸引全球华人来随州参观编钟和观赏编钟演出。

上述三个宣传平台与传统的广告媒体平台及眼下影响巨大的网络平台相比，最大的特点是针对性强。曾侯乙编钟独特的艺术魅力、浓厚的历史气息、巨大的民族感召力，是争取这些平台的重要筹码。借助这些平台，编钟的知名度、号召力和影响力将可能呈裂变式增长。

(二) 借助网络平台，让编钟古乐穿过"千山万水"

在互联网时代，世界是平的。大城市与小村庄之间的差异、发达地区与落后山区的差别，在互联网世界都彻底消失，人们随时随地都可以通过互联网听到自己喜爱的音乐。在这个全新的时代，更多的网民离开电视机、电影院和剧场而走向电脑，在网络上完成或进行娱乐。人们更多地通过网络收听、下载个人喜欢的音乐。免费的数字下载冲击直接导致音像公司一步步走向衰败,黑胶唱片、CD、VCD几乎都在人们的生活中消失了,持续了几个世纪之久的娱乐方式正在发生改变。面对新形势,编钟音乐的宣传与制作需要与时俱进。

1. 做成MP3格式传播编钟艺术

用编钟演奏古今中外受欢迎的歌曲,制成MP3格式并上传至网络。目前网络上有大量用不同乐器演奏的古今中外名曲制成MP3格式,有笛子版的,有古筝版的,有二胡版的,还有其他用传统乐器演奏的,供广大音乐爱好者下载。可用编钟演奏中外名曲,制成MP3格式上传至随州各主要网站,此外,还可以链接到各大主要音乐网站上,以广大音乐爱好者,尤其是编钟爱好者下载。

2. 通过MTV展示编钟形象

编钟向海外音乐名人(主要是国内)推介曾侯乙编钟,争取曾侯乙编钟能进入他们制作的MTV。现在发行的每首歌曲都有MTV,可以有选择性地向国内外有重大影响的音乐人推荐曾侯乙编钟,或作为伴奏乐器之一,或作为MTV里面的景观之一,使欣赏这些MTV的人又能从中看到曾侯乙编钟。MP3格式是让更多人"听到"编钟音乐的美貌,而MTV则可以让更多人一睹编钟的神奇和壮观。每个著名的音乐人都有固定的歌迷,曾侯乙编钟进入越多著名音乐人的MTV,知道它的人则越多。

(三)借助教育平台,让曾侯乙编钟文化传承"千秋万代"

要吸引和留住游客,不仅要使他们"看得到",更要使他们"听得到"、"感觉得到",甚至是"学得到"编钟演奏和编钟艺术。因此,既要精心策划对外宣传,同时还需要在随州酝酿浓厚的古乐氛围。教育是培养和形成这种氛围的重要手段和平台,教育最大的特点是影响长久深远。儒家文化传承两千多年,与我们古代重视教育密切相关。可以利用教育平台和通过培训等方式来传承与发展曾侯乙编钟文化。

1. 利用教育平台,广泛培养编钟乐器爱好者

曾侯乙编钟是我国的文化瑰宝,是最古老的演奏乐器之一,但没能列入我国的传统乐器,与笛子、古筝、琵琶等传统乐器相比,知名度和普及率均不高,爱好者数量过少,其直接结果是不利于曾侯乙编钟历史文化的传统与发展。要建设名副其实的中国编钟音乐之都,就要在我市培养大量的编钟及相关乐器的爱好者,以形成音乐之都的氛围。曾侯乙墓出土的乐器共9种,除编钟外,还有其他8种:编磬、鼓、琴、瑟、均钟(律准)、笙、排箫、篪。通过这些乐器,我们可以推断,曾侯乙时代的编钟演奏主要是乐队演奏,而不仅仅是编钟独奏。要大量培养与编钟相关器乐的表演者,并非只是编钟这一类乐器的演奏者。目前我国有各类乐器爱好者的培训班,如钢琴、小提琴、吉他、萨克斯培训班等。可以借鉴这些培训班的模式,在随州以及我国其他地方举办曾侯乙编钟培训班(或曾侯乙墓出土的乐器培训班)。除了举办培训班这类模式外,还可以通过曾侯乙编钟走进市内甚至省内幼儿园、小学、中学、大学课堂,在全市、全省甚至全国范围内培训编钟器乐爱好者。

2. 加大培养力度，精心培养编钟专业表演者

曾侯乙编钟及其他乐器不但要有大量的兴趣爱好者，更要有一定数量的专业表演人员。这既是为了满足国内外广大曾侯乙编钟爱好者的需求，也是为了满足编钟文化产业做大做强后的市场需要。从市内外引进一批有一定音乐或舞蹈功底的专业人才，在此基础上对他们进行编钟、曾侯乙墓出土乐器及舞蹈的专业培训。

随州专汽产业发展战略研究

随州是我国专用汽车的主要发源地之一，经过50多年的发展，积累了较雄厚的物质、人才和技术基础，成为国内知名的专用汽车生产基地。2008年，中国机械工业联合会授予随州"中国专用汽车之都"的荣誉称号。"专汽之都"的品牌效应日益显现，推动随州专用汽车产业步入快速发展轨道。目前，随州已成为国内专用汽车发展速度最快、品种系列最全、最具竞争力的城市，也是"武汉—随州—襄阳—十堰"专用汽车走廊的重要节点城市。

一、随州专汽产业发展现状

目前，随州已建成高新区、曾都区、随县三大专汽产业园，形成了人才、资源、制造、配套、市场五大优势，产业集中度居全国之首，主要呈现以下四个特点：

（一）产业集中，支柱地位日益凸显

截至2013年年底，随州市拥有专用汽车及零部件企业200余家，专汽企业集团达到4家（齐星集团、程力集团、全力集团、金龙工贸集团），规模以上企业120多家，亿元企业40多家，进入国家公告目录企业24家是全国拥有专汽生产资质企业最多的城市。目前，随州具备年产各类专用汽车15万辆、底盘5万辆、汽车车身10万台、车轮1000万只、汽车铸造件100万吨的生产能力。2013年全市规模以上工业总产值1056亿元，其中汽车产业产值突破300亿元，占全市工业1/3的比重。专用汽车产业已经成为随州重要支柱产业。

（二）品类齐全，市场份额不断扩大

目前，随州专用汽车产品涵盖8大系列、4000多个品种，汽车零部件800多个品种、1500多个规格。随州已成为全国专用汽车领域品种最多的地区之一，达到了"三个之最"，即品种最齐全、特色最鲜明、产业资源最富集。产品产销量实现了"六项全国第一"，即罐式车、环卫车、教练车、平头车身、钢质车轮和汽车铸造件连续六年销量均居全国第一。产品广销全国各地及海外20多个国家和地区，经销商发展到1100余家，15000余名营销人员遍布全国各地。航天双龙公司、大力公司生产的油罐车在全国有很强的竞争力，与中石油、中石化建立了稳定的供货关系，市场占有率在20%以上。与此同时，随州专用车快速走出国门，专用汽车远销俄罗斯、乌克兰、白俄罗斯、越南、伊朗、伊拉克、非洲等20多个国家和地区。

(三) 技术进步，自主创新富有成效

随州拥有现代化生产设备近万台(套)，100多家企业与清华大学、武汉大学、华中科技大学、汉阳研究所等高校、科研院所建立了长期合作关系，共建研发基地，培养汽车领域熟练技师、技工2万余人，其中高级技术人才1500多人，推动了产品结构调整和产业转型升级。目前随州拥有高新技术企业27家，能够生产高新技术产品的企业达到60余家，拥有专利技术200多项，省、市级技术研发中心21个。近些年来，随州专汽研发不断推进，成绩显著，研发出了旅居房车、治沙植草喷播车、机场加油车、道路检测车、电视转播车、混凝土泵车、除冰车、饮用水应急取制车、多功能抑尘车等一批具有自主知识产权、科技含量和附加值较高的新产品，部分产品在国内处于领先水平甚至填补国内空白。2014年9月，随州市专汽产业集群获批国家首批产业集群区域品牌建设试点。

(四) 品牌效应显现，产业影响力不断提升

由于技术装备的不断改进，产品质量档次的不断提高，使得随州专用车在全国形成了较高的知名度和影响力。目前全市拥有"大力"、"齐星"、"程力威"、"江特"、"SUIZHU"、"楚胜"6个中国驰名商标、18个湖北省著名商标、14个湖北省名牌产品。特别2008年随州被授予"中国专用汽车之都"金字招牌后，"专汽之都"的品牌效应日益显现，三江航天、中国重汽、广东富华、中国恒天、厦门重工、三环集团、中航工业、玉柴集团等一大批知名企业慕名而来，扎堆随州发展，为随州市发展壮大专用汽车产业提供了强大的资金和技术支持。目前已有7家中国500强企业投资随州，其中"中"字号企业5家。

二、随州专汽产业存在的问题

通过对随州多家专汽企业进行走访调研，目前随州专汽行业主要存在以下几个方面的问题：

(一) 汽车产业总量有待扩大

近年来，随州围绕"千亿元产业"发展目标战略，下狠劲做大做强。但是产业总量不大，仍然是制约随州"专汽之都"建设规模发展、集群发展的深层次问题。2013年全市汽车产业总产值刚刚突破300亿元，仅占全省汽车工业份额的6%，特别是与十堰、襄阳相比，随州汽车产业总量相去甚远。做大总量，将是随州"专汽之都"建设的首要问题。

(二) 市场秩序有待规范

虽然随州市委、市政府近年在规范市场秩序方面出重拳，下猛药，市场环境大有好转。但由于执法部门监管不严、企业主体自律意识不强等原因，市场环境仍不容乐观。

1. "散、乱、差"现象依然存在

一些没有资质的小厂"借壳生产"、"买证生产、销售",生产的产品质量差,伪劣产品层出不穷,不仅存在严重的安全隐患,还严重扰乱了市场秩序,损害了随州专用汽车声誉。

2. 无序生产现象依然存在

随州的专用车主要集中在劳动密集型、低技术含量、低附加值的罐式车、自卸车和垃圾清运车几个品种上,企业无论规模大小,普遍存在着生产五种以上不同产品的"大而全"、"小而全"现象,很多企业未形成自己的优势产品。

3. 无序竞争仍然存在

随州虽然有资质的企业有24家,但产品扎堆低端市场,低质化、同质化竞争比较严重,恶性竞争、低价竞争策略,既大大压缩了本地企业的利润空间,又严重扰乱了正常的市场秩序。

(三)发展瓶颈问题有待解决

1. 技术支撑不足

技术仍是制约随州汽车产业发展的瓶颈问题。目前已有90多家汽车企业与国内有研发实力的科研院所开展了合作,但由于没有自己的研发团队,仍然缺乏核心技术和形成自主研发能力,在专用车核心技术和高精尖技术上尚属空白,很多企业还是停留于"随州制造",而不是"随州创造"。由于缺乏核心技术,企业受制于人现象很普遍,整车贴牌生产份额占到30%~40%,造成了大量税收和产值的流失。

2. 人才支撑不足

由于随州市在引进人才、培养人才、留住人才方面还缺乏良好的环境和机制,汽车行业普遍存在现代管理人才、设计研发人才、专业技术工人匮乏的状况,人才成为制约企业发展的又一瓶颈问题。

3. 资金支撑不足

由于随州金融服务体系不够规范和完善,资产大多集中在民营金融业,信贷机制和金融服务体系金融环境不够完善,新项目建设和新的技改投入不足,现金流短缺现象较为普遍,企业做大做强难度较大。

(四)制度和竞争力有待加强

1. 企业管理水平不高

目前随州多数企业仍然沿袭传统的家族制、集权式管理模式,现代企业制度尚未建立,企业管理理念落后,不注重企业文化、企业形象建设等企业文化软实力方面的打造。少数企业过于追求短期利益,缺乏长期战略目标,过于强调自身既得利益而伤害了行业整体利益,无论在品牌力、研发力、营销力、制造力、产品力、资源力等企业外部竞争力方面,还是在决策力、执行力、整合力等企业内部竞争力方面,都存在核心竞争力不够突出、优势不够明显的不足。

2. 混合所有制企业内部机制不够灵活

近年来随州积极促成了中国三江航天、中国重汽、中国恒天、玉柴等著名企业集团与随州家本土企业兼并重组，与大集团的合作虽然在人才、技术、管理、资金等方面都带来了前所未有的发展优势，但同时也出现了一些弊端，主要表现为国有控股过多（"六四开"）造成了企业体制机制的不灵活，一定程度上存在决策繁琐、管理范畴扩大、管理成本上升的弊端，民营企业把握市场的敏锐性、灵活性的优势得不到发挥，制约了企业创造力的发展。

3. 产业链条不完善

随州虽然拥有专汽及零部件生产企业近 200 家，但能够生产汽车五大总成的少，具备整车生产资质的企业仅 5 家（东风随专、恒天汽车、程力集团、齐星集团、金力专汽），底盘年产量仅为 8000 台左右，不足年需求量的 1/10，整车企业对零部件企业拉动作用不大，本地配套率不到 20%，产业链条不完整，协作配套不完善，还未真正形成集生产、研发、物流配送为一体的专用汽车产业密集区。

（五）品牌影响力有待加强

一方面，由于业内抄袭之风的盛行，大多数企业没有自己的拳头产品和核心竞争产品，产品技术含量和产品附加值不高，造成业内整体的高、精、专产品不多，缺乏市场竞争力。虽然部分企业有自己的核心竞争产品，但在市场监督不规范的情况下，企业在自主品牌和自主知识产权保护方面显得力不从心，在一定程度上严重制约了专汽自主品牌建设。另一方面，由于一些企业靠购买合格证生产经营，没有实现标准化生产，产品质量低，技术含量低，售后服务不健全，不仅严重扰乱了市场秩序，也影响了整个随州汽车行业的声誉，对随州地方品牌的建设造成了负面效应，损害了专汽之都的整体形象。

三、随州专汽产业的发展对策

马克思主义哲学讲，任何事物的发展都是内外因共同作用的结果，内因是事物发展的根本原因，外因是事物发展的必要条件。随州专汽产业发展一方面取决于企业自身的积极作为，另一方面也需要政府部门积极为企业的发展搭建良好的服务平台。企业是市场的主体，随州专汽产业的发展壮大，归根结底还是靠企业自身要积极作为。

（一）从企业层面讲

1. 注重企业竞争力建设

企业竞争力是企业在市场经济条件下持续健康发展的核心资本和标志。企业竞争力分为一般竞争力和核心竞争力，企业的核心竞争力是指"企业长时间发展过程中形成的蕴涵于企业本质中的，企业独有的，能为企业带来价值，支撑企业过去、现在和未来竞争优势，并使企业在长时间内在竞争环境中取得主动的核心能力"。

一是要打造产品竞争力。首先，要注重提高产品质量，产品质量是企业的无穷生命力和核心竞争力，要以质取胜，严把质量关。要严格按照国家标准和行业零部件标准进行生产（如齐星公司制定了车身标准），坚决杜绝假冒伪劣产品的存在，企业要以高度的社会责任感和使命感把企业产品质量体系纳入质量兴市战略；其次，要进行产品结构调整，实行转型升级。企业要在充分掌握国内外汽车发展的大趋势下，对市场进行深入、系统的调查分析和研究，对政策进行系统的跟踪和研究后，准确制定自己的产品战略，根据未来的市场前景和市场需求不断调整产品结构，不断进行产品创新，寻求新的经济增长点，并形成最具核心竞争力的"拳头产品"。再次，要建立完善的产品售后服务配套体系，提供良好的售后服务平台，注重企业诚信体系建设。

二是要打造制度竞争力。无论是中国企业还是外国企业，成功的企业首先是一个成功的组织，既然是组织而非自然人，没有制度的保障和更新是难以想象的。首先企业要解放思想，转变管理理念，敢于破除家族式管理模式，注重提高管理者的管理、决策、执行等各项综合能力。其次企业要善于从管理制度、运行机制上不断创新，形成灵活的运行机制和管理模式，比如国有和民营嫁接的混合所有制企业，要在把市场优势和政府优势有效融合方面进行不断探索，不断进行制度和机制创新。

三是要打造人才竞争力。马克思主义哲学讲，人是推动社会发展进步的最关键、最核心的要素。企业的发展主要依靠人，人是最关键、最核心的要素。所以，人才决定着企业的长远发展和持续竞争力。目前随州大多数企业普遍存在引进人才难、留住人才难的问题，人才跳槽现象司空见惯。企业如何打造人才竞争力，是专汽企业应该深思的问题。一方面，企业要不断创新各种引进人才、留住人才的体制和机制，采取在高校招，在社会引等多渠道引进各类专业技术人才，人才引进后，不仅要为人才的留用提供丰厚的经济保障，更要加大人才（包括科技研发人才、管理人才、专业技术人才）培训经费的投入力度，要为人才的长远发展搭建更大的平台，如提供外出深造机会、外出培训学习机会等更为广阔的发展空间，真正做到用事业留人，用感情留人，用待遇留人。另一方面，企业要转变思想，树立开放办企业、人才兴企业的理念，可在政府和汽车协会的支持下，秉持"不求所有，但求所用"的灵活的用人理念，广纳天下人才，采取技术咨询、技术入股、科研攻关、短期聘用、短期讲学形式与外地高层次人才建立合作关系，组建专兼职专家智囊团。成立随州专汽研发团队、研发中心，建立全市专汽各类人才信息库。企业之间定期开展人才技术交流大会，专业技能、专业技师的评比评先活动，企业间定期开展人才联谊活动，在资源共享、互惠互利、共同发展的同时，营造尊重人才、厚爱人才的良好的人文环境。

四是要打造技术竞争力。胡锦涛总书记曾指出，自主创新能力是国家的核心竞争力，也是企业生存和发展的关键，是企业实现跨越式发展的第一步。毋庸置疑，随州专汽企业只有不断强化研发，不断实现技术创新，提高产品技术含量，不断开发高精尖产品，才能拥有自主知识产权的品牌，才能真正变"随州制造"为"随州创造"，不断提升随州专汽产业的核心竞争力。但由于研发产业是高风险产业，需要资金、人才等多方面的投入，随州很多专汽企业受制于各方面的限制，不愿意加大技术研发投入，从而影响了随州专汽整体研发水平的提升，影响了随州专汽的核心竞争力。企业如何降低研发投入的风险呢？首先，企业可积极寻求政府减免税收、政策保障等多方面、多形式的支持，最大限度借助随州专汽研发中心这一平台，积极构建企业自身的研发团队、科研中心，形成自主核心技术，创建自主品牌，并树立品牌资产保护意识，建立以知识产权和品牌资产保护为基础的品牌发展战略，有效运用知识产权组合降低品牌资产风险，大幅度提升品牌竞争力，从而不断提升企业的核心竞争力。其次，企业可积极寻求全社会力量的支持，可采取技术入股、资金入股、人才入股、产品入股等方式，寻求全社会力量对企业科技研发多元化的投入，最大限度规避研发投入的风险。

2. 注重企业文化力建设

文化是企业的根，是企业的魂。企业文化是企业的"内功"，是企业综合实力的体现。文化力建设，简而言之，就是把企业的文化建设转化为企业发展的动力。企业文化从某种特定意义上说，是"企业家"的文化。对于我国企业的管理现状和老板文化，有人曾经做了一个很有意思的比喻：企业家好比林子里的鸟，林子很大，形形色色的鸟叫声唧唧喳喳，大多在林子里觅食，只有少数的鸟仰天长啸，飞得很高。那些为数不多的、能够展翅高飞的企业，一定是注重了企业文化力建设的企业家。

一是要注重企业内部凝聚力的打造。首先，企业老板要成为推动企业文化建设的中坚力量。企业家根据企业的发展要求，从实践中提炼出企业的核心价值观，并率先垂范，身体力行，用道德文化的力量感染、教育、规范每一个员工的言行，最终形成员工统一的行为规范，塑造团队文化。其次，企业文化建设必须与制度管理相互融合。制度管理是硬管理，文化建设是软管理。企业文化是一种无形的约束力，企业家要全面推行人性化管理，尊重人、培养人、发展人，为员工提供合理的福利待遇和薪水，为内部凝聚力的打造提供坚强的后盾，实现企业盈利和员工成长的双赢，增强企业内聚力。

二是要注重企业外部形象力的建设。首先，要注重企业诚信文化建设。企业信誉是天价之宝，是现代企业文化的核心，也是企业竞争力的核心因素。同仁堂、国酒茅台和青岛啤酒等这些老字号和老名牌都是几百年、上百年积淀的硕果，它们享有极高的信誉，这些信誉也成了企业的核心竞争力。企业老板要通过确立良好的经营理念、建立信用制度、提高服务质量、营造守信环境等方式推动企业走诚信经营道路，树立企业诚信经营的良好外部形象。其次，要因企制宜，打造特色企业文化，要把文化建设作出特色、作出品牌、作出效应，用特色文化建设推动专汽企业经营发展，通过打造特色企业文化，提升企业的社会影响力、知名度和美誉度。再次，要注重调动员工对企业文化建设的参与性。企业文化建设的主体是员工，企业文化建设必须调动广大员工参与企业文化建设的积极性和自觉性，必须在员工广泛参与的前提下，逐渐培育员工的团队精神，增强员工的社会责任感和自豪感，塑造良好的团队精神风貌，让员工成为企业文化建设的宣传者和受益者。

目前，随州市大多数专汽企业都忽视了企业文化的建设，主要存在以下三个突出问题：一是企业领导者缺乏对企业文化的正确理解和深层次的认识，对企业文化的理解过于表层化、肤浅化，认为企业文化建设就是单纯的思想政治教育，搞一些文艺节目、打一些宣传标语等，却没有真正认识到企业文化对企业长远发展的重要性和关键性，只注重追求短期利益，缺乏长远战略目标，互相拆台现象比较严重。随州市专汽企业老板要以高度的社会责任感和历史使命感去看待企业文化建设对企业发展的长远意义，立足于做企业家，立足于做世界 500 强企业，而不是仅仅满足于做企业主，要胸怀天下，要胸怀整个行业的发展，要胸怀整个随州市、湖北省、乃至我国专汽产业的发展，要放眼天下，要有大格局、大战略、大境界。二是企业文化建设与生产经营脱节。在调研中发现，专汽企业坐而论道者多，付诸实践者少，融入生产经营者少。专汽公司往往喊出些口号、形成些理念，但这都是口头上的形式，而规章制度不执行、文化活动走过场、思想教育不深入，与企业生产明显脱节。三是文化建设缺乏特色与创造力。目前情况是大多数企业盲目效仿，形式化严重。大多数企业认为企业文化就是制定和执行企业的规章制度，是职工的文明礼貌、道德风范和企业的知名度等，把企业文化看成一旦形成就永久不变的企业定律，没有把企业文化建设视为企业发展的灵魂和生命去经营。在企业文化建设方面，随州市专汽企业可借鉴全国五百强企业或者是随州市冰姿公司企业文化建设的经验，制定出企业的长远战略目标，打造核心价值观，提升企业的内部凝聚力和外部形象力，从而最终提升企业的核心竞争力。如日本丰田公司、我国的海尔、联想的成功从某种特定意义上讲就是企业文化的成功。又如随州市冰姿公司从创立之初就倾力用企业文化打造核心竞争力，创建了独具特色的"军队+学校+球队+家庭"的企业管理模式，注重企业社会责任建设，内增凝聚力，外塑形象力，营造了良好的内外部发展环境，最终以企业文化建设为基础，成功创立了拥有自主知识产权的品牌，拥有了自主知识产权品牌的研发中心，实现了员工成长与公司盈利的双赢、社会效益和经济效益的双丰收。

3. 注重企业品牌力建设

品牌是企业竞争力的综合体现，凝聚了企业独特的文化精神和经营理念，是企业人格化的象征，个性化的标签，更是企业在激烈的市场竞争中略胜一筹的有力资本。品牌力建设就是品牌领导力建设。品牌领导力以"易道品牌哲学"为基石，具有丰富的内涵。经过改革开放30多年的发展，消费者的消费心理发生了巨大的变化，已逐渐从"商品消费"进入了"品牌消费"的新阶段。据国家统计局调查，我国居民消费明显集中于名牌产品。一个知名品牌能将产品本身的价格提高20%~40%，甚至更高，没有品牌或是品牌知名度较低的企业面临着被市场淘汰的威胁。随州企业家要充分认识和运用品牌的市场引导力，"品牌一旦建立，它就会自己销售自己"，积极实施品牌战略。正所谓"得名牌者得天下"，品牌的力量是巨大的。近几年，"中国专汽之都"的品牌效应逐渐显现，一批大企业、大集团，如中国重汽、恒天、厦工等纷纷与随州本土企业嫁接重组，彰显了随州专汽品牌形象、凝聚了产业要素、打造了产业集群、推动了随州专汽产业的转型升级，使专汽产业成为随州支柱产业的分量不断增加。品牌的争取来之不易，企业不仅要注重品牌的争取，更要注重品牌形象的维护。首先，企业要注重产品知识产权的保护，依法保护企业注册商标，对市场前沿技术、对高精专尖产品申请国家专利保护对抄袭企业追求相关法律责任，以此杜绝行业界的"抄袭风"。其次，专汽企业要加强自身管理，自觉整改查找问题，严格遵守《行业公约》，树立品牌意识，培育诚信经营的企业文化，将企业文化建设和企业品牌建设有机融合起来，形成道德自律意识，以高度的社会责任感维护行业形象和品牌形象。再次，专汽企业之间要形成良性互动，根据各自的发展现状和优势，实施各自的品牌战略，并建立科学的品牌评估系统，跟踪品牌资产进行品牌评估，最终突出企业的核心竞争力，走差异化、特色化发展之路，避免恶性竞争和资源浪费，共同维护"专汽之都"的品牌形象。

政府作为企业的引导者和管理者，在企业发展中要积极扮演好监督者和服务者的角色，积极为企业的发展搭建平台。

(二)从政府层面讲

1. 加强行业整顿监管

一是加大违规企业惩处力度。强化对市场主体经营行为的监管,重点加强对不规范生产经营的企业进行监管,取缔无照经营,严查制售假冒伪商品、商标侵权、合同欺诈等违法违规行为,净化市场环境。强化产品质量安全监管,重点加强质量监督管理,加快推进企业信用信息归集,同时进一步强化企业主体地位和质量责任,推进企业质量诚信体系建设,开展质量违法整治活动,严格质量事故调查和责任追究机制。进一步加强行业协会自身建设,监督企业自觉践行《行业公约》,充分发挥行业协会在政府和企业间的沟通桥梁作用。推进企业诚信体系建设,通过制定鼓励和扶持政策,充分发挥政府在质量工作中的主导作用。对失信企业采取曝光、公开违法记录、依法限制有关经营行为,对严重失信企业实行退市淘汰等针对性的差别监管措施,严厉打击各种失信违法行为;对诚信经营、规范经营的守信企业实行各种奖励措施。

二是加强对执法不力部门惩处力度。进一步强化责任追究机制,对部门监管不力现象实行"零容忍",坚决打击,破除一切阻力和困难,绝不手软。要重点查处官商勾结的腐败问题,对监管过程中执法不严、违法操作的乱象绝不姑息,对违法违规操作的部门取消年度评优评选资格,取消年度各种奖励,并在全市进行曝光;对监管不力或是以权谋私的官员视情节轻重给予相应的处分,如实行"主管领导引咎辞职"的责任条款,实行记过、降职、撤职等处分,并追究相关法律责任。

三是创新监管方式,拓宽监督渠道。一方面,在整顿、规范随州专用汽车市场中,不断创新监管方式,可借鉴城市网格化管理的思路,对全市专用汽车企业进行网格化管理,并建立长效机制;另一方面,完善公众举报渠道,充分调动民众参与监督的积极性,政府开通有关专汽方面的微博、微信,实时推送有关信息,接受公众的举报,或建立一个专门的"随州专用汽车违规违法举报"网站;引导企业建立、完善自身的公司官方网页,澄清与冒用厂家名义的其他网站的关系,开设意见箱专栏,建立全市专用汽车企业质量评估体系,将有关评估数据向社会公布,接受社会监督。

2. 优化企业发展环境

一是改善融资环境。目前,随州市只有27家小额担保公司,没有信贷品牌公司,政府要引导企业建立资信评级体系,构建全新的专汽金融服务体系,为企业的发展提供良好的融资平台。加快设立随州专用汽车产业股权投资基金,申报国家中小企业发展专项基金。抓好银企业对接服务,鼓励金融机构不断创新金融产品,招引金融机构在随州开设业务,更好地服务随州专汽企业。

二是改善政策环境。政府应利用自身能力积极为企业做好政策服务,加大政策扶持力度。一方面为企业引进人才、留住人才出台优惠保障政策,另一方面为企业提升价格竞争力提供政策服务。政府可借鉴中联和湖南省政府合作的经验,为企业创造价格推销优势。再者,积极鼓励企业自主研发,为企业的科研提供优惠的政策保障,尤其是要加大对中小型企业的科研扶持力度。目前,全国各地各级政府对企业研发的扶持主要专注于大型企业,希望其发挥龙头作用,带动一方经济。然而,"长尾理论"启示我们,中小型企业在产品创新方面更具优势，我们切不可忽视中小企业尤其是科技型中小企业的关键作用。

三是改善服务环境。政府作为"家长"，可积极为企业的发展搭建服务平台，逐步健全产业服务体系。一方面，政府可积极主动无偿为企业搭建技术交流、人才交流、信息交流平台，加快专汽质检、会展、信息、人才交流和法律服务等公共平台建设，为企业解决现实发展中的实际问题，当好企业的"保姆"。如随州市正在逐步落实的"5432"服务体系。又如政府可在企业和行业协会的支持下，开办随州专汽专业技术人才院校，留住随州本土大学生，为随州专汽的长远发展储蓄后备人才；由于企业家的素质和能力直接决定着企业的命运，政府可在行业协会的协助下，定期开展企业家论坛，企业家培训班，为企业家提供出国学习、培训的机会，为随州市培养更多胸有大志的创新型企业家，推动随州专汽的跨越式发展。另一方面，政府作为企业发展的领头人，要积极做好专汽产业服务体系的顶层设计，长远规划，解决企业长远发展中的潜在问题。如加快规划建设湖北省专用汽车产业园，推进国家专用汽车高新技术产业化示范基地、专用汽车及零部件生产基地和国际科技兴贸创新基地三大基地建设，引导全省、全国专汽产业向500亿元乃至千亿元目标奋进。再者，政府要在尊重经济规律的基础上，做到"无为"式管理，有所为有所不为，真正为企业"保驾护航"；同时要加强对行政服务中心的监管力度，提高各监管和服务部门的人员素质，转变服务理念，真正做企业的贴心人，营造重商亲商爱商的良好氛围，确保各项政策落到实处。

3. 引导企业调整方向

政府在尊重市场经济规律和企业自身发展规律的基础上，因企制宜，因时制宜，因事制宜，加强对企业的分类引导和指导。

一是鼓励引导转产。对无资质生产或是套牌生产或制造假冒伪劣商品中小企业，可坚决予以关闭，对部分虽无资质，但有高度责任心的诚信微小企业可出台积极优惠补偿政策，引导企业成功实现转产。

二是鼓励兼并重组。对初具规模，有发展前景但实力不雄厚的中小企业，可积极引导走攀大附强的重组之路。政府应积极坚持引进国内外大企业、大集团或是龙头企业对随州市小企业实行兼并重组，着力引进世界和国内500强大企业、大集团，积极探索产权重组、资本重组、技术重组和管理重组的路子，鼓励企业通过收购、兼并、控股、联合等多种途径做大做实做强，力争建成1~2个区域性的大企业、大集团，带动产业提档升级，从"规模第一"迈向"行业领先"。如随州市的华威重汽、厦工楚胜等都成功实现了兼并重组，并为企业的发展注入了活力。

三是鼓励转型升级。对生产规模大、技术含量高、市场信誉好、发展前景广的龙头企业要实行重点培育，积极鼓励和支持企业做大做强，实行技术创新和转型升级。政府可按照"巩固和发展一批、迅速壮大一批、开发储备一批"的实施步骤，指导企业开展区域品牌培育工作，推动企业争创精品名牌，逐步形成具有随州特色的区域品牌体系。一方面要抓好高新技术企业培育，支持企业抓好产品创新，加大新产品研发投入力度，支持企业在总成、关键零部件、新能源汽车研发、整车资源开发等领域取得新进展，支持企业与科研院所开展产学研合作，在产品研发、工艺设计等多方面寻求更多地技术支撑。同时加大对国内空白产品开发，瞄准高端产品市场，开辟城镇化国内消费新兴市场，鼓励企业与顶尖产品生产企业采取多种方式合作。推动"请进来"与"走出去"相结合的平衡发展,探索引资引智引技新路。鼓励企业在境外设立加工、销售企业,引导企业参加海外各类专业展会。另一方面鼓励企业差异化发展,采用新技术、新设备、新材料、新工艺,把传统产品做专做精,把新产品做尖做强,降低同质化和低端竞争,不断扩大高端产品比重,提升自主品牌档次。

四是鼓励企业注重社会责任建设。由于目前一些中小企业片面追求利润,违规违法生产,严重损害了行业整体形象和整体利益,严重损害了"专汽之都"的品牌形象和随州地方形象。基于此,政府应积极转变职能,破除地方税收保护主义思想,强化企业注重社会责任的建设,采取健全相关法律法规、完善激励机制、加强舆论引导、加强信息披露等措施,对中小型企业形成有效规制,引导中小企业积极承担社会责任。如政府可借鉴国内外、省内外有关推进企业社会责任培育方面的经验,制定推进企业社会责任的省、市级标准,采取补贴、奖励、税收优惠等各种措施,鼓励中小企业积极承担社会责任。引导中小企业转变经营理念,由原来的单纯以盈利为目的转向以获取多元化的目标为目的,让中小企业认识到,通过对企业社会责任的积极承担,有利于树立良好的企业形象和企业品牌价值,更有利于提升企业的竞争力;引导舆论媒体加大对违反《公司法》、《劳动法》、《环境保护法》、《行业公约》等相关法律法规的企业的曝光。

随州专汽产业发展任重道远,但我们坚信,在"圣地车都"宏伟战略的指引下,在市委市政府的坚强领导下,在全市人民的支持下,随州一定会成为名副其实的"车都"。

提高网络舆情应对能力　打造积极向上的主流舆论
——基于新形势下网络舆情特点的舆情应对思考

张　杰

随着信息技术的日益普及，计算机、手机等电子设备编织起来的网络越来越成为人们传递信息、交流情感的重要途径，被称为报纸、广播和电视之外的"第四媒体"。经过多年的发展，人们充分地认识到，网络媒体是一把双刃剑，在给我们带来很多有益东西的同时，也带来很多负面的内容。

习近平总书记在讲话中指出，意识形态工作是党的一项极端重要的工作，能否做好意识形态工作，事关党的前途命运，事关国家长治久安，事关民族凝聚力和向心力。如今，网络已经成为意识形态领域的主阵地，尤其是随着微博、微信等各类自媒体的快速发展，我们进入到一个大众麦克风的时代，每个人都可以通过网络随时发声，每个人都可以成为记者、作家、新闻发言人。网络的发展把握得好，可以为党委、政府开辟一个重大的宣传阵地，若把握不好，则会对社会的主流意识形态构成威胁，极大地影响人们的思想、信念和价值观念，影响党的执政地位的巩固。因此，在新的历史形势下，如何提高网络舆情应对能力，积极有效地做好网络舆情监管工作，掌握网上舆论主导权，打造积极向上的主流舆论，对各地具有深远的现实意义。为此，随州对100名网民进行了网上匿名问卷调查，了解网民关心关注的情况、内心的想法、行为习惯、工作的建议等，并在问卷调查的基础上进行分析总结，形成报告。

一、地区上网人群调查分析

据网络问卷调查反映，89%的民众表示，相比现实的表达渠道，更愿意采用网络这种渠道来表现真实的想法，并表示现实中表达意见，参与管理的渠道太少。随着互联网技术带来网络传播的兴起，以往在传统新闻媒体上无法实现的个人表达自由的言论得到空前的发展。由于本身网络的虚拟性、隐蔽性、发散性、渗透性和随意性等特点，更多人愿意采用网络这种渠道来表现真实的想法。网民对网络的运用，已由初期偏于娱乐与交友发生转向，网络新闻使用率大幅攀升，76%的网友表示"重大新闻一般都首先从互联网上看到"，网络已成为社会舆论重要发源地和意见传播渠道。

二、新形势下的新问题

一边是随心所欲地发布信息，一边是随时随地地获取信息，发布的是什么样的信息、这些信息怎样传播，获取信息的人们反应怎样……这些都属于网络舆情的范畴，如何及时地发现这些网络舆情，并根据其发展变化采取相应的对策，对其实施有效的处置，成为党委、政府维护自身形象、加强执政能力的必要手段。

就目前而言，各地已经意识到网络舆情对地方经济社会发展有着不可忽视的影响，也建立起了最基本的舆情处置机制，可以开展网上舆情的采集、分析、处理等，但只局限于小范围之内的，全社会宣传意识还不够高，参与还不够积极。

从近年来随州发生的一些突发事件看，事件发生后，尽管在网络中某些言论的观点是客观的、真实的，对事件的发展、问题的解决起到了一定的促进作用，但更多的是情绪化、偏激的，辱骂、攻击性言语，甚至制造谣言，混淆视听，激起网民对政府的不满与愤怒，网络舆情对事态向负面发展起到了推波助澜的作用。对我们来说，突发的网络负面舆情一旦发生，其造成的影响是不可估量的。而现有的网络舆情监控体系中不管是人力、物力和相关设施都有待于更好地完善，这需要一个长期的、不断更新的过程；再次，我们在进行信息反馈、信息决策、信息处置等多个环节中还存在很多漏洞，很多责任主体单位还存在着不重视、不配合现象，影响了整个舆情处置工作的正常开展。

三、构建和谐舆情的重要意义

1. 维护社会稳定的需要

当下已经进入大众麦克风时代，每个人都能在互联网上表达自己的观点、宣泄自己的情绪，并在一定范围内传播。当前，我国正处于社会转型的关键时期，经济体制深刻变革、社会结构深刻变动、利益格局深刻调整、思想观念深刻变化，社会矛盾高发、多发、频发，一些社会矛盾可能借助网络的功能凸显、放大，甚至酿成危机事件，威胁社会稳定。当前，网上存在一些值得注意的倾向，如社会问题网络化、"人肉搜索"冲击法律规范、"网络推手"扰乱舆论秩序、"网络审判"愈演愈烈、网上举报和人身攻击时有发生、各类谣言有害信息层出不穷等，因此，加强网上舆论引导已经刻不容缓。

2. 密切干群关系的需要

近年来，一些地方和单位通过网络开展民意互动、参政议政、民主监督等，丰富了群众工作的形式和内容。但是，有些领导干部抱着鸵鸟心态，对网络民意熟视无睹，置若罔闻；或视网络为洪水猛兽，因而"压、堵、躲"；有的干部宗旨观念淡薄，言行失当，以致酿成网络事件，造成不良影响。群众工作作为党的生命工程，这些现象的存在，降低了人民群众对党的信任，损害了党和群众的感情。因此，积极应用网络平台，加强与人民群众的信息沟通，已经成为新时期密切干群关系的一项重要任务。

3. 给力跨越发展的需要

未来十年是湖北发展的"黄金十年"，省第十次党代会提出的推进全省科学发展、跨越式发展，加快构建促进中部地区崛起重要战略支点，努力建设"五个"湖北的目标，必须以和谐稳定的社会环境为前提，努力优化发展环境，尤其是营造良好的媒介舆论环境，获取更加有力的舆论支持。这就迫切要求我们各级党委、政府不断与时俱进，擅用新兴媒体传达党和政府的声音，引导社会舆情动态，提高网络舆论引导水平，对网民关注的热点问题尤其是突发事件公开、及时、准确地跟进报道，努力消除和化解不和谐因素，疏导公众情绪，为经济社会发展营造良好舆论环境。

4. 保障群众权利的需要

近年来，社会关注的"南京天价烟"、"陕西周老虎"、"云南躲猫猫"等热点事件，都是在网络力量的推动下，步步揭开真相，最终惩治了一批腐败或失职官员。民众通过网络参政议政，实际上是群众行使自身权利的表现，是借助互联网推进社会发展进步的一种新方式和新途径。网民舆论很多时候代表的是社会主流舆论和主要声音，反映的是亟待解决的民生问题，因此，我们要充分利用网络技术实现群众工作的信息化、网络化，扩大群众工作的覆盖面，更多地倾听群众呼声和意见，了解群众诉求和愿望，保障群众的知情权、参与权、表达权与监督权。

四、把握网络舆情的新特点和规律

（一）舆论载体大众化

随着科学技术的发展，网络舆情已成为互联网的一种新常态，各种网络载体以操作便捷、形式灵活、传播高效的优势受到网民的青睐。网上交流已经成为一些网民的基本沟通方式，我国常用的腾讯QQ、微信、微博等即时通信工具的人数超过6亿，经常在网络论坛发帖聊天的网民已突破2个多亿。这些地方都是舆论集中和发散的地方，不同的思想得以碰撞，不同的观点得以表达，不同的诉求得以关注。

（二）信息传播快速化

互联网上发布一条信息，理论上可以被不受地域限制的所有网民在瞬间接受。网络传播的便利性使得二次传播成本几乎可以忽略，信息的影响力却呈几何级数递增。QQ、微博、微信等新兴传播手段均与手机结合，实现了可移动操作，传播方式更加开放，内容风格上更加彰显个性，迎合了人们在网络时代获取信息、参与建设和宣泄自我的需要，非常容易在大众中推广流行。这些新兴传播手段的出现，使得信息几乎不需要把关就可以随时上网传播，通过论坛、转载、转发等形式迅速扩散开来，成为舆论焦点。

（三）网民群体层次化

深入分析、了解网民群体的结构特征，探求其变化趋势和规律，可以较好地把握互联网使用主体，从而准确把握网上群众工作的特点和规律。总体而言，我国网民群体呈现出"低年龄、低学历、低收入"的层次化特征。从年龄上来讲，以青少年为主，特别是20岁至39岁的网民在网民年龄构成中占据50%的最大比例。就网民学历结构而言，互联网正逐步向低端学历渗透，高学历网民比例逐步下降，这意味着互联网在中国未来将逐渐成为普通民众了解世界的平台。就收入而言，网民的收入分布结构继续向两端扩展，低收入网民增加。这些都决定了我国网民活力有余，但素养不足、心理成熟度不高，网络言行更易冲动和非理性，有时会站在主流价值观或主导社会意识的对立面。

(四) 网络行为盲动化

互联网的匿名性为网民提供了隐藏身份的机会,网民在网上公开、坦白、毫无顾忌地发表观点、意见,不用担心产生的负面影响和评价。这是网络舆论形成迅速、传播自由度高的主要原因。博客、微博、微信等网络新媒体的出现使得信息源头更多更广,党委政府很难再像过去那样对社会信息进行完全的把关,以往依靠组织权威进行意识形态灌输的优势受到极大冲击。一方面,由于匿名身份产生的"法不责众"的心理,另一方面,网络推手、网络"意见领袖"的推波助澜,更容易在网民中产生"群体极化"效应。"群体极化"效应可能导致网民的网络行为朝着极端偏激的方向发展。

五、多措并举开创网络舆论新局面

(一) 健全机制夯实基础

1. 推动党务政务信息公开

目前,很多民众持有"信法(律)不如信(上)访,信访不如信(互联)网"的观点,这类认知和情绪反映出对公权力的不信任感,对社会公正缺乏信心。面对网络舆论影响与日俱增的形势,公开、公平、公正处理事件是各地、各部门应对网络舆情核心,要进一步推动党务政务信息公开,提高透明度。只有更主动、更真诚、更及时地公开群众关心的问题,满足群众的知情权、表达权与监督权,把政府的信息公开做到实处,才能建立起政府的公信力。

2. 健全发言人制度

新闻、网络发言人制度是政府部门为使民意得到充分表达,积极应对舆论监督,正确引导网络舆情,促进政府信息公开,落实民众知情权、表达权与监督权,树立良好政府形象而建立的一种行政制度。其核心是通过发言人及时、准确地发布政务信息和回复媒体、网民诉求,在普通民众与政府之间搭建一条政策与民意互动的新通道,同时发言人以实名方式通过各类媒体发布权威信息,及时澄清虚假、不准确的信息,正确引导舆论走势,营造良好的舆论环境。发言人与网民沟通的基础在于"去官僚化",不要将现实中的官话、套话照搬照套,而要符合新闻传播规律,发言人的语言需要通俗化、生活化、情感化与幽默化,如此才能与记者、网民打成一片。

3. 强化督办考核机制

和谐舆情构建需要各地各部门全力配合、主动作为,因此,建立督办考核机制,强化单位责任意识和宣传意识,能更好地为经济社会发展创造良好的舆论环境。开展"和谐舆情"优胜单位评比表彰活动,考核内容包括各单位是否重视对舆论引导方面知识的学习,是否建立了新闻发言人、网络发言人,突发事件新闻应急预案等相关制度,是否有专门科室和人员负责宣传和网络舆情收集工作,对市内外论坛网民意见建议的处理情况,接受舆论监督的处理情况,年度内发生"舆论风暴"的地方和部门实施"一票否决"。

（二）创新方法把握主动

1. 提升互动交流水平

在与网民群体交流的过程中，领导干部要掌握一定的网络沟通艺术。第一，身份的平等性。与网民交流时必须平等待人、以理服人，而不应居高临下、以权压人。第二，语言的契合性。在利用网络开展群众工作的时候，要善于运用网言网语，拉近和网民的距离，增加群众工作的针对性和有效性。第三，以诚待人。在与网民的交流中，必须坦率真诚，这样才能赢得网民的理解和宽容。第四，宽以待人。针对网民提出的各种各样的意见，应该有一个宽容的态度，广开言路，给群众一个说话的宽松环境。

2. 创新网络沟通渠道

要研究启动官方微博、微信。号召领导干部上网、使用新媒体，直面社会，直面媒体，多为本地经济社会发展唱赞歌。尝试第三方调查模式。所谓第三方调查，就是通过邀请社会各界人士和网民，对事件组成第三方调查委员会，对事件的真相进行调查以后，实事求是地向公众公布事件的真相。适时召开新闻发布会或开展网上发布，实现政府新闻发言人代表与公众面对面的直接沟通方式。

3. 改革被动回应方式

面对网上突发事件，负责事件处置的地方和部门需要及早介入、主动回应、正确引导。第一，早说话。在信息传播中，第一印象对受众的影响尤为重要，在网络突发事件中，要做到先声夺人，准确发布权威信息，让政府的声音在第一时间进入公众信息体系。第二，敢说话。对社会关注的敏感问题和矛盾，相关部门要行动起来，采取有效措施，给社会一个满意的答复和处理结果。第三，会说话。政府部门和党员干部要广泛听取群众的呼声和意见，调查研究掌握事情的来龙去脉，利用主流媒体加强引导，快报事件，慎报原因，重报态度，不断提升舆论引导的针对性和实效性。

（三）弘扬主流树立导向

1. 牢牢把握网上宣传基调

宣传舆论工作作为社会的上层建筑和意识形态，本身是一个工具，用得好是党和人民之福，用得不好是党和人民之祸。网上宣传工作要多做统一思想、凝聚力量的工作，多做鼓舞人心、振奋精神的工作，多做解疑释惑、平衡心理的工作，不断巩固壮大主流思想舆论，形成正面舆论强势。要客观真实地报道反映经济社会的方方面面，让外界知道和理解党委、政府的基本政策和重大决策，保证百姓的知情权；要更加关注民生问题，及时反映党委、政府改善民生各项决策部署的落实情况；要实事求是地宣传改革的成就和带来的深刻变化，讲清改革的目的、前景和希望，指明解决存在问题的途径和措施，坚定人民对于改革的信心，提高心理上的承受能力。

2. 集中精力打造先进典型

充分利用网络宣传无界限、灵活性、及时性的特点，做好先进典型的宣传，发挥示范效应和引导作用，为经济可持续发展提供强大的精神动力。一要强化官方网站的带动作用。官方网络大力宣传可亲、可敬、可信、可学的先进典型，并组织在本地区各个媒体、论坛广泛讨论,形成声势。二要丰富典型人物的形象宣传。各大新闻网站要充分利用自身特点和优势,采取报道链接、故事集纳、语录汇集、照片组合等多种形式,生动讲述典型人物的感人事迹,使典型宣传更生动、更丰满、更贴近群众。三要充分报道先进典型的有关活动。对已有典型要加强培育,及时报道他们的美好言行。深入发掘突发事件中涌现出的典型,快捷地将有关信息告诉广大群众,把握最好的宣传时机。

3. 把握规律提升网民素质

互联网是把双刃剑,如何取其精华为所用,关键取决于网民的素质。目前各种社会矛盾、热点敏感问题充斥网络,引起了许多新的社会管理问题,因此,加强网民素质教育,提高网民对有害信息的自觉抵制意识和能力,对于建设社会主义网络思想阵地具有重要意义。一方面,要综合运用包括大众媒介在内的各种方式加强对网民的法律意识教育,提高其是非判断力和敏锐性;另一方面,要有针对性地加强网络道德教育,促使人们自觉地树立网络自律意识,遵守网络道德,不断建立和巩固网上社会主义思想阵地。

第十三篇 恩施州

社区信息化与构建和谐社会的研究
——恩施州社区信息化建设实证分析

恩施州"社区信息化与构建和谐社会的研究"项目组

社区信息化是政务信息化、商务信息化乃至城市信息化、社会信息化的末梢神经，是政府改善社区治理格局、完善社区功能、变革政府管理模式、打通政务服务"最后一公里"和"数字鸿沟"问题、加强和谐社区建设与管理、提升社区管理和服务效能的有效手段，是和谐社会、和谐社区建设的重要内容。

一、社区信息化推进恩施州和谐社会构建

（一）社区网格化管理体系构建降低了运作成本、服务更为精细、高效

1. 构建网格化管理体系降低了社会运作成本、创新管理方法

恩施市社区网格化服务管理信息平台以州城地图为载体，以现代技术为支撑，以人口、房屋、物品、事件、组织、地理为基本要素，建成市社会管理应急调度指挥中心、街道（市直部门）、社区三级数字信息平台，开发了社会管理应急调度指挥、矛盾纠纷联动化解等四个综合应用系统。目前在城区三个街道办事处和一个镇建成了社区网格化服务管理信息系统。初步形成了一个以网格为基础、社区为依托、部门（办事处）为应用主体的城市社区网格化服务管理新格局，在城市管理、服务城市居民、化解矛盾纠纷、维护社会稳定等方面发挥了积极作用。

恩施市网格化管理充分体现了信息化的优势，提供了主动发现问题、为民服务的手段；从手机终端拍照取证、发信到"调度中心""立案"和通知有关部门仅需要几分钟，许多疑难问题被及时解决、许多违章行为被及时制止、许多事态在初始阶段就受到控制，大大降低了社会运作成本。

恩施市网格化信息管理系统实有人口信息库是实现对人的管理手段，如公安的人口信息、劳动的就业信息、民政的低保信息、公共卫生的疾病和健康信息、社会发展的教育信息、社会保障金信息等，这些数据需要通过数据采集和信息交换平台从其他系统中获取；通过街道采集人户分离数据、房屋租赁数据等并存入人口资源库，为解决"人户分离"现象造成的新问题提供了有效的管理方法。

2. 网格化管理体系服务更为精细、高效

目前，与系统对接的公安、工商、民政、消防、城管、食品药品、综治、党建、卫

生、人社、房管、教育、国税13个部门均可根据给定权限在系统中读取需要的管理数据，其中，部分职能部门已经通过数据共享，解决了工作中的实际问题。如民政部门利用人口数据在社区开展居家养老试点，卫生部门利用系统信息开展社区卫生服务，办事处利用系统开展一年一度的夏季征兵，各社区利用系统查询为居民办理各类证件证、出具证明等。系统将基础数据信息与数字地图进行叠加，开发了地理定位、轨迹回放、短信网关、统一呼叫等功能。如：输入任意一个市民的身份认证信息，就可以对其居住地进行准确定位。通过管理系统的轨迹回放功能，可以对网格员的工作状态进行全面了解。全体市民可以拨打12319，指挥平台上就可以显示投诉者的基本信息，并对事发地进行精确地理定位。系统利用信息在各级各类平台间的快速传递，以扁平化的流程快速处置了大量城市事件。目前办事处、社区两级利用该系统已处理矛盾纠纷2412起。各职能部门，通过系统发现和处理了原来很多没有发现和处理的问题，提升了部门在市民中的形象。2014年州庆期间，指挥中心对州庆主会场（州文化中心）各个路口的机动车辆及全城出租车运行动态以及街面动态实行了全程监控，为维护州庆期间的平安稳定提供了适时有效的信息。网格员利用在网格内熟悉社情及开展日常巡查、入户比对等时机，为社区居民代办各内证件以及开展一些精细服务等，拉近了政府和市民的距离，如官坡社区针对留守老人的"红丝带服务"等，受到社区居民的一致好评。

（二）一站式事物受理的社区服务信息化彰显以民为本的鲜明特色

按照让市民"少跑一趟路、少跨一个门槛、少走一道程序"的原则要求，将市政府有关职能部门依法在街镇设立的各类受理事项和出证事项由原来部门分门受理，归并到社区事务受理服务中心一门受理。在对办事和审批流程进行优化的基础上，通过电子政务平台、现场服务平台和电话咨询平台，为居民提供前台一口综合受理、后台网络联通协办的社区事务受理服务。

1. 社区事务受理中心功能分区凸显出了居民办事需要

社区事务受理服务中心的常规项目包含了政务、党建、计生、社保、城市管理、综治等事务。项目对应项目告知单，每个项目告知单包括项目名称、政策规定、办事程序、所需材料、审批时间、协办部门、受理地点、联系电话、受理人员和投诉电话等要素信息，方便了居民办事需要。恩施市事务受理中心设置6个综合受理服务窗口，具有现场受理、网上受理、电话受理功能以及提示和防错功能，提高服务质量，减少社区市民办事往返次数和等候时间。

2. 社区事务受理中心全时空管理服务成效明显

恩施市现有20个社区事务受理服务中心，过去居民办一件事，需要多头跑，如今遍布各乡镇街道的社区事务受理服务中心让居民进一扇门就能把事办好。典型案例：恩施市民族路社区"一站式"便民服务大厅，设置了劳动就业、信访接待、计生、民政、民事调解、维权咨询、社区事务和综合服务等10个便民服务窗口。2013年，社区配合计生、民政、劳动就业、公安等部门共完成政务事项332件。该社区充分利用信息技术，不断创新社会管理方式，2013年社区组织成功化解矛盾纠纷10余起。

恩施市解放路社区依托恩施市民政局推出的"一键通"手机探索出社会居家养老工作

新模式。"一键通"手机是由恩施市民政局和电信共同推出的面向老人的信息化产品。"一键通"融合固网语音和短信接入技术，并能实现"一键式"家庭救助和生活咨询服务。产品系统由两部分组成，一是提供给老人的，"一键通"家庭救助终端；二是提供给社区的，"救助信息"远程管理与统计的Web平台。老人只需按动话机上的"一键通"按键，手机便可免费连线"社区居家养老服务热线"，同时社区管理电脑上将同时显示机主的住址及个人详细信息。解放路社区充分利用"一键通"便捷连通老人的功能，整合社区资源，采取多种形式广泛开展有偿、无偿、义工志愿者居家养老服务工作。目前该社区老人通过"一键通"手机连线社区即可申请代购、紧急救援、人文关怀、信息关爱、社区日托、生活照料、医疗康复、家政服务等上门服务，可真正做到让老人舒心、安心；让子女放心、省心。

恩施市胜利街社区对于社区内的社区矫正人员做定期的走访交谈的同时还充分利用"司法e通"系统全天制的跟踪定位，短信语音交流。双管齐下开展对社区矫正人员的管理、教育改造和帮助工作。"司法e通"管理平台是由司法部与电信部门联合开发的，通过手机定位技术对社区矫正人员进行区域监管，除定位监管外，该平台还具有信息交换、越界报警、警示告示、考核管理、数据统计等功能，有效地解决了社区矫正人员多、流动性大、跟踪管理难的问题，极大地提高了社区矫正的工作效率和质量。

(三)"十户电话联防"项目促进平安社区建设

恩施州综治办与通信公司联合率先在湖北省推出的"十户电话联防"项目取得了明显的成效。十户联防就是把分散居住的村镇村民，大约每10户，按就近居住的原则，归拢成一个联防小组，这个小组作为一个联防群体，成为联手防范单位。每户装一个既有接收又有发送功能编码不同的报警装置，谁家发生意外时按一下它，其他9户都显示发送者的编号，这9户人家的人会立即赶去帮助处理警情。目前，用户可以通过手机、无线电话、移动座机或报警装置，组成一个近10人的"邻里互助网络"，促进了平安社区的建设。一是通过技术防御的方式，增强了百姓的安全感和互助意识。二是弘扬了一人有难，大家帮忙的良好风尚。三是解决了社会治安人力不够的难题，降低了各类案件的发生。四是提高了百姓对治安、综治工作的满意度和人生、财产安全保障，受到湖北省委、省政府领导的认可。

(四)"农民办事不出村"工程受到肯定和推广

巴东县率先通过整合资源打造"政务超市"，将与农民生产生活息息相关的行政审批受理权限下放到村，畅通农民办事"最后一公里"。通过整合政务服务、远程教育和政府门户网站，搭建县、乡、村一体化服务平台，国土、计生、林业等15个部门57项审批业务均可在村级便民服务室办理。经过1年多的运行，2014年，巴东县又确定将业务范围从15个部门扩大到22个，服务项目从57项增至76项，涵盖审批服务、预约、咨询、商务四大类。国家电子政务专家委员会副主任汪玉凯认为，巴东县作为全国首个创新试点县所实施的"农民办事不出村"项目，在武陵山区独一无二，其试点经验可在全国山区推广。

二、恩施州社区信息化建设存在的主要问题及原因分析

(一)社区信息化建设人才队伍严重缺乏,从业素质需要提高

社区信息化缺乏专业人才且干部队伍培训的方式途径落后。全州现有2532个村,截至2013年年底,接受了专业培训的农村信息员仅554名。有关部门对干部队伍缺乏新型、有效的培训方式,干部自身的素质也没有太大的改善。而干部队伍素质不高反过来也导致社区信息化的培训难度加大;社区信息化的执行力不强;社区信息化的创新运用意识不够,能力不够,尤其是通过信息化建设的流程改造,标准化制定,数据共享等管理模式理解不多,推进难度大,信息化进一步创新的空间发展较为局限。

(二)社区信息化建设的支撑力较弱、系统通用性差

一是恩施州社区信息化建设一方面由于缺少资金,导致部分社区信息化基础差,有能力开发自己网站、建立社区服务呼叫系统的街道、社区不多,无法实现社区与居民之间实现网上互动、网上服务;另一方面有关部门投入的资金没有实现统筹使用,低水平的重复建设,造成投入资金未能发挥更大作用。

二是恩施州多个职能部门均在社区开展相关管理工作,同样的一批居民基本情况,在不同部门建的系统中多次出现,且数据采集的方法和标准差异较大,既造成重复建设,也增加了社区工作负担。因此,社区信息化的统一标准、统一管理、强化通用等问题亟待解决。

(三)信息无法共享,业务难以协同,形成信息孤岛

1. 没有统一的信息管理和审核机制

有社区反映,计生干事在分析本地计划生育情况时,因为得不到相关部门现有信息,只能依靠放鞭炮和居民体态判断婚姻和生育情况。

2. 多头重复采集,数据一致性差

如:民政救助中心在承办申请救助人员的申请时,需要市劳动和社会保障局信息系统帮助查询是否有就业行为,是否申领失业保险金,领取的失业保险金是否低于救助的标准,以及申请者全家人员的就业或失业状况,家庭收入是否低于本市生活平均保障线;对符合就业年龄的救助对象是否在劳动部门办理过"接受就业服务承诺书"手续,若原救助对象找到新就业岗位,需劳动部门将信息反馈给民政部门,办理救助"渐退"手续,直到停发放救助金。

3. 业务单位之间的系统没有联系,跨部门的业务流程无法协同工作

如:退伍安置流程要涉及公安、民政、劳动三个部门,在办理退伍安置过程中,这三个部门的系统相互之间没有协同起来,只能靠申请者一个部门一个部门地去申请盖章。

各单位网络自拉,设备自配,软件自行开发,虽然在业务工作中发挥了较好的作用,但缺乏全局统筹、标准不统一,出现条条分割的一个个信息孤岛。

三、创新恩施州社区信息化建设的对策建议

（一）加强宣传培训，提高居民认识度和参与度

利用社区报亭和宣传栏办板报、举办辅导讲座等多种形式，宣传社区信息化带给居民生活的便利、带给经营者的商机，激发居民对社区信息化建设的热情。社区联合技术部门长期开展信息技术培训，普及信息化知识和技术，让居民学会使用信息化工具，增强运用网络资源开展工作的能力。通过市场配置资源，动员社会力量参与社区信息化建设，推进社区服务事业的发展。

（二）着力引进、培养人才，解决社区信息化人才紧缺问题

树立共享人才理念，寻求与社会其他组织和团体的合作，解决社区信息化建设人才紧缺的问题。建立健全人才培训体系，可依托本地高校的培训基地，有计划地选调社区在岗工作人员和相关技术人员进行培训，提高社区信息技术水平和管控服务能力。筑巢引凤，积极优化引进人才和技术的政策环境，构建吸引高素质应用型人才建功立业的事业平台，让优秀的人才有用武之地。

（三）创新多元化投资机制，解决资金问题

各级政府应把社区信息化工作经费纳入预算管理，科学合理地确定社区信息化建设的分级投入机制，并提供启动资金和维护保障费用。通过市场机制运作，坚持"财政拨付、项目集聚、费随事转、共驻共建"的原则，吸引多种经济成分，拓宽社区经费来源渠道，同时加大财政向欠发达地区的社区、公共基础设施较薄弱的社区的倾斜力度，缩小不同市县、不同社区之间信息技术手段、管理服务、应用水平等差距。

（四）统一规划实施，避免盲目建设又互不兼容问题

遵循国家有关社区信息化的规范和要求，制定协调、统一的总体规划和实施方案。重视居民和社区发展需求，结合医疗、物业管理、家政等社区服务需求，搭建实用、管用、操作简便的电子商务应用平台，改善和提高居民的生活质量。社区信息化管理服务平台开发建设，既要符合社区信息化发展要求、符合居民意愿，也要实现社区信息资源互联互通，实现政府数据中心、各类应用系统基础数据和业务数据同步互动更新。

（五）发挥部门优势，解决信息资源不足问题

各有关部门要从全局出发，把社区信息化工作纳入社区综合管理和公共服务体系之列，明确各自的具体职责和任务，将社区综合管理信息系统和社区公共服务信息系统建设纳入社区建设总体工作进行考评。清理、规范部门转移延伸到社区的有关工作，杜绝本应由政府部门履行的职责转嫁给社区的现象。确需社区协助完成的行政性任务，所需人员由社区居委会面向社会公开招聘、考核监督。充分发挥市场配置资源的决定性作用，逐步建

立起组织有序、机制完善的社区信息化管理体制。坚持"政府引导、社区自治、社会参与、市场运作、服务居民"的原则,调动全社会的积极性,实现各类传输网络、信息资源互联互通、共建共享,避免重复建设。分阶段、分层次、渐进有序地建设社区信息化。采用开通社区服务热线电话,提供公共信息查询设施,设置社区服务亭等居民较为熟悉的方式提供信息服务。

(六) 强化社区自我管理服务功能建设,提高社区自治能力

强化社区自治意识,结合社区居民需求,建好自助服务信息库,完善管理系统,主动开展各项服务,增强社区凝聚力。完善社区服务市场运行机制,充分遵循市场经济规律,建立社会服务商登记注册加盟制度,把社区信息系统的开发、维护、技术咨询等工作交给企业,并制定社会化服务质量跟踪考评制度,对社会服务商实行奖优淘劣。发展壮大社区志愿服务队伍,结合社区实际和居民需求,培育和发展公益性民间中介组织,壮大社区志愿服务队伍。打造数字化社区,实现物业管理、远程计费、社区医疗、家政服务、公共信息查询等方面的综合信息化服务和智能化管理。以信息化手段开展民主选举、民主决策、民主管理和民主监督等等,实现网络化的社区居民自我管理、自我教育、自我服务。

课题主持人:罗祖恩(恩施州委党校州情研究室主任、教授)
课题组成员:陈袁丁(报告执笔人) 罗兴荣(报告执笔人)
 陈澄(资料整理、文字责任人) 张苇 刘杨

精神扶贫与恩施州可持续发展

袁玉鸣

"授人以鱼，不如授人以渔"。实施扶贫战略不仅需要加强物质扶贫，更要高度重视精神扶贫，建立起保持城乡贫困人口能够得到持续扶持与持续发展的精神支持及其经济法律制度。省长王国生讲，"开展综合扶贫试点工作，既是重大机遇，又是重大考验，要科学规划，明确责任，强化措施，务求实效。要整合扶贫开发资源，提升自我造血功能，在扶贫攻坚上实现新突破"；恩施州委书记王海涛同志在部署全州扶贫工作时强调，要把扶贫与脱贫作为事关发展全局最紧迫的"硬"任务、政治任务来抓，"走自己的路"。本课题组就恩施州精神扶贫进行了调研，并从影响恩施州致贫的隐性制约因素，物质扶贫与精神扶贫的关系以及解贫的精神路径上予以探讨，以期在精神扶贫上使全社会在认识上产生一点共鸣。

从纵向或横向比较，我们不难看出，在实施整体扶贫向精准扶贫转变中，我们深感过去无论是项目投入、建立社会保障制度还是在物质上，都给予贫困地区、贫困人口极大的帮助与支持，面貌焕然一新，而且都取得了可喜的成效，深得民心。所以，以恩施市龙凤镇吉心村为例，村民官地宽说："以前做梦都没想到能过上现在的好日子！"在国家相关政策的帮扶下，村里建起了葡萄、烟叶等农特产品基地，日子越过越好，去年，官地宽的儿子还买了一辆小轿车。这些典型说明了物质扶贫的有效性、及时性。但是，为什么在其他不少地方却不可持续性呢？为什么没有使人心服口服的示范带动作用呢？归结一点，就是在这些地方，无论是城镇居民还是农村居民，其精神状态仍然依旧，思想没有得到真正的解放，生产力和活力仍然没有得到根本改变。所以，在实施精准扶贫的今天，我们需要换一种思维，找到一个方向，从根本上找症结，那就是把精神扶贫这个内在驱动力、可持续发展力发挥好。

一、精神贫困是致贫与落后不可忽视的隐性因素

物质扶贫固然很重要，在其扶贫的初始阶段，在生理性贫困人群、自然性贫困人群和社会性贫困人群中彰显出它的力量与成就，这是一个唯物主义者不能忽视的重要方面。但扶贫工作对于众多的贫困人口来讲，最重要的还不是，也不应该仅仅是资金、技术、物资上的现实支持，更不是硬性的制度性安排、政策上的照顾。相对而言，是更为柔性的崭新的适应市场经济的精神文化确立，并通过这种精神上的破旧立新，使贫困者有一种通过自己的努力摆脱贫困的欲望与志气，有一种致富的豪气与理想。使贫困人群在心目中树立一

种自力更生意识、奋发进取意识、市场意识和开放意识，克服那种不接受、不积极、不主动、不努力、不感激等消极的东西。从恩施州贫困人口结构来分析，精神贫困及消极影响不可忽视，因而，扶贫工作以贫困根源为认识的逻辑起点来探讨扶贫，具有深层次意义。

（一）落后与保守导致脱困者眼界低

一个地方的落后，首先是观念的落后与保守，尤其在农村，种地靠经验在一部分农民心中已成为固定思维，坚守庄稼活，无需认真学，人家咋着咱咋着的模式，年年如此，周而复始。其结果是粮食产量增幅不大，经济作物种植又不懂，对农业科技是个门外汉，加之不了解市场需求，收入增长速度缓慢。同时，还有一部分人看到别人发家致富了又眼红。对于科技农业、经济农业、效益农业具有排斥性，即或县乡政府部门上门做工作，讲典型、做示范，他也是将信将疑，甚至具有很大的抵触情绪，因此，影响了脱贫致富的眼界开阔。此外，尚有一部分人，小富即安意识根深蒂固，认为在城市有低保，在农村有退耕还林补贴，粮食补贴等，加上搞一点经济作物就知足了，致富离自己遥远也无缘。

（二）懒惰与愚昧导致脱困者能力减弱

懒惰和愚昧在一起，勤奋和智慧在一起。无论在城市还是在农村，懒惰是愚昧的前因，愚昧是罪魁祸首。例如恩施市某村四组的一农户，父子俩仅靠卖山过日子，儿子既不出去打工，也不在家好好种田，成天在家睡懒觉。而房屋随时都有倒塌的危险，村支两委多次上门劝其把房屋改造一下，并承诺给予补足15000元，但他们却无动于衷，并说要么你们村里喊人来搞，要么给他修两层的楼房，如此贫困实在叫周围村民哭笑不得。所以，调研发现，在贫困人口中，绝大多数是勤奋的，但不乏有些人是由于懒惰与愚昧所致。在一些农村社区，尤其是封闭落后的乡村，除三夏三秋外，随时都能看到成群结队的中老年人在靠着墙根嗑烟灰，年轻人则聚集在一起斗斗地主，打打麻将，打打"少少胡"，整日无所事事。更有甚者，人家干活，他笑话，他们宁愿凑到一起赌博、打牌度日挣钱，或者串门、聊天、扯闲话，也不愿去田里劳动或外出打工，怕苦、怕脏。不学文化、不学技术。在一些偏远地方集资办"神事"、建房请"风水先生"、生病找"巫婆神汉"、为死者"超度亡灵"等歪风越刮越来劲。这些愚昧型消费，挤占了他们改善生产生活条件、子女教育、赡养老人等正当支出，增加了沉重的经济负担，使得脱困能力减弱，也给社区文明建设带来了诸多负面影响。有眼界才有境界，一个只看到自己、看到自己眼前的愚昧的人，是不可能走出贫困，真正致富的。

（三）无奈与冷漠导致脱困者出路狭窄

无奈之一是生态环境脆弱，生存条件恶劣，自然灾害频繁，基础设施和社会产业发展明显滞后，贫困程度深；无奈之二是缺乏专业技能。恩施州大约有90万贫困人口由于文化程度低，且初中及以下文化程度者较多，尤其是80后、90后，他们社会阅历浅、工作经验无、能力差，既搞不来农业，也不会做工，他们游离在城市和农村之间，是一个面临边缘化的群体。于是，他们迷茫、彷徨、无奈。有的要么拿着父辈们的辛苦钱、血汗钱去挥霍或游离在城乡之间，要么怨天尤人，不知该从何处找原因，等、靠、要思想在这类人群中极为严重。同时，在农村，一些农民对村里的公共事业漠不关心，对他人无所顾忌，眼睛只盯着个人利益的。因此，在一些村组就连开个会也很难，认为没有好处还耽误自己的时间，谁也不愿意去，要去的话最起码要发盒烟，发50元钱，于是集体活动难组织，公益事业没人干，使得农村公共事业发展难以顺利实现，发展生态受到制约。

（四）疾病与年老导致脱困者无信心

就恩施州贫困人群结构现状看，因病致贫返贫人群还占有很大一部分，尽管农村合作医疗在全州取得了让人惊叹的进步，给农村居民带来了实实在在的福音，但就医报销比例在当前还不大，自费压力让一部分人喘不过气来。所以，一个家庭哪怕经济条件较好，只要其中有一个人得了稍微大一点的病，很快就成为返贫对象。老年人群在农业生产发展中占有很大一部分，由于子女外出打工，老人担当了种田的基本力量，在这类人群中，多数人识字不多，年老体衰，既无技术，也无闯市场经验，更怕闯市场，整天只能就地靠蛮干过日子，所以，他们对于脱困也是显得信心不足。

二、把精神扶贫始终贯穿于物质扶贫之中

就一般情况而言，贫困地区在物质贫困的同时，精神上的贫困更为严重，极大地阻碍了当地经济社会的发展。因此，扶贫工作要坚持"两手都要抓，两手都要硬"。要在发展好经济、从物质上消除贫困的同时，重视从人们的精神上消除贫困，更要发扬恩施人敢为人先、不断进取、敢于担当的气魄。因为精神扶贫是更高层次的扶贫，有精神扶贫才会有可持续发展，才会创造更加美丽、富饶、文明、和谐的恩施。

（一）从贫困者角度看

事实上，从精神思想上关怀人与经济上新人同样重要，在很多时候，人们需要的往往不是口腹之欲，而是一方可以栖息心灵的芳草地，尤其在农村社区，悲观、苦恼、忌恨、忧郁、仇视等消极情绪，都需要从精神上疏导，去体贴、去关心。当然，物质扶贫不是不重要，而是要在物质扶贫之中，加强对贫困者精神上的正确引导，使之有一股不甘落后的心气，一腔谋求发展的热情，一种迎难而上的意志和奋力拼搏的昂扬干劲。通过党和政府物质上的关怀与支持，感受到自己没有被忘记，没有被抛弃，知道感恩、明白自己的社会责任。同时，也要使贫困者清醒的认识到在生活遇到困难时依法获得社会救助是其法定的权利，政府对贫困人口进行救助是其法定的责任，不觉得是被施舍，不要产生自卑、低人一等的悲观心理，要激发自我改变现状、主动参与反贫困活动的积极性，敢于走出家门闯事业，敢于参与社会竞争，敢于有美好的梦想。所以，做好精神扶贫，必须对贫困者进行思想观念上的引导，要倡导家庭互助和邻里互助，多交流思想，形成良好的发脱困生态。在农村要积极引导贫困者参与各类合作组织，营造脱困的氛围，坚定走社会主义道路的自觉性、共享社会主义制度好的优越性。精神扶贫在条件成熟时，还可以探讨将享受社会保障与参加一定的社会公益事业相结合，让受助者摆脱自己无用的看法，激发他们劳动的积极性与主动性，以免产生一批吃"社保"的群体，造成社会陷入"救济—贫困—再救济"的

恶性循环之中。

(二) 从社会角度看

脱困有三大目标，一是保障公民基本物质和精神生活，使其能够生存下去；二是贫困差距缩小，收入分配基本公平；三是贫困者能够融入主流社会，不被疏离化、边缘化。从社会学角度分析，第一，要把反贫困认识上升到精神层次上来，全社会都会更好地、自愿地动员起来消除物质上的贫困，减少社会精神排斥，建立社会网络，增加反贫困的社会资本，发挥家庭、亲属网络、社区、社团以及专业社会工作机构的作用，政府还要加强舆论引导和控制，营造使贫困者逐步融入主流社会的生态环境。第二，全社会需要更好、更实在的扶贫精神。恩施州委书记王海涛指出："恩施州所有工作都是扶贫开发工作，扶贫是恩施州工作的全部"。因此，我们要把开展扶贫济困活动当做幸福恩施的光彩事业，当做开展群众路线实践教育活动的重要内容，当做实践"三严三实"改进作风建设的标杆，当做建成全面小康恩施的宏伟目标来抓。恩施州在这方面做出了有益的探索，从农业部扶贫驻点的经验看，自1986年以来，挂职驻点干部不仅发挥了政策宣传员、项目督导员、工作协调员、对外联络员的作用，而且更重要的是带来了新观念、新思路和新作风；邀请全国知名专家到恩施州开展各种类型的实用技术培训、召开全国专业性会议等形式，培训推广先进实用技术；每年组织安排恩施州各县市、乡镇主管领导、农业干部、技术人员和村支书等，到先进地区现场培训和考察学习，开阔视野，启迪思路，激发热情，增强了紧迫感和责任感；开展"阳光工程"培训10多万人，新型农民培训12万人，并先后向定点扶贫地区赠送《农民日报》、《农民文摘》、《农村工作通讯》及各类专业技术书籍和杂志1万余份。加强脱贫第一线的核心力量，使党组织在脱贫解困中真正站到"前台"，真正能居于"第一线"，做到"四个倾斜"，即把精力向扶贫倾斜、把资金向扶贫倾斜、把人力向扶贫倾斜、把技术向扶贫倾斜，促进扶贫济困优秀团队、优秀项目单位和优秀扶贫个人涌现。同时，要充分认识扶贫脱困的长期性与艰巨性，坚定信心，做好打持久战的准备，为把恩施州建设成为先进自治州做贡献。

三、解放思想、振奋精神是摆脱贫困的关键

人类反对贫困的愿望和动力，既是利己的需要，也是利他的需要；既是一种理性选择的结果，也是一种伟大情感使然，但更主要的是一种情感使然；既是解决现实状况的需要，也是实现整体"中国梦"的长远所需，但是，扶贫是一个系统工程，而且是一个思维工程。习近平曾指出："地方贫困，观念不能'贫困'。""当务之急，是我们的党员、我们的干部、我们的群众都要来一个思想解放、观念更新。"他在讲到摆脱贫困时进一步说："其首要意义并不是物质上说的脱贫，而是在于摆脱意识和思路的'贫困'，只有首先'摆脱'了我们头脑中的'贫困'，才能使我们所主管的区域'摆脱贫困'，才能使我们整个国家和民族'摆脱贫困'，走上繁荣富裕之路。"解决意识和思路的贫困靠什么，靠新的精神确立，靠解放思想。应该说，改革开放给我们恩施带来了什么，每个一路走来的人都有不同的经历，不同的故事，不同的记忆，与自治州同行的人肯定都有同样的赞颂，同样的欣

喜，同样的期待。调研后我们感到，解放思想不仅仅是领导干部的事，农民也必须破除思想上的樊篱，才能脱困，才能真正致富奔小康。鹤峰的走马、恩施的芭蕉、建始的关店、利川的毛坝、来凤的百福司、大河都以事实说明了这一点。

"精神"是指人的意识和思维活动对客观事务所表现出来的一种积极的心理状态。因此，从恩施州贫困108.64万贫困人口结构分析，从恩施州现有有利发展条件分析、把扶思想，振奋精神作为扶贫的一个思路，是有独到之处的。

(一)解放思想，实行精神扶贫，树立起解决贫困的理想与信心

习近平总书记指出"在几千年的文明发展史中，我们已经树立了强烈的民族自信心，无论是民族危亡，还是民族昌盛时期，这种自信心都是我们民族中最稳定的成分。正是这种自信心，使中华民族渡过了近代史上许多内忧外患的危机，使中华民族在世界之林有了令人敬佩的今天。"同样道理，解决贫困，信心十分重要。就恩施来讲，强调振奋精神，就是要坚持以人为本，在扶贫开发中始终把贫困群众作为最高价值主体，把为贫困群众谋利益作为最高价值追求，把实现贫困群众脱贫致富奔小康作为最高价值目标。通过精神扶贫，解决信心不足的问题，树立"弱鸟先飞"的精神；通过精神扶贫，解决墨守成规的问题，树立开拓创新的意识；通过精神扶贫，解决自我满足的问题，树立追求卓越的境界；通过精神扶贫，解决消极等待的问题，树立抢抓机遇的胆识；通过精神扶贫，解决封闭保守的问题，树立开放合作的胸怀；通过精神扶贫，解决满足现状，树立实现"中国梦"的志向。因此，在精准扶贫的今天，如果我们在精确对接贫困农户的基础上，树立起了脱困信心和勇气，价值"项目直补、产业覆盖、技能培训、贷款贴息、资金互助"的实施，充分"借力"专业合作组织、龙头企业等以及小额信贷政策的智力优势和物质优势，使贫苦户脱贫增收更易实现。调研使我们认识到，在当前，全州上下广大干部和群众已经开始焕发出一种高度的事业心和责任感，团结一心加快发展、科学发展、创新发展、和谐发展的力量正在聚集，促进精神力量转化为丰厚的物质财富开始发酵，只要我们一鼓作气，建立起脱贫的信心，建成人文恩施、活力恩施、和谐恩施、繁荣恩施是指日可待的，使恩施州走在全国30个自治州的前列是有希望的。

(二)解放思想，实行精神扶贫，扶起脱困的发展的能力

从20世纪90年代以来，各级政府在扶贫上的各种投入其实是很大的，功不可没。但为什么在一些地方，贫困人口还是这么多呢，除了贫困标准调整以外，其实与扶贫的方式不无相干。因此，我们需要对扶贫理论、规划体系及扶贫措施予以反省，转变输血式扶贫模式，在治愚、治懒、治病的基础上，以"智力扶贫"为突破口，为贫困者提供知识、技术信息上的支持，这是一个破题之道，要有恩施人的"梧桐理论"引导恩施脱困。就恩施州108.64万扶贫分类情况看，转变观念，将教育发展放在民生之首，在学校服务半径上出实招，在寄宿制硬件上下工夫，在师资布局上动真情是可取的，要通过"教育扶贫"、"技能培训"，尤其是要通过技能扶贫，使当代农民成为善管理、懂科技的新型居民，当前，要着力支持办好村级图书室事业，办好农业技术夜校，从已经取得的经验看，恩施州在这方面是卓有成效的。为了真扶贫，扶好贫，先后举办了科技培训350期，共培训

35739人次，广播电视综合覆盖率达到97%；通电话村达到98%，因人而异的提高适应能力、动手能力、管理能力和创造能力，其效果十分明显，值得总结，值得推广。

(三) 解放思想，实行精神扶贫，注重谋事干事的意识与成效

实行精神扶贫倒逼出各级政府、各社会组织和企业在引领及促进发展思维上的转变，明确抓好扶贫的"纲"。首先是使扶贫的指导思想上更加清醒，要按照习近平总书记"三严三实"的要求，在作风上更加扎实，克服和防止空对空、务虚不求实，脱离群众的歪风。要有农业部恩施扶贫的那种"农民不脱贫，帮扶不脱钩"的深情与坚定信念。同时，要建立适合恩施州实际的经济、法律和规章来保证扶贫脱困取得实效，使造血式的扶贫得到落实。二是贫困者自己要想做事、做好事、做大事，找准脱困的出路，不要一步登天，从小产业做起，各级各部门要给予引导和启发，组织他们就近参观考察，使他们看到希望，萌发脱困的想法和激情，以形成靠自己做事、靠自己脱贫、靠自己致富的动力。各级政府、各社会组织要精心设计脱困的各种对策对接，鼓励致富户的示范作用、带动作用、帮扶作用，把对现行农村有关奖励政策与帮扶困难户的效果结合起来，要引导企业，尤其是农产品加工初企业向乡镇转移，使困难户就近就业，以改变破罐子破摔的陋习的转变，形成和谐发展的氛围。第三，要理想信念上要具有针对性，在脱贫的意识上要有新提高。在农村形成不等不靠的风气，以致富光荣、懒惰可耻来引领社会风尚，营造一个劳动光荣的农村新景象；要在促进人口素质的提升上有新突破。要加强教育培训力度，对高中及以下的中青年以及具有劳动能力的贫困者加强适用技术的培训，学得好的奖励，不合格不走人，直到学成为止，要教他们了解市场，懂得市场，激发在市场里淘金的动力。理论与实践告诉我们，通过解放思想，实行精神扶贫，可以以加快科学发展的实际成果，检验解放思想的成效和全体公民精神层面的提升，使领导者、组织者，建设者都能敢为人先、敢想敢干，发挥"滴水穿石"的作用，使贫困者振奋精神，不愿贫穷、不敢贫穷、不会贫穷，真正确立起自强不息的斗志。

总之，在整体扶贫向精准扶贫转变过程中，在坚持物质扶贫不动摇的前提下，一定要有要以"等不起"的紧迫感、"慢不得"的危机感、"坐不住"的责任感；一定要克服物质扶贫的局限性，要把精神扶贫始终贯彻到物质扶贫中，使全州城乡贫困居民树立起反贫困的信心，形成政府引导、各个阶层积极参与脱贫的良好环境，真正解决恩施州贫困人口占比较大的现状，以一流的扶贫精神再创佳绩。

参考文献

[1] 焦兴国. 摆脱贫困的探索[M]. 陕西人民教育出版社，1991.

[2] 习近平. 摆脱贫困[M]. 福建人民出版社，1992.

[3] 汪洋. 深入开展扶贫济困活动 更好弘扬广东精神，http://news.southcn.com/g/2012-06/30.

[4] 唐建，刘志文. 西部地区农村贫困现状、原因及对策探析[J]. 中国人口·资源与环境 2004(4).

[5] 刘进宝，王艳华. 中国欠发达地区贫困现状及扶贫对策分析[J]. 北京林业大学学

报(社会科学版),2009(12).

[6]恩施州书记王海涛与省扶贫办主任杨朝中会谈州扶贫开发工作,http://www.hbfp.gov.cn/zwdt/dfkx/9095.

[7]中共湖北省委、省人民政府关于推进湖北武陵山少数民族经济社会发展试验区建设的意见,鄂发〔2011〕25号.

课题负责人:袁玉鸣
执笔:袁玉鸣
成员:何荣 罗光敏 刘杨

恩施州"三位一体"乡村治理模式实效及影响研究

"恩施州'三位一体'乡村治理模式实效及影响研究"课题组

党的十八大提出，要健全基层党组织领导的充满活力的基层群众自治机制，以扩大有序参与、推进信息公开、加强议事协商、强化权力监督为重点，拓宽范围和途径，丰富内容和形式，保障人民享有更多更切实的民主权利。恩施州党委政府积极响应这一号召，围绕民族地区和贫困地区的实际，开展了以"提升乡村治理能力"为目标的体制机制创新，大胆谋略，审慎实施，方法新颖，反响良好，形成了"三位一体"乡村治理模式，从不同的角度切入乡村治理中，各自发力，但同时又相得益彰，为少数民族落后地区的乡村治理提供了有益的探索。

一、恩施州村级治理面临的困境

恩施土家族苗族自治州位于湖北省西南边陲，与重庆、湖南毗邻，辖 8 个县市，88 个乡（镇、街道），119 个城镇社区、2531 个村（其中 27 个以社区命名）、485 个居民小组、22921 个村民小组，户籍人口 405 万人，常住人口 331 万人，是一个汉族与土家族、苗族等少数民族人口混居的贫困山区，社会管理难度大、任务重。进入 21 世纪以来，各级政府都给予了恩施州乡村社会极大的关注支持，乡村社会有了长足发展，但是从治理的角度看，乡村治理的整体状况并不十分乐观，出现了"强发展弱治理"的现象，也就是说快速的发展并没有带来良好的治理，或者说，治理的质量并没有获得与经济社会发展相适应的提升，许多方面治理的质量还滞后于经济社会发展的水平，不能满足人们的现实需求。作为少数民族贫困山区的恩施，在村级治理中，目前存在着几个急需解决的困境。

（一）受地理因素的制约，乡村治理成本与农民的办事成本高

恩施州国土面积 2.4 万平方公里。乡镇的管辖范围平均为 273 平方公里，有一半的乡镇范围在 300 平方公里以上，其中面积 300~400 平方公里的乡镇 23 个、400~500 平方公里的乡镇 12 个、500 平方公里以上的乡镇 6 个，如宣恩县沙道沟镇的面积达 650 平方公里。州域村一级的范围平均为 9.5 平方公里，与湖南桑植县交界的鹤峰县红土村面积达 46 平方公里，比平原地区城郊的一些区县面积还要大。且境内沟壑纵横、坡陡路险、山大人稀，如巴东县，南北纵距 129 公里、海拔高差 2900 米，长江、清江两江分割，有些村与县城相距达 200 多公里，老百姓到镇上、到县里办事极为不便，曾有村民为了户籍问题跑了好几个月之久的案例。恩施州平均每平方公里只有 131 人，村级党员群众服务中心

周边 1 公里内村民不足 100 户的占 70%以上。这种人文地理条件决定了行政管理成本高，农民办事极不方便，享受政务服务等成本很高，这对恩施州来讲，既是制约因素，也是乡村治理机制创新的突破口，或者说是解题思路。

（二）乡村社情复杂且工作量大，对基层组织的治理能力要求高

一是恩施州是少数民族聚居区，土家族、苗族等少数民族人口占总人口 52.76%，各民族习俗的差异性考量基层治理的能力。二是人口文化素质偏低。恩施州第六次人口普查显示，初中、小学和不识字的人口占总人口的 74.3%。人口平均受教育程度为 7.48 年，整体水平不到初中二年级层次，远远低于全国、全省平均水平。三是近些年来恩施州的交通等基础设施建设在提速，也就涉及更多的征地拆迁，由此引发的土地纠纷、林权纠纷等社会矛盾较多，且目前干部群众的法律意识和法治思维还比较薄弱，2012 年涉法涉诉信访案件居全省前列。四是农村青壮年外出务工多，由此产生了人数众多的留守儿童、留守妇女、留守老人群体，"三留守"家庭面临精神负担重、培养教育后代难、家庭发展能力下降、家庭功能弱化的问题，迫切需要基层组织关怀。显然，与非民族地区、非贫困山区比较，恩施州乡村治理工作更复杂、难度更大、任务更重。

（三）乡村空心化现象严重，导致治理主体出现了危机

恩施州作为少数民族贫困山区，绝大多数村庄还是属于普通农业型村庄，大多数村没有集体经济，村庄中外出务工人员比较多，村庄空心化问题比较严重。如全省"四化同步协调发展"重点镇的利川毛坝，总人口是 39453 人，外出务工的人口达到了 15148 人，比例达到了 38.4%，高于全国 26.7%的水平。且外出务工者，大多数是有文化、有能力的青壮年，留在乡村的大多是年龄偏高、文化偏低、能力偏弱的人员，综合素质相对较低，不具备当好村干部的条件。2012 年全州外出务工的劳动力达 84.04 万人，其中常年在外务工的 79.6 万人。由于村级精英的"流失"，相应地村干部队伍也就缺乏基本的人才保障。而通过我们的调研还发现近几年来村级主职干部（村书记与村主任）的流失现象比较严重，即便愿意留在现岗位上的，其思想也大多非常消极。一是待遇低问题，包括工资与养老保险。近年来村干部的工资主要来源于国家的转移支付，并呈逐年增长的趋势，但这种增长远远低于目前整个社会劳动力工资的快速增长。在最近几年劳动力工资上升的影响下，国家转移支付下所确定的村干部的工资已远远低于外出务工收入，使得一些农村治理精英纷纷选择离岗外出务工。而在养老保险上，村主职干部参与的是农村社会养老保险，与企业职工养老保险差别很大。现实中，也的确存在为数不少的离任村干部丧失了劳动能力，生活十分困难，仅靠离任生活补贴（1000 元/年）和低保维持生活（而有离任生活补贴的也仅是部分人员），所以我们在调研中，有村干部很直白地说，"现在是给共产党打工不如给私人老板打工"，这一思维方式也流露出，当前大多数村干部的自治意识比较低，认为他们不是在为村民、为自己在工作，而是在为党和政府工作，某个侧面上也反映出村级组织行政化的倾向严重。二是由于工作任务过于繁重。在目前的压力型体制下，村级组织越来越行政化，其承担的任务也日益繁重。根据我们的调查，村干部的具体工作大约有 200 余项，村主职干部全年工作时间少的在 180 多天左右，而多的长达 300 多天，很多人

无暇顾及自己的一亩三分地。过低的待遇与过重的工作负荷，让一些村级组织已经面临严重地人才难觅的问题，必须拓宽选人视野和用人渠道。

基于上述考量，恩施州委按照党的十八届三中全会提出"提高社会管理科学化水平，必须加强社会管理法律、体制机制、能力、人才队伍和信息化建设"的要求，抓住国务院在州域龙凤镇开展"综合扶贫改革试点"的机遇，大胆对乡村治理方式进行创新。2013年在所辖的恩施市、宣恩县、咸丰县农村进行"村医村教进村级班子"试点，2014年4月恩施州委下发了《关于做好选拔优秀村医村教进村级班子的通知》，在全州推广试点经验；2013年先后在巴东县、建始县、恩施市进行"农民办事不出村"试点，利用现代信息技术，建立网络平台，开展网上办公，实现农民办事不出村，2014年4月恩施州委办公室、州政府办公室下发了《关于在全州推行"农民办事不出村"信息化便民服务的通知》，推广放大试点成果；2013年上半年在恩施市龙凤镇进行"律师进村开展法律服务"试点，2014年4月对试点进行了总结推广，目前已在全州普遍推行"律师进村，法律便民"服务，并计划用一到两年的时间做到全覆盖。

二、"三位一体"治理模式的有益探索

任何公共政策的出台都是为了解决当前存在的一些突出问题，恩施州"三位一体"模式的治理创新，就是问题导向下的机制创新，其核心是努力挖掘乡村内部的资源并与外部输入资源充分结合，着力于乡村治理的人才、平台及手段等的建设，从不同的角度切入，形成了乡村治理的合力机制，以"村医村教进班子、农民办事不出村、法律顾问进乡村"为抓手，创新基层治理模式，构建了以"多方参与基层组织体系、基层法治秩序体系、基层现代管理与服务体系"为主要内涵的"三位一体"基层治理模式。村里优秀的医生和教师进入村"两委"班子，有利于建设多方参与的组织体系，更好地发挥在乡村治理中的主导作用。应用现代网络信息技术，在村级这个国家治理体系的末端进行网上办公，既惠民便民，又能提高管理和服务效率。律师进村、覆盖乡村的法律顾问制度，有利于建设基层法治秩序体系，推进乡村依法治理进程（如图1所示）。

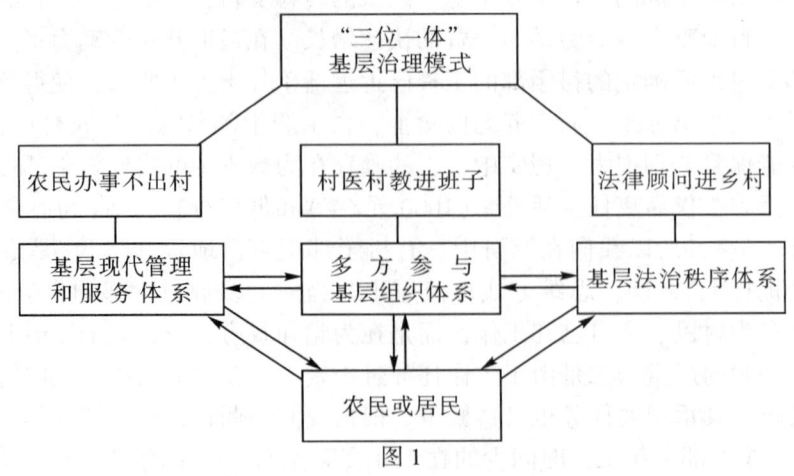

图1

(一)村医村教进班子

村医村教,是村卫生室的医务人员和村小学教师的简称。村医村教进班子,就是把农村的医务人员、教师纳入村级后备干部队伍的视野,从中选拔适应做乡村治理和群众工作的人员进入村支部委员会、村民委员会"两委"班子。在履行业务岗位职责,做好医务或教学工作的同时,发挥联系群众广泛、群众信任度较高的职业优势,开展村务工作。

村医村教进村级班子,缘起于2013年4月15日湖北省委书记李鸿忠同志深入咸丰县申李坝村调研时,称赞村医杨芳是全心全意为村民服务、全科医生、全天候服务的"三全医生",要求恩施州在基层组织建设中把农村医生等人才纳入"视野"。随后恩施州在全州范围内进行了广泛调研,在先行试点的基础上,全面推行优选村医村教进村"两委"班子。目前,恩施共优选1256名村医村教进入村级班子,其中村医974人、村教282人。有56人兼任村党组织书记,41人兼任村委会主任,333人兼任村"两委"委员,826人兼任村书记、村主任助理或村务协理员。在优选村医村教的同时,各级党组织还把视野拓宽到农村兽医、电工、致富带头人等群体,实现基层治理人才多元化。

恩施州优选村医村教进入村级班子坚持了"四个三"制度。一是坚持三条原则选人,即个人自愿与群众认同、岗位需要与业务对接、业务能力与管理能力相结合的原则。二是按照三个环节进入。即多种方式推荐(个人自荐、群众推荐、组织推荐),实行双向选择;县乡联动考察,确定初步人选;依法进行选举,符合规定当选。三是采取三种方式培养治理能力。即集中进行上岗培训;定期配发学习资料;实行传帮带培养。四是实行三项措施管理。即按照人岗相适原则分配工作;建立目标责任制考核工作表现,年度考核优秀的优先评聘专业技术职称;落实村干岗位报酬,每人每年发放3000元左右的工作补助,由财政进行预算。

恩施州选拔村医村教进村级班子的做法,虽时间不长,但已显现出良好效果。一是加强了基层组织建设。村医村教的进入使56个村党支部有了书记、41个村委会有了主任。有效解决了部分村级组织建设无人可选的难题,同时,村医村教的进入优化了村"两委"班子结构,增强了组织活力和凝聚力、战斗力。二是提高了乡村治理水平。初步统计,村医村教帮助任职村完善发展规划656个,协助成立农民专业合作社15个,参与化解各类社会矛盾纠纷2000多起,且调解成功率达90%以上。三是拓展了人才工作思路。组织部门在村医村教队伍中开展了意向调查,92%的受访对象表示赞成优选村医村教进村级的做法,并表示愿意到村任职、服务群众。一些县市如咸丰还把优选村医村教进村级班子的做法,延伸到了优选村兽医、电工等乡土人才,目前咸丰县已有20名兽医、30名电工参与了村级事务管理。

(二)农民办事不出村

近几年来,恩施州对外交通长足发展,但是州内通到村与组的交通还是很不便捷,有的乡村到县城的距离达200多公里,且多是崎岖危险的小山路,加之一些部门的服务意识不到位,农民办事难、成本高、效率低、周期长。危机变动机,恩施州于2013年开始实施"农民办事不出村"的信息化项目建设,充分利用已有的农村基层党建网络,再造行政服务流程，弥补山区交通条件落后的"短板"，将政府服务的触角延伸到村级党员群众服务中心，让老百姓不出村就能办成事。

1. 整合资源，建设"农民办事不出村"信息服务平台

各县市政府与相关科研单位合作，研发了专用网络办公软件，并在县、乡机关和具备光纤通信条件的村安装运行，建立"农民办事不出村"智慧服务平台。该平台按照"系统建设、层级管理、双向互动、易于操作"的原则，设有办件提醒、政务公告、待办事项等几大板块，具有工作安排督办、政策咨询宣传、业务审批受理、信息通报反馈等功能，县、乡、村三级通过信息化系统进行在线传输、同步审核、结果反馈、实时提醒、监察统计、流程跟踪，让信息网络代替农民来跑路。

2. 简政放权，把办事职能、职权下放到基层

为使智慧服务平台真正发挥作用，积极开展行政审批专项治理，督促涉农部门精简审批事项和前置条件，将与群众息息相关的组织、计生、民政、国土等22个部门76项行政审批与服务事项，授权村便民服务室直接受理。在县乡机关明确专人网上跟踪办理，村里则从主职（后备）干部、大学生村官中选定2名受理员形成"AB"角，集中培训后持证上岗，周一和周四坐班、村主职干部陪班，其他时间实行电话预约办理。

3. 网上办理，及时解决农民生产生活难题

农民办事，只需要到村党员群众服务中心提交资料、填写表格，村受理员负责初审并上传相关附件，再由乡镇、县政务服务中心按照管理权限逐级审核、办理，其结果通过该平台反馈到村，最后由村里告知申请人办理结果。由此，在农户家门口与县直职能部门之间，形成了一套外网受理、内网办理、外网反馈的"一网式"纵向直达的"高速路"，把原来的机关办事服务窗口移至村级党员群众服务中心，服务触角延伸到了老百姓家门口。

4. 严格考核，确保办事结果群众满意

建立系统运行绩效考核和县乡层级考评办法，定期对网上办结事项进行数据分析，综合业务办结数量、坐班服务效果、群众满意评价等因素，对村、乡、县三级受理人员实行绩效考核，考核结果与工作业绩挂钩。智慧服务平台成为了方便群众办事的"直通车"。此外，"农民办事不出村"还整合了银行、通信、电力、供销、商务等部门资源，在信息服务平台上开设邮政商易通、金穗支付通、供销裕农网、电信空中充值机等电子商务终端，为群众提供党员管理、惠农补贴领取、电费收缴、话费充值、网上购物、汇款转账、信息咨询、车票代购等生产生活综合服务，打造"服务连锁超市"。

农民办事不出村的具体流程如图2所示。

农民办事不出村，就是以村党员群众服务中心为基础，利用光缆宽带通道和现代信息技术，在村党员群众服务中心的村民办事大厅建立信息网络平台，开展网上办公，在网上直接办理群众生产生活事项、提供惠民信息。目前已形成"五务合一"（党务、政务、村务、事务、商务）的运作模式，即方便了群众，也把信息基础设施带到了更广大的农村。电信、联通、移动等电子商务通信部门，不断向农村拓展市场，建成了38150公里光缆宽带线路、4653个移动通信机站。目前，恩施州已有623个村及社区实现了农民办事不出村，25万余户农户建立了"十户电话联防"。仅巴东县就有125个村实现了农民办事不出村，已累计受理行政审批事项1.01万件，办结9418件，办结率94%。有4.7万个低保户

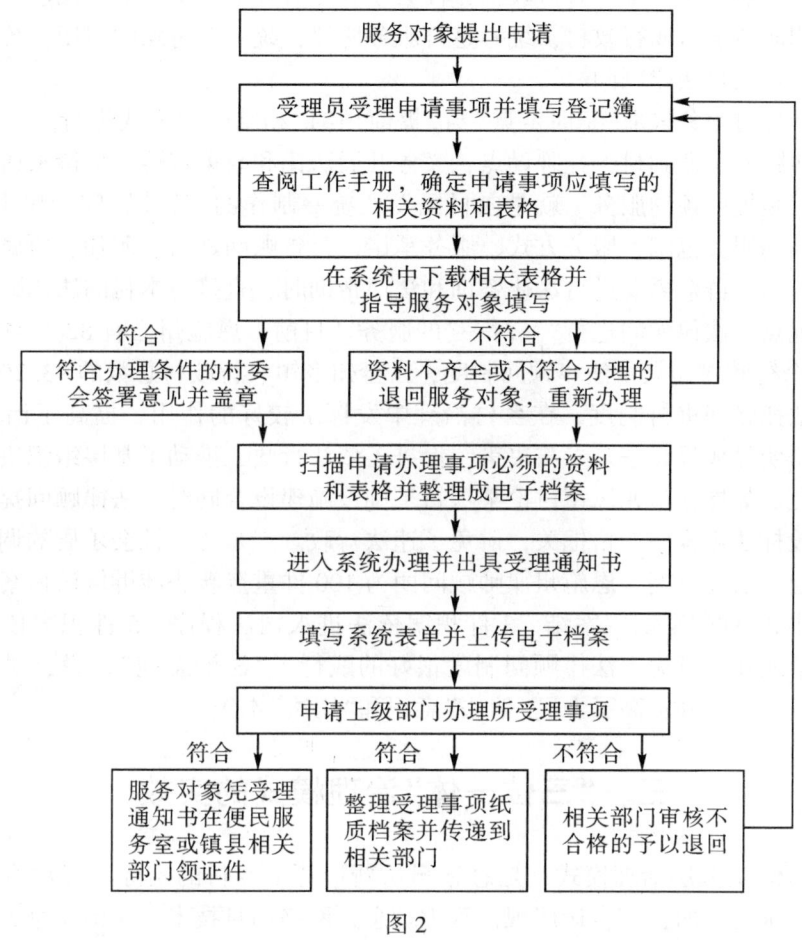

图 2

和老年人在村里支取保险金,完成取款和转账业务2.64万笔,办理电费缴纳、电话费充值业务2.48万笔,网上购买商品500多万元。网上服务,使群众少跑路240多万公里,直接为群众节约办事成本近500万元。

(三)法律顾问进乡村

随着农村经济社会的发展,村庄的边界由封闭走向开放,乡村社会与外界的交往与流动越来越多,传统的熟人社会已加入了更多的"生人社会"的成分,随之而来的是农民各种利益诉求的与日俱增,乡村社会的利益调节越来越需要现代的法治手段。恩施州积极探索法律顾问进村制度,高标准推行"律师进村,法律便民"服务,在全部乡镇和村委会建立法律顾问制度。法律顾问在村一级建起"法律诊所",进行法律知识宣传,提供法律咨询,参与乡村社会矛盾纠纷的调解和信访案件处置工作,为基层群众开展法律援助服务。

恩施州在乡村建立法律顾问制度,是采取政府预算资金、集中购买法律服务的方式进行的,实行一个乡镇有一个法律顾问团,一个村(社区)安排一名法律顾问。城中村和城镇周边的村,一般社会矛盾纠纷比较突出,固定一名律师或法律工作者为法律顾问。城郊以外的乡村，一般山大人稀、人口较少、社会矛盾相对较少，由乡镇人民政府统一聘请一个法律顾问团队覆盖所属行政村，统一签订服务协议，统一支付顾问费用，统一安排律师或法律工作者担任村法律顾问。

法律顾问进村服务采取"定时定点"与"提前预约"相结合的方式进行。一是定时定点服务。即法律顾问定期到村，挂牌设点，义务开展法律和政策宣传，接待来访群众，化解矛盾纠纷。二是提前预约服务。就是向村民发放统一制作的《法律顾问便民卡》，便民卡明确法律顾问的服务范围、服务方式、服务承诺，公告顾问姓名、照片、所属单位和联系方式、联系电话。群众需要进行法律咨询和法律帮助时，直接与本村的法律顾问联系预约服务时间、地点，法律顾问进行"一对一"的服务。目前，恩施州已有82个乡镇和街道办事处、1886个行政村建立了法律顾问制度，占全州乡镇、行政村总数的93.2%和74.5%。

恩施州法律顾问进村制度，在乡村治理中发挥了较好的作用，提高了治理能力和水平，并已取得明显成果。一是参与决策，促进了依法行政，推动了基层组织决策进一步规范化和制度化。如恩施市龙凤镇讨论某项目基础设施建设合同时，法律顾问提出了修改意见，并从招投标法定程序严格把关，避免了违法行政。二是协助社会矛盾的调解处置，促进了社会稳定。前段时期，恩施州律师顾问团为100件重点涉法涉诉信访积案出具了律师意见书。其中23件积案实现案结、3件积案依法进入司法程序、5件积案依法终结、69件积案正在落实化解意见。法律顾问制度很好的践行了"法治恩施"建设，对调节乡村社会的利益矛盾，培育和提高了农民"信法"意识和"用法"本领。

三、"三位一体"治理模式的实效

"三位一体"的基层治理模式，是恩施州从新形势下乡村的实际状况出发，以满足农民群众基本需求为导向，综合运用现代管理理念，网络信息技术，法治思维方式，整合社会各类资源，探索出的一条在经济落后、交通不便、地广人稀的贫困山区低成本提高乡村治理效能的新途径。实现了基层社会治理取向人本化、治理主体多元化、治理方式现代化、治理手段法治化，在乡村社会的稳定和谐与民生事业、经济发展、基层组织建设中发挥了良好的效果，得到了社会各个层面的广泛认可和人民群众的赞成拥护。

首先，"村医村教进村级班子"解决了非常急迫的乡村治理主体危机问题。村级干部队伍人才的匮乏，是现当下乡村社会治理的困境之一，也是急需解决的问题，恩施州的主政者们非常有创意地想出"村医村教进村级班子"的点子，是基于现实考量的最佳的解决这一问题的办法。一是其解决了村级干部人才缺乏的问题，二是还可以充分利用村医和村教的身份优势、知识优势及工作优势，拓宽与村民交往沟通并为村民服务的渠道。三是对乡村社会的管理精英进行了整合，强化了乡村治理主体的能力。乡村治理主体本就应由那些主要利益在村庄、主要关系资源在村庄、具有较高社会威望的村庄内的生活者来承担，只要他们具备维护农村稳定、促进农村发展、表达多数人利益诉求、反馈农村政策绩效、发展基层民主的能力与动力，国家政策安排就应该支持其成为村级治理的主体。

其次，"农民办事不出村"则更是把服务送上了农民的家门口，充分利用信息网络平台直接办理农民在生产生活中的各种事项，包括行政审批受理、惠农补贴领取、电费收缴、话费充值、车票代购、汇款转账、信息咨询、网上购物、招商引资、产品供求等，基本实现了党务、政务、村务、事务、商务"五务合一"，有效解决了农民以往到县乡办事"跑断腿"的难题，并精减流程，简化程序，过程透明，效率提高，随之而来的是群众满意率的提升。对政府来说只是前走了一小步，但对千千万万的农民来讲，却在生活上便利了一大步。其外在效应还在于扩大了对农村的投资，把信息化的触角更多地渗透到农村，在号称"大数据时代"已来临的时候，不断缩短农村与城市在信息基础设施方面的差距，在发展思路上体现了城乡一体化的趋势。某种意义上，也可以说是服务行业有政府的引领下向农村覆盖。比如其中涉及的电信、银行与电力等服务类行业，仅靠企业自身的盈利动力机制是难以向农村地区推广的，正好借着政府搭建的这个平台，把服务更多地投入到农村，既扩大他们的市场范围，又能够满足农民的公共需要，同时政府也提高了自身的公共服务能力。这正好切合了治理思维，因为治理的本意就是作为主导方的政府要更多地整合社会力量、市场力量来解决人们面对的公共问题。

第三，每村一名法律顾问的做法，既及时响应了国家的要求，也回应了农村居民的现实诉求。改革开放以来，伴随着剧烈的人口流动，农村社会空心化严重；随着市场经济的强力渗透，人际关系变得越来越理性化、工具化、冷漠化；随着村庄社会边界的开放，村庄共同体解体，传统的伦理道德和地方规范瓦解，农民沦为"无公德的个人"。这些约束性条件决定了乡村治理的重要任务是维护基层稳定有序而非带领农民致富，期望以"双带工程"妙实现共同富裕的治村策略即使能在个别村庄实现，也不宜在全国推广。总体说来，当前村庄社会日益松散化、冷漠化，村民变得原子化、功利化，农村社会正在从"熟人社会"向"陌生人社会"转变，而这还将会是一个长期的过程。在未来50年里，大部分农民仍然要像候鸟一样在农村和城市之间流动，依托村庄完成劳动力再生产，他们将长期维持在"温饱有余、小康不足"的局面。我们认为农村基层组织的功能不在于带领村民发家致富，而在于维持社会稳定有序，为农村提供基本的公共服务。在传统伦理日渐式微的情况下，靠法制来维系村庄的秩序，既是时代发展的潮流又是现实的迫切需要，每村一名法律顾问的积极推行正切合了这种需求。法律顾问既可以作为国家法律的宣讲者，又可以成为村民利益的保护者。在当今的乡村社会，一方面，乡村内部了分层越来越明显，多元利益主体的出现也加大了纠纷冲突的增多，人们需要更多的来自法律层面的保护；另一方面，社会流动性的增强，走出去的乡民们更是需要储备必需的法律知识保护自己，当利益受损时可以借助法律这一保护工具。更重要的是，法律顾问普及，对于提升老百姓的法律素养有着深远的意义。

四、"三位一体"治理模式的推进特点及影响

（一）推进特点

1. 价值取向上体现了以民为本

乡村社会的主体是农民，解决农村社会各种问题时必须考虑农民的需求。恩施州"三位一体"的乡村治理模式，从基本的州情县情村情出发，以满足农民的需求为根本导向，

走出了一条在经济不发达、且地广人稀交通不便利的少数民族落后地区提高乡村治理效率的新路。

2. 决策过程充分体现了科学化民主化

从决策的过程看，各项创新政策的出台都经过了充分的调查，广泛征求各方意见，例如其中一个决策依据是：当前恩施农村还有些什么人？他们最需要什么？州委州政府通过充分调研，得出的结论就是：恩施州大量劳动力外迁，留守在乡村的多是老人、妇女及儿童，他们最需要的不是政治需求，也不是经济发展的需要，因为现有人员的能力和素质跟不上，家庭收入主要来源于外出劳动力的打工所得，所以他们最现实、最强烈的需求是良好便捷的公共服务。其次是政策的出台都力求征得专家的咨询及建议，例如"农民办事不出村"信息化项目，就是由中国改革研究所承担总体规划、软件定制和技术咨询，而法律顾问制度则是聘请了17位知名专家组建法治建设专家委员会，充分听取他们的意见与建议。

3. 决策的推进以渐进式为主

恩施州"三位一体"乡村治理模式并不是一开始就采取普遍开花的做法，而是分别找到试点，如村医村教进两委就选取了恩施市、咸丰县、宣恩县为试点，"农民办事不出村"则是以巴东为试点，在试点取得了比较成熟的经验及制度后再进行推广。目前正处于各个试点成功经验总结推广的阶段。

(二) 社会影响

1. "三位一体"治理模式，体现了民主、服务、法治等现代社会治理理念，实现了基层社会治理理念的根本转变

村医村教进村"两委"班子，不仅加强了基层组织建设，而且是基层民主管理的有效形式，是民主政治在基层社会的生动实践。农民办事不出村，从目的、过程、结果都围绕方便群众办事、解决群众问题、提高服务效率的目标任务进行，较好地体现了人民主体地位，即"为了谁"的问题。从政治的角度看，政府将公共权力和公共资源应用在乡村基础设施和信息化建设等方面，是将人民委托授予的权力用在人民群众的利益上，不仅回答了政府权力来自人民的政治命题，而且实现了政府为人民服务的历史责任。从管理的角度看，农民办事不出村的信息化建设，是前瞻性地统筹了城市与农村的发展。2013年被称为"大数据元年"，人类社会已进入大数据时代，而在大数据时代，最重要的基础设施不再是铁路、公路、水、电等，而是信息化的各种设施和手段。恩施州在财政并不宽裕的情况下，拿出大笔的资金用于农村的信息化建设，是在新的时代条件下实现城乡的统筹发展。在乡村全面建立法律顾问制度，不仅是形式上的法律服务，更是地方政府社会治理理念从"人治"向"法治"的根本转变。可以说，恩施州探索的"三位一体"基层治理模式，所秉承的民主、服务、法治等基本理念与当今时代主旋律紧密相连，具有与时俱进的理论品质和勇于创新的开拓精神。

2. "三位一体"治理模式实现了行政服务方式的重大变革

传统的以政府为主体的单向度服务方式越来越不能满足人民群众的需求，创新服务方式，建设服务型政府是解决这一问题的有效方法。恩施州利用现代信息技术建立网络服务平台，将与人民群众息息相关的具体事项置入服务平台，实现全面、快捷、便利、透明的服务，最大限度地满足群众需求，符合服务型政府的基因特质。恩施州"三位一体"治理模式中，农民办事不出村转变了服务方式，优化了服务流程，进一步提升了农村基层组织的服务效能，打通了农民群众办事的"最后一公里"，真正实现了为民服务的"零距离"。过去群众"找服务"、"求服务"，现今网络叫"数字跑路、群众歇腿"。这一服务方式的变革不仅反映了地方政府服务理念和方式的转变，而且还折射出政绩观的改变，过去经常在基础条件好的地方加大投入以求显性政绩，但最需要服务的边远乡村往往因分散、偏僻、基础差不愿投入和建设。如今却将服务触角普惠到广大农村，让绝大多数农民群众享受到社会发展的成果。

3. "三位一体"治理模式符合基层社会实际，社会认可度高

首先是得到了群众的广泛认可。村医村教进班子，很好地解决了青壮年农民外出务工造成农村基层组织"人才难觅"的现实问题，加强了基层组织建设。农民办事不出村，既有效解决了农民办事不方便、办事成本高的问题，又提高了乡村治理能力和水平。法律顾问制度在乡村全覆盖，拓宽了农民保护自身利益、维护自身权利的渠道，也将有力地推进法治政府、法治国家建设。据组织部门对村医村教进班子、法律顾问进乡村、农民办事不出村的民意调查显示，绝大多数的受访对象表示非常满意。我们在调研中，也充分感受到了农民对各项便捷有效措施的欢迎。

其次是得到了各级领导高度肯定。2014年4月11日，中央政治局常委、中央书记处书记刘云山同志在恩施调研时，对恩施州基层治理的创新给予了肯定性评价，并指示媒体可介绍巴东运用现代信息技术实现农民办事不出村的做法。中央政治局委员、中央书记处书记、中组部部长赵乐际同志对恩施州优选村医村教进村级班子的做法效果进行了肯定。中组部副部长陈向群同志要求在村"村两委"换届工作中总结推广村医村教进村级班子的经验。湖北省委、省政府也对恩施州的基层治理经验给予了充分肯定。2014年10月底，湖北省党建学会在恩施州召开了湖北省基层治理现代化与创新基层组织工作制度专题研讨会，在会上形成了对恩施州"三位一体乡村治理模式的评估报告，其制度创新与社会影响得到了来自全国的参会领导与专家的一致赞同。

第三是社会媒体也给予极大的关注与认同。"农民办事不出村"与"律师进村、法律便民"在中央电视台《新闻联播》、《焦点访谈》等栏目进行了报道。《人民日报》、新华社、《光明日报》、《经济日报》、中央电视台、《法制日报》、《湖北日报》等主流媒体也对恩施州的"村医村教进班子"、"律师进村、法律惠民"、"农民办事不出村"等乡村治理经验进行了报道。国家电子政务专家委员会副主任汪玉凯教授在全国农民办事不出村信息化项目结项验收会上表示："该项目在武陵山区独一无二，恩施的试点经验尤其适合在全国山区农村推广。"

五、结论

村医村教进班子，农民办事不出村和法律顾问进乡村，是恩施州在新形势下进行农村基层组织建设的重要探索，这样一个探索，实际上是将三个方面的工作有机联系起来，形成了"三位一体"的加强农村基层治理能力建设的创新。目前，恩施州不仅已经形成了若干创新型做法，而且已经探索形成了一套较为完整的管理制度，我们认为，恩施州以"村医村教进班子、农民办事不出村、法律顾问进乡村"为抓手，进行的基层治理创新探索，形成了一个值得研究也可以推广的提高乡村治理能力的模式，这个模式可以称为"恩施模式"。

在快速城市化的背景下面，农村社会发生了巨大变化，这个变化可以简单概括为三个方面，一是传统的相对封闭的村庄边界被彻底打破，村庄由封闭走向开放；二是农村中青年劳动力大量进城务工经商，农村出现了老龄化和空心化，村庄社会结构发生巨大变化；三是延续数千年的农业税的废除和国家开始向农村大规模转移支付。这三大变化体现在村庄治理上，就是传统的主要依靠村庄内生力量秩序的能力大为下降，村庄中的诸多矛盾和问题既非村庄内部引发，仅靠村庄内部力量也无法解决。在这样的形势下，恩施"三位一体"基层治理模式的探索就具有十分重要的借鉴意义和推广价值。

执笔人：张苇

第十四篇

仙桃市

对当前仙桃市村卫生室和乡村医生队伍建设情况的调查

王 洋 陈久强 万 灵 胡志鹏

乡村医生和村卫生室是农村卫生工作的重要组成部分,是农村三级医疗服务体系的"网底",是农民群众健康的第一道防线,长期以来在保障广大农村居民健康方面发挥了重要作用,作出了巨大贡献。近年来,随着新医改的不断深入和广大群众对农村医疗卫生服务要求的不断提高,村卫生室建设滞后、村医队伍年龄结构老化、从业人员待遇偏低等问题已日益凸显,直接威胁到农村村卫生服务网底的安全,加强村卫生室建设、解决乡村医生待遇、稳定乡村医生队伍已迫在眉睫。近日,市委政研室就仙桃村卫生室和乡村医生队伍建设情况进行了专题调研,并形成建议报告,供决策参考。

一、全市农村医疗卫生工作现状

近年来,仙桃市卫生部门按照保基本、强基层、建机制的原则,全力推进村卫生室建设,不断强化乡村医生队伍管理,全市农村卫生事业取得了显著成绩。

1. 服务网点全面覆盖

按照"一村一室"的建设要求,以镇为单位规划村卫生室布局,采取就地改建、就地重建、异地改建、异地重建、纳入新社区建设等五种建设模式,全市共建成村级卫生室668个,其中中心村卫生室44个,一般村卫生室624个,村卫生室覆盖率达到100%。目前,全市所有村级卫生室全部完成甲级村卫生室改造,基本上做到了服务半径不超过1.5公里,基本形成了15分钟"医疗卫生服务圈",广大农民群众寻医问药更方便、更快捷,基本实现了"小病不出村、急危重病及时转诊"的目标。

2. 基础设施逐步升级

近年来,市卫生部门坚持推进农村卫生室标准化建设,村卫生室服务场地、基本诊疗器械设备不断升级,所有村卫生室业务用房均达到"三室一房"标准,58%达到"四室一房"标准,平均使用面积达到78平方米。全市所有村卫生室统一配发听诊器、血压计、出诊箱等基本诊疗仪器设备,配备了打印机、刷卡器等办公设施,开通了新农合专网,80家村卫生室达到省级示范村卫生室标准。

3. 村医队伍配齐配足

遵循公开、公正、择优的原则,全面实行乡村医生聘任制,真正把群众信赖的卫生专业人员选进乡村医生队伍。目前,全市共有村医1430人,其中执业医师51人,执业助理医师 123 人，执业护士 31 人，乡村执业医师 1225 人，所有村医都具备相关从医资质，基本满足了广大农村群众医疗卫生服务需求。

4. 业务水平不断提升

近年来，市卫生部门每年定期组织开展村医业务知识技能培训，采取临床进修、集中培训、城乡对口支援等多种方式，把常见病、多发病诊治、公共卫生工作、急救知识、合作医疗、传染性疾病防治等纳入学习培训内容，向基层乡村卫生人员传授新理论、新知识、新技术、新方法，并通过奖励、考核等激励措施，调动其更新专业知识的自觉性，农村医务人员业务素质和服务群众能力得到稳步提升。

5. 行业管理更加规范

在管理体制上，将村卫生室纳入到农村三级卫生服务体系之中，进行统一管理、统一监控、统一指导，形成了以行政管理为保证、以药品管理为基础、以业务质控为核心的管理模式。在制度建设上，统一制定乡村医生工作职责、村卫生室工作制度、疾病控制工作规范、妇幼保健工作规范等制度，做到了照章行事，合规操作。在考评考核上，坚持把村卫生室规范化管理工作作为各地卫生院综合目标考核的重要内容，每年年终进行考核，促使全市村卫生室日常管理更加有序，乡村医生从业行为更加规范。

6. 相关政策落实到位

基本药物零差率制度全面普及，基层医疗卫生单位均实行网上统一采购、统一配送，村卫生室的药品名称、规格、数量、批次等按镇卫生院的调拨实行网络化管理，杜绝了以次充好、以劣充优，真正实行同网同质同价。同时，将村卫生室纳入新农合门诊统筹实施范围，村卫生室收取的一般诊疗费和使用的基本药物纳入新农合支付范围，充分发挥了新农合基金作用，参合农民享受到更多实惠。

二、存在的主要问题及原因

近年来，随着新医改的不断深入，仙桃市村级医疗卫生运转也相继出现了许多亟待解决的问题，主要表现在以下几个方面：

1. 收入普遍偏低，行业困境凸显

新医改前，村医收入主要源于"以药养医"。新医改后，基本药物零差率政策全面实施，村医收入主要由基本公共卫生服务收入、政府专项补助、村卫生室基本运行财政补助、一般诊疗费等四项构成，以单次诊疗来看，同样为患者输一瓶普通的抗菌消炎点滴，新医改前村卫生室可收费 22~27 元，获利 15 元左右；新医改后只能收取一般诊疗费 5 元，基本公共卫生服务收入、政府专项补助、村卫生室基本运行财政补助三项要靠政府补助，收入锐减近 2/3，村卫生室由盈利性经营变为了公益性运行。从全市大面来看，2013 年，全市村医人均年纯收入为 2.08 万元，与新医改前村医人均年纯收入 4.5 万元相比，收入下降 53.7%。村医收入是家庭收入的主要来源，基本等同于家庭总收入，微薄的收入根本无法满足家庭生活之需，以致许多村医不得不从事其他产业。据不完全统计，大约有 30%的村医还从事田间劳作，有的甚至在村医务室旁开设了小商店以增加家庭收入，直接分散了精力和时间，导致服务质量下降。

2. 养老缺乏保障，队伍人心不稳

从我省来看，目前还没有制定村医养老的任何政策措施。调查显示，全市只有极少数业绩相对较好、收入相对较高的村医以灵活就业人员身份，自费购买了城镇居民基本养老保险（即社保），部分村医只参与了新型农村养老保险（即新农保），但保障水平相当低，绝大部分没有购买任何形式的养老保险。然而，从现实情况看，与村医同为农村社会"孪生兄弟"的民师早已通过政策途径部分转为公办教师，农村兽医也取得了财政编制，在工作收入、社会保障等方面都好于优于村医，出现了"医人不如医兽"的尴尬局面。

3. 整体素质不高，医技水平有限

一是学历水平较低。全市村医队伍中，大学本科学历的没有一人；大专学历的52人，占总数4%；中专学历823人，占总数57%；中专以下学历（包括无学历）555人，占总数39%。（见图1）。二是执业资质较低。全市村医中具有医师资格的51人，只占4%，85%以上的村医仅仅取得乡村执业医生资格。（见图2）。三是业务培训较少。市卫生主管部门虽然每年组织两次免费培训，每次培训为两天，很多村医因工作牵绊往往无法及时参加培训，即使参加了培训的村医，但由于次数太少、时间过短，医技水平虽然有一定程度提升，但与社会服务要求相比，还存在较大差距。

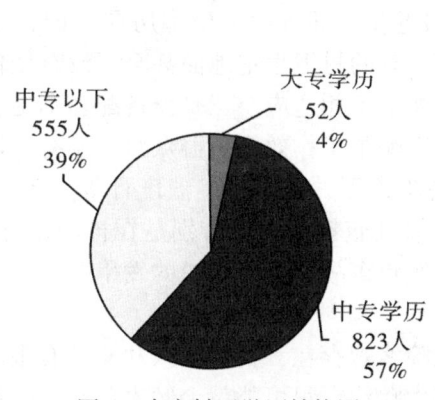

图1 全市村医学历结构图

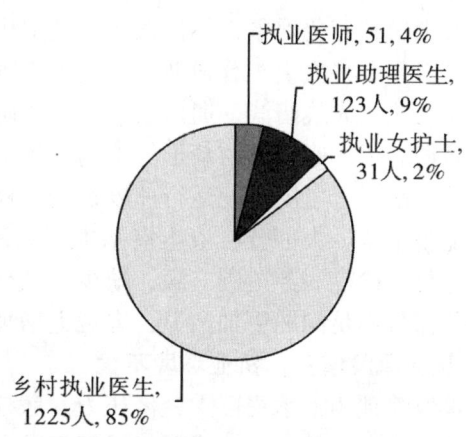

图2 全市村医执业资格结构图

4. 年龄结构老化，持续发展堪忧

全市35岁以下的村医只有172人，仅占村医总数的12%；而50岁上的村医666人，占总数的47%；特别是60岁以上村医286人，比例竟高达20%（见图3），村医老龄化问题较重。龙华山纱帽村卫生室两名村医年龄分别为65岁、70岁，郑场镇潭口村医年龄甚至高达86岁。由于工作收入偏低，社会保障缺失，"村医"这个职业很难吸引年轻人。尤其是新医改后，部分年轻村医都"孔雀东南飞"，仅张沟镇就流失村医近10人。龙华山在过去10年间，没有引进一名新人。三伏潭镇百亩湾村医李立民，长子虽然卫校毕业，但宁可外出打工也不愿子承父业。随着全市乡村医生队伍老龄化的继续加剧，加之缺少新鲜血液补充，乡村医生队伍从业人数还将继续呈减少趋势，乡村医生队伍青黄不接问题将会

更加严重，由此引发的服务质量与农民健康需求间的矛盾将会更加尖锐。

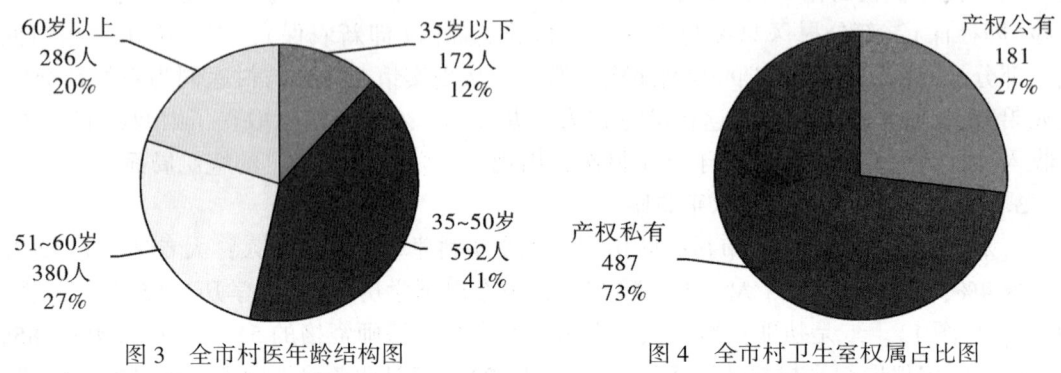

图3　全市村医年龄结构图　　　　图4　全市村卫生室权属占比图

5. 阵地建设滞后，服务质量打折

一是私有比重过大。全市村卫生室服务阵地建设主要有村部联建、以居带室、独立房屋三种方式，其中产权公有的181个，占27%，私有的487个，占比73%（见图4），服务用地的大规模私有化现象，不但偏离公共卫生服务的政策初衷，而且一旦这类村医退休或转行，村卫生室将失去工作阵地。二是房屋陈旧老化。部分村卫生室房屋破旧、空间狭窄、墙面老化、光线暗淡、通风较差、桌椅陈旧，有的村卫生室地面甚至还没有硬化，离省级标准还有很大距离，与新形势下的卫生工作要求不相适应。三是设备配套不足。信息化设备过于落后，电脑系统运行速度过慢，极大影响了工作效率，群众对此颇有怨言。医用器械配备不全，大部分村卫生室基本上只配备听诊器、血压计、温度计等"老三样"简单医用器材，诊疗服务范围有限，缺少急救包、氧气瓶等器材，特别是在抢救留守老人、儿童时，器材不足问题更加凸显，客观上增加了医疗事故和医疗纠纷的发生率。

6. 从业风险增多，执业环境不优

一是风险独担，承受巨大经济压力。医疗风险客观存在，村医收入却非常有限，这种情况下，一旦发生医疗纠纷或差错村医很难有能力赔偿，很可能就会倾家荡产。去年，龙华山黄荆村卫生室一起医疗纠纷，赔付额达28万元；陈场沟口村卫生室一起医疗纠纷，赔付金额高达38万元。每发生一起医疗事故，对当事村医的执业信心都是一次毁灭性的打击。二是身份尴尬，蒙受大量误解委屈。国家新医改方案把农村公共卫生的神圣职责和千斤重担交给了广大村医，在基层群众中形成了村医是"公家人"的错觉，在医患关系日益紧张、"医闹"日趋频繁的今天，基层群众维权意识、自我保护意识过度，稍有不满就习惯性对"公家人"动怒，导致村医一方面尽职履责，另一方面却往往要承受大量无端报怨和指责，令他们身心疲惫。三是条件所限，面临长期健康威胁。由于大部分村卫生室为私宅，以居带室，医住两用，生活用品和医疗用品极易相互接触，村医家属被疾病感染的可能性大大增加，严重危胁着其家人生命健康安全。

7. 政策设计缺陷，日常运行受阻

一是城中村新农合和城镇医保存在"两张皮"现象。城区三办一园中，村卫生室服务对象主要有参加新农合的村民、参加城镇医保的居民和外来流动人口三类人群。目前，村卫生室只有新农合在其设点，只能使用国家目录内的基本药物，但是参加城镇医保的居民和外来流动人口对诊疗药品的需求远远超过基本药物种类，从而导致村医接诊处于两难境地：如果村医为他们使用基本药物，不仅药物本身零利率无法获利，而且连新农合基金每次 4 元的一般诊疗费补贴也无法享受；如果村医为他们使用非基本药物或基本药物加价出售，被发现后将受到行政主管部门处以新农合基金返还款额 10 倍的核减（罚款），得不偿失。二是基本药物不能满足群众就医需求。在基本药物采购上，部分基本药物常常出现无法下单的情况。根本原因在于部分药企为市场占有率或其他因素考虑，往往以低价（甚至低于成本价）为竞争力入围基本药物目录，而在运行阶段时再以原材料供应不上等问题为借口缺货，导致有些基本药物"看得到"而"买不到"。在基本药物配送上，很难保证药品及时送达村卫生室。药企往往只能将药物送到镇卫生院，其原因在于基本药物价格中没有包含送达村卫生室的运费。在基本药物使用上，很多基本药物得不到老百姓的认可。在疗效相当的情况下，群众往往对传统药物情有独钟，尤其像创可贴、风油精、感康、护彤、999 感冒冲剂等价格便宜、使用量大的药品广受群众青睐，但这些药品却不在基本药物目录内，无法在村卫生室出售，导致患者只能舍近求远，去镇上购买，极不方便。

三、对策与建议

村级医疗卫生关乎民心民生，关乎党的惠农政策的有效落实，必须高度重视并着手解决村级医疗卫生工作中的各种实际问题。为此，特提出如下对策和建议。

1. 推进产权公有，凸显公益属性

省政府明确要求，自 2014 年起，用 3 年时间，全部实现村卫生室公有化，仙桃市村卫生室产权公有率不到 30%，全面实现公有任重道远。一是加强资金保障。按照省卫计委确定，村卫生室建设标准和指导建设资金为 10 万元，其中省级财政对每室给予 5 万元补贴，同时要求市县配套 5 万元。按照省政府要求，村卫生室三年内全部实现公有化，仙桃市至少要完成新建 200 个村卫生室的目标任务，共需市级配套资金 1000 万元，建议市政府将村卫生室建设资金市级配套部分纳入常年财政预算，按进度予以足额拨付。二是加强用地保障。建议将村卫生室纳入基层组织阵地和基层公共服务场所建设之中，同步规划、同步建设、同步使用，并将此项工作纳入各镇办园场的年终考核。三是加强设施保障。根据国家卫计委出台的村卫生室标准化建设要求，必须配齐 35 种临床诊疗必备医疗器械，建议将此纳入政府采购计划，统一采购配备到全市各个村卫生室。

2. 明确合法身份，理顺人事关系

建议参照民师、兽医管理办法，进一步核定乡村医生人员编制，并将符合一定条件的乡村医生纳入属地镇卫生院编制管理，给予村医应有的社会地位，结束"农民"给农民看病的历史，让乡村医生成为名正言顺、名副其实的农村卫生工作者。这样既方便对村医日常管理考核，又能有效增强村医归属感、责任感和使命感，让他们安心扎根农村、服务农民。

3. 落实财政补助，保障合理收入

一要保底。仙桃市村医待遇较低、村卫生室运行不畅，其中一个很重要的原因是政府补助资金不足，包括全市基本药物专项市级财政补助、村卫生室基本运行费市级财政配套以及对年收入不足 2.2 万元的村医的政策补助。建议市级财政将之纳入常年财政预算，予以及时足额拨付，保障村医合理收入及时到位，村卫生室正常有序运行。二要提标。进一步提高村医从业收入，建议将一般诊疗费由 5 元标准（自付 1 元，补贴 4 元）提高到 8 元（自付 1 元，补贴 7 元），使村医人均年收入增加 0.5 万元以上，达到 2.7 万元。

4. 强化队伍建设，确保持续发展

一是加快年轻人才引进。建议出台优惠政策，吸引大专院校毕业生来仙桃市从事村医工作，服务基层群众。特别要引进更多女性医务人员加入到乡村医生队伍中来，女性村医在开展孕产妇、妇科病检查等工作时更容易得到妇女心理认同，有利于基层妇幼工作的开展。同时大力提倡女性村医兼任村妇女主任，既有利于卫生和计生工作同步开展，又可以提高村医待遇。二是建立正常退出机制。适时开展对村医队伍清理，对乡村医生实行择优聘用，对不具备基础理论知识和基本操作技能的中青年乡村医生，以考试形式逐步淘汰；对年龄超过 60 周岁的乡村医生原则上不再聘用；对部分学历偏低的年轻乡村医生，在保留乡村医生身份的条件下，安排进行学历再教育，取得大专以上学历并考核合格后，再聘用上岗。三是加强培训提高能力。建议市级财政每年安排专项资金，对全市村医开展集中轮训，提高村医对常见病、多发病的诊疗水平和急救技能以及开展基本公共卫生服务的能力。

5. 完善执业保障，解决后顾之忧

一是建议统购村医健康险。乡村医生由于受客观条件制约，临床执业没有任何防护措施，出现职业性感染的可能性较大，建议由财政列支，为村医统一购买健康险。二是建议提标医疗事故责任险。将医疗责任险投保额、单笔赔村额由现行投保 600 元最高可赔付 8 万元的标准，提高到投保 800 元最高可赔付 18 万元，以解决乡村医生执业后顾之忧。三是建议财政补贴解决养老保险。对 45 岁以下的村医，给予一定的财政补助，鼓励其参加灵活就业人员养老保险；45 岁至 60 岁的村医，采取补缴的形式，适当放宽缴费年限，将其纳入灵活就业人员养老保险的范围；60 岁以上自愿办理离岗手续的，财政部门根据其工作年限给予每人每年 1000 元补助，补助时限最高不超过 15 年。

6. 加强政策弥合，还利还惠于民

对于城中村城镇医保和新农合"两张皮"现象，在制度和体制层面暂时无法实现整合、两套系统暂时无法并轨的情况下，建议将城中村卫生室作为城镇医保定点单位，纳入医保网络，让城镇医保与新农合两套系统在村卫生室同在并存，真正让老百姓实现不管手握哪种卡，只要有卡在手，就能刷卡就医。对于基本药物使用中供给与需求不对接的问题，建议提请省卫计委，以更加科学、严谨的措施确定基本药物目录，建立更加灵活、更接地气基本药物进退机制，开辟民意渠道，让老百姓在基本药物的确认上也具有发言权。

推动仙桃思想大解放　促进经济社会大发展

仙桃市委党校课题组

思想解放是推动生产力发展的重要因素。没有思想解放，就没有改革开放，也就没有当今中国的巨变；什么时候思想大解放，什么时候就会大发展；哪里持续解放思想，哪里就会持续发展。进入新世纪后，政治多极化，经济全球化的影响比以往任何时候都更直接、更广泛，也带来更多的机遇和挑战。现在，我国正处于全面深化改革关键阶段，经济体制的变革，社会结构的变动，利益格局的调整，思想观念的变化，一些新情况、新问题将会不断出现，这就要求我们不断拓宽视野，创新理念，进一步解放思想，推动仙桃经济社会又好又快发展。

一、仙桃借我国四次思想解放机遇推动经济社会全面发展

从1978年党的十一届三中全会开始，我国经历了四次思想大解放，每一次思想大解放都带来我国经济社会的大发展。解放思想成了推动发展的助力器。仙桃把握我国思想解放的机遇，率先解放，率先发展，成为了江汉平原的一颗"明珠"。

第一次是20世纪80年代初期，抓住我国联产承包制后农村生产力空前释放的机遇，解放思想，促进农业经济的迅速发展。以"退田还湖、退耕还渔"为突破口，建设国家商品鱼基地，大挖精养鱼塘，普遍改造小坑塘，实行精养高产，带动了农业内部结构调整。到1985年末，全县养殖场达312个，其中国营渔场9个，区、乡渔场58个，村办渔场245个，专业养鱼户达17867户。带动了各类专业户1533户，经济联合体393个共同发展，农民实际经济收入大大提高，农村经济基础得到极大增强。

第二次是20世纪80年代中期，抓住了金融环境比较宽松的机遇，解放生产力，抢上了一大批乡镇工业项目，形成了多行业、多形式、多渠道的经济综合体格局，种植、养殖、工业、交通运输、建筑、服务等竞相发展，"区、乡、村、联、户办企业""五个轮子一起转"，共同发展。到1985年乡镇企业达3.2万个，从业人员达13.33万人，总产值达5.68亿元。1986年总产值达7.7亿元，连续4年居全省各县第一名。由于抢抓机遇，促进了乡镇企业异军突起，使之成为国民经济的重要力量。

第三次是20世纪90年代初期，仙桃认真分析形势，探索实施进一步改革开放路径。1991年9月6日，仙桃市委市政府作出《关于开放强市的决定》，提出"把改革与开放，开放与开发，对外开放与经济发展结合起来，大力改善投资环境，建立起基础设施完善、服务体系健全、体制高效、政策配套的整体对外开放格局"。1992年小平同志

南方谈话之后，仙桃又提出《加快转轨步伐，争取跳跃发展》理念，抢先半步实施"开放强市"战略，使经济规模明显扩大。到1995年"八五计划"末年时，仙桃国内生产总值62.3亿元，财政总收入3.61亿元，居全省县市之首。私营企业达659家，吸纳就业人员15.3万人。

第四次是20世纪90年代后期，仙桃深入探索促进生产力发展的实现形式，在深化企业改革和发展民营经济上实现了新的突破。1996年仙桃提出"深化企业改革、实施企业改组、加快企业改造和加强企业管理"的"三改一加强"要求，推进了企业改革和发展。到1998年底，实现国民生产总值111.8亿元，综合实力连续7年居湖北省县市之首。1999年底提出"1+X"重大决策：保留1家国有控股公司——迈亚股份有限公司，其他所有国有、集体企业全部实行民有民营，充分释放了改革活力，促进了仙桃经济社会的快速发展，为迈入全国百强打下了基础。

二、仙桃在改革开放进程中两次自主思想解放的成功实践

进入21世纪后，仙桃经济社会发展虽然走在湖北省前列，但与沿海发达地区比较，发展仍显不够，甚至比较缓慢，许多体制机制方面的问题、人们思想方面的顾忌以及小进则满、不求上进的心态等，束缚了仙桃的大发展。为推动仙桃经济社会更快更好发展，仙桃人抓住两个契机，开展思想大解放讨论，实现了经济社会跨越发展。

（一）"康师傅"落户石河子事件引发仙桃新一轮自主思想解放

2002年，新华通讯社《内部参考》第33期刊登一篇文章《"康师傅"投资新疆遭遇一冷一热》在仙桃干群中引起热议。仙桃市委抓住这个典型案例，以文件的形式迅速转发，并召开全市党员干部大会学习传达，围绕"康师傅"投资新疆遭遇一"冷"一"热"的事件展开专题讨论，从中吸取教训，借鉴经验。全市党员从市委书记到普通党员都进行了理性反思和深刻反省。通过这个事件，全市党员干部思想意识有了新的提升。

为进一步激发仙桃人意识觉醒，仙桃市委围绕国际著名品牌"康师傅"落户石河子开发区在全市掀起为期3个月的"我看仙桃人"大讨论热潮。见贤思齐，见不贤而内自省。可以说"康师傅落户石河子"可谓一石激起千层浪，它激发了仙桃人进一步审视自我、创新思维、提升形象的热潮，也使仙桃人真正从思想上得到一次大洗礼，在实践上得到一次大提升。

一是在思想认识上有了大突破，"小地方可以招大商"。尤其仙桃正处于全民招商的大背景下，解决思想认识，才能更好地执行市政府提出的"四不论"理念：不论哪种形式，能搞活就行；不论归谁所有，能贡献就行；不论规模大小，能发展就行；不论人员来源，有作为就行。

二是在环境建设上有了大提高，"人人都是环境"。新疆石河子一个的士司机的表现说明环境的重要性，干部是环境，工作人员是环境，的士司机也是环境，人人都是环境。在这次大讨论中，全市干群形成"四个第一"的理念：发展第一，工业第一，招商第一，环境第一。最终落脚点在优化环境上，要加强硬环境建设，更要加强软环境建设。

三是在细节认识上有了大改变,"细节成就大事"。外商无小事,小事也要当做大事来办。康师傅的老总是通过两袋榆钱看到了石河子人的深情厚谊,那么仙桃要引进好的企业,就要通过以情感人,留住外商,留住老板,来发展经济,来推动发展。

四是在工作效率上有了大改善,"变通才能搞活"。变则通,通则活。外商看中的是一个地方的创新精神,看中的是政府部门的工作效率。如果一个地方、一个部门一味地强调按照程序办事,按部就班,就会丢掉很多机遇。因此要学会变通,先上车,后买票,先发展,后规范,按照这个新的理念,新的思维,来推动工作。

五是在处事态度上有了大变化,"诚信才能打动人"。诚信是根本。一个地方的软条件再好、区位优势再强、城市再大,如果没有一种诚信的态度,老板不往你那里去,项目也不往你那跑。新疆的乌鲁木齐和石河子比较,石河子贵在一个诚,重在一个信。有了这种诚信的态度,不愁招不到商,不愁引不到资,甚至不愁引不到大的老板,大的项目。守信则兴。

2002—2008年,引进1亿元以上的项目有40个,5000万元至1亿元的项目有73个。美国康派克、福建亲亲、香港恒迪、湖北银丰、武汉中百、中商、北京燕京啤酒、瑞阳汽配、广州天鹿锅炉等一大批国内外知名的大企业、大集团相继投产。2008年,全市规模以上工业完成总产值272亿元。

(二)仙桃退出全国百强后被迫引发又一轮的思想解放

2000年以来,众多县市以仙桃为赶超对象,一批新兴城市快速崛起,仙桃面临慢进则退的激烈竞争局面。从1991年起,仙桃连续12年位居全省县域经济首强。从2001年开始,连续5次进入全国百强,2001年位居第42位,2002年位居第65位,2003年位居第86位,2004年位居第91位,2005年位居第97位,随后便退出了全国百强。仙桃是全省最早进入、最后退出、排位最高的县市。2008年,仙桃排名中部第15位,全国第129位,是湖北排位最高的县市。2009年,仙桃排名中部第27位,全国第173位,是湖北排位第三的县市。仙桃又面临新一轮的挑战。

2011年3月,仙桃市委提出"坚持解放思想,推动跨越发展"理念,开办专题读书班,交流讨论,掀起又一轮思想解放热潮。全市上下再次形成统一认识:进一步解放思想、转变观念,积极谋求新一轮跨越发展,实现仙桃经济社会科学发展、跨越发展、和谐发展的宏伟目标。在这一轮思想解放过程中,仙桃突出四个方面的创新:一是在重振信心方面,摒弃妄自菲薄心理,恢复昔日"首强"的自信;二是在抢抓机遇方面,认真分析有利形势,紧抓机遇,创造机遇,推动发展;三是在拓宽视野方面,仙桃紧盯沿海和海外,目标锁定世界500强;四是在做大做强方面,仙桃打造板块发展模式,突出产业集中优势。市委市政府明确提出了"四个率先"原则:"在科学发展中率先发展,在改革试验中率先试验,在全面小康建设中率先小康,在中部崛起中率先崛起",使仙桃实现在跨越的发展的目标。据统计:2008以来,仙桃累计引进亿元以上项目107个,总投资500亿元,预计可形成产值1200亿元,新增税收40亿元。台湾健鼎电子、香港加多宝、中国普天、新金宝集团等一批著名企业落户仙桃,形成仙桃经济发展新的增长极。

三、仙桃发展优势比较分析

1. 仙桃的区位优势

仙桃地处江汉平原腹地，东临国家中心城市武汉，西接历史文化名城荆州，南连三湘大地，具有贯通南北、承东启西、得天独厚的区位优势，是全国著名的"鱼米之乡"。境内3条铁路、3条高速公路、1条汉江黄金水道、1座通用航空机场架起仙桃腾飞的翅膀，距武汉天河国际机场、武汉保税物流园区、武汉外贸码头均只1小时高速车程。仙桃南到广州、北到北京、东到上海、西到成都均在1000公里半径之内，现有高铁直达。

2. 仙桃的机遇优势

一是仙桃正处于政策机遇集中叠加和效应释放期：全国"两型"社会综合配套改革试验区、全国农业科技示范区、全省仙洪新农村建设试验区、全省城乡统筹发展试点市、国家级承接产业转移示范区等一系列国字号、省字号政策优势，给仙桃新一轮发展增添动力；

二是汉宜铁路仙桃客运站、长荆铁路仙桃货运专线、孝仙嘉高速、热电联供、川气东送开口设站等一批重大基础设施建设，为仙桃大发展注入新的活力。

三是城市发展规模已纳入全省和武汉城市圈发展整体布局。《湖北省城镇体系规划》明确提出，到2020年仙桃跨入50万~100万城区人口规模的大城市行列，成为地区性中心城市。《武汉城市圈总体规划》明确提出将仙桃建成圈内5个大城市之一。

3. 仙桃的积淀优势

一是城市定位明确。仙桃是湖北省的重要轻工业基地，"经济外向型，产业轻结构，城市高品位"发展定位是仙桃科学规划的结果。经过多年的跨越发展，仙桃现已经形成食品加工、机械电子、医药化工、无纺布卫材、纺织服装等五大主导产业，有望在"十二五"期末工业产值突破千亿元。

二是资源要素富集。仙桃155万人口和邻近市近500万人口的人力资源优势、改革开放进程中储备的土地资源、发展过程中引进的银行金融等要素资源为仙桃大发展奠定了基础，国家电网的改造、川气东输等能源资源提升了仙桃对经济社会发展的承载力。

三是经济基础雄厚。仙桃市民营经济发达，改革开放以来，仙桃综合经济实力5次进入全国百强，6次跻身中部十强，12次蝉联湖北首强，享有"湖北温州"、"湖北东莞"美誉，是湖北省江汉平原地区的商贸、物流、交通中心和湖北省江汉平原区域中心城市，也是湖北省规划建设的六大枢纽物流基地、六大农产品产业带之一。

4. 仙桃的人文优势

一是仙桃文化底蕴丰厚，历史悠久。仙桃是荆楚文化的发祥地之一，明清两代出了88名文武进士，新中国成立以来，走出72名法学博士，恢复高考后，每年为高校输送近万名新生，现已成为全国各行各业的精英。

二是仙桃人思维较活跃，善于变通。仙桃人聪明灵活，能够敏锐捕捉政策信息和人事信息，善于利用政策和人事优势为己所用。

三是仙桃人乡情很厚重，关注家乡。无论是老一辈艺术家王玉珍，还是新一辈经济风云人物雷军，无论是在外创业的游子，还是功成名就的老板，都无时无刻不在关注家乡的点滴发展变化，都想为家乡的发展尽一份心，出一份力。从神雾、朵以的回归到村庄小路的修筑，都记载了仙桃人浓浓的乡情。

四、仙桃自然资源短缺与发展困惑分析

1. 仙桃自然资源存在的先天不足

仙桃地下没有可供开采的矿产资源，地上没有国家大型生产力布局，硬资源非常不足，尤其是自然资源相对匮乏，品种少，是湖北省矿产资源比较贫乏的地区之一。具有比较优势的矿产资源主要有能源矿产石油和非金属矿产岩盐等，但石油每一相对集中地的油气资源量均较小，开采成本较高了。岩盐主要集中在地表以下 780~1200 米。现在，在仙桃 2538 平方公里的土地上没有资源开采企业。

2. 仙桃人文属性方面存在的缺陷

改革开放之初，仙桃人在世人眼中的总体形象——聪明精明但不够开明，爱耍小聪明、小滑头，爱占小便宜，也曾经因"老鼠药"、"萝底筛"这些仙桃人的"杰作"，使仙桃人名声狼藉。但仙桃人性格乖张，在改革开放过程中不乏成功人士，各行各业遍布仙桃人足迹。由于仙桃人存在气魄欠乏、意志薄弱等性格上天生缺憾，所以过去仙桃人中难有大"家"。

3. 仙桃在改革开放进程中值得探讨的方面

一是城市化滞后工业化，在工业化进程中，劳动力资源以及配套的设施难以适应现代工业化要求；二是仙桃规模企业虽多，没有百亿量级的龙头企业，缺乏产业拉动原动力；三是企业发展后劲不足，自主企业少，没有创新型企业；四是对外出口依赖度高，相对风险较大。

五、推进仙桃思想大解放与促进经济社会大发展思考

解放思想、推动发展不能只是一句口号，更不能打着解放思想的招牌，今天一个思路、明天一个想法，将一时冲动当做解放思想，把搞旁门左道当做解放思想，把闯红灯、踩黄线、钻空子、打擦边球等当做解放思想。真正的思想解放是要从传统的发展模式中解放出来，实现科学发展；从传统的精神状态中解放出来，激发创新活力；从传统的体制机制中解放出来，推动跨越发展。

（一）推进仙桃新一轮思想大解放

1. 敢想敢试，敢于担当

解放思想要敢于突破条条框框的束缚，摒弃那些与发展不符合、不协调的陈旧观念和思维定势。在仙桃，就是要破除小成即满不想干、故步自封不愿干、瞻前顾后不敢干的思想障碍，培育和发扬敢讲实话，敢干大事，敢为天下先的精神。

第一，要转变观念，更新思路。主要解决"不敢"、"不想"、"不会"的问题：其一是

不敢,"胆小怕事"、怕出毛病、怕犯错误、怕上级责怪、怕同级嘲笑、怕下级疑惑,因循守旧、不敢突破"惯例"、不敢超越"本本"、不敢试、不敢闯、不敢创新、不敢"走出去"。其二是不想,认为老路子好走,老框框好用,老办法好使,小富即安、小进则满、不思进取、故步自封、思想懒惰。其三是不会,不知什么叫解放思想,不知从哪里着手,不知道应该怎么办,思想不敏锐,思路不开阔,心浮气躁、学习不深、视野不宽。

第二,要强化责任,敢于担当。一方面,责任是一种义务,是一种使命。解放思想并不是解脱责任,相反更要强化责任,在其位谋其政,履其职尽其责。只要有利于推动发展,就不怕冒风险,不怕担责任。另一方面,加快发展是硬道理,敢于担当是硬前提。担当是勇气、责任、境界的集中体现,没有一种敢闯敢冒的精神,碰到困难绕道走,遇到难题就后退,这是没有担当精神的表现。因此,要加快发展,就要有敢于创新、敢于担当的意识,就要有一种对事业负责的强烈责任心和紧迫感、有一种干事创业的冲动和激情、有一种想干事、干成事、干大事的冲动,这样才能推动发展。

第三,要开拓思路,勇于探索。要有超常规的思维和举措,不能按"老皇历"办事,必须突破惯性思维的束缚,打破条条框框的限制,大胆地闯,大胆地试。要大力倡导和实施仙桃市委市政府提出的"敢于突破思维定势、敢于变通搞活、敢于作出战略牺牲、敢于营造小气候、敢于攀高结贵、敢于承担改革风险"这"六个敢于"要求,彻底破除小富即安、小本经营、小家子气、船小好调头的"四小"观念,打造仙桃经济发展的"航母"。

2. 善思善谋,善抓机遇

解放思想要善于统筹谋划,要善于抓大事,抓关键环节、核心问题,要善于抓环境、抓机遇,将政策、市场、环境等多方面的资源和条件与实际工作结合起来,找准切入点,在转化、变通中寻求突破,在实践中寻找机遇。

(1)要营造环境。经济发展的一般规律:资金跟着项目走,项目跟着人才走,人才跟着环境走。重视经济发展,就必须重视环境建设,尤其要重视人文环境和创业环境:

一方面是建设有利于企业家成长的人文环境。其一是在全市进一步宣扬"发展第一,企业家老大","发展以企业为本、企业发展以企业家为本"的理念,创造适宜企业家成长创业的政策环境、体制环境和工作环境,保护好、培育好、发展好、壮大好企业家资源;其二是实施企业家成长工程,加大企业家引进、扶持、培训力度,进一步培育企业家全球视野和战略眼光,对贡献突出的企业家,要给物质奖励、政策待遇和社会荣誉,增强企业家的认同感、归属感;其三是营造"崇尚成功、宽容失败"的人文环境,鼓励企业大胆创新、大胆探索,对创新型、成长型企业从政策上支持,从精神上鼓舞,从情感上认同。不仅要对发展态势好的企业做到"锦上添花",更要对遇到风险和困难的企业做到"雪里送炭",鼓励、帮助企业脱离困境。

另一方面要营造有利于干部干事的创业环境。其一是要建立健全选用能人机制,形成"以发展论英雄、凭实绩用干部"的用人导向。坚持凭能力和实绩用人,把那些政治上靠得住、工作上有本事,能干事、干成事的干部用好、用到恰当的位置,建立干部才有所用、劳有所得、功有所奖的工作机制。其二是建立健全干部考核机制,营造"有为才有位,有位要有为"的评价标准和舆论导向,建立科学的政绩考核体系,让埋头苦干、业绩突出的干部有地位、受重用,消除"干事有事、不干无事"的现象,营造"想干事、敢干事、能干事、干成事、干好事、不出事"的良好环境。其三是要建立健全宽容干部失误的制度，营造允许失误、宽容失败，鼓励探索、支持创新的氛围。对那些敢于改革、勇于探索、积极进取的干部，要给时间、给空间、给环境，理解干部创新的勇气、创业的艰辛，不因一时的失误打棍子、抓辫子、扣帽子，充分保护干事者的工作积极性。

（2）要抓住机遇。邓小平同志强调过，我们什么错误都可以犯，丧失机遇的错误不能犯。要在解放思想过程中，培养敏锐的机遇意识。人常说，智者善抓机遇，强者创造机遇。仙桃现正处于政策机遇集中叠加期和效应释放期，机不可失，失不再来。因此，我们一是要学会抓住机遇，二是要学会创造机遇。尤其在党的十八届三中全会全面深化改革的进程中，我们要做到先行先试，正确分析理解国家政策，迅速行动，充分利用和创造有利条件，壮大经济实力，推动经济持续、快速发展。

3. 多干实干，干好干成

解放思想不是乌托邦式的空想，更不是杂乱无章的蛮干。它的最终目的，就是要解决不适应发展要求的一系列问题。邓小平曾经说，"不干，半点马克思主义都没有"。仙桃要重返百强、再争首强，必须要强化永争第一、永不服输的拼搏精神。坚决摒弃"多干多错，少干少错，不干不错"的消极心态，扑下身子干，下真工夫干。

一是要多干。多干，不仅是一个工作态度问题，也是一种精神境界。无论是对待日常工作，还是服务企业，无论是分内事还是分外事，都应当做自己的事去做。不管是群众的事，还是企业的事，都要主动上前帮办。只有真正把群众的事、企业的事当做自己的事，多干、早干才能真正做到了为人民群众服务，为企业服务，才能让群众满意，让企业满意。

二是要实干。实干就是要提倡说实话、干实事、求实效，确定下来的事情，就要心无旁骛，雷厉风行，实打实地干起来；部署的工作，要督促检查、一抓到底。要戒除工作思路不清、工作作风漂浮。对待工作要有强烈的使命感和责任感，做到政策明白，问题清楚，工作扎实，谋划发展切实可行，高标准、严要求做好各项工作。

三是要干好。事实证明，视野开阔了才能有办法，思想新了才能有出路，办法多了才能有工作力度。对仙桃人来说，看不到问题是没有本事，不敢讲问题是缺乏胆识，不解决实际问题不但与解放思想不沾边，而且是无能的一种表现。在工作中不说少说"不能办"，多思多想"怎么办"，要把投资客商已经想到的事情办好，一时没有想到的，要提前替客商想到办好。

（二）促进仙桃经济社会新一轮大发展

仙桃要实现经济社会大发展，思想必须要大解放；只有突破习惯思维定势和路径依赖，坚持用改革的办法和创新的举措，才能突破瓶颈制约，破解发展难题。

1. 以科学发展观为指引，探索发展新规律，打造食品产业名城，建设主体功能区

科学发展观第一要义是发展。发展是解决一切问题的关键，只有加快发展进程，不断探索发展规律，才能实现又好又快发展。从2001年旺旺集团在仙桃投资建厂开始，食品产业开始在仙桃迅速发展，并成为仙桃工业经济的第一大支柱产业。如何把仙桃打造成一座食品产业名城，书写舌尖上的传奇，仙桃还需进一步整合产业资源，把食品产业做大

做强。

一是以食品产业为龙头,建设食品产业主体功能区。

随着"凉茶领导者加多宝"、台湾旺旺、香港真巧、中粮集团、华美月饼、福建亲亲、燕京啤酒等200多家业内名企入驻仙桃,食品加工产业已经成为仙桃的产业龙头。目前,仙桃正在规划建设30平方公里的食品专业园区,到2018年入园企业将达到400家,品牌食品企业达100家,食品加工产值超1000亿元。建成全国最具影响力的食品产业名城,不断完善食品产业园基础设施建设,形成产城一体化格局,配套完善企业链条长度,完善园区主体功能建设。

二是加快土地流转进程,推进农业生产现代化进程。

仙桃是全国粮食生产大市、全国油料产出大市、全国淡水养殖大市、全国生猪调出大市、中国黄鳝之都,现已形成的80万亩优质水稻基地、70万亩优质油菜基地、20万亩优质蔬菜基地、10万亩啤酒大麦基地、10万湘莲生产基地、65万亩水产养殖基地、85个优质畜禽小区成为仙桃食品加工业的重要原料基地。

随着食品产业的壮大,现有的基地远远不能满足食品加工业的需求。基地规模和品质将成为制约食品产业发展壮大的重要因素。为推进仙桃食品产业上档升级,必须加快基地建设:一方面加快农村土地流转,提高农村土地利用率,有效整合农业优质资源,发挥土地最大的经济效益和社会效益。另一方面在江汉平原建设优质基地,充分发挥江汉平原2800多万亩粮棉油、瓜果蔬、畜牧禽,1100万亩名特优水产等富饶产业要素作用,为仙桃食品产业发展配套服务。

三是培育发展自主品牌,提升产业板块综合竞争力。

仙桃的食品发展有着悠久的历史,自古就有闻名天下的"沔阳三蒸",后又有了沙湖咸蛋、皮蛋,以及毛嘴卤鸡、郑场豆豉、芦林湖藕带等地方食品品牌,但都仅局限于本土的小打小闹,没有挖掘文化品牌,拓展品牌效益,和业内知名品牌相比,还显得太微不足道。因而,仙桃要培育自己的自主食品品牌,融入食品板块,增强食品产业竞争力。一是以"沔阳三蒸"为主推品牌,带动相关产业发展,激发创地方品牌意识;二是整合本地食品资源,抱团发展,如可集中全市的咸蛋、皮蛋,打出"沙湖"一个品牌;毛嘴卤鸡可以集中共用"毛嘴卤鸡"一个品牌,一个出处,共同打市场,避免个体恶性竞争。三是引进大品牌,建立联合品牌,进行产品开发和深加工,延长食品产业链。

2. 以全面深化改革为动力,适应改革新要求,加快城镇化进程,打造武汉城市圈西翼中心城市

一是以户籍制度改革为突破口,加快城市化进程。推进户籍制度改革,是缩小城乡差异、加快城市化进程的重要途径,也是党的十八届三中全会的具体要求。专家认为,城市化是拉动内需的持久动力,就当下中国而言,如果从现在不到40%的城市化率,提高到75%,就可以吸纳几十万亿元投资,这将对消除农村贫困,提高农村居民收入水平作出贡献,成为经济增长的一个主要带动因素(《光明日报》2009年2月13日《城市化是拉动内需的持久动力》)。据统计,每增加10万城市人口,就可以拉动10亿元以上的消费。2011年《仙桃市经济社会发展第十二个五年规划纲要》提出"仙桃城市建设在2015年城区人口将超过60万",按仙桃全市人口155万计算,城市化率为38.7%,如果仙桃城市化率达到60%，城区人口将增加到93万，拉动消费将非常可观，且吸纳投资额将是万亿量级。

二是加快配套设施建设，完善城市功能。城市化进程并不是一味地增加人口数量，更主要是完善城市功能。事实说明，当城市达到一定规模，更有利于资本、产业和高素质人口集聚。完善城市功能，主要是做好城市规划和布局，合理分配资源，完善各片区的功能，让城市为市民服务，为各行各业服务。目前，仙桃的商贸物流、学校、休闲娱乐等主要集中在老城区，南城新区相关配套功能不完善，企业引进的外来人员没有融入城市，这样不利于留住人才和产业工人，更不利于企业发展。

三是实施产业支撑，提升城市品位。城市的发展终归需要产业来支撑，没有产业支撑，城市就缺少生命力。《仙桃十二五规划纲要》提出，将仙桃高新技术产业园、仙桃工业园和仙桃经济开发区等规划面积为26.15平方公里区域整合的"仙桃经济开发区"和南城新区重点发展食品加工、机械电子以及以节能环保、电子信息为主的战略性产业。形成食品加工、电子电路等为主板块，带动五大产业共同发展，力争2014年产值过千亿，成为支撑城市发展的主动力。

3. 以重返全国百强为目标，构筑发展新平台，转变经济发展方式，推动经济可持续发展

一是进一步解放思想，构筑新平台，引进百亿量级龙头企业。以城东园区为载体，预留足够空间，完善配套设施，有计划、有目标地引进超强超大的龙头企业。充分利用好台协和行业协会、全国各地仙桃商会、专业节会和展会等资源，瞄准全球500强、全国500强、行业100强目标，力争引进或培育1家百亿量级的龙头企业。

二是挖掘文化底蕴，整合产业资源，引导旅游休闲产业发展。2014年9月19日，市委书记冯云乔在调研文化产业情况时强调，文化是一个城市的灵魂和名片，也是一个城市气质和内涵的重要表现形式。近几年，仙桃创新发展模式，建设文化载体，培育产业亮点，有效地推动了文化产业发展提速，文化品牌效应进一步凸显，文化实力进一步提升。提出要切实把文化建设作为"重头戏"，打好"主动仗"，选好"优势牌"，推动文化资源优势向产业优势转变，推动文化产业优势向经济优势转变。一是整合排湖风景区、沙湖国家湿地公园、全省旅游名街沔街、赵西垸水乡森林旅游、沔城民族风情旅游、西流河红色旅游等旅游资源，以湖泊湿地、美食文化、影视娱乐、休闲农业为载体，形成旅游集聚效应，提升城市影响力和美誉度。二是以武商、银泰仙商、银泰城市综合体、仙桃世界城、富迪多功能商业服务中心、中百购物等大型商贸中心和江汉农产品大市场、华中汽车交易大市场、江汉农机机电大市场等专业市场为核心辐射周边区域，形成商贸休闲产业，提升文化品位，促进城市购物休闲旅游业的发展。三是提升休闲娱乐档次，开发城市旅游项目，凝聚人气，增强城市的吸引力，拉动相关产业共同发展。

三是转变经济发展方式，引进自主创新企业，培育市场主体。随着时代的发展和人口红利的逐渐减少，可持续发展越来越受到劳动力资源的瓶颈制约。近年来，仙桃经济的发展主要靠企业，引进的企业主要靠引进技术，而不是自主创新，一些企业还是承接产业转移，也不是自主创新的企业，市场主导力不强，企业竞争力较弱。如何培育和发展自主创新企业是转变仙桃经济发展方式的必然选择。对仙桃来说，实现重大技术突破的可能性不大,但要进一步解放思想,扭转局面:一是可能通过引进高新技术企业,从精神上鼓励、从环境上改善、从政策上支持企业自主创新;二是引导帮助企业与武汉科研院所联姻,发挥武汉高技术人才优势,通过股份制形式支持企业技术创新;三是思考筹建企业孵化器,为高新技术成果、科技型企业和创业企业提供资金、管理等支持,推动合作和交流,使企业"做大做强"。

中国传统文化之孝行雅行研究
——读经典内容、形式、效果及分析报告

仙桃市社科联课题组

孝行雅行教育既要教育学生，也要教育市民；既要训练青少年，也要训练中老年人。课题组在其实验基地——仙源学校作了调查统计，组织对统计结果进行分析、研究，采取的措施是：用经典浸润心灵，以榜样感化同伴，奠基精彩人生。

一、恶习举例

（一）市民中存在的不良习惯

如：行人随意横穿马路，乱闯红灯；乱丢乱扔；出口成脏；奢靡成风；不敬尊长；无理取闹等。

（二）司机中存在的不良习惯

现如今，街道旁、马路上车流量大增，不雅行为，不良习惯随时可见。如：夜间行车大灯常开，影响对面路人视线；天雨开快车，脏水溅得路人满脸满身；遇老弱病残挡道，破口大骂；遇骑车人在侧，突然按响高音喇叭，弄得人惊心动魄，甚至引发老人的高血压、心脏病等。

（三）学生中存在的不良习惯

不敬尊长，自命不凡，不知孝亲敬长而修德；对父母只知索取，不知感恩；走路勾肩搭背，上下楼梯拥挤推搡；就餐高声大气说话，致使餐厅闹哄哄；剩饭剩菜满桌满地，不知粮食来之不易；下课、走廊追赶嬉闹；为小事而起纠纷，不知礼让；出操、集会无视纪律、嗑瓜子、玩电子游戏、听MP3、说闲话等。

二、读经内容

（一）《论语》选段

教师学习《论语》二十则

1-1：子曰："学而时习之，不亦说乎？有朋自远方来，不亦乐乎？人不知而不愠，不

亦君子乎？"

1-2：有子曰："其为人也孝弟，而好犯上者，鲜矣；不好犯上而好作乱者，未之有也。君子务本，本立而道生。孝弟也者，其为仁之本欤？"

1-4：曾子曰："吾日三省吾身，为人谋而不忠乎？与朋友交而不信乎？传不习乎？"

1-6：子曰："弟子入则孝，出则弟，谨而信，泛爱众，而亲仁。行有余力，则以学文。"

1-7：子夏曰："贤贤易色；事父母，能竭其力；事君，能致其身；与朋友交，言而有信。虽曰未学，吾必谓之学矣。"

1-8：子曰："君子不重则不威。学则不固。主忠信。无友不如己者。过，则勿惮改。"

1-14：子曰："君子食无求饱，居无求安，敏于事而慎于言，就有道而正焉，可谓好学也已。"

2-3：子曰："道之以政，齐之以刑，民免而无耻；道之以德，齐之以礼，有耻且格。"

2-17：子曰："由，诲女知之乎！知之为知之，不知为不知，是知也。"

2-20：季康子问："使民敬，忠以劝，如之何？"子曰："临之以庄，则敬；孝慈，则忠；举善而教不能，则劝。"

2-22：子曰："人而无信，不知其可也。大车无輗，小车无軏，其何以行之哉？"

4-5：子曰："富与贵是人之所欲也，不以其道得之，不处也；贫与贱是人之所恶也，不以其道得之，不去也。君子去仁，恶乎成名？君子无终食之间违仁，造次必于是，颠沛必于是。"

4-17：子曰："见贤思齐焉，见不贤而内自省也。"

4-24：子曰："君子欲讷于言而敏于行。"

5-9：子曰："始吾于人也，听其言而信其行；今吾于人也，听其言而观其行。于予与改是。"

7-2：子曰："默而识之，学而不厌，诲人不倦，何有于我哉？"

7-6：子曰："志于道，据于德，依于仁，游于艺。"

7-15：子曰："饭疏食，饮水，曲肱而枕之，乐亦在其中矣。不义而富且贵，于我如浮云。"

7-19：子曰："我非生而知之者，好古，敏以求之者也。"

7-21：子曰："三人行，必有我师焉。择其善者而从之，其不善者而改之。"

学生学习《论语》十则

1-1：子曰："学而时习之，不亦说乎？有朋自远方来，不亦乐乎？人不知而不愠，不亦君子乎？"

1-2：有子曰："其为人也孝弟而好犯上者，鲜矣；不好犯上而好作乱者，未之有也。君子务本，本立而道生。孝弟也者，其为仁之本欤？"

1-4：曾子曰："吾日三省吾身，为人谋而不忠乎？与朋友交而不信乎？传不习乎？"

1-6：子曰："弟子入则孝，出则弟，谨而信，泛爱众，而亲仁。行有余力，则以学文。"

1-14：子曰："君子食无求饱，居无求安，敏于事而慎于言，就有道而正焉，可谓好学也已。"

2-7：子游问孝，子曰："今之孝者，是谓能养。至于犬马，皆能有养；不敬，何以别乎？"

2-17：子曰："由，诲女知之乎！知之为知之，不知为不知，是知也。"

4-21：子曰："父母之年，不可不知也。一则以喜，一则以惧。"

5-14：子曰："敏而好学，不耻下问，是以谓之文也。"

6-9：子曰："贤哉，回也！一箪食，一瓢饮，在陋巷，人不堪其忧，回也不改其乐。贤哉，回也！"

7-2：子曰："默而识之，学而不厌，诲人不倦，何有于我哉？"

职工学习《论语》五则

1. "吾日三省吾身，为人谋而不忠乎？与朋友交而不信乎？传不习乎？"
2. 子曰："知之为知之，不知为不知，是知也。"
3. 子曰："夫子之道，忠恕而已矣。"
4. 子曰："父母之年，不可不知也。一则以喜，一则以惧。"
5. 子曰："德不孤，必有邻。"

(二)《孟子》选段

孟子曰："人皆有不忍人之心。先王有不忍人之心，斯有不忍人之政矣。以不忍人之心，行不忍人之政，治天下可运之掌上。所以谓人皆有不忍人之心者，今人乍见孺子将入于井，皆有怵惕恻隐之心，非所以内交于孺子之父母也，非所以要誉于乡党朋友也，非恶其声而然也。由是观之，无恻隐之心，非人也；无羞恶之心，非人也；无辞让之心，非人也；无是非之心，非人也。恻隐之心，仁之端也；羞恶之心，义之端也；辞让之心，礼之端也；是非之心，智之端也。人之有是四端也，犹其有四体也。有是四端而自谓不能者，自贼者也；谓其君不能者，贼其君者也。凡有四端于我者，知皆扩而充之矣，若火之始然，泉之始达。苟能充之，足以保四海；苟不充之，不足以事父母。"

《孟子·公孙丑上》

(三) 其他选段

梁启超《少年中国说》

三、读经形式

(一) 诵读

个人朗诵、对诵、班集体齐诵、背诵等。

(二) 升国旗读经典

每大周一次升国旗，全校师生齐集运动场，举行严肃、隆重的升国旗仪式。升旗前，

每人拿出学校统一印发的诵读内容纸条,有领诵、对诵、齐诵。如:

仙源学校升国旗·诵经典(之七)
立德树人

原文:故今日之责任,不在他人,而全在我少年。少年智则国智,少年富则国富;少年强则国强,少年独立则国独立;少年自由则国自由,少年进步则国进步;少年胜于欧洲则国胜于欧洲,少年雄于地球则国雄于地球。美哉,我少年中国,与天不老!壮哉,我中国少年,与国无疆!

——《少年中国说》节选

翻译:所以今天的责任,不在于他人,全在我们年轻人的肩上。年轻人聪明智慧,国家就聪明智慧;年轻人富有,国家就富有;年轻人强盛,国家就强盛;年轻人独立,国家就独立;年轻人自由,国家就自由;年轻人进步,国家就进步;年轻人胜过欧洲,国家就胜过欧洲;年轻人在世界上称雄,国家就在世界上称雄。真美啊,我们年轻的中国,跟蓝天一样不会衰老!壮丽啊,我们年轻的中国,同国土一样万寿无疆!

升旗时间:2014年5月4日	承办分校:高一(2)班
主 持 人:付 勉	旗手(护旗手):欧阳天 许良梦
国旗下的讲话:张柳鑫	优秀教师讲话:邓 雨(高一)

(三)结合生活读经典

仙源学校升国旗·诵经典(之十一)
立德树人

原文:子曰:"人而无信,不知其可也。大车无輗(ní),小车无軏(yuè),其何以行哉?"

——《论语·为政篇》

注释:輗(ní):牛车前的插栓。軏(yuè):马车前的插栓。

启示:诚信是儒家文化道德修养中重要的范畴之一。车没有小小的插栓就没法行走,人如果没有诚信,就不能取信于他人,就没法立身于社会。如此次期末考试,对于我们学生来说:如果没有目标,或者有了目标不努力为之奋斗,就是对自己不讲诚信;在考试中弄虚作弊,就是对家长、对老师不讲诚信。

升旗时间:2014年6月23日	承办分校:初二分校
主 持 人:杨辉(5班)、毛雨露(1班)	旗手(护旗手):何博、韩灵慧、吴曼
国旗下的讲话:刘纪元(1班)	学校领导讲话:武身月

四、读经效果

(一)学生孝亲敬老习惯养成

四(1)班的小孝星郑亚洁利用假日给80多岁的老奶奶洗脚。当小亚洁捧起奶奶那双散发着恶臭的小脚趾洗时，奶奶感动得浑身颤抖，哭了。一旁的爸爸、妈妈热泪盈眶。邻居一个劲地说：这娃原来在家从不做任何事，现在怎么变化这么大？

（二）良好学习习惯的养成

晚自习上了一半，全校突然停电。在一片漆黑的校园里，没有喧闹、没有喊叫，只有背诵古诗文和唱歌的声音。

在全市初中生的实验操作考试中，几乎所有监考老师都说："只有仙源学校的学生在每考完一门后，就主动向老师礼貌辞行。你说，对这么有礼貌的学生我们怎么忍心扣他们的分呢？"

北师大教授邓九平来校讲学，听说仙源学校的经典诵读工程在全省都小有名气，他走进小学二年级教室，对一位学生说："小同学，你都会背一些什么经典？"这个小学生说："我会背《三字经》、《弟子规》。""好，你就背《弟子规》我听吧！"于是，这个小朋友一口气背完了《弟子规》。接着全班同学齐背了《三字经》和《弟子规》。邓教授赞不绝口。

五(2)班刘秀秀在家做作业，爸爸在打麻将，秀秀有一题不会做，要求爸爸不打麻将，帮助她做作业，爸爸不答应。秀秀正色地对爸爸说："《三字经》中说，'养不教，父之过'，你就不怕自己犯错误吗？"

（三）良好生活习惯的养成

一(1)班刘文博的家长：孩子在家表现得让我很满意，我觉得学校开展的孝雅"三个一"非常好，既让孩子变得懂事了，又让孩子既有了生活技巧，又有了生活能力，他给我们讲的故事让我们非常感动，他这次月考说要考到班级前10名，我相信他一定可以的。虽然他有时很马虎，但是他一定能考好，加油！努力！

一(1)班蔡政的家长：孩子这学期表现得很好，不仅在学校表现有进步，在家里的表现也很大。这次回家，还主动帮我打扫卫生，主动做家务，主动做作业。现在我都不用为他操心，连亲友都夸他懂事了，当初选择进仙源学校是没错的。

一(2)班彭义楠的家长：尊敬的老师，在此，也向你们说声"五一"快乐。孩子一回家就向我问好，向邻居问好，邻居都说我的孩子长大了，懂事了。我很高兴，这都是学校教育的结果。这次期中考试，孩子考得还算可以，我给了她一点奖励，鼓励她，希望她再接再厉。我知道，这是做家长应尽的责任。成绩虽然重要，但只要她努力了，肯学习，有进步，我就高兴。她也完成了第三项作业，早晨起床后就去洗衣服，我很欣慰，衷心感谢学校的辛勤教育。谢谢老师们！

一(2)班吕定成的家长：孩子在家表现很好，每一件事都能尽心尽力完成。孩子非常有礼貌，遇到熟人会主动打招呼了。孩子在家也能认真学习，没有松懈。期中考试虽然没考出自己的理想成绩，但还是不错的，希望他下次能够更加努力，争取达到自己预定的目标！孩子在家没洗过衣服，这次锻炼了自己，虽然洗得不是很干净，但我很欣慰，孩子能独立尝试完成以前没做过的事情。

一(3)班彭维的家长：老师您好！这次回家后，她很主动地帮助奶奶做了很多家务。

以前是饭来张口，衣来伸手的她，现在变成了既能帮忙洗碗，又能帮助洗衣服的人。我们见了真有说不出的高兴。这都是学校和老师在不断地为她灌入观念取得的结果。使她越来越懂事。讲孝心，也更加懂礼貌了。她取得的这些成绩，都离不开学校和老师的精心教诲。谢谢！

一(4)班谢天的家长：每一周一次的孝雅作业，孩子们都能认真完成、认真对待。孩子回家后，与家长交流听吴碧老师演讲的感受，他人生的成长经历，能够激励孩子们励志成长，努力学习，从小养成刻苦学习的好习惯，只有取得好的成绩，才能走向成功的人生之路。

一(4)班彭博的家长：彭博在家表现很好，的确比以前乖多了，一到家，他就为我们盛饭，看到儿子给我盛饭我激动不已。他又和我谈了3月月考成绩，分析其中的原因并表示下次一定要考得更好，我为他的誓言而感动也欣喜。随后他还跟我说了吴碧老师的演讲，听后我也很感动。他在家还为我做了许多家务，感谢仙源学校的教育，感谢仙源学校老师的辛勤劳动！

一(5)班杨铭的家长：孩子因为有了学校老师们的教育，一切都在向好的方向发展，回到家也会主动帮家里做力所能及的家务，特别是因为他爸爸经常不在家，每大周一回到家里就帮妈妈做很多事，比如拖地、收拾饭桌、整理自己的房间……每次他的爷爷都不忘问一句："杨铭家务事会做，学习可不能落后啊！"他都会笑着回答："爷爷，放心吧，我知道我自己的责任！"听着他自信的言语，心里其实很开心的，但还是希望老师们多指出孩子的问题！

一(5)班刘涛的家长：看着孩子热情地向邻居、亲人打招呼问好，被子叠得像豆腐块，房间桌子收拾得很整洁，在祭祖时认真地祈祷，亲人们团聚时，表现得有张有弛，等等，我们做家长的很欣慰，很激动。这得感谢5班所有老师及学校的教育，看着孩子的成长和努力，我相信，在仙源学校这么强大，有实力的教育理念和家长的配合下，一定能健康快乐地成长！

一(5)班金凌的家长：孩子这次回家表现比以前进步多了，回家有礼貌地向亲朋好友问好，还主动帮家里做了一次大扫除，把自己房间收拾得干干净净，清明节那天和我们一起回老家祭祖，她说在以后的日子里，要更加懂事，学习也要更刻苦，我们听了很高兴，希望孩子在以后的日子里能像她说的那样，学习和品德全面发展。

一(6)班李婷的家长：快要期中考了，孩子在家紧张地复习，晚上，我们去她房间，看见她枕头边还有几本书，我们为她感到骄傲！现在，经过在仙源学校的磨炼，自己的房间，也整理得很有条理，她还想学做饭。我们吃饭后，她主动将碗筷洗了，当家长的，看到女儿如此听话，我们都很开心！感谢仙源的教育、指导。希望孩子幸福快乐地成长，希望仙源学校越办越好！

一(6)班周家玥的家长：孩子越来越乖巧了，这都是"孝雅三个一"改变了孩子，改变了好吃懒做的坏习惯。

一(6)班方明月的家长：孩子将自己的房间整理得很干净，相比以前更加懂事了，让我很欣慰，也要感谢学校的"孝雅三个一"作业，这次期中考试目标很明确，很有信心的在努力,这次考试也希望孩子能达到他的目标,吃饭的时候孩子还摆好了碗筷,感谢学校!

一(7)班武和荣的家长:孩子回到家里,主动跟我们打招呼,很乖巧,还给我们讲看了"元宵晚会"的感受,还边说边乐!看着孩子那么高兴,我也挺兴奋的!她还给我谈了这个学期的打算,像胸有成竹似的!我真高兴!感谢老师们对孩子的教育、培养。

一(7)班荣钰的家长:孩子在家表现得很好,对于孝雅"三个一"做得越来越好了,她在懂事这一方面逐渐进步着。做得越来越让我满意了。我知道这都是老师辛苦劳动的成果。感谢老师对她的辛勤教诲!

一(8)班刘毅的家长:仙源学校的老师,你们好!通过这次家长会,我们深刻体会到学校对每个孩子的教育很周到,我们很高兴。一个十二三岁正处于青春叛逆期的孩子,如果没有一个好老师和一个好的学习环境,他就会向不好的方面发展,甚至走向绝路。有这样一句话,迷人的彩虹出自大雨的洗礼,丰硕的果实来自辛勤的耕耘。有了黄老师对他无微不至的关心和鼓励。让他在学习上永不知足,走向成功!最后我要感谢仙源学校的全体老师,你们辛苦了!

一(8)班曾紫琴的家长:参加了这次家长会,我非常激动。在颁奖中,听到班主任一次又一次点到她的名字,看到她一次又一次地走上领奖台。在回家的路上,抢着帮我拎重包,此时此刻,我感到非常欣慰。她的每一个进步,每一步成长,都离不开老师们的谆谆教诲。非常感谢贵校的老师!

五、分析报告

(1)通过持续的"孝行雅行教育",自觉地做到"四心"、"三雅"、"五种人"。

"四心":即善良之心、感恩之心、责任之心、爱国之心。

"三雅":即举止文雅、谈吐儒雅、情趣高雅。

"五种人":即使受教育者做高尚的人、纯粹的人、有道德的人、脱离了低级趣味的人和有益于人民的人。

(2)通过持续的"孝行雅行教育",使受教育者在生活习惯、学习习惯、思维习惯、心态等方面得到教益。

(3)通过读经典、背经典,运用经典指导生活、学习、思维,端正人生观、世界观,做"腹有诗书气自华","秀外慧中的现代东方雅士、淑女","既有中华传统文化修养,又懂现代社会生活方式,能登大雅之堂的人"。

实验证明:孝行雅行教育可以有效地让全体师生在学习国学经典过程中,养成良好的、健康和谐的、积极的人生态度,形成共同的价值观。由于养成了共同的价值观,教师工作积极,在立德树人方面下工夫,自觉为社会培养人才,奉献远远大于报酬;学生刻苦努力学习,可以取得良好的学习效果。仙源学校师生人生态度、个人气质、团队合作意识与众不同,优于一般市民,也优于一般干部群体,企业群体。学生升学到高一级学校,一般都能被选为管理干部。2014年春季学期,仙源学校小学部在教育局组织的六年级考核中，居全市第一；初中毕业生461人参加中考，均分580分，230人过600分，居全市第一；高中部完成教育局下达的"一本指标"28倍，"二本指标"5.2倍，本科上线率居全市之首，市民称为"仙源奇迹"。

实验还证明：通过对中华优秀传统文化的学习，可以为学生人生奠基，达到立德树人的目的。培养人的过程，必须是先立德，后学业。立德的过程不仅不会影响学生的学业发展，而且还会促进学生学业的提升。

课题组成员：李玉湘　刘小军　武家仿　武家铸